Bayern in der NS-Zeit

Soziale Lage und politisches Verhalten der
Bevölkerung im Spiegel vertraulicher Berichte

Herausgegeben
von
Martin Broszat, Elke Fröhlich, Falk Wiesemann

Mit 2 Karten und 12 Tabellen

R. Oldenbourg Verlag München Wien 1977

Veröffentlichung im Rahmen des Projekts »Widerstand und Verfolgung in Bayern 1933–1945« im Auftrag des Bayerischen Staatsministeriums für Unterricht und Kultus bearbeitet vom Institut für Zeitgeschichte in Verbindung mit den Staatlichen Archiven Bayerns.

CIP-Kurztitelaufnahme der Deutschen Bibliothek

Bayern in der NS-Zeit : soziale Lage u. polit.
Verhalten d. Bevölkerung im Spiegel vertraul.
Berichte / hrsg. von Martin Broszat ... – 1.
Aufl. – München, Wien : Oldenbourg, 1977.
  ISBN 3-486-48361-7
NE: Broszat, Martin [Hrsg.]

© 1977 R. Oldenbourg Verlag GmbH, München

Das Werk ist urheberrechtlich geschützt. Die dadurch begründeten Rechte, insbesondere die der Übersetzung, des Nachdrucks, der Funksendung, der Wiedergabe auf photomechanischem oder ähnlichem Wege sowie der Speicherung und Auswertung in Datenverarbeitungsanlagen, bleiben auch bei auszugsweiser Verwertung vorbehalten. Werden mit schriftlicher Einwilligung des Verlages einzelne Vervielfältigungsstücke für gewerbliche Zwecke hergestellt, ist an den Verlag die nach § 54 Abs. 2 Urh.G. zu zahlende Vergütung zu entrichten, über deren Höhe der Verlag Auskunft gibt.

Gesamtherstellung: R. Oldenbourg Graphische Betriebe GmbH, München

ISBN 3-486-48361-7

Inhaltsverzeichnis

	Vorwort	11
Teil I	Ein Landkreis in der Fränkischen Schweiz. Der Bezirk Ebermannstadt 1929–1945	21
	Einführung	21
	Überlieferung, Aussagegehalt und Auswahl der Berichte	21
	Die Struktur des Bezirks Ebermannstadt	31
	Dokumente	39
	Vorgeschichte 1929–1933	39
	Dokumente 1934–1945	63
Teil II	Lage der Arbeiterschaft, Arbeiteropposition, Aktivität und Verfolgung der illegalen Arbeiterbewegung 1933 – 1944	193
	Einführung	193
	Dokumente	207
Teil III	Konflikte im agrarisch-katholischen Milieu Oberbayerns am Beispiel des Bezirks Aichach 1933 – 1938	327
	Einführung	327
	Dokumente	334
Teil IV	Zur Lage evangelischer Kirchengemeinden	369
	A. Berichte der Kapitelsbeauftragten für Volksmission 1933/34 .	369
	Einführung	369
	Dokumente	377
	B. Visitationsberichte 1934 – 1942	401
	Einführung	401
	Dokumente	406
Teil V	Judenverfolgung und nichtjüdische Bevölkerung 1933 – 1944	427
	Einführung	427
	Dokumente	432

| Teil VI | Die Partei in der Provinz. Möglichkeiten und Grenzen ihrer Durchsetzung 1933 – 1939 | 487 |

A. Berichte von NSDAP-Ortsgruppen 487
    Einführung 487
    Dokumente 494

B. Berichte von Gau- und Kreisämtern des NS-Lehrerbundes .. 527
    Einführung 527
    Dokumente 533

C. Berichte der Kommunalpolitischen Gauämter 552
    Einführung 552
    Dokumente 556

Teil VII Stimmung und Verhalten der Bevölkerung unter den Bedingungen des Krieges 571

A. Weltanschauliche Berichte der Kreisschulungsämter 1943 – 1944 571
    Einführung 571
    Dokumente 574

B. Berichte des Sicherheitsdienstes 1940 – 1944 592
    Einführung 592
    Dokumente 597

C. Berichte aus oberbayerischen Landkreisen und Gemeinden 1944/45 665
    Einführung 665
    Dokumente 667

Anhang 689

Verzeichnis der Berichtsprovenienzen 689

Abkürzungsverzeichnis 700

Ortsregister 703

Das rechtsrheinische Bayern 1933

▬ = Grenzen der Regierungsbezirke
◯ = kreisunmittelbare Städte
— = Grenzen der Bezirksämter

Vorwort

Mit dieser Veröffentlichung legt das Institut für Zeitgeschichte das erste Ergebnis des 1973 übernommenen Forschungsprojekts »Widerstand und Verfolgung in Bayern 1933 – 1945« vor. Das Thema ist seit 1945 immer wieder in wissenschaftlicher oder populärer Form erörtert worden. Wenn seine erneute Behandlung – gerade auch in der Begrenzung auf das Land Bayern – neues Interesse erwecken und neue Einsichten vermitteln sollte, mußten zunächst seine Leitbegriffe aus ihrer plakativen Erstarrung gelöst werden. Es galt, die zum Mahnmal geronnene Thematik zurückzuholen in die komplizierte reale Wirkungs- und Erfahrungsgeschichte der Hitler-Zeit, zwischen den Grenzsituationen »Widerstand« und »Verfolgung« die breite Skala der Verhaltensweisen, ihre vielfältigen Bedingungen, ihre oft »unreine« Mischung sichtbar zu machen und bisher von der Forschung vernachlässigte Bereiche der Lebenswirklichkeit der NS-Zeit aufzusuchen.

Als *ein* Mittel hierzu empfahl sich die umfassende Dokumentation nicht der nationalen oder der besonders spektakulären Ereignisse, sondern des Geschehens »in der Breite«, die Soziographie des Regimes und der Gesellschaft in ihrer Alltäglichkeit auf der unteren Ebene, der konkreten Ausprägung von Herrschaft und Bevölkerungsverhalten in einigen für das Land Bayern charakteristischen sozialen Sektoren und regional- und milieu-spezifischen Erscheinungsformen. Die Begegnung mit dem Material zeigte bald die vielfältigen Möglichkeiten, auf regionaler und lokaler Ebene die Wechselwirkung von sozialen Strukturen und politischer Herrschaft in der NS-Zeit exemplarisch zu dokumentieren.

Das Herrschaftsprinzip des Nationalsozialismus, sein auf totalitäre Machtexpansion angelegtes »Bewegungsgesetz«, ist im Zusammenhang der verhängnisvollen nationalen Geschichte des Dritten Reiches oft analysiert und in herrschaftstheoretische Grundbegriffe gefaßt worden. Solche Systemanalyse vermittelte häufig die Vorstellung statischer, perfekter oder gar eherner Herrschaft. Die Erforschung der Wirkungsgeschichte des Nationalsozialismus rückt dagegen andere Aspekte in den Vordergrund: das Prozeßhafte der Herrschaftsausübung, die Interdependenz von Herrschaft und Gesellschaft, von neuen politischen und alten sozialen Eliten oder Autoritäten, auch die sich in immer neuer Variation zeigende Begrenzung des politisch-ideologischen Herrschaftswillens durch noch partiell eigenständige Institutionen und soziale »Körper«, materielle Bedürfnisse oder tradierte Verhaltensnormen. Es zeigt sich die Ungleichmäßigkeit der Herrschaft, die sich zu Kompromissen, gar zur Assimilation genötigt sah.

Von daher leitet sich auch der strukturgeschichtliche Begriff der »Resistenz« ab, den wir, im Unterschied zum moralisch politischen Legitimationsbegriff »Widerstand«, dieser Dokumentation zugrundelegen, um (neben der Herrschaftsdurchsetzung) die wirksam gewordene Herrschaftsbegrenzung des Nationalsozialismus sichtbar zu machen. Die relative »Immunität« bestimmter Organisationen, z. B. der Kirchen, gegenüber der nationalsozialistischen Herrschaft, das resistente Beharrungsvermögen eines sozialen

Milieus und Brauchtums gegenüber nationalsozialistischen Gleichschaltungsversuchen oder das unüberwindliche Klassenbewußtsein von Industriearbeitern, die sich der geforderten »Betriebsgemeinschaft« entzogen, sind im Sinne eines solchen (auf die Wirksamkeit der Herrschaftsbegrenzung des NS bezogenen) Begriffs als potentiell gleichzusetzende Faktoren und Formen der »Resistenz« anzusehen.

Es ist das Ziel dieser Dokumentation, die dem NS-Regime entgegenwirkenden Kräfte zunächst erst einmal wertneutral in ihrer ganzen Vielfalt ansichtig zu machen, auch wenn es sich dabei nicht um spezifisch antinationalsozialistische oder überhaupt um politische, sondern zum Teil um antimodernistische, gegen jede Neuerung oder jede Staatsintervention gerichtete Einstellungen handelte. Die Herausgeber wollen damit einer politisch-moralischen Bewertung nicht ausweichen, aber die Darstellung nicht durch fragwürdige Unterscheidungen von politischem oder unpolitischem, aktivem oder passivem Widerstand etc. von vornherein in problematischer Weise einengen. Vielmehr soll der empirische Zugang offengehalten werden zur Erkenntnis der ganzen Wirklichkeit des komplexen Verhaltens der Bevölkerung in der NS-Zeit mit seinen vielfältigen Motivationen, zumal es auch bei der Darstellung des aktiven Widerstandes unzulänglich wäre, nur von der »freien Gewissensentscheidung« des Einzelnen auszugehen. Die Dokumentation hält sich damit auch frei von der wenig fruchtbaren Auseinandersetzung darüber, ob der Widerstand gegen Hitler primär zu messen ist an seiner – wissenschaftlich exakt gar nicht erfaßbaren – sittlichen Qualität oder an dem politischen Gehalt der hinter ihm stehenden antifaschistischen Gegenvorstellungen, deren Bewertung ebensowenig objektiviert werden kann, sondern in hohem Maße standortgebunden bleibt. In einer weiteren, im Rahmen dieses Forschungsprojekts geplanten Dokumentation werden der Einzelfall und das Einzelverhalten im Mittelpunkt stehen und den strukturgeschichtlichen Ansatz des hier vorgelegten Bandes sinnvoll ergänzen können.

Die regionale Begrenzung der Thematik verwies, wie bereits angedeutet, auf eine wesentliche für diese Dokumentation maßgebliche Blickrichtung und Methode: den systematischen Versuch, durch intensive Nutzung lokaler und regionaler Quellen die Wirkungsgeschichte des NS-Regimes »von unten«, von der sozialen Basis her zu dokumentieren. Umfassende Versuche dieser Art sind bisher kaum unternommen worden. Die Geschichte der NS-Zeit ist bisher fast ausschließlich »von oben« her geschrieben worden. Gegenstand der Darstellung waren immer wieder die personellen und institutionellen Machtträger und Zentren der nationalen Politik, das Entscheidungshandeln an der Spitze. Die hier vorgelegte Dokumentation hat eine grundsätzlich andere Perspektive. Ihr geht es um die Darstellung der Geschichte der Hitler-Zeit aus dem Blickwinkel der so oder so von ihr betroffenen Bevölkerung. Als regionale Soziographie der Wirkungsgeschichte des NS-Regimes führt sie in ein noch kaum entdecktes Neuland zeitgeschichtlicher Forschung. Indem sie die Vielgestaltigkeit und sozial-strukturelle Bedingtheit der subjektiven Erlebnis- und Reaktionsgeschichte der Bevölkerung nachzeichnet, läßt sie Art und Intensität der konkreten »Verortung« der NS-Herrschaft, den sozialen Resonanzboden zentraler politischer Entscheidungen und Maßnahmen, die gesellschaftliche Basis und Integrationsfähigkeit des politischen Systems erkennen.

Sie zeigt auf, daß die nationale Geschichte des Dritten Reiches, so sehr diese unter dem totalitären Bewegungsgesetz des Regimes zur Gleichschaltung tendierte und infolge der durchschlagenden Bedeutung seiner Politik vielfach egalisierend wirkte, von der Perspektive der Bevölkerung her keineswegs ein- und dieselbe Geschichte gewesen und als solche empfunden und erlebt worden ist. Unterschiedliche Partizipation und Betroffenheit lösten die große allgemeine Geschichte zu einer Vielzahl unterschiedlicher Teilgeschichten auf. Die noch nicht geschriebene Geschichte der deutschen Gesellschaft in der NS-Zeit setzt die Erforschung solcher regional- und schichtenspezifischer Teilgeschichten und -perspektiven voraus.

Aus dem Vorstehenden ergibt sich: Die Auswahl des in der Dokumentation ausgebreiteten Klein-Geschehens und die vorrangige Berücksichtigung von Dokumenten der unteren Ebene staatlicher und nichtstaatlicher Dienststellen folgt nicht einem lokalgeschichtlichen Spezial- oder Episoden-Interesse, sondern will das Strukturelle in seiner konkreten Ausformung zeigen. Vom jeweils konkreten Aggregatzustand sozialer und kultureller Verhältnisse her können der sozialgeschichtliche Bedingungshintergrund nationalsozialistischer Herrschaft und ihrer relevanten Gegenkräfte ebenso wie ihre gesellschaftliche Funktion in vielen Fällen ohne abstrakte theoretische Überhöhung anschaulich zur Evidenz gebracht werden. Die Dokumentation der NS-Zeit »von unten« bietet die Möglichkeit, das Strukturelle »erzählend« auf dem Wege exemplarischer regionaler und lokaler Kleingeschichten darzustellen.

Da es bei dem Vorhaben darauf ankam, die Reaktionen einzelner Gruppen der Bevölkerung in repräsentativer Weise zu erfassen und abzubilden, erhielten die periodischen Lageberichte aus der NS-Zeit eine zentrale Bedeutung. Die Herausgeber entschlossen sich, die Dokumentation allein auf der Basis periodischer Berichte aufzubauen und nur gelegentlich zur Ergänzung oder Veranschaulichung andere Unterlagen und ad hoc verfaßte Einzelberichte oder Zustandsschilderungen heranzuziehen. Nur die regelmäßige Berichterstattung, wenngleich sie durch den fragmentarischen Charakter der Quellenüberlieferung beeinträchtigt ist, verbürgte eine kontrollierbare Bestimmung des Typischen oder Untypischen bei der Auswahl. Die sich über lange Zeiträume erstreckende regelmäßige Berichterstattung macht auch, verläßlicher als alle anderen Quellenkategorien, zeitliche Veränderungen sichtbar.

Obwohl Lage- und Stimmungsberichte die Grundlage der Dokumentation bilden, versteht sie sich nicht in erster Linie als Beitrag zur Meinungsbildung und zum Meinungswandel in der Bevölkerung während der Hitler-Zeit; jedenfalls nicht im Sinne allgemeiner und anonymer Meinungsäußerungen. Die in den Berichten aufgefangenen »Meinungen« sind vielmehr bewußt nur insoweit in die Auswahl aufgenommen worden, als sie aus der Anonymität heraustreten, sich sozial und lokal zuordnen lassen oder eine spezifische Form der »Verarbeitung« allgemeiner Nachrichten (über die außenpolitische oder Kriegslage u. ä.) erkennen lassen und insofern auch als Gradmesser der Partizipation an politischen und nationalen Ereignissen gelten können.

Die Arbeitshypothese, daß für eine Rekonstruktion von Volksstimmungen und -reaktionen Berichte von Gendarmerie-Posten, Landräten, Ortsgruppen- oder Kreisleitern der NSDAP, Außenstellen des SD, Gemeindepfarrern u. a. besser geeignet sind als die abstrakteren Berichte der mittleren oder höheren Stufe (auf Regierungsbezirks-, Landes- oder Reichsebene), hat sich bei der Auswertung und dem Vergleich des Berichtsmaterials vielfach bestätigt. Wie die Wahlforschung auf die kleinsten statistischen Einheiten lokaler

Stimmbezirke zurückgehen muß, will sie die soziologisch bemerkenswerten Abweichungen des Wählerverhaltens erfassen, ist für eine soziographische Dokumentation der Bevölkerungsreaktionen die klein-regionale und lokale Berichterstattung unentbehrlich. Die bei der Staatsverwaltung, der NSDAP, den Kirchen und anderen großen gesellschaftlichen Organisationen grundsätzlich ähnlich geordnete, mehrstufig von unten nach oben verlaufende periodische Berichterstattung über allgemeine Zustände und Stimmungen, darstellbar in der Form eines breiten sich von unten nach oben verjüngenden Kegels, hat quellenkritisch betrachtet – nur an der Basis des Kegels die Qualität einer authentischen Primärquelle, auf jeder nächsthöheren Stufe verliert sie ein Stück der originären Qualität.

Das Bild vom breiten Kegel kann – in anderer Weise – auch auf die vorgelegte Berichtsauswahl angewandt werden. Sie bildet nur die Spitze einer außerordentlich breiten Quellenbasis. Die Projektgruppe des Instituts für Zeitgeschichte hatte den Ehrgeiz, alle einschlägigen, in bayerischen und außerbayerischen staatlichen und nichtstaatlichen Archiven liegenden Berichtsserien, sofern sie bayerische Verhältnisse aus der NS-Zeit betrafen, zu prüfen und gegebenenfalls in die Dokumentation einzubeziehen. Wenn dies aus vielerlei Gründen auch nicht ganz erreicht wurde, so ist doch die aufgearbeitete Masse von Berichten außerordentlich umfangreich. Das schuf ganz neue Möglichkeiten der Kondensierung und Präsentation der Berichtsinhalte, frei von den Längen, Wiederholungen und Leerformeln einliniger Provenienz-Edition, machte aber auch die Frage der Sichtung, Auswahl und Einrichtung zu einem Problem, das nur auf dem Wege arbeitsteiliger institutioneller Forschung lösbar war.

In ihrer vorliegenden Form ist die Gliederung des Bandes mit seinen sieben unterschiedlich umfangreichen Teilen und Unterkapiteln das Ergebnis langwieriger Überprüfungen und mehrfacher Änderungen konzeptioneller Entwürfe, zu denen vor allem die Quellenlage zwang. Bei dem Ziel, in erster Linie das Massenverhalten und Ereigniszusammenhänge von breiter sozialer Wirkungsrelevanz abzubilden, mußte es besonders darauf ankommen, die quantitativ großen Sozial- und Wirtschaftsgruppen der Bevölkerung in Bayern, Bauern und Arbeiterschaft, sowie die großen Konfessionsgruppen, Katholiken und Evangelische, mit ihrer unterschiedlichen Erfahrungs- und Betroffenheitsgeschichte in den Blick zu nehmen. Ebenso galt es, bestimmte sich damit zum Teil überschneidende Großkomplexe der Resistenz und Verfolgung (illegale Widerstandsgruppen der Arbeiterbewegung, Kirchenkampf, Judenverfolgung u. a.) in ihrer regionalen und lokalen Erscheinungsform zu dokumentieren und die in den einzelnen zeitlichen Phasen des NS-Regimes unterschiedlichen Grade der Konformität oder Nonkonformität der Bevölkerung in repräsentativer Weise darzustellen.

Die Vereinbarung dieser Gesichtspunkte und die uneinheitliche Quellenlage schlossen ein formal einheitliches Auswahl- und Anordnungsschema aus. Die Herausgeber entschlossen sich vielmehr unter Voranstellung sachlich-inhaltlicher Gesichtspunkte in den einzelnen Teilen der Dokumentation zu einer Variation formaler Auswahl- und Gliederungsprinzipien.

Das ursprüngliche Vorhaben, anhand ausgewählter verschieden strukturierter bayerischer Kleinregionen oder Städte die großen sozialen und konfessionellen Formationen der Bevölkerung und ihre typischen Verhaltensformen exemplarisch zu dokumentieren, ließ sich nur in einem Fall aufgrund exzeptionell günstiger Quellenlage verwirklichen:

der umfangreiche erste Teil über den Bezirk Ebermannstadt (Oberfranken) aus der einheitlichen Provenienz der Bezirksamtsakten steht stellvertretend für manche ähnlichen Gebiete der ländlichen Provinz in Bayern als Modell intensiver exemplarischer Dokumentation. Sie veranschaulicht die Erfahrungs- und Wirkungsgeschichte der NS-Zeit in einer überwiegend kleinbäuerlichen Region mit krassen Armuts- und Rückständigkeitsmerkmalen, nicht zuletzt auch die anfängliche Polarisation evangelischer und katholischer Bevölkerung gegenüber dem NS und die vielfältigen Anlässe und lokalen Formen der Austragung des Kirchen- und »Kulturkampfes« in ihrer ambivalenten Verknüpfung mit tradierten Sozialstrukturen und Verhaltensmustern.

Die Dokumentation der Lage der landwirtschaftlichen Bevölkerung und ihrer Reaktion auf spezifische agrarwirtschaftliche Neuordnungsmaßnahmen (Erbhofgesetz u. a.) wird in einem kürzeren Abschnitt (Teil III) ergänzt durch die Abhebung auf die Verhältnisse im Bezirk Aichach und in anderen Gebieten Oberbayerns mit einer besser situierten, auch politisch selbstbewußteren Bauernschaft und besonders starker politisch-katholischer (BVP-) und altbayerischer (weiß-blau-) Tradition. Auch die Auswirkung des polizeistaatlichen nationalsozialistischen Herrschaftssystems auf die Austragung sozialer Konflikte zwischen Bauern und landwirtschaftlichen Dienstboten kommt hier besonders gut zum Ausdruck.

Während den vorgenannten Dokumentationsabschnitten eine weitgehend einheitliche Berichtsprovenienz (der inneren Verwaltung in ihren drei Stufen: Gendarmerie-Stationen, Bezirksämter, Regierungspräsidenten) zugrundegelegt werden konnte, wurden in den Abschnitten II (Arbeiterschaft und Arbeiterbewegung) und V (Judenverfolgung und nichtjüdische Bevölkerung) die chronologische Verzahnung und gegenseitige Beleuchtung von Berichten verschiedener Provenienz bewußt als anderes methodisches Prinzip der Dokumentation angewandt, weil nur so auf konzentrierte Weise Überblick über regionale Schwerpunkte des Geschehens gegeben, der Entwicklungsverlauf aufgezeigt und sehr unterschiedliche Ereigniszusammenhänge und Verhaltensweisen zusammengefaßt werden konnten. Widerstand und Verfolgung zeichnen sich in diesen Abschnitten in kräftigen Konturen ab, aber auch die mannigfaltigen Zwischenformen: halbpolitische Opposition zur Wahrung eigener Interessen gegen die Zumutungen des Regimes, passive Resistenz, Nicht-Partizipation und Nonkonformität, daneben vielfältige Ausdrucksformen der Anpassung und Erbötigkeit bis zum selbsttätigen Verfolgungs-»Hilfsdienst« für das Regime. Während im Kapitel V ein einheitliches Sachthema (das Verhalten der nichtjüdischen Bevölkerung gegenüber den diskriminierten Juden und der NS-Judenpolitik) für die Auswahl maßgeblich war, bildete die systematische Verschränkung zweier verschiedener Aspekte (Lage der Arbeiterschaft und illegale Aktivität der Arbeiterbewegung) und die daraus zu gewinnende Erkenntnis das methodische Prinzip der Auswahl und Anordnung der Berichte im Teil II der Dokumentation.

Auf ausschließlich innerkirchlichen Berichten beruht der IV. Teil der Dokumentation über die Lage evangelischer Gemeinden. Mehr als die in anderen Teilen des Bandes abgebildeten massiven Konflikte des Kirchenkampfes dokumentiert er die illusionären Hoffnungen, die man in der evangelischen Bevölkerung und Pfarrerschaft in Franken anfangs auf die nationalsozialistische »Erweckungsbewegung« setzte, sowie die späteren Zersetzungs- und Zermürbungswirkungen des Nationalsozialismus und die eher resignative als heroische Verteidigung kirchlich-religiöser Bastionen durch die geistlichen Wortführer und Gläubigen der evangelischen Kirche. Frömmigkeits- und Sittlichkeitsstand als ein Thema der Berichterstattung, häufig verknüpft mit Exkursen über die soziale Struktur der jeweiligen Gemeinden und Dekanate und über lokale Einfluß- und Machtkonstellationen in der NS-Zeit, machen diese innerkirchlichen Berichte gerade unter sozialgeschichtlichem Aspekt zu besonders bemerkenswerten Dokumenten.

Die noch nicht erfolgte Freigabe der Akten der katholischen Kirche in Bayern aus der NS-Zeit für die allgemeine zeitgeschichtliche Forschung erlaubt es nicht, ähnliche Intern-Berichte der katholischen Kirche zur Grundlage eines besonderen Dokumentationsabschnittes zu machen.

Nonkonformität und Resistenz aus kirchlich-katholischer Provenienz spiegeln sich jedoch intensiv auch in den Berichten von NSDAP- und SD-Dienststellen, die die wesentliche Grundlage der Abschnitte VI und VII bilden. Die in Berichtsform vorliegende Selbstreflexion der NSDAP über die Möglichkeiten und Grenzen ihrer Durchsetzung, aus der Perspektive von Ortsgruppenleitern, Amtswaltern des NS-Lehrerbundes und der kommunalpolitischen Ämter der NSDAP (Teil VI) oder Schulungsleitern der NSDAP (Teil VII) geschrieben, markieren den Konflikt mit dem Katholizismus und der katholischen Kirche als Hauptlinie des »Weltanschauungskampfes« vor allem in der ländlichen Provinz. Das vielfach wiederholte Eingeständnis mangelnder Durchsetzungsfähigkeit der NSDAP gegenüber kirchlich-katholischer »Obstruktion« ist als Zeugnis der Resistenzkraft des Katholizismus beweiskräftiger als es kirchliche Darstellungen sein könnten. Die Wiedergabe von Auszügen aus diesen Berichtsgruppen, der Selbstbetrachtung von NS-Dienststellen über ihre Erfolge und Mißerfolge auf den verschiedensten Lebensgebieten, stellen nicht nur inhaltlich eine Ergänzung der Berichte staatlicher Dienststellen dar. Sie sind auch als Beispiel für das bisher wenig bekannte und benutzte (meist nur sehr fragmentarisch erhaltene) weitverzweigte Berichterstattungswesen der NSDAP und ihrer Gliederungen und der sich in ihm äußernden Bestrebung zur umfassenden Meinungs- und Bevölkerungs-Kontrolle in die Sammlung aufgenommen worden.

Der letzte Abschnitt (Teil VII) der Dokumentation bezieht sich auf den Meinungsumschwung der Bevölkerung während des Krieges, insbesondere in der letzten Kriegshälfte. Die schon 1938/39 zum Ausdruck kommende Angst der Mehrheit der Bevölkerung vor einem neuen Krieg, nur vorübergehend durch die sensationellen Blitzkrieg-Erfolge von 1939/40 überspielt, erhielt durch die realen Auswirkungen und Lasten des Krieges, so unterschiedlich sie im einzelnen waren, zunehmende Bestätigung und machte die Friedenssehnsucht seit 1943 zum beherrschenden Thema der berichteten Volksstimmung. Dem damit einhergehenden raschen Prestige-Verfall der Partei stand jedoch ein noch lange fortwirkender »Führerglaube« entgegen, stärkstes Integrationsmittel des NS-Regimes und offenbar auch Hinderungsgrund für offene Auflehnung, die im Zeichen der Freiheits-Aktion Bayern erst Ende April 1945 verschiedentlich zu aktiven Schritten der Kriegsbeendigung führte. Die Berichte aus der Kriegszeit greifen, wie schon die Dokumente über den Bezirk Ebermannstadt und über die Lage der Arbeiterschaft, auch das Thema der verbotenen Beziehungen zu Kriegsgefangenen und Fremdarbeitern in vielfältiger Weise auf. Daß große Teile gerade der einfacheren Bevölkerung in Bayern dem radikalen Diskriminierungsgebot der nationalsozialistischen Fremdvolkpolitik nicht folgten, kann als besonders bemerkenswertes Zeugnis humaner Nonkonformität gegenüber dem NS-Regime betrachtet werden.

Die Leitgedanken, die die jeweiligen Abschnitte der Dokumentation bestimmen, sind in den Einführungen zu den einzelnen Teilen und Kapiteln ausführlich dargelegt und sollten hier nur kurz angedeutet werden. Mit der vorgelegten Auswahl kann dieser Band nur beanspruchen, einige wichtige Perspektiven und große Ausschnitte des umfassenden Themas darzustellen. Über bedeutende Schichten der Bevölkerung, z. B. Angestellte, Beamte, den gewerblichen Mittelstand, erfährt der Leser wenig; auch eine Reihe von Widerstands- und Verfolgungs-Komplexen mußte, weil die Berichtsquellen kaum etwas dazu hergaben, oder aus Gründen der thematischen Konzentration weitgehend außer Betracht bleiben, z. B. die Bibelforscher, die Euthanasie-Aktion oder Erscheinungsformen der Opposition in bürgerlichen und konservativen Gruppen (monarchistische Bewegung u. a.), im geistig-kulturellen Bereich oder in der Presse. Zumindest ein Teil dieser Aspekte und Themen wird Gegenstand weiterer Studien sein, die in geplanten späteren Projekt-Veröffentlichungen vorgelegt werden sollen.

Die für die städtisch-industriellen Zentren Bayerns in der NS-Zeit weit schwächere Quellenlage führte zu einer starken Hervorhebung ländlich-provinzieller Regionen, ihrer sozialen und Verhaltens-Strukturen. Diese Schwerpunktbildung war den Herausgebern jedoch nicht unwillkommen. Innerhalb eines auf das Land Bayern bezogenen Projekts mußte die agrarische Provinz auf jeden Fall einen zentralen Stellenwert haben. Hinzu kam, daß die Rolle der »Provinz« in der deutschen Gesellschaft der Hitler-Zeit in der zeitgeschichtlichen Forschung bisher stark vernachlässigt wurde. Das Projekt bot die Möglichkeit, das über Bayern hinaus wichtige Thema stärker in den Blick zu rücken. Jeweils für sich genommen, erscheint die »Provinz« mit ihren gesellschaftlichen und kulturellen Ausprägungen oft als ein vernachlässigungsfähiges Randgebiet, obwohl sie in ihrer Summe einen großen Sektor der nationalen Gesellschaft ausmacht. Die Mobilisierung der Provinz verschaffte der NS-Bewegung lange vor der Eroberung der politischen und städtischen Zentren vor 1933 einen wesentlichen Teil ihrer Massenbasis. Die »Provinz« erwies sich aber nach 1933 auch als besonders resistentes Potential, schwer erfaßbar und indoktrinierbar, die geforderte aktive Teilnahme vielfach verweigernd, dem neuen politischen Regime alte Traditionen entgegensetzend, passive Resistenz leistend weniger aus bewußter politischer Gegnerschaft als aus traditioneller Beharrungskraft. Nicht von vorrangiger Bedeutung, sofern es um die große Geschichte des Entscheidungshandelns in der Hitler-Zeit geht, verdient die Provinz doch volle Beachtung, wenn die Wirkungsgeschichte der NS-Herrschaft und ihre Grenzen zu untersuchen sind.

Die Herausgeber haben sich um eine repräsentative Auswahl der vielfältigen Berichtsquellen, um ein unretuschiertes Bild der Wirklichkeit mit den in ihrer Wissenschaft ausgebildeten Methoden der Quellenkritik streng bemüht. Daß sie im wesentlichen auf die Berichte der »Herrschenden« angewiesen waren, blieb die stärkste Beeinträchtigung ihrer Aufgabe. Sie hoffen gleichwohl zeigen zu können, daß auch diese Quellen, trotz ihrer häufigen perspektivischen Einseitigkeit in ihrer Gesamtheit zur Erkenntnis der Wirklichkeit der Hitler-Zeit wesentlich beitragen können. Es versteht sich jedoch, daß nicht jede einzelne in den Berichten enthaltene Schilderung und Beurteilung als »untrüglich« und als »überprüft« gelten kann. Der Leser wird die Einzelheiten stets unter dem Vorbehalt aufnehmen müssen, daß es sich um Zeugnisse handelt, deren Inhalt schon bei der Wahrnehmung durch die Berichterstatter, außerdem durch ihr besonderes Berichterstattungs-Interesse getrübt, vergröbert oder verschönert werden konnte. Dies war auch ein Grund dafür, daß die Herausgeber in allen denjenigen Fällen, in denen Personen in unpolitisch-ehrenrührigen Zusammenhängen genannt sind, deren Wirklichkeitsgehalt in den meisten Fällen nicht mehr kontrollierbar ist, die Namen gelöscht und durch willkürlich gewählte Buchstaben ersetzt haben. Die Namenslöschung mußte aber dort ihre Grenze haben, wo es um eindeutig politische Handlungen oder Einstellungen ging und die Betreffenden als Figuren des lokalen und regionalen Zeitgeschehens auch im Interesse weiterführender Forschung identifizierbar bleiben mußten.

Die Herausgeber haben sich, um der besseren Lesbarkeit willen, auf ein Minimum editorischer Annotation beschränkt. Auslassungen sind selbstverständlich stets kenntlich gemacht, nicht dagegen die Verbesserung von Flüchtigkeits-Schreibfehlern, die Vereinheitlichung von Abkürzungen sowie die Löschung von Unterstreichungen und manchen Absätzen, die das Druckbild nur verwirrt oder kompliziert hätten und zur Erkenntnis nichts beitragen. Alle sonstigen Grundsätze der editorischen Bearbeitung, die Maßstäbe der Auswahl und Kürzung ebenso wie die zugrundegelegten Quellen sind in den Einzeleinführungen beschrieben.

Der Leser wird letzten Endes zu entscheiden haben, ob Anlage und Gliederung dieses Bandes geglückt sind. Die Fachkollegen sind zur Diskussion, auch der vielfältigen, in den einzelnen Teilen aufgeworfenen methodischen Fragen, aufgefordert. Sie mögen vielleicht am meisten bedauern, daß die Auswahl der Dokumente nach dem Modell des Kegels (mit der unsichtbaren breiten Basis) so streng angewandt wurde. Maßgeblich dafür waren vor allem der Wunsch und die Absicht, mit dieser Dokumentation eine möglichst große Zahl interessierter Leser zu erreichen. Die Darstellung der Geschichte der Hitler-Zeit »von unten« hat vielleicht mehr als die abstraktere Geschichte der nationalen Ereignisse, von der die meisten Zeitgenossen größtenteils nur vom Hörensagen wußten, die Chance, an die selbsterlebte und erinnerte Geschichte anzuknüpfen, diese Erinnerung wachzurufen und dazu einzuladen, sie nachträglich im Lichte von Zeugnissen über verwandte Lebens- und Erfahrungssituationen kritisch zu überdenken.

Die im Titel genannten Herausgeber haben die Dokumentation gemeinsam vorbereitet. Ihr jeweiliger Anteil bezieht sich nicht nur auf die Ausarbeitung einzelner Teile der schließlichen Veröffentlichung, für die sie persönlich die wissenschaftliche Verantwortung übernehmen. Er erstreckt sich auf außerordentlich umfangreiche Vorarbeiten und läßt sich hier nicht mehr persönlich zumessen. Die Erarbeitung der Dokumentation war nur in einem Team möglich, das im ständigen Erfahrungs- und Gedankenaustausch gemeinsam mehr zuwege brachte, als jeder einzelne hätte leisten können.

Die Arbeitsgruppe im Institut für Zeitgeschichte war eng angewiesen auf die ständige Unterstützung der partnerschaftlich an dem Projekt mitwirkenden Staatlichen Archive Bayerns unter Leitung ihres Generaldirektors Dr. Bernhard Zittel. Die im Titel enthaltene Formel »in Verbindung mit« ist in diesem Falle keine höfliche Verbeugung, sondern Ausdruck dankbar empfundener, sehr substantieller »Verbindung«. Dem mit wertvollen Hinweisen und Amtshilfe ständig zur Verfügung stehenden Hauptverbindungsmann, Archivrat Dr. Hermann Rumschöttel, gilt dieser Dank in besonderem Maße.

Der Dank der Herausgeber richtet sich vor allem an die einzelnen bayerischen und außerbayerischen Archive, aus denen das umfangreiche, im Anhang aufgeführte Berichtsmaterial stammt. Ohne die großzügig eingeräumte Möglichkeit intensiver Aktenbenutzung und -kopierung und die ausgezeichnete archivische Unterstützung, auf die das Forschungsteam auch bei der weiteren Arbeit an dem Projekt angewiesen ist, hätte das Vorhaben nicht gelingen können. Der Dank gilt ferner dem Bayerischen Staatsministerium für Unterricht und Kultus, das das Projekt finanziell ermöglichte und es – ohne in die wissenschaftliche Arbeit und Konzeptionsbildung einzugreifen – in Auftrag gab, insbesondere seinem Vertreter in der »Ständigen Kommission«, Ministerialrat Dr. Eberhard Dünninger, nicht zuletzt Senator a.D. Ludwig Linsert, der maßgeblich an der Entstehung des Gesamtprojekts beteiligt war und stets waches, kritisches Interesse an seinem Fortgang bekundete.

Die Herausgeber konnten im Institut für Zeitgeschichte mit Gewinn auf den Rat von Kollegen zurückgreifen. Vor allem aber waren sie immer wieder angewiesen auf die oft überstrapazierte, sich keineswegs in »Technik« erschöpfende Hilfe des Ordnens, Kopierens, Schreibens etc. Ohne die Haupthelferinnen Ursula van Laak, Hildegard Bauer, Christa Gutensohn, Lieselotte Deisz und Vera Hübner wäre der Band nicht in dieser Ausgestaltung oder nicht rechtzeitig fertig geworden.

München, im Mai 1977   M.B.

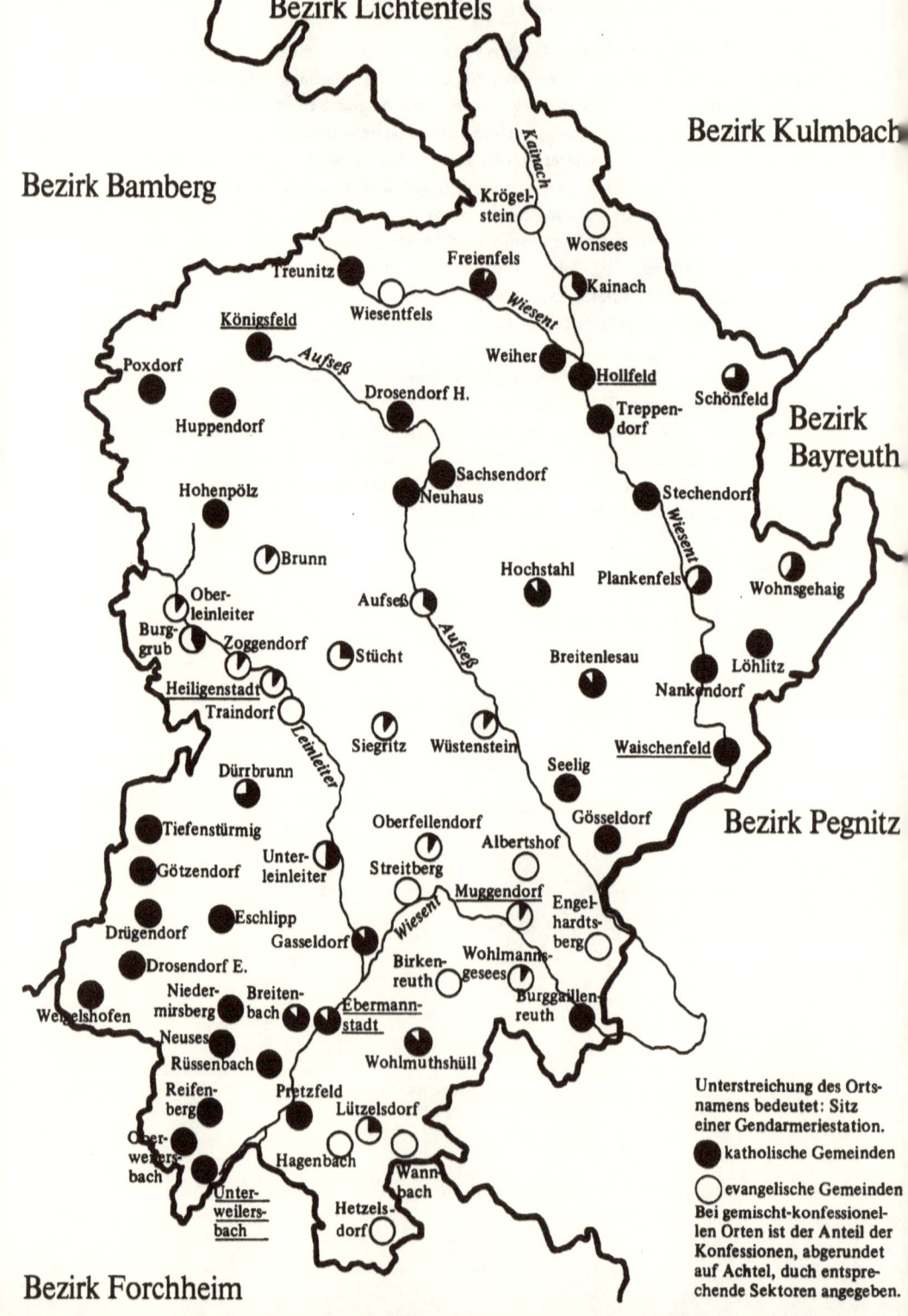

TEIL I

Ein Landkreis in der Fränkischen Schweiz
Der Bezirk Ebermannstadt 1929 – 1945

EINFÜHRUNG

ÜBERLIEFERUNG, AUSSAGEGEHALT UND AUSWAHL DER BERICHTE

Am 30. Mai 1938 berichtete der Vorstand des Bezirksamtes Ebermannstadt ausführlich von der fortdauernden Maul- und Klauenseuche und dem starken Futtermangel, der in den hochgelegenen Jura-Dörfern seines Bezirks die Lage der ärmlichen Bauern »äußerst kritisch« gestaltet und eine »recht niedergeschlagene« Stimmung verursacht habe. Große politische Ereignisse, wie der vorangegangene Anschluß Österreichs an das Deutsche Reich, vermochten bei solchen elementaren Nöten in den rückständigen Dörfern des Bezirks nur wenig zu beeindrucken. »Besondere Begeisterung«, so hatte der im Südteil des Kreises stationierte Gendarmerie-Posten Unterweilersbach am 26. März 1938 gemeldet, sei in seinem Posten-Bereich (in dem auch schlechtbezahlte Arbeiter in größerer Zahl wohnten) »nicht festzustellen« gewesen.

Ähnliche Bemerkungen durchziehen die Berichterstattung über die Stimmung der Bevölkerung des Kreises in den ersten Jahren des Krieges. Angesichts des im Sommer 1941 in weitentfernte östliche Räume verlagerten Kriegsgeschehens schrieb der Landrat am 30. August 1941: »Der einfache Mann ist nicht in der Lage, die Karte von Europa ohne weiteres gegen die Weltkarte auszutauschen«, deshalb fehle es bei ihm auch an der »wahren Anteilnahme«. Für den »wortkargen und etwas schwermütigen Jura-Bauern«, so berichtete der Gendarmerie-Kreisführer am 30. Dezember 1941, stünden das Schicksal seiner an der Front eingesetzten Angehörigen und die zunehmenden wirtschaftlichen Schwierigkeiten im Vordergrund. Dagegen vermöge die »Aufklärung durch Presse, Rundfunk und Partei« die Bevölkerung auf dem Lande längst nicht in dem Maße zu erfassen wie in den Städten und Industriegebieten; die skeptische Zurückhaltung des Landvolkes könne »auch durch große nationale Ereignisse kaum wesentlich beeindruckt werden«. Geringer als in städtischen und industriellen Gebieten mit ihrer größeren Kommunikationsdichte war in dem kleinbäuerlichen Landkreis Ebermannstadt nicht nur die Anteilnahme an nationalpolitischen Ereignissen, sondern auch der Grad der Erreichbarkeit durch die Propaganda des Regimes. In den kümmerlichen wirtschaftlichen und zivilisatorischen Verhältnissen des Bezirks mit seinen rund 150 kleinen und kleinsten Ortschaften, verstreut auf abgelegene Bachtäler und schwer zugängliche Höhenrücken, versickerte und verlor sich der totalitäre Anspruch des Regimes. Die NSDAP, obwohl auch im Bezirk Ebermannstadt darauf bedacht, die organisatorische und weltanschauliche Erfassung der Bevölkerung bis in das letzte Dorf voranzutreiben, war vielfach gezwungen, sich dem restistenten Milieu eigensinniger, auf ihre materiellen Elementarbedürfnisse fixierter, stark konfessionell gebundener Kleinbauern, ihren Gebräuchen, tradierten Autoritätsvorstellungen und sozialen Verkehrsformen anzupassen.

In ähnlich strukturierten Nachbarbezirken war die Lage nicht anders. Aus dem überwiegend katholischen und agrarischen Bezirk Hilpoltstein (Oberfranken) berichtete der Amtsvorstand Mitte Juli 1933, nach der erzwungenen Auflösung der Bayerischen Volkspartei (BVP):

»Es wird noch jahrelanger Arbeit bedürfen, den breiten Massen der seitherigen Wählerschaft der BVP Sinn und Gehalt des Nationalsozialismus so nachdrücklich zu vermitteln, daß die Volksteile bewußte und überzeugte Träger der neuen Staatsidee werden. Einzelne Gebiete des Bezirks sind für die Idee Hitlers noch absolutes Neuland. Die Propaganda ist erschwert durch die Atomisierung der Bevölkerung in Zwergsiedlungen. Die 84 Gemeinden des Bezirks zerfallen in insgesamt über 200 Ortschaften. Bei der Armut der Bevölkerung werden auch vielfach keine Zeitungen gelesen. Aus dem gleichen Grunde befindet sich in zahlreichen Orten nicht ein einziges Radiogerät, so daß diese wirksamste Art der Propaganda, beste Redner an die breiten Massen des Volkes heranzubringen, gleichfalls ausscheidet...«[1]

Der Bezirk Ebermannstadt, über den im folgenden ausführlich berichtet wird, war bei aller Individualität kein Sonderfall. Er steht für große Teile der ärmlichen agrarischen Provinz Bayerns, die, vor allem außerhalb Altbayerns, weite, meist gebirgige Gebiete in Ober-, Mittel- und Unterfranken, aber auch in der Oberpfalz und in Schwaben umfaßte; in der Regel charakterisiert durch kärgliche landwirtschaftliche Ertragslage, vorherrschend kleinbäuerliche Betriebe und eine traditionell kirchenfromme, katholische oder evangelische ländliche Bevölkerung. Mit dem Nebeneinander katholischer und evangelischer Gemeinden, das – wie im Bezirk Ebermannstadt – in Ober- und Mittelfranken häufig anzutreffen war, ragte die große, für das Land kennzeichnende konfessionelle Scheidung mit ihren politischen Implikationen in den lokalen Bereich hinein.

Die Auswahl des Bezirks Ebermannstadt für eine exemplarische Dokumentation des Stimmungsverlaufs und politischen Verhaltens der Bevölkerung in der nationalsozialistischen Zeit ist gleichwohl nicht allein nach strukturellen Gesichtspunkten getroffen worden. Für sie sprach vielmehr in erster Linie die für diesen Bezirk vorliegende exzeptionell gute Quellenüberlieferung. Von den periodischen Lage- und Stimmungsberichten bayerischer Bezirksämter und den ihnen zugrunde liegenden Gendarmerie-Berichten, die bis zum Juli 1934 halbmonatlich, später monatlich erstattet wurden, sind in den staatlichen Archiven Bayerns manche bedeutende Reste erhalten geblieben. Für die NS-Zeit existiert aber nicht eine einzige vergleichbar geschlossene und dichte Überlieferung wie für den Kreis Ebermannstadt. Kriegszerstörungen in Regierungspräsidien und Landratsämtern, die 1944/45 von den vorgesetzten Dienststellen ausgehenden Aktenvernichtungsbefehle und auch spätere Kassationen haben den äußerst fragmentarischen Überlieferungszustand dieser Quellen-Kategorie bewirkt.

---

[1] Zitiert im Halbmonatsbericht des Regierungspräsidenten von Ober- und Mittelfranken vom 19. 7. 1933.

Die positive Ausnahme, die der Bezirk Ebermannstadt bildet, scheint nicht ganz zufällig zustande gekommen zu sein. Der letzte, bis zum Einmarsch der amerikanischen Truppen im April 1945 tätige Landrat dieses Kreises, Dr. Ludwig Niedermayer, berichtete darüber nach Kriegsende: »Als der Zusammenbruch immer näherrückte«, habe »ein Befehl nach dem anderen die Verbrennung oder sonstige Vernichtung aller wichtigen Akten, insbesondere der Geheimakten« angeordnet; er habe aber »kein einziges Schriftstück beseitigt«[2]. Der Umstand, daß die Monatsberichte Dr. Niedermayers seine während des Krieges an verschiedenen Maßnahmen des Regimes geübte Kritik und die Konflikte, in die er dadurch 1943 hineingeriet, bezeugten, mag ein zusätzlicher Grund für ihn gewesen sein, diesen Bestand vor der Vernichtung zu bewahren. Die jetzt in sechs umfangreichen Faszikeln im Staatsarchiv Bamberg verwahrten Berichte für die Jahre 1934 – 1944 umfassen insgesamt rund 6 000 maschinenschriftliche Seiten. Mit Ausnahme des Jahres 1933 und des Jahres 1945, für die sich keine Berichte mehr auffinden ließen, enthält er nur wenige größere Lücken, die bei unserer Auswahl jeweils kenntlich gemacht sind. Für jeden Halbmonat bzw., nach der Umstellung auf monatliche Berichterstattung ab August 1934, für jeden Monat der elf Jahre von 1934 – 1944 liegen – mit nur geringen Lücken – jeweils vor: die Berichte der acht Gendarmerie-Stationen des Bezirks[3], der sie zusammenfassende und durch eigene Beobachtungen und Feststellungen ergänzende Bericht der Gendarmerie-Inspektion (bis August 1938 mit der Amtsbezeichnung »Gendarmerie-Hauptstation«, ab September 1939 »Gendarmerie-Kreisführer«), der auf dieser Basis und aufgrund eigener Erkenntnisse geschriebene Bericht des Bezirksamtsvorstandes (ab September 1939 mit der Amtsbezeichnung »Landrat«).

Dieser Fundus bildet die primäre Grundlage der folgenden Berichtsauswahl. Für den Grundriß der politischen Entwicklung in den Jahren 1929 – 1933, den wir als »Vorgeschichte« im ersten Teil der Dokumentation skizzieren, standen vor allem zur Verfügung: die teilweise (bis Ende 1931) vorliegenden Halbmonatsberichte des Bezirksamtsvorstandes, die in dieser Periode allerdings recht knapp gehalten sind und jeweils 2 – 3 Seiten in der Regel nicht überschreiten[4]; ferner die in Ebermannstadt herausgegebene Lokalzeitung, der »Wiesent-Bote«, mit ihren tagespolitischen Informationen und – vor allem – den genauen Angaben über die Ergebnisse der Wahlen von 1930–1933 in den einzelnen Gemeinden des Bezirks. Für die letzten Monate des Krieges bis zur Besetzung des Bezirks durch amerikanische Truppen Mitte April 1945 konnten wir auf einige Sachakten des Landratsamtes zurückgreifen.

Im Gegensatz zur Weimarer Zeit ist die Berichterstattung des Bezirksamtsvorstandes in der NS-Zeit erheblich umfangreicher geworden.[5] Ursächlich hierfür war vor allem das – nach der Ausschaltung freier öffentlicher Zeitungsberichterstattung und parlamentari-

---

[2] Rechtfertigungsbericht Dr. Niedermayer an den Regierungspräsidenten in Ansbach vom 29. 9. 1946, im Privatbesitz von Dr. Niedermayer, der dem Bearbeiter Einsichtnahme in das Schriftstück gewährte.
[3] In der Berichtszeit existierten in der Regel jeweils von einem Hauptwachtmeister der Gendarmerie geleitete Gendarmerie-Posten in folgenden Orten des Bezirks: Aufseß, Ebermannstadt, Heiligenstadt, Hollfeld, Königsfeld, Muggendorf, Unterweilersbach (1941 mit dem Posten Ebermannstadt zusammengelegt), Waischenfeld.
[4] Vgl. S. 24.
[5] Für die Jahre 1914 – 1931 liegt ein weitgehend vollständiger Satz der Wochen- bzw. Halbmonatsberichte der oberfränkischen Bezirksämter, so auch von Ebermannstadt, in den Akten des Regierungspräsidenten von Oberfranken vor, StA Bamberg, K 3/1830 – 1887.

scher Meinungsübermittlung – gesteigerte Interesse sowohl der Regierung wie der Politischen Polizei (diese erhielt in der Regel Durchschläge der Bezirksamtsberichte) an internen amtlichen Meldungen über Lage und Stimmung der Bevölkerung. Die ausführliche Berichterstattung des Bezirksamtes und der Gendarmerie ebenso wie das vielfältige Berichterstattungswesen der NSDAP, der Gestapo und des SD war Ersatz für die nicht mehr mögliche demokratische Rückbindung des Regimes an die Volksmeinung und zugleich Mittel der vorbeugenden Kontrolle. Es spiegelt die plebiszitäre Sensibilität des NS-Regimes und seine Besorgnis vor oppositionellen Regungen.

Die Halbmonats- bzw. Monatsberichte der verschiedenen Stufen der inneren Verwaltung gliederten sich ab 1933/34 nach einem – auf der lokalen Ebene der Gendarmerie-Stationen allerdings nicht immer streng eingehaltenen – grundsätzlich ähnlichen Schema. Sie begannen in der Regel mit einem Abschnitt »Allgemeine politische Lage«. Dieser Teil – er bildet die Hauptgrundlage unserer Auswahl – enthielt eine allgemeine Charakterisierung der Stimmung der Bevölkerung unter Berücksichtigung auch der nationalen, außenpolitischen oder, ab 1939, der großen Kriegsereignisse, der Stimmungsauswirkung der Reden Hitlers oder anderer Exponenten des Regimes, nationaler und lokaler Kundgebungen der NSDAP u. ä. In diesem Teil wurde ferner über Aktivitäten von ehemaligen Angehörigen oder Sympathisanten verbotener oder aufgelöster politischer Parteien oder Gruppen (KPD, SPD, BVP, Monarchisten u. a.) berichtet, über oppositionelle Regungen innerhalb der Kirchen oder über besondere vom Regime bekämpfte Gruppen und Gesinnungsgemeinschaften (Juden, »Fremdvölkische«, Freimaurer, Bibelforscher u. a.). Anschließend folgte in einem besonderen Teil die Berichterstattung über die wirtschaftliche und soziale Lage der Bevölkerung, die im Bezirk Ebermannstadt eine meist sehr ausführliche Beschreibung der landwirtschaftlichen Verhältnisse (Ernteerträge, Preis- und Absatzverhältnisse für agrarische Produkte, Landarbeiter- und Landfluchtproblem u. a.) enthielt, aber auch andere wirtschaftliche und soziale Probleme (Arbeitsmarkt und Arbeitslosigkeit, Steueraufkommen der Gemeinden, Stand der Verkehrs- und Schul- sowie der Gesundheitsverhältnisse u. a.) behandelte und während des Krieges noch weiter aufgegliedert wurde durch jeweils gesonderte Abschnitte vor allem über die »preispolitische Lage« und die »Versorgungslage«. Ein traditionelles Element des »besonderen« Teiles bildet ferner die Berichterstattung über Vorkommnisse, die die »Sicherheitslage« des Bezirks betrafen (Verkehrsunfälle, Brände, Überschwemmungen, kriminelle Delikte, Selbstmordfälle).

Die breite Darlegung dieser Verhältnisse, die sich von Monat zu Monat wiederholte und die meisten öffentlich bedeutsamen Ereignisse und Stimmungsveränderungen registrierte, macht die Berichte aus dem Bezirk Ebermannstadt zu einer Quelle, aus der sich dem Leser die Eigentümlichkeiten dieses Gebietes und seiner Bevölkerung, ihre sozialen und wirtschaftlichen, kulturellen und kirchlich-religiösen Verhältnisse, ihre Lebensgewohnheiten erschließen und oft plastische Gestalt annehmen. Die politische Einstellung und Aktivität der Bevölkerung, die Art, wie sie auf Errungenschaften, Neuordnungen, Sanktionen des Regimes und seiner örtlichen Vertreter reagierte, ist eingebettet in den Kontext umfassend berichteter allgemeiner Lebensverhältnisse. Das »Politische« steht nicht isoliert da – wie meist in den abstrakteren Berichten der übergeordneten Instanz der Regierungspräsidenten – sondern als Teil einer mit vielerlei konkreten Informationen gesättigten Charakterisierung der allgemeinen Lebensbedingungen. Darin liegt der besondere Wert dieser Berichte als einer Quelle für die konkrete soziale Wirkungsgeschichte des NS-Regimes. Was das Dritte Reich für eine provinzielle Kleinregion vom Zuschnitt des Bezirks Ebermannstadt bedeutete, wie sich Nationalsozialismus hier ereignete, was von dem übergeordneten nationalen Geschehen in den Bezirk hineinwirkte, wie es sich brach an den vorrangigen Interessen, Gewohnheiten und Einstellungen seiner Bewohner, welche Probleme, Belastungen und Konflikte das Leben und Bewußtsein der Bevölkerung in diesem Gebiet in der NS-Zeit beherrschten – das könnte in ähnlich umfassender und unmittelbarer Form schwerlich durch irgendeine andere Quelle zu Wort gebracht werden. Die Berichte ermöglichen es, den Wirkungs- und Erlebnisgehalt der NS-Zeit in einer agrarischen Kleinregion Bayerns exemplarisch zu dokumentieren. Die fast lückenlose Folge der Berichte, die in diesem Falle eine konzentrierte chronologische »Längsschnitt«-Dokumentation auf identischer regionaler und Quellen-Basis durch die ganze Periode der NS-Zeit hindurch ermöglichte und nahelegte, erlaubt es mithin auch, zeitliche Veränderungen des Stimmungsverlaufs in methodisch gesicherter Weise zu dokumentieren, z. B. den keineswegs nur zeitweiligen, vielmehr langandauernden »Stimmungseinbruch«, den der heftige Kirchenkampf des Jahres 1934 in den evangelischen Gemeinden des Bezirks, die am 5. März 1933 meist überwiegend für die NSDAP gestimmt hatten, verursachte.

Die enge Gebundenheit politischer Stimmungen und Verhaltensweisen an die wirtschaftlich-materielle Lage und das spezifische Sozial- und Traditionsmilieu der Bevölkerung tritt in vielerlei Aspekten und Spiegelungen hervor: Die nach vorübergehender leichter Lageverbesserung der Landwirtschaft nach 1935 (vor allem wegen des Preisstops für landwirtschaftliche Erzeugnisse, der agrarwirtschaftlichen Lenkungsmaßnahmen des Regimes und des zunehmend stärker werdenden landwirtschaftlichen Arbeitskräftemangels) unter den Bauern wieder rasch zunehmende Mißstimmung bildete unverkennbar einen wesentlichen materiellen Grund für die Resonanz, die die zum neuen Kulturkampf gesteigerten kirchlich-religiösen Auseinandersetzungen mit dem Regime bei den Bauern fanden. Eine kaum weniger wichtige Rolle spielten langfristig-strukturelle soziale Faktoren und Gewohnheiten: die noch weitgehend ungebrochene Autorität des Ortsgeistlichen, zumal wenn ihm als lokale Repräsentanten der Partei Personen und Meinungsmacher gegenüberstanden, deren sozialer Kredit bei den Bauern zweifelhaft war bzw. durch Amtsmißbrauch oder Konjunkturrittertum schnell erschüttert wurde.

Manches, was in den Berichten als Nonkonformität dem NS-Regime gegenüber erscheint, beruhte im Kern auf regime-unabhängigen traditionellen Einstellungen, die gleichwohl – angesichts des vehementen Veränderungswillens der NS-Machthaber – die objektive Qualität wirksamer Resistenz erlangen konnten. Das gilt zum Teil schon für die bäuerliche Aversion gegen organisatorische Neuerungen auf agrarwirtschaftlichem Gebiet, noch mehr für die Reserviertheit der Bauern gegenüber ideologischen und nationalistischen Abstraktionen und Phraseologien oder mit ihnen begründeten materiellen Zumutungen. Sie kam bei WHW-Sammlungen und sonstigen Appellen an die Opferbereitschaft in den ersten Jahren der Hitler-Zeit ebenso zum Ausdruck wie später bei der meist vergeblich erwarteten nationalen Begeisterung der Bauern für den Kriegsdienst und die großen Kriegsziele des Regimes. Insbesondere wenn solche Einstellungen relative Immunität oder Nichtverführbarkeit in bezug auf zentrale, vom Nationalsozialismus propagierte weltanschauliche Doktrinen oder Verweigerung und Nichtpartizipation bei der geforderten politischen Aktions- und Organisationswilligkeit bedeuteten, markieren sie klare Grenzen, die der politischen Durchsetzungsfähigkeit des Regimes gesetzt wurden, und gewannen dadurch objektiv den Rang wirksamer politischer Nonkonformität und Resistenz, unabhängig von den individuellen sozialen oder psychologischen Ursachen und den – oft ganz unpolitischen – Motiven der an solcher Resistenz Beteiligten.

Bei dem von den Berichten eröffneten Einblick in den wechselseitigen Zusammenhang von Sozialstrukturen und politischem Verhalten wird andererseits auch die Begünstigung des Regimes durch bestimmte sozialstrukturell vorgebildete Verhaltensmuster deutlich.

Die Kritik und oppositionelle Haltung gegenüber lokalen Exponenten der Partei, die man persönlich kannte, schloß Autoritätsgläubigkeit gegenüber dem nationalsozialistischen Staat und seiner Führung an der Spitze keineswegs aus. Die in der Berichterstattung häufig wiederkehrende Formel, daß die Bevölkerung durchweg »staatsfreundlich«, »loyal« und »friedliebend« (gemeint im Sinne ordnungsstaatlich gewünschter Fügsamkeit) sei, spricht eine deutliche Sprache. Frühere Herrschaftsverhältnisse, die in der Form einiger adeliger Gutsherrschaften auch in den dreißiger Jahren in manchen Teilen des Bezirks noch reale wirtschaftliche und soziale Bedeutung hatten, wirkten zweifellos nach bei dem »gefügigen« Verhalten der Kleingütler und Kleinbauern des Bezirks gegenüber jeglicher Obrigkeit. Vor allem das positive Bild »des Führers« blieb – den Berichten zufolge – trotz starker Kriegs- und Regimemüdigkeit auch in den letzten Kriegsjahren bei der bäuerlichen Bevölkerung fast unbeeinträchtigt, eine – an historische Kaisermythen erinnernde – Vorstellung von der unzerstörbaren Volksfreundlichkeit des weit entfernten Herrschers und Retters, die mit der Wirklichkeit der Person und Einstellung Hitlers kaum noch etwas zu tun hatte und primär nur die soziale Erlösungsbedürftigkeit der Hitler-Gläubigen und die Langlebigkeit der auf Hitler projizierten Heilserwartung spiegelt.

Auch an bestimmte, in der arbeitsamen bäuerlichen Bevölkerung vorgeprägte soziale Vor- und Pauschalurteile konnte das NS-Regime anknüpfen, und manche von ihnen vermochten der Gewaltsamkeit des Regimes selbsttätig Vorschub zu leisten. Die Berichte über die Haltung der bäuerlichen Bevölkerung gegenüber dem Bettler- und Landstreicherwesen in den Jahren 1931 – 1934 zeigen das ebenso wie die Akten über die Asozialen-Aktion der Polizei im Frühjahr 1938.

Nicht selten lassen sich aus den Berichten auch bemerkenswerte schichtenspezifische Unterschiede der Reaktion der Bevölkerung, z. B. auf »nationale Ereignisse« entnehmen: viel unideologischer, auf ihre konkreten sozialen Verhältnisse und Interessen bezogen die Reaktionsweise der einfachen bäuerlichen Bevölkerung, abstrakter und phraseologischer die der »besseren« Schichten. So, wenn der Gendarmerie-Posten aus dem kleinen ländlichen Fremdenverkehrsort Muggendorf am 31. März 1935 nach der Wiedereinführung der allgemeinen Wehrpflicht berichtete, diese Maßnahme des Führers sei von der einfachen (bäuerlichen) Bevölkerung hauptsächlich wegen der dadurch wieder ermöglichten strafferen Erziehung der älteren Jugend begrüßt worden, während der »intelligentere Teil der Bevölkerung« darin in erster Linie eine »mutige Tat der Befreiung von der Schmach der vergangenen Jahre« erblickt habe.

Die Gültigkeit überlieferter Normen autoritärer Jugenderziehung, wie sie hier zum

Ausdruck kam als ein nationalsozialistischen Zielen vorgeordnetes soziales Interesse der bäuerlichen Bevölkerung, erwies sich in den Landgemeinden des Bezirks als starkes Hindernis auch für die Durchsetzung der HJ und ihrer Führungs- und Organisationsgrundsätze. Dem aus der bürgerlichen Jugendbewegung seit der Jahrhundertwende herkommenden jugendbündischen Prinzip (Jugend führt Jugend) fehlten in der paternalistisch geprägten Sozialwelt des ländlichen Bezirks alle Voraussetzungen. Katholische und evangelische Jugendgruppen waren in aller Regel unter der Leitung des Pfarrers oder der Pfarrfrau organisiert. Jugendvereine ohne »erwachsene« Leitung widersprachen allen herkömmlichen Erziehungsgrundsätzen, sie standen unter dem Verdacht »groben Unfugs« oder gar der »Unsittlichkeit«. Vielfach mußten sich, da die HJ-Organisation anders völlig ohne Bedeutung geblieben wäre, die Lehrer als örtliche Leiter der HJ betätigen.

Die relative Schwäche der Partei auf lokaler Ebene, die sich zum Teil auch in den selbstbewußten Berichtsäußerungen lokaler Gendarmerie-Wachtmeister bekundet, hatte auch strukturelle Gründe. Nicht nur, daß es die Partei auf dem Lande schwer hatte, genügend qualifizierte Amtsträger zu finden. Die Regeln und Normen unpersönlicher Amtsführung waren sowohl in der – ehrenamtlichen – Lokalverwaltung kleiner Landgemeinden wie in den lokalen Amtsstellen der Partei überhaupt schwer durchzusetzen. In den kleinen Bauerndörfern mit ihren personalisierten Verhältnissen galten öffentliche Funktionen vielfach ganz selbstverständlich als Pfründen, Begünstigung und Patronage waren an der Tagesordnung, unparteiische Amtsführung war aus solchen Gewohnheiten heraus vielfach wenig glaubwürdig.

Die Zweifelhaftigkeit bürokratischer Sachlichkeit bei lokalen Amtsentscheidungen war offensichtlich auch eine wesentliche Voraussetzung dafür, daß es in den ersten Kriegsjahren in den Landgemeinden des Bezirks wegen der Uk-Stellung von Bauern und Bauernsöhnen zu außerordentlich scharfen Mißstimmungen kam, in den Berichten häufig als fehlende nationale Einsatz- und Opferbereitschaft der Bauern deklariert. Wenn es teilweise von der Begutachtung durch einen mit anderen Bauern aus persönlichen Gründen verfeindeten Ortsbauernführer abhing, ob ein Bauer zur Wehrmacht eingezogen wurde oder nicht, mußten derartig folgenreiche lokale Amtshandlungen, deren Objektivität fraglich war, einen Knäuel von lokalen Verdächtigungen, Gehässigkeiten und entsprechende soziale Konflikte erzeugen. Dem relativ geringen Partizipations- und Mobilisierungsgrad, den das NS-Regime in diesem Teil der bayerischen agrarischen Provinz erreichte, widerspricht nur scheinbar die aus den Berichten der Kriegszeit stark hervortretende Tatsache, daß die Bevölkerung dieses Kreises von den unmittelbarsten und schlimmsten Kriegsauswirkungen weitgehend verschont blieb. Manche der wegen mittelbarer Kriegslasten berichteten Mißstimmungen der Bevölkerung, etwa im Zusammenhang der Unterbringung von Evakuierten aus kriegs- oder bombengefährdeten Gebieten, erscheinen als geradezu idyllische Abwandlung der zu gleicher Zeit in den Großstädten des Reiches auftretenden Kriegsfolgen. Die Auswirkungen der Kriegswirtschaft bedeuteten wie schon im Ersten Weltkrieg eine relative Verbesserung der Lage der bäuerlichen Bevölkerung, verglichen mit der anderer Schichten. Nicht nur, daß die bäuerlichen Selbstversorger von der Lebensmittelrationierung unabhängiger waren, ihre Produkte standen als Mangelware jetzt hoch im Kurs und erzielten bessere Preise. Viele Kleinbauern des Bezirks hatten zum ersten Mal genügend Geld. Die Kriegswirtschaft führte zur zeitweiligen Erlösung vom Notstand der Geld-Armut, der in Friedenszeiten die Lage der Kleinbauern des Bezirks gekennzeichnet hatte. Der unermüdliche Eifer, mit dem die Bauern trotz stark verminderter Arbeitskraft bis Kriegsende ihre Felder bestellten und ihr Ablieferungssoll erfüllten, wird auch unter diesem Gesichtspunkt zu sehen und nicht allein als regime-konforme Leistungsbereitschaft anzusehen sein.

Im Gegensatz dazu steht die in den Berichten vielfach eindrucksvoll geschilderte Überbeanspruchung der Arbeitskraft der auf dem Lande verbliebenen meist alten Bauern und alleinstehender Bauersfrauen sowie – vor allem – die Kriegsfeindlichkeit und Friedenssehnsucht der Landbevölkerung, die sich schon 1941/42 zum beherrschenden Thema der Berichterstattung entwickelte. NS-Regime und Krieg werden weitgehend fatalistisch hingenommen, aber nicht enthusiastisch mitvollzogen. Die alltägliche Sorge um das Hereinbringen der Ernte, den Absatz der Produkte, die Erhaltung der Arbeitskraft zur Bewirtschaftung der Felder und die Versorgung des Viehs hatten in den ärmlichen Bauerndörfern des Bezirks das »Politische« immer als Nebensache erscheinen lassen. Diese in den agrarischen Lebensverhältnissen und Traditionen wurzelnde unpolitische Grundhaltung – Skepsis gegenüber dem Politischen, aber Loyalität gegenüber alten Autoritäten (Kirche, Staat, Familie, etc.) – kennzeichnet die Ambivalenz sozialkonservativer Beharrungskräfte in der Provinz gegenüber dem Nationalsozialismus. Sie bildete kaum den Boden für die Entwicklung politisch bewußter Gegenkräfte oder gar für zielstrebigen organisierten Widerstand, ihre Resistenzkraft vermochte aber die Wirkungen des Regimes vielfach einzudämmen und das Althergebrachte zu behaupten. Sie bedeutete vor allem weitgehende Immunität gegenüber den ideologischen Verführungen und Perversionen des Regimes.

Mit diesen Bemerkungen soll der Inhalt der Berichte nicht vorweggenommen und ihre Interpretation nicht erschöpft und festgelegt werden. Ihr Sinn war es lediglich, auf den sozialgeschichtlichen Gehalt und Erklärungswert, der in scheinbar nur episodenhaften und lokalen Details der Berichterstattung enthalten ist, gebührend hinzuweisen. Absolut schlüssige sozialgeschichtliche Erklärungen politischen Verhaltens sollen weder hier gegeben werden, noch dürften sie aus den vorgelegten Berichten allein zu entnehmen sein. Dazu ist die Quelle auch in mancher Hinsicht trotz ihrer Ergiebigkeit zu begrenzt. Der Filter der vorgegebenen Berichtskategorien und der subjektiven Perspektiven der amtlichen Berichterstatter, die trotz der ihnen auferlegten Pflicht zur Objektivität die berichtete Wirklichkeit einengten und – ohne daß dies im Einzelfall exakt belegbar ist – auch durch ihre Akzentsetzung beeinflußten, zwingt allein schon zu vorsichtiger Interpretation.

Dabei darf vor allem nicht vergessen werden, daß die Berichtenden selbst Exponenten des Regimes, wenn auch nicht der Partei waren, daß sie das von ihnen Vorgebrachte aus der Perspektive der »Regierung« sahen und bewerteten. Zu berücksichtigen ist auch die individuelle Auswahl und Wiedergabe des jeweils für berichtenswert Gehaltenen, das von Gendarmerie-Station zu Gendarmerie-Station Unterschiede aufweist und in Inhalt und Form teilweise von der subjektiven Einstellung, größerer oder geringerer Amtsroutine, Interessiertheit und Ausdrucksfähigkeit des jeweiligen Beamten abhängig war. Die »Tatsachen«-Nähe der lokalen Berichterstattung und die in der Bezirkspolizei eingeübte Sorgfalt der Tatsachenfeststellung ließ für stark subjektive Interpretation allerdings im allgemeinen weniger Raum als auf der Stufe des Landrats oder Regierungspräsidenten. Die Tendenz zu schönfärbender, regimekonformer Darstellung ist gelegentlich spürbar, aber nicht allzu hoch zu veranschlagen. Nicht nur, weil es die Aufgabe der Berichterstattung war, ein unfrisiertes Bild der Lage und Stimmung zu vermitteln, sondern auch, weil Bezirksamt und Gendarmerie relativ unabhängig von der Partei waren. Als lokale Polizeiexekutive unterstand die aus ca. 20 Personen bestehende Gendarmerie-Beamtenschaft des Bezirks Ebermannstadt – verteilt auf acht lokale Stationen – auch während der NS-Zeit ausschließlich dem Bezirksamt, und dieses scheint – jedenfalls in Ebermannstadt – von direkten Interventionen der Kreisleitung der NSDAP im allgemeinen verschont geblieben zu sein[6]. Diese relativ gesicherte Zuständigkeit der Inneren- und Polizei-Verwaltung auf der untersten Stufe kam der Objektivität und Freimütigkeit der Berichterstattung zugute.

In der hier vorgelegten Wiedergabe und Auswahl der Berichte sind diese nur nach der Amtsstelle, nicht nach der Person des Amtsinhabers klassifiziert worden. Ob der Bezirksamtsvorstand selbst oder – was häufig vorkam – dessen Stellvertreter einen Monatsbericht unterzeichnete, besagt noch nicht zwingend, daß er ihn auch selbst formulierte. Die Möglichkeit der persönlichen Beeinflussung der Berichte durch den Unterzeichnenden war, wie sich dies in Ebermannstadt insbesondere für 1933/34 am Verhältnis zwischen dem alten, aus der Weimarer Zeit übernommenen Bezirksamtsvorstand und seinem jungen, 1933 eingesetzten Stellvertreter zeigen läßt, im Einzelfall durchaus gegeben, im allgemeinen aber schon dadurch begrenzt, daß dem Bezirksamt die Berichte des Gendarmerie-Kreisführers und der Gendarmerie-Stationen vorlagen, die auszuwerten waren, und meist auch Passagen aus ihnen dem Sinne nach oder wörtlich übernommen wurden. Deshalb ist auch die monatliche Berichterstattung aus dem Bezirk in dieser Auswahl jeweils als eine Einheit behandelt und vornehmlich unter dem Gesichtspunkt größtmöglicher inhaltlicher Konkretheit, Genauigkeit und Prägnanz abwechselnd oder abschnittsweise aus dem Bericht des Bezirksamts, des Gendarmerie-Kreisführers oder einzelner Gendarmerie-Stationen zitiert worden, obwohl die berichteten Ereignisse häufig in mehreren oder allen Berichten enthalten sind. Die Ergänzung der – in erster Linie berücksichtigten – Berichte des Bezirksamtes und des Gendarmerie-Kreisführers durch Berichte einzelner Gendarmerie-Stationen empfahl sich aus einer Reihe von Gründen. Obwohl nicht selten infolge langatmig-pedantischer Amtssprache, inhaltloser Leerformeln und Fehlmeldungen für eine konzentrierte Auswahl zu sperrig, haben sie vielfach durch die unpolierte Ungelenkheit ihrer Ausdrucksweise und ihre Objektnähe den Rang einer sozialgeschichtlichen Primärquelle, auf deren Wiedergabe nicht verzichtet werden sollte.

Ziel der Auswahl und Anordnung der Berichte war es, das Original trotz der erheblichen Reduzierung des Umfanges so getreu wie möglich abzubilden. Dabei sind aber nicht alle Abschnitte und Inhalte der Originalberichte in gleichem Maße herangezogen worden. Die Auswahl konzentriert sich vorrangig auf die Wiedergabe der politisch relevanten Informationen unter Berücksichtigung auch derjenigen geschilderten Zustände, Einstellungen und Ereignisse, die unter sozialgeschichtlicher Perspektive im weitesten Sinne

---

[6] Dies wurde dem Bearbeiter durch Landrat a.D. Dr. Niedermayer ausdrücklich bestätigt (persönliche Unterredung am 26. 7. 1976); verschiedene Amtsträger der NSDAP-Kreisleitung und -Ortsgruppe Ebermannstadt hätten allerdings von »hinten herum« gegen den Landrat zu intrigieren versucht.

als Voraussetzungen politischen Verhaltens angesehen werden können. Bei der Auswahl kam es darauf an, ständige Wiederholungen zu vermeiden und doch in genügendem Maße das immer wieder Berichtete einzufangen. Um die Wiedergabe nicht über die Maßen aufzuschwemmen, wurden wörtliche Zitate aus den Berichten vielfach ergänzt oder unterbrochen durch Kurzzusammenfassungen (Regesten) mancher Berichtsinhalte durch den Bearbeiter, die sich aber stets eng an die Berichtsvorlage halten und vielfach wörtliche Passagen der Berichte verwenden. Dabei sind auch – zur Konkretisierung – in einigen Fällen ergänzende Informationen aus erhaltengebliebenen Sachakten des Bezirksamtes einbezogen worden. Wo diese größeren Umfang haben, sind sie als »Exkurse« von den Regesten auch formal und im Druck unterschieden. Fast ganz außer Betracht bleiben mußten die rein kriminal- oder ordnungspolizeilichen Teile der Berichterstattung (über Scheunen- und Hausbrände, Selbstmorde, Sittlichkeitsverbrechen, Verkehrsunfälle etc.) ebenso wie in den Berichten enthaltene Meldungen über ortsgeschichtliche oder heimatkundliche Ereignisse (Funde, Ausstellungen, Preisverleihungen, Jubiläen u. a.), unpolitische, personengebundene Ereignisse (Hochzeiten, Sterbefälle ortsbekannter Persönlichkeiten u. a.). Die besonders im Krieg anschwellende Berichterstattung über die materiellen Lebensbedingungen der Bevölkerung (Stand der Versorgung mit Rohstoffen, Lebensmitteln, Bekleidung, Preisentwicklung und -überwachung etc.) konnte nur beispielhaft und sehr verkürzt in die Auswahl aufgenommen werden.

Trotz des Bemühens um Konzentration der Wiedergabe, war ein Mindestumfang der Auswahl, dessen Unterschreitung die Originaltreue infrage gestellt hätte, unumgänglich. Um die ganze »Länge der Zeit« abzubilden, ist – von wenigen Ausnahmen abgesehen – versucht worden, das Wesentliche der jeweils vorliegenden halbmonatlichen oder monatlichen Berichte wenigstens in Kurzform in chronologischer Folge wiederzugeben und das Entstehen größerer »Zeitlücken« zu vermeiden. Die jeweilige Berichtszeit, auf die sich die Berichte beziehen, ist durch einen größeren Abstand von der nächsten Berichtszeit getrennt.

Wenn die konzentrierte Auswahl nicht zur Verzeichnung führen oder durch Verkürzung ein falscher Eindruck übertriebener Konflikthaltigkeit und Spannung erzeugt werden sollte, mußte auch die im Original enthaltene Wiedergabe konfliktloser Zustände, affirmativer Einstellungen und darüber hinaus – wenigstens beispielhaft – auch die in der Quelle in epischer Breite enthaltene unpolitische Berichterstattung sichtbar gemacht werden.

Der Historiker, der sich mit der Wiedergabe solchen – vor allem auch sozialgeschichtlich relevanten – Quellenmaterials zu befassen hat, das wegen seines enormen Umfangs jede Gesamtpublikation ausschließt und inhaltlich nur eine exemplarische Wiedergabe rechtfertigt, steht im Hinblick auf Methoden der Auswahl und Einrichtung noch weitgehend auf ungesichertem Boden und kann sich wenig auf die eingeübten Regeln der Edition »klassischer« historischer Quellen stützen. Mit der hier vorgenommenen Auswahl und Präsentation soll mithin auch eine dem Gegenstand adäquate Methode der Quellendarbietung zur Diskussion gestellt werden.

DIE STRUKTUR DES LANDKREISES EBERMANNSTADT

Der ehemalige Landkreis Ebermannstadt (vgl. die Kartenskizze auf S. 20), zwischen Bamberg im Westen, Bayreuth im Osten, Forchheim im Süden und Kulmbach im Norden gelegen, umfaßte den größten Teil der sogenannten Fränkischen Schweiz, jener Formation von Jura-Felsen und Bergen, die das Tal der in einem großen Bogen von Norden nach Süden fließenden Wiesent und ihrer Nebenflüsse (Leinleiter-, Aufseß-, Kainach-Bach) umsäumen und insbesondere den Süden des Kreises zu einem landschaftlich reizvollen Fremdenverkehrsgebiet machen.

Vorrangig war in der NS-Zeit aber die land- und forstwirtschaftliche Nutzung. Die Tallagen eigneten sich für Viehweiden, den Anbau von Ackerfutter, Getreide und Kartoffeln. Die im Norden des Kreisgebietes (zwischen Hollfeld und Königsfeld) vorherrschenden höheren Lagen der meist nur von einer dünnen Erdschicht bedeckten Kalkböden waren wenig ertragreich; die in dürre Kiefernwälder eingeschnittenen Getreidefelder erbrachten meist nur eine kärgliche Ernte. Am fruchtbarsten war das im äußersten Südzipfel des Kreisgebietes vor der Einmündung in die Pegnitz sich weit öffnende Wiesenttal in der Gegend um Pretzfeld, wo auch ein ertragreicher Obstanbau (Kirschen) betrieben wurde. Außer einigen Sägewerken und Steinbrüchen existierte keine Industrie. In dem tiefeingeschnittenen, von Burgen und Burgruinen umstandenen, windungs- und waldreichen Tal der Wiesent nördlich Ebermannstadt spielte der Fremdenverkehr seit Beginn des 20. Jahrhunderts eine zunehmende Rolle, vor allem in den evangelischen Orten Muggendorf und Streitberg.

Das Gebiet, das 1933 den Kreis Ebermannstadt bildete, setzte sich, bevor es infolge der Säkularisation und Mediatisierung im Jahre 1803 kurfürstlich-bayerisches Territorium geworden war, aus einer für den oberfränkischen Raum charakteristischen Vielzahl durcheinandergewürfelter Hoheitsgebiete zusammen. Bischöflich-bambergische, markgräflich-ansbachische, reichsritterliche Territorien mit jeweils zum Teil nur wenigen Orten waren ineinander verschachtelt; gerichtliche Zuständigkeiten, Lehnsabhängigkeiten und kirchliche Patronatsverhältnisse überkreuzten sich bis in die einzelnen Orte hinein in kaum noch zu entwirrender Weise[7]. Die konfessionelle Struktur des Kreises, der, ähnlich wie die oberfränkischen Amtsbezirke Höchstadt a. d. Aisch, Kronach oder Lichtenfels, zwei Drittel Katholiken und ein Drittel Evangelische zählte[8], ebenso wie die Existenz mehrerer bevölkerungsschwacher kleiner Amtsstädte und Marktflecken mit Stadtrechten (Hollfeld, Ebermannstadt, Heiligenstadt, Waischenfeld) ist vor allem auf diese Zersplitterung der historischen Herrschaftsverhältnisse zurückzuführen. Der Hauptort Ebermannstadt, im südlichen Teil des Amtsbezirks gelegen, seit dem 14. Jahrhundert Sitz einer bambergischen Vogtei und zwischen 1803 und 1862 Sitz eines bayerischen Landgerichts, war ebenso wie der ehemalige Landgerichtsbezirk Hollfeld-Königsfeld im Nor-

---

[7] Vgl. Beck, Christoph: Ebermannstädter Heimatbuch. Ebermannstadt 1926, insbesondere Kapitel V: Ortschaftenverzeichnis der Vogtei Ebermannstadt vom Jahre 1751, S. 125.
[8] Vgl. das in der Ztschr. d. Bayer. Statist. Landesamts, Jg. 66 (1934), S.1* – 106* veröffentlichte Gemeindeverzeichnis mit Angabe der Religionszugehörigkeit der Einwohner aufgrund der Volkszählung vom 16. 6. 1933. Danach gab es im Landkreis Ebermannstadt 15 161 Katholiken und 7389 Evangelische (außerdem 21 Einwohner israelitischer Religion und 4 »Sonstige«).

den des Kreisgebietes Zentrum eines überwiegend katholischen, ehemals zum Hochstift Bamberg gehörigen Gebietes. Dazwischen gab es verschiedene mehrheitlich evangelische Enklaven: das ehemals markgräflich-ansbachische Gebiet nordöstlich von Ebermannstadt (mit den Orten Muggendorf, Albertshof, Streitberg, Fellendorf, Wüstenstein) sowie die ehemaligen Standesherrschaften der Freiherren von und zu Aufseß, der Grafen von Stauffenberg (auf Burg Greifenstein bei Heiligenstadt) und der Grafen von Giech im äußersten Nordosten des Kreisgebiets (mit den Orten Wiesentfels, Kainach, Krögelstein)[9], denen im 20. Jahrhundert noch erheblicher land- und forstwirtschaftlicher Großgrundbesitz gehörte.

Seit 1862, nachdem Verwaltung und Justiz in Bayern getrennt und neue Unterbehörden der Inneren und Polizei-Verwaltung gebildet worden waren, datiert der verwaltungsmäßige Zusammenschluß der beiden bisherigen Landgerichtsbezirke Ebermannstadt und Hollfeld zu einem Amtsbezirk, während die noch für die Wahlbezirkseinteilung maßgebliche Trennung in zwei Gerichtsbezirke (Amtsgerichte Ebermannstadt und Hollfeld) bestehen blieb[10]. Der bis zur Gebietsreform im Jahre 1972 fortbestehende Kreis Ebermannstadt[11] stellte 1933 mit seinen 22 575 Einwohnern einen der bevölkerungsschwächsten der 17 oberfränkischen Amtsbezirke[12] dar. Der industrielose Kreis war der einzige in Oberfranken, dessen Bevölkerung von 1925 bis 1933 trotz Geburtenüberschusses einen durch Abwanderung bedingten Rückgang der Bevölkerung aufwies. Die dörflich-bäuerliche Grundstruktur wird durch die geringen Einwohnerzahlen der 68 Gemeinden des Bezirks verdeutlicht.

Nur das kleine Städtchen Hollfeld im Norden des Bezirks überschritt 1933 mit 1186 Einwohnern die Tausender-Grenze, selbst Ebermannstadt (865 Einwohner) blieb darunter. Im übrigen gab es nur weitere sechs Gemeinden mit mehr als 600 Einwohnern[13]. Von den anderen 60 Gemeinden des Bezirks, häufig Sammelgemeinden mit mehreren Orten, zählten 21 zwischen 550 und 300, 22 zwischen 200 und 300 und 17 unter 200 Einwohner. Eine unveröffentlichte, in den Akten vorliegende Statistik aufgrund der Volkszählung von 1925[14] läßt erkennen: von den damals insgesamt 4499 Haushaltungen des Bezirks waren 3728 (d. i. 83%) mit land- und forstwirtschaftlichen Betrieben verbunden. Auch in der Kreishauptstadt Ebermannstadt hatten 103 von insgesamt 209 Haushaltungen, in Hollfeld 164 von 269, landwirtschaftliche Erwerbsquellen; es waren überwiegend Akkerbaustädtchen und ländliche Marktflecken, deren Bevölkerung kaum zur Hälfte aus

---

[9] Grundlage der Orientierung bietet u. a. die 1797 von Johann Baptist Rommelt, Professor der Mathematik in Bamberg, verfertigte »geographische Vorstellung des Kaiserlichen Hochstifts und Fürstentums Bamberg«. Ein Exemplar befindet sich im StA Bamberg.
[10] Vgl. Beck (siehe S. 31 Anm. 7), S. 89 ff.
[11] Mit Wirkung vom 1. 7. 1972 aufgelöst und aufgeteilt auf die Landkreise Bamberg, Forchheim, Kulmbach, Bayreuth.
[12] Nur die Bezirke Stadtsteinach (rund 16 000 Einwohner), Staffelstein (rund 19 000) waren noch schwächer. Fast die dreifache Bevölkerungszahl wiesen die oberfränkischen Landkreise Bamberg (rund 59 000), Coburg (rund 52 000), Kronach (rund 61 000) und Wunsiedel (rund 55 000) auf. Vgl. Die Wohnbevölkerung in Bayern nach den Ergebnissen der Volkszählung vom 16. Juni 1933 (nach Gemeinden, Amtsgerichten, Verwaltungs- und Regierungsbezirken), in: Ztschr. d. Bayer. Statist. Landesamts, Jg. 65 (1933), S. 397 – 468.
[13] Waischenfeld (775), Plankenfels (750), Pretzfeld (749), Aufseß (730), Oberweilersbach (673), Königsfeld (643).
[14] StA Bamberg, K 8/IV/2992.

nichtlandwirtschaftlicher Bevölkerung (Handwerker, kleine Kaufleute, Wirte, Arbeiter und Angestellte, daneben einige Beamte und Freiberufliche) bestand. Etwa die Hälfte der (1925) insgesamt 1489 Haushaltungen, deren primäre Erwerbsquelle handwerkliche, kaufmännische und andere nicht-agrarische Gewerbe bildeten, dürften landwirtschaftliche Nebenerwerbsquellen gehabt haben. Die Landwirtschaftszählung von 1939 ergab, daß im Landkreis Ebermannstadt von insgesamt 3382 Betriebsinhabern 2725 die Landwirtschaft im Hauptberuf, 657 im Nebenberuf betrieben[15]. Unter (1939) insgesamt 3476 landwirtschaftlichen Betrieben waren 1115, d. h. fast ein Drittel, Zwergbetriebe mit Betriebsflächen unter fünf Hektar (419 unter zwei Hektar). Die Besitzer konnten von dem Ertrag des Bodens nicht oder nur unter den Bedingungen extremer Armut leben. Auch von den 1847 Betrieben (53%) mit Flächen zwischen 5 und 20 Hektar dürften viele, bei der oft kärglichen Bodenbeschaffenheit, kaum zur Befriedigung der elementaren Lebensbedürfnisse ausgereicht haben. Die Zahl der größeren Betriebe mit relativ gut gestellten Bauern (Besitzgrößen zwischen 20 und 100 Hektar), denen etwa ein Drittel der gesamten landwirtschaftlichen Nutzfläche des Bezirks gehörte, beschränkte sich im ganzen Bezirk auf 514 (14,5% der landwirtschaftlichen Betriebe) und eine etwa gleich große Zahl von Familien. Von nicht geringer Bedeutung waren die zwölf meist adligen Familien gehörigen, teilweise verpachteten Großbetriebe (überwiegend Forstwirtschaft) mit über 100 Hektar. Sie umfaßten etwa ein Zehntel der gesamten land- und forstwirtschaftlichen Nutzfläche des Bezirks.

Diese Daten veranschaulichen das Überwiegen der kleinbäuerlichen Struktur mit starken Elementen agrarischen Proletariats. Zu letzterem sind auch die 921 (familienfremden) landwirtschaftlichen Knechte, Mägde und Taglöhner zu rechnen, die 1939 im Bezirk tätig waren (223 als nicht ständige Saisonarbeiter). Etwa ein Drittel von ihnen dürfte in Gruppen auf den größeren Gütern, die Mehrzahl als einzelne »Dienstboten«, wie man sie nach der alten Gesindeordnung nannte, bei den besser situierten Bauern tätig gewesen sein. Für 1933, als die Abwanderung der landwirtschaftlichen Arbeitskräfte in die Industrie noch nicht so weit gediehen war, dürfte ihre Zahl größer gewesen, aber zehn Prozent der erwerbstätigen Bevölkerung des Bezirks sicher nicht überschritten haben.

Von den nicht (hauptberuflich) in der Landwirtschaft tätigen 1806[16] »Arbeitern«, die die Berufszählung von 1939 ausweist (12,5% der Erwerbstätigen) wissen wir wenig Genaues. Bei einem nicht geringen Teil von ihnen wird es sich um Nebenerwerbs-Landwirte (Kleingütler) gehandelt haben, die ihre Haupteinnahmen aus unselbständiger Arbeit in Handwerk und Industrie bestritten; ferner um berufstätige Frauen und Kinder besitzarmer Kleinbauern, die zum Teil auch als »Pendler« in der Industrie nahegelegener Nachbarbezirke (Forchheim) mehr oder weniger verläßliche Beschäftigung fanden; aus ihnen rekrutierten sich 1933 auch die einige hundert Personen zählenden Arbeitslosen des Bezirks.

---

[15] Von letzteren gehörten 537 der Berufsgruppe »Industrie und Handwerk« an (wohl ganz überwiegend Handwerker mit landwirtschaftlichem Nebenberuf); vgl. Ztschr. d. Bayer. Statist. Landesamts, Jg. 73 (1941), S. 138 f.
[16] Ihre Zahl ergibt sich, wenn man von der in der Statistik von 1939 ausgewiesenen Gesamtzahl der Arbeiter (2504) die ständigen landwirtschaftlichen Arbeiter (698) abrechnet.

Zu den nicht in der Landwirtschaft tätigen Erwerbspersonen gehörten schließlich noch: rund 840 Selbständige (5,7% der Erwerbstätigen) in Handwerk, Handel und Industrie[17] (überwiegend kleine Landhandwerker, Kaufleute und Gastwirte), 337 Beamte (2,3%) und 225 Angestellte (1,4%).

Die Armut des Bezirks, die sich aus der Wirtschafts-, Berufs- und Sozialstatistik nur ungenügend ergibt, war ein strukturelles Grundproblem, primär verursacht durch die schwache Ertragslage und die geringen Besitzgrößen der Landwirtschaft, infolge des chronischen Geldmangels der meisten Bauern auch Handwerker und Kleinhändler in Mitleidenschaft ziehend. Eine weitere Folge war das geringe Steueraufkommen der Gemeinden, so daß auch Gemeindestraßen und -plätze, Kanalisationen, Wasserversorgung, Kirchen und Schulhäuser sich vielfach in äußerst schlechtem Zustand befanden. Mangel an ärztlicher und hygienischer Vorsorge trugen dazu bei, daß Tuberkulose und sonstige ansteckende Krankheiten in den 20er und 30er Jahren noch eine erhebliche Rolle spielten und fast regelmäßig zu Schulschließungen in den betroffenen Dörfern führten. Die armutbedingte Rückständigkeit des Bezirks wird in den auswahlweise wiedergegebenen Berichten selbst genügend bezeugt, besonders eindrucksvoll in dem Bericht des Landrats vom 1. 12. 1943. Aufgrund eines Erlasses der Regierung zur »Beschreibung der Stadt- und Landkreise« vom 18. 2. 1944 ergänzte der Landrat von Ebermannstadt diesen Monatsbericht durch einen Sonderbericht vom 24. 2. 1944. Einige Passagen dieses Berichts seien im folgenden zitiert, weil sie unmittelbarer als das aus zweiter Hand geschehen könnte, die rückständigen Verhältnisse dieses Gebietes charakterisieren:

»Der Charakter der Fränkischen Schweiz gibt dem Landkreis das Gepräge: Welliges Gelände, durchfurcht von tiefeingeschnittenen Tälern, an den Talhängen und auf den Hochebenen vielfach nur eine geringe Humusschicht zwischen und über dem Kalk- und Dolomitgestein, das teils als steile Felswände oder -türme, teils als Bergkuppen oder Geröllflächen sichtbar wird. Für den Landschafts- und Naturschutzfreund und für den Wanderer bietet das Gebiet eine reiche Fundgrube, Freude an der Natur und Erholung. Für die Grundstücksbewirtschafter ist es das Gegenteil, da entweder aus dem Tal Heu und Grummet in die Anwesen auf den Hochebenen hinaufgeschleppt werden müssen oder umgekehrt die Ernteerträge von den Höhen in die Ortschaften ins Tal heruntergebracht und Dünger hinaufgefahren werden müssen. Die zweite geologisch begründete Schwierigkeit ist die Wasserversorgung der Siedlungen auf den Höhen. In dem Juragestein kommen dort keine Quellen vor. Wo also Wasserleitungen mit Pumpwerken in den Tälern noch nicht vorhanden sind, ... müssen noch Zisternen das erforderliche Trink- und Nutzwasser liefern...

Über die Berufszugehörigkeit gibt das Statistische Reichsamt nach der Zählung von 1939 folgende Hundertsätze an: Land- und Forstwirtschaft 62,5; Industrie und Handwerk 18,9; Handel und Verkehr 5,4.

In Wirklichkeit ist aber der Landkreis als fast ausschließlich ländlich zu bezeichnen. Der mir sehr hoch erscheinende Hundertsatz bei Industrie und Handwerk läßt sich vielleicht dadurch erklären, daß zur Vermeidung einer Doppelerfassung Kleinlandwirte, Gütler und dergleichen, die sich auf ihrer eigenen Scholle nicht ernähren können und deshalb auf einen zusätzlichen Nebenverdienst angewiesen sind, sei es als Steinbrucharbeiter oder als Bauhandwerker oder als Schneider und dergleichen, in die zweite Gruppe aufgenommen worden sind, obwohl sie nach ihrer sozialen Stellung in die Landwirtschaft hineingehören. Zählt man die beiden Gruppen zusammen, so ergibt sich das tatsächliche Bild von über 80 v. H. bäuerlicher Bevölkerung. Hierbei handelt es sich fast ausschließlich um Klein- und Mittelbetriebe...

---

[17] Die ungefähre Zahl ergibt sich, wenn man von der Gesamtzahl der »Selbständigen« (3569) die hauptberuflichen Inhaber landwirtschaftlicher Betriebe (2725) abzieht.

Der Landkreis Ebermannstadt steht unter den 185 Kreisen des Landes Bayern hinsichtlich der gemeindlichen Steuerkraft an 181. Stelle, im Regierungsbezirk Mittel- und Oberfranken ist er der steuerschwächste Landkreis überhaupt. Daraus und aus der großen Anspruchslosigkeit der Bevölkerung erklärt sich der kulturelle Rückstand. Geschickt aufgenommene Schulhäuser könnten ohne weiteres in ein Propagandamaterial über bolschewistische Zustände im russischen Schulwesen Verwendung finden. Bis vor Kriegsausbruch sind insgesamt 14 Akten über äußerst vordringliche Schulhausneubauten angefallen, die wegen Schwierigkeiten in der Geld- und Materialbeschaffung über das Projektieren noch nicht hinausgekommen sind. Daß Leichenhäuser eine Seltenheit sind, daß die Kreisstadt Ebermannstadt nicht einmal über eine Kanalisation verfügt, daß es noch heute Familien gibt, die 8-köpfig in einem einzigen Raum schlafen, daß ein Dorf mit 200 Einwohnern heute noch das Wasser mit Butten auf eine Höhe von rund 80 Meter hinauftragen muß, daß die meisten Landstraßen I. Ordnung und dann selbstverständlich sämtliche Landstraßen II. Ordnung weder eine Teer- noch eine Asphaltdecke, sondern nur wassergebundene Decke besitzen, das sind nur einige Beispiele...«[18]

Die Rückständigkeit des Gebietes, das – außer in den Fremdenverkehrsorten – nur eine relativ schwache Außen-Kommunikation aufwies, begünstigte die Erhaltung traditioneller Lebensformen in Familie, Kirche, Erziehung und Sitte. Einen gewissen Einblick in diese Verhältnisse vermitteln die Angaben, die in kirchlichen Visitationsfragebögen für einige evangelische Gemeinden des Bezirks für die letzten Jahre der Weimarer Republik oder die ersten Jahre der NS-Zeit vorliegen und sowohl die wirtschaftlich-sozialen wie die kirchlichen und sittlichen Verhältnisse aus der Perspektive des Gemeindepfarrers skizzieren[19]. Über die kleine Kirchengemeinde Brunn (»173 Seelen«, »lauter kleine Bauern und Gütler«, »wenig ertragreicher Boden, ziemliche Armut«) wird 1930 vermerkt, sie beteilige sich am Hauptgottesdienst »fast vollzählig«, die häusliche Zucht sei »sehr gut«, in den Familien habe der Vater »selbst große Söhne fest in der Hand«; es gebe nur geringen Wirtshausbesuch, um am Sonntagnachmittag »etwas Ansprach'« zu haben. Der Pfarrgemeinde Wüstenstein mit »365 Seelen« (im Pfarrort selbst überwiegend arme Kleingütler, Handwerker, Händler und Arbeiter, in den Nebengemeinden Gößmannsberg und Vogtendorf auch »größere, zum Teil besser situierte Landwirte«) wird noch 1937 attestiert, daß der Gottesdienstbesuch »gut«, die Gebefreudigkeit »sehr erfreulich« und die teilweise von Gemeinschafts-Brüdern gehaltenen Bibelstunden »nicht ohne verinnerlichende Wirkung« sei; in der Gemeinde würden fast in jedem Haus evangelische Blätter gelesen, insgesamt 50 »Neukirchner Kalender«, 24 »Rothenburger Sonntagsblatt«, 30 »Bibelleseblatt« u. a. m.

Den größeren Pfarrgemeinden Streitberg, Heiligenstadt und Aufseß, in denen auch Geschäftsleute und Handwerker in erheblicher Zahl ansässig waren und der Fremdenverkehr zum Teil eine Rolle spielte, wird ebenfalls »recht guter« oder wenigstens »im allgemeinen guter« Kirchenbesuch bescheinigt, Hausandacht finde sich in Streitberg »noch in den meisten Häusern, nimmt aber ab« (Heiligenstadt: »Richtige Hausandachten sind selten«). Das Urteil über die allgemeinen Sitten lautet hier nicht ganz so günstig. Von Streitberg wird 1933 berichtet: Im sittlichen Leben herrschen »noch unverdorbene Ansichten«, »man hält noch auf Sitte und Zucht«. Wenn auch das Wirtshaus durch den Fremdenverkehr großen Einfluß besitze, so doch »nicht im üblen Sinne«. Etwas modifi-

---

[18] StA Bamberg, K8/IV/63.
[19] Das folgende nach den Visitationsakten des Evangelischen Dekanats Muggendorf im LKA Nürnberg, Dekanat Muggendorf/121.

ziert 1937: »Häusliche Zucht nicht mehr so stark wie früher, aber Eltern sind den Kindern Autorität.« Für Heiligenstadt heißt es 1930: Der Wirtshausbesuch gebe »nicht gerade Anlaß zu besonderer Bekämpfung« und sei »infolge des hohen Bierpreises weniger schlimm als vor dem Krieg«. Die auffallende Abnahme der Geburten im letzten Jahrzehnt lasse auf den Gebrauch schwangerschaftsverhütender Mittel schließen. Der nach außen bekundete Glaube und das tatsächlich geführte Leben »klaffen bei den meisten Gemeindemitgliedern auseinander«. Die mittelgroße Kirchgemeinde Aufseß (mit den Nebenorten insgesamt »521 Seelen«, meist kleine Bauern, Handwerker, Taglöhner, einige Beamte, Gutsherrschaft des Kirchenpatrons Freiherr von und zu Aufseß, »ärmlich in sehr vielen Fällen, einige schwer verschuldet«) wurde 1935 folgendermaßen charakterisiert: Beteiligung am Hauptgottesdienst bei den Nebengemeinden »sehr gut«, »bei den Aufsessern weniger«. Sehr guter Besuch der Bibelstunde in Draisendorf, »das ganze Dorf ist da«. In Aufseß »blüht und gedeiht« das Wirtshausleben, außer den üblichen Tanzfesten kaum geselliges Vereinsleben; es gebe eine Reihe »verkommener Familien und Einzelpersonen«.

Aus den vorstehenden Angaben kann – in bezug auf die evangelischen Gemeinden des Bezirks – entnommen werden, daß die Volksfrömmigkeit, besonders in den reinen Bauerngemeinden, wie auch sonst in den protestantischen Landesteilen Frankens noch relativ stark, wenn auch nicht mehr ganz ungebrochen war. Kirchliches und christliches Gemeinschaftsleben bildete häufig die primäre Form dörflicher Öffentlichkeit, noch vor dem außerkirchlichen Vereinsleben. Evangelische Kirchentreue stand der katholischen Frömmigkeit hier kaum nach. Im Gegensatz aber zu den katholischen Gemeinden, in denen die Bayerische Volkspartei (BVP) fest verankert war und in den katholischen Burschenschafts-, Jungfrauen-, Männer-Vereinen etc. eine verläßliche weltanschauliche und organisatorische Basis auf lokaler Ebene hatte, fehlte es in den protestantischen Gemeinden an einer ähnlichen Umsetzung konfessioneller Gebundenheit in politische Option.

Obwohl soziale Konflikte zwischen Katholiken und Protestanten in den 20er und 30er Jahren im allgemeinen keine große Rolle gespielt zu haben scheinen, zumal die konfessionelle Scheidung durch alle Schichten der Bevölkerung hindurchging, markierte die Konfessionszugehörigkeit doch einen wichtigen kulturellen und politischen Unterschied. Er wurde verstärkt dadurch, daß 90 Prozent der Gemeinden entweder eine eindeutige katholische oder eine klare evangelische Mehrheit aufwiesen[20]. Nur sechs Gemeinden, in denen die konfessionelle Minderheit mehr als 20 Prozent ausmachte, konnten als gemischt-konfessionell gelten. Das hatte u. a. zur Folge, daß in der Regel Kirche und Schule gemeindeweise klar nach Konfessionen getrennt und kirchliches und weltliches Gemeindeleben weitgehend kongruent waren.

Von dieser starken Identität katholischer oder evangelischer Gemeinden ergaben sich auch in erster Linie die Unterschiede der politischen Einstellung bzw. genauer die sich bei den Wahlen äußernden parteipolitischen Präferenzen der Bevölkerung.

Wie fast überall in den evangelischen ländlichen und kleinstädtischen Gebieten Ober-

---

[20] 35 von den insgesamt 68 Gemeinden des Bezirks (nach der Volkszählung von 1933) waren zu über 90%, weitere 5 zu über 80% katholisch; 16 Gemeinden zu über 90%, weitere 6 zu über 80% evangelisch.

und Mittelfrankens[21] hatten auch im Bezirk Ebermannstadt die evangelischen Gemeinden schon seit den Zeiten des Kulturkampfes im 19. Jahrhundert gegen den politischen Katholizismus für die »nationalen« Parteien (Nationalliberale, Konservative Reichspartei) votiert. In der Weimarer Zeit war die evangelische Landbevölkerung bei den Wahlen überwiegend zwischen konservativnationalen und völkisch-nationalsozialistischen Gruppen hin- und hergependelt. Während die BVP im Amtsbezirk bei den Landtags- und Reichstagswahlen in der Weimarer Zeit mit jeweils rund 6000 Stimmen (katholischer Wähler) bis 1932/33 sehr stabil blieb, hatten die bäuerlichen protestantischen Wähler 1920 überwiegend deutschnational gewählt, bei den Reichstagswahlen im Mai 1924 zur Hälfte »völkisch« (1502 Stimmen) und zur Hälfte deutschnational (1423 Stimmen), bei der Reichstagswahl vom November 1924 wieder überwiegend deutschnational (2901 Stimmen), 1928 erlitt die Deutschnationale Volkspartei (DNVP) erste Einbußen (nur noch 2574 Stimmen), die der NSDAP zugute kamen. Die sozialistischen Arbeiterparteien (SPD und KPD) gelangten bei den Wahlen zwischen 1924 und 1928 über rund 650 Stimmen (ca. 5%) kaum hinaus[22]. Noch schwächer waren die bürgerlichen Parteien Deutsche Volkspartei (DVP) und Deutsche Demokratische Partei (DDP), die schon 1924 und 1928 jeweils nur 100 Stimmen (unter 1%) erhielten.

Das Wahlverhalten der evangelischen Bevölkerung des Bezirks zeigte offenkundige Unsicherheit oder Ratlosigkeit und äußerte sich häufig auch in Nichtbeteiligung an der Wahl[23]. Die bürgerlichen Mittelparteien der Weimarer Republik (DVP und DDP) vermochten die Interessen und die von ihren Pfarrern und Lehrern oft entscheidend geprägten Gesinnungen der evangelischen Bauern im Bezirk offenbar ebensowenig anzusprechen und zu repräsentieren wie die Arbeiterparteien (SPD und KPD), die nur in einigen größeren Orten (Hollfeld, Plankenfels, Muggendorf, Waischenfeld) sowie in den zum industriellen Umfeld von Forchheim gehörenden Orten Unter-, Mittler- und Oberweilersbach und ferner auch unter den Forst- und Landarbeitern der wenigen größeren Gutsbezirke und Grundherrschaften (Weiher, Aufseß, Freienfels) einigen Anklang fanden[24]. So blieb als Gesichtspunkt der Wahlentscheidung vor allem maßgeblich, daß man

---

[21] Ausführliche Angaben zur politischen Struktur Mittel- und Oberfrankens in der Weimarer Zeit bei Hambrecht, Rainer: Der Aufstieg der NSDAP in Mittel- und Oberfranken (1925–33), Nürnberg 1976.
[22] Auf die Arbeiterparteien (SPD und KPD) entfielen bei den Reichstagswahlen vom 20. 5. 1928: 642 Stimmen = 6%, davon 582 auf die SPD, 60 auf die KPD (ähnlich waren die Reichstagswahlen vom 7. 12. 1924 ausgegangen: 572 SPD-, 96 KPD-Stimmen). Relativ hoch war der auf die Arbeiterparteien entfallene Anteil der gültigen Stimmen 1928 nicht nur in einigen mehrheitlich evangelischen Gemeinden, so in den über 90% evangelischen Orten Streitberg (13,5%) und Muggendorf (16%) oder in den gemischt-konfessionellen Orten Aufseß (18%) und Plankenfels (18%), sondern auch in Orten mit über 80% katholischer Bevölkerung, so in Freienfels (35%), Löhlitz (18%), Weiher (38%), Hollfeld (16%). Die sehr hohe Quote der »linken« Stimmen in den Orten Weiher und Freienfels, in denen sich größere land- und forstwirtschaftliche Gutsherrschaften befanden, deutet darauf hin, daß hier landwirtschaftliche Arbeiter als Anhänger der Arbeiterparteien eine größere Rolle spielten. Dagegen dürften die »linken« Stimmen in Oberweilersbach primär auf gewerbliche Arbeiter zurückzuführen sein. Vgl. hierzu auch die Ergebnisse der 1936 durchgeführten polizeilichen Ermittlungen »politisch unzuverlässiger Arbeitskräfte« im Kreisgebiet; siehe unten S. 94.
[23] Ein Beispiel hierfür war die Reichstagswahl vom 20. 5. 1928. Bei den Gemeinden mit extrem niedriger Wahlbeteiligung handelte es sich fast durchweg um Orte mit überwiegend evangelischer Bevölkerung: Burggrub (44% Wahlbeteiligung), Heiligenstadt (50%), Krögelstein (51%), Muggendorf (49%). Vgl. Statistik der Ergebnisse der Reichstagswahl in den Gemeinden des Bezirks Ebermannstadt in der Lokalzeitung »Wiesent-Bote« vom 22. 5. 1928.
[24] Vgl. die Angaben oben S. 37 Anm. 22.

sich von der bayerisch-katholischen BVP abzusetzen hatte und das stärkere Bekenntnis zum deutschen Nationalgedanken zum Ausdruck zu bringen suchte. Vieles spricht dafür, daß die DNVP, die 1924 und 1928 von der Mehrzahl der kleinbäuerlichen protestantischen Wähler des Bezirks bevorzugt wurde, als eine evangelisch-nationale Gegenpartei zur BVP, als eine Art »protestantisches Zentrum« betrachtet und deshalb gewählt wurde. Wenn sich daneben der »Völkische Block« oder die Nationalsozialisten schon 1924 und 1928 als Alternative anboten, so wohl auch, weil manche evangelische Kleinbauern an den konservativen Zügen der DNVP Anstoß nahmen und bei ihr sozialreformerische Programme vermißten, wie sie die Völkischen und Nationalsozialisten feilboten. Parteipolitisches Bewußtsein war schwach entwickelt und leitete sich in erster Linie ab vom religiösen Bekenntnis, das auch Inhalt und Stärke des (entweder mehr auf den bayerischen Landespatriotismus oder mehr auf den deutschen Reichspatriotismus bezogenen) nationalen Empfindens mitbestimmte.

Sekundärer, aber nicht zu übersehender Faktor war die materielle Lage. Insbesondere die ärmsten Schichten scheinen sich schon vor 1928 vielfach nicht dem Votum der katholischen oder evangelischen Mehrheit der jeweiligen Gemeinden angeschlossen zu haben. Sie spielten nach 1930 auch bei dem Einbruch der NSDAP in die katholischen Gemeinden eine wesentliche Rolle.

M. B.

DOKUMENTATION

Vorgeschichte 1929 – 1933

Die für die Jahre 1934 – 1944 aus dem Bezirk Ebermannstadt vorliegende dichte Berichtsüberlieferung über die Stimmung und Verhaltensweise der Bevölkerung wird man besser verstehen und bewerten können nach einem Blick auf die politische Vorgeschichte, insbesondere jener Jahre der Staats- und Wirtschaftskrise und nationalsozialistischen »Machtübernahme«, die für die Folgezeit konstitutive Bedeutung erlangte. Die Dokumentation dieser Voraussetzungen muß wegen ihrer begrenzten Quellengrundlage[25] fragmentarisch bleiben und sich auf die wichtigsten Linien der Entwicklung beschränken.

Seit dem Juni 1928 amtierte als Vorstand des Bezirksamtes Ebermannstadt Dr. Ferdinand Waller, ein katholischer Verwaltungsjurist liberaler Prägung ohne parteipolitische Bindung, der sich trotz der bald einsetzenden wirtschaftlichen Depression mit einigem Erfolg bemühte, die armseligen Verhältnisse vor allem auf dem Gebiet des Verkehrswesens (Ausbau der Bezirksstraßen), der Gesundheitsfürsorge und des Schulwesens zu verbessern. Dr. Waller scheint im Landkreis rasch gesellschaftliche Resonanz und Autorität erlangt zu haben. Die Lokalzeitung, der »Wiesent-Bote«, berichtet häufig von seiner regen Anteilnahme am lokalen Vereinsleben, vor allem jener Vereinigungen, die der Hebung der Landwirtschaft und des Fremdenverkehrs (Fränkische Schweiz-Verein) gewidmet waren. Die Berichterstattung Dr. Wallers an den Regierungspräsidenten von Oberfranken zeigt, daß der Bezirk Ebermannstadt in den Jahren 1929/30 im Vergleich zu einigen stärker mit Industrieorten durchsetzten benachbarten Landkreisen (Forchheim, Kulmbach u. a.) nur relativ geringe soziale und politische Spannungen aufzuweisen hatte. Jedoch war regelmäßig über *ein* den Landkreis beherrschendes Thema zu berichten: die Absatzkrise der Landwirtschaft und der Preisverfall landwirtschaftlicher Produkte. Die folgenden Berichtauszüge mögen das verdeutlichen.

29. Oktober 1929: ... Eine ungeheure Erregung besteht in der Landwirtschaft, weil die Bauern keine Gelegenheit finden, ihre Gerste, selbst unter dem Marktpreis, anzubringen. In Breitenlesau lagen etwa 2500 Zentner Gerste; etwa 30 Zentner konnten bisher verkauft werden. Auch die Lagerhäuser verweigern angeblich die Aufnahme, weil das Getreide keinen Absatz findet...

12. August 1930: ... Die in den Frühlingsmonaten anhaltende Trockenheit und das gegenwärtige schlechte Wetter wirken sich für das Getreide in Quantität und Qualität ungünstig aus. Dies bedeu-

---

[25] Wie bereits erwähnt (siehe S. 23), stehen für die Jahre bis Ende 1931 die Halbmonatsberichte des Bezirksamtsvorstandes (ohne Gendarmerieberichte) zur Verfügung; für die Zeit bis 1934 zusätzlich vor allem die Ebermannstädter Lokalzeitung »Wiesent-Bote. Tageszeitung der Fränkischen Schweiz«, die seit 1898 (bis 1943) bei der Druck- und Verlagsanstalt Wilhelm Stingel (Ebermannstadt) herausgegeben wurde. Ein vollständiges Exemplar befindet sich noch in diesem Druckereibetrieb (jetzt Firma Waltenberger), ein die Jahre 1924 – 1938 umfassender Teil auch in der Staatsbibliothek München, der bei dieser Gelegenheit für die dem Bearbeiter gewährte zuvorkommende Ausleihe herzlich gedankt sei. Als ergänzende Quellen konnten die Berichte des Regierungspräsidenten und einige Sachakten des StA Bamberg herangezogen werden.

tet wiederum einen finanziellen Schaden für die ohnedies in schwierigen Verhältnissen lebende Landwirtschaft. In landwirtschaftlichen Kreisen besteht deshalb eine teilweise gereizte Stimmung gegen die Beamten, denen man ihr sicheres Einkommen mißgönnt...

13. Oktober 1930: ... Die Schweinepreise haben sich noch weiter gesenkt; es wird für den Zentner Lebendgewicht zur Zeit 50 – 52 [Mark] bezahlt. Das Schweinefleisch kostet aber immer noch 1 Mark bis 1,20 Mark. Die Stimmung der Bevölkerung leidet überall unter dem Druck der mißlichen wirtschaftlichen Verhältnisse; doch konnten radikale Strömungen bisher nicht beobachtet werden. Es hat aber den Anschein, als ob sich die allgemeine Gesinnung nach dieser Richtung hin zuspitzt.

12. Februar 1931: ... Die Stimmung der Bauern wird immer unzufriedener, da sie keine richtigen Preise für ihre landwirtschaftlichen Erzeugnisse erhalten. Im Bezirk spricht man viel von einem Gerücht über bevorstehenden Bürgerkrieg und Umsturz...

29. Oktober 1931: ... Der Landwirt kann kaum sein Getreide und sein Vieh verkaufen und wenn, dann nur um einen Preis, der kaum die Gestehungskosten deckt. Gelegentlich der gestrigen Gemeindebesichtigung in Sachsendorf erklärte mir der Bürgermeister, daß die derzeitige Verschuldung der Anwesenbesitzer in der Gemeinde auf mindestens 60 000,- RM zu schätzen ist; dies komme daher, daß die Bauern nicht mehr in der Lage sind, die Zinsen der aufgenommenen Schuld aufzubringen, wodurch die Schulden rapid steigen. Dabei besteht Sachsendorf aus 44 Wohngebäuden mit 243 Einwohnern. Für landwirtschaftliche Anwesen wird kaum mehr ein Preis erzielt. So wurde vor einigen Tagen ein Anwesen in Welkendorf, das im Frieden mindestens 15 000,- RM wert gewesen ist, samt Inventar um den Preis von 9000,- RM zwangsversteigert. Einer ganzen Anzahl von Anwesen droht die Zwangsversteigerung...

Auch im »Wiesent-Boten« häuften sich 1931/32 die Ankündigungen und Nachrichten über Zwangsversteigerungen und Konkursverfahren. Bei den überschaubaren Verhältnissen der kleinen Gemeinden des Amtsbezirks, in denen fast jeder jeden kannte, fanden solche Nachrichten als beunruhigender Gesprächsstoff der Ortsöffentlichkeit mehr Resonanz als unter den Anonym-Bedingungen der Großstadt. Das zeigt sich auch in der persönlichen Form der Zeitungsnachrichten, so z. B., wenn im »Wiesent-Boten« am 9. Januar 1932 berichtet wurde, der Gasthaus- und Brauereibesitzer Heinrich Zolleis in Heiligenstadt sei am Vortage am Herzschlag verstorben; »die bevorstehende Versteigerung seines Besitztums, eines alten, angesehenen Geschäftes (bestehend aus Wohnhaus, Brauhaus, Stallungen, Scheune, Acker- und Waldbesitz), und die damit verbundene seelische Erregung dürften mit Veranlassung zu dem schnellen Tod gewesen sein.«

Im Jahre 1931 hatte der Bezirksamtsvorstand fast jeden Monat über Fälle absichtlicher Brandstiftung durch Bauern zu berichten, die auf diese Weise den Konsequenzen ihrer Verschuldung zu entgehen suchten oder sich durch den erhofften Versicherungsersatz sanieren zu können glaubten.

Bemerkenswert ist ferner, in welchem Maße mittelbare Auswirkungen der Krise, vor allem die steigende Zahl unaufgeklärter, auf dem Lande in normalen Zeiten selten vorkommender Diebstähle ebenso wie das um sich greifende Bettlerwesen die Bevölkerung erregten. Mehr als die hierbei auftretenden materiellen Zumutungen und Folgen scheinen dabei – wie die Berichte des Bezirksamts zeigen – bestimmte, gegen Arbeiter, Arbeitslose und Städter gerichtete Ressentiments der Bauern zum Tragen gekommen zu sein.

12. August 1930: ... Der Sicherheitszustand im Bezirk kann nicht mehr als gut bezeichnet werden. So wurden in der Nacht vom 29. auf 30. Juli vermutlich gegen 3 1/2 Uhr mittels Einsteigens bei dem Gütler und Spezereihändler Johann Bär in Burggaillenreuth verschiedene Gegenstände (Kleider, Nahrungsmittel, Rauchwaren) entwendet. Der Täter ist man bis jetzt noch nicht habhaft... Am 1. August nachmittags in der Zeit zwischen 14 Uhr bis 14 1/2 Uhr wurde bei dem Landwirt

Thomas Grasser in Leibarös, Gemeinde Poxdorf, während der Abwesenheit der Hausbewohner ein Einbruch verübt und etwa 66 Mark altes Silbergeld, 16 RM sowie eine Joppe und eine Hose gestohlen. Auch hier fehlt bis jetzt jeder Anhalt für den Täter. Es wird vermutet, daß als Täter in beiden Fällen herumstreunende Wanderburschen in Frage kommen. Die Gendarmeriestation Königsfeld berichtet unter dem 7. August, daß die Diebstähle in der dortigen Gegend in letzter Zeit erschreckend zunehmen...

13. September 1930: ...Unliebsam tritt das Verhalten der Erwerbslosen in der Gemeinde Oberweilersbach zutage. Der Auszahlungstag der Unterstützungen ist ein guter Geschäftsgang für die Wirtschaften. Nach dem eingegangenen Bericht der Gendarmerie scheint Trunkenheit bei dieser Gelegenheit an der Tagesordnung zu sein...

28. November 1930: ...Besonders unangenehm wird empfunden, daß viele Erwerbslose aus den Städten Forchheim, Erlangen usw. aufs Land zum Betteln kommen. Auch wird darüber lebhaft geklagt, daß Erwerbslose an Zahltagen ... sich betrinken und groben Unfug verüben. Bei der Bevölkerung löst dieses Verhalten der Erwerbslosen die größte Erregung aus, nachdem sie es nicht verstehen kann, daß öffentliche Gelder eine solche Verwendung finden...

Auch der »Wiesent-Bote« gab den Vorurteilen der ländlichen Bevölkerung gegen »undankbare« und »unverschämte« bettelnde Arbeitslose verschiedentlich Ausdruck, so in einem Bericht vom 11. Januar 1932 aus der Umgebung von Hollfeld:

Bettlerfrechheiten erregen auch hier den Unwillen der Bevölkerung. So erhielt in Pilgerndorf ein Bettler zwei Kartoffelknödel mit Kalbfleisch und Sauce. Er aß aber nur das Fleisch und schob ohne Dank die Knödel der Frau wieder zurück. In Schönfeld gab eine Frau einem Bettler das letzte Zweipfennigstück, das sie im Hause hatte. Der Bettler warf das Geldstück der Frau vor die Füße und erklärte im gröbsten Ton, daß solches Geld heute kein Geschenk mehr sei.

Bei der Reichstags- und Landtagswahl vom 20. Mai 1928 hatte die Hitler-Partei im Landkreis Ebermannstadt nur rund fünf Prozent Stimmen erhalten, in einigen Orten des Bezirks aber immerhin schon beträchtliche Gewinne erzielt[26]. In Heiligenstadt (82 % evangelische Bevölkerung), wo sich nur die Hälfte der 249 Wahlberechtigten an der Wahl beteiligte, war sie auf fast 40 Prozent der abgegebenen Stimmen gekommen und in den Bauerngemeinden Kainach (65 % evangelisch) und Wonsees (97 % evangelisch) auf rund 30 Prozent. In Heiligenstadt scheint der dortige evangelische Pfarrer, Senior Heinrich Daum, der nach 1933 als Wortführer der Deutschen Christen weit über den Bezirk hinaus hervortrat und aus seiner gegen die Weimarer Republik gerichteten »völkischen« Gesinnung schon seit 1929 keinen Hehl gemacht hatte[27], wesentlich mit zu dem frühen Erfolg der Nationalsozialisten beigetragen zu haben. Dem von der »nationalen Opposition« im Dezember 1929 veranstalteten Volksentscheid gegen den Young-Plan folgte knapp ein Viertel der Bevölkerung (3283 Ja-Stimmen, bei 13 670 Stimmberechtigten), wiederum vor allem in den evangelischen Gemeinden[28]. Außer den Nationalsozialisten hatten sich u. a. der Kreisverband des Heimat- und Königsbundes für den Volksentscheid eingesetzt, was erklären mag, daß der Volksentscheid auch von einem Teil der katholischen

---

[26] Die folgenden Angaben nach den im »Wiesent-Boten« vom 22. 5. 1928 veröffentlichten Wahlergebnissen in den Gemeinden des Bezirks Ebermannstadt.

[27] Wie aus Akten des LKA Nürnberg, Dekanat Muggendorf/309, hervorgeht, setzte sich Daum u. a. im Herbst 1929 in Artikeln der lokalen Presse energisch für das von Hugenberg und Hitler inszenierte Volksbegehren gegen den Young-Plan ein.

[28] Heiligenstadt 40%, Brunn 65%, Hetzelsdorf 45%, Kainach 70%, Oberfellendorf 60%, Siegritz 40%, Stücht 50%, Traindorf 48%, Wannbach 52%, Wiesentfels 66%, Wohlmannsgesees 50%, Wonsees 70%, Wüstenstein 55%, aber auch in dem rein katholischen Hohenpölz 55% (vgl. »Wiesent-Bote« vom 13. 12. 1929).

Bevölkerung unterstützt wurde. Noch in seinem Bericht vom 29. Oktober 1929 über die Propaganda für das Volksbegehren hatte der Bezirksamtsvorstand geschrieben, dieses finde »nur wenig Interesse in der hiesigen Bevölkerung«, was, wie sich herausstellte, eine Unterschätzung der Anziehungskraft der nationalen Rechten darstellte. Anläßlich der Gemeindewahlen (8. Dezember 1929) berichtete er am 12. Dezember 1929, daß dabei »durchwegs nicht nach [partei-]politischen Gesichtspunkten gewählt« worden sei, die Wahlvorschläge mit unpolitischen Listenbezeichnungen (»Volkswohl«, »Eintracht« u. a.) und die Stimmabgabe vielmehr in erster Linie an wirtschaftlich-sozialen Interessen orientiert gewesen seien[29]. Aus der Zeitungsberichterstattung über die Kommunalwahlen ergibt sich: vor allem Brauereibesitzer und Gastwirte, Bäckermeister, Handwerksmeister und größere Landwirte, die den besser situierten Teil der Einwohnerschaft repräsentierten und sich die ehrenamtliche Tätigkeit in der Gemeinde leisten konnten, waren offenbar die natürlichen Anwärter für Bürgermeister und Gemeinderäte. Auch sofern sie parteipolitischen Gruppen – in den katholischen Orten vor allem der BVP – angehörten oder nahestanden, scheinen sie kaum als »Parteileute« angesehen, sondern vor allem wegen ihrer sozialen Stellung vorgeschlagen und gewählt worden zu sein. Noch in der NS-Zeit (1937) erklärte die örtliche Gendarmerie auf Ersuchen der Politischen Polizei, die meisten der ehemaligen BVP-Gemeinderäte und Bürgermeister des Bezirks seien in der Weimarer Zeit »politisch nicht hervorgetreten«[30]. Der provinziellen sozialen Verfassung entsprach eine dem Parteienpluralismus gegenüber skeptischem, an traditionellen Herrschafts- und Autoritätsvorstellungen orientierte Grundeinstellung. Sie sprach sich auch in der gemäßigten liberalen Lokalzeitung, dem »Wiesent-Boten«, aus, wenn dieser im Zusammenhang mit der Bildung des Präsidialkabinetts unter Brüning am 2. April 1930 schrieb: Die Tatsache dieser Regierung sei »ein Beweis dafür, daß wir uns auf dem Wege einer Abkehr von den Parteien befinden. Der letzte und entscheidende Schritt muß aber noch getan werden«. Die »deutsche Innenpolitik« treibe »zwangsläufig zu einer Ausschaltung des Parteiwesens«.

Diese Stimmung kam naturgemäß auch der NSDAP zugute. Die bezirksamtliche Berichterstattung für die Jahre 1930/31 zeigt deutlich, mit welcher Zielstrebigkeit sie im Bezirk Ebermannstadt wie überall in Oberfranken daran ging, das Potential der Aversionen gegen das Parteiensystem ebenso wie die aus materiellen Nöten und sozialen Ressentiments gemischten Folgeerscheinungen der Agrar- und Wirtschafts-Krise in der kleinbäuerlichen Provinz durch einen beispiellosen Propaganda-Aktivismus auf lokaler Ebene zu mobilisieren[31]. Seit dem Frühjahr 1930 fanden im Landkreis Ebermannstadt, in dem es bis dahin offenbar noch keine Ortsgruppe der NSDAP gegeben hatte, in zunehmend dichterer Folge nationalsozialistische Kundgebungen statt, die systematisch mit Mitgliederwerbung und Ortsgruppengründungen verbunden wurden. Der Anfang wurde am 30. März 1930 in Heiligenstadt gemacht, wo – auf Veranlassung der schon bestehenden

---

[29] In ganz Bayern bezogen sich bei den Gemeindewahlen vom 8. 12. 1929 40,5% der Wahlvorschläge (vor allem in den größeren Orten) auf politische Gruppen und 42,8% auf Interessengruppen. Vgl. Artikel über die Bayerischen Gemeindewahlen im »Wiesent-Boten« vom 9. 9. 1930.
[30] Vgl. »Übersicht über die ehemaligen Funktionäre der früheren Bayerischen Volkspartei im Amtsbezirk Ebermannstadt (Stand vom 1. Juli 1937)«, StA Bamberg, K 8/III/18 467.
[31] Vgl. hierzu auch Hambrecht, (siehe S. 37, Anm. 21).

Ortsgruppe der NSDAP im benachbarten Forchheim – der Bamberger Parteigenosse Zahneisen und die 34 Mann starke SA-Kapelle Bamberg eine erste Vorstellung gaben – angekündigt als »öffentliche Volksversammlung« –, nach welcher 15 – 20 Personen der NSDAP als Mitglieder beitraten[32]. Die erprobte nationalsozialistische Methode, in den von den anderen Parteien vernachlässigten kleinen Provinzorten durch starken Einsatz Aufsehen zu erregen und sich auf die Mentalität der lokalen Bevölkerung voll und ganz einzustellen, scheint auch im Landkreis Ebermannstadt erfolgreich gewesen zu sein. Dem »Wiesent-Boten« ist zu entnehmen: Von Bayreuth aus kam der Führer der dortigen Nationalsozialisten, der spätere Gauleiter der NSDAP im Gau »Bayerische Ostmark« (und ab März 1933 Bayerischer Kultusminister) Hans Schemm wiederholt als Redner zu NSDAP-Versammlungen in die Orte des Bezirks, schon am 25. Mai 1930 nach Plankenfels zu 250 Versammlungsteilnehmern, wo sich einige Wochen später 14 neue Mitglieder der NSDAP zu einer der ersten Ortsgruppen formierten[33]. Die intensive nationalsozialistische Agitation, die im August zur Vorbereitung der Reichstagswahl am 14. September einsetzte, ist in den Zeitungs- und Amts-Berichten deutlich bezeugt. Daraus ergibt sich: Gemessen an der Zahl ihrer Veranstaltungen und der von ihr mobilisierten Besucher vermochte die NSDAP schon im Sommer 1930 mit der Aktivität der im Bezirk Ebermannstadt bisher weit stärker verankerten BVP gleichzuziehen und diese offenbar an Schwung und propagandistischem Einfallsreichtum zu übertreffen. Einer der Hauptpropaganda-Schlager, der die ganze oberfränkische NSDAP in Bewegung setzte, war eine Hitler-Rede im benachbarten Forchheim am Sonntag, den 24. August 1930, über die auch der »Wiesent-Bote« ausführlich berichtete:

> Der Nachmittag stand ganz im Zeichen der nationalsozialistischen Wahlkundgebung, die zahlreiche Fremde und damit regstes Leben in die sonst so stille Stadt brachte ... Ein Trupp Hitler-Leute aus Bayreuth und dem Hinterland fuhr am gestrigen Vormittag auf einigen Lastautos durch unser Städtchen und machte halt. Nach einem geschlossenen Marsch, voran die Musikkapelle, wo der Landtagsabgeordnete Hauptlehrer Hans Schemm – Bayreuth eine Ansprache hielt, wobei er die unheilvollen Auswirkungen des Versailler Vertrages und das Verhalten der Bayerischen Volkspartei geißelte ... Zum Andenken an die gefallenen Soldaten spielte die Kapelle das Lied vom guten Kameraden. Zu dem nationalsozialistischen Stelldichein hatten sich viele Zuhörer eingefunden, worauf die Hitler-Leute ihre Fahrt nach Forchheim fortsetzten.[34]

Die lokale Berichterstattung zeigt: Zur Taktik der NSDAP gehörte es, daß sie ihre Anhänger als »Diskussionsredner« in Versammlungen anderer Parteien entsandte, um diese zu stören. Die SPD, die im Bezirk ohnehin schwach war und mit einer ihr gegenüber überwiegend reservierten oder feindlichen Gesinnung zu rechnen hatte, glaubte sich bei einer für den 7. September 1930 nach Ebermannstadt einberufenen Versammlung nur dadurch helfen zu können, daß sie schon in der Ankündigung erklärte, »Nationalsozialisten haben keinen Zutritt«[35]. Mit anderen, glücklosen Propagandaaktionen der SPD, charakteristisch für die Verhältnisse im Bezirk, befaßte sich der Halbmonatsbericht des Bezirksamtes vom 13. September 1930:

---

[32] Bericht des Bezirksamtes vom 12. 4. 1930, StA Bamberg, K 3/1881.
[33] Dazu auch die Berichte des Bezirksamtes vom 28. 5. und 12. 8. 1930, StA Bamberg, K 3/1881 und 1882.
[34] »Wiesent-Bote« vom 25. 8. 1930.
[35] »Wiesent-Bote« vom 6. 9. 1930.

Am 5. und 6. September versuchte die Partei in Unter- und Mittlerweilersbach, in Ebermannstadt, Streitberg und Muggendorf eine Wahlpropaganda mittels eines auf einen Kraftwagen aufgebauten Lautsprechers. Zuerst wurde ein Musikstück und daran anschließend ein Vortrag bezüglich der Reichstagswahl im sozialistischen Sinne abgespielt. Während der Zeit wurden sozialistische Flugblätter verteilt. Der Wagen selbst trug die Aufschrift: »Wählt Liste 1«. In Muggendorf wurde gegen diese Wahlpropaganda seitens der Einwohnerschaft und der Kurgäste durch Pfeifen und Schreien Protest erhoben, so daß die Wahlpropaganda bald unterlassen wurde. In Ebermannstadt und in Heiligenstadt wurden je eine Versammlung am 7. September abgehalten. Da in Ebermannstadt nur sieben Personen, in Heiligenstadt nur 15 Personen erschienen, wurde von der Durchführung der Versammlung Abstand genommen. Nur in Aufseß, Freienfels, Hollfeld und Muggendorf konnte die SPD am Wochenende vor der Reichstagswahl Versammlungen mit etwas größerer Beteiligung abhalten.

Noch geringer und erfolgloser war die Aktivität der liberalen bürgerlichen Parteien, der Demokratischen Partei/Staatspartei und der Deutschen Volkspartei. Obwohl letztere für eine Wahlkampf-Veranstaltung in Ebermannstadt am 7. September 1930 ihren Nürnberger Reichstagsabgeordneten Haas als Redner zu gewinnen vermochte, kamen nur elf Besucher[36]. Dagegen zog die NSDAP mit ihrem suggestiven Wahlkampfstil, der sich schon in den Ankündigungen ausdrückte[37], laut Bericht des Bezirksamtes in den Tagen vor der Wahl in Streitberg 70, in Waischenfeld 200, in Heiligenstadt 150, in Hollfeld 200 und in Ebermannstadt 150 Personen in ihre Versammlungen. Die gleichzeitigen Versammlungen der BVP in den Tagen vor der Wahl waren nicht weniger zahlreich, aber meist weniger gut besucht[38]. Eine Ausnahme bildete eine in Waischenfeld (98% katholisch) am 7. September 1930 abgehaltene Veranstaltung, für die der politisch aktive Stadtpfarrer Schütz die katholischen Jungmännervereine der Umgebung aufgeboten und eine Beteiligung von mehr als 300 Personen zustande gebracht hatte, nachdem am Vortag im selben Saal die Nationalsozialisten mit ihrem Star-Redner Hans Schemm eine Versammlung mit 200 Zuhörern abgehalten hatten. Da die NSDAP in Waischenfeld wie in anderen Orten (Hollfeld) bewiesen hatte, daß sie auch bei der katholischen Bevölkerung Interesse und Zulauf fand, war es zu einer starken Erhitzung der Gemüter gekommen, die in Waischenfeld zum einzigen aus dem Bezirk gemeldeten gewaltsamen Zwischenfall während des Wahlkampfes führte. Der Gendarmeriewachtmeister von Waischenfeld berichtete über beide Versammlungen anschließend dem Bezirksamt:

Bei der am 6. September 1930 nachm. 8 Uhr stattgefundenen Versammlung der NSDAP in Waischenfeld ist Herr Stadtpfarrer Schütz von Waischenfeld als Gegenredner aufgetreten. Er hat im Verlauf der Ausführungen des Landtagsabgeordneten Schemm sich immer wieder in sehr erregtem Zustand Zwischenrufe erlaubt. Nachdem nun Herr Pfarrer Schütz das Wort zur Diskussion ergriff, warf er den Nationalsozialisten vor, daß sie nur mit Gewaltmitteln, Stuhlbeinen und Biergläsern den politischen Kampf führen. Der Landtagsabgeordnete Schemm hat während der Diskussion zu

---

[36] Bericht des Bezirksamtes vom 13. 9. 1930, StA Bamberg, K 3/1882.
[37] Vgl. die Ankündigung einer »großen öffentlichen Versammlung« der NSDAP in Waischenfeld am 6. 9. 1930 im »Wiesent-Boten« vom 5. 9. 1930 mit dem Aufruf: »Alle, die an dem Wiederaufbau Deutschlands mitarbeiten wollen und sich Deutsche nennen, erscheint in Massen!« Ähnlich die Ankündigung einer NSDAP-Wahlversammlung für den 12. September 1930 in Ebermannstadt im »Wiesent-Boten« am 10. 9. 1930: »Juden haben keinen Zutritt. Volksgenossen erscheint in Massen und hört, was wir Euch über die derzeitige Not des deutschen Volkes zu sagen haben!«
[38] Vgl. Bericht des Bezirksamtes vom 13. 9. 1930, StA Bamberg, K 3/1882.

Herrn Pfarrer Schütz gesagt: »Ich melde mich morgen in Ihrer Versammlung«. Herr Pfarrer Schütz hat darauf geantwortet: »Ja, kommen Sie nur, wir werden mit Ihnen fertig!«...
Am 7. September 1930 fand dann nachm. 2 Uhr eine Versammlung der katholischen Jungmänner der Fränkischen Schweiz unter Leitung von Pfarrer Schütz statt. Die Tagesparole lautete: »Wider den Strom«. Die Versammlung war von 300–350 Personen besucht. Es kam zu einem Zwischenfall, wobei der nationalsozialistische Landtagsabgeordnete Schemm und seine vier Begleiter infolge Aufforderung des Herrn Pfarrer Schütz durch Versammlungsteilnehmer gewaltsam aus dem Versammlungslokal entfernt wurden... Schemm hatte sich zwei Zwischenrufe und die Anfrage, ob er zur Diskussion reden könne, erlaubt. Pfarrer Schütz regte sich darüber derart auf, daß er die beiden Fäuste in die Höhe reckte, gegen die Nationalsozialisten zulief und schrie: »Hinaus, hinaus, hinaus!« Die Versammlungsteilnehmer fielen über Schemm und seine Genossen, die sich nahe der Ausgangstür befanden, her und bearbeiteten diese mit Fäusten, bis sie aus dem Saale entfernt waren. Die Nationalsozialisten setzten sich, sich gegen den Ausgang zurückziehend, zur Wehr. Ein Stuhl wurde gegen die Nationalsozialisten geschleudert, wobei jedoch keiner getroffen wurde. Pfarrer Schütz hatte selbst zu einem Stuhl gelangt und diesen in Brusthöhe vor sich hingehalten, bis die Nationalsozialisten aus dem Saale entfernt waren...[39]

Bei der Reichstagswahl am 14. September 1930 erhielt die BVP 5669 (1928: 5990), die NSDAP 2074 (1928: 650) Stimmen, drittstärkste Partei wurde die Interessenpartei des Bayerischen Landbundes mit 1808 Stimmen, in weitem Abstand folgten die SPD mit 494 (1928: 601), der Christlich-Soziale Volksdienst mit 141 und, als Hauptverlierer, die DNVP mit 108 Stimmen (1928: 2374); alle anderen Parteien – auch die auf 74 Wähler (1928: 47) angewachsene KPD – blieben unter jeweils 100 Stimmen.

Genauer als die amtliche, nur auf Bezirksebene veröffentlichte Wahlstatistik zeigen die im »Wiesent-Boten« für jede Gemeinde aufgezeichneten Ergebnisse, wie groß die Unterschiede der Wahlentscheidung im einzelnen ausfielen. Schon die Wahlbeteiligung (die durchschnittliche Quote für den ganzen Bezirk lag bei 80 Prozent) war in den einzelnen Orten sehr verschieden, die Skala reichte von 53 Prozent bis zu 98 Prozent. Wie schon bei früheren Wahlen bestätigte sich, daß die katholische Bauernbevölkerung weit geschlossener zur Wahl ging als die evangelischen Bauern[40]. Auch Armutsprobleme (Konzentration von Landarbeitern in Gemeinden mit größeren Gütern) wirkten offenbar negativ auf die Wahlbeteiligung ein[41].

Vergleicht man die auf die einzelnen Parteien entfallenden Stimmen auf Gemeindeebene, so ergibt sich als erster Eindruck, daß der konfessionelle Unterschied die wichtigste Rolle spielte: Von den 33 Gemeinden mit mehr als 90 Prozent katholischer Bevölkerung erhielt die BVP in 12 Gemeinden mehr als 90 Prozent der gültigen Stimmen, in 14 Gemeinden zwischen 70 und 90 Prozent.

Umgekehrt erzielten der Bayerische Landbund und die NSDAP ihre Hauptgewinne in evangelischen Gemeinden, wobei ersterer in reinen Bauerndörfern, die Hitler-Partei in

---

[39] Die hier zusammengezogenen Berichte vom 8., 18. und 20. 9. 1930 über diesen Vorfall sind enthalten in StA Bamberg, K 8/IV/2480. Aus ihnen geht auch hervor, daß Schemm wegen des Vorfalls Anzeige gegen Pfarrer Schütz wegen Anstiftung zur gefährlichen Körperverletzung erstattete, der Oberstaatsanwalt beim Landgericht Bayreuth aufgrund der vorliegenden Berichte aber die Einleitung eines Strafverfahrens ablehnte.
[40] In 14 Gemeinden (12 zu über 90% katholisch) lag die Wahlbeteiligung über 90%; in 18 Gemeinden (10 zu über 90% evangelisch, 6 zu über 90% katholisch, 2 gemisch-konfessionell) unter 70%.
[41] Zu den Orten mit den niedrigsten Wahlbeteiligung (53 – 59%) gehörten die Gemeinden mit größeren Gutsbetrieben: Aufseß (59% evangelisch) 59%, Burggrub (64% evangelisch) 57%, Weiher (96% katholisch) 53%; außerdem die Gemeinden Engelhardsberg (97% evangelisch) 55%, Krögelstein (98% evangelisch) 58%, Siegritz (91% evangelisch) 55%, Stechendorf (97% katholisch) 58%.

größeren Orten mit teils agrarischer, teils nicht-agrarischer Bevölkerung am erfolgreichsten abschnitt[42]. Die Mehrzahl der evangelischen Bauern hatte sich bei ihrer Abwanderung von der DNVP noch nicht zugunsten der NSDAP entscheiden können und – mehr oder weniger halbherzig (wofür die oft geringe Wahlbeteiligung spricht) – der Interessenpartei des Landbundes den Vorzug gegeben.

Obwohl die NSDAP in evangelischen Gemeinden die stärksten Erfolge zu verzeichnen hatte, war es ihr dank ihrer Wahlpropaganda in beträchtlichem Maße gelungen, auch katholische Wähler zu gewinnen. 43 Prozent der NSDAP-Stimmen stammten aus Gemeinden mit über 85 Prozent katholischer Bevölkerung.

Die meisten katholischen Orte mit relativ hoher NSDAP-Stimmenzahl lagen in dem hinsichtlich seiner landwirtschaftlichen Ertragslage besonders kärglichen nördlichen Teil des Bezirks mit den Orten Hollfeld, Treppendorf, Stechendorf, Wiesentfels, Königsfeld, Huppendorf[43].

Mit insgesamt 19,2 Prozent der Stimmen hatte die NSDAP im Bezirk Ebermannstadt am 14. September 1930 ein Ergebnis erreicht, das ziemlich genau dem Durchschnitt der oberfränkischen Bezirksämter (20%) entsprach[44].

Bezeichnend für den Kampfstil der NSDAP war es, daß sie als einzige Partei ihre Versammlungskampagne auch nach der Wahl intensiv fortsetzte und durch weitere Aktivität, Mitgliederwerbung, Gründung von Ortsgruppen (auch der SA) zielstrebig auf lokaler Ebene weiter Fuß zu fassen suchte[45]. Der »Wiesent-Bote« berichtete zunehmend aufmerksamer und mehr und mehr mit Sympathie über die Versammlungen der NSDAP im Bezirk, insbesondere über ihren in Oberfranken wirksamsten Vertreter, Hans Schemm, der weiterhin häufig im Bezirk auftrat[46].

Seit dem Winter 1930/31 machte sich daneben, wie das Bezirksamt am 13. Februar 1931 berichtete, auch eine »rege Werbetätigkeit« der BVP »zur Erlangung von Mitgliedern« und zur Gründung von Ortsgruppen der »Bayernwacht« bemerkbar, für die

---

[42] Von den 16 Gemeinden mit über 90% evangelischer Bevölkerung erhielt der Bayerische Landbund über 75% der Stimmen in 7 Gemeinden, zwischen 45 und 75% in 6 Gemeinden; dagegen die NSDAP über 75% nur in einer Gemeinde (Traindorf), zwischen 50 und 55% in drei Gemeinden (darunter die Kurorte Muggendorf und Streitberg), in allen übrigen Gemeinden unter 35%.

[43] Die relativ höchsten Gewinne erzielte die NSDAP in folgenden katholischen Gemeinden: Drosendorf (100% katholisch) 26% NSDAP-Stimmen, Ebermannstadt (85% katholisch) 25%, Freienfels (87% katholisch) 19%, Hollfeld (97% katholisch) 22%, Huppendorf (100% katholisch) 37%, Königsfeld (99% katholisch) 39%, Stechendorf (97% katholisch) 35%, Treppendorf (95% katholisch) 22%, Weiher (96% katholisch) 19%.

[44] Dem größeren Erfolg der NSDAP in den nicht rein agrarischen Gemeinden, wie er für den Bezirk Ebermannstadt nachweisbar ist, entsprach in ganz Oberfranken der höhere durchschnittliche Stimmenanteil der NSDAP in den kreisunmittelbaren Städten (32,7%) gegenüber den Bezirksämtern (20%).

[45] Allein für den Monat November 1930 berichtete das Bezirksamt über folgende Versammlungsaktivitäten der NSDAP: am 2. 11. in Streitberg (250 Besucher), am 11. 11. in Muggendorf (250 Besucher), am 13. 11. in Wüstenstein (200 Besucher), am 16. 11. in Hollfeld (250 Besucher), am 18. 11. in Heiligenstadt (100 Besucher), am 22. 11. in Plankenfels (100 Besucher) und Wonsees (70 Besucher), am 29. 11. in Wüstenstein (Ortsgruppengründung) und am 30. 11. in Hollfeld (300 Besucher).

[46] Ein Beispiel bietet die Berichterstattung im »Wiesent-Boten« vom 3. 11. 1930 über die vorangegangene NSDAP-Versammlung mit Schemm in Streitberg. Über Schemms Rede heißt es dort u. a.: »In feiner Art und Weise rechnete er mit den Gegnern der NSDAP ab... Dem Redner wurde stürmischer Beifall für seine fast zweistündigen Äußerungen zuteil.« Ähnlich der Tenor der Berichterstattung im »Wiesent-Boten« vom 12. 11. 1930 über eine NSDAP-Versammlung in Muggendorf mit dem Einleitungssatz: »Die NSDAP marschiert auch in Muggendorf.«

insbesondere bei den katholischen Jungmännervereinen geworben wurde. Die Auseinandersetzungen zwischen BVP und NSDAP wurden im Verlauf der Jahre 1931/32 stürmischer, wenn es auch kaum zu gewaltsamen Auseinandersetzungen kam. Das Bezirksamt und die lokale Gendarmerie mußten aufgrund der von der Reichsregierung oder Bayerischen Regierung zeitweise verhängten Uniform- und Versammlungsverbote verschiedentlich sowohl gegen Angehörige der NSDAP wie auch gegen Mitglieder der »Bayernwacht« vorgehen oder angekündigte Versammlungen verbieten. Am 29. Oktober 1931 meldete der Vorstand des Bezirksamtes in seinem Halbmonatsbericht: »Der Nationalsozialismus ist im Bezirk noch im Wachsen«. Am 28. November 1931 berichtete er: »Das Verhalten der Bevölkerung läßt deutlich erkennen, daß auch die Besitzenden infolge der ungeheuren wirtschaftlichen Depression in die radikale Richtung abwandern. Die Unzufriedenheit ist ungeheuer.«

Für das wichtige Jahr 1932 fehlen uns die Bezirksamtsberichte. Aus der Lokal-Berichterstattung des »Wiesent-Boten« geht hervor, daß die Zahl der neugegründeten NSDAP- und SA-Ortsgruppen ständig anwuchs, die Kundgebungen der NSDAP größer und öffentlicher inszeniert und häufig mit Propagandamärschen verbunden wurden[47]. Neben Hans Schemm trat der Bamberger NS-Führer und Landtagsabgeordnete Zahneisen häufig als Redner auf. Die NSDAP-Mitglieder im Bezirk Ebermannstadt verfügten selbst offenbar über keinen sehr wirkungsvollen Redner. Auch der Gründer der Ortsgruppe in Streitberg und spätere Kreisleiter der NSDAP im Bezirk, der Bauhandwerkermeister Karl Schmidt, trat vor 1933 – folgt man der Berichterstattung des »Wiesent-Boten« – öffentlich nur wenig hervor. Die NSDAP hatte es offenbar im Bezirk nicht leicht, qualifizierte Führer und Aktivisten zu finden. Daß sie sich in dem für extremen politischen Radikalismus wenig günstigen Milieu des Bezirks zunehmend durchzusetzen wußte, war nicht zuletzt Ergebnis ihrer Anpassung an die vaterländischen und religiösen Gefühle der Einwohner. NSDAP und SA konnten vor allem an die in den meisten Orten des Bezirks existierenden Kriegervereine anknüpfen. Neben Militärmusik und pseudomilitärischen Umzügen und Aufmärschen wußten sie sich aber auch der religiösen Gemütsverfassung und dem gesellig-religiösen Brauchtum anzupassen, so wenn die NSDAP-Ortsgruppe Streitberg für den Festtag Heilig-Drei-Könige am 6. Januar 1932 zu einer Weihnachtsfeier mit Theaterabend einlud, zu der »alle Freunde und Gönner der Bewegung« herzlich eingeladen wurden[48], oder wenn sie – auch hier ging Schemm voran – das »positive Christentum« der NSDAP unablässig betonte, SA-Aufmärsche mit Gottesdiensten verband, Geistliche als Redner in NS-Veranstaltungen nach vorn schob, mit Heftigkeit gegen die Gottlosigkeit und den Atheismus der sozialistischen Arbeiterparteien polemisierte und die sittliche und religiöse Erneuerung neben der nationalen Wiedergeburt als vornehmliches Ziel der NSDAP proklamierte. Am 8. 7. 1932 berichtete der »Wiesent-Bote« über eine NSDAP-Veranstaltung:

---

[47] Als Beispiele seien genannt: Bericht des »Wiesent-Boten« vom 13. 7. 1932 über eine NS-Kundgebung in Hollfeld: »Imposant war der Propagandamarsch in der Nacht durch die Straßen der Stadt zum Marktplatz unter den schneidigen Klängen der SA-Musik.« Bericht des »Wiesent-Boten« vom 18. 7. 1932 über eine NS-Veranstaltung in Ebermannstadt: »... zogen SA-Abteilungen in Stärke von über 200 Mann durch die Straßen der Stadt und hielten hierauf auf dem Marktplatz Aufstellung.«
[48] Ankündigung im »Wiesent-Boten« vom 4. 1. 1932.

Besonders verbreitete sich der Redner über die Notwendigkeit der Wiederherstellung nicht nur des materiellen Befindens, sondern auch des nationalen, sittlichen und religiösen Denkens und Fühlens des deutschen Volkes. ... Beide Konfessionen müßten zusammenhalten gegen die sich immer mehr ausbreitende Gottlosenbewegung des Kommunismus und die Freidenker-Organisation der Sozialdemokratie. ...

Die Wahlergebnisse des Jahres 1932 machen den raschen Fortschritt der NSDAP im Amtsbezirk deutlich. Beim zweiten Wahlgang der Reichspräsidentenwahl (10. April 1932) entfielen von 12 909 gültigen Stimmen 5699 (= 43,8%) auf Hitler (7153 auf Hindenburg)[49]. Ähnlich das Ergebnis der Wahl zum Bayerischen Landtag am 24. April 1932, bei der die NSDAP 43 Prozent (die BVP 50%) der Stimmen erhielt. Schon im Frühjahr 1932 war das Wählerpotential, das die NSDAP in freien und geheimen Wahlen im Bezirk zu mobilisieren wußte, weitgehend ausgeschöpft. Die Reichstagswahlen vom 31. Juli 1932 erbrachten bei einer nochmaligen Steigerung der Wahlbeteiligung im Bezirk (91%) – verglichen mit der Reichspräsidentenwahl – einen relativen Rückgang der NSDAP (auf 42,8%), die Reichstagswahlen vom 6. November 1932 bei abgesunkener Wahlbeteiligung (84%) einen Rückgang auch der absoluten Zahl der NSDAP-Stimmen (auf 4982 = 41,7%).

Nachdem Hitler am 30. Januar 1933 im Reich die Kanzlerschaft übernommen hatte, begannen die Nationalsozialisten auch in der bayerischen Provinz noch selbstbewußter und provozierender als vorher aufzutreten. Es kam aber auch zu einer stärkeren Mobilisierung der Anhängerschaft der BVP, die unter Zuhilfenahme vor allem der »Bayernwacht« in letzter Minute eine militante Abwehrfront gegen die Nationalsozialisten zu bilden suchte.

Das beherrschende Thema hinter der politischen Auseinandersetzung bildete weiterhin die deprimierende Armut der Bevölkerung. In einem Bericht des Bezirksamts von Dezember 1932[50] hieß es hierzu:

»Die Stimmung der Bevölkerung ist recht gedrückt. Jeder Stand ist über seine Lage ungehalten. Das Trostlose an der Sache ist, daß gar keine Besserung in Aussicht ist. Die Finanzlage einzelner Gemeinden wie Oberweilersbach, Weiher, Waischenfeld, Unterleinleiter, die mit Wohlfahrts- und Armenlasten sehr in Anspruch genommen sind, ist geradezu schlimm. In Oberweilersbach ist zu befürchten, daß der ganze Gemeindewald versteigert wird. Aus der Bevölkerung ist kaum mehr etwas herauszuholen. Da die Gemeinde Oberweilersbach zu schwach war, energisch gegen die Umlagenzahler vorzugehen, hat das Bezirksamt im Einvernehmen mit dem Bürgermeister einen besonderen Umlageneinheber aufgestellt. Von über 2000 RM hat er 170 RM eingehoben! Zum Teil hat ein Steuerstreik hier eingesetzt, weil die Bevölkerung der Meinung ist, daß man im Hinblick auf den »Vollstreckungsschutz« den Bauern nichts mehr anhaben kann. Nicht viel anders steht es in der Stadt Waischenfeld. Hier war der Gerichtsvollzieher bereits wiederholt tätig, mußte aber in der Hauptsache unverrichteter Dinge wieder abziehen, da einfach nichts zu holen war. Die Gemeinde hatte nur Kosten.«

Auf die wirtschaftliche Misere der Bevölkerung verwies auch ein Vorfall, über den der Regierungspräsident am 4. Februar 1933 berichtete:

---

[49] Vgl. »Wiesent-Bote« vom 11. 4. 1932.
[50] Wörtlich wiedergegeben im Halbmonatsbericht des Regierungspräsidenten von Ober- und Mittelfranken vom 19. 1. 1933.

»In letzter Zeit wurden auf das Schloß des Freiherrn von Seefried in Hagenbach (BA Ebermannstadt), das z. Zt. unbewohnt ist, mehrere Schüsse abgegeben, wobei ein Fensterladen durchschlagen und die Wand leicht beschädigt wurden. Von den Tätern hat man keine Spur. Die Ursache dürfte folgende sein: Der Grundbesitz des Freiherrn von Seefried ist an die Bevölkerung in Hagenbach verpachtet, die auf die Pacht angewiesen ist; der Pachtpreis ist sehr hoch angesetzt (angeblich 70–80 RM je Tagwerk), so daß große Erbitterung herrscht. Das Bezirksamt glaubt, daß das schlechte Verhältnis zwischen Verpächter und Pächtern Schlimmes befürchten lasse und daß es nicht ausgeschlossen sei, daß es zu Gewalttätigkeiten komme, wenn eine passende Gelegenheit sich biete.«

Die in diesen Berichten zum Ausdruck kommende Lage der Bevölkerung muß man im Auge behalten, will man die Atmosphäre verstehen, die im Bezirk Ebermannstadt die letzte freie Wahl am 5. März 1933 maßgeblich bestimmte.

Bei einer Wahlbeteiligung von 91 Prozent überrundete die NSDAP mit 6624 Stimmen (51%) zum erstenmal klar die BVP (5748 Stimmen = 44%). Alle anderen Parteien, einschließlich des Landbundes, waren auf einen kümmerlichen Rest von insgesamt 5 Prozent zusammengeschmolzen.

Die Ergebnisse in den einzelnen Gemeinden verdienen eine nähere Betrachtung, da die vorliegende Zeitungs-Statistik auf Gemeindeebene einige Tendenzen und Faktoren, die diese Wahl bestimmten, deutlicher hervortreten läßt, als die nur bis zur Bezirksebene herunterreichende amtliche Statistik.

Hervorragendes Kennzeichen des Wahlausgangs war – nachdem der 1930 in den evangelischen Bauerngemeinden mit der NSDAP rivalisierende Landbund von der Bildfläche verschwunden war – die fast vollständige Polarisierung zwischen der NSDAP und BVP. In sämtlichen 22 evangelischen Gemeinden (mit mehr als 80% evangelischer Bevölkerung) hatte sich die NSDAP voll durchgesetzt. Meist lag ihr Stimmenanteil höher als der Prozentsatz der evangelischen Bevölkerung.

Tabelle: Stimmenanteil der NSDAP in den evangelischen Gemeinden

Gemeinde	Evang. Bev. in %	NSDAP in %	Gemeinde	Evang. Bev. in %	NSDAP in %
Albertshof	97	95	Oberleinleiter	86	90
Birkenreuth	98	87	Siegritz	91	92
Brunn	90	84	Streitberg	95	90
Engelhardsberg	97	86	Stücht	81	90
Hagenbach	94	91	Traindorf	98	100
Heiligenstadt	82	91	Wannbach	92	92
Hetzelsdorf	99	94	Wiesentfels	97	96
Krögelstein	98	83	Wohlmannsgesees	86	85
Lützelsdorf	81	91	Wonsees	97	96
Muggendorf	92	90	Wüstenstein	91	98
Oberfellendorf	91	100	Zoggendorf	84	78

In den 39 katholischen Gemeinden (mit mehr als 80% katholischer Bevölkerung) dominierte die BVP vielfach weiterhin (in 27 erhielt sie über 60% der Stimmen), aber auch die NSDAP konnte, noch weit mehr als schon 1930, in einem Teil der katholischen Gemeinden ebenfalls bedeutende Stimmengewinne verbuchen (in 16 Gemeinden mehr als 30%).

Tabelle: Stimmenanteil von BVP und NSDAP in den katholischen Gemeinden

Gemeinde	Kath. Bev. in %	BVP in %	NSDAP in %	Gemeinde	Kath. Bev. in %	BVP in %	NSDAP in %
Breitenbach	91	78	19	Neuses	99	94	6
Breitenlesau	90	59	38	Niedermirsberg	100	77	22
Burggaillenreuth	98	85	14	Oberweilersbach	100	53	15
Drosendorf E	100	81	17	Poxdorf	100	67	31
Drosendorf H	100	38	61	Pretzfeld	94	70	25
Drügendorf	100	85	14	Reifenberg	100	93	5
Dürrbrunn	80	75	20	Rüssenbach	100	98	–
Ebermannstadt	85	60	35	Sachsendorf	100	53	47
Eschlipp	100	100	–	Schönfeld	79	75	17
Freienfels	87	43	53	Seelig	100	72	23
Gasseldorf	90	82	14	Stechendorf	97	37	62
Gösseldorf	100	77	21	Tiefenstürmig	99	70	20
Götzendorf	100	91	9	Treppendorf	95	58	41
Hochstahl	87	68	31	Treunitz	99	67	32
Hohenpölz	100	59	41	Unterweilersbach	99	79	20
Hollfeld	97	48	44	Waischenfeld	98	59	29
Huppendorf	100	60	38	Weigelshofen	100	78	20
Königsfeld	99	50	48	Weiher	96	25	62
Löhlitz	97	62	35	Wohlmuthshüll	92	90	9
Nankendorf	100	82	17				

Die auffälligen Unterschiede des Ergebnisses in den einzelnen katholischen Gemeinden lassen sich mangels wirtschafts- und sozialstatistischer Daten für die einzelnen Gemeinden und sonstiger Informationen nicht in genügendem Maße entschlüsseln. Einige Faktoren treten aber doch per Evidenz ziemlich eindeutig hervor. Wie schon bei der Wahl vom 14. 9. 1930 lagen die katholischen Gemeinden mit den höchsten NSDAP-Stimmanteilen (über 30%), abgesehen von Ebermannstadt, sämtlich im nördlichen Teil des Amtsbezirks, wo – auf den Hochebenen – der trockene Jura-Boden nur äußerst kümmerliche Ernten erbrachte oder in den Tälern der oberen Wiesent oder des Leinleiter-Baches die Abhängigkeit von der meist in Großgrundbesitz befindlichen Forstwirtschaft vorherrschte (Burggrub, Freienfels, Wiesentfels, Weiher). Bei diesem ärmsten Teil der katholischen Landbevölkerung hatte die BVP (und vermutlich auch die Kirche) schon vor 1930 stets nur einen Teil der Bevölkerung erreichen können. Am Beispiel der Gemeinde Weiher läßt sich das besonders gut zeigen.

Tabelle: Wahlverhalten der Gemeinde Weiher bei den Reichstagswahlen 1928–1933

Reichstags-wahlen	Wahl-berechtigte	Gültige Stimmen	SPD/ KPD	NSDAP	BVP u. bürgerl. Mittel- u. Rechtsparteien
20. 5. 1928	157	89	38	–	51
14. 9. 1930	172	91	22	17	52
31. 7. 1932	184	125	34	48	43
5. 3. 1933	186	157	18	98	41

Aus dem Vergleich ergibt sich: Einen stabilen, sich regelmäßig an den Wahlen beteiligenden Stamm bildeten in Weiher ein Drittel bis ein Viertel der wahlberechtigten Bevölkerung (40–50 Wähler), die mit geringen Schwankungen entweder BVP oder bürgerliche Mittel- und Rechtsparteien wählten (selbständige Bauern und andere besser situierte Einwohner). Von dem anderen, größeren Teil der Bevölkerung (überwiegend Gutsabhängige) beteiligten sich die meisten wohl 1928 und 1930 überhaupt nicht an der Wahl, ein kleiner Teil von ihnen, der etwas stärker politisiert war (38 bzw. 39 Wähler), votierte 1928 für die Arbeiterparteien, 1930 zur Hälfte für diese und die NSDAP. Aufgrund der Krise wurde die Wahlbeteiligung 1932/33 in diesem Teil der – abhängigen – Bevölkerung erheblich größer. Ein kleiner Teil der bisherigen Nichtwähler stimmte 1932 für die linken Parteien, ein größerer Teil von ihnen für die NSDAP. 1933 wählten $^5/_6$ der Gutsabhängigen die NSDAP und nur $^1/_6$ verblieb den sozialistischen Parteien. Unsicheres, schwach ausgebildetes politisches Bewußtsein – erkennbar an Nichtbeteiligung oder wechselndem Wahlverhalten – läßt sich hier deutlich als Merkmal des Landarbeiterproletariats in Weiher ablesen; es erklärt auch, weshalb diese Schicht 1933 überwiegend nicht für die linken Parteien, sondern für die NSDAP votierte.

Man wird freilich die zum Teil erheblichen Unterschiede des Wahlverhaltens einzelner Gemeinden mit gleicher konfessioneller Struktur nicht allein auf wirtschaftliche Gründe und materielle Interessen zurückführen können. Die auffällige Erscheinung häufigen, fast geschlossenen Votums der Einwohner einer Gemeinde für die eine oder für die andere Partei (einerseits über 90 Prozent NSDAP-Stimmen in mehr als zwei Dritteln der evangelischen Gemeinden, andererseits weniger als zehn Prozent NSDAP-Stimmen in sechs katholischen Gemeinden) verweisen darauf, daß höchstwahrscheinlich auch bestimmte mehr oder weniger zufällige örtliche Gegebenheiten (das politische Vorbild einflußreicher Personen, die Art der vorangegangenen Wahlagitation u. a. m.) eine wesentliche Rolle spielten; daneben wohl auch der in kleinen Orten häufig herrschende Anpassungsdruck, der dazu führte, daß oft nur *eine* (politische) Dorf-Meinung entstand und herrschte.

Die Tatsache, daß die BVP sich trotz allem recht gut behauptet hatte, kann doch das tiefe Eindringen der NSDAP in die katholische Wählerschaft nicht verbergen. Die vorstehende Übersicht über die Wahlergebnisse in den katholischen Gemeinden zeigt das mit großer Deutlichkeit. Bemerkenswert waren auch die Verluste der Arbeiterparteien. Die Sozialdemokraten, die bei der Juliwahl 1932 noch 656 Stimmen (circa 5 %) erhalten hatten, waren am 5. März 1933 auf die Hälfte (318 Stimmen) zusammengeschrumpft;

ebenso die Kommunisten (63 Stimmen), die im November 1932 noch 132 Stimmen verbuchen konnten. Der Stimmenverlust beider Parteien scheint vor allem auf das Landarbeiter-Proletariat zurückzuführen gewesen zu sein, das bisher zum Teil »links«, am 5. März 1933 aber anscheinend überwiegend nationalsozialistisch gewählt hatte. Anders im katholischen Oberweilersbach, wo – in der unmittelbaren Nachbarschaft von Forchheim – eine größere Zahl »pendelnder« Industriearbeiter und unter ihnen wohl auch manche Arbeitslose ansässig waren. Hier vermehrten sich die Stimmen für SPD und KPD um zehn Prozent – bei erheblichen Verlusten der BVP – während die NSDAP nur 15 Prozent erhielt.

Tabelle: Vergleich der Reichstagswahlergebnisse (in Prozent) 1930 und 1933 in der Gemeinde Oberweilersbach

	NSDAP	BVP	Sozialistische Parteien	Bürgerliche Mittel- und Rechtsparteien
1930	4	71	22	3
1933	15	53	32	–

Bei der weitgehend ähnlichen wirtschaftlichen und sozialen Struktur der evangelischen und katholischen Gemeinden und angesichts des Umstandes, daß zwischen den beiden Konfessionen im Amtsbezirk im allgemeinen ein gutes, spannungsloses Verhältnis herrschte, wird man das Gewicht der an sich bemerkenswerten politischen Polarisierung, die in der Wahlentscheidung zum Ausdruck kam, nicht überschätzen dürfen. Die Tatsache, daß eine große Mehrheit der evangelischen bäuerlichen Bevölkerung des Bezirks in den Jahren 1932/33 für die NS-Bewegung votiert hatte, bedeutete nicht, daß der Nationalsozialismus in diesem Teil der Bevölkerung eine in jeder Hinsicht verläßliche oder gar fanatisch überzeugte Anhängerschaft gefunden hatte. Und die bis zum März 1933 bewahrte Stellung der BVP unter der katholischen Bevölkerung des Bezirks kann umgekehrt nicht schon als Kriterium dafür gelten, daß die katholische Bevölkerung des Bezirks gegenüber den Verlockungen und der Propaganda des Nationalsozialismus immun gewesen und geblieben sei.

Die von den vorangegangenen Wählergebnissen vielfach stark abweichende Geschichte und Entwicklung der tatsächlichen politischen Stimmungen der Bevölkerung, die ab 1934 in den Berichten des Bezirksamts und der Gendarmerie-Stationen hervortritt, legt es nahe, die Aussagekraft der politischen Wahlstatistik für das reale politische Verhalten mit Vorsicht einzuschätzen, zumal wenn es sich um eine Bevölkerung handelt, deren Politisierungsgrad schwach und unterentwickelt war. Gleichwohl: die Machtergreifung des Nationalsozialismus im Bezirk Ebermannstadt stand zunächst vor allem im Zeichen der Konfrontation zwischen der NSDAP und den aktiven Kräften und Anhängern des politischen Katholizismus.

Die Regierungsübernahme durch die Hitler-Partei, die in Bayern am 9. März mit der Einsetzung des Reichsstatthalters Ritter von Epp einsetzte, vollzog sich im Bezirk Ebermannstadt weniger spektakulär und gewaltsam als in anderen Regionen mit schärfer ausgeprägten sozialen und politischen Gegensätzen. Nachdem die Münchener Vorgänge in Ebermannstadt bekannt geworden waren, kam es dort am Nachmittag zu einer der lokalen Machtwechsel-Kundgebungen. Der »Wiesent-Bote« berichtete darüber am 11. 3. 1933: Die »gesamte Beamtenschaft, einschließlich ihres Vorstandes« versammelte sich vor dem Amtsgericht, wo anstelle der republikanischen Flagge die alten Farben »Schwarz-Weiß-Rot« gehißt wurden, und brachte »ein dreifaches Hoch auf das Reich« aus. Das genügte den Nationalsozialisten aber nicht. Am Abend desselben Tages marschierten SA-Stürme aus verschiedenen Orten des Bezirks »unter Trommelschlag und klingendem Spiel« vor das Bezirksamtsgebäude und Rathaus und zogen »nach kernigen Worten« des Kreisleiters Schmidt Hitler-Fahnen auf. An der Ebermannstädter Post wurde die schwarz-rot-goldene republikanische Flagge von der SA heruntergeholt und feierlich verbrannt, um – wie es im »Wiesent-Boten« zu lesen stand, das Ende des »alten morschen Systems« symbolisch zu demonstrieren. Anschließend versammelten sich die »Sieger« zum »gemütlichen Zusammensein«.

Die peinliche Lage der zum raschen Gesinnungswechsel gezwungenen lokalen Behördenleiter kam – unfreiwillig – auch in der Berichterstattung des Regierungspräsidenten zum Ausdruck, wenn dieser am 22. März schrieb, »die Hissung der neuen Fahnen auf den Amtsgebäuden« habe sich »allenthalben in würdiger und erhebender Weise« vollzogen, nachdem die Vorstände der Behörden bis zum 10. März gemäß »ihrer nach der damaligen Rechtslage gegebenen Dienstpflicht gegen das Aufziehen der neuen Farben Einspruch zu erheben« gehabt hätten[51].

Von vielerlei Umzügen und Kundgebungen der nationalsozialistischen Sieger in den einzelnen Orten des Bezirks, die sich am 21. März (»Tag von Potsdam«), zu Hitlers Geburtstag am 20. April und am 1. Mai wiederholten, berichtete der »Wiesent-Bote« auch in den folgenden Wochen ebenso enthusiastisch wie ausführlich. Im Lokalteil der Zeitung wurde gemeldet, daß der Gemeinderat hier eine Straße in Adolf-Hitler-Straße, dort eine Halle in Hans-Schemm-Halle umgetauft, die neuen Führer feierlich zu Ehrenbürgern ernannt oder veranlaßt habe, daß Hitler-, Göring- oder von-Epp-Linden zur Erinnerung an die nationalsozialistische Machtübernahme auf Dorf- und Marktplätzen feierlich eingepflanzt wurden. Die Leser des Lokalblattes erfuhren aber kaum etwas von den Gewaltmaßnahmen, die sich im Bezirk Ebermannstadt in erster Linie gegen die oppositionellen Kräfte des politischen Katholizismus, vor allem die Angehörigen der »Bayernwacht« richteten. Schon am 10. März waren einige Führer der »Bayernwacht« festgenommen worden, weil sie zur Alarmbereitschaft gegen die Nationalsozialisten aufgerufen hatten[52]. Im Halbmonatsbericht vom 7. 4. 1933 schrieb der Regierungspräsident: die Auflösung der nicht-nationalsozialistischen Wehrverbände und die Waffenablieferungen seien im allgemeinen »glatt vonstatten« gegangen, »nur in einigen Bezirken, in denen die ›Bayernwacht‹ dominierte (Ebermannstadt, Eichstätt), gab es gewisse Schwierigkeiten, so daß Hausdurchsuchungen veranstaltet werden mußten«. An den Maßnahmen gegen

---

[51] Halbmonatsbericht des Regierungspräsidenten von Ober- und Mittelfranken vom 22. 3. 1933.
[52] Im Halbmonatsbericht des Regierungspräsidenten von Ober- und Mittelfranken vom 22. 3. 1933 heißt es: »Zu den zeitweilig Verhafteten gehörte der Ökonomierat und Landwirt Teufel aus Kobelsberg bei Hollfeld und der Eisenbahnsekretär Graßinger aus Ebermannstadt.«

die »Bayernwacht« beteiligte sich auch die SA aufgrund der »hilfspolizeilichen« Befugnisse, die ihr nach der Machtübernahme eingeräumt worden waren[53].

Schon Mitte März war als Sonderbeauftragter der SA für den Bezirk Ebermannstadt SA-Sturmführer Kraus (Streitberg) eingesetzt worden[54], der ein hilfspolizeiliches SA-Kommando vor allem zur Fahndung nach Gegnern des NS-Regimes befehligte[55]. Als in der Nacht zum Ostersonntag 1933 in Ebermannstadt eine drei Wochen vorher gepflanzte »Hitler-Linde« umgeschlagen wurde, veranlaßte der SA-Sonderkommissar die Verhaftung von sechs ehemaligen Mitgliedern der »Bayernwacht«[56]. Eigenmächtigkeiten der SA und daraus resultierende Spannungen mit der Gendarmerie und dem Bezirksamt, wie sie im Frühjahr 1933 aus anderen Teilen Mittel- und Oberfrankens berichtet wurden[57], haben aber anscheinend in Ebermannstadt eine geringere Rolle gespielt. Der alte liberale Vorstand des Bezirksamts, Dr. Ferdinand Waller, der bis 1936 auf seinem Posten blieb, scheint anfangs eher dämpfend auf die Aktivität des SA-Bezirkskommissars und die Bayerische Politische Polizei eingewirkt zu haben. Ihm kam dabei zugute, daß in den Gendarmerie-Stationen im wesentlichen die alten Beamten tätig blieben, so auch als Leiter der Gendarmerie-Hauptstation Ebermannstadt der schon seit einem Jahrzehnt in diesem Amt befindliche, mit den Verhältnissen des Bezirks vertraute Gendarmeriekommissar Tanzmeier als der wichtigste Untergebene des Bezirksamtes[58]. Ohne Einfluß blieb der Machtwechsel auch auf die Leitung der Kreisschulbehörde. Der schon seit Jahren in Ebermannstadt tätige Bezirksschulrat Josef Bauer, der in der Folgezeit versuchte, seine patriotisch motivierte positive Einstellung zum Nationalsozialismus mit seiner gut katholischen Überzeugung in Einklang zu bringen, ohne allzugroße Konzessionen machen zu müssen[59], blieb bis zum Ende der NS-Zeit auf seinem Posten. Andererseits fehlte es gerade innerhalb der Lehrerschaft des Bezirks nicht an opportunistischer oder überzeugter Bereitschaft zur Mitarbeit an den neuen NS-Organisationen und mancherlei

---

[53] Bericht des »Wiesent-Boten« vom 1. 4. 1933, wonach in Schönfeld und anderen Orten Hausdurchsuchungen nach Waffen durch die Gendarmerie Hollfeld und 22 SA-Leute vorgenommen wurden.

[54] Meldung des »Wiesent-Boten« vom 21. 3. 1933.

[55] Zu den »gegnerischen Einrichtungen« zählte auch das Haus der sozialistischen »Naturfreunde« in Veilbronn, das von der SA beschlagnahmt und im Sommer 1933 in eine Führerschule des Reichsarbeitsdienstes umgewandelt wurde; vgl. »Wiesent-Bote« vom 10. 6. 1933.

[56] Vgl. Bericht des Regierungspräsidenten von Ober- und Mittelfranken vom 20. 4. 1933 und des »Wiesent-Boten« vom 18. 4. 1933.

[57] Vgl. hierzu die Halbmonatsberichte des Regierungspräsidenten von Ober- und Mittelfranken vom 20. 4. und 21. 6. 1933. In letzterem hieß es unter Bezugnahme auf solche Auseinandersetzungen in den Bezirken Stadtsteinach, Lauf und Wunsiedel: »Bei dieser Gelegenheit darf ich für die Gendarmeriebeamtenschaft ein Wort einlegen. Sie verdient es wirklich nicht, von der SA und von den Parteidienststellen der NSDAP so behandelt und in den Augen der Bevölkerung so heruntergesetzt zu werden, wie sie leider vielfach in völliger Verkennung der Haltung der SA-Leute zur Gendarmerie geschieht... «

[58] Eine aus dem Jahre 1924 stammende Übersicht über die »Besetzung der Gendarmeriestationen des Bezirks Ebermannstadt« (StA Bamberg, K 8/III/3096) ergibt, daß Tanzmeier damals schon Bezirksinspekteur der Gendarmerie war. Aus dem Namensvergleich einiger vorliegender Meldungen von Gendarmerie-Stationen aus dem Jahr 1932 (StA Bamberg, K 8/IV/8991) mit den Berichten, die dieser Sammlung zugrundeliegen, läßt sich zumindest für einige Stationen (Heiligenstadt, Muggendorf, Waischenfeld) positiv nachweisen, daß die dort nach 1933 tätigen Wachtmeister schon vor 1933 im Bezirk ihren Dienst verrichteten.

[59] So nach Auskunft von Landrat a. D. Dr. Niedermayer (26. 7. 1976). Erhebliche »Konzessionen« machte er im Zusammenhang mit der 1937/38 eingeführten Gemeinschaftsschule, wie aus den diesbezüglichen Akten des Bezirksamtes hervorgeht; siehe unten, S. 106 ff.

fatalen Verbeugungen vor dem NS-Regime und seiner Weltanschauung. Das galt z. B. für den evangelischen Bezirksoberlehrer in Heiligenstadt, der schon in den ersten Monaten des Jahres 1933 seine Lehrer-Kollegen im Bezirk aufforderte, öffentliche Bekenntnisse zur »nationalen Revolution« abzulegen[60]. Einige seiner aus den ersten Jahren des Dritten Reiches erhalten gebliebenen internen Berichte an die vorgesetzte Schulbehörde bilden ein besonders peinliches Zeugnis dafür, wie sehr manche Erzieher die Schule und Pädagogik in den Dienst der völkisch-nationalsozialistischen Ideologie zu stellen versuchten[61].

Erhebliche Spannungen entstanden im Frühjahr und Sommer in den Kleinstädten und Dörfern des Bezirks im Zusammenhang mit der geforderten Umbildung der Stadt- und Gemeinderäte. Aufgrund des Gleichschaltungsgesetzes vom 31. März 1933 hatte man in der zweiten Aprilhälfte damit begonnen, die 1929 gewählten Bürgermeister und Gemeinderäte entsprechend den lokalen Stimmenverhältnissen bei der Reichstagswahl vom 5. März 1933 zu verändern. Gemeinden, die bei dieser Wahl große NSDAP-Mehrheiten erzielt hatten, wie Heiligenstadt, Muggendorf, Streitberg, erhielten schon jetzt rein nationalsozialistische Stadt- oder Gemeinderäte. Dort, wo die BVP bei der Wahl vom 5. März noch vorherrschend geblieben war, führte die von der NSDAP betriebene Anwendung des Gleichschaltungsgesetzes zu neuen lokalen Auseinandersetzungen. In einigen dieser Orte, so in Hollfeld und Waischenfeld, vermochte die NSDAP schon im April/Mai 1933 ihre Kandidaten als Bürgermeister durchzusetzen, in anderen Orten mißlang ihr dies zunächst noch. Vereinzelt gab es freiwillige Übertritte von BVP-Gemeinderäten zur NSDAP, andererseits Proteste oder Drohungen der NSDAP oder SA gegen hartnäckig oppositionelle BVP-Gemeinderäte[62]. In einigen Orten, wo die umgebildeten Gemeinderäte wiederum BVP-Bürgermeister gewählt hatten, versagte das Bezirksamt die Bestätigung der Wahl und ließ von Amts wegen nationalsozialistische Bürgermeister einsetzen[63].

Der lokale Widerstand gegen den Nationalsozialismus war noch keineswegs gebrochen. Als in einigen Orten Hakenkreuzfähnchen abgerissen wurden, sah sich das Bezirksamt am 2. Mai 1933 zu einer öffentlichen Warnung veranlaßt, in der es u. a. hieß:

»Anstatt daß nunmehr nach den politischen Kämpfen der letzten Zeit endlich Ruhe einsetzt, werden die politischen Leidenschaften dadurch nur noch mehr aufgepeitscht. Das Bezirksamt, das einem solchen Tun und Treiben nicht untätig zusehen kann, warnt hiermit die Bevölkerung ausdrücklich vor derartigen weiteren Anschlägen.«[64]

Ein Vorfall in der Gemeinde Gaiganz im benachbarten Bezirk Forchheim, wo am 21. Mai 1933 ein SA-Mann von einem ehemaligen »Bayernwacht«-Mitglied ermordet

---

[60] Vgl. Bericht des »Wiesent-Boten« vom 14. 6. 1933.
[61] Vgl. hierzu die ab 1933/34 vorliegenden Berichte des Heiligenstadter Bezirksoberlehrers über den Fortbildungsunterricht im Bezirk; StA Bamberg, K 3/6266.
[62] Vgl. den Bericht des »Wiesent-Boten« vom 27. 4. 1933 betr. den Übertritt »mehrerer angesehener Persönlichkeiten« in Ebermannstadt, die bisher der BVP angehörten, zur NSDAP; andererseits die Berichte des »Wiesent-Boten« vom 28. 4. und 15. 5. 1933 über Pottenstein, wo der BVP-Gemeinderat Bauer, der zeitweilig in Schutzhaft genommen wurde, im Mittelpunkt der Auseinandersetzungen stand.
[63] So laut »Wiesent-Bote« vom 27. 5. 1933 in Drügendorf.
[64] Veröffentlicht im »Wiesent-Boten« vom 3. 5. 1933.

worden war – der Täter wurde Ende Juli 1933 von einem Schwurgericht in Bamberg zum Tode verurteilt und später hingerichtet –, wirkte als Erregungselement, schon infolge der großaufgemachten Presseberichterstattung über diesen Fall, auch in den Amtsbezirk Ebermannstadt hinein[65]. Um die Gegensätze zu den aktiven Kräften des politischen Katholizismus zu überwinden, bemühte sich die NSDAP nationalsozialistische Kundgebungen mit christlich-religiösen Traditionen zu verbinden: Zur 1. Mai-Feier in Ebermannstadt wurde neben dem Horst-Wessel-Lied der Choral »Wir treten zum Beten« gesungen[66], und am Fronleichnamsfest am 19. Juni 1933 beteiligte sich die SA in Waischenfeld geschlossen an der Prozession[67].

Die Zurückhaltung, die das Bezirksamt den politischen Auseinandersetzungen gegenüber bewahrt hatte, änderte sich merklich, als mit Wirkung vom 1. Juni 1933 der junge nationalsozialistische Regierungsrat Dr. Heinz Wirsching an das Bezirksamt nach Ebermannstadt versetzt wurde und dort als Stellvertreter Dr. Wallers die politischen Fälle in engem Einvernehmen mit dem SA-Sonderkommissar bearbeitete. Ende Juni 1933 berichtete er dem Regierungspräsidenten:[68]

»Ein unversöhnlicher Haß zwischen Anhängern der Bayerischen Volkspartei und der NSDAP ist in Neuhaus festzustellen. Hier spielt der Geistliche Kuratus Weid eine große Rolle: er wurde bereits durch die Gendarmerie verwarnt. Damit endlich Ruhe in Neuhaus und damit im ganzen Bezirk einkehrt, wäre es höchste Zeit, wenn die Bayerische Volkspartei liquidiert oder verboten würde.«

In dem gleichen Bericht schrieb er, in letzter Zeit seien in Plankenfels und Pretzfeld Ortsgruppen des Stahlhelm, offenbar vor allem aus katholischen und anderen, dem Nationalsozialismus feindlich oder reserviert gegenüberstehenden Kreisen gegründet worden und in Heiligenstadt, Hollfeld, Schönfeld und Krögelstein seien solche Ortsgruppengründungen versucht worden. Das Bezirksamt habe alle diese Aktivitäten unterbunden, »weil das in kürzester Zeit zu Verwicklungen mit den Ortsgruppen der NSDAP geführt hätte«.

Kurz darauf kam es, Ende Juni, in ganz Bayern und auch im Bezirk Ebermannstadt zu der schlagartigen Verhaftung von BVP-Funktionären, insbesondere der noch amtierenden BVP-Bürgermeister und -Gemeinderäte, die das Vorspiel der erzwungenen Selbstauflösung der BVP bildete und diese endgültig aus den ihr noch verbliebenen kommunalpolitischen Positionen verdrängte[69]. Die Aktion sollte die verhafteten BVP-Gemeinderäte zum ›freiwilligen‹ Rücktritt von ihren Ämtern veranlassen, teilweise ging die NSDAP aber auch kurzerhand dazu über, die verbliebenen BVP-Gemeinderäte und -Bürgermeister abzusetzen. In einer bezirksamtlichen Bekanntmachung vom 13. Juli machte Dr. Waller einen schwachen Versuch, wenigstens diese offen illegale Praxis zu

---

[65] Vgl. u. a. die Berichterstattung im »Wiesent-Boten« über den Prozeß vom 27. 7. 1933.
[66] »Wiesent-Bote« vom 2. 5. 1933.
[67] »Wiesent-Bote« vom 21. 6. 1933
[68] Wörtlich wiedergegeben im Halbmonatsbericht des Regierungspräsidenten von Ober- und Mittelfranken vom 6. 7. 1933. Daß dieser Bericht von Dr. Wirsching, nicht von Dr. Waller, stammte, geht aus dem ganzen NS-Tenor und den radikalen Empfehlungen hervor, die sich nachweislich nicht mit den Vorstellungen Dr. Wallers deckten.
[69] Der »Wiesent-Bote« berichtete am 28. 6. 1933, in Hollfeld seien vier Stadträte und in Pretzfeld und Ebermannstadt die Altbürgermeister Kolb und Kraus in Schutzhaft genommen worden.

unterbinden, und erklärte solches Vorgehen für unzulässig[70]. Die Bekanntmachung wurde noch am gleichen Tag gegenstandslos durch eine Ministerialentschließung der bayerischen Regierung, in der – nach der inzwischen erfolgten Auflösung der BVP – festgestellt wurde, daß BVP-Gemeinderäte nur die Wahl hätten, entweder Anschluß bei der NSDAP zu suchen oder – wenn das nicht möglich sei – ihr Amt niederzulegen. Es kam infolgedessen zu einer weiteren Phase der Umbildung der Gemeinderäte, die in einzelnen Orten des Bezirks bis in den September hinein dauerte. Die NSDAP übernahm sämtliche kommunalen Positionen, wenn sie auch zunehmend Mühe hatte, geeignete Personen hierfür zu finden[71]. Daß es im Bezirksamt wegen der Aktion Gegensätze zwischen dem Vorstand und seinem Stellvertreter gegeben hatte, blieb nicht verborgen, und als Dr. Waller im Juli seinen Urlaub nahm, munkelte man von politischer »Verabschiedung«. Darauf bezog sich offenbar ein bezirksamtliches Dementi, das der »Wiesent-Bote« am 25. Juli veröffentlichte:

»Der Vorstand des Bezirksamts Ebermannstadt, Herr Oberamtmann Dr. Waller, hat vor einigen Tagen ordnungsgemäß seinen Urlaub angetreten. Alle gerüchteweise daran geknüpften Kombinationen sind gegenstandslos. Die Vertretung des Amtsvorstandes hat Herr Regierungsrat Dr. Wirsching.«[72]

Wenige Tage später, am 28. Juli 1933, wurde im katholischen Niedermirsberg, offenbar aus Rache für die Aktion gegen die BVP, eine am 20. April 1933 gepflanzte Hitler-Linde umgebrochen. Der amtierende Bezirksvorstand Dr. Wirsching ließ noch am gleichen Tage eine geharnischte öffentliche Warnung an alle diejenigen ergehen, »die glauben, durch Taten oder Reden die große Aufbauarbeit unseres Führers stören zu dürfen.« Er habe im vorliegenden Fall »vorläufig acht Personen in Schutzhaft nehmen lassen« und werde in allen ähnlichen Fällen »mit größter Schärfe vorgehen«.[73]

»Da dringende Anhaltspunkte dafür vorhanden waren, daß die Tat aus politischen Gründen begangen worden ist, hat das Bezirksamt im Einvernehmen mit dem Herrn Sonderkommissar sofort an Ort und Stelle Nachforschungen anstellen lassen. Die Gendarmerie und eine unter der Führung des Herrn Sonderkommissars stehende SA-Abteilung hat sich daraufhin gegen 5 Uhr nachmittags nach Niedermirsberg begeben und die der Tat verdächtigen Personen, über die das Bezirksamt sofort Schutzhaft verhängt hat, festgenommen. Unter den Verhafteten befindet sich auch der frühere Bürgermeister Herbst, der die Untersuchung und Festnahme auf offener Straße als eine Unverschämtheit bezeichnete. Die Verhafteten wurden sofort in das Amtsgerichtsgefängnis Forchheim eingeliefert. Die Tanzmusik in Niedermirsberg wurde auf Anordnung des Bezirksamts sofort polizeilich abgebrochen.«[74]

Aus weiteren Lokalmeldungen der Zeitung ist zu entnehmen, daß es auch in anderen Orten des Bezirks oppositionelle Regungen gab, die man zu unterdrücken suchte. Am 25. bzw. 29. Juli berichtete sie aus den katholischen Orten Breitenlesau und Pretzfeld:

»Breitenlesau, 24. Juli. In voriger Woche wurden zwei Einwohner von hier in Schutzhaft genommen, die sich in ungebührlicher Weise über die neuen Verhältnisse geäußert hatten.«

---

[70] Erlaß des Bezirksamts, veröffentlicht im »Wiesent-Boten« vom 13. 7. 1933.
[71] Vgl. dazu den Halbmonatsbericht des Regierungspräsidenten von Ober- und Mittelfranken vom 19. 7. 1933.
[72] »Wiesent-Bote« vom 25. 7. 1933.
[73] StA Bamberg, K 8/IV/935.
[74] »Wiesent-Bote« vom 24. 7. 1933.

»Pretzfeld, 28. Juli. In Schutzhaft genommen und von der Gendarmerie nach Forchheim verbracht wurden gestern abend zwei hiesige Einwohner und zwar Metzgermeister Christian Sponsel und Herr Georg Reißer.«

Geringere Bedeutung als die Neuordnung der Gemeindeverwaltung hatte im Bezirk die Durchführung des am 7. April 1933 erlassenen Reichsgesetzes zur »Wiederherstellung des Berufsbeamtentums«, das unter seinem irreführenden Titel darauf angelegt war, vor allem jüdische und anti-nationalsozialistisch eingestellte Beamte aus dem Staatsdienst zu entfernen. Die aufgrund einer Bekanntmachung der bayerischen Ministerien vom 6. Juli 1933 auf lokaler Ebene mit den Ermittlungen beauftragten Gendarmerie-Stationen erstatteten fast durchweg Fehlmeldungen. Unter den Lehrern des Bezirks, die die zahlenmäßig größte Kategorie der Beamten darstellten, standen einige wenige in dem Verdacht, politisch oppositionell eingestellt zu sein. Wie unqualifiziert die von der Partei ausgehenden Anschuldigungen hierbei waren, zeigen einige in den Akten vorliegende Meldungen der Gendarmerie bzw. des Bezirksschulrates. Letzterer berichtete am 19. Juli 1933 dem Bezirksamt über zwei Fälle:

»1) Nach Meldung des Ortsgruppenleiters [in Treunitz] hat Hauptlehrer W. agitatorisch gegen die NSDAP gearbeitet. Vor der letzten Wahl habe er ein Plakat anbringen lassen: ›Wählt nicht die Nationalsozialisten, die Partei der Bankrotteure‹. Am 4. März 1933 habe er einen Mann beauftragt, seine Leute (BVP) mit einer Heringsbüchse zusammenzutrommeln.
2) Hilfslehrer M. in Krögelstein wühlt nach Meldungen des Ortsgruppenleiters im Geheimen gegen die NSDAP. Eine gedeihliche Zusammenarbeit zwischen ihm und der Ortsgruppe ist nicht gegeben.«[75]

Über einen weiteren Fall in Muggendorf berichtete am selben Tage der dortige Gendarmerie-Hauptwachtmeister:

»Nach den gepflogenen Erhebungen soll sich Oberlehrer Sch. von Muggendorf früher mehr zur Sozialdemokratischen Partei bekannt haben. Diese Annahme wurde mehr aus seinen Biertisch-Gesprächen hergeleitet. Es wurde nun aber festgestellt, daß sich Oberlehrer Sch. seit Errichtung des nationalen Staates auch zur jetzigen Regierung bekennt.«[76]

Wie auf die Lehrer suchte die Partei auch auf die Zusammensetzung der Kirchenvorstände Einfluß zu gewinnen. Am 23. Juli 1933 fanden in den evangelischen Gemeinden des Bezirks Neuwahlen der Kirchenvorstände statt. Verschiedentlich stellte die Partei Deutsche Christen als Kandidaten auf und schrieb ihren Mitgliedern vor, nur diese zu wählen[77]. Über den Ausgang der Wahlen sind wir nicht unterrichtet, aus späteren Angaben[78] ist aber ersichtlich, daß nur in einigen Gemeinden – so z. B. in Heiligenstadt – die Deutschen Christen unter den neugewählten Kirchenvorständen die Mehrheit erhielten.

Nachdem bis zum Juli 1933 die nicht-nationalsozialistischen Parteien sämtlich aufgelöst waren, stand in den folgenden Wochen und Monaten vor allem die Gleichschaltung von Berufsverbänden und sonstigen Vereinen und die mit Nachdruck betriebene Mit-

---

[75] Enthalten in StA Bamberg, K 8/IV/3094. Aus den Akten geht nicht hervor, ob es zu Entlassungen der betreffenden Beamten kam.
[76] Enthalten in StA Bamberg, K 8/IV/3094.
[77] Bericht des »Wiesent-Boten« vom 20. 7. 1933 nach einer Meldung der NSDAP-Ortsgruppe Ebermannstadt.
[78] Visitationsberichte des Dekanats Muggendorf für die Jahre 1934 ff., siehe S. 35 Anm. 19.

gliederwerbung der verschiedenen NS-Organisationen im Vordergrund des politischen Geschehens.

Wiederholt berichtete der »Wiesent-Bote« im Sommer und Herbst 1933 von Versammlungen und Appellen, durch die die Lehrer des Bezirks zum Eintritt in den NS-Lehrerbund genötigt wurden[79]. Zur gleichen Zeit wurde die Auflösung der alten Bauernvereine, vor allem des Oberfränkischen Bauernvereins, und ihre Übernahme in die neue nationalsozialistische Reichsnährstands-Organisation betrieben[80]. Leider fehlen uns konkrete Angaben darüber, wie es zur Einsetzung der neuen Ortsbauernführer in den Dörfern des Bezirks kam, inwieweit hierbei Favoriten der NSDAP aufoktroyiert oder die in den Dörfern bestehenden wirtschaftlichen und sozialen Einfluß- und Rangverhältnisse berücksichtigt wurden. Auch über die Reaktion der Bauern des Bezirks auf das Reichserbhofgesetz vom 29. September 1933 mit seinen bedeutenden materiellen und rechtlichen Folgen liegen aus dem Jahre 1933 – und auch in den Berichten ab Januar 1934 – kaum Stimmungsäußerungen vor. Aus der späteren Landwirtschaftsstatistik des Jahres 1939 ergibt sich lediglich, daß bis dahin rund ein Drittel der Bauern des Bezirks (insgesamt 1244), d. h. fast alle Landwirte mit Höfen über zehn Hektar, Erbhofbauern geworden waren. Die im folgenden abgedruckten Berichte zeigen jedoch, daß es dem neuen Regime zunächst zweifellos gelang, durch die mit dem Reichserbhofgesetz verbundenen Entschuldungsmaßnahmen und mit den neuen durch die Marktordnung der Reichsnährstandsorganisation verbürgten Abnahmegarantien und verbesserten Preisen für landwirtschaftliche Erzeugnisse eine Stimmungsverbesserung unter der landwirtschaftlichen Bevölkerung herbeizuführen, wenn auch gegen einzelne Lenkungsmaßnahmen auf landwirtschaftlichem Gebiet der Widerstand der Bauern lange anhielt. Von einer politischen Disziplinierung der Bauern durch die Ortsbauernführer ist aber – folgt man den Berichten – wenig zu spüren. Ihre Autorität scheint nicht besonders groß gewesen zu sein. Nicht wenige von ihnen setzten sich selbst über die Wünsche und Anordnungen der Partei und des Regimes ohne Bedenken hinweg.

Besonders ausführlich wird im »Wiesent-Boten« ab Juli/August 1933 über die Gleichschaltung der im Bezirk stark verbreiteten Militär- und Kriegervereine berichtet, die sämtlich in den unter nationalsozialistische Leitung gestellten Bayerischen Kriegerbund überführt wurden. Die örtlichen Gleichschaltungsversammlungen boten überall mehr oder weniger das gleiche Bild. Die alten Vorstandsmitglieder wurden in ihrer Mehrheit bestätigt, sofern dafür Sorge getragen war, daß als erster oder zweiter Vorstand ein Parteigenosse amtierte und das Führerprinzip anerkannt wurde[81]. Ähnlich stand es mit der Eingliederung der Vereine der Kriegsgeschädigten und -hinterbliebenen in den gleichgeschalteten Verband »NS-Kriegsopferversorgung«.[82]

Die Zeitungsberichte aus dem Bezirk Ebermannstadt verdeutlichen, welchen Wert die neuen Machthaber darauf legten, auch auf der lokalen Ebene – wenn auch meist nur durch

---

[79] Vgl. u. a. »Wiesent-Bote« vom 25. 7. 1933.
[80] Vgl. Berichte des »Wiesent-Boten« vom 1. 8. 1933.
[81] Vgl. Berichte des »Wiesent-Boten« vom 1. 8. (Pretzfeld), 7. 8. (Unterweilersbach), 8. 8. (Hetzelsdorf), 21. 8. (Ebermannstadt), 22. 8. (Wannbach und Drosendorf), 23. 8. (Hollfeld), 1. 9. 1933 (Niedermirsberg).
[82] Vgl. u. a. »Wiesent-Bote« vom 23. 8. und 1. 9. 1933.

nominelle, die alten Führungs- und Personalverhältnisse fortschreibende Gleichschaltungsprozeduren – zu einer Gesamterfassung des gesellschaftlichen Lebens zu gelangen. Die Gastwirte schlossen sich dem neuen Reichseinheitsverband des deutschen Gaststättengewerbes an[83]. Örtliche Darlehenskassen wurden umgebildet[84], Stahlhelm-Mitglieder für die SA-Reserve geworben, aber auch Fremdenverkehrsvereine, Bürgervereine, Radfahrer- und Sängervereine beschlossen die »Gleichschaltung« und unterzogen sich feierlichen Gelöbnissen auf die neue NS-Führung.[85]

Die Werbung von Mitgliedern der NSDAP und die Gründung neuer Ortsgruppen scheint in den Kleinstädten und Dörfern des Bezirks trotz der ab 1. 5. 1933 verhängten parteioffiziellen Mitgliedersperre bis in den Herbst 1933 weiterbetrieben worden zu sein und hatte anscheinend auch in manchen katholischen Orten beträchtliche Erfolge aufzuweisen[86]. Die ideologische Indoktrinierung der Bevölkerung scheint auf der anderen Seite enge Grenzen gehabt zu haben. Von Boykottmaßnahmen gegen die wenigen Juden, die in Aufseß und Hagenbach als Besitzer landwirtschaftlicher Grundstücke oder Händler ansässig waren[87], ist aus dem Jahre 1933 nichts bekannt. Der »Wiesent-Bote« wußte im Sommer 1933 lediglich zu berichten, daß die örtliche Verwaltung der Kurhäuser in Streitberg und Muggendorf Juden den Zutritt gesperrt habe[88].

Zu einer Neuerung, aus der sich in der Folgezeit manche Konflikte ergeben sollten, kam es im Oktober 1933 durch die Errichtung eines Arbeitsdienstlagers bei Ebermannstadt, in dem rund 200 ortsfremde, mit den Sitten und Einstellungen der einheimischen Bevölkerung nicht vertraute Arbeitsdienstmänner und -führer in Baracken untergebracht wurden[89].

Alles in allem gewinnt man aus der – freilich einseitigen – Zeitungsberichterstattung und den wenigen sonstigen Zeugnissen den Eindruck, daß das Regime sich in der zweiten Hälfte des Jahres 1933 wenn nicht der aktiven Unterstützung, so doch der passiven Loyalität der übergroßen Mehrheit der Bevölkerung zu versichern wußte, nachdem die anderen politischen Kräfte mundtot gemacht und der größte Teil ihrer ehemaligen Anhänger unsicher geworden waren oder sich den neuen Meinungs- und Machtträgern angepaßt hatten.

Eine energische Anstrengung zur Gewinnung der noch Abseitsstehenden machte die Partei, jetzt auch unterstützt von den Amtsträgern der Verwaltung, den Lehrern und Geistlichen beider Konfessionen, nachdem für den 12. November anläßlich des von der Reichsregierung beschlossenen Austrittes Deutschlands aus dem Völkerbund die Abhaltung einer Volksabstimmung und plebiszitären Reichstagswahl mit Einheitsliste beschlossen worden war. Wie überall im Reich und in Bayern, wurden in den vier Wochen

---

[83] Vgl. »Wiesent-Bote« vom 10. 8. 1933.
[84] Vgl. »Wiesent-Bote« vom 2. 10. 1933.
[85] Vgl. »Wiesent-Bote« vom 16. 8., 18. 8., 13. 9., 18. 9., 2. 10. und 12. 10. 1933.
[86] Für Waischenfeld (nach der Volkszählung vom 16. 6. 1933: 775 Einwohner) meldet der »Wiesent-Bote« vom 5. 10. 1933, daß die Ortsgruppe der NSDAP in den letzten vier Wochen von 98 auf 125 Mitglieder angewachsen sei.
[87] Aus der Volkszählung vom 16. 6. 1933 geht hervor, daß im ganzen Bezirk nur 21 Personen israelitischer Religion lebten, davon 11 in Aufseß, 7 in Hagenbach, 2 in Streitberg, 1 in Wannbach.
[88] »Wiesent-Bote« vom 29. 8. und 29. 9. 1933.
[89] »Wiesent-Bote« vom 19. 9. und 16. 10. 1933.

vor dem Abstimmungstag auch im Bezirk Ebermannstadt zahlreiche Kundgebungen und Versammlungen veranstaltet, über die der »Wiesent-Bote« ausführlich berichtete: »Auf Veranlassung des Bezirksamts Ebermannstadt erklärte die katholische Geistlichkeit des ganzen Bezirks, daß sie geschlossen hinter der nationalen Regierung steht und daß sie am 12. November bei der Volksabstimmung mit ›Ja‹ stimmen wird. Sie erwartet, daß auch das gläubige katholische Volk in dieser rein vaterländischen Frage dem Rufe des deutschen Kanzlers folgt und ihm seine Ja-Stimme gibt.« Das mit dem Heiligen Stuhl am 20. Juli 1933 abgeschlossene Konkordat zahlte sich jetzt aus und legte nach den vorangegangenen bischöflichen Erklärungen zugunsten des Regimes auch die lokale Geistlichkeit fest. Im Bezirksamt Ebermannstadt setzte sich vor allem Dr. Wirsching dafür ein, die im Lager des Katholizismus noch bestehenden Bedenken zu überwinden. Dafür zeugen die verschiedenen beschwörenden Reden, die er selbst in öffentlichen Versammlungen vor dem 12. November 1933 hielt. Zur Veranschaulichung zitieren wir den Bericht des »Wiesent-Boten« vom 6. November 1933 über eine Reihe von Versammlungen, die am 5. November stattfanden:

»Am gestrigen Sonntag fanden in Weigelshofen, Drosendorf und Drügendorf öffentliche Wahlversammlungen statt ... Die Versammlungen wurden geleitet von dem Ortsgruppenleiter der NSDAP Ebermannstadt, Herrn Justizinspektor Schmitt, der betonte, daß es Pflicht sei, selbst die kleinste Gemeinde zu besuchen, denn gerade auf dem Lande ist es vielfach notwendig, Aufklärung zu schaffen. Der als Redner erschienene Regierungsrat Dr. Wirsching hielt sodann einen tiefgründigen Vortrag über die Bedeutung des 12. November ... Unter starkem Beifall erklärte der Redner: Wer am 12. November sich nicht mit einem Ja hinter die deutsche Regierung stellt, ist ein Verräter am deutschen Volk, ist ein Judas Ischariot und nicht wert, daß ihn die deutsche Erde trägt, denn er ist dann nicht für den Frieden und die Verständigung, sondern für den Bolschewismus und ein Feind Deutschlands. Der Referent legte eingehend dar, warum wir aus politischen, wirtschaftlichen und religiösen Gründen die Frage der Regierung mit einem Ja beantworten können. Politisch, weil Hitler nicht den Krieg, sondern den Frieden, die Verständigung mit anderen Völkern und ein freies großes und geachtetes Deutschland will; wirtschaftlich, weil es wieder vorwärts geht, weil es sich zeigt, daß die Regierung arbeitet, aus dem Trümmerhaufen wieder ein sauberes Haus zu bauen; aus religiösen Gründen, weil Hitler die Kirche aus dem Parteisumpf herauszog, die Gottlosenbewegung vernichtet und gerade auf kulturellem Gebiet gründlich ausgemistet hat. Alle religiösen Bedenken, wie solche bisher auf katholischer Seite bestanden, sind beseitigt durch die Taten Hitlers. Höchste geistliche Würdenträger sowohl wie auch die Geistlichen verschiedener Bezirke haben bereits einmütig hinter die Reichsregierung gestellt und sich zur Mitarbeit bekannt. Am 12. November ist jedem deutschen Volksgenossen eine letzte Frist und Gelegenheit gegeben, sich zum Frieden und zur Aufbauarbeit zu bekennen; wer das nicht tut, der muß sich auch gefallen lassen, daß wir daraus die Konsequenzen ziehen...«

Die Mischung schönfärbender Überredung und unüberhörbarer Drohung verfehlte ihre Wirkung offenbar nicht. Neben Wirsching trat als einer der wenigen Akademiker des Bezirks der Waischenfelder Zahnarzt Benedikt Spörlein, seit dem Frühjahr 1933 Bürgermeister und NSDAP-Ortsgruppenleiter der Gemeinde und einer der rührigsten Aktivisten unter den Nationalsozialisten, als Redner hervor. Er hatte es in Waischenfeld auch verstanden, sich des Rückhalts eines katholischen Geistlichen zu versichern, der in einer Wahlversammlung am 8. November erklärte: »Wer sein irdisches Vaterland nicht liebt, hat keinen Anspruch auf ein himmlisches«[90]. In einer Serie von Kundgebungen, die Spör-

---

[90] »Wiesent-Bote« vom 20. 11. 1933.

lein in der Umgebung von Waischenfeld veranstaltete, sprach, laut Bericht des »Wiesent-Boten«, auch »der Lehrer der betreffenden Ortschaften noch zu den Eltern und Angehörigen seiner Schulkinder«.[91] Die Einschaltung der meisten lokalen Autoritäten für die Propaganda des Regimes[92] konnte nicht ohne Wirkung bleiben. Wenn auch in manchen katholischen Orten die Bevölkerung den Versammlungen der NSDAP ostentativ fernblieb[93], so wagten – da das Wahlgeheimnis nicht mehr gesichert war – doch nur wenige, sich der Wahl zu entziehen, ungültige Stimmscheine abzugeben oder mit »Nein« zu stimmen. Am 13. November präsentierte der »Wiesent-Bote« triumphierend das Ergebnis: Über 14 000 Wahlberechtigte hatten mit »Ja« gestimmt bei nur 96 Nein-Stimmen und 392 für ungültig erklärten Stimmscheinen. Nicht wenige kleinere Gemeinden meldeten ein hundertprozentiges Ergebnis. Auffallend war immerhin, daß in der Kreisstadt Ebermannstadt, wo die »Machtergreifung« der NSDAP in der Gemeindeverwaltung ebenso mühsam wie konfliktreich vor sich gegangen war, 67 ungültige und 13 Nein-Stimmen abgegeben worden waren und auch in einigen anderen Orten (Rüssenbach, Schönfeld, Gösseldorf, Hochstahl, Nankendorf, Niedermirsberg, Pretzfeld) die Summe der ungültigen und Nein-Stimmen nahe bei zehn Prozent oder gar darüber lag. Daß die Befürchtungen in bezug auf die Wahrung des Wahlgeheimnisses nicht unbegründet waren, zeigte sich, als kurz nach der Abstimmung eine Reihe von Personen – offenbar auf Veranlassung der NSDAP – kurzfristig in Schutzhaft genommen wurden.[94]

Die Abstimmung vom 12. November 1933 war das letzte bedeutsame politische Ereignis des Jahres 1933 im Bezirk Ebermannstadt. Als Ergebnis der Umwälzungen dieses Jahres und als Voraussetzung der mit dem Januar 1934 einsetzenden Berichterstattung können wir festhalten:

Die großen nationalen und sozialen Versprechungen der NS-Regierung, erste Erfolge bei der Bekämpfung der Arbeitslosigkeit und – in geringerem Maße – der Stabilisierung der landwirtschaftlichen Absatzverhältnisse hatten auch im Bezirk Ebermannstadt ihre Wirkung nicht verfehlt und eine wichtige Voraussetzung dafür gebildet, daß die Nazifizierung und Gleichschaltung des öffentlichen Lebens ohne größere Konflikte durchgesetzt werden konnte. Die traditionell »staatstreue« Gesinnung des größten Teiles der

---

[91] Ebenda.
[92] Dazu gehörten auch die der NSDAP angehörenden Freiherrn von und zu Aufseß, vgl. Bericht des Landrats vom 2. 6. 1944, siehe unten S. 183 f.
[93] So z. B. anläßlich einer Versammlung der NSDAP in Pretzfeld, worüber der »Wiesent-Bote« am 7. 11. 1933 folgendermaßen berichtete: »Es waren wieder die alten treuen Kämpfer und Streiter der Bewegung, die erschienen waren. Durch Abwesenheit aber glänzte jener Bevölkerungsteil, der es früher stets furchtbar eilig hatte, wenn irgendein falscher Prophet des vergangenen Parteienstaates erschien... Man erinnere sich nur noch an die Wahlversammlung der Bayerischen Volkspartei im Februar des Jahres, als ein bekannter Bauernapostel, Bayernwachthäuptling und Nazifresser gegen die bereits vier Wochen am Ruder gewesene Hitler-Regierung Sturm lief und den Leuten die Köpfe verdrehte. Wir nehmen an, daß gerade dieser Teil der Einwohnerschaft bereits eingesehen hat, daß der damalige politische Kurs falsch war und er es nun vielleicht gar nicht nötig hat, über den 12. November Aufklärung zu erhalten...«
[94] Meldung des »Wiesent-Boten« vom 14. 11. 1933 über Inschutzhaftnahme von zwei Arbeitern in der Umgebung von Hollfeld, die verdächtig seien, »politische Ungehörigkeiten begangen zu haben«. Meldung des »Wiesent-Boten« vom 14. 12. 1933: »In Schutzhaft genommen wurde gestern der Landwirt Bezold, genannt Kurleinsgörg, von Gosseldorf. Dazu auch »Wiesent-Bote« vom 27. 12. 1933: »Auf Veranlassung des Bezirksamtes Ebermannstadt wurde der Landwirt Georg Bezold wieder aus der Schutzhaft entlassen« und Meldung des »Wiesent-Boten« vom 18. 12. 1933: »Entlassen wurden nach dreitägiger Schutzhaft die Landwirte Georg Brand und Karl Taschner von Hochstahl«.

bäuerlichen Bevölkerung kam der Anpassung an die neue, sich entschieden national gebende Obrigkeit zugute. Zumindest in einzelnen Gemeinden hatte die NSDAP auch unter der bäuerlichen Einwohnerschaft erhebliche Zahlen neuer Mitglieder gewinnen können. Die Politisierung der Bauern durch den Nationalsozialismus, die auch in den evangelischen Dörfern noch 1930 überwiegend nicht-nationalsozialistisch gewählt hatten, saß aber nicht tief und war – für das Regime – nicht verläßlich. Was der Bevölkerung in den Dörfern und Marktflecken des Bezirks bis zur Volksabstimmung am 12. November 1933 als Ziel und Wesen des Nationalsozialismus von den lokalen Protagonisten dargestellt worden war, stimmte mit der Wirklichkeit und weiteren Entwicklung wenig überein. Besonders die Stilisierung der NSDAP als eine Bewegung des »positiven Christentums« widerlegte sich rasch, und hieraus entwickelten sich schon 1934 erste massive Konflikte und Oppositionshaltungen.

Die Jahre 1934–1945

Der folgende, eigentliche Teil unserer Dokumentation bedarf einer Vorbemerkung in bezug auf die Amtspersonen, die für die Berichterstattung aus dem Bezirk Ebermannstadt zuständig waren[95]: Bis zum 15. 2. 1936 blieb Oberamtmann Dr. Waller Vorstand des Bezirksamts (anschließend zum Bezirksamt Sonthofen versetzt). Er oder sein Stellvertreter Dr. Wirsching unterschrieben in dieser Zeit die Bezirksamtsberichte. Nach dem Ausscheiden Dr. Wallers leitete Dr. Wirsching bis zum 31. 7. 1936 als geschäftsführender Vorstand das Bezirksamt. Ab 1. 8. 1936 übernahm der aus Forchheim stammende Oberamtmann Josef Koy die Leitung des Amtes, als sein Vertreter fungierte Regierungsassessor Dr. Emmert. Koy starb am 15. 5. 1937 und wurde interimistisch von Regierungsrat Strzyzewski und Oberamtmann Küffner ersetzt. Nachdem letzterer am 28. 10. 1937 in das bayerische Staatsministerium für Wirtschaft berufen worden war, übernahm Dr. Emmert die Geschäftsführung. Neue stabile Verhältnisse in der Leitung des Bezirksamts traten erst Mitte Juni 1938 ein, als der aus Amberg stammende Regierungsrat Dr. Ludwig Niedermayer bis zum 26. 5. 1939 zunächst als geschäftsführender Vorstand, dann bis Kriegsende als Landrat in Ebermannstadt tätig wurde. Dr. Niedermayer (Jahrgang 1895), der sehr gute Staatsexamen abgelegt, seit 1927 bei den Bezirksämtern Cham und Landshut und 1937/38 bei der Regierung in Regensburg im Dienst gewesen war, hatte sich, bevor er nach Ebermannstadt kam, trotz seines Beitritts zur NSDAP (Mai 1933) wegen seiner katholischen Einstellung das Mißfallen nationalsozialistischer Vorgesetzter zugezogen. Seine Versetzung von der Regierung in Regensburg in den Landkreis Ebermannstadt konnte als eine Art Strafversetzung gewertet werden[96]. Ein Jahr vor seiner Übersiedlung nach Ebermannstadt, im Sommer 1937, war dort auch der langjährige Leiter der Bezirksgendarmerie, Kommissar Tanzmeier, in den Ruhestand getreten und durch den aus Wunsiedel stammenden Gendarmerie-Kommissar Meyer ersetzt worden, der – laut Angabe von Dr. Niedermayer – früher der SPD nahegestanden hatte. Zwischen Niedermayer und dem zehn Jahre älteren, erfahrenen Gendarmerie-Kommissar hat sich offenbar ein persönliches Vertrauensverhältnis entwickelt, beide arbeiteten seit 1938 eng zusammen und besprachen »fast täglich« die Probleme ihres Bezirks[97]. Eine weitere wichtige Stütze des Landrats wurde sein von April 1939 bis Kriegsende im Landratsamt tätiger Verwaltungsinspektor Hans Stiegler (Jahrgang 1880).

Die vorgenannten Personen haben die im folgenden wiedergegebene Berichterstattung des Be-

---

[95] Das folgende ist rekonstruiert aus verschiedenen Unterlagen aus den Restakten des Bezirksamts Ebermannstadt; StA Bamberg, K 3/1971, K 8/III/18 453 u. a.
[96] So auch das Urteil der Spruchkammer Ebermannstadt (3. 2. 1947) im Entnazifizierungsverfahren gegen Dr. Niedermayer.
[97] So nach mündlichen Angaben Dr. Niedermayers gegenüber dem Bearbeiter am 26. 7. 1976.

zirksamts in erster Linie bestimmt. Sie stützten sich dabei auf die Berichte der acht Gendarmerie-Stationen des Bezirks, die in der Regel jeweils mit zwei – sich häufig auch in der Berichterstattung abwechselnden – Wachtmeistern besetzt waren. Die Gendarmerie-Hauptstation Ebermannstadt, die zur unmittelbaren Verfügung des Gendarmerie-Bezirksführers stand, war etwas stärker, mit vier – nach der Zusammenlegung mit der Station Unterweilersbach ab September 1941 – mit fünf bis sechs Wachtmeistern besetzt. Der niedrige Rang von Wachtmeistern, Ober- und Hauptwachtmeistern der Gendarmerie, neben einzelnen Gendarmerie-Kommissaren, darf nicht darüber hinwegtäuschen, daß sie – als beamtete lokale Vertreter der Staatsgewalt in ihren jeweiligen Postenbezirken, zu denen durchschnittlich je zehn politische Gemeinden gehörten, wichtige Ortsautoritäten darstellten, auch im gesellschaftlichen Rang – wie aus einzelnen Zeugnissen hervorgeht –, den jeweiligen Ortsbürgermeistern, mit denen sie am meisten zu tun hatten und nicht selten auch am Stammtisch außerdienstlich verkehrten, durchaus ebenbürtig. Bürgermeister, Ortsgruppenleiter der NSDAP, Ortsbauernführer, Gemeindeschreiber und sonstige Dorfhonoratioren dürften auch in erster Linie die Gesprächspartner und Informationsquellen der Beamten der Gendarmerie-Stationen gewesen sein, von denen sie – neben der sich aus ihrer Amtstätigkeit ergebenden eigenen Beobachtungsmöglichkeit – ihre Kenntnis und Beurteilung der Lage und Stimmung der Bevölkerung bei ihrer regelmäßigen Berichterstattung an das Bezirksamt bezogen. Aus den Namen der Unterzeichner der Berichte der Gendarmerie-Stationen ergibt sich, daß bei der Stellenbesetzung der Gendarmerie in den Jahren 1934–1944 relativ starke personelle Kontinuität bestand und mithin gute Vertrautheit der Gendarmeriebeamten mit den örtlichen Verhältnissen vorausgesetzt werden kann. Auch dies spricht dafür, daß die Berichterstattung der Gendarmerie verankert war in unmittelbarer Anschauung des gesellschaftlichen Lebens der kleinen Dorf- und Stadtgemeinden dieses Landkreises in der Fränkischen Schweiz.

Aus Halbmonatsbericht der Gendarmerie-Station Königsfeld, 11. 1. 1934

... Infolge der anhaltenden trockenen Witterung macht sich auf dem Jura bereits Wassermangel bemerkbar. In Poxdorf wird das Wasser vom Dorfbrunnen bereits an die Ortsbewohner verteilt...

Aus Halbmonatsbericht der Gendarmerie-Station Unterweilersbach, 11. 1. 1934

... In Unterweilersbach befaßt man sich gegenwärtig mit dem Bau einer bereits in früheren Jahren projektierten Wasserleitung... Durch die Ausführung wird Arbeit und somit Verdienstmöglichkeit für Arbeitslose geschaffen. In Unterweilersbach sind zwar einige Brunnen vorhanden, doch soll das Wasser bei einer vor einigen Jahren stattgefundenen amtlichen Untersuchung als nicht einwandfrei befunden worden sein...

Aus Halbmonatsbericht der Gendarmerie-Station Waischenfeld, 11. 1. 1934

... Die Bauern in der hiesigen Umgebung klagen hauptsächlich darüber, daß sie ihr Getreide nicht verkaufen können. Für die Gerste wird nicht einmal mehr 8 RM per Zentner bezahlt... Der Preis für das Rindvieh soll auch niedrig stehen...
    Politische Ereignisse irgendwelcher Art haben sich nicht ergeben...

Aus Halbmonatsbericht der Gendarmerie-Station Heiligenstadt, 12. 1. 1934

... Die Absatzmöglichkeit für Getreide ist nach wie vor schlecht. Deshalb stocken auch die Zahlungen in der Landwirtschaft. Die Geschäftsleute, die meist nur auf Landwirtschaft angewiesen sind, klagen deshalb über sehr schlechten Geschäftsgang. Die Erwerbslosenziffer erhöhte sich in den letzten Tagen und Wochen, und zwar infolge der anhaltenden Kälte.
Sonst ist Wesentliches nicht zu berichten...

Aus Halbmonatsbericht der Gendarmerie-Station Muggendorf, 12. 1. 1934

... Im 1. Halbmonat Januar 1934 wurden im hiesigen Dienstbezirk weder politische noch sonstige Versammlungen abgehalten. Gründungen von Vereinen oder Ortsgruppen politischer Art fanden nicht statt... Die allgemeine Stimmung der Bevölkerung ist eine zuversichtliche und ist darin im letzten Halbmonat keine Änderung eingetreten. Es wurden aber bereits Befürchtungen wegen vermutlich zu erwartender religiöser Umwälzungen laut...
Alle handwerksmäßigen Betriebe leiden an Auftragsmangel. Die Ursache ist im allgemeinen Geldmangel zu sehen...

Aus Halbmonatsbericht der Gendarmerie-Hauptstation Ebermannstadt, 12. 1. 1934

... Der ledige Elektromonteur K. von Wohlmuthshüll ist seit 30. 12. 1933 wieder bei seinen Eltern wohnhaft. Der Genannte war in Flensburg tätig und gehörte der KPD an. Nach seinen eigenen Erklärungen war derselbe seit Mai 1933 im Konzentrationslager Lichtenburg bei Flensburg[98], wurde als gebessert entlassen[99]...

Aus Halbmonatsbericht des Bezirksamts, 13. 1. 1934

Die Handwerkerorganisationen entfalten in letzter Zeit eine rege Tätigkeit. Insbesondere werden Neugründungen für die verschiedensten Handwerkszweige angeregt und eingeleitet. Man findet vielfach, daß mit den Bestrebungen zu solchen Neugründungen die Anschauung vertreten wird, als sei künftig hin jede Handwerksausübung von der Zugehörigkeit zu der entsprechenden Innung abhängig und als würden die Innungen die Möglichkeit bekommen, auch den Zugang zu dem Handwerk nach dem Bedürfnis zu begrenzen. Man nimmt an, daß der bisherige Grundsatz der Gewerbefreiheit fallen gelassen werde...

---

[98] Wohl eine Verwechslung; das 1933 eingerichtete Konzentrationslager Lichtenburg befand sich im preußischen Regierungsbezirk Merseburg.
[99] Am 12. 2. 1934 berichtete die Gendarmerie-Hauptstation Ebermannstadt: K. soll sich in letzter Zeit wiederholt in abfälliger Weise über das Dritte Reich und in übertriebener Weise über seine Erlebnisse und Behandlung im Konzentrationslager geäußert haben.

Als Anlage zu diesem Bericht befindet sich in den Akten ein von Dr. Wirsching gezeichneter Entwurf einer Bekanntmachung des Bezirksamts an die Gemeindebehörden vom 13. 1. 1934, in dem es u. a. heißt:
In letzter Zeit mehren sich die Meldungen über solche Personen, die in der Öffentlichkeit abfällige Bemerkungen über das Winterhilfswerk gebrauchen. Meist wird hierbei die Art der Verteilung bemängelt, wobei nicht selten aufgefordert wird, in Zukunft keinen Pfennig für das Winterhilfswerk mehr zu geben. Das Bezirksamt ist nicht gesonnen, solche Redereien und Verhetzungen weiterhin zu dulden. Es wird von jetzt ab gegen solche Personen mit den schärfsten Mitteln vorgegangen...

Es hat im nationalsozialistischen Staate jeder Deutsche das Recht zur Kritik, aber er muß diese Kritik in einer Form vortragen, aus der ersichtlich ist, daß unrichtige Entscheidungen bedauert werden und daß der Betreffende sich selbst bemühen will, dazu beizutragen, daß künftighin solche Dinge unterbleiben. Es kann jeder diese Kritik überall dort anbringen, wo die Amts- oder Parteistellen die Möglichkeit besitzen, solche Fehler wiedergutzumachen...

Manche Personen glauben aber, die öffentliche Wirtschaft und der Biertisch seien der richtige Ort, die Kritik anzubringen, um dort in aller Öffentlichkeit die Einrichtungen des Staates und der Partei herabzusetzen. Eine solche Art der Kritik wird nicht geduldet... Die Gemeindebehörden werden beauftragt, diese Bekanntmachung umgehend ortsüblich bekanntzugeben. Sie ist in sämtlichen Wirtschaften anzuschlagen...

Aus Halbmonatsbericht der Gendarmerie-Station Unterweilersbach, 26. 1. 1934

...Am 20. 1. 1934 nachmittag 7½ Uhr fand im Gasthaus »Zum Dritten Reich" in Mittlerweilersbach eine Versammlung der NSDAP, Ortsgruppe Unterweilersbach, statt, zu welcher Bürgermeister Leber und Major Gumbrecht von Pretzfeld erschienen waren. Bürgermeister Leber gab Auskunft über Winterhilfe und Zahlung von Mitgliedsbeiträgen und das Leben und Wirken der nationalsozialistischen Helden Leo Schlageter und Horst Wessel. Die Versammlung war gut besucht...

Nach einer nicht amtlichen Mitteilung einer nicht genannt sein wollenden Person, soll die stark verschuldete Gemeinde Oberweilersbach Forderungen wie Bürgersteuer und Wohlfahrtsabgabe in Höhe von rund 500 RM am Schlusse des Jahres 1933 nicht eingehoben oder gefordert haben, so daß Anspruch verjährt sein soll...

Wie ich nachträglich erfahren habe, ist der Obmann der Kriegsopferversorgung, der verheiratete Invalide Konrad Schmitt in Unterweilersbach jüdischer Abstammung. Der Urgroßvater war Jude, der Großvater ließ sich taufen. Die Feststellung der Abstammung des S. erregte etwas Aufsehen. S. ist bei der SA-Reserve. Er ist vaterländisch eingestellt und auch sonst in jeder Beziehung verlässig. Wie in anderen Orten, so sind auch in Unterweilersbach Empfänger von Winterhilfsgaben, die über die Verteilung nicht zufrieden sind. Die einen bekommen zu wenig, die anderen üben Kritik, daß solche Personen mit Gaben bedacht wurden, die der Hilfe nicht bedürfen. Diese Unzufriedenen tragen einen großen Teil Schuld an den steten Reibereien der Ortschaft...

Über ähnliche Mißstimmungen wegen des Winterhilfswerkes berichteten die Gendarmerie-Hauptstation Ebermannstadt und die Gendarmerie-Station Aufseß. Über die ungerechte Verteilung des Winterhilfswerkes hatten sich im Dezember 1933 verschiedene Bürgermeister im Gendarmeriebezirk Hollfeld bei der Gauleitung der NSDAP in Bayreuth beschwert, woraufhin die zur Untersuchung aufgeforderte Gendarmerie-Station Hollfeld am 24. 1. 1934 über eine Anzahl begründeter Beschwerdefälle berichtete.

Aus Halbmonatsbericht der Gendarmerie-Station Waischenfeld, 26. 1. 1934

... Der Hirtenbrief hinsichtlich des Sterilisierungsgesetzes[100] ist, wie ich jüngst erfahren habe, erst am 15. 1. 1934 bei dem Herrn Kurator in Nankendorf eingetroffen und ist daher am 14. 1. 1934 nicht zur Verlesung gekommen ...

Aus Halbmonatsbericht der Gendarmerie-Station Muggendorf, 27. 1. 1934

... Auch sonstige Wahrnehmungen auf politischem Gebiet, die zu Beanstandungen Anlaß gegeben hätten, konnten nicht gemacht werden, insbesondere wurde Propagandatätigkeit linksradikaler Elemente nicht wahrgenommen. In politischer Hinsicht herrscht zur Zeit vollkommene Ruhe. Andere als nationalsozialistische Verbände sind hier nicht vorhanden. Die allgemeine Stimmung der Bevölkerung ist hier ruhig und vertrauensvoll gegenüber den Maßnahmen der Regierung Hitler.
Das Bettler- und Landstreicherwesen ist durch die Maßnahmen der Regierung fast vollständig beseitigt ...

Aus Halbmonatsbericht des Bezirksamts, 14. 2. 1934

... Wegen Meinungsverschiedenheiten bezüglich der Kirchenverwaltungswahl und wegen Anstellung eines Meßners kam es zwischen dem katholischen Pfarrer Krapp in Hochstahl und der Ortsgruppe der NSDAP zu erheblichen Reibungen, die die Gauleitung und das Erzbischöfliche Ordinariat befaßten. Die Erregung der Bevölkerung ist ziemlich groß. Sie stellt sich zum Teil auf die Seite des Pfarrers, zum Teil auf die Seite der NSDAP. Auf Einwirken des Bezirksamts ist Pfarrer Krapp bereit, sich versetzen zu lassen, sobald sich eine geeignete Pfarrei für ihn ergibt.[101] ...
Der Turnverein Hollfeld beabsichtigte die Abhaltung eines Maskenzuges in Hollfeld am Faschingsdienstag. Im Interesse der Aufrechterhaltung der Ruhe und Ordnung wurde die Abhaltung dieses Maskenzuges unterbunden.[102]
Die Bezirksämter sind vor kurzem von der Regierung beauftragt worden, Erhebungen über Volksbüchereien anzustellen. Unter diese Erhebungen fallen auch die Büchereien

---

[100] Gemeint ist das Gesetz zur Verhütung erbkranken Nachwuchses vom 14. 7. 1933, (RGBl. I, S. 529). Das Gesetz, das bei Erbkrankheit eine Zwangssterilisierung aufgrund von Entscheidungen der Erbgesundheitsgerichte vorsah, war auf entschiedenen Widerspruch der katholischen Kirche gestoßen.

[101] Am 14. 3. 1934 berichtete das Bezirksamt: Zur Beilegung der Streitigkeiten sei in Hochstahl eine Besprechung anberaumt worden, an der ein Vertreter der Gauleitung, der Sonderbeauftragte der Obersten SA-Führung beim Bezirksamt, der Kreisleiter und der Bezirksamtsvorsteher teilgenommen hätten. Dabei sei »Einigung in sämtlichen Streitpunkten« erzielt worden, woraufhin in der Bevölkerung »wieder Ruhe und Frieden« eingekehrt seien. Der Bericht der Gendarmerie-Station Aufseß vom 27. 3. 1934 kam nochmals auf die Konflikte in Hochstahl zurück und erwähnte: »bestimmte [katholische] Personen« versuchten, »durch Beschwerdeschriften« an der Stellung des Stützpunktleiters der NSDAP, eines Lehrers, »zu rütteln«.

[102] Der Stadtrat von Hollfeld hatte als Begründung hierzu am 2. 2. 1934 angegeben: »Aus früheren derartigen Veranstaltungen ist nämlich bekannt, daß bei dieser Gelegenheit Personen und Behörden verächtlich gemacht werden.«

der katholischen Preßvereine. Seitens der kirchlichen Behörden scheint nun eine Gegenaktion eingesetzt zu haben, indem vor einigen Tagen von der Kanzel in Ebermannstadt verkündet worden ist, daß die Bücherei des katholischen Preßvereins Ebermannstadt in das Eigentum der Pfarrei übergegangen ist. Die kirchlichen Behörden scheinen rechtzeitig von irgendeiner Seite her unterrichtet worden zu sein...

In der ersten Märzhälfte 1934 berichten die Gendarmerie-Stationen und das Bezirksamt einheitlich von politisch ruhiger Lage und im ganzen zuversichtlicher Volksstimmung, sowie von Anzeichen für geringfügige Besserung der Absatz- und Preisentwicklung beim Viehverkauf. Die einzigen berichteten Konfliktfälle betreffen das Verhältnis zum Arbeitsdienstlager und die andauernden Mißstimmungen zwischen dem katholischen und dem nationalsozialistisch gesinnten Teil der Bevölkerung in Hochstahl.

Aus Halbmonatsbericht der Gendarmerie-Hauptstation Ebermannstadt, 27. 3. 1934

Während die Bezirksbewohner mit den Maßnahmen der Reichs- und Landesstellen sehr zufrieden sind, macht sich gegen den deutschen Arbeitsdienst allgemein eine Abneigung bemerkbar. So wird z. B. die Konzertreise der Arbeitsdienstkapelle in einer Stärke von 50 Mann als übertrieben bezeichnet. Die Reise kostet doch auch Geld, und wenn ein Volk sich in Not befindet, so sei das überflüssig... Dagegen fällt es den Kleingütlern schwer, den monatlichen Beitrag für den Arbeitsdienst von 50 Pfg aufzubringen. Beim Exerzieren auf dem Sportplatz in Ebermannstadt sollen Führer des Arbeitsdienstes der Mannschaft zugerufen haben, sie sollen nur keine Gesichter machen wie die Mutter Gottes..., obwohl mehrere Kinder und Erwachsene anwesend waren, die an der Äußerung Ärgernis genommen haben.
Der ledige Brauerssohn Kolb in Ebermannstadt erstattete hier Anzeige gegen zwei Arbeitsdienstler, weil diese im Talbach gefischt haben. Einige Tage später kam ein unbeteiligter Arbeitsdienstangehöriger und verlangte, daß ich sofort den Kolb herhole. Als ich ihm erklärte, daß ich seinen Wunsch nicht erfüllen kann, weil kein Grund dazu vorliege, ging er selbst zu Kolb und kündigte ihm Schutzhaft an. Als Kolb ihn nur auslachte und nicht mitging, antwortete er, wir kommen euch schon noch euch schwarze Bande. Die Wirtschaft (Kolb) wird vom Arbeitsdienst nicht mehr betreten...

Für den Monat April und die erste Maihälfte 1934 liegen in den Akten keine Berichte vor.

Aus Halbmonatsbericht der Gendarmerie-Station Hollfeld, 25. 5. 1934

...Am 23. 5. 1934, nachmittags 8 Uhr, fand in Hollfeld auf dem oberen Marktplatze eine öffentliche Versammlung statt, wozu als Referent der Herr Standartenführer Kolbe aus Bayreuth erschienen war. Die Versammlung war gut besucht...
Die wirtschaftliche Lage der Landwirte hat sich nicht gebessert.

Aus Halbmonatsbericht der Gendarmerie-Station Königsfeld, 25. 5. 1934

...Auch in politischer Hinsicht herrscht vollkommene Ruhe...
In der wirtschaftlichen Lage der landwirtschaftlichen Bevölkerung ist noch keine Erleichterung eingetreten...
Die Zahl der erwerbslosen Arbeiter im Bezirke ist zur Zeit sehr gering. Die meisten Arbeiter haben bei den Neubauten im Bezirke Arbeit gefunden...

Aus Halbmonatsbericht der Gendarmerie-Station Muggendorf, 27. 5. 1934

...Die Stimmung der Bevölkerung ist im allgemeinen ruhig und hoffnungsvoll, wenn auch über die z. Zt. geringen Arbeitslöhne geklagt wird...

Aus Halbmonatsbericht der Gendarmerie-Station Unterweilersbach, 27. 5. 1934

...Allgemein klagt man über Geldmangel. In der Gemeinde Oberweilersbach ist die Arbeitslosigkeit behoben. Diese Tatsache wird befriedigend anerkannt...
Immer wieder muß festgestellt werden, daß die Reinlichkeit in den Ortschaften viel zu wünschen übrig läßt. Die Straßengräben sind schlecht oder überhaupt nicht gereinigt, zum Teil lagern in diesen Holzteile, alte Blechbüchsen und dergleichen. In sämtlichen Ortschaften mangeln, soweit von diesseits die Sache übersehen werden kann, Schuttablagerungsplätze...
In der Ortschaft Mittlerweilersbach wurde am 30. 4. 1934 ein »Adolf-Hitler-Platz« eingeweiht. Das Gelände wurde mit einer Linde bepflanzt und mit einem Lattenzaun umfriedet. Gegenüber dieser Anlage ist der Straßengraben schlecht gereinigt. In diesem lagern alte Töpfe, Blechdosen und dergleichen. Daß dadurch der gute Eindruck, den die Neuanlage macht, leidet, ist Tatsache... Wenn die Gemeinde behauptet, kein Geld zur Ausführung solcher Arbeiten zur Verfügung zu haben, so muß dem entgegengehalten werden, daß die Arbeiten auch im Frondienste ausgeführt werden können. Die Bevölkerung der hiesigen Gegend hat im allgemeinen wenig Sinn für Ordnung, weshalb man derartige Nachlässigkeiten und Schlampereien kaum wahrnimmt.

Aus Halbmonatsbericht des Bezirksamts, 29. 5. 1934

In Hollfeld und Heiligenstadt fanden öffentliche Versammlungen der NSDAP statt, in denen hauptsächlich gegen Nörgler zu Felde gezogen wurde. Nörgler gibt es im Bezirk genug, die sich in der Hauptsache aus früheren gegnerischen Lagern zusammensetzen...
Während der Pfingstfeiertage herrschte in der Fränkischen Schweiz ein ganz außerordentlicher Verkehr... Die Gaststättenbesitzer hatten gute Einnahmen und waren zufrieden. Der Geschäftsgang im Baugewerbe ist nach wie vor sehr lebhaft. Die Landwirtschaft klagt über große Trockenheit und kalte Nächte...

Für die erste Junihälfte liegen keine Berichte vor.

Aus Halbmonatsbericht der Gendarmerie-Station Unterweilersbach, 26. 6. 1934

... Am 24. 6. 1934 hatte der verheiratete Gütler Johann Gg. Urschlechter in der Wirtschaft Nagengast in Mittlerweilersbach mit dem Scharführer Heinrich Dennerlein von dort eine wörtliche Auseinandersetzung. Bei dieser Gelegenheit soll Urschlechter gesagt haben: »Vorerst kommt die Feuerwehr, dann die Militärvereine und dann die SA.« Nachdem er die Wirtschaft verlassen hatte, soll er im Hof gesagt haben: »Die SA kann mich am Arsch lecken«. Urschlechter stellt die letzterwähnte Äußerung in Abrede. Er kündete an, daß er in der nächsten Zeit in manches hineinleuchten werde. Er meinte damit offenbar Heinrich Dennerlein als seinerzeitigen Ortsgruppenleiter der SA Weilersbach. Nach Abschluß der Erhebungen wird gegen Urschlechter, der als besonderer Charakter bekannt ist, Anzeige erstattet...

Aus Halbmonatsbericht der Gendarmerie-Station Muggendorf, 27. 6. 1934

Im zweiten Halbmonat Juni 1934 hat sich im hiesigen Dienstbezirk insoferne ein Zwischenfall auf politischem Gebiet zugetragen, als der ledige, 29 Jahre alte, praktische Arzt, Herr Dr. Reichard in Muggendorf, am 21. 6. 1934, zu vorgerückter Stunde, in einem hiesigen Lokal beleidigende Äußerungen gegen den Frankenführer Streicher, Nürnberg, und gegen den Nationalsozialismus als Partei hinsichtlich deren Organisation etc. gebraucht hat. Bericht hierüber wurde Herrn Bezirksamtsvorstand bereits vorgelegt. Irgendwelche Beunruhigung der Bevölkerung ist dadurch nicht entstanden, weil Dr. Reichard als Mensch wie als Arzt allgemein beliebt ist[103]...

Aus Halbmonatsbericht der Gendarmerie-Hauptstation Ebermannstadt, 27. 6. 1934

... Jüdische Händler auf dem Jahrmarkt Ebermannstadt werden immer noch belästigt und zwar grundlos. Starke Gegner sind die Angehörigen des Deutschen Arbeitsdienstes und auch teilweise andere Händler. Belehrung nehmen diese Leute nicht an, selbst wenn dieselben auf die Verfügung des Herrn Reichswirtschaftsministers Nr. HG 13046/33 vom 25. 9. 1933 hingewiesen werden. Selbst der Hinweis, daß das Ausland eventuell unsere 20 000 000 Auslandsdeutschen mit den gleichen Mitteln bearbeitet oder sie ausweist, fruchtet nicht. Man wird von den übernationalen Leuten als Judenschützling erachtet. Die jüdischen Händler haben von der Verfügung des Reichswirtschaftsministers Kenntnis, verhalten sich aber sehr ruhig und müssen indirekte und direkte Belästigungen hinnehmen, wenn die Gendarmerie nicht in nächster Nähe ist. Es ist aber nicht möglich, sich

---

[103] Im Bericht des Bezirksamts vom 28. 6. 1934 hieß es hierzu: »Die Angelegenheit wurde durch Vermittlung des Herrn Brigadeführers Hager [SA-Sonderkommissar in Bayreuth] durch Obergruppenführer Obernitz [Nürnberg] beigelegt.«

ständig in nächster Nähe der Judenhändler aufzustellen. Unter Umständen müßte mit Schadenersatzansprüchen durch die jüdischen Händler durch ihre Organisation gerechnet werden. Öffentliche Bekanntmachung durch die Gemeinde dürfte veranlaßt sein, um größeren Zwischenfällen vorzubeugen. Beim letzten Jahrmarkt soll der Arbeitsdienst eine gewaltsame Vertreibung der Juden besprochen haben; dabei sollen dieselben von auswärtigen Leuten aufgehetzt worden sein. Verschiedene Leute drohten mit einem Artikel im Stürmer, obwohl ich diese auf die Bestimmungen aufmerksam machte...

Aus Halbmonatsbericht des Bezirksamts, 14. 7. 1934

Die Ereignisse des 30. Juni und 1. Juli haben im Bezirk keine weiteren Auswirkungen gezeigt. Die Bevölkerung nahm jedoch allenthalben mit größtem Interesse an den Ereignissen Anteil. Mehrfach konnte festgestellt werden, daß falsche Gerüchte in Umlauf gesetzt wurden... Im übrigen kann festgestellt werden, daß die Säuberungsaktion und das persönliche Einschreiten des Führers gegen den früheren Stabschef Röhm und die meuternden SA-Führer allgemeinen Beifall gefunden hat. Insbesondere das Vertrauen in die Staatsführung und die persönliche Achtung des Reichskanzlers sind überall stark gestiegen. Nur in einem Falle mußte wegen gröblicher Beleidigung der SA mit Schutzhaft vorgegangen werden; es hat aber den Anschein, als ob auch in diesem Falle persönliche Gründe für die beleidigenden Äußerungen maßgebend waren. Die Ansprache, die der Führer im Reichstag hielt, wurde überall durch Rundfunk in den Gastwirtschaften und auf öffentlichen Plätzen übertragen. Sie hat allgemein befreiend gewirkt, da sie die ganzen Zusammenhänge rücksichtslos aufdeckte. Die Rede wurde von allen Volksgenossen, auch von denen, die immer noch abseits stehen, mit größtem Beifall aufgenommen...

Die Berichte der Gendarmerie-Stationen schildern die Reaktion auf die Röhm-Affäre zurückhaltender. Gendarmerie-Station Unterweilersbach, 11. 7. 1934: »Die Vorgänge am 30. 6. 1934 wurden von der Bevölkerung des hiesigen Dienstbezirkes mit Ruhe aufgenommen. Allerdings war man über die Geflogenheiten der in Frage kommenden Persönlichkeiten etwas erstaunt... Z. Zt. wird über die ganze Angelegenheit wenig oder gar nicht mehr gesprochen.« Gendarmerie-Hauptstation Ebermannstadt, 12. 7. 1934: »Besonders wird anerkannt, daß der Herr Reichskanzler gegen die sogenannten Großen vorging.«

In der zweiten Julihälfte meldeten die Gendarmerie-Stationen weitgehend übereinstimmend eine ruhige politische Lage, begünstigt durch den Beginn einer allgemein sehr guten Getreideernte. Die Gendarmerie-Hauptstation Ebermannstadt berichtete (27. 7.) über das Bekanntwerden von Unterschlagungen durch den Bezirkssparkassenangestellten E., der zugleich Sturmführer der SA in Hollfeld war. Im Bericht des Bezirksamts vom 3. 9. 1934 hieß es hierzu: »Da E. Sturmführer der SA und alter Kämpfer war, hat durch diese seine Verfehlung das Ansehen der Bewegung in Hollfeld stark gelitten, zumal E. früher ein ziemlich großartiges Auftreten hatte. Der Vorfall wird von den verschiedensten Gegnern des Regimes mit Schadenfreude registriert, den Anhängern und Mitgliedern der Partei ist die Angelegenheit selbstverständlich unangenehm.« Die Gendarmerie-Station Aufseß (30. 7.) erwähnte eine »nicht besonders gut besuchte Versammlung«, in der der Stabsleiter der Landesbauernschaft über »die neuen Agrargesetze«[104] gesprochen habe. Im Bericht über den katholi-

---

[104] Im Halbmonatsbericht des Regierungspräsidenten von Ober- und Mittelfranken vom 6. 3. 1934 hieß es hierzu: »Die Bezirksämter weisen immer wieder darauf hin, daß das Erbhofgesetz in weiten bäuerlichen Kreisen auch heute noch einer gewissen Mißstimmung begegnet und daß weitere Aufklärung notwendig ist.«

schen Gendarmerie-Dienstbezirk Unterweilersbach vom 1. 8. 1934 hieß es: »Der weitaus überwiegende Teil der Bevölkerung gehörte vor dem Zeitpunkt der nationalen Erhebung der Bayerischen Volkspartei an. Diese Kreise stehen dem gegenwärtigen politischen Kurs nicht ablehnend gegenüber.[105] Kommunisten waren nur einige vorhanden. Diese verhalten sich nicht staatsfeindlich. Das Verhalten ist so, daß eine politische Umstellung angenommen werden kann. Dasselbe gilt von den früheren Angehörigen der SPD. Presse ist im hiesigen Dienstbezirk nicht vorhanden.«

Aus Monatsbericht der Gendarmerie-Station Aufseß, 31. 8. 1934[106]

... Am Sonntag, den 28. 8. 1934, war in Aufseß das 30. Gründungsfest des evangelischen Posaunenchores, verbunden mit einer Bezirkskirchentagung. Herr Dekan von Muggendorf hielt dabei eine Ansprache, wobei er eine Entschließung der kurz vorher in München stattgefundenen Landeskirchentagung über den evangelischen Kirchenstreit verlesen und beigefügt hat, daß diese Entschließung am kommenden Sonntag auf den Kanzeln verlesen werde.

Über die überwiegend evangelische Gemeinde Muggendorf hatte die Gendarmerie-Station am 1. 8. 1934 berichtet: die wirtschaftlichen Verhältnisse der Landwirtschaft sowie in Handel und Gewerbe seien normal bzw. »der Zeit entsprechend«, »von einer besonderen Notlage des einen oder anderen Berufsstandes kann hier nicht gesprochen werden... Der überwiegende Teil der Bevölkerung ist vom Nationalsozialismus erfaßt, die Jugend fast ausschließlich.«

Aus Monatsbericht der Gendarmerie-Station Hollfeld, 1. 9. 1934

... Am 15. 8. 1934 fand auf dem hiesigen Marktplatz eine öffentliche Kundgebung der NSDAP Hollfeld statt, wozu als Redner Herr Oberinspektor M. von Kronach erschienen war. Im Verlaufe seiner Ansprache gebrauchte M. die Worte: »Schwarze Brut«. Diese Ausdrucksweise löste ziemliche Mißstimmung bei einem Teil der hiesigen Einwohnerschaft aus und dürfte auch ein Teil der hier am 19. 8. 1934 anläßlich davolksabstimmung abgegebenen 63 Nein-Stimmen darauf zurückzuführen sein. Im übrigen war es in politischer Hinsicht vollständig ruhig.

Die im Dienstbezirke noch einzeln vorhandenen Anhänger der KPD und SPD verhielten sich vollständig ruhig und sind in ihrem Umgang und in ihren Reden äußerst vorsichtig. Zu Beanstandungen war in keiner Weise Anlaß vorhanden...

---

[105] Wenige Wochen vorher, am 11. 7. 1934, hatte der Gendarmerie-Wachtmeister in Unterweilersbach von Vernehmungen der Schulkinder in Niedermirsberg berichtet, die den Pfarrer denunziert hatten, daß er im Religionsunterricht nicht den ihm von den Schülern entbotenen Deutschen Gruß erwidere; StA Bamberg, K 8/IV/935.
[106] Im August 1934 begann die monatliche, statt der bisher halbmonatlichen Berichterstattung.

Aus Bericht der Gendarmerie-Station Waischenfeld, 1. 9. 1934

In der Stadt Waischenfeld haben einige ehemalig der SPD angehörige Personen versucht, aus politischen Gründen anscheinend planmäßig SA-Angehörige und Mitglieder der Ortsgruppe der NSDAP und insbesondere Mitglieder des Stadtrates durch Worte und Handlungen zu reizen.[107] Aus diesem Grunde wurden am 29. 8. 1934 durch das Bezirksamt Ebermannstadt gegen vier Personen aus Waischenfeld Schutzhaftbefehle erlassen. Der Vollzug wurde am 30. 8. 1934 ausgeführt.

Es wurde durch Personen einigemale beobachtet, daß ein Auto aus Nürnberg, dessen polizeiliches Kennzeichen noch nicht festgestellt werden konnte, mehrmals bei dem ehemaligen Vorstand der SPD, Georg Brendel in Waischenfeld, gehalten und der Insasse die Behausung des Brendel auf kurze Zeit aufgesucht hat. Möglich ist, daß Brendel die Beziehungen zu der ehemaligen Sozialdemokratischen Partei wiederum herstellen will bzw. unterhält...

Aus Monatsbericht der Gendarmerie-Station Heiligenstadt, 2. 9. 1934

...Auffallend ist nur, daß in den letzten Wochen auf Schloß Greifenstein besondere Persönlichkeiten zu Besuch weilten, die noch nie in Greifenstein zu Besuch waren. Zu erwähnen ist Baron Mechmar aus Luben, Oberschlesien, Baron Gerstorf, Amerdingen, Baron Lotzbeck, Kassel, Graf Droste Vischering, Dorfeld, Westfalen, Graf Arco Anton Valley, München, Graf Krosiyk, Rathmannsdorf, Güsten. Diese Persönlichkeiten bleiben einige Tage auf Schloß Greifenstein und reisen wieder ab und andere aus allen Gauen kommen wieder, dabei besteht bei den meisten kein Verwandtschaftsverhältnis. Die Beobachtungen werden fortgesetzt und wird von Fall zu Fall gesondert berichtet werden.[108]

Aus Monatsbericht des Bezirksamts, 4. 9. 1934

...Die Wahl am 19. August 1934[109] nahm im Bezirk einen befriedigenden Ausgang. Die Wahlbeteiligung war sehr groß; das Ergebnis ist im ganzen gesehen als sehr gut zu bezeichnen. 14 962 Ja-Stimmen standen 470 Nein-Stimmen und 230 ungültige Stimmen gegenüber. Trotz dieses sehr guten Verhältnisses muß es als bedauerlich bezeichnet werden, daß die Zahl der Nein-Stimmen gemessen an der Wahl vom 12. November 1933 von 96 auf 470 stieg. Wenn man den Gründen dieser Zunahme nachgeht, so muß aber festgestellt

---

[107] Neben Unterweilersbach hatte die SPD in Waischenfeld den stärksten Anhang im Amtsbezirk besessen (bei der Reichstagswahl vom 31. 7. 1932 von insgesamt 514 gültigen Stimmen 56 SPD-Stimmen, am 5. 3. 1933 noch 36 SPD-Stimmen).

[108] Wie aus einem ergänzenden Bericht der Gendarmerie-Station Heiligenstadt vom 2. 9. 1934 ersichtlich, basierte die Beobachtung der Besuche auf Schloß Greifenstein offenbar auf Postüberwachung des Grafen Stauffenberg.

[109] Volksabstimmung nach dem Tode des Reichspräsidenten von Hindenburg (2. 8. 1934) zur Vereinigung der Ämter des Reichskanzlers und Reichspräsidenten in der Hand Hitlers.

werden, daß die Ursache nicht in einem allgemeinen Nachlassen der Einstellung zum Staat und zur Bewegung zu suchen ist. Die Gründe der Zunahme der Nein-Stimmen liegen vielmehr einerseits in der ungenügenden Wahlvorbereitung und Wahlpropaganda, andererseits in einzelnen örtlichen Verhältnissen bzw. Vorkommnissen...

Im übrigen ist die Stimmung der Bevölkerung durchaus staatsfreundlich. Insbesondere die Person des Führers und Reichskanzlers Adolf Hitler wird auch hier immer mehr Gegenstand allgemeiner Verehrung. Allerdings ist die Bevölkerung, die früher zum größten Teil zur Anhängerschaft der Bayer. Volkspartei zählte, dann empfindlich, wenn ihr diese frühere politische Einstellung durch Bezeichnung wie »schwarze Bande«, »schwarze Pest«, »schwarze Hunde«, »schwarze Maulwürfe« etc. vorgeworfen wird, wie dies manchmal leider auch durch Angehörige des Deutschen Arbeitsdienstes geschieht. Es hat den Anschein, als ob das Führermaterial des Arbeitsdienstes noch nicht so einheitlich diszipliniert ist, daß derartige Entgleisungen vermieden oder wenigstens unterdrückt werden, zumal sie oft auch die aufbauende Arbeit der Ortsgruppenleitungen stören...

In der Stadt Ebermannstadt wurde eine Ortsgruppe der NS-Volkswohlfahrt gegründet. Unter den 72 beigetretenen Mitgliedern befinden sich 53 Beamte, ein glänzendes Zeugnis für den Geist der Beamtenschaft, andererseits aber auch beschämend für die Einstellung des sogenannten Bürgertums...

Die Gendarmerie-Berichte für den Monat September 1934 verzeichnen eine gute Getreide-, Obst- und Kartoffelernte und registrieren höhere aus dem Viehverkauf erzielte Preise. »Die Durchführung der verschiedenen marktpolitischen Maßnahmen des Reichsnährstandes« stoße »teilweise noch auf Widerstände« (Bericht des Bezirksamtes vom 3. 10. 1934)[110]; die Arbeitslosigkeit beschränke sich auf wenige Personen. Im Bericht der Gendarmerie-Station Heiligenstadt vom 2. 10. 1934 heißt es unter der Sparte »Juden«: »Nach wie vor treibt noch Graf Stauffenberg, Greifenstein, Handelsgeschäfte mit dem Juden David Herrmann von Demmelsdorf. Er wird als Hofjude des Grafen Stauffenberg bezeichnet.«

Aus Monatsbericht des Bezirksamts, 3. 10. 1934

...Das Erntedankfest wurde überall unter größter Beteiligung der gesamten Bevölkerung festlich begangen.

In den protestantischen Gemeinden des Bezirks hat der gegenwärtige Streit innerhalb der evangelischen Kirche leider eine starke Erregung der Bevölkerung zur Folge. Besonders gilt dies für die Gemeinden Wonsees und Krögelstein. Die dortigen evangelischen Pfarrer haben durch ihrer Stellungnahme im Kirchenstreit die Bevölkerung nicht nur in ernste Gewissenskonflikte, sondern zum Teil auch in eine mißtrauische Stimmung gegenüber dem nationalsozialistischen Staat gebracht. Die Bevölkerung ist natürlich nicht in der Lage, innerkirchliche Fragen von rein politischen Angelegenheiten zu trennen, was zur Folge hat, daß die lebhafte Agitation der Geistlichen zugunsten der Bayer. Landessynode die Wirkung einer politischen Zersetzung nach sich zieht. Insbesondere die früheren Gegner des Nationalsozialismus scheinen nunmehr wieder eine Gelegenheit zu akti-

---

[110] Auch wiedergegeben im Bericht des Regierungspräsidenten von Ober- und Mittelfranken vom 9. 10. 1934.

verer Tätigkeit erkannt zu haben. Dies gilt insbesondere für die Gemeinde Wonsees, in welcher der zweite Pfarrer Daum als Anhänger der Deutschen Christen seines Dienstes einstweilen enthoben wurde. Außerdem hat in verschiedenen protestantischen Gemeinden des Bezirks ein Nürnberger Pfarrer namens Sirt Bittgottesdienste gehalten, die ebenfalls nicht zur Beruhigung der Bevölkerung beigetragen haben. Daß bei diesen Gelegenheiten Ausdrücke fallen, wie z. B. »Hitlerbild statt Kreuz in der Kirche«, »Abendmahl nur noch im Braunhemd«, »an Stelle des Abendmahls tritt das Eintopfgericht«, beweist wie sehr die Gegensätze innerhalb der Kirche auf das politische Gebiet hinübergezogen werden. Tief bedauerlich an dieser Angelegenheit ist vor allem, daß gerade die hier infrage kommenden Gemeinden seit langen Jahren Hochburgen der nationalsozialistischen Bewegung gewesen sind.[111] Die dortige Bevölkerung konnte bisher als in jeder Hinsicht zuverlässig bezeichnet werden. Durch den Kirchenstreit ist in die Bevölkerung jedoch so viel Zweifel gegenüber dem Staat und dem Nationalsozialismus getragen worden, daß, wie mir die dortigen Bürgermeister glaubhaft versicherten, eine Wahl oder Volksabstimmung im gegenwärtigen Augenblick ein geradezu vernichtendes Ergebnis zeitigen würde. Es erscheint daher dringend notwendig, daß von seiten des Staates in stärkerer Form als bisher der Kirchenstreit auf die rein innerkirchlichen und organisatorischen Fragen beschränkt wird...

Monatsberichte des Bezirksamts und der Gendarmerie-Stationen für Oktober 1934 liegen nicht vor.

Exkurs: Konflikte anläßlich des evangelischen Kirchenkampfes im Herbst 1934 mit den Pfarrern in Krögelstein und Wonsees

Aus den Sachakten des Bezirksamts[112] ergibt sich, daß die im vorstehenden September-Bericht (gezeichnet vom stellvertretenden Bezirksamtsvorstand Dr. Wirsching) beschriebenen Konflikte aus Anlaß des evangelischen Kirchenkampfes, vor allem in den Orten Krögelstein und Wonsees, verschärfte Formen annahmen. In dieser Phase der allgemeinen Auseinandersetzungen zwischen den Bekenntnispfarrern und der Landeskirchenleitung einerseits und dem Reichskirchenregiment und den Deutschen Christen andererseits, in deren Verlauf es in München zu gewaltsamen Eingriffen in die Landeskirchenleitung und zur zeitweiligen Festnahme des Landesbischofs Meiser kam, wurden in beiden Gemeinden sowohl die NSDAP als auch das Bezirksamt und, in seinem Auftrag, die Gendarmerie gegen die Bekenntnispfarrer tätig. Regierungsrat Dr. Wirsching erwies sich hierbei wiederum als besonders »forscher« nationalsozialistischer Beamter.

Schon am 21. 9. 1934 meldete er – offenbar durch die zuständigen Ortsgruppenleiter der NSDAP informiert – der Bayerischen Politischen Polizei, in Krögelstein und Wonsees sei infolge der Aktivität der beiden Ortsgeistlichen (Pfarrer Kelber und Morenz) eine

---

[111] In Wonsees waren schon bei der Reichstagswahl vom 14. 9. 1930 von 188 gültigen Stimmen 94 für die NSDAP abgegeben worden (50%); bei der Wahl vom 31. 7. 1932 entfielen 261 von 271 gültigen Stimmen auf die NSDAP (96%). In Krögelstein 1930: 15% NSDAP-Stimmen, Juli 1932: 90%.
[112] StA Bamberg, K 8/IV/237.

»außerordentliche Unruhe in der Bevölkerung« entstanden. Am gleichen Tage teilte er beiden Pfarrern in drohendem Ton mit, er werde »die öffentliche Ruhe mit allen Mitteln aufrechterhalten«, insbesondere, sofern die Tätigkeit der Pfarrer geeignet sei, die »innere Einstellung« der Bevölkerung »zum Staat und zum Führer« negativ zu beeinflussen.

Pfarrer Kelber (Jahrgang 1900), ein besonders aktiver Bekenntnispfarrer, der sich als ehemaliges Mitglied des Freikorps Epp und Anhänger der Deutschnationalen auf seine zuverlässig nationale Gesinnung glaubte berufen zu können, ließ sich davon jedoch wenig beeindrucken. Am Sonntag, den 23. 9. 1934, hielt er in der überfüllten Kirche in Krögelstein eine außerordentlich kämpferische Rede und wies das Schreiben des Bezirksamts entschieden zurück: »Will man auch in Bayern die im Norden eingerissene Knechtung der Gewissensfreiheit durch polizeiliche Maßnahmen einführen? Uns Pfarrern wird man mit solchen Drohungen nicht bange machen... Es scheint mir, daß sich das Bezirksamt durch Zwischenträger über mich (und Pfarrer Morenz) unterrichten ließ und nun zu einem Vorurteil kommt, ohne den alten Grundsatz befolgt zu haben, daß auch der andere Teil ein unbedingtes Recht hat, gehört zu werden. Gegen derart unzuverlässige Berichterstattung, um nicht zu sagen Verleumdung, muß ich mich mit allem Nachdruck wehren und das Bezirksamt ersuchen, sich künftig nicht mehr einseitig zu informieren.«

Die Predigten und das öffentliche Auftreten der jungen aktiven evangelischen Bekenntnispfarrer, zu denen neben Kelber und Morenz vor allem auch Pfarrer Herbst (Aufseß) und Vikar Auerochs (Heiligenstadt) gehörten, wurden weiterhin im Auftrag des Bezirksamts von der Gendarmerie überwacht und blieben Gegenstand der Denunziation durch die Partei. Über eine Predigt von Pfarrer Morenz, die dieser – nach der Festnahme des Landesbischofs – am 15. 10. 1934 als »Bußgottesdienst« besonders angekündigt hatte, berichtete anschließend der Ortsgruppenleiter und Bürgermeister von Wonsees, der die Bespitzelung übernommen hatte: Morenz habe in großer Schärfe gegen den Reichsbischof und die Deutschen Christen Stellung genommen und »sich sehr hämisch und überaus verächtlich über den Rassegedanken« des Nationalsozialismus ausgelassen. »In der anschließenden Christenlehre sprach Pfarrer Morenz über das Märtyrertum in der Kirche und verstand es in geradezu faszinierender Weise den Kindern beizubringen, daß in Bayern die Bekenntnispfarrer Märtyrer sind.« Morenz höre nicht auf »zu wühlen und zu hetzen gegen die Reichskirchenregierung und den Herrn Reichsbischof und im letzten Punkte gegen den nationalsozialistischen Staat. Wenn hier nicht gründlich eingegriffen wird, wird schlechterdings keine Beruhigung der Bevölkerung eintreten.« Als ein Männerabend, den Morenz in der zur Gemeinde Wonsees gehörenden Ortschaft Zedersitz am 24. 10. 1934 abhalten wollte, von der Gendarmerie verboten wurde, wandte er sich am 27. 10. 1934 mit einer Beschwerde über diese durch mißgünstige Spitzel nahegelegten Maßregeln an das Bezirksamt und kündigte gleichzeitig zwei neue Männerabende an.

Regierungsrat Dr. Wirsching glaubte gleichwohl bei seinem harten Kurs bleiben zu können. Am 29. 10. 1934, nachdem ihm eine kritische Bemerkung Kelbers über Gauleiter Schemm überbracht worden war, wandte er sich erneut an die Bayerische Politische Polizei: »Da sich der Pfarrer in Krögelstein nunmehr auch gegen den Gauleiter wendet, wird die Lage immer unhaltbarer. Pfarrer Kelber ist jedenfalls einer der Hauptthetzer in ganz Oberfranken, dessen dringende Versetzung notwendig ist, wenn nicht eines Tages im Interesse der Aufrechterhaltung von Ruhe und Ordnung seine Inschutzhaftnahme notwendig wird«. Die Bayerische Politische Polizei reagierte in diesem Fall jedoch zurückhaltender, als es dem stellvertretenden Bezirksamtsvorstand recht war.

Eine – für Dr. Wirsching und die von ihm in seinem Sinne gelenkten Gendarmeriebeamten – peinliche Wendung trat ein, nachdem Hitler, Heß und Bormann im November 1934 der NSDAP strikte Nichteinmischung im evangelischen Kirchenstreit befohlen und damit auch ihre weitere Protektion der Deutschen Christen zurückgepfiffen hatten. Als es sich herausstellte, daß in Krögelstein und Wonsees ein Flugblatt der Deutschen Christen unter Beteiligung der Ortsbürgermeister und Gendarmeriebeamten verteilt worden war und Kelber und Morenz dagegen beim Bezirksamt Einspruch erhoben, mußte sich Wirsching Anfang November 1934 selbst dazu bequemen, die Flugblätter einziehen zu lassen und in einem Rundschreiben an die Gendarmerie-Stationen vom 12. 11. 1934 diese aufzufordern, gegenüber dem Streit innerhalb der evangelischen Kirche künftig »größte Zurückhaltung zu üben«. Gleichzeitig erklärte er jedoch, »daß manche Pfarrer in diesem Streit die Grenzen zwischen den kirchlichen Fragen einerseits und den Belangen des Staates und der NSDAP andererseits nicht mehr zu wahren wüßten« und es dann »natürlich die Pflicht der Bezirkspolizeibehörde« sei, tätig zu werden. Das bezog sich vor allem auf Pfarrer Kelber, der wenige Tage zuvor von dem 2. Bürgermeister denunziert worden war, in einer öffentlichen Wirtschaft in Krögelstein kritische Äußerungen gegenüber verschiedene Maßnahmen der NSDAP getan zu haben, und gegen den deswegen seitens der Gendarmerie Strafanzeige wegen Verstoßes gegen das »Heimtückegesetz« beim Sondergericht in Bamberg gestellt wurde. Über den Ausgang der Anklage enthalten die fragmentarischen Akten keine Informationen. Der stellvertretende Bezirksamtsvorsitzende scheint mit seinen Bemühungen aber insofern Erfolg gehabt zu haben, als Kelber später an eine andere Pfarrstelle außerhalb des Kreises Ebermannstadt versetzt wurde.

Der folgende Bericht des Bezirksamts vom 3. 12. 1934, der sich abermals mit den Verhältnissen in Krögelstein befaßt, ist von Dr. Waller gezeichnet und läßt die vorangegangenen Auseinandersetzungen – wohl bewußt – in milderem Licht erscheinen.

Aus Monatsbericht der Gendarmerie-Station Unterweilersbach, 30. 11. 1934

...Einige Personen von Unterweilersbach, die sich in der letzten Zeit gegen die Marktschutzverordnung verfehlten und hierwegen auch bestraft wurden, äußerten, daß sie wegen der Strafmaßnahmen das Winterhilfswerk nicht mehr unterstützen wollen. Bürgermeister Bierfelder von Unterweilersbach erklärte mir auf Befragen, daß der Ertrag der Sammlung für das Winterhilfswerk in Unterweilersbach in diesem Jahr gering gewesen sei...

Aus Monatsbericht der Gendarmerie-Station Königsfeld, 1. 12. 1934

...Die Bauern Peter Böhm von Königsfeld und Georg Brehm von Huppendorf befanden sich vom 3. 11. 1934 in Schutzhaft im Landgerichtsgefängnis Bayreuth und sind am 28. 11. 1934 nach Aufhebung der Schutzhaft wieder zurückgekehrt...

I. Bezirk Ebermannstadt

Aus Monatsbericht des Bezirksamts, 3. 12. 1934

... Der Kirchenstreit scheint im Abflauen begriffen zu sein, nachdem der Landesbischof Meiser wieder eingesetzt ist. Trotzdem geht der persönliche Streit zwischen Pfarrer und Ortsgruppenleiter in Krögelstein weiter. Am 25. November fand in Krögelstein eine öffentliche Kundgebung statt, wozu als Redner Kultusminister Schemm erschienen war. In seiner Rede forderte er zur Einigkeit auf und geißelte scharf das Verhalten des Ortsgeistlichen Pfarrer Kelber. Es ist zu hoffen, daß die Rede ihre beabsichtigten Wirkungen nicht verfehlen wird...

Aus den evangelischen Gemeinden berichteten einige Gendarmerie-Stationen, daß die durch den Kirchenkampf entstandenen Gegensätze seit der Wiedereinsetzung des Landesbischofs Meiser nachgelassen hätten, anders die Station in Aufseß (28. 12. 1934): »Die Methoden des Kirchenstreites werden von Monat zu Monat schärfer.« Von Auseinandersetzungen mit Führern und Mannschaften des im Herbst 1933 in Königsfeld eingerichteten Arbeitsdienstlagers, die sich auch über die Wünsche und Weisungen der örtlichen Hoheitsträger der NSDAP hinwegsetzten, berichtete die Gendarmerie-Hauptstation Ebermannstadt (1. 1. 1935). Die Gendarmerie-Station Unterweilersbach erwähnte (31. 12. 1934) erneute Klagen wegen der vielerlei Sammlungen der NSDAP, »insbesondere aus Kreisen der kleinen Landwirte, die vorgeben, selbst nur das Notwendigste zum Leben zu haben.«

Aus Monatsbericht des Bezirksamts, 3. 1. 1935

... Der verheiratete Arbeiter Michael Schleuppner in Plankenfels wurde wegen mißfälliger Äußerungen gegen die Regierung und gegen die Unterführer der NSDAP am 12. Dezember 1934 in Schutzhaft genommen. Außerdem ist ein Strafverfahren gegen ihn eingeleitet.

Gegen die österreichische SS in Waischenfeld[113] sind verschiedene Klagen eingelaufen. Einige SS-Leute wollten schulpflichtige Mädels nach Hause begleiten und mit ihnen verkehren. Am 23. Dezember haben einige SS-Leute ein Kruzifix in einer Gastwirtschaft heruntergenommen und mit diesem den Segen gegeben. Außerdem haben sie anstößige Lieder gegen die Geistlichkeit gesungen. Dem Bürgermeister von Nankendorf drohten sie mit Schutzhaft...

Die Berichte über den Januar 1935 wiederholen im wesentlichen nur Feststellungen der vorangegangenen Berichte.

---

[113] Nach der Ermordung des österreichischen Bundeskanzlers Dollfuß und den anschließend gegenüber den österreichischen Kampfverbänden der NSDAP ergriffenen Maßnahmen flohen zahlreiche österreichische SS- und SA-Männer nach Bayern und wurden in sogenannten Hilfswerk-Lagern untergebracht. Ein solches Lager war im Herbst 1934 auch in Waischenfeld errichtet worden.

Aus Monatsbericht der Gendarmerie-Station Hollfeld, 1. 3. 1935

... Die im hiesigen Bezirk noch vorhandenen früheren Anhänger der KPD und SPD haben sich vollständig ruhig verhalten und waren wie bisher in ihrem Verhalten äußerst vorsichtig. Zu Beanstandungen war kein Anlaß vorhanden.

In kirchenpolitischer Hinsicht wird berichtet, daß sich die Meinungsverschiedenheiten in Wonsees entschieden gebessert haben, in Krögelstein aber immer noch die alten Gegensätze fortbestehen, [sie] tragen meist persönlichen Charakter...

Die wirtschaftliche Lage der Landwirte hat sich in letzter Zeit nicht gebessert, sich aber auch nicht verschlechtert...

Aus Monatsbericht der Gendarmerie-Station Muggendorf, 1. 3. 1935

...Elemente, die sich staatsfeindlich betragen, sind nicht vorhanden... Der überwiegende Teil der Bevölkerung ist vom Nationalsozialismus erfaßt oder steht diesem sympathisch gegenüber...

Aus Monatsbericht der Gendarmerie-Station Waischenfeld, 1. 3. 1935

...Die katholischen Geistlichen in Waischenfeld und Nankendorf (protestantische sind nicht vorhanden) fügen sich anscheinend in die derzeitige Politik ganz gut hinein... Der Herr Stadtpfarrer in Waischenfeld trägt bei Feierlichkeiten stets seine Orden und Ehrenzeichen (aus dem Weltkrieg) und gibt der Bevölkerung ein gutes Beispiel. Er ist ein nationaler Mann...

Aus Monatsbericht des Bezirksamts, 4. 3. 1935

... Es kann festgestellt werden, daß rund ein Drittel der Gemeinden nicht in der Lage ist, pünktlich ihren anerkannten Rechtsverbindlichkeiten nachzukommen. Die Haushaltspläne sind zwar abgeglichen, doch sind in der Regel die Umlagen in der festgesetzten Höhe nicht hereinzubringen. Die Steuermoral ist in vielen Gemeinden ganz schlecht. Selbst verhältnismäßig gut situierte Bauern zahlen sehr schlecht; wird ihnen, wie im Falle Oberweilersbach, der Gerichtsvollzieher geschickt, so ist im Hinblick auf die Vollstreckungsschutzbestimmungen dort einfach nichts zu holen. Die Gemeinde hat hierdurch nur sehr erhebliche Kosten. Mit der Androhung der Aberkennung der Bauernfähigkeit ist nicht viel zu machen, da sie nicht ernst genommen wird und auch das Verfahren so umständlich und langwierig ist, daß man nicht darauf warten kann. Wenn die Verhältnisse sich so weiter entwickeln, wird es für die Gemeinden geradezu trostlos...

Aus Monatsbericht der Gendarmerie-Station Muggendorf, 31. 3. 1935

...Die Einführung der allgemeinen Wehrpflicht wird allgemein freudig begrüßt, hauptsächlich vom Standpunkt der Erziehung der älteren Jugend aus, die nicht mehr von der HJ erfaßt werden kann. Der intelligentere Teil der Bevölkerung empfindet diese Maßnahmen des Führers als eine mutige Tat der Befreiung von der Schmach der vergangenen Jahre...

Aus Monatsbericht der Gendarmerie-Station Unterweilersbach, 31. 3. 1935

Die am 1. 3. 1935 erfolgte Rückgliederung des Saarlandes zum Mutterland wurde von allen Teilen der Bevölkerung begrüßt. Die Übertragungsfeierlichkeiten wurden unter zahlreicher Beteiligung der Bevölkerung an den bereitgestellten Lautsprechern angehört. Fackelzüge, die in den größeren Ortschaften durchgeführt wurden, beendeten die Feierlichkeiten.
Der Heimgang des Gauleiters Schemm berührte alle Volksgenossen recht tief. Allenthalben fand man Worte der Anerkennung für das rastlose Schaffen dieses großen Mannes des neuen Deutschlands, Trauerfeierlichkeiten, an denen die einzelnen nationalen Verbände, die Schuljugend und die Bevölkerung zahlreich teilnahmen und bei welchen kurze, dem Gedächtnis des Toten gewidmete Ansprachen gehalten wurden, wurden in allen größeren Ortschaften durchgeführt.
Freudige Zustimmung fand bei allen Teilen der Bevölkerung die mit Gesetz beschlossene Wiedereinführung der allgemeinen Wehrpflicht. Immer wieder hört man Loblieder auf die gute Schule der früheren allgemeinen Wehrpflicht und betont, daß dieser Erziehungsfaktor schon längst stark vermißt wurde. Von der Wiedereinführung der allgemeinen Wehrpflicht erhofft man auch eine Entlastung des Arbeitsmarktes...

Aus Monatsbericht des Bezirksamts, 4. 5. 1935

Die Entwicklung des Verhältnisses zwischen dem SS-Lager Waischenfeld und der dortigen Bevölkerung spitzt sich immer mehr zu. Am Ostermontag kam es zu einem wahren Landfriedensbruch, wobei einige Zivilisten schwer verletzt wurden. Ein Arbeiter liegt im lebensgefährlichen Zustand im Krankenhaus Bayreuth. Es macht den Anschein, daß einfach jeder beknüttelt wird, der irgendeinem SS-Mann nicht paßt. Die Wirtschaft wurde zum Teil demoliert. Die Gendarmerie ist zur Zeit mit der Untersuchung des Falles beauftragt. Der Oberstaatsanwalt ist mit der Angelegenheit bereits beschäftigt. Die Bayerische Politische Polizei ist verständigt. Bezeichnend ist ein Ausspruch eines SS-Mannes, der erklärt hat, daß die SS selbst die Politische Polizei sei und die Gendarmerie nichts zu sagen habe. Die Stimmung der Bevölkerung ist sehr erregt, zumal auf die religiösen Gefühle der Bevölkerung seitens der SS in keiner Weise Rücksicht genommen wird. So fand vor einigen Tagen eine öffentliche Bittprozession statt, die durch die SS dadurch gestört wurde, daß hinterher die SS mit Trommeln und Pfeifen ging, so daß der Pfarrer und der Chorregent in ihren Handlungen gestört wurden. Wenn nicht von seiten der SS-Oberführung hier ganz energisch eingegriffen wird, um deren Vermittlung ich das Regierungspräsidium bitte, ist in der Sache einfach nichts zu machen. Wie die Gendarmerie berichtet, haben sämtliche Kurgäste von Waischenfeld, die an Ostern in Waischenfeld sich aufhielten, abgebrochen und sind restlos abgereist. Daß natürlich ein derartiges Verhalten der SS sich auch dahin auswirken wird, daß ein Großteil der Bevölkerung gegen die jetzt bestehenden politischen Machtverhältnisse offen oder geheim sich stellen wird, ist eine Selbstverständlichkeit. Den Schaden hat das große Ganze[114]...

Ein schwerer Konflikt ist in Königsfeld ausgebrochen zwischen dem Ortsgruppenleiter, Hauptlehrer St., und dem Pfarrer, Geistlichen Rat W. Der innere Grund ist wohl darin zu suchen, daß Lehrer St. die Übertragung des Chorregentendienstes erreichen wollte, wogegen sich der Pfarrer stellte. Der Pfarrer hat dann über das außerdienstliche Verhalten des Lehrers und auch des Arbeitslagerführers an das Ordinariat berichtet, das den pfarrlichen Bericht an das Reichsarbeitsministerium weitergegeben hat. Die beiden Beschuldigten veranstalteten dann eine NSDAP-Versammlung, in der gegen den Pfarrherrn losgezogen wurde. Um die Sache nicht auf die Spitze zu treiben, veranlaßte ich den Pfarrer, auf kurze Zeit aus Königsfeld fortzugehen. Gegen Lehrer St. ist ein Disziplinarverfahren auf Grund der Anzeige des Ordinariats eingeleitet. Seitens der Kreisleitung wurde St. des Amtes eines Ortsgruppenleiters entkleidet. Auch der erste Bürgermeister ist hierbei unter die Räder gekommen und dankte ab. Die anfängliche schwere Erregung der Bevölkerung scheint allmählich abzuflauen.

Gegen den ehemaligen Oberstfeldmeister B., Führer des Arbeitsdienststammlagers Ebermannstadt, wurde wegen Schmucksachendiebstahls usw. Haftbefehl erlassen. B. ist ab 1. April aus dem Arbeitsdienst entlassen...

Der evangelische Kirchenstreit scheint im Bezirk wieder aufzuleben. Unter den Protestanten entwickeln sich immer mehr die Gegensätze zwischen den Anhängern der Reichskirche und der Bekenntniskirche. Es scheint, daß die Angelegenheit aus dem Pfarrergezänk auf die Bevölkerung übergreift. Die Werbung der Deutschen Christen macht sich bemerkbar. Im allgemeinen stehen die Protestanten des Bezirkes zum Landesbischof. Es wurden zwei Ortsgruppen [der Deutschen Christen] gegründet, und zwar in Streitberg und Muggendorf. Sie machen ein Viertel der dortigen Bevölkerung aus.

Am 6. 5. 1935 berichtet der Bezirksamtmann dem Kreisleiter der NSDAP noch folgende Einzelheit[115]: »Beim letzten Amtstag in Hollfeld wurde mir erzählt, daß in der Ortschaft Zedersitz (Gemeinde Wonsees) 17 Parteigenossen aus der Partei ausgetreten seien, so daß sich jetzt dort nur noch ein einziger Pg. befindet. Ursache dieser Austritte sei der Streit innerhalb der protestantischen Kirche und vor allem die Stellungnahme des Pfarrers Morenz von Wonsees. Ich ersuche um Bestätigung, ob dies richtig ist, da ich der Bayerischen Politischen Polizei über die gegenwärtige Stimmung Bericht zu erstatten habe.«

---

[114] Über die Vorfälle in Waischenfeld berichtete auch der Regierungspräsident von Ober- und Mittelfranken am 8. 5. 1935: »An den Osterfeiertagen kam es in Waischenfeld, BA Ebermannstadt, zu Ausschreitungen von Insassen des dortigen SS-Hilfswerklagers (Österreich) gegen Ortseinwohner, wobei einige Ortseinwohner erheblich verletzt wurden. Die Ursachen scheinen außer politischen Reibereien auch Weibergeschichten zu sein. Strafverfolgung ist im Gange. Das zuerst von der Bevölkerung mit Freude begrüßte Hilfswerklager hat sich bald durch verschiedene Übergriffe seiner Insassen die Zuneigung der Bevölkerung verscherzt.«

[115] Der Sonderbericht ist den politischen Lageberichten beigefügt.

Aus Monatsbericht der Gendarmerie-Station Aufseß, 28. 5. 1935

... Viel geklagt und kritisiert wird in letzter Zeit über den Viehhandel, der hier fast durchwegs von Juden betätigt wird, und zwar, daß der vor über einem Jahr nach Bayreuth verzogene Schnittwarenhändler Hugo Fleischmann nun auch zum Viehhandel zugelassen worden sei, da er doch kaum die sonst üblichen Bedingungen, nämlich die nötigen Branchenkenntnisse, besitzen dürfte. Hugo Fleischmann fuhr seit Jahren mittels Kraftwagen in der Fränkischen Schweiz und im Jura umher und verkaufte Stoffe. Meist holte er zuvor seinen hier wohnhaften Vater, den Viehhändler Karl Fleischmann, ab und jeder der beiden betrieb in den Dörfern sein eigenes Geschäft, also der eine handelte Stoffe und der andere Vieh. Seit einigen Wochen soll nun Hugo Fleischmann auch zum Viehhandel zugelassen sein. Eine Kontrolle des Hugo Fleischmann war von diesseits noch nicht möglich.

Weiter betrieben den Viehhandel: Martin Aufsesser, Moritz David und Moses Günter, sämtliche von Aufseß. Das, was an den Händlern David und Aufsesser bekritisiert wird, ist, daß sie diesen Handel nur nebenbei betreiben und demgemäß nur kaufen, wo ihnen schon im voraus mit hundertprozentiger Sicherheit ein guter Verdienst in Aussicht steht, und daß sie überall, wo dies nicht der Fall sei, die Hand davon ließen. Solche Viehhändler werden als große Schädlinge für die Landwirtschaft angesehen. Karl Fleischmann und Moses Günter handeln wenigstens ständig mit Vieh, wenn sie zwar auch ihren Vorteil gut zu wahren wissen.

Ferner kann man immer wieder Klagen hören, daß Moritz David als Jude die Schweinemetzgerei immer noch ausüben kann. Außer David ist hier nur noch der Metzger Kautsch vorhanden. Für den anständigeren Teil der Bevölkerung kommt David als Wurst- und Fleischlieferant zwar nicht in Frage, aber der Metzger Kautsch hat bezüglich dieses Teils der Bevölkerung fast keine Konkurrenz, die aber im Interesse der Aufseßer Bevölkerung sehr zu wünschen wäre. Der Gesamtabsatz des David dürfte den des Kautsch schließlich noch übertreffen. Für Seßhaftmachung eines dritten Metzgers dürfte Aufseß zu klein sein.

Aus Monatsbericht der Gendarmerie-Station Heiligenstadt, 30. 5. 1935

... Bezüglich des Kirchenstreits in der evangelisch-lutherischen Kirche verweise ich auf meine Berichte über Postüberwachung des Pfarrvikars Fritz Auerochs in Heiligenstadt. Während über Pfarrer Daum – Anhänger der Deutschen Christen – keinerlei Klagen zu verzeichnen sind, versucht Pfarrvikar Auerochs die Gemeindemitglieder gegen Pfarrer Daum aufzuhetzen und sie zu Anhängern der Bekenntnisfront zu gewinnen. Dies ist ihm auch bereits in der Ortschaft Reckendorf geglückt und sind die meisten Bauern von dort Mitglieder der Bekenntnisfront in der Pfarrei Brunn, obwohl Reckendorf selbst zur Kirchengemeinde Heiligenstadt gehört...

Aus Monatsbericht der Gendarmerie-Station Muggendorf, 31. 5. 1935

...Die wirtschaftlichen Verhältnisse sind hier, mit Ausnahme der zu geringen Entlohnung der Tagelöhner und Tagelöhnerinnen gegenüber den hier hohen Lebenshaltungskosten, normale... An den niedrigen Arbeitslöhnen der gewöhnlichen Tagelöhner und Tagelöhnerinnen trägt aber hauptsächlich der Mangel an Arbeit Schuld. Die Arbeitnehmer sind dadurch gezwungen, um möglichst geringen Lohn zu arbeiten, um wenigstens etwas zu verdienen...

Aus Monatsbericht der Gendarmerie-Hauptstation Ebermannstadt, 31. 5. 1935

...Für die Hitler-Jugend und ganz besonders für das Deutsche Jungvolk und für Jungmädel mehren sich die Klagen bezüglich des Fehlens einer erwachsenen Aufsichtsperson. An den schulfreien Tagen (Staatsjugendtag) fehlt es an Unterordnung und an Aufsicht über die Jugendlichen. Es machten sich verschiedene Mißstände bemerkbar, die nicht für das Ansehen der nationalen Jugend beitragen. So kam es zu Streitigkeiten und Prügeleien, welche sind mit dem Fahrrad während der Sportzeit beim Sportplatz auf dem Bahnkörper gefahren, bei den Unterhaltungsspielen im Rathaus kam es zu Streitigkeiten zwischen JV und JM, von einem Unterführer T. in Hollfeld wurden schlüpfrige Witze erzählt.

Ausführlich wird sodann aufgrund von polizeilichen Vernehmungen über einen Fall sittenwidrigen Geschlechtsverkehrs mehrerer dem Deutschen Jungvolk angehörender 14-15-jähriger Jungen aus Ebermannstadt mit einem 13-jährigen Mädchen berichtet sowie darüber, daß die meisten schulpflichtigen Kinder und ihre Eltern in Ebermannstadt durch Weitererzählen von dem Fall Kenntnis erhielten und die Eltern nunmehr »ihre Kinder nicht mehr unter die Führung des [Jungvolkführers] T. stellen wollen«.

Aus Monatsbericht des Bezirksamts, 3. 6. 1935

...Vielfach hört man Klagen aus den Kreisen des Handels und des Handwerks über die außerordentlich hohen Beiträge, die zu den verschiedenen Organisationen, insbesondere den Innungen verlangt werden. Es ist auf dem Land vielfach üblich, daß der Handwerker, dessen Geschäftsumsatz sehr gering ist, daneben noch ein kleines Ladengeschäft betreibt, in dem er neben seinen handwerklichen Erzeugnissen auch andere Gegenstände des täglichen Bedarfs feilhält. Außerdem besitzen die ländlichen Handwerker regelmäßig etwas landwirtschaftlichen Grund und einige Stücke Vieh. Alle diese Erwerbszweige zusammen reichen meist gerade aus, um den Lebensbedarf der Familie zu decken, während einer dieser Erwerbszweige allein die Familie nicht ernähren könnte. Solche Personen empfinden es als eine Härte, daß sie nun zu drei verschiedenen Organisationen mit Beiträgen veranlagt werden, wobei außer den Innungsbeiträgen auch die Handwerkskammerumlagen neben den Beiträgen zu Einzelhandelsverbänden und Reichsnährstandsumlagen zu zahlen sind...

Aus Monatsbericht der Gendarmerie-Hauptstation Ebermannstadt, 1. 7. 1935

Innenpolitische Lage: Die Stimmung im Volk ist gegenwärtig als nicht gut zu bezeichnen. Die Absetzung verschiedener Bürgermeister hat allgemein Empörung hervorgerufen.[116] Diese Empörung wird selbst von Nationalsozialisten geteilt. Die Mißstimmung hat sich noch erhöht durch Übertragung der Schreibarbeiten an K. in Ebermannstadt, der bekanntlich die Arbeit gar nicht leisten kann und auch nicht zuverlässig ist, weil sein Wissen auf der Bierbank preisgegeben wird. K., der seine Stellung bei der Bezirkssparkasse mißbrauchte, genießt hier wenig Ansehen.

Die gleich schlechte Stimmung herrscht in Streitberg wegen der Absetzung des Obersturmbannführers Kraus in Streitberg. Selbst die SA nahm an diesem Vorgehen Anstoß. Kraus ist als ruhiger sachlicher Mann bekannt. Es dürfte mit Austritten aus SA und Partei zu rechnen sein. Die Freude am SA-Dienst ist bei vielen Parteiangehörigen erloschen...

Aus Monatsbericht der Gendarmerie-Station Königsfeld, 30. 7. 1935

...Zufolge Auftrags der Anklagebehörde bei dem Sondergericht Bamberg vom 22. 7. 1935 ist von diesseits gegen den Pfarrer Josef Weidner in Wohlmutshüll, vorher Geistlicher Rat in Königsfeld, eine Strafanzeige zu erstatten, weil Weidner angeblich im Jahr 1934 von der Kanzel herab auf die neuen Verhältnisse geschimpft haben soll. Bei der Staatsanwaltschaft Bayreuth ist außerdem gegen den Pfarrer Josef Weidner ein Verfahren anhängig wegen Beleidigung des Oberfeldmeisters Troll.

Bei der Anklagebehörde bei dem Sondergericht Bamberg ist auch ein Verfahren gegen den Musiker Pankraz Niegel von Drosendorf anhängig. Pankraz Niegel, der der Bruder des ersten Bürgermeisters Johann Babtist Niegel von Drosendorf ist, soll nach Angabe von Zeugen am 24. 6. 1935 im Tanzsaal des Gastwirts Will in Voitmannsdorf geäußert haben: »Ich bin Kommunist, wenn ich am Ruder wäre, müßte der Hitler mitsamt der Regierung bis herunter zum Gemeindediener an die Wand gestellt und erschossen oder aufgehängt werden.«...

Aus Monatsbericht der Gendarmerie-Station Heiligenstadt, 31. 7. 1935

...Durch die Agitation des Pfarrvikars Fritz Auerochs in Heiligenstadt macht sich jetzt eine Spaltung in der ganzen Kirchengemeinde Heiligenstadt bemerkbar. Die Ortschaften Siegritz und Leidingshof sind bereits durch die Agitation des Pfarrverwesers Rösch in Unterleinleiter zur Bekenntnisfront gestoßen. Außerdem sind auch die Ortschaften Rekkendorf, Stücht und in letzter Zeit auch Volkmannsreuth Anhänger der Bekenntnisfront

---

[116] Die Einführung der neuen nationalsozialistischen »Deutschen Gemeindeordnung« (DGO) mit Wirkung vom 1. 4. 1935 (vgl. Bekanntmachung des Bayerischen Staatsministeriums des Innern vom 29. 3. 1935, GVBl., S. 127) mit ihren neuen Vorschriften über die Berufung von Bürgermeistern und Gemeinderäten wurde verschiedentlich dazu benützt, erneut Stellenumbesetzungen in der Kommunalverwaltung nach politischen und anderen Gesichtspunkten vorzunehmen.

und haben eine feindliche Stellung gegen DC Pfarrer und Senior Daum, Heiligenstadt, eingenommen... Bemerkenswert ist weiter, daß Vikar Auerochs auch häufig Gast bei Graf Stauffenberg auf Schloß Greifenstein ist. Auch war dort in letzter Zeit auch Dekan Zahn von Muggendorf. Vermutlich handelt es sich bei diesen Besuchen um die Wiederbesetzung der Pfarrstelle in Heiligenstadt, nachdem Pfarrer Daum am 1. 10. 1935 in den Ruhestand tritt und Graf Stauffenberg Kirchenpatron für die Kirche in Heiligenstadt ist und die Pfarrstelle vergibt bzw. den neuen Stelleninhaber in Vorschlag bringt...

Aus Monatsbericht der Gendarmerie-Hauptstation Ebermannstadt, 31. 8. 1935

...Im August (23. 8. 1935) wurde mit den Schulungsabenden [der NSDAP] begonnen. Der Besuch war mittelgut. Besonders fällt das Fehlen der Bürger, Geschäftsleute auf. Der geringe Besuch wurde durch Herrn Ortsgruppenleiter besonders gerügt. Die Beamten wurden ganz besonders auf den Besuch und die Bedeutung der Schulungsabende hingewiesen...

Aus Monatsbericht des Bezirksamts, 3. 9. 1935

In Schutzhaft wurden sieben Personen genommen: 1. der Reisebegleiter Kurt Bieling aus Berlin, der in Muggendorf in öffentlicher Wirtschaft staatsabträgliche Reden führte und falsche Gerüchte verbreitete. 2. Fünf Bauernburschen aus Hubenberg, die im Verdacht stehen, ein Plakat der Gauleitung Bayer. Ostmark mit dem bekannten Aufruf gegen den politischen Katholizismus abgerissen zu haben. 3. Ein Bauernbursche aus Wadendorf, der wiederholt den deutschen Gruß verächtlich machte[117]...

In den meisten Gemeinden des Bezirks wurden auf Veranlassung der Ortsgruppenleitungen Tafeln mit der Aufschrift »Juden unerwünscht« angebracht, eine Maßnahme, die von einem Teil der Bevölkerung kritisiert wird...

Schon am 8. 7. 1935 hatte sich der evangelische Dekan Zahn von Muggendorf in einem Schreiben an Bezirksoberamtmann Waller darüber beschwert[118], daß am Ortseingang von Muggendorf ein Schild aufgestellt sei mit der Aufschrift »Juden betreten den Ort auf eigene Gefahr«. Da auch die Juden »unter dem Schutz des Gesetzes stehen«, verstoße die Aufschrift gegen nationalsozialistische Grundsätze und stelle »eine versteckte Aufwiegelung zu Gewalttätigkeiten gegen Juden dar«. Er (Zahn) habe darauf schon den für Muggendorf zuständigen Gendarmerie-Kommissar S. aufmerksam gemacht, dieser habe aber bisher nichts veranlaßt, obwohl er es doch im Zusammenhang mit dem Kirchenstreit sonst so eilig gehabt habe, angebliche Gesetzesverletzungen aufzuweisen. Gegen den anfänglichen Widerstand des Ortsbürgermeisters und NSDAP-Ortsgruppenleiters von Muggendorf setzte der stellvertretende Bezirksamtsvorstand Dr. Wirsching daraufhin am 18. 7. 1935 durch, daß die Aufschrift entfernt und durch das sonst übliche Plakat (»Juden unerwünscht«) ersetzt wurde. Den gegen den Muggendorfer Gendarmerie-Kommissar erhobenen Vorwurf parteiischen Eingreifens im Kirchenkampf wies Wirsching »schärfstens zurück« und stellte dem Kommissar anheim, Strafantrag wegen Beleidigung zu stellen.

---

[117] Im Bericht der Gendarmerie-Station Hollfeld vom 30. 8. 1935 hieß es hierzu: der ledige Landwirt B. von Wadendorf sei früher Anhänger der Bayernwacht gewesen.

[118] Das folgende aufgrund der Akten des Bezirksamts, StA Bamberg, K 8/IV/3165

Auf Veranlassung der Bayerischen Politischen Polizei wurden anfangs August 1935 rund 80 katholische Elternkalender bei den Pfarrämtern beschlagnahmt. Die Herausgabe erfolgte durch die Geistlichen ohne weiteres.

Wegen des Kirchenstreites zwischen der evangelischen Bekenntnisfront und den Deutschen Christen sind die evangelischen Gläubigen recht unzufrieden. Letztere glauben, daß ihnen ihr überliefertes Glaubensbekenntnis genommen wird. In Birkenreuth ist eine größere Zahl von SA-Austritten festgestellt. Angeblich können sie die Beiträge nicht mehr aufbringen. In Wirklichkeit soll aber der evangelische Kirchenstreit mit den Deutschen Christen die Ursache geben. Die Bewohner von Birkenreuth sind sämtliche evangelisch und streng gläubig. Es besteht eine gewisse Erbitterung gegen SA und Partei[119] ...

Wirtschaftliche Verhältnisse: Im Bezirk gibt es nur ganz wenig Arbeitslose. Allenthalben bringt der Fremdenverkehr ein gutes Geschäft. Streitberg und Muggendorf waren voll besetzt. Veilbronn und Heiligenstadt sowie Burggrub waren sehr gut besucht und übertrafen die gestellten Erwartungen. Der Feldfruchtertrag ist als mittelgut zu bezeichnen. Das Getreide wurde bei guter Witterung eingebracht. Der Kartoffelertrag wird enttäuschen. Der Obstertrag ist schlecht, nur die Zwetschgenernte wird gut ausfallen. Hackfrüchte konnten sich wegen der geringen Niederschläge sehr schlecht entfalten. Sehr wird über die Futternot geklagt. Allgemein wird über die Wassernot geklagt. Die Ortschaften Fernreuth und Hainbach müssen von weit her Wasser zufahren. Seitens des Milchversorgungsverbandes wurde für die Gemeinden Königsfeld, Poxdorf und Huppendorf die Rahmablieferungspflicht festgesetzt. Hiergegen besteht eine große Mißstimmung der Bauern. Die Lebensmittelpreise sind zum Teil gestiegen. Die Bevölkerung ist hierwegen beunruhigt...

Für den September 1935 wurde von der Gendarmerie-Station Heiligenstadt berichtet (29. 9. 1935), Pfarrer Dr. Madlener in Burggrub habe die Anwendung des Heil Hitler-Grußes »in direkt herausfordernder und ärgerniserregender Weise« verweigert. Aus den Berichten der anderen Stationen ist u. a. ersichtlich, daß es erneut zu Anzeigen oder Festnahmen von einzelnen Personen wegen regimefeindlicher Äußerungen kam, daß die festgesetzten Höchstpreise beim Viehverkauf häufig überschritten wurden und ein Teil der Bauern, entgegen den Marktordnungsvorschriften des Reichsnährstandes, den Rahm nicht an den Rahmsammelstellen ablieferte, sondern selbst zu Butter verarbeitete und diese schwarz verkaufte. Das Bezirksamt stellte fest (3. 10. 1935), daß die Stimmung der Bevölkerung »vielfach zu wünschen übrig« lasse, vor allem wegen der kirchlichen Streitigkeiten in den evangelischen Gemeinden und »gewissen Spannungen innerhalb der katholischen Bevölkerung«.

Ergänzende Angaben zum Evangelischen Kirchenstreit enthält der Bericht des Dekans von Muggendorf vom 17. 3. 1936 über seine Kirchenvisitationen in Unterleinleiter am 21. 7. 1935, Streitberg am 25. 8. 1935 und Aufseß am 22. 9. 1935:[120] »In Streitberg sind durch die Gründung einer Deutsche

---

[119] Im Bericht der Gendarmerie-Hauptstation Ebermannstadt vom 31. 8. 1935 hieß es ergänzend hierzu: »Die Bewohner von Birkenreuth gehörten früher teilweise dem Christlichen Volksdienst an, für die NSDAP waren nur einige Personen.«
Die Anhängerschaft, die der Christlich-Soziale Volksdienst in der Gemeinde Birkenreuth in den Wahlen 1930–1933 gewinnen konnte (14. 9. 1930: 9 Stimmen, 31. 7. 1932: 22 Stimmen, 5. 3. 1933: 11 Stimmen), kann als Indiz für die in dieser Gemeinde besonders ausgeprägte gemeinschafts-christliche Einstellung gewertet werden; die NSDAP erhielt im evangelischen Birkenreuth 1930 erst 4 Stimmen (3%), setzte sich 1932 (79%) und 1933 (87%) aber auch in diesem Ort durch.
[120] LKA Nürnberg, Dekanat Muggendorf/121.

Christen-Gruppe, die sich auf den Ort Streitberg beschränkt, Gegensätze in der Pfarrgemeinde entstanden. Die Landgemeinden in den eingepfarrten Dörfern wollen von den Deutschen Christen nichts wissen. Letztere nehmen gegen den Ortspfarrer eine sehr unfreundliche Stellung ein und ziehen sich vom kirchlichen Leben mehr oder weniger zurück.« Im gleichen Bericht heißt es unter der Überschrift »Verhältnis von Partei zu Kirche und Pfarrer«: »Während in dem konfessionell gemischten Unterleinleiter das Verhältnis ein normales, in Aufseß sogar, wie die anwesenden Vertreter von Kirche und Gemeinde bestätigen, ein herzliches ist, bestehen in Streitberg Schwierigkeiten ... Da Parteimitgliedschaft und Zugehörigkeit zu den Deutschen Christen vielfach zusammenfällt, ist das Verhältnis zum Pfarrer recht gespannt.«

Aus Monatsbericht der Gendarmerie-Station Hollfeld, 30. 10. 1935

... Politische Versammlungen fanden am 15. 10. in Hollfeld und am 24. 10. in Wonsees statt. In beiden Versammlungen war Herr Regierungsrat Dr. Wirsching vom Bezirksamte Ebermannstadt als Redner erschienen. Beide Versammlungen waren gut besucht.

Die im hiesigen Dienstbezirk noch einzeln vorhandenen Anhänger der früheren KPD und SPD haben sich vollständig ruhig verhalten und hat ihr Verhalten und Umgang zu Beanstandungen keinerlei Anlaß gegeben. Wegen Vergehens gegen das Gesetz gegen heimtückische Angriffe gegen Partei und Staat wurde am 22. 10. der verheiratete Landwirt Karl Nikol von Kainach festgenommen und in das Landgerichtsgefängnis Bayreuth eingeliefert. In kirchenpolitischer Hinsicht wird berichtet, daß auch hier kein Anlaß zum polizeilichen Einschreiten vorhanden war.

Die wirtschaftliche Lage der Landwirte hat sich in letzter Zeit nicht weiter gebessert. Die Kartoffelernte ist zum größten Teil beendet. Der Stand der Wintersaaten kann als gut bezeichnet werden. Die Bauhandwerker sind zum Teil noch vollbeschäftigt. Am 29. 10. wurden die Arbeiten auf der Reichsautobahn bei Spänfleck beendet und die Arbeiter ausgestellt, so daß nun wieder eine Anzahl Erwerbslose im Bezirk sind. In den übrigen Erwerbszweigen und Handwerkerkreisen wird über schlechten Geschäftsgang geklagt ...

Aus Monatsbericht der Gendarmerie-Hauptstation Ebermannstadt, 31. 10. 1935

... Wirtschaftliche Verhältnisse: Die Landwirtschaft hat zur Zeit gute Einnahmen aus Viehverkauf. Die Ernte für Kartoffeln und Rüben ist als gut zu nennen. Handel und Gewerbe hat bessere Einnahmen als in den Vorjahren. Arbeitslose sind nur einige vorhanden ...

Aus Monatsbericht des Bezirksamts, 4. 11. 1935

... In Siegritzberg, Gemeinde Breitenlesau, kam es am 16. Oktober abends 20 Uhr zu einem Zusammenstoß zwischen Nationalsozialisten und dem Viehjuden Max Fleischmann aus Bayreuth, weil dieser das Verbot, als Jude nachts die Ortschaft zu meiden, absichtlich nicht beachtet hat. Hierbei wurden die Fenster seines Kraftwagens eingeschlagen und die

Autoreifen zerschnitten. Hierüber wurde bereits der Regierung ein eingehender Gendarmeriebericht vorgelegt.

Der kommissarisch eingesetzte Bürgermeister der Stadt Ebermannstadt, Ortsgruppenleiter der NSDAP in Ebermannstadt und Kreisamtsleiter des Amtes für Beamte für den Kreis Ebermannstadt, Justizinspektor E., wird seitens der Staatsanwaltschaft angeschuldigt, im Dienste Unterschlagungen und Urkundenfälschung usw. vorgenommen zu haben. Gegen ihn ist ein Strafverfahren eingeleitet. Er wurde seiner sämtlichen Ämter entsetzt; er wurde auch vorläufig seines Dienstes beim Amtsgericht Ebermannstadt enthoben. Der Vorfall hat unter der Bevölkerung das größte Aufsehen erregt. Der Bürgermeister und Ortsgruppenleiter S. des nahen Pretzfeld wurde wegen Sittlichkeitsverbrechens und Unterschlagung angezeigt. S. hat großes Ansehen bei der NSDAP genossen. Wie die Sache zur Zeit gelegen ist, dürfte das Strafverfahren nach meiner Ansicht wohl zu Gunsten S. ausgehen, da die Anschuldiger sehr übel beleumundet sind. Immerhin sind die beiden Vorfälle für die NSDAP sehr bedauerlich...

In einem Sonderbericht der Gendarmerie-Station Aufseß über den »Evangelischen Kirchenstreit« (3. 10. 1935) heißt es im Zusammenhang mit der in Aufseß von Pfarrer Herbst betriebenen Bildung einer Bekenntnisgemeinschaft: Die Mitglieder seien »nicht durchweg überzeugte Anhänger«, manche wurden Mitglieder »wider Willen« unter dem moralischen Druck des Pfarrers, der die Gemeindemitglieder auch durch persönliche Hausbesuche zum Eintritt in die Bekenntnisgemeinschaft zu bewegen suche.

Für November/Dezember 1935 liegt eine im wesentlichen unveränderte Berichterstattung ohne besondere Neuigkeiten vor.

Aus Monatsbericht der Gendarmerie-Station Heiligenstadt, 30. 1. 1936

... Besondere Klagen innerhalb der Landwirtschaft sind gegenwärtig nicht zu verzeichnen. Absatzmöglichkeit und Preisgestaltung gut. Innerhalb des Handels und Gewerbes sind Klagen nicht laut geworden. Geschäftsgang mittelmäßig. Preiserhöhungen sind nicht eingetreten. Überschreitungen der Butterhöchstpreise sind nicht vorgekommen...

Aus Monatsbericht der Gendarmerie-Station Hollfeld, 30. 1. 1936

... Am 18. 1. 1936 nachmittags 8 Uhr fand im Hereth'schen Saale dahier eine politische Versammlung statt, wozu als Redner Herr Oberbürgermeister Zahneisen von Bamberg erschienen war. Weiter fand am 22. 1. nachmittags 8 Uhr im gleichen Saale eine politische Versammlung statt, wozu als Redner Herr Regierungsrat Dr. Wirsching vom Bezirksamte Ebermannstadt erschienen war. Beide Versammlungen waren ziemlich gut besucht...

Infolge Einstellung der Arbeiten auf der Reichsautobahn und Beendigung der Saisonarbeiten sind im hiesigen Dienstbezirk wieder eine ziemliche Anzahl Erwerbsloser vorhanden...

Aus Monatsbericht der Gendarmerie-Hauptstation Ebermannstadt, 31. 1. 1936

... Für Streitberg wurde als Bürgermeister der ehemalige Obersturmführer Kraus Thomas in Streitberg bestimmt und vereidigt. Kraus ist der Schwiegersohn des ehemaligen Bürgermeisters Martin. K. ist bei der Bevölkerung in Streitberg beliebt...
Die Bibelstunden in Birkenreuth der Bekenntnisfront verliefen ohne Zwischenfall. Die Beteiligung wird auf 60 bis 80 Personen geschätzt...

Aus Monatsbericht der Gendarmerie-Station Königsfeld, 1. 2. 1936

... Am 28. 1. 1936 fand eine gut besuchte Volksversammlung der NSDAP im Schleuppner'schen Saale in Königsfeld statt. Redner: Herr Regierungsrat Dr. Wirsching in Ebermannstadt. Die Anwesenden verfolgten die Ausführungen des Herrn Redners mit großem Interesse...
Die Klagen über die schlechten Wasserverhältnisse in Königsfeld wollen nicht verstummen. Die immer wieder auftretenden Diphtherieerkrankungen von Kindern werden von einem Teil der Bevölkerung auf diesen Mißstand zurückgeführt, was nicht ganz unberechtigt sein dürfte...

Aus Monatsbericht der Gendarmerie-Station Unterweilersbach, 1. 2. 1936

... Die Bevölkerung verhält sich im allgemeinen ruhig. Nur einzelne Stänkerer, die mit der örtlichen politischen Leitung nicht zufrieden sind, nehmen hie und da Anlaß zu ausfälligen Äußerungen. Am 19. 1. 1936 hat der verheiratete Gütler Johann Georg Urschlechter von Unterweilersbach den Bürgermeister und Ortsgruppenleiter Pius Leber von Pretzfeld beschimpft und am gleichen Tage beleidigte auch der Gütler Josef Schnell von Unterweilersbach den Bürgermeister und Stützpunktleiter Johann Kist von Unterweilersbach...
Die Lage im Arbeitsmarkt ist zufriedenstellend. Die Arbeiter haben meistens Beschäftigung. Ein großer Teil ist in der Spinnerei zu Forchheim und bei dem Straßenbau in Muggendorf beschäftigt...

Aus Monatsbericht des Bezirksamts, 3. 2. 1936

Die innenpolitische Lage im Bezirk ist unverändert. Allenthalben veranstaltet die NSDAP Volksversammlungen, die allgemein gut besucht sind... Gegen den früheren Ortsgruppenleiter von Königsfeld, Hauptlehrer K., der inzwischen versetzt worden ist, wird neuerdings wegen Unterschlagung Anzeige erstattet...
In Waischenfeld überfiel ein Dienstknecht aus Saugendorf einen Arbeitsdienstler des Arbeitsdienstlagers Kirchahorn und mißhandelte ihn schwer. Der Grund für diese Tat ist noch nicht geklärt. Der Täter wurde verhaftet...

In Seelig wurde die Schule geschlossen, da von 58 Kindern 26 Kinder wegen Diphtherieverdachtes nicht mehr in die Schule gingen. Weitere Diphtheriefälle sind festgestellt in Königsfeld, wo die Diphtherie bereits seit 1 1/2 Jahren aufgetreten ist. Es sind bereits sechs Todesfälle verzeichnet...

Aus Monatsbericht der Gendarmerie-Station Aufseß, 28. 2. 1936

... Angezeigt wurde der verheiratete Landwirt B. von Sachsendorf wegen heimtückischer Angriffe auf Staat und Partei. B. äußerte sich in abfälliger Weise über die Kriegsopferversorgung, was bei Kriegsbeschädigten Anstoß erregte. Monarchische Bestrebungen sind nicht zu bemerken. Auch hinsichtlich des Kirchenstreites scheinen sich die erregten Gemüter vollständig beruhigt zu haben. Was die Juden anbelangt, so verhalten sich diese ebenfalls ruhig. Die im hiesigen Bezirk vorhandenen Arbeitslosen haben Aussicht, beim Eintritt wärmerer Witterung beim Reichsautobahnbau beschäftigt zu werden...

Aus Monatsbericht der Gendarmerie-Station Muggendorf, 29. 2. 1936

Die wirtschaftlichen Verhältnisse der Bauern bessern sich allmählich, soweit die Bauern sparsam sind. Der Fabrikbesitzer Barthelmeß von Muggendorf versuchte schon wiederholt, seinen Betrieb aufzunehmen, jedoch ist ihm dieses noch nicht gelungen. Trotz des stehenden Betriebs bei Barthelmeß sind aber die Arbeiter beschäftigt, was auf den Straßenbau Muggendorf-Sachsenmühle zurückzuführen ist. Bei dem genannten Straßenbau sind zur Zeit ca. 300 Arbeiter beschäftigt. Soweit sich übersehen läßt, dauern die Erdarbeiten bei dem Straßenbau ungefähr noch einen Monat. Die wirtschaftlichen Verhältnisse der Gewerbetreibenden sind nicht schlechter geworden als in den letzten Jahren...

Aus Monatsbericht des Bezirksamts, 3. 3. 1936

Die innenpolitische Lage ist unverändert. Allerdings muß betont werden, daß die Stimmung der Bevölkerung zu wünschen übrig läßt. Insbesondere wird die Entwicklung der Außenpolitik von der Bevölkerung mit wachsender Unruhe verfolgt. Man hört allenthalben von einer »Einkreisung Deutschlands« sprechen und kann verschiedenfach feststellen, daß eine gewisse Angst vor einem künftigen nahegerückten Krieg in der Bevölkerung auftaucht. Auch die innenpolitische Entwicklung wird von der Bevölkerung nicht mehr mit der üblichen unbedingten Zustimmung betrachtet... So kann man immer wieder feststellen, daß in verstärkten Maßen Gerüchte über Schwierigkeiten besonders innerhalb der NSDAP verbreitet werden und Aufnahme finden. Da es sich hierbei leider zum Teil um wahre Tatsachen handelt, wie z. B. Unterschlagungen und Veruntreuungen, die in verschiedenen bayerischen Städten vorgekommen sein sollen, ist es auch für die Propaganda der NSDAP schwer, gegen diese Dinge aufzutreten ...

Es werden weiterhin durch die Partei in verstärktem Maße Versammlungen abgehalten... Einer besonderen Beliebtheit erfreuen sich die neu eingeführten Volksgemeinschaftsabende, bei deren Ausschmückung insbesondere die Lehrer sehr tatkräftig mitarbeiten. Es zeigt sich, daß mit derartigen Veranstaltungen die Bevölkerung, insbesondere auch die Frauen, in viel stärkerem Maße innerlich gewonnen werden können, als dies in anderen Versammlungen der Fall ist, in denen zum Teil im Stile der Versammlung in der Kampfzeit gesprochen wird.[121]

Besondere Vorkommnisse oder Einzelaktionen gegen Juden aus Anlaß der Ermordung des Landesgruppenleiters Gustloff konnten nicht festgestellt werden. Eine etwas seltsame Stellung zu der Judenfrage scheinen die Dienststellen des Reichsnährstandes einzunehmen. Während zunächst im Januar dieses Jahres die Kreis- und Bezirksbauernschaften mit ungeheurem Nachdruck forderten, daß sämtlichen jüdischen Viehhändlern die Wandergewerbescheine, Legitimationskarten etc. versagt würden, wurde nunmehr in jedem Einzelfalle der entgegengesetzte Standpunkt eingenommen. Es ging sogar so weit, daß ein Bezirksbauernführer einem jüdischen Händler eine Bestätigung über seine Zuverlässigkeit ausstellte... Dem Vernehmen nach hat diese Sachbehandlung des Reichsnährstandes auch bei den örtlichen politischen Leitern (der NSDAP) ziemliche Unzufriedenheit hervorgerufen...

Der Abschied des bisherigen Amtsvorstandes, Oberamtmann Dr. Waller, gestaltete sich zu einer besonders herzlichen Kundgebung in allen Bevölkerungsschichten. Es zeigte sich, daß der bisherige Amtsvorstand außerordentlich beliebt war[122]...

Im Vordergrund der März-Berichterstattung stand die Reichstagswahl vom 29. 3. 1936. Für die Einheitsliste wurden im Amtsbezirk 14 453 Stimmen abgegeben, bei »nur 50 ungültigen, zum größten Teil mit Nein beschriebenen Stimmzetteln« (Bericht des Bezirksamts vom 3. 4. 1936). Die Überwachung potentieller Nein-Sager wird verdeutlicht durch den Bericht der Gendarmerie-Station Unterweilersbach vom 1. 4. 1936, in dem es heißt: »In Verdacht, mit ›Nein‹ abgestimmt und

---

[121] Die Gendarmerie-Station Unterweilersbach berichtete am 18. 2. 1936 über einen solchen Volksgemeinschaftsabend: »Am Samstag 15. 2. 1936 um 19 Uhr hat die NSDAP, Stützpunkt Unterweilersbach, im Saale des Gastwirts Josef Schütz einen Dorfgemeinschaftsabend veranstaltet. Etwa fünf Musiker von Unterweilersbach haben Märsche und Volkstänze gespielt. Es wurden vaterländische Lieder gesungen, Gedichte und alte Sitten und Gebräuche vorgetragen und zuletzt wurde auch ab und zu getanzt. Bei dem Tanze handelte es sich nur um Volkstänze. Herr Lehrer Ramer von Unterweilersbach hat die Veranstaltung geleitet. Die Veranstaltung war gut besucht und wurde gegen 24 Uhr beendet.«

[122] Unter Bezugnahme auf diesen von Dr. Wirsching gezeichneten Februar-Bericht des BA Ebermannstadt, der im einleitenden Abschnitt von zunehmender Mißstimmung der Bevölkerung und Animosität gegenüber der NSDAP berichtet hatte, schrieb der Regierungspräsident von Ober- und Mittelfranken in seinem Monatsbericht an die Bayerische Staatsregierung vom 7. 3. 1936 in bezug auf die Verabschiedung des Bezirksamtsvorstands Dr. Waller: »Ich möchte in diesem Zusammenhang besonders betonen, wie notwendig es ist, in diese vormalige Hochburg des BVP bei Neubesetzung der z. Zt. erledigten Stelle des Bezirksamtsvorstandes einen entschiedenen Nationalsozialisten zu berufen.« Wie oben (S. 63) ausgeführt, leitete nach dem Ausscheiden Dr. Wallers zunächst bis Ende Juli 1936 Dr. Wirsching das Bezirksamt geschäftsführend und verfaßte die Monatsberichte. Das Bayerische Innenministerium suchte der Empfehlung des Regierungspräsidenten später anscheinend durch die Berufung des der NSDAP angehörenden Oberamtmanns Koy zum Vorstand des BA Ebermannstadt (1. 8. 1936) zu folgen. Koy, der am 15. 5. 1937 starb und nur wenige der vorliegenden Monatsberichte des BA unterschrieb (September und November 1937), scheint schon ab Februar 1937 wegen Krankheit wieder ausgeschieden zu sein. Von Januar-Oktober 1937, nach der Abberufung Dr. Wirschings, wurden die Monatsberichte meist von Regierungsrat Strzyzewski unterschrieben, ab November 1937 (bis zum Amtsantritt von Dr. Niedermayer im Juni 1938) meist von Wirschings Stellvertreter-Nachfolger Dr. Emmert.

auch die anderen acht gleichartigen Wähler dazu veranlaßt zu haben, steht der verheiratete Gütler Johann Georg Urschlechter von Unterweilersbach, Haus Nr. 16, welcher wegen staatsabträglichen Verhaltens schon dreimal in Schutzhaft war. Anhaltpunkte hierfür sind vorhanden«. In wirtschaftlicher Hinsicht berichten die Gendarmerie-Stationen u. a. von einer Abnahme der Arbeitslosigkeit. Das Bezirksamt befaßte sich (3. 4. 1936) erneut mit den Gegensätzen zwischen der Bevölkerung und dem Arbeitsdienst: »Das zum Teil hochmütige Auftreten der Arbeitsdienstführer, ihre oft offen zum Ausdruck gebrachte Abneigung gegen die Kirche sowie der Umstand, daß bei den kleinsten Ortsbesichtigungen Kommissionen von 10–20 elegant angezogenen Arbeitsdienstführern erscheinen, läßt unsere arme, aber solide Bauernbevölkerung oftmals Kopfschütteln«. In einem Sonderbericht vom 9. 4. 1936 an die Kreisleitung der NSDAP berichtete das Bezirksamt auch über neuerliche Gegensätze zwischen dem Bürgermeister und Ortsgruppenleiter Spörlein von Waischenfeld und dem neuen Führer des SS-Lagers Waischenfeld: Bürgermeister Spörlein, der alter Parteigenosse sei, wende sich dagegen, »daß seitens der SS-Führer die Stadt Waischenfeld in maßloser Weise heruntergesetzt und als Drecknest, Tuberkulosenloch usw. bezeichnet wird. Im Interesse des Fremdenverkehrs, der für Waischenfeld eine große wirtschaftliche Bedeutung hat, müsse er sich gegen eine solche Herabsetzung wehren. Auch wird durch den neuen Lagerführer die religiöse Hetze in außerordentlichem Umfang wieder aufgenommen, so daß er befürchten müsse, daß seine jahrelange Arbeit als politischer Leiter, durch welche er die Bevölkerung langsam für den Nationalsozialismus gewonnen habe, hierdurch wieder gefährdet sei ... Die wirtschaftlichen Verhältnisse der dortigen Bevölkerung sind ärmlich, wofür man aber schließlich der Stadt keinen Vorwurf machen kann. Die Bevölkerung ist streng katholisch, weshalb die früheren unliebsamen Vorfälle und Zusammenstöße mit der SS (Beschädigung von Heiligenstatuen, Wirtshausraufereien etc.) besonders im Jahr 1934 und Frühjahr 1935 die Bevölkerung in ihrer politischen Einstellung stark beeinflußten. Dem Bürgermeister und Ortsgruppenleiter ist es durch seine ausgleichende Tätigkeit gelungen, die Bevölkerung aus dieser durch die erwähnten Vorfälle bedingten ablehnenden Einstellung wieder innerlich zum Nationalsozialismus zu bringen, wofür das Ergebnis der letzten Wahl Beweis ist. Es wäre angezeigt, wenn alle Einmischung der Lagerführung in interne Angelegenheiten der Stadt und der Ortsgruppe unterblieben.«

Aus Monatsbericht der Gendarmerie-Station Unterweilersbach,1. 5. 1936

Innenpolitisch hat sich nichts wesentliches ereignet. Die Stimmung der Bevölkerung ist gut ... Von staatsfeindlichen Bestrebungen, insbesondere kommunistischen und marxistischen Tätigkeiten, konnten keine Wahrnehmungen gemacht werden ... Kirchenpolitisch herrscht Ruhe ... Die Lebensmittelpreise sind nicht gestiegen. Handelspreisüberschreitungen konnten nicht festgestellt werden ... Die Lage im Arbeitsmarkt ist befriedigend. Die Arbeiter haben zum größten Teil Beschäftigung.
Kulturpolitik: Fehlanzeige.
NSDAP: Fehlanzeige.
Juden und Freimaurer: Fehlanzeige.
Ausländer: Fehlanzeige.
Der Sicherheitszustand ist zur Zeit gut. Bemerkenswerte Straftaten und Sicherheitsstörungen kamen nicht vor[123] ...

---

[123] Die vorstehenden schematischen Fehlanzeige-Meldungen kommen in der Berichterstattung der Gendarmerie-Stationen häufig vor. Sie sind hier einmal als Beispiel wiedergegeben, sonst in der Regel ausgelassen.

Aus Monatsbericht der Gendarmerie-Hauptstation Ebermannstadt, 1. 6. 1936

... Die Einnahmen aus Vieh, Butter und Eier sind zur Zeit sehr gut. Unter den Landwirten befindet sich noch [ein] Teil, der mit den Gesetzen bezüglich Butter, Milch und Eier nicht zufrieden ist. Auch die Verbraucher sind mit der Einrichtung der Sammelstellen für Butter etc. nicht zufrieden. Es wird dadurch angeblich eine Verteuerung der Ware verursacht.
Im Kalkwerk Ebermannstadt werden zur Zeit 51 Arbeiter beschäftigt, um die Aufträge erledigen zu können. Es wird in Doppelschicht gearbeitet. Das Unternehmen bedeutet für den hiesigen Arbeiterkreis eine voraussichtliche Dauerarbeitsstelle...
Vom 29. 5. mit 2. 6. 1936 waren etwa 40 Teilnehmer des Landesausschusses Bayern der jüdischen Jugendverbände ... in Wohlmuthshüll. Die Judenjungen im Alter von 10 bis etwa 16 Jahren nächtigten in der Scheune des Gastwirts Brütting in Wohlmuthshüll. Die Verpflegung besorgten die Jungen selber. Am 30. 5. 1936 erkundigte sich ein Beamter der Bayerischen Politischen Polizei Nürnberg bei dem Stationsführer Ebermannstadt über die Verhältnisse in Wohlmuthshüll und stellte Erörterungen über das Verhalten des Jugendverbandes in Wohlmuthshüll an, d. h. er beobachtete dieselben unauffällig. Am 1. Pfingstfeiertag machte ich nach Wohlmuthshüll einen Dienstgang in bürgerlicher Kleidung und zog vertrauliche Erkundigungen über die Juden ein. Das Verhalten der Jungen wurde vorerst nicht beanstandet seitens der dortigen Bewohner...

Aus Monatsbericht des Bezirksamts, 3. 7. 1936

... Die von der Bayerischen Politischen Polizei angeordnete Überwachung der Verlesung des Hirtenbriefes der bayerischen Bischöfe über die Aufhebung der Klosterschulen am 21. und 28. Juni 1936 wurde durchgeführt. Hierbei wurde festgestellt, daß ungefähr die Hälfte der katholischen Pfarrer des Amtsbezirks den Hirtenbrief verlas, während die andere Hälfte auf Veranlassung der Gendarmerie von der Verlesung Abstand nahm ...
Das Jugendfest wurde, soweit die Schulleitungen beteiligt waren, pflichtgemäß durchgeführt. Soweit die Durchführung in den Händen der Jugendorganisationen (HJ, JV, BdM) lag, war die Durchführung mangelhaft, zum Teil völlig ungenügend. Es zeigte sich wieder, daß auf dem Lande die erforderlichen Führer nicht vorhanden sind und daß die mit der Durchführung beauftragten Personen diesen Aufgaben nicht im entferntesten gewachsen sind. Die Bevölkerung hat demgemäß an den Veranstaltungen im Gegensatz zu den vergangenen Jahren in keiner Weise Interesse genommen. Die Siegerehrungen sind zum Teil überhaupt nicht durchgeführt worden ... Im ganzen gesehen war das diesjährige Jugendfest keine Propagandaveranstaltung für die Organisation der Staatsjugend. Es muß ehrlich ausgesprochen werden, daß man auf den bisher beschrittenen Wegen der Jugendführung unter Ausschaltung der Lehrer wirkliche Erfolge nicht verzeichnen kann; jedenfalls hat auf dem Land und in den kleinen Städten die Jugend erneut den Beweis erbracht, daß sie nicht in der Lage ist, sich selbst zu führen. Die Ortsgruppenleiter haben mir durchwegs diese Auffassung bestätigt ...
Der Fremdenverkehr hat noch nicht den Stand des Vorjahres erreicht. Verschiedene

Gemeinden wurden durch Urlauberzüge der Gemeinschaft »Kraft durch Freude« belegt. Die Urlauber waren zum großen Teil mit der Unterkunft und Verpflegung zufrieden. Lediglich ein Teil von Urlaubern aus dem sächsischen Industriegebiet machte verschiedene Beanstandungen geltend; es hat sich jedoch auch die Bevölkerung über das Auftreten dieser sächsischen Urlauber, die vielfach anmaßend und frech sich benommen haben, beschwert. Es wurde mehrfach vorgebracht, daß die Urlauber, die aus anderen Teilen des Reiches mit KdF gekommen seien, wesentlich freundlicher und auch dankbarer sich gezeigt hätten als die genannten Sachsen. Eine erneute Unterbringung sächsischer Urlauber wird wahrscheinlich mit Schwierigkeiten verbunden sein.

Aus Monatsbericht der Gendarmerie-Hauptstation Ebermannstadt, 31. 7. 1936

... Vom 1. mit 6. 7. 1936 war in Ebermannstadt die 5. Batterie des Art. Lehr.-Reg. Jüterbog mit 120 Mann einquartiert. Die Soldaten waren der Ansicht, daß sie hier nicht gerne gesehen sind. Es bestand auch eine gewisse Abneigung gegen die Einquartierung seitens der Wirte und auch durch verschiedene Privatpersonen, weil für das Militär nur 40 Rpfg pro Nacht für Übernachtung bezahlt wurde. Ganz anders verhielten sich diese Leute, als KdF-Leute kamen, weil für das Bett 1 RM bezahlt wurde. So hatten Private 4–6 Betten für Kraft durch Freude-Leute, während sie für Militär nichts übrig hatten. Dieses Verhalten löste bei der Bevölkerung, die sich um die Soldaten angenommen haben, Erbitterung aus, denn es wurden ihnen nur Soldaten aber keine Privatpersonen zugewiesen. Es dürfte sich empfehlen, diesen eigennützigen Leuten ebensoviel Soldaten für die Folge zuzuweisen, als sie Private unterbrachten ...

Bei der Bettleraktion vom 7. 7. mit 16. 7. 1936 wurden durch die Gendarmerie-Hauptstation Ebermannstadt drei Personen aufgegriffen und eingeliefert ...

In den Juli-Berichten 1936 nicht erwähnt wurde eine Aktion zur Erfassung »politisch unzuverlässiger Arbeitskräfte«, die in diesem Monat, vom Wehrbezirkskommando Bamberg veranlaßt, auf Ersuchen des Arbeitsamts Bamberg stattfand.[124] Die vom Bezirksamt Ebermannstadt ohne Erläuterung an die Gendarmerie-Stationen weitergeleitete Anforderung wurde im Bezirk nur von fünf Stationen beantwortet, wobei insgesamt 55 Personen – meist ohne nähere Angabe von Gründen – als politisch unzuverlässig bezeichnet wurden. Eine Ausnahme machte die Station Aufseß, die bei vier Personen (sämtlich Kleingütler) jeweils vermerkte: »war in Schutzhaft«, bei einem Schreiner: war »Werber für die SPD« und bei einem Wirtschaftsgehilfen: »stand der KPD nahe«. Obwohl die Erhebung offenbar weitgehend dem subjektiven Ermessen der Gendarmerie unterlag (diese scheint sich im wesentlichen auf die Namhaftmachung ortsbekannter, früher links eingestellter Personen unter den Arbeitskräften beschränkt zu haben), liefern ihre fragmentarischen Ergebnisse doch gewisse Anhaltspunkte für die lokalen Schwerpunkte und die soziale Stellung dieses Personenkreises. Auffällig ist vor allem die relativ hohe Zahl der von der Station Unterweilersbach gemeldeten »politisch Unzuverlässigen« (insgesamt 40 Personen), die sich auf folgende Orte und Berufe verteilen: Unterweilersbach: 4 Arbeiter, 3 Kleingütler, 1 Landwirt; Mittelweilersbach: 11 Arbeiter, 1 Handwerker, 1 Lehrling, 1 Bauer; Oberweilersbach: 1 Arbeiter; Oberndorf: 2 Arbeiter; Reifenberg: 5 Bauern; Niedermirsberg: 7 Bauern, 1 Arbeiter; Poxdorf: 1 Bauer; Rüssenbach: 1 Gehilfe.

---

[124] Der Vorgang ist bezeugt in StA Bamberg, K 8/III/18467.

Aus Monatsbericht des Bezirksamts, 3. 8. 1936

... Anfangs Juli wurde die Franziskusstatue, die in der Kapelle des Parks des Schlosses Greifenstein bei Heiligenstadt aufgestellt ist, vom Podest heruntergenommen und in eine Ecke gestellt. Das Kruzifix, das die Statue in Händen trug, wurde entfernt. Dafür wurde der Statue ein Exemplar des »Schwarzen Korps«,[125] das sich mit den Sittlichkeitsvergehen der Franziskanergemeinschaft ausführlich befaßte, in die Hand gegeben. Die Täter konnten bis jetzt nicht festgestellt werden. Jedoch ist die Bevölkerung allgemein der Ansicht, daß diese Tat von den Lagerinsassen in Waischenfeld verübt worden ist. Kurz vor diesem Vorfall wurde auch entdeckt, daß in dem Judenfriedhof bei Heiligenstadt 13 Judengrabsteine umgeworfen und zum Teil beschädigt worden sind. Auch hier konnte der Täter nicht festgestellt werden. Die Bevölkerung glaubt auch hier, daß die Täter unter den Angehörigen des Lagers Waischenfeld zu suchen sind. Mit Rücksicht auf all diese Vorfälle haben Kreisleitung und die sonstigen Parteidienststellen nur den einen Wunsch, daß das Lager baldmöglichst aufgelöst werden möchte. Das Bezirksamt schließt sich diesem Wunsch voll und ganz an. Bleibt das Lager weiterhin bestehen, so muß befürchtet werden, daß es immer wieder zu Unruhen kommt.

Die vorstehenden Bemerkungen des Bezirksamtsvorstandes standen im Zusammenhang mit einem besonders schweren Konflikt mit SS-Männern des Lagers Waischenfeld, der sich am 26. 7. 1936 in Muggendorf zugetragen hatte. Gendarmerie-Oberkommissar Aecker berichtete dem Bezirksamt darüber am 27. 7. 1936.[126] Daraus geht hervor: In der Nacht zum Sonntag, den 26. 7. 1936, hatten SS-Leute des Lagers Waischenfeld in angetrunkenem Zustand in einer Wirtschaft in Muggendorf die einheimischen Gäste als »Lumpen« und »Schwarze« laut beschimpft, was sich am nächsten Tag bei Ortseinwohnern und Kurgästen herumsprach und Empörung auslöste. Als am Abend dieses Tages wiederum »rund 20 SS-Leute« nach mehrstündigem Wirtshausbesuch auf offenem Platz ähnliche weitere Ruhestörungen auslösten, kam es zwischen ihnen und umstehenden Einwohnern zu einer wütenden Schlägerei. Auch die beide Wachtmeister der Gendarmerie, die herbeigeeilt waren, wurden von den SS-Männern bedroht, einer von ihnen, der die Waffe gegen die SS-Männer gezogen hatte, zu Boden geworfen, ein Ortseinwohner erhielt Stichwunden, auch einige SS-Männer wurden verletzt. Nach Mitternacht rückte der Lagerleiter, SS-Sturmbannführer Strathmann, von Waischenfeld zur Verstärkung mit 25 bewaffneten Männern an, die auf der Suche nach dem Gendarmen und anderen bei dem vorangegangenen Handgemenge gegen die SS-Leute handgreiflich gewordenen Personen unter Zertrümmerung von Türen und Fenstern gewaltsam in ein Wohnhaus und eine Wirtschaft eindrangen, einen der Gesuchten festnahmen und in das Lager Waischenfeld transportierten. Auf strengstes Ersuchen des Bezirksamts und Gendarmerie-Bezirksführers wurde der Festgenommene am folgenden Tage wieder freigelassen, zugleich aber versucht, einen anderen, am Vortag vergebens gesuchten Ortseinwohner gewaltsam aus Muggendorf zu entführen, was nur durch das Dazwischentreten eines Gendarmeriebeamten verhindert werden konnte. Sowohl die Gendarmerie-Station wie die Bevölkerung von Muggendorf fühlten sich durch diese Vorfälle terrorisiert und befürchteten weitere Überfälle. Noch am selben Tage (27. Juli) trafen alarmierte Beamte der Landeskriminalpolizeistelle Nürnberg in Muggendorf ein und begannen ihre Erhebungen. Am 28. Juli berichtete der geschäftsführende Bezirksamtsvorstand Dr. Wirsching über die Vorgänge in Muggendorf[127] auch der Gauleitung Bayerische Ostmark. Daraus geht hervor, daß sich sowohl die Bayerische Politische Polizei und der Gauinspekteur der NSDAP als auch ein mit der Aufsicht über die österreichischen SS-Legionäre beauftragter SS-Obersturmbannführer aus München mit den Gewalttaten befaßt hatten. Von letzterem sei mitgeteilt worden, »daß die Angehörigen des SS-Lagers in

---
[125] Wochenzeitung der SS.
[126] Enthalten in StA Bamberg, K 8/IV/964.
[127] Ebenda.

den nächsten Tagen das Lager nicht verlassen dürfen, daß sie Anweisung erhalten haben, innerhalb der nächsten zwei Wochen das Stadtgebiet Waischenfeld nicht zu verlassen, und daß ihnen vorläufig auf ein Jahr das Betreten von Muggendorf verboten wurde.« Die Erregung der Bevölkerung »sei immer noch sehr stark«. Aufgrund der weiteren Ermittlungen kam es zu einem Strafverfahren gegen SS-Sturmbannführer Strathmann, der am 12. 11. 1936 vom Amtsgericht Bamberg wegen Amtsanmaßung und Freiheitsberaubung zu drei Monaten Gefängnis verurteilt wurde. Zwei mitangeklagte SS-Unterführer erhielten wegen Amtsanmaßung, Nötigung oder Widerstandes Gefängnisstrafen von sechs bzw. zwei Wochen[128]. Am 26. 4. 1937 übernahm Strathmann wieder die Leitung des SS-Lagers. »Sein abermaliges Auftreten« dort »erregte«, wie der Gendarmerie-Kreisinspekter Meyer am 17. 6. 1937 dem Bezirksamt berichtete, »begreiflicherweise Aufsehen und gab auch Anlaß zu Kritik«. Strathmann bemühe sich im übrigen, durch straffe Führung des SS-Lagers die vorangegangenen Vorkommnisse vergessen zu machen[129].

In den August-Berichten wurden – abgesehen von der nachwirkenden Erregung über die Provokationen der SS in Muggendorf – keine besonderen Vorkommnisse erwähnt.

Aus Monatsbericht der Gendarmerie-Station Waischenfeld, 26. 9. 1936

... Die Bauern der hiesigen Umgebung sind gegenwärtig noch mit dem Drusch des Getreides beschäftigt. Der Körnerertrag wird mittelmäßig und der Strohertrag als gut bezeichnet. Die Gemeinde Wohnsgehaig ist seit 1. 7. 1936 als Milcheinzugsgebiet erklärt worden. Die Bauern dieser Ortschaft weigern sich jedoch, ihre Milch an die Molkerei Plunck in Plösen abzuliefern, weil der Preis von 12 Pfg. zu wenig ist und sie außerdem die Milch selber nach Plösen schaffen sollen. Ihrer Milchablieferungspflicht kommen sie bis jetzt noch nicht nach. Als der Bürgermeister von Wohnsgehaig erst jüngst im Auftrag des Bezirksamts Ebermannstadt die sämtlichen Milcherzeuger unterschriftlich verständigen lassen wollte, daß sie ihrer Milchablieferungspflicht unbedingt nachzukommen haben, verweigerten die Erzeuger bis auf eine Person die Unterschrift. Es dürfte zweifellos von den Bauern Butter erzeugt werden und dieselbe in Bayreuth abgesetzt werden. Von diesseits läßt sich eine scharfe Überwachung nicht ermöglichen, da Wohnsgehaig 10 km entfernt und auf der Höhe liegt, und weil sich der Hauptverkehr in Richtung Bayreuth abwickelt. Die Gendarmeriestation Obernsees, die nur 3-4 km entfernt liegt, wurde verständigt.

Die aus den Monatsberichten für September 1936 erneut ersichtliche geringe Aktivität der NSDAP im Bezirk Ebermannstadt wurde auch von der Gauinspektion der NSDAP für Oberfranken registriert, die in ihrem Tätigkeitsbericht vom 28. 9. 1936 festhielt: »Es wird besonders im Kreis Fränkische Schweiz, wie auch Ebermannstadt, von einzelnen Ortsgruppenleitern darüber geklagt, daß der Kreisleiter sich sehr wenig in seinen Ortsgruppen sehen läßt und daß teilweise über ein Jahr und noch länger Mitgliederversammlungen nicht abgehalten wurden.«[130]

Ein Bericht des Bezirksamts für Oktober 1936 liegt nicht vor. Die Gendarmerie-Stationen erstatteten nur knappe, inhaltsschwache Meldungen.

---

[128] Mitteilung des Generalstaatsanwalts beim Landgericht Bamberg vom 27. 11. 1936 an Bezirksamt Ebermannstadt; ebenda.
[129] Ebenda.
[130] StA Bamberg, M 33/98.

Aus Monatsbericht des Bezirksamts, 30. 11. 1936

... In verschiedenen Gemeinden fanden Gemeindeversammlungen der evangelisch-lutherischen Kirche statt, in welchen Vorträge über die Frage »Bekenntnisschule und Gemeinschaftsschule« gehalten wurden. Die Vorträge wurden regelmäßig in den Kirchen abgehalten. Die Ausführungen der Redner, als welche meistens die Pfarrer benachbarter Pfarrämter auftraten, verursachten Beunruhigung in der Bevölkerung, da die Behauptung aufgestellt wurde, in der Gemeinschaftsschule sei eine christliche Erziehung nicht gewährleistet. In den unteren Klassen würden die Kinder überhaupt nichts von Gott hören und auch in den oberen Klassen sei das Wort Gottes nur noch geduldet; wahrscheinlich werde Religionsunterricht und christliche Erziehung in absehbarer Zeit dann überhaupt abgeschafft. Über diese Beobachtungen wurde der Geheimen Staatspolizei Bericht erstattet. Es erscheint auffallend, daß diese Vorträge nicht in sämtlichen evangelischen Pfarrgemeinden gehalten wurden, sondern nur in einigen Gemeinden, die zu einem bezirksfremden Dekanatsbezirk gehören ...

Wie schon kurz gemeldet, wurde der Jude Siegmund Fleischmann, Pferdehändler in Bamberg, mit seinem Kraftwagenführer Lindner am 25. November 1936 in Schutzhaft genommen. Der Anordnung der Schutzhaft liegt folgender Tatbestand zugrunde: Siegmund Fleischmann geriet aus Anlaß eines Pferdehandels mit den Bauern von Zochenreuth in Streit. Es kam zu Tätlichkeiten, im Verlauf derer Fleischmann und sein Wagenführer Lindner verprügelt wurden. Durch das Eingreifen des Ortsgruppenleiters konnten weitere Tätlichkeiten verhindert werden, so daß Fleischmann und Lindner sich in ein Bauernhaus zu retten vermochten. Angesichts der durch diesen Vorfall entstandenen Unruhe und der drohenden Haltung der gesamten Bevölkerung mußte nach Rücksprache mit der Kreisleitung im Interesse des Schutzes der eigenen Person des Fleischmann und des Lindner Schutzhaft verfügt werden. Die beiden wurden ins Landgerichtsgefängnis Bayreuth verbracht ...

Die Durchführung der Milchablieferungspflicht stößt in einzelnen Gemeinden immer noch auf Schwierigkeiten. Es wird immer wieder versucht, unerlaubterweise Butter herzustellen und in den Verkehr zu bringen. Die Gendarmerie ist angewiesen, verschärfte Kontrollen durchzuführen und rücksichtslos vorzugehen. Bei einer Kontrolle am Bahnhof in Unterleinleiter konnten in den letzten Tagen bei vier Händlerinnen nicht weniger als 193 Pfund Butter beschlagnahmt werden, die verschleppt werden sollte...

Die Gendarmerie-Station Königsfeld meldete (26. 12. 1936), der Auszügler Johann Gvatter sei in Schutzhaft genommen worden, weil er sich in der Wirtschaft Otto Thein abfällig über die NSDAP geäußert habe. Die Gendarmerie-Station Aufseß berichtete am gleichen Tage, Erbhofbauer Johann Hoffmann von Draisendorf sei in Schutzhaft genommen worden, weil er »sich in hetzerischer Weise einem Beauftragten des Milchwirtschaftsverbandes Nordbayern-Franken gegenüber derart benommen« habe, »daß die Versammlung abgebrochen werden mußte, was einer Aufwiegelung gleichkam.«

Auf Anforderung berichteten die örtlichen Gendarmerie-Stationen im Dezember gesondert über den noch immer bestehenden Verkehr mit jüdischen Viehhändlern. Die Gendarmerie-Station Aufseß führte die Namen von 23 Landwirten ihres Dienstbezirkes an, die »Geschäfte mit Juden« machten, darunter den Schloßpächter von Oberaufseß; die Station Waischenfeld berichtete am 17. 12.

1936 von 17 Bauern ihres Dienstbezirks, die mit Juden Viehhandel trieben; die Station Königsfeld meldete am 10. 12. 1936 sieben Personen der Gemeinde Hohenpölz und sieben der Gemeinde Königsfeld, die mit elf namentlich genannten jüdischen Viehhändlern der näheren und weiteren Umgebung Geschäfte machten, ferner die Namen der örtlichen Vermittler (»Schmußer«) der jüdischen Viehhändler. Im Bericht der Station Hollfeld vom 14. 12. 1936 hieß es: »Während im Verlaufe des heurigen Jahres bei den jüdischen Viehhändlern die Wahrnehmung gemacht wurde, daß ihre Geschäftsabschlüsse bedeutend weniger wurden und sie immer seltener in die Ortschaften kamen, wurde bei den jüdischen Pferdehändlern das Gegenteilige wahrgenommen. Insbesondere konnte in den Ortschaften Stechendorf, Hainbach und Welkendorf die Wahrnehmung gemacht werden, daß fast der größte Teil der Pferdebesitzer mit den Gebr. Fleischmann in Bamberg Pferde getauscht hat. Dies ist zum Teil auch darauf zurückzuführen, weil andere Pferdehändler in die hiesige Gegend nicht kommen. Als Schmußer kommt der Landwirt Hans Hupfer von Wonsees in Frage. Bei Hupfer erkundigen sich die jüdischen Viehhändler über die in Aussicht stehenden Verkäufe. Einzelne Namen der Landwirte, die mit Juden Verkehr pflegen, können nicht näher mitgeteilt werden, weil die Juden fast bei allen, mit Ausnahme der ihnen als Nationalsozialisten bekannten Landwirte, auf ihren Geschäftsreisen Nachfrage halten. Ermittelt wurde, daß erst vor ganz kurzer Zeit der Landwirt und Gemeinderat Hans Weggel von Kainach eine Kalbin an den Juden Leo Strauß von Bayreuth verkauft hat. Die Zusammenkunft bzw. Treffpunkt der Landwirte mit Juden, insbesondere den jüdischen Pferdehändlern, erfolgt häufig in der Gastwirtschaft »Drei Kronen« in Hollfeld, Besitzer Johann Reinfelder. Dies geschieht meist aus dem Grunde, weil fast alle anderen Gastwirte in Hollfeld den Zutritt der Juden sich verbeten haben. Reinfelder ist auch als sogenannter Judenfreund bekannt.« Aufgrund dieser Meldungen der Gendarmerie-Station kam das Bezirksamt in seinem Monatsbericht vom 29. 12. 1936 zu der »bedauerlichen Feststellung, daß tatsächlich im Bezirk der Pferdehandel fast ausschließlich, und auch der Viehhandel in sehr starkem Umfang, noch in jüdischen Händen ist. Dies trifft insbesondere für die Juragemeinden zu. Hier verkehrt der Viehjude nach wie vor in den Bauernhäusern. Auf Zurredestellung erklärten die Bauern fast übereinstimmend, der Jude zahle gut und zahle auch gegen bar, was bei den arischen Händlern nicht der Fall sei, zum Teil kämen auch gar keine arischen Händler in die weitentlegenen Gemeinden«...

Aus Monatsbericht des Bezirksamts, 29. 12. 1936

... Pfarrer Vetter in Krögelstein hält auch im Pfarrhaus Bibelstunden ab. Diese Bibelstunden werden in äußerst starkem Maße besucht, und zwar nicht nur von alten Frauen und alten Männern, sondern auch von Parteigenossen jeglichen Alters, Blockleitern usw. Auch im übrigen Bezirk nimmt der Besuch der Bibelstunden immer mehr zu. So wollen die Bauern in Birkenreuth, die der christlichen Gemeinschaft angehören, einen eigenen Betsaal bauen ...
Lebhaft geklagt wird über den großen Mangel an ländlichen Arbeitskräften in den Juragemeinden. Als Folge dieses Mangels an Arbeitskräften kommt es nicht selten vor, daß die Bauern sich gegenseitig die bereits gedungenen Knechte und Mägde durch höhere Angebote wieder abdingen. Durch diese Machenschaften nimmt der Arbeitseinsatz in der Landwirtschaft Formen an, die es dem wirtschaftlich schwächeren Bauern fast unmöglich machen, infolge der in die Höhe getriebenen Löhne für das kommende Arbeitsjahr Arbeitskräfte einzustellen, ein Umstand, der sich angesichts der Erzeugungsschlacht recht wenig günstig auswirken wird.

Die Gendarmerie-Station Hollfeld berichtete (26. 1. 1937), zwei ehemalige KPD-Anhänger, Schlosser P. Schickel und Bäckermeister Fr. Degen aus Hollfeld, seien wegen Nörgelei über Einrichtungen des Staates in Schutzhaft genommen worden. Die Gendarmerie-Station Heiligenstadt meldete (25. 1. 1937): In der Ortschaft Siegritz »weigern sich fast noch die Hälfte der dortigen Bauern, ihre Milch abzuliefern«, während die übrigen Ortschaften mit der Errichtung von Rahmsammelstellen »sehr zufrieden« seien und, so in Traindorf und Oberleinleiter, bei der Ablieferung sogar miteinander wetteiferten. – Daß es bei der Beantragung von Schutzhaft durch die örtliche Gendarmerie bzw. das Bezirksamt häufig nicht in erster Linie um politische Gründe, sondern darum ging, Personen abzuschieben, die wegen ihres anstößigen Lebenswandels, verschiedener Delikte und/oder wegen ihrer Kritik an Amtspersonen der Gemeinde oder Partei mißlich geworden waren, zeigt der Sonderbericht der Gendarmerie-Station Waischenfeld vom 6. 1. 1937 betreffend die Inschutzhaftnahme des 47jährigen ledigen Tagelöhners R. Es heißt dort: »Bei R. handelt es sich um eine übel beleumundete Persönlichkeit, die wegen Urkundenfälschung, Meineids, Betrugs, Münzfälschung, Beleidigung, übler Nachrede und wegen Diebstahls erheblich vorbestraft ist ... R. hetzt und schürt gegen die Organe des Staates, der Gemeinde und der Partei und versucht, sie herabzuwürdigen. Er geht keiner geregelten Arbeit nach, hat in Nürnberg ein außereheliches Kind, für das er keinen Unterhalt leistet, obwohl er hierzu bei gutem Willen in der Lage wäre, und bietet durch seinen verbrecherischen Hang zum Stehlen eine Gefahr für die öffentliche Sicherheit ... Bereits am 30. 10. 1936 hat er eine Versammlung in Hubenberg bei der Anwesenheit des Herrn Kreisleiters durch Zwischenrufe gestört. Er sagte u. a., daß er vom Winterhilfswerk noch nichts erhalten habe. Hierzu muß bemerkt werden, daß R. seinen ganzen Verdienst in Alkohol umsetzt. Durch sein jüngstes Verhalten sind die Stadträte in Waischenfeld derart gegen R. empört, daß für seine Sicherheit keine Garantie mehr geleistet werden kann.[131] Eine Schutzhaftnahme dürfte veranlaßt sein.« Am 10. 1. 1937 wurde R. in Schutzhaft genommen und in das Landgerichtsgefängnis Bayreuth eingeliefert (Bericht der Station Waischenfeld vom 26. 1. 1937).

Aus Monatsbericht des Bezirksamts, 30. 1. 1937

Die Stimmung der Bevölkerung ist im allgemeinen ruhig und besonnen. Nur in der Gemeinde Niedermirsberg tauchten plötzlich Kriegsgerüchte auf. Die Bauern, die von Niedermirsberg einen Wirtschaftsweg zum Jura bauen, ließen die Arbeit liegen mit den Worten: »Es kommt Krieg, wozu bauen wir noch den Weg.« Die Beunruhigung hat sich inzwischen gelegt. Das Kriegsgeschrei ist verstummt. Soweit es das Wetter zuläßt, wird am Weg wieder gebaut ...

Es folgen Mitteilungen über Äußerungen des katholischen Pfarrers Liob in Hollfeld, der den Frauen seiner Gemeinde erklärt habe, daß es jetzt ums ganze geht. Den Leuten solle der Glaube genommen werden; gegen den evangelischen Pfarrer Schilffahrt in Streitberg sei Strafanzeige ergangen, weil er den Nationalsozialismus als »in Seidenpapier eingewickelten Kommunismus« bezeichnet habe; in sämtlichen evangelischen Gemeinden hätten Kanzelabkündigungen und Sammlungen zugunsten der gemaßregelten Lippe'schen Geistlichen stattgefunden.

In den Februar-Berichten wurde im allgemeinen eine ruhige politische Lage sowie auch ein Abflauen der kirchlichen Opposition gemeldet. Eine Ausnahme bildet der Bericht der Gendarmerie-Station Aufseß (24. 2. 1937): »Die katholische wie auch die protestantische Kirche sind hinsichtlich der Einführung der Gemeinschaftsschule weniger zufrieden«. Wegen dieser Frage »kommt es zwi-

---

[131] R., der verschiedentlich als Aushilfsarbeiter bei der Gemeinde beschäftigt worden war, hatte eine Tischdecke des Standesamts gestohlen und sich davon eine Hose gemacht. Bei der Vernehmung dieses Diebstahls hatte er den Stadtrat und Ortsbauernführer H. finanzieller Unregelmäßigkeiten bezichtigt und erklärt, wenn er, R., Nazi wäre, würde sein Diebstahl unterdrückt werden; Sonderbericht der Gendarmerie-Station Waischenfeld vom 6. 1. 1937.

schen Kirche und Schule, d. h. zwischen Pfarrer und Lehrer zu Unstimmigkeiten, was in Aufseß und Hochstahl schon der Fall ist. Überall finden sich Anhänger in beiden Richtungen, was zur Folge hat, daß innerhalb der Gemeinde zwei Anschauungen bestehen, obwohl die Einwohner (sonst) mit der Staatsführung zufrieden sind«. Die Gendarmerie-Station Königsfeld berichtete (24. 2. 1937), daß trotz des aufgrund eines Regierungserlasses[132] in den Schulen angeordneten Hitler-Grußes in der Mädchenfortbildungsschule in Königsfeld, die von der Hauptlehrerin Wagner geleitet werde, »sowohl bei Unterrichtsbeginn wie bei Unterrichtsende nicht mit dem Deutschen Gruß gegrüßt werde«. Kaplan Sp. von Königsfeld habe in einer Gastwirtschaft geäußert: »Wir grüßen halt ›Leck mich am Arsch‹, das ist der Deutsche Gruß.«

In wirtschaftlicher Hinsicht wurde gemeldet, daß es keine nennenswerten Preissteigerungen gegeben habe. Verschiedene Landwirte seien gezwungen, wegen Mangel an landwirtschaftlichen Arbeitern und Dienstboten diese übertariflich zu bezahlen (Bericht der Station Waischenfeld vom 24. 2. 1937). Die Station Unterweilersbach berichtete (25. 2. 1937): Obwohl ein großer Teil der Arbeiterschaft in der Spinnerei zu Forchheim beschäftigt sei, gebe es noch 61 Arbeitslose.

Die März-Berichte enthalten wenige Neuigkeiten. Verschiedene Stationen meldeten, anläßlich der bevorstehenden Wahlen zur Generalsynode der Deutschen Evangelischen Kirche würden die Gottesdienste der evangelischen Gemeinden überwacht. Am 21. März sei in den katholischen Kirchen das päpstliche Rundschreiben über die kirchliche Lage in Deutschland ohne Kommentar durch die Geistlichen verlesen worden. Die Gendarmerie-Station Waischenfeld berichtete (25. 3. 1937) über die Beerdigung des Arbeiters und früheren SPD-Vorstandes Georg Brendel am 11. 2. 1937, wobei von einem früheren Sozialdemokraten am Grabe ein Kranz mit roter Schleife und der Aufschrift »von deinen treuen Freunden« niedergelegt worden sei. Verschiedene Gendarmerie-Stationen klagten über die ärmlichen Verhältnisse der landwirtschaftlichen Bevölkerung, die auch Spenden für die NSDAP kaum ermöglichten.

Aus Monatsbericht der Gendarmerie-Station Aufseß, 26. 4. 1937

... Was die Juden anbelangt, so verhalten sich diese ruhig, es konnte wenigstens Gegenteiliges nicht festgestellt und in Erfahrung gebracht werden. Im hiesigen Bezirk wohnen noch acht Juden, die von den Erträgnissen ihrer Handelsgeschäfte leben. Sonach gibt es noch immer genügend Volksgenossen, die bei Juden kaufen ...

Was die katholische und evangelische Kirche anbelangt, so verhalten sich die Geistlichen beider Konfessionen eigentlich ruhig. Nur manchmal gibt es zwischen Pfarrer und Lehrer Meinungsverschiedenheiten, hinsichtlich der Durchführung des Lehrplans in der Schule und Einführung der Gemeinschaftsschule ...

Aus Monatsbericht der Gendarmerie-Station Heiligenstadt, 26. 4. 1937

Als besonderes Vorkommnis innerhalb der evangelischen Kirche in Heiligenstadt und Unterleinleiter ist der Verkauf der verbotenen Druckschrift von Helmut Kern »Mein Deutschland, wohin?« am 11. 4. 1937 in Heiligenstadt und am 4. 4. 1937 in Unterleinleiter zu erwähnen. Weiter sind die Äußerungen des Pfarrverwesers Hans Rösch in Unter-

---

[132] Bekanntmachung sämtlicher (bayerischer) Staatsministerien vom 25. 2. 1935 über den Deutschen Gruß, GVBl, S. 108.

leinleiter am Sonntag, 11. 4. 1937 in vormittägigem Gottesdienst, die gegen die Einführung der Gemeinschaftsschule gerichtet waren, zu erwähnen. Desgleichen auch die Ausführungen des Pfarrers Schwalb in Unterleinleiter – katholische Kirche –, die sich ebenfalls gegen die Gemeinschaftsschule gerichtet haben ...

Aus Monatsbericht der Gendarmerie-Hauptstation Ebermannstadt, 27. 4. 1937

Die Stimmung im Volke dürfte besser sein. Die häufigen Sammlungen werden von den Kleingütlern und Gewerbetreibenden als eine Härte empfunden. Der größte Teil der Bezirksbewohner besteht aus Kleingütlern und Gütlern. Nebenverdienst oder Ersparnisse sind für diese Leute nicht gegeben. Die minderbemittelte Bevölkerung lebt in den einfachsten Verhältnissen. Die Meinungsverschiedenheiten in religiösen Belangen beunruhigen den größten Teil der Bevölkerung. Die Einnahmen der Bezirksbewohner sind sehr gering ...
Die katholischen und evangelischen Bezirksbewohner sind durch das Vorgehen der Deutschen Christen sehr beunruhigt. Es wird allgemein an weitere Spaltungen der Religionsbekenntnisse durch die Deutschen Christen geglaubt. Die Einnahmen aus Landwirtschaft sind gegenwärtig sehr gering, weil landwirtschaftliche Erzeugnisse nicht mehr vorhanden sind. Es können nur kleine Einnahmen aus Eierverkauf und Schlachtviehverkauf erzielt werden. Die Saat steht mittelgut, teilweise sehr gut ...

Aus Monatsbericht des Bezirksamts, 28. 4. 1937

Die Stimmung der Bevölkerung ist ruhig. Wenn auch ein Teil der Bevölkerung mit manchen Maßnahmen der Regierung nicht recht einverstanden ist, so erkennt die Bevölkerung doch die Leistungen der Regierung im allgemeinen an. Staatsfeindliche Bestrebungen wurden nicht festgestellt. Die Geistlichen beider Konfessionen verhalten sich ruhig ... Am Geburtstag des Führers war in den Orten des Bezirks reichlich geflaggt ...

Aus Monatsbericht der Gendarmerie-Hauptstation Ebermannstadt, 27. 5. 1937

... Die evangelischen und katholischen Bezirksbewohner fühlen sich durch verächtliche Redensarten durch Personen, die über diese Religion spotten oder Kirchenaustritte empfehlen, gekränkt. Besonders die Aufmachung der angeblichen Sittlichkeitsprozesse der Geistlichen verstimmt teilweise, während über gleiche Prozesse von Parteimitgliedern die Presse wenig und teilweise auch gar nichts bringt. Bei letzteren wird weder Beruf noch Parteizugehörigkeit in den sehr kurzen Presseberichten gebracht. Das Volk ist der Meinung, daß mit zweierlei Maß gehandelt wird ...
Im Volke ist auch bekannt, daß die ehemaligen Klosterbewerber, die wegen Gründen der Unbrauchbarkeit aus den Klöstern entlassen wurden, nunmehr über ihr Wissen vernommen werden, um Belastungsmaterial gegen Klosterleute zu erhalten. Diese Leute,

welche ohnedies nach ihrer Entlassung aus dem Kloster verärgert sind, werden nicht als einwandfreie Zeugen betrachtet. Die Presseberichte über Sittlichkeitsprozesse gegen Geistliche werden bei der Bevölkerung deshalb nicht mehr ernst und als übertrieben betrachtet ... Verschiedentlich hört man, daß die Zeitung nicht mehr gehalten werden will, weil sie nur die Fehler der Geistlichen aufzeigt, während andere Vorkommnisse aus bestimmten Gründen nicht gebracht werden. Gegen den Presseinhalt besteht Mißtrauen ... Die Fronleichnamsprozessionen im Bezirk sind ohne Störungen verlaufen. Die Anordnung, nur mit Nationalflaggen zu schmücken, hat die Bevölkerung als Schikane aufgefaßt, weil es sich um einen kirchlichen Feiertag gehandelt hat. Trotz des Verbotes hatten die meisten Leute weiß-rote Fahnen und Nationalflaggen angebracht. Erst auf Veranlassung der Gendarmerie wurden die weiß-roten Flaggen eingezogen. Teilweise haben dann die Leute gar nicht beflaggt. Es wurde geäußert, daß dann an anderen Festen auch nicht mehr beflaggt wird. Es wurde der Gendarmerie vorgehalten, warum in anderen Bezirken das Zeigen von Nationalflaggen an rein kirchlichen Festen verboten ist.

Aus Monatsbericht der Gendarmerie-Hauptstation Ebermannstadt, 27. 6. 1937

Im hiesigen Bezirk hat die allgemeine gute Volksstimmung wesentlich nachgelassen. Es besteht eine gewisse Abneigung bzw. Interesselosigkeit in der Verfolgung politischer Ziele ...
Die Anordnung des Ortsgruppenleiters Ebermannstadt, die am 26. 6., am Tag vor Fronleichnam, herausgegeben wurde, hat stark verstimmt. Diese Flaggenanordnung verlangt, daß auch an rein kirchlichen Festtagen nur die Hakenkreuzfahnen gehißt werden, und verbietet die Schmückung mit Kirchenfahnen, wie weiß-rot und weiß-gelb. Die Leute berufen sich auf die Bekanntmachung sämtlicher Staatsministerien, Regierungsanzeiger Nr. 135/135 vom 14. 5. 1936, wonach das Hissen von Kirchenfahnen erlaubt ist. Bei der fernmündlichen Mitteilung dieser Anordnung durch die Ortsgruppenleitung an die Gendarmerie-Hauptstation Ebermannstadt war der Stationsführer dienstlich auswärts. Es war deshalb nicht möglich, mit der Ortsgruppenleitung diese Anordnung näher zu besprechen und auf die Bekanntmachung der Flaggenordnung hinzuweisen. Es wurde die Einziehung der Kirchenfahnen durch die Gendarmerie veranlaßt, was bei der Bevölkerung als ungesetzlich empfunden wurde ...

Aus Monatsbericht des Bezirksamts, 2. 7. 1937

... Die Rede Dr. Goebbels im Sportpalast wird von der katholischen Bevölkerung als Auftakt des Kampfes gegen die Kirche betrachtet. Die Sittlichkeitsprozesse betrachtet sie überwiegend nur als Schauspiel, offenbar wird sie durch die Geistlichkeit so belehrt und in dem Glauben gehalten, Geistliche und Klosterbrüder seien zu solchen Taten nicht fähig ...
Zu einem Zwischenfall führte die Sonnwendfeier in Waischenfeld. Während die am 21. Juni 1937 von der Partei und ihren Gliederungen abgehaltene Feier nur schwach besucht

war, fand sich am 24. Juni 1937 die Ortsjugend dortselbst zum Abbrennen eines eigenen Feuers zusammen. Unter Absingen eines althergebrachten Liedes sammelte die Jugend das Holz. Bereits um 17 Uhr fand sich die Jugend und mit ihr auch erwachsene Leute ein, um die Vorbereitungen für diese zweite Feier zu treffen. Bürgermeister und Ortsgruppenleiter Spörlein von Waischenfeld faßte dies als Demonstration auf, um so mehr, als der Besuch der offiziellen Feier sehr schwach gewesen war. Durch die Gendarmerie wurde deshalb eine gesonderte Sonnwendfeier unterbunden.

Aus Monatsbericht der Gendarmerie-Station Aufseß, 25. 7. 1937

... Allgemein ist zu bemerken, daß die Geistlichen beider Konfessionen in der Bevölkerung noch ziemlichen Rückhalt haben. In Neuhaus ist es vorgekommen, daß zwei Gemeinderäte, die ersucht wurden, sich in die Partei aufnehmen zu lassen, eine Aufnahme in die Partei ablehnten. Der Grund scheint der zu sein, um das Wohlwollen des Herrn Pfarrer nicht zu verlieren. Auch merkt man, daß viele Landbewohner unter dem Einfluß ihrer Geistlichen stehen, denn sie halten streng zu ihrem Pfarrer und stehen auf dem Boden der Bekenntnisfront. Im großen und ganzen liegt die vaterländische Einstellung der Gesamtbevölkerung auf einer Linie, was aber die Volksgemeinschaft anbelangt, so läßt diese noch viel zu wünschen übrig. Vor allem hier in Aufseß merkt man, daß Neid und Ungunst in geschäftlicher Hinsicht eine Rolle spielt und die Leute einfach nicht zusammenkommen läßt. Dem einen paßt der Bürgermeister nicht, der andere will selbst eine Rolle spielen und ist verärgert, und so kommt es, daß manche mit schönen Reden und wenig Wahrhaftigkeit um die Gunst buhlen und gleich darauf einer anderen Person gegenüber wieder gegenteiliger Meinung sind. In dem katholischen Teil des hiesigen Bezirks steht die Bevölkerung noch unter ziemlichen Einfluß ihres Pfarrers, so daß dort der Nationalsozialismus auf schwachen Füßen steht. Vor allem ist dies in Hochstahl der Fall, wo die Mitglieder der NSDAP untereinander selbst nicht einig sind.

Aus Monatsbericht der Gendarmerie-Station Heiligenstadt, 25. 7. 1937

... Als besonderes Vorkommnis in der evangelisch-lutherischen Kirche ist die Verlesung einer Kanzelabkündigung sowohl in der evangelischen Kirche in Heiligenstadt als auch in der evangelischen Kirche in Unterleinleiter und im Betsaal in Siegritz zu erwähnen. Die genannte Kanzelabkündigung, die auf Anordnung des Landesbischofs Meiser am Sonntag, 11. 7. 1937, in allen evangelischen Kirchen nach Schluß der Predigt verlesen werden mußte, befaßte sich mit den letzten Vorkommnissen in den evangelischen Kirchen und insbesondere auch den in letzter Zeit vorgenommenen Verhaftungen von evangelischen Geistlichen. Bei der Verlesung in der evangelischen Kirche in Heiligenstadt durch Pfarrvikar Hellmuth Lutz warf der im Gottesdienst anwesende und hier zu Besuch weilende evangelisch-lutherische Pfarrer Heinrich Daum aus Lohma an der Leine/Thüringen, ein Gesangbuch von der Empore in den Chorraum und verließ unter Schimpfen den Gottesdienst. Er begab sich sodann auf hiesige Station und meldete den Vorfall. Gleichzeitig gab er an, er habe sich durch die Verlesung der genannten Kanzelabkündigung, die vor lauter Angriffen auf Partei und Staat strotze, derart empört, daß er als Protest gegen die Verlesung sein Gesangbuch in den Chorraum geworfen und die Kirche verlassen habe.

Selbstverständlich erregte sowohl das Verhalten des Pfarrers Daum als auch die Verlesung der Kanzelabkündigung allgemeines Ärgernis beiderseits. Nach Schluß des Gottesdienstes gab es erregte Gemüter auf beiden Seiten. Gegen Pfarrer Heinrich Daum wurde wegen Störung des Gottesdienstes auf Grund des § 167 Reichsstrafgesetzbuch Anzeige an das Bezirksamt Ebermannstadt erstattet ...

In den Berichten der Gendarmerie-Station Muggendorf vom 26. 7. und Hollfeld vom 27. 7. über die von der evangelisch-lutherischen Landeskirche angeordneten Bittgottesdienste für die gemaßregelten Geistlichen heißt es, diese Gottesdienste seien nur mäßig und meist nur von alten Leuten und Frauen besucht worden.

Aus Monatsbericht des Bezirksamts, 3. 8. 1937

In Neuhaus bei Hollfeld lehnten zwei Mitglieder des Gemeinderats ihren Beitritt zur Partei ab, die Beweggründe sollen in der Furcht vor dem Ortsgeistlichen liegen. Der Kampf um die Gemeinschaftsschule verursacht in einzelnen Gemeinden des Bezirks erhebliche Spannungen. In Niedermirsberg trat in einer Sitzung der Schulpflegschaft der Ortsbauernführer M. für die Gemeinschaftsschule ein, durch einen Vertrauensbruch wurde seine Stellungnahme in der Öffentlichkeit bekannt und veranlaßte den Pfarrer Freitag von Niedermirsberg, in der Kirche Stellung gegen M. zu nehmen.

Aus Monatsbericht der Gendarmerie-Station Heiligenstadt, 25. 8. 1937

... Der Butterpreis beträgt hier noch RM 1.25, obwohl dieser vor dem 17. 10. 1936 RM 1.10 betragen hat. Bei dieser Gelegenheit muß noch die Rahmablieferung der Gemeinde Zoggendorf erwähnt werden. Der größte dort vorhandene Bauer lieferte seit 1. 3. 1937 nur an zehn Tagen Milch ab, dabei allein an sechs Tagen 160 Liter. Während der übrigen Zeit lieferte er überhaupt nichts ab, obwohl er in der Lage wäre, nach seinem Viehstand von sechs Melkkühen, bedeutende Mengen abzuliefern. Es wird vermutet, daß geheime Abnehmer der Butter vorhanden sind ... Nachdem jegliche Belehrungen bei O. und seinen Angehörigen fruchtlos sind, dürften nur behördliche Maßnahmen etwas helfen ...

Aus Monatsbericht der Gendarmerie-Hauptstation Ebermannstadt, 28. 8. 1937

Die innenpolitische Lage war im abgelaufenen Monat unverändert gut. Lediglich in kleinbäuerlichen Kreisen wurde da und dort an dem Steuerzwang, an der Getreideablieferungspflicht und an ähnlichen durch die Verhältnisse gebotenen Maßnahmen unangebrachte Kritik geübt. Diese Nörgler rekrutieren sich in der Hauptsache aus jenen unbelehrbaren Gruppen, die keiner Aufklärung zugänglich sind, gleichviel woher sie kommt...

Gegen den Blockleiter und Brauereibesitzer Willi Prütting und dessen Schwager, den Bauern Johann Georg Ebenhack, beide von Hetzelsdorf, mußte eingeschritten werden, weil sie, obwohl Parteimitglieder, am 15. 8. 1937 in der Gastwirtschaft Richter in Hagenbach sich abfällig über Staat und Ordnung geäußert hatten. Prütting behauptete, der Kommunismus brauche nicht mehr zu kommen, es sei in Deutschland bereits schlimmer als in Rußland. Die Kontingentierung der Braugerste gab ihm Anlaß, von den »Berliner Lumpen« zu reden, »in die das Donnerwetter hineinschlagen solle«. Ferner war ihm die Getreideablieferungspflicht und der Dienstbotenmangel Anlaß zu scharfer Kritik. Ebenhack pflichtete diesen Flegeleien bei.

Aus Monatsbericht des Bezirksamts, 3. 9. 1937

... Der Gutsbesitzer Freiherr von Seckendorff in Unterleinleiter gibt seit Monaten der dortigen staatstreuen Bevölkerung dadurch Ärgernis und Anlaß zu öffentlicher Kritik, weil er auf seinem Schloß und im Schloßpark dauernd seine Hausflagge hißt, aber niemals die Nationalflagge. Das Bezirksamt hat den Genannten bereits mit Verfügung vom 17. Juni 1937 wegen des Verhaltens verwarnt und ihn ersucht, der Flagge des Dritten Reiches die schuldige Achtung und Ehre zu erweisen und den Willen des Volkes zur Gemeinschaft und zur Einigkeit mehr Rechnung zu tragen. Von Seckendorf entschuldigte sich daraufhin und bedauerte das bisherige Übersehen. In der Nacht vom 24. auf 25. August 1937 wurde die im Schloßpark stehende Hausflagge von unbekannter Hand entfernt und entwendet. Die Einwohnerschaft in Unterleinleiter begrüßte die hier zur Anwendung gelangte Selbsthilfe. Sie ist auch ungehalten darüber, daß von Seckendorf bei den Sammlungen des Winterhilfswerks und für sonstige Zwecke eine recht zurückhaltende und oft ablehnende Haltung eingenommen hat[133] ...

Die Bestrebungen der Partei und des Volkes zur Einführung der Gemeinschaftsschule, die zur Zeit im Gange sind, stießen in einzelnen Orten auf heftigen Widerstand der evangelischen Geistlichkeit und der Anhänger der Bekenntnisfront. Besonders in den Gemeinden Muggendorf und Hetzelsdorf haben die dortigen evangelischen Pfarrer die Erziehungsberechtigten in und außerhalb der Kirche dahin zu beeinflussen versucht, daß sie unter allen Umständen die Gemeinschaftsschule ablehnen sollen und keine Unterschrift für die Gemeinschaftsschule hergeben sollen. In Wannbach, zur Pfarrei Hetzelsdorf gehörig, war die Abstimmung ein völliger Mißerfolg, auch in der Gemeinde Dürrbrunn lehnte die Mehrzahl der Erziehungsberechtigten die Gemeinschaftsschule ab. Der Bür-

---

[133] Aus den Akten des Bezirksamts, die anläßlich dieses Falles angelegt wurden, gehen noch folgende Einzelheiten hervor: Rittmeister a. D. Freiherr Julius von Seckendorf (geb. 1881) war Rittergutsbesitzer in Weingartsgreuth gehörte nicht der NSDAP an und verbrachte den Sommerurlaub auf dem ihm gehörenden Schloß Unterleinleiter. Er sei, so berichtet der zuständige Gendarmerie-Wachtmeister von Heiligenstadt am 13. 6. 1937, bei der Bevölkerung in Unterleinleiter »nicht besonders beliebt«, wende, wie auch seine Frau, den Deutschen Gruß nicht an, gebe bei Sammlungen für die NSDAP nichts oder wenig und verkehre viel bei Graf Stauffenberg in Schloß Greifenstein, der ebenfalls meist nur seine Hausflagge zeige und sich um die angeordnete Beflaggung wenig kümmere; StA Bamberg, K 8/IV/935.

germeister der letztgenannten Gemeinde hetzte die Wähler gegen die Gemeinschaftsschule auf und mußte deshalb auf Veranlassung der Kreisleitung der NSDAP von seinem Posten als Bürgermeister wegen partei- und staatsabträglichen Verhaltens vorläufig enthoben werden. In Muggendorf mußte infolge der Tätigkeit des dortigen Pfarrers die bereits vorbereitete Abstimmung der Erziehungsberechtigten für die Gemeinschaftsschule zurückgestellt werden...

In den katholischen Ortschaften ging die Abstimmung über die Gemeinschaftsschule reibungslos vor sich. Nur aus den Gemeinden Niedermirsberg und Reifenberg kamen Nachrichten, daß sich Gegner der Gemeinschaftsschule in größerer Zahl haben vernehmen lassen.

Aus Monatsbericht der Gendarmerie-Hauptstation Ebermannstadt, 29. 9. 1937

... Innerhalb der NSDAP-Ortsgruppe Muggendorf sind Bestrebungen im Gange, Dekan Zahn, dortselbst, als Parteimitglied auszuschalten, da derselbe durch seine lebhafte Heimwerbetätigkeit die ungünstigen Abstimmungsergebnisse zur Gemeinschaftsschule in Muggendorf, Albertshof und Wohlmannsgesees verursachte. Gegen Pfarrer Herbst[134], Aufseß, wurden Erhebungen eingeleitet, weil er anläßlich der Kirchensammlung zum Volkstag der Inneren Mission die amtlichen Anordnungen unbeachtet ließ und Sammeltüten auch außerhalb der Kirche verbreitete...

Die Übertragungen durch Rundfunk vom Reichsparteitag fanden allgemein lebhaftes Interesse. Die Volksstimmung wurde dabei etwas gehoben. Andererseits wird häufig gefragt, warum dieser große Aufwand und die hohen Ausgaben hierfür. Die Reden des Führers machten guten Eindruck auf die Bevölkerung...

Aus Monatsbericht des Bezirksamts, 2. 10. 1937

Die Stimmung der Bevölkerung war in dem Berichtsmonat durch die Ereignisse des Reichsparteitages und durch die aus Anlaß des Besuchs des italienischen Staatschefs Mussolini wesentlich gehoben worden. Sie übertrug sich auch auf jene ländlichen Kreise, die den politischen Geschehnissen sonst teilnahmslos gegenüberstehen...

Exkurs über die sich aus der Kampagne zur Einführung der Gemeinschaftsschule ergebenden Konflikte

Die Einführung der sogenannten »Deutschen Gemeinschaftsschule« anstelle der katholischen oder evangelischen Konfessionsschule wurde in Bayern seit Anfang 1937 in einer kombinierten Aktion von staatlicher Schulpolitik und Parteiaktivität besonders for-

---

[134] Herbst war seit Jahren Anhänger und Mitglied der NSDAP und erst durch den Kirchenkampf in eine oppositionelle Richtung gedrängt worden.

ciert. Der Gauleiter von München-Oberbayern, Adolf Wagner, seit 1936 als Nachfolger des verstorbenen Hans Schemm Kultusminister in München, war selbst die entscheidende Antriebskraft. In einem Erlaß an die Regierungen der bayerischen Regierungsbezirke vom 24. 2. 1937, der auch den Bezirksämtern und Schulbehörden bekanntgemacht wurde[135], waren die Grundlinien des beabsichtigten Vorgehens fixiert worden. Danach sollten – unter formaler Berufung auf die aus der Kulturkampfzeit stammende Schulverordnung vom 26. 8. 1883 – Gemeinschaftsschulen »in erster Linie an Orten mit gemischter Bevölkerung, wo katholische und evangelische Bekenntnisschulen nebeneinander bestehen«, eingerichtet werden. Der Antrag auf Einrichtung der Gemeinschaftsschule war von den Ortsbürgermeistern im Benehmen mit den Schulbehörden beim Bezirksamt einzureichen. Der Partei – und vor allem auch den im Nationalsozialistischen Lehrerbund zusammengefaßten Lehrern der örtlichen Schulen – kam die Aufgabe zu, vor solchen Anträgen die Mehrheit der Erziehungsberechtigten durch entsprechende schriftliche Erklärungen oder Abstimmungen für die Gemeinschaftsschule zu gewinnen. Um dies zu erreichen, wurden die von ihnen zu unterschreibenden Erklärungen in einer Weise aufgesetzt, die das Bekenntnis zur Gemeinschaftsschule mit einem Bekenntnis zur nationalsozialistischen Staatsführung verkoppelte und schon dadurch eine Nicht-Unterzeichnung erschweren sollte. Im Bezirk Ebermannstadt hatten die Erklärungen den folgenden Wortlaut:[136]

»Ich will, daß die Erziehung meines Kindes in der Schule nicht zu religiösem Unfrieden mißbraucht wird.

Ich will, daß in der deutschen Volksschule, der Schule der Volksgemeinschaft, der Religionsunterricht in derselben Stundenzahl, von den gleichen Religionslehrern nach Bekenntnissen getrennt, gegeben wird.

Ich will, daß im übrigen Unterricht die deutsche Jugend gemeinsam für ein starkes, einiges, antibolschewistisches Deutschland erzogen wird.

Ich will, daß in der deutschen Volksschule, der Schule der deutschen Volksgemeinschaft, alle Kinder gleich sind, ohne Unterschied von Name und Stand der Eltern.

Ich stehe in diesen entscheidenden Tagen zum Führer, denn ich weiß, daß es in dieser Zeit, in der der Gemeinschaftsgeist Gemeingut aller wird, für die Erziehung der deutschen Schuljugend nur eine Parole gibt: Ein Führer, ein Volk, eine Schule. Daher erkläre ich mich für die Deutsche Volksschule, die Schule der deutschen Volksgemeinschaft.«

Trotz dieses suggestiven Textes, der eine freie Entscheidung der Erziehungsberechtigten von vornherein stark beeinträchtigte, hatten die NSDAP und die örtlichen Bürgermeister bei ihren ersten im Sommer 1937 begonnenen Versuchen, die Eltern der Schüler für die Gemeinschaftsschule zu gewinnen, nur zum Teil Erfolg. Sowohl in evangelischen wie in katholischen Gemeinden kam es, unter maßgeblichem Einfluß der Pfarrer, zu heftigem Widerstand.

Die in den Restakten des Bezirksamts Ebermannstadt enthaltenen Unterlagen über die Aktion zur Durchsetzung der Gemeinschaftsschule[137] machten ersichtlich, daß die Be-

---

[135] Ein Exemplar im StA Bamberg, K 8/IV/3245.
[136] Mehrere Exemplare der hektographierten »Erklärung« ebenda.
[137] Ebenda.

völkerung zwischen den gegensätzlichen Aktivitäten der Pfarrer einerseits und der nationalsozialistischen Lehrer, Bürgermeister und Ortsgruppenleiter andererseits häufig hin- und herschwankte, nicht selten dem in der jeweiligen Situation bestimmenden moralischen oder propagandistischen Einfluß folgte und ihre Meinung von Fall zu Fall änderte. So verhielt es sich z. B. in Aufseß: Dort hatten die Erziehungsberechtigten im September 1937 unter dem Druck der Partei zunächst die vorgedruckten Erklärungen für die Gemeinschaftsschule unterschrieben. 13 von ihnen zogen unter dem Einfluß des Pfarrers ihre Unterschriften noch im September wieder zurück, annullierten diesen Widerspruch jedoch, als sie anschließend vor den Ortsbürgermeister geladen und dort »aufgeklärt« wurden, so daß im Januar 1938 auch in Aufseß die Gemeinschaftsschule eingeführt werden konnte. Pfarrer Herbst wandte sich in diesen Wochen und Monaten mit einer ganzen Reihe von Schreiben sowohl an den Bezirksschulrat wie an das Bezirksamt und den Regierungspräsidenten und kritisierte heftig den starken Druck, unter den die Eltern gesetzt worden seien, und die den früheren nationalsozialistischen Versprechen zuwiderlaufenden Aktionen zur Aufhebung der Konfessionsschule: »Wir können diese Maßnahme nur als Vergewaltigung des Elternwillens ansehen und erheben ernstesten Einspruch... Wir lassen uns unsere evangelische Schule, die durch Erklärungen unseres Führers hinreichend gesichert ist, auf solche Weise nicht nehmen.«

In manchen streng evangelischen Gemeinden, so in Birkenreuth, hatte der Lehrer zunächst selbst von einer Abstimmung, die nur mit einem Fehlschlag enden könne, abgeraten. In diesem diesbezüglichen Schreiben des Lehrers von Birkenreuth an die Bezirksschulbehörde vom 25. 8. 1937 heißt es: »Etwa die Hälfte der Erziehungsberechtigten aus Birkenreuth gehören der sogenannten ›Landeskirchlichen Gemeinschaft‹ an... Diese Leute sind fanatisch kirchlich und Beeinflussungen von anderer Seite unzugänglich (Sie gehen z. B. auch in kein Wirtshaus). Der Rest der Bevölkerung dürfte voraussichtlich ebenfalls in der Mehrzahl gegen die Gemeinschaftsschule stimmen. Auch bei ihnen kommt erst die Kirche und ihr Dogma. Ich habe z. B. Beweise, daß Leute, die sich sonst ihrer nationalsozialistischen Gesinnung nicht genug rühmen konnten, in den Juden immer noch das ›auserwählte Volk‹ sehen und den Kampf gegen das Judentum somit ablehnen. Die Kirche, insbesondere Dekan Zahn, hat schon lange still, aber nachdrücklich gegen die Gemeinschaftsschule gearbeitet, z. B. anläßlich der Kirchenvisitation in Streitberg, wo er besonders die Birkenreuther warnte, da sie sonst einen katholischen Lehrer bekommen könnten. Auch aus rein politischen Gründen dürften sich Schwierigkeiten ergeben, da ein beträchtlicher Teil der Bevölkerung der Partei mißtrauisch, ja ablehnend gegenübersteht. Auf die zuständigen Parteistellen ist in dieser Frage kein unbedingter Verlaß, dulden sie doch die Gegenarbeit des Herrn Dekan Zahn, trotzdem er Parteimitglied ist.«

Ein bemerkenswertes Beispiel für die Art der Beeinflussung bildete die Gemeinde Drügendorf. Hier hatten sich im August 1937, bis auf ein Gemeinderatsmitglied, sämtliche 33 Erziehungsberechtigten gegen die Gemeinschaftsschule ausgesprochen, zumal der Bürgermeister selbst der Bezirksschulbehörde gegenüber schriftlich erklärt hatte, er habe sich entschlossen, »sich an den dem Führer geleisteten Eid zu halten, worin es heißt, daß ich die Sitten und Gebräuche der Väter hüten und pflegen werde.« Als der für Drügendorf zuständige Stützpunktleiter der NSDAP in den nächsten Wochen eine intensive

»Bearbeitung« der Erziehungsberechtigten durch individuelle persönliche Vorladungen vornahm, schwand der bisherige Widerstand jedoch, auch der Bürgermeister unterschrieb schließlich »als letzter«, wie es in dem Bericht des Stützpunktleiters vom 1. 11. 1937 hieß.

Die Berichterstattung für Oktober ist im wesentlichen unverändert, als politisch bemerkenswert wurden fast ausschließlich fortdauernde Beunruhigungen aus kirchlich-konfessionellen Gründen aufgeführt.

Aus Monatsbericht der Gendarmerie-Station Aufseß, 24. 10. 1937

... Es kommt vor, daß Bezirksbewohner unter dem Einfluß von Alkohol sich manchmal zu Äußerungen hinreißen lassen, die sie am nächsten Tage nicht mehr wahrhaben wollen. Ein solcher Vorfall kam auch am 16. 7. 37 in der Reichold'schen Wirtschaft in Hochstahl vor. Dort äußerte der verheiratete Händler Dillman von Aufseß unter anderem, daß wenn heute Krieg kommt, er nicht mehr mitmachen würde, selbst wenn sechs Pferde angespannt würden, würde er die Stränge abschneiden. Weiter erklärte er: Merkt es euch, ihr Jungen, wenn ein Krieg kommt, macht nicht mit...

Einen Schwerpunkt der November-Berichterstattung bildeten erneut die strittigen Abstimmungen über die Gemeinschaftsschule; von den katholischen Gemeinden wurde außerdem gemeldet, daß die Bevölkerung den zum ersten Mal nicht mehr als gesetzlichen Feiertag geltenden Allerheiligentag weitgehend wie bisher durch Arbeitsruhe, Kirchgang und Friedhofsbesuche beging. Die Gendarmerie-Station Königsfeld meldete (25. 11. 1937), der »größte Teil der Bevölkerung« sei über die Einführung der Gemeinschaftsschule wenig erbaut«. Die Gendarmerie-Station Waischenfeld berichtete (25. 11. 1937): »In der Gemeinde Plankenfels wurde die Abstimmung getrennt bei Katholiken und Protestanten durchgeführt. Die Katholiken stimmten zu 44 Prozent und die Protestanten zu 62 Prozent für die Gemeinschaftsschule. Wie Bürgermeister Hollfelder in Nankendorf mitteilte, ist ein großer Teil der Bevölkerung von Nankendorf und Löhlitz, die zur Schulgemeinde Nankendorf gehören, über die Durchführung der Abstimmung, die von den beiden Lehrkräften von Nankendorf durchgeführt wurde, erbost. Nach Angabe des Bürgermeisters Hollfelder wurde die Abstimmung in der Weise vorgenommen, daß auf einer Liste stand: ›Wir sind für die Gemeinschaftsschule‹ und auf der anderen: ›Wir sind gegen die Gemeinschaftsschule, somit gegen den Führer, gegen die Partei und gegen den Staat.‹ Da sich nun die Abstimmungsberechtigten in die Liste: ›Wir sind gegen die Gemeinschaftsschule, somit gegen den Führer usw.‹ nicht eintragen wollten, da sie nicht gegen den Führer sind, so haben sie eben in der Liste: ›Wir sind für die Gemeinschaftsschule‹ ihre Namen eingetragen«... Die Berichte der Gendarmerie-Stationen enthielten verschiedentlich genaue Angaben über das Ergebnis der Abstimmung für die Gemeinschaftsschule. Station Muggendorf (26. 11. 1937): »Für die Gemeinschaftsschule stimmten die Erziehungsberechtigten in Streitberg fast 100%ig. In Muggendorf mit den Gemeinden Albertshof und Wohlmannsgesees wurde die Abstimmung bis jetzt nicht mehr durchgeführt. Bekanntlich stimmten die Erziehungsberechtigten am 18. und 19. August fast durchwegs dagegen.« Hollfeld (26. 11. 1937): »Die Bevölkerung der Stadt Hollfeld stimmte mit 94%, die Gemeinde Wonsees mit 100%, Krögelstein mit 74% und Freienfels mit 96% für die Gemeinschaftsschule.« Wie problematisch die in den Berichten wiedergegebenen Erfolgsmeldungen waren, läßt sich für Hollfeld belegen, wo folgender Bericht des Bürgermeisters (vom 11. 2. 38) über das Zustandekommen der Stimmenzahl (an das Bezirksamt) in den Akten vorliegt: »Die Erziehungsberechtigten wurden durch Einladungsschreiben in die Stadtkanzlei geladen.

Auf dem Einladungsschreiben ist vermerkt, daß die Nichterscheinenden sich für die Gemeinschaftsschule entscheiden. Gegen Unterschrift bekannten sich zur Gemeinschaftsschule 50 Erziehungsberechtigte. Nicht erschienen sind und haben sich damit zur Gemeinschaftsschule bekannt: 32 Erziehungsberechtigte. 58 Erziehungsberechtigte sind erschienen und erklärten auf die Anfrage, ob sie etwas gegen die Gemeinschaftsschule einzuwenden hätten, ›Nein‹. Gegen die Gemeinschaftsschule hatten sie nichts einzuwenden, aber sie wollten es wie bisher, halt Bekenntnisschule. Aufgrund dieser Äußerungen haben sie sich ebenfalls für die Gemeinschaftsschule entschieden. Durchaus gegen die Gemeinschaftsschule waren 6 Erziehungsberechtigte. Vorhanden sind insgesamt 146 Erziehungsberechtigte, hiervon für die Gemeinschaftsschule 140, das ist 96%.«[138]

Aus Monatsbericht der Gendarmerie-Station Heiligenstadt, 25. 11. 1937

... Als besonderes Vorkommnis innerhalb der evangelischen Kirche in Heiligenstadt wäre die am 22. 11. 1937 um 20 Uhr im Saale des Gasthof Hösch in Heiligenstadt abgehaltene Aufklärungsversammlung der Deutschen Christen zu erwähnen. Die Versammlung, die genehmigt war, war sehr gut besucht. Von den ungefähr 400 Versammlungsteilnehmern waren die meisten Deutsche Christen. Diese waren aus Heiligenstadt und den umliegenden Ortschaften, wie Aufseß, Unterleinleiter, Streitberg und Siegritz. Die Versammlung wurde auf Anordnung des Bezirksamtes Ebermannstadt, Herrn Regierungsrat Dr. Emmert, durch Unterzeichneten überwacht. Wie kurz vor Beginn der Versammlung festgestellt werden konnte, hatten die Bekenntnis-Pfarrer Adacker und Lutz in Heiligenstadt und der Bekenntnis-Pfarrer Herbst von Aufseß einen kleinen Teil ihrer Bekenntnisanhänger mobil gemacht und diese persönlich zum Erscheinen an der Deutschen Christen-Versammlung aufgefordert. Diese versammelten sich dann auch vor Beginn der Versammlung in dem neben dem Gasthof gelegenen Pfarrhof und betraten dann geschlossen unter Führung des Bekenntnis-Pfarrers Eduard Adacker von Heiligenstadt den Versammlungsraum. Als Redner sprach der Deutsche Christen-Pfarrer Rudolf Leffler aus Weimar. Dieser sprach über die Lage der Deutschen Christen in Deutschland und insbesondere in Bayern. Der Redner beleuchtete das staatsfeindliche Verhalten der Bekenntnis-Kirche und ihrer Vorsteher. Weiter streifte er den Arierparagraphen innerhalb der Bekenntnis-Kirche. Zwischenrufe vom Bekenntnis-Pfarrer Adacker: »Ihr seid selbst nicht rein«. Im weiteren Verlauf der Versammlung gab es noch öfters Zwischenrufe von seiten der Bekenntnis-Pfarrer. Nach Schluß der Rede des Pfarrer Leffler bat Pfarrer Adacker um die Erlaubnis, daß Pfarrer Herbst von Aufseß als Diskussionsredner auftreten dürfe. Dies wurde von Pfarrer Leffler damit abgelehnt, daß die Herrn Pfarrer der Bekenntnisfront lange genug Zeit in ihren Kirchen gehabt hätten, um ihr Volk aufzuklären. Daraufhin rief Pfarrer Adacker in den Saal: »Eine Diskussion ist uns hier nicht gestattet. Die Wahrheit muß aber gesagt werden, und ich bitte alle diejenigen, die die Wahrheit hören wollen, mit mir in die Kirche zu kommen.« Die 35 bis 40 Anhänger der Bekenntnisfront, die mit Pfarrer Adacker den Saal geschlossen betreten hatten, verließen auch wieder geschlossen mit Pfarrer Adacker den Saal und begaben sich um 22 Uhr in die Kirche. Dort sprach dann der Bekenntnis-Pfarrer Herbst von Aufseß und versuchte dieser mit al-

---
[138] Ebenda.

len Verdrehungskünsten die Rede des Pfarrer Leffler zu widerlegen. Die Versammlung hätte bestimmt einen ruhigen Verlauf genommen, wenn nicht Pfarrer Adacker und Herbst mit ihren Anhängern bewußt die Störung hervorgerufen hätten...

Aus Monatsbericht der Gendarmerie-Station Königsfeld, 25. 11. 1937

Im Bezirk gibt es eine ziemliche Anzahl Steuerschuldner. Nicht selten kam es bis jetzt vor, daß gegen säumige Zahler Zwangsmaßnahmen notwendig wurden... In Poxdorf und Leibarös gibt es seit Monaten kein Wasser. Diese Dorfbewohner müssen, um ihren Bedarf an Wasser decken zu können, jeweils nach dem 30 Minuten entfernt gelegenen Huppendorf fahren, was sie sehr unangenehm empfinden...

Aus Monatsbericht der Gendarmerie-Station Waischenfeld, 25. 11. 1937

... Das Allerheiligenfest wurde von der Bevölkerung ganztägig gefeiert. Es fanden Gottesdienste wie an den sonstigen gesetzlichen Feiertagen statt. Die Gottesdienste und die Umgänge auf die Friedhöfe waren, wie alljährlich, sehr stark besucht. Die Ladengeschäfte hatten nur während der Zeit von 10.30 - 12.30 Uhr, wie an den Sonntagen, an denen die Ladengeschäfte geöffnet sein dürfen, geöffnet...

Aus Monatsbericht der Gendarmerie-Station Aufseß, 26. 11. 1937

Was die Steuermoral anbelangt, so muß diese im hiesigen Bezirke als gut bezeichnet werden. Eine Ausnahme macht die Gemeinde Neuhaus, wo der Bürgermeister Stadter sowie der Ortsbauernführer Stadter und verschiedene andere Einwohner mit den Steuergesetzen in Konflikt kamen. Erst am 22. 11. 37 mußte beim Ortsbauernführer Stadter in Neuhaus das Finanzamt Bayreuth mit Hilfe der Gendarmerie die Steuer von 200 RM beitreiben. Neuhaus machte in dieser Richtung schon immer eine Ausnahme. Letzteres kam daher, weil schon die führenden Persönlichkeiten in der Gemeinde schlechte Steuerzahler waren...

Aus Monatsbericht der Gendarmerie-Station Unterweilersbach, 26. 11. 1937

... Das Allerheiligenfest am 1. 11. 1937 wurde wie immer gefeiert. Die Gottesdienste wurden wie an anderen Sonntagen abgehalten und an den Umgängen auf die Friedhöfe hat sich die Bevölkerung voll beteiligt mit Ausnahme der Arbeiter, die auswärts in gewerblichen Betrieben (Fabriken etc.) beschäftigt waren. Es wurde den ganzen Tag gefeiert und sind keine landwirtschaftlichen oder sonstigen werktägigen Arbeiten im Bezirk verrichtet worden... Es wurde vielfach geäußert: »Wir lassen uns das Allerheiligenfest nicht nehmen.«...

Aus Monatsbericht der Gendarmerie-Hauptstation Ebermannstadt, 27. 11. 1937

... In den Orten mit katholischer Bevölkerung wurde das Fest der Allerheiligen während des ganzen Tages gefeiert. Die Gottesdienste waren sehr stark besucht, desgleichen auch die Umgänge auf den Friedhöfen... Die einzelnen Ortschaften trugen am Allerheiligentag vollauf den Charakter eines Feiertags. Die Bevölkerung äußerte sich dahingehend, daß sie ihre Feiertage auch dann halten und halten wollen, wenn sie auch nicht gesetzlich geschützt sind...

In verschiedenen Ortsgruppen oder Stützpunkten [der NSDAP] konnte bei der heuerigen Parteimitgliederwerbung nicht der hierfür geforderte Stand erreicht werden. Im übrigen haben wir z. Zt. eine Anzeige wegen Unterschlagung von HJ-Beiträgen gegen den ehemaligen HJ-Scharführer von Hagenbach...

Aus Monatsbericht des Bezirksamts, 2. 12. 1937[139]

... Die Stimmung der evangelischen Bevölkerung war allgemein ruhig. Hingegen zeigt die Tätigkeit der Bekenntnisgeistlichen eine zunehmende Form an, die sich in Äußerungen fast staatsfeindlichen Inhalts widerspiegelt. Der Pfarrvikar von Unterleinleiter Theodor Leitner weigert sich, die Christenlehre an Montagen abzuhalten.[140] Nach seinen Angaben habe nur er hierüber zu bestimmen, er mache deshalb auch, was er wolle.

Aus Monatsbericht der Gendarmerie-Station Unterweilersbach, 26. 12. 1937

... Der Kuratus Freitag von Niedermirsberg hat in seiner Kirchengemeinde das sogenannte »Herbergsuchen« neu eingeführt. Diese Veranstaltung findet in der Weise statt, daß ab 1. Advent bis Weihnachten alle Tage abends nach eingetretener Dunkelheit ein Bild von einem Haus in das andere feierlich überführt wird, welches das Sinnbild der Muttergottes bei der Herbergsuche sein soll. Die Überführung des Bildes von einem Haus in das andere erfolgt unter Beteiligung vieler Bewohner des Ortes, wobei Lieder gesungen, Gebete gesprochen und Lampions getragen werden. In dem neuen Haus wird dann das Bild in einem Zimmer feierlich aufgestellt. Am 1. Weihnachtsfeiertag gegen 18 Uhr machte ich die Wahrnehmung, daß das Bild von Rüssenbach unter großer Beteiligung der Bewohner, die bengalische Lichter trugen und durch das Dorf »Stille Nacht, heilige Nacht« sangen, nach Niedermirsberg in die Kirche überführt wurde. Wie mir gesagt wurde, soll zu gleicher Zeit auch das Bild von Neuses-Poxstall und Niedermirsberg in die Kirche überführt worden sein. Vor Niedermirsberg sollen sich die Züge getroffen und zusammengeschlossen haben und dann gemeinsam in die Kirche gegangen sein. Got-

---

[139] Für den Berichtsteil I (»Allgemeine Übersicht über die politische Entwicklung«) liegt in den Akten nur ein handschriftlicher, z. T. korrigierter Entwurf aus der Feder von Regierungsrat Dr. Emmert vor mit dem Vermerk: »erl. 2.XII. Abschrift von I ging an die Geheime Stapo.«

[140] Die Verlegung der »Christenlehre« von Sonntag auf Montag war auf Wunsch der »Hitler-Jugend« vom Bayerischen Kultusministerium den Pfarrern nahegelegt worden.

tesdienst wurde nicht abgehalten, der Pfarrer soll nur den Segen erteilt haben, worauf die Beteiligten wieder nach Hause gingen. Diese religiöse Veranstaltung ist in der Kirchengemeinde Niedermirsberg kein altherkömmlicher Brauch, sondern wurde in Niedermirsberg im Jahre 1936 und in Rüssenbach und Neuses heuer das erste Mal eingeführt.

Berichtet wird weiter von der Gendarmerie-Station Unterweilersbach (26. 12. 37), daß der 1. Beigeordnete von Rüssenbach, Franz Keller, »weil er Viehgeschäfte mit Juden betrieben hat«, seines Gemeindeamtes enthoben worden sei. Laut Bericht der Station Aufseß vom 24. 12. 37 spielte der Viehhandel mit Juden dort immer noch eine große Rolle bei den Bauern. Die ortsansässigen Juden seien durch Zuträgerdienste, z. B. der Hebamme H. und ihres Mannes, »über alles gut unterrichtet«.

Aus Monatsbericht der Gendarmerie-Hauptstation Ebermannstadt, 30. 12. 1937

Der frühere Ökonomierat R. Teufel von Kobelsberg, der als Vertrauensmann der Bayerischen Volkspartei und ehemaliges Bezirksratsmitglied auch heute den Weg zur NSDAP noch nicht gefunden hat, bekundete am 16. 12. 37 anläßlich eines Luftschutzkurses in Hochstahl, den er pflichtgemäß besuchen mußte, seine verneinende Gesinnung gegenüber den Staatsnotwendigkeiten dadurch, daß er sich während der Vorträge zu Zwischenrufen hinreißen ließ und dabei u. a. die ehrverletzende Bemerkung gebrauchte: »Leck mich am Arsch.«...

Aus Monatsbericht der Gendarmerie-Station Heiligenstadt, 26. 1. 1938

... Die Ortsgruppe der NSDAP Heiligenstadt hielt am 16. 1. 1938 im Hösch'schen Saale in Heiligenstadt ihre diesjährige erste Versammlung ab, in der Herr Kreisleiter Schmidt über die Ziele der Partei sprach. Mit den neuaufgenommenen Personen zählt sie nunmehr 200 Parteigenossen...

Aus Monatsbericht der Gendarmerie-Station Unterweilersbach, 26. 1. 1938

... Am 16. 1. 1938 nachmittags fand im Saale der Gastwirtschaft Amon in Mittlerweilersbach eine Mitgliederversammlung der NSDAP statt, bei der Stützpunktleiter Kist von Unterweilersbach bekannt gegeben hat, daß die Mitgliederzahl seit 1. 5. 1937 von 32 auf 74 gestiegen ist. Bei dieser Versammlung sprach Lehrer Ramer von Unterweilersbach über Rassenzugehörigkeit...

Aus Monatsbericht der Gendarmerie-Station Waischenfeld, 26. 1. 1938

Die innerpolitische Entwicklung des hiesigen Dienstbezirks hat sich seit der letzten Berichtszeit nicht geändert. Innerhalb der Parteimitglieder und der SA in Waischenfeld bestehen zwei Lager. Die eine Hälfte steht zum Bürgermeister und Ortsgruppenleiter Spörlein, während die andere kleinere Hälfte zu den beiden Fräulein Bergold, die gegen den Ortsgruppenleiter sind, stehen. Bergold besitzen die Apotheke in Waischenfeld. Am Samstag, den 22. Januar 1937, um 20 Uhr, fand im Heckel'schen Saale in Waischenfeld eine öffentliche Versammlung statt. Einberufer war die NSDAP, Ortsgruppe Waischenfeld, zu der die Gemeinden Waischenfeld, Gösseldorf, Seelig, Nankendorf und Löhlitz gehören. Redner war Parteigenosse und Lagerhausverwalter Hirschmann von Hollfeld. Das Thema lautete: »Der Vierjahresplan«. Die Versammlung war von ca. 130 Personen aus allen Schichten der Bevölkerung besucht. Am Montag, den 23. 1. 38, fand wiederum im Heckel'schen Saale in Waischenfeld eine öffentliche Versammlung statt. Einberufer war die Ortsbauernschaft Waischenfeld. Redner war Parteigenosse Landwirtschaftsrat Fink der Kreisbauernschaft Bayreuth, Zweigstelle Hollfeld. Diese Versammlung war auch von ca. 130 Personen besucht, worunter sich aber nur wenige Bauern und Landwirte, für die die Versammlung eigentlich sein sollte, befanden. Der Redner erläuterte zuerst an Hand von Lichtbildern den zweckmäßigen Dungstättenbau und richtige Düngung. Sodann sprach er über seine Erlebnisse in Rußland, wo er sechs Jahre als Diplomlandwirt tätig war, und stellte den sowjetrussischen Zuständen die Aufbauarbeit des Nationalsozialismus gegenüber.

Staatsfeindliche Bestrebungen konnten nicht festgestellt werden. Die Bevölkerung ist in der Mehrzahl politisch gleichgültig, jedoch friedliebend und steht hinter der Regierung...

Aus Monatsbericht der Gendarmerie-Bezirksinspektion[141] *Ebermannstadt, 27. 2. 1938*

Wie immer fand auch die jüngste Rede des Führers und Reichskanzlers vom 20. 2. 1938 anläßlich der Reichstagssitzung in Berlin begeisterten Beifall in allen Teilen der Bevölkerung. Besonders war es die Tatsache der Aussöhnung mit dem Nachbarstaat Österreich, welche große Zufriedenheit und dankbare Zustimmung auslöste...

Die kirchliche Lage blieb im abgelaufenen Monat ruhig. Festzustellen war nur eine außerordentliche Rührigkeit der Pfarrer auf dem Gebiet der Abhaltung von Bibelstunden. So hielt Pfarrvikar Lutz, Heiligenstadt, solche regelmäßig allwöchentlich in Neudorf und Stücht ab; das Pfarramt Muggendorf hält Bibelstunden in Albertshof und der Pfarrer von Unterleinleiter dieselben in Störnhof.

... Die Auflösung der katholischen Jugendorganisationen führte, obwohl durch diese Maßnahme anfänglich ziemlich Erregung erzeugt wurde, zu keinen Weiterungen; insbesondere konnten nirgends nachteilige Rückwirkungen für NSV und WHW festgestellt werden... Verärgert sind die Anhänger der kirchlichen Richtung besonders über die

---

[141] Seit September 1937 war unter Leitung des Gendarmerie-Obermeisters Meyer (siehe S. 63) eine Bezirksinspektion der Gendarmerie eingesetzt worden. Sie übernahm – offenbar mit erweiterten Weisungsbefugnissen – die Funktion der bisherigen Gendarmerie-Hauptstation Ebermannstadt, die unter dieser Bezeichnung gleichwohl noch bis zum Juni 1938 fortbestand, dann umbenannt in Gendarmerie-Station Ebermannstadt. Ab August 1939, im zeitlichen Zusammenhang mit der Einführung der Dienststellenbezeichnung »Landrat«, führte der Leiter der Gendarmerie-Bezirksinspektion die Bezeichnung »Gendarmerie-Kreisführer.«

Wegnahme der Fahnen. So macht man sich in Hochstahl Vorwürfe, daß die Fahne der Jungfrauenkongregation nicht in der Kirche verwahrt wurde, wo sie vor dem polizeilichen Zugriff geschützt gewesen wäre, während in Nankendorf die Meinung vertreten wird, man müsse sich mit der Auflösung der Kongregation abfinden und sei dies auch nicht so schlimm, da dieselbe ja erst 1923 mit mancherlei Widerspruch gegründet worden sei, jedoch die Fahne, die gehöre in die Kirche, und wenn sie zurückgegeben würde, dann könnte man sich auch wieder zufrieden geben...

Infolge des Futtermangels besteht das Bestreben, das überzählige Vieh abzustoßen, ein Vorhaben, welches durch die Kontingentierung und angesichts der geringen Nachfrage jedoch z. Zt. nur schlecht möglich ist...

Die Zahl der Erwerbslosen, die seit Einbruch des Winters wieder gestiegen war, konnte durch Abgabe zahlreicher Arbeiter zu einem Flugplatzbau bei Bayreuth etwas gemindert werden...

Daß der 1. Beigeordnete und stellvertretende Bürgermeister Hans Wolf in Waischenfeld all seiner Ämter enthoben wurde, fand die freudige Zustimmung der Bevölkerung. Neuerdings mußten gegen Wolf abermals einige recht belastende Anzeigen vorgelegt werden...

In den März-Berichten stand der »Anschluß« Österreichs im Vordergrund der Berichterstattung. Die folgende Wiedergabe der diesbezüglichen Berichtsabschnitte zeigt u. a., wie unterschiedlich der Grad der Teilnahme und Begeisterung der Bevölkerung bewertet wurde.

Aus Monatsbericht der Gendarmerie-Station Heiligenstadt, 25. 3. 1938

... Am 11. des Mts. waren ein Teil der Bewohner des hiesigen Dienstbezirks wegen der erfolgten Probemobilmachung ziemlich aufgeregt. Diese Aufregung legte sich jedoch wieder, als bekannt wurde, warum dies geschehe und um was es sich handele. Besonders in Tiefenstürmig, wo im allgemeinen die Leute über ihre schlechten wirtschaftlichen Verhältnisse klagen, sprach man von einer bevorstehenden Kriegsgefahr. Ab und zu bedurfte es einer Belehrung durch die Gendarmerie... Der Einmarsch in Österreich wurde ziemlich begeistert aufgenommen...

Aus Monatsbericht der Gendarmerie-Station Waischenfeld, 25. 3. 1938

... Wohl noch nie dürfte die Bevölkerung an dem politischen Geschehen so Anteil genommen haben als in den Tagen, wo reichsdeutsche Truppen in Österreich einmarschierten und mit welchem Jubel der Führer und die Truppen empfangen wurden...

Aus Monatsbericht der Gendarmerie-Station Aufseß, 26. 3. 1938

... Anfangs hat hier die Probemobilmachung bei den ängstlichen Gemütern Kriegsfurcht und Unbehaglichkeit verursacht, die aber bei dem friedlichen Einmarsch deutscher Truppen in Österreich in eine allgemeine Freude sich umwandelte...

Aus Monatsbericht der Gendarmerie-Station Königsfeld, 26. 3. 1938

... Bei der vom 10. auf den 11. März über Nacht kommenden Probemobilmachung war die Bevölkerung des hiesigen Dienstbezirks ganz überstürzt und glaubte der größte Teil derselben zuerst, daß der Krieg jetzt ausbreche. Als dann die Bevölkerung von dem Ereignis in Österreich, und zwar die Angliederung desselben an Deutschland durch Radioübertragung, und von dem Besuch des Führers in Österreich hörte, war sie dann wieder beruhigt und lebte freudig auf...

Aus Monatsbericht der Gendarmerie-Station Unterweilersbach, 26. 3. 1938

... Eine besondere Begeisterung über die Eingliederung Österreichs in das Deutsche Reich war nicht festzustellen. Hier und da hörte man dumme Äußerungen, daß Österreich ein armes Land und das Volk auch nicht verlässig sei...

Aus Monatsbericht der Gendarmerie-Station Hollfeld, 28. 3. 1938

... Die im Monat März stattgefundene Probemobilmachung und der Einmarsch in Österreich wurden anfänglich von einem größeren Teil der Bevölkerung mit großer Besorgnis aufgenommen und wurden auch Äußerungen laut, daß der Einmarsch in Österreich zum Kriege führen könne. Diese Bedenken waren aber alsbald wieder verstummt...

Aus Monatsbericht des Bezirksamts, 1. 4. 1938

Im abgelaufenen Monat waren es ganz besonders die Ereignisse in Österreich, welche bis in die einsamste Landgemeinde hinaus höchste Begeisterung und größte Dankbarkeit für den Führer und die Regierung auslösten...

In ihren April-Berichten befaßten sich alle Gendarmerie-Stationen mit der Volksabstimmung vom 10. 4. 38 über den Anschluß Österreichs und den ihr vorausgegangenen Versammlungen. Wiederum unterschieden sich dabei die nüchterneren Berichte der lokalen Gendarmerie-Stationen von dem emphatischen Bericht des Bezirksamts, in dem von »gewaltiger Begeisterung« die Rede ist (29. 4. 38). Aus den Berichten geht hervor, daß die Gendarmerie fast überall zu ermitteln suchte, wer die jeweils wenigen Nein-Stimmen abgegeben habe. Der Bericht der Station Aufseß, wo es vier Nein-Stimmen gegeben hatte, führte dazu aus: »In Aufseß hat man die Kuverts der Unzuverlässigen beim Einwerfen in die Urne etwas gezeichnet.« – Des weiteren wird berichtet, daß das mit österreichischen SS-Flüchtingen belegte Lager Waischenfeld, das so häufig Anlaß zu Auseinandersetzungen gegeben hatte, nach dem Anschluß Österreichs am 27. 4. 38 aufgelöst wurde.

Die Mai-Berichte befaßten sich u. a. mit der Maul- und Klauenseuche im Bezirk, die den Viehverkauf und die Milchablieferung behindere, ferner mit dem Futtermangel, der besonders in den hochgelegenen Dörfer »äußerst kritisch« sei und eine »recht niedergeschlagene Stimmung« erzeuge (Bericht des Bezirksamts vom 30. 5. 38). Trotz verschiedentlicher Straßenbauarbeiten seien viele Ortsverbindungen mit häufig unasphaltierten Straßen noch sehr mangelhaft, in Trockenperioden sei deshalb, so heißt es im Bericht der Station Heiligenstadt vom 25. 5. 38, »die Staubplage auf den Straßen Ebermannstadt – Heiligenstadt – Oberleinleiter und Heiligenstadt – Aufseß verheerend. Nach jedem Kraftfahrzeug erhebt sich der Staub wolkenartig« und die Fußgänger suchten die Straße, wenn möglich, zu meiden. Geklagt wurde auch über das Ansteigen der Preise verschiedener Gebrauchsgegenstände.

Exkurs über die Aktion zur Erfassung und Abschiebung von »Arbeitsscheuen« im März/April 1938

Nur unzulänglich spiegelt sich in der monatlichen Berichterstattung eine Aktion zur Erfassung und Abschiebung von sogenannten »Arbeitsscheuen«, die im März/April 1938 im Landkreis Ebermannstadt wie im ganzen Reichsgebiet nach entsprechender Vorbereitung durchgeführt wurde. Allgemeine Grundlage der Aktion bildete ein interner Polizeierlaß des Reichsführers SS und Chefs der Deutschen Polizei, Heinrich Himmler, vom 26. 1. 1938, der die Staatspolizeistellen mit der Vorbereitung eines »umfassenden Zugriffs« gegen arbeitsscheue Elemente beauftragte, die anschließend in Schutzhaft genommen und zwecks »Arbeitserziehung« in ein Konzentrationslager überstellt werden sollten. Die für den Kreis Ebermannstadt zuständige Staatspolizeileitstelle Nürnberg-Fürth gab am 27. 2. 38 die Weisung zur Feststellung der Arbeitsscheuen an die Bezirksämter weiter, die diese Aufgabe ihrerseits der Gendarmerie übertrugen.[142] Da es offensichtlich auch darum ging, neue Arbeitskräfte für die Konzentrationslager zu beschaffen, sollten nur »Männer im arbeitsfähigen Lebensalter« gemeldet werden, die »nachweisbar in zwei Fällen die ihnen angebotenen Arbeitsplätze ohne berechtigten Grund abgelehnt oder die Arbeit zwar aufgenommen, aber ohne stichhaltigen Grund wieder aufgegeben haben«. Außerdem sollten Personen einbezogen werden, »die von den Arbeitsämtern nicht erfaßt sind, bei denen aber aufgrund ihres gesamten Verhaltens mit Sicherheit anzunehmen ist, daß sie wiederholten Bemühungen der zuständigen Stellen, sie in geregelte Arbeit zu bringen, unzugänglich gewesen wären.«

Schon diese verklausulierte Vorschrift der Staatspolizeileitstelle ließ den lokalen Behörden bei der Feststellung des Personenkreises erhebliche Ermessensfreiheit. In Ebermannstadt scheint sich der Gendarmeriebezirksführer bei der Durchführung des Erlasses vor allem mit den jeweils zuständigen Gemeindeämtern in Verbindung gesetzt zu haben, von denen einige die Gelegenheit benutzten, ihnen oder der Mehrheit der Bevölkerung mißliebig gewordene und als arbeitsscheu angesehene Personen auf diese Weise loszuwerden, vornehmlich auch solche Personen, die – in bezug auf Wohnung und Unterstützung – bisher der Gemeinde auf der Tasche gelegen hatten. Das von den Nationalsozialisten eingeführte Instrument der Schutzhaft und Konzentrationslager wurde von den Gemeinden häufig als probates Mittel angesehen, sich solcher Probleme zu entledigen,

---
[142] Hierzu und zum folgenden StA Bamberg, K 8/IV/940.

die nicht selten auch in der Form von psychisch Belasteten oder sozial unangepaßten »Sonderlingen« der Dorfgemeinschaft und Gemeindeverwaltung insbesondere dann anstößig erschienen, wenn die Betreffenden dem äußeren Anschein nach »gesund« waren und ihre Arbeitsunwilligkeit mithin als charakterlich-moralischer Defekt erschien, ohne daß man sich über die eigentlichen Ursachen gründliche Rechenschaft ablegte.

Der Aufstellung der Liste von neun arbeitsscheuen Personen, die der Gendarmeriebezirksführer in Ebermannstadt nach achttägigen Erkundigungen am 6. 3. 1938 dem Bezirksamt zur Weiterleitung an die Gestapo vorlegte, kann schwerlich eine gründliche Prüfung des Einzelfalles vorangegangen sein. Die kurzen Angaben zur Person, die die Liste enthält, lassen vermuten, daß die Mehrheit der Bevölkerung gegen die Aktion wenig einzuwenden hatte. Bei genauerer Prüfung zeigt sich gleichwohl, wie dürftig, schablonenhaft, ja leichtfertig diese »Feststellungen zur Person« waren. Diese ungeprüften Angaben – vielfach aufgrund von Denunziationen (auch von Familienmitgliedern, die das »schwarze Schaf« los werden wollten) und ohne Anhörung der Betreffenden zustandegekommen – konnten gleichwohl genügen, um die »Verschubung« der Betreffenden in das Konzentrationslager Dachau in die Wege zu leiten. Die in den Akten enthaltene Liste wird im folgenden wörtlich wiedergegeben:

S., lediger Gütlersohn in H., geb. 1914. S. hat schon in zwei Fällen, einmal auf der Reichsautobahn und das andere Mal im Bergwerk Regnitz, die ihm angebotene Arbeit nach kurzer Tätigkeit ohne Grund[!] wieder verlassen. S. ist ein junger gesunder Mensch, der zum Ärger seiner Eltern und der Ortseinwohnerschaft auch zu Hause nicht arbeitet.

H., Schlosser in St., geb. 1894; 1929 wegen Widerstandes [gegen die Staatsgewalt] mit 3 Monaten Gefängnis vorbestraft, im Urteil des Gerichts als Simulant, Trinker, Radaumacher und Arbeitsscheuer bezeichnet. Trifft heute noch zu. Eine kleine Erbschaft hat er in kurzer Zeit durchgebracht, seine Eltern mußten für ein uneheliches Kind 3000 RM zahlen. Obwohl gelernter Schlosser und körperlich rüstig, geht er keiner Beschäftigung nach. Er lungert bei seinem Bruder, der Mühlenbesitzer ist, ihn verköstigen muß und ihm das Wohnrecht gibt, herum. Der Bruder muß fremde Arbeitskräfte beschäftigen und hat nur mit Rücksicht auf die Familie bisher keine Maßnahmen gegen ihn ergriffen. H. war 1930 für die Dauer eines Jahres in der Heil- und Pflegeanstalt, soll aber in der Lage sein, jede Arbeit zu verrichten.

K., lediger Kraftwagenführer und Landwirtschaftsgehilfe in P., geb. 1909; geht jeder geregelten Arbeit aus dem Weg, lungert viel unnütz im Dorf umher und verrichtet bald da und dort geringe Schwarzarbeit. Er läßt sich ohne geregelten Lohn beschäftigen, um keine Krankenkassen- oder Versicherungsbeiträge leisten zu müssen. Er hat kein Arbeitsbuch, im väterlichen Betrieb wird seine Arbeitskraft nicht benötigt.

V., geschiedener Metzger in St., geb. 1882; vor dem Krieg wiederholt vorbestraft, wohnt unentgeltlich im Gemeindehaus, bringt sich als Viehschmuser durch, dürfte aber nach seiner körperlichen Beschaffenheit zu einer geregelten Arbeit geeignet sein.

P., verheirateter Schieferdecker in W., geb. 1884; wegen Diebstahls, Körperverletzung, Freiheitsberaubung, Beamtenbeleidigung und Widerstands vorbestraft. Um den Anschein zu erwecken, daß er arbeite, übt er während der Sommermonate wöchentlich je an 1 bis 2 Tagen seinen Beruf als Dachdecker aus. Die andere Zeit lungert er zu Hause herum, er wohnt im Gemeindehaus zu W., zahlt keine Miete, die Familie wird vom Winterhilfswerk betreut. Er ist gesund und arbeitsfähig und könnte seine Familie bei gutem Willen auch unterhalten. Dieselbe besteht aus Ehefrau und 5 Kindern zwischen 2 und 14 Jahren. P. befand sich schon 1934 als Arbeitsscheuer in Schutzhaft.

F., Dienstknecht in N., geb. 1910; streunt schon seit Jahren in der Welt umher und arbeitet nirgends lange, ist erblich geistesschwach. Hat nach Mitteilungen der Gendarmerie seine Dienststellungen im Jahre 1937 dreimal aufgegeben. Ein Bruder von F., der die gleichen Eigenschaften hatte, wurde 1936 in das Arbeitshaus Rebdorf eingewiesen, später nach Dachau überführt und dort bei einem Fluchtversuch erschossen. Ein weiterer Bruder befindet sich in der Heil- und Pflegeanstalt.

N., verheirateter Gelegenheitsarbeiter in H., geb. 1903; seit September 1937 außer Arbeit, bezieht Unterstützung und äußerte kürzlich der NSV-Schwester gegenüber, daß er um 48 Pfennige die Stunde nicht arbeite. N. ist Parteimitglied, die meiste Zeit erwerbslos, gibt wegen seiner Faulheit viel Ärgernis im Ort, steht seit Jahren in Verdacht des Wilderns, kommt seiner Zahlungspflicht nicht nach und weigert sich, auch wenn er in Arbeit steht, seine Schulden durch kleine Raten zu tilgen.

E., lediger Häfner in W., geb. 1903; wegen Münzverbrechens und Einbruchdiebstahls erheblich vorbestraft. Einer geregelten Arbeit geht er nicht nach. Er arbeitet hie und da in seinem Beruf und manchmal auch als Hilfsarbeiter. Die meiste Zeit ist er aber zu Hause und lungert herum. Sobald er sich einige Mark verdient hat, arbeitet er nichts mehr, bis das Geld wieder fort ist. Die letzte Strafe wegen Diebstahls hat er im Februar 1937 verbüßt. E. ist gesund und arbeitsfähig.

M., verheirateter Invalidenrentner und Gelegenheitsarbeiter in P., geb. 1893; ist arbeitsfähig, nimmt selten Arbeit an und meldet sich bald wieder krank. Zum Jahreswechsel in Nürnberg beschäftigt, machte er sich auch dort nach kurzer Arbeit krank. Gegen diese Feststellung will er sich beschweren. Seit 1924 wohnt er, ohne Miete zu bezahlen, in einem gemeindlichen Wohnhaus. Zugewiesene Arbeit der Gemeinde verweigert er. Zugleich prahlt er mit seiner Steuerscheu und äußert, er habe noch keine Steuer bezahlt und werde auch keine bezahlen.

Aus den erhalten gebliebenen Restakten des Bezirksamtes ist nicht ersichtlich, ob alle der auf der Liste Aufgeführten in Schutzhaft genommen wurden. In einem Fall, in Pretzfeld, gab es anläßlich der »Abschiebung« eines der auf der Liste Genannten ein Nachspiel, weil eine in der Ortsöffentlichkeit nicht einflußlose Volksschullehrersfrau behauptet hatte, der Betreffende sei nur wegen seines Gegensatzes zum Bürgermeister auf dessen Veranlassung festgenommen worden, und sich bei der Gestapoleitstelle Nürnberg-Fürth um seine Freilassung bemühte. Der für die Zusammenstellung der Liste verantwortliche Gendarmeriebezirksführer nahm aufgrunddessen in seinem Monatsbericht vom 3. 5. 38 ausführlich zu dem Fall Stellung. Sein Bericht ist, über diesen Anlaß hinaus, als Beispiel ortspolitischer Auseinandersetzungen aufschlußreich. Der Entschluß, »den H. als arbeitsscheu zu melden«, so beteuert der Bericht, »wurde von der Gendarmerie ohne fremdes Zutun aufgrund mehrjähriger eingehender Beobachtungen gefaßt.« Es sei »in Pretzfeld zu Unrecht vermutet worden, Bürgermeister L. sei die treibende Kraft zur Festnahme H.s gewesen.« Es sei auch abwegig, wenn die Volksschullehrersfrau X. in diesem Zusammenhang bei den Amtsstellen behauptet habe, es »herrschen russische Zustände in Pretzfeld«, das Volk in Pretzfeld fühle sich »gequält« und »belästigt« durch Bürgermeister L., der »parteiisch handele und jene Leute, denen er nicht gewogen sei, mit Hilfe der Gendarmerie niederhalte.« Zur Überprüfung dieser Vorwürfe seien von der Gendarmerie vertrauliche Auskünfte in Pretzfeld eingeholt worden, die u. a. ergeben hätten: »Pretzfeld sei bis zum nationalen Umbruch eine Hochburg der Bayerischen Volkspartei gewesen. Mit der Übernahme der Macht seien die damaligen Bürgermeister und Gemeinderäte ausgeschaltet worden. Aus diesem Kreis, zu welchem auch die Verwandtschaft der Volksschullehrersfrau gehöre, komme heute noch der Widerstand gegen den Bürgermeister.« Von verschiedenen Auskunftspersonen würde versichert, Bürgermeister L. »treibe die Entwicklung der Gemeinde ausgezeichnet vorwärts«, habe aber gerade deshalb bei »der Rückständigkeit eines Teiles der Gemeinde einen ungeheuer schweren Stand«, z. B. infolge der Belastung, die die Gemeindebauten z. B. für jene Bauern brächten, »welche Spanndienste verrichten müßten.« Der ausführliche Bericht hinterläßt den Eindruck, daß persönliche Zwistigkeiten, politische Gegensätze und materielle Interessen bei der dorfpolitischen Auseinandersetzung anläßlich dieses Falles eine kaum noch entwirrbare Rolle gespielt haben.

Aus Monatsbericht der Gendarmerie-Bezirksinspektion, 26. 6. 1938

... ist zu berichten, daß die Fronleichnams- und Flurumgangsfeiern in gleich starkem Maße wie in den Vorjahren begangen wurden. Am Fronleichnamstage wurden in Ebermannstadt zwei, in Pretzfeld fünf Hakenkreuzflaggen gezeigt. Sämtliche Fahnen wurden auf Veranlassung der Gendarmerie alsbald eingezogen...[143] Eine geschlossene Beteiligung der Parteidienststellen fand nirgends statt. Parteimitglieder und Beamte haben wie alljährlich teilgenommen. Zur Entschuldigung wurde verschiedentlich vorgebracht, daß die Teilnahme deshalb erfolgt sei, weil von der Bevölkerung sehr darauf gesehen werde und Nichtteilnahme eventuell Vorwürfe und schwereres Arbeiten hervorriefe...

Aus Monatsbericht der Gendarmerie-Station Unterweilersbach, 26. 6. 1938

... Am 16. 6. 38 wurde in sämtlichen Orten des Dienstbezirks das Fronleichnamsfest, am 20. 6. das sogenannte Kränzelfest und am 23. 6. die Hagelfeier begangen... An dem Flurumgang am Kränzelfest nahm 1. Bürgermeister Kraus und die Feuerwehr von Niedermirsberg ebenfalls teil. Sie begründeten ihre Teilnahme damit, daß dies ein alter Brauch sei. Bemerkt wird, daß das sogenannte Kränzelfest ein althergebrachter örtlicher kirchlicher Festtag ist, der am Sonntag nach Fronleichnam begangen wird. Der Hageltag wird am Donnerstag nach Fronleichnam gefeiert, und zwar in den Ortschaften des Wiesenttalgrundes. Derselbe ist ebenfalls althergebracht und soll ein Gelübde sein, das die Vorfahren vor einigen hundert Jahren versprachen, als damals die gesamte Ernte durch Hagelschlag vernichtet wurde.

---

[143] Die NSDAP hatte das Mitführen von Hakenkreuzflaggen bei der Fronleichnamsprozession – offenbar erstmalig – untersagt und auch den Hoheitsträgern der Partei und den der Partei angehörenden kommunalen Amtspersonen von einer Beteiligung abgeraten.

Die Juli-Berichte bestätigten die schon in den Vormonaten gemeldete allgemeine ruhige Stimmung der Bevölkerung. Hervorgehoben wurde, daß die ländliche katholische Bevölkerung im Berichtsmonat in verschiedenen Orten »an den althergebrachten sogenannten Patronatsfeierlichkeiten« festgehalten und diese ausgiebig begangen habe (St. Kilianfest in Pretzfeld am 8. 7., Jacobitag in Niedermirsberg am 29. Juli, St. Anna-Fest am 25. 7. in Unterweilersbach und Waischenfeld). In wirtschaftlicher Hinsicht wurde über mittelgute Ernteaussichten (schlechte Kirschenernte in Pretzfeld und Umgebung) und guten Fremdenverkehr bei zum Teil schlechten Wegverhältnissen berichtet.

Im Vordergrund der Berichterstattung über den Monat August stand der im allgemeinen gute Abschluß der Getreideernte. Über die Reaktion der Bevölkerung auf die deutsch-tschechischen Spannungen wurde dagegen vergleichsweise wenig gemeldet. Bezeichnend ist dabei wiederum der Unterschied zwischen der Berichterstattung der lokalen Gendarmerie-Stationen und der des Bezirksamts. Sofern erstere die Spannungen mit der Tschechoslowakei überhaupt erwähnten, enthielten sie überwiegend Mitteilungen über die verängstigte Stimmung der Bevölkerung wegen eines drohenden Krieges (Berichte der Gendarmerie-Stationen Hollfeld und Heiligenstadt vom 25. 8. 38). Von anderen Stimmungen berichtete dagegen der Vorstand des Bezirksamts, wofür ihm von den vorliegenden Gendarmerie-Berichten lediglich der der Station Waischenfeld gewisse Anhaltspunkte bieten konnte[144]. Der Bericht des Bezirksamts vom 3. 9. 38 führt aus: Aufgrund der täglichen Zeitungsberichte »über die Unterdrückung der Sudetendeutschen in der Tschechoslowakei ist die Ansicht weit verbreitet, daß wir uns diese Gemeinheiten nicht länger gefallen lassen können und daß ein Krieg unvermeidlich ist... Besonders die Jugend drängt darauf, den Tschechen für ihr herausforderndes Benehmen einen kräftigen Denkzettel verabreichen zu können«.

Aus der September-Berichterstattung sind im folgenden nur die zum Teil sehr abweichenden und meist sehr kurzen Berichts-Abschnitte über die stimmungsmäßige Auswirkung der wegen des deutsch-tschechischen Gegensatzes entstandenen internationalen Krise ausgewählt.

Aus dem Monatsbericht der Gendarmerie-Station Heiligenstadt, 25. 9. 1938

In den letzten Tagen und Wochen hat die Bevölkerung viel vom Krieg gesprochen, doch ist sie wegen der Tschechoslowakei eigentlich weniger ängstlich. Die Meldungen des drahtlosen Dienstes – Rundfunk – werden bei jeder Gelegenheit abgehört. Sudetendeutsche Flüchtlinge trafen bis jetzt nicht ein...

Aus Monatsbericht der Gendarmerie-Station Muggendorf, 26. 9. 1938

Infolge der politischen Ereignisse war die Stimmung in der Bevölkerung in letzter Zeit nicht gut. Allgemein wurde mit dem Ausbruch des Krieges gerechnet. Nur ein geringer Prozentsatz der Bevölkerung war gegenteiliger Ansicht. Allmählich greift die Erkenntnis Platz, daß die Ereignisse einer friedlichen Lösung entgegengehen...

---

[144] Diese hatte am 25. 8. berichtet: »Über die Vorgänge in der Tschechoslowakei insbesondere über die Mißhandlungen der Sudetendeutschen ist die Bevölkerung erbost... Von der älteren Bevölkerung, die den Krieg 1914 – 18 miterlebt hat, wird der Krieg verbannt, während jüngere Personen für einen Krieg, hauptsächlich, daß den Tschechen ihr herausforderndes Benehmen heimgezahlt wird, sind.«

I. Bezirk Ebermannstadt

Aus Monatsbericht der Gendarmerie-Station Waischenfeld, 26. 9. 1938

... Die Stimmung der Bevölkerung ist zur Zeit infolge der politischen Außenverhältnisse etwas gedrückt. Man befürchtet, daß es doch noch zu einem Krieg zwischen den nationalen und den demokratischen Staaten Europas kommt. Gegen die Tschechen ist die Bevölkerung erbittert und es wird ein Waffengang mit diesen von der Bevölkerung allgemein begrüßt. Dagegen fürchtet man, daß England und Frankreich sowie Rußland den Tschechen zu Hilfe kommen werden. Dem Besuch des englischen Außenministers beim Führer wurde großes Interesse entgegengebracht. Man ist jedoch enttäuscht, daß über den Ausgang der Verhandlungen[145] nichts verlautbart wird. Die Bevölkerung ist über das Verhalten Englands und Frankreichs erbittert, daß sie dem Führer sozusagen die Hände binden und er den Sudetendeutschen nicht sofort Hilfe bringen konnte. Auf die Führerrede am 26. 9. um 20 Uhr ist alles gespannt. Die Bevölkerung hat zum Führer Vertrauen und man hört immer wieder: »Er wird es schon recht machen.«...

Aus Monatsbericht der Gendarmerie-Station Hollfeld, 27. 9. 1938

... Wegen der in letzter Zeit in der Tschechoslowakei gemeldeten Vorkommnisse ist die Stimmung unter der Bevölkerung sehr gedrückt und wird besonders im Hinblick auf die letzten Ereignisse hier befürchtet, daß es schließlich doch zu einem Krieg kommen werde...

Aus Monatsbericht der Gendarmerie-Station Ebermannstadt, 27. 9. 1938

Wegen der Vorkommnisse in der Tschechoslowakei und der Maßnahmen gegen Sudetendeutsche herrscht allgemein Verbitterung unter der Bevölkerung. Ängstliche Bewohner rechnen mit der Möglichkeit eines bevorstehenden Krieges...

Aus Monatsbericht der Gendarmerie-Bezirksinspektion, 29. 9. 1938

Die politische Stimmung stand im abgelaufenen Monat völlig unter dem Eindruck der Ereignisse in der benachbarten Tschechoslowakei. Trotz aller Sorge vor kriegerischen Verwicklungen zeigte sich durchwegs ein starkes Vertrauen zum Führer und der Reichsregierung, so daß vorerst weder im wirtschaftlichen Leben noch auf dem Gebiet der öffentlichen Sicherheit Auswirkungen einer Panikstimmung festzustellen waren...

---

[145] Gemeint sind die Verhandlungen zwischen Hitler und dem britischen Premierminister Chamberlain in Bad Godesberg vom 23. 9. 1938.

Aus Monatsbericht des Bezirksamts, 30. 9. 1938

Das Vertrauen auf den Führer, daß er auch bei der Lösung der sudetendeutschen Frage wieder eine glückliche Hand haben wird, war trotz aller Kriegsbefürchtungen unentwegt. Daher gab es keine Panikstimmung, keine Angstkäufe und auch keine sonstige Störung des öffentlichen Lebens...

Die Oktober-Berichte verzeichneten Erleichterung der Bevölkerung über den unblutigen Ausgang der Tschechoslowakei-Krise. Durch die Ereignisse der vergangenen Wochen sei »die bisher politisch noch ziemlich gleichgültig gebliebene Landbevölkerung« zu größerem Interesse an den nationalen Geschehnissen veranlaßt worden (Bericht des Bezirksamts vom 2. 11. 38). Die Gendarmerie-Station Muggendorf berichtet am 26. 10. 38, »auch auf dem flachen Lande« finde »der Rundfunk immer mehr Verbreitung.« Selbst »in den kleinsten Orten sind zumindest schon einige Geräte beschafft.« Daß es trotz der im ganzen ruhigen und loyalen Stimmung der Bevölkerung dennoch nur wenig Enthusiasmus und Engagement für die NSDAP und ihre Gliederungen gab, beleuchtet der Bericht der Gendarmerie-Inspektion vom 29. 10. 38, in dem es heißt: »Der für 15. 10. 38 in der Bierwirtschaft Boehm zu Niedermirsberg angesetzte Elternabend der HJ konnte nicht stattfinden, da außer der HJ nur drei Amtswalter der Partei erschienen waren. Die Bevölkerung der Gemeinden Neuses, Niedermirsberg und Rüssenbach steht, wie auch dieser Vorgang zeigt, der nationalen Bewegung nach wie vor interesselos gegenüber.«

Aus Monatsbericht der Gendarmerie-Station Waischenfeld, 25. 11. 1938

... Über die Ermordung des Gesandtschaftsrats vom Rath[146] waren alle Schichten der Bevölkerung entrüstet. Die darauf einsetzende Zerstörung von jüdischen Geschäften und Synagogen wurde von einem Teil der Bevölkerung befürwortet, während der andere Teil dies mißbilligte. Befürwortet wurde die Aktion gegen die Juden von alten Kämpfern und den jüngeren Leuten, die schon aus der Hitlerjugend hervorgegangen sind. Dagegen wurde von der Mehrzahl der Bevölkerung hierfür kein Verständnis aufgebracht, daß man ohne weiteres fremdes Eigentum zerstören darf...

Aus Monatsbericht der Gendarmerie-Station Muggendorf, 26. 11. 1938

... Bezüglich der jüngst erfolgten Aktion gegen die Juden ist die Bevölkerung zweierlei Meinung. Der eine Teil der Bevölkerung vertritt den Standpunkt, daß bewußte Aktionen mit den damit zusammenhängenden Verhaftungen und Zerstörungen noch viel zu mild ausgefallen seien. Der andere Bevölkerungsteil aber, und das ist der weitaus größte, ist der Anschauung, daß diese Zerstörungen nicht am Platze gewesen seien. In diesem Zusammenhang erscheint noch erwähnenswert, daß in der Bevölkerung schon wiederholt die Frage aufgeworfen wurde, ob die an der Aktion beteiligten Personen auch der Bestrafung zugeführt werden...

---

[146] Die Erschießung des deutschen Gesandtschaftsrates Ernst vom Rath durch den Juden Herschel Grünspan in Paris am 7. 11. 1938 (aus Rache für die Abschiebung seiner Eltern aus Deutschland) bildeten den Anlaß für die in der Nacht vom 9. zum 10. November 1938 im gesamten Reichsgebiet eingeleiteten gelenkten Pogrome und antijüdischen Maßnahmen, die später unter der Bezeichnung »Reichskristallnacht« zusammengefaßt wurden.

Aus Monatsbericht der Gendarmerie-Station Königsfeld, 27. 11. 1938

... Ein kleiner Teil der Bevölkerung, die seither Judenfreunde gewesen sind und Geschäfte mit diesen gemacht haben, sind mit den Maßnahmen über die Juden in den letzten Tagen nicht recht einverstanden. Ein großer Teil der Bauern von Poxdorf haben in den letzten Jahren, ja sogar im Frühjahr und Sommer laufenden Jahres noch sehr viele Geschäfte mit dem Juden Landenberger aus Scheßlitz gemacht...

Aus Monatsbericht des Bezirksamts, 2. 12. 1938

Die wichtigsten Gesprächstoffe waren und sind auch heute noch die Vergeltungsmaßnahmen gegen die Juden und die Schweinefleischknappheit...
Rein stimmungsmäßig wird die erstere Angelegenheit von dem überwiegenden Teil der Bevölkerung in folgender Weise beurteilt: Die Auferlegung der Geldbuße war vollauf am Platze und es wäre viel besser gewesen, diese Summe im Zusammenhang mit den nachträglich erlassenen ebenfalls begrüßenswerten Verordnungen über die Ausschaltung der Juden aus dem Erwerbsleben usw. noch zu erhöhen, als Sachwerte vernichten zu lassen. Daher werden die Zerstörungen und Plünderungen abfällig beurteilt, und zwar nicht bloß aus diesem Grunde, sondern auch deswegen, weil dadurch das Rechtsbewußtsein ins Schwanken geraten ist. Eine grundsätzlich derart eingestellte Stimmung gibt dann einen geeigneten Nährboden ab für Gerüchte, daß die Geistlichen und das Kirchenvermögen die nächsten sein werden, denen es ähnlich ergehen wird wie den Juden und ihrem Besitz, und für eine Kritik, daß dieses Vorgehen gegen die Juden außenpolitisch sehr ungeschickt gewesen sei, weil dadurch die erst kürzlich gebannte Kriegsgefahr erneut heraufbeschworen wurde und wir aus einer mühsamen bereits errungenen günstigen Stellung zu einer erfolgreichen Lösung der Kolonialfrage wieder zurückgeschlagen worden seien.
Vom Standpunkt des Polizeibeamten aus habe ich dazu noch folgendes beizufügen: Vergeltungsmaßnahmen gegen einzelne Volksgenossen, die sich an dem Volke versündigen, darf das Volk nur durch die hierzu berufenen Organe des Staates ausführen lassen. Das sind die Strafverfolgungs- und Strafgerichtsbehörden. Der einzelne Volksgenosse ist weder für sich allein noch durch Zusammengehen mit anderen Volksgenossen dazu befugt. Daher die strengen Bestimmungen über die Bestrafung des Verbrechens des erschwerten Landfriedensbruchs. Die Autorität der Polizei muß notgedrungen einen schweren Schlag erleiden, wenn sie eine solche Straftat unbeanstandet geschehen läßt. Ein solches Verhalten wird dann entweder als Parteilichkeit beurteilt oder als Unfähigkeit, die Aufrechterhaltung von Ruhe, Ordnung und Sicherheit gewährleisten zu können. Justitia fundamentum regnorum!...
Für den Fall, daß der Herr Regierungspräsident über die Vergeltungsmaßnahmen gegenüber den Juden von der Geheimen Staatspolizei noch nicht eingehend unterrichtet worden sein sollte, gebe ich nachstehend eine kurze Zusammenstellung dieser Vorgänge im Bezirk.
Die seit längerer Zeit zu Kulthandlungen nicht mehr benützten Synagogen in Hagen-

bach und Wannbach wurden zerstört. In den gleichen Orten und außerdem in Aufseß wurden insgesamt sechs jüdische Wohnungen erheblich beschädigt. Der Gesamtschaden wird auf rund RM 3000,- geschätzt. Wesentlich größer ist der Schaden, der im Schloß zu Pretzfeld angerichtet worden ist – er dürfte rund RM 20 000,- betragen –, das noch dazu einem Engländer, dem Juden Max Wimpeler und dem evangelischen Judenmischling Diplomingenieur Fritz Herrmann in London gehört. Hier wurden zahlreiche Kunstgegenstände, auch wertvolle alte Öfen, vernichtet. Auch der Weinkeller wurde geplündert. Andere eigennützige Bereicherungen kamen in der Form vor, daß Schuldner ihre jüdischen Gläubiger unter körperlicher Einwirkung zwangen, vorgeschriebene Quittungen über die angebliche Bezahlung der Schulden zu unterzeichnen. Ja, sogar Grundstücke mit Gebäuden wurden auf diese Art und Weise unentgeltlich übereignet.

Solche Überschreitungen der gesteckten Grenzen haben den Zweck und den Wert der Vergeltungsmaßnahmen geradezu in das Gegenteil verkehrt.

Im unmittelbaren Anschluß an die antijüdischen Maßnahmen vom November 1938 startete der Nationalsozialistische Lehrer-Bund (NSLB) wie in ganz Bayern so auch im Bezirk Ebermannstadt eine massive Aktion, um die Lehrer zur Niederlegung des von ihnen teilweise in den Volksschulen noch erteilten Religionsunterrichtes zu bewegen. Die Aktion stand nicht im Einklang mit den einschlägigen Erlassen der staatlichen Schulverwaltung, die die Fortführung des Religionsunterrichtes durch die Lehrer ausdrücklich vorgesehen hatten. Als die Aktion des NSLB bekannt wurde, ersuchte der Evangelisch-Lutherische Landeskirchenrat in München die evangelischen Dekanate am 17. und 20. 11. 38 um genaue Berichterstattung. Der Dekan von Muggendorf, zu dessen Amtssprengel ein Teil der evangelischen Gemeinden des Bezirks Ebermannstadt gehörte, erstattete daraufhin am 21. 11. 38 den folgenden Bericht an den Landeskirchenrat[147]:

»Am Freitag, 11. 11., waren vom Vorsitzenden des NSLB für den Bezirk Ebermannstadt die Schulleiter zu einer Konferenz geladen worden, in der diesen der Wortlaut diktiert wurde, mit dem sie den Pfarrämtern die Niederlegung des Religionsunterrichtes anzeigen sollten. Die meisten Lehrer haben das bis zum 15. 11. lt. Bericht der Pfarrämter teils schriftlich, teils auch mündlich getan. Am 18. 11. wurden drei weitere Niederlegungen berichtet, am 21. 11. noch eine. Ein Pfarramt hat den Wortlaut der Zuschrift des Lehrers mitgeteilt: »Die Stellung der Kirche zur Judenfrage veranlaßt mich als deutschen Erzieher, den Religionsunterricht an der Schule in W. mit sofortiger Wirkung niederzulegen.« Ein anderer Lehrer erklärte dem Pfarrer, er sei angewiesen worden, die Erklärung schriftlich abzugeben, tue es aber entgegen der ausdrücklichen Weisung doch mündlich. Er fügte im Blick auf seine seinerzeitige Erklärung bei Einführung der Gemeinschaftsschule, daß der Religionsunterricht im bisherigen Umfang vom Lehrer weiter erteilt werde, hinzu: ich kann nichts dagegen machen, wenn Sie (der Pfarrer) mich nun wortbrüchig heißen! Der Lehrer drückte sich sogar noch stärker aus. Einigen Lehrern merkte man es deutlich an, daß ihnen die Sache sehr peinlich war und daß sie nur unter Druck handelten.«[148]

Aus Monatsbericht des Bezirksamts, 30. 12. 1938

... An der am 10. und 11. Dezember 1938 für den evangelischen Dekanatsbezirk Muggendorf im evangelischen Gemeindezimmer in Aufseß veranstalteten Bibeltagung nahmen 50 – 60 Männer aus der Pfarrei Aufseß und aus Muggendorf teil. Die Durchführung

---

[147] Das im folgenden wiedergegebene Dokument entstammt dem LKA Nürnberg, Dekanat Muggendorf/145.
[148] Vgl. zu dem Vorgang auch den folgenden Bericht des Bezirksamts vom 30. 12. 1938 und das Kapitel NSLB in Teil VI dieser Sammlung, insbes. S. 547 ff.

der Tagung lag in den Händen der Pfarrer Schiller aus Pommersfelden und Herbst in Aufseß...

Eine am 1. Dezember von den Deutschen Christen in der Gastwirtschaft Knoll in Unterleinleiter anberaumte Versammlung mit Pfarrer Daum, Bayreuth, als Redner war trotz der zahlreichen Einladungen nur von acht Gästen besucht, von denen nur einer, Lehrer Zahn, sich dieser Bewegung anschloß. Die Besucher der Wirtschaft in dem anschließenden Gastzimmer nahmen gegen diese Versammlung Stellung mit den Worten: »Schmeißt sie hinaus die Lumpen!«...

Eine ganz bedenkliche Verwirrung vor allem innerhalb der Lehrerschaft hat die anscheinend von dem NSLB ausgegangene Weisung, den Religionsunterricht niederzulegen, im Zusammenhang mit den in ganz anderer Richtung liegenden Weisungen des Bayerischen Kultusministers und des Reichserziehungsministers verursacht. Es wäre zweifellos besser gewesen, wenn die erste Weisung nach vorheriger Fühlungnahme mit den zuständigen Fachministern ergangen wäre. Dann wären letztere der Notwendigkeit enthoben worden, ganz vorsichtig den Wunsch durchblicken zu lassen, daß die Niederlegungserklärungen rückgängig gemacht werden sollen. Wenn eine Lehrkraft nach reiflicher Überlegung die Entscheidung getroffen hat, dann kann man ihr nicht nahe legen, diese wichtige, auf einer inneren Einstellung beruhende Entscheidung wieder zu ändern. Tut sie aber das letztere, dann besteht die Gefahr, daß wieder die altbekannten Vergleiche mit der Windfahne und dem Schilfrohr gezogen werden...

In den Januar-Berichten 1939 wurde durchweg eine ruhige politische Stimmung der Bevölkerung registriert. Charakteristisch ist die erneute Feststellung der Gendarmerie-Station Waischenfeld vom 26. 1. 39: »Die Bevölkerung ist in der Mehrzahl politisch gleichgültig, jedoch friedliebend und steht hinter der Regierung.« In wirtschaftlicher Hinsicht klagten verschiedene Gendarmerie-Stationen über den empfindlichen Mangel an Knechten und Mägden. Als Ursache für die Abwanderung der Dienstboten in die Industrie wurde neben der dort besseren Entlohnung auch angeführt, daß manche Bauern die Knechte und Mägde »nicht behandeln, wie es sich gehört« (Bericht der Gendarmerie-Station Königsfeld vom 27. 1. 39). Wegen des Dienstbotenmangels fände auch die Einführung der 8. Klasse in den Volksschulen, durch den der Arbeitskräftemangel auf dem Lande noch verschärft werde, »bei den Bauern kein Verständnis« (Bericht des Bezirksamts vom 31. 1. 39).

Aus Monatsbericht der Gendarmerie-Station Waischenfeld, 25. 2. 1939

...Die Bauern des hiesigen Dienstbezirks sind durchwegs mit Dienstboten eingedeckt. Nur der Bauer A. in Maischlitz, Gemeinde Schönfeld, hat bis jetzt nur einen 16jährigen Jungen erhalten können. A., der ca. 150 Tagwerk Grund besitzt, worauf 6 Pferde und 25–30 Stück Rindvieh gehalten werden, benötigt noch 2 Knechte und 2 Mägde. Zur Bewirtschaftung des Anwesens sind z. Zt. nur der Besitzer, seine Tochter, der Schwiegersohn und ein 16jähriger Junge vorhanden. Dieselben sind kaum in der Lage, nur das Vieh richtig zu füttern und zu pflegen. Da A. mit dem vorhandenen Personal die Arbeit nicht leisten konnte, hat er in letzter Zeit 4 Kühe und 1 Jungrind verkauft. A. hat sich schon wiederholt beim Arbeitsamt Bayreuth um Zuweisung von Arbeitskräften bemüht, konnte aber bis jetzt weder einen Knecht noch eine Magd erhalten. Wie die Feststellungen ergaben, sind bei A. in den letzten Jahren die Dienstboten selten länger als 1 Jahr geblieben. Von den Dienstboten, die im Jahre 1937 und 1938 bei A. gewesen sind, wurde dem Unterzeichneten wiederholt über schlechtes Essen und ungenügende Bezahlung geklagt...

Seit 10. 1. 39 gastiert in Plankenfels ein Volkstheater unter der Leitung von Direktor Blodeck aus Nürnberg... In letzter Zeit waren die Theateraufführungen in Plankenfels und Waischenfeld schlecht besucht...

Aus Monatsbericht der Gendarmerie-Station Unterweilersbach, 26. 2. 1939

... Die Stimmung der Bevölkerung ist im allgemeinen gut; abfällige Äußerungen über Partei und Staat wurden nicht bekannt. Im Einzelfalle wurde erfahren, daß es ab nächstes Jahr anders werden soll. Wie es ab nächstes Jahr werden solle, konnte nicht in Erfahrung gebracht werden. Es scheint, als sei bei Einzelpersonen der Wunsch der Vater des Gedankens, daß im Deutschen Reiche eine Änderung der politischen Verhältnisse eintreten könne. In einem weiteren Einzelfalle wurde die Frage aufgeworfen, warum wohl im Osten des Deutschen Reiches keine Befestigungen gebaut werden; scheinbar halte man da die Reichsgrenzen noch nicht für endgültig...

Aus Monatsbericht der Gendarmerie-Bezirksinspektion, 1. 3. 1939

Die Stimmung war im abgelaufenen Monat wiederum gut. An den politischen Geschehnissen nahm die ländliche Bevölkerung nur geringen Anteil. Die Mehrheit zeigte sich überhaupt völlig uninteressiert. Dagegen fanden die Bestrebungen zur Einführung des 8. Schuljahres in den Landgemeinden vielfach scharfe Kritik. Die Bauern vertreten mit Rücksicht auf den Dienstbotenmangel die Auffassung, daß die Jugend zur Mitarbeit dringend benötigt sei und deshalb nicht noch ein Jahr in der Schule festgehalten werden sollte. Ebenso klagt die Landbevölkerung nach wie vor über die hohe steuerliche Belastung...

Der Dienstbotenmangel hat, wie inzwischen festgestellt werden konnte, nicht den anfänglich befürchteten Umfang angenommen. Es sind zwar da und dort Bauern, die entweder überhaupt keine oder wenigstens keine vollwertigen Hilfskräfte erlangten. Es handelt sich aber in der Hauptsache um verrufene Arbeitgeber, die unter den obwaltenden Verhältnissen eben gemieden werden...

Am 15. 2. 1939 wurde in Störnhof, Gemeinde Oberfellendorf, der Reichsberufswettkampf für die Landwirtschaft durchgeführt. Aus 17 Ortschaften beteiligten sich 65 Personen, in der Hauptsache junge Leute beiderlei Geschlechts...

Am 2. 2. 1939 wurde in Unterleinleiter eine Ortsgruppe der NS-Frauenschaft errichtet. Derselben traten zwölf Mitglieder bei...

Aus Monatsbericht der Gendarmerie-Station Aufseß, 26. 3. 1939

... Die Ereignisse der letzten Tage, hinsichtlich Eingliederung des Protektorats Böhmen und Mähren in das Reich, sind von der Bevölkerung mit lebhaftem Interesse besprochen worden. Die gewaltige Tat wird jedoch verschieden beurteilt. Es gibt hier noch viele Menschen, die um die geschichtliche Vergangenheit der Tschechei wenig wissen, die nicht wissen, daß die Länder Böhmen und Mähren bereits eine 1000-jährige deutsche Geschichte hinter sich hatten und daß die zerfallene Tschechei nur ein Produkt des Friedensvertrages von Versailles war. Durch diese Unwissenheit werden die Nichtkenner in die Meinung versetzt, als wenn das Reich fremdes Land sich angeeignet hätte. Es fehlt also auf dem Lande noch an der Geschichtskenntnis und an der notwendigen weltanschaulichen Schulung. Im großen und ganzen aber wurde von der Gesamtbevölkerung die Eingliederung Böhmens und Mährens und des Memellandes in das Reich freudig begrüßt und gut geheißen.

Ein Abhören von Auslandssendern kommt noch häufig vor, durch letzteres wird die Bevölkerung bestimmt im negativen Sinne beeinflußt...

Aus Monatsbericht der Gendarmerie-Station Hollfeld, 26. 3. 1939

Am 12. 3. 39 haben größere Truppendurchmärsche durch Hollfeld stattgefunden. Die Auflösung der Tschechei und die Besetzung durch deutsche Truppen sowie die Rückgliederung des Memellandes wird allgemein freudig begrüßt. In letzter Zeit wurde im hiesigen Dienstbezirk die Wahrnehmung gemacht, daß die Landbevölkerung besonderes Interesse für die Stimmung im Auslande zeigte und deren Nachrichtensendungen in deutscher Sprache abhörte. Dies dürfte in der Hauptsache auf die politisch bewegte Zeit der ereignisvollen Tage der letzten Wochen zurückzuführen sein...

Aus Monatsbericht der Gendarmerie-Station Ebermannstadt, 27. 3. 1939

... Die außenpolitischen Erfolge in letzter Zeit wurden von der großen Mehrheit der Bevölkerung mit heller Freude aufgenommen. Es gibt aber auch Leute, die durch diese Erfolge außenpolitische Verwicklungen und Krieg befürchten und in einem gewissen Angstzustand leben. Letzteres dürfte auf das Abhören hetzerischer Auslandssender, wovon im hiesigen Bezirk ausgiebig Gebrauch gemacht wird, zurückzuführen sein...

Aus Monatsbericht des Bezirksamts, 1. 4. 1939

... Wegen der künftigen außenpolitischen Entwicklungen sind die Meinungen geteilt. Die Ängstlichen befürchten, daß weitere Maßnahmen letzten Endes doch noch eine kriegerische Verwicklung mit sich bringen könnten. Die übrigen glauben, daß die Machtausdehnung mit der gleichen Geschwindigkeit und in den gleichen Ausmaßen Fortschritte macht. Diese Optimisten sind insofern gefährlich, weil sie die Tragweite der bisherigen und der künftigen Entschlüsse des Führers allzusehr auf die leichte Schulter nehmen und dadurch Hoffnungen und Ansichten auslösen, die eine Ernüchterung hervorrufen können, wenn nicht fortwährend neue »Siege« errungen werden. Bedenklich ist die immer größer werdende Sucht, die in deutscher Sprache ausgehenden Meldungen ausländischer Rundfunksender abzuhören. Das führt dazu, daß auch auf dem Lande und auch von den weniger begüterten Volksgenossen anstelle der einfachen billigen Volksempfänger die teuren und leistungsfähigeren Rundfunkgeräte bevorzugt werden, mit denen auch die Sendungen aus dem Ausland gut abgehört werden können. Besonders bevorzugt werden die Sendungen aus Straßburg und Luxemburg. Auch englische Sender werden eingeschaltet. Zuweilen besteht auch Interesse für die Sendungen aus Moskau und aus dem Vatikan. Ob der Grund hierfür lediglich in harmloser Neugierde oder in einem mangelnden Vertrauen in die Richtigkeit und Vollständigkeit unseres eigenen Nachrichtenwesens in Presse und Rundfunk zu suchen ist, wird schwer festzustellen sein...

Aus Monatsbericht der Gendarmerie-Bezirksinspektion, 29. 4. 1939

... Der Landkreis Ebermannstadt darf nunmehr als judenfrei bezeichnet werden, nachdem auch die in Aufseß wohnhaft gewesenen drei Familien David, Fleischmann und Günther diesen Ort für immer verlassen haben. Die Juden begaben sich nach Bayreuth, Frankfurt am Main und Urspringen. Die Familie David will demnächst nach Amerika auswandern. Die in Hagenbach und Wannbach wohnhaft gewesenen drei Familien halten sich in Nürnberg auf... In Streitberg wirkt die W. als Führerin des BdM. Mit ihr sind die Erziehungsberechtigten in keiner Weise zufrieden. Es erregte besonderen Anstoß, daß sie die werktags schulpflichtigen Mädchen mit zu einem Volkstanzabend in die Polizeischule Ebermannstadt nahm, wobei die Kinder erst früh gegen 1 Uhr wieder nach Streitberg zurückkehrten. Auch in sittlicher Hinsicht wird der W. nicht das beste Zeugnis ausgestellt...

Aus Monatsbericht der Gendarmerie-Bezirksinspektion, 30. 5. 1939

... Die herkömmlichen Bittprozessionen wurden auch heuer wieder am 15., 16. und 17. Mai von allen katholischen Pfarreien bei starker Beteiligung durchgeführt. Das Pfarramt Ebermannstadt führte ferner zu Beginn des Monats eine Pilgerfahrt nach Altötting durch... In Hochstahl bestand bisher zwischen Pfarrer Sch. und Lehrer B. starke Feindschaft, die auch zu einer Spaltung des Dorfes in zwei Lager führte. Nach der nunmehr erfolgten Aussöhnung der beiden Gegner hat dieser Ort die verdiente Ruhe wieder gefunden...

Die Klagen über den Dienstbotenmangel bestehen unverändert fort. Eine Besserung ist bei der starken Neigung zur Landflucht kaum zu erwarten. Der Bauernstand kann allerdings von der Zuspitzung dieser Zustände nicht ganz schuldlos gesprochen werden. Als Beispiel dafür mag ein Vorfall in Neuhaus dienen. Der Amtswalter der NSDAP, Lehrer

L. dortselbst, wollte zum 1. Mai einige treue Dienstboten öffentlich ehren und beschenken. Die Mittel hierzu sollten durch eine Sammlung aufgebracht werden. Nachdem aber selbst die großen Bauern nur Beträge von 5 und 10 Pfennigen stifteten, mußte das Vorhaben unterbleiben.

Aus Monatsbericht der Gendarmerie-Station Aufseß, 27. 6. 1939

... Die Begeisterung der bäuerlichen Bevölkerung, gemessen an jener von 1933, hat ziemlich nachgelassen. Die Gründe hierfür scheinen in einer Unzufriedenheit zu liegen, zu der eigentlich kein Grund vorhanden ist. Den einen paßt der Bürgermeister nicht, den anderen wieder der Ortsgruppenleiter weniger. Der Nächste kann wieder nicht sehen, wenn sein Nachbar sich verbessert, und so werden Meinungsverschiedenheiten erzeugt, die das gute Zusammenleben der Bevölkerung beeinträchtigen.

Der Versuch der Einkreisung Deutschlands durch England und Frankreich sowie das Verhältnis zu Polen und die durch diese Tatsache in die Nähe gerückte Kriegsgefahr versetzt gerade die Bauernbevölkerung in Sorge. Diese ist ferner ungehalten, daß man gerade während der dringlichen Erntezeit Einberufungen zum Militär veranlaßt und andererseits keine Arbeitskräfte als Ersatz zur Verfügung gestellt erhält.

Allgemein ist die Bevölkerung gegen England eingestellt, an dessen zähem Festhalten an den alten Verhältnissen man den Grund an der unsicheren Lage zu erkennen glaubt. Kriegsbegeisterung, wie etwa 1914, ist aber bestimmt nicht zur Hälfte vorhanden.

Ein ziemlicher Teil der Bauernbevölkerung ist bestimmt noch gegen das Dritte Reich eingestellt. Letzteres beweist die Tatsache, daß große Bauern, die finanziell bestimmt in der Lage wären, ablehnen, in die NSV einzutreten. Sie haben keine 50 Pfennig pro Monat übrig, während sie aber andernseits alle Zuschüsse, die für sie in Frage kommen, in Anspruch nehmen wollen. Ein Eintritt in die Partei kommt für sie überhaupt nicht in Frage. Letzteres ist besonders in Neuhaus der Fall...

Aus Monatsbericht der Gendarmerie-Bezirksinspektion, 29. 6. 1939

...Ungeachtet des großen Vertrauens zur Außenpolitik des Führers besteht aber allenthalben nur geringe Neigung zu kriegerischen Verwicklungen. Besonders die Inhaber von Kriegsbeorderungen machen kein Hehl aus ihrer ablehnenden Einstellung gegen jeden Krieg. Die Begeisterung, wie sie 1914 verzeichnet werden konnte, wäre heute undenkbar. Das Volk kennt den Ernst und die Gefahren des Krieges. Bei allem nationalen Stolz und trotz großer Vaterlandsliebe überwiegt, und zwar besonders im Kleinbauern- und Arbeiterstand, das Friedensbedürfnis.

Die Ungewißheit der außenpolitischen Lage, die starke steuerliche Anspannung, gewisse wirtschaftliche Schwierigkeiten, besonders aber der Druck gegen die Kirche erzeugen zur Zeit beim Landvolk eine steigende Müdigkeit in nationaler Hinsicht. Den Gewinn dieser Belastung heimst die katholische Kirche ein. Je mehr die Überwachung der Kirche versucht oder oft auch nur vermutet wird, um so stärker steht der Bauernstand zu seinen Geistlichen. Der Besuch der katholischen Kirchen, die Teilnahme an den verschiedenen Veranstaltungen wie Prozessionen, Flurumgänge, Wallfahrten, der Besuch der Werktagsgottesdienste, die Beichtteilnahme bleiben unverändert stark. Die Partei ist propagandistisch gegen die Entwicklung vorerst machtlos. Die Stimmung richtet sich dabei weniger gegen den Staat als vielmehr gegen die Partei. Es gibt zahlreiche Bauern, die sich nicht scheuen, offen zu erklären, daß sie ihre Einstellung zur Partei abhängig machen von den Maßnahmen der Partei gegen die Kirche. Die Frage, welche Haltung die katholische Geistlichkeit bei diesen weltanschaulichen Auseinandersetzungen einnimmt, läßt sich nicht eindeutig beantworten. Nach außen hin versuchen die Pfarrer allenthalben nicht nur das Gesicht zu wahren, sondern auch den nationalen Bedürfnissen gerecht zu werden, in rein konfessionellen Fragen sind sie dafür hinter der Front um so mehr bemüht, ihre Gemeinden im sturen Glauben zu erhalten. Der Einfluß der evangelischen Pfarrerschaft, wie überhaupt das kirchenpolitische Leben der evangelischen Gemeinden, ist wesentlich geringer. Das Verhältnis zwischen Pfarrer und Pfarrkindern ist hier meist sehr locker und der Kreis der bedingungslosen Anhänger meist sehr klein. Versuche der Pfarrerschaft, dieses Verhältnis zum Vorteil der evangelischen Kirche zu bessern, waren bisher erfolglos und werden voraussichtlich auch in Zukunft zu keinem brauchbaren Ergebnis führen. Straff gegliedert ist lediglich die evangelische Landeskirchliche Gemeinschaft. Diese stützt sich vorerst nur auf kleine Zellen in Albertshof und Birkenreuth. Die Anhänger dieser Gemeinschaft lehnen praktisch die Führung durch die Pfarrer ab. Das gottesdienstliche Leben innerhalb dieser Richtung wird auf dem Lande fast ausschließlich von Laienpredigern bestritten...

Aus Monatsbericht des Bezirksamts, 30. 6. 1939

Der Wille zum Frieden ist stärker als der zum Krieg. Bei dem weitaus überwiegenden Teil der Bevölkerung besteht deshalb mit einer Lösung der Danziger Frage nur dann Einverständnis, wenn dies in der gleichen Weise unblutig vor sich geht wie die bisherigen Eingliederungen im Osten...

Die Beteiligung der katholischen Bevölkerung an den zahlreichen Veranstaltungen außerhalb der Kirchen, wie sie in Gestalt von Prozessionen, Flurumgängen, Wallfahrten usw. im abgelaufenen Monat üblich waren, war im ganzen gegenüber früher unverändert, zum Teil sogar stärker. Eine dieser Wallfahrten, die von Ebermannstadt aus nach dem Wallfahrtsort Gößweinstein im benachbarten Landkreis Pegnitz geht, beginnt bereits um 2 Uhr früh mit Glockengeläut, Blasmusik und Gesang. Der Ortsgruppenleiter der NSDAP in Ebermannstadt hat deshalb bei der Gendarmerie Anzeige erstattet und verlangt, daß hierwegen ein Strafverfahren wegen nächtlicher Ruhestörung durchgeführt und daß dem Unfug ein Ende bereitet wird. Da es sich um eine althergebrachte Veranstaltung handelt, fehlt die Rechtsgrundlage zu dem Erlaß des gewünschten Verbotes. Dies ist wieder einer der bedauerlichen Fälle, in denen der Landrat einem von einem Hoheitsträger der NSDAP ausgehenden Wunsch, die Betätigungen der Konfessionen mehr einzuschränken, als es nach den Weisungen der Geheimen Staatspolizei zulässig ist, nicht entsprechen kann und dadurch in den Geruch kommt, ein »schwarzer Bruder« zu sein...

Aus Monatsbericht der Gendarmerie-Station Unterweilersbach, 25. 7. 1939

... Infolge der Kirschenernte kam Geld in die Gemeinden, denn die Preise hierfür waren gut. Erzeuger und Verteiler hatten ein entsprechendes erhöhtes Einkommen, was um so begrüßenswerter war, weil in den vergangenen Jahren die Kirschenernte ziemlich mager gewesen sein soll...

Der Arbeitseinsatz für die gewerblichen Betriebe ist gut; ein großer Teil der Arbeitskräfte findet lohnende Beschäftigung in auswärtigen Städten und Ortschaften. Im hiesigen Dienstbezirk ist keine Industrie; viele Personen arbeiten in den Textilfabriken in Forchheim. Die Arbeiter in auswärtigen gewerblichen und Textilbetrieben erhalten Tarifentlohnungen, die zum Teil gut sind...

Aus Monatsbericht der Gendarmerie-Station Waischenfeld, 25. 7. 1939

Die innerpolitische Entwicklung des hiesigen Dienstbezirks ist seit der letzten Berichtszeit unverändert geblieben. Die Bevölkerung kümmert sich nach wie vor nicht viel um die Politik und liest zum größten Teil im Sommer keine Zeitung. Hauptsächlich ist dies bei den bäuerlichen Kreisen der Fall. Die Bevölkerung ist sehr gut katholisch und besucht besonders an den Sonntagen regelmäßig sehr zahlreich die Gottesdienste...

Aus Monatsbericht der Gendarmerie-Bezirksinspektion, 29. 7. 1939

... Das Unwetter vom 30. Juni des Jahres, ferner der Hagelschlag vom 9. Juli und endlich die lang anhaltenden starken Regenfälle erzeugten beim Landvolk eine wirklich trostlose Stimmung. Die steuerliche Belastung, die Geldknappheit und die Sorge vor einer völligen Mißernte taten das ihrige dazu, den Unmut der an und für sich arbeitsfreudigen und staatstreuen Leute noch zu steigern. Die Frage, ob im Vergleich zu den guten Einkommensverhältnissen in der Industrie und in anderen Erwerbsschichten die mit Schwierigkeiten aller Art belastete landwirtschaftliche Arbeit überhaupt noch einen Sinn habe, wird öfters gestellt und leider immer mehr verneinend beantwortet. Eine Wende dieser Unlust darf vielleicht nach der Getreideernte erwartet werden, da erfahrungsgemäß die Monate Juni und Juli dem Bauern zwar viel Arbeit aber noch keine Einkünfte bringen...

Völlig unbefriedigend sind weiterhin die Verhältnisse auf dem Gebiet der Versorgung mit Schweinefleisch. Zunächst wirkt sich hier die Tatsache, daß trotz Wiedereinführung der Schweinemärkte eine Senkung der Preise für Jungschweine nicht erzielt werden konnte, für die Nachzucht nachteilig aus. Aber auch die Preise für die Schlachtschweine stehen nur mehr auf dem Papier. Es ist offenes Geheimnis, daß die Höchstpreise unbeachtet bleiben bzw. durch Koppelungsgeschäfte (gleichzeitiger Ankauf eines Schweines und eines Kalbes) umgangen werden. Einzelne Orte, darunter besonders Aufseß, Hollfeld, Unterweilersbach, Wonsees etc. klagen darüber, daß die Zuweisung an Schlachtschweinen unzureichend sei und auch uneinheitlich erfolge. So konnte festgestellt werden, daß die Arbeiter des Hollfelder Landes ihren Bedarf an Schweinefrischfleisch mühelos in Bayreuth zu decken vermögen, während in Hollfeld selber dauernder Mangel an Frischfleisch besteht...

Der Fremdenverkehr konnte sich trotz der inzwischen eingetretenen Hauptzeit immer noch nicht voll entwickeln. Einerseits brachte das regnerische kalte Wetter starken Abbruch, besonders die älteren Sommerfrischler blieben dadurch aus, andererseits hielt die Abwanderung der Stammgäste in das Sudetenland weiterhin an. Hauptsächlich in Muggendorf, dem ältesten Kurort der Fränkischen Schweiz, sind die Besuchsverhältnisse unbefriedigend...

Aus Monatsbericht des Gendarmerie-Kreisführers, 29. 8. 1939

Im gesamten Landkreis gibt es augenblicklich nur einen Gesprächsstoff: die drohende Kriegsgefahr. Die Stimmung ist dementsprechend erheblich gedrückt. Die vorbereitenden Maßnahmen (Einberufung der Reservisten, Sicherstellung, Ausgabe der Lebensmittelkarten usw.) steigerten allenthalben die an sich vorhandene Erregung...

Obwohl Anzeichen einer Kriegsfurcht nirgends festzustellen sind, im Gegenteil, der Glaube an die starke deutsche Wehrmacht unbegrenzt ist, kann doch auch von einer Kriegsbegeisterung keine Rede sein. Die Erinnerung an den Weltkrieg und seine Folgen ist noch viel zu frisch, um einer Hurrastimmung Raum zu gewähren. Gerade die bäuerliche Bevölkerung empfindet den Leute- und Pferdemangel, den Entzug der Treibstoffe besonders einschneidend und klagt lebhaft über diese Maßnahmen. Es zeigte sich übrigens in den letzten Tagen, daß die propagandistischen Bemühungen des Reiches und der Partei bisher zur gründlichen Aufklärung des Bauerntums nicht ausreichen bzw. nicht immer als populär empfunden wurden. Die Landbevölkerung hört vielfach lieber die Auslandssender als die Nachrichten vom Drahtlosen Dienst. Dies geschieht aber durchaus nicht aus staatsfeindlicher Gesinnung, sondern meist in dem Bestreben, mehr zu erfahren als die amtlichen Quellen verlauten lassen...

Aus Monatsbericht der Gendarmerie-Station Muggendorf, 26. 9. 1939

... Trotz der verschiedenen Einberufungen hat sich ein besonderer Arbeitermangel in der Landwirtschaft noch nicht gezeigt. Es sind aber verschiedene Fälle vorgekommen, wo die einzige männliche Arbeitskraft eingezogen wurde. Die Verwandten und auch Ortsangehörigen haben aber so viel Verständnis, daß sie solchen Familien mit Rat und Tat zur Seite stehen. Auf mehr Schwierigkeiten stieß der Einzug der Pferde aus verschiedenen landwirtschaftlichen Betrieben. Große Anwesen mit über 100 Tagwerk Grundbesitz haben durch die Wegnahme der Pferde nicht ein einziges Anspanntier... Verschiedentlich wurde schon auf die Anschaffung von Ochsengespannen übergegangen. Einige solche große Besitzungen wie Sponsel in Störnhof und Krämer in Oberfelldorf haben sich Zugmaschinen beschafft. Gleiches geschah durch die Gemeinde Streitberg...

Aus Monatsbericht des Bezirksamts, 30. 9. 1939

Die ursprüngliche Niedergeschlagenheit gleich nach Kriegsausbruch wurde alsbald von einer zuversichtlichen Stimmung abgelöst, als sich die Siegesnachrichten vom polnischen Kriegsschauplatz geradezu überstürzten. Aus diesem Grunde konnten die bei Kriegsbeginn angeordneten Maßnahmen hinsichtlich Verdunkelung, Einführung der Bezugscheinpflicht, Belegung des Alkohol- und Nikotingenusses mit Kriegszuschlag usw. die Stimmung nicht nachhaltig ungünstig beeinflussen, abgesehen von den mit allen Neuerungen verbundenen selbstverständlichen anfänglichen Schimpfereien... Die Angehörigen von Kriegsteilnehmern der älteren Jahrgänge, besonders aus den Kreisen der Feldzugsteilnehmer 1914/18 sind verärgert darüber, daß junge, ledige aktive Wehrpflichtige noch in der Heimat sind... Aus dieser Atmosphäre heraus entspringt auch die Ungehaltenheit darüber, daß der größte Teil der politischen Leiter der NSDAP als unabkömmlich von der Wehrmacht nicht beansprucht wird, obwohl nach Meinung dieser Nörgler die »alten Kämpfer« jetzt eigentlich erst recht eine Gelegenheit zum Kämpfen hätten...

In der bäuerlichen Bevölkerung sind beachtliche Inflationsbefürchtungen aufgetaucht... Sie äußern sich in ziemlich ausgedehnten Kündigungen von Spareinlagen bei der Kreissparkasse und in einer Flucht in die Realwerte, so daß die unsinnigsten Sachen auf Vorrat gekauft werden, wie Regenschirme, Weckgläser, Fahrräder, Gummireifen, Düngergabeln, landwirtschaftliche Kleingeräte, bezugscheinfreie Kinderwäsche usw. ... Ein Hamstern von Lebensmitteln war vorerst nur in ganz geringem Maße festzustellen...

Ein Fehlgriff war es, die wegen der Grenznähe zu Frankreich evakuierten Volksgenossen aus dem höher kultivierten Saarland in den ärmlichen Dörfern des Fränkischen Jura zu bergen... Die Bergungsmaßnahmen haben in allen diesen Dörfern eine allgemeine Unzufriedenheit und Mißstimmung ausgelöst und zwar bei den Saarländern deswegen, weil sie mit der primitiven Unterkunft und rauhen Kost nicht einverstanden sind... Ein großer Teil der geborgenen Personen verließ eigenmächtig aus Unzufriedenheit mit den Quartieren und der Verpflegung die zugewiesenen Unterkünfte und wanderte in die größeren Orte ab, wo Bahn, Post, Arzt und Einzelhandelsgeschäfte vorhanden sind. Deshalb sind die Stadt Ebermannstadt und der Markt Pretzfeld ziemlich verstopft, während gerade die Bauern auf dem Lande, die über genügend Raum und Lebensmittel verfügen und Arbeitskräfte brauchen, wieder allein dastehen.

Die Oktober-Berichte enthalten keine nennenswerten neuen Informationen.

Aus Monatsbericht der Gendarmerie-Station Heiligenstadt, 25. 11. 1939

... Am Freitag, den 17. 11. 1939, um 20 Uhr sprach im Saale Hösch in Heiligenstadt Herr Gaupropagandaleiter Kolbe, Bayreuth. Die Besucher hätten bedeutend mehr sein dürfen, zudem zu einer Großkundgebung aufgerufen war. Die Ausführungen des Redners fanden bei den Zuhörern Anklang...

Im allgemeinen will die Bevölkerung vom Krieg nicht viel wissen. Sie hofft, daß er bald endet. Nicht selten wird gemeckert. Eine Reihe von diesbezüglichen Berichten bzw. Anzeigen kamen in Vorlage.

Aus Monatsbericht der Gendarmerie-Station Aufseß, 26. 11. 1939

Die Stimmung der Gesamtbevölkerung in bezug auf die Kriegslage ist mit wenigen Ausnahmen keine gute. Vor allem wird bekritisiert, daß man die älteren, über 40-jährigen Wehrpflichtigen einzieht, während andererseits sich noch ziemlich viel junge Leute in der Heimat befinden. Diese Mißstimmung verursachen meist die Bauersfrauen, die einfach nicht sehen können, wenn noch junge Leute zu Hause im Berufsleben stehen, während ihre Männer eingezogen worden sind...

Das Attentat auf den Führer hat hier allgemein Ablehnung gefunden und man merkt jetzt die Befriedigung hinsichtlich der schnellen Aufklärung des Verbrechens und der Festnahme des Täters und der Hintermänner[149]...

Aus Monatsbericht der Gendarmerie-Station Waischenfeld, 26. 11. 1939

... Ein Teil der Bevölkerung hofft immer noch, daß es zwischen Deutschland und Frankreich doch noch zu einer Einigung kommt. Fast jeder wünscht, daß es unseren Heeresteilen gelingen möge, England so zu treffen, daß es auch den Frieden wünscht. Die Rede des Führers am 8. 11. 39 wurde mit Spannung erwartet und verfolgt. Als dann am 9. 11. 39 das Attentat auf den Führer bekannt wurde, war fast die gesamte Bevölkerung über die ruchlose Tat empört. Immer wieder hörte man, Gott ist doch mit dem Führer und es ist gut, daß ihm nichts zugestoßen ist...

Über die Aufstellung der SA-Wehrmannschaften hat sich ein Teil der Erfaßten aufgeregt. Die meisten waren der Meinung, daß dies nicht Gesetz sei und daß es nur örtlich aufgezogen worden wäre. Ein Teil der Erfaßten, die in Bayreuth beschäftigt sind, sind der Meinung, daß ihnen nicht zugemutet werden kann, an den Sonntagen Dienst zu verrichten, wenn sie die ganze Woche auswärts sind. Es gibt hier Arbeiter, die alle Tage nach Bayreuth zur Arbeit und wieder zurück fahren. Sie müssen jeweils um $4^{1}/_{2}$ Uhr früh zu Hause fort und kommen gegen 19 Uhr wieder nach Hause. Für diese würde es eine gewisse Härte sein, wenn sie an den Sonntagen Dienst verrichten müssen...

Aus Monatsbericht der Gendarmerie-Station Aufseß, 26. 12. 1939

Beim Großteil der Bevölkerung des hiesigen Postenbezirks ist keine Kriegsbegeisterung vorhanden. Vor allem sind die Bauersleute ziemlich gegen den Krieg eingestellt.

---

[149] Es ist bemerkenswert, daß die Hälfte der Gendarmerie-Stationen über die Reaktion der Bevölkerung auf das Attentat im Bürgerbräu-Keller in München am 8. 11. 1939 überhaupt nichts berichtete.

Diese Mißstimmung verursachen naturgemäß jene Familien, bei denen die Hauptarbeitskräfte zum Heer eingezogen worden sind. ... So kommt es auch häufig vor, daß aus reiner Verärgerung Angehörige von Wehrpflichtigen, meist aus dem Bauernstand, mit ihrer Wirtschaftsbeihilfe nicht zufrieden sind, obwohl ihre Familien hinsichtlich Ernährung voll und ganz gesichert sind. Einen Unterschied zu einer Handwerker- oder Arbeiterfamilie, die ohne Grundbesitz ist und alles kaufen müssen, wollen sie einfach nicht gelten lassen... Mancher Verdruß könnte erspart werden, wenn die auszahlende Stelle, in diesem Fall der Gemeindekassier, nicht jedem Unterstützungsberechtigten Einblick gewähren lassen würde, denn jede Unterstützungsempfängerin will wissen, was ihre Nachbarin an Unterstützung erhält...

Zu bemerken wäre noch, daß die verschuldeten Grundbesitzer an einer Inflation ein ziemliches Interesse haben, um so auf einfache und angenehme Weise wieder schuldenfrei zu werden...

Aus Monatsbericht des Gendarmerie-Kreisführers, 30. 12. 1939

... Die Ruhe an der Westfront übertrug sich mehr oder weniger auch auf das heimische Leben. Dies brachte vor allem auch eine Weihnachtsstimmung, die sich fast in nichts von dem Festtagsfrieden früherer Jahre unterschied. Die staatspolitische Gesinnung der Landbevölkerung war durchwegs gut, obwohl an und für sich jede Kriegsbegeisterung fehlt...

Böses, die Stimmung vergiftendes Blut verursacht lediglich die Behandlung der Wehrmachtsgesuche aller Art. Besonders die Regelung der Familienbeihilfe, dann die Zurückstellungsanträge geben fast in allen Gemeinden Anlaß zu widerwärtigen Scherereien und Feindschaften. Jeder, der eine Mark mehr erhält oder seine Zurückstellung erreicht, wird angefeindet. Die Feindschaft richtet sich zugleich gegen alle Stellen, die in der Bearbeitung des Gesuchs eingeschaltet waren. Besonders sind Bürgermeister und Gendarmen das Opfer dieser Gehässigkeiten...

Zur Behebung der Arbeitsschwierigkeiten wurden im abgelaufenen Monat im Landkreis 23 männliche und 15 weibliche polnische Zivilgefangene untergebracht. Das Verhalten dieser Leute war bisher gut... Die Heuablieferung an die Wehrmacht stößt da und dort auf Schwierigkeiten. Die Bauern suchen sich vielfach dieser Auflage zu entziehen. Vereinzelt mußten deshalb Ortsbauernführer und Gendarmerie nach dem Rechten sehen... Besonders lebhaft sind die Klagen über mangelnde Belieferung der Landbevölkerung mit Schuhwaren. Der Verbrauch der Jurabauern an Schuhwaren ist bei der steinigen Beschaffenheit der Böden sowie bei der Berglage der Fluren ein wesentlich größerer als anderwärts...

Die Januar-Berichte enthalten im wesentlichen nur Wiederholungen der in den Vormonaten gemeldeten Stimmungslage.

Die Februar-Berichte meldeten u. a. Preisüberschreitungen beim Verkauf von Lebensmitteln und Konsumgütern sowie, daß die Einziehung der 1-Markstücke und ihre Ersetzung durch Papiergeld-

Scheine als Anzeichen drohender Inflation angesehen würden (Bericht des Gendarmerie-Kreisführers vom 28. 2. 1940). Die Ankündigung von Butter- und Milchpreiserhöhungen würde von »den minderbemittelten Schichten« vielfach dahin ausgedeutet, »daß die Butter nunmehr nur noch dem zahlungskräftigen Teil der Bevölkerung zur Verfügung stehen soll« (Bericht des Bezirksamts vom 1. 3. 1940).

Besonders gelagerte Zwistigkeiten ergaben sich in Aufseß im Zusammenhang mit dem Land- und Grundstücksbesitz des inzwischen abgewanderten jüdischen Lederhändlers Karl Fleischmann. Die Station Aufseß berichtete dazu am 26. 2. 1940: »In Aufseß gibt es mehrere Liebhaber, die Teile des Fleischmannschen Besitzes zu erwerben beabsichtigen. Die Folge ist, daß unter den Bauern ziemliche Feindschaft herrscht.« Im Bericht des Gendarmerie-Kreisführers (28. 2. 1940) wurde dazu ausgeführt: Fleischmann habe am 10. 11. 1938 »eine ihm von den beiden Bürgermeistern vorgelegte Bestätigung, wonach er sein Wohnhaus mit allem Grundbesitz kostenlos der Gemeinde vermachte«, unter dem Druck der damaligen Gewaltmaßnahmen unterschrieben. »Aufgrund später erfolgten Widerrufs wurde dieser Willensentschluß vom Bayerischen Staatsministerium für Wirtschaft später aufgehoben, so daß Fleischmann wieder in den Besitz seines Anwesens gelangte. Fleischmann verfolgt nun die Absicht, die Männer der Partei, die seinerzeit an diesen Maßnahmen beteiligt waren, von dem Erwerb des Hauses auszuschließen. Dies würde letzten Endes praktisch zu einer Belohnung des nicht national gesinnten Teiles der Ortsbewohner führen, da letztere Gruppe sich fleißig bemüht, den nationalen Teil heimlich bei Fleischmann anzuschwärzen. Es wird sich deshalb nicht umgehen lassen, bei dem Zuschlag die sogenannte Linksgruppe auszuschalten.« Im späteren Bericht der Station Aufseß vom 26. 3. 1940 wurde hierzu nachgetragen: Als Erwerber des Besitzes des jüdischen Vieh- und Lederhändlers Fleischmann seien nunmehr bestimmt: der Bürgermeister H., der Gemeindekassier S., der Ortsbauernführer M. und der Schlosser F. von Aufseß. Wegen dieser Verteilung herrsche »ziemliche Unzufriedenheit«. Die nicht zum Zuge gekommenen Bewerber erklären, »daß die politische Leitung in Aufseß nicht objektiv und mehr auf ihre eigenen Vorteile bedacht sei.«

Aus Monatsbericht der Gendarmerie-Station Hollfeld, 26. 3. 1940

... Die im hiesigen Dienstbezirk einzeln noch vorhandenen Anhänger der früheren KPD und SPD haben sich vollständig ruhig verhalten. Lediglich wurde von diesseits am 5. 3. 1940 gegen den verheirateten Bäckermeister Franz Degen von Hollfeld Strafanzeige wegen Vergehens gegen das Heimtückegesetz erstattet. Degen schaltete gelegentlich der Übertragung einer Ansprache des Gauleiters und Reichskommissars Bürckel in seinem Café einfach den Radioapparat weg und äußerte sich anschließend noch in abfälliger Weise...

Aus Monatsbericht des Gendarmerie-Kreisführers, 29. 3. 1940

... Begünstigt durch das bisher bewiesene Entgegenkommen zeigte sich besonders im Bauerntum geradezu eine Sucht nach Abwendung des Wehrdienstes. Die Gesinnungslumperei auf diesem Gebiet nahm vielfach beschämende Formen an. Mit allen zur Verfügung stehenden Mitteln wird immer wieder die Beurlaubung, die Unabkömmlichkeit und Zurückstellung zu erreichen versucht. Bleiben diese Schritte im Einzelfall aber ohne Erfolg, dann tritt kein wehrfroher Soldat unter die Fahnen, sondern ein verärgerter Bauer, dem die Verteidigung von Blut und Boden fremd geworden ist. Immer wieder zeigt sich das Bestreben, die Betriebsverhältnisse absichtlich zu erschweren, um auf diese Weise dem Gesuch den erforderlichen Nachdruck zu verleihen. So unterbleibt die rechtzeitige Werbung geeigneter Dienstboten, die Einstellung polnischer Gesindekräfte wird abgelehnt.[150] ... Die Teilnahme an den Heldengedenkfeiern, ebenso die Beflaggung aus gleichem Anlaß, war allenthalben gering. Nur dort, wo die Kirche an den Veranstaltungen mitwirkte, zeigte sich eine stärkere Beteiligung. Das Landvolk, durch Jahrhunderte an das Kirchenregiment gewöhnt, schätzt weltliche Feiern, gleichviel von wem sie veranstaltet werden, trotz veränderter Verhältnisse immer noch gering ein und meidet sie...

Nürnberger Ausflügler verbreiteten während der Osterfeiertage die sinnlosesten Gerüchte über Gauleiter Streicher. Nach diesen Äußerungen soll der Gauleiter in eine Abtreibungsgeschichte verwickelt sein, nach anderen Behauptungen soll er sogar als Miturheber zum Bürgerbräukeller-Attentat gegen den Führer in Frage kommen. Es wird erzählt, er sei seiner Ämter enthoben worden, er sitze im Zuchthaus, ja er sei auf Befehl des Führers bereits erschossen worden.[151] ...

Aus Monatsbericht des Landrats, 30. 3. 1940[152]

... Allgemein und sehnsüchtig erwartet wird der in Rundfunk, Presse und Reden schon seit längerer Zeit angedeutete vernichtende Schlag gegen England und Frankreich, damit der Krieg mit seinen Einschränkungen und Entbehrungen ein baldiges Ende nimmt. Die Friedenssehnsucht ist besonders bei denjenigen sehr groß, die bereits im letzten Kriege schwere Opfer an Gesundheit und Vermögen bringen mußten...

In wirtschaftlicher Hinsicht berichtete der Landrat von Enttäuschungen über den geringen Fremdenverkehr zu Ostern, insbesondere für diejenigen Wirte in den Fremdenverkehrsorten des Bezirks, die in den letzten Jahren größere bauliche Aufwendungen gemacht und sich mit Schulden belastet hätten. Geklagt werde ferner besonders über die hohen Preise für Pferde, die mangelhafte Belieferung mit Hausbrandkohle und die Erhöhung der Butterpreise.

Aus Monatsbericht der Gendarmerie-Station Aufseß, 26. 4. 1940

... Wie schon früher berichtet, sehen vor allem die Bauernfamilien ihre Söhne nicht gerne beim Militär. ...Die Zurückstellung von Bauernsöhnen, die ja notwendig sind,

---

[150] Aus dem gleichzeitigen Bericht des Landrats ergibt sich, daß im März im Landkreis Ebermannstadt insgesamt 81 meist sehr junge polnische Zivilarbeiter und -arbeiterinnen eingesetzt waren, über deren Arbeit durchaus Zufriedenheit herrschte.

[151] Zutreffend an diesen Gerüchten war, daß Julius Streicher zu dieser Zeit von den Geschäften des Gauleiters des Gaues Franken suspendiert worden war, er blieb aber weiterhin nominell »Gauleiter«; mit der Leitung der Geschäfte des Gauleiters wurde bis 1941 der Kreisleiter Hans Zimmermann beauftragt, 1942–1944 übernahm der frühere Gauleiter-Stellvertreter Karl Holz die Leitung des Gaues. Grund für die Amtsenthebung Streichers waren die eigenmächtigen und gesetzeswidrigen Aktionen, die er und Holz nach der »Reichskristallnacht« in Nürnberg und anderen fränkischen Städten unternommen hatten, um jüdisches Vermögen in den Besitz der NSDAP zu bringen, wobei auch eine Reihe von schweren Korruptionen und Verfehlungen Streichers aufgedeckt wurden; vgl. Hüttenberger, Peter: Die Gauleiter. Studie zum Wandel des Machtgefüges in der NSDAP. Stuttgart 1969, S. 201 f.

[152] Bis Februar 1940 trugen die Berichte den Briefkopf »Der Vorstand des Bezirksamts«, ab März 1940 »Der Landrat«.

werden wieder von den Gewerbetreibenden und Arbeitern kritisiert, die erklären, daß den Krieg nur die Gewerbetreibenden, die kleinen Bauern und die Arbeiter führen sollen, während die großen Bauernsöhne[153] zu Hause verbleiben...

Der Ortsbauernführer T. in Aufseß läßt die Zurückstellungsgesuche nach wie vor ziemlich lange liegen, so daß es schon wiederholt zwischen ihm und Bauern, die Zurückstellungsgesuche einreichten, zu Auseinandersetzungen gekommen ist. Wie der Bauer B. in Neudorf z. B. mitteilte, hat T. einen für den Sohn des B. gestellten Uk-Antrag nicht weitergeleitet und hierbei zu dem Schwiegervater des letzteren (Wagnermeister R. in Aufseß) geäußert: »So jetzt braucht ihr mich, hättet ihr mir eure Tochter zur Frau gegeben, dann könnte sie heute eine Frau spielen.«...

Aus Monatsbericht des Gendarmerie-Kreisführers, 29. 4. 1940

Die seit Beendigung des Polenfeldzuges immer stärker in Erscheinung getretene »Ruhe vor dem Westwall« sowie die zwangsläufig damit verbundene Uninteressiertheit großer Bevölkerungsteile am Krieg fand durch die jähe Besetzung Dänemarks und Norwegens eine stark aufgerüttelte Unterbrechung... Obwohl der gewaltige Schlag im Norden Begeisterung und Beifall erzielte, die Kriegsstimmung selber fand dadurch trotzdem keinen neuen Antrieb. Das Landvolk, insbesondere soweit sich eigene Angehörige im Feld befinden, sehnt sich nach dem Frieden...

Aus Monatsbericht der Gendarmerie-Station Waischenfeld, 26. 5. 1940

... Einige Bauern, die bis Herbst 1940 zurückgestellt waren, haben jetzt Gestellungsbefehle erhalten, worüber die Betroffenen enttäuscht waren und jetzt alles versuchen, die Zurückstellung nochmals zu erreichen. Der größte Teil der Bevölkerung ist der Meinung, daß es keinem etwas schadet, wenn er eingezogen wird. Die Bevölkerung stellt sich auf den Standpunkt, daß die Zurückgestellten Zeit und Gelegenheit genug hatten, ihre häuslichen Angelegenheiten so zu regeln, daß der Betrieb auch nach der Einberufung aufrecht erhalten werden kann. Es wird der Meinung Ausdruck gegeben, daß bei Kriegsausbruch den einberufenen Kriegsteilnehmern von 1914/18 meistens nur einige Stunden zur Verfügung standen, um ihre häuslichen Angelegenheiten zu regeln. Hauptsächlich Frauen, deren Männer schon seit Kriegsbeginn einberufen sind, bezeichnen alle diejenigen, die zurückgestellt werden wollen, als Feiglinge und Drückeberger. Diese Frauen konnten auch nicht begreifen, daß bei der letzten Musterung Zurückstellungen unter den fadenscheinigsten Einwänden erfolgten.[154]...

---

[153] Gemeint: die Söhne von Bauern mit größerem Besitz.
[154] Im Wirtschaftlichen Lagebericht des Landrats vom 1. 6. 1940 für den Führungsstab Wirtschaft im Wehrwirtschaftsbezirk XIII hieß es hierzu: »Das Wehrbezirkskommando Bayreuth hat bisher gegenüber Anträgen auf Beurlaubung, Zurückstellung und Entlassung das größte Entgegenkommen gezeigt, so daß Klagen wegen Ablehnung solcher Gesuche mit Grund nicht vorgebracht werden konnten.«

Aus Monatsbericht des Gendarmerie-Kreisführers, 30. 5. 1940

... Die Sorge um die Angehörigen an der Front ... führt auf dem Lande zu einer erheblichen Steigerung des an und für sich schon regen kirchlichen Lebens. Dies trat vor allem im Laufe des Monats Mai in eindrucksvoller Form in Erscheinung. Während z. B. am nationalen Feiertag, am 1. Mai, alle Hände sich rührten, herrschte am darauffolgenden Tag, Christi Himmelfahrt, vollste Arbeitsruhe. Das gleiche zeigte sich am Fronleichnamstag, dem 23. Mai. Obwohl diese kirchliche Feier aus wirtschaftlichen Erwägungen auf den darauffolgenden Sonntag verlegt worden war[155], wurde sie innerhalb der Kirchen und unter stärkster Beteiligung in voller Pracht und Arbeitsruhe durchgeführt sowie in allen katholischen Pfarrämtern am nächsten Sonntag, dem 26. Mai, in der bisher üblichen Weise im Freien nachgeholt. Ebenso erfreuten sich die herkömmlichen Flurumgänge, die am 30. Mai zur Abwendung des Hagelunwetters durchgeführt wurden, reger Teilnahme... Der am Muttertag, am sogenannten Dreifaltigkeitstag, dem 19. Mai, für den Dekanatssprengel Ebermannstadt in der katholischen Pfarrkirche zu Ebermannstadt in Verbindung mit dem Nachmittagsgottesdienst veranstaltete »Katholische Jugendtag« erfreute sich außerordentlich starken Besuchs. Neben sämtlichen Geistlichen waren weit über 1000 Jugendliche beiderlei Geschlechts zu dieser Feier erschienen... Das Verbot der auf den 1. Mai fallenden Bittgänge wurde von der Bevölkerung vielfach falsch aufgefaßt. Die Anordnung gab deshalb da und dort Anlaß zu heimlicher Kritik. Wenn auch die Einstellung des Landvolks zur Kirche äußerlich oft den Eindruck einer gewissen staatsablehnenden Haltung hinterläßt, so ist diese Annahme im allgemeinen doch nicht begründet...

Aus Monatsbericht des Landrats, 1. 6. 1940

Die Freude und Begeisterung über die letzten großartigen Siege tritt nach außen hin weniger in die Erscheinung, da sie überschattet wird von der bangen Sorge um die Blutopfer, die sie gekostet haben und noch kosten... Aus den unheimlich vielen Gesuchen um Ernteurlaub, Zurückstellung und Entlassung darf nicht ohne weiteres auf Drückebergerei geschlossen werden, da die Arbeitskräfte auf dem Land tatsächlich nötig sind...

Aus Monatsbericht der Gendarmerie-Station Aufseß, 26. 6. 1940

Die Nachricht von der Unterzeichnung des Waffenstillstandsvertrages durch Frankreich hat bei der Gesamtbevölkerung des Postenbezirks tiefe Befriedigung ausgelöst, überall herrscht Freude und Begeisterung. Sogar die unbelehrbaren Volksgenossen hat die Niederlage Frankreichs zur besseren Besinnung gebracht...

---

[155] Durch Verordnung des Generalbevollmächtigten für die Reichsverwaltung vom 7. 5. 1940 über den Fronleichnamstag 1940 war angeordnet worden, daß die üblichen Fronleichnamsfeierlichkeiten auf den nächstfolgenden Sonntag zu verlegen seien.

Aus Monatsbericht der Gendarmerie-Station Hollfeld, 26. 6. 1940

... Durch den Einsatz von 29 polnischen Arbeitskräften im Dienstbezirk konnte dieser Mangel [an Arbeitskräften] nur teilweise behoben werden... Im großen und ganzen sind die Arbeitgeber mit den Leistungen dieser Arbeiter zufrieden und sind nur in zwei Fällen Klagen vorgebracht worden. Andererseits sind in letzter Zeit wiederholt polnische Arbeitskräfte beim hiesigen Gendarmerie-Posten erschienen und haben Klagen darüber geführt, daß sie von ihren Arbeitgebern beschimpft und geschlagen worden seien...

Aus Monatsbericht der Gendarmerie-Station Muggendorf, 26. 6. 1940

... Die zwei polnischen Landarbeiter in Windischgaillenreuth besuchen die Gottesdienste in Moggast. Wenn auch dies der bestehenden Anordnung widerspricht, so wird es aber von der religiös eingestellten Bevölkerung der dortigen Gemeinde nicht besonders begrüßt, wenn Einhalt getan würde...

Aus Monatsbericht der Gendarmerie-Station Königsfeld, 27. 6. 1940

... Im hiesigen Postenbereich befinden sich zur Zeit 32 polnische Landarbeiter, und zwar 21 Burschen und 11 Mädchen, die bei verschiedenen Bauern in Königsfeld, Kotzendorf, Voitmannsdorf, Drosendorf, Huppendorf, Poxdorf, Leibarös und Hohenpölz untergebracht sind. Diese Burschen und Mädchen sind der deutschen Sprache nicht mächtig und man kann sich mit ihnen fast nicht verstehen. Nur einige bemühen sich, die deutsche Sprache zu erlernen bzw. anzufangen. Nach den Feststellungen sind diese polnischen Arbeiter arbeitswillig und auch fleißig. Nur einige männliche Arbeiter haben über den niedrigen Lohn geschimpft und wollen sie für die Zukunft etwas weniger dafür arbeiten. Diesseits wurde den fraglichen Burschen energisch zu Leibe gerückt, und seit dieser Zeit hört man nichts mehr...

Aus Monatsbericht des Gendarmerie-Kreisführers, 31. 7. 1940

Im Vordergrund des öffentlichen Interesses steht zur Zeit die Heimkehr der Rückgeführten... Die erhöhte Kauflust der Rückwanderer und deren Untätigkeit bildeten gar oft die Ursache zu unerfreulichen Auseinandersetzungen. Einen nennenswerten Vorteil brachte die Anwesenheit der Rückgeführten lediglich den Gastwirtschaften. Für einzelne besonders bevorzugte Wirtschaften wird deshalb der Abzug der Saarpfälzer einen nicht unbedeutenden Geschäftsausfall darstellen. Indirekt ungünstig auswirken wird sich ferner die Kauflust der Rückgeführten für die NSV. Es ist gerade in den letzten Tagen oft mit herber Kritik vermerkt worden, daß die Rückgeführten, welche Mitte September 1939 meist mit einem Handkoffer, ja oft ohne jede Habe hier eintrafen, nun die Rückreise mit ganzen Wagenladungen antraten. Für die NSV, die nach Auffassung des Volkes durch überreichliche Mittelzuwendungen die Voraussetzung zu diesen Einkäufen schuf, dürfte diese Erscheinung in den kommenden Wintermonaten eine betonte Zurückhaltung im Gefolge haben. Viele Bauern äußern sich dahin, daß sie in Zukunft gerne für das Rote Kreuz geben, nach den Erfahrungen mit den Rückwanderern aber keinesfalls mehr die NSV unterstützen werden...

Die Neigung des katholischen Landvolkes zur Mitwirkung in den [SA-] Wehrmannschaften war bisher nirgends besonders groß, jedoch fügten sich die Beteiligten, wenn auch oft widerwillig, den gegebenen Anordnungen. Nunmehr wird verspätet ein Vorgang bekannt, der beweist, daß ganze Dorfschaften sich der Wehrertüchtigung zu entziehen versuchen. Am 21. 6. 1940 um 20 Uhr beraumte Bürgermeister und SA-Truppenführer Martin Grasser, Königsfeld, in der Dorsch'schen Gastwirtschaft zu Poxdorf eine Versammlung an zur Gründung einer SA-Wehrmannschaft. Während nun die anwesenden Dorfburschen und Männer von Leibarös sich in die aufgelegten Listen einzeichneten, lehnten die Poxdorfer dies geschlossen ab. Nach der Zusammenkunft führte der Gegensatz der beiden Dorfschaften sogar zu einer Prügelei auf der Ortsstraße. Die erforderlichen Erhebungen wurden von der Gendarmerie Königsfeld eingeleitet, sind jedoch noch nicht abgeschlossen.

Die Deutsche Christen-Bewegung in Heiligenstadt, Muggendorf, Streitberg und Unterleinleiter ruht seit Monaten völlig. Das Interesse der Bevölkerung an dieser Bewegung ist gänzlich erlahmt. Ein Wiederaufleben der Bestrebungen ist kaum zu erwarten...

In Pretzfeld wurden am 25. und 26. Juli 1940 durch Vertreter der Landes- und der Kreisbauernschaft 36 Tagwerk Äcker und Wiesen aus dem Besitz des nach England emigrierten Judenmischlings Herrmann verkauft. Die wertvollen Grundstücke gingen außerordentlich billig an vier oder fünf Landwirte über, während die bisherigen Pächter leer ausgingen. Diese Lösung fand in Pretzfeld starken Widerspruch. Bezeichnend für die Erregung, die in den beteiligten Kreisen herrscht, ist die Tatsache, daß einer der leer ausgegangenen bisherigen Pächter, der Zimmermann Neuner aus Pretzfeld, ein Weltkriegsteilnehmer, am 30. 7. 1940 infolge der erlittenen Aufregung einem Schlaganfall jäh erlegen ist...

Der Gendarmerie-Kreisführer berichtete (30. 8. 1940), daß die Gesamtzahl der aus dem Bezirk stammenden Wehrmachtsangehörigen, die seit Kriegsbeginn gefallen seien, sich auf insgesamt 20 Personen beziffere und sich »im Vergleich zum Weltkrieg in mäßigem Rahmen« halte. Wie schon im Vormonat, meldete er in einem Sonderbericht an den Landrat (29. 8. 1940) über die im Berichtsmonat in Ausführung der »Polizeiverordnung zum Schutze der Jugend« vom 9. 3. 1940[156] ergriffenen Maßnahmen: Anzeige von 15 Jugendlichen »wegen Streunens zur Nachtzeit«, von 10 weiteren »wegen unerlaubten Aufenthalts in Gaststätten« und von zwei Jugendlichen »wegen öffentlichen Rauchens«. Bei der Weitergabe dieser Meldung an den Regierungspräsidenten vermerkte der Landrat (31. 8. 1940): »Vergnügungsstätten sind im Kreisgebiet nicht vorhanden. Durch das Verbot von Tanzlustbarkeiten ist auch die letzte dieser Möglichkeiten entfallen. Das Hauptaugenmerk der Gendarmeriebeamten konnte sich daher nur auf die Einhaltung der Verbote des Streunens und des uner-

---

[156] RGBl. I, S. 499. Die vom Chef der Deutschen Polizei (Himmler) im Reichsministerium des Innern erlassene Verordnung stellte u. a. unter Verbot: den Aufenthalt von Jugendlichen unter 18 Jahren auf öffentlichen Straßen oder Plätzen während der Dunkelheit, den Aufenthalt in Gaststätten und Vergnügungslokalen nach 21 Uhr, den Alkoholgenuß in Gaststätten und den Genuß von Tabakwaren in der Öffentlichkeit.

laubten Aufenthalts in Gaststätten richten. Streifendienst der HJ ist nicht möglich, da geeignete Kräfte nicht zur Verfügung stehen.«

Aus Monatsberichten des Landrats, 31. 8. und 2. 9. 1940[157]

Die Einstellung der Vorbereitungen für den Reichsparteitag, die ebenso wie seinerzeit deren Inangriffnahme allgemein beachtet worden ist, hat ziemlich ernüchternd gewirkt. Die Hoffnung, daß der vernichtende Schlag gegen England unmittelbar bevorsteht, daß er gleichzeitig den allgemeinen Frieden zur Folge hat und daß dadurch ein zweiter Kriegswinter mit den Erschwernissen der Verdunkelung, Heizmittelbeschaffung usw. erspart bleibt, ist geringer geworden...
 Verfehlungen gegen die Verbote des Verkehrs mit Kriegsgefangenen wurden bisher nur zwei bekannt. In Plankenfels hat der ledige Landwirt Klötzer einem französischen Kriegsgefangenen eine Zigarette und die Bäckersehefrau Rödel französischen Kriegsgefangenen Schwarzbeersaft geschenkt. Strafanzeigen wurden an den Leiter der Amtsanwaltschaft bei dem Landgerichte Bayreuth abgegeben...
 Das Bauhandwerk ruht zur Zeit fast völlig. Ebenso liegen nahezu sämtliche Dolomit- und Kalksteinbrüche still. Lediglich die beiden Kalksteinbrüche in Ebermannstadt sind bei stark geminderter Belegschaft noch in Betrieb. Abnehmer war ausschließlich die Wehrmacht...
 Die Klagen der Schuhmacher über zu geringe Zuweisungen an Sohlleder sind unvermindert... Die Bauern und Landwirte schimpfen nach wie vor darüber, daß ihnen die bevorzugte Belieferung mit blauen Arbeitsanzügen außerhalb der Kleiderkarte versagt wird. Das eine Gute ist zu berichten, daß durch die Heimkehr der Rückwanderer die Belieferungsmöglichkeit der einheimischen Bevölkerung sich gebessert hat...
 In diesem Zusammenhang fühle ich mich verpflichtet, hier... zu erwähnen, daß die Bereitstellung der Winterkohlen größte Sorge bereitet. Die bisherige nur sehr zaghafte Anlieferung läßt befürchten, daß der angeforderte Bedarf nicht annähernd zu 100 v.H. befriedigt werden kann. Bisher sind im Landkreis erst 25 v.H. des erforderlichen Bedarfs eingetroffen...
 Die Schwierigkeiten in der Beschaffung von Arbeitskräften für die Landwirtschaft sind so ziemlich beseitigt, nachdem insgesamt 254 französische Kriegsgefangene sowie 134 polnische Gesindekräfte zum Einsatz gelangten. Zu erwähnen ist auch noch der Einsatz der Hitlerjugend und der Studenten während der Ferien. Durch das außerordentlich große Entgegenkommen und Verständnis des Kommandeurs des Wehrbezirks Bayreuth wurde eine große Anzahl von Beurlaubungen landwirtschaftlicher Betriebsführer und Arbeiter [vom Wehrdienst] erreicht...

Die Berichte für September und Oktober 1940 enthalten keine wesentlichen neuen Gesichtspunkte.

---

[157] Auszüge aus den gesonderten Monatsberichten des Landrats für August 1940 (Allgemeiner Lagebericht vom 31. 8., Wirtschaftlicher Lagebericht vom 2. 9. 1940) sind im folgenden zusammengefaßt.

I. Bezirk Ebermannstadt

Aus Monatsbericht des Landrats, 30. 11. 1940

... Das Vertrauen darauf, daß die Presseverlautbarungen unbedingt glaubhaft und vollständig sind, scheint nicht mehr unerschütterlich zu sein. Besonders kritisiert wird, daß Ortsangaben und Einzelheiten über den angerichteten Schaden durch Angriffe feindlicher Flieger nicht veröffentlicht werden... Der Landkreis wird mit Kindern aus Hamburg und mit Umsiedlern aus dem Südbuchenland ziemlich stark belegt. Einstweilen sind untergebracht 250 Schulkinder aus Hamburg in dem Sanatorium in Streitberg und in Gasthöfen in Muggendorf, Heiligenstadt und Veilbronn. Von den bereits seit mehreren Wochen angekündigten Umsiedlern aus dem Südostraum sind bis vorgestern 370 Umsiedler aus dem Südbuchenland eingetroffen, die in den mit Sommergästen nicht mehr belegten Fremdenpensionen in Doos (Gemeinde Gösseldorf) und Rabeneck (Landkreis Pegnitz) sowie in dem ehemaligen SS-Lager Waischenfeld – früher Finanzamtsgebäude – untergebracht wurden...

Auffällig rührig wird zur Zeit die Kriegsgefangenen-Seelsorge betrieben. In Hochstahl, Hollfeld, Nankendorf, Plankenfels und Waischenfeld wurden bereits eigene Gottesdienste für die gefangenen Franzosen durchgeführt. In Hollfeld finden auch die polnischen Gesindekräfte regelmäßig kirchliche Betreuung. Nach den Beobachtungen der Gendarmerie Hollfeld führen diese gottesdienstlichen Zusammenkünfte jedoch zu einem nicht erwünschten Ergebnis. Der Kirchenbesuch scheint nämlich allmählich zur Nebensache zu werden, während in der Hauptsache der Zweck verfolgt wird, sich regelmäßig zu treffen und durch gegenseitige Aufklärung und Verhetzung Arbeitsunlust zu erzeugen...

Die Dezember-Berichte befaßten sich übereinstimmend mit der wachsenden Arbeitsunlust der polnischen Zivilarbeiter, die unter Berufung auf Versprechungen, die ihnen vor Jahresfrist bei ihrer Anwerbung gemacht worden seien, Heimaturlaub beanspruchten, der ihnen vom Arbeitsamt aber verweigert werde, weil man fürchtet, »daß die Polen dann nicht mehr nach Deutschland zurückkehren« (Bericht der Station Königsfeld, 27. 12. 1940). Der Gendarmerie-Kreisführer meldete (31. 12. 1940), wegen Verstoßes gegen die Vorschriften zum Tragen des Polenkennzeichens oder eigenmächtigen Verlassens des Ortsbereichs seien im Berichtsmonat acht Polen angezeigt worden, vier weitere seien flüchtig und gegen zwei Polen sei wegen Bedrohungen und Tätlichkeiten gegenüber ihren Dienstherren vorgegangen worden. Im übrigen berichtete er u. a. von wachsender Sorge der Bevölkerung über die Lage auf den italienischen Kriegsschauplätzen und »versteckte Schadenfreude« über die Erfolglosigkeit der Italiener.

Aus Monatsbericht der Gendarmerie-Station Aufseß, 26. 1. 1941

Hinsichtlich der vielen Uk-Stellungen und sonstigen Zurückstellungen der großen Bauernsöhne wird seitens der Arbeiterschaft und von den kleinen Landwirten viel räsoniert und geschimpft. Es wird erklärt, daß gerade jene großen Bauern, die was zu verteidigen hätten, sich ihrer vaterländischen Pflicht entziehen wollen. Es entstehen hierbei unglaubliche Feindschaften unter der Bevölkerung, die sich auch gegen die Gendarmerie auswirken, weil man diese hinsichtlich Genehmigung der Zurückstellungsgesuche etc.

verantwortlich macht bzw. machen will. Man hört auch sagen, es sollen nur die Staatsbeamten hinaus und sollen Krieg führen. Von einer Volksgemeinschaft kann keine Rede sein. Jeder denkt nur an seinen eigenen Vorteil, so daß die Wehrhaftigkeit voll und ganz ausscheidet. Den Bauern ihr Vaterland ist nur der eigene Hof, sie verstricken sich hierbei im Drahtverhau einer kleinlichen Enge, so daß sie das Große übersehen und nicht würdigen können. Es fehlt bestimmt an der Aufklärung und an der weltanschaulichen Schulung, letztere wird ja auch nicht mehr viel helfen, weil der Egoismus den Patriotismus schon überwuchert hat. Im großen und ganzen getraut sich niemand mehr, das Kind beim Namen zu nennen. Staat zahle, dann bist du angesehen, wenn nicht, dann haben wir für dich nichts übrig. So ungefähr ist hier die innerpolitische Lage gekennzeichnet. Der größte und wohlhabendste Bauer verlangt heute eine Familien-Unterstützung, wird ihm diese versagt, dann ist der Landrat oder der Gendarm daran schuld...

In letzter Zeit werden seitens der Landesbauernschaft Bayreuth im Einvernehmen und unter Beiziehung der Ortsbauernführer Stallkontrollen wegen Milch- und Butterablieferung durchgeführt. Jene Bauern, die ihrer Lieferpflicht nicht nachkommen bzw. auf Grund ihres Viehbestandes zu wenig abliefern, sollen unter Zwangsaufsicht gestellt werden. Die Ortsbauernführer meinen, diese Kontrollen und Zwangsaufsicht wären eine dankbare Aufgabe für die Gendarmerie...

Aus Monatsbericht des Gendarmerie-Kreisführers, 29. 1. 1941

Die winterliche Ruhe an den Fronten wirkte sich stimmungsmäßig auch innerpolitisch aus. Die Bevölkerung wartet in gläubiger Zuversicht auf die neuen Entschlüsse des Führers. Die zahlreichen Einberufungen zur Wehrmacht werden allenthalben als Vorzeichen großer Ereignisse gedeutet...

Auf dem Lande bildet zur Zeit die Uk-Stellung eine ernste, den guten Geist hart bedrängende Streitfrage. Jeder Bauer sucht für sich bzw. für seinen Sohn die Unabkömmlichkeit zu erzwingen. Je näher große Ereignisse rücken und den Einsatz des ganzen Volkes notwendig machen, desto höher steigt die Flut der Uk-Gesuche. Kein Mittel bleibt in diesen Kreisen unversucht, sich der Wehrpflicht zu entziehen. Trotz ernsten Mangels an Arbeitskräften wird die Errichtung von Kriegsgefangenenlagern, die Heranziehung polnischen Gesindes etc. hintertrieben, nur um den Uk-Antrag nicht zu gefährden. Arbeiter, Handwerker und Angestellte, die ihre nationalen Pflichten treu erfüllen, üben an diesem offenkundigen Mißstand schärfste Kritik. In vielen Orten führte diese Haltung der Bauern bereits zu heftigen Gegensätzen. Bürgermeister, Ortsbauernführer, Gendarmerie und Landrat werden oft von beiden Seiten bedrängt und zu beeinflussen versucht...

Ähnlich steht es mit der Familienunterstützung. Es wird auf dem Lande vielfach nicht verstanden und bildet die Quelle ewiger Nörgeleien, wenn ein großer wohlhabender Bauer auf das Recht zur Familienunterstützung pocht. Anderseits behaupten die Bauern, den Arbeiterfrauen würde das Geld, das anderwärts notwendiger gebraucht werden könnte, unvernünftig in den Schoß geworfen. Die Folge sei eine in dieser Zeit nicht angebrachte Verschwendungssucht der kleinen Leute...

Aus Monatsbericht des Landrats, 31. 1. 1941

... Bedenklicher aber ist die gegenseitige Mißgunst und der Neid untereinander, wenn bei der Heranziehung zum Heeresdienst mit Rücksicht auf die Kriegswichtigkeit des Berufes Unterschiede gemacht werden müssen. Daß der »Unabkömmliche« nicht in dem gleichen Ausmaß Gesundheit und Leben aufs Spiel setzen muß wie ein anderer, führt in manchen Ortschaften zu den erbittertsten Auseinandersetzungen und zu mehr oder minder an Beleidigungen grenzenden Äußerungen des Unmuts über jene Behörden und Dienststellen, die mit der Bearbeitung dieser Anträge und Gesuche befaßt sind. Bürgermeister, Ortsbauernführer, Gendarmeriebeamter, Landrat, Kreisbauernführer und Wehrbezirkskommando sind die Zielscheiben dieser Anwürfe, und zwar von Seite der Bauern und Landwirte, deren Gesuche abgelehnt werden müssen, und von Seite der Handwerker und Arbeiter, die einen triftigen Grund zur Uk-Stellung nicht nachweisen können...

Der Zimmermeister A. in Pretzfeld, der am Weltkrieg teilgenommen hat und von dem zwei Söhne und ein Schwiegersohn an diesem Kriege teilnehmen, hat an das Wehrbezirkskommando Bayreuth unmittelbar eine Beschwerde eingereicht wegen angeblich unzulässiger Uk-Stellung von Bauern und Landwirten in der Gemeinde Pretzfeld und eine weitere Beschwerde »nach Berlin« in Aussicht gestellt, wenn er nicht binnen zehn Tagen eine befriedigende Antwort erhält. Der Kommandeur des Wehrbezirks Bayreuth, Oberstleutnant Gumbrecht, hat es für angezeigt erachtet, die Angelegenheit bei mir unter Zuziehung des Kreisbauernführers, des Bürgermeisters und des Ortsbauernführers mündlich zu erörtern. Er hat den Beschwerdeführer A. eingehend aufgeklärt und ihm ernstlich Vorhalt gemacht mit der Ankündigung strafrechtlicher Verfolgung im Wiederholungsfalle. Trotz eingehender Aussprache ist es ihm aber nicht gelungen, den A. davon zu überzeugen und zu dem Eingeständnis zu bringen, daß seine Beschwerde unbegründet ist. A. ist von dannen gegangen in der unerschütterten Meinung, daß er im Rechte ist. Derartige Erscheinungen, die nicht vereinzelt sind, halte ich unter dem Gesichtspunkte der Erzielung einer Volksgemeinschaft und der Wahrung des Burgfriedens innerhalb der ganz verschieden orientierten Volksgenossen für höchst bedenklich. Ähnliche Gegensätze bestehen zwischen Bauern und Arbeitern und ihren Frauen wegen der Gewährung des Familienunterhalts...

Aus Monatsbericht des Landrats, 28. 2. 1941

Unter dem erhebenden Eindruck der Führerreden vom 30. Januar und 24. Februar herrscht in der Bevölkerung allenthalben vollste Siegeszuversicht...

Nach wie vor umstritten sind die zahlreichen Uk-Gesuche, wobei besonders die bäuerlichen Betriebe mittlerer Größe sich darüber aufhalten, daß die großen Bauern fast ohne Ausnahme unabkömmlich sind. Dabei wird meist die Anschauung vertreten, daß der kleine und mittlere Bauer, deren Betriebe noch nicht mit Maschinen ausgestattet seien, mehr unter dem Mangel an Arbeitskräften zu leiden haben als die Großbetriebe.

Seitens des Oberstaatsanwaltes bei dem Landgerichte Bayreuth wurde am 23. Febru-

ar 1941 gegen die Bauersehefrau S. in Hainbach, Gemeinde Schönfeld, ein Verfahren wegen Verbrechens der Zersetzung der Wehrmacht eingeleitet. Die S. schrieb am 29. Januar 1941 an einen bei der Wehrmacht in Ansbach stehenden Verwandten einen Brief, der folgenden Satz enthielt: »Halt nur die Stellung und laß Dich nicht gleich fortbringen.« ...
Angezeigt wurde ferner der Schuhmacher und Landwirt Johann Neubig in Wohnsgehaig, weil er in letzter Zeit dritten Personen gegenüber Äußerungen gebraucht haben soll, die geeignet sind, das Vertrauen in die deutsche Führung und die Siegeszuversicht der Bevölkerung zu untergraben. Ferner wird ihm zur Last gelegt, im Oktober 1939 Auslandssender abgehört zu haben...
Im Landkreis werden zur Zeit als Hilfskräfte beschäftigt 273 kriegsgefangene Franzosen, 27 kriegsgefangene Belgier und 19 Weißrussen (ehemalige polnische Soldaten), ferner 118 polnische Gesindekräfte. Während das Verhalten der Belgier, Franzosen und Weißrussen zu Klagen keinen Anlaß gab, setzten die Polen ihr unbotmäßiges Verhalten auch im abgelaufenen Monat fort. Nach den bisher gemachten Erfahrungen suchen sich dieselben unter Hinweis auf die Urlaubsverweigerung gegenseitig zum Ungehorsam aufzuhetzen. So mußten in diesem Monat rund 15 Polen teils wegen unbefugten Verlassens ihrer Wohnorte, teils wegen Nichttragens ihrer Kennzeichen angezeigt werden. Auch zwei Arbeitgeber, die Bauern Georg und Ludwig Teufel in Breitenlesau, wurden zur Anzeige gebracht, weil sie ihren Polen das Verlassen des Wohnortes gestatteten...

Die Berichte für den Monat März enthalten keine wesentlichen neuen Gesichtspunkte.

Aus Monatsbericht des Gendarmerie-Kreisführers, 29. 4. 1941

Die an allen Fronten erzielten großen Erfolge der deutschen Wehrmacht förderten auch innenpolitisch in günstiger Weise die allgemeine Stimmung... Daß unbeschadet dieser Treue zu Führer und Reich der Wunsch nach einem baldigen Frieden nicht verstummt, liegt wohl in der Hauptsache in den nicht unbeträchtlichen Schwierigkeiten, die sich auch in der Heimat auf verschiedenen Gebieten immer einschneidender bemerkbar machen...

Aus Monatsbericht des Gendarmerie-Kreisführers, 29. 5. 1941

... Für die Erhaltung der guten Volksstimmung auf dem Lande erweist sich die Unterbringung luftgefährdeter Großstädter nicht immer als glückliche Maßnahme. Was auf dem Lande an Greuelpropaganda und Schauernachrichten verbreitet wird, hat wohl in der Hauptsache seinen Ursprung in diesen Kreisen. So wurde bekannt, daß der in Aufseß untergebrachte Schüler H. von Kiel, geb. 1932, äußerte: Wenn Hitler eine Rede halte, dann schalten seine Eltern das Radio aus, sie wollten das Schwein nicht hören. Ein anderer Kieler Junge, ebenfalls in Aufseß, erzählte, der Hafen in Kiel habe nach einem Luftangriff drei Tage lang gebrannt, in der Zeitung habe man davon nichts gelesen und im Radio nichts gehört...

Aus Monatsbericht des Landrats, 31. 5. 1941

Die Flucht des Stellvertreters des Führers zum Todfeind hinüber, das Höherhängen des Fleischkorbes[158] und die Abdrosselungsmaßnahmen gegen die christlichen Religionsgemeinschaften durch Verbot von Feiertagen[159], Bittgängen usw. hatten eine merkliche Verschlechterung der Stimmung zur Folge...
Im Falle Heß geht die allgemeine Stimmung dahin, daß die Öffentlichkeit nicht bloß falsch, sondern auch wieder viel zu mangelhaft unterrichtet worden ist. An eine Krankheit glaubt niemand... Der größte Teil der ländlichen Bevölkerung hängt immer noch treu an seiner Religionsgemeinschaft. Alle Versuche, die Treue zu erschüttern, stoßen auf eisigkalte Ablehnung, zum Teil erzeugen sie Mißstimmung und Haß. Die Feier des (als gesetzlicher Feiertag aufgehobenen) Himmelfahrtstages sowohl durch die evangelische wie auch durch die katholische Bevölkerung war eine einzige geschlossene Demonstration gegen das staatliche Verbot. Die Abschaffung des Himmelfahrtstages wie auch das Verbot der Abhaltung von Bittgängen, Wallfahrten usw. an Werktagen wird nur als Vorwand betrachtet für eine allmählich immer weitergehende Aufhebung der kirchlichen Feiertage überhaupt, im Zuge der völligen Ausrottung der christlichen Religionsgemeinschaften. Diese Ansicht wird neue Nahrung erhalten, wenn die Entschließung des Bayerischen Staatsministers für Unterricht und Kultus wegen der Entfernung der Kruzifixe usw.[160] aus den Schulhäusern in der nächsten Zeit immer mehr in die Öffentlichkeit sickert.
Alle diese Tatsachen stelle ich vor allem auch deswegen so eingehend heraus, damit nicht eines Tages die Verantwortung für etwaige Folgerungen aus der hierdurch hervorgerufenen Mißstimmung mir überbürdet werden kann. Verantworten kann ich nur diejenigen Befehle, die ich pflichtgemäß aus eigenem Entschluß erlasse, nicht aber die Auswirkung von solchen Befehlen, die ich lediglich nur zu vollstrecken habe...

---

[158] Bezieht sich auf die im Mai 1941 vollzogene Kürzung der Fleischrationen von bisher 500 auf 400 g pro Woche und Kopf.

[159] Durch Verordnung sämtlicher bayerischer Staatsministerien vom 15. 3. 1941 (GVBl. S. 56) waren die zugunsten des Fronleichnamstages und anderer kirchlicher Feiertage 1934/35 von der bayerischen Regierung erlassenen Bestimmungen zur Sicherung der Feiertagsruhe und Gewährleistung von Gottesdiensten »für die Dauer des Krieges außer Kraft gesetzt« worden. In seiner Eigenschaft als Reichsverteidigungskommissar hatte Gauleiter Adolf Wagner am 23. 4. 1941 außerdem angeordnet, daß zur Sicherung des Arbeitseinsatzes für die Kriegsdauer außerkirchliche Veranstaltungen (Wallfahrten, Prozessionen u. a.) nur an Sonn- und Feiertagen stattfinden dürfen.

[160] Der berüchtigte geheime »Kruzifix-Erlaß« des Bayerischen Staatsministers für Unterricht und Kultus (und oberbayerischen Gauleiters) Adolf Wagner vom 23. 4. 1941 (Anweisung an die Schulbehörden zur allmählichen Entfernung von Kruzifixen aus den Schulen und zur Einstellung von Schulgebeten) ist im Wortlaut wiedergegeben in der von der Kommission für Zeitgeschichte herausgegebenen Editionsreihe: Die kirchliche Lage in Bayern nach den Regierungspräsidentenberichten 1933-1943, Bd. IV, bearb. v. Walter Ziegler. Mainz 1973, S. 283, Anm. 3. Der Erlaß, der ohne Wissen des bayerischen Ministerpräsidenten Siebert von Wagner veranlaßt worden war, verursachte eine heftige Opposition innerhalb der katholischen Bevölkerung und mußte von Wagner, nachdem er auch von Hitler scharf kritisiert worden war, durch Geheimerlaß vom 28. 8. 1941 wieder zurückgenommen werden. Vgl. dazu u. a. auch Klenner, Jochen: Verhältnis von Partei und Staat 1933-1945. Dargestellt am Beispiel Bayerns. München 1974, S. 311 ff.

Aus Monatsbericht der Gendarmerie-Station Heiligenstadt, 25. 6. 1941

... Als der Kriegseintritt Rußlands gegen Deutschland bekannt geworden war, machte die Bevölkerung, im Gegensatz zu den Kriegsgefangenen, sorgenvolle Gesichter. Sonst herrscht eine der Zeit angepaßte auffallende Ruhe...

Aus Monatsbericht der Gendarmerie-Station Hollfeld, 26. 6. 1941

... Bezüglich der Stimmung unter der Bevölkerung wird berichtet, daß diese in letzter Zeit einen äußerst erregten Eindruck im Hinblick auf die bereits erwähnte Entfernung der Kruzifixe machte. Einen bestürzten Eindruck erweckte auch der Kriegsbeginn mit Rußland und glaubte die Bevölkerung bisher an Einvernehmen zwischen Deutschland und Rußland...

Aus Monatsbericht der Gendarmerie-Station Waischenfeld, 26. 6. 1941

... Die Stimmung der Bevölkerung ist im allgemeinen gut. Über den Einmarsch deutscher Truppen in Rußland war die Bevölkerung momentan erstaunt. Jedoch hat sie mit Ruhe und Zuversicht diese Nachricht aufgenommen. Es ist die Überzeugung vorherrschend, daß auch in Rußland unsere Truppen den Sieg davontragen. Es wird nur geäußert, daß sich der Krieg dann wiederum in die Länge zieht...

Ferner wurde in der Bevölkerung große Aufregung hervorgehoben [sic], als bekannt wurde, daß aus den Schulräumen die Kruzifixe entfernt werden sollen. Auch von Ortsgruppen- und Blockleitern wird diese Maßnahme zur Jetztzeit als verfehlt angesehen, da die Bevölkerung dadurch nur in Aufregung versetzt und die Einigkeit und der Glaube an den Sieg untergraben wird. Die Bevölkerung ist der festen Meinung, daß sich weder ein Bürgermeister noch Lehrer dazu hergibt, die Kruzifixe aus den Schulräumen zu entfernen. Daß im hiesigen Postenbereich die Kruzifixe aus den Schulräumen entfernt wurden, wurde bis jetzt noch nicht bekannt...

Aus Monatsbericht der Gendarmerie-Station Ebermannstadt, 27. 6. 1941

Innerpolitisch ist die Lage ruhig. Der Erlaß des Staatsministers Adolf Wagner in München über die gelegentliche Entfernung der Kruzifixe aus den Schulen hat in den katholischen Bevölkerungskreisen viel Staub aufgewirbelt und hat überall den schärfsten Widerspruch ausgelöst. Entfernt wurden bis jetzt keine Kruzifixe.

Das Bekanntwerden der Eröffnung der Kampfhandlungen gegenüber Sowjetrußland beeindruckte momentan alle Gemüter tief, da der große Teil der Bevölkerung an diese Möglichkeit nicht dachte; vielmehr erblickten viele Leute in Rußland einen guten und lebenswichtigen Lieferanten und somit eine gute Stütze im Existenzkampf gegen England. Die Stimmung war daher anfänglich ziemlich gedrückt. Durch die in den letzten Tagen im Radio gemachten Andeutungen über große militärische Erfolge und in den nächsten Tagen zu erwartende Sondermeldungen wurde die Stimmung wieder etwas gehoben und kann wieder als normal bezeichnet werden...

Aus Monatsbericht des Gendarmerie-Kreisführers, 30. 6. 1941

Wie anderwärts wurden auch im Landkreis Ebermannstadt weite Kreise der Bevölkerung durch die Maßnahmen des Führers gegen die Sowjetrepubliken sichtlich überrascht...

Wesentlich ernster ist dagegen die Mißstimmung einzuwerten, die der »Kruzifixerlaß« bei dem glaubenstreuen katholischen Landvolk auslöste. Vielleicht seit Jahren erschütterte keine staatliche Maßnahme bzw. Anordnung das Vertrauen so sehr, als dies hier geschah...

Äußerungen des Inhalts, nun wisse man, wie der Wagen laufe, nun lasse man sich durch nichts mehr hinter das Licht führen, waren ungefähr noch das Mildeste was zu hören war. In Ebermannstadt lief die Äußerung um, wer ein Kruzifix in der Schule antaste, dem müßten Hände und Füße wegfaulen. Ein Bauer in Moggendorf bei Hollfeld, der drei Söhne im Felde stehen hat, soll nach zuverlässiger Bekundung eines Gewährsmannes gesagt haben, es wäre ihm lieber, die drei Buben würden an der Front fallen, dann bräuchten sie wenigstens nach dem Krieg in der Heimat die noch schlimmeren Religionsfehden nicht mitzumachen. In Hochstahl, das in der Butterablieferung mit an erster Stelle stand, führte diese Maßnahme schlagartig zu einem starken Rückgang der Butterabgabe, so daß diese Gemeinde fast an letzter Stelle sich nunmehr befindet. Hauptlehrer und Ortsgruppenleiter Bittel in Drosendorf bei Ebermannstadt erklärte, es sei auf dem Lande für den Lehrer praktisch unmöglich, diesen Erlaß zu vollziehen, da er sich damit in seiner Gemeinde für immer unhaltbar machen würde. Nicht nur, daß er wirtschaftlich boykottiert würde, es bliebe ihm forthin auch jedes Vertrauen versagt. Ebenso bekundeten verschiedene Landbürgermeister, daß sie lieber ihr Ehrenamt niederlegen, als an der Beseitigung des Kruzifixes mitzuwirken. Der NSV-Kreisamtsleiter Becher, Ebermannstadt, sah sich zur Meidung des Rückganges der Sammelergebnisse veranlaßt, vertraulich die Anweisung zu geben, von der Entfernung der Kruzifixe in den Schulen Umgang zu nehmen. So ist praktisch der Erlaß nicht nur unwirksam geblieben, sondern dem Vollzug stellten sich Schwierigkeiten entgegen, die jedenfalls noch lange nachwirken werden...

Aus Monatsbericht des Landrats, 31. 7. 1941

In dem gleichen Verhältnis, in dem in der Heimat die Kriegsfolgen sich immer unangenehmer bemerkbar machen, wird auch die Stimmung schlechter. Nicht bloß die Hinterbliebenen der im Osten bereits Gefallenen, sondern alle diejenigen Familien, die Angehörige in diesen Kämpfen eingesetzt wissen, sind sehr gedrückt. Dazu kommt der Mangel an Arbeitskräften, der durch die gehäuften Einberufungen in der letzten Zeit empfindlich angestiegen ist[161], der sich schon bei der Heuernte als hinderlich erwiesen hat, der aber bei der Getreideernte noch unerträglicher in Erscheinung treten wird. Genährt wird diese Mißstimmung noch in denjenigen Orten, in denen Mütter aus luftgefährdeten Orten untergebracht sind, durch das auf die Kriegslage in gar keiner Weise Rücksicht nehmende Verhalten dieser Frauen. Der Bauer bringt kein Verständnis auf für die Ablehnung jeglicher Mithilfe in der Landwirtschaft durch diese »Damen«, die bei gutem Auskommen nur dem Vergnügen leben, nachts ausgehen und ihre Kinder den von der Tagesarbeit müden Quartiergebern überlassen, die nach ihrem Benehmen den Eindruck erwecken, als ob sie es mit der ehelichen Treue nicht genau nehmen würden, wenn sich Gelegenheit biete, und die außerdem Zeit genug haben, durch Hamstern in den benachbarten Dörfern für eine Verbesserung des Lebensunterhalts zu sorgen. In dem Kurort Streitberg ist in den letzten Tagen ein Kindergarten für die Hamburger Jugend errichtet worden. Die landwirtschaftliche Bevölkerung sieht nicht ein, warum den Müttern auch noch die einzige Sorge der Beaufsichtigung ihrer Kinder abgenommen werden soll... Wenn diesem Müßiggang der Großstadtmütter auch in der kommenden Erntezeit nicht Abbruch getan wird, wird die Kluft zwischen diesen und der einheimischen Bevölkerung noch größer...

Die durch den Kruzifixerlaß und das Verbot der Wochenfeiertage in der Landbevölkerung ausgelöste Erregung beginnt langsam wieder abzuflauen... Die in der Spitalkirche in Hollfeld üblicher Weise abgehaltenen Gottesdienste für die polnischen Gesindekräfte fanden am 6. und 20. Juli statt... Die polnischen Kirchenbesucher treffen sich schon sehr früh vor Beginn des Gottesdienstes, um die sie berührenden Tagesfragen wie Entlohnung, Urlaub, Verpflegung und Behandlung durch die Betriebsführer zu besprechen. Der sofortige Heimmarsch nach Beendigung des Gottesdienstes ist nur durch das Eingreifen der Gendarmerie erreicht worden...

Aus Monatsbericht der Gendarmerie-Station Ebermannstadt, 26. 8. 1941

...Die Angehörigen, besonders der im Osten kämpfenden Soldaten, sind in großer Sorge und Aufregung, weil viele Soldaten schon 14 Tage bis 4 Wochen nicht geschrieben haben. Vom hiesigen Bezirk sind viele Soldaten im Osten. Die Stimmung ist bei dem größten Teil der Bevölkerung gedrückt, weil noch weitere Ausdehnung des Brandherdes möglich ist und ein Kriegsende noch nicht in Sicht ist. Im Auge hat die Bevölkerung besonders Amerika...

---

[161] Im Unterschied zu den Berichten des Vorjahres, in denen häufig von unbegründeten Uk-Stellungsanträgen der Bauern die Rede war, hieß es jetzt: »Die Zahl der eingereichten Uk-Anträge für bäuerliche Betriebsführer und Hilfskräfte war in diesem Monat wieder sehr groß. Wenn auch ein Großteil der Gesuche Berücksichtigung fand, so mußten doch im Interesse der Wehrmacht viele vollbegründete Anträge unbeachtet bleiben.« (Bericht des Gendarmerie-Kreisführers vom 30. 7. 41).

I. Bezirk Ebermannstadt

Aus Monatsbericht des Gendarmerie-Kreisführers, 29. 8. 1941

...So geht die übergroße Mehrheit der Bevölkerung den nächsten Monaten mit dem Gefühl ernster Entscheidungen und harter Opfer entgegen. Die vielen Bereitstellungsscheine, welche im letzten Halbmonat auch an landwirtschaftliche Betriebsführer ergingen, steigerten diese Entwicklung... Der Krieg wird als hartes Muß empfunden. Die Zahl derjenigen aber, die etwa aus fanatischer Begeisterung dem Verlauf der Dinge stürmisch folgen, ist verschwindend klein. Die große Masse erwartet das Ende des Krieges mit derselben Sehnsucht, mit der der Kranke seiner Genesung entgegensieht...

Aus Monatsbericht des Landrats, 30. 8. 1941

...Ich habe nur den einen Wunsch, daß einmal einer der Sachbearbeiter in Berlin oder München in meinem Geschäftszimmer wäre, wenn z. B. ein abgearbeiteter alter Bauer um Zuweisung von Arbeitskräften und um sonstige Hilfe flehentlich bittet und zum Beweise seiner Notlage zwei Briefe vorzeigt, wovon in dem einen der Kompanieführer des älteren Sohnes antwortet, daß Ernteurlaub nicht gewährt werden kann, und in dem anderen der Kompanieführer des jüngeren Sohnes mitteilt, daß letzterer in einem Gefecht bei Propoisyk den Heldentod gestorben ist. Wer in regelmäßiger Wiederkehr in solche und ähnliche Notstände Einblick gewinnt, kommt zu einer ganz anderen Ansicht und zu einem ganz anderen Ergebnis über die Stimmung, als wie es in dem Aufsatz »Die deutsche Stimmung« von Otto Philipp Häfner in der Wochenzeitung »Das Reich« (Ausgabe Nr. 32 vom 10. August 1941) geschehen ist. Auch die Frage, ob dieser Krieg notwendig gewesen ist, oder richtiger die Frage, ob der Danziger Korridor es wert war, daß deswegen über allen Erdteilen die Kriegsfackel entbrannt werden mußte, wird bei sehr vielen Menschen anders beantwortet, als dies Alfred Rosenberg getan hat in der Großkundgebung beim Abschluß der Gauschulungswoche in Bremen (Völkischer Beobachter, Münchner Ausgabe Nr. 238, Seite 4)... Zahlen haben ihre Bedeutung verloren. Sie sind genau so entwertet worden wie die in der Inflationszeit auf den papiernen Geldscheinen aufgedruckten Ziffern. Das gilt sowohl für km wie auch qkm wie auch für Abschuß- und Beuteziffern. Der einfache Mann ist nicht in der Lage, die Karte von Europa einfach ohne weiteres gegen die Weltkarte auszuwechseln. Ihm schwindelt vor diesen Räumen und Weiten, und deshalb kann er sich auch nicht zu der inneren wahren Anteilnahme hieran und zu der ihm in der Presse und im Rundfunk nahegelegten und gewünschten Schlußfolgerung über den Ausgang dieses Weltvölkerkampfes durchringen...

Landrat Dr. Niedermayer kam in seinem Bericht nochmals auf den von ihm im Juni-Bericht 1941 scharf kritisierten Kruzifix-Erlaß zu sprechen und führte weiter aus:

Wenn den Landräten empfohlen wird, sich mit den Hoheitsträgern der Partei in Verbindung zu setzen, so kann ich hierüber bereits Vollzugsbericht erstatten, und zwar in der Richtung, daß nicht bloß die Kreisleitung, sondern auch Ortsgruppenleiter diesen Kruzifixerlaß als völlig verfehlt bezeichnet haben... Wenn also auch Hoheitsträger der Partei diesen Erlaß ablehnen, dann ist es falsch, wenn versucht wird, es so hinzustellen, als ob letzten Endes die Schuld an den Landräten liege, wenn der Erlaß noch nicht überall durchgeführt worden ist. Freilich kann ich Widerstand brechen. Ich kann sämtliche Bürgermeister, die den Erlaß in den Sommerferien nicht vollzogen haben, dienststrafrechtlich ahnden und sie auch ihrer Ämter entheben. Bei der großen Not an einigermaßen brauchbaren ehrenamtlichen Beamten... würde ich aber damit eine nur noch größere Dummheit begehen. Verwalten ist eine Kunst und nicht bloß ein stumpfsinniges Weitergeben von Befehlen...

Im wirtschaftlichen Teil berichtete der Landrat u. a. über die zunehmenden Hamsterkäufe z. B. von Geflügelfleisch zu überhöhten Schwarzmarktpreisen, denen die Preisüberwachungsbehörde nicht beikommen könne, weil »die wenigen Gendarmeriebeamten in dem weit ausgedehnten Kreisgebiet« derart überlastet seien, daß »die Zeit, die sie für Streifen zur Ertappung von Hamsterern verwenden können, viel zu gering ist.«

In seinem September-Bericht (30. 9. 1941) knüpfte der Landrat an die kritische Lagebeurteilung aus den Vormonaten an. »Wer in einem Gasthaus die Gesichter der Zuhörer beim Nachrichtendienst und bei den Sondermeldungen aufmerksam studiert, gewinnt nicht den Eindruck, daß er eine frohgestimmte zuversichtliche Gemeinschaft vor sich hat.« Die Erfolgsmeldungen könnten die wachsenden Verluste – seit Beginn des Rußlandfeldzuges 48 Gefallene aus dem Kreisgebiet – nicht wettmachen. Auch der inzwischen zurückgenommene Kruzifixerlaß spuke »immer noch in den Köpfen herum«. Die Aufkündigung bisheriger Uk-Stellungen erschwere mehr und mehr auch die ordentliche Verwaltung, auf die es im Hinblick auf die Volksstimmung besonders ankomme, da die Zeit vorbei sei, in der das Volk durch Versammlungssprecher, Siegesmeldungen, Kraftausdrücke und Schlagworte beeindruckt werden könne. – Im Landkreis befänden sich z. Zt. als ausländische Arbeitskräfte 191 Polen, Ukrainer und Weißrussen, 285 französische Kriegsgefangene, 125 »Serbier« und 30 Belgier, außerdem bei einem Bauunternehmen 50 Italiener.

Die Berichte für Oktober und November 1941 enthalten keine nennenswert neuen Gesichtspunkte.

Aus Monatsbericht des Gendarmerie-Kreisführers, 30. 12. 1941

Die lange Kriegsdauer, verbunden mit den Blutopfern und den steigenden wirtschaftlichen Unannehmlichkeiten, besonders aber die Sorge um das Schicksal der dem strengen Ostwinter ausgesetzten Soldaten, nährte auch im abgelaufenen Monat in der Heimat die Friedenssehnsucht. Gerade der wortkarge und etwas schwermütige Jurabauer ist allen Einflüssen dieser Art leicht zugänglich, um so mehr als die Aufklärung durch Presse, Rundfunk und Partei auf dem Lande die Bevölkerung weit nicht in dem Maße erfaßt, als dies etwa in den Städten und in Industriegebieten der Fall ist. Unbeschadet dieser Zurückhaltung, die auch durch große nationale Ereignisse kaum wesentlich beeindruckt werden kann, ist die Haltung des Landvolkes normal. Die Gebefreudigkeit zur Wollsachensammlung war zufriedenstellend... Der Eintritt Japans in den Krieg wurde begrüßt. Der Beginn der offenen Feindseligkeiten gegen Amerika löste keinerlei Erschütterungen aus... Viel gesprochen wird zur Zeit über schwere deutsche Rückschläge in Afrika und an der Sowjetfront. Der Abschied des Generalfeldmarschalls von Brauchitsch wird mit diesen Vorgängen in Zusammenhang gebracht...

Mit großer Sorge sieht die Landbevölkerung den Feldbestellungen im kommenden Frühjahr entgegen. Die Einberufungen zur Wehrmacht gehen weiter. Die wenigen weiblichen Dienstboten, welche noch vorhanden sind, bröckeln immer mehr ab und suchen in der zur Zeit besser lohnenden Kriegswirtschaft unterzukommen...

Aus Monatsbericht des Gendarmerie-Kreisführers, 27. 1. 1942

...Alles bangt um unsere Soldaten an der Ostfront, die bei strengster Kälte dauernden heftigen Feindangriffen ausgesetzt sind. Vielfach wird die Meinung vertreten, daß wir über die tatsächlichen Verhältnisse an der Ostfront auch nicht annähernd die Wahrheit erfahren, daß es dort dauernd rückwärts gehe und ein deutscher Erfolg sehr infragegestellt sei. Diese Meinung ist hauptsächlich in den katholischen Ortschaften vorherrschend. Nach hiesigem Dafürhalten sind diese Gerüchte nur auf das Abhören von Feindsendern zurückzuführen...

Aus Monatsbericht des Landrats, 31. 1. 1942

Anstelle allgemeiner Redensarten bringe ich heute mal einen Ausschnitt über die Arbeitsverhältnisse in einem Dorfe, das ich willkürlich herausgesucht habe. Dieses Dorf weist weder nach der einen noch nach der anderen Seite außergewöhnliche Verhältnisse auf, es kann somit als Durchschnittsbeispiel gewertet werden. Aus dieser Tatsachenschilderung kann dann der Stand des Stimmungsbarometers dieser abgerackerten Bauersleute von selbst errechnet werden.

Die Ortschaft Kanndorf, Gemeinde Wohlmannsgesees, auf einer Jurahöhe links der Wiesent, besteht aus 10 landwirtschaftlichen Betrieben. Darunter sind 7 Erbhöfe. Die gesamte nutzbare Fläche beträgt 83 ha. Zur Bewirtschaftung dieser Grundstücke stehen an erwachsenen männlichen vollwertigen Arbeitskräften zwischen 20 und 60 Jahren lediglich 2 Mann zur Verfügung; außerdem gehören dem männlichen Geschlecht noch 2 Burschen von je 16 Jahren, 2 Austrägler und 1 Kind an. Noch deutlicher wird dieses Bild, wenn zwei Erbhöfe herausgegriffen und gesondert untersucht werden. Das Anwesen Hs. Nr. 3 mit einer landwirtschaftlichen Nutzfläche von 10,60 ha und einem Viehbestand von 1 Pferd, 6 Rindern und 3 Schweinen wird bewirtschaftet von der Bäuerin mit ihren 3 Töchtern. Ihre übrigen Kinder, 4 Söhne, sind bei der Wehrmacht. Der Bäuerin des Anwesens Hs. Nr. 9 mit 64 Jahren stehen zur Bewirtschaftung einer landwirtschaftlichen Nutzfläche von 8,40 ha mit 5 Kühen, 3 Jungrindern und 6 Schweinen lediglich ihre 21jährige Tochter und ein 14jähriges Pflichtjahrmädel zur Seite. Ihre 5 Söhne sind bei der Wehrmacht.

Bei einer solchen Sachlage ist es nicht schwer zu erraten, welche Gedankengänge in dem Gehirn einer solchen Bäuerin wohl vor sich gehen dürften, wenn auf sie durch den Rundfunk, von der Presse, in Aufrufen, bei Versammlungen usw. eingehämmert wird mit den Schlagworten von äußerster Kraftanstrengung, Dorfgemeinschaft, Mobilisation der letzten Arbeits- und Leistungsreserven, erweitertem Ölfrüchtebau, vermehrtem

Rapsanbau, Flachsanbau, ausgedehntem Feldgemüsebau, Pflanzung von Beerensträuchern, erhöhtem Kartoffelanbau usw. Eine solche Bäuerin würde sich wundern über die vielen Faulenzer, die es noch geben muß, wenn ihr der Leitartikel von Reichsminister Dr. Goebbels in der letzten Ausgabe Nr. 4 der Wochenzeitung »Das Reich« vor die Nase gehalten würde, wonach »die Menschen zu Hause geradezu darauf warten, angerufen und angesetzt zu werden«. Vielmehr gehören diese Bäuerinnen mit ihren Hilfsarbeiterinnen zu jenen verbrauchten und abgehetzten Leuten, die, wenn es länger so weiter geht, eines Tages einfach liegen bleiben, ähnlich wie ein übermäßig beanspruchter Gaul in den Tauen zusammensinkt und dann schleunigst ausgespannt und weggeschafft werden muß, damit er den anderen, die noch weiter hasten müssen und können, nicht im Weg ist. Diesen Gaul machen dann weder Überlandkommandos noch Landwachen noch Aufpeitscher noch Eintreiber wieder lebendig.

Das ist die Schilderung des Kräfteverschleißes in der Landwirtschaft.

Der Landrat kam sodann auf die Überbeanspruchung der Landratsverwaltung zu sprechen, die nur noch auf ganz wenigen meist »wegen fortgeschrittenen Alters oder mangelhafter Gesundheit noch nicht abgeholten Beamten« ruhe. Er beklagte in diesem Zusammenhang vor allem auch die mit Beispielen belegte »Nebeneinanderregiererei« von Staats- und Parteistellen, die den Landrat zum Teil mit gegensätzlichen Weisungen versähen.

In seinem Februar-Bericht (vom 2. 3. 1942) schilderte der Landrat u. a. seine Eindrücke bei der Musterung des Jahrgangs 1924: »geringe Begeisterung, wenig freiwillige Meldungen, keine besondere Neigung für die im Ostfeldzug bisher hauptsächlich belasteten Gattungen der Infanterie und Panzerwaffen und besondere Vorliebe für Flak und Luftwaffenbodenpersonal«. Er beklagte sich ferner erneut über die Inflation von Erlassen, die vielfach schlecht überlegt seien und bei den ausführenden Stellen den »Eindruck von Nervosität, Kopflosigkeit, oder gar Unfähigkeit« hervorriefen und wegen der Notwendigkeit von Korrekturen, Rückfragen u. a. eine »Verschwendung von Arbeitskraft« bedeuteten. Im wirtschaftlichen Teil seines Berichts erwähnte der Landrat u. a. Klagen der landwirtschaftlichen Bevölkerung über das neu eingeführte Dünnbier, die schlechte Versorgung mit Schuhen, durch Einberufungen zunehmend erzwungene Betriebsschließungen auch im Bereich des Handwerks, die z. B. dazu geführt hätten, daß es im ganzen Landkreis keinen Ofensetzer mehr gebe. Infolge der Einberufungen bestehe ein »Wettlauf« nach ausländischen Arbeitskräften. Man hoffe auf zusätzlichen Einsatz sowjetischer Kriegsgefangener, der allerdings nur gruppenweise mit entsprechender Bewachung möglich sein soll, wodurch die Verwendung in den entlegenen, meist kleinen Ortschaften des Kreises »von vornherein sehr beschränkt« sei.

Aus Monatsbericht des Gendarmerie-Kreisführers, 28. 3. 1942

...Die Frage der Uk-Stellung einzelner Betriebsführer bildet immer wieder die Ursache heftiger Gegensätze. Zu welcher Leidenschaft sich hierbei die Zustände entwickeln können, lehrt ein Fall in Kanndorf, Gemeinde Wohlmannsgesees. Dort führt die Bauernfrau Anna Sponsel, Hs. Nr. 1 ein 60 Tagwerk großes landwirtschaftliches Anwesen, unterstützt von ihrer 18 Jahre alten Schwägerin. Da die bisher unternommenen Versuche, ihren bei der Wehrmacht stehenden Ehemann freizubekommen, aussichtslos blieben, während andererseits der Nachbar der Sponsel, der Bauernsohn Johann Wolf, vom Wehrbezirkskommando Bayreuth zur Feldbestellung entlassen wurde, suchte die Sponsel mit

Gewalt die Uk-Stellung ihres Mannes zu erzwingen. Zu diesem Zweck verließ sie am 22. März mittags mit ihren beiden Kindern das Anwesen, begab sich zu ihrem Vater nach Moggast, die Schwägerin folgte am nächsten Morgen. Das Vieh und das Hauswesen blieb sich selbst überlassen. Das Angebot, den Betrieb mit einem ihr zur Verfügung gestellten Dienstknecht fortzuführen, wurde zurückgewiesen. Dem Bürgermeister blieb zunächst nichts weiter übrig, als das Vieh durch die Nachbarn versorgen zu lassen. Inzwischen ist es durch die Mitwirkung aller beteiligten Dienst- und Parteistellen gelungen, die durch eine vorausgegangene Entbindung körperlich und seelisch recht mitgenommene Frau Sponsel zur Rückkehr zu veranlassen. Der Fall zeitigte aber trotzdem in der weiteren Umgebung beträchtliches Aufsehen. Die Gefahr, daß dieser Vorgang auch anderwärts Schule macht, ist gegeben... Seitens der Kreisleitung der NSDAP wurde durch Versammlungen und durch Hinausgabe von Richtlinien an die Ortsgruppenleiter die Anweisung zur straffen Überwachung der Ausländer, insbesondere der Polen, erneut in Erinnerung gebracht. Die bäuerlichen Betriebsführer sind allerdings mit diesen Anordnungen nicht recht einverstanden. Man versucht, und zwar nicht ganz ohne Erfolg, durch taktvolle sachliche Behandlung, die Ausländer, gleichviel ob Kriegsgefangene oder zivile Kräfte, zur höchstmöglichen Leistungssteigerung anzuspornen. Die Sorge, daß durch behördliche Maßnahmen verärgerte Hilfskräfte dem Betriebsführer mehr Schaden als Nutzen zufügen, dürfte in den kleinbäuerlichen Betrieben nicht völlig von der Hand zu weisen sein. Aus diesem Gesichtspunkt heraus sind auch die zahlreichen Ordnungsstrafen gegen Polen wegen Verstoßes wider den Kennzeichnungszwang immer wieder Gegenstand ablehnender Kritik...

Aus Monatsbericht der Gendarmerie-Station Aufseß, 26. 4. 1942

Die Stimmung der Gesamtbevölkerung hinsichtlich der Dauer und Ausgang des Krieges ist geteilt. Unter den Bauern gibt es weniger Optimisten, aber viele, die am liebsten die Flinte ins Korn werfen würden. Die Handwerker und kleinen Leute sind standhafter und zuversichtlicher und haben mehr Vertrauen zur gerechten Sache.
Den meisten Bauern steht ihr Hof näher als das Vaterland. Um Einberufungen aus dem Wege zu gehen, werden alle Hebel in Bewegung gesetzt. Bei den Handwerkern und kleinen Landwirten herrscht daher eine gewisse Erregung und Unzufriedenheit. Diese erklären, daß der Krieg für alle da sei und daher auch für die großen Bauern; wo es dem einen hinregnet, müßte es dem andern hinschneien. Bei manchen Uk-Gestellten läßt die Ablieferungspflicht viel zu wünschen übrig, so daß die Ortsbauernführer auch ihre liebe Not und Plage haben. Die Unzufriedenheit, herrührend noch vom nationalen Umbruch 1933, wo mancher Volksgenosse eine weniger schöne Behandlung erfahren hat, macht sich immer wieder bemerkbar. Einen großen Einfluß auf die Bevölkerung hat in hiesiger Gegend die Geistlichkeit. Wenn es wäre wie 1914/18, wo die Geistlichkeit aufforderte, die Opfer auf den Altar des Vaterlandes zu legen, wäre die Stimmung anders...

Aus Monatsbericht des Gendarmerie-Kreisführers, 28. 4. 1942

...Als Asozialer festgenommen und der Staatlichen Kriminalpolizei, Kriminalpolizeistelle Nürnberg-Fürth, übergeben wurde der geschiedene frühere Ziegeleiarbeiter D. von Aufseß, 51 Jahre alt. Derselbe, ein erheblich vorbestraftes Element und mehrmals schon aus Heil- und Pflegeanstalten entwichen, bildete für das platte Land eine erhebliche Belästigung. Aus diesem Grund nahm die Öffentlichkeit seine Festnahme dankbar zur Kenntnis...

Auf Anordnung der Staatsanwaltschaft Bamberg wurde am 5. 4. 1942 festgenommen und in das Landgericht Bamberg eingeliefert der verheiratete Bürgermeister und Ortsgruppenleiter der NSDAP, E. von Pretzfeld... E., welcher als Leiter der Bezirksabgabestelle Pretzfeld des Obst- und Gartenwirtschaftsverbandes eine einflußreiche Stellung bekleidete, versuchte durch unrichtige Führung der Einwohnermeldeliste, den Arbeiter K. von Hundshaupten, Landkreis Forchheim, der Wehrpflicht zu entziehen. Die in aller Stille durchgeführte und deshalb auch einige Tage verschwiegen gebliebene Festnahme löste nach ihrem Bekanntwerden um so größeres Aufsehen aus. – Beurlaubt und seiner Ämter enthoben wurde ferner der Bürgermeister und Brauereibesitzer Kohlmann in Drügendorf. Kohlmann gebrauchte in letzter Zeit wiederholt staatsfeindliche Äußerungen und führte Gespräche, welche geeignet waren, den Glauben an den erfolgreichen Abschluß des uns aufgezwungenen Krieges zu untergraben...

Aus Monatsbericht des Landrats, 1. 5. 1942

...Die Abnahme der Glocken, welche im Hollfelder und Waischenfelder Gebiet sowie in sämtlichen evangelischen Kirchen völlig reibungslos sich abwickelte, führte in dem katholischen Pfarrdorf Niedermirsberg bei Ebermannstadt zu einer groben Störung der Ruhe und Ordnung. Als dort am 20. April 1942 nachmittags zwei jüngere Arbeiter aus Bamberg mit den Vorarbeiten zur Abnahme der Glocken begannen, setzte die Schuljugend vom Kircheninnern aus die Glocken in Bewegung. Durch das Geläute wurde das halbe Dorf herbeigerufen. Einige Frauen drangen bis zum Glockengerüst vor, bedrohten die Arbeiter und zwangen sie zur Arbeitseinstellung. In der Kirche wurden die beiden Arbeiter von den Frauen umringt, geschlagen und gewaltsam aus der Kirche geschoben. Außerhalb des Gotteshauses wurden sie auch noch mit Steinen beworfen, so daß sie nur durch schleunigste Flucht sich vor weiteren Mißhandlungen schützen konnten. Am nächsten Tag wurde die Glockenabnahme unter dem Schutze der Gendarmerie ohne weitere Zwischenfälle durchgeführt...

Aus Monatsbericht des Landrats, 1. 6. 1942

Wird der Krieg heuer noch aus oder dauert er noch länger? Das ist die Frage, deren Beantwortung die Gemüter am meisten bewegt und zum Teil sehr erheblich beunruhigt... Die Ermüdungserscheinungen sind da und können nicht mehr wegdisputiert oder wegbefohlen werden... Auch bei den Beamten und Angestellten haben die in rascher Aufeinanderfolge ergangenen Anordnungen über die Urlaubseinschränkungen, die Verlängerung der Arbeitszeit und die Aufhebung aller Rechtssicherungen durch den Beschluß des großdeutschen Reichstages vom 26. April 1942[162] eine große Unruhe hervorgerufen...

Über die Eignung der aus altsowjetischen Gebieten zugewiesenen Kräfte ist mit Rücksicht auf die kurze Einsatzzeit ein abschließendes Urteil noch nicht möglich. Geklagt wird ganz allgemein über die ungewöhnliche Eßlust dieser Leute, die kaum zu füttern sind... Unter der Zivilbevölkerung herrscht angesichts der Zunahme dieser Ausländer eine begründete Besorgnis. Allgemein, besonders bei den Frauen, herrscht ein großes Unsicherheitsgefühl. Die flüchtigen und streunenden Gefangenen und Gesindekräfte östlicher Herkunft bilden zweifellos eine ernste Gefahr...

Aus Monatsbericht des Gendarmerie-Kreisführers, 29. 6. 1942

...Die Zahl der im Landkreis Ebermannstadt untergebrachten Ausländer beträgt 776. Davon sind 392 Kriegsgefangene und zwar 259 Franzosen, 110 Serben und 23 Belgier. Außerdem sind eingesetzt 190 (polnische) Hilfskräfte aus dem Generalgouvernement und 176 Männer und Frauen aus altsowjetrussischem Gebiet... Sowohl bei den Kriegsgefangenen wie bei den Zivilarbeitern ist in steigendem Maße ein Heimweh festzustellen. Dieser seelische Zustand fördert immer wieder unüberlegte Fluchtversuche. So wurden am 1. Juni bei Wannbach vier altsowjetrussische Arbeiterinnen in ziemlich erschöpftem Zustand aufgegriffen. Dieselben irrten sinn- und planlos im Wald umher. Am 12. Juni entwich in Dürrbrunn eine altsowjetrussische Dienstmagd. Sie konnte noch am gleichen Tage am Bahnhof Unterleinleiter dingfest gemacht werden...

In seinem Juli-Bericht (vom 31. 7. 1942) befaßte sich der Landrat erneut mit den »Abnutzungs- und Erschöpfungserscheinungen« der Bevölkerung infolge »übermäßiger Beanspruchung unter verschlechterten Lebensbedingungen«. Appelle an die Einsatzbereitschaft für zusätzliche Aufgaben würden angesichts dessen sinn- und gegenstandslos. »Ist es doch so, daß die gesamte Bevölkerung eines Dorfes, von den volksschulpflichtigen Kindern bis zu den Austräglern, abends nach Beendigung von Arbeit und Mahlzeit in einen todesähnlichen Schlaf versinkt.« Er schilderte als Beispiel verfehlter behördlicher Anordnungen die Auswirkungen des Verbots der unmittelbaren Abgabe von geerntetem Obst an die Verbraucher, wie sie sich im Berichtsmonat bei der Kirschenernte in der Umgebung von Pretzfeld zeigten. Zahlreiche Städter aus Erlangen, Fürth, Nürnberg und noch weiter entfernten Gegenden hätten sich aufgemacht, um sich mit Kirschen einzudecken, und die Bauern hätten dem Ansturm nicht widerstehen können. Um die ordnungsgemäße Abgabe der Kirschen an die Sammelstelle zu gewährleisten, habe die Bezirksabgabestelle energisches Einschreiten der Gendarmerie gegen den freien Verkauf gefordert, und er habe daraufhin aus dem ganzen Kreis zusammengezogene Gendarmeriestreifen in Pretzfeld und Umgebung eingesetzt. Die Beamten hätten

---

[162] In seiner öffentlichen Rede vor dem nationalsozialistischen »Reichstag« hatte Hitler am 26. 4. 1942 massive Kritik an der zu schwachen Strafjustiz geübt und dabei erklärt, er werde künftig unnachsichtig »Richter, die das Gebot der Stunde nicht erkennen, ihres Amtes entheben«. Auf Vorschlag des Präsidenten des Reichstags, Hermann Göring, wurde Hitler anschließend auf akklamativem Wege in der beanspruchten Funktion als »Oberster Gerichtsherr« des Deutschen Reiches bestätigt. Die Reichstagssitzung löste innerhalb der Justiz und juristisch geschulten Beamtenschaft große Erregung aus.

zwar den ersten mit Körben auftauchenden Kirschenkäufern ihre Ware abnehmen können, viele hätten aber bald die Gefahr erkannt, seien mit ihrer Beute »querfeldein« erfolgreich geflüchtet und hätten »sich ins Fäustchen gelacht, da das geringe Aufgebot an Polizeibeamten nicht ausreicht, das ganze Einzugsgebiet restlos abzuriegeln. Die wenigen aber, die nicht so sehr das umsonst ausgegebene Geld als vielmehr der Verlust der Kirschen ärgert, schimpfen gotteslästerlich über die gefühllosen Gendarmen«. Der angeordnete Polizeieinsatz sei völlig verfehlt gewesen und habe zu »einer schweren Schädigung ihrer Autorität« geführt. »Auf keinen Fall werde ich die Gendarmerie wieder zur Verfügung stellen, daß sie Rüstungsarbeitern, Kriegerfrauen usw. aus den Städten... das am arbeitsfreien Sonntag mühsam erworbene Obst mit Gewalt abnimmt.«[163] Auch die in letzter Zeit angeordneten Großfahndungen nach Verbrechern unter flüchtigen Kriegsgefangenen oder Zivilarbeitern habe sich vielfach als sinn- und erfolglos erwiesen und nur zu weiterem Kräfteverschleiß der überbeanspruchten Gendarmerie geführt. »Es ist bedauerlich, daß in dem vergangenen Monat gleich 2 Unfälle von Gendarmeriebeamten bei nächtlichen Streifen vorgekommen sind, darunter der Gendarmeriekreisführer selbst, der vom Fahrrad stürzte und dadurch für 4 Wochen dienstunfähig geworden ist.«

Aus Monatsbericht des Gendarmerie-Kreisführers, 30. 8. 1942

Der in der Nacht zum 29. 8. 42 durchgeführte feindliche Luftangriff auf die Stadt Nürnberg hat den Ernst des Krieges auch der Bevölkerung des Landkreises Ebermannstadt sichtbar vor Augen geführt. Die vielfachen Wechselwirkungen, die von dieser Stadt in das Gebiet der Fränkischen Schweiz laufen, lösten nicht nur aufrichtige Anteilnahme für die Bewohner der alten Noris aus, sie stärkten auch die Erkenntnis zur Erfüllung aller kriegsbedingten Notwendigkeiten. Damit hat dieser Angriff, so bedauerlich seine Folgen an sich sein mögen, doch auch eine heilsame Seite, denn gerade das Landvolk, das bisher fast wie im Frieden seinen Aufgaben nachgehen konnte, stand, von Monat zu Monat mehr, den Pflichten der Heimatfront mit sinkendem Interesse gegenüber... In innerpolitischer Hinsicht greift bis weit in die Reihen der Partei hinein eine gewisse Ernüchterung um sich. Alle Parteimaßnahmen, die nicht unbedingt kriegsnotwendig sind, finden heute verneinende Kritik. Insbesondere stößt die nach Auffassung der Landbevölkerung viel zu großzügige Betreuung der Hamburger und Kieler Frauen auf lebhaften Widerspruch. Nebenher wird auch von verschiedenen Seiten über eine Minderung der Anwendung des Deutschen Grußes berichtet. Die Ursache hierfür bildet nicht etwa eine partei- oder staatsfeindliche Einstellung, sondern in der Hauptsache wohl das Bedürfnis, in schwerer Zeit alles Formelle als unwichtig abzustreifen... Der Geldumlauf auf dem Lande wird ständig höher. Eng verbunden damit ist einerseits eine krankhafte Kaufsucht und andererseits die Neigung des Bauernstandes, an Stelle des Geldes, dessen innerer Wert vielfach angezweifelt wird, die erzeugten Waren selber zurückzuhalten und lediglich als Tauschmittel von Fall zu Fall abzugeben. Ein Mißstand, der unter Umständen ernste Folgen zei-

---

[163] Im folgenden Monatsbericht vom 1. 9. 42 führte der Landrat aus, daß zur Frage der »unmittelbaren Abgabe von Obst und Gemüse von Erzeugern an Verbraucher« zwei einander entgegenstehende Weisungen bestünden. Ein Runderlaß des Reichsführers SS und Chefs der Deutschen Polizei vom 15. 5. 42 schreibe Polizeieinsatz zur Verhinderung des verbotenen freien Verkaufs vor. »Die Ausgabe Nr. 19 des im Auftrag des Reichsverteidigungskommissars für die Wehrkreise VII und XIII herausgegebenen Informationsdienstes vertritt demgegenüber die Ansicht, daß es nicht zu rechtfertigen sei, Polizeiorgane gegen das Hamsterwesen einzusetzen... «, eines von vielen Beispielen dafür, daß der Grundsatz »Einheit der Verwaltung« zu einem wertlosen Schlagwort herabgesunken sei.

tigen muß. So ist schon heute bekannt, daß trotz des für die Landwirtschaft eingeführten Prämiensystems die Lieferunlust beträchtlich um sich greift... Begünstigt durch glänzende Witterung konnte die Getreideernte nicht nur in den Talgründen, sondern auch in den Hochlagen fast restlos abgeschlossen werden... Die Ernte verspricht durchweg einen guten Umfang... Schleichhandel, Hamstertum und Wucherpreise steigen mit Fortdauer des Krieges immer mehr an...

Der Gendarmerie-Kreisführer berichtet ferner: Zwischen den rund 50 aus der Mark Brandenburg stammenden Jungen des in Veilbronn bestehenden KLV [Kinderlandverschickungs]-Lagers und einheimischen Jungen sei es am 9. 8. 42 in Heiligenstadt nach dem Besuch einer Filmveranstaltung zu schweren Schlägereien gekommen, weil erstere sich für die Bezeichnung »Saupreußen« rächen wollten.

Aus Monatsbericht des Gendarmerie-Kreisführers, 29. 9. 1942

Der langen Dauer des Krieges entsprechend sowie angesichts der steigenden Blutopfer, deren Zahl besonders im abgelaufenen Monat wieder verhältnismäßig hoch war, blieb auch im Berichtsabschnitt die Stimmung des Landvolkes beträchtlich gedrückt. Der Glaube, daß das Völkerringen durch entscheidende Waffensiege rasch beendet werden könnte, ist längst entschwunden. Die Sorge um das Wohlergehen der im Osten stehenden Soldaten steigert sich mit Rücksicht auf den neuen Winter von Tag zu Tag. Die wirtschaftlichen Schwierigkeiten, hier vor allem der Mangel an Bekleidung und brauchbarem Schuhwerk sowie die Minderung der Haushaltsbedarfartikel im Verein mit den vielen Scherereien, die die Verwendung der zahlreichen ausländischen Hilfskräfte mit sich bringt, mehren die Sehnsucht nach einem baldigen Frieden auch auf dem Lande ganz erheblich. Vorerst einigermaßen beseitigt sind dagegen die Nahrungssorgen. Die gute Getreideernte konnte fast ohne Ausnahme so trocken und so rasch eingebracht werden, daß Mißwachsverluste kaum zu verzeichnen sind. Die auch im Gange befindliche Kartoffelernte bringt geradezu einen Rekordertrag. Selbst die Obsternte verspricht unter Berücksichtigung der großen Frostschäden der letzten Jahre ein verhältnismäßig gutes Ergebnis. Hier zeigen sich allerdings sehr bedenkliche Erscheinungen, deren Wiederholung und Steigerung das ganze Versorgungssystem gefährden dürften. Die Hamstersucht nach Obst hat nämlich in den Städten Formen und einen Umfang angenommen, welcher geradezu katastrophal ist. Die Obstbaugegenden, im hiesigen Landkreis besonders der südliche Teil, werden aus Nürnberg, Fürth, Erlangen und Forchheim, ja selbst aus dem Thüringer Wald, derart überlaufen, daß ganze Scharen von Menschen die Dörfer durchfluten und den Bauern das Obst um jeden Preis abnöten. Die Bauern klagen allgemein, daß sie sich dieser Zustände nicht mehr erwehren könnten. An die Einhaltung der Höchstpreise denkt kein Mensch. Bei dem Umfang dieses abnormen Zustandes reichen auch die polizeilichen Machtmittel nicht aus, um hier geeignet abzuhelfen... Die Zahl der Ausländer im Landkreis ist auf 854 gestiegen. Davon sind 439 Kriegsgefangene, der Rest zivile Hilfskräfte aus den Oststaaten. Fast sämtliche Ausländer sind in der Landwirtschaft tätig. Ihr Verhalten war im abgelaufenen Monat gut. Grobe Ordnungsstörungen sind nicht angefallen. Wegen Arbeitsverweigerung und renitenten Verhaltens mußte ein russischer

Erntearbeiter, ein Pole und eine russische Frauensperson zur Verfügung der Geheimen Staatspolizei festgenommen werden. Entwichen sind im abgelaufenen Monat insgesamt sieben Russen. Die Mehrzahl derselben wurde bereits wieder aufgegriffen...

Aus Monatsbericht des Landrats, 30. 9. 1942

...Anfangs dieses Monats war die Musterung des Jahrgangs 1925. Der Eindruck, den ich dabei gewonnen habe, war noch schlechter, wie bei der Musterung des Jahrgangs 1924 heuer im Februar. Von einer Kriegsbegeisterung war keine Spur zu entdecken. Die Freiwilligenmeldungen waren nur gering und wurden meist wieder zurückgezogen, wenn zur Dauer der Verpflichtung Stellung genommen werden sollte. Auf die Fragen, welche Waffengattung bevorzugt wird, waren die Antworten meist »Flak« oder »Luftwaffen-Bodenpersonal«, zweifellos aus der Vorstellung heraus, daß diese Truppengattungen am wenigsten gefährdet seien, also Druckposten sind, wie der gebräuchlichste Ausdruck im ersten Weltkrieg war. Ganz niederschmetternd waren die Ergebnisse der Prüfungen über Kenntnisse im Rechnen, Geographie, Geschichte usw. Es scheint doch so zu sein, daß unmittelbar nach der nationalen Erhebung die Schulkinder vor lauter Schulferien, Staatsjugendtagen, freien Ganztagen und Halbtagen, beschränkten Stundenzahlen, sportlichen Veranstaltungen, Wanderungen, Beurlaubungen, Durchführung von Sammlungen usw. gar nicht mehr dazu gekommen sind, in erster Linie einmal richtig Schreiben und Rechnen usw. zu lernen. Demnach ist es höchste Zeit, daß nicht bloß mit dem Herumexperimentieren in der Lehrerausbildung, sondern auch mit den Schulreformversuchen endlich einmal Schluß gemacht und wieder jene Volksschule geschaffen wird, in der, wie früher, wenigstens die Elementarfächer gründlich und nachhaltig eingebleut werden. Dann braucht sich auch kein 17jähriger Bursche mehr dumm anreden lassen, daß seine Schrift jetzt schon schlechter und unleserlicher ist wie die eines alten Geheimrats. Allgemeine Sprüche zu klopfen, die meist nur dazu dienen, über die Verlegenheit des Mangels eines gründlichen Wissens hinwegzutäuschen, das lernt in der harten Schule des rauhen Lebens später jeder von selbst früh genug...

Der Feindeinflug Ende August nach Nürnberg wirkt sich im Landkreis immer mehr in der Weise aus, daß Nürnberger dazu übergehen, in der Fränkischen Schweiz einstweilen vorsorglich Zimmer und sogar Wohnungen zu mieten, in die sie nach und nach ihren Hausrat verbringen und dann überhaupt umsiedeln wollen, wenn sie bei einem wiederholten Luftangriff auf Nürnberg betroffen werden sollten. Diese an und für sich verständliche Vorsorge kann aber unangenehme Folgeerscheinungen nach sich ziehen, wenn die Stadt Fürth eines Tages bombardiert werden sollte, da der Landkreis Ebermannstadt Aufnahmegebiet für Fürth ist...

Aus Monatsbericht des Gendarmerie-Kreisführers, 20. 10. 1942

...Beträchtliches Aufsehen erregte der Fall von Kirchenzucht, welche Dekan S. von Muggendorf durchzuführen für zweckmäßig hielt. Die 17 Jahre alte Bauerstochter L.

von Neudorf, Gemeinde Albertshof, hatte vor einiger Zeit unehelich entbunden. Es ist nun in hiesiger Gegend noch üblich, daß die Kindsmutter nach der Taufe des Neugeborenen im Pfarrhaus vorstellig wird, um eine Vermahnung entgegenzunehmen. Die L. hatte sich dieser Auflage entzogen. Ungeachtet dessen wollte sie jüngst an einer Abendmahlfeier in der Kirche zu Muggendorf teilnehmen. Dekan S. lehnte es aber ab, der Genannten vor dem Altar Brot und Wein zu verabreichen, so daß dieselbe nicht nur unverrichteter Dinge die Kirche verlassen mußte, sondern auch die öffentliche Bloßstellung und das Gespött auf sich nehmen mußte...

Aus Monatsbericht des Landrats, 2. 11. 1942

...Die Sehnsucht danach, daß mit dem Kriege endlich einmal Schluß gemacht wird, zeigte sich jüngst besonders in der Gier, mit der sich die Leute auf die Gerüchte über Waffenstillstandsverhandlungen mit Rußland stürzten. Die Tatsachen, daß die Front im Osten zum größten Teil schon seit langer Zeit stille steht, daß Stalingrad immer noch nicht zu Fall gebracht werden konnte, daß die Nachrichten über Todesfälle an der Front nicht abreißen wollen, daß die Aufkündigungen von Uk-Stellungen jüngerer landwirtschaftlicher Betriebsführer sich ganz bedenklich häufen und daß die jüngsten Jahrgänge ebenfalls schon eingezogen werden, werden als Erschöpfungszustände gedeutet. Die Reden des Führers, des Reichsmarschalls, des Außenministers, des Reichspropagandaministers und die übrigen Propagandamaßnahmen und örtlichen Propagandawellen haben keine nachhaltige, dauerhafte Wirkung mehr. Die Kriegsmüdigkeit ist eben schon zu stark, so daß alle Aufforderungen, noch mehr zu leisten, völlig wirkungslos verpuffen...

Die Haushaltswarengeschäftsleute L. in Ebermannstadt sind mit Urteil des Sondergerichts Bamberg vom 8. Oktober 1942 zu Gefängnisstrafen verurteilt worden, ... weil sie ziemlich große Mengen knapper Waren zurückgehalten haben... In Tiefenlesau, Gemeinde Hochstahl, haben im Juli dieses Jahres sechs bäuerliche Schlachtgeflügelerzeuger zusammen 92 Stück Magergänse und Enten an einen Schwarzhändler... zu Überpreisen verkauft. Gegen diese Verkäufer habe ich Ordnungsstrafe zwischen 100,- RM und 1000,- RM verhängt. Der Schwarzhändler O. ist inzwischen mit Urteil des Sondergerichts am Landgericht Bamberg vom 8. Oktober 1942 zu einem Jahr Gefängnis verurteilt worden... Die Landbevölkerung ist in steigendem Maße darüber verbittert, daß der Tauschhandel immer schlimmere Folgen annimmt und kein Handwerker, ferner aber auch kein Geschäft in der Stadt an Landleute mehr verkaufen will, wenn nicht an Stelle von Bargeld Lebensmittel aller Art hergegeben werden...

Bezüglich der Apfelernte in Pretzfeld und Umgebung kann ohne Übertreibung festgestellt werden, daß rd. 95 v. H. der für den Absatz bestimmten Obsterträge verbotswidrig vom Erzeuger unmittelbar an Verbraucher verkauft wurden und zwar unter Überschreitung der Höchstpreise um mindestens 100–200 v. H. ...

Aus Monatsbericht des Gendarmerie-Kreisführers, 29. 11. 1942

Im abgelaufenen Monat sah das Landvolk die Kriegslage wenig günstig. Rommels Rückzug aus Ägypten, die Besetzung französischer Gebiete in Nordafrika durch amerikanische Truppen sowie die Vorgänge an der Ostfront und im unbesetzten Frankreich stimmten allenthalben bedenklich. Die Sorge, es könnte bei der ungeheuren Ausweitung der Kriegsschauplätze die deutsche Kraft zu sehr verzettelt und damit der Endsieg gefährdet werden, liegt heute in vieler Mund. Die Sehnsucht nach einem baldigen Frieden fand gerade durch diese Ereignisse neuen starken Antrieb. Die Stimmung wird bei gegebener Lage als ernst, vereinzelt auch als niedergeschlagen bewertet, keinesfalls aber macht sich eine ausgesprochene Flaumacherei breit...

Viel erörtert werden die zahlreichen Aufkündigungen bäuerlicher Uk-Stellungen, die teils zum 1. 1. 43, teils zum 1. 2. 43 wirksam werden und deren Zahl im ganzen Landkreis wohl 220 übersteigt. Sollten die Betreffenden wirklich alle eingezogen werden, so sind in manchen Gemeinden außer den Frauen und Kindern buchstäblich nur mehr ganz alte Männer zu Hause. Abgesehen von der Unmöglichkeit der Bewältigung der Feldbestellung und der Erntearbeiten wird sich dieser Mangel eines Stammes kräftiger Männer bei Feuersbrünsten und sonstigen Notständen recht nachteilig auswirken; auch die Aufrechterhaltung der Botmäßigkeit der ausländischen Arbeitskräfte hängt – soweit die kleinen Landgemeinden in Frage kommen – wesentlich mit dem Vorhandensein wenigstens einiger noch im besten Alter stehender Betriebsführer zusammen... Wie erst jetzt bekannt und zur Anzeige gebracht wurde, äußerte an einem Sonntag im November 1942 der verheiratete, 35 Jahre alte Bauer Otto Görl von Kaupersberg, Gemeinde Nankendorf, auf öffentlicher Straße in Kaupersberg in bezug auf den Führer: »Wenn er nur von einer Abstammung wäre, er war ja nur Maurer. Daß ihn nur der Herrgott nicht straft. Wenn mich mein Radio nicht reuen würde, dann hätte ich ihn bei der letzten Führerrede zusammengeschlagen. Der Churchill war schon einmal in Deutschland und hat den Frieden angeboten, aber der Führer hat nicht gewollt.« Görl, der einen 114 Tagwerk großen Erbhof besitzt und der als Betriebsführer uk-gestellt ist, ist an sich bisher politisch nicht hervorgetreten. Er steht aber dem Parteileben fern. Die von Görl geäußerte Behauptung, der Führer habe bisher die Friedensbemühungen der Gegner sabotiert, wird auf dem Lande immer wieder heimlich verbreitet. Dazu läuft noch die Äußerung um, daß selbst bei einem Sieg der Gegner das deutsche Volk an sich keine Strafmaßnahmen zu gewärtigen habe...

Aus Monatsbericht der Gendarmerie-Station Hollfeld, 25. 12. 1942

...daß im Verlaufe des Monats Dezember in verschiedenen Orten öffentliche Volksversammlungen stattgefunden haben... Das Thema lautete jeweils »Der Entscheidungskampf im Osten«... In kultureller Hinsicht wird bemerkt, daß durch die Gaufilmstelle Bayreuth in Hollfeld am 3. 12. und in Wonnsees am 4. 12. der Film »Der scheinheilige Florian« gezeigt wurde. Die Besucherzahl war in beiden Fällen als ausreichend zu bezeichnen...

Aus Monatsbericht des Gendarmerie-Kreisführers, 29. 12. 1942

Wenn auch Ereignisse von besonderer Bedeutung im abgelaufenen Monat nicht angefallen sind, so mußte doch auch auf dem platten Land wiederum ein Anwachsen jener schwermütigen Kriegsstimmung beobachtet werden, deren besonderes Kennzeichen es ist, alle Vorkommnisse in ängstlich zaghafter Voreingenommenheit zum Nachteil des deutschen Volkes zu deuten. Diesem Zustand, der oft vielleicht ungewollt gleich einer Seuche um sich greift, konnte mit den bisherigen Propagandamitteln nicht begegnet werden. Insbesonders reicht der Einfluß der Partei und Presse nicht aus, dem Übel an die Wurzel zu gehen. Auch der Rundfunk findet mit seinen Darbietungen, insbesonders mit seinen Aufklärungsvorträgen, in diesen Kreisen keinen Eingang. Einzig die Kirche wäre in der Hauptsache in der Lage, die Bedenken zu zerstreuen. Die Geistlichkeit beider Konfessionen übt aber fast ohne Ausnahme dem Kriegsgeschehen gegenüber so große Zurückhaltung aus, daß dieses betonte Schweigen meist mehr schadet als nützt...

Aus Monatsbericht des Landrats, 31. 12. 1942

...Der Apothekeninhaber in Ebermannstadt hat mitgeteilt, daß ihm in letzter Zeit die gesteigerte Nachfrage nach Schlafpulver und Nervenmitteln, und zwar hauptsächlich aus bäuerlichen Kreisen heraus, aufgefallen sei. Das ist eine neuerliche Bestätigung der Begründetheit meiner schon vor längerer Zeit ausgesprochenen Warnung, daß es keinen Sinn hat, von den Menschen andauernd und immer wieder noch größere Arbeitsleistungen zu fordern, die Arbeitszeiten zu verlängern und die Ruhepausen, Erholungs- und Urlaubszeiten zu verkürzen. Solche drakonischen Maßnahmen können nur angewandt werden, wenn sich diese äußersten Kraftanstrengungen nur auf eine verhältnismäßig kurze Zeit zu erstrecken haben. Eine längere Kriegsdauer erfordert aber zwangsläufig eine längere Ausdauer und damit ein haushälterisches Umgehen nicht bloß mit mechanischen, sondern auch mit den menschlichen Arbeitsmaschinen. Deshalb sind die Hauptmerkmale der derzeitigen Gemütsverfassung Übermüdung, Gleichgültigkeit, Schwermütigkeit, Abgestumpftheit gegenüber allen dagegen ankämpfenden propagandistischen Versuchen, Mißtrauen gegen die Richtigkeit und Vollständigkeit der Presse- und Rundfunknachrichten...

Aus Monatsbericht des Landrats, 2. 2. 1943

In dem Lagebericht vom 2. Dezember 1942 Nr. D 50 für Monat November 1942 habe ich ausgeführt, daß angesichts des Rückzuges in Libyen, der Besetzung französischen Kolonialgebietes in Afrika und des Wiederaufflackerns von Offensiven der Russen die Besorgnis dahin geht, daß die deutsche Kraft zu stark verzettelt ist und schließlich eines Tages ermüdet. Inzwischen haben die Anstrengungen der Feinde ziemlichen Erfolg gehabt, so daß trotz aller propagandistischen Abschwächungs- und Widerlegungsversuche die vorerwähnte Ansicht immer mehr an Boden gewinnt, wobei davon ausgegangen wird, daß diese zum Teil mühsam und sauer eroberten und gehaltenen Gebiete und – bei Stalingrad – die wertvollen Soldaten und Maschinen sicherlich nicht aufgegeben worden wären, wenn nicht ein Nachlassen der eigenen Kräfte dazu gezwungen hätte.

Die Kritik wird teilweise bereits sehr hart und scharf, wenn auch in der Wahl des Ausdrucks eine gewisse Vorsicht geübt wird, damit nicht ein strafgerichtliches Verfahren anhängig gemacht werden kann. So sagen diejenigen, die um ihre Angehörigen bei Stalingrad bangen – und das sind im Landkreis sehr viele, weil im Bereich des Wehrbezirkskommandos Bayreuth eine ganze Division hierfür aufgestellt worden war –, nicht etwa »Hitler gibt keine Ruhe, bis nicht alles hin ist«, sondern sie gebrauchen das Neutrum und sagen »es ist nicht früher eine Ruhe, bis usw.«, meinen damit aber das gleiche.

Auch an dem ebenfalls in dem eingangs erwähnten Monatsbericht wiedergegebenen Gerücht über die Ablehnung von Friedensverhandlungen durch den Führer wird festgehalten und ihm zum Vorwurfe gemacht, daß er in Überschätzung der eigenen Kräfte alle Friedensvermittlungen neutraler Staaten abgelehnt habe und damit letzten Endes die Schuld an der nun eintretenden rückläufigen Entwicklung selbst trage.

Die Verbitterung über manche Strafmaßnahmen, z. B. Schutzhaft, die in den Jahren 1933 und 1934 verhängt worden sind, lebt jetzt wieder auf. Dazu kommt, daß die Landbevölkerung fast ausschließlich unerschütterlich an ihrer Religion festhält. Immer dann, wenn von dem Segen des Allmächtigen die Rede ist, wird entgegengehalten, daß er dort nicht herabgefleht werden solle, wo gleichzeitig die Ausrottung der christlichen Glaubensgemeinschaften mit allen Mitteln verfolgt wird. Besonders argwöhnisch ist die bäuerliche Bevölkerung gegenüber der SS und allem, was damit zusammenhängt. Haben schon die Verlautbarungen über die Durchführung der Julfeiern als betonte Verdrängung der christlichen Weihnachtsfeiern viel böses Blut gemacht, so haben Vorfälle, die über die Werbung von Freiwilligen zur Waffen-SS in der ersten Hälfte des vergangenen Monats bekannt geworden sind, dem Faß den Boden noch ganz ausgeschlagen. Zum besseren Verständnis muß ich zunächst die Ausschreitungen in die Erinnerung zurückrufen, die in den Jahren 1935 und 1936 in dem Lager in Waischenfeld untergebrachte SS-Einheiten sich zuschulden kommen ließen und die heute noch nicht vergessen sind. Diese tragen einen großen Teil Schuld daran, daß die bisher üblichen Werbemaßnahmen für die Waffen-SS fast keinen Erfolg hatten.

Nun ist die Werbung in die Reichsarbeitsdienstlager verlegt worden. Die Eltern, deren Söhne jetzt heimberichteten, daß sie, dem Drängen der Werbekommission folgend, die Meldung zur Waffen-SS unterzeichneten, sind darüber sehr verbittert. Sie sprechen von Rechtlosigkeit und sagen, daß sie ihre Söhne zwar gerne der traditionsreichen Wehrmacht anvertrauen, nicht aber der SS, in welcher man auf dem Lande immer noch leider nur eine vorwiegend politische und gleichzeitig mit der brutalen Ausrottung der christlichen Religionen betraute Organisation erblickt. In zwei Fällen habe ich den Gendarmerie-Kreisführer beauftragt, solchen Gerüchten nachzugehen und den Sachverhalt aufzuklären. Seinen Bericht gebe ich nachstehend wieder:

»Der ledige Bauersohn Georg Brütting von Wohlmuthshüll, Hs. Nr. 20, geb. 27. 2. 1925, welcher zur Zeit beim RAD Abteilung 2/284 Adelsdorf I steht, erzählte gelegentlich eines Urlaubs seinen Eltern, bei seiner Abteilung hätten sich 15 Mann freiwillig gemeldet, er und ein Arbeitsmann aus Staffelstein seien dagegen zur freiwilligen Meldung nicht bereit gewesen. Sie seien aber durch die Werber etwa fünf Stunden lang bearbeitet worden, so daß sie schließlich doch auch unterschrieben haben. Dessen Vater, der 64 Jahre alte Bauer Franz Brütting von Wohlmuthshüll, der 70% kriegsbeschädigt ist, äußerte, er gebe sich mit dem Zustandekommen dieser Erklärung, der der Begriff der Freiwilligkeit fehle, unter keinen Umständen zufrieden. Der Junge solle einmal den Erbhof erhalten, da der andere Sohn, welcher studiert habe, bereits als Oberleutnant an der Ostfront stehe. Er gebe seinen Sohn gerne zur Wehrmacht, niemals aber der Waffen-SS.

Der zweite Fall betrifft den Arbeitsmann Thomas Richter von Birkenreuth, Hs. Nr. 15, geb. 8. 9. 1925, zur Zeit bei der RAD Abteilung 4/286. Richter rückte am 13. Januar 1943 zum Arbeitsdienst nach Heßdorf bei Erlangen ein. Einige Tage später erhielten dessen Eltern, die Bauerseheleute Konrad und Katharina Richter in Birkenreuth, von dritter Hand einen Brief des Inhalts, sie sollten sich nach ihrem Sohn umschauen, welcher in der Krankenstube liege. Der Sohn Thomas Richter, welcher inzwischen in ein Lazarett in Fürth eingeliefert worden war, erzählte seinen Eltern, am 14. Januar 1943 sei er einer Musterungskommission der Waffen-SS vorgestellt worden, welche ihn zur freiwilligen Meldung zur Waffen-SS veranlassen wollte. Er habe dies aber abgelehnt unter Hinweis, daß er den elterlichen Hof übernehmen solle, daß einer seiner Brüder bereits an der Ostfront geblieben sei und sein zweiter Bruder seit einem Jahr, durch MG-Schüsse schwer verletzt, in einem Lazarett zu Breslau liege. Daraufhin sei er von den SS-Männern derart geohrfeigt worden, daß er bewußtlos zusammengestürzt sei und einen Schwächeanfall erlitt. Die Eltern äußerten, sie seien über diesen Vorgang empört, ja der Vater erklärte, er wäre seelisch ohne weiteres in der Lage, diesen Schimpf durch die Waffe zu rächen. Beide Eltern wollen aber zur Meidung von Scherereien für ihren Sohn den Vorfall unverwertet wissen.

Bezeichnend für die durch derartige Vorkommnisse vergiftete Stimmung ist jedenfalls, daß erzählt wurde, Soldaten hätten im Zusammenhang mit diesen Werbungen geäußert, der Sowjetrusse müsse freilich unter allen Umständen vernichtet werden, da andernfalls alles verloren sei, ein Verlust des Krieges gegen England und Amerika oder Frankreich sei dagegen weniger schlimm, weil in diesem Falle doch auch der gesamte Parteiapparat mit SA und SS wieder verschwinden würde.«...

Exkurs: Landrat Dr. Niedermayer gerät in Konflikt mit dem Höheren SS- und Polizeiführer

Dieser Bericht von Landrat Dr. Niedermayer hatte, soweit er die Gerüchte über Zwangsmaßnahmen bei der Werbung für die Waffen-SS betraf, ein langwieriges Nachspiel. Der Regierungspräsident leitete Auszüge des diesbezüglichen Berichtsabschnittes sowohl an den Höheren SS- und Polizeiführer (HSSPF) des Wehrkreises XIII/Nürnberg (SS-Gruppenführer und Generalleutnant der Polizei Dr. Martin) als auch an das Bayerische Staatsministerium des Innern. Letzteres ersuchte am 18. 3. 1943 den HSSPF, die Vorfälle nachzuprüfen. Dieser berichtete darüber am 22. 3. 1943 dem Regierungspräsidenten in Ansbach: Die sofort veranlaßte Nachprüfung durch die Stapoleitstelle Nürnberg-Fürth habe die völlige Haltlosigkeit der Gerüchte ergeben. Der Arbeitsdienstmann

Richter sei selbst nie wegen einer Werbung für die Waffen-SS angesprochen worden und habe die »Greuellügen«, die er seinen Eltern erzählte, von dritter Seite erfahren. Der Gendarmerie-Kreisführer, dem die Gerüchte von den Eltern des Richter erzählt worden seien, habe es in »unverzeihlicher Pflichtverletzung unterlassen«, den Wahrheitsgehalt zu überprüfen, und es sei auch »Pflicht des Landrats gewesen, zu prüfen, ob hinsichtlich dieser ungeheuerlichen Vorwürfe die Erhebungen mit der notwendigen Gründlichkeit geführt worden sind«. Der HSSPF kündigte an, er werde »den Gendarmerie-Kreisführer von Ebermannstadt durch das zuständige SS- und Polizeigericht XXV zur Verantwortung ziehen«. Außerdem veranlaßte er, daß der Arbeitsmann Richter aus Birkenreuth durch die Dienststrafkammer des Reichsarbeitsdienstes in Nürnberg am 3. 4. 1943 »wegen Verleumdung der Waffen-SS« zu 42 Tagen verschärftem Arrest bestraft wurde[164]. Aufgrund des Berichts des HSSPF ersuchte der Regierungspräsident am 29. 3. 1943 den Landrat von Ebermannstadt um Stellungnahme. Dr. Niedermayer befand sich in dieser Zeit zur Wiederherstellung seiner Gesundheit in Bad Wörishofen. Von dort schrieb er am 13. 4. 1943 an den Regierungspräsidenten in Ansbach, es sei das erste Mal in seiner 20jährigen Tätigkeit als Verwaltungsbeamter, daß ihm Mangel an Pflichterfüllung zum Vorwurf gemacht werde; um sich gehörig »dagegen zur Wehr setzen zu können«, bitte er um Verlängerung der ihm zur Berichterstattung gesetzten Frist »auch deswegen, damit die hier begonnene Erholungskur nicht noch mehr gestört wird«. Eine erste Stellungnahme Dr. Niedermayers erfolgte in seinem Monatsbericht vom 30. 4. 1943, in dem er schrieb:

»Bisher habe ich an dieser Stelle Mißstände und Mißstimmigkeiten berichtet, in der Annahme, daß oberen und obersten Stellen diese ungeschminkte Unterrichtung wertvoll sein könnte. In diesem Bestreben habe ich mich auch dadurch nicht irre machen lassen, daß manche Dienststellen, die sich hierbei betroffen fühlten, mich angriffen... Zuletzt hat nun der Höhere SS- und Polizeiführer in Nürnberg die Ausführungen in meinem Monatsbericht für Januar 1943 über die Einstellung der bäuerlichen Bevölkerung zur SS zum Anlaß genommen, mir mangelhafte Pflichterfüllung vorzuwerfen. Ich habe in gar keiner Weise das Bedürfnis, lediglich als Bote unangenehmer und unerwünschter Nachrichten letzten Endes geköpft zu werden. Deshalb werde ich künftig an dieser Stelle[165] solange keine Ausführungen mehr bringen, als ich über die Stimmung nichts Besseres zu berichten weiß.«

In einem gesonderten 4½ Seiten-Bericht an den Regierungspräsidenten in Ansbach vom 18. 5. 1943 nahm Dr. Niedermayer im einzelnen zu den Vorwürfen Stellung. Er erklärte vor allem, daß es nicht zum Wesen eines Stimmungsberichts, wie ihn der Landrat monatlich erstatte, gehöre, dem Wahrheitsgehalt von Stimmungen und Gerüchten nachzugehen. Deshalb sei auch in dem fraglichen Fall nur die Herkunft des Gerüchts, nicht dessen Wahrheitsgehalt aufgeklärt worden. »Daß die bisherigen Werbeversuche für die

---

[164] Am 21. 4. 1943 übersandte der Höhere SS- und Polizeiführer acht Plakatanschläge, in denen die Verurteilung Richters wegen »Verleumdung der Waffen-SS« öffentlich bekannt gemacht wurde, an den Landrat in Ebermannstadt mit dem Ersuchen, je ein Exemplar innerhalb des Dienstgebäudes des Landrats, des Bürgermeisters von Ebermannstadt »sowie an den für Birkenreuth zuständigen Gemeinde- und Ortstafel anzubringen«. Auf den Plakaten, die vier Wochen lang ausgehängt blieben, hieß es u. a. »Die Verbreitung solcher oder ähnlicher Verleumdungen der Waffen-SS, die im Heldenkampf für Führer und Reich täglich auf allen Kriegsschauplätzen unvergängliche Ruhmestaten vollbringt, wird schärfstens verfolgt werden«.

[165] Gemeint ist der Berichtsteil über die allgemeine Volksstimmung.

Waffen-SS besonders auch im Landkreis Ebermannstadt mehr als kläglich geblieben sind, ist kein Geheimnis. Deshalb habe ich mich bemüht, alles zusammenzutragen, was meiner Ansicht nach als plausibler Grund hierfür angeführt werden kann. Deswegen habe ich auch zurückgegriffen auf Vorfälle in Waischenfeld, die in der Bevölkerung noch lebhafter in Erinnerung sind, als man es bei den einschlägigen Dienststellen der SS vielleicht für möglich und erwünscht hält... Der Höhere SS- und Polizeiführer mag nach früher üblicher Sitte dem Gendarmerie-Kreisführer samt seinem Landrat sogar die Köpfe abschlagen lassen, weil sie über eine schlechte Stimmung berichtet haben, an der Stimmung selbst, wie wir sie geschildert haben, ändert er dadurch... gar nichts. Die Einstellung gegenüber der SS bei dem überwiegenden Teil der bäuerlichen Bevölkerung des Landkreises ist tatsächlich so, wie sie geschildert worden ist. Davon nehme ich keinen Deut weg.«

Das angestrengte Verfahren gegen den Gendarmerie-Kreisführer, Bezirksleutnant der Gendarmerie, Heinrich Meyer war schon am 28. 4. 1943 durch das SS- und Polizeigericht Nürnberg »mangels Vorliegen einer strafbaren Handlung« eingestellt worden. Der HSSPF ließ, wie er in einem Schreiben an Regierungspräsident Dippold (Ansbach) vom 17. 6. 1943 mitteilte, den Gendarmerie-Kreisführer, »der übrigens einen sehr guten Eindruck machte«, zusätzlich durch die Geheime Staatspolizei vernehmen. Dabei gewann er den Eindruck, daß die eigentliche Schuld mangelnder Aufklärung des Gerüchts bei dem Landrat gelegen habe, der den Gendarmerie-Kreisführer nur beauftragt habe, die Eltern des Richter zu befragen. Besonders ärgerlich war von dem HSSPF der – zuvor zitierte – Passus aufgenommen worden, mit dem Dr. Niedermayer in seinem Monatsbericht für April 1943 auf die Angelegenheit reagiert hatte. Er empfände, so schrieb der HSSPF am 21. 5. 1943 an den Regierungspräsidenten in Ansbach, »diese Auslassung des Herrn Landrats von Ebermannstadt als eine persönliche Anrempelung ungewöhnlicher Art«. Nur weil er sie auf starke Nervosität des Landrats zurückführe, nehme er »davon Abstand, gegen den Herrn Landrat von Ebermannstadt in entsprechender Weise vorzugehen, gebe aber dem Regierungspräsidenten anheim, das Weitere zu veranlassen«. Nach Übermittlung dieser Stellungnahme des HSSPF begründete Landrat Dr. Niedermayer in einem nochmaligen ausführlichen Schreiben vom 25. 6. 1943 an den Regierungspräsidenten seine Berichterstattung. Es hieß dort u. a.: »Wer mir unterschiebt, daß ich meine Berichte dazu mißbrauche, um lediglich meine eigenen persönlichen Ansichten an den Mann zu bringen oder diese als Stimmungsbericht zu tarnen..., der schiebt mir unter, daß ich ein ganz gemeiner Schuft, ein unsicherer Staatsbürger und erst recht ein völlig unzuverlässiger Beamter sei, der noch dazu als Landrat völlig am falschen Platze sei.«

Es kam in diesem Falle zu keinen unmittelbaren Maßregelungen, weil der Regierungspräsident den Landrat weitgehend deckte. Am 2. 7. 1943 beteuerte der Stellvertretende Regierungspräsident dem HSSPF die guten Absichten des Ebermannstädter Landrats, und am 24. 7. 1943 schloß der Regierungspräsident den Vorgang mit der Kurzmitteilung: »Bei meiner letzten persönlichen Rücksprache mit dem Höheren SS- und Polizeiführer betrachtete er die Angelegenheit nunmehr als erledigt, dasselbe gilt auch für mich.«

Der Vorgang blieb gleichwohl für die weitere Berichterstattung des Landrats nicht ohne Auswirkung. Wie Dr. Niedermayer in seinem Monatsbericht für April angekündigt hatte, verzichtete er seitdem in seinen Lageberichten weitgehend auf die Wiedergabe von

Stimmungselementen. Ähnlicher Zurückhaltung befleißigten sich der Gendarmerie-Kreisführer und die Gendarmerie-Stationen des Bezirks bei ihrer Berichterstattung, die deshalb für die folgende Zeit auch für diese Auswahl weniger ergiebig ist als vorher. Das gilt noch nicht für die Berichte für Februar bis April 1943, als der »Fall Niedermayer« in Gang gekommen war, wohl aber für die Berichte ab Juni 1943.

Aus Monatsbericht der Gendarmerie-Station Aufseß, 23. 2. 1943

... Der Inhalt der in der letzten Zeit abgeworfenen feindlichen Flugblätter wird vom Großteil der Bevölkerung wenig beachtet und nur als üble Propaganda hingenommen. Was abseits stehende Volksgenossen denken, ist nicht bekannt, da sie mit ihrer Meinung sehr zurückhalten...

Aus Monatsbericht des Gendarmerie-Kreisführers, 27. 2. 1943

...Die Stalingrad-Krise zeitigte übrigens selbst auf dem Lande vorübergehend eine recht gereizte Stimmung gegen die Partei und ihre Einrichtungen. Gerade in dem an sich unbedingt staatstreuen Bauernstand, der jedoch für die Erziehungsarbeit der Parteidienststellen von jeher wenig Interesse aufbrachte und der sich nach wie vor lieber durch die Kirche führen läßt, wurde viel darüber getuschelt, daß ein Umschwung der Dinge wenigstens das Gute mit sich bringt, daß auch der Parteiapparat wieder verschwinde. Mancher Hoheitsträger mußte sich in diesen Tagen verblümt oder auch ganz offen sagen lassen, daß nun eine schlechte Zeit für ihn kommen werde...

Aus Monatsbericht des Landrats, 2. 3. 1943

...Der Umstand, daß die schon lange vorher vollzogene Einschließung unserer Truppen in Stalingrad amtlich erst sehr spät zugegeben wurde, ist jetzt der Grund für Mutmaßungen in gleicher Richtung hinsichtlich der Kaukasustruppen ...Sowohl anfangs des vergangenen Monats wie auch bei dem letzten Luftangriff auf Nürnberg sind große Teile des Landkreises mit Flugblättern überschüttet worden... Über die Auswirkungen dieser Feindpropaganda habe ich leider keine einheitlichen und zuverlässigen Mitteilungen erhalten können...
Die letzte Rede des Reichspropagandaministers [Proklamation des »totalen Kriegs« am 18. 2. 1943 im Sportpalast in Berlin] ist sehr verschieden beurteilt worden. Besonders jene bäuerlichen Kreise, die schon lange übermenschliche Arbeit leisten müssen, können sich in die Gemütsverfassung und die Arbeitsverhältnisse der im Sportpalast versammelten Berliner nicht recht hineindenken...
Die Stalingradkrise löste auch unter den Kriegsgefangenen und übrigen ausländischen Arbeitskräften bedenkliche Erscheinungen aus. Gemeldet wurden aus der Gegend von Hollfeld Anzeichen einer widerspenstigen Haltung von Kriegsgefangenen, aus der Wai-

schenfelder Gegend höhnische Bemerkungen der Genugtuung seitens französischer Kriegsgefangener und aus der Umgebung von Ebermannstadt von Ostarbeiterinnen, daß bald die deutschen Frauen in Rußland arbeiten müßten...

Aus Monatsbericht der Gendarmerie-Station Muggendorf, 19. 3. 1943

Die Stimmung der Bevölkerung ist nicht mehr gut... Immer noch steht das Wort Stalingrad im Vordergrund. Verschiedene Anzeichen deuten darauf hin, daß vom Postenbereich noch mehr Kämpfer beteiligt waren, als dies ursprünglich angenommen wurde.
Es sind keine vereinzelten Fälle, wo seit Januar keine Post mehr erreicht worden ist...
[Bezüglich der Auswirkungen der Luftangriffe auf Nürnberg:] Die Folge ist, daß nunmehr ein fürchterlicher Sturm auf die Vermietung von Wohnungen, insbesondere auf einzelne Zimmer, einsetzt...

Aus Monatsbericht der Gendarmerie-Station Waischenfeld, 19. 3. 1943

...Wenn die Bevölkerung gegenüber den Gendarmerie-Beamten auch nicht so recht herausgeht, so wird doch die Wahrnehmung gemacht, daß jetzt viele den Krieg verdammen... Es sind auch verschiedene darunter, die Nachbarn oder sonstigen Vertrauten gegenüber äußerten: »Wenn der Kommunismus kommt, dann werden sicher nur die SS- und SA-Männer sowie die Parteimitglieder umgebracht, während dem übrigen Teil der Bevölkerung nichts geschieht und auch nichts weggenommen wird!« Andere sind wieder der Meinung, wenn Deutschland jetzt Frieden schließen würde, dann würden die Engländer und Amerikaner nicht zulassen, daß Deutschland von den Russen besetzt wird...
Die Mehrzahl der Bevölkerung hält sich mit der Gesinnungsäußerung zurück; jedoch gibt es auch unter diesen welche, denen es lieber wäre, wenn das jetzige Regime verschwinden würde...

Aus Monatsbericht der Gendarmerie-Station Aufseß, 20. 3. 1943

Die Kriegslage wird von dem Großteil der Bevölkerung als kritisch betrachtet. Viele ängstliche Menschen sehen schwarz, haben kein rechtes Vertrauen und erinnern sich zuviel an das schon mal Dagewesene aus dem Jahr 1918. Zu dieser gedrückten Stimmung tragen vor allem bei die Terrorangriffe auf die deutschen Städte, vor allem auf Nürnberg, deren Einwohner, wenn sie auf das flache Land kommen, ihren gesunkenen Mut erkennen lassen und hierbei alles mögliche erzählen, so daß das Vertrauen der Landbevölkerung erst recht erschüttert wird. Aus der Stimmung der Bevölkerung ist zu erkennen, daß der Großteil unvermeidliche Rückschläge in der Kriegführung wenig vertragen kann, sie ist gewöhnt, Siegesmeldungen zu hören...

In den Berichten der Gendarmerie-Stationen vom April 1943 nahmen die Klagen der bäuerlichen Bevölkerung über neue Einberufungen männlicher Arbeitskräfte breiten Raum ein. Meist handele es sich, so hieß es im Bericht der Gendarmerie-Station Aufseß vom 12. 4. 1943, bei den wenigen noch uk-gestellten jüngeren Männern um die noch verbliebenen einzigen Söhne von Bauern, die, sollten sie dennoch eingezogen werden, »bestimmungsgemäß nicht in der vorderen Front Verwendung finden sollen«, so daß, »wenn diese Bestimmung nicht aufgehoben wird und der Krieg noch länger dauert, wohl oder übel alte Uk-Stellungen aufgehoben werden müssen.« Die Gendarmerie-Station Ebermannstadt meldete (27. 4. 1943), der Besuch einer Feierstunde anläßlich des »Geburtstags des Führers« durch die Parteigenossen »ließ leider sehr zu wünschen übrig«. Sehr ausführlich war die Berichterstattung über die Behandlung der in der Landwirtschaft eingesetzten Fremdarbeiter und Kriegsgefangenen.

Aus Monatsbericht der Gendarmerie-Station Hollfeld, 25. 4. 1943

...Am Sonntag, den 4. 4. 1943 vormittags 11 Uhr, fand in der Spitalkirche zu Hollfeld Gottesdienst für die polnischen Arbeitskräfte der Umgebung statt..., durch Stadtpfarrer Weihrather dahier persönlich gehalten. Ortsansässige nahmen an dem Gottesdienst nicht teil. Zum Zweck des Besuches des Gottesdienstes hatten sich eine große Anzahl ausländischer Arbeitskräfte, darunter auch sowjetische Arbeitskräfte aus der Umgebung, nach Hollfeld begeben. Letztere wurden ohne weiteres wieder in ihre Unterbringungsorte zurückverwiesen. Weiter wurde die Beobachtung gemacht, daß auch aus den entfernten Orten, wie Plankenfels, Zochenreuth und Wiesentfels sowie von Schirrndorf, Landkreis Kulmbach, Polen und Ostarbeiter in Hollfeld erschienen waren... Vielfach wurde der Eindruck gewonnen, daß den ausländischen Arbeitern mehr an einer Zusammenkunft als an dem Besuch des Gottesdienstes gelegen ist, weil stets nur ein Teil den Gottesdienst besucht und die anderen während des Gottesdienstes auf den Ortsstraßen herumstehen und sich miteinander unterhalten...

Aus Monatsbericht der Gendarmerie-Station Waischenfeld, 25. 4. 1943

...Bürgermeister und Ortsgruppenleiter Schüllner in Wohnsgehaig, in dessen Gemeinde acht Weißrussen und drei Ostarbeiter beschäftigt sind, gab an, daß die Bauern und Landwirte mit diesen Arbeitskräften sehr zufrieden sind. Er stellt sich auf den Standpunkt, wenn schon den französischen Kriegsgefangenen zugebilligt wird, daß sie sich in der Freizeit 5 km im Umkreis des Lagers frei bewegen dürfen, dies auch den Weißrussen zugebilligt werden sollte. Ferner ist er der Meinung, daß den Weißrussen, wenn sie an den Sonntagnachmittagen in der Küche im Gasthaus zu Wohnsgehaig zusammenkommen und dort ein Glas Bier trinken und sich mit Kartenspiel unterhalten, dies gestattet werden sollte. Diese ausländischen Arbeitskräfte hätten bis jetzt zum Einschreiten keinen Anlaß gegeben, und wenn diesen in der Freizeit die Bewegungsfreiheit zu stark beschnitten würde, darunter nur die Arbeitsleistung leiden würde...

Aus Monatsbericht des Gendarmerie-Kreisführers, 29. 4. 1943

...Die Überwachung der Ausländer bereitet immer wieder unvermeidbare Schwierigkeiten. Zum Teil sind Bürgermeister und Ortsgruppenleiter vorhanden, welche eine Überwachung der Ausländer durch die Gendarmerie fordern. Andererseits mehren sich die Fälle, wo Hoheitsträger den Ausländern unangebrachte Vorrechte einzuräumen versuchen. So kam es in Krögelstein zwischen dem dortigen Bürgermeister und Ortsgruppenleiter Hofmann sowie dem Gendarmerie-Posten Hollfeld zu Auseinandersetzungen, weil der Bürgermeister den serbischen Kriegsgefangenen, die sich in gelockerter Unterbringung bei den Bauern befinden, gestattete, bis 22 Uhr und noch später auf den Ortsstraßen umherzulungern. Bürgermeister Hofmann suchte die Aufrechterhaltung dieses Mißstandes damit zu rechtfertigen, daß den Kriegsgefangenen zur Wahrung der Arbeitsfreudigkeit diese Art Freizeit gewährt werden müsse[166]...

In den April-Berichten über die wirtschaftliche Lage wurde mangelnde Fleisch- und Fettversorgung vermerkt und das Bestreben der Bauern, durch Schweinemast nicht nur die erlaubte Selbstversorgung voll zu nutzen, sondern auch Tauschwerte zu erlangen. Der Gendarmerie-Kreisführer bemerkte in einem Sonderbericht vom 3. 5. 1943, daß manche »Landarbeiterfamilien mit starker Personenzahl, die vor dem Krieg jährlich höchstens ein Schwein schlachteten, heute im gleichen Zeitraum vier und mehr Schweine schlachten dürfen und von diesem Recht auch Gebrauch machen und heute dank des erhöhten Geldumlaufes besser leben als vor dem Krieg.«

Über den Monat Mai 1943 befindet sich keine Berichterstattung in den Akten. Bei den vorliegenden Berichten des Landrats ab Juni 1943 ist als Ergebnis der ihm aufgrund seines Januar-Berichts 1943 entstandenen Schwierigkeiten der Abschnitt »Allgemeine Übersicht über die innenpolitische Entwicklung« ausgelassen worden.

Aus Monatsbericht des Gendarmerie-Kreisführers, 29. 6. 1943

...Im abgelaufenen Monat war die Zahl der katholischen Feiertage, die durch Arbeitsruhe begangen wurden, besonders zahlreich. So Christi Himmelfahrt – 3. Juni – Fronleichnam – 24. Juni – sowie Peter und Paul – 29. Juni –. Während nun Christi Himmelfahrt durch leicht regnerisches Wetter und durch einen gewissen Stillstand der bäuerlichen Arbeiten die Voraussetzungen zur Durchführung des Feiertages begünstigte, zeugte die eingelegte Arbeitsruhe von Fronleichnam, mitten in der Heuernte und angesichts des schönsten Erntewetters, doch wohl von einem unklugen und allzu sturen Festhalten an einer alten Übung, umso mehr, als die unsichere schwankende Witterung allen Anlaß ge-

---

[166] Dazu ergänzende Feststellungen im späteren Bericht des Gendarmerie-Kreisführers vom 29. 6. 1943: »Die Neigung zum Sonntagsstreunen [unter den ausländischen Arbeitskräften] wurde auch in diesem Monat mit Nachdruck bekämpft. Ob mit Erfolg, ist abzuwarten. Die bisherigen Erfahrungen lassen fast den Schluß zu, daß selbst durch wiederholte Bestrafungen und durch Sonntagshaft dieser Unfug nicht abgestellt werden kann. Der Drang, sich gegenseitig zu treffen, scheint mächtiger zu sein als die Furcht vor der drohenden Strafe. Entgegen der Anordnung des Reichsverteidigungskommissars für den Reichsverteidigungsbezirk Bayreuth vom 29. 4. 1943 wurde weiterhin fast ausnahmslos an den kirchlichen Wochenfeiertagen den Kriegsgefangenen und ausländischen Gesindekräften Arbeitsruhe gewährt und darauf verzichtet, sie zur Gemeinschaftsarbeit heranzuziehen.«

geben hätte, gerade an diesem Tag die Heuernte mit Schwung vorwärts zu treiben. Diese Auffassung war auch in den bäuerlichen Kreisen in weitem Umfang vertreten. Eine gewisse Scheu vor nachbarlichen Vorwürfen hinderte aber den Großteil des Landvolkes, aus sich heraus die gegebenen Notwendigkeiten zu ergreifen. Peter und Paul, welcher Tag vor allem in den Vormittagsstunden regnerischen Charakter trug, mußte die Ernte dann notgedrungen sowieso ruhen. Der Nachteil dieser Übung zeigte sich besonders im Leinleitergrund bei Ebermannstadt in sichtbarer Weise. Während in den evangelischen Orten um Heiligenstadt die Heuernte bis zum 26. Juni fast abgeschlossen war, hinken die benachbarten katholischen Dörfer im Gegensatz hierzu mit der Einbringung des Heus beträchtlich nach...

Aus Monatsbericht des Landrats, 1. 7. 1943

...Am 22. Juni wurde der Landwirt und Ortsbauernführer Georg Martin in Ebermannstadt seiner Dienststellung als Ortsbauernführer enthoben und gleichzeitig aus der Partei ausgeschlossen. Ihm werden staatsabträgliche Äußerungen zur Last gelegt, die er noch dazu... in Ausübung seines Dienstes gemacht haben soll. Die Kreisleitung der NSDAP, die hiervon erfahren und die Sache aufgegriffen hat, meldete dies zur Beschleunigung der Erhebungen und auf meine Veranlassung hin der Staatspolizeileitstelle in Nürnberg unmittelbar.
Der erste Beigeordnete der Gemeinde Aufseß, gleichzeitig stellvertretender Ortsgruppenleiter, der Sattlermeister N. in Aufseß, mußte diese beiden Ehrenämter niederlegen. Er war bereits im Jahre 1941 wegen falscher Anschuldigung und übler Nachrede zu einer Geldstrafe von 600,- RM verurteilt worden und ist jetzt mit Urteil des Amtsgerichts Bayreuth vom 15. Juni wiederum wegen falscher Anschuldigung und übler Nachrede zu einer Geldstrafe von 1000,- RM verurteilt worden.
Der Brauereibesitzer Georg Kohlmann aus Drügendorf, früher Bürgermeister dieser Gemeinde, ist mit Urteil des Sondergerichts Bamberg wegen Heimtückevergehens zu einer Gefängnisstrafe von zwei Monaten verurteilt worden. Auch er hat bereits vor einem Jahr nach Bekanntwerden seiner staatsabträglichen Äußerungen in Erwartung dieser Verurteilung aus dem Bürgermeisteramt ausscheiden und sein Amt als Kameradschaftsführer der NSKOV niederlegen müssen. Bei der Einziehung seines Parteimitgliedsbuches und der Mitgliedskarte der NSKOV mußte sogar die Gendarmerie mitwirken...

Aus Monatsbericht des Gendarmerie-Kreisführers, 29. 7. 1943

...Nach einem Bericht aus dem evangelischen Ort Aufseß fällt es auf, daß der dortige Pfarrer allen nationalen Tagesfragen mit betonter Zurückhaltung gegenübersteht. Diese »streng neutrale« Haltung, wie man sich ausdrückt, ist auch anderwärts bei fast allen evangelischen Geistlichen zu beobachten...

I. Bezirk Ebermannstadt

Aus Monatsbericht des Landrats, 31. 7. 1943

...So wie ich auf diesem Felde beobachten konnte, daß alle möglichen Arbeitskräfte zusammengekratzt wurden, um die Ernte zu bergen, so bietet sich auch sonst überall das gleiche Bild. Bäuerinnen mit 75 Jahren und älter und mit gekrümmten Rücken sind keine Seltenheit...

Das Barackenlager der LSW[Luftschutzwarndienst]-Helferinnen-Schule in Streitberg ist endlich bezugsfertig geworden... Die Geschoßkorbwerkstätte des Jakob Schedel aus Thonberg, die in Pretzfeld schon längere Zeit besteht und für einen Arbeiterstand von 20 – 30 berechnet ist, arbeitet immer noch unter einem Stand von 10 Köpfen... In Pretzfeld wurde eine Werkstätte zur Anfertigung von Tuben neu eröffnet. Sie beliefert die »Elida-Werke« in Wien. Beschäftigt werden zur Zeit neun Frauen. Das Mißverhältnis zwischen der Nachfrage nach Sommerquartieren in den Fremdenverkehrsgemeinden und der Beanspruchung der hierfür bestimmten Räume durch die Wehrmacht, die NSV für Fliegergeschädigte usw. wird zusehends größer... Der erste Sonderzug mit Bombengeschädigten aus Hamburg lief gestern im Kreisgebiet ein. Zwei weitere derartige Züge werden erwartet...

Der Schwarzhandel läßt sich nicht ausrotten... Allerdings geht die Auffassung derjenigen Personen, die sich an die Zustände im ersten Weltkrieg noch erinnern können, dahin, daß die damaligen Auswüchse in dem gleichen Ausmaß bis jetzt noch nicht festzustellen sind. Dagegen nimmt der Tauschhandel bereits unangenehme Formen an. Die Großstädter kommen nicht mit leerem Hamstergepäck, sondern bringen alle nur erdenklichen Gegenstände mit, wie Bettbezüge, Fahrradbereifung, Geschirr, Seife, Bilder, Fußbodenöl, Tabakwaren usw. ...

Die Gendarmerie-Stationen berichteten im August 1943 u. a. über die Aufführung von – meist unpolitischen – Filmen durch die Gaufilmstelle Bayreuth in einigen größeren Orten des Bezirks, die, in dieser Kriegsphase, wie auch sonst im Reich, der »Ablenkung« der Bevölkerung dienen sollten[167]. Laut Bericht der Station Hollfeld (24. 7. 1943) war am 4. 7. 1943 in der Hans-Schemm-Halle in Hollfeld »Die Nacht in Venedig« gezeigt worden; am 25. 8. 1943 berichtete sie, die Gaufilmstelle habe am 8. 8. in Hollfeld den Film »Frau Sixta« und am 9. 8. in Wonsees »Wetterleuchten um Barbara« aufgeführt. Die Gendarmerie-Station Ebermannstadt erwähnte (28. 8. 1943) die Aufführung des für Jugendliche nicht zugelassenen Films »Das andere Ich« im Saale der Polizeischule in Ebermannstadt.

Aus Monatsbericht der Gendarmerie-Station Waischenfeld, 25. 8. 1943

...Wie von Vertrauenspersonen in Erfahrung gebracht wurde, gibt es Personen, die an einen Sieg der Achsenmächte nicht mehr recht glauben. Es wird auch immer wieder vorgebracht, warum die Terrorangriffe der Feindmächte nicht vergolten werden. Ein Teil der Bevölkerung ist eben der Meinung, daß wir hierzu nicht mehr in der Lage sind... Im allgemeinen ist die Meinung vorherrschend, daß wir durchhalten müssen, da sonst alles verloren ist:...

---

[167] Schon im April 1943 hatten die Gendarmerie-Stationen berichtet, in Pretzfeld sei am 10. 4. 1943 der Film »Reitet für Deutschland« und am 11. 4. 1943 in Ebermannstadt »Der verkaufte Großvater« gezeigt worden.

Aus Monatsbericht des Landrats, 1. 9. 1943

... Im Kreisgebiet sind bis jetzt zwei Sonderzüge aus Hamburg eingetroffen. Das Zusammengewöhnen der Hamburger Bevölkerung mit der einheimischen stößt auf ziemlich große Schwierigkeiten. Den gesteigerten Ansprüchen der einen Seite auf schmackhaftes Essen, Sauberkeit, Zerstreuung durch Vergnügungen, Wohnkultur usw. steht auf der anderen Seite die bäuerliche Anspruchslosigkeit und Primitivität in allen diesen Dingen entgegen... Die Kleidung der ausländischen Arbeiter wird immer mehr zerlumpt, seitdem eine Neubekleidung nicht mehr beschafft werden kann...

Im Kurhaus zu Muggendorf wurde anfangs August ein Kinderlandverschickungslager mit 80 Kindern aus dem Warthegau eingerichtet. Damit ist auch noch das letzte größere Fremdenverkehrsunternehmen im Kreisgebiet seinem Zweck entfremdet...

Aus Monatsbericht der Gendarmerie-Station Aufseß, 24. 9. 1943

Die Stimmung in bezug auf die Kriegslage ist nach wie vor sehr gedrückt... Es gibt Volksgenossen, die meinen, daß bei einem ungünstigen Verlauf des Krieges sie wenig verlieren, ihre Arbeit bleibe ihnen nach wie vor und zu verlieren haben nur die Großen. – Ein Teil der früheren Marxisten und Kommunisten, wenn sie seither auch das Parteiabzeichen getragen haben, dürften stimmungsgemäß noch vorhanden sein...

Aus Monatsbericht des Gendarmerie-Kreisführers, 29. 9. 1943

... Die Erwartungen auf eine Rekordernte [bei Getreide] erfüllen sich restlos. So wird aus dem Aufseßtal berichtet, daß dort der Körnerertrag das Doppelte, in vielen Fällen sogar das Dreifache des Vorjahres beträgt... Weniger gut ist der Ertrag der Kartoffelernte. Die Obsternte ist durchweg, besonders in Äpfeln, sehr gut. Unerwünscht ist dem Landvolk zur Zeit die Zunahme des Hamstertums, das durch den Zustrom der Hamburger noch eine verschärfte Note gewonnen hat. Die Bauern sind gegen diesen Zulauf meist machtlos. Wenn sich dann noch Vorgänge wie in Rüssenbach zutragen, wo Hamburger Frauen einer gelähmten, handelsunfähigen Bauersfrau das Geld unaufgefordert auf den Tisch warfen und sich das Obst selber nahmen, anschließend aber dem nächsten Gendarm Anzeige wegen Höchstpreisüberschreitung erstatteten, so führt dies zu einer recht gereizten und unerträglichen Stimmung... Die am 3. 9. 1943 durchgeführte Geflügelzählung zeitigte unerwünschte Begleiterscheinungen. In der Sorge der Festsetzung einer hohen Ablieferungsquote schlachteten viele Züchter ihre Gänse und Enten blindlings vorzeitig ab...

Von den in den Landkreis eingewiesenen Hamburger Rückgeführten reisen viele allen Anordnungen zuwiderhandelnd heimlich ab. Sie lösen zu diesem Zweck nur Fahrkarten bis Bamberg oder Würzburg und von dort nach Frankfurt usw. Die Landbevölkerung begrüßt innerlich diese Trennung, da das vielfach anmaßend weltstädtische Wesen der Hamburger die Voraussetzungen für ein gutes Einvernehmen nicht aufkommen läßt...

Aus Monatsbericht des Landrats, 30. 9. 1943

...Die Fortdauer der Einberufung zur Wehrmacht verschlechtert die allgemeine Lage zusehends. So hat z. B. die durch Einberufung verursachte Stillegung einer weiteren Mühle in Nankendorf bei den Selbstversorgern dieser Gemeinde und der umliegenden Ortschaften eine große Aufregung hervorgerufen, weil die benachbarten Mühlen, die bereits durch frühere Stillegungen überlastet sind, sich weigern, auch noch die Kunden der zuletzt stillgelegten Mühle in Nankendorf zu übernehmen...

Aus Monatsbericht der Gendarmerie-Station Aufseß, 26. 10. 1943

...Die allgemeine Stimmung in bezug auf die Kriegslage ist sehr gedrückt und wenig zuversichtlich. Die häufigen Verluste und die Terrorangriffe auf Stadt und Land wirken lähmend auf die Gemüter, so daß die Arbeitsfreudigkeit darunter leidet und eine gewisse Gleichgültigkeit Platz greift.
    Schon seit Monaten erwartet die Bevölkerung einen energischen Gegenschlag gegen die immerwährenden Terrorangriffe. Nachdem dieser bis heute ausgeblieben ist und die Rückwärtsbewegung im Osten noch kein Ende gefunden hat, ist die Stimmung auf dem Nullpunkt angelangt...

Aus Monatsbericht des Landrats, 1. 11. 1943

...Die Leute tun ihre Pflicht, selbst unter manchmal sehr erschwerenden Umständen, und namentlich das Landvolk auf den von den Betriebsführern und den mitarbeitenden Söhnen nun fast unerträglich entblößten Landwirtschaftsbetrieben leistet mitunter Übermenschliches und bekundet durch dieses tatkräftige Schaffen am sinnfälligsten den Willen zum Durchhalten. Der Großteil der Bevölkerung ist zuversichtlich, trotzdem aber begegnet man immer wieder und bei vielen Anlässen dem gleichen Herzenswunsch: »Der Krieg sollte ein Ende nehmen.« Rein stimmungsmäßig wirken die Terrorangriffe auf die selbst nicht unmittelbar betroffene Landbevölkerung bedrückend. Die Bevölkerung wartet auf die Vergeltungsmaßnahmen, und je länger diese auf sich warten lassen, desto niedergeschlagener werden die Kleingläubigen. Leider werden die Aufklärungsversammlungen der Partei zu wenig besucht[168]... Der schlechte Besuch dieser Versammlungen im Kreisgebiet hat seinen Grund mehr oder weniger darin, daß die Männer fehlen, die Frauen aber mit der Arbeit überbeansprucht sind...

---

[168] Der Bericht war verfaßt vom Vertreter des Landrats, Regierungsinspektor Stiegler, während des Urlaubs von Dr. Niedermayer. Von daher erklärt sich wohl auch die vorstehende, von der Einschätzung der NSDAP durch Dr. Niedermayer offenbar abweichende Bemerkung.

Aus Monatsbericht der Gendarmerie-Station Waischenfeld, 25. 11. 1943

... Bei der Bevölkerung macht sich eine gewisse Kriegsmüdigkeit bemerkbar... In letzter Zeit ist die Stimmung der Bevölkerung wieder besser geworden und der größte Teil der Bevölkerung hat den festen Glauben, daß wir den Sieg erringen werden. Es gibt auch immer einzelne darunter, die an einem Sieg der Achsenmächte zweifeln und alles kritisieren. Einzelne tun es aus Böswilligkeit. Diese sind jedoch vorsichtig und können selten zur Rede und Rechenschaft gezogen werden... Die Mehrzahl der Bevölkerung hat jedoch Vertrauen zum Führer und ist gewillt durchzuhalten, da sie einsehen, daß bei ungünstigem Kriegsausgang alles verloren ist...

Aus Monatsbericht der Gendarmerie-Station Heiligenstadt, 26. 11. 1943

... Es ist wirklich so, daß es niemand wagt, außer in den regulären Versammlungen, politisch aufzutreten. Selbst diejenigen, denen das eine oder andere unangenehm erscheint, lassen sich nichts merken, wollen sie doch nicht in die Hände der Gestapo fallen. Über die Dauer des Krieges, über die man ehedem gern sprach, herrscht völliges Schweigen...

Auch andere Berichte der Gendarmerie-Stationen enthielten Andeutungen, daß sich die Bevölkerung mit Stimmungsäußerungen zur politischen oder Kriegslage sehr zurückhalte und es der Gendarmerie dadurch immer schwerer würde, ein verläßliches Bild der Stimmungslage zu vermitteln.

Aus Monatsbericht des Landrats, 1. 12. 1943

Der im folgenden wiedergegebene Auszug des November-Berichts des Landrats setzt sich kritisch auseinander mit einem ihm vom Kreisleiter vertraulich mitgeteilten »neuerdings erwogenen« Plan einer Auflösung des Landkreises Ebermannstadt, der zu den bevölkerungs- und steuerschwächsten bayerischen Landkreisen gehörte. Dr. Niedermayer war der Meinung, daß es verfehlt sei, allein von einer Zusammenlegung mit benachbarten Landkreisen eine Behebung der Misere des Kreises Ebermannstadt zu erwarten.

... Der Herr Regierungspräsident wird sich vielleicht persönlich noch an das Schulhaus in Hetzelsdorf erinnern können, das er im Zusammenhang mit der Einweihung eines Schulhausneubaus im Juli 1937 besichtigt hat. Diese alte Hütte steht heute noch. Aber genauso wie in Hetzelsdorf sind die Schulverhältnisse ebenso trostlos in zahlreichen anderen Gemeinden, Märkten und sogar Städten des Landkreises. Sie sind geradezu eine Kulturschande. Nicht weniger rückständig sind die Verhältnisse, was Leichenhäuser, Rathäuser, Feuerlöschgeräte- und häuser usw. betrifft. Dazu kommen noch unzulängliche Wasserversorgung und die schlechte Beschaffenheit der viel zu schmalen, einem lebhaften Kraftwagenverkehr nicht gewachsenen Wege... Wenn nach Kriegsschluß die Beschaffung von Arbeitskräften und Rohstoffen keine Schwierigkeiten mehr bereitet, reichen Bausummen mit sechsstelligen Zahlen nicht aus, um den Wohlstand dieses Gebietes auch nur einigermaßen zu heben. Solche Projekte lassen sich aber auch dann nicht verwirklichen, wenn das Gebiet den benachbarten finanzkräftigeren Kreisen angegliedert wird. Deren Zuschüsse wären nichts anderes wie kleine Tropfen auf einen großen heißen Stein. Hier muß mit Beträgen des Staates ganz kräftig unter die Arme gegriffen werden, wie auch seinerzeit schon der Bayerische und Böhmerwald, Rhön und Spessart wirtschaftlich gehoben worden sind. Die Fränkische Schweiz hatte damals und jetzt nur das Pech, wenn man sich so ausdrücken darf, strategisch und völkisch nicht die gleiche Bedeutung zu haben wie z. B. der Bayerische Wald gegenüber der Tschechoslowakei...

Die Berichterstattung für Dezember 1943 weist gegenüber den Vormonaten keine wesentlichen neuen Gesichtspunkte auf.

Aus Monatsbericht des Gendarmerie-Kreisführers, 31. 1. 1944

...Der Arbeitswille der Kriegsgefangenen wie der ausländischen Gesindekräfte blieb im abgelaufenen Monat unverändert gut... Wohl aber mußte gegen die Maurerswitwe Katharina R. in Wonsees vorgegangen werden, weil sie sich mit einem serbischen Kriegsgefangenen eingelassen hat. Ebenso wurden Erhebungen gegen einen weißrussischen Dienstboten eingeleitet, weil er in Krögelstein ein deutsches Mädchen belästigte...

Aus Monatsbericht des Landrats, 1. 2. 1944

...Am 18. Januar wurden die Jugendlichen des Geburtsjahrganges 1927 aus dem nördlichen Teil des Landkreises Bayreuth gemustert. Ungefähr der vierte Teil hiervon kann heuer noch nicht eingezogen werden, weil die Gemusterten entweder überhaupt wehruntauglich oder wegen mangelnder körperlicher Entwicklung untauglich befunden wurden. Die auf Veranlassung des Musterungsoffiziers kurz vor der Musterung niedergeschriebenen Lebensläufe zeigten einen erschreckenden Tiefstand der Schulbildung...
Der nach Muggendorf übergesiedelte Rüstungsbetrieb der Firma Norbert Riedel aus Nürnberg ist bestrebt, das in Muggendorf neu aufgezogene Unternehmen immer mehr auszubreiten, und zwar auf Kosten des ebenfalls in Muggendorf untergebrachten Zweigbetriebes der Nürnberger Progreßwerke. Wahrscheinlich wird die letztere Firma überhaupt weichen müssen...
Die zahlreichen kleinen Schnapsbrennereibetriebe in Ebermannstadt, Pretzfeld und Umgebung, die hauptsächlich Kartoffel- und Schlehenschnaps, teilweise auch Kümmel herstellen, werden stark überlaufen. Es sollen Preise bis zu 60,- RM je Liter geboten werden. Da Rechnungen nicht ausgestellt werden und im übrigen sowohl Käufer wie auch Verkäufer strengstes Stillschweigen bewahren und bei den Preisverhandlungen ängstlich darauf bedacht sind, daß Zeugen ausgeschaltet bleiben, stehen brauchbare Grundlagen für die Durchführung eines Ordnungsstrafverfahrens nie zur Verfügung. Dasselbe gilt für den Handel mit Jungschweinen. Die früher üblichen Märkte in Ebermannstadt und Hollfeld wurden schon seit vielen Monaten nicht mehr beliefert und besucht. Der Handel mit Ferkeln wird zur Zeit fast nur im »Vorbeifahren« oder von Stall zu Stall betätigt. Weder Händler noch Verkäufer verraten den bezahlten Preis...

Anfangs dieses Monats wurden der Stadt Ebermannstadt 1 1/4 Zentner Räucherfische zugewiesen. Da nur ein einziges Einzelhandelsgeschäft mit der Verteilung beauftragt werden konnte, gingen alle diejenigen Verbraucher leer aus, die von der Verteilung zu spät erfuhren, weil die ersten Käufer das Kontingent in kürzester Zeit aufgekauft hatten. Dazu gehörten auch viele Bauern und Landwirte, die als Selbstversorger in Fleisch auf diese zusätzliche Belieferung nicht angewiesen gewesen wären, was natürlich bei der städtischen Bevölkerung eine ziemliche Verbitterung ausgelöst hat...

Aus Monatsbericht der Gendarmerie-Station Aufseß, 24. 2. 1944

Die schweren Kämpfe im Osten und die schweren Luftangriffe auf das Reich bei Tag und Nacht machen die Bevölkerung nervös und ängstlich. Hinsichtlich der kommunistischen Gefahr läßt mancher Volksgenosse durchblicken, daß diese für ihn weniger gefährlich ist, da sie ja nichts besitzen und somit auch nichts zu verlieren hätten. Andere Volksgenossen bedauern wieder, daß sie Parteimitglieder sind. Am allerzaghaftesten sind aber ein Teil Bauern, die nebenbei vom Krieg noch wenig verspürt haben...

Wegen der weiteren Werbung unter der HJ für die Waffen-SS wird im kommenden Monat mit den HJ-Führern in Verbindung getreten. Bis jetzt war die Werbung für die Waffen-SS innerhalb der bäuerlichen Jugend ohne Erfolg[169]...

Aus Bericht der Gendarmerie-Station Muggendorf, 25. 2. 1944

...Die Beteiligung bzw. die Verluste des gegenwärtigen Krieges verteilen sich im hiesigen Postenbezirk zur Zeit wie folgt:

Gendarmerie-Station Muggendorf

Gemeinden	eingerückt	gefallen	vermißt	gefangen
Albertshof	31	6	1	1
Burggaillenreuth	26	5	–	–
Engelhardsberg	39	10	–	–
Muggendorf	56	7	2	–
Oberfellendorf	34	8	1	2
Streitberg	44	4	3	–
Wohlmannsgesees	18	2	–	–
Gößmannsberg	8	3	–	–
Trainmeusel	16	2	–	–
	272	47	7	3

---

[169] Im folgenden März-Bericht der Gendarmerie-Station Aufseß hieß es hierzu: HJ-Führer Häfner in Aufseß sei noch nicht imstande gewesen, die HJ von Aufseß und Umgebung wegen der Werbung für die Waffen-SS zusammenzubringen. »Häfner erklärt, daß die Jungen nicht hören und auch nicht zusammenkommen. In Aufseß sind es vier Jungen, die der HJ angehören. Die Werbung unter der HJ hatte bisher noch keinen Erfolg«.

Aus Monatsbericht der Gendarmerie-Station Heiligenstadt, 26. 2. 1944

... Vater und Sohn Thorn von Unterleinleiter, die zur Arbeitsleistung im Steinbruch des Herrn Kreisleiters verpflichtet sind, haben nun zum wiederholten Male ihren Arbeitsplatz unentschuldigt verlassen. Die zur Bestrafung notwendigen Schritte wurden vom Herrn Kreisleiter selbst in die Wege geleitet...

Aus Monatsbericht des Gendarmerie-Kreisführers, 29. 2. 1944

... Die Verhältnisse auf dem ländlichen Arbeitsmarkt werden durch neue Einberufungen zur Wehrmacht abermals verschlechtert. Man sieht überall der bevorstehenden Frühjahrsfeldbestellung mit großer Sorge entgegen... Dabei werden immer wieder Einzelfälle bekannt, die diese Schwierigkeiten besonders augenfällig unter Beweis stellen. So wurde der Landwirt Fritz Taschner in Dürrbrunn zur Wehrmacht einberufen. Derselbe hat vier Kinder im Alter von 7 Jahren bis 4 Monaten. Sein Besitz umfaßt 15 ha, davon 10 ha Anbaufläche. Obwohl 5 Kühe, 2 Jungrinder und 4 Schweine vorhanden sind, fehlt der Frau jede Hilfskraft... Da nebenher immer wieder Ostarbeiter und Ukrainer für die Waffen-SS geworben werden, sinkt auch die Zahl der Gesindekräfte... Die Gemeinschaftshilfe, die in den ersten Kriegsjahren immerhin beachtliche Erfolge aufzeigen konnte, sinkt mit der geringeren Zahl uk-gestellter Männer, die ja in der Hauptsache die Träger dieser Einrichtung waren, auch weiter ab...

Aus Monatsbericht des Gendarmerie-Kreisführers, 29. 3. 1944

...Am 18. März 1944 starb in Störndorf, Gemeinde Oberfellendorf, ein dreijähriges Kind einer Ostarbeiterin. Dasselbe wurde im Friedhof zu Unterleinleiter unter Anteilnahme der Ostarbeiter und Polen von Oberfellendorf und Störndorf beigesetzt. Die Teilnehmer schmückten den Sarg mit Kränzen und Waldgrün. Vor dem Trauerhaus und im Friedhof sangen sie in ihrer Sprache einige Lieder. Die Einsegnung nahm der katholische Pfarrer Schwalb von Unterleinleiter vor. Ein zweites Ostarbeiterkind starb in Trainmeusel, Gemeinde Birkenreuth. Dasselbe wurde am 24. März in Muggendorf beerdigt. Hier war sowohl die Beteiligung äußerst gering als auch die Feier sehr einfach. Die kirchlichen Gebete am Grab sprach der evangelische Dekan Zahn von Muggendorf...

Aus Monatsbericht des Landrats, 1. 4. 1944

...Das für die Bevölkerung des Landkreises ausdrucksvollste Ereignis des vergangenen Monats waren die außerordentlich heftigen Luftkämpfe, die sich in der Nacht vom 30. auf 31. März über dem Kreisgebiet anläßlich des beabsichtigten Angriffs auf Nürnberg abwickelten. Der Landkreis wurde glücklicherweise nur insofern in Mitleidenschaft gezogen, als westlich von Muggendorf, Gemeinde Treppendorf, ein eigenes Jagdflugzeug und östlich von Poxdorf ein englisches viermotoriges Bomberflugzeug abstürzten, ferner östlich der Stadt Hollfeld in den dortigen ausgedehnten Waldungen Stabbrandbomben und Sprengbomben, zweifellos im Notabwurf, niedergingen. Der Sachschaden beschränkte sich auf die Durchwühlung noch unbebauter Felder und auf geringe Zerstörungen in den Waldungen...

Der Händler K. von Aufseß, geb. 4. Mai 1901, der es mit seinen Eingaben und Beschwerden an alle möglichen Behörden und mit seinen Betrügereien allmählich zu bunt getrieben hat, wurde zum Zwecke der vorbeugenden Fürsorge der Kriminalpolizeileitstelle Nürnberg-Fürth übergeben, die seine Überführung in das Konzentrationslager Dachau angeordnet hat. Damit wurde ein Müßiggänger und Leutebetrüger, der viel Ärgernis erregt hatte, endlich einmal unschädlich gemacht...

Aus Monatsbericht der Gendarmerie-Station Waischenfeld, 24. 4. 1944

...Wenn die Bevölkerung gegenüber den Beamten oder an die Parteidienststellen nicht sagen will, wie sie denkt, so muß man doch die Wahrnehmung machen, daß die meisten sich den langersehnten Frieden herbeiwünschen. Die Mehrzahl ist so vernünftig, daß sie die Meckerer nicht für ernst nehmen... Infolge der langen Kriegsdauer macht sich unter der Bevölkerung Neid, Mißgunst, Unzufriedenheit und Erregbarkeit besonders bemerkbar. Sonst ist im allgemeinen die Bevölkerung friedliebend und fügt sich den Anordnungen des Staates...

Seit dem letzten Monatsbericht wurden die Männer von Jahrgang 1884 – 1888 zur Musterung erfaßt und meistenteils bedingt kv [kriegverwendungsfähig] gemustert. Nachdem noch so viele junge Jahrgänge herumlaufen und sich nur mit Uk-Anträgen herumschwindeln, wird [dies] von den alten Jahrgängen... besonders scharf beurteilt. Es hat sich nämlich so eingebürgert, daß, wenn einer seinen Einberufungsbefehl erhält, [er] gleich alle Behörden und Dienststellen überhäuft, um seine Einberufung auf irgendeinem Wege rückgängig zu machen... In den größeren landwirtschaftlichen Betrieben sind die wehrpflichtigen Betriebsführer meistens noch uk gestellt...

Aus Monatsbericht der Gendarmerie-Station Hollfeld, 25. 4. 1944

...In politischer Hinsicht wird berichtet, daß am 20. 4. 1944 um 20 Uhr 30 Minuten in der Hans-Schemm-Halle dahier eine Feierstunde zum Gedenken des Geburtstags des Führers stattgefunden hat. Auffällig war, daß an derselben in der Hauptsache nur Mitglieder der NSDAP teilnahmen, obwohl die ganze Einwohnerschaft zur Teilnahme aufgefordert war...

In kultureller Hinsicht wird berichtet, daß durch die Gaufilmstelle Bayreuth am 10. 4. nachmittags 14 Uhr und 20 Uhr gleichen Tages in der Hans-Schemm-Halle dahier und am 15. 4. 1944 um 20 Uhr im Ganzleben'schen Saale in Wonsees der Film »Diesel« gegeben wurde. Der Besuch war bei allen Veranstaltungen ziemlich gut. Weiter fand am Sonntag, den 23. 4., in der Hans-Schemm-Halle dahier 19 Uhr 30 Minuten eine Varieté-Veranstaltung statt, woran lediglich die über 18 Jahre alten Personen teilnehmen durften. Bei Kontrolle wurde festgestellt, daß eine große Anzahl Jugendlicher und selbst Mütter mit schulpflichtigen Kindern die Veranstaltung besuchten...

Aus Monatsbericht des Landrats, 4. 5. 1944

Im Bericht über Mai des vergangenen Jahres habe ich erwähnt, daß gegen den Bäckermeister Franz Degen in Hollfeld an die Staatspolizeileitstelle Nürnberg eine Strafanzeige wegen Verfehlung nach dem Heimtückegesetz erstattet worden ist. Eine Weiterverfolgung der Angelegenheit scheiterte daran, daß Degen sich einer Festnahme durch die Flucht entzog und daß er durch Absendung einer Ansichtskarte aus Freiburg im Breisgau an den Gendarmerieposten Hollfeld den umlaufenden Gerüchten, er sei in die Schweiz entkommen, Nahrung bot. In Wirklichkeit aber war er wieder nach Hause gekehrt und hielt sich dort derart geschickt verborgen, daß erst in letzter Zeit die Gendarmerie greifbare Anhaltspunkte über seine Wiederanwesenheit erhalten konnte. Einem größeren Aufgebot von Gendarmeriebeamten ist es in den Morgenstunden des 29. April gelungen, Degen aus seinem Versteck, einem eigens zu diesem Zweck umgebauten Wäschekasten, herauszuholen und in das Gefängnis einzuliefern. Damit ist ein erbitterter Staatsfeind endlich einmal ungefährlich gemacht[170].

Ausländer: Der derzeitige Stand ist 255 Kriegsgefangene und 569 zivile ausländische Arbeitskräfte. Als Beweis für deren Brauchbarkeit und für das Einvernehmen zwischen diesen und ihren Betriebsführern darf wohl die Tatsache gewertet werden, daß die Fluchtversuche immer geringer werden. Im abgelaufenen Monat April war ein solcher überhaupt nicht zu verzeichnen. Bei den zivilen Arbeitskräften besteht eine Mißstimmung in zweifacher Richtung. Erstens klagen sie über unzureichende Versorgung mit Kleidung, Wäsche und Schuhwerk und drohen, wenn nicht Abhilfe geschaffen wird, mit Arbeitseinstellung und zweitens fühlen sie sich benachteiligt, weil ihren Wünschen nach größerer Beweglichkeit und Befreiung von polizeilichen Fesseln nicht entsprochen wird. Eine am ersten Aprilsonntag veranstaltete von Musik und Tanz begleitete Zusammenkunft von 26 Ostarbeitern (10 männliche und 16 weibliche) in einem abseitsgelegenen Föhrenwald bei dem Weiler Warthleithen, Gemeinde Streitberg, mußte ausgehoben werden. Die Ausländer hatten dieses Zusammentreffen auf dem Postwege vereinbart. Der übliche Polengottesdienst in der Spitalkirche in Hollfeld wurde am 2. Osterfeiertag abgehalten. Teilnehmerzahl etwa 120 Personen, darunter allerdings auch zahlreiche Ostarbeiter, von denen der größte Teil noch rechtzeitig zurückgewiesen werden konnte. Am gleichen Tage wurde auch in Königsfeld ein solcher Gottesdienst mit Osterbeichte abgehalten, hier war die Teilnehmerzahl erheblich geringer...

Im Mai 1944 berichteten die Gendarmerie-Stationen u. a. über Schießübungen der SA-Wehrmannschaft, zu denen ein Großteil der noch nicht einberufenen erwachsenen männlichen Bevölke-

---

[170] Am 31. 8. 1944 berichtete der Landrat, Degen sei vom Sondergericht Bayreuth »wegen böswilliger gehässiger Äußerungen über die Staatsführung zu einer Gefängnisstrafe von 1 Jahr 6 Monaten verurteilt worden.«

rung verpflichtet worden war (Gendarmerie-Station Ebermannstadt, 27. 5. 1944). Die Gendarmerie-Station Aufseß schrieb (26. 5. 1944), es sei »eigentlich so, daß nur die Angst vor dem Kommunismus die Bevölkerung zum weiteren Durchhalten und Einsatz noch anspornt«.

Aus Monatsbericht der Gendarmerie-Station Hollfeld, 25. 5. 1944

...In politischer Hinsicht wird berichtet, daß am 18. 5. 1944 um 20 Uhr in der Hans-Schemm-Halle dahier eine öffentliche Volksversammlung stattgefunden hat, wozu als Referentin die Gaurednerin Luise Waack von Bayreuth erschienen war. Sie behandelte als Hauptthema »Selbsterlebtes in Rußland«. Die Versammlung war gut besucht...

Aus Monatsbericht des Gendarmerie-Kreisführers, 30. 5. 1944

...Im abgelaufenen Monat führte die SA an zahlreichen Orten für die gesamte männliche Bevölkerung, zum Teil aber auch für Frauen, das Wehrschießen mit Erfolg durch...
Vom 24. mit 26. Mai 1944 weilte der Ritterkreuzträger Major Georg Nagengast in seinem Geburtsort Weigelshofen. Die Gemeinde ließ es sich nicht nehmen, im Zusammenwirken mit der Partei, ihren Sohn, auf den die Gesamteinwohnerschaft außerordentlich stolz ist, am 25. Mai in einem schlichten Heimatabend zu ehren. Die Veranstaltung fand in der Pfister'schen Gastwirtschaft zu Weigelshofen statt. Hauptlehrer und Ortsgruppenleiter Bittel, Drosendorf, hielt die Ansprache. Major Nagengast dankte für die ihm erwiesene Aufmerksamkeit und zog in der anschließenden Unterhaltung einen Vergleich zwischen dem deutschen Bauernstand und den in Sowjetrußland herrschenden bäuerlichen Verhältnissen...
Am 17. 9. 1943 mußte der Grenadier Georg Hetschka von Burggaillenreuth wegen unerlaubter Entfernung durch den Gendarmerie-Posten Muggendorf festgenommen werden. Inzwischen wurde Hetschka vom Gericht der 408. Division in Breslau wegen Wehrkraftzersetzung zu drei Jahren Zuchthaus verurteilt und ihm die Wehrwürdigkeit aberkannt.
Wegen Schwarzschlachtens mußte der Bürgermeister und Ortsbauernführer Johann Wetzel von Heroldsberg, Gemeinde Gösseldorf, zur Anzeige gebracht werden. Das bei ihm vorgefundene Schweinefleisch im Gewicht von 48 1/2 kg wurde beschlagnahmt. Der Volksmund vermutet, daß Wetzel im Laufe dieses Krieges trotz seiner Stellung als Bürgermeister und Ortsbauernführer schon öfters schwarz geschlachtet hat...

Aus Monatsbericht des Landrats, 2. 6. 1944

...Die Firma Norbert Riedel aus Nürnberg, nach Muggendorf verlagert, zum »Jägerstab«[171] gehörend, deren Belegschaft zur Zeit 35 Mann stark ist, trägt sich mit dem Ge-

---

[171] Nachgeordnete Dienststelle des Reichsministers für Rüstung und Kriegsproduktion, eingerichtet zur konzentrierten Zusammenfassung aller mit dem Bau von Jagdflugzeugen (»Jäger-Programm«) beschäftigten Firmen.

danken einer ganz erheblichen Ausweitung. Die Lösung der Frage, wo die neu hinzukommenden Arbeiter und Angestellten untergebracht und verpflegt werden sollen, wird in dem Marktflecken Muggendorf auf ziemlich große Schwierigkeiten stoßen, nachdem bisher schon mit der Anwendung des Reichsleistungsgesetzes gedroht und operiert werden mußte und die hierfür an und für sich geeigneten, auf Beherbergung und Verpflegung eingerichteten Fremdenverkehrsbetriebe zur Unterbringung von KLV-[Kinderlandverschickungs]-Lagern und zur Betreuung Evakuierter schon restlos beansprucht sind...

Im Rahmen einer von der Gestapo gewünschten politischen »Beurteilung der adeligen Gutsbesitzer«, die möglicherweise schon in Verbindung stand mit Ermittlungen zur Aufdeckung des an der Aktion vom 20. Juli 1944 beteiligten Verschwörer-Kreises, berichtete der Landrat, veranlaßt durch ein Schreiben der Gestapo-Außenstelle Forchheim vom 28. 4. 1944, am 4. 5. 1944 über die im Landkreis seßhaften adeligen Grundbesitzer-Familien von Stauffenberg, von und zu Aufseß und von Giech[172]: Der Schloßherr von Greifenstein bei Heiligenstadt, Berthold Graf Schenk von Stauffenberg trete schon wegen seines hohen Alters von 84 Jahren »weder in seiner engeren, noch in seiner weiteren Umgebung bedeutend hervor«. Er nehme weder an gesellschaftlichen noch an politischen öffentlichen Vorgängen teil, werde aber »von der einheimischen Bevölkerung wegen seines großen sozialen Verständnisses allgemein hochgeschätzt.« Er habe von früher her, als ehemaliger Reichsrat der Krone Bayerns, »enge Beziehungen zum bayerischen Königshaus« und »auch heute noch zum ehemaligen Kronprinzen Rupprecht von Bayern freundschaftliche Beziehungen«, aber schon wegen seines Alters sei nicht damit zu rechnen, daß sich der Graf in etwaige monarchistische umstürzlerische Umtriebe hineinziehen lassen könnte«[173].

Dem bayerischen Uradelsgeschlecht der Freiherrn von und zu Aufseß gehörten die Schlösser Unter- und Oberaufseß. Auf Oberaufseß lebe Ministerialrat a. D. Ernst Freiherr von und zu Aufseß (Jahrgang 1866), der als Parteigenosse die NSDAP »in jeder Weise« unterstütze, im übrigen gelte »hinsichtlich der Bedeutung für die Umgebung und den Umgang« das gleiche wie bei Graf Stauffenberg. Auf Unteraufseß lebe der gleichaltrige Amtsgerichtsdirektor a. D. Eckhart Freiherr von und zu Aufseß, Träger des Goldenen Parteiabzeichens und »während der Kampfzeit im Gau München-Oberbayern nationalsozialistischer Vortragsredner«; aus dieser Zeit beständen »noch enge Beziehungen zu maßgeblichen Parteimitgliedern«, er sei aber in letzter Zeit durch Krankheit »sehr behindert«.

Das der Standesherrschaft Giech gehörende Schloß und Gut Weiher (bei Hollfeld) würde durch die Gräflich Giech'sche Domänenverwaltung bewirtschaftet. Das letzte Mitglied der ehemaligen Giech'schen Standesherrschaft im Kreis Ebermannstadt, Carl Graf Giech, sei im Mai 1938 gestorben und das von ihm vormals bewohnte Schloß Wiesentfels seitdem im Besitz der Familie Hiller von Gaertringen.

Aus Monatsbericht des Gendarmerie-Kreisführers, 26. 6. 1944

Das Fronleichnamsfest am 8. 6. 1944 wurde trotz Ausfalls des kirchlichen Feiertags im ganzen Landkreis, besonders von der bäuerlichen Bevölkerung, durch Arbeitsruhe begangen... Bezeichnend für die vorherrschende Gesinnung ist folgendes Vorkommnis:

---

[172] StA Bamberg, K 8/IV/18450.
[173] Nach dem 20. Juli 1944 schrieb der Gendarmerie-Kreisführer in einem Bericht an den Höheren SS- und Polizeiführer vom 22. 7. 1944, der Besitzer des Schlosses Greifenstein habe »aus seiner kaiser- und königstreuen Gesinnung nie ein Hehl« gemacht. »Im Schloß soll sich heute noch kein Bildnis des Führers befinden, es ist auch keine Hitler-Fahne vorhanden... Das große Eingangstor zum Burghof wurde 1933 nach der Machtübernahme demonstrativ in den bayerischen Landesfarben weiß und blau gestrichen«; StA Bamberg, K 8/IV/3208.

Am Fronleichnamssonntag 1943 wurde der verheiratete Landwirt und Ortsbauernführer Georg Martin von Ebermannstadt/Breitenbach wegen Vergehens gegen das Heimtückegesetz festgenommen und später vom Sondergericht Bamberg zu acht Monaten Gefängnis verurteilt. Martin, welcher inzwischen zur Wehrmacht eingezogen wurde, verbüßte nur einen Teil der über ihn verhängten Strafe. Aus Dankbarkeit über den gnädigen Ausgang des Strafverfahrens vermittelte Martin, der anfangs Juni 1944 nach Ebermannstadt beurlaubt war, für den Fronleichnamszug 1944 in Ebermannstadt eine Musikkapelle... und trug auch einen Teil der damit verbundenen Kosten, indem er den Musikern unentgeltlich Verpflegung gewährte. Martin, der seinerzeit aus der Partei ausgeschlossen und seines Amtes als Ortsbauernführer entkleidet wurde, verschaffte sich dadurch bis zu einem gewissen Grade das Ansehen eines Märtyrers...

Aus Monatsbericht der Gendarmerie-Station Waischenfeld, 25. 7. 1944

...Der Anschlag auf den Führer wurde allgemein verurteilt und man hört immer wieder, daß, falls der Anschlag geglückt wäre, nur wieder ein 1918 geschaffen worden wäre. Wenn der größte Teil der Bevölkerung froh wäre, wenn der Krieg sobald als möglich beendet würde, so sind doch nur wenige darunter, die sich 1918 herbeiwünschen oder die den Kommunismus wollen.

Aus Monatsbericht der Gendarmerie-Station Königsfeld, 27. 7. 1944

...hat sich ein großer Teil der Bevölkerung sehr für den Mordanschlag des Führers ungehalten gezeigt. So erklärten dieselben, daß sich der Adelsstand völlig ausgerottet gehört, die Schlösser und die Wälder dem Staat enteignet und die Grundstücke an kleine Bauern und Landwirte aufgeteilt gehört...

Aus Monatsbericht des Gendarmerie-Kreisführers, 30. 7. 1944

Der bei dem Führer-Attentat vom 20. Juli 1944 als Haupttäter genannte Graf von Stauffenberg entstammt dem Geschlecht der auf Burg Greifenstein bei Heiligenstadt sitzenden Linie des Grafen Schenk von Stauffenberg. Die Burg wurde deshalb bereits am 21. 7. 1944 gegen 16 Uhr durch Beamte der Staatspolizeileitstelle Nürnberg besetzt sowie auf Anordnung des Reichsführers SS am 25. Juli auch beschlagnahmt. Der Besitzer der Burg und Geschlechtsälteste, der Oberstleutnant a. D. Berthold Schenk Graf von Stauffenberg, geb. 21. 8. 1859 zu Amerdingen, Landkreis Nördlingen, wurde am 22. 7. 1944 in Schutzhaft genommen. Desgleichen wurde der Schloßverwalter Karl Geiger zu Greifenstein am 21. 7. 1944 wegen Verdachts des Abhörens von Feindsendern festgenommen. Greifenstein wird zur Zeit durch eine vier Mann starke SS-Wache gesichert...

Am 25. Juli 1944 um 20 Uhr fand in Heiligenstadt unter freiem Himmel eine Volkskundgebung statt, wobei Gauleiter Wächtler in einem flammenden Treuebekenntnis zum Führer zu etwa 2000 Volksgenossen sprach[174]. Neben dem Gauleiter waren als Ehrengäste erschienen Gaustabsamtsleiter Horlbeek, SS-Brigadeführer Eschold, Bayreuth, SS-Brigadeführer und General der Polizei Neumann, Nürnberg, SS-Standartenführer und Oberst der Waffen-SS Professor Dr. Brand, München-Pottenstein, sowie Kreisleiter Wachsmuth, Forchheim. Gauleiter Wächtler rechnete bei dieser von Kreisleiter Schmidt, Heiligenstadt, eröffneten Veranstaltung mit den Drahtziehern des verbrecherischen Anschlags auf den Führer unter stürmischer Zustimmung der Volksgenossen ab. Im Verlauf dieser Kundgebung wurde auf der über Heiligenstadt, liegenden alten Burg Greifenstein, dem Sitz der Grafen Stauffenberg, erstmals die Hakenkreuzfahne gehißt...

Die Stimmung der Bevölkerung gegen das Stauffenberg'sche Geschlecht darf in der Mehrheit als zurückhaltend bezeichnet werden. So sehr auch die Tat als solche allgemein schärfste Ablehnung findet, sind die jahrhundertealten Beziehungen von Greifenstein zur Umgebung doch meist zu eng, um einer ausgesprochenen feindseligen Haltung Raum zu gewähren. So waren auch keinerlei spontane Gewaltakte gegen den Stauffenberg'schen Besitz zu verzeichnen...[175]

Aus Monatsbericht der Gendarmerie-Station Aufseß, 26. 8. 1944

Die Stimmung der Gesamtbevölkerung in bezug auf die Kriegslage ist äußerst gedrückt. Man findet fast keinen Volksgenossen mehr, dessen Einstellung eine zuversichtliche wäre. Auch die, wo seither, trotz aller Belastungsproben, den Kopf hoch trugen, sind auf Grund der Vorgänge in Rumänien und in Deutschland deprimiert. Sie sehen die Gesamtlage als trübe an, so daß manche, vor allem die Frauen, schwarz in die Zukunft sehen. Mit Zureden allein läßt sich bei der Bevölkerung das Stimmungsbild nicht heben...

Aus Monatsbericht der Gendarmerie-Station Heiligenstadt, 26. 8. 1944

Die Ereignisse an den Fronten wurden von der Bevölkerung mit verschiedenen Betrachtungen beurteilt. Die der Partei nahestehenden Personen, die eine feste Überzeugung besitzen, glauben fest an eine Wendung der Ereignisse an den Fronten. Während ein kleinerer Teil der Bevölkerung die Lage den gegebenen Verhältnissen nach beurteilt und

---

[174] Die Gendarmerie-Station Ebermannstadt berichtete am 28. 7. 1944, »der von Forchheim nach Heiligenstadt verkehrende Sonderzug habe viele Volksgenossen, die an der Veranstaltung in Heiligenstadt teilnehmen wollten«, wegen Überfüllung nicht mehr aufnehmen können.

[175] Der am 22. 7. 1944 verhaftete Besitzer von Schloß Greifenstein, Graf Berthold Schenk von Stauffenberg, der Onkel des Hitler-Attentäters Klaus Schenk von Stauffenberg, starb 85-jährig am 10. 11. 1944 im Gefängnis in Würzburg. Die den Stauffenbergs im Landkreis Ebermannstadt gehörenden Güter Greifenstein und Burggrub wurden beschlagnahmt, ein Teil des Inventars des Schlosses Greifenstein Ende 1944 als sogenanntes »Volksopfer« an Bedürftige verschenkt oder der Partei übereignet. Das Schloß stand bis Kriegsende unter Bewachung von Beamten der Gestapoleitstelle Nürnberg-Fürth. Nach Rückkehr aus der »Sippenhaft« erhielt der Sohn des verstorbenen Grafen, Graf Clemens Schenk von Stauffenberg, im Juni 1945 auf Veranlassung der amerikanischen Besatzungsbehörden wieder das Verfügungsrecht über die beschlagnahmt gewesenen Besitztümer; vgl. StA Bamberg, K 8/IV/944.

das Schlimmste befürchtet. Der bäuerliche und größte Teil verfolgt und kennt die Lage nicht so wie der denkende Teil der Bevölkerung, zudem die Bauern im vergangenen Monat mit der Einbringung der Ernte vollauf beschäftigt waren...

Aus Monatsbericht des Gendarmerie-Kreisführers, 30. 8. 1944

...Die harten Kämpfe an allen Fronten sowie die außerordentlichen politischen Geschehnisse wirken sich für die Kirchen beider Richtungen auffallend befruchtend aus. Selbst in Orten, in denen im letzten Jahrzehnt der Kirchenbesuch immer mehr abnahm und der Einfluß des Pfarrers erheblich herabsank, ist heute ein starkes Leben in den kirchlichen Gemeinden festzustellen, so z. B. im Kurort Streitberg. Dort trat nach 1933 eine beachtliche Deutsche-Christen-Gemeinde auf den Plan, so daß das eigentliche Gotteshaus unter dem sehr orthodox eingestellten Pfarrer Schilffarth an den Sonntagen fast leer stand. Im Laufe des Krieges ist diese Deutsche-Christen-Gemeinde nicht nur restlos zerfallen, es steigt sogar der Zulauf zur alten Kirche von Sonntag zu Sonntag immer mehr an, obwohl der Pfarrer alles weniger als ein packender Kanzelredner ist. Das gleiche Bild zeigt sich in Heiligenstadt und Muggendorf, wo ebenfalls die Deutsche-Christen-Gemeinden, die dort einige Jahre blühten, völlig eingegangen sind. In der Zurückhaltung der evangelischen Pfarrer gegenüber den politischen Tagesereignissen hat sich auch in den letzten Monaten nichts geändert.

Durch Beamte der Staatspolizeileitstelle Nürnberg wurde am 14. 8. 1944 der Gräflich Stauffenberg'sche Hausgeistliche, der katholische Pfarrer Dr. Leo Wilhelm Madlener von Burggrub, ... festgenommen. Dr. Madlener, der aus seiner staatsablehnenden Gesinnung kaum ein Hehl machte, steht im Verdacht des Abhörens von Feindsendern und Weiterverbreitens dieser Nachrichten. Die Festnahme Madleners hat innerhalb seiner Pfarrgemeinde zwar eine gewisse Überraschung hervorgerufen, im übrigen hält aber die Bevölkerung mit ihrer Meinung stark zurück... Sowohl die Ortskirche in Burggrub als auch die Schloßkapelle in Greifenstein, welche beide Stauffenberg'scher Besitz waren, sind z. Zt. gesperrt...

Durch die zunehmende Zahl neuer Einberufungen zur Wehrmacht ist der Kräftemangel in der Landwirtschaft noch brennender geworden als bisher. Aus der Fülle der Härtefälle hier nur einige als Beleg für den jetzt gegebenen Zustand:

In Eschlipp wurde der Bauer Karl Dicker einberufen. Dessen 34 Jahre alte schwächlich gebaute Ehefrau mit ihrem sechs Jahre alten Kind soll das Anwesen mit sechs Stück Großvieh, mit Schweinen und Geflügel allein bewirtschaften. – Im gleichen Ort ist die Bierwirts- und Kriegerwitwe Anna Fuchs mit ihrem kleinen Kind ohne jede Hilfe. Dazu bedarf der baufällige Stall der Erneuerung. Gemeinschaftshilfe steht in der kleinen Gemeinde nicht mehr zur Verfügung. In Niederfellendorf, Gemeinde Streitberg, steht der Bauer Hans Nützel vor der Einberufung. Zur Bewirtschaftung seines Hofes ist gegebenenfalls außer der Ehefrau, welche krank ist, nur eine Ostarbeiterin zur Verfügung. – In Voigendorf, Gemeinde Albertshof, mußte der Bauer und Bierwirt Johann Schobert einrücken. Dessen Ehefrau und zwei Schwestern sollen das 100 Tagwerk große Anwesen allein bewirtschaften... Der Betrieb kann im bisherigen Umfang nicht fortgeführt werden,

da alle Versuche, eine ausländische Arbeitskraft zu erlangen, erfolglos geblieben sind...
Am 14. 8. 1944 wurde der Bauer, Bürgermeister und Ortsbauernführer R. von Heroldsberg, Gemeinde Gösseldorf, vom Sondergericht Bayreuth wegen Schweine-Schwarzschlachtung zu einem Jahr Gefängnis verurteilt.

Der Aufruf zum Freiwilligen Arbeitseinsatz für Aufgaben der Reichsverteidigung findet nicht den erwarteten Anklang. Zur Verfügung stehen praktisch nur mehr Hausfrauen. Letztere können und wollen sich aber nicht in dem Maße freimachen, wie dies für den Fabrik- und Werkstättendienst meist erforderlich erscheint. In den allermeisten Fällen ist es auf dem Lande auch nicht möglich, die geeigneten Arbeiten, gleichviel ob in Werkstätten oder für das Heim, zur Verfügung zu stellen. So bleibt der Aufruf zum Arbeitseinsatz wohl in vielen Landgemeinden vorerst mehr eine theoretische Angelegenheit.

Die Versorgung der Bevölkerung mit den Nahrungsmitteln des täglichen Bedarfs ist an und für sich sichergestellt. Lediglich in Hollfeld sind die vier Bäckereien wiederholt nicht in der Lage, das erforderliche Schwarzbrot rechtzeitig bereitzustellen... Noch ungünstiger sind die Verhältnisse im Königsfelder Land. Dort ist ein Gebiet von rund 2500 Menschen ohne Bäcker und Metzger. Dieser Zustand bringt für die Verbraucher oft recht unerwünschte Scherereien mit sich...

Die Schlußphase des Krieges im Landkreis Ebermannstadt

Die letzten für das Jahr 1944 noch vorliegenden Monatsberichte der Gendarmerie-Stationen, des Gendarmerie-Kreisführers und Landrats sind zahlenmäßig und inhaltlich sehr dürftig. Für die Monate Januar – April 1945 liegen überhaupt keine Monatsberichte mehr vor. Die sich überstürzenden Verwaltungsanordnungen in der letzten Kriegsphase verhinderten offenbar die regelmäßige Fortführung der bisherigen monatlichen Berichterstattung bzw. ihre Ablage in der Aktenregistratur der Landratsverwaltung. Im folgenden sollen deshalb einige wichtige Vorgänge der letzten Monate vor Kriegsende aufgrund der wenigen noch vorliegenden Monatsberichte und unter Zuhilfenahme einiger für diese Zeit erhalten gebliebener Akten des Landratsamtes Ebermannstadt[176] zusammenhängend kurz skizziert werden.

Im September 1944 wurde vorrangig über die Einbringung der Getreideernte berichtet, die nicht so gut ausfiel wie im Vorjahr, ferner über die zunehmenden Bestrebungen (in Heiligenstadt, Aufseß, Plankenfels, Waischenfeld, Wonsees u. a.), Heimindustrie-Zweigbetriebe von Rüstungsfirmen »zur Beschäftigung von nicht in der Landwirtschaft einsetzbaren weiblichen Arbeitskräften« zu errichten (Bericht des Gendarmerie-Kreisführers vom 30. 9. 1944).

Seit Beginn der Invasion im Westen und dem Vordringen der Roten Armee bis zur Weichsel im Sommer 1944 wurde das Landratsamt mit Erlassen des Regierungspräsidenten, des Reichsverteidigungskommissars in Bayreuth, des Generalkommandos des XIII. Armee-Korps (Nürnberg), der Stapoleitstelle Nürnberg-Fürth u. a. Dienststellen überhäuft, die Vorkehrungsmaßnahmen und Verhaltensregeln für den Fall der Verteidigung

---

[176] Sämtlich im StA Bamberg, K 8/III/18454.

des Heimatgebietes gegen eindringende Feinde, Fallschirmjäger oder innere Unruhen anordneten und immer wieder Berichte über die Zahl der im Kreisgebiet ansässigen Behörden, kriegswichtigen Objekte, Verkehrs- und Nachrichtenmittel u. a. anforderten. In diesem Zusammenhang entstand ein Bericht des Gendarmerie-Kreisführers vom September 1944, dem unter anderem folgende Angaben zu entnehmen sind[177]: Zur Unterstützung der 19 im Kreis tätigen Gendarmeriebeamten waren – für den Fall innerer Unruhen – 89 Landwachtposten, »gleichmäßig auf das ganze Kreisgebiet verteilt«, eingerichtet worden, zu deren Besetzung der größte Teil der noch anwesenden erwachsenen männlichen deutschen Bevölkerung in einer Gesamtstärke von 1509 Mann herangezogen werden sollte. Diesen standen zur Verfügung: 1 Maschinengewehr, 500 Gewehre, 72 Pistolen.

Kleinere und größere Kinderlandverschickungslager existierten in Muggendorf (3), Veilbronn (3), Unterleinleiter (1), Heiligenstadt (1) und Doos (1). Als besonders kriegswichtige Objekte im Kreisgebiet wurden in dem Bericht genannt: das auf den Feuerstein bei Ebermannstadt verlagerte Laboratorium von Professor Oskar Vierling, ein im Schloß zu Pretzfeld errichteter Zweigbetrieb der Physikalisch-akustischen Versuchsanstalt, das auf Schloß Wiesentfels eingerichtete Ausweichlager des Polizeipräsidenten von Nürnberg. Aufgeführt wurde ferner die Existenz von 17 Kriegsgefangenen-Kommandos mit jeweils 10 – 30 Kriegsgefangenen.

Auf Grund des Führererlasses über die Bildung des Deutschen Volkssturmes vom 25. 9. 1944 kam es im Oktober/November 1944 auch im Kreis Ebermannstadt zur Aufstellung von Volkssturm-Einheiten. Aus den Restakten des Landratsamtes ist ersichtlich, daß die Frage, inwieweit auch Beamte und Angestellte des Landratsamtes und die Ortsbürgermeister zum Volkssturm rekrutiert oder von ihm freigestellt werden sollten, bis in den März 1945 hinein vielfach erörtert wurde und offensichtlich auch mancherlei Konflikte und Reibungen verursachte.

Auf Grund eines Erlasses des Kommandeurs der Ordnungspolizei beim Regierungspräsidenten von Ansbach vom 12. 10. 1944, der die einheitliche Leitung der Polizeikräfte für den Fall innerer Unruhen und kriegerischer Verwicklungen und eine Einteilung des Regierungsbezirks in verschiedene polizeiliche »Sicherungsabschnitte« vorsah, wurde der Landkreis Ebermannstadt dem »Sicherungsabschnitt Bayreuth« unter dem Befehl des Kommandeurs der Schutzpolizei Bayreuth, Polizeimajor Matschinsky, unterstellt. Am 27. Oktober 1944 wurde ferner die Bildung von Alarmeinheiten bei den Dienststellen der Ordnungspolizei und die Aufstellung von Verteidigungsplänen für alle Behörden befohlen. In diesem Zusammenhang mußte der Gendarmerie-Kreisführer dem Kommandeur der Schutzpolizei Bayreuth ausführlich über alle für den Fall der Verteidigung des Heimatgebietes wichtigen Fragen (Stärke der im Kreis verfügbaren bewaffneten Kräfte, Rüstungsbetriebe, besonders gefährdete Anlagen u. a.) berichten. Aus einem solchen Bericht vom 15. 11. 1944 ergibt sich, daß sich damals noch 556 »fremdländische männliche und weibliche Arbeitskräfte (Zivilarbeiter)« im Kreisgebiet befanden, die nicht in La-

---

[177] Der Bericht enthielt auch Angaben über die Stellenbesetzung der NSDAP, woraus ersichtlich ist: im Kreisgebiet gab es damals 20 Ortsgruppen der NSDAP, Kreisleiter war (seit 1932/33) der Baugeschäftsinhaber Karl Schmidt (Heiligenstadt), Kreisamtswalter in der Kreisleitung in Ebermannstadt waren Heinrich Haas, Georg Walter (für Propaganda) und Georg Widmann (für NSV).

gern, sondern sämtlich »einzeln bei ihren (meist bäuerlichen) Arbeitgebern untergebracht« waren. Für den »Unruhefall« war festgelegt, »daß die einzeln bei den Arbeitgebern untergebrachten Fremdländischen durch den jeweils zuständigen Landwachtposten zusammengeholt und in einem besonderen Raum unter Bewachung gestellt werden«.

Im letzten Quartal 1944 mußten aus dem Saargebiet, das in unmittelbare Frontnähe geraten war, abermals Evakuierte untergebracht werden. Zu einer neuen Arbeits- und Wirtschaftserschwernis führte die infolge Kraftstoffmangels notwendige Umstellung von Kraftfahrzeugen auf Pferdegespanne. Die Gefallenen- und Vermißtenmeldungen nahmen zu, und zusätzliche Einberufungen und Aufhebungen von Uk-Stellungen drückten weiterhin auf die Volksstimmung, die durch die Nachrichten von der deutschen Ardennenoffensive im Dezember 1944 nur unwesentlich und vorübergehend gehoben wurde. Vereinzelte Meldungen über Festnahmen und Bestrafungen wegen staatsabträglicher Äußerungen oder »Wehrkraftzersetzung« korrigieren nur unwesentlich den von den letzten vorliegenden Berichten - wie schon vorher - vermittelten Eindruck, daß der überwiegende Teil der Bevölkerung zwar ohne offene Auflehnung, aber zunehmend hoffnungslos und widerstrebend die Zwänge der Kriegswirtschaft und -organisation ertrug. Abermals wurde in diesen letzten vorliegenden Berichten von dem zähen Festhalten an kirchlichen Gebräuchen (Allerheiligen) berichtet, während Propaganda-Aktivitäten der NSDAP offenbar nur noch spärlich stattfanden.

Im Februar/März 1945 mußten aufgrund eines Erlasses des stellvertretenden Generalkommandos des XIII. Armee-Korps (Nürnberg) vom 15. 2. 1945 im Landkreis Ebermannstadt, wie in anderen Gebieten des Wehrkreises XIII, Vorbereitungen zur Anlage von Panzersperren an wichtigen Ortseingängen, größeren Durchfahrtsstraßen u. a. getroffen werden. Hierin scheint bis zum April 1945 eine wesentliche Beschäftigung des Volkssturmes gelegen zu haben.

Seit Anfang April 1945 strömten in den Landkreis zurückgehende Einheiten der Wehrmacht, vor allem der 172. Infanterie-Division, ein, die besonders in den größeren Orten des östlichen Teiles des Landkreises (Waischenfeld, Nankendorf, Plankenfels, Hollfeld u. a.) Quartier belegten. In einer Notiz des Gendarmerie-Kreisführers für den Landrat vom 5. 4. 1945 heißt es:

»Die Rundfahrt durch den Landkreis ist ohne Zwischenfall verlaufen. Es herrscht auch überall noch Ruhe und keine wesentliche Nervosität. Mit Ausnahme von Königsfeld waren sämtliche berührten Orte mit Wehrmachtsteilen belegt. Besonders stark scheint die Belegung in Hollfeld und Waischenfeld zu sein, auch Aufseß und Plankenfels zeigen ein dichteres Belegungsbild. In Hollfeld und Waischenfeld herrschen ziemliche Verbitterung, weil dort alle Panzersperren nicht nur mit einem Mann, sondern gleich mit drei Mann (Posten, Melder und Telefonist) besetzt sind, die Bauern kommen dadurch zu keiner Arbeit mehr. Der SS-Unterbsturmführer und DV [Deutscher Volkssturm]-Batl.-Führer soll auch den Spruch getan haben, daß alle bäuerliche Arbeit einzustellen sei.«

Die Truppenbelegung hatte zur Folge, daß verschiedene Teile des Landkreises in der ersten Aprilhälfte Objekt amerikanischer Tieffliegerangriffe wurden. Am 11. April 1945 berichtete der Gendarmerie-Kreisführer dem Regierungspräsidenten:

»Am 9. April 1945 in der Zeit von 9.10 – 9.40 Uhr wurde das untere Wiesenttal von Muggendorf bis zur Höhe von Reifenberg durch acht feindliche Jäger im Tiefflug angegriffen. Schwerpunkte des Angriffs waren der Ort Ebermannstadt sowie die Straßenstrecke Muggendorf – Wöhrtmühle...

Der Tieffliegerangriff westlich Muggendorfs galt einem in Richtung Pegnitz ziehenden, aus zehn Fahrzeugen bestehenden Wagenzug, welcher sowohl aus Wehrmachtsfahrzeugen als auch aus Umsiedlerfuhrwerken sich zusammensetzte. Dieser Angriff wurde von zwei Jägern ausgeführt. Diese warfen insgesamt etwa 200 Stabbrandbomben sowie zehn kleinkalibrige Splitterbomben... Durch die Splitterbomben wurden in Ebermannstadt getroffen: In der Schulstraße das einstöckige Wohnhaus des Totengräbers Fritz Albert. Das Gebäude stürzte völlig in sich zusammen und begrub die beiden Insassen... Beide konnten nur mehr als Leichen geborgen werden.«

Weitere, zum Teil schwere Schäden seien auch bei einigen anderen Häusern, vor allem in der Adolf-Hitler-Straße, angerichtet worden. Durch Bordwaffenbeschuß auf Landstraßen in der Umgebung von Ebermannstadt sei ein Wehrmachtsangehöriger und der Erbhofbauer Friedrich Leicht aus Leidingshof, Gemeinde Siegritz, getötet worden. — Von weiteren Angriffen durch Jagdbomber am 12. April, vor allem auf den Ort Hollfeld, die ohne Menschenverluste abgingen, berichtete der Gendarmerie-Kreisführer am 13. April 1945. Am gleichen Tage meldete er dem Regierungspräsidenten in Ansbach:

»Seit 9. 4. 1945 befindet sich Gauleiter Hellmuth, Mainfranken, mit einem Stab von etwa 100 Personen, darunter ein Brigadeführer des Volkssturmes sowie Hoheitsträger aus Darmstadt, Worms usw. in Weigelshofen. Soweit bekannt, besteht die Absicht der Weiterfahrt nach Hohenfels, als Sammelplatz eines Freikorps. Die ohne Zutun der zuständigen Partei- und Staatsdienststellen durchgeführte Einquartierung löste in Weigelshofen und Umgebung erhebliche Gereiztheit aus, da nach den Äußerungen des Volksmundes ziemliche Lebensmittelvorräte (Wein, Konserven, Schweine usw.) mitgeführt werden und zusätzliche Verpflegung sowie je Tag 25 Liter Vollmilch und 25 Liter Magermilch geliefert werden müssen.«

In Anbetracht der schnell näherrückenden amerikanischen Truppen versammelte der Landrat des Kreises, Dr. Niedermayer, am 6. April die erreichbaren Ortsbürgermeister und teilte ihnen mündlich den Inhalt des Geheimerlasses mit, den der Reichsführer SS Himmler in seiner Eigenschaft als Reichsinnenminister schon am 12. 10. 1944 bezüglich des »Verhaltens der Behörden bei Feindbesetzung« herausgegeben hatte. Denjenigen Bürgermeistern des Kreises, die an der Versammlung nicht hatten teilnehmen können, wurden die diesbezüglichen Weisungen des Landrats am 10. 4. 1945 in einem schriftlichen Runderlaß mitgeteilt, der in den Akten erhalten geblieben ist. Daraus geht hervor, daß der Landrat den Erlaß Himmlers vom 12. 10. 1944 in einem nicht unwichtigen Punkt im Sinne der Aufrechterhaltung geordneter Verwaltungs- und Versorgungsverhältnisse für den Fall der Besetzung durch gegnerische Truppen verstärkte. Hatte es im Erlaß Himmlers geheißen, daß im Falle der Feindbesetzung »geeignete Maßnahmen für die unbedingt notwendige verwaltungsmäßige und wirtschaftliche Versorgung der Bevölkerung« sich auf ein Minimum dessen zu beschränken hatten, das dem Feind keinen Nutzen bringe, so hieß es sehr viel betonter in dem Rundschreiben des Landrats an die Bürgermeister vom 10. 4. 1945: »Auch nach Feindbesetzung muß die unbedingt notwendige verwaltungsmäßige und wirtschaftliche Versorgung der Bevölkerung sowie die Aufrechterhaltung der öffentlichen Ordnung weiterhin gewährleistet sein. Auch die gesundheitliche Versorgung der Bevölkerung muß sichergestellt bleiben...«

Vier Tage später, am 14. April 1945, besetzten amerikanische Truppen den Landkreis Ebermannstadt, ohne dabei auf nennenswerte Gegenwehr zu stoßen. Wie in vielen anderen Teilen des Reiches erwiesen sich die vorangegangenen monatelangen Vorbereitungen von Abwehrmaßnahmen auch hier als letzten Endes gegenstands- und sinnlos.

I. Bezirk Ebermannstadt

Der amtierende Landrat des Kreises, Dr. Niedermayer, wurde am 26. Mai 1945 wegen seiner Zugehörigkeit zur NSDAP seines Amtes enthoben und anschließend in das Internierungslager Hersbruck eingewiesen. Für einige Monate amtierte sein Regierungsoberinspektor Hans Stiegler als kommissarischer Landrat. Der bisherige Gendarmerie-Kreisführer Meyer, der nicht der NSDAP angehört hatte, blieb weiterhin im Amt.

Verschiedene Bürger und örtliche Honoratioren des Landkreises setzten sich im Sommer und Herbst 1945 bei der amerikanischen Besatzungsmacht für die Entlassung von Dr. Niedermayer ein[178] und verwandten sich für ihn bei dem Verfahren zu seiner Entnazifizierung vor der Spruchkammer in Ebermannstadt. Diese entschied am 3. 2. 1947, daß der Landrat a. D. Dr. Niedermayer in die Gruppe V der Entlasteten einzustufen sei. In dem Urteil heißt es u. a.: »Zugunsten des Betroffenen sprechen in erster Linie seine Monatsberichte an seine vorgesetzte Behörde.« Aus ihnen und verschiedenen Zeugenaussagen bzw. eidesstattlichen Erklärungen ergebe sich, daß Dr. Niedermayer in Ebermannstadt vor 1945 auch bei der NSDAP als »ein Schwarzer« bekannt gewesen sei und verschiedentlich mit Erfolg versucht habe, Nazi-Erlasse abzuschwächen oder zu umgehen.

Person und Verhalten des in den ärmlichen Bezirk versetzten Landrats hatten manches gemeinsam mit der Bevölkerung, der sich das NS-Regime in diesem Teil der bayerischen Provinz gegenübersah: Ein von Hause aus unpolitischer, nationaldenkender Mann, nicht frei von Vorurteilen, die auch dem NS zugutekamen, jedoch fest verwurzelt in katholischer Glaubens- und Kirchentreue, mit präzisen verwaltungsrechtlichen Kenntnissen und Begriffen ausgestattet und klar fixiert auf das Prinzip geordneter gesetzesmäßiger Verwaltung. Körperlich schmächtig und anfällig, sensibel reagierend, von Natur und Lebenserfahrung her zum klugen Ausweichen eher als zu offener Konfrontation neigend und als »Führer« der Landratsverwaltung eher eine schwache als eine starke Figur. Alles andere als ein Held. Nur einer, der, obwohl er streckenweise selbst »mitlief« oder »mitlaufen« mußte, sich immer wieder dagegen auflehnte, seine Einsicht, seine Prinzipien und sein sicher reagierendes Mitgefühl gänzlich aufzuopfern. Ein »Mitläufer«, der dem Geflecht zunehmend depressiv stimmender Anpassungszwänge zu entkommen suchte und dabei, wie seine Berichte vom Frühjahr 1943 eindringlich bezeugen, in großer Erregung tapfer die eigene Schwäche überwindend, zu Ausdrucksformen gefährlich rückhaltsloser Kritik gelangte.

---

[178] Das Folgende nach den in Privatbesitz von Dr. Niedermayer befindlichen Spruchkammerunterlagen.

TEIL II

Lage der Arbeiterschaft, Arbeiteropposition, Aktivität und Verfolgung der illegalen Arbeiterbewegung 1933-1945

EINFÜHRUNG

Die folgenden Berichte konzentrieren sich auf Lage und Verhalten der gewerblich-industriellen Arbeiterschaft, die schon 1933, verglichen mit der von der Landwirtschaft lebenden Bevölkerung, einen etwa gleich großen Sektor der bayerischen Gesellschaft ausmachte[1].

Die Erforschung und Darstellung des »antifaschistischen Widerstandskampfes der Arbeiterklasse« war lange Zeit weitgehend der DDR-Geschichtsschreibung überlassen geblieben, wo die Fülle zusammengetragener Fakten jedoch stets auch der Legitimation des Regimes zu dienen hatte und eine kritische Verarbeitung und Vermittlung von Problemzusammenhängen aus solchen Gründen nur in beschränktem Maße geleistet werden konnte. Gegen Ende der 60er Jahre wurde das Thema »Widerstand und Verfolgung der Arbeiterbewegung« auch in der Bundesrepublik durch eine Reihe zum Teil unabhängig von einander entstandener wissenschaftlicher Untersuchungen, meist auf lokaler Basis, neu aufgegriffen und vertieft, programmatisch gebündelt durch drei Studien über großstädtische Zentren der Arbeiterbewegung im Ruhrgebiet (Dortmund, Essen, Duisburg), die im Umkreis der Friedrich-Ebert-Stiftung entstanden und in deren Schriftenreihe er-

---

[1] Wie schon seit dem 19. Jahrhundert veränderte sich in Bayern die Zahl der von Industrie und Handwerk lebenden Bevölkerung – 1933: 2 584 000 (33,6%), 1939: 2 910 000 (36,1%) – gegenüber den von Land- und Forstwirtschaft Lebenden – 1933: 2 421 000 (31,5%), 1939: 2 188 000 (27,2%) – in der NS-Zeit weiterhin erheblich zugunsten der ersteren. – Von der Arbeiterbevölkerung (= erwerbstätige Arbeiter und Familienangehörige), die 1933 in Bayern 2 844 000 Personen (42,4% der Berufsbevölkerung) und 1939 3 196 000 (45,1%) umfaßte, gehörten (1939) nur 315 000 (10%) zur Land- und Forstwirtschaft, 381 000 (12%) zu Handel und Verkehr, 307 000 (10%) zum Bereich öffentliche, private und häusliche Dienste, dagegen die große Mehrheit (2 193 000 = 68%) zur Wirtschaftsabteilung Industrie und Handwerk. Das waren noch geringfügig mehr als die Gesamtheit der (1939) von der Land- und Forstwirtschaft lebenden Bevölkerung (siehe oben). Die vorstehenden Angaben nach: Ztschr. d. Bayer. Statist. Landesamts Jg. 74 (1942), S. 181 – 185.

schienen[2]. Die Serie bildete auch das Modell für ähnlich angelegte jüngere Untersuchungen. Für Bayern ist hier nach der vorangegangenen Studie von Heike Bretschneider über München[3] vor allem die Arbeit von Helmut Beer über Nürnberg[4] zu nennen. Weitere Untersuchungen mit besonderer Berücksichtigung der Arbeiterschaft und Arbeiterbewegung in Bayern sind für Augsburg und die industrielle Region Oberfrankens und der Oberpfalz im Rahmen des Forschungsprojekts »Widerstand und Verfolgung in Bayern 1933–1945« eingeleitet worden. Die hier vorgelegte Berichtsauswahl verdankt den genannten Dokumentationsvorbildern manche Anregung und benützt teilweise auch ähnliche Quellenkategorien (z. B. Gestapo- und Polizeiberichte). Sie sucht gleichwohl ganz bewußt, die Begrenzung auf die *organisierte* Arbeiterbewegung und den *organisierten* Widerstand zu überschreiten und die Lebensverhältnisse der Arbeiterschaft in der NS-Zeit und ihre vielfältigen Reaktionsweisen auf Maßnahmen des Regimes voll in die Dokumentation einzubeziehen. Entsprechend der Grundkonzeption dieses Gesamtbandes mußte die Intention darauf gerichtet sein, überindividuelle Strukturen der Resistenz unter den Bedingungen der NS-Herrschaft in ihrer sozialen Fundamentierung und lokalen Konkretisierung aufzuzeigen. Deshalb verbot sich eine isolierte Darlegung des Widerstandes und der Verfolgung einzelner Gesinnungs- und Organisationsgruppen der Arbeiterbewegung. Es kam vielmehr darauf an, die in der NS-Zeit entstandene materielle, soziale und bewußtseinsmäßige Lage der Arbeiterschaft in Bayern in genügendem Maße in die Betrachtung hineinzunehmen. Bildete sie doch eine wesentliche Voraussetzung der Wirksamkeit oder Unwirksamkeit kommunistischer, sozialdemokratischer oder anderer aus der Arbeiterbewegung der Vor-Hitlerzeit hervorgegangener Widerstandsgruppen, deren Überleben oder Scheitern nicht nur abhing vom größeren oder geringeren Perfektionismus der Gestapo, sondern in hohem Maße auch von ihrem sozialen Rückhalt oder ihrer Isolierung in der Gesellschaft, in der sie agierten. Durch eine Abbildung der von der Wirtschafts-, Sozial-, Rüstungs- und Kriegspolitik des NS-Regimes erheblich mitbestimmten und veränderten Lage der Arbeiterschaft sollten ferner auch die vielfältigen Ansatzpunkte spontaner Arbeiteropposition, -nonkonformität und -unzufriedenheit sichtbar gemacht werden, die im wesentlichen vom NS-Regime selbst produziert worden waren und sich nur teilweise auf bestimmte innerhalb der Arbeiterschaft fortbestehende sozialistische Gesinnungs- und Organisationstraditionen der Vor-Hitlerzeit zurückführen lassen.

Das Ziel, Lage und Verhalten der Arbeiterschaft sowie Aktivität und Verfolgung der illegalen Arbeiterbewegung in ihrer Interdependenz und gleichzeitigen Entwicklung auf der Basis periodischer Lageberichte ähnlich konzentriert zu dokumentieren wie – am Beispiel des Bezirks Ebermannstadt – die Wirkungsgeschichte des NS-Regimes in der agrarischen Provinz, war bei der konzeptionellen Planung dieses Bandes frühzeitig aufgestellt

---

[2] Klotzbach, Kurt: Gegen den Nationalsozialismus, Widerstand und Verfolgung in Dortmund 1930–1945. Hannover 1969; Steinberg, Hans-Josef: Widerstand und Verfolgung in Essen 1933–1945. Hannover 1969; Bludau, Kuno: Gestapo – Geheim! Widerstand und Verfolgung in Duisburg 1933–1945. Bonn 1973. Thematisch und inhaltlich in der Nähe liegt auch die 1976 im Röderberg-Verlag (Frankfurt a. M.) erschienene Untersuchung von Peukert, Detlev: Ruhrarbeiter gegen den Faschismus, Dokumentation über den Widerstand im Ruhrgebiet 1933–1945. Bei Klotzbach auch ausführliche Bibliographie der zahlreichen früheren DDR-Publikationen zu diesem Thema.

[3] Bretschneider, Heike: Der Widerstand gegen den Nationalsozialismus in München. München 1968.

[4] Beer, Helmut: Widerstand gegen den Nationalsozialismus in Nürnberg 1933–1945. Nürnberg 1976.

worden. Infolge fehlender oder nur schwer zugänglicher arbeiterschaftsspezifischer Berichtsakten (von Firmen, Arbeits- und Gewerbeaufsichtsämtern, großstädtischen Verwaltungen u. ä.) schien es zunächst jedoch kaum realisierbar. Wenn der Plan nicht aufgegeben werden sollte, mußte ein anderer Weg eingeschlagen und versucht werden, durch die Synthese von Klein-Elementen aus einer Vielzahl anderer Berichtsserien »Ersatz« zu schaffen. Das bedingte auch eine Aufgabe des Provenienzprinzips zugunsten einer sachthematischen Dokumentation aus Berichtsserien unterschiedlicher regionaler (staatlicher und nichtstaatlicher) Dienststellenherkunft. Es konnte nicht von der Einheit einer Provenienz ausgegangen, sondern die Vielfältigkeit der vorliegenden Berichtsprovenienzen und ihrer Perspektiven mußte genutzt werden. Die meist nur fragmentarische Überlieferung und begrenzte Reichweite der schließlich für die Dokumentation herangezogenen Serien macht es nötig, sie hier kurz vorzustellen, wobei auf einige weniger bekannte Berichtsgruppen etwas ausführlicher eingegangen wird.

Monats- und Lageberichte der Bayerischen Politischen Polizei (ab 1937: Staatspolizeileitstelle München), sowie einzelner Polizeidirektionen (München, Augsburg), die als Hauptquelle für die Beobachtung kommunistischer, sozialdemokratischer oder anderer Widerstandsgruppen unentbehrlich waren, standen nur sehr fragmentarisch und jeweils nur für einige Jahre der Vorkriegszeit mit zeitlich abnehmender Ergiebigkeit zur Verfügung[5]. Die in dichter Folge (durchschnittlich alle zwei bis vier Tage) vom Reichssicherheitshauptamt (RSHA), Amt IV (Geheimes Staatspolizeiamt) »streng vertraulich« herausgegebenen »Meldungen wichtiger staatspolizeilicher Ereignisse«, die bis auf geringe Lücken, erhalten geblieben sind[6] und auch über Vorgänge in Bayern knapp, aber regelmäßig berichten, bildeten einen gewissen Ersatz für die fehlenden Berichte der bayerischen Gestapostellen, setzten aber erst im Juli 1941 ein und waren ab 1944 wegen ihrer Kürze kaum noch brauchbar.

Wie bereits angedeutet ließ sich trotz aller von der Bayerischen Archivverwaltung hilfreich unterstützter Nachforschungen (auch in Amtsregistraturen) kein einziger umfangreicher Berichtsbestand der Arbeitsverwaltung aus Bayern feststellen. Weder die dem Reichsarbeitsministerium nachweislich erstatteten regelmäßigen Berichte des 1933 eingesetzten »Reichstreuhänders der Arbeit für das Wirtschaftsgebiet Bayern« (Kurt Frey)[7] noch periodische Lageberichte des Landesarbeitsamtes konnten ermittelt werden. Berichtsfragmente einzelner bayerischer Arbeitsämter (z. B. Rosenheim) erwiesen sich für unsere Dokumentation als nicht ergiebig. Der einzige interessante Überlieferungssplitter, der sich (im Geheimen Staatsarchiv München) fand, bestand aus den für einige Monate (Mai – Dezember) des Jahres 1934 erhalten gebliebenen »Situationsberichten« fast aller bayerischer Arbeitsämter[8]. Diese hatten, wahrscheinlich erst seit 1934, nach einem

---

[5] Vgl. die Bestandsübersicht der benutzten Berichtsprovenienzen im Anhang. Besonders auffällig der Ausführlichkeits- und Ergiebigkeitsschwund der anfangs sehr inhaltsreichen Monatsberichte der Polizeidirektion Augsburg ab 1935.
[6] IfZ, MA 442/1,2; Originale im BA, R 58/195 – 213, 358.
[7] Einige wenige Abschnitte aus Berichten des Treuhänders der Arbeit in Bayern sind enthalten in der Sammlung hektographierter Zusammenfassungen (Auszüge) der Wochen-, Monats- und Zweimonatsberichte der Reichstreuhänder der Arbeit aus ganz Deutschland, die das Reichsarbeitsministerium verschiedenen Dienststellen zugänglich machte und von denen ein Teil, für die Jahre 1937/39, im BA (R 43 II/528) vorliegt.
[8] In Bayern (ohne Pfalz) existierten 1933 insgesamt 36 Arbeitsämter.

festgelegten Fragenschema über den zahlenmäßigen Umfang der örtlichen Arbeitslosigkeit, die Unterbringung von Arbeitslosen (Notstandsarbeiten, Arbeitsdienst, Landhilfe) sowie über die Stimmung der Arbeitslosen und etwa von ihnen ausgehende regimefeindliche Aktivitäten monatlich zu berichten. Die »Situationsberichte« sind sicher nur für eine begrenzte Phase (1934/35) erstattet worden.

Auch von den für Arbeiterschaftsfragen und Sozialpolitik zuständigen NS-Organisationen, vor allem der »Nationalsozialistischen Betriebszellen Organisation« (NSBO) und der im Mai 1933 an Stelle der aufgelösten Gewerkschaften gebildeten »Deutschen Arbeitsfront« (DAF) konnte für Bayern nur *ein* nennenswerter Rest von Akten und Berichten festgestellt werden: der im Staatsarchiv Bamberg liegende DAF-Bestand aus dem Gau »Bayerische Ostmark« mit Monatsberichten der Gauwaltung und der Kreiswaltungen der DAF, relativ dicht überliefert vor allem aus den Jahren 1935/36[9] und 1940. Die Aussagekraft dieses bei der schlechten Überlieferung von Akten der NSDAP und ihrer Nebenorganisationen an sich wertvollen Bestandes war, im Hinblick auf unser Thema, von vornherein dadurch begrenzt, daß er sich überwiegend auf die industriellen Armuts- und Rückständigkeitsgebiete und ihre oft noch im sozialgeschichtlichen Zwischenzustand von Land- und Industrieproletariat befindliche Arbeiterschaft bezieht, die für die Bayerische Ostmark (Niederbayern, Oberpfalz, Oberfranken) vielfach charakteristisch waren, nicht auf die eigentlichen großstädtisch-industriellen Zentren Bayerns.

Als besonders nachteilig erwies es sich gerade bei diesem Thema, daß – den Berichten der Bezirksämter vergleichbare – regelmäßige Lagebeschreibungen der kreisunmittelbaren Städte, insbesondere der Großstädte, entweder nicht erhalten geblieben sind, oder sofern sie in Resten zugänglich waren, wie z. B. für Ingolstadt oder Bayreuth (in den dortigen Stadtarchiven), für das Thema Arbeiterschaft bemerkenswert wenig enthielten im Gegensatz etwa zu den oft ausführlich auch die wirtschaftlich-sozialen Verhältnisse einbeziehenden Berichten der (staatlichen) Polizeidirektionen.

Auch Monatsberichte von Kreisleitern der NSDAP lagen in nennenswertem Umfang nur für *einen* städtisch-industriellen Bezirk, Augsburg-Stadt und -Land, und nur für die Kriegsjahre vor. Da der Kreisleiter von Augsburg-Stadt ein relativ intelligenter, außerdem sozialpolitisch engagierter Vertreter der NSDAP gewesen zu sein scheint (mit – in den Berichten deutlich erkennbaren – Vorbehalten gegen die Betriebsführer einiger Augsburger Großfirmen), geben seine Berichte manche bemerkenswerte Einblicke auch in werksinterne Verhältnisse.

Als durchgehende Überlieferung standen die den Gesamtzeitraum 1933–1945 umfassenden Halbmonats- bzw. Monatsberichte der fünf in der NS-Zeit amtierenden Bayerischen Regierungspräsidenten zur Verfügung[10]. Ihre Berichtsabschnitte über die illegalen

---

[9] Ein kleiner fragmentarischer Bestand mit Monatsberichten der DAF-Kreiswaltung Regensburg, der sich im BA befindet (NS 51/62), konnte zusätzlich herangezogen werden.

[10] Zur Person der einzelnen Regierungspräsidenten vgl. u. a. Diehl-Thiele, Peter: Partei und Staat im Dritten Reich. Untersuchungen zum Verhältnis von NSDAP und allgemeiner innerer Staatsverwaltung 1933–1945. München 1969, S. 100ff., Klemmer, (siehe S. 148, Anm. 160), passim. Zu den Personen und der Art und Weise der Berichterstattung ferner Helmut Witetschek in seiner Einleitung der Edition: Die kirchliche Lage in Bayern nach den Regierungspräsidentenberichten 1933–1943, Bd. I. Mainz 1966 sowie Bernhard Zittel in verschiedenen Aufsätzen über die Regierungspräsidentenberichte: Verhandlungen des historischen Vereins für Niederbayern, Bd. 98 (1972), S. 96–138, Würzburger Diözesan-Geschichtsblätter, Bd. 37/38 (1975), S. 601–625, Jahrbuch für Fränkische Landesforschung, Bd. 34/35 (1974/75), S.1059–1078.

Gruppen der Arbeiterbewegung und über Arbeitsmarkt-, Arbeitseinsatzfragen und die Lage der Arbeiterschaft sind in der großen, von der (katholischen) Kommission für Zeitgeschichte veröffentlichten bisher vierbändigen Teiledition über »Die kirchliche Lage in Bayern« kaum oder gar nicht berücksichtigt worden. Obwohl die Regierungspräsidentenberichte in der Regel die wirtschaftlich-sozialen Probleme der Bauern ausführlicher als die der Industriearbeiter behandeln, sind die vielen verstreuten Einzelelemente zusammengenommen sehr reichhaltig, zumal die Regierungspräsidenten inzwischen zum Teil verlorengegangene Berichte von Bezirksämtern, Arbeitsämtern und anderer Behörden inhaltlich oder wörtlich wiedergaben. Unter der Rubrik »Staatsfeinde« übernahmen vor allem die Regierungspräsidenten von Mittel- und Oberfranken und von Niederbayern und der Oberpfalz mit ziemlicher Regelmäßigkeit auch Rapporte der Gestapo bzw. der Polizeidirektionen ihres Amtsbereichs. Ein großer Teil der Auszüge der folgenden Dokumentation entstammt den Berichten der bayerischen Regierungspräsidenten.

Ähnlich negativ wie bei den Akten der Arbeitsverwaltung waren die Ergebnisse der Recherchen im Bereich der Landeswirtschaftsverwaltung, der Industrie- und Handelskammern und anderer Selbstverwaltungsorgane der industriellen Wirtschaft in Bayern[11]. Um so nützlicher wurden die im Bundesarchiv/Militärarchiv (Freiburg) liegenden Akten der nachgeordneten Wehrwirtschafts- bzw. Rüstungsdienststellen der Wehrmacht, vor allem die in der Auswahl relativ stark herangezogenen Berichte der Wehrwirtschaftsinspektionen der bayerischen Wehrkreise VII/München und XIII/Nürnberg sowie ihrer Nachfolgebehörden in der Kriegszeit, der Rüstungsinspektionen und ihrer Unterbehörden (Rüstungskommandos[12]). Parallel zum Wiederaufbau der Wehrersatzbehörden (Wehrbezirkskommandos) waren mit der Wiedereinführung der Wehrpflicht im März 1935 in jedem Wehrkreis des Reiches als nachgeordnete Dienststellen der Abteilung Wirtschaft (W) des Waffenamtes (WA) des Reichswehrministeriums (später OKW) Wehrwirtschafts-Inspektionen errichtet und aufgrund eines Erlasses des Reichswehrministeriums vom 1. 4. 1935 mit »regelmäßiger wirtschaftlicher Berichterstattung« beauftragt worden. Im Vordergrund dieser daraufhin im April/Mai 1935 einsetzenden monatlichen Berichterstattung stand der wehrwirtschaftlich relevante Sektor des Wirtschaftslebens. Da die Wehrwirtschaft, speziell die Vergabe von Wehrmachtsaufträgen, aber kaum von den allgemeinen Bedingungen der gewerblich-industriellen Produktion (technische Ausrüstung, Rohstofflage, Firmenveränderungen, Export- und Absatzsituation, Arbeitsmarkt, Beschäftigungslage, Produktionskosten u. a. m.) zu trennen war, vermitteln die Berichte der Wehrwirtschafts-Inspektionen ein allgemeines Bild der Lage der gewerblichen Wirtschaft, nicht selten wird auch die Landwirtschaft einbezogen. Da die Monatsberichte sämtlicher Wehrwirtschafts-Inspektionen des Reiches für die Jahre 1935 – 1939

---
[11] Lageberichte der bayerischen Industrie- und Handelskammern konnten aus den Jahren 1938 – 1940 im HStA München (Bestand MWi) ermittelt werden, dort auch ein Teilbestand der Berichte der Wirtschaftskammer Bayern von 1938/39 und ein Rest »Preispolitische Lageberichte« der Preisüberwachungsstellen bei den bayerischen Regierungspräsidien aus den Jahren 1943/44. Restbestände bayerischer Gau-Wirtschaftskammern (München-Oberbayern, Schwaben) von 1943/44 und der Industrie- und Handelskammer München von 1937 – 1940 auch im BA im Bestand R 11 (Deutscher Industrie- und Handelstag, Reichswirtschaftskammer).
[12] Nach dem Bestand im BA/MA konnten für Bayern folgende Rüstungskommandos nachgewiesen werden: München, Nürnberg, Augsburg, Regensburg, Würzburg.

mehr oder weniger vollständig erhalten sind[13], stellen sie nicht zuletzt angesichts des Fehlens ähnlich vollständig überlieferter Berichte der Industrie- und Handelskammern oder der Industrieverbände eine zentrale Quelle für die Wirtschaftsgeschichte dieser Jahre und eine wichtige »Ersatzquelle« auch für Arbeitsmarkt- und Arbeitslenkungsfragen dar. Die Inspektionen hatten sich auftragsgemäß ihre Kenntnisse durch regelmäßige Firmenbesuche aus erster Hand zu verschaffen, sie verwerteten bei ihrer Berichterstattung ferner die heute meist nicht mehr zugänglichen Informationen der Industrie- und Handelskammern, Bezirkswirtschaftsämter und Industrieverbände. Einen regelmäßigen Bestandteil ihrer ausführlichen Berichterstattung bildete die »Lage auf dem Arbeitsmarkt«, außerdem der Abschnitt »Ansichten und Stimmungen«. Vor allem aus diesen beiden Berichtsabschnitten stammen die im folgenden verwandten Auszüge. Eine Art Fortsetzungsberichterstattung für die Kriegszeit bilden die jeweils in einzelnen Lieferungen und mehrmonatigen Abständen erstellten und dem Wehrwirtschafts- und Rüstungsamt im OKW übersandten Kriegsgeschichts-Abschnitte der Rüstungsinspektionen VII und XIII sowie die Kriegstagebücher (KTB) der ihnen unterstellten Rüstungskommandos (ergiebig vor allem: Augsburg und Nürnberg[14]) mit ihren Tageseintragungen und, ab 1940/41 überwiegend, Wochen-, Monats- oder Vierteljahresrückblicken. Nicht so regelmäßig und inhaltsreich wie die Berichte der Wehrwirtschafts-Inspektionen, stellen sie für die Zeit des Krieges doch eine die anderen Quellen gut ergänzende Überlieferung dar, zumal die Mangelware »Arbeitskräfte« (neben der Mangelware Rohstoffe) auch in Bayern zum wichtigsten Thema der Rüstungsproduktion während des Krieges wurde. Für die Praxis und das Verfahren der Uk-Stellung von Rüstungsarbeitern sind sie außerordentlich informativ. Obwohl nicht dem Namen nach »Berichte«, dienten sie doch tatsächlich der periodischen internen Lageberichterstattung und sind deshalb in unserer Auswahl auch wie andere periodische Berichte behandelt worden.

Keine der vorgenannten Berichtsprovenienzen hätte allein genügt, um ein kontrollierbares und ausgewogenes Bild sowohl der Verfolgung und des Widerstandes der Arbeiterbewegung wie der Lage der Arbeiterschaft in Bayern zu geben. Das nicht unproblematische, methodisch aber auch reizvolle Verfahren, auf der Basis der vorgenannten Serien (die das zu dokumentierende Thema oft nur am Rande behandelten) die thematisch einschlägigen Abschnitte herauszulösen und zu synchronisieren, erbrachte als Arbeitsrohform eine umfangreiche Auszugssammlung, eine breite Bemessungsgrundlage, die es ermöglichte, bei der viel enger zu ziehenden endgültigen Auswahl verläßliche Repräsentativität zu erreichen.

So aufwendig das Verfahren war, es lieferte eine wohl auch für andere Themen anwendbare Erfahrung: Beim Vorhandensein einer genügenden Vielzahl zeitlich paralleler Serien von allgemeinen Lageberichten verschiedenster Dienststellen lassen sich häufig auch solche Sachverhalte, für die einschlägige Ressortakten gänzlich fehlen, weitgehend rekonstruieren, insbesondere wenn es sich um sozialökonomische, zivilisatorische und andere strukturelle Sachverhalte handelt.

---

[13] BA/MA, RW 19.
[14] Aufmerksam zu machen ist besonders auf den Aktenbestand des Rüstungskommandos Augsburg im BA/MA, den mit Abstand umfangreichsten Aktenkomplex eines deutschen Rüstungskommandos aus der Zeit des Zweiten Weltkrieges.

Die Pluralität und perspektivische Verschiedenheit der synchronisierten Berichtselemente erlaubte es – das war ein Vorteil des Verfahrens –, einseitige Beleuchtungen zu vermeiden bzw. auszugleichen. Das gilt z. B. für manche Geheimberichte der Bayerischen Politischen Polizei, die dazu neigte, Umfang und Bedeutung der illegalen »marxistischen« Aktivität zu überzeichnen.

Die Zusammenfügung von Elementen unterschiedlicher Berichtsserien, die dem Leser zumutet, von einer Provenienz zur anderen zu »springen«, löst, dieser Einwand läßt sich geltend machen, das Kontinuum der periodischen Folge der einzelnen Serien für den Leser weitgehend auf. Die Periodizität der Berichte bleibt gleichwohl, wenn auch nur noch als unsichtbarer Quellenhintergrund, eine wichtige methodische Voraussetzung der Auswahl. Die bei unserem Verfahren angewandte chronologische Anordnung räumt der zeitlichen Veränderung und dem für eine bestimmte Phase charakteristischen Vorrang ein vor dem Regional-Spezifischen. Wichtige regionale und dahinter stehende strukturelle Unterschiede, etwa der Beschäftigungslage oder der Lohnverhältnisse, werden jedoch in den Berichten selbst thematisiert. Auch ermöglicht gerade die chronologische Anordnung den regionalen Vergleich auch z. B., im Hinblick auf bemerkenswerte Unterschiede im Verhalten der Arbeiterschaft. Ein Beispiel sind die aus der Bayerischen Ostmark in den Jahren der Vollbeschäftigung ab 1936/37 häufiger als aus städtisch-industriellen Zentren berichteten drastischen Fälle von Arbeitsverweigerung. Sie lassen sich nicht nur zurückführen auf starke sozialistische oder kommunistische Traditionen, die in den industriereichen Einsiedlungen und Zonen Oberfrankens und der Oberpfalz vorhanden waren und anhand der Wahlstatistik für die Weimarer Zeit nachweisbar sind[15]. Die Tatsache, daß aus dieser Region ebenfalls besonders häufig über mangelnde Arbeitsdisziplin ungelernter Arbeitskräfte (unerlaubtes Verlassen des Arbeitsplatzes, unentschuldigtes »Blaumachen«) geklagt wurde, verweist noch auf andere Hintergründe: In dieser Region war ein sozusagen frühindustrieller Typus des Arbeiters stark vertreten, der, noch verwurzelt in ländlicher Umgebung und Verhaltenstradition, nicht schon seit mehreren Generationen durch die »Schule« der industriellen Arbeit diszipliniert war. Die in der NS-Zeit mit Hilfe des Arbeitsamtes und schließlich der Gestapo zunehmend militarisierte Form des Arbeitseinsatzes evozierte in hohem Maß die Widersetzlichkeit solcher noch »unangepaßter« industrieller Hilfs- und Gelegenheitsarbeiter. Ihre Arbeitsverweigerung war meist nicht politisch motiviert, aber für das NS-Regime ein empfindliches Politikum und wurde mit Schutzhaft und anderen Strafen kaum weniger hart verfolgt als politische Opposition. In den industriellen Großbetrieben der Maschinenindustrie in Augsburg, Nürnberg und München mit ihren relativ gut entlohnten, an industrielle Disziplin längst gewöhnten Facharbeitern mit meist sozialdemokratischer oder gewerkschaftlicher Tradition scheint gegen die Zumutungen der Arbeitskontrolle und die Militarisierung des Arbeitseinsatzes viel weniger rebelliert worden zu sein – ein Bei-

---

[15] Das gilt z. B. für die Zentren der Textil- und Holzarbeiter oder Korbmacher in Coburg, Hof, Kronach, Kulmbach, Lichtenfels, für die Arbeiter in den Porzellan- und Glasfabriken in Selb oder die Bergarbeiter in den oberpfälzischen Eisenerzgruben um Burglengenfeld, Sulzbach-Rosenberg und Tirschenreuth. In diesen Bezirken lag der Anteil der Arbeiterschaft bei 30 – 50% und die Zahl der bis 1928/30 für die sozialistischen Parteien (SPD, KPD) abgegebenen Stimmen meist über 30%.

spiel für die komplizierte Interdependenz sozialer Strukturen und politisch relevanter Verhaltensweisen in der NS-Zeit.

Die breite regionale und Provenienzstreuung des ausgewählten Berichtsmaterials dokumentiert die Vielfalt des meist sozialistischen Arbeiterwiderstandes, der aus der Perspektive des Regimes vielfach irreführend als »marxistisch« pauschaliert wurde, und seine massive Verfolgung. Obwohl die Dokumente in der Regel nur die Oberflächenerscheinungen illegaler kommunistischer oder sozialdemokratischer Gruppenaktivität ansichtig machen, geben sie doch ein eindrucksvolles Bild von der Vielfalt der verschiedenen Zentren des linken Arbeiterwiderstandes. Sie korrigieren auch das in Einzelstudien für Nürnberg und München entstandene Bild, in dem nennenswerte illegale sozialistische Aktionsgruppen nach 1935 kaum noch erscheinen. Insofern kann das Berichtsmaterial auch Ausgangspunkt für weiterführende Studien sein.

Andererseits liefert die Dokumentation aber auch zahlreiche, wenngleich immer wieder durch die Wunschvorstellung der Berichterstatter überzeichnete Hinweise dafür, daß die Masse der Arbeiterschaft nach der Beseitigung der Arbeitslosigkeit vielfach ihren Frieden mit dem NS-Regime machte und sich nicht nur äußerlich still verhielt. Die materielle Besserstellung insbesondere der in wehrwirtschaftlichen Betrieben tätigen Facharbeiter und deren Uk-Stellung während des Krieges scheinen dabei eine nicht geringe Rolle gespielt zu haben. Die starke Fluktuation der Arbeiterschaft, die infolge der öffentlichen Bautätigkeit und neuer Industrien in Bayern seit 1935/36 ausgelöst wurde, verbunden mit einer massiven Land- und Stadtbewegung von Arbeitskräften, bedeutete vielfach für die Betreffenden auch sozialen Aufstieg und Chancen-Verbesserung.

Viele Berichte aus dieser Phase bestätigen die Entwicklungslinien, die der englische Historiker Mason in seiner großen Dokumentation aufgezeigt hat[16]. Das Bild, das Mason aus der Perspektive der Arbeiterpolitik des Dritten Reiches »von oben« zeichnet, bestätigen die Dokumente eindrucksvoll »von unten«. Obwohl das Land Bayern sich an industrieller Stärke und Arbeiterschaftskonzentration längst nicht mit Sachsen, dem Ruhrgebiet oder Hamburg messen konnte, treten die Konflikte, die die Wirtschafts- und Sozialpolitik des Dritten Reiches bei den Arbeitern erzeugte, in den Berichten aus Bayern vielfach noch deutlicher hervor als aus den Akten der Reichsministerialbürokratie, die Mason vor allem heranzog; überraschend die Vielzahl der in den Berichten gemeldeten Streiks und anderer Formen von Arbeitsverweigerung, die damals der Öffentlichkeit gegenüber streng geheimgehalten wurden.

Angesichts des fast völligen Fehlens oder der Unzugänglichkeit von Betriebsakten und unserer geringen Kenntnis der betriebsinternen Verhältnisse in der NS-Zeit ist es bemerkenswert, was die Berichte auch hier an Einblicken vermitteln. Fast einhellig bezeugen sie, daß die nationalsozialistischen Ersatzorganisationen für die Gewerkschaften (DAF, NSBO) oder die anstelle der Betriebsräte unter Mitwirkung des Betriebsführers nominierten Vertrauensmänner bei der Arbeiterschaft kaum irgendwo Respekt und freiwillige Zustimmung erfuhren.

Die materiellen Lohn- und Konsumverhältnisse der Arbeiterschaft bilden einen we-

---

[16] Mason, Timothy W.: Arbeiterklasse und Volksgemeinschaft. Dokumente und Materialien zur deutschen Arbeiterpolitik 1936 – 1939. Opladen 1975.

sentlichen Teil der Berichterstattung. Das in Bayern auch durch die ungleiche industrielle Struktur erzeugte starke Lohngefälle wurde infolge des Facharbeitermangels seit 1935/36 und der (durch neue große Bauvorhaben und Industrieanlagen von besonderer Dringlichkeit geschaffenen) punktuellen Massierungen des Arbeitskräftebedarfs noch erheblich weiter vergrößert. Die Lohnfrage blieb zumindest bis zu Beginn des Krieges neben der Einschränkung der freien Wahl des Arbeitsplatzes der wichtigste Punkt der vielfach mit riskanter Offenheit zum Ausdruck gebrachten Arbeiterunzufriedenheit und -opposition. Hier zeigt sich auch am klarsten die Wechselwirkung zwischen dem Thema »Widerstand der Arbeiterbewegung« und dem Thema »Lage der Arbeiterschaft«, so z. B. wenn in den Berichten vor Kriegsbeginn anläßlich der massiv vorgetragenen Lohnforderung von Arbeitern davon die Rede ist, daß sich in manchen Bereichen der Arbeiterschaft wieder marxistischer Geist breitmache.

Die Wechselwirkung zwischen der illegalen Aktivität sozialistischer Gruppen und Formen spontaner halbpolitischer Arbeiteropposition ist im Einzelfall schwer nachweisbar. Daß hier ein gemeinsamer Bedingungshintergrund bestand, wird jedoch durch die Berichte evident. Weil starke sozialistische Traditionen in der Arbeiterschaft in den Jahren nationalsozialistischer Herrschaft und »Neuordnung« nur verdeckt worden waren, aber aus gegebenem Anlaß erneut mobilisiert werden konnten, bestand vielfach ein gleitender Übergang zwischen »Gesinnungswiderstand« aus politischen Gründen und »Opposition« aufgrund materieller Arbeitsbedingungen, zwischen prinzipieller Gegnerschaft und nicht prinzipieller, aber durchaus massiver, selbstbewußter und gefährlicher Gegenwehr gegen einzelne Maßnahmen und Zumutungen des Regimes. Das inhaltliche Ergebnis der Dokumentation bestätigt, so scheint es uns, die methodische Verschränkung der beiden Aspekte.

Da die verfügbaren Berichte nicht alle wichtigen Ereigniskomplexe angemessen widerspiegeln und für den Leser, der das breite Originalmaterial nicht kennt, kaum immer ersichtlich sein kann, ob die Erwähnung bestimmter Vorgänge und Zustände in den Berichtsauszügen nur zufällig oder repräsentativ ist, schien es angezeigt, die Darbietung der Dokumente durch teils referierende, teils kommentierende Zwischentexte zu unterbrechen. In der Phase 1933 – 1938/39, in der nicht nur die Berichtsüberlieferung dichter ist als für die Kriegszeit, sondern auch der politische Gehalt und die Intensität der Arbeiteropposition größer waren, ist von dieser Zwischenkommentierung häufiger als für die spätere Zeit Gebrauch gemacht worden.

Manche Personen, Gruppen und Aktionen aus dem Umkreis der illegalen Arbeiterbewegung, die in den Berichten auftauchen, sind aus der zeitgeschichtlichen Literatur schon bekannt, für andere existieren – z. B. in den Akten der Hochverratsprozesse, die vor dem Obersten Landesgericht (ab 1935 Oberlandesgericht) München oder anderen Gerichten geführt wurden – mancherlei zusätzliche Zeugnisse. Gleichwohl ist bei der folgenden Dokumentation grundsätzlich davon abgesehen worden, die aus der oberflächlichen Berichtsperspektive oft nur angedeuteten zum Teil auch verzerrt dargestellten Zusammenhänge zu kommentieren, die einzelnen genannten Gruppen und Personen zu identifizieren und die Hintergründe aufzuhellen. Die Dokumentation kann und soll nur die allgemeinen Linien der Entwicklung, die Vielfältigkeit der Aktionsformen und das Erscheinungsbild der Arbeiteropposition aus dem Blickwinkel der Berichterstatter zeigen. Sie will damit Einzeluntersuchungen anregen, kann diese aber bei der Komplexität der sich über ganz Bayern und den gesamten Zeitraum von 1933 – 1945 erstreckenden Berichterstattung nicht selbst in der Form einer erschöpfenden ereignis-, personen- und gruppenbezogenen Kommentierung leisten.

Zum Schluß unserer Einführungen sind noch einige Bemerkungen zur begrifflichen Definition und zur Ausgangslage der Arbeiterschaft und Arbeiterbewegung in Bayern vor Beginn der NS-Zeit nötig.

Unter »Arbeiterschaft« wird nicht die Gesamtheit der unselbständigen Arbeitnehmer verstanden, auch nicht die Gesamtheit der Arbeiter aller Wirtschaftsgruppen, sondern im wesentlichen die Arbeiterschaft in der Industrie. Diese Einschränkung ist durch die Berichte selbst geboten. So interessant es gewesen wäre, die im ganzen viel weniger bekannte Lage und politische Verhaltensweise der Angestellten oder anderer Arbeitnehmer der Unterschicht (untere Beamte) einzubeziehen, die Berichte erlauben es nicht. Bei der polizeilich-politischen Beobachtung war das Interesse der Berichtenden primär auf die von den sozialistischen Gruppen beherrschte illegale Aktivität gerichtet, bei der wirtschaftlich-sozialen Berichterstattung vor allem auf die als potentielle Konfliktbereiche geltenden sozialen Gruppen (Bauern, Landarbeiter, Industriearbeiter, auch zum Teil Handwerker und Kleinhändler). Die Lage der Landarbeiter, die in den Berichten immer wieder als Unzufriedenheitspotential und, im Zusammenhang mit Landarbeitermangel und Landflucht, als ein die landwirtschaftliche Produktion hemmender Faktor behandelt wird, ist in anderen Teilen dieses Bandes in ihren wichtigen Aspekten gut dokumentiert. In den meisten Berichten wird die Arbeiterschaft nur als Unterabschnitt der industriellen Wirtschaft erwähnt. Das hat auch zur Folge, daß in erster Linie nur die mit der betrieblichen Arbeitssituation, dem Arbeitseinsatz, Arbeitsmarkt etc. zusammenhängenden Verhältnisse, nur am Rande die Konsum- und Wohnsituation der Arbeiterschaft, fast überhaupt nicht ihre außerbetrieblichen sozialen oder kulturellen Lebensformen Gegenstand der Dokumentation bilden konnten.

Wie anfangs bereits belegt, gehörten zwei Drittel der Arbeiterschaft Bayerns in der NS-Zeit zur wirtschaftsstatistischen Kategorie »Handwerk und Industrie«. Nach der Berufszählung von 1925 waren von rund 1 Million dieser Arbeiter etwa 175 000 als Gehilfen und 85 000 als Lehrlinge in handwerklichen Kleinbetrieben, rund eine Viertelmillion in Mittelbetrieben (bis zu 50 Beschäftigte) und rund eine halbe Million in größeren und Großbetrieben beschäftigt[17].

Etwa ein Viertel der Arbeiter (in Handwerk und Industrie) arbeiteten in den meist klein- und mittelbetrieblichen Zweigen des Nahrungs-, Genußmittel- und Bekleidungsgewerbes, darunter viele Arbeiterinnen, rund 150 000 in der Bauindustrie. Daneben standen nur relativ schmale Sektoren der modernen industriellen Produktion, des Maschinen-, Apparate- und Fahrzeugbaus, konzentriert vor allem auf Nürnberg, München, Augsburg mit rund 120 000 Beschäftigten, die elektrotechnische, feinmechanische und optische Industrie mit 47 000. Eine quantitativ relativ große Rolle spielte die »alte«, mindestens zur Hälfte auf Frauenarbeit basierende, überwiegend schlecht entlohnende Textilindustrie mit 90 000 Beschäftigten, vor allem in Schwaben (mehrere Großbetriebe in

---

[17] Beiträge zur Statistik Bayerns, 1926, H. 111, auch zum folgenden.

Augsburg) und Oberfranken. Zahlenmäßig umfangreich war in allen bayerischen Regierungsbezirken auch die Arbeiterschaft im Holz- und Schnitzstoffgewerbe (insgesamt 140 000), darunter nicht wenige Heimarbeiter auf der niedrigsten Existenzstufe, z. B. die oberfränkischen Korbmacher. Auch in den Randgebieten des Spessarts war die industrielle Heimarbeit, z. B. für die Aschaffenburger Kleiderindustrie, weit verbreitet. Zu den Armutssektoren zählten auch große Teile der oberfränkischen Porzellan-, Keramik- und Glasindustrie.

Dichte Zentren der Arbeiterschaft in modernen Industriezweigen mit relativ starkem Facharbeiteranteil in Großbetrieben bildeten in Bayern eigentlich nur die drei Großstädte: München mit (1925) einer Arbeiterbevölkerung (einschließlich Familienangehörige) von 232 000 (39,5%), Nürnberg mit 174 000 (48,7%), Augsburg mit 77 000 (52,6%)[18]. In vielfach ganz anderen Lebensverhältnissen – nach Beschäftigungszweig, Lohnhöhe, kleinstädtisch-ländlicher Umgebung und Wohnweise, oft mit landwirtschaftlichem Nebenerwerb – lebte die Arbeiterschaft in vielen Teilen der bayerischen Provinz. Die in den Berichten über die Lage der evangelischen Gemeinden in diesem Band enthaltenen soziographischen Bevölkerungsskizzen für industrielle Gebiete im nördlichen Mittel- und Oberfranken kennzeichnen recht gut den Typus dieser Arbeiter, von denen es in einem der Berichte heißt, sie seien »soziologisch« eigentlich gar nicht zur Arbeiterschaft zu rechnen. Auch die gewerkschaftliche Organisation dürfte in den industriellen Armutsgebieten relativ schwach gewesen sein. Der Allgemeine Deutsche Gewerkschaftsbund (ADGB), der über 90 Prozent der gewerkschaftlich organisierten Arbeiter in seinen Reihen hatte, zählte 1930 in Bayern (ohne Pfalz) 341 130 Mitglieder, von denen fast die Hälfte (46%) auf München (77 000), Nürnberg (62 000) und Augsburg (20 000) entfielen[19]. Eine detaillierte regionale Aufschlüsselung, die uns nicht zur Verfügung stand, würde wahrscheinlich noch genauer zeigen können, wie niedrig der gewerkschaftliche Organisationsgrad bei der Arbeiterschaft in der Provinz war. Anhaltspunkte vermittelt eine, offenbar vollständige, amtliche Statistik über die Gewerkschaftsmitglieder in Bayern für das dritte Vierteljahr 1926:

Tabelle: Nachgewiesene Gewerkschaftsmitglieder in Bayern (1926) nach Industriezweigen[20] im Verhältnis zur Zahl der Beschäftigten (1925)

Industriezweig	Beschäftigte	davon Gewerkschaftsmitglieder
Graphisches Gewerbe	19 000	10 000 (53 %)
Textilindustrie	93 000	35 000 (37 %)
Metallverarb.-industrie	198 000	71 000 (31 %)
Holzverarb.-industrie	139 000	29 000 (21 %)
Baugewerbe	160 000	27 000 (17 %)
Lebens- u. Genußmittelindustrie	152 000	12 000 (8 %)

[18] Ebenda, S. 78.
[19] Jahrbuch 1930 des ADGB. Berlin 1931, S. 376ff.
[20] Ztschr. d. Bayer. Statist. Landesamts Jg. 59 (1927), S. 50 und 161.

Nicht nur die Entlohnung von gelernten und ungelernten Industriearbeitern in einzelnen Branchen und Regionen war außerordentlich verschieden, sondern auch die Entwicklung des Tarifvertragswesens. In manchen Betrieben der Konsumgüterindustrie bestanden in Bayern bis 1933 überhaupt keine tarifvertraglichen Sicherungen des Lohnes. Die Wirtschaftskrise und steigende Arbeitslosigkeit ab 1929 verschlechterten die Situation der Arbeiter noch, Streikbewegungen waren aussichtslos und fanden schon 1930 in Bayern praktisch nicht mehr statt[21]. Bis zum Dezember 1932 wuchs die Zahl der Arbeitslosen in Bayern auf 491 000 an, nur ein Teil von ihnen erhielt Unterstützung aus der Arbeitslosenversicherung oder Krisenfürsorge (rund 200 000), 170 000 Erwerbslose waren auf die geringfügige kommunale Wohlfahrtsunterstützung angewiesen (»Wohlfahrtserwerblose«)[22]. Die auf strukturelle und konjunkturelle Ursachen zurückgehende schwache soziale Stellung großer Teile der Arbeiterschaft in Bayern prägte, neben den kirchlich-konfessionellen Bindungen vieler Arbeiter, auch die Lage der sozialistischen Arbeiterparteien (SPD und KPD). Beide konnten schon vor der Wirtschaftskrise das soziale Potential der Arbeiterschaft nicht ausschöpfen, am wenigsten in den Regierungsbezirken Niederbayern, Oberpfalz und Schwaben. Die Sozialdemokratische Partei verlor während der Wirtschaftskrise und des gleichzeitigen Aufstieges der NSDAP zwischen 1928 und 1933 rund ein Siebtel ihrer Wähler (am 5. 3. 1933 noch rund 600 000), die Kommunistische Partei wuchs infolge der Krise von 1928 (rund 100 000 Stimmen) bis zum Juli 1932 auf 280 000 an (am 5. 3. 1933 noch 225 000).

Tabelle: Anteil der Arbeiterbevölkerung mit Stimmenanteil der Arbeiterparteien (SPD, KPD) in den bayerischen Regierungsbezirken

Regierungsbezirk	Anteil der Arbeiterbevölkerung in % (1925)[23]	Stimmenanteil der Arbeiterparteien[24] in %								
		Reichstagswahl 28. 5. 1928			Reichstagswahl 31. 7. 1932			Reichstagswahl 5. 3. 1933		
		SPD	KPD	zus.	SPD	KPD	zus.	SPD	KPD	zus.
Oberbayern	37	24	5	29	16,5	10,5	27	15,5	8	23,5
Niederbayern	29	14	2	16	9	8,5	17,5	7,5	5,5	13
Oberpfalz	34	17	2,5	19,5	13,5	8	21,5	11,5	5	16,5
Oberfranken	39	31	3	34	22	6	28	20	5	25
Mittelfranken	39	32	3,5	35,5	24	8	32	23	5,5	28,5
Unterfranken	29	21	2	23	16	6,5	22,5	13,5	4,5	18
Schwaben	34	19	2	21	13,5	6	19,5	11	4,5	15,5

---

[21] Ztschr. d. Bayer. Statist. Landesamts Jg. 63 (1931), S. 497.
[22] Ztschr. d. Bayer. Statist. Landesamts Jg. 65 (1933), S. 349.
[23] Erwerbstätige Arbeiter und Familienangehörige (aller Wirtschaftsgruppen) nach der Volkszählung von 1925, vgl. Beiträge zur Statistik Bayerns, 1926, H.111, S. 71. Die Prozentzahlen beziehen sich auf die Gesamtbevölkerung ohne Nichtarbeitende und Familienangehörige.
[24] Nach Hagmann, Meinrad: Der Weg ins Verhängnis. Reichstagswahlen 1919 – 1933. München 1946.

In manchen Gebieten, vor allem bei den Arbeitslosen und Kurzarbeitern in den industriellen Randzonen, verlor die SPD fast die Hälfte ihrer Wähler an die KPD[25]. Die Werbung unter den Arbeitslosen war für die KPD bis 1933 vielfach erfolgreich. Die notbedingte Radikalisierung trieb offenbar aber auch viele proletarische Existenzen zur NSDAP[26].

Wie in anderen Gebieten des Reiches blieben auch in Bayern die beiden sozialistischen Arbeiterparteien, neben der Bayerischen Volkspartei, am stärksten immun gegen den Nationalsozialismus. Die KPD, die schon vor 1933 von der Polizei sorgsam überwacht worden war und wohl auch deshalb nur über einen schwachen Kern fester Mitglieder (1932: rund 11 000) verfügte[27], hatte weit darüber hinaus, vor allem in der arbeitslosen Jugend aktiven Anhang gefunden. In den industriellen Großbetrieben scheint sie jedoch nur relativ kleine Gruppen verläßlicher Anhänger gehabt zu haben. Die große Mehrzahl der gewerkschaftlich organisierten Arbeiter, vor allem die »Elite« der Facharbeiter, stand überwiegend der SPD nahe.

Das Ende der legalen Betätigungsmöglichkeiten beider Parteien, das für die KPD unmittelbar nach der nationalsozialistischen Regierungsübernahme in Bayern (9. 3. 1933) infolge der sofort einsetzenden Verhaftungsaktionen und Verbote, für die SPD und die Freien Gewerkschaften endgültig erst im Mai/Juni 1933 nach zunehmender Verfolgung gekommen war, ist in seinen Grundzügen bekannt. Ebenso die unterschiedliche Strategie der Exilführung beider Parteien gegenüber dem NS-Regime[28]. Sie spiegelt sich auch in den folgenden Berichten.

Die Schärfe der Repressalien, die die nationalsozialistischen Machthaber gegen die illegale Fortsetzung kommunistischer und sozialdemokratischer Aktivitäten anwandten, ist, wenn auch oft in der verschleierten Sprache der Verfolger, in den Dokumenten eindrucksvoll bezeugt. Diese lassen mit den häufigen Zwischenbilanzen über monatliche Festnahmen, Verurteilungen wegen Hochverrats, Vergehens gegen das Heimtückegesetz u. a. auch das quantitative Ausmaß der Opfer in den Arbeiterparteien erahnen. Die zeitgeschichtliche Erinnerung wird dieser Opfer immer wieder eingedenk sein. Sie hat aber ebenso die Erfahrung ihres Scheiterns nüchtern zu reflektieren. Dieses lag, vor allem bei der kommunistischen Aktivität, nicht zuletzt begründet in der Vernachlässigung (oder doktrinen Verkennung) der Realität der objektiven und subjektiven Lage der Arbeiterschaft vor und nach 1933.

Auch die Geschichtsschreibung der Arbeiterbewegung vernachlässigt häufig das gesellschaftliche Substrat ihres Gegenstandes – die Arbeiterschaft in ihren wirklichen Ver-

---

[25] Ein extremes Beispiel ist der Bezirk Regen, Niederbayern, mit rund 40% Arbeiterbevölkerung. 1930 gewann die SPD hier 24%, die KPD 11,5% der Stimmen, im Juli 1932 SPD nur noch 10,5%, KPD 28,5%.

[26] Im Bezirk Rehau gewannen die sozialistischen Parteien 1930 37,5%, 1932 nur noch 28,5%, während die NSDAP von 20% auf 53% anstieg, ähnlich in Hof, Rückgang von KPD und SPD von (1930) 44% auf (1932) 36% und Anstieg der NSDAP von 29% auf 51%.

[27] Aus dem 1933 beschlagnahmten Aktenmaterial der KPD, das später in das Hauptarchiv der NSDAP geriet, ergeben sich Anhaltspunkte über die Organisationsstärke der KPD, die Ende 1932 im Reich 308 000 Mitglieder (Bayern: 11 179) hatte. Nur 15% der KP-Mitglieder in Bayern waren noch erwerbstätig in Betrieben; die Revolutionäre Gewerkschafts-Opposition (RGO) besaß, diesen Unterlagen zufolge, Ende 1931 in Bayern nur 58 Betriebszellen, davon 41 im KPD-Bezirk Nordbayern, vgl. IfZ, Mikrofilm-Hauptarchiv der NSDAP, MA 739.

[28] Es sei hier nur auf zwei Standardwerke verwiesen: Matthias, Erich und Rudolf Morsey (Hrsg.): Das Ende der Parteien 1933. Düsseldorf 1960 und Duhnke, Horst: Die KPD von 1933 bis 1945. Köln 1972.

hältnissen. Sie betrachtet und beschreibt die Geschichte der Arbeiterbewegung oft nur als Ideologie-, Strategie- und Aktionsgeschichte ihrer Organisationen (Parteien, Gewerkschaften etc.), ohne daß die Situation der breiten Masse der Arbeiterschaft noch erkennbar ist. Die Herausgeber sind bei der Konzeption dieses Teiles der Dokumentation, bei der Verschränkung des politikgeschichtlichen Themas »Widerstand der Arbeiterbewegung« mit dem sozialgeschichtlichen Thema »Lage der Arbeiterschaft«, auch von dieser Überlegung ausgegangen.

M. B.

DOKUMENTE

Aus Halbmonatsbericht des Regierungspräsidenten von Oberbayern, 20. 2. 1933

...Die KPD rechnet vielfach mit einer Auflösung ihrer Partei, wenn diese Absicht auch von nationalsozialistischen Rednern bestritten wird. In einer KPD-Versammlung in Burghausen führte der Referent Hans Beimler-München (Reichstagsabgeordneter) u. a. aus, es werde ein Verbot der KPD kommen, das aber nichts fruchten werde, weil die Partei weiterarbeiten wolle, wenn auch noch so viele Arbeiter erschossen würden. Neuerdings versuchten kommunistische Erwerbslose wieder durch Unterstützung von Bauern, gegen die das Finanzamt von Burghausen wegen Steuerrückständen mit Versteigerungen vorgehen mußte, auf dem flachen Lande für ihre Ideen zu werben. Es handelte sich um sieben Burschen, die sich am 16. und 17. Januar in den Gemeinden Nonnberg und Unterpleiskirchen bei den in Frage kommenden Bauern einfanden und sie aufforderten, an den Vollstreckungsbeamten nicht zu zahlen. In zwei Fällen haben sie an Stadeltüren geschrieben: »Bauern kämpft mit den Arbeitern gegen die Zwangsversteigerung.« Die Personalien der Kommunisten konnten nicht festgestellt werden.

Im Bezirk Wasserburg verweigern die allermeisten Wirte den Kommunisten die Überlassung von Versammlungslokalen zur Wahlagitation. Gelegentlich des großen Bauernmarktes am 3. Februar in Wasserburg versuchten die Kommunisten durch Verteilung von Handzetteln an die Marktbesucher, die Landwirte zur Gründung von revolutionären Bauernkomitees und zum Beitritt aufzufordern. Die Polizei war rasch zur Stelle, nahm den Führer der Wasserburger Kommunisten Estermann und einen gewissen Allgeier zur Verhinderung weiterer strafbarer Handlungen fest und nahm den Flugblattverteilern die Flugblätter ab. Strafanzeige ist erstattet...

In Pasing versuchten am 2. Februar die Kommunisten, eine Aufklärungsversammlung für die Jugendlichen über das Notwerk für die Deutsche Jugend in der Berufsschule zu stören. Geschlossene Kolonnen versuchten, am Marienplatz zu marschieren, sie wurden unter Anwendung des Gummiknüppels auseinandergetrieben. Durch autographierte Handzettel rief der »revolutionäre Kampfausschuß« zur Massendemonstration in Pasing am Mittwoch, den 8. Februar abends 6 Uhr, auf dem Marienplatz auf: »Schart euch um eure Partei, die KPD, schützt eure Führer gegen die faschistischen Bluthunde!« usw. Auf dem Marienplatz fand sich eine größere Anzahl Neugieriger ein. Die Demonstration wurde im Keime erstickt, der Marienplatz geräumt und die Bildung größerer Gruppen verhindert, ohne daß das in München bereitgestellte Kommando der Landespolizei einzugreifen brauchte...

Aus Halbmonatsbericht des Regierungspräsidenten von Ober- und Mittelfranken, 22. 2. 1933

...Über die Schuhindustrie in Herzogenaurach berichtet das Bezirksamt Höchstadt a. d. Aisch: Die Schuhindustrie in Herzogenaurach mit etwa 700 Arbeitern klagt in letzter Zeit darüber, daß die Schuhfabrik »Fortuna« in Höchstadt a. d. Aisch die Preise für die Sommerschuhe so sehr drücke, daß sie trotz äußerster Preisstellung nur schwer ins Geschäft kommen...

Während in Herzogenaurach die Arbeiter gewerkschaftlich organisiert sind und Tariflöhne beziehen, ist das in Höchstadt nicht der Fall. Die weit billigeren Löhne ermöglichen niedrigere Preisstellung. Die Arbeiter selbst wagen nicht, auf bessere Löhne zu dringen, weil sie fürchten, dann entlassen zu werden...

Aus Halbmonatsbericht des Regierungspräsidenten von Ober- und Mittelfranken, 5. 3. 1933

...Die KPD hielt sich im allgemeinen ziemlich zurück, und zwar sowohl was die Zahl der Versammlungen als den Ton ihrer Redner anlangt. Mit Ausnahme einer Versammlung in Hof, die einen Besuch von über 1000 Personen aufwies, hielt sich die Beteiligung an ihren Veranstaltungen in mäßigen Grenzen; in den meisten kleineren Orten waren die Versammlungen ausgesprochen schlecht besucht, teilweise mußten sie sogar ausfallen, weil kaum Zuhörer gekommen waren.

Der Abgeordnete Boulanger sprach am 16. 2. in Selb davon, er habe bestimmte Nachrichten, daß die Partei verboten werde, sie hätte aber gelernt, auch illegal zu arbeiten, man könne die Partei, man könne alles verbieten, nicht verbieten lasse sich aber die revolutionäre Arbeit...

Nach dem 10. 3. 1933 setzten aufgrund der vorangegangenen Notverordnung des Reichspräsidenten vom 28. 2. 1933 »zum Schutz von Volk und Staat« gegen angeblich drohende »kommunistische staatsgefährdende Gewaltakte« (sogenannte »Reichstagsbrand-Verordnung«) auch in Bayern schlagartig Gewaltmaßnahmen und Verhaftungsaktionen gegen die politische Arbeiterbewegung vor allem die KPD und ihre Unter- und Nebenorganisationen ein. Der neuernannte »Politische Polizeikommandeur Bayerns« (Reichsführer SS Heinrich Himmler) und sein mit der Führung der Bayerischen Politischen Polizei (BPP) beauftragter Amtschef – der Leiter des Sicherheitsdienstes (SD) der SS, Reinhard Heydrich – führten, unterstützt von den in allen Bezirksämtern eingesetzten SA-Sonderkommissaren, das Kommando über die Aktionen, die aufgrund der bei den politischen Abteilungen der Bayerischen Polizeidirektionen schon vor 1933 geführten Listen über Funktionäre und Mitglieder der KPD meist unter Einschaltung der Bezirksämter und lokalen Schutzmannschaften und Gendarmerie-Stationen und nicht zuletzt der neuen, auf »Abrechnung« bedachten, hilfspolizeilichen Kader der SA und SS durchgeführt wurden.

Im Halbmonatsbericht des Regierungspräsidenten von Ober- und Mittelfranken vom 22. 3. 1933 hieß es: »Das Zusammenwirken der Notpolizei mit Landespolizei, Gendarmerie und Schutzmannschaft geht überall reibungslos vonstatten. Die Aufstellung der Hilfspolizei ist im Gange.« Der Halbmonatsbericht des Regierungspräsidenten von Oberbayern vom 5. 4. 1933 bemerkte u. a.: »Das Verhältnis zwischen den Bezirksämtern und den örtlichen Sonderkommissaren, das anfangs nicht frei von Spannung war, hat sich nunmehr eingespielt, so daß zumindest ein reibungsloses Zusammenarbeiten gewährleistet erscheint. Verschiedentlich sind die örtlichen Sonderkommissare auch Übergriffen der örtlichen SA und SS bei Waffensuchungen und Verhaftungen entgegengetreten.« Eine später an den bayerischen Innenminister gerichtete Denkschrift des Reichsstatthalters von Epp vom 20. 3. 1934 und die sich daraus ergebende Korrespondenz[29] nahm Stellung zu mehreren bekannt gewordenen Fällen von früheren Übergriffen der SA, SS sowie der Sonderkommissare und »Unregelmäßigkeiten« bei der Verhängung von Schutzhaft in Bayern.

Die Verordnung vom 28. 2. 1933 hatte unter Aufhebung wesentlicher Grundrechte der Weimarer Verfassung für politische »Gegnerbekämpfung« ein neues, von richterlicher Kontrolle unabhängiges polizeiliches Instrument geschaffen, bzw. wiederbelebt: die in Bayern noch aus der Zeit des weißen Terrors gegen die Träger der Räterepublik im Jahre 1919 bekannte und berüchtigte »Schutzhaft«. Die politischen Schutzhaftgefangenen wurden entweder in Polizeigefängnisse oder – sofern längere Verwahrung vorgesehen war – in das Mitte März 1933 zu diesem Zweck errichtete, zunächst von der Bayerischen Landespolizei, seit Herbst 1933 von der SS geleitete und bewachte Konzentrationslager Dachau eingewiesen.

Der zahlenmäßige Gesamtumfang der Aktion gegen kommunistische und sonstige als besonders mißliebig empfundene Gegner des NS-Regimes in den ersten Wochen nach der Machtübernahme in Bayern läßt sich aufgrund der verfügbaren Quellen nicht mehr genau rekonstruieren.[30]

In einem vertraulichen Überblicksbericht der Bayerischen Politischen Polizei »über die kommunistische Bewegung in Bayern seit der nationalen Revolution«, den Heydrich im November 1933 erstattete[31], heißt es: die KPD in Bayern sei durch die Aktion »mit einer von ihr niemals erwarteten Wucht getroffen« worden. »Es schien zunächst, als habe die Partei aufgehört zu existieren. Fassungslos erkannten die noch auf freiem Fuß befindlichen Parteiführer, daß ihre vermeintlich wohlorganisierte und wohlvorbereitete illegale Klassenbewegung gleichsam hinweggefegt war. Die Ursache für diesen fast totalen Zusammenbruch lag vor allem in dem Umstand begründet, daß in den ersten Tagen der nationalen Revolution fast restlos die mittleren Funktionäre in Schutzhaft genommen werden konnten. Dadurch fehlte der [für die illegale Weiterarbeit] vorgesehene organisatorische Zusammenhang zwischen den Spitzenfunktionären und den unteren Parteiarbeitern.«

In den erhalten gebliebenen zeitgenössischen periodischen Lageberichten der Inneren und Polizeiverwaltung spiegelt sich der umfassende Charakter der vor allem gegen die kommunistische Partei gerichteten Verhaftungsaktionen vom März 1933 nur in recht schwacher Form.

Aus Halbmonatsbericht des Regierungspräsidenten von Oberbayern, 20. 3. 1933

...Die Stimmung der Bevölkerung ist geteilt. Das scharfe Vorgehen gegen die Kommunisten hat in weiten Kreisen Befriedigung hervorgerufen... Die angeordnete Verhängung der Schutzhaft hat dazu geführt, daß Verhaftungen im großen Umfange erfolgt sind. Wenn auch unter den Verhafteten sich viele Leute befinden, die im Zeitpunkt der Verhaftung ohne Erwerb waren, so sind auf der anderen Seite auch viele aus dem Er-

---

[29] BA, R 43 II/398, siehe auch GStA, MA 106 299.
[30] Die Zahl der im März/April 1933 in Bayern in Schutzhaft genommenen Personen (die meisten von ihnen wurden schon nach einigen Wochen oder Monaten wieder entlassen) dürfte mit 10 000 nicht zu hoch geschätzt sein. Nach einer Aufstellung des Reichsministeriums des Innern vom 31. 7. 1933, deren Verläßlichkeit allerdings fraglich und kaum zu überprüfen ist (sie dürfte bei den Zahlenangaben eher zu niedrig als zu hoch liegen), befanden sich damals in Bayern noch 4152 Personen in Schutzhaft; BA, R 43 II/389. Nach einer in den Münchner Neuesten Nachrichten vom 19. 4. 1933 veröffentlichten halbamtlichen Mitteilung sollen in Bayern schon bis zum 13. 4. 1933 etwa 5400 Personen als in Schutzhaft befindlich gemeldet worden sein. Die Zahl umfaßte angeblich sämtliche seit dem 9. 3. inhaftierten Schutzhäftlinge. Bis zum 13. 4. sollen 900 am und 13. 4. circa 730 Personen entlassen worden sein.
[31] Der Bericht umfaßt 25 Seiten Darstellung plus 57 Seiten Dokumentenanhang, ein Exemplar befindet sich im StA München, LRA 47 089. Ähnliche Berichte der BPP erfolgten 1934 und 1935, Teile von ihnen werden in der folgenden Dokumentenauswahl verwertet.

werbsleben gerissen worden, deren Familien der Fürsorge zur Last fallen müssen. Die Regierung hat in allen Fällen, in denen die Voraussetzungen der Anordnung des beauftragten Kommissars vom 10. März 1933 gegeben waren, die Haftbeschwerden ohne Rücksicht auf die persönlichen Verhältnisse der Verhafteten abgewiesen...

Die Verfolgungsmaßnahmen gegen die »linke« Arbeiterbewegung richteten sich schon im März 1933 auch gegen Einrichtungen und Funktionäre der Sozialdemokratischen Partei und ihrer Nebenorganisationen sowie gegen die ihr nahestehenden, schon am 10. 3. 1933 verbotenen und aufgelösten republikanischen Kampfverbände[32]. Der Regierungspräsident von Ober- und Mittelfranken erwähnt in seinem Halbmonatsbericht vom 22. 3. 1933 »Maßnahmen zur Auflösung des Reichsbanners, der Eisernen Front, der Sozialistischen Arbeiterjugend«. Die Arbeiterschaft, soweit sie in diesen und anderen gemaßregelten Organisationen ihre politische Repräsentation erblickte, stand schon deshalb dem NS-Regime feindlich gegenüber, was einzelne positive Reaktionen nicht ausschloß.

Aus Halbmonatsbericht des Regierungspräsidenten von Ober- und Mittelfranken, 20. 4. 1933

Die meisten Ämter berichten, daß auch in den der NSDAP bisher nicht freundlich gegenüberstehenden Kreisen die Machtübernahme nunmehr auch mit mehr Verständnis hingenommen wird, ja daß sich Ansätze zeigen, namentlich in Arbeiterkreisen, die auf eine gewisse Hinneigung zur neuen Regierung schließen lassen.

Aus Halbmonatsbericht des Regierungspräsidenten von Schwaben, 22. 4. 1933

...Am 7. April kam es auf dem Schulhausplatz in Füssen zu einem Zusammenstoß zwischen SS-Leuten aus Augsburg, die zum Grenzschutz dorthin abgeordnet sind, und herumstehenden Arbeitern und Arbeitslosen. Aus der Mitte der letzteren sollen die SS-Leute gereizt worden sein, worauf diese die Hauptbeteiligten zur Rede stellten und handgreiflich wurden. Es entstand ein ziemlicher Menschenauflauf, der durch die SA zerstreut wurde. Die Polizei hat Sorge getragen, daß das müßige Herumstehen an den Hauptverkehrsplätzen unterbleibt...

Am 2. 5. 1933 erfolgte, wie im ganzen Reichsgebiet so auch in Bayern, unter maßgeblicher Beteiligung der Nationalsozialistischen Betriebszellenorganisation (NSBO) die gewaltsame Ausschaltung der Führer der Freien Gewerkschaften und die Übernahme der gewerkschaftlichen Einrichtungen durch die neugegründete »Deutsche Arbeitsfront«, wenige Tage später auch die erzwungene Selbstgleichschaltung der Christlichen Gewerkschaften.

---

[32] Polizeifunksprüche des Staatsministeriums des Innern vom 10. 3. 1933 über die Inschutzhaftnahme sämtlicher kommunistischer Funktionäre und über Verbot und Auflösung des Reichsbanners, der Eisernen Front und der SAJ, GStA, MA 105 255.

Dokumente

Aus Völkischer Beobachter (Münchner Ausgabe), 3. 5. 1933

Der Nationalsozialismus übernimmt die Führung der deutschen Arbeiterschaft. Die roten Gewerkschaftsbonzen verhaftet... In München versammelten Gauleiter Nippold und der Landesvorsitzende der NSBO Frey im Gewerkschaftshaus die Leiter der einzelnen Organisationen der Freien Gewerkschaften und gaben ihnen die Einsetzung von Kommissaren bekannt. Die Verbandsleiter nahmen von diesen Eröffnungen Kenntnis. In Schutzhaft wurden lediglich die Leiter der Arbeiterbank, Horn und Bogner, genommen. Für den ADGB[33] wurde als Kommissar Weiggold, für den Afa-Bund[34] und den ZdA[35] Haid eingesetzt. Unter Aufsicht dieser Kommissare können die Verbände selbständig weiterarbeiten...

Die verfügbaren Lageberichte der Polizei- und Inneren Verwaltung enthalten so gut wie keine Informationen über die näheren Umstände der Zwangsgleichschaltung der Gewerkschaften. In einigen Berichten werden Anhaltspunkte dafür geliefert, daß die Gleichschaltung zum Teil nur nomineller Natur war und frühere Gewerkschaftsfunktionäre unter nationalsozialistischer Führung die Arbeit zum Teil fortsetzen konnten. Versuche, organisatorischen Zusammenhalt in bisher von der NS-Führung noch tolerierten oder nur an der Spitze veränderten Organisationen zu finden, wurden im Mai/Juni auch von anderen Personen und Gruppen der Arbeiterbewegung unternommen.

Bis zum Sommer 1933 war in Bayern im wesentlichen nur eine saisonbedingte Reduzierung der Arbeitslosigkeit zu registrieren und lediglich infolge der verstärkten Vergabe von Notstandsarbeiten durch die Gemeinden und die Rekrutierung von Arbeitslosen für den Freiwilligen Arbeitsdienst eine gewisse von der neuen Führung mitbewirkte Erleichterung der Lage auf dem Arbeitsmarkt zu spüren. Im übrigen hielten krisenbedingte Reduzierungen oder Schließungen von industriellen Betrieben an. Die anhaltende wirtschaftliche und soziale Misere großer Teile der Arbeiterschaft bildete einen wesentlichen Grund für die in der Arbeiterschaft fortbestehende Animosität gegenüber dem NS-Regime, einen Resonanzboden auch für illegale kommunistische Untergrundtätigkeit oder Solidarität mit den Schutzhaftgefangenen.

Aus Halbmonatsbericht des Regierungspräsidenten von Niederbayern und der Oberpfalz, 20. 6. 1933

...Nach Gendarmeriemeldungen besteht der Verdacht, daß in Straubing geheime Versammlungen der KPD stattfinden, zu denen auch Gesinnungsgenossen aus der Umgebung eingeladen werden. Die Beobachtungen werden fortgesetzt. Zwei Kommunisten in Mitterteich, Bezirksamt Tirschenreuth, wurden in Schutzhaft genommen, da sie Beiträge für Unterstützung der Schutzhaftgefangenen gesammelt und sich auch bemüht hatten, die Ortsgruppe der KPD am Leben zu erhalten...

---

[33] Allgemeiner Deutscher Gewerkschaftsbund, größte Gruppe der Freien Gewerkschaften mit (1932) 35 Arbeiterverbänden.
[34] Allgemeiner Freier Angestelltenbund, dem ADGB nahestehende Angestelltengewerkschaft mit (1932) 12 Einzelverbänden.
[35] Zentralverband der Angestellten.

II. Arbeiterschaft und illegale Arbeiterbewegung

Aus Halbmonatsbericht des Regierungspräsidenten von Ober- und Mittelfranken, 21. 6. 1933

... Aus den Bezirken Naila, Wunsiedel, Münchberg, Bayreuth-Land, Schwabach kommen Berichte über Stahlhelmgruppen in bisher roten Orten unter Beteiligung von früheren Angehörigen der SPD und zum Teil auch der KPD...
  In Behringersdorf versuchte der aufgelöste Arbeiterturn- und Sportverein, sich als »Hindenburgbund« aufzutun. Er wurde aufgelöst...
  In zwei verschiedenen Bezirken hat sich je ein Schutzhäftling das Leben genommen...
  Über die Gleichschaltung in den Gewerkschaften berichtet das Bezirksamt Rothenburg ob der Tauber, daß in den gleichgeschalteten Gewerkschaften an der Spitze wiederum die gleichen ehemaligen sozialdemokratischen Hetzer stünden, wie vor der Gleichschaltung und daß eine innere Umstellung dieser Leute wohl kaum zu erwarten sei...

Aus Halbmonatsbericht des Regierungspräsidenten von Oberbayern, 21. 6. 1933

... Am Sonntag, den 28. Mai haben fünf Burschen in einer Landsberger Gastwirtschaft in Anwesenheit anderer Gäste trotz deren Widerspruchs ein kommunistisches Lied gesungen. Sie wurden hierwegen in Schutzhaft genommen. Drei davon wurden nach 10-tägiger Schutzhaft wieder entlassen, die zwei übrigen, die als Rädelsführer in Betracht kamen und früher in der KPD ziemlich tätig waren, wurden in das Konzentrationslager Dachau gebracht...
  Trostlos ist die finanzielle Lage der [Industrie-]Gemeinde Kolbermoor, die nicht im Stande ist, die Auszahlungen an die Wohlfahrtserwerbslosen zu betätigen. Das Konto der Gemeinde bei der Bezirkssparkasse ist um 10 000 RM überzogen. Die Steuerüberweisungen sind sämtliche gepfändet... Das Bergwerk Penzberg hat 260 Bergleuten gekündigt, da ein Schacht am 1. Juli 1933 stillgelegt wird. Die Stillegung mußte wegen völliger Erschöpfung des Kohlenvorkommens in diesem Schacht angeordnet werden. Die Hauptförderung des Bergwerks Penzberg ist nunmehr auf den Nonnenwaldschacht beschränkt, der mit erhöhter Belegschaft und intensiverer Abbaufähigkeit die Förderung auf sich allein konzentriert...

Aus Halbmonatsbericht des Regierungspräsidenten von Niederbayern und der Oberpfalz, 5. 7. 1933

... Wegen des Verdachts der Gründung einer Ortsgruppe der KPD in Neuschönau, Bezirksamt Grafenau, wurden zwei Leute in Schutzhaft genommen. In Schwandorf wurden Angehörige der KPD unter besondere Beobachtung gestellt, da sie durch öfteres Zusammenstehen in Gruppen und Abhaltung von kürzeren Besprechungen sich verdächtig gemacht hatten...
  Die Theresienthaler Kristallglasfabrik M.v. Poschinger in Theresienthal zeigte neuer-

dings die beabsichtigte vollständige Schließung des Betriebs mit 123 Arbeitern und 14 Angestellten an. Die Vereinigten Zwieseler und Pirnauer Farbglaswerke AG, beide im Bezirksamt Regen, wollen von 274 Arbeitern 100 entlassen...

Aus Halbmonatsbericht des Regierungspräsidenten von Schwaben, 3. 8. 1933

...Ein größerer Teil der Bevölkerung hat allzu schnell und offenkundig die Farbe gewechselt, um mit Sicherheit sagen zu können, daß sie aus innerster Überzeugung hinter der nationalen Regierung steht. Da Denunziantentum und Schutzhaft gefürchtet werden, ist es oft sehr schwierig, die wahre Einstellung kennenzulernen. Die Mitglieder der SPD, die in der Hauptsache Arbeiter waren, haben sich am leichtesten und zum erheblichen Teile wohl auch am aufrichtigsten in die neuen Verhältnisse gefunden...

Im Arbeitslager Mertingen haben sieben aus dem Saargebiet aufgenommene Stahlhelmer die Arbeit niedergelegt, weil ihnen die ganze Sache nicht gepaßt habe. Da sie zum Teil kommunistischer Gesinnung verdächtig galten, wurden sie vorerst in Polizeihaft genommen. Ihre Rücksendung ins Saargebiet ist in die Wege geleitet...

Aus Halbmonatsbericht des Regierungspräsidenten von Oberbayern, 19. 8. 1933

...In den Bezirken und größeren Gemeinden zeigt sich durchwegs das Bemühen, Arbeitsgelegenheit zu beschaffen. In zahlreichen Bezirken ist gegenüber der gleichen Zeit des Vorjahres eine wesentliche Besserung des Arbeitsmarktes eingetreten. In den Ämterberichten kommt jedoch ständig das Bedauern zum Ausdruck, daß die Straßeninstandsetzungsarbeiten noch nicht in das Arbeitsbeschaffungsprogramm aufgenommen sind und dadurch den Bezirken und Gemeinden vielfach keine Gelegenheit geboten ist, ihre Arbeitslosen wieder in ein Beschäftigungsverhältnis zu überführen.

Das neue Arbeitsbeschaffungsprogramm nach dem Gesetz vom 1. Juni 1933 hat namentlich jm Bezirk Fürstenfeldbruck bei den mit Wohlfahrtserwerbslosen überlasteten Gemeinden lebhaften Zuspruch gefunden...

Aus Halbmonatsbericht des Regierungspräsidenten von Oberbayern, 5. 9. 1933

...Der Arbeitsmarkt ist zwar etwas aufgelockert, jedoch im allgemeinen noch unverändert. Die Bereitstellung von Winterarbeit für die Arbeitslosen stößt bei der schwierigen Finanzlage der Gemeinden und Bezirke auf außerordentliche Schwierigkeiten. Dem Doppelverdienertum gilt heute in der Öffentlichkeit schärfste Beobachtung und Kritik;[36]

---

[36] Insbesondere von seiten der NSDAP wurde das Doppelverdienertum verschiedentlich angeprangert, mit dem Ziel, vor allem erwerbstätige Frauen aus dem Berufsleben herauszudrängen. Durch die Gewährung von Ehestandsdarlehen für Frauen, die zur Gründung einer Ehe ihren Arbeitsplatz aufgeben, war hierfür auch auf gesetzlichem Wege ein Anreiz geschaffen worden (Gesetz zur Verminderung der Arbeitslosigkeit vom 1. 6. 1933, RGBl. I, S. 323).

über seinen Begriff herrschen noch wirre Auffassungen, so daß manchem Berufstätigen, insbesondere weiblichen Geschlechts, das Berufsleben verbittert werden möchte. So bestechend die Forderung klingt, daß unverheiratete weibliche Bürokräfte, die bei den Eltern usw. noch Unterhalt finden können, arbeitslosen Volksgenossen Platz machen müssen, so ist doch sehr zu bedenken, daß dadurch einem großen Teil der Frauenwelt die Wahl bzw. Beibehaltung einer Berufsstellung überhaupt unmöglich gemacht würde. Um hier Klarheit zu schaffen, wäre alsbald eine amtliche Aufklärung oder eine gesetzliche Regelung dringend notwendig...

Trotz der im März/April 1933 erfolgten massiven polizeilichen Zerschlagung der kommunistischen Partei war – nach einigen Wochen – in München, Nürnberg, Augsburg und anderswo die illegale kommunistische Tätigkeit, die sich vor allem im Geheimdruck und der Verbreitung antifaschistischer Schriften und Stadtzeitungen äußerte, in Gang gekommen. Sie war in hohem Maße getragen von – der BPP weniger bekannten – jungen aktiven Kadern des Kommunistischen Jugendverbandes (KJVD). Bis zum Sommer 1933 wurden auch diese aktiven jungkommunistischen Gruppen zum großen Teil von der BPP erfolgreich ausspioniert und fielen umfassenden Verhaftungsaktionen zum Opfer.[37]

Aus Halbmonatsbericht des Regierungspräsidenten von Schwaben, 5. 9. 1933

...In den letzten Wochen machte sich in Augsburg die Wühlarbeit der Kommunisten durch die Verteilung einer hetzerischen Flugschrift sowie durch das Ankleben von Handzetteln mit aufwieglerischem Inhalt in erhöhtem Maße bemerkbar. Der umfassenden Tätigkeit der politischen Polizei ist es gelungen, die Urheber hauptsächlich in den Kreisen der Augsburger Jungkommunisten festzustellen. Der zur Herstellung der Flugschrift verwendete Vervielfältigungsapparat konnte, in einem Heuschober versteckt, in Friedberg bei Augsburg ermittelt werden...

Aus Halbmonatsbericht des Regierungspräsidenten von Niederbayern und der Oberpfalz, 5. 9. 1933

...Freilich treten bei früheren Angehörigen der KPD noch ab und zu Ausbrüche feindseliger Gesinnung gegen die jetzige Regierung zutage; die Unbelehrbaren hoffen immer noch auf den endlichen Sieg ihrer Ideen. Die jeweils alsbald einsetzende Schutzhaft gibt ihnen Zeit und Gelegenheit, über das Unsinnige ihres Verhaltens nachzudenken...

Die Lage der Steinindustrie ist immer noch ungünstig. Soweit die Betriebe nicht überhaupt ruhen, beschäftigen sie eine schwache Arbeiterzahl... Die Hohl- und Kristallglasfabrik Tritschler, Winterhalder & Cie. AG in Neustadt an der Waldnaab (ca. 350 Arbeiter und Angestellte) hat den Konkurs angemeldet. Die Porzellanfabrik Krummennaab, Illinger & Cie in Krummennaab (früher Mannl) mit ca. 200 Arbeitern und Angestellten hat die Zahlungen an ihre Gläubiger eingestellt...

---

[37] Vgl. dazu die ausführliche Darstellung für Nürnberg bei Beer (siehe S. 194, Anm. 4), insbesondere S. 124ff.; für München auch Bretschneider (siehe S. 194, Anm. 3), insbesondere S. 30–38.

Aus Sonderbericht der Polizeidirektion Nürnberg-Fürth (Mittelfranken), 15. 9. 1933

...In der zweiten Augusthälfte gelang es, durch Festnahme von etwa 35 führenden Funktionären der Bezirksleitung Nordbayern und der Nürnberger Stadtteilleitungen den Funktionärsapparat des KJVD sowie den Literaturvertrieb völlig lahmzulegen. Nachdem inzwischen ein neuer Funktionärsapparat gebildet wurde, mußte neuerlich polizeilich durchgegriffen werden. 10 Spitzenfunktionäre sind bereits festgenommen, die Festnahme von etwa 20 weiteren Funktionären erfolgt in nächster Zeit.

Aus Halbmonatsbericht des Regierungspräsidenten von Oberbayern, 19. 9. 1933

...Verschiedene Personen mußten in Schutzhaft genommen werden wegen Beleidigung des Herrn Reichskanzlers und der nationalen Regierung; in Friedberg wurde von der Politischen Polizei Augsburg eine in einen Herd eingemauerte, zur Herstellung kommunistischer Anschläge verwendete Schreibmaschine beschlagnahmt; mehrere Kommunisten wurden im Zusammenhang damit in das Konzentrationslager Dachau verbracht...
Im Bezirk Miesbach hat der Flüchtlingsverkehr wegen der in Österreich vorgenommenen Verstärkung der Grenzkontrolle nachgelassen, dagegen hat der unberechtigte Grenzverkehr, der sowohl als Schmuggel, wie als politisch anrüchiges Treiben angesehen werden kann, besonders bei der Bäckeralm und der Trausnitzalm zugenommen...
Instandsetzungsarbeiten nach dem Reinhardt-Programm werden nunmehr von den Gemeinden in größerem Maße in Angriff genommen, nachdem jetzt auch für die Wohlfahrtserwerbslosen die einfache Förderung vom Reich übernommen wird...

Aus Politische Nachricht der Polizeidirektion Nürnberg-Fürth (Mittelfranken), 14. 10. 1933

...Nachdem sich in den letzten Monaten der Kommunistische Jugendverband Deutschlands (KJVD) als das in der Hauptsache tätige aktivistische Element der kommunistischen Bewegung in Nürnberg erwiesen hatte, wurde im Rahmen der polizeilichen Sicherungsmaßnahmen für den Reichsparteitag Mitte August 1933 im engen Zusammenwirken mit der SA eine durchgreifende Aktion zur nachdrücklichen Ausschaltung der jungkommunistischen Organisation in Nürnberg eingeleitet. Durch Festnahme der Bezirksleitung und des engeren Funktionärsapparats (etwa 40 Personen) sowie Aushebung mehrerer illegaler Druckereien gelang es, für die folgenden Wochen jede nennenswerte kommunistische Tätigkeit lahmzulegen.
Kurze Zeit nach dem Reichsparteitag wurde festgestellt, daß durch eine Instrukteurin des ZK des KJVD intensiv an der Neuorganisierung des KJVD in Nürnberg gearbeitet wurde. Im Laufe des September konnte auch diese Instrukteurin sowie die inzwischen neu gebildete Bezirksleitung und eine größere Anzahl von Funktionären (insgesamt wieder etwa 40 Personen) festgenommen werden. Gegen sämtliche Funktionäre wird Strafanzeige wegen Vorbereitung zum Hochverrat u. a. erstattet...

Aus Halbmonatsbericht des Regierungspräsidenten von Ober- und Mittelfranken, 20. 10. 1933

...Das Grenzbezirksamt Wunsiedel meldet: Am 2. Oktober wollte Gendarmeriekommissär Benker in der Nähe der Güterhalle in Arzberg eine verdächtige Person verhaften. Der Verdächtige, der später als der Kommunist Kastl von Eger ermittelt wurde, leistete jedoch Widerstand und konnte trotz einer Schußverletzung entfliehen. Er hatte vorher in der Güterhalle Arzberg ein 45 kg schweres Faß, das als »Rindertalg« deklariert war, nach Frankfurt a. M. aufgegeben. Der Inhalt des beschlagnahmten Fasses bestand aus kommunistischem Agitationsmaterial aus der Schweiz, Frankreich und der Tschechoslowakei. Die Politische Polizei München wurde gesondert verständigt.

Die deutsch-tschechische Grenze im Bezirk Wunsiedel führt zum großen Teil durch reines Waldgebiet, das schwer zu überwachen ist. Soll die verbotene Einfuhr von verhetzenden Druckschriften über diesen Teil der Grenze wirksam verhindert werden, so ist Verstärkung der Gendarmeriestationen Arzberg und Schirnding oder des sonstigen Grenzaufsichtspersonals (Zollbehörden) notwendig...

Aus Bericht des Bayerischen Politischen Polizei über die kommunistische Bewegung in Bayern seit der nationalen Revolution für März bis Oktober 1933

...Zunächst waren es einzelne, die wieder den Mut fanden zur Aufnahme illegaler Parteiarbeit. Diese zunächst noch zusammenhanglose Parteiarbeit wurde aber alsbald abgelöst von der systematischen Tätigkeit zahlreicher Parteiinstrukteure, die im Auftrag des illegalen ZK ganz Deutschland bereisten... Die illegale Parteiorganisation baut sich grundsätzlich auf dem sogenannten Fünfergruppensystem auf... Die Fünfergruppen in kleineren Orten werden vereinigt in der Ortsgruppe, die Straßen- und Betriebszellen in größeren Städten in Stadtteile. Verschiedene Ortsgruppen in Bayern haben ihre illegale Tätigkeit in vollem Umfange bereits aufgenommen. Die Organisation der Stadtteile hingegen ist über Ansätze noch nicht hinausgekommen. Eine besondere Bedeutung kommt daher den Stadtteilen noch nicht zu... Alle wichtigeren Funktionäre treten unter Decknamen auf und sind nur unter diesem Namen selbst ihren engsten Mitarbeitern bekannt. In der Hauptsache werden Vornamen gewählt. Die Spitzenfunktionäre, vor allem aber die Instrukteure und ZK-Kuriere sind mit falschen Pässen und sonstigen falschen Personalausweisen ausgestattet... Besondere Sorgfalt legt die illegale KPD auf die Bekämpfung des Spitzelwesens. In zahlreichen Anweisungen wird es insbesondere den Fünfergruppenführern zur ersten Parteipflicht gemacht, bei Neuaufnahmen jede erdenkliche Vorsicht walten zu lassen. Jede Festnahme eines Genossen muß ihn veranlassen, durch »Analyse« festzustellen, ob etwa ein Parteispitzel am Werke war... Aus der Haft zurückgekehrte Genossen werden zunächst automatisch von jeder Parteiarbeit ausgeschlossen. Erst nach längerer Probezeit werden sie wieder zur aktiven Mitarbeit herangezogen. Mit ganz besonderem Mißtrauen werden stets die aus der Schutzhaft entlassenen Genossen behandelt. Im übrigen wird der gesamte Parteiapparat, soweit überhaupt möglich, dezentralisiert. Kein Genosse soll mehr wissen, als für seine Arbeit unbedingt erforderlich ist. Größere Sitzungen oder gar Versammlungen finden nicht mehr statt. Die unbedingt notwendigen Besprechungen werden meist im Freien abgehalten, wobei nur drei bis fünf Genossen gleichzeitig anwesend sein dürfen...

Sowohl bei der Herstellung als auch bei der Verbreitung ihrer illegalen Hetzschriften beobachten die Kommunisten alle Regeln strengster Konspiration. Gerade hier tritt die bereits erwähnte Dezentralisierung jener Parteiarbeit besonders augenfällig in Erscheinung. Der Entwurf von einer Hetzschrift wird von dem Genossen A., die Matrize von dem Genossen B., das Flugblatt von dem Genossen C. hergestellt. Dabei weiß keiner, wer außer ihm bei der Herstellung der illegalen Schrift mitgewirkt hat...

Die Verteilung der illegalen Schriften geschieht zumeist durch Verkauf in den Räumen der Arbeitsämter, durch Einwurf in die Wohnungsbriefkästen, durch Abwurf von hohen Gebäuden, insbesondere von Arbeitsämtern, durch Ablage in Anlagen, Tummelplätzen, Badeanstalten und dergl. ...

Die wichtigste Nebenorganisation der KPD war und ist die Revolutionäre Gewerkschaftsopposition... In allen bisher erschienenen Schriften wird an erster Stelle der Kampf gegen die NSBO propagiert... Auch die Jugendorganisation der KPD hat sich bereits wieder bemerkbar gemacht...

Die »Rote Hilfe« war diejenige kommunistische Nebenorganisation, die sich unmittelbar nach den Märztagen dieses Jahres wieder bemerkbar gemacht hat. Es war dies in Bayern vor allem der Tätigkeit des nun seit geraumer Zeit in Schutzhaft befindlichen Landesleiters der RH Bayern, Max Holy, zuzuschreiben. Holy bereiste ganz Bayern, um alle RH-Ortsgruppen neu aufzubauen. Er war eben im Begriffe, Fluchtverbindungen von Bayern nach Österreich herzustellen, als er in Freilassing festgenommen werden konnte. Seither hat sich die RH in organisatorischer Hinsicht nicht mehr besonders bemerkbar gemacht. Es fehlt an einem leitenden Funktionär...

Die Lage der gewerblichen Arbeiterschaft blieb auch im Winter 1933/34 und Frühjahr 1934 in Bayern vielfach noch deprimierend, gekennzeichnet von Arbeitslosigkeit, Kurzarbeit und niedrigen Löhnen. Gleichwohl machten sich erste Erfolge der öffentlichen Arbeitsbeschaffungsprogramme und ein Absinken der Arbeitslosigkeit schon teilweise stimmungsfördernd für das NS-Regime bemerkbar. Andererseits wurden gerade die neuen großen öffentlichen Bauvorhaben (Autobahnbau u. ä.), bei denen Erwerbslose und Wohlfahrtsunterstützungsempfänger in notdürftigen Unterkünften eingesetzt wurden, vielfach Zentren neuer, sich zum Teil auch politisch äußernder Unzufriedenheit und Opposition. Ähnliches gilt von den – vielfach vergeblichen – Versuchen der Arbeitsämter, jugendliche Arbeitslose zum Eintritt in die »Freiwillige Landhilfe« zu bewegen.

Aus Halbmonatsbericht des Regierungspräsidenten von Schwaben, 2. 11. 1933

... In einer Anzahl von Fällen mußte wiederum gegen Personen, die durch abfällige oder hetzerische Äußerungen die öffentliche Ordnung gefährdeten, die Schutzhaft verhängt werden. Unter anderem wurde der geistige Führer der Kommunisten in Karlshuld, Bezirksamt Neuburg a. d. Donau, Leonhard Seißler, in Schutzhaft genommen und dadurch die Versuche der kommunistisch eingestellten Korbmacher in Karlshuld, Zersetzungspropaganda zu betreiben, im Keime erstickt. Der Stadtrat Memmingen berichtet, daß unter den Arbeitern bei der staatlichen Wertachkorrektion in Ettringen – es befinden sich darunter in größerer Zahl Wohlfahrtserwerbslose der Stadt Memmingen – schwere Verstimmung wegen des geringen Lohnes (wöchentlich 18 RM) herrsche. Das Wohlfahrtsamt müsse den Verheirateten noch einen Zuschuß geben...

Aus Halbmonatsbericht des Regierungspräsidenten von Oberbayern, 4. 11. 1933

...Seit dem Jahre 1931 wurde erstmalig wieder eine Steigerung des Fleischverbrauches in München festgestellt. Der Fleischverbrauch erfuhr im August 1933 eine Mehrung von über 100 000 kg Fleisch gegenüber 1931. Der Rindfleischverbrauch steht an erster Stelle. Der Rückgang des Kalbfleischverbrauches hat sich weiterhin fortgesetzt. Die Zunahme des Fleischverbrauches steht zweifellos in engem Zusammenhang mit der rückläufigen Bewegung der Arbeitslosenzahl...

Aus Halbmonatsbericht des Regierungspräsidenten von Niederbayern und der Oberpfalz, 4. 12. 1933

...Im Amtsbezirk Kemnath hat die Porzellanfabrik in Krummennaab die Zahlungen eingestellt und den Betrieb – voraussichtlich für dauernd – geschlossen. Das gleiche Schicksal steht der Porzellanfabrik Erbendorf in Aussicht, wenn ihr nicht noch Hilfe zuteil wird. Nunmehr hat auch die Steingutfabrik Amberg AG ihre Zahlungsunfähigkeit erklärt und den Betrieb stillgelegt... Von der Betriebseinstellung sind etwa 100 Arbeiter und Angestellte betroffen, die schwerlich anderweitig untergebracht werden können...

Aus Halbmonatsbericht des Regierungspräsidenten von Ober- und Mittelfranken, 21. 12. 1933

...Die Stimmung der Bevölkerung ist im großen und ganzen zuversichtlich. Von staatsfeindlicher Betätigung ist augenblicklich nach außen hin wenig zu spüren. Die kommunistischen Zersetzungsversuche in den Arbeitsdienstlagern dauern aber fort. So mußten vom Arbeitsdienstlager Lichtenau zwei Insassen wegen kommunistischer Ausrufe in Schutzhaft genommen und nach Dachau verbracht werden. Ein größerer Teil der Insassen des Lagers ist übrigens schwer vorbestraft...

Aus Halbmonatsbericht des Regierungspräsidenten von Oberbayern, 5. 1. 1934

...Das Bezirksamt Ebersberg meldet, daß das früher beobachtete Herumstreunen der kommunistischen Jugend in Kirchseeon sowie das Abbrennen von Feuerwerkskörpern während der Christmette vollständig unterblieben ist. Die sonst an der Tagesordnung gewesenen Anpöbelungen der Polizeiorgane durch derartige Elemente sind seit der Machtübernahme durch die nationalsozialistische Bewegung verschwunden. Auch das

Bezirksamt Altötting berichtet, daß die bisher übliche Schießerei in der Weihnachtsnacht nicht mehr gehört wurde...

Aus Halbmonatsbericht des Regierungspräsidenten von Ober- und Mittelfranken, 5. 1. 1934

...Eine Zusammenrottung von 30–40 Arbeitern der Vereinigten Papierwerke Heroldsberg, die die Gewährung einer Weihnachtsgratifikation durchsetzen wollten, konnte durch die Inschutzhaftnahme der beiden Rädelsführer rasch aufgelöst werden... Das Bezirksamt Wunsiedel habe berichtet, am schlimmsten seien die Verhältnisse im Fichtelgebirge. Es müsse unbedingt als Notstandsgebiet bezeichnet werden. Anläßlich der Anwesenheit des Herrn Innenministers Wagner und des Ministerialreferenten in Wunsiedel am 20. bzw. 21. ds. Monats sei dies auch dadurch zum Ausdruck gekommen, daß Zuschüsse und Darlehen für eine Reihe von Straßenprojekten zugesichert worden seien, die besonders den Erwerbslosen der Gemeinden Bischofsgrün, Warmensteinach, Oberwarmensteinach und Fichtelberg zugute kommen sollen. Im übrigen wäre auch sonst eine Anerkennung der Fichtelgebirgsgemeinden als Notstandsgebiet ebenso berechtigt als dies beim Frankenwald, Bayerischen Wald und Spessart der Fall sei.

In der gleichen Notlage wie diese Gemeinden befänden sich auch die Fichtelgebirgsgemeinden Bischofsgrün, Fichtelberg, Oberwarmensteinach und Warmensteinach. Dort sei in früheren Jahren die Glasperlen-Industrie heimisch gewesen, welche die Arbeiterfamilien ernährte; seit Jahren hätten die Betriebe stillgelegt werden müssen, weil sie vom Absatzgebiet im Ausland durch billiger arbeitende ausländische Betriebe verdrängt worden seien. Die Arbeiter seien daher brotlos und fielen, da sie längst ausgesteuert seien, größtenteils der Wohlfahrtsfürsorge zur Last. In diesen Gemeinden stünden oft 50 Prozent der Bevölkerung in Fürsorge. Die andere Hälfte der Bevölkerung sei auch in schlechter wirtschaftlicher Lage. Der Boden sei so steinig und die Witterung so rauh (mittlere Lage 700 m hoch), daß die Erträgnisse der Landwirtschaft kaum für den eigenen Bedarf ausreichen. Die Gewerbetreibenden hätten keine Arbeit und keinen Verdienst, weil der größte Teil der Bevölkerung nichts zum Leben habe...

Aus Halbmonatsbericht des Regierungspräsidenten von Oberbayern, 3. 3. 1934

...Das Bezirksamt Starnberg meldet, daß sich im Baugewerbe wieder rege Tätigkeit zeigt. Die Arbeitslosenzahl ist im Fallen begriffen. Die Ziegelei Argelsried hat den Betrieb wieder aufgenommen. Das Bezirksamt Miesbach berichtet, daß die Arbeitsbeschaffung durch die Inangriffnahme der Arbeiten bei der Autobahn einen mächtigen Auftrieb erhalten hat. Auch die Stimmung unter den jahrelang erwerbslos gewesenen ungelernten Arbeitern hat sich freudig gehoben. Das Bezirksamt Miesbach erwartet ein völliges Verschwinden der Arbeitslosigkeit in seinem Bezirk schon für die nächsten zwei Monate...

Aus Halbmonatsbericht des Regierungspräsidenten von Schwaben, 19. 3. 1934

...Am 12. und 13. März fand vor dem Obersten Landesgericht in München die Verhandlung gegen vier Augsburger und zwei Münchner Kommunisten statt, die im September 1933 von der Augsburger Politischen Polizei wegen versuchter Wiederaufrichtung der KJVD und der RGO festgenommen wurden. Vier Angeklagte wurden zu Gefängnisstrafen von 6 Monaten bis 1 Jahr 9 Monaten verurteilt, zwei wurden freigesprochen. In den Kreisen der Augsburger Kommunisten soll das Urteil starken Eindruck hinterlassen haben...

Auf der anderen Seite klagen verschiedene große Firmen, die viel Auslandskundschaft hatten, über die immer noch anhaltende Boykottbewegung gegen deutsche Erzeugnisse im Ausland. Die Textilindustrie soll recht gut beschäftigt sein, die Textilveredelungsindustrie, die durchwegs von jüdischer Kundschaft abhängt, zur Zeit ebenfalls; immerhin leidet die letztgenannte, da ihre Kundschaft keine Ware mehr auf Lager nimmt, unter erheblicher Unsicherheit im Disponieren; sie weiß nicht, ob sie in 8 oder 14 Tagen ihre Arbeiter noch voll beschäftigen kann...

Aus Halbmonatsbericht des Regierungspräsidenten von Niederbayern und der Oberpfalz, 5. 4. 1934

...Der Bezirksamtsvorstand in Kötzting berichtet: »Die Arbeiterschaft ist zwar im allgemeinen ruhig; doch macht sich in Neukirchen unter dem Deckmantel der NSBO ein gewisses Machtgefühl bemerkbar. Man will die Einstellung der Arbeiter beim Notstandsbau selbst diktieren, wobei auffällt, daß gerade die Kreise dirigieren, die bei der Machtergreifung durch die Partei als Kommunisten in Schutzhaft saßen. Der Entwicklung der Dinge wird man Aufmerksamkeit schenken müssen.«...

Aus Halbmonatsbericht des Regierungspräsidenten von Oberbayern, 18. 5. 1934

...Die Stimmung der Bevölkerung ist im allgemeinen gut. Ganz besonders ist die Arbeiterschaft zufrieden und vertraut fest auf den Führer...

Nach Mitteilung des Arbeitsamts Rosenheim läßt der Arbeitswille der beim Bau der Reichsautobahn beschäftigten Münchner Arbeiter sehr zu wünschen übrig. Der Baustelle Rohrdorf wurden am 15. Mai 35 Münchner Arbeiter zugewiesen, die 80 Pfg Stundenlohn verlangten. Im Bezirk Ebersberg wird darüber geklagt, daß die Arbeiter, die zum Reichsautobahnbau aus dem Bezirk abgestellt wurden, so niedrig bezahlt sind, daß die Ortsfürsorgeverbände für die daheimgebliebenen Familien zusätzliche Unterstützung gewähren müssen, weil die Familien mit dem Verdienst des auswärts beschäftigten Mannes unmöglich existieren können.

Aus Halbmonatsbericht des Regierungspräsidenten von Ober- und Mittelfranken, 20. 5. 1934

... Die günstigen Beschäftigungsverhältnisse in der Industrie haben im allgemeinen angehalten. Nur in Neustadt b. Coburg und Umgebung hat sich die außerordentlich ungünstige Lage trotz aller Versuche des Stadtrats, Arbeitsmöglichkeiten zu beschaffen, noch nicht gebessert. Unerfreulich sind auch die Verhältnisse in der Lichtenfelser Korbmacherei. Das Bezirksamt Lichtenfels berichtet darüber: »Die Korbmacherei liegt wieder sehr darnieder und ist gegenüber den Wintermonaten ganz erheblich zurückgegangen. Es ist eine große Sorge der Gemeinden und des Bezirks, wie die vielen Korbmacher ihr Leben fristen sollen, wenn im Herbst oder im Laufe des nächsten Frühjahrs die großen öffentlichen Notstandsarbeiten an den Maindurchstichen zu Ende gehen. Wenn auch einige Straßenbauarbeiten an Staatsstraßen geplant sind, so sind diese doch nicht so umfangreich, daß auf die Dauer größere Massen von Erwerbslosen beschäftigt werden können. Der Bezirk mit seiner bedeutenden Schuldenlast ist nicht in der Lage, selbständig größere Notstandsarbeiten aufzuziehen. Die Gemeinden sind gleichfalls nicht in der Lage, größere Leistungen zu vollbringen, zumal wenn die Förderung von Notstandsarbeiten tatsächlich künftighin völlig unterbleiben sollte.«...

Aus Situationsbericht des Arbeitsamts Amberg (Oberpfalz) für Mai 1934

... Es herrscht allgemein in der SA noch die Meinung, vor allem auf dem Lande, aus der Zugehörigkeit zur SA ein besonderes Vorrecht ableiten zu können. Wenngleich vom Arbeitsamt auf die Zugehörigkeit zu irgendeiner Formation der Partei geachtet wird, konnte in vielen Fällen festgestellt werden, daß die Leute nur deswegen zur SA gegangen sind, um Arbeit zu bekommen. Sehen sie diese Erwartungen nicht gleich erfüllt, so werden sie mißmutig und manchmal auch ausfallend... Der typische oberpfälzer Schlag ist in Amberg besonders ausgeprägt. Die Leute wollen die Erfolge der Regierung nicht sehen, wollen nicht einsehen, daß es unmöglich ist, in einem Jahr sämtliche Arbeitslose in Arbeit zu bringen und damit jedem Einzelnen helfen zu können. Wenn die Einzelnen für sich keine Vorteile erkennen, erkennen sie auch die übrigen Fortschritte nicht an...

Aus Situationsbericht des Arbeitsamts Aschaffenburg (Unterfranken) für Mai 1934

... Die Fälle, in denen jugendliche Arbeitslose vor den Dienststellen des Arbeitsamtes ein ungehöriges Verhalten an den Tag legen, häufen sich immer mehr. Zum Teil ist dies bedingt durch den Widerstand der Jugendlichen gegen den Eintritt in die Landhilfe und den Arbeitsdienst wie auch gegen die Teilnahme an amtlichen Schulungsmaßnahmen... Die Herabminderung der Zahlen der Notstandsarbeiter und die Eindämmung der Notstandsarbeiten überhaupt hat unter den älteren Arbeitslosen eine beträchtliche Erregung hervorgerufen, die immer noch im Steigen ist. Es ist dies um so beachtlicher, als der

Spessart Notstandsgebiet ist und früher mit ausgesprochenen Kommunistennestern durchsetzt war.

Es wird mit der Zeit immer schwerer, die wahre Stimmung der einzelnen Volksschichten kennenzulernen. Die Furcht, ein offenes ehrliches Wort zu sagen, ist groß. Wenn man überhaupt etwas hören kann, so nur andeutungsweise...

Aus Situationsbericht des Arbeitsamts Deggendorf (Niederbayern) für Mai 1934

...Der Mangel an Arbeitsmöglichkeit hat eine gewisse Niedergeschlagenheit hervorgerufen. Schuld tragen auch die Pressemeldungen, die an anderen Orten übertrieben von Beseitigung der Arbeitslosigkeit berichten. Es überkommt einen eher ein solches Gefühl der Verlassenheit angesichts anderer Gebiete, die – nach Pressemeldungen – keine Arbeitslosen mehr haben. Kommunistische versteckte Treibereien finden leichter einen Nährboden (niedere Tariflöhne, Sperre der Notstandsarbeiten)...

Aus Situationsbericht des Arbeitsamts Holzkirchen (Oberbayern) für Mai 1934

...Bereits in meinen Berichten vom 10. 4. und 11. 5. 1934 hatte ich auf die Gefahr hingewiesen, die durch Zuweisung entlassener Schutzhäftlinge zur Reichsautobahn entsteht. Daß die Befürchtungen berechtigt waren, zeigen die inzwischen festgestellten versteckten Zellenbildungen der Kommune bei den Föchinger und Darchinger Baustellen und verschiedene Verhaftungen. Schachtmeister der dort tätigen Firmen, größtenteils frühere Kommunisten und Marxisten, haben es verstanden, aus dem Konzentrationslager Entlassene in Aufsichts- und Vertrauensposten von Vorarbeitern, Unterschachtmeistern und dergl. zu bringen. Seitdem solche Elemente mehr und mehr an die Oberfläche kommen, hat die Arbeitsleistung bei den genannten Baustellen wesentlich nachgelassen. Diese Verhältnisse machten das Einschreiten des Sonderbeauftragten des Obersten SA-Führers bei dem Bezirksamt Miesbach notwendig.

Wegen Beleidigung und Verächtlichmachung des Reichspräsidenten, des Führers und des Vizekanzlers wurden einige Arbeiter bei der Reichsautobahn verhaftet...

Aus Situationsbericht des Arbeitsamts Nürnberg (Mittelfranken) für Mai 1934

...Trotz intensiver Belehrungen gehen freiwillige Meldungen zum Arbeitsdienst nur spärlich ein. Es erweist sich deshalb als notwendig, gemeinsam mit den Fürsorgestellen bei Weigerung mit Unterstützungsentzug vorzugehen. Bedauerlicherweise fehlt noch jede gesetzliche Handhabe, um die nichtunterstützten jugendlichen Arbeitslosen zwangsweise dem Arbeitsdienst zuzuführen...

Witze abträglichen und verächtlichen Inhalts werden verstärkt verbreitet. Es wird ferner sowohl intellektuell, aber auch in Arbeitskreisen gegen das Ansehen der Partei mit der Behauptung gearbeitet, der Frankenführer habe ein jährliches Einkommen von mehreren hunderttausend Mark...

Aus Situationsbericht des Arbeitsamts Rosenheim (Oberbayern) für Mai 1934

...Daß Kreise um die früheren marxistischen Parteien und um die Bayerische Volkspartei eine gewisse Tätigkeit entfalten, kann zwar nicht nachgewiesen werden, man glaubt das jedoch unmittelbar zu fühlen...
 Die jetzt aus der Großstadt abgestellten Notstandsarbeiter dürften in der Mehrzahl kaum als positiv zum neuen Staat eingestellt bezeichnet werden. Mehrfach gelang es Hetzern, an den Baustellen eine stark abträgliche Atmosphäre zu schaffen... Es ist die Wahrnehmung zu machen, daß kleine Entgleisungen oder Mißgriffe unterer Parteistellen, insbesondere der Stellen der Arbeitsfront, bei jeder möglichen und unmöglichen Gelegenheit als ›Ausfluß des Systems des 3. Reiches‹ vielfach geradezu mit Wohlbehagen gewertet werden...
 Die Hochflut politischer Witze ist eine immer deutlicher hervortretende Erscheinung, die auf eine Verächtlichmachung der nationalsozialistischen Regierung abzuzielen scheint...

Aus Halbmonatsbericht des Regierungspräsidenten von Ober- und Mittelfranken, 21. 6. 1934

...Der Stadtrat Selb berichtet, daß ehemalige, in der SPD führende Personen sich häufig zu angeblichen Spaziergängen in Gruppen von zehn bis zwölf Personen treffen. Dem Stadtrat Bayreuth ist es aufgefallen, daß frühere Führer der SPD in letzter Zeit häufig um die Ausstellung von Wandergewerbescheinen zum Handel mit geringwertigen Gegenständen des Hausbedarfs nachsuchen; obwohl der Verdacht sich aufdrängt, daß hier unter dem Deckmantel eines Handelsbetriebes eine versteckte illegale Tätigkeit entfaltet werden soll, reichen die gesetzlichen Grundlagen nicht aus, um hier vorzubeugen...

Aus Situationsbericht des Arbeitsamts München für Juni 1934

...Die Arbeitsscheu ist durch die dauernde Abnahme an Arbeitslosen derartig groß geworden, daß sich die Amtsleitung veranlaßt gesehen hat, von der polizeilichen Arbeitszuweisung mit dem Ziele, asoziale Elemente in das Arbeitshaus zu bringen, Gebrauch zu machen. Auf der Reichsautobahn scheinen nach wie vor Hetzer am Werke zu sein, deren Ziel es ist, eine ständige Unzufriedenheit zu schüren...

Aus Situationsbericht des Arbeitsamts Traunstein (Oberbayern) für Juni 1934

...Auch hier sind die wenigen Nörgler unter der Arbeiterschaft seit dem 30. 6. 1934 nahezu verschwunden. Die energische Beseitigung der Verschwörer hat dem einfachen Arbeiter unbedingte Achtung abgerungen, um so mehr, als jene allgemein Anlaß durch ihr schlemmerhaftes Leben zur Kritik gaben. Seit jenem Tag schallt der deutsche Gruß bei den Arbeitern freudiger denn je. Gerade der kleine Mann, der Arbeiter, der Gütler, der Ärmste, den das protzenhafte Auftreten Gewisser wie ein Alpdruck quält, hebt nunmehr dankbaren Herzens seine Arbeitshände empor...

Kleinere Geschäftsbetriebe weigern sich immer noch, den tariflichen Lohn zu zahlen und beschäftigen vielfach Leute, die nur für Kost und geringfügige Barvergütung arbeiten. Solche Arbeitgeber werden nach und nach der Deutschen Arbeitsfront bekannt, die dann ihrerseits den nötigen Druck zur Tarifzahlung ausübt. Die Stimmung in diesen Kreisen ist naturgemäß weniger günstig...

Aus Situationsbericht des Arbeitsamts Hof (Oberfranken) für Juli 1934

... Es konnte die Feststellung gemacht werden, daß von seiten der Industrie-Arbeitnehmer vielfach über mangelhafte sozialpolitische Ausbildung der Betriebszellenobleute geklagt wird. Es wird auch erklärt, daß die Ausbildung der früheren marxistischen Arbeitervertreter eine bessere gewesen sei. Das Vertrauen zur Bewegung wird durch solche Beobachtungen und Feststellungen innerhalb der Arbeiterschaft nicht gestärkt, die Tatsache, daß der Betreffende altes Parteimitglied ist, rechtfertigt allein noch nicht seine Berufung zum Arbeitervertreter. – Festgestellt wurde auch eine Beunruhigung innerhalb der Textilarbeiterschaft darüber, daß die angeordnete Verkürzung der Arbeitszeit auf 36 Stunden einen größeren Umfang annehmen könnte. Die genannte Kürzung auf 36 Stunden wurde als Notwendigkeit hingenommen...

Vom Sommer 1934 bis zum Sommer 1935 war in Bayern wie in anderen Gebieten des Reiches eindeutiger als vorher eine nicht mehr nur in erster Linie auf öffentliche Arbeitsbeschaffungsmaßnahmen, sondern auf gesteigerte Aufträge in verschiedenen Branchen der Industrie zurückgehende wirtschaftliche Erholung und erhebliche Verringerung der Arbeitslosigkeit festzustellen. Die autarkiewirtschaftlichen und rüstungswirtschaftlichen staatlichen Aufträge und Lenkungsmaßnahmen spielten dabei neben der auf bilateralem Wege (z. B. mit den ost- und südosteuropäischen Ländern) angekurbelten Außenhandelspolitik eine wesentliche Rolle. Die wirtschaftliche Belebung war jedoch nicht gleichmäßig. Sie kam einzelnen industriellen Produktionszweigen, z. B. dem Maschinen- und Fahrzeugbau, der optischen Industrie, der Bauwirtschaft u. a., sehr viel stärker zugute als anderen, z. B. der Textilindustrie, und wirkte sich deshalb auch zum Teil regional verschieden stark aus, die Zentren der metallverarbeitenden Industrie in Nürnberg, Schweinfurt, Augsburg, München profitierten weit mehr als die Schwerpunkte der klein- und mittelbetrieblichen Konsumgüterindustrie in der Oberpfalz und in Oberfranken, zumal der Devisenmangel des Reiches zur Rohstoffkontingentierung führte, die die Produktion zum Teil stark beeinträchtigte. Dem entsprach eine sich recht unterschiedlich darstellende Lage- und Stimmungsentwicklung der gewerblichen Arbeiterschaft. Wenn illegale kommunistische oder – in geringerem Maße – auch sozialdemokratische Aktivitäten und Flugblattaktionen im ersten Halbjahr 1935 gegenüber den Jahren 1933/34 den Berichten zufolge an Umfang und Bedeutung abnahmen, so lag das zum Teil an der positiven wirtschaftlichen Lageveränderung, aber vor allem auch an der weiterhin scharfen, mit staatspolizeilichen Mitteln geführten Unterdrückung aller Formen illegaler Wiederbelebung der verbotenen linken Arbeiterparteien. Dabei spielten 1934/35 auch – nicht zuletzt der öffentlichen Abschreckung dienende – Sondergerichtsverfahren wegen Hochverrats eine zunehmend wichtige Rolle. Die früher sozialdemokratisch oder kommunistisch eingestellte Arbeiterschaft verlor mehr und mehr ihren früheren organisatorisch-politischen und weltanschaulichen Rückhalt. Ihr innerer Widerstand gegenüber dem NS-Regime wurde orientierungsloser und schwächer. Die erhaltenen, im folgenden auswahlweise wiedergegebenen periodischen Berichte zeigen aber auch, daß die Mißstimmung der Arbeiterschaft durch die Politik des Regimes neue Nahrung erhielt. Das 1933/34 vordringlich der Sanierung der Landwirtschaft geltende Bemühen des NS-Regimes um Verbesserung der Preise für Agrarprodukte verringerte die Kaufkraft der auf dem niedrigen Stand der Wirtschaftskrise festgehaltenen Löhne und wirkte sich vor allem zuungunsten der schlechtverdienenden Arbeiter und Angestellten aus. Auch die verschiedenen Formen des Arbeitseinsatz-Zwanges und die mit der Zerschlagung der Freien Gewerkschaften, der Abschaffung der Tarifautonomie[38] und innerbetrieblicher Mitbestimmungsrechte[39] entwickelte regimeabhängige außer- und innerbetriebliche Sozialpolitik wurde, wie die Berichte zeigen, vielfach Anlaß neuer Arbeiteropposition und Mißstimmung. Daß die NSDAP, die DAF und der eingesetzte »Reichstreuhänder der Arbeit für das Wirtschaftgebiet Bayern« zusammen mit den Arbeitsämtern und anderen staatlichen Stellen andererseits in Notstandsgebieten für neue Arbeitsmöglichkeiten und zum Teil auch für Verbesserung der Arbeitsbedingungen und Löhne (Einführung von Tarifordnungen mit Mindestlöhnen, Betriebsordnungen etc.) sorgten und elementare soziale Mißstände verringerten, blieb in diesen Gebieten nicht ohne für das NS-Regime positive Wirkungen unter der Arbeiterschaft, zumal wenn diese keine starke gewerkschaftliche oder »linke« politische Tradition besaß.

Aus Lagebericht des Regierungspräsidenten von Unterfranken, 7. 8. 1934

... Von dem Versuch der vereinzelten Verteilung von kommunistischen Flugblättern abgesehen, können staatsfeindliche marxistische oder kommunistische Bestrebungen, außer in Würzburg, nicht festgestellt werden. Hier wird versucht, in Unterfranken eine illegale KPD-Gruppe neu aufzuziehen und Verbindungen mit Frankfurter Parteigenossen aufzunehmen. Ebenso hat auch eine SPD-Gruppe ihre illegale Arbeit in Würzburg und Umgebung aufgenommen...

Aus Lagebericht des Regierungspräsidenten von Niederbayern und der Oberpfalz, 8. 8. 1934

... Im allgemeinen kann die Stimmung der Arbeiter, wenigstens soweit sie wegen starker Zurückdrängung der Arbeitslosigkeit Arbeit gefunden haben, als hoffnungsfroh und viel besser als früher bezeichnet werden, wenngleich zweifellos die marxistische Einstellung in Arbeiterkreisen noch weithin verbreitet, wenn auch z. Zt. ziemlich unsichtbar ist und sie darauf warten, daß ihre Zeit mit zunehmender Not kommt...

Marxistische Bestrebungen bestehen fort, sind aber im allgemeinen wenig sichtbar. Nachdem im Juni in Regensburg gegen Angehörige der früheren SPD wegen Einführung marxistischer Schriften eine größere Zahl von Verhaftungen vorgenommen worden war, wurden jetzt in Amberg mehrere Leute wegen Fortführung der KPD festgenommen und abgeurteilt. Sicherlich sind hier und anderwärts viele Hintermänner noch nicht erfaßt. In Industrieanlagen erscheinen immer wieder kommunistische Klebezettel usw. Die fort-

---

[38] Die ausgehandelten Tarifverträge wurden ersetzt durch staatliche, von den Treuhändern der Arbeit angeordnete Tarifordnungen.

[39] Nach dem Gesetz zur Ordnung der Nationalen Arbeit vom 20. 1. 1934 trat an die Stelle der Mitbestimmung das Führer- und Gefolgschaftsverhältnis im Betrieb. Die bis 1936 auf der Basis dieses Gesetzes noch abgehaltenen (später wegen der dabei zutagetretenden Arbeiteropposition) nicht mehr erneuerten »Vertrauensratswahlen« in den Betrieben waren kaum mehr als ein Alibi für die Beseitigung der einstigen Mitbestimmung.

dauernde z. Zt. stark niedergedrückte kommunistische Gefahr darf keinesfalls unterschätzt werden...

Aus Situationsbericht des Arbeitsamts Augsburg für August 1934

...In Textilindustrie Stimmung sehr gedrückt, besser [in] Metallindustrie... [auch bei weiblichen Arbeitern] in Textilindustrie Stimmung nicht gut... [Es] wird von starker Bolschewisierung berichtet. Arbeiterschaft des Kammgarnviertels... hat am 19. August[40] überwiegend mit Nein gestimmt. In der Buntweberei brach ein regelrechter Streik aus...

Aus Lagebericht der Polizeidirektion Augsburg, 1. 9. 1934

...Die gedrückte Stimmung, die durch die Einführung der 36-Stundenwoche und die damit verbundene Lohnkürzung unter den in der Textilindustrie Beschäftigten entstand, hält an. Auch die Arbeitnehmer anderer Industriezweige klagen viel über die niederen Löhne. Die Hoffnung auf eine Besserung der Arbeitszeit- und Verdienstverhältnisse ist bei den Betroffenen gering; viele befürchten, daß der durch die Devisenknappheit entstandene Rohstoffmangel die Krise verschärft... Irgendwelche Bestrebungen zur Neubildung kommunistischer oder sozialdemokratischer Organisationen wurden nicht festgestellt...

Aus Lagebericht der Polizeidirektion München, 3. 9. 1934

...Als der Zeitpunkt der Volksabstimmung zum Gesetze über das Staatsoberhaupt des Deutschen Reiches festgesetzt war, zeigten sich besonders die oppositionellen Kreise am Werke. Auffallend war jedoch im Vergleiche zu den letzten Wahlen die Tatsache, daß die Werbung dieser gegnerischen Gruppen nicht mehr in so umfangreichem Maße wie früher durch Presseerzeugnisse erfolgte...

Zwei Männer, ehemalige Angehörige der SPD, konnten wegen illegaler Verbreitung gedruckter gegnerischer Werbeschriften am 17. 8. 34 nachts festgenommen werden. Daß sich die Verbreiter dieser Werbeerzeugnisse bei ihrer Tätigkeit sehr unsicher fühlten, geht schon daraus hervor, daß der Abwurf der Zettel durchwegs von Fahrzeugen (Kraftfahrzeuge und Fahrräder) erfolgte und daß die Täter nur in den ruhigen Nachtstunden und in den wenig begangenen Außenvierteln der Stadt ihr Unwesen trieben...

Die Gesamtzahl der Stimmberechtigten betrug in München 528 056. An Stimmscheinen wurden ausgegeben 70 220 Stück. An der Abstimmung haben sich hier beteiligt 478 419 Wähler; abgegeben wurden 470 901 gültige und 7518 ungültige Stimmen. Von den gültigen Stimmen waren 419 475 Ja-Stimmen und 51 426 Nein-Stimmen...

---

[40] Volksabstimmung, siehe S. 73, Anm. 109.

Wegen abfälliger Äußerungen über führende Persönlichkeiten, über Maßnahmen der Regierung wurden im Monat August 1934 insgesamt 31 Personen festgenommen. In 21 Fällen sind die Äußerungen am Biertisch gefallen, in den übrigen Fällen bei anderen Gelegenheiten. Außer diesen Festgenommenen wurde noch eine größere Anzahl wegen der gleichen strafbaren Handlungen zur Anzeige gebracht...

Es wurde u. a. festgestellt, daß sich am Werbefeldzug der Opposition bei der Volksabstimmung Kommunisten und Sozialdemokraten in geschlossener Reihe beteiligten.

Wegen Förderung der marxistischen und kommunistischen Bewegung wurden im Laufe des Monats elf Personen festgenommen und der Bayerischen Politischen Polizei überstellt...

Aus Lagebericht des Regierungspräsidenten von Niederbayern und der Oberpfalz, 6. 9. 1934

...Die geheime Arbeit der KPD bedarf steter Beobachtung. Zwischen der KPD in Amberg und Nürnberg bestehen geheime Beziehungen, die vom Geheimdienst der Polizeidirektion Nürnberg-Fürth dauernd beobachtet werden. Auch im Norden des Bezirks Kemnath wird geheim gearbeitet, was ein im Zuge der Lokalbahn Fichtelberg – Neusorg gefundenes Flugblatt der SPD (gedruckt in Asch) beweist, das der Bayerischen Politischen Polizei vorgelegt worden ist. Besonderer Beobachtung bedürfen die Arbeitsstätten, an denen Notstandsarbeiten ausgeführt werden. Der Stadtrat Straubing berichtet hierzu: »Das wieder anmaßend werdende Verhalten einzelner von früher her bekannter roter Parteigänger, das sich in den Kreisen der Notstandsarbeiter zeigt, läßt entsprechende Schlüsse zu. In erster Linie herrscht in diesen Kreisen Unzufriedenheit wegen der geringfügigen Bezahlung der Notstandsarbeiten. Die Notstandsarbeiter entstammen den Kreisen der Wohlfahrtserwerbslosen. Die Notstandsarbeiten werden meist in einer Entfernung von der Wohnstätte ausgeführt, die eine ganztägige Abwesenheit notwendig macht. Die dadurch veranlaßte Steigerung der Lebenshaltungskosten wird in der Bezahlung nicht berücksichtigt. Der Lohn für die Notstandsarbeiten erhebt sich kaum über die vorher bezogene Wohlfahrtsunterstützung. So z. B. erhält ein Unterstützungsempfänger mit Ehefrau und drei Kindern hier wöchentlich 14,40 RM Unterstützung. Als Notstandsarbeiter hat er ein Einkommen von 15,94 RM wöchentlich. Bei Einfall von Regenwetter, Wochenfeiertagen sinkt auch dieses Einkommen noch. So ist es notwendig, zur Ermöglichung der Lebenshaltung noch Zuschüsse durch das Wohlfahrtsamt zu zahlen.« In diesen Kreisen kann die Agitation der KPD einen guten Nährboden finden...

Aus Lagebericht der Polizeidirektion Augsburg, 1. 10. 1934

...Unter den in der Textilindustrie Beschäftigten ist die Stimmung infolge der eingeführten Kurzarbeit weiterhin gedrückt. Besonders schlecht ist sie unter den etwa 2500 Arbeitern der Augsburger Kammgarnspinnerei. Die genannte Fabrik blieb von den Krisen früherer Jahre vollkommen unberührt, mußte aber infolge der Faserstoffverordnung in letzter Zeit ebenfalls zur 36-Stundenwoche und teilweise sogar nur 24-Stundenwoche übergehen. Die Leute befürchten, daß die Arbeitszeit noch mehr verkürzt wird und der kommende Winter schwere, vielleicht unüberwindliche Krisen bringt. In der MAN klagen die Arbeiter vor allem über die fortgesetzten Rationalisierungsmaßnahmen. Die Leute behaupten, daß dadurch die hohen Anforderungen an die Arbeitskraft noch mehr gesteigert und die Löhne noch mehr geschmälert werden. Viele Arbeiter sagen, diese ständige Steigerung der Akkordarbeit stehe in Widerspruch zu den wiederholten Äußerungen führender Nationalsozialisten, daß der Arbeiter menschenwürdig behandelt werden müsse. Recht unbeliebt werden in der Arbeiterschaft allmählich die geschlossenen Aufmärsche, die bei besonderen Anlässen von den Betriebszellen auf Veranlassung der DAF durchgeführt werden, zumal auf die Gefolgschaften der einzelnen Betriebe oftmals ein starker Zwang zur Teilnahme ausgeübt wird. Die Rieseneinkommen führender Wirtschaftler erregen ebenfalls sehr viel Anstoß...

Die Klagen über das mangelnde psychologische Verständnis mancher Betriebszellenobmänner und Vertrauensleute sowie das schlechte Beispiel einzelner Unterführer sind ebenfalls sehr zahlreich...

Die Anhänger der SPD, KPD und SAP traten in der Berichtszeit weder in organisatorischer noch sonstiger Hinsicht in Erscheinung. Wegen Beleidigung der Bewegung und ihrer Führer mußten acht Personen in Schutzhaft genommen werden. Von den Schutzhäftlingen stehen lediglich drei den ehemalig links gerichteten Parteien nahe. Bei zehn Personen wurden die Schutzhaftbefehle aufgehoben...

Die Metallindustrie war während der Berichtszeit größtenteils gut beschäftigt. Die Zahl der Erwerbslosen in dieser Berufsgruppe hat sich im Monat September um ca. 100 Personen vermindert. Besonders aufnahmefähig war die Zahnräderfabrik Renk, die neben Zahnrädern Autoteile herstellt und die Flugzeugwerke, die ihren Betrieb vergrößern...

Bau- und Baunebengewerbe sind ebenfalls gut beschäftigt gewesen. Dort ist Mangel an Facharbeitern eingetreten...

Aus Lagebericht des Regierungspräsidenten von Unterfranken, 5. 10. 1934

...Im Spessartgebiet macht sich in bisher kommunistisch eingestellten Kreisen eine Abkehr vom Kommunismus und eine Aussöhnung mit dem Staate bemerkbar, da sie die Fürsorge der Reichsregierung für den kleinen Mann einzusehen beginnen...

Aus Lagebericht des Regierungspräsidenten von Niederbayern und der Oberpfalz, 8. 10. 1934

...In Mitterteich, BA Tirschenreuth, wurde ein größerer Zeitschriftenschmuggel aufgedeckt, der am 26. 9. 1934 zur Verhaftung einer Reihe von Personen (13) führte. Hauptbeteiligte sind ein böhmischer Schmuggler und ein Gastwirt aus Mitterteich. Beide führten sozialistische und kommunistische Zeitungen und Zeitschriften aus Böhmen ein und verteilten sie in einem gewissen Kreise weiter. Der Böhme befaßte sich außerdem mit dem Schmuggel von Waren. Die umfangreichen von der Gendarmerie, der Polizeidirektion Nürnberg und den Zollbehörden geführten Erhebungen haben bisher keinen Anhaltspunkt für das Weiterbestehen einer kommunistischen oder marxistischen Organisation ergeben...

Aus Monatsbericht des Regierungspräsidenten von Ober- und Mittelfranken, 9. 10. 1934

...Der Stadtrat Selb erwähnt, daß dort in letzter Zeit die Schweinefleischpreise um 5 Rpf. pro Pfund hinaufgesetzt worden seien und daß aus Anlaß der Festsetzung der Kartoffelpreise, die der Arbeiterschaft zu hoch seien, in der Bevölkerung eine allgemeine Beunruhigung Platz gegriffen habe...
Die Nürnberg-Fürther Metallgroßindustrie zeigte sich weiterhin aufnahmefähig. Die Fahrrad- und Motorradindustrie ist zur Zeit gut beschäftigt. Auch die Fahrzeugfabriken brauchten trotz Beendigung der Saison nur in geringem Maße zu Entlassungen zu schreiten. Die Radioindustrie war saisonmäßig belebt. In der Schwabacher Schraubenfabrikation wird nach wie vor in Doppelschichten gearbeitet. In der dortigen Nadelindustrie hält dagegen die Kurzarbeit noch an. Die Goldschlägerei mußte weitere Betriebseinschränkungen vornehmen; sie leidet noch immer an unzureichenden Zuweisungen von Rohstoffen... In der Textilindustrie beginnen sich Schwierigkeiten in der Rohstoffversorgung bemerkbar zu machen. Größere Entlassungen konnten jedoch bisher noch durch Streckung der Arbeitszeit vermieden werden...

Aus Lagebericht der Polizeidirektion Augsburg, 1. 11. 1934

...Unzufriedenheit herrscht über die niedrigen Löhne einerseits und die hohen Einkommen leitender Persönlichkeiten in der Wirtschaft andererseits, das Steigen verschiedener Lebensmittelpreise sowie das Akkordsystem in den größeren Betrieben. In einigen Fabriken bilden politisch Gleichgesinnte – meist Sozialdemokraten – bei den Vesperpausen kleinere Gruppen, wobei meist diese drei Punkte sowie in der Regel auch leitende Persönlichkeiten der Bewegung kritisiert werden...

Aus Lagebericht der Polizeidirektion München, 4. 11. 1934

...Eine besondere Agitation der KPD war im Laufe des Monats nicht zu beobachten. Die Verbreitung von Hetzschriften in der bekannten Aufmachung war kaum nennenswert...
Die anhaltende Preissteigerung auf dem Lebensmittelmarkt wird wohl von der Landbevölkerung begrüßt, sie findet jedoch in den Verbraucherkreisen wenig Gegenliebe. Es werden nunmehr Stimmen laut, daß die Kosten der Lebenshaltung allmählich eine Höhe annehmen, die für die minderbemittelten Schichten kaum mehr tragbar ist. Einmütig

wird jedoch von den Erzeugern und Verbrauchern die Handelsspanne bei den Gegenständen des täglichen Bedarfs allgemein als zu hoch bezeichnet...

Aus Lagebericht des Regierungspräsidenten von Unterfranken, 6. 11. 1934

...Unter den Fabrikarbeitern in Schweinfurt herrscht über die neu herausgegebene Betriebsordnung große Mißstimmung, weil sie auf das kameradschaftliche Verhalten der Betriebsführer zum Arbeiter aufgebaut sei, dieses Verhalten aber bei den Betriebsführern heute mehr denn je vermißt werde. Die Mißstimmung ist aber nicht begründet, weil die bekanntgegebene Betriebsordnung nicht wie man in den Arbeitskreisen annahm, ein Werk der örtlichen Betriebsführer ist; es handelt sich vielmehr um eine von dem Landesbeauftragten der Arbeitsfront herausgegebene Mustersatzung. Die Ursache für die oppositionelle Einstellung dürfte in den Überresten marxistischer Denkungsart einzelner Gefolgschaftsführer zu suchen sein...

Aus Lagebericht des Regierungspräsidenten von Niederbayern und der Oberpfalz, 9. 11. 1934

...In der Arbeiterschaft werden die Bestrebungen der Reichsregierung zur Arbeitsbeschaffung dankbar anerkannt, wenn auch die Klagen der Notstandsarbeiter über die niedrigen Löhne andauern. Nach dem Bericht der Polizeidirektion Regensburg herrscht in den ehemals marxistischen Kreisen völlige Ruhe. Eine in der letzten Zeit durchgeführte genaue Überwachung der größeren Betriebe in Regensburg hat gezeigt, daß die Arbeiterschaft sich von den marxistischen Ideen mit geringen Ausnahmen fast vollständig abgewendet hat. Auch nach einem Bericht des Bezirksamts Landau a. d. Isar wurden aus Kreisen der ehemaligen KPD Stimmen laut, daß die Maßnahmen der Regierung zu billigen seien. Inwieweit die ehemals kommunistischen Anhänger sich wirklich bekehrt haben, läßt sich schwer beurteilen...

Aus Lagebericht des Regierungspräsidenten von Ober- und Mittelfranken, 9. 11. 1954

...Der Polizeidirektion Nürnberg-Fürth gelang es, eine Vereinigung von etwa zwölf Personen wegen Verbreitung marxistischer Druckschriften und Weiterführung der SPD aufzudecken; die Beteiligten stammten zum Teil aus Nürnberg und Fürth, zum Teil aus den Städten der nördlichen Oberpfalz...

Aus Lagebericht der Polizeidirektion Augsburg, 1. 12. 1934

...Zur Besserung der Stimmung unter den Textilarbeitern hat vor allem die Tatsache beigetragen, daß seit 25. dieses Monats in 17 Augsburger Textilbetrieben durch das Winterhilfswerk täglich etwa 1900 Portionen warmes Essen, bestehend aus Suppe und Fleisch oder Wurst, kostenlos abgegeben werden. Betreut werden vor allem diejenigen Arbeiter und Arbeiterinnen, die für den Unterhalt ihrer Familien allein aufzukommen haben. In einigen Augsburger Textilbetrieben hielt ein Vertreter der DAF längere Referate, in denen er in überzeugender Weise die Gründe darlegte, die zur Beschränkung der Rohstoffeinfuhr geführt haben und auf die Notwendigkeit und Richtigkeit des von der Regierung in dieser Frage beschrittenen Weges hinwies... Unter den Betriebszellenobmännern und in der national gesinnten Arbeiterschaft wird Klage darüber geführt, daß die Rechtsstellung des Betriebszellenobmannes keine gesicherte ist. Der Obmann der NS-Betriebszelle genießt insbesondere keinen besonderen Kündigungsschutz, es sei denn, daß er gleichzeitig dem Vertrauensrat angehört. Dies wird umso mehr bedauert, als das Amt des Betriebszellenobmannes, im Gegensatz zu dem des Vertrauensrates, ein rein politisches ist und somit über Recht oder Unrecht seines Handelns nicht der Unternehmer oder das Arbeitsgericht, sondern nur die übergeordnete PO-[Politische Organisation] oder NSBO-Stelle zu entscheiden hat...

In letzter Zeit gemachte Wahrnehmungen weisen auf bestehende Versuche zur Neubildung der KPD in Augsburg hin. Einige in dieser Hinsicht verdächtig erscheinende Elemente werden zum Teil unauffällig überwacht. Von einer staatsfeindlichen Tätigkeit sozialdemokratischer Kreise ist gegenwärtig nichts zu beobachten, wenn auch festgestellt werden muß, daß insbesondere die alten Anhänger der SPD in der Regel fester an ihrer politischen Überzeugung hängen als die Kommunisten...

Aus Lagebericht der Polizeidirektion München, 6. 12. 1934

...Nach längerer nachhaltiger Überwachung konnte im Laufe des Monats die Bayerische Politische Polizei als zur Bearbeitung des Falles zuständige Behörde einen erfolgreichen Schlag gegen die KPD Südbayern durch die Aufrollung eines neu aufgezogenen Verteilungsapparates ausführen. Dadurch wurde die Flugblattverteilung für einige Zeit unterbrochen und die für den Winter geplante erhöhte Werbetätigkeit ziemlich vereitelt. Gegen 18 in die Angelegenheit verwickelte Personen ist ein Strafverfahren wegen Hochverrats eingeleitet worden... Sehr rege scheint die mündliche Werbetätigkeit der KPD in den Münchner Vorstädten (Arbeitervierteln) betrieben zu werden... Als besonderes Feld ihrer Tätigkeit scheinen sich diese »Drahtzieher« einfache Bierwirtschaften als Arbeitsplatz erwählt zu haben, um dort die durch den Alkohol gehobene Stimmung auszunützen. Besonders günstig wußten diese Staatszersetzer die Preissteigerungen der letzten Monate auszuschlachten...

Aus Lagebericht des Regierungspräsidenten von Niederbayern und der Oberpfalz, 7. 12. 1934

...Das BA Regensburg berichtet: »In stärkerem Maße als bisher sind Bestrebungen staatsfeindlicher Elemente und von Angehörigen der ehemaligen kommunistischen Partei hervorgetreten. Festgenommen wurde die kommunistische Emigrantin Irmgard Besier, geb. 5. 6. 1902 in Maffersdorf (Tschechoslowakei), die Beziehungen zu Kommunisten in Zeitlarn und Regendorf suchte.« ... Die Gendarmerie im Bezirk Waldmünchen beobachtet verschiedene Personen, die im Verdacht stehen, über die Reichsgrenze staatsfeindliche Schriften einzuschmuggeln... Das Bezirksamt Sulzbach berichtet: »Bei der Arbeiterschaft in Sulzbach – Rosenberghütte zeigt sich ein gewisser Unwille über die derzeitige Lohnregelung, der dadurch verstärkt wird, daß eine befriedigende Senkung der Fleischpreise noch nicht möglich war. Dieser Unwille kommt auch darin zum Ausdruck, daß etwa 300 Arbeiter der Maxhütte noch nicht der Deutschen Arbeitsfront beigetreten sind.«...

Aus Situationsbericht des Arbeitsamts Deggendorf (Niederbayern) für Dezember 1934

...Der Wunsch nach einem Arbeitsplatz steht allem anderen voran. Allgemein ist Befriedigung erkennbar. Die vermehrte Aussicht auf Wiedereinstellung in nächster Zeit stimmt zuversichtlich. Begrüßt wird insbesondere die Inangriffnahme der Ostmarkstraße im Arbeitsamtsbezirk...

Aus Bericht der Bayerischen Politischen Polizei über die illegalen marxistischen Bewegungen in Bayern 1934, 2. 1. 1935

... Der Anfang des Jahres im Bezirk Südbayern beobachteten äußerst regsamen und intensiven Organisationstätigkeit [der KPD] wurde anfangs Februar durch die Festnahme einer größeren Anzahl illegaler Funktionäre jäh ein Ende gesetzt. Dabei wurde der Verteilungsapparat des illegalen Organs der KPD Südbayerns »Neue Zeitung« ausgehoben. Unter den Festgenommenen befand sich ferner der Ortsgruppenleiter, das letzte in Freiheit befindlich gewesene Mitglied der illegalen BL [Bezirks-Leitung] Südbayerns, bei dem zahlreiche Aufzeichnungen über die Organisation der KPD in Bayern beschlagnahmt wurden. Damit stand die kommunistische Bewegung in Südbayern führerlos da. Mit welch unübertrefflicher Hartnäckigkeit die KPD an dem Verfolg ihrer Aufgaben und Ziele arbeitet, zeigt der Umstand, daß die verwaisten Funktionärsstellen sofort wieder besetzt und alsbald wieder Vorarbeiten zur Bildung einer neuen BL eingeleitet wurden.
Von der Polizeidirektion Nürnberg-Fürth wurde eine erfolgreiche Aktion gegen die Leitung der illegalen KPD Nordbayerns durchgeführt, bei der neben 20 Funktionären ein in Nürnberg anwesend gewesener ZK Kurier festgenommen werden konnte, in dessen Koffer in einem Doppelboden wertvolles neues KPD-Material vorgefunden wurde....
Im Juni wurde durch die Festnahme mehrerer Haupt- und Spitzenfunktionäre der Erfolg im Aufbau der illegalen Organisationen völlig zunichte gemacht, Verbindungen zerstört und kommunistische Ortsgruppen in Hausham und Böbing, die sich insbesondere durch eine massenhafte Flugblattpropaganda hervorgetan hatten, ausgehoben.
Ferner wurde durch eine nächtliche Aktion im Bayerischen Wald in der Nähe der

tschechoslowakischen Grenze nach einer sorgfältigen und entsprechenden Vorbereitung eine bewaffnete und sehr gefährliche Druckschriftenschmugglerbande auf frischer Tat dingfest und unschädlich gemacht...

Im Juli wurden weitere illegale Ortsgruppen in Olching, Gröbenzell, Eichenau und Eching ausgehoben, die die illegale Arbeit in vollem Umfang aufgenommen, Beiträge kassiert, Schriften verbreitet und angestrengte Versuche unternommen hatten, in den Ortschaften ihrer Umgebung kommunistische Zellen und weitere Ortsgruppen zu gründen...

Weiter wurde in der Wohnung der Ehefrau eines Schutzhaftgefangenen, die wiederholt ihre staatsfreundliche [Einstellung] versichert und sich damit mehrmals um die Freilassung ihres Mannes bemüht hatte, eine Geheimdruckerei in dem Augenblick ausgehoben, als im Abzugsverfahren eine Massenauflage der neuen illegalen Hetzschrift mit dem Titel »Der Vortrupp« hergestellt wurde. Neben dem fabrikneuen wertvollen Abzugsapparat und dem Herstellungsmaterial wurden ferner mehrere beschriebene Matrizen beschlagnahmt, die zur Anfertigung weiterer kommunistischer Hetzschriften bestimmt und angefertigt worden waren...

Durch die Polizeidirektion Würzburg wurden in Würzburg und Umgebung illegale Ortsgruppen des KPD-Unterbezirks Unterfranken ausgehoben, die eine sehr rege Tätigkeit entfaltet haben. Dabei wurden illegale Verbindungen nach Hamburg und Frankfurt am Main festgestellt...

Im Dezember wurde in einem der besten Wohnviertel Münchens in den Mitternachtsstunden eine weitere kommunistische Geheimdruckerei ausgehoben, als eine Massenauflage einer neuen äußerst revolutionären illegalen Schrift mit dem Titel »Durch den Maulkorb« hergestellt und zum Versand hergerichtet worden war. Der Verfasser, ein Dr. rer. pol., Diplom Landwirt und Schriftsteller, und die Hersteller der Schrift wurden festgenommen...

Die illegale Jugend, die nach dem Fünfergruppensystem organisiert war, Stadtteilinstrukteure geschaffen und Mitgliederbeiträge kassiert hatte, war eine der aktivsten kommunistischen Gruppen in München, hatte innerhalb ganz kurzer Zeit nicht weniger als sieben illegale Hetzschriften hergestellt und darunter neben ihrem aus dem Ausland eingeschmuggelten Organ »Junge Garde« auch ein Flugblatt »An die gläubigen Katholiken« in mehreren Kirchen zur Verteilung gebracht, die Herausgabe einer Schulzeitung, die Gründung von Betriebs- und Schulzellen und die Zersetzung der Arbeitsdienstlager und Landhelfergruppen vorgesehen. Der Politische Leiter, ein 20 jähriger Student, wurde vom Bayerischen Obersten Landesgericht zu 2 Jahren Gefängnis, die jugendlichen Mitbeteiligten zu Gefängnisstrafen von 6 Monaten bis 2 Jahren verurteilt. Die im Laufe des Jahres wiederholt unternommenen Versuche, die kommunistische Jugend wieder neu erstehen zu lassen, sind durch diese Aktion bisher immer wieder gescheitert...

Im September wurden in einem Münchner Großbetrieb sämtliche Funktionäre und Mitglieder einer illegalen RGO-Gruppe festgenommen, die innerhalb des Betriebes rege Propaganda betrieben, Beiträge kassiert, Flugblätter verteilt hat und es gewagt hatte, eine beachtliche Opposition zu schaffen. Ferner war sie bestrebt, die unzufriedenen Arbeiter des Betriebes Schritt für Schritt für den revolutionären Kampf zu gewinnen. Weitere organisatorisch zusammengefaßte RGO-Gruppen wurden nicht mehr festgestellt...

Daß die illegale KPD in Bayern bisher keine größeren Erfolge und Fortschritte verzeichnen konnte, ist neben dem energischen Vorgehen auch auf den durch den rücksichtslosen Vollzug der Schutzhaftbestimmungen eingetretenen und sich äußerst fühlbar machenden Mangel geeigneter und geschulter Funktionäre zurückzuführen, der das ZK bereits mehrmals veranlaßt hat, auswärtige und aus der Emigration zurückbeorderte Funktionäre nach Bayern zur Durchführung der illegalen Arbeiten zu entsenden...

Während ein großer Teil der ehemaligen Anhänger der SPD sich mit den bestehenden Verhältnissen abgefunden hat oder sich zunächst wenigstens noch abwartend verhält, haben aktive und insbesondere junge revolutionäre Elemente, oft nebeneinander und ohne jegliche politische Führung, in Betrieben, Wohnblocks und teilweise auch in nationalsozialistischen Massenorganisationen lose Zirkel und Gruppen gebildet, um Unzufriedenheit und Erbitterung zu schaffen und zu fördern und die Unzufriedenen und Enttäuschten zur illegalen Weiterführung der Partei zu sammeln...

1934 wurde von Prag aus der Versuch unternommen, die illegalen losen Gruppen im Reich organisatorisch zu erfassen... Dabei will man nicht die alte Partei und die alten Organisationen wieder beleben und reorganisieren, sondern man will aus opferbereiten Kämpfern eine neue revolutionäre Organisation, die Revolutionäre Sozialistische Einheitspartei, schaffen...

In Bayern zeigten die Bemühungen des Prager Parteivorstandes bisher keinen besonderen Erfolg. Dagegen wurde eine umfangreiche Propaganda durch Verbreitung illegaler von Kurieren aus der Tschechei eingeschmuggelter und teilweise getarnter Flugblätter, Flugschriften und Handzetteln wahrgenommen, die durch organisierte Verteilungsapparate über das ganze Land erfolgte...

Von der Bayerischen Politischen Polizei wurden im Jahr 1934 wegen Vorbereitung zum Hochverrat 253 [sic!] Personen, darunter 236 männliche und 15 weibliche Personen und wegen sonstiger marxistischer Betätigung und Umtriebe 130 Personen, darunter 112 männliche und 18 weibliche Personen, insgesamt 383 Personen festgenommen. Darunter befinden sich 352 Kommunisten und 31 Sozialdemokraten. Ferner mußten von der Bayerischen Politischen Polizei 992 Haussuchungen vorgenommen werden. Insgesamt wurden in Bayern wegen marxistischer Betätigung 2144 Personen festgenommen und beim Bayerischen Obersten Landesgericht 116 Verfahren wegen Vorbereitung zum Hochverrat eingeleitet...

Aus Monatsbericht der Polizeidirektion München, 8. 2. 1935

... Über die nach der nationalen Erhebung gegründete Sängerrunde »Neu-Harlaching« wurde festgestellt, daß die Mitgliedschaft stark von früheren marxistischen Elementen durchsetzt ist. Die Auflösung der Sängerrunde wurde deshalb bei der Bayerischen Politischen Polizei beantragt...

Aus Lagebericht des Regierungspräsidenten von Ober- und Mittelfranken, 9. 3. 1935

... Staatsfeindliche Bestrebungen kamen nur vereinzelt vor und meist nur als mündliche Äußerungen unter Einwirkung des Alkohols; nur in Nürnberg sind immer wieder einzelne Schutzhaftmaßnahmen wegen kommunistischer und sozialistischer Umtriebe notwendig; im Dezember mußte dort wegen Versuchs der Fortführung der SPD durch Bezug verbotener Schriften auf einmal gleichzeitig gegen 15 Personen eingeschritten werden...

Aus Lagebericht der Polizeidirektion Augsburg, 1. 4. 1935

... In der Mechanischen Baumwollspinnerei und Weberei Augsburg, dem größten hiesigen Textilbetrieb, entstand zu Beginn des Monats März eine Mißstimmung wegen der minderwertigen Rohstoffe, mit denen das Unternehmen zur Zeit wegen Mangels von besseren vorlieb nehmen muß. Diesbezügliche Klagen werden in zunehmendem Maße auch unter den Arbeitern anderer Textilbetriebe laut. In diesem Zusammenhang verstärkt sich auch die Abneigung gegen das Akkordsystem, da dieses infolge des schlechten Rohmaterials einen erhöhten Kräfteverbrauch bedingt und die Verdienstmöglichkeiten der ohnehin meist kurzbeschäftigten Arbeiter und Arbeiterinnen erschwert...

Wie bereits im letzten Lagebericht mitgeteilt wurde, deuten verschiedene Anzeichen darauf hin, daß in den Stadtteilen Wertachvorstadt, Oberhausen und Kriegshaber kommunistische Zellen gebildet werden. Die in der Zwischenzeit angestellten Erhebungen haben einwandfrei ergeben, daß in den genannten Stadtteilen Versuche zur Neubildung der KPD gemacht werden. Mehrere an diesen hochverräterischen Umtrieben beteiligte Kommunisten sind bereits namentlich bekannt...

Am Montag, den 4. 3. 35, fand vor dem Obersten Landesgericht in München die Hauptverhandlung gegen die Augsburger Kommunisten Schenk Friedrich und neun Genossen wegen Vorbereitung zum Hochverrat statt. Sie hatten im Frühjahr 1934 versucht, den KJVD in Augsburg neu zu gründen. Das Urteil wurde am 6. 3. 35 mittags verkündet. Sämtliche Angeklagte wurden verurteilt...

Es folgen die Namen der meist jugendlichen Arbeiter, die mit einer Ausnahme unverheiratet waren und durchschnittlich zu 1–2 Jahren Gefängnis verurteilt wurden.

Aus Lagebericht des Regierungspräsidenten von Unterfranken, 4. 4. 1935

... Der Marxismus arbeitet versteckt in den größeren Betrieben und es gelingt ihm auch teilweise, die Arbeiterschaft gegen die »Deutsche Arbeitsfront« aufzuhetzen, wie zahlreiche Austritte aus der Deutschen Arbeitsfront beweisen. Leider werden dem Marxismus seine Bestrebungen dadurch erleichtert, daß durch eine manchmal wenig glückliche Personalpolitik und durch das Hereinnehmen ungeeigneter Elemente in die Verwaltung das Vertrauen der Arbeiterschaft in die Deutsche Arbeitsfront auf eine schwere Probe gestellt wird. Es ist zu wünschen, daß durch die in Aussicht stehende Säuberungsaktion das Vertrauen wieder hergestellt wird.

Die illegale Bewegung der KPD bemüht sich, neue Ortsgruppen aufzuziehen. Auch sind Anzeichen dafür vorhanden, daß die aus dem Konzentrationslager Dachau entlassenen Schutzhäftlinge sich zusammenschließen, in Gasthäusern in kleinen Zirkeln zusammenkommen und an den Straßenecken beisammenstehen. In den nach Frankfurt gravitierenden Amtsbezirken wurden mehrere Kommunisten wegen illegaler Betätigung festgenommen...

Aus Monatsbericht der Polizeidirektion München, 7. 4. 1935

... Die industriellen Großbetriebe sind voll beschäftigt. In manchen Werken besteht zur Zeit sogar das Bedürfnis zu Sonntagsarbeit, es handelt sich in diesen Fällen um dringende Heereslieferungen... Auf dem Arbeitsmarkte sind die Verhältnisse günstig. Die in den Wintermonaten in zahlreichen Betrieben durchgeführten Arbeiterentlassungen wurden heuer nur selten beobachtet. Besonders im Bauwesen (Hoch-, Tief- und Straßenbau) konnten zahlreiche Arbeiter unterkommen, da die günstige Witterung die Fortführung der Arbeiten gestattete ...

Aus Monatsbericht des Regierungspräsidenten von Schwaben, 7. 4. 1935

... Die Zahl der Arbeitslosen im Regierungsbezirk dürfte nach zuverlässigen Schätzungen für Ende März auf rund 15 700 anzunehmen, also gegen Ende Januar rund 30, gegen Ende Februar um rund 25% gesunken sein. Die Besserung geht zurück (u. a.) auf die gesteigerte Aufnahmefähigkeit der Rüstungsindustrie...

Aus Monatsbericht des Regierungspräsidenten von Oberbayern, 8. 4. 1935

... Von marxistischer und kommunistischer Tätigkeit war wenig zu spüren...

Arbeitslose sind in verschiedenen Teilen des Regierungsbezirks immer noch in erheblichem Maße vorhanden, in anderen Teilen sind sie jedoch ganz bedeutend zurückgegangen...

Aus Lagebericht des Regierungspräsidenten von Niederbayern und der Oberpfalz, 8. 4. 1935

... Der Hochverratsprozeß gegen die illegale Neuorganisation der Sozialdemokratischen Partei in Nordbayern vor dem Bayerischen Obersten Landesgericht in München ist zu Ende. Im Zuge der polizeilichen Erhebungen waren in Nordbayern, vornehmlich in Mittelfranken und in der Oberpfalz, mehr als 150 Personen festgenommen und zur Apzeige gebracht worden. Hiervon wurden 68 Personen abgeurteilt, die übrigen wurden mangels ausreichenden Beweises, infolge Verjährung oder auf Grund des Straffreiheitsgesetzes vom 7. 8. 34 im Laufe des Verfahrens außer Verfolgung gesetzt. Die gefällten Urteile ergaben insgesamt 57 Jahre Zuchthaus und 32 Jahre Gefängnis. Mit diesem Prozeß ist dem illegalen Neuaufbau der SPD ein schwerer Schlag versetzt worden...

In den Bierwirtschaften der Vorstädte wird wieder sehr viel über Politik gesprochen, hauptsächlich an den Samstagabenden, wenn die Arbeiter von den Reichsautobahnen nach Hause gekommen sind. Diese Arbeitsstätten werden schon unverhohlen als Brutstätten des Kommunismus bezeichnet...

Aus Monatsbericht der Polizeidirektion München, 5. 5. 1935

... Hervorzuheben sind zwei größere Aktionen, welche die Bayerische Politische Polizei gegen die Versuche der Wiederaufrichtung eines kommunistischen Propaganda- und Parteiapparates in München unternahm. In beiden Fällen wurden zahlreiche Verhaftungen vorgenommen. Die Verbreitung von Druckschriften illegalen Inhalts war im letzten Monat auffallend gering, man kann sagen, bedeutungslos.

Aus Lagebericht der Polizeidirektion Augsburg, 1. 6. 1935

... Unter den in der Industrie Beschäftigten wendete sich das Interesse zu Beginn des Monats April in zunehmendem Maße den Vertrauensratswahlen zu. Die Betriebsversammlungen, die anläßlich dieser Wahlen abgehalten wurden, waren gut besucht. Die Wahlen sind ruhig verlaufen. Wahlbeteiligung und Wahlergebnis können in den meisten Betrieben als sehr gut bezeichnet werden. In den Bayerischen Flugzeugwerken haben von den 1871 Stimmberechtigten 93,1 % von ihrem Wahlrecht Gebrauch gemacht. Dabei entfielen auf die aufgestellten Vertrauensmänner etwa 92 und auf die Ersatzleute ungefähr 91 % der abgegebenen Stimmen. Verhältnismäßig viel ungültige Stimmen wurden in der Spinnerei und Weberei am Stadtbach abgegeben. Am schlechtesten wählten die Angestellten der städtischen Sparkasse hier, wo sämtliche aufgestellten Vertrauensmänner abgelehnt wurden. In der Mechanischen Baumwollspinnerei und Weberei Augsburg erhielt der Betriebszellenobmann $45^{3}/_{4}$ % der abgegebenen Stimmen. Nachdem im Benehmen mit dem Treuhänder der Arbeit diejenigen Stimmzettel, die mit Haken, Malen, Kreuzen usw. versehen wurden und daher für ungültig erklärt worden waren, für gültig erklärt wurden, kann der Betriebszellenobmann etwa $60^{1}/_{2}$ % der abgegebenen Stimmen auf sich vereinigen. Mit dieser Änderung des zuerst berechneten Wahlergebnisses, das im Betrieb bereits bekannt gegeben worden war, ist ein großer Teil der dort tätigen Handarbeiter und -arbeiterinnen nicht einverstanden. Viele bezeichnen die nachträgliche Gültigkeitserklärung solcher Stimmzettel als Wahlfälschung... In Arbeiterkreisen halten die Klagen über die niederen Löhne und das Akkordsystem in den größeren Betrieben an. Besonders verhaßt ist das Akkordsystem im Werk I der Stadtbachspinnerei, in dem etwa 1800 Personen beschäftigt sind. Viele dort Beschäftigte bezeichnen die Arbeitsweise in diesem Werk als einen auf die Dauer unerträglichen Zustand. Die aus diesem Grunde unter der Gefolgschaft bestehende nicht gute Stimmung hat sich seit kurzem weiterhin verschlechtert, weil der Betriebszellenobmann des Werkes wegen Verdachts der Unterschlagung von Beitragsgeldern der Deutschen Arbeitsfront beurlaubt werden mußte...

Die im Frühjahr 1935 eingerichtete Wehrwirtschafts-Inspektion VII (München) befaßte sich in ihren Monatsberichten vom 12. 6. und 13. 7. 1935 u. a. mit der Schädigung verschiedener Exportindustrien in Bayern durch jüdische Geschäftspartner im Ausland wegen der antijüdischen deutschen Politik. Dem Inhaber einer Nürnberger Firma sei von einem ausländischen Abnehmer erklärt worden, wie er denn, »ausgerechnet von Nürnberg kommend«, glauben könne, Aufträge im Ausland zu bekommen. Auch die Arbeiterschaft dieser stark auf Export angewiesenen Betriebe würde infolge des Produktionsrückganges in Mitleidenschaft gezogen. Desgleichen habe »die durch den Rohstoffmangel schon seit längerer Zeit erzwungene Kurzarbeit bei der Textilindustrie bei der Arbeiterschaft ziemliche Unzufriedenheit verursacht«.

Aus Lagebericht der Polizeidirektion Augsburg, 1. 8. 1935

... Anerkannt wird in den Arbeiterkreisen, daß viele Leute, die lange Zeit arbeitslos waren, durch die Maßnahmen der nationalsozialistischen Regierung wieder zu Arbeit und Verdienst gekommen sind. Gegenstand vieler Besprechungen innerhalb der Arbeiterschaft ist das durch den Reichsleiter der DAF herausgegebene Verbot, daß in Zukunft die Doppelmitgliedschaft bei der DAF und einem katholischen Arbeiterverein nicht mehr möglich ist. In der Augsburger Arbeiterschaft und besonders bei den weiblichen Arbeitern sind noch viele Angehörige eines katholischen Arbeiter- bzw. Arbeiterinnenvereins. Der Anschlag in verschiedenen Großbetrieben, daß sich diejenigen DAF-Mitglieder, die zugleich Mitglied eines konfessionellen Arbeitervereins sind, melden müssen, hat eine ziemliche Beunruhigung hervorgerufen. Diese wird noch verstärkt durch das Einwirken katholischer Geistlicher und Präses der fraglichen Vereine. Die Mitglieder werden aufgefordert, daß sie sich weder bei der DAF abmelden, noch dem katholischen Arbeiter- oder Arbeiterinnenverein untreu werden sollen. Wenn trotzdem einzelne Mitglieder von der DAF gestrichen werden sollten, weil sie dem katholischen Verein angehören, so sollen sie darauf hinweisen, daß dazu jede Rechtsunterlage fehle und daß ferner der betreffende DAF-Walter persönlich für den entstehenden Schaden haftbar gemacht wird...

Die Polizeidirektion München meldete in ihrem monatlichen Lagebericht vom 5. 8. 1935: außer durch Flugblattaktionen sei die illegale KPD in der Öffentlichkeit »nicht besonders hervorgetreten«. Die Bayerische Politische Polizei habe die Festnahme von 50 Personen wegen des Verdachts der Betätigung für die »Revolutionären Sozialisten«, eine illegale Nachfolgeorganisation der SPD, veranlaßt.[41] In der Strafvollstreckungsanstalt Stadelheim sei im Juli »eine kommunistische Betriebszellenorganisation, die sogar über eine kleine Geheimdruckerei verfügte«, aufgedeckt worden. – Wie schon in den Vormonaten, berichteten auch im August und September verschiedene Dienststellen erneut von der Mißstimmung unter der Arbeiterschaft und den Beziehern kleiner Einkommen wegen der Preissteigerung für Lebensmittel (Monatsberichte des Regierungspräsidenten von Oberbayern vom 8. 8. 1935, der Polizeidirektion München vom 6. 9. 1935 u. a.). Der Regierungspräsident

---

[41] Im späteren Lagebericht der Polizeidirektion München vom 3. 10. 1935 wurde dazu nachgetragen: 47 Personen, die sich in München und Umgebung illegal für die SPD betätigt hätten, seien »wegen Vorbereitung von Hochverrat, Landesverrat u. a. dem Gericht überstellt« worden.

von Niederbayern und der Oberpfalz berichtete am 9. 8. 1935: Die wegen der niedrigen Löhne »im Eisenwerk Maxhütte in Haidholz laut gewordenen Klagen« hätten den Anlaß gebildet für einen Beschwichtigungs-»Besuch des [bayerischen] Treuhänders der Arbeit Kurt Frey«.
Die Bayerische Politische Polizei meldete im Monatsbericht vom 1. 10. 1935 u. a.: in Augsburg sei durch die Verhaftung von 19 Personen eine im Aufbau begriffene neue illegale Gruppe der KPD ausgehoben worden, in München habe man fünf Personen wegen Verbreitung kommunistischer Druckschriften und sieben weitere wegen Betätigung für die »Rote Hilfe« festgenommen; in Nürnberg seien drei Personen wegen illegaler Betätigung für die SPD verhaftet worden. In ganz Bayern seien im Monat September 365 Personen in Schutzhaft genommen worden. Von kommunistischen Flugblatt-Aktionen, »Wandschmierereien« – u. a. in der Maschinenfabrik Krauss-Maffei in Allach bei München – berichtete auch der Regierungspräsident von Oberbayern (Monatsbericht vom 9. 10. 1935).

Aus Lagebericht des Regierungspräsidenten von Niederbayern und der Oberpfalz, 8. 10. 1935

...Durch kommunistische Äußerungen haben sich wieder einige Anhänger der KPD entlarvt. Im Bezirk Tirschenreuth äußerte ein Kommunist in einer Wirtschaft zu den Gästen, die Katholiken waren: »Katholiken, Ihr habt Euere Faust, die braucht Ihr noch. Katholiken, wir haben Freunde, die ganze Welt hilft uns.« In Waldmünchen wurde am 29. 9. der ehemalige Vorstand der Ortsgruppe der KPD wegen staatsfeindlicher Äußerungen verhaftet... [Die Polizeidirektion Nürnberg-Fürth] ist mit Erhebungen wegen der Einfuhr marxistischer Schriften aus der Tschechoslowakei befaßt; eine Reihe von Verhaftungen soll bevorstehen. – Ein Kommunist aus Furth im Wald, der schon über zwei Jahre im Konzentrationslager Dachau interniert war, wurde am 26. 9. festgenommen, weil er im Verdacht steht, einen wegen illegaler Umtriebe verfolgten Kommunisten von Regensburg auf der Flucht begünstigt zu haben...

Aus Lagebericht des Regierunspräsidenten von Ober- und Mittelfranken, 10. 10. 1935

...[In Nürnberg] wurde auch der frühere sozialdemokratische Landtagsabgeordnete Josef Laumer wegen Vorbereitung zum Hochverrat festgenommen; er hatte einem als Kurierdienst für die SPD verdächtigen Mann Unterschlupf gewährt und war im Besitze neuerer verbotener marxistischer Hetzschriften...

Aus Monatsbericht der Bayerischen Politischen Polizei, 1. 11. 1935

... Hauptbetätigungsfeld dieser kommunistischen Beeinflussungsversuche ... bildeten Betriebe und Arbeitsstellen. Mit welcher Unverfrorenheit und Frechheit dabei zu Werke gegangen wird, zeigt ein Fall in Alzenau, bei dem ein Arbeiter während der Nachtschicht in der üblichen kommunistischen Art und Weise über die Bonzenwirtschaft und die Verhältnisse im Reich geschimpft und dabei wiederholt die Internationale gesungen hat und ein Fall in Büchenbach, wo drei Kommunisten im Verlaufe ihrer Hetztätigkeit auf der

Reichsautobahn die Arbeiter gegen die Bauführung aufwiegeln und zu einem gewalttätigen Vorgehen gegen die Bauleitung veranlassen wollten. Besonders beachtenswert ist, daß sich unter den aus diesen Gründen zahlreichen Festgenommenen, bei denen es sich größtenteils um amtsbekannte Kommunisten handelt, nicht weniger als vier Personen befinden, die, obwohl sie sich bereits in Schutzhaft befanden und im Konzentrationslager Dachau untergebracht waren, auch heute wieder bei solchen Gelegenheiten ihrer kommunistischen Gesinnung offen Ausdruck gaben. Daß bei überzeugten Kommunisten das Konzentrationslager allein nicht mehr abschreckend und die geltenden Bestimmungen über die Behandlung von Schutzhaftgefangenen weder erzieherisch noch bessernd wirken, beweisen die öffentlichen Äußerungen dieser ehemaligen Schutzhäftlinge, von denen der eine erklärte, »er sei Kommunist, bleibe Kommunist und werde auch seine Kinder in diesem Sinne erziehen und belehren«...

Im weiteren Verlauf der Aktion gegen die illegale KPD in Augsburg, die bisher zur Festnahme von 25 Personen wegen Vorbereitung zum Hochverrat geführt hatte, wurden neuerdings schlagartig zehn Personen festgenommen, die an der Wiederaufrichtung des Unterbezirks Augsburg bis in die letzte Zeit tätig mitgearbeitet haben...

Besonders bemerkenswert ist, daß sich unter den Festgenommenen auch ehemalige Sozialdemokraten befinden, so daß angenommen werden muß, daß sich die Tätigkeit auch auf die Bildung der Einheitsfront erstreckt hat. Die Ermittlungen, die noch zu weiteren Festnahmen führen werden, dauern noch an...

Längere Überwachungen führten in Aubing, Neu-Aubing, Unterpfaffenhofen und Germering zu einer erfolgreichen Aktion gegen die illegale SPD. Es wurden dort in den Frühstunden schlagartig elf Personen festgenommen, die nach den Feststellungen sich illegal für die SPD betätigt und illegale sozialdemokratische Schriften zum Zwecke der Weiterverbreitung empfangen haben... In Nürnberg wurde eine Person festgenommen, die zu hochverräterischen Zwecken Verbindung mit emigrierten Führern der SPD im Auslande und mit illegalen Funktionären der SPD im Inlande angeknüpft hatte...

In der Zeit vom 1. bis 31. Oktober wurden in Bayern insgesamt 278 Personen in Schutzhaft genommen. Im gleichen Zeitraum wurden 311 Personen aus der Schutzhaft entlassen...

Die für die Zeit von September 1935 bis November 1937 vorliegenden Monatsberichte der BPP bzw. (ab 1937) der Gestapoleitstelle München enthalten regelmäßig zum Schluß einen Überblick über die Zahlen der monatlich neu in Schutzhaft genommenen Personen und der aus dem Konzentrationslager Dachau oder anderen polizeilichen Haftanstalten entlassenen Schutzhäftlinge. Die vorstehend von der BPP genannte Zahl von 278 im Oktober 1935 vollzogenen Schutzhaftverhängungen entspricht dem noch relativ hohen Durchschnittswert im letzten Drittel des Jahres 1935: monatlich durchschnittlich 286 neue Schutzhaftfälle in Bayern. Im ersten Quartal 1936 ging die Durchschnittszahl auf 210, in der Zeit von Juni – Dezember 1936 auf monatlich 178 und für die Zeit von Januar–November 1937 auf monatlich 119 zurück. Die in dieser Zeitphase sinkende Tendenz der durchschnittlichen Zahl der Schutzhaftfälle kann als Barometer sowohl der nachlassenden illegalen Tätigkeit wie der allgemeinen als »staatspolitisch gefährdet« erachteten Regimekritik in den Jahren 1936/37 angesehen werden. Insgesamt wurden – den Berichtsangaben zufolge – in den 27 Monaten von September 1935 bis zum November 1937 in Bayern 4300 Personen in Schutzhaft genommen. Der Novemberbericht 1937 der Stapoleitstelle München gibt zusätzlich an, in der gesamten Zeit seit der NS-Machtübernahme im März 1933 bis November 1937 seien in Bayern 27512 Personen in Schutzhaft genommen worden. Daraus ergibt sich, daß der weitaus größte Teil dieser Fälle (rd.

23 100) in die 30 Monate von März 1933 – August 1935 gefallen sein muß, wahrscheinlich 15 000–20 000 allein in das Jahr 1933. Für die Zeit ab 1938 liegen keine ähnlichen Monatsmeldungen für ganz Bayern mehr vor. Aus Teilmeldungen ergibt sich aber, daß nach dem Tiefpunkt von 1937 die Zahl der neu in Schutzhaft genommenen Personen schon vor Kriegsbeginn wieder anstieg und in der zweiten Kriegshälfte um ein Vielfaches höher lag als 1936/37.

Aus Monatsbericht der Bayerischen Politischen Polizei, 1. 12. 1935

... In Nürnberg wurden 20 Personen festgenommen, die unter dem Namen »Stammtischgesellschaft Goldene Krone« den anläßlich der nationalen Erhebung aufgelösten Arbeiter-Gesangverein »Lassalia-Lohengrin«, der sich aus Kommunisten zusammengesetzt hatte und der im Dienste der kommunistischen Propaganda tätig gewesen war, getarnt weiterführten...
Wie sehr der Kommunismus immer wieder bestrebt ist, seine Propaganda nicht nur auf die Werktätigen in den Fabriken und Städten zu beschränken, sondern damit auch an die Bauern heranzukommen und auch auf dem Lande Fuß zu fassen, beweist eine Meldung aus Seefeld am Ammersee, wonach in der dortigen Gegend, ebenfalls aus Anlaß des 8./9. November, Flugblätter zur Verteilung gelangten, die zweifellos aus Kreisen der illegalen KPD stammten. Die Flugblätter sind im Abzugsverfahren hergestellt, tragen die Überschrift »Naziunwesen im Ammerseegebiet!« und beschäftigten sich in agitatorisch raffinierter und denkbar niedrigster Weise mit den politischen und wirtschaftlichen Verhältnissen...
In Nürnberg wurden sieben Personen, von denen sich sechs bereits in Schutzhaft befunden hatten, wegen Verdachts staatsfeindlicher Betätigung für die SPD festgenommen. Zum Zwecke der illegalen Betätigung war beabsichtigt, einen Schachclub zu gründen, dem zur Tarnung ein SS-Mann beigegeben werden sollte...
In der Lohnfrage ist noch in keiner Weise eine Änderung eingetreten. Die Löhne sind dieselben geblieben. Bei der Steigerung der Preise auf fast allen Gebieten des täglichen Bedarfs bedeutet dies naturgemäß eine erhebliche Belastung in wirtschaftlicher Hinsicht für Familien, in denen kleine Kinder heranwachsen, die gerne viel essen wollen, aber auch in moralischer. Die derzeitigen Verhältnisse stellen daher für den wenig verdienenden und auf diesen Verdienst angewiesenen Volksgenossen zweifellos eine Belastungsprobe für die Festigkeit seiner Gesinnung dar. Bemerkenswert ist, daß bei Mißständen in der Lohnfrage der Deutschen Arbeitsfront ein gewisses Maß an Schuld zugesprochen wird...
In der Zeit vom 1. bis 30. November 1935 wurden in Bayern insgesamt 264 Personen in Schutzhaft genommen und im gleichen Zeitraum 230 Personen aus der Schutzhaft entlassen...
In ihrem Monatsbericht vom 1. 12. 1935 legte die Polizeidirektion Augsburg dar, daß Rohstoffmangel und schwache Auftragseingänge die Situation der verschiedenen Textilindustrien in Augsburg bestimmten, während in der Metallindustrie gute Beschäftigungslage und sogar Mangel an Facharbeitern herrsche.

II. Arbeiterschaft und illegale Arbeiterbewegung

Aus Lagebericht der Polizeidirektion München, 6. 12. 1935

... Nach Mitteilungen der Deutschen Arbeitsfront kam es in der Lebensmittelgroßhandlung Franz Kathreiner's Nachfolger A.G., München, Mühldorfer Str. 20, zwischen mehreren Angehörigen der Betriebsleitung und der Gefolgschaft zu Unstimmigkeiten. In einer Sitzung zwischen Vertretern der Deutschen Arbeitsfront und der Betriebsleitung, die am 12. 11. 1935 zur Regelung der Angelegenheit anberaumt war, kam es zu ernsten Auseinandersetzungen. Da die Angestellten Max Hirning, kaufmännischer Direktor (geb. 24. 1. 1880 in Hannover), und Johann Sigl, Prokurist (geb. 27. 11. 1889 in Goppertshofen), in ihrer persönlichen Sicherheit bedroht waren, mußten sie zu ihrem persönlichen Schutz vorübergehend in Haft genommen werden... Als sich die Stimmung unter der Belegschaft beruhigt hatte und eine Gefährdung des Wirtschaftsfriedens nicht mehr bestand, wurden die beiden leitenden Angestellten am 16. 11. 1935 aus der Schutzhaft wieder entlassen. Es wurde ihnen nahegelegt, in Zukunft eine positivere Einstellung zum Staate an den Tag zu legen...

Aus Monatsbericht der Wehrwirtschafts-Inspektion VII/München, 19. 12. 1935

... Die Auswirkungen des isolierten und blockadeähnlichen Zustandes, in dem sich Deutschland befindet, führen folgerichtig zu ähnlichen Erscheinungen in der Stimmung der Bevölkerung, wie sie aus dem Kriege bekannt sind. Ein Bericht der Bayerischen Politischen Polizei vom 3. 12. 1935 über ein bedeutendes Unternehmen, das Werk Lokomotivfabrik Krauss, J. A. Maffei, Allach bei München, welcher der Abwehrstelle des Generalkommandos VII A. K. [Armeekorps] zugegangen und von dieser der W. I. [Wehrwirtschafts-Inspektion] VII zur Kenntnis gebracht worden ist, läßt neben anderen Mißständen gerade diese Tatsache erkennen. In dem Bericht wird anschließend die Befürchtung ausgesprochen, daß sich innerhalb der Belegschaft kommunistische Zellen bilden könnten...
Die Facharbeiter sind sich ihres Wertes teilweise sehr bewußt und suchen naturgemäß immer zu den Stellen abzuwandern, die ihnen die günstigsten Lebensbedingungen bieten. Das hat teilweise unliebsame Überraschungen für einzelne Werke zur Folge. In diesem Zusammenhang muß auch erwähnt werden, daß eine Erschwerung in der Facharbeiterversorgung der Luftfahrtindustrie dadurch gegeben ist, daß das Verfahren der sogenannten Durchleuchtung der Arbeiter noch nicht rasch und reibungslos vor sich geht. Da sämtliche Arbeiter der Luftfahrtindustrie vor ihrer Betätigung durchleuchtet werden müssen und gerade oft besonders tüchtige Arbeiter viel herumgekommen sind, so daß entsprechend viele Polizeistellen über ihr früheres Verhalten zu befragen sind, vergehen zumeist bis zu vier Wochen, ehe die dringend benötigten Kräfte eingestellt oder beschäftigt werden dürfen. Dabei ist der Eindruck gewonnen worden, als ob derartige Durchleuchtungen nach den verschiedensten Gesichtspunkten von Staats- oder Parteistellen mehrfach vorgenommen wurden...

Aus Bericht der Bayerischen Politischen Polizei über »Die illegalen marxistischen Bewegungen in Bayern 1935«, o. D.

... Im Ausbau ihrer illegalen Organisationen war es der KPD in diesem Jahre in Bayern gelungen, in zäher und oft mühevoller illegaler Arbeit ... wesentliche Erfolge zu erreichen...
Diese Bestrebungen und Fortschritte, die im ganzen Lande aufmerksam verfolgt wurden, waren jedoch durch die jeweiligen polizeilichen Zugriffe für die KPD von keinem dauernden Erfolg begleitet. Nach oft wochen- und monatelangen intensiven Überwachungen und eingehenden Ermittlungen gelang es im Laufe des Jahres, die illegalen Stützpunkte, Zellen und Ortsgruppen in Pförring, BA Ingolstadt (Januar), Schrobenhausen (Januar), Rimpar, BA Würzburg (Januar), Aschaffenburg (Februar), Kaiserslautern (Februar), Kusel/Pfalz (Februar), Miltenberg (Februar), Pirmasens (Februar), Welschweiler/Pfalz (Februar), Würzburg (Februar), Hösbach, BA Aschaffenburg (März), Lohr a. M. (März), Zweibrücken (März), Bayer. Gmain (März), Reichenhall (März), Nürnberg (April), Sonthofen (August), Kempten (September), Alzenau (September), Schongau (November), Peiting (November), Kinsau (November), Peißenberg (November), den gesamten Unterbezirk Augsburg (Oktober) und die Stadtteile München-Ost (Januar), München-Süd (Juli) und München-West (Juli) restlos aufzurollen und den gesamten Funktionärskörper einschließlich der Instrukteure festzunehmen. Weitere derartig organisatorisch zusammengefaßte illegale Gruppen werden noch überwacht. Ihre Aushebung steht bevor. Daneben bestehen an vielen Orten noch versprengte und lose Gruppen und Kaders, die weder untereinander noch zu zentralen Stellen Verbindung haben und die ebenfalls in gegebenem Augenblicke aufgerollt werden...
Bei der organisatorischen Tätigkeit wurde von der KPD ferner großer Wert auf die Sicherung und Reinigung ihrer illegalen Gruppen von Spitzeln und Provokateuren gelegt. Wer von den illegalen Arbeitern irgendwie in diesen Verdacht kam, wurde restlos von der illegalen Arbeit ausgeschaltet und als Verräter der »proletarischen Verachtung« preisgegeben. Im Dezember gelang es, einen Hauptfunktionär festzunehmen, der im August von der Grenzleitung in Prag nach Südbayern... gesandt worden war...
Neben dem Zentralorgan der KPD, die »Rote Fahne«, das im Ausland an mehreren Stellen in einer nach Zehntausenden zählenden Auflage in Kleinformat auf besonders dünnem Papier gedruckt wird, das halbmonatlich erscheint und das neben der Generallinie der Partei die Einstellung für die politischen Aufgaben sowohl im allgemeinen wie auch für bestimmte politische Situationen und Kampagnen gibt, tauchten mit einer gewissen Regelmäßigkeit ebenfalls im Ausland im Buchdruckverfahren und im Kleinformat hergestellte Zeitungen, Flugschriften, Flugblätter, Broschüren und dgl. in stark zunehmender Weise auf, die teilweise mit irreführenden Titeln versehen äußerst raffiniert getarnt und abgefaßt nach Bayern zum Zwecke der Weiterverbreitung eingeschmuggelt worden waren...
Daneben gelangten noch eine Reihe im Inland mit Schreibmaschine geschriebener und im Abzugsverfahren vervielfältigter Flugblätter und Flugzettel zur Verbreitung, deren Auflage durchwegs 300–500 Stück betrug...
Neben der Organisations- und Propagandatätigkeit wurde der größte Wert auf die Ar-

beit innerhalb der nationalsozialistischen Massenorganisationen wie der DAF, NSV, KdF, Luftschutz und Bestattungsvereinen, wo die »Massen in die faschistische Zwangsjacke hineingepreßt« sind, gelegt. Die Bemühungen, dort untere Funktionärsposten zu besetzen, um dadurch auf legale oder halblegale Weise Fühlung mit den Massen des Volkes zu bekommen, durch geschicktes Auftreten das Vertrauen derselben zu erwerben, die Stimmung in der Bevölkerung festzustellen und über die Vorgänge in diesen Verbänden unterrichtet zu werden, um diese entsprechend auswerten zu können, waren hie und da von Erfolg begleitet...

Wie die übrigen B.L. (Bezirksleitungen) der illegalen KPD im Reich wurden auch die B.L. der KPD-Bezirke in Bayern wiederholt von den für sie zuständigen Grenzleitungen in der Schweiz und in der Tschechoslowakei angewiesen, auch in Bayern sowohl mit der SPD als auch mit den Katholiken diese Einheits- und Volksfront herzustellen. In Südbayern wurde als Grundlage für die Schaffung dieser Volksfront mit den Katholiken im Frühjahr 1935 zunächst das Verbot der Caritassammlung hergenommen. Es wurden seinerzeit aus diesem Anlaß und zu diesem Zwecke eine größere Auflage vervielfältigter Flugzettel hergestellt und verbreitet, die an die katholische Bevölkerung Münchens gerichtet waren, in denen zu dem Verbot dieser Sammlung Stellung genommen, zum gemeinsamen Kampf für Gewissensfreiheit aufgerufen, hierzu die Schaffung von gemeinsamen Komitees in den Betrieben und Stadtteilen gefordert und zur Schaffung von Selbstschutzformationen zum Schutze der antifaschistischen Bevölkerung aufgerufen wurde.

... so kam dabei immer wieder zum Ausdruck, »daß gegenseitig alles Trennende in der Weltanschauung zurückgestellt werden muß, um das Ziel des gemeinsamen Kampfes, nämlich Hitler, zu stürzen, erreichen zu können. Mit der SPD wurden diesbezügliche Verbindungen kürzlich aufgenommen...

Um den Wiederaufbau der freien Gewerkschaften erfolgreich in die Wege leiten zu können und bei der revolutionär gesinnten Arbeiterschaft hierfür den ernsten Willen zum Ausdruck zu bringen, wurde im Sommer 1935 die RGO, die im Frühjahr durch Verbreitung von Flugblättern in Betrieben in Erscheinung getreten war, aufgelöst und auf eine rein partei-kommunistische Propaganda in dieser Richtung verzichtet...

Die auch in diesem Jahre wiederholt unternommenen Versuche, den kommunistischen Jugendverband wieder neu erstehen zu lassen, haben bisher nur geringen Erfolg gezeigt. Es besteht augenblicklich in München eine kleine Gruppe, die im Sommer 1935 mehrfach Flugzettel gegen die HJ angeklebt und verbreitet hat...

Im Gegensatz zur KPD bildet die SPD heute keine einheitlich zusammengefaßte Organisation mehr...

Um die Anhänger im Reich nicht unnötigerweise einer Gefahr auszusetzen, wurde im Gegensatz zur KPD und den »Arbeitskreis der Revolutionären Sozialisten« auf den Ausbau einer straffen illegalen Parteiorganisation im Reich kein besonderer Wert gelegt. Aus diesem Grunde wurde bisher auch noch kein derartiger Organisationsplan aufgestellt. Jeder Gebietsleiter organisiert deshalb nach eigenem Gutdünken. Als Gebietsleiter sind vom PV [Partei-Vorstand] aufgestellt: für Südbayern Waldemar von Knoeringen (Deckname: Michael Kerber) in Neuern, für Nordbayern Hans Dill in Mies. Neben diesen Gebietsleitungen bestehen noch kleinere Grenzsekretariate in Liebenau, Liebenstein und Eger, die mit Grenzsekretären besetzt und den zuständigen Gebietsleitern unterstellt sind...

Der »Arbeitskreis der Revolutionären Sozialisten Deutschlands (AKRS)« wird von Aufhäuser und Böchel geführt, die, wie bereits erwähnt, bis zum Januar 1935 auch Mitglieder des PV waren und die damals wegen ihres oppositionellen Verhaltens und eigenmächtigen Vorgehens vom PV gemaßregelt und aus dem PV ausgeschlossen wurden. Den Ausschluß aus der Partei hat der PV deswegen nicht vollzogen ... Der »Arbeitskreis der Revolutionären Sozialisten« betrachtet sich selbst nicht als eine neue Partei, sondern lediglich als eine Oppositionsgruppe innerhalb der SPD, die das Sammelbecken für alle durch die nationalsozialistische Revolution parteipolitisch obdachlos gewordenen Gegner des Nationalsozialismus werden soll. Im Gegensatz zum PV wird großer Wert auf die Schaffung einer straffen illegalen Organisation im Reich gelegt. Er ist bestrebt, ein Netz von Kaderorganisationen im Reich zu schaffen, um die illegalen Aufgaben im Reich erfüllen zu können.

Nachdem die organisatorischen Bemühungen des AKRS 1934/35 besonders in Südbayern besonderen Erfolg gezeitigt hatten, wurde hierfür ein eigener Auslandsleiter in der Tschechoslowakei aufgestellt, dem diese Gruppe, die sich den Namen »Rote Rebellen« zugelegt hatte, unterstellt und politisch verantwortlich gemacht wurde. Durch die im April des Jahres geglückte Festnahme dieses Auslandsleiters gelang es anschließend, die gesamte Organisation dieser Roten Rebellen in München, Aubing, Neuaubing, Unterpfaffenhofen, Germering und Schellenberg bei Berchtesgaden auszuheben und unschädlich zu machen...

Auffallend war in diesem Jahre ferner die wiederholte Feststellung, daß fast in allen Städten sich lose Zirkel, Gruppen und Tischgesellschaften u. ä. aus ehemaligen Mitgliedern oder Sympathisierenden der SPD gebildet haben, die von Zeit zu Zeit zwanglose Zusammenkünfte veranstalten, ohne jedoch bisher irgendwie politisch oder staatsfeindlich in Erscheinung getreten zu sein...

Zusammenfassend ergibt sich im Jahre 1935 auch in Bayern eine stark zunehmende Aktivität der illegalen marxistischen Bewegungen, die zu ernsten Bedenken Anlaß gibt ... Es hat sich ferner auch in diesem Jahr wiederholt bewiesen, daß insbesondere bei überzeugten Kommunisten die strafrechtliche Verfolgung und das Konzentrationslager allein nicht mehr abschreckend... wirkt...

Wegen »marxistischer Betätigung« seien im Jahre 1935 insgesamt 1579 Personen (gegenüber 2144 im Jahre 1934) festgenommen worden, darunter 268 ehemalige Schutzhäftlinge, »von denen der größte Teil bereits längere Zeit im Konzentrationslager Dachau verwahrt war. Im Jahre 1935 seien vom Oberlandesgericht München 164 Verfahren wegen Vorbereitung zum Hochverrat eingeleitet worden (1934: 116 Verfahren).

Aus Monatsbericht der Bayerischen Politischen Polizei, 1. 1. 1936

... In Nürnberg wurde eine illegale Gruppe der SAJ ausgehoben, die unter dem Namen »Touristenverein Albfreunde« die SAJ illegal weiterführte, um im Falle eines Umsturzes einen Stamm geschulter Sozialdemokraten zur Verfügung zu haben. Bei den Ausflügen wurden teilweise noch die blauen SAJ-Hemden getragen und illegale Schriften der SPD verbreitet. Insgesamt wurden bisher zehn Personen festgenommen. Bei den Haussuchungen wurden u. a. Karteien der SAJ und mehrere Mitgliedsbücher aus legaler Zeit beschlagnahmt...

Die Lohnfrage muß nach wie vor als Schmerzenskind betrachtet werden. Die Klagen der Arbeiterschaft über geringe Löhne wollen nicht verstummen. Daß diese zum Teil nicht unberechtigt sind, zeigt ein Fall, wie er in einer Augsburger Kammgarnspinnerei vorliegt:

Ein verheirateter Kurzarbeiter verdient dort im Monat RM 68,–. In diesem Betrag sind bereits eine freiwillige Zulage der Firma von Mk. 4,45 und die Kurzarbeiterunterstützung einbezogen. Außerdem erhält der Kurzarbeiter wöchentlich dreimal von der NSV ein warmes Essen. Mit diesem Einkommen muß der Lebensunterhalt für die Familie, Miete usw. bestritten werden. Im Gegensatz hierzu bezogen laut Geschäftsbericht der Firma die vier Vorstandsmitglieder zusammen 321 699 Mk. und jeder Aufsichtsrat erhielt 44 024 Mk. pro Jahr. Ähnlich liegen die Verhältnisse auch in anderen Industriewerken, besonders aber in der Textilindustrie. Die Stimmung der dort beschäftigten Arbeiter wird durch die herrschenden Verhältnisse immer schlechter und gibt zu Bedenken Anlaß. Kennzeichnend hierfür ist die Tatsache, daß in diesen Betrieben der Deutsche Gruß fast überhaupt nicht mehr geboten wird. Die Arbeiter erklären allgemein, daß sie einen ausreichenden Lohn für die Arbeit zum Unterhalt ihrer Familie haben wollen, nicht aber eine Unterstützung...

Aus Monatsbericht der Wehrwirtschafts-Inspektion VII/München, 18. 1. 1936

... In der Bayerischen Ostmark hat die Bekämpfung der Arbeitslosigkeit die verhältnismäßig größten Erfolge im ganzen Reich gehabt. Die von allen beteiligten Stellen stark betriebene Propaganda für die Bayerische Ostmark hat sich also gelohnt. Besondere Schwierigkeiten bereitet noch die Ingangsetzung der Heimbetriebe, die einen ziemlich großen Personenkreis umfassen. Bei den Leinenwebereien des Bayerischen- und Böhmer-Waldes wurden durch Wehrmachtsaufträge wesentliche Fortschritte erzielt...

Aus Monatsbericht der Bayerischen Politischen Polizei, 1. 2. 1936

... Aus Arbeiterkreisen werden nach wie vor Klagen über geringe Löhne, die mit den gesteigerten Lebenshaltungskosten schwerlich in Einklang zu bringen sind, laut...

Als wahrnehmbares Zeichen der Verärgerung, insbesondere der minderbemittelten Volksschichten, muß die Tatsache bezeichnet werden, daß die Verfehlungen gegen das Heimtückegesetz (staatsfeindliche Äußerungen) eine gewisse Zunahme erfahren haben.

Ferner mußte der aufmerksame Beobachter feststellen, daß die Beflaggung der Privathäuser, im Gegensatz zu früher, oft merklich nachgelassen hat. Dies war besonders am Jahrestage der Saarrückgliederung der Fall, wo die Arbeiterviertel der Großstädte eine äußerst spärliche Beflaggung aufwiesen...

Aus Lagebericht des Regierungspräsidenten von Niederbayern und der Oberpfalz, 6. 2. 1936

... Aus zwei Industriegebieten liegen Wahrnehmungen vor, die auf eine planmäßige kommunistische Propaganda schließen lassen; die Bayerische Politische Polizei ist unterrichtet. – Dem Oberbürgermeister in Amberg sind schon wiederholt anonyme Schreiben zugegangen, die von kommunistischer Gesinnung zeugen. Die Untersuchung ist im Gange.
Das Arbeitsamt Pfarrkirchen hat eine größere Anzahl von Arbeitslosen aus Pfarrkirchen zur Arbeit bei der Wasserkraftanlage am Innstaustufenbau bei Teufelsbruck bei Rosenheim (Obb.) zugewiesen. Schon bei der Zuweisung im Arbeitsamt mußte wegen des Verhaltens eines Arbeiters die Gendarmerie eingreifen. Die Arbeiter begaben sich zwar zu der Arbeitsstelle, verweigerten aber am 16. 1. 36 ohne ausreichenden Grund die Arbeit und kehrten wieder nach Pfarrkirchen zurück. Zwei Rädelsführer, von denen die Arbeiter aufgewiegelt worden waren, wurden verhaftet und werden nach Dachau überstellt. Haussuchungen bei diesen waren ergebnislos, dagegen wurden bei Personen, mit denen sie in letzter Zeit verkehrt hatten, alte kommunistische Bücher und Zeitschriften sowie neuere Bücher über Rußland, insbesondere über die russische Armee, gefunden ...
Die Luitpoldhütte in Amberg hat nunmehr alle drei Hochöfen angeblasen und neue Arbeiter eingestellt. – Der Kalksteinbruch der Marmorindustrie Kiefer A.G. in Irnsing, BA Kelheim, ist mit der Gewinnung von Werksteinen, die in Kiefersfelden zu Platten und Quadern verarbeitet und für Staatsbauten verwendet werden, reichlich beschäftigt, zur Zeit werden 30 Arbeiter beschäftigt, die Belegschaft soll auf 100 Mann vergrößert werden. – In Schwandorf wird von den Deutschen Aluminiumwerken in Berlin ein Fabrikneubau (Tonerdefabrik) im Anschluß an das Bayernwerk errichtet... Die Sämaschinenfabrik Glas in Dingolfing ist mit der vollen Belegschaft von 240 Mann sehr gut beschäftigt. – Die deutsche Heraklith A.G., Leichtplattenfabrik in Simbach am Inn, ist voll beschäftigt ... Aus den Grenzbezirken Waldmünchen, Cham, Tirschenreuth kommen Klagen über die starke Zunahme der Arbeitslosigkeit und die bisher geringe Aussicht, für neue Notstandsarbeiten Grundförderungsmittel zu erhalten. Daß für das Grenzgebiet, namentlich in Gegenden ohne Industrie besondere Maßnahmen für Arbeitsbeschaffung notwendig sind, auch zur Verhinderung einer weiteren Abwanderung von Grenzbewohnern, bedarf keiner Begründung ...

Aus Monatsbericht des Regierungspräsidenten von Ober- und Mittelfranken, 7. 2. 1936

... An der Feier des 30. Januar, des Geburtstages des 3. Reichs, nahm die Bevölkerung überall regen und freudigen Anteil und bekundete dies äußerlich durch reichliche Beflaggung der Häuser; lediglich Hof meldet, daß sich die Arbeiterbevölkerung zurückhaltender als bei sonstigen Anlässen zeigte, was auf eine gewisse Mißstimmung in diesen Kreisen deutet.
Die Stadt Bamberg meldet eine teilweise Unzufriedenheit mit der DAF. Man geht wohl

nicht fehl, diese auf Machenschaften der früheren Funktionäre der aufgelösten Freien Gewerkschaften zurückzuführen, sie werden daher scharf überwacht...

Gegen den Fabrikarbeiter Gottfried Merkner in Hof, der am 18. 11. 1934 wegen Verdachts der Vorbereitung eines hochverräterischen Unternehmens (Führer-Attentat) in Schutzhaft genommen wurde, wird nunmehr demnächst beim Sondergericht Bamberg Verhandlung stattfinden...

Aus Monatsbericht des Regierungspräsidenten von Niederbayern und der Oberpfalz, 6. 3. 1936

... Die Aufmerksamkeit der Bevölkerung – namentlich in den Industriegebieten – wendet sich den Vertrauensratswahlen zu, die durch größere Betriebsappelle vorbereitet werden. Hier ist zu erwähnen: Die Ehrung langgedienter Arbeiter der Maxhütte am 8. Februar in Sulzbach-Rosenberg in Anwesenheit des Gauleiters, die in besonders freundschaftlichem und kameradschaftlichem Rahmen gehalten war, hat bei der Gefolgschaft einen guten und nachhaltigen Eindruck hinterlassen; die beteiligten Arbeiter sprechen mit Begeisterung von der eindrucksvollen Feier...

Es ist damit zu rechnen, daß die Kommunisten infolge der russischen Außenpolitik »Morgenluft wittern« und die wirtschaftliche Lage der Arbeiter – Lohnhöhe und Lebenshaltungskosten – hetzerisch ausnützen; zweifellos ist der Großteil der Arbeiterschaft gegen diese Hetze gefeit...

Aus Monatsbericht des Regierungspräsidenten von Ober- und Mittelfranken, 7. 3. 1936

... Die Stimmung der Bevölkerung ist nicht überall befriedigend. Die Polizeidirektion Hof berichtet, unter der Arbeiterschaft in der Webindustrie herrsche zur Zeit Mißstimmung, die sich auch bei den Vertrauensratswahlen auswirken werde. Auch in den Kreisen der kleinen Gewerbetreibenden habe die frühere Zuversicht nachgelassen...

In den einzelnen Berufszweigen wird häufig über zu niedere Löhne geklagt. Die Lohnfrage hat für die Stimmung der Bevölkerung natürlich große Bedeutung, da erfahrungsgemäß der schlecht bezahlte Arbeiter der Verhetzung sehr leicht zugänglich ist...

Die Anhänger des Marxismus setzen ihre Wühlarbeit fort, erfreulicherweise gelang es, wieder einer erheblichen Anzahl das Handwerk zu legen und der Bestrafung entgegenzuführen. Wegen staatsabträglichen Verhaltens wurden 26 Personen festgenommen, weitere 63 kamen in Schutzhaft, meist wegen Betätigung für die KPD und SPD (davon in Nürnberg-Fürth 47, Bayreuth 2, Coburg 3, Bamberg 3, Hof 4). In Nürnberg wurde wiederholt versucht, verbotene Zeitungen zu verbreiten und marxistische Vereine getarnt fortzuführen...

Aus Monatsbericht der Wehrwirtschafts-Inspektion VII/München, 18. 3. 1936

... Eines der wichtigsten Werke im Bezirk der Wehrwirtschafts-Inspektion VII, die MAN, hat die Zahl ihrer Gesamtgefolgschaft von 14 680 (Mitte 1935) auf über 16 000 erhöhen können, wodurch die Höchstbelegschaftsziffer seit der Marktstabilisierung [1924] überschritten wurde...
Bei dem vorwiegend landwirtschaftlichen Charakter, vor allem Südbayerns, gibt es kaum den im Rheinland, Westfalen, Berlin oder Sachsen vertretenen Typ des reinen Industriearbeiters. Die Ernährungslage ist daher allgemein hier auch nicht so schwierig, da häufig landwirtschaftliche Kleinbetriebe eine fühlbare Daseinserleichterung schaffen...

Aus Monatsbericht der Wehrwirtschafts-Inspektion XIII/Nürnberg, 18. 3. 1936

... Die politische Stimmung in den Belegschaften ist stark von dem Beschäftigungsgrad abhängig. Gelegentliche kommunistische Anzeichen werden im allgemeinen nicht allzu ernst genommen. Bei jüngeren Arbeitskräften wird dem kommunistischen Gedankengut weniger Einflußmöglichkeit zugesprochen als bei den älteren Gefolgschaftsmitgliedern, dagegen wird über die mangelnde Genauigkeit und Stetigkeit der jüngeren Arbeitskräfte zum Teil geklagt...

Aus Monatsbericht der DAF-Kreiswaltung Kulmbach (Gau Bayerische Ostmark) für März 1936

... Ein Arbeiter (Ernster Bibelforscher), beschäftigt bei der Firma Vorwerk & Co. in Kulmbach, wurde am Freitag fristlos entlassen, nachdem dieser Bibelforscher jeden Gemeinschaftsempfang und Betriebsfeiern abgelehnt hat...
Bei der Firma Schicker in Kupferberg wurde auch ein Arbeiter entlassen, weil die Frau des Betriebsführers ihn aufmerksam machte, daß beim Deutschlandlied die Mütze vom Kopfe abgenommen wird. Dieser Arbeiter hat darauf die Antwort gegeben, das macht er wie er will...

Über denselben Monat (März 1936) berichtete die DAF-Kreiswaltung Roding/Oberpfalz, daß in diesem Kreis noch immer starke Arbeitslosigkeit herrsche. Im Monatsbericht der DAF-Gaubetriebsgemeinschaft Textil, Gau Bayerische Ostmark, für März 1936 hieß es, die Beschäftigungslage in verschiedenen Zweigen der Textilindustrie sei sehr schlecht. »Tausende von Heimarbeitern sind noch ohne Arbeit«; man hoffe, daß sich die Wehrmachtsdienststellen entschließen könnten, Aufträge in die beschäftigungsschwachen Branchen zu vergeben.
Die Monatsberichte der Polizei und Verwaltung für März 1936 befaßten sich besonders ausführlich mit der bei der Wahlpropaganda für die Volksabstimmung am 29. 3. 1936 (nach der Wiederbesetzung der entmilitarisierten Zone des Rheinlandes) zum Ausdruck kommenden Stimmung der Bevölkerung. Sie gingen dabei meist auch auf die Stimmung der Arbeiterschaft und die Gegen-Aktivität illegaler linker Gruppen ein. Die in den vergangenen Monaten vielfach zu beobachtende schlechte Stimmung, so hieß es im Monatsbericht der BPP vom 1. 4. 1936, habe »durch die geschichtlichen Ereignisse des Monats März eine gewaltige Änderung« erfahren. Obwohl die kommunistische und

sozialdemokratische Propaganda sich vor dem Abstimmungstag stark bemerkbar gemacht habe, herrsche »in allen Bevölkerungsschichten ... Freude und Zuversicht«.

Im Monatsbericht der Polizeidirektion Augsburg vom 3. 4. 1936 hieß es, eine öffentliche Großkundgebung der DAF am 25. März und Reden des Gauleiters Wahl wie des Reichsstatthalters von Epp in Augsburger Großbetrieben hätten auch in den »mit dem nationalsozialistischen Gedankengut zum Teil noch nicht vertrauten, teilweise unzufriedenen oder noch marxistisch eingestellten Kreisen« der Arbeiterschaft »ehrliche Begeisterung und Zustimmung« hervorgerufen und sich bei der Wahl ausgewirkt. Vor allem die in den Betrieben in Gemeinschaftsempfang über den Rundfunk angehörten Führerreden vom 27. und 28. März hätten großen Eindruck gemacht. »Die Gegenpropaganda durch oppositionelle Kreise« sei »nicht nennenswert gewesen«. Von 124 918 Wahlberechtigten in Augsburg hätten 121 328 (98,13%) für Hitler gestimmt und nur 2 309 ungültige Stimmzettel abgegeben. Die relative Schwäche illegaler Agitation in Augsburg sei auch darauf zurückzuführen, »daß hier in den vergangenen Monaten eine große Anzahl von Kommunisten wegen Vorbereitung zum Hochverrat festgenommen« worden seien. Günstig ausgewirkt habe sich auch der weitere starke Rückgang der Arbeitslosigkeit. Die neu in Arbeit vermittelten bisherigen Erwerbslosen seien »größtenteils von der Rüstungsindustrie und dem wieder gut beschäftigten Baugewerbe aufgenommen« worden.

Die Polizeidirektion München befaßte sich in ihrem Monatsbericht vom 5. 4. 1934 u. a. ausführlich mit einer illegalen Flugblatt-Aktion, die in verschiedenen industriellen Außenbezirken Münchens in der Nacht zum 25. 3. 1936 stattgefunden habe: Die offenbar im Inland hergestellten Blätter, die »mit einem Stempel (Setzkasten mit Gummibuchstaben) auf beiden Seiten bedruckt« waren, mit der Aufschrift »Nieder mit Hitler, Hitler ist der Krieg...« seien vor allem in folgenden Straßen aufgefunden worden: Nordfriedhof – Ungererstraße, Zufahrtsstraße aus der Alten Heide zu den BMW, Lerchenauer Straße, Straße entlang des Kanals auf dem Oberwiesenfeld, Dachauer Straße, Hindenburg- und Donnersberger Straße. »Diese Straßen bilden die Hauptzugangswege für die Gefolgschaften der Bayerischen Motorenwerke und der großindustriellen Betriebe in der Umgebung des Oberwiesenfeldes. Weiterhin waren die gleichen Zettel zu finden in der Marbachstraße und Martin-Behaim-Straße. Diese Straßen werden zum großen Teil von den Arbeitern aus dem Westend benutzt, die bei den Großdruckereien Obpacher, Graphia, den Präzisionswerken Deckel und Sohn, den Zigarettenfabriken ›Hans Neuerburg‹ und ›Zuban‹ sowie bei den Isaria-Zählerwerken und den übrigen Großbetrieben des Sendlinger Oberfeldes beschäftigt sind, die täglich in den Morgenstunden durch diese Straßen zu den Arbeitsstätten mit den Rädern fahren... Die Täter konnten nicht festgestellt werden.«

Die DAF-Gauwaltung des Gaues »Bayerische Ostmark« bemerkte in ihrem Monatsbericht vom 7. 4. 1936: »Selbst in den wirtschaftlich schlechten Kreisen konnten Abstimmungsergebnisse erzielt werden, die unsere Erwartungen weit übertroffen haben.«

Im Monatsbericht der Wehrwirtschafts-Inspektion VII/München (vom 17. 4. 1936) wurde vor allem der hohe Rückgang der Arbeitslosigkeit hervorgehoben: »Nach den Mitteilungen des Landesarbeitsamtes Bayern über den Arbeitseinsatz im März bzw. Februar 1936 ist ein außergewöhnlich starker frühjährlicher Beschäftigungsauftrieb in Bayern feststellbar... Zu Ende des Monats März wurden noch 164 155 Arbeitslose gezählt. Der damit erreichte Stand liegt um 44 487 oder 21,3 von Hundert unter dem des Vorjahres. Der Stand vom 31. 3. 1933 (468 740 Arbeitslose) ist um 304 585 oder 65,0 von Hundert unterschritten...«

Aus Monatsbericht des Regierungspräsidenten von Oberbayern, 8. 5. 1936

... Der ehemalige kommunistische Funktionär Wiedemann, welcher nach der nationalen Erhebung flüchtig gegangen war und erst im September 1933 festgenommen werden konnte, ist nach Verbüßung einer wegen Vorbereitung zum Hochverrat ausgesprochenen Strafhaft entlassen worden. Da heute noch mehrere ehemalige Kommunisten von

Penzberg sich in Straf- bzw. Schutzhaft befinden, welche sich bedeutend weniger als Wiedemann im kommunistischen Sinne betätigt haben, so wird die Entlassung des letzteren von den Angehörigen der übrigen Schutz- und Strafgefangenen nicht verstanden...
 Die Verlegung der Vertrauenswahlen auf das Jahr 1937 hat unter den Bergarbeitern von Penzberg lebhafte Kritik hervorgerufen. Da ihre wirtschaftliche Lage bis heute noch keine wesentliche Besserstellung erfahren hat, so wird von einzelnen Arbeitern die Befürchtung eines ungünstigen Wahlausganges als Grund der Verlegung der Wahl bezeichnet[42]...

Aus Monatsbericht der DAF-Kreiswaltung Kronach (Gau Bayerische Ostmark) für Mai 1936

... Bei den Glasfabriken in Kleintettau und Tettau ist ein neuer Tarif vom Treuhänder erlassen worden, welcher viel Staub aufgewirbelt hat und hauptsächlich bei den jugendlichen Arbeitern Veränderungen brachte. Auch die Urlaubszeit ist gekürzt worden. Wir haben uns dieserhalb mit dem Treuhänder der Arbeit in Verbindung gesetzt...
 Die Betriebsverhältnisse sind in den meisten Betrieben nicht schlecht. Verschiedene kleine Schönheitsfehler gibt es noch. Allerdings ein Betrieb befindet sich in unserem Kreis, welcher der Schandfleck ist... In der Hauptsache ist es der Direktor des Betriebes, Herr S., welcher alle sozialen Seiten vermissen läßt. Er mißhandelt seine Leute direkt. Wir waren gezwungen, schon öfter einzugreifen und ihm mit Strafe zu drohen. Es wäre gut, wenn mal der Gau mit uns zusammen diesen Betrieb besichtigen würde...
 Politisch ist die Stimmung in unserem Kreis gut, sie wird jedoch getrübt durch die schleppende Arbeitszuteilung und durch das manchmal recht geringe Einkommen der Arbeiter. Hauptsächlich bei Notstandsarbeiten und Straßenbauten werden manchmal Löhne bezahlt, die aller Beschreibung spotten. Die Leistung, die von den Leuten verlangt wird, steht in keinem Verhältnis zum Lohn...

Aus Monatsbericht der DAF-Kreiswaltung Viechtach (Gau Bayerische Ostmark) für Mai 1936

... Die Deutsche Arbeitsfront macht im Kreis Viechtach nur langsame Fortschritte. Von den einzelnen Ortswaltungen werden nur spärlich Neuaufnahmen gemeldet. Ursache: Große Versprechungen vor der Wahl in bezug auf Lohnerhöhungen, welche bis heute nicht gehalten werden konnten. Es nützt uns hier nichts, wenn junge Gauredner vor erfahrenen Familienvätern ihre Sprüche herunterklopfen, für die sie nie verantwortlich sein können. Die Deutsche Arbeitsfront hat heute den größten Kampf mit den Arbeitsämtern durchzuführen, da dieselben in ihrer bürokratischen Einstellung die Vorteile, die die DAF zu bieten proklamiert, restlos unterbinden. Ferner werden in Steinhauerbetrieben

---

[42] Hitler selbst hatte die Verlegung der Vertrauensratswahlen angeordnet, vgl. Broszat, Martin: Der Staat Hitlers. München 1969, S. 204.

viel Überstunden gemacht ohne die entsprechende Gegenleistung in bezug auf Bezahlung. Die Rechtsberatungsstelle in Deggendorf hätte mit unserem Kreis allein vollauf zu tun. Die Stimmung der DAF-Mitglieder, besonders in den Ortswaltungen vieler arbeitsloser Kameraden ist dermaßen schlecht, daß man fast unerlaubte Mittel anwenden muß, um die Leute zu beruhigen...

Aus Monatsbericht der DAF-Kreiswaltung Lichtenfels (Gau Bayerische Ostmark) für Mai 1936

... Wie wir schon etliche Male erwähnten, sind in dem Bekleidungsbetrieb Striegel & Wagner bezüglich der Entlohnung ganz besondere Schwierigkeiten vorhanden, da für diesen Betrieb keine Tarifordnung besteht und vom Sondertreuhänder der Arbeit bis jetzt auch noch keine erlassen worden ist. Die Entlohnung der Arbeiter und Angestellten erfolgt immer noch nach den örtlichen Verhältnissen der Korbindustrie. Unsere Bemühungen, mit dem Betriebsführer und Vertrauensrat gemeinsam bis zur Erlassung der Tarifordnung diesbezüglich eine vorübergehende Regelung zu treffen, waren erfolglos...
Die Beschäftigungslage im Kreisgebiet ist im allgemeinen als sehr gut zu bezeichnen. Eine Ausnahme ist hier nur die schwer darniederliegende Korbindustrie...

Aus Monatsbericht der DAF-Kreiswaltung Roding (Gau Bayerische Ostmark) für Mai 1936

... Wir haben uns schon des öfteren mit den Betriebsführern dieser verschiedenartigen Betriebe in Verbindung gesetzt und versucht, daß wir die gesamte Belegschaft für die DAF gewinnen könnten, ist uns aber bis heute noch nicht ganz gelungen, und zwar insofern, daß die Zusage und Zustimmung einesteils vom Betriebsführer selbst, anderenteils aber viel von anderen Volksgenossen, die nicht organisiert und doch in Arbeit stehen, ferngehalten und diesen zum Eintritt in die Deutsche Arbeitsfront durch schlechte Kameraden abgeredet wird...
In zwei Großbetrieben in Roßbach und einer Zweigniederlage in Zell bei Roßbach stehen noch mindestens an die 70 Arbeiter in den Betrieben voll beschäftigt, von denen aber nicht ein einziger Mitglied der Deutschen Arbeitsfront ist. Wir haben alle möglichen Versuche mit Betriebsführern und Gefolgschaft, sowie Vertrauensmännern und Aufsehern gemacht, nützt aber sehr wenig, da diese Arbeiter zum größten Teil noch nicht dem dienen und angehören, was eigentlich eines jeden Volksgenossen Pflicht und Schuldigkeit wäre, nämlich unserem Führer Adolf Hitler und letzten Endes der gesamten deutschen Nation. Es wäre gut, wenn so bald wie möglich seitens der Gauwaltung mit diesen Volksgenossen richtig verhandelt und das gesamte Kreisgebiet richtig durchgesäubert würde...
Der Monatsbericht der Bayerischen Politischen Polizei vom 1. 6. 1936, der unter dem Abschnitt »Kommunismus/Marxismus« im wesentlichen nur einige Einzelverhaftungen wegen illegaler Tätigkeit meldete, läßt erkennen, daß die Untergrundarbeit der verfolgten Arbeiterparteien nach den vor-

angegangenen Unterdrückungsmaßnahmen nachgelassen hatte. Die nachhaltige Verbesserung der Beschäftigungslage trug ihrerseits dazu bei, den Resonanzboden für antifaschistische Aktivitäten zu schwächen.

Aus Monatsbericht des Regierungspräsidenten von Ober- und Mittelfranken, 6. 6. 1936

... Die Stimmung der Bevölkerung war ruhig und zuversichtlich. Nur die Polizeidirektion Hof meldet, daß sich bei der minderbemittelten Bevölkerung eine Verschlechterung der Stimmung bemerkbar mache, die ihren Grund zum Teil in dem höheren Preisstand der allgemeinen Lebenshaltungskosten, zum Teil in der Befürchtung habe, wegen Mangels an Rohstoffen in der Textilindustrie beschäftigungslos zu werden...
Auf dem Arbeitsmarkt ist die Zahl der Arbeitslosen fast überall weiter zurückgegangen, vor allem infolge des starken Aufschwunges im Baugewerbe und in seinen Nebengewerben. Das Bezirksamt Lichtenfels berichtet dagegen von einer Zunahme von 200 Mann infolge Rückganges der Heeresaufträge für die Korbindustrie...

Aus Monatsbericht des Regierungspräsidenten von Oberbayern, 9. 6. 1936

... Staatsfeindliche Bestrebungen ernsthafter Natur wurden nicht wahrgenommen. Die Schutzhaftmaßnahmen konnten auf ein Mindestmaß beschränkt werden. Nur im Bezirk Miesbach mußten mehrere Personen wegen kommunistischer Betätigung verhaftet werden...

Aus Monatsbericht der Wehrwirtschafts-Inspektion VII/München, 18. 6. 1936

... Leitende Persönlichkeiten der bayerischen Industrie ... [verfolgen] mit Sorge die Aktivität der Arbeitsfront im Hinblick auf die gedachte Zerschlagung der Organisation der gewerblichen Wirtschaft. Die Arbeitsfront begründet ihre Auffassung damit, daß den Arbeitnehmern seit Auflösung der Gewerkschaften ihre Standesvertretung genommen worden sei. Infolgedessen könne dem Unternehmertum eine gesonderte Standesvertretung auch nicht mehr zugebilligt werden. Hierbei wird vollkommen verkannt, daß erstens die Arbeitsfront letzten Endes die Aufgaben der früheren gewerkschaftlichen Organisationen zur Befriedigung berechtiger Forderungen der Gefolgschaft in staatlich gesteuerter Form übernommen hat und, soweit bisher feststellbar, in absolut ausreichender Form ausübt und vertritt. Im Gegensatz hierzu ist die Organisation der gewerblichen Wirtschaft alles andere als eine Organisation, die sich zusammengefunden hat, um klassenkämpferische Ziele zu verfolgen. Sie ist keine Zusammenfassung der Arbeitgeber zum Kampf gegen marxistische Tendenzen früherer Zeit, sondern eine Organisation zur Betreuung der Betriebe als beratende Stelle für alle Fragen, die die Wirtschaft als solche berühren, z. B. Rohstoffversorgung, Devisen, Facharbeiter, Ausfuhr, Luftschutz, Mobilmachung pp. – Diese Sorgen der Industrie verdienen vom wehrwirtschaftlichen Standpunkt ernstliche Beachtung. Es wäre tief bedauerlich, wenn Ansichten und Absichten der Arbeitsfront sich je dahin auswirken könnten, daß gänzlich falsche und einseitig unrichtig gefärbte Darstellungen über das Wesen der Organisation der gewerblichen Wirtschaft die planmäßige Arbeit dieser Einrichtung in irgendeiner Weise stören oder die Organisation als solche antasten...

Aus Monatsbericht der Wehrwirtschafts-Inspektion XIII/Nürnberg, 22. 6. 1936

... Stimmung in der Belegschaft ist – nach Ansicht des Mobilmachungs-Beauftragten eines größeren Werkes – im allgemeinen zuversichtlich. Bei ungelernten Arbeitern macht sich gelegentlich Neigung zu Unzufriedenheit und Mißtrauen bemerkbar...

Die dem tschechoslowakischen Einfluß ausgesetzte und wirtschaftlich stark bedrängte Grenzbevölkerung des Bayerischen Waldes (insbesondere mittlerer und südlicher Teil) wird nicht als immun gegen [den] Kommunismus angesehen...

Ein allmähliches Abströmen von Facharbeitern von mittleren und kleinen Betrieben nach Großbetrieben wird angenommen, ist aber noch nicht einwandfrei schlüssig nachzuweisen...

Die anfängliche Schwierigkeit bei Aufstellung der Arbeitsbücher[43], auch von Unternehmerseite her, ist nunmehr starker Bereitschaft seitens der Arbeitnehmer gewichen...

Aus Monatsbericht der Polizeidirektion Augsburg für Juni 1936

... In Arbeiterkreisen wird vielfach der große Aufwand, den manche, nun bei Parteidienststellen hauptamtlich angestellte frühere Arbeitskameraden öffentlich treiben, sehr scharf kritisiert. Man äußert, daß es in dieser Beziehung jetzt auch nicht besser sei, als in der Systemzeit. Die Tätigkeit der DAF wird von den Arbeitern nicht selten als Untätigkeit bezeichnet...

Bei der Maschinenindustrie, insbesonders aber bei der Landmaschinenindustrie, hielt die günstige wirtschaftliche Entwicklung an. Die Arbeitsämter waren nicht mehr in der Lage, die angeforderten Facharbeiter zuzuweisen. Auf Grund dieses Umstandes mußte in verschiedenen Betrieben mit Überstunden gearbeitet werden. Aus den Reihen der Gefolgschaftsmitglieder der MAN und Zahnräderfabrik AG vormals Renk kommen immer wieder Klagen, daß die Akkordsätze zu nieder bemessen sind, und daß die Arbeiterschaft durch Einsparen von Hilfskräften zu sehr überlastet wird. Es wurde auch festgestellt, daß gerade bei dieser Industrie vom größten Teil der Betriebsführer verhältnismäßig wenig für die Erreichung einer Betriebsgemeinschaft getan wird, wodurch selbstverständlich auch die Stimmung der Gefolgschaftsmitglieder ungünstig beeinflußt wird. Dadurch ist auch erklärlich, daß trotz der besseren Bezahlung doch die Stimmung schlechter ist als bei den Textilarbeitern...

---

[43] Am 26. 2. 1935 war für alle Arbeiter und Angestellten das »Arbeitsbuch« gesetzlich eingeführt und damit eine technische Voraussetzung für die Kontrolle und Lenkung des Arbeitseinsatzes geschaffen worden.

Die Zahl der Arbeitslosen im Arbeitsamtsbezirk Augsburg erniedrigte sich auch im Monat Juni 1936 weiterhin zusehends. Am 30. 6. 1936 waren noch insgesamt 3022 Arbeitslose gemeldet. Davon waren 1609 männliche Arbeitsuchende und 1413 Frauen. Gegenüber dem Vormonat sank die Arbeitslosenziffer um 985. Sie erreichte damit einen Stand, der nicht mehr 1% der Gesamtbevölkerung des Amtsbezirkes ausmacht...

Aus Monatsbericht der DAF-Gauwaltung Bayerische Ostmark für Juni 1936

... In den Hartsteinbetrieben im Bayerischen Wald nimmt die Lage eine bedrohliche Haltung an. Die Gefolgschaften sind sehr unruhig. Es ist in einigen Betrieben dazu gekommen, daß die Bezahlung der Beiträge zur Deutschen Arbeitsfront geschlossen verweigert wurde. Grund der Ursache ist der schlechte Lohn und das Nichtherauskommen der neuen Tarifordnung. Von den Gefolgschaftsmitgliedern wird betont, »Lange genug hat man uns Versprechungen gemacht und nichts wurde gehalten«...
Im Hofer Gebiet sind durch die Rohstoffknappheit circa 4000 Volksgenossen von der Arbeitslosigkeit bedroht. Die jahrelange Kurzarbeit, 24 - 30-stündige Arbeitszeit in der Textilindustrie, hat es den Volksgenossen unmöglich gemacht, irgendwelche Rücklagen zu schaffen, im Gegenteil, die meisten waren nicht einmal in der Lage, ihre einfachsten Lebensbedürfnisse zu befriedigen. Eine neuerliche Belastung dieser Kreise durch Arbeitslosigkeit würde die so schon sprichwörtlich gewordene Not des Frankenwaldes bedrohliche Formen annehmen lassen. Die Hoffnungslosigkeit, in der sich die Arbeiter befinden, zeigt sich am besten dadurch, daß in diesem Gebiet in den letzten Wochen verschiedene Selbstmorde und Selbstmordversuche zu verzeichnen waren... Diese Notlage erstreckt sich über vier Kreisgebiete: Hof, Münchberg, Naila und Kronach-Stadtsteinach und muß hier unter allen Umständen durch eine Hilfsaktion eine durchgreifende Änderung geschaffen werden...

Der Monatsbericht der Bayerischen Politischen Polizei vom 1. 7. 1936 registrierte, daß »die fühlbare Verteuerung der Lebensmittel«, die Überbeanspruchung von Facharbeitern durch Akkordarbeit u. a. noch immer unter den breiten Massen der Arbeiterschaft »Unzufriedenheit und Verbitterung« verursachen würde, »die von staatsfeindlichen Elementen nur allzu leicht ... ausgeschlachtet werden können«. Er zählt sodann eine Reihe neu aufgedeckter kommunistischer Aktivitäten, vor allem in verschiedenen Arbeitervierteln in München, auf. Die Zahl der Personen, die im Juni in Bayern in Schutzhaft genommen wurden (157), lag deutlich unter den im Vorjahr gemeldeten Monatsziffern.

Aus Monatsbericht des Regierungspräsidenten von Ober- und Mittelfranken, 8. 7. 1936

... Eine organisierte Tätigkeit der Marxisten war nicht wahrnehmbar. Auffallend ist, daß ehemalige Marxisten, im Gegensatz zu früher, wieder mehr die Kirche besuchen, dies gilt namentlich von Katholiken. Hierfür dürften in erster Linie politische Gründe maßgebend sein, da manche glauben, in den katholischen Kirchen ab und zu ein schärferes Wort gegen den ihnen nicht genehmen Staat zu hören...

II. Arbeiterschaft und illegale Arbeiterbewegung

Aus Monatsbericht der Wehrwirtschafts-Inspektion VII/München, 18. 7. 1936

... Bayern hat einen weiteren großen Erfolg im Kampf gegen die Arbeitslosigkeit zu buchen. Im Monat Juni dieses Jahres ist die Zahl der Arbeitslosen weiter um über 18 000 oder 16% gesunken und hat damit bereits die 100 000 Grenze unterschritten. Ende Juni wurden in Bayern (einschließlich Pfalz) 94 385 Arbeitslose gezählt. Dieser außerordentlich günstige Stand liegt bereits um über 45 000 unter dem des vorjährigen Vergleichsmonats und bereits um rund 31 000 unter dem günstigsten Stand des Vorjahres...

Die Facharbeiterfrage wird naturgemäß immer vordringlicher. Bei Betrieben, deren Kapazität 100% ausgenutzt wird, ist eine Erhöhung der Produktion abhängig von der Neueinstellung weiterer Facharbeiter. Brauchbare Facharbeiter sind jedoch auf dem Arbeitsmarkt kaum mehr zu bekommen...

Aus Monatsbericht der Bayerischen Politischen Polizei, 1. 8. 1936

... Auffallend waren und von besonderer Bedeutung sind die plötzlich zunehmenden Versuche von Streiks an verschiedenen Orten: In Augsburg mußte ein Hilfsarbeiter festgenommen werden, der seine ehemaligen Mitarbeiter zum Streik aufgefordert hat, um seine Wiederanstellung durchzusetzen. In einer Ziegelei in Hofhegnenberg bei Fürstenfeldbruck wurde ein ehemaliger Kommunist festgenommen, der seine Mitarbeiter zum Streik aufgehetzt hat, um die Absetzung des Betriebsobmannes zu erzwingen. Von der Polizeidirektion Nürnberg-Fürth mußten in Hedersdorf bei Schnaittach 15 Arbeiter der Reichsautobahn festgenommen werden, die in Streik getreten waren, ihre Arbeitsstelle verließen und durch ihr disziplinloses Verhalten die öffentliche Ordnung gestört hatten, um die Wiedereinstellung eines wegen Unbotmäßigkeit entlassenen Arbeiters zu erzwingen. In Laufzorn bei München mußte ein ehemaliger Kommunist festgenommen werden, der die Arbeiter in einer Ziegelei mit Erfolg zur Arbeitsniederlegung wegen schlechten Wetters veranlaßt und beim Weggehen die Internationale gepfiffen hat...

Aus Monatsbericht des Regierungspräsidenten von Schwaben, 7. 8. 1936

... Die Rede, die Reichswirtschaftsminister Dr. Schacht gelegentlich seines Besuches in der MAN Augsburg hielt, wurde von der Belegschaft mißmutig aufgenommen und deshalb sehr spärlich mit Beifall bedacht, weil der Redner die Arbeiter nur zu noch größerer Kraftanstrengung und Ausdauer ermahnte, auf die sozialen Fragen aber nicht einging...

Aus Monatsbericht der Polizeidirektion Augsburg für August 1936

... Begeisterung [unter der Textilarbeiterschaft] für Staat und Partei [ist] nicht groß und bittere Äußerungen aus ihren Reihen sind nicht selten. Viele von ihnen glauben nicht, daß der Rohstoffmangel die Kurzarbeit verursacht, sondern geben den Rationalisierungsmaßnahmen die Schuld. Die von den Betrieben durchgeführten Gefolgschaftsveranstaltungen werden nur als noble Geste nach außen hin bezeichnet. Die Auffassung, daß sich die Arbeitsfront um die Verhältnisse der Arbeiter in den Betrieben wenig kümmert, ist in Arbeiterkreisen vorherrschend. Die Klagen über zu starke Ausnützung der Arbeiter durch Drücken der Akkordlöhne bei gleichzeitigem Sinken des Lebensstandardes, über die immer noch zum Abzug kommenden Höchstsätze für die Arbeitslosenversicherung trotz des gewaltigen Rückganges des Erwerbslosenstandes, über die auf Grund Anordnung des Schatzamtes der DAF vom 12. 5. 1936 erfolgte Kürzung der Krankenunterstützungssätze und über die von Dr. Ley gegebenen Versprechungen zur Besserstellung des Arbeiters wollen nicht verstummen und steigern die Unzufriedenheit innerhalb der Arbeiterschaft...

Auch der Monatsbericht der Bayerischen Politischen Polizei vom 1. 9. 1936 wiederholt die auf die Stimmung der Arbeiterschaft negativ einwirkende Verteuerung zahlreicher Lebensmittel, die, insbesondere in Gebieten und Branchen mit geringer Entlohnung (Bayerische Ostmark), sehr fühlbar sei. Vor allem auch die kürzlich durchgeführte Erhöhung des Bierpreises habe nach übereinstimmender Meldung der Polizeidirektionen und Bezirksämter »große Erbitterung« hervorgerufen. Dazu komme noch »die in weiten Kreisen verbreitete Befürchtung, daß infolge der gegenwärtigen außenpolitischen Spannungen ein neuer Krieg unausbleiblich sein wird«. – Die kommunistische Propaganda-Aktivität, die durch Verteilung verbotener Druckschriften im Monat August »eine außerordentlich starke Zunahme erfahren« habe und in München, Nürnberg, Augsburg, Schweinfurt u. a. Orten zu einer Reihe von Verhaftungen geführt habe, sei »nach den Feststellungen und Beobachtungen« der BPP »in der Hauptsache auf die herrschende Unzufriedenheit« zurückzuführen, daneben auch auf den »Verlauf der revolutionären Kämpfe in Spanien, der von allen Anhängern ehemaliger marxistischer Parteien mit Begeisterung verfolgt« würden. Im Monat August seien in Bayern insgesamt 143 Personen in Schutzhaft genommen und 121 Personen aus der Schutzhaft entlassen worden.

Aus Monatsbericht des Regierungspräsidenten von Oberbayern, 9. 9. 1936

... Staatsfeindliche Bestrebungen ernsthafter Natur wurden nicht wahrgenommen. Wegen kommunistischen Äußerungen bzw. Verdachtes des Hochverrats sind einige Inschutzhaftnahmen erfolgt...

Lediglich in der Baumwollspinnerei Kolbermoor mußte wegen Kürzung der Rohmaterialzuweisung die Arbeitszeit um acht Stunden pro Woche herabgesetzt ... werden... [Hier] ist es am 26. August zu Arbeiterdemonstrationen gekommen. Den äußeren Anlaß gab der Selbstmord eines 28 Jahre in der Fabrik tätig gewesenen Arbeiters, welcher wegen Bedrohung eines Obermeisters mit einem im Griffe feststehenden Messer von der Betriebsdirektion entlassen worden war. Zur Aufklärung der Belegschaft hatte die Direktion einen Betriebsappell angesetzt. Der Betriebsführer wurde jedoch von der Arbeiterschaft niedergeschrien, auch der Ortsgruppenleiter der NSDAP konnte erst nach geraumer Zeit zu Worte kommen. Zwei Meister wurden verprügelt. Ein Meister mußte vorübergehend in Schutzhaft genommen und aus dem Betrieb entlassen werden. Die Klagen der Arbeiterschaft gipfelten in der Hauptsache in übermäßiger Rationalisierung des Betriebes, rigoroser Behandlung durch die jüngeren Meister und mangelndem Kontakt zwischen Direktion und Arbeiterschaft. Der Treuhänder der Arbeit, die Kreisleitung der NSDAP und das Bezirksamt Aibling haben sich bemüht, den Zwischenfall beizulegen. Das Vertrauensverhältnis zwischen Arbeiterschaft und Direktion scheint wieder hergestellt zu sein...

Der Monatsbericht der Polizeidirektion München vom 10. 9. 1936 deckt sich im wesentlichen mit dem August-Bericht der BPP: Trotz der mit Begeisterung und großer Teilnahme verfolgten Olympischen Spiele blieben die besonders in der minderbemittelten Arbeiterschaft und bei den Hausfrauen herrschenden Sorgen wegen der wachsenden Schwierigkeiten, »das Allernotwendigste für sich zu beschaffen«, so daß die oppositionelle Propaganda »auf fruchtbaren Boden« falle. In verschiedenen Stadtteilen Münchens seien in den Morgenstunden des 9. 8. 1936 »mit Schreibmaschine geschriebene und mit Wachsmatrize vervielfältigte, zweiseitig bedruckte Flugblätter gefunden« worden, mit der Überschrift »Krieg den Kriegshetzern! Nieder mit dem Hitlerismus! Vor 22 Jahren brach der Weltkrieg aus. Der neue Weltkrieg steht vor der Tür!« Das Flugblatt befasse sich »in pazifistischer Art mit der Bekämpfung der Aufrüstung und rufe den Leser auf, keine militaristischen Ämter anzunehmen und für sozialistische Gerechtigkeit, Meinungsfreiheit und Frieden zu kämpfen«, die Unterschrift laute »Das sozialistische Weltgewissen«. Über die Arbeitsmarktlage in München heißt es: »Sämtliche industriellen Betriebe in München sind vollauf beschäftigt, die Metallbetriebe arbeiten zum Teil in zwei Schichten. Der Mangel an Facharbeitern macht sich sowohl in diesen Werken, wie ganz besonders im Baugewerbe, das ebenfalls voll beschäftigt ist, bemerkbar...«

Aus Monatsbericht der Wehrwirtschafts-Inspektion VII/München, 19. 9. 1936

... die MAN-Augsburg meldet, daß ihr die Heranführung von Facharbeitern aus Österreich vom Reichsarbeitsamt genehmigt wurde. Sie will möglichst nur Unverheiratete einstellen, die bei Konjunkturrückgang wieder leicht abwandern können.

Da einerseits empfindlicher Facharbeitermangel herrscht, andererseits Frauenbeschäftigung eine gute Einschulung für den Mobilmachungs-Fall darstellt, wird angeregt, in viel stärkerem Ausmaße wie bisher systematisch bei denjenigen Branchen, wo Frauen mit Vorteil zu verwenden sind, z. B. Feinmechanik, Optik, Nachrichtengerätefabrikation, Facharbeiter für andere frei zu machen. Die Eisenwerkgesellschaft Annahütte m.b.H., Hammerau, hat einen Versuch mit der Ausbildung von Frauen am Hammer gemacht und dabei beste Erfolge erzielt. – Die Firma stößt jedoch seitens der Gewerbeaufsicht auf Schwierigkeiten.

In einzelnen, besonders Luftfahrt-Betrieben, sind die Löhne von RM 0,90 auf RM 1,20 und darüber erhöht worden, wohl mit der Absicht, Arbeitskräfte anzulocken. Das führt auf die Dauer notwendigerweise zu Unzufriedenheit in Arbeiterkreisen... Bei der Zementindustrie ist die Stimmung der Arbeiter geteilt. Die älteren Arbeiter sind darüber unzufrieden, daß sie seitens der DAF bezüglich der Altersversorgung geringere Leistungen zu erwarten haben, als dies seitens der Gewerkschaft erfolgte. Namentlich Leute, die viele Jahre gezahlt haben, fühlen sich benachteiligt durch die Bestimmung, daß als oberste Grenze für das Gesamteinkommen für Kleinrentner RM 100,– festgesetzt sind.

Auch »bei der graphischen Industrie (C.H. Beck'sche Buchdruckerei Nördlingen)« seien »die Älteren mit den Leistungen der DAF für die Altersversorgung nicht zufrieden.«

Aus Monatsbericht der Wehrwirtschafts-Inspektion XIII/Nürnberg, 19. 9. 1936

... In Arbeiterkreisen wird vielfach Klage darüber geführt, daß der Lebenshaltungsindex sich in letzter Zeit gesteigert hätte, während die Löhne auf gleicher Stufe stehen geblieben wären. Preisänderungen werden insbesondere für Fleisch, Eier und Bier festgestellt...
Der Bezirk Hof hat mit der Umschulung der dort befindlichen zahlreichen erwerbslosen Textilarbeiter in Metallarbeiter begonnen, nachdem keine Aussicht bestand, sie jemals wieder in ihrem bisherigen Berufszweig weiter zu beschäftigen...
Die vorliegenden September-Berichte der Polizeidirektionen München und Augsburg sowie der BPP wiederholen im wesentlichen die Feststellungen der Vormonate und erwähnen neue Verhaftungen wegen »kommunistischer Agitation« in Augsburg und Bemühungen zum illegalen Wiederaufbau der »Roten Hilfe« in Südbayern (laut BPP waren im September in Bayern 153 Personen in Schutzhaft genommen und 175 Personen aus der Schutzhaft entlassen worden). Harmloser erscheint der Umfang der illegalen »linken« Aktivität nach den September-Berichten der Regierungspräsidenten. Monatsbericht des Regierungspräsidenten von Ober- und Mittelfranken vom 6. 10. 1936: »Eine organisierte Tätigkeit der Marxisten war nicht feststellbar.« Monatsbericht des Regierungspräsidenten von Oberbayern vom 9. 10. 1936: »Staatsfeindliche Bestrebungen ernsthafter Natur wurden nicht wahrgenommen.« Der Regierungspräsident von Schwaben meldete (9. 10. 1936): »nach den übereinstimmenden Berichten vieler Außenbehörden« mache sich aufgrund von Lebensmittelteuerungen, Kurzarbeit in der Textilindustrie u. a. »in der Arbeiterschaft ... eine wachsende Mißstimmung gegen Regierung und Partei geltend.« In Neuburg a.d. Donau seien sechs frühere Kommunisten in Schutzhaft genommen worden. Einer habe, »um die im Interesse der Landesverteidigung liegenden Arbeiten am Flugplatz Zell zu stören, Zement in den Vergaser einer Betonmaschine gestreut«. – Der Regierungspräsident von Niederbayern und der Oberpfalz beschäftigte sich in seinem Monatsbericht vom 9. 10. 1936 mit der in einigen Bezirken teilweise immer noch schlechten Beschäftigungslage einzelner Branchen, z. B. der Porzellanindustrie in Tirschenreuth und Vohenstrauß. Im Bezirk Wolfstein gebe es wieder rund 250 Arbeitslose, außerdem 500 Notstandsarbeiter und etwa 800 – 1000 Mann stünden auswärts in Arbeit, was zum Teil sehr bedenklich sei, da der Lohn oft nicht zur Unterstützung der der Fürsorge anheimfallenden Familie ausreiche. »Die Arbeiter aus der Ostmark kommen aus bescheidenen Verhältnissen mit Arbeitern aus Großstädten und Industriebezirken in Fühlung und kehren meist unzufrieden in ihre Heimat zurück.«

Aus Monatsbericht der Bayerischen Politischen Polizei, 1. 11. 1936

... Nach umfangreichen und eingehenden Ermittlungen wurden nunmehr die staatspolizeilichen Untersuchungen anläßlich der Aushebung der illegalen kommunistischen Ortsgruppe in Straubing abgeschlossen. Es wurden insgesamt 27 Personen aus Straubing wegen Vorbereitung zum Hochverrat dem Gerichte überstellt, gegen die Haftbefehl erlassen wurde. Unter diesen befinden sich nicht weniger als zehn ehemalige Schutzhaftgefangene. Nach dem Ermittlungsergebnis war diese Ortsgruppe, die auf dem Dreiergruppensystem aufgebaut war, bereits seit 1934 unter der geistigen Leitung des ehemaligen kommunistischen Stadtrates und Schutzhaftgefangenen Heinrich Schindler illegal tätig. Es wurden Beiträge für die KPD und RH kassiert, Sammlungen für die RH vorgenommen und laufend illegale kommunistische Schriften vertrieben...
Die Ermittlungen anläßlich der Aushebung der bereits gemeldeten illegalen Gruppe in Kaufbeuren führten zur Festnahme eines illegalen Funktionärs, der mit ehemaligen

Kommunisten in Schongau, Peiting, Memmingen und Mindelheim zum Zwecke der Schaffung von illegalen Stützpunkten Verbindung aufgenommen hatte. Die Ermittlungen dauern noch an...

Aus Monatsbericht des Regierungspräsidenten von Oberbayern, 10. 11. 1936

... Unter den Arbeitern der Reichsautobahn und des Flugplatzes Manching, Bauamt Ingolstadt, macht sich eine gewisse kommunistische Agitation insofern geltend, als immer wieder die russischen Zustände gelobt und die deutschen Verhältnisse bekrittelt werden. Ein solcher Agitator, der mit den Briefen seines in Rußland verheirateten Bruders für Spanien und Rußland geworben hatte, wurde in Schutzhaft genommen. Die Ermittlung derartiger Straftaten ist nach dem Bericht des Bezirksamts Ingolstadt deshalb so schwierig, weil die politisch ziemlich gemischten Arbeiter sich gegenseitig nicht verraten und selbst die Betriebsobleute keine Anzeige erstatten. Ähnliche Verhältnisse mußten in der Maschinenfabrik Krauss-Maffei in Allach, Bezirksamt München, festgestellt werden. In Kolbermoor sind acht den Arbeiterkreisen angehörige Personen wegen Singens der Internationale bzw. sonstigen staatsfeindlichen Verhaltens vorübergehend festgenommen worden; ein Arbeiter befindet sich noch in Schutzhaft.

Im Kohlenbergwerk Penzberg wurde beobachtet, daß die Bergleute beim Schichtenwechsel nur noch selten den Deutschen Gruß gebrauchen. Ihre Stimmung ist sehr gedrückt. Die Ursache wird wohl in den Teuerungsverhältnissen zu suchen sein. Eine Betätigung der KPD ist nicht nachgewiesen...

Die Monatsberichte der Wehrwirtschafts-Inspektionen München und Nürnberg vom 19. 11. 1936 meldeten übereinstimmend zunehmenden Facharbeitermangel, den einzelne Firmen durch höhere Lohnangebote und Abwerbung von anderen Firmen zu beheben suchten. Der November-Bericht der DAF-Gauwaltung des Gaues »Bayerische Ostmark« legte dar, daß in diesem Gau, in dem die Arbeiterschaft vielfach aus katholisch-agrarischem Milieu stammte, der Kampf gegen Konfessionsschule u. a. antireligiöse Erscheinungsformen des NS starke Depression verursachte. Aus dem Bericht der Bayerischen Politischen Polizei vom 1. 12. 1936 ist ersichtlich, daß im Monat November 1936 vergleichsweise wenige illegale kommunistische oder sozialdemokratische Aktivitäten oder Festnahme-Aktionen zu verzeichnen waren. Das bestätigte auch der Monatsbericht des Regierungspräsidenten von Ober- und Mittelfranken vom 8. 12. 1936 mit der Feststellung, daß es in den Industriebezirken in Amberg und Burglengenfeld zwar »noch viele Anhänger des Marxismus« gäbe, »die sich allerdings nach außen im allgemeinen zurückhalten«.

Aus Monatsbericht des Regierungspräsidenten von Oberbayern, 11. 12. 1936

... Staatsfeindliche Bestrebungen sind nur vereinzelt, und zwar besonders bei den politisch unzuverlässigen Arbeitern der Reichsautobahn, der Flugplatzbauten und anderer größerer Betriebe festzustellen. Die Vorgänge in Spanien und Rußland veranlassen die Kommunisten namentlich in angeheitertem Zustande aus ihrer Einstellung kein Hehl mehr zu machen. So wurde der Kreisamtsleiter der Deutschen Arbeitsfront, als er auf einer Versammlung in Stammham auf die Verhältnisse in Spanien und Rußland zu sprechen kam, durch Zwischenrufe unterbrochen, wie »lüg net so, bei der Wahrheit bleiben« und ähnliches mehr... Die Abhörung des Moskauer Senders scheint besonders bei der Arbeiterschaft in Penzberg im Zunehmen begriffen zu sein...

Aus Monatsbericht der Wehrwirtschafts-Inspektion XIII/Nürnberg, 16. 12. 1936

... Um die eingeschulten Arbeitskräfte, speziell in der metallverarbeitenden Industrie, zu halten, wurden vielfach die Facharbeiterlöhne von den Firmen freiwillig erhöht. Insbesondere sind Lohnsteigerungen bei Firmen mit Heereslieferungen festzustellen. Zum Teil erfolgen solche mittelbar durch Sonderzuwendungen. So zahlt beispielsweise die Firma Aluminiumwerke Nürnberg ihrer Belegschaft als Weihnachtsgratifikation einen vollen Monatslohn. Die Firma Siemens-Schuckert-Werke Nürnberg soll für den gleichen Zweck ca. 3,5 Millionen RM auswerfen. Diese Lohnentwicklungen, mit denen insbesondere die Export-Industrie nicht Schritt zu halten vermag, führen zu Abwanderungen der Facharbeiter zu rüstungswirtschaftlichen Betrieben und sollen Mißstimmungen in Belegschaften der Betriebe zeitigen, deren Geschäftslage Lohnsteigerungen nicht zulassen. Nach Auffassung sowohl der Arbeitsamt-Vertreter, als auch des Handelskammer-Vertreters, genügen die im Vierjahresplan festgelegten Beschränkungen nicht, um ein Wegengagieren der Facharbeiter im notwendigen Ausmaße verhindern zu können...

Aus Monatsbericht des Regierungspräsidenten von Niederbayern und der Oberpfalz, 7. 1. 1937

... Die marxistischen Kreise glauben sich der Verwirklichung ihrer Ziele näher. Wegen kommunistischer Betätigung und Vorbereitung zum Hochverrat (gemeinsames Abhören des Moskauer Senders und sonstige illegale Zusammenkünfte) wurden durch die Staatspolizeistelle Regensburg im Bereich der Bezirksämter Grafenau und Passau in der Zeit vom 16./21. 12. 1936 insgesamt 20 Personen festgenommen und der Staatsanwaltschaft überstellt; zwei von ihnen haben sich im Anschluß an die Vernehmungen im Gerichtsgefängnis erhängt...

Aus Monatsbericht des Regierungspräsidenten von Oberbayern, 11. 1. 1937

... Staatsfeindliche Bestrebungen von erheblichem Umfang konnten nicht festgestellt werden. Eine negative Einstellung zum heutigen Staat wurde beobachtet bei den Bergarbeitern in Penzberg. In Peißenberg mußten vier Personen in Haft genommen werden, da sie eine illegale kommunistische Ortsgruppe gebildet hatten...

262   II. Arbeiterschaft und illegale Arbeiterbewegung

Aus Monatsbericht der Staatspolizeileitstelle München, 1. 2. 1937

... Die Stimmung der Bevölkerung kann als gut bezeichnet werden, wenn auch nicht verhehlt werden darf, daß manche Umstände diese ungünstig beeinflussen. So gibt vor allem die Einführung der Fettbezugskarten einem Teil der Bevölkerung Anlaß zu der Annahme, daß dies erst der Anfang einer Zwangsbewirtschaftung aller wichtigen Lebensmittel sei...

Die weiteren eingehenden Ermittlungen und Vernehmungen anläßlich der Aushebung der illegalen kommunistischen Ortsgruppen in Kaufbeuren, Peißenberg, Schongau, Mindelheim und Straubing, die sich durch das verstockte Verhalten der Festgenommenen äußerst schwierig gestalteten, führten neuerdings zur Aushebung einer illegalen kommunistischen Ortsgruppe in Memmingen und zur Festnahme einer weiteren Anzahl illegaler Funktionäre in Straubing...

Aus Monatsbericht des Regierungspräsidenten von Schwaben, 6. 2. 1937

... Die Textilindustrie insgesamt führt Beschwerde darüber, daß nicht nur die Reparaturarbeiter, sondern auch die weiblichen Arbeitskräfte, sobald sie ausgebildet sind, in die Rüstungsindustrie abwandern. Weibliche Arbeitskräfte sind in verschiedenen Betrieben der Maschinenindustrie wieder beschäftigt...

Die Klagen der Arbeiter, insbesondere in der Textilindustrie, betreffen die im Verhältnis zu den notwendigen Lebenshaltungskosten niedrigen Löhne, ferner die hohen Abzüge, insbesondere bei Überstunden- und Akkordarbeit...

Aus Monatsbericht des Regierungspräsidenten von Oberbayern, 10. 2. 1937

... Die Stimmung unter den Bergarbeitern in Penzberg ist nach wie vor schlecht. Dies äußert sich sichtbar in erster Linie in der Verweigerung des Deutschen Grußes. Von den ehemaligen Penzberger Kommunisten und Marxisten werden die Ereignisse in Spanien lebhaft verfolgt und besprochen. – Der ledige Bergarbeiter Alois Lechner wurde in das Konzentrationslager Dachau eingeliefert, weil er wiederholt mit anderen Arbeitskameraden den Moskauer Sender abgehört hat. Gegen ihn und andere ist ein Strafverfahren wegen Vorbereitung zum Hochverrat anhängig. Ein Penzberger Bauhilfsarbeiter mußte gleichfalls in Schutzhaft genommen werden, da er beim Betreten einer Wirtschaft »Heil Moskau« rief...

Aus sozialpolitischem Lagebericht des Reichstreuhänders der Arbeit für das Wirtschaftsgebiet Bayern für Februar 1937

... Auf einer Baustelle der Reichsautobahnstrecke Nürnberg – München haben die Maschinisten und Heizer, obgleich sie als Stammarbeiter sehr gut entlohnt wurden, die Arbeit niedergelegt, um höhere Löhne zu erzwingen. Sie wurden in Schutzhaft genommen und durch andere Arbeiter ersetzt. Auf einer Baustelle der Strecke Nürnberg – Stuttgart haben 50 Gefolgschaftsangehörige die Arbeit verweigert, weil die Firma Zahlung eines Vorschusses abgelehnt hat mit der Begründung, daß am Vortage Lohn gezahlt sei. Fünf Unruhestifter in Schutzhaft. Bei Kabelverlegungsarbeiten an einer Baustelle in der Nähe von Gunzenhausen (Mittelfranken) hat die Gefolgschaft ohne Grund die Arbeit niedergelegt. Nach Verhaftung der drei Rädelsführer Wiederaufnahme der Arbeit...

Aus Monatsbericht der Staatspolizeileitstelle München, 1. 3. 1937

... Die Aktion gegen die illegale KPD in Kaufbeuren ist nunmehr nach langwierigen Vernehmungen zum Abschluß gelangt...
Die Ermittlungen ergaben ferner, daß in Kaufbeuren von ehemaligen Mitgliedern des Arbeiter-Turn- und Sportvereins eine illegale Gruppe der SPD geschaffen worden war, die von einem sozialdemokratischen Emigranten in Rorschach wiederholt Hetzschriften zugesandt erhalten hat. Insgesamt wurden in vorstehender Sache gegen 58 Personen, und zwar 47 Kommunisten und 11 Sozialdemokraten Strafverfahren wegen Vorbereitung zum Hochverrat eingeleitet...

Aus Monatsbericht des Regierungspräsidenten von Ober- und Mittelfranken, 5. 3. 1937

... In Hof wurden kommunistische Zersetzungsdruckschriften verbreitet, die offenbar in Asch postfertig gemacht und in Gera und Zeitz durch bisher unbekannte Kuriere aufgegeben wurden. Die Bevölkerung gab dabei einen schönen Beweis ihrer politischen Zuverlässigkeit: innerhalb weniger Stunden nach Empfang durch die Post gaben etwa 20 Personen die Briefe bei der Polizei oder Kreisleitung ab. Die gleichen Flugblätter tauchten im Bezirk Rehau auf...
Der Monatsbericht des Regierungspräsidenten von Oberbayern vom 10. 3. 1936 meldete, wie der vorangegangene Monatsbericht der Polizeidirektion München, im wesentlichen nur Einzelfälle staatsfeindlicher Äußerungen ehemaliger »Marxisten« sowie improvisierte Flugblattaktionen, dagegen keine weitverzweigtere illegale Untergrundtätigkeit.

Aus sozialpolitischem Lagebericht des Reichstreuhänders der Arbeit für das Wirtschaftsgebiet Bayern für März 1937

... In der metallverarbeitenden Industrie viele Teilstillegungsanzeigen infolge Rohstoffmangels. Die von den Walzwerken zugesicherten Liefertermine werden oft um Monate überschritten. Durch Einführung von Kurzarbeit konnten Entlassungen größeren Umfanges vermieden werden...
Die durch die Geheime Staatspolizei verfügte Schließung der Druckereien, die das päpstliche Rundschreiben gedruckt haben, hat erhebliche Beunruhigung hervorgerufen.

Es wird der Auffassung Ausdruck gegeben, daß eine Inschutzhaftnahme der verantwortlichen Personen die gleiche Wirkung gehabt hätte und daß die Schädigung der Gefolgschaftsangehörigen hätte vermieden werden können...

Der Monatsbericht der Stapoleitstelle München vom 1. 4. 1937 erwähnte u. a. die Festnahme von sechs Personen, die sich illegal für die KPD betätigt hätten und die sämtlich vorher schon längere Zeit in Schutzhaft gewesen seien. Der Monatsbericht des Polizeipräsidiums München vom 6. 4. 1937 befaßte sich ausführlich u. a. mit der Wiedergabe eines von der illegalen SPD eingeschmuggelten und in München verbreiteten Flugblattes mit einem Aufruf des der Labour-Party angehörenden, britischen Unterhausabgeordneten Herbert Morrison »an das deutsche Volk«, außerdem mit einem Flugblatt des illegalen »Aktionsausschusses zur Aufklärung der Bevölkerung«, das sich »an Bewohner dichtbevölkerter Stadtteile Münchens« wende, »gegen die Siedlungs- und Lohnpolitik der nationalsozialistischen Regierung« Sturm laufe und »zum aktiven Widerstand« aufrufe. Die Täter hätten bisher nicht ermittelt werden können. Im Bericht des Regierungspräsidenten von Ober- und Mittelfranken vom 6. 4. 1937 hieß es, die Zahl der im Berichtsmonat wegen dringenden Verdachts der Vorbereitung zum Hochverrat Festgenommenen (26 Personen) und sonstigen verhafteten »Staatsfeinde« (38 Personen) zeige, »daß verbrecherische Marxisten noch immer am Werke sind, das nationalsozialistische Deutschland zu bekämpfen«.

Aus Monatsbericht des Regierungspräsidenten von Niederbayern und der Oberpfalz, 7. 4. 1937

... Der Bezirksamtsvorstand von Tirschenreuth berichtet: »In letzter Zeit war um 22 Uhr immer ein kommunistischer Kurzwellensender zu hören, der meist in wüster Weise gegen Deutschland hetzte. Soviel ich höre, pflegte sich der Sprecher mit folgenden Worten einzuführen: »Hier spricht der Kurzwellensender der KPD, trotz Gestapo.« Am Schluß pflegte der Sprecher zu sagen: »Wir kommen morgen abend um 10 Uhr wieder auf Welle soundso, trotz Gestapo.« Dieser Schwarzsender soll bereits von deutscher Seite angepeilt worden sein. Eine Peillinie soll nach Franzensbad, eine andere auf den Oberkunreuther Berg in Böhmen verwiesen haben. Es wird vermutet, daß es sich um mehrere Sender handelt...«

Aus Monatsbericht der DAF-Gauwaltung Bayerische Ostmark für April 1937

... Wenn auch die Beschäftigungslage des Gaues, mit Ausnahme von einigen Kreisen, in denen wenig oder keine Industrie vorhanden ist, eine verhältnismäßig gute ist, so verlautet doch allgemein, daß die Löhne sehr niedrig sind. Wir errechnen gegenwärtig aus den bei uns einlaufenden Meldungen einen Durchschnittswochenverdienst von rund RM 21,-, wobei selbstverständlich darauf hingewiesen werden soll, daß Kurzarbeiter mitunter nur etwa RM 6,- wöchentlich verdienen, während andererseits Löhne von RM 30,- bis RM 40,- vorkommen... Auch weist man darauf hin, daß die Tarife in Oberbayern wesentlich besser liegen, als in der Bayerischen Ostmark...

Die Abgabe von kostenlosen Eintrittskarten für die antibolschewistische Schau an die Arbeiterschaft hatte zur Folge, daß Arbeitskameraden diese Karten zerrissen und erklärten, »Das Sowjetparadies haben wir hier«. Selbst vor Beleidigungen des Reichsleiters Dr. Ley wurde nicht halt gemacht...

Aus Monatsbericht der Staatspolizeileitstelle München, 1. 5. 1937

... Nach langwierigen Ermittlungen und Überwachungen konnte in München in einem phototechnischen Betrieb [Agfa] eine kommunistische Betriebszelle ausgehoben werden. Festgenommen wurden bisher sechs Personen, die seit 1934 illegal tätig waren durch Verbreitung kommunistischer Druckschriften, Kassierung bzw. Bezahlung von Beiträgen, Sammlungen für die Rote Hilfe. Die Gruppe hatte auch versucht, eine Freie Gewerkschaft zu gründen und hatte zu der illegalen SAP Verbindung unterhalten. Die Ermittlungen sind noch nicht abgeschlossen...

Der Regierungspräsident von Ober- und Mittelfranken schrieb in seinem Monatsbericht vom 5. 5. 1937: Eine »organisierte Tätigkeit der Marxisten« sei nicht in Erscheinung getreten. Nur vereinzelte Unmutsäußerungen, vor allem unter den noch vorhandenen Arbeitslosen und den gering entlohnten Arbeitern, zeigten, daß noch Sympathien für die marxistischen Parteien vorhanden seien. – Ähnlich der Tenor des Monatsberichts des Regierungspräsidenten von Oberbayern vom 10. 5. 1937: Keine staatsfeindlichen Bestrebungen von größeren Ausmaßen, aber häufige feindliche Äußerungen Einzelner. Eine besonders kritische Atmosphäre herrsche bei den Bergarbeitern in Penzberg, wo starker Arbeitskräftemangel eine Überlastung der Belegschaft bewirke.

Das Polizeipräsidium München meldete im Monatsbericht vom 12. 5. 1937 eine neue illegale Flugblattaktion anläßlich des 1. Mai in Münchener Arbeitervorstädten (Alte Heide, Neuhausen, Giesing, Haidhausen), wo zusammengefaltete Blätter in kleinen Wachstuchtaschen an Fußgänger- und Radfahrwegen hinterlegt worden seien, »die regelmäßig von Arbeitern auf dem Wege zu den größeren Werken morgens benutzt« wurden. Die Flugblätter geißelten die unsoziale NS-Lohn- und Wirtschaftspolitik, die Abschaffung der Gewerkschaften und des Streikrechts und verhöhnten die nationalsozialistischen Zwangskundgebungen zum 1. Mai. »Trotz umfangreicher Überwachungen« sei es nicht möglich gewesen, »einen Verbreiter oder Hersteller zu fassen«. – Des weiteren wurde in dem Bericht ausgeführt: Infolge Rohstoffmangels habe sich die Direktion der Bayerischen Motorenwerke, »des weitaus größten Werkes in München«, gezwungen gesehen, mit Wirkung vom 19. April verkürzte Arbeitszeit (40 Stundenwoche) mit entsprechend geringerer Entlohnung einzuführen, was insbesondere bei den Hilfsarbeitern, die schon bisher nur 24,- RM pro Woche verdient hätten, »große Verstimmung« ausgelöst habe, zumal die Arbeiter dieses Werkes als Geheimnisträger nicht kündigen dürften. Nach dem Bericht eines Gewährsmannes sei »die Stimmung unter der Gefolgschaft« zur Zeit »besorgniserregend... (Gefahr von Sabotageakten usw.)«. Daß zur selben Zeit der »Völkische Beobachter« mit großen Schlagzeilen über die schlechte wirtschaftliche Situation in Frankreich berichtet habe, die dort teilweise zur Einführung der 40-Stunden-Woche gezwungen habe, sei von den bei den BMW »von Arbeitszeit- und Lohnverkürzungen betroffenen Arbeitern«, deren Lage vor der deutschen Öffentlichkeit geheim gehalten werde, mit entsprechenden Reaktionen quittiert worden.

Der Monatsbericht der Wehrwirtschafts-Inspektion München vom 14. 5. 1937 befaßte sich ausführlicher mit der durch die unterschiedliche Beschäftigungslage ausgelösten, starken Mobilität von Arbeitskräften. Aus dem Arbeitsamtsbezirk Passau seien »in letzter Zeit ... ca. 3000 angelernte und ungelernte Arbeiter an andere Arbeitsämter abgegeben worden, allein ca. 1500 an das Arbeitsamtsgebiet Straubing, wo durch die begonnene Donau-Eindeichung viele Kräfte benötigt würden. Die Außerkraftsetzung des 1933 erlassenen Gesetzes zur Verhinderung der Abwanderung landwirtschaftlicher Arbeitskräfte habe eine verstärkte »Abwanderung in die Industrie oder in die Städte« bewirkt, vor allem auch von Frauen und Mädchen.

Aus Monatsbericht der Wehrwirtschafts-Inspektion XIII/Nürnberg, 15. 5. 1937

... In den Grenzgebieten des Bayerischen Waldes, in der Gegend von Bodenmais und Lam, herrschen jedoch noch sehr ungünstige Verhältnisse. Ein Bergrat des Staatlichen Berg- und Hüttenamtes Bodenmais berichtet, daß die dort beschäftigten Bergarbeiter schon seit sechs Jahren Kurzarbeit leisten müssen und wöchentlich, einschließlich Kurzarbeiter-Unterstützung, nur RM 14,– bis RM 15,– ausbezahlt erhielten...

Angesichts des Mangels an Bergarbeitern liegt es nahe, die Leute in andere Bergbaugebiete umzusiedeln. Dieser Ausweg stößt auf starke Schwierigkeiten, da es sich größtenteils um Arbeiter mit eigenen Häuschen handelt und der auswärts verdiente Lohn kaum einen getrennten Haushalt zuläßt. In Lam sind zur Verminderung der Arbeitslosigkeit Arbeiter zum Straßenbau eingestellt worden, die infolgedessen von ihren Familien getrennt leben müssen. Da es sehr schwer ist, eine mehrköpfige Familie zuhause und sich selbst getrennt davon mit einem Stundenlohn von RM 0,57 zu unterhalten, ist die Unzufriedenheit, ebenso wie in Bodenmais, sehr groß. Nach den Aussagen eines Studienrats Klebl in Kötzting, soll es sogar schon so weit gekommen sein, daß anläßlich einer Parteiwalter-Tagung die Fenster eingeworfen wurden.

Es muß unbedingt versucht werden, der Not im Grenzgebiet durch vermehrte Zuteilung von Aufträgen, hauptsächlich in Holzartikeln, etwas zu steuern, um so mehr, als die politische Gesinnung der Bevölkerung schon früher unzuverlässig war...

Aus Monatsbericht des Regierungspräsidenten von Niederbayern und der Oberpfalz, 5. 6. 1937

... Ein Kommunist im Bezirk Passau erklärte: »Der Russe hat viele Anhänger bei uns; in der Umgebung von Neukirchen, Tittling, Polling, Fürstenstein und Preying sind mindestens 600 Kommunisten.«...

Richterlicher Haftbefehl wurde erlassen gegen einen Maurer im Bezirk Passau, der am 23. 5. 1937 vor etwa 40 Leuten einen rein kommunistischen Vortrag gehalten hat...

Sehr gut ist die Beschäftigungslage der Industrie in den Bezirken Amberg und Burglengenfeld. Es herrscht bereits erheblicher Mangel an Facharbeitern... Bei den Industriearbeitern halten die Klagen über die niedrigen Löhne an. Auf der Luitpoldhütte, Bezirksamt Amberg, haben am 14. Mai, dem letzten Zahltag vor den Pfingstfeiertagen, Bergleute einem Betriebsobmann ihre Lohntüten »vor die Füße geworfen«, wie er sich ausdrückte. Den Lohntüten war zu entnehmen, daß Bergleute mit drei und vier Kindern nur 17 – 20 RM Wochenlohn ausbezahlt erhalten haben... Im Bezirksamt Viechtach gab es anläßlich der Lohnzahlung für den 1. Mai an zwei Straßenbaustellen Meinungsverschiedenheiten zwischen der Arbeiterschaft und einer Baufirma von Cham, die durch Entgegenkommen der Firma beigelegt werden konnten. Das Bezirksamt bemerkt hierzu: »Diese Vorfälle haben gezeigt, daß die Arbeiterschaft auch heute noch von einigen Schreiern leicht in Unruhe versetzt werden kann, und daß es dann größerer Anstrengung bedarf, um Ruhe und Vertrauen wieder herzustellen...«

Die vorliegenden Juni-Berichte der Staatspolizeileitstelle München, des Polizeipräsidiums München und der Regierungspräsidenten meldeten keine nennenswerten neu entdeckten Untergrundaktivitäten der verbotenen Arbeiterparteien und auch nichts wesentlich Neues über die materielle Lage der gewerblichen Arbeiterschaft. Der Reichstreuhänder der Arbeit in Bayern erwähnte in seinem Lagebericht für Juni 1937 erneut »Störungen in der Rohmaterialzufuhr in der metallverarbeitenden Industrie«, von denen vor allem Klein- und Mittelbetriebe betroffen seien. Die Stimmung der Belegschaften sei infolgedessen »sehr gedrückt«. – Der Juni-Bericht der DAF-Gauwaltung Bayerische Ostmark glaubt feststellen zu können, »daß die Arbeiterschaft im Gegensatz zu den sogenannten bürgerlichen Kreisen und der Landbevölkerung in weltanschaulicher Hinsicht bedeutend gefestigter« sei. Manche Betriebsführer, die nach 1933 Parteimitglied geworden seien, ... behandelten »alte Parteigenossen und SA-Männer« in der Belegschaft schlechter als die übrigen Arbeiter und manche scheuten sich nicht, die 1933/34 eingestellten alten Parteigenossen »wieder aus den Betrieben zu entlassen ... Wenn dann noch, was häufig vorkommt, Betriebsobmänner und Vertrauensratsmitglieder ihre Minderwertigkeitskomplexe gegenüber den Betriebsführern nicht abgelegt haben, dann ist es klar, daß sich die Arbeiterschaft in solchen Betrieben verlassen vorkommt und das Vertrauen zur Bewegung verliert.«

Der Juni-Bericht der Stapoleitstelle München meldete die Fortführung der Ermittlung der ausgehobenen kommunistischen Betriebsgruppe in den Agfa-Werken (Festnahme von weiteren drei Personen) und die Verhaftung von vier Personen wegen illegaler Betätigung für die SPD. Im Juni seien in ganz Bayern 102 Personen in Schutzhaft genommen und 124 aus der Schutzhaft entlassen worden. Der Bericht enthält außerdem eine zahlenmäßige Gesamtbilanz aller Schutzhaftgefangenen bei der nationalsozialistischen Machtübernahme in Bayern. Danach seien von März 1933 bis zum 30. 6. 1937 in Bayern insgesamt 26 926 Personen in Schutzhaft genommen und 25 439 aus der Schutzhaft entlassen worden. Noch in Schutzhaft befänden sich 1 487 Personen, davon 1 146 im Konzentrationslager Dachau, 304 in Gerichts- und Polizeigefängnissen und 37 im Frauenschutzhaftlager Moringen. Im Lager Dachau befänden sich außerdem: 349 außerbayerische Schutzhaftgefangene, 92 Schutzhäftlinge aus dem Regierungsbezirk Pfalz, 330 Berufsverbrecher aus dem ganzen Reichsgebiet, 230 Personen, die zum Arbeitszwang nach § 20 der Reichsfürsorgepflichtverordnung in das Lager eingewiesen seien, 93 Personen, die anläßlich der mit Entschließung des Bayerischen Staatsministeriums des Innern vom 22. 6. 1936 angeordneten Aktion gegen Bettler und Landstreicher in Polizeihaft genommen und vorübergehend im Konzentrationslager Dachau verwahrt seien ...

Aus sozialpolitischem Lagebericht des Reichstreuhänders der Arbeit für das Wirtschaftsgebiet Bayern für Juli 1937

... Der Mangel an Hilfsarbeitern und an Facharbeitern macht sich immer unangenehmer bemerkbar. Die Arbeiter wechseln von Baustellen einer niedrigen Ortsklasse zu solchen einer höheren Ortsklasse ... Die Deutsche Arbeitsfront sucht in den Betrieben der Papier-, Pappen-, Zellstoff- und Holzstofferzeugung die Bezahlung der Wochenfeiertage durchzusetzen ...

Aus Monatsberichts des Regierungspräsidenten von Ober- und Mittelfranken, 6. 9. 1937

... Das Bezirksamt Lauf berichtet, daß sich unter den von auswärtigen Arbeitsämtern zugewiesenen Reichsautobahnarbeitern manche kommunistische Elemente befinden. Ein Sabotageakt, bei dem aus verschiedenen Maschinen neun Feuerungsroste entfernt worden waren, wurde von der Gendarmerie-Station Simmelsdorf im Benehmen mit der Staatspolizeistelle Nürnberg-Fürth verfolgt. Die Geheime Staatspolizei hat hierbei 14 Arbeiter festgenommen...

Wie schon in den Vormonaten wurden in den August-Berichten der Gestapo, der Polizeipräsidien und der Regierungspräsidenten, abgesehen von der Verbreitung von eingeschmuggelten gegnerischen Schriften, organisierte Aktivitäten kommunistischer oder sozialdemokratischer Gruppen kaum noch vermerkt.

Meldungen über vereinzelte hartnäckige Gesinnungsgegner (wie im folgenden Bericht) müssen im Zusammenhang gesehen werden mit der 1937 von allen Berichterstattern bestätigten positiven Grundstimmung des größten Teiles der Bevölkerung gegenüber der Hitler-Regierung, die auch an der Arbeiterschaft nicht vorüberging.

Aus Monatsbericht des Regierungspräsidenten von Oberbayern, 9. 9. 1937

... In der Gemeinde Hurlach-Lechfeld erklärte der landwirtschaftliche Arbeiter Drexl im Wirtshaus unter anderem: »Ich bin und bleibe Kommunist.« Es zeugt für den guten Geist der Bevölkerung, daß die Anwesenden sofort dagegen Stellung nahmen und den Sprecher aus dem Lokal entfernten. Drexl befindet sich in Polizeihaft. Der Kommunist Braxenthaler, der, wie bereits im März dieses Jahres berichtet wurde, von Traunstein aus die Grenze überschritten und sich in Prag aufgehalten hatte, war heimlich zurückgekehrt und hielt sich in der Gemeinde Hochberg versteckt. Der Festnahme entzog er sich am 7. 8. 1937 durch Selbstmord. Die Stimmung unter den Bergleuten in Penzberg hat sich immer noch nicht zum Besseren gewendet. Die Ursache hierfür wird in erster Linie in den Löhnen zu suchen sein, die noch nicht im richtigen Verhältnis zu der schweren Arbeit stehen...

Aus Monatsbericht der Wehrwirtschafts-Inspektion XIII/Nürnberg, 17. 9. 1937

... Verschiedentlich wird von Firmen Klage erhoben, daß die Maßnahmen der Arbeitsfront nicht immer für den Betrieb förderlich seien. Nach Ansicht vieler Betriebsführer müßte die politische und kulturelle Schulung der DAF-Mitglieder eine positivere Form annehmen. Auch sähen viele Mitglieder ihre Zugehörigkeit zur DAF nur als eine Last an. Infolge Fehlens von klaren Bestimmungen über Rechte und Pflichten der Mitglieder erscheine die DAF nur als verpflichtende Organisation (Beitragszahlung), die den Arbeitern wenig soziale Hilfe angedeihen lasse, da schließlich Verbesserungen im Betrieb und soziale Maßnahmen doch nur von der Einsicht des Betriebsführers, nicht aber von der Hilfe der Arbeitsfront ausgingen ...

Nachdem der Leistungskampf für die R[üstungs]-Betriebe verboten worden ist, hat die DAF auf diese Betriebe Druck auszuüben versucht, um die Beteiligung am Leistungskampf zu erzwingen. Dieses Drängen wird vielfach als störend und als Überspitzung der sozialen Maßnahmen empfunden, zumal in einer Zeit, in der wehrwirtschaftliche Vorbereitungen wichtiger wären ...

Aus Monatsbericht des Regierungspräsidenten von Ober- und Mittelfranken, 6. 10. 1937

... Verschiedene Einzelvorkommnisse zeigen, daß die Feinde des Staates noch am Werke sind ... In Kronach äußerte der Korbmacher Rudolf Wagner, der 1932 Funktionär der KPD war: »Wir sind immer noch die alten Kämpfer wie früher« ... Der frühere marxistische Spitzenfunktionär der SPD und des Reichsbanners Oswald Merz, Studienrat a. D., früher an den Lehrerbildungsanstalten Schwabach und Bayreuth, jetzt wohnhaft in Frankfurt a. M., unternahm Besuchsreisen nach Hof und Bayreuth, wo er mit früheren Genossen mehrere Zusammenkünfte abhielt; er wurde am 7. 9. 1937 mit sieben seiner früheren Genossen festgenommen, da der dringende Verdacht des organisatorischen Zusammenhalts der verbotenen SPD bestand[44] ...

Im Monatsbericht der Staatspolizeileitstelle München vom 1. 10. 1937 wurde nichts über illegale Aktivitäten der KPD berichtet. Auch unter den Rubriken SPD und SAP hieß es jeweils: »ohne Neuigkeit«. Im Berichtsmonat seien 137 Personen in Schutzhaft genommen und 97 aus der Schutzhaft entlassen worden.

Der Monatsbericht des Polizeipräsidiums München vom 6. 12. 1937 registrierte: »Kommunistische oder sozialistische Schriften kamen im vergangenen Monat nicht zur Ablieferung«. Die Meldungen staatsfeindlicher Äußerungen bezogen sich meist auf Bagatellfälle.

Aus Monatsbericht des Regierungspräsidenten von Schwaben, 7. 12. 1937

... In Gersthofen, Bezirksamt Augsburg, traten am 13. 11. 1937 abends 9 Uhr in der Nähe der Farbwerke und am 16. oder 17. 11. 1937 an der Bahnunterführung in der Nähe des Bahnhofes kommunistische Schmierkolonnen auf. Am erstgenannten Tage wurden drei Burschen gesehen, die sich an einer Hütte zu schaffen machten und auf Anruf flohen, jedoch Papierschablonen für folgende Worte zurückließen: »Bauern, Arbeiter macht euch frei von dieser braunen Sklaverei!«. Das Papier stammte von den Bayerischen Flugzeugwerken Augsburg ...

Aus Monatsbericht des Regierungspräsidenten von Ober- und Mittelfranken, 7. 1. 1938

... Wohl sind Kommunisten und Marxisten immer noch vorhanden, treten aber offen nicht mehr hervor; nur hie und da geht einer im betrunkenen Zustand aus sich heraus und zeigt seine wahre Gesinnung. So wurden in Röthenbach a. d. Pegnitz, Bezirksamt Lauf, zwei Arbeiter wegen staatsfeindlicher Äußerungen in der Wirtschaft in Schutzhaft genommen. In Hof mußte gegen zwei Personen wegen kommunistischer Mundpropaganda, gegen eine weitere Person wegen Störung einer Versammlung der Arbeitsfront Schutzhaft verhängt werden. Im letzteren Fall rief ein Arbeiter bei der Erwähnung des Stachanow-Systems in Rußland dazwischen: »Bei uns ist es nicht viel anders« ...

---

[44] Im Monatsbericht vom 8. 11. 1937 ergänzte der Regierungspräsident: Im Zuge der Ermittlungen gegen Merz seien weitere zehn Personen festgenommen worden, die unter der Tarnbezeichnung »Unterstützungsverein St. Georgen, Bayreuth« einen 1933 aufgelösten Arbeitergesangsverein weitergeführt hätten.

II. Arbeiterschaft und illegale Arbeiterbewegung

Aus Monatsbericht des Regierungspräsidenten von Niederbayern und der Oberpfalz, 7. 1. 1938

... Die Anordnung des Beauftragten für den Vierjahresplan vom 3. 12. 1937 über die Lohnzahlung an den Wochenfeiertagen ist besonders in den Industriebezirken von den Arbeitern dankbar anerkannt worden. Diese freudige Stimmung wurde von verständigen Betriebsführern noch erhöht durch die Gewährung reichlicher Weihnachtsspenden. So hat das Eisenwerk Maxhütte im Bezirk Burglengenfeld Weihnachtsgaben verteilt, und zwar an seine Arbeiter und Angestellten im Werte von 55 000 RM und an die Werkspensionisten in Höhe von 11 200 RM. Außerdem wurden aus den Erübrigungen des Konsumvereins des Werkes weitere 72 000 RM an die Arbeiter ausbezahlt ...

Aus Monatsbericht der Wehrwirtschafts-Inspektion VII/München, 9. 1. 1938

... Galten in der Krisenzeit die Hauptsorgen der Industrie und des Handwerks den Aufträgen, so ist heute bei ihnen die Sorge um Rohstoffe und Arbeitskräfte kaum minder groß. Mit Recht wird in den Kreisen der Wirtschaft immer wieder darauf hingewiesen, daß die größten und schönsten Aufträge nicht viel nützen, wenn es an Material und Arbeitskräften fehlt, um sie ausführen zu können. Von einer geregelten, vorausschauenden Betriebsführung kann daher bei vielen Unternehmungen nicht mehr die Rede sein. Sie leben buchstäblich aus der Hand in den Mund und wissen oft nicht, ob und wann sie die Rohstoffe bekommen werden, die sie zur Durchführung der übernommenen Aufträge benötigen.

Diese Unsicherheit macht sich nicht allein bei den Unternehmern, sondern auch bei den Angestellten und Arbeitern allmählich stark fühlbar, denn auch ihre Beschäftigung hängt davon ab, ob ihr Betrieb Rohstoffe zur Arbeit bekommt oder nicht. In weiten Kreisen der Wirtschaft und ihrer Arbeitnehmer fehlt daher bei aller Anerkennung der großen wirtschaftlichen Erfolge der letzten Jahre der unbedingte und zuversichtliche Glaube an eine alsbaldige Behebung der gegenwärtigen Schwierigkeiten, die bei einer weiteren Verschärfung schwerwiegende Folgen nach sich ziehen müssen ...

Die seit Jahren feststehenden Löhne sind im Laufe der letzten Monate, nicht zuletzt als Folge des Mangels an Facharbeitern, stellenweise aufgelockert worden. Diese Besserung der Verdienstlage kommt jedoch nur einem sehr kleinen Teil der Arbeiter zugute. Die Löhne der großen Masse der Arbeitnehmer sind dagegen nahezu unverändert geblieben...

Der Monatsbericht des Regierungspräsidenten von Ober- und Mittelfranken vom 8. 2. 1938 berichtet u. a. über eine Steigerung der Heimarbeiterlöhne in der Korbindustrie um 5–17 Prozent. Auch aufgrund der Steigerung betrage der durchschnittliche tägliche Heimarbeiterlohn nur 2,20 RM. Die Januar-Berichte (1938) der Regierungspräsidenten haben unter der Rubrik illegale »marxistische« Tätigkeit weitgehend, wie in den Vormonaten, nur Bagatellfälle zu melden.

Aus sozialpolitischem Lagebericht des Reichstreuhänders der Arbeit für das Wirtschaftsgebiet Bayern für Januar/Februar 1938

... Zahlreiche Exportfirmen klagen über Abwanderung ihrer Arbeiter in die Nürnberg-Fürther Großbetriebe. Die Exportfirmen können infolge der gedrückten Preise der Exportartikel die höheren Löhne nicht bezahlen.
 Es wird Klage darüber geführt, daß bei der Vergebung öffentlicher Aufträge nicht immer Rücksicht auf diejenigen Firmen genommen wird, die ihren sozialen Pflichten besonders nachkommen. Da der Zuschlag überwiegend dem billigsten Angebot erteilt wird, erhalten Firmen den Auftrag, die sowohl in sozialer Hinsicht als auch der Qualität ihrer Erzeugnisse nach den Anforderungen nicht entsprechen ...
 Der Mangel an landwirtschaftlichen Arbeitern und Mägden ist groß. In einer kleinen Gemeinde haben sich z. B. vier Dienstknechte mit vier Dienstmägden verheiratet und sind sämtlich zur Industrie und zum Straßenbau abgewandert ... Selbst die Bauerntöchter wollen nicht mehr in ihrem Beruf bleiben, sondern gehen in die Stadt und nehmen dort einen Dienstplatz an ...
 Seit Aufhebung oder Erleichterung der Sperrgesetze sind mehr als 22 000 landwirtschaftliche Arbeiter im Gebiet der Landesbauernschaft Bayern abgewandert. Rechnet man die bisher mitarbeitenden Bauernsöhne und -töchter hinzu, so sind es noch um einige Tausend mehr. Die Gründe dieser unheilvollen Entwicklung liegen zunächst in der absaugenden Wirkung von Industrie und Gewerbe, die höhere Löhne als der Bauer mit seinen gebundenen Preisen bezahlen können. Zugleich macht sich auch der Zug in bequemere Berufe mit leichterer Arbeit und kürzerer Arbeitszeit sowie besseren Aufstiegsmöglichkeiten bemerkbar ...

Die fehlende Überlieferung von Monatsberichten der Stapoleitstelle und der Polizeidirektion München ab 1938 und die erheblich nachlassende Dichte und Konkretheit der weiterhin vorliegenden Monatsberichte der Polizeidirektion Augsburg erlauben es nicht, die illegale Aktivität von Personen und Gruppen der verbotenen Arbeiterparteien und sozialistischen Gruppen in Bayern aus der Perspektive der hierfür vor allem zuständigen Polizei in ähnlich ausführlicher Weise zu dokumentieren, wie für die Jahre 1935-1937. Die auch für die Jahre ab 1938 zugänglichen Monatsberichte der bayerischen Regierungspräsidenten und andere im folgenden herangezogene periodische Berichte geben aber ein genügend abgesichertes Bild der Grundlinien der weiteren Entwicklung. Daraus ergibt sich, daß die mit Unterstützung und Anweisungen vom Ausland her organisierte Untergrundtätigkeit sozialistischer Gruppen gegenüber 1937 noch weiter an Umfang und Bedeutung verlor. Einige bis 1937 noch bestehende illegale Gruppen der Arbeiterbewegung, z. B. der Sozialistischen Arbeiterpartei (SAP) und des Internationalen Sozialistischen Kampfbundes (ISK) in München, waren durch neuerliche Verhaftungen zerschlagen worden und andere (Gruppe »Neu-Beginnen«) vermieden es, infolge der erwiesenen Aussichtslosigkeit größerer Propagandaaktionen, bewußt stärker hervorzutreten und blieben vorläufig unentdeckt[45]. Typisch die Feststellung im Monatsbericht des Regierungspräsidenten von Oberbayern vom 9. 3. 1938: »Politische Betätigung der früheren marxistischen und kommunistischen Organisationen wurde nicht wahrgenommen«. Nach dem Anschluß Österreichs fielen die Berichtsabschnitte über »Marxismus« zunehmend spärlicher aus. Meist wurde nur noch von individuellen gegnerischen Äußerungen und Verhaltensweisen einzelner Kommunisten und Sozialisten berichtet, wobei allerdings persönliche und organisatorische Verbindungen zu Gesinnungsfreunden im Exil immer wieder in Erscheinung traten; zunehmend wurde dagegen berichtet über Oppositionshaltungen von Arbeitern, die von der Wirtschafts- und Sozialpolitik des

---

[45] Vgl. hierzu für München Bretschneider, (siehe S. 194, Anm. 3), S. 107-132.

NS-Regimes selbst veranlaßt waren. Eine Form oppositioneller Aktivität, die im Zusammenhang des forcierten autarkie- und rüstungswirtschaftlichen Arbeitseinsatzes und der Kriegsbedrohung seit 1938 stärker registriert wurde, waren Sabotage und Arbeitsverweigerung; bemerkenswert auch die selbstbewußtere Verfechtung von Lohnforderungen durch zahlreiche Arbeiter.

Aus Monatsbericht des Regierungspräsidenten von Ober- und Mittelfranken, 8. 4. 1938

... In Selb wurden drei Personen wegen Vorbereitung zum Hochverrat festgenommen. Sie standen mit einem Emigranten in der CSR in Verbindung und haben Hetzschriften über das Konzentrationslager Dachau verbreitet. Unter den Festgenommenen befindet sich die Ehefrau des Emigranten. Außerdem haben die genannten drei Personen die Nachrichten des Moskauer Senders abgehört und weiterverbreitet ...

Bei einer am 12. 3. 1938 anläßlich der Wiedervereinigung Österreichs mit Deutschland in Kulmbach veranstalteten Kundgebung hat ein früherer Kommunist dadurch öffentliches Ärgernis erregt, daß er während des Vorbeimarsches der Fahnen die Hand nicht zum Gruß erhob, sondern sich eine Zigarette anzündete ... Wegen Vergehens gegen das Heimtückegesetz wurden 81 Personen zur Anzeige gebracht ...

Durch den Obmann der »Arbeitsgemeinschaft Kongreßhalle« in Nürnberg wurde der Staatspolizeistelle Nürnberg-Fürth am 29. 3. 1938 von folgendem Kenntnis gegeben: »Seit etwa einem Vierteljahr ist es in einer Reihe von Fällen vorgekommen, daß Granitsteine, die zum Bau der Kongreßhalle Verwendung finden, derart beschädigt werden, daß sie vollkommen unbrauchbar sind. Bis jetzt handelt es sich um etwa 12–15 Steine, die je einem Wert von 600–1200 RM haben. Die Beschädigung der Steine erfolgte stets auf die Weise, daß an der Außenseite die Kanten weggeschlagen wurden. Da diese Steine bereits im Steinbruch so zugerichtet und numeriert werden, daß sie ohne weiteres an ihrem bestimmten Platz einzumauern sind, hat die Beschädigung eines solchen Steines zur Folge, daß die Bauarbeiten solange ruhen müssen, bis der gleiche Stein wieder nachgeliefert wird. Die Nachlieferung dauert etwa vier Wochen. Die Beschädigung der Steine ist zweifellos vorsätzlich erfolgt. Außerdem wurde in der Nacht vom 17./18. 3. 1938 an einem Lastenkran das 20 mm starke Stahldrahtseil an zwei Stellen mit einer elektrischen Maschinenschere zum Teil durchschnitten. Die Maschinenschere war in der bezeichneten Nacht in Betrieb ... Es besteht kein Zweifel darüber, daß diese Handlungen von Saboteuren vorgenommen worden sind, die Stockungen im Bau der Kongreßhalle eintreten lassen wollten« ...

Am 1. 4. 1938 ist es zu Beginn der Nachtschicht (18 Uhr) bei dem Ostmarkstraßenbau im Bauabschnitt Luisenburg-Dünkelhammer zu einem vorübergehenden Streik von etwa 30 Arbeitern gekommen. Den Anlaß gaben Differenzen wegen Auszahlung von Nacht- und Überstundenzuschlägen. Obwohl der Schachtmeister der Firma die Leute über die Tarifregelung aufzuklären und sie zu beruhigen versuchte und die Regelung der Sache für den nächsten Vormittag in Aussicht stellte, haben die Arbeiter, von denen 2/3 die Arbeit zunächst wieder beginnen wollten, die Baustelle schließlich nach zwei Stunden verlassen und sind nach Hause gefahren, so daß die Nachtschicht ausfallen mußte. Die Leute scheinen aufgehetzt worden zu sein. Am folgenden Mittag sind die Leute zu ihrer nächsten

Schicht zwar sämtlich wieder an der Baustelle erschienen, von der Firma aber sofort entlassen worden. Die Geheime Staatspolizei, Staatspolizeistelle Nürnberg, ist vom Bezirksamt Wunsiedel verständigt worden ...

Aus Monatsbericht des Regierungspräsidenten von Oberbayern, 9. 4. 1938

... Staatsfeindliche Bestrebungen früherer Parteien und Verbände konnten nicht wahrgenommen werden. Zersetzungsversuche anläßlich der Einberufungen kamen nur ganz vereinzelt vor. So unternahm in der Gemeinde Dießen, in der einige Reserveformationen aufgestellt wurden, ein Arbeiter, der bereits zweimal auf Grund Schutzhaftbefehls (1933 und 1934) des Bezirksamts im Konzentrationslager Dachau war, einen solchen Versuch unter den Einberufenen. Er wurde festgenommen und dem Militärgefängnis übergeben. Im übrigen wurden wieder einige Anzeigen nach dem Heimtückegesetz erstattet ... Sechs Arbeiter des Berg- und Zementwerkes Marienstein wurden von der Geheimen Staatspolizei wegen illegaler kommunistischer Tätigkeit verhaftet ...

Aus Monatsbericht der DAF-Gauwaltung Bayerische Ostmark für April 1938

... Die Schaffung Großdeutschlands, das Wahlergebnis vom 10. April[46], sowie die großen sozialen Maßnahmen vieler Betriebsführer ihren Gefolgschaftsangehörigen gegenüber, ließen eine allgemein freudige Stimmung aufkommen. Ganz offen erkennt die Arbeiterschaft an, daß der Führer auf sozialem Gebiet schon Großes geleistet hat. Die Stimmung der schaffenden Volksgenossen, in politischer wie auch in weltanschaulicher Hinsicht, kann als gut betrachtet werden und wirkt sich dies auf die Arbeit der Deutschen Arbeitsfront günstig aus. Bei der letzten Reichstagswahl hat es sich wieder mit aller Deutlichkeit gezeigt, daß der Arbeiter Deutschlands zwar sein ärmster, aber auch treuester Sohn ist und den Begriff Großdeutschland zum größten Teil erkannt hat ...

Aus Monatsbericht des Regierungspräsidenten von Ober- und Mittelfranken, 8. 5. 1938

... Nach Bericht der Staatspolizeistelle Nürnberg-Fürth wurden die vier Hauptträdelsführer an dem vorübergehenden Streik bei dem Ostmarkstraßenbau im Bauabschnitt Luisenburg – Dünkelhammer, darunter ein tschechoslowakischer Staatsangehöriger, wegen Nötigung in Untersuchungshaft genommen. Sie hatten durch Drohung mit Gewalt einen Teil der Belegschaft gehindert, die Arbeit aufzunehmen. Gegen weitere 16 Arbeitsverweigerer ist Schutzhaft beantragt ... Die sämtlichen Arbeitsverweigerer waren früher politisch links eingestellt ...

---

[46] Volksabstimmung anläßlich der »Wiedervereinigung« Österreichs mit dem Reich, auch in bezug auf die neue Zusammensetzung des »Großdeutschen Reichstages«.

II. Arbeiterschaft und illegale Arbeiterbewegung

Aus Monatsbericht des Regierungspräsidenten von Niederbayern und der Oberpfalz, 8. 6. 1938

... Von 16 Ende 1936 zur Anzeige gebrachten Kommunisten aus den Bezirken Passau und Grafenau wurden vom Oberlandesgericht München (Hauptverhandlung vom 12. 2. 1938) fünf wegen Vorbereitung eines hochverräterischen Unternehmens zu Zuchthaus- bzw. Gefängnisstrafen zwischen 2 Jahren und 15 Monaten verurteilt ... Die Angeklagten hatten den Moskauer Sender abgehört und sich zu Gesprächen über deutsche und russische Verhältnisse zusammengefunden. Einer von ihnen hat sich im Gefängnis erhängt.

Ein Teil der Arbeitnehmerschaft steht der nationalsozialistischen Weltanschauung noch immer ablehnend gegenüber ...

Der Oberbürgermeister von Amberg berichtet, daß vor der Volksabstimmung des 10. April unter der Gefolgschaft der Luitpoldhütte Gespräche geführt worden seien, die ein Schlaglicht auf die Stimmung mancher Arbeiterkreise werfen; ein Vorarbeiter habe geäußert, daß man bei »Ja«-Abstimmung sein eigenes Todesurteil unterschreibe ... In Teublitz haben verschiedene Arbeiter nur sehr widerwillig an der Maifeier teilgenommen ...

Aus Monatsbericht des Regierungspräsidenten von Ober- und Mittelfranken, 8. 6. 1938

... Durch Beamte der Gestapo Nürnberg-Fürth wurden fünf Arbeiter des Schotterwerks Heiß in Stadtsteinach auf der Arbeitsstelle in Schutzhaft genommen, weil sie in betrunkenem Zustand die Arbeit niedergelegt und die Wiederaufnahme der Arbeit von der Erhöhung des derzeitigen Stundenlohnes abhängig gemacht hatten ...

In den Abortanlagen einiger Betriebe wurden kommunistische Parolen angeschmiert, in denen des Musterbetriebs AEG in Nürnberg die Aufforderung zum Generalstreik. Wegen Sabotage wurden zwei Arbeiter festgenommen. In einem Fall handelt es sich um einen Arbeiter der MAN, der früher Mitglied der SPD, dann der KPD, des RFB [Rot-Frontkämpfer-Bund] und der RH war ...

Die Firma Hoch-Tief AG in Nürnberg stellte im Herbst 1937 bzw. Februar 1938 30 Stukkateure ein und hielt sie auch in der ungünstigen Bauzeit durch, um den Fertigstellungstermin sicher einhalten zu können. Nunmehr sind von diesen Arbeitern 22 abgewandert, zum Teil leisteten sie absichtlich so wenig, daß sie von der Firma freiwillig entlassen werden mußten. Fünf weitere Arbeiter arbeiteten ebenfalls so schlecht, daß sie unter normalen Umständen hätten entlassen werden müssen. Die Firma sah davon ab. Daraufhin suchten die Leute ihre Entlassung dadurch zu erreichen, daß sie blau machten und betrunken zur Baustelle kamen. Als auch jetzt ihre Entlassung noch nicht erfolgte, erklärten sie dem Bauführer: »Wir arbeiten nicht, wir streiken«. Es kam soweit, daß die fünf Mann in Haft genommen werden mußten. Die Firma ist nun nicht in der Lage, die Bauten rechtzeitig fertigzustellen. Dies wirkt sich auch auf das Pegnitzer Bergwerk ungünstig aus, weil dort die Arbeiter wegen schlechter Wohnungsverhältnisse wieder abwandern ...

Die Industrie- und Handelskammer Bayreuth berichtet von verschiedentlichen Vorstößen der Gefolgschaften in der Porzellanindustrie wegen Lohnerhöhungen, wobei zum

Teil die durch den allgemeinen Arbeitermangel, einen hohen Krankenstand, zahlreiche militärische Einberufungen und dergleichen entstandene Zwangslage in unerfreulicher Weise ausgenutzt worden sei. Auch in den Granitschleifereien zeigen die Löhne nach Mitteilung der gleichen Kammer infolge des Mangels an Arbeitskräften eine steigende Tendenz ...

Aus Monatsbericht der Wehrwirtschafts-Inspektion VII/München, 9. 6. 1938

... Da es den Arbeitern heute nicht ohne weiteres erlaubt ist, ihre Arbeitsstelle zu verlassen und sich einen anderen Arbeitsplatz zu suchen, selbst dann, wenn sie bei anderen Firmen einen höheren Lohn bekommen können, so erzwingen sie durch ihr Verhalten während der Arbeit vom Arbeitgeber ihre Entlassung und werden schon am Tage darauf, ja vielleicht nur ein paar Stunden später, vom neuen Arbeitgeber mit offenen Armen aufgenommen ...

Aus Monatsbericht des Regierungspräsidenten von Oberbayern, 10. 6. 1938

... Eine Anzahl von Arbeitern in dem [aus wehrwirtschaftlichen Gründen] geschützten Betrieb Krauss-Maffei in Allach soll politisch nicht so eingestellt sein, wie man es von Arbeitern in einem geschützten Betrieb verlangen müßte. In vereinzelten Fällen mußte wegen staatsabträglichen Verhaltens wieder mit Polizeihaft und Strafanzeige nach dem Heimtückegesetz vorgegangen werden ...

Aus Monatsbericht des Regierungspräsidenten von Niederbayern und der Oberpfalz, 7. 7. 1938

... Über die politische Einstellung einzelner Arbeiterkreise in der Industrie, hauptsächlich der ungelernten Arbeiter, berichtet das Bezirksamt Burglengenfeld: Angesichts der Entwicklung der Lohnfrage sei bei ihnen der marxistische Geist wieder lebendig geworden; sie vergleichen ihre Löhne mit den Spitzenlöhnen der Facharbeiter ...

Aus Monatsbericht des Regierungspräsidenten von Oberbayern, 9. 7. 1938

... Über das gegenseitige Wegfangen von Facharbeitern wird besonders in dem letzteren Industriezweig [Metallindustrie] geklagt. Sogar kleine und Kleinstbetriebe sind mit dem Anbieten von Verdiensten sehr großzügig. Es wird berichtet, daß langjährige Facharbeiter im Betriebe nur gehalten werden können durch fortwährende Lohnzugeständnisse...

Aus Monatsbericht des Regierungspräsidenten von Ober- und Mittelfranken, 6. 8. 1938

... Die Eingriffe in die Wirtschaft aufgrund der Verordnung zur Sicherung des Kräftebedarfs für Aufgaben von besonderer staatspolitischer Bedeutung [vom 22. 6. 1938] haben bisher auf das Ganze gesehen keine besondere Benachteiligung einzelner Betriebe zur Folge gehabt. Daß allerdings schon die Wegnahme weniger Leute sich für ein Unternehmen fühlbar auswirken kann, zeigt ein Fall in Dinkelsbühl, wo aus einem Sägewerk fünf Leute weggezogen worden sind, ohne daß Ersatz derselben bisher möglich war. In der Stadt Hof sind in einigen Webereien einige Stühle stillgestellt worden, weil die Leute weggezogen wurden, anderswo mußten Straßenbauten eingestellt werden ...

Aus Monatsbericht der Wehrwirtschafts-Inspektion VII/München, 17. 8. 1938

... Der Mangel an Facharbeitern in der Industrie dauert nach wie vor unvermindert an ...

Wenn auch das Arbeitsamt in vielen Fällen den Wechsel der Beschäftigungsstätte von Arbeitern unterbindet, so ist dennoch die Fluktuation bei den Industriearbeitern ständig groß. Stellt sich das Arbeitsamt einem Betriebswechsel entgegen, so werden von den Arbeitern, die sich verändern wollen, alle möglichen Versuche unternommen, um die derzeitige Arbeitsstätte verlassen und eine neue antreten zu können. Gelingt dann ein derartiger Versuch, so macht seine Methode leicht und gerne Schule bei der übrigen Gefolgschaft. Es kann kein Zweifel sein, daß die durch den gegenwärtigen Mangel an Arbeitskräften veranlaßte Aufhebung der Freizügigkeit eines Großteils der Arbeiterschaft stimmungsmäßig sehr bedenklich ist; denn auf diese Weise wird vielen Arbeitern und gerade den tüchtigsten unter ihnen, die Möglichkeit genommen, ihre wirtschaftliche Lage zu verbessern und sich in besonders günstigen Fällen sogar eine neue Existenz zu gründen. Das Äquivalent, das dem Arbeiter geboten werden kann, wenn er in seinem bisherigen Betrieb bleibt, steht in der Regel in keinem Verhältnis zu der Verbesserung seiner Lage, die er bei einem Wechsel seiner Stellung erreichen könnte. Der Arbeiter ist auf diese Weise wesentlich schlechter gestellt wie die Angehörigen der meisten übrigen Berufe, die sehr wohl die Möglichkeit haben, durch Fleiß und Tüchtigkeit beruflich vorwärts zu kommen ...

Aus Monatsbericht des Regierungspräsidenten von Oberbayern, 9. 9. 1938

... In Kolbermoor wurden am 5. 8. ds. sechs Personen wegen kommunistischer Betätigung von der Geheimen Staatspolizei festgenommen und nach München verbracht. Die Stimmung unter den 300 beim Kasernenbau in Mittenwald beschäftigten österreichischen Arbeitern ist schlecht. Ein großer Teil davon sind Marxisten. Wegen Absingens der »Internationale« wurden am 17. 8. 1938 drei Arbeiter in Schutzhaft genommen. Im übrigen wurde nur in vereinzelten Fällen wegen staatsabträglichen Verhaltens mit Schutzhaft und Strafanzeige vorgegangen ...

Dokumente

Aus Monatsbericht der Wehrwirtschafts-Inspektion VII/München, 9. 9. 1938

... Die Arbeitslosigkeit, das grausige Gespenst einer gar nicht weit zurückliegenden Vergangenheit, ist ins Gegenteil umgeschlagen ... Auf der ganzen Linie herrscht volle Beschäftigung, noch dazu bei steigenden Löhnen, die sozial erfreulich, wirtschaftlich aber nicht unbedenklich sind. Die Theater sind gut besetzt, die Kinos voll und die Cafés bei Musik und Tanz bis in die späten Nachtstunden überfüllt, der Ausflugsverkehr an Sonntagen weist Rekordzahlen auf. Und trotz aller dieser Symptome einer guten Wirtschaftslage ist die Stimmung in weiten Kreisen des Volkes nicht so, wie sie der günstigen Konjunktur entsprechen würde. Sie ist vielfach gedrückt wegen der Zukunft ...

[Es] besteht in weitesten Volkskreisen die ernste Sorge, über kurz oder lang würde ein Krieg der wirtschaftlichen Blüte den Garaus machen und einen für Deutschland schrecklichen Ausgang nehmen. Dabei drängt sich bei den Leuten der älteren Generation, auch in Arbeiterkreisen, der naheliegende Vergleich mit der Zeit vor dem Kriege auf. Auch da ging wirtschaftlich alles glänzend, Produktion, Außenhandel, Verbrauch, Sparkasseneinlagen, überall ging es aufwärts und vorwärts ... bis schließlich im August 1914 die furchtbare Katastrophe über Deutschland hereinbrach ...

Aus Monatsbericht des Regierungspräsidenten von Niederbayern und der Oberpfalz, 7. 10. 1938

... Auch von auswärts zu den Bauarbeiten gekommene Arbeiter befanden sich unter den Festgenommenen und Angezeigten. Das Verhalten dieser Personen zeugt vielfach von fanatischer Gegnerschaft und Verbissenheit: Ein früheres Mitglied der KPD hat für sich und seine Familie hartnäckig einen Paß nach der Tschechoslowakei oder nach Rußland verlangt, da er unbedingt auswandern wolle. Ein Schlosser aus der Flugzeugfabrik ließ sich lieber festnehmen, als daß er weiter arbeitete ... Eine größere Anzahl von Arbeitern wurde auf Grund der Verordnung vom 22. 6. 1938 über Sicherstellung des Kräftebedarfs vorübergehend in Haft genommen, weil sie bei staatswichtigen Bauarbeiten die Weiterarbeit ablehnten und dadurch die Fertigstellung gefährdeten; sie wurden allerdings nach kurzer Haft, entsprechend belehrt und verwarnt, wieder entlassen, da Sabotage nicht nachgewiesen werden konnte ...

Aus Monatsbericht des Regierungspräsidenten von Ober- und Mittelfranken, 7. 10. 1938

... Die Staatspolizeistelle Nürnberg-Fürth berichtet: »Die gespannte politische Lage in der zweiten Hälfte des September wurde von einem Teil der Arbeiterschaft dazu ausgenützt, ohne ersichtlichen Grund ihre Arbeit niederzulegen. Die Nachforschungen ergaben, daß verschiedene Arbeiter, die dem Staate feindlich gegenüberstanden, ihre Arbeitskameraden zur Niederlegung der Arbeit aufgehetzt hatten. Eine ganze Anzahl Arbeiter auf den Baustellen der Reichsautobahn sowie der im Sofortprogramm aufgenommenen Straßenbauten, heereswichtigen Betrieben usw. haben tatsächlich ihre Arbeitsplätze verlassen. Ebenso verhält es sich bei einem Teil der Arbeiter, die auf Grund der Verordnung zur Sicherstellung des Kräftebedarfs für Aufgaben von besonderer staatspolitischer Bedeutung vom 22. 6. 1938 für staatspolitische Baustellen verpflichtet wurden. Die ergriffenen Maßnahmen – sofortige Festnahme der Hetzer sowie der Arbeiter, die ihre Arbeitsstellen grundlos verlassen hatten – führten im allgemeinen zu einem ersichtlichen Erfolg. Die Arbeiterschaft an den betreffenden Baustellen war von der Entfernung solcher hetzerischer Elemente sichtlich beruhigt und nahm die Arbeit in vollem Umfang wieder auf ...

Aus Monatsbericht des Regierungspräsidenten von Oberbayern, 10. 10. 1938

... Eine Hetze staatsfeindlicher ehemals marxistischer und kommunistischer Elemente konnte auch in den Zeiten schwerster außenpolitischer Spannung nicht wahrgenommen werden. Daß die gedrückte Stimmung der Bevölkerung in dieser Zeit hierzu nicht mißbraucht wurde, ist immerhin ein Anzeichen einer innerlichen Wandlung ...

Wegen staatsabträglichen Verhaltens mußte nur in vereinzelten Fällen mit Strafanzeige und Schutzhaft vorgegangen werden ...

Aus Lagebericht des Geheimen Staatspolizeiamts (Berlin) für November 1938[47]

[Im Zusammenhang mit der zunehmend registrierten Abhörung kommunistischer Auslandssender und der Bildung illegaler Hörergemeinschaften:]

...So konnte z. B. in der Berichtszeit von der Staatspolizeileitstelle München eine Hörergemeinschaft von elf Personen festgenommen werden. Über die Aufgaben derartiger Gemeinschaften hinausgehend waren in diesem Kreis sogar schon Sammlungen für inhaftierte Kommunisten durchgeführt und somit regelrechte »Rote-Hilfe« Tätigkeit entfaltet worden ...

Aus den Berichten geht hervor, daß es sich bei den wegen oppositioneller und »marxistischer« Äußerungen auffallenden Arbeiter nicht selten um österreichische, sudetendeutsche oder ausländische Arbeiter handelte, die mangels genügender einheimischer Arbeitskräfte 1938 zunehmend angestellt wurden. Der Kontakt mit diesen zum Teil noch in fester sozialistischer politischer Gesinnung verwurzelten Arbeitern scheint nicht ohne Einfluß auch auf die deutsche Arbeiterschaft gewesen zu sein. – Im Zusammenhang mit der Besetzung der an Bayern angrenzenden sudetendeutschen Gebiete, die unter die Polizei-Zuständigkeit bayerischer Gestapostellen fielen, nahm die Festnahme sudetendeutscher Kommunisten, Sozialdemokraten und sonstiger politischer Gegner im letzten Vierteljahr 1938 zahlenmäßig einen großen Umfang an. Die Monatsberichte des Regierungspräsidenten von Ober- und Mittelfranken wiesen aus: für Oktober 1938 die Inschutzhaftnahme von »223 sudetendeutschen Marxisten«, für November 1938: von »47 Sudetendeutschen«, für Dezember 1938: von weiteren »232 sudetendeutschen Marxisten« (für Januar 1939 nochmals 59). Der Regierungspräsident von Niederbayern und der Oberpfalz meldete am 7. 11. 1938: »Nach dem Bericht der Staatspolizeistelle Regensburg wurden von [Sudetendeutschen] Freikorps«[48] und Einsatz-Detachements [der Sicherheitspolizei und des SD] als ›Gegner‹ rund 750 Personen festgenommen. Sie mußten we-

---

[47] Original im Institut für Marxismus-Leninismus, Berlin-Ost, zitiert bei Mason (siehe S. 200, Anm. 16), S. 856 f.
[48] Über die Rolle dieses der SS bzw. Sicherheitspolizei unterstellten sogen. Freikorps, siehe Broszat, Martin: Das Sudetendeutsche Freikorps, in: Vierteljahrshefte für Zeitgeschichte, Jg. 9. (1961), S. 30–49.

gen Überfüllung der Gefängnisse größtenteils in das Konzentrationslager Dachau verbracht werden. Die Nachprüfung der Stichhaltigkeit der Angaben ist im Gange; es hat sich schon jetzt herausgestellt, daß bei sehr vielen, vielleicht der Mehrzahl der Fälle, den Anzeigen lediglich persönliche Feindschaft und Gehässigkeit zugrundelagen. In diesen Fällen erfolgte sofortige Entlassung.«
Im Hinblick auf illegale sozialistische Gruppen wurde im Monatsbericht des Regierungspräsidenten von Schwaben vom 7. 11. 1938 gemeldet: die Festnahme von zwei Mitgliedern einer ISK-Gruppe in Augsburg; im Monatsbericht des Regierungspräsidenten von Oberbayern vom 10. 11. 1938: die Aushebung einer KPD-Gruppe in Burghausen (neun Personen), zwei von ihnen hätten für den Fall kriegerischer Verwicklungen mit der Tschechoslowakei bei den Wacker-Werken eine Sabotage-Aktion geplant. Der Dezember-Bericht des Regierungspräsidenten von Schwaben (7. 12. 1938) meldet auch aus Augsburg die Festnahme einer kommunistischen Gruppe von sieben Personen, »die Zusammenkünfte in Privatwohnungen und Gaststätten abgehalten und Vorbereitungen zur Anfertigung von Flugschriften getroffen« hätten. Aus solchen und ähnlichen Meldungen läßt sich schließen, daß im Zusammenhang mit der bedrohlicher werdenden außenpolitischen Lage, den wehr- und rüstungswirtschaftlich bedingten Arbeitszwangsmaßnahmen[49] und daraus resultierenden Härten wie auch infolge des durch den Arbeitskraftmangel erhöhten Selbstbewußtseins der Arbeiter sich seit der zweiten Hälfte des Jahres 1938 die Arbeiteropposition aktivierte, dabei zum Teil an frühere sozialistische Traditionen anknüpfte, aber meist ohne organisatorischen Zusammenhang mit den sozialistischen Parteigruppen im Exil blieb. Auch individuelle Ausdrucksformen der Arbeiteropposition häuften sich wieder. Über einen solchen Fall berichtete der Regierungspräsident von Ober- und Mittelfranken am 7. 1. 1939: »Der Lokomotivführer Lang von Hof wurde wegen jahrelanger anonymer Schmiereien ... in Untersuchungshaft genommen. Am 25. 12. 1938 hat er sich im Landgerichtsgefängnis in Hof erhängt.«
Die weitere Einschränkung der Freiheit der Wahl des Arbeitsplatzes durch die Dienstpflichtverordnung vom 13. 2. 1939 und die Überbeanspruchung der Arbeitskräfte in vielen Betrieben kennzeichneten im Jahr 1939 noch stärker als 1938 die Lage der Arbeiterschaft und schufen in den letzten Friedensmonaten bereits eine Vorform der Arbeitseinsatzlenkung der späteren Kriegswirtschaft. Auch die schnell aufgebauten neuen Schwerpunkte der Rüstungswirtschaft sowie militärischen Zwecken dienender Großbaustellen mit ihrer Massierung oft ortsfremder Arbeiter schufen im Zusammenhang mit Wohnungs- und Unterbringungsproblemen neue Anlässe und Zentren der Arbeiteropposition.

Aus Stimmungsbericht der NSDAP-Kreispropagandaleitung Augsburg-Stadt für Januar 1939

... Der Mangel an Facharbeitern in der Metallindustrie und im Baugewerbe hat zu starken Eingriffen in die persönliche Freiheit geführt. In der Textilindustrie sucht man die Abwanderung nun zu unterbinden. Man sucht die Volksgenossen zu zwingen, dort zu arbeiten, wo sie weniger verdienen. Denn meist ist die Frage des Stellungswechsels nur ein Lohnproblem. Das Streben nach besseren Verdienstmöglichkeiten liegt aber in der Natur des Menschen, zumal, wenn er daran denkt, eine Familie zu gründen. Von einem Zellenleiter, der in der Kammgarnspinnerei beschäftigt ist, wird folgendes berichtet: »Als

---

[49] Besondere Bedeutung hatte die in den Berichten mehrfach erwähnte Verordnung zur Sicherstellung des Kräftebedarfs für Aufgaben von besonderer staatspolitischer Bedeutung vom 22. 6. 1938 (RGBl. I, S. 652), die die Arbeitsämter ermächtigte, Arbeiter zur Arbeit an andere Arbeitsstellen zu verpflichten. Die Anwendung dieser Verordnung war noch weitgehend auf die Arbeiten am »Westwall« beschränkt. Erst die zweite Dienstpflichtverordnung (Verordnung zur Sicherstellung des Kräftebedarfs für Aufgaben von besonderer staatspolitischer Bedeutung vom 13. 2. 1939, RGBl. I, S. 206) fand allgemeine Anwendung. Vgl. zu dem Komplex der 1938 eingeführten Arbeitsdienstpflicht vor allem Mason (siehe S. 200, Anm. 16), S. 150 ff. und S. 666 ff.

kürzlich einige Lohnaufbesserungen in unserem Betrieb gewährt wurden, kam der hiesige Vertreter des Treuhänders der Arbeit und beanstandete dieselben. Es dürfen keine Lohnerhöhungen stattfinden! Im Betrieb ist nun bekannt geworden, daß die Partei eine Lohnaufbesserung verbietet. Um diese Stimmung noch zu verschärfen, wurde ein weiterer Fall bekannt. Bei einem Spinnerappell sagte der Betriebsführer zu den versammelten Arbeitern: ›Sie wissen ja, daß eine Lohnerhöhung verboten ist. Ja, selbst wegen der an Weihnachten ausgezahlten Sondergabe, welche die Firma ihren Arbeitern gewährte, sei vom hiesigen Vertreter des Treuhänders der Arbeit bei dem Betriebsführer angefragt worden, ob dieses Geschenk nicht eine versteckte Lohnerhöhung sei.‹ Welche Wirkung diese Lohnpolitik bei der Arbeiterschaft auslöst, kann man sich leicht vorstellen«...

In Augsburg herrscht neben der großen Wohnungsnot auch noch ein gleiches Wohnungselend. Die Wohnungen im Lechviertel sind schon vom gesundheitlichen Standpunkt aus als völlig untragbar anzusehen. Viele Klagen kommen von seiten der in den Messerschmidt-Werken Beschäftigten. Ein Großteil der Belegschaft ist gezwungen, in den entlegensten Vierteln zu wohnen. Dazu reichen, besonders bei schlechtem Wetter, die vorhandenen Verkehrsmittel nicht aus, die Belegschaft schnell und rechtzeitig an ihre Arbeitsstätte zu bringen. Diese Klagen können beliebig vermehrt werden. Es wäre an der Zeit, daß die Stadtverwaltung die Neuerrichtung von Wohnungen in großzügiger und vordringlicher Weise in Angriff nimmt. Die große Masse der Bevölkerung bringt für die Großbauten des Reiches solange nicht das richtige Verständnis auf, als es an Wohnungen mangelt. Augsburg hat heute noch 8000 Wohnungen zu wenig. Hier muß schnellste Abhilfe geschaffen werden ...

Aus Monatsbericht des Regierungspräsidenten von Oberbayern, 8. 2. 1939

... Die anläßlich des Weihnachtsfestes aus dem Konzentrationslager Dachau entlassenen Kommunisten, die sämtlich wegen Vorbereitung zum Hochverrat längere Zuchthaus- und Gefängnisstrafen verbüßten und anschließend im Lager Dachau untergebracht waren, arbeiten mit einer einzigen Ausnahme, sämtlich [wieder] im Bergwerk Penzberg. Mit ihren Arbeitsleistungen und ihrer Führung ist man dort zufrieden. Sie enthalten sich auch in sonstiger Beziehung jeder abfälligen oder kritisierenden Äußerung ...

Aus Monatsbericht des Regierungspräsidenten von Ober- und Mittelfranken, 7. 3. 1939

... Gegen drei Arbeiter, die an verschiedenen Arbeitsstellen dienstverpflichtet waren, wurde Strafanzeige wegen Vergehens gegen die Verordnung zur Sicherstellung des Kräftebedarfs für Aufgaben von besonderer staatspolitischer Bedeutung vom 22. 6. 1938 erstattet. Diese Arbeiter hatten sich unerlaubt längere Zeit von der Arbeitsstelle entfernt oder unter nichtigen Vorwänden die Arbeit versäumt. Es handelt sich um jüngere Leute im Alter von 20–24 Jahren ... Im allgemeinen kommen die Dienstpflichtarbeiter den ihnen übertragenen Arbeiten in korrekter Weise nach ...

Eine organisierte Tätigkeit der Marxisten ist nicht in Erscheinung getreten ...

Aus Monatsbericht der Wehrwirtschafts-Inspektion XIII/Nürnberg, 9. 3. 1939

... Gewisse Unruhe in der Arbeiterschaft infolge Verschiedenartigkeit der Entlohnung ist nicht zu verkennen ... So wurden u. a. Beobachtungen berichtet, wonach einerseits eine stark verminderte Pflichtauffassung auch durch Eingreifen der Arbeitsfront nicht ausgleichbar war, andererseits eine Überbeanspruchung der Arbeitskräfte Leistungsrückgang zeitigte ...

Aus Monatsbericht des Regierungspräsidenten von Oberbayern, 11. 3. 1939

... Der Landrat in Wolfratshausen hat folgendes berichtet: »Schwierigkeiten innenpolitischer Art traten im allgemeinen nicht auf. Jedoch verlangt die große Ansammlung von Arbeitern in der Nähe von Wolfratshausen erhöhte Aufmerksamkeit gegenüber kommunistischen Umtrieben. Es sind mehrfach Ordnungsstörungen vorgekommen, die auch politischen Einschlag hatten. Ein Arbeiter, der randalierte und andere Arbeitskameraden aufwiegelte, ... ist festgenommen worden und behauptet nunmehr, in betrunkenem Zustand geredet zu haben. Auch zwei Spionageverdachtsfälle kamen vor. Da die Ordnung und Sicherheit ohne wesentliche Verstärkung der Polizei nicht aufrechterhalten werden kann, wurde gesondert die Errichtung einer eigenen Gendarmerie-Station an der Baustelle oder die notwendige Verstärkung der nahegelegenen Gendarmerie-Stationen und ihre Motorisierung beantragt.« ...

Aus Stimmungsbericht der NSDAP-Kreispropagandaleitung Augsburg-Stadt für März 1939

... Den Arbeitsämtern sind heute Aufgaben übertragen, die oft als sehr einschneidend in die persönliche Freiheit des Einzelnen empfunden werden. Der Arbeitsplatzwechsel, ja die ganze Berufslenkung sind so eingeengt, daß hier eine große Gefahr droht, die Stimmung im Volke ungünstig zu beeinflussen, wenn an den untersten Vollzugsstellen nicht durchaus befähigte Menschen tätig sind ...

Aus Monatsbericht des Regierungspräsidenten von Niederbayern und der Oberpfalz, 11. 4. 1939

... In einem Fall hatte die Staatspolizeistelle Regensburg wegen Verdachts hochverräterischer Umtriebe einzuschreiten: In Weiden wurden ein früherer Funktionär der KPD und sein Begleiter festgenommen, die anscheinend den Versuch einer neuen kommunistischen Zellenbildung unternahmen ... In verschiedenen Industriebetrieben wurden Zettel vorgefunden und Inschriften festgestellt mit staatsabträglichen Äußerungen, Beleidigungen des Führers usf. ; mehrere Male erschienen Sprüche wie »Hitler gib uns Benesch wieder, sonst legen wir die Arbeit nieder«. In einem Fall wurde eine sudetendeutsche Arbeiterin als Täterin festgestellt. – In einer Kaserne in Straubing fanden sich Hammer und Sichel an die Wand gezeichnet; die Täter sind vielleicht Handwerker, die dort gearbeitet hatten.

Eine größere Störung der öffentlichen Ordnung bedeutete das Verhalten von Arbeitern bei der Anlage des Truppenübungsplatzes Hohenfels, Kreis Parsberg, die mit Kabelverlegungsarbeiten beschäftigt waren. Sie verweigerten die Aufnahme der Arbeit trotz wiederholter Belehrung und beleidigten ihren Vorarbeiter und den Kommandeur des Truppenübungsplatzes; im Zuge der noch laufenden Erhebungen wurden sechs Arbeiter festgenommen. – Einer drohenden Arbeitsverweigerung größeren Umfangs auf einer Baustelle der Reichsautobahn Regensburg–Ingolstadt konnte am 1. 3. durch Festnahme und mehrtägige Verwahrung von elf Arbeitern durch die Staatspolizeistelle Regensburg vorgebeugt werden. Die Leute sollen über die Verhältnisse an ihrer Baustelle falsch unterrichtet gewesen sein.

Zwischen Angehörigen der SA-Standarte 11 und Arbeitern kam es gelegentlich einer von der SA veranstalteten Werbeversammlung in Irlbach, Landkreis Regensburg, am Abend des 25. 2. im Wirtshaus zu Tätlichkeiten, die später auf der Straße zu einer Rauferei ausarteten. Da weitere Ausschreitungen gegen SA-Angehörige angekündigt wurden, nahm am 9. 3. die Staatspolizeistelle Regensburg sieben beteiligte Arbeiter zur Prüfung der Haftfrage vorübergehend fest; sie wurden nach Feststellung des Sachverhalts am 15. 3. wieder entlassen.

Aus Monatsbericht der Wehrwirtschafts-Inspektion XIII/Nürnberg, 18. 4. 1939

... Im Nürnberger Gebiet sollen Arbeitskräfte zu Tariflöhnen kaum mehr zu erhalten sein. Nachrichten von Abwanderung, Aufsässigkeiten und Disziplinwidrigkeiten mehren sich. Hierzu folgen Einzelbeispiele:

Infolge Einführung Nürnberger Tarifsätze bei dem Röthenbacher Werk der Firma Diehl (R-Betrieb) treten Unzufriedenheiten und Abwanderung bei Firma Conradty – Röthenbach auf. Bei einer Zirndorfer Firma mußte die tariflich vorgesehene Akkordarbeit durch Eingreifen der Gestapo sichergestellt werden. Die durch Dienstverpflichtungen in höheren Verdienst gelangten Arbeiter verweigerten – nach Dienstpflicht-Ende – Rückkehr in das alte Unternehmen. In einem mit Herstellung von Panzertüren beschäftigten Nürnberger Unternehmen wurden Verhaftungen der Gestapo vorgenommen, weil Versuche zur Arbeitseinstellung – angeblich wegen Überbeanspruchung – vorlagen. Bei Firma König & Bauer (R-Betrieb) Würzburg mußten einzelne, zum Arbeitsdienst einberufene Arbeiter durch Gestapo an vorzeitigem Verlassen des Arbeitsplatzes verhindert werden. In Pulverfabrik Hasloch (R-Betrieb) häufen sich Krankmeldungen über elf Tage, weil dann Krankenunterstützungen den Lohnausfall ausgleichen. Fälle grober Indisziplin in der Bayreuther Metallwarenfabrik (R-Betrieb) konnten nur durch Eingreifen der Gestapo behoben werden ...

Aus politischem Lagebericht der NSDAP-Kreisleitung Augsburg-Stadt, 25. 4. 1939

... In den meisten Betrieben stellt Führung und Gefolgschaft eine Einheit dar, doch wäre zu wünschen, daß durch irgendeine Regelung eine Sonderbetreuung für in Not geratene Gefolgschaftsmitglieder durch den Betrieb vor sich gehen könne. Der Betriebsobmann kann sich in vielen Fällen nur dann durchsetzen, wenn er selbst ein ganzer Kerl ist und eine entsprechende Verankerung wäre deshalb eine Notwendigkeit ...
Auf die großen Lohndifferenzen zwischen Metall- und Textilindustrie wurde bereits früher hingewiesen und ist hier eine Änderung dringend notwendig. Die Arbeitszeiten gehen vielfach über das Leistungsvermögen hinaus und es wird ein Raubbau an den Kräften getrieben, die vielleicht einmal noch viel dringender eingesetzt werden müssen. Die Arbeiter sind mit der Arbeitszeitverlängerung trotz des damit verbundenen höheren Einkommens in der Regel nicht einverstanden und Überprüfungen haben ergeben, daß in manchen Fällen in acht Stunden das gleiche Arbeitspensum erledigt wird wie in zehn...

Aus Monatsbericht des Regierungspräsidenten von Ober- und Mittelfranken, 6. 5. 1939

... Am 21. April 1939 mußte der frühere kommunistische Funktionär Ganßer von Nürnberg, der sich bereits dreimal in Schutzhaft befand und erst am 50. Geburtstag des Führers aus dem Konzentrationslager Dachau entlassen worden war, neuerlich in Schutzhaft genommen werden. Er traf noch am 20. 4. 1939 in Nürnberg ein und erklärte anderen Personen gegenüber: »An meiner Gesinnung haben sie nichts geändert, wenn sie mich auch vier Jahre eingesperrt haben, meine Laufbahn geht weiter. Es ist schade, daß ich heute komme, da müssen gerade die Fetzen (Flaggenschmuck anläßlich des Führers Geburtstags) heraushängen, ich möchte sie am liebsten zerreißen.« ...

Aus Monatsbericht des Regierungspräsidenten von Oberbayern, 9. 5. 1939

... Am 50. Geburtstag des Führers kam die Liebe und Verehrung der Bevölkerung im Schmuck der Straßen, Häuser und Schaufenster und vielen Kundgebungen zum überwältigenden Ausdruck ...
Organisierte staatsfeindliche Bestrebungen wurden nicht wahrgenommen. In vereinzelten Fällen wurde wegen staatsabträglichen Verhaltens mit Schutzhaft und Strafanzeige vorgegangen ...
Andererseits wird geltend gemacht, daß der Lebensstandard der breiten Masse niedrig ist und die kleinen Einkommen nur zur Beschaffung des nötigsten Lebensbedarfs ausreichen ...

Aus Monatsbericht des Regierungspräsidenten von Schwaben, 7. 6. 1939

... Der Landrat Dillingen a. d. Donau berichtet, daß es am 21. 4. 1939 in einer Kiesgrubenanlage bei Holzheim, die ausschließlich zur Kiesgewinnung für die Arbeiten einer heereswichtigen Baustelle betrieben wird, zu einem Streikversuch der dort beschäftigten Arbeiter kam. Nach Entlassung der beiden Hauptsprecher durch den Bauführer nahmen jedoch die übrigen die Arbeit wieder auf. Die am Streikversuch beteiligten zehn Arbeiter wurden auf Veranlassung der Gestapo Augsburg ernstlich verwarnt, mit dem Hinweis, daß sie im Wiederholungsfall Inschutzhaftnahme zu gewärtigen haben ...

Aus Monatsbericht der Wehrwirtschafts-Inspektion XIII/Nürnberg, 15. 6. 1939

... Mehr und mehr äußert sich die Auswirkung der Verknappung an Arbeitskräften und wohl auch einer tiefgreifenden Mißstimmung in Arbeiterkreisen über die zum Teil übermäßige Anspannung der Arbeitskraft in offener Widersetzlichkeit oder Sabotage bzw. Sabotageversuchen:
Bei den Siemens-Schuckertwerken, Nürnberg, versuchten zwei Arbeiter bereits fertiggestellte Transformatoren unbrauchbar zu machen.
Im Panzerwerk Busenius & Co., Nürnberg, wurden zwei Leute wegen Aufhetzung und ein Mann wegen des Versuchs, die Hauptsicherung des Werkes unbrauchbar zu machen, von der Gestapo verhaftet ...
Der Arbeiterschaft ist anscheinend zu viel von Lohnerhöhungen versprochen worden, ohne, als selbstverständliche Voraussetzung, die vom Führer geforderte Leistungssteigerung zu betonen. Einzelne Vertreter der DAF haben in ihren Ausführungen geradezu aufhetzend gewirkt ...

Aus Monatsbericht des Regierungspräsidenten von Niederbayern und der Oberpfalz, 7. 7. 1939

...Wegen Arbeitsverweigerung wurden einige Arbeiter im Landkreis Burglengenfeld (Braunkohlenwerk Ponholz und Eisenwerk Maxhütte) verhaftet...
Verschiedentlich werden die Löhne der Industriearbeiter gegenüber den Lebenshaltungskosten als zu niedrig bezeichnet. Der Landrat von Tirschenreuth berichtet hierzu: »Dadurch wird viel Unzufriedenheit unter der Arbeiterschaft verursacht. Einzelne Betriebsführer klagen, daß die Behandlung der Arbeiter immer schwieriger wird; sie seien ständig unzufrieden, einer sei dem anderen neidisch. Von wirklicher Betriebsgemeinschaft sei oft nicht mehr viel zu bemerken.« Ähnlich der Oberbürgermeister von Weiden: »Die Stimmung in den Arbeiterkreisen ist daher ziemlich gedrückt.«...

Aus Monatsbericht des Regierungspräsidenten von Ober- und Mittelfranken, 7. 7. 1939

...Vollbeschäftigung und Mangel an Arbeitskräften aller Art kennzeichnen wie im Vormonat die allgemeine Lage. Dazu kommt in zahlreichen Gemeinden, in denen überraschend ein starker Zuzug von Arbeitskräften erfolgte, namentlich in der Nähe Nürnbergs

(z. B. Lauf, Röthenbach, Fischbach) eine drückende Wohnungsnot mit all ihren Nachteilen in gesundheitlicher und auch in politischer Hinsicht... Daneben sind erhebliche durch das Leistungsprinzip kaum mehr zu rechtfertigende Unterschiede bei den Gehältern, Löhnen und Vergütungen festzustellen...

Aus Monatsbericht des Regierungspräsidenten von Oberbayern, 10. 7. 1939

...Die Arbeitsverpflichtungen des Arbeitsamtes an die reichswichtigen Baustellen nehmen immer größeren Umfang an... Im Arbeitslager bei Buchberg, Landkreis Wolfratshausen, kam es am Fronleichnamstag abends zu einer Unzufriedenheitskundgebung. Dabei wurden acht beteiligte Arbeiter festgenommen, gegen sieben wurde richterlicher Haftbefehl erlassen...

Aus Monatsbericht des Regierungspräsidenten von Unterfranken, 10. 7. 1939

...Lage des Arbeitsmarktes hat sich... weiter verschärft. Bei der Zuweisung von Arbeitskräften mußten in erster Linie jene Betriebe berücksichtigt werden, die staatspolitisch bedeutsame Aufträge auszuführen haben, eine Aufgabe, die von den Arbeitsämtern teilweise nur durch Zwangsmaßnahmen, d. h. im Wege der Dienstverpflichtung erfüllt werden konnte...

Im folgenden August-Bericht (12. 9. 1939) wiederholte der Regierungspräsident von Unterfranken diese Feststellungen: »Manchen Betrieben mit weniger vordringlichen Arbeiten mußten ... Arbeitskräfte entzogen werden. Eine Hauptaufgabe der Arbeitsämter bestand nach wie vor darin, auch nach auswärts Arbeiter zur Verwendung bei staatspolitisch vordringlichen Maßnahmen zu vermitteln.«

Aus Monatsbericht der DAF-Kreiswaltung Kronach (Gau Bayerische Ostmark) für Juli 1939

Bei unseren Betriebsbesuchen müssen wir immer wieder feststellen, daß nach wie vor das schwierigste Problem die Lohnfrage ist... Die Tendenz Lohnerhöhung geht durch sämtliche Betriebe, es werden von der Gefolgschaft wegen der Erhöhung manchmal Methoden angewandt, die mit Nationalsozialismus nichts mehr zu tun haben. Es ist Tatsache, daß der Arbeiter heute RM 50,- und morgen RM 60,- wöchentlich verdienen will. Jegliches Leistungsprinzip wird dabei natürlich unberücksichtigt gelassen. Daher kommt es, daß dann auch in manchen Wirtschaftszweigen und in derselben Ortschaft dreierlei Löhne bezahlt werden. Daß diese Tatsache jeglichen geordneten Arbeitseinsatz und jegliche Lohnpolitik zunichte macht, steht fest. Der Treuhänder bräuchte die Löhne nicht erst zu erhöhen, sondern diese Erhöhung ist bereits vorhanden, er bräuchte sie höchstens noch zu bestätigen...

Das Wort »Kündigung« ist heute zum geflügelten Wort geworden. Bei jeder geringfügigen Sache wird dem Betriebsführer die Kündigung vor die Füße geworfen...

Aus Monatsbericht des Regierungspräsidenten von Niederbayern und der Oberpfalz, 7. 8. 1939

... Da die Abwanderung der Arbeitskräfte zum Baugewerbe, zu den Reichsautobahnen, zum Truppenübungsplatz Grafenwöhr sowie zu den Hermann Göring Werken in Schwarzenfeld manche Industrien gefährdet, ist es verständlich, daß diese auf möglichst allgemeine Bindung des Arbeiters an den Arbeitsplatz dringen, während andererseits die Arbeiter es als unbillige Härte empfinden, wenn ihnen die Möglichkeit einer Lohnverbesserung durch Wechsel des Industriezweiges genommen wird.

Das Verhalten mancher Arbeiter läßt leider das Pflichtgefühl vermissen, das zur Durchführung des Vierjahresplans unbedingt notwendig ist. So mußte die Geheime Staatspolizei, Staatspolizeistelle Regensburg, mehrere Arbeiter wegen Arbeitsverweigerung und Unruhestiftung festnehmen, z. B. vier die Belegschaft verhetzende Arbeiter des Oberpfälzischen Braunkohlenwerks in Ponholz, ferner einen Arbeiter der Maxhütte in Sulzbach-Rosenberg, einen Arbeiter der Bauleitung der Flakabteilung Regensburg usw. In dem Ziegeleibetrieb Auvera in Steinfels kündigte die ganze Belegschaft der Ziegelabteilung (acht Arbeiter) wegen Lohndifferenzen die Arbeit...

Aus Monatsbericht des Regierungspräsidenten von Ober- und Mittelfranken, 8. 8. 1939

... 17 Personen wurden wegen Vergehens gegen die Verordnung über die Sicherstellung des Kräftebedarfs für Aufgaben von besonderer staatspolitischer Bedeutung festgenommen...

Aus Monatsbericht des Regierungspräsidenten von Oberbayern, 10. 8. 1939

... Staatsfeindliche Bestrebungen bemerkenswerter Art konnten im Berichtszeitraum nicht festgestellt werden. Die Geheime Staatspolizei mußte vereinzelt eingreifen, da Arbeiter tagelang an ihren Arbeitsstellen fehlten... In Wolfratshausen mußten wieder zahlreiche Arbeiter aus der Großbaustelle bei Wolfratshausen wegen Arbeitsverweigerung und »Blaumachen« dem Treuhänder der Arbeit angezeigt, teils auch in Erziehungshaft genommen und teils verwarnt werden. Die Stimmung bei der Arbeiterschaft war vielfach gespannt...

Die für den letzten Friedensmonat, August 1939, vorliegenden Berichte bestätigen das aus den Vormonaten bekannte Bild. Die Wehrwirtschafts-Inspektion XIII, Nürnberg, betonte in ihrem August-Bericht erneut die »schon wiederholt erwähnte Überbeanspruchung« vieler Arbeiter mit ihren Folgeerscheinungen. Der Regierungspräsident von Niederbayern und der Oberpfalz registrierte in seinem August-Bericht: »Mehrfach wird über Arbeitsverweigerung und unbotmäßiges Verhalten von Arbeitern Beschwerde geführt... In einer Glasfabrik im Landkreis Regen fehlten kürzlich an einem Tag allein 87 Arbeiter unentschuldigt.« Einen besonderen Zwischenfall schilderte der August-Bericht des Regierungspräsidenten von Oberbayern aus dem Braunkohlenbergwerk Penzberg, wo am 29. 8. 1939 die Frühschicht der Bergarbeiter, ca. 350 Mann, sich geschlossen und konstant weigerte (»auch wenn sie nach Dachau kämen«) in den Schacht einzufahren, aus Protest gegen zwei

Vorgesetzte, die in den Tagen zuvor die Schichtlöhne in ungerechtfertigter Weise gekürzt hatten. Die Werksleitung habe sich daraufhin gezwungen gesehen, die beiden Vorgesetzten zu beurlauben. Ein vorher beurlaubter Steiger, der die Forderungen der Arbeiter mitvertreten hatte, sei dann von den Bergleuten demonstrativ von seiner Wohnung abgeholt worden und mit ihm seien sie in den Schacht eingefahren.

Die mit dem 1. 9. 1939 beginnende Umstellung auf die Kriegswirtschaft und die Einziehung vieler Arbeiter zur Wehrmacht verschärften den schon vor dem Krieg starken Arbeitskräftemangel. Aus der Berichterstattung der Rüstungsinspektionen, die im September 1939 an die Stelle der Wehrwirtschafts-Inspektionen in den Wehrkreisen VII (München) und XIII (Nürnberg) traten[50], ist ersichtlich, daß schon vor der Mobilmachung Vorbereitungen getroffen worden waren, um vor allem die für die drei Wehrmachtsteile (Heer, Marine, Luftwaffe) arbeitenden Werke (allein im Gebiet Rüstungsinspektion XIII handelte es sich schon im August 1939 um 587 Betriebe, die Wehrmachtsaufträge erfüllten) durch Unabkömmlichkeits-Bescheinigungen (Uk-Stellungen) für ihre Facharbeiter von Rekrutierungen zum Waffendienst freizuhalten. Die Frage der Uk-Stellung von Arbeitern wurde zu einem sowohl für die Kriegswirtschaft wie für die existenzielle Lage der betreffenden Arbeiter entscheidenden Problem. Daneben nahmen, vor allem im Herbst 1939, die Zwangsverpflichtungen von Arbeitern durch die Arbeitsämter und ihr Einsatz in kriegswirtschaftlich wichtigen Betrieben mit den sich daraus ergebenden Folgen (Trennung von Familien, provisorische Unterkünfte, vielfach auch Lohnverschlechterung) einen bedeutenden Umfang an[51]; zum Teil gekoppelt mit der Zwangsstillegung kriegsunwichtiger Betriebe und den von Sonderkommissionen der Arbeitsämter betriebenen »Auskämmaktionen« zur Feststellung entbehrlicher Facharbeiter in kriegswirtschaftlich weniger wichtigen Betrieben.

Besondere Beunruhigung lösten in der Arbeiterschaft die durch die Kriegswirtschafts-Verordnungen vom 4. 9. 1939 (RGBl. I, S. 1609) angekündigten lohn- und sozialpolitischen Neuordnungen aus, die u. a. den Wegfall von Überstunden-Mehrzahlungen und Urlaubseinschränkungen vorsahen[52] und im Zusammenhang mit den im Krieg erhöhten Lohn- und Verbrauchssteuern eine erhebliche Verschlechterung der materiellen und sozialen Lage der Arbeiterschaft bedeutet hätten. Unter dem Eindruck der Verstimmung und Unruhe, die diese vorgesehenen Maßnahmen in der Arbeiterschaft auslösten, wurden sie im Lauf des Herbst 1939 bzw. im ersten Halbjahr 1940 durch entsprechende Durchführungsverordnungen oder Abänderungen der Kriegswirtschafts-Verordnung im wesentlichen wieder rückgängig gemacht.

Es blieb aber – als ein während des Krieges zunehmend ins Gewicht fallender Faktor – die Ausdehnung der Arbeitszeit auf täglich bis zu zehn (wöchentlich 60) zum Teil auch bis zu zwölf Stunden bei gleichzeitig durch das Bezugscheinsystem eingeschränkter Lebensmittelversorgung. Zum Ersatz der fehlenden männlichen Arbeitskräfte wurde die nach 1933 zunächst verfemte Frauenarbeit zunehmend propagiert. Sie und der in der zweiten Hälfte des Jahres auch in der Industrie beginnende Einsatz von Kriegsgefangenen und »Fremdarbeitern« spielten zahlenmäßig eine wachsende Rolle. Weibliche Arbeitskräfte wurden zumTeil häufiger als die männlichen Kollegen auch Sprachrohre des Protestes und der Opposition, wenn es um unzumutbare Arbeitsbedingungen ging.

Zu den neuen Bedingungen der Kriegswirtschaft gehörte auch die noch strengere Überwachung aller Rüstungsfirmen zur Abwehr aller Formen von Arbeitssabotage durch die Gestapo und die drakonische Verfolgung aller Fälle der erkennbaren politischen Opposition unter der Arbeiterschaft. Sie mag neben den auch große Teile der Arbeiterschaft begeisternden Kriegserfolgen der Wehrmacht in den Jahren 1939–1941 erklären, weshalb die Berichte für die erste Kriegszeit relativ wenig Anhaltspunkte für die Fortdauer illegaler und politisch oppositioneller Betätigungen unter den Ar-

---

[50] Wir stützen uns im folgenden vor allem auf die jeweils in kriegstagebuchähnlicher Form niedergeschriebene »Geschichte der Rüstungsinspektion VII« und die »Geschichte der Rüstungsinspektion XIII«, beide im BA/MA, vgl. Verzeichnis der Berichtsprovenienzen im Anhang.

[51] Wegen deren zum Teil katastrophalen Folgen wurde durch einen Erlaß des Reichsarbeitsministers vom 24. 11. 1939 angeordnet, daß die Dienstverpflichtung künftig nur noch für Betriebe der Eisen- und Metallwirtschaft, der Chemischen Industrie und der Bauwirtschaft, soweit diese kriegswichtige Aufgaben zu erfüllen hätten, vorgenommen werden dürften, vgl. Mason (siehe S. 200, Anm. 16), S. 1220.

[52] Ausführlich dazu ebenda, S. 1043 ff.

beitern enthalten. In bezug auf die ehemaligen Kommunisten bedeutete zweifellos auch der Hitler-Stalin-Pakt vom August 1939 eine zeitweilige Rat- und Orientierungslosigkeit.

Aus Kriegstagebuch des Rüstungskommandos Nürnberg, 3. 9. 1939

... Alle Betriebe, die bereits mit Wehrmachtsaufträgen belegt waren, wurden befehlsmäßig angewiesen, ihre Leistungen zu steigern und zur beschleunigten Auslieferung ihrer Beschaffungsaufträge eine zweite Schicht einzuführen...

Aus Wochenbericht der DAF-Kreiswaltung Regensburg (Gau Bayerische Ostmark), 4.–11. 9. 1939

... Auf Grund der Regierungserlasse und Verordnungen wurde es notwendig, daß in allen Betrieben kurze Betriebsappelle stattfinden, wo unter anderem eine sachliche Aufklärung über die jeweiligen Erlasse bzw. Verordnungen erfolgt...

Auch die Berichte der DAF-Kreiswaltung Regensburg für die folgenden September-Wochen behandelten die Reaktionen der Arbeiter auf die Kriegswirtschafts-Verordnung vom 4. 9. 1939. Immer wieder kämen aus den Betrieben Klagen, weil Arbeiter es nunmehr ablehnten, Überstunden zu leisten. »Ein Teil der Gefolgschaft hat noch nicht den Ernst der derzeitigen Lage erfaßt und muß umgehend aufgeklärt werden.«

Aus Wochenbericht der DAF-Kreiswaltung Regensburg (Gau Bayerische Ostmark), 2.–9. 10. 1939

... In den Bayerischen Flugzeugwerken und im Stadtlagerhaus sind Dienstverpflichtete beschäftigt. In den Bayerischen Flugzeugwerken wurden teilweise recht schlechte Erfahrungen gemacht. Es gibt Arbeitsämter, z. B. Hof, welche den Leuten das allermöglichste versprechen, um sie gut durchzubringen und der Betrieb hat dann meistens unzufriedene Leute. Die Dienstverpflichteten bringen teilweise Störungen in die Betriebsgemeinschaft...

Aus Monatsbericht des Regierungspräsidenten von Niederbayern und der Oberpfalz, 9. 10. 1939

... In den Kreisen der ehemaligen KPD-Anhänger herrscht nach den Moskauer Abmachungen ziemliche Verwirrung, denn durch diese Abmachungen erscheint ihnen die Basis für eine ins Gewicht fallende Agitation weitgehend weggezogen; sie fühlen sich von Stalin »verraten«.

Andererseits ist aber die Zahl der Verfehlungen gegen das Heimtückegesetz und wegen zersetzender Reden erheblich angestiegen. Hierwegen erfolgten 85 Festnahmen und 150 Anzeigen....

Aus Monatsbericht des Regierungspräsidenten von Ober- und Mittelfranken, 7. 11. 1939

... Im Berichtsmonat wurden 20 Personen wegen Vergehens gegen die Verordnung über die Sicherstellung des Kräftebedarfs für Aufgaben von besonderer staatspolitischer Bedeutung vom 13. 2. 1939 festgenommen. Nach Erstattung von Strafanzeige wurden sie dem Ermittlungsrichter zur Haftfragelösung überstellt: gegen alle 20 Festgenommenen wurde richterlicher Haftbefehl erlassen. Das Amtsgericht Nürnberg hat nun neuerdings gegen solche Beschuldigte empfindliche Freiheitsstrafen ausgesprochen und ist in einem Falle sogar zu einer Verurteilung von acht Monaten gekommen.

Außer diesen Personen wurden im Berichtsmonat noch insgesamt 31 Personen zur Prüfung ihrer Arbeitswilligkeit jeweils für einige Tage in Polizeihaft genommen. Bei ihnen handelt es sich um Arbeitskräfte, die nicht im Sinne der Dienstpflichtverordnung vom 13. 2. 1939 zur Arbeitsleistung verpflichtet sind, die jedoch mehrmals entweder grundlos oder aus nichtigen Gründen an ihrem Arbeitsplatz fehlten...

Die durchgeführten staatspolizeilichen Ermittlungen erbrachten in keinem Fall Anhaltspunkte, daß die Beschuldigten bei ihrem Verhalten aus rein politischen Beweggründen oder aufgrund einer an sie ergangenen Aufforderung gehandelt hätten...

Wegen staatsabträglichen Verhaltens wurden 77 Personen festgenommen und zwar: wegen Vergehens gegen das Heimtückegesetz: 70, wegen Abhörens von Auslandssendern: 7. Ihrer politischen Einstellung nach waren von den Festgenommenen: SPD: 9; KPD: 10; Demokraten: 1; BVP: 4; Deutsche Volkspartei: 1;...

Aus Monatsbericht des Regierungspräsidenten von Niederbayern und der Oberpfalz, 8. 11. 1939

...Planmäßige staatsfeindliche Handlungen konnten im Monat Oktober nirgends festgestellt werden. Dagegen ist die Zahl der Vergehen gegen das Heimtückegesetz – es erfolgten 157 Anzeigen – September 235 – und dabei 21 Festnahmen – September 85 – meist von Angehörigen der Arbeiterkreise wieder recht erheblich. Hierunter haben die Anzeigen aus Kreisen der Wirtschaft über Arbeitsverweigerung und unbotmäßiges Verhalten von Arbeitern eine Steigerung erfahren. Die Staatspolizeistelle wurde in etwa 110 Fällen um Hilfe angegangen und um Zurückführung der Arbeiter ersucht. In 38 Fällen wurde Polizeihaft angeordnet; in zwei besonders hartnäckigen Fällen mußte Schutzhaft beantragt werden...

Aus Vierteljahresbericht der DAF-Gauwaltung Bayerische Ostmark für das IV. Quartal 1939

...Diejenigen Frauen, welche für zum Heeresdienst einberufene Männer an schwere Arbeitsplätze eingerückt sind, sehen nicht ein, warum ihnen der Männerlohn vorenthalten wird, wenn sie gleiche oder gar erhöhte Leistungen aufweisen. In einzelnen Fällen wird Männerlohn gezahlt; in den meisten jedoch nicht...

Einer eingehenden weltanschaulichen Schulung bedarf es noch in der Frage der Einstellung zu Kriegsgefangenen oder ausländischen Arbeitskräften. In den südlichen Kreisen macht sich natürlich der Einfluß kirchlicher Erziehung, die im Kriegsgefangenen in erster Linie den Glaubensbruder sieht, bemerkbar, doch sind diese Erscheinungen auch anderwärts aufgetreten. Leider ist im Falle Rosenthal-Selb auch die Soziale Betriebsarbeiterin (Gertrud Roddewig) der Auffassung des Betriebsobmannes, daß die Polinnen noch besonders zur Weihnachtsfeier eingeladen werden sollten, nicht entgegengetreten. Am Erscheinen waren sie allerdings durch Verlausung verhindert...

Aus Monatsbericht des Regierungspräsidenten von Unterfranken, 10. 1. 1940

... In der Stadt Schweinfurt wurde ein Arbeiter, der früher der marxistischen Bewegung angehörte, wegen Abhörung ausländischer Sender und wegen staatsabträglicher Äußerungen festgenommen...

Von den etwa 139 Betrieben (der Bekleidungsindustrie) in der Stadt Aschaffenburg werden nur 14–17 Betriebe erhalten bleiben, während der Rest zum Teil stillgelegt, zum Teil aufgelöst wird... Die von der Stillegung betroffenen Arbeitskräfte werden anderen Betrieben, zum Teil der chemischen, zum Teil der Metall-Industrie überwiesen werden... Die Betriebsstillegung wird vor allem eine große Zahl der in der Umgebung von Aschaffenburg wohnenden Heimarbeiter schwer treffen...

Aus Monatsbericht des Regierungspräsidenten von Oberbayern, 8. 3. 1940

...Für die Eingerückten werden reichliche Familienunterhalte bezahlt; viele Arbeiterfrauen, deren Männer beim Heere stehen und als Haushaltsverbraucher ausscheiden, erzählen, daß sie jetzt zum ersten Mal etwas erübrigen können... Organisierte staatsfeindliche Bestrebungen wurden nicht wahrgenommen; nur in vereinzelten Fällen mußte wegen staatsabträglichen Verhaltens vorgegangen werden...

Aus Kriegstagebuch des Rüstungskommandos Nürnberg, 31. 3. 1940

... Bei den Dienstverpflichtungen haben sich wiederholt Schwierigkeiten ergeben. Da im Rahmen des erweiterten Munitionsprogramms künftig in noch weitgehenderem Maße von der Zuweisung der benötigten Arbeitskräfte durch Dienstverpflichtungen Gebrauch gemacht werden muß, würden zur Aufrechterhaltung der Arbeitsdisziplin in den Betrieben schärfere Strafmöglichkeiten zu erwägen sein...

Durch Uk-Stellungen in verstärktem Maße wurde erreicht, daß die in den Betrieben befindlichen Leute größtenteils dort verbleiben konnten. Von den rund 3500 Arbeitskräften, deren Zurückholung aus der Truppe im FM-Verfahren[53] beantragt wurde, wa-

---

[53] Spezielles Freistellungsverfahren von schon zur Wehrmacht Einberufenen aus Gründen des »Facharbeiter-Mangels« (FM).

ren bis Ende Januar 1940 43 Prozent, Ende Februar 70 Prozent und Ende März 78 Prozent zurückgekehrt.

Die fortgesetzten neuen Einberufungen durch die Wehrersatz-Inspektionen bringen einen ständigen Wechsel der Arbeiter in den Rüstungsbetrieben mit sich, der sich bei der Dringlichkeit der Aufträge und der Wichtigkeit der Fertigung ungünstig auswirkt. Es wäre daher eine Stabilisierung der Personalverhältnisse, besonders in den mit vordringlicher Fertigung belegten Betrieben, im Hinblick auf das Arbeitsergebnis erstrebenswert...

Aus Kriegstagebuch des Rüstungskommandos Augsburg, 19.–26.5.1940

... Beachtenswert für den Fraueneinsatz ist die Heranziehung der Frauen von Gefolgschaftsmitgliedern der Messerschmidt AG durch innerbetriebliche Werbung. Diese Frauen zeigen als Arbeitskameradinnen ihrer Männer eine erhöhte Arbeitsfreudigkeit und Anhänglichkeit an das Werk. Die Messerschmidt AG ist damit von einer allgemeinen Werbung zu einer Einzelwerbung persönlicher Natur übergegangen und hat bisher gute Erfolge erzielt. Zur Beseitigung der mit der Frauenarbeit überhaupt verbundenen Schwierigkeiten schlägt Messerschmidt AG vor, die Frauenlöhne um 10 Pfg pro Stunde für produktive Frauenarbeit zu erhöhen und die Arbeitszeit der Frauen auf 36 Stunden zu kürzen. Hierdurch werden tragbare soziale Bedingungen, genügend Freizeit für die Hausfrau und Mutter, Ausschaltung gesundheitlicher Schädigungen durch Überbeanspruchung usw. geschaffen. Antrag auf Erhöhung der Frauenlöhne ist von Messerschmidt AG beim Reichstreuhänder für das Wirtschaftsgebiet Bayern bereits gestellt...

Aus Kriegstagebuch des Rüstungskommandos Augsburg, 29./30. 5. 1940

... Rüstungskommando hat die Rüstungsbetriebe aufgefordert, für die männlichen Gefolgschaftsmitglieder die 60-Stunden-Woche einzuführen. Das bedeutet eine 10-stündige Arbeitszeit je Schicht. Ausnahmen, z. B. bei Rohstoffmangel, sind beim Rüstungskommando zu beantragen. Die durch die 10-Stunden-Schicht freiwerdenden Arbeitskräfte haben die Rüstungsbetriebe dem Rüstungskommando für anderweitigen Einsatz zu melden.

Die Arbeitszeit für Frauen darf 48 Stunden in der Woche nicht überschreiten. Für Frauen mit eigenem Haushalt wurden verkürzte Schichten, etwa die 40-Stunden-Woche oder auch der 6–7-Stunden-Tag vorgeschlagen...

Aus Bericht der Rüstungsinspektion XIII/Nürnberg für September 1939 bis Mai 1940[54]

... [Einsatz weiblicher Arbeitskräfte] Nach Feststellungen des Landesarbeitsamtes,

---

[54] Geschichte der Rüstungsinspektion XIII, Kap. 3.

Zweigstelle Nürnberg, waren am 31. 12. 1939 14 500 Frauen weniger in Arbeit als am 1. 9. 1939. Die Ursache dieser Erscheinung lag in folgendem Umstand begründet: Der Eigenverdienst von Kriegerfrauen, die also Familienunterstützung bezogen, wurde hohen Abzügen unterworfen..., so daß der geringe Mehrverdienst keinen Arbeitsanreiz mehr bot... Ferner schieden zahlreiche werktätige Mädchen nach Kriegstrauung aus ihren bisherigen Stellungen aus. Die Familienunterstützung ermöglichte es ihnen, nicht mehr selbst verdienen zu müssen. Andere Frauen wieder, die zwar im Frieden einem Verdienst nachgingen, aber auf ihn nicht unbedingt angewiesen waren, legten unter den erschwerten Haushaltungsverhältnissen ihre Arbeit nieder. In den Monaten Januar – April häuften sich die Beschwerden aus der Rü-Industrie über disziplinloses Verhalten von Frauen. So fehlten beispielsweise in einem sozial durchaus gut geleiteten Werk Rheinisch-Westfälische Sprengstoff AG, Nürnberg (H) (Belegschaft 2000 Köpfe), wochenlang regelmäßig montags, manchmal auch noch dienstags etwa 400 Frauen. Bei einem anderen Rüstungsbetrieb Steatit Magnesia, Lauf (Belegschaft 1800 Mann), täglich rund 300 weibliche Arbeitskräfte. Gründe für dieses Verhalten waren zum Teil einmal das Bestreben unter der Mindestverdienstgrenze zu bleiben, um Abzügen an der Familienunterstützung vorzubeugen, zum anderen veranlaßten die erschwerten Versorgungsverhältnisse die Frauen, von der Arbeit fern zu bleiben. Aber auch böser Wille und das Wirken unruhestiftender Elemente sind öfters der Anstoß unregelmäßigen Arbeitens gewesen. Meistens gaben Dienstverpflichtete Anlaß zu Klagen. Mittels wiederholter Vorladungen zu den Arbeitsämtern und entsprechender Beeinflussung sowie durch regelmäßige Hinweise auf die Notwendigkeit der Arbeit aller im Kriege seitens der Partei und ihrer Gliederungen stieg die Zahl der berufstätigen Frauen in dem ersten Halbjahr 1940 wieder erheblich an...

Seit April/Mai 1940 wurden aber bereits Ermüdungserscheinungen bei Belegschaften, in Sonderheit bei Frauen, beobachtet. Um daher einem Leistungsabfall der Arbeitskräfte und damit einem Produktionsrückgang vorzubeugen, wurde die Arbeitszeit von 60 Stunden in der Woche, je nach den örtlichen Verhältnissen wieder gekürzt.

[Dienstverpflichtungen]... Um die Schwerpunkte der Rüstung mit den erforderlichen Kräften zu versorgen, mußten die Arbeitsämter zunächst Facharbeiter und späterhin auch Hilfsarbeiter aus Werken mit kriegswirtschaftlich weniger bedeutender Fertigung herausziehen und für Rüstungsbetriebe verpflichten. Soweit Dienstverpflichtungen am gleichen Orte vorgenommen wurden, ergaben sich in der Regel keine besonderen Schwierigkeiten, anders bei Verpflanzung nach auswärts. Schon im November 1939 klagten Betriebsführer über stimmungsmäßig sehr nachteiligen Einfluß solcher Gefolgschaftsmitglieder auf die Stammbelegschaften. Auch die Leistungen waren zum Teil unbefriedigend. Gelegentliches Eingreifen der Gestapo bei Arbeitsunwilligen (z. B. Eisengießerei Gebr. Decker, Nürnberg, Eisenwerk Nürnberg, vorm. Tafel) und das Inhaftnehmen für die Zeit von Sonnabend Mittag bis Montag früh erwies sich als sehr heilsam. Wenig Erfolg brachte die seit Ende Januar 1940 eingeführte Neuregelung, wonach der Treuhänder der Arbeit sich mit solchen Fällen zu befassen hat. Dieser neue Weg löst ein langwieriges Verfahren aus. Wird dann eingeschritten, so meist spät und in einer Form, die vom Betroffenen kaum als Strafe empfunden wird...

Nur scharfes und schnelles Durchgreifen bzw. Wiedereinschalten der Gestapo in Fällen böswilligen Verhaltens von Gefolgschaftsmitgliedern, kann in Zukunft Ordnung in den Werken und damit ungestörten Weiterlauf der Kriegswirtschaft gewährleisten...

Aus Monatsbericht des Regierungspräsidenten von Oberbayern, 8. 6. 1940

... Staatsfeindliche Bestrebungen machten sich nicht bemerkbar. Auch die früheren Staatsfeinde sind von den Leistungen unserer obersten Führung und unserer Soldaten tief beeindruckt. Nur ganz vereinzelt mußte wegen staatsabträglichen Verhaltens vorgegangen werden. Die Vergehen gegen das Heimtückegesetz sind wesentlich seltener geworden...

Aus Bericht der Rüstungsinspektion VII/München für Oktober 1939 bis Juni 1940[55]

... Die Stimmung kann als gut bezeichnet werden. Zu den Zeitpunkten der großen Waffentaten der Wehrmacht wurde sie naturgemäß besonders gehoben. Viele Leute sind über ihre Uk-Stellung unwillig, da sie entweder aus ideellen Gründen oder in Verfolg wirtschaftlicher Überlegungen zur Truppe drängen. Die Stimmung litt sofort, als die Bezahlung von Überarbeit zuungunsten der Arbeiter entschieden wurde. Es muß daher begrüßt werden, daß von dieser Regelung wieder abgegangen wurde. Die Haltung der Dienstverpflichteten ließ in manchen Fällen zu wünschen übrig...

Aus Monatsbericht des Regierungspräsidenten von Ober- und Mittelfranken, 8. 7. 1940

... Die Polizeidirektion Hof meldet z. B., daß sich unter den in letzter Zeit zur Wehrmacht einberufenen Volksgenossen eine Anzahl Personen befindet, die vor 1933 der SPD und KPD angehörten. Diese Leute zeigen eine einwandfreie vaterländische Gesinnung, sie drängen sich danach einberufen zu werden, um den Nachweis erbringen zu können, daß sie sich heute rückhaltlos zum Führer bekennen. Volksgenossen, die bis in die letzte Zeit wegen ihrer früheren politischen Gesinnung abseits standen, beflaggen heute vorbildlich ihre Wohnungen und Häuser, geben freudig für das Kriegshilfswerk des Roten Kreuzes und kommen ihren Pflichten gegen Volk und Staat in jeder Hinsicht nach. Die verschwindend wenigen Fälle, in denen noch staatsfeindliche Gesinnung in Erscheinung tritt, haben gegenüber der unbedingt staatstreuen Haltung des Volkes im ganzen keine Bedeutung...

Die Löhne sind weiterhin im allgemeinen stabil geblieben.... Gewisse Schwierigkeiten ergeben sich bei der Zuweisung von Umschülern und von Dienstverpflichteten von auswärts. Diese Arbeitskräfte verdienen bei den Betrieben der Eisen- und Metallindustrie zum Teil weniger als in ihrer bisherigen Arbeitsstätte. Da sie aber zumeist höhere Ausgaben für Wohnung, Verpflegung usw. haben, müssen die Betriebe Lohnzulagen gewäh-

---

[55] Geschichte der Rüstungsinspektion VII, Teil 1, Abschnitt 3.

ren, um einen entsprechenden Ausgleich zu schaffen. Dadurch verdienen die von auswärts gekommenen Arbeitskräfte dann wieder mehr als die ortsansässigen Gefolgschaftsmitglieder, was bei diesen zu Vergleichen und Beunruhigung führt...

Aus Monatsbericht des Regierungspräsidenten von Oberbayern, 9. 8. 1940

... Die Arbeiterschaft klagt über die hohen Zuckerpreise, die sie nicht bezahlen kann. Bei der letzten Erhöhung der Milch- und Fettpreise sei ausdrücklich verbilligte Margarine versprochen worden. Diese sei aber jetzt nirgends zu haben...

Staatsfeindliche Handlungen von wesentlicher Bedeutung, insbesondere von Angehörigen ehemaliger marxistischer Parteien, wurden nicht beobachtet. In einigen Fällen staatsabträglichen Verhaltens wurde mit Inhaftnahme und Strafanzeige vorgegangen...

Kriegsgefangene werden nun auch in der gewerblichen Wirtschaft eingesetzt; gemessen an dem hohen Bedarf von Arbeitskräften wird der Einsatz jedoch noch als sehr gering bezeichnet. Der Mangel an Arbeitskräften führt zu einer immer stärkeren Belastung der restlichen Gefolgschaftsmitglieder...

Aus politischem Lagebericht der NSDAP-Kreisleitung Augsburg-Stadt, 10. 8. 1940

... Wenn man die Stimmung wie auch bisher als gut bezeichnen kann, so darf doch nicht ganz übersehen werden, daß gerade in Rüstungsbetrieben sich manchmal Verhältnisse anzubahnen beginnen, die mit – das wird von einigen Arbeitern sogar offen ausgesprochen – »kommunistische Diktatur« bezeichnet werden. Nicht unerwähnt darf in diesem Zusammenhang bleiben, daß die Tätigkeit der Gestapo und des SD als Spitzeldienste übelster Sorte gebrandmarkt werden und es ist nicht abzustreiten, daß gerade von der Gestapo manchmal Manieren an den Tag gelegt werden, die als direkt volksschädigend bezeichnet werden müssen...

Der Mangel an Arbeitskräften nimmt zum Teil katastrophale Formen an...

Es darf nicht übersehen werden, daß man auf die Dauer auch die Arbeitskraft nicht als Ware behandeln kann...

Aus Monatsbericht des Regierungspräsidenten von Niederbayern und der Oberpfalz, 9. 9. 1940

... In der Abortanlage der Bayerischen Flugzeugwerke in Regensburg wurden hetzerische Schmierereien festgestellt, die das Los der Dienstverpflichteten in Gedichtform als »Sklaverei« und die Bayerischen Flugzeugwerke als »Blutsauger« bzw. Arbeiterunterdrückerin bezeichneten. Die Ermittlungen nach dem Täter sind noch nicht abgeschlossen...

Aus Bericht der Rüstungsinspektion XIII/Nürnberg für Mai bis September 1940[56]

... Insgesamt waren am 30. 9. 1940 im Wehrkreis XIII 387 227 Frauen in Arbeit, was die bisherige Höchstzahl seit Kriegsbeginn darstellt... Bei großen Teilen der Arbeiterschaft zeigt sich deutlich eine steigende Unzufriedenheit mit den als unzulänglich bezeichneten Löhnen... Die Aufhebung des Verbotes der Lohnzuschläge für Mehrarbeit hatte bei den Gefolgschaftsmitgliedern zunächst freudige Zustimmung gefunden und den Willen zur Arbeit gefördert. Ausschlaggebende Mehrleistungen konnten allerdings nicht festgestellt werden, da die Gefolgschaft der Rüstungsbetriebe im allgemeinen schon sehr angespannt arbeitet. Bei genauer Betrachtung der Verhältnisse zeigten sich jedoch Härten, die nicht mit der Aufhebung des Verbotes bezweckt sein konnten. Der Mehrarbeitszuschlag wird in manchen Fällen durch erhöhte Lohn- und Kriegssteuern der nächsthöheren Steuerstufe nicht nur voll aufgezehrt, sondern Arbeiter oder Angestellte erhalten, wenn sie ledig oder kinderlos verheiratet sind, trotz Mehrarbeitszuschlag weniger als früher ausgezahlt... Eine derartige Sachlage hat verständlicherweise große Enttäuschung bei den betroffenen Teilen der Belegschaft hervorgerufen...

Aus Monatsbericht des Regierungspräsidenten von Ober- und Mittelfranken, 6. 10. 1940

... Im Laufe des Monats September wurden in Nürnberg wegen Verdachts der Vorbereitung zum Hochverrat elf Kommunisten und Marxisten festgenommen, die in einer Wirtschaft politische Zusammenkünfte abhielten und hierbei staatsfeindliche Propaganda betrieben, indem sie Nachrichten ausländischer Sender besprachen und weiterverbreiteten, Maßnahmen der Reichsregierung und der Wehrmacht abfällig kritisierten und der Hoffnung Ausdruck gaben, Deutschland werde und müsse den gegenwärtigen Krieg verlieren, damit der Kommunismus an die Macht komme. Unter den Festgenommenen befindet sich der Pächter der Wirtschaft, der vor der Machtübernahme die berüchtigste Kommunistenwirtschaft in Nürnberg (Kreuzer Emden) inne hatte...

Aus Kriegstagebuch des Rüstungskommandos Augsburg, 20.-27. 10. 1940

... Bei verschiedenen Großbetrieben wurde festgestellt, daß zahlreiche Gefolgschafter auf dem Wege der Löschung der Uk-Stellung freigegeben werden, obwohl die eingereichten Personalbedarfsmeldungen einen erheblichen Sofortbedarf und Bedarf in den nächsten drei Monaten anzeigen. Bei Nachprüfung ergab sich, daß die Betriebe die Löschung der Uk-Stellungen beantragen, um fachlich oder sonstwie ungeeignete Arbeitskräfte abzustoßen...
Beispielsweise wurden in den letzten sechs Wochen durch Messerschmitt AG allein 250 Gefolgschafter auf dem Wege der Löschung der Uk-Stellung freigegeben, von denen

---

[56] Geschichte der Rüstungsinspektion XIII, Kap. 4.

125 (meist Facharbeiter) zur Wehrmacht eingezogen wurden und dadurch dem Arbeitseinsatz verloren gingen...

Aus Kriegstagebuch des Rüstungskommandos Augsburg, 17.–24. 11. 1940

... Die Betriebe wurden davon in Kenntnis gesetzt, daß die Löschung von Uk-Stellungen ohne stichhaltigen Grund, vor allem um durch Abstoßung fachlich oder sonstwie weniger geeigneter Kräfte bessere Arbeitskräfte zugewiesen zu erhalten, der augenblicklichen Arbeitseinsatzlage in keiner Weise Rechnung trägt und unzulässig ist...

Aus Monatsbericht des Regierungspräsidenten von Ober- und Mittelfranken, 7. 12. 1940

... Arbeitgeber klagen über Arbeitsvertragsbrüche, ungenügende Arbeitsleistung und Blaumachen einzelner Arbeiter sowie darüber, daß die Maßnahmen des Reichstreuhänders der Arbeit gegen pflichtvergessene Arbeiter entweder zu milde sind oder zu spät erfolgen; sie wünschen dafür eine Erweiterung der Zuständigkeit der Gestapo...
    Der Geheimen Staatspolizei in Nürnberg ist es gelungen, acht Marxisten, darunter den Josef Staimer, der sich von November 1918 bis April 1919 als Polizeipräsident in München aufspielte, der Vorbereitung zum Hochverrat zu überführen und festzunehmen...
    Das Sondergericht Nürnberg hat in zwei Fällen wegen Sabotagehandlungen in Rüstungsbetrieben Zuchthausstrafen von 3 Jahren und 1 Jahr ausgesprochen...
    Gegen mehrere Arbeitsvertragsbrecher wurden vom Amtsgericht Nürnberg Gefängnisstrafen von 4–6 Monaten verhängt, in zwei Fällen sogar von 1 Jahr und 2 Monaten bzw. 1 Jahr und 3 Monaten Gefängnis. Auf Antrag des Reichstreuhänders der Arbeit wurden sieben Personen auf mehrere Tage wegen Blaumachens in Polizeihaft genommen...

Aus Monatsbericht des Regierungspräsidenten von Ober- und Mittelfranken, 7. 1. 1941

... Auf Antrag des Reichstreuhänders der Arbeit für das Wirtschaftsgebiet Bayern wurden drei Personen kurzfristig in Haft genommen, weil sie durch häufiges grundloses Fernbleiben von der Arbeitsstelle (Blaumachen) den Betriebsfrieden störten...

Aus Kriegstagebuch des Rüstungskommandos Nürnberg, 19. 1. 1941

... Der tägliche Ausfall von weiblichen Arbeitskräften, die infolge irgendwelcher Gründe nicht zur Arbeit erscheinen, beträgt bei manchen Firmen, wie z. B. Stemag Lauf, rd. 25 Prozent der weiblichen Gefolgschaft... Alle von der Firma dagegen unternommenen Schritte verliefen ergebnislos...

Dokumente 297

Aus Kriegstagebuch des Rüstungskommandos Nürnberg, 1. 2. 1941

... Allgemein wird über einen unverhältnismäßig hohen Krankenstand geklagt. Junge Arbeitskräfte, welche uk-gestellt sind und von den Betrieben wegen dringender Fertigung nicht abgegeben werden, verpflichten sich freiwillig zur Wehrmacht auf 12jährige Dienstzeit, um ihren Wunsch, einrücken zu dürfen, durchzusetzen. So hat z. B. Messerschmitt GmbH Regensburg in den letzten drei Monaten 35 Facharbeiter verloren...

Aus Monatsbericht des Regierungspräsidenten von Ober- und Mittelfranken. 6. 2. 1941

... Das Oberlandesgericht München hat den früheren kommunistischen Funktionär Koch Ludwig in Nürnberg wegen fortgesetzten Verbrechens der Zersetzung der Wehrkraft des deutschen Volkes in Tateinheit mit fortgesetztem Verbrechen der Vorbereitung zum Hochverrat zu 8 Jahren Zuchthaus verurteilt. Von den Sondergerichten Nürnberg und Bamberg sind 18 Urteile wegen Vergehens gegen das Heimtückegesetz ergangen. Es wurden Gefängnisstrafen von 5 Jahren bis zu 2 Monaten ausgesprochen...

Die Messerschmitt AG wurde vor Einberufungen des Jahrgangs 1921 dadurch geschützt, daß dieser Betrieb gemäß Verfügung des RLM [Reichsluftfahrtministerium]... als Spezialbetrieb vom Entzug jeglicher Leute ausgenommen wurde. WBK [Wehrbezirkskommando] Augsburg hat daher auch keinerlei Einberufungen von Messerschmitt AG vorgenommen...

Aus Monatsbericht des Regierungspräsidenten von Oberbayern, 10. 2. 1941

... Der Mangel an Arbeitskräften hat sich infolge der starken Einberufungen zur Wehrmacht und zum Reichsarbeitsdienst weiterhin erhöht. Dazu kommt ein erheblicher Ausfall an Arbeitskräften infolge hohen Krankenstandes, der in einzelnen Betrieben vorübergehend bis zu einem Drittel der Gesamtgefolgschaft anwuchs. Starke Beunruhigung löst die Kündigung von Uk-Stellungen aus, die in verschiedenen Betrieben abermals den Entzug einer großen Zahl von Arbeitskräften, insbesondere von Facharbeitern, befürchten läßt...

Aus Monatsbericht des Regierungspräsidenten von Oberbayern, 10. 3. 1941

... Beeinträchtigt wurde die Volksstimmung durch die außerordentlich umfassenden Einberufungen der letzten Zeit, wodurch die Verknappung der Arbeitskräfte und die Überbeanspruchung der Beschäftigten in Handwerk, Gewerbe, Landwirtschaft und in öffentlichen Betrieben nochmals empfindlich verschärft wurde. Eine Belastung für die Volksstimmung bildete auch das langsame, aber ständige Ansteigen der Preise für eine

Reihe von Gegenständen des täglichen Bedarfs. Da die Lohnhöhe naturgemäß gleichbleiben muß, liegt hierin eine nicht zu verkennende Gefahr...
Staatsfeindliche Bestrebungen wurden nicht beachtet. Gegen staatsabträgliches Verhalten mußte nur in einzelnen Fällen eingeschritten werden...

Aus den Berichten des zweiten Quartals 1941 ist erkennbar, daß ab Winter 1940/41 der Einsatz von Kriegsgefangenen, Fremdarbeitern, polnischen Zivilarbeitern, die mit mehr oder weniger Nachdruck »angeworben« wurden, auch in der Industrie stärker zunahm. Gleichzeitig häuften sich Feststellungen über die Unzufriedenheit dieser Arbeitskräfte. Aus dem Monatsbericht des Regierungspräsidenten von Unterfranken vom 12. 3. 1941 geht hervor, daß die Gestapo 38 Polen (und zwei Deutsche) wegen Arbeitsverweigerung zeitweilig festnahm. Es mehrten sich auch die Klagen über Verstöße gegen das Verbot des persönlichen Verkehrs mit Kriegsgefangenen und »Fremdarbeitern«, so z. B. im Monatsbericht des Regierungspräsidenten von Ober- und Mittelfranken vom 7. 4. 1941: »Leider kommen immer wieder Fälle vor, daß Deutsche sich gegenüber Kriegsgefangenen ehr- und würdelos benehmen, obwohl die Gerichte empfindliche Strafen verhängen. Den Gefangenen wurden Gefälligkeiten erwiesen, Geschenke verabreicht, man verkehrte mit ihnen, wie wenn sie keine Feinde des deutschen Volkes wären... Eine deutschblütige Arbeiterin umarmte in einem Fabrikbetrieb einen Kriegsgefangenen... In einem anderen Fabrikbetrieb küßte sich eine Arbeiterin... mit einem Kriegsgefangenen«.

Die Rüstungsinspektionen und -kommandos meldeten sehr unbefriedigende Ergebnisse der Auskämm- und Stillegungsaktionen. Der Selbsterhaltungstrieb zahlreicher kriegsunwichtiger Betriebe werde von den Bezirkswirtschaftsämtern (in letzter Instanz vom Reichswirtschaftsministerium), auch zum Teil von lokalen Verwaltungs- und Parteistellen unterstützt. »In vielen Fällen«, so berichtet die Rüstungsinspektion VII/München[57], »fand sich in letzter Minute irgendeine maßgebende Persönlichkeit oder Dienststelle, die die schützende Hand über den Betrieb hielt. So durfte z. B. auf Anordnung des Reichsverteidigungskommissars aus dem Münchener Damenschneiderhandwerk keine Arbeitskraft mehr abgezogen werden mit der Begründung, daß dieser für München typische Gewerbezweig unter allen Umständen erhalten bleiben müßte. Ähnliches erlebte man, als es sich um das Druck- und Verlagsgewerbe handelte, wo einzelne Verlage über eine ansehnliche Belegschaft verfügen.«

Andererseits wurde in diesem Bericht auch bemängelt, daß manche Betriebsführer, entgegen den von der Rüstungsinspektion ergangenen Weisungen, von sich aus Uk-Stellungen einzelner Arbeiter oder Angestellter aufhöben und diese zur Einziehung zur Wehrmacht freigäben, »um fachlich oder anderswie ungeeignete Arbeitskräfte« abzustoßen. Es ist evident, daß durch den Einfluß der Betriebsführer auf die Uk-Stellungen ihre Stellung gegenüber den Arbeitnehmern noch mehr als vorher gestärkt wurde. In der Zeit vom Oktober 1940 bis April 1941 habe die tägliche Arbeitszeit der Arbeiter in der Rüstungsindustrie im Bereich der Rüstungsinspektion München durchschnittlich zwischen 52 und 54 Stunden gelegen, mit »Rücksicht auf die Erhaltung der Leistungsfähigkeit« habe die teilweise eingeführte 60-Stunden-Woche »nicht gehalten werden« können. »Bei der männlichen und weiblichen Gefolgschaft, besonders aber bei der letzteren, zeigten sich Ermüdungserscheinungen, bedingt durch die andauernde starke Beanspruchung und unzulängliche Verpflegung.« Die Arbeitsdisziplin, vor allem der jugendlichen Arbeiter, lasse zum Teil noch zu wünschen übrig, habe aber »im allgemeinen befriedigt«.

Von illegalen »marxistischen Aktivitäten« wurde in den Berichten des 1. Halbjahres 1941 wenig erwähnt (meist Fehlmeldungen). Die von einigen Regierungspräsidenten (aufgrund der Monatsmeldungen der Gestapo) zum Teil wiedergegebenen Zahlen über Festnahme- und Schutzhaftfälle und gerichtliche Aburteilung lassen gleichwohl erkennen, daß die Opposition auch in dieser Zeit nicht ausgestorben war. So registrierte der Juni-Bericht des Regierungspräsidenten von Ober- und Mittelfranken vom 8. 7. 1941 20 Schutzhaftfälle (darunter einer wegen Tätigkeit für die KPD, vier Heimtückefälle); ferner die polizeiliche Festnahme von 22 weiteren Personen wegen Vergehens gegen das Heimtückegesetz (darunter »ein Kommunist und ein Marxist«), von zwei Personen (»die früheren

---

[57] Geschichte der Rüstungsinspektion VII, Teil 2 (über die Zeit vom Oktober 1940 bis April 1941).

kommunistischen Funktionäre Georg Hausladen in Fürth und Konrad Rixgens in Nürnberg«) »wegen Vorbereitung zum Hochverrat«. Die Sondergerichte Nürnberg und Bamberg hätten fünf Urteile wegen Vergehens gegen das Heimtückegesetz gefällt und dabei Haftstrafen zwischen 4 Jahren und 5 Monaten ausgesprochen. – Im Mai-Bericht vom 8. 6. 1941 meldete der Regierungspräsident von Niederbayern und der Oberpfalz die »Festnahme von vier ehemaligen KPD Mitgliedern« in Furth i.W. (Landkreis Cham), die Sendungen des Moskauer Rundfunks regelmäßig gemeinsam abgehört und verbreitet hätten.

Mit dem Beginn des Krieges gegen die Sowjetunion nahmen Widerstands-Aktivitäten kommunistisch gesinnter Arbeiter wieder zu. Die Berichte registrierten andererseits Stimmen (und Feldpostbriefe) ehemals kommunistisch gesinnter Arbeiter, die als Angehörige der Wehrmacht in den eroberten sowjetischen Gebieten aufgrund der persönlichen Anschauung sowjetischer Verhältnisse ihre bisherigen politischen Überzeugungen geändert hätten.

Aus Bericht der Rüstungsinspektion VII/München für April bis Juni 1941[58]

... Von insgesamt 700 000 Wehrpflichtigen waren im Wehrkreis VII nur 360 000 einberufen worden, ... insgesamt 195 000 [waren] uk-gestellt. Von diesen entfielen wiederum nur 47 500 auf die Rüstungsindustrie, 30 000[59] gehörten der Landwirtschaft an, während 116 800, also 60 Prozent auf Berufe und Beschäftigungsarten entfielen, die weder in der Rüstungsindustrie noch in der Landwirtschaft tätig waren. Die Zahlen sind auch deshalb besonders aufschlußreich, als sie zeigen, daß innerhalb der übrigen Beschäftigungsarten, vor allem also des zivilen Sektors einschließlich Verwaltung und Partei, in bezug auf die Inanspruchnahme der Einzelleistungen noch von Maßstäben ausgegangen wurde, die in keinem Vergleich zu den Anforderungen standen, wie sie innerhalb der Rüstungs-Industrie verlangt werden mußten...

Aus Bericht der Rüstungsinspektion XIII/Nürnberg für Oktober 1940 bis Juni 1941[60]

... Die Bedarfsdeckung von weiblichen Arbeitskräften litt weiterhin unter der bestimmungsgemäßen Aufrechnung der Familienunterstützung auf den Arbeitsverdienst. Durch die dementsprechende Verringerung der Verdienstmöglichkeiten fehlte das Moment des Arbeitsanreizes. Trotzdem stieg bis Ende Mai 1941 die Zahl der werktätigen Frauen im Rüstungssektor auf 63 300. Im ganzen waren im Bezirk des Landesarbeitsamtes Bayern, Zweigstelle Nürnberg, erwerbstätig: am 31. 12. 1940: 375 830 Frauen, am 31. 5. 1941: 394 299 Frauen...

Aus Monatsbericht des Regierungspräsidenten von Oberbayern, 10. 7. 1941

... Daß die Kriegsereignisse im Osten die Stimmung in den früher kommunistisch oder marxistisch durchsetzten Orten ungünstig beeinflußt hätten, konnte nicht beobachtet

---

[58] Geschichte der Rüstungsinspektion VII, Teil 2, Abschnitt 2.
[59] Im Original heißt es, wohl fälschlich: 300 000.
[60] Geschichte der Rüstungsinspektion XIII, Kap. 5.

werden. Die Arbeiterschaft in Kolbermoor, die lange eine fast vorbildliche politische Haltung gezeigt hatte, ist in letzter Zeit unzufriedener gewesen, aber aus rein wirtschaftlichen Gründen. So sagen die 600 Gefolgschaftsmitglieder der dortigen Baumwollspinnerei, daß sie bei 51-stündiger Wochenarbeit nur einen Reinverdienst von etwa 25,– RM hätten, was bei den heutigen Lebenshaltungskosten eine sehr kärgliche Entlohnung bedeute...

Aus Meldung wichtiger staatspolizeilicher Ereignisse des Reichssicherheitshauptamts (Berlin)

[6. 8. 1941]... Hetzzettel, die mit Kopier- und Farbstift in Blockschrift geschrieben waren, gelangten in München zur Verbreitung... Ein ... Hetzzettel hatte folgenden Wortlaut: »V – unser Zeichen ruft: Bluthund Hitler verrecke! Kapitalsknechte! Nazi! Noch 150 Tage, und ein gewaltiges Gericht wird beginnen! Noch 150 Tage, und jeder Nazischlag wird 1000fach vergolten. Noch 150 Tage, und für jeden, der von uns fiel für Freiheit und Recht, werden Tausende von Nazis hingeschlachtet. Der Tag der Vergeltung ist nahe!«

Auch der Monatsbericht des Regierungspräsidenten von Oberbayern vom 9. 8. 1941 berichtete ausführlich über die V-Zettel-Aktion in München. In den »Meldungen wichtiger staatspolizeilicher Ereignisse« berichtete das RSHA in den folgenden Wochen weiterhin über diese Angelegenheit:

[11. 8. 1941] ... In München und Umgebung wurden in den letzten Nächten Hetzzettel angeklebt, auf die mit Farbstift geschrieben oder mit rotem Gummistempel gedruckt worden war: »Das Zeichen V ruft, Massenmörder Hitler! V! verrecke!«, »V vernichtet den Faschismus!« Bisher konnten 100 derartige Klebezettel erfaßt werden. Darüber hinaus sind Zettel mit kommunistischen Schlagwörtern verbreitet worden. Die Stapoleitstelle München nahm daher am 3. August 1941 unter Heranziehung der SA eine auf das ganze Stadtgebiet ausgedehnte Such- und Fahndungsaktion vor und kontrollierte eine Anzahl verdächtiger Straßenpassanten. Derartige Abwehrmaßnahmen werden in Zusammenarbeit mit der SA, den Parteistellen sowie der Schupo und Kripo in München fortgesetzt...

[15. 8. 1941]... Von der Stapoleitstelle München wurde der Spachtler Anton Killisperger (geb. am 5. 5. 1900 zu München, wohnhaft daselbst), der auf seiner Arbeitsstelle kommunistische Hetzpropaganda getrieben hatte, festgenommen. Killisperger war früher Mitglied der RH...

[10. 9. 1941] ... Von der Stapoleitstelle München wurde Franz Dorn (geb. am 19. 3. 1891 zu Berblingen, wohnhaft in Grünwald) wegen des Verdachts der hochverräterischen Tätigkeit festgenommen. Dorn wird beschuldigt, kommunistische Hetzzettel mit dem Aufdruck »Das Zeichen V ruft, Massenmörder Hitler! V! Verrecke!«, die Anfang August in München und Umgebung verbreitet worden waren, angeklebt zu haben...

Aus Monatsbericht des Regierungspräsidenten von Ober- und Mittelfranken, 9. 9. 1941

... Anhaltspunkte für die Tätigkeit organisierter kommunistischer bzw. marxistischer Gruppen haben sich im Berichtsmonat nicht ergeben. Dagegen werden in letzter Zeit wieder häufiger kommunistische Parolen angeschmiert. So wurde am 14. 8. 1941 in einer öffentlichen Abortanlage in Nürnberg folgende kommunistische Schmiererei angebracht: »Bonzen an die Front, Deutschland ist verloren, Heil Moskau«. Ferner waren Galgen gezeichnet, an dem Hakenkreuze und eine Puppe hingen. Daneben stand das Wort »Hitler«. In der Nacht vom 16./17. 8. 1941 ist von bisher unbekannten Tätern in verschiedenen Straßen der Stadt Ansbach eine größere Anzahl von Flugzetteln mit teils kommunistischen, teils konfessionellen Parolen verbreitet worden. Die staatspolizeilichen Ermittlungen sind noch nicht abgeschlossen...

Aus Monatsbericht des Regierungspräsidenten von Unterfranken, 13. 10. 1941

... Auf der anderen Seite hat die Bevölkerung Gelegenheit, aus den Briefen, die von Rußland in die Heimat geschrieben werden, zu vernehmen, daß das Sowjet-Paradies nichts anderes ist, als ein System der Ausbeutung des russischen Volkes. Bezeichnend ist das Schreiben eines vor der Kampfzeit kommunistisch eingestellten Arbeiters aus dem Landkreis Ebern, der noch bis 1939 als Gegner des nationalsozialistischen Staates galt, an seine Frau, in dem er mitteilt, er habe nunmehr Sowjetrußland kennengelernt... Er sei von seiner früheren Einstellung restlos geheilt.
Verschiedene Vorfälle staatsfeindlichen Verhaltens zeigen, daß die kommunistische Gefahr nicht allenthalben behoben ist. So wurde in der Nacht vom 11./12. 9. 1941 in Würzburg am Anwesen Leutfresserweg, in welchem sich die Diensträume der SD-Hauptaußenstelle Würzburg befinden, in roter Farbe ein Sowjetstern mit Hammer und Sichel in Größe 70 mal 70 cm an der Hauswand angebracht. In der gleichen Nacht wurde das Haus des Oberbürgermeisters der Stadt Würzburg in gleicher Weise beschmiert. Ferner wurde am Studentengedenkstein in Würzburg die Aufschrift »Deutschland muß leben, auch wenn wir sterben müssen« mit roter Farbe durchgestrichen und darunter ein Hammer mit Sichel angebracht. Die Täter konnten bisher nicht ermittelt werden... Am 26. 9. 1941 wurde in der Abortanlage eines Arbeitersaales der Firma Vereinigte Kugellagerfabriken AG in Schweinfurt mit Bleistift ein Sowjetstern angebracht...

Aus Kriegstagebuch des Rüstungskommandos Nürnberg, 19. 10. 1941

... Der Luftangriff der Nacht vom 12./13. 10. 1941 [auf Nürnberg] brachte zum ersten Male Bombenschäden in Rüstungs-Betrieben, die allerdings keine schweren Schäden zur Folge hatten...
Am 13. 10. 1941 fand bei Rü In XIII eine vom Landesarbeitsamt angeregte Bespre-

chung wegen des Einsatzes von Juden[61] in der Rüstungs-Industrie statt. Vom LAA [Landesarbeitsamt] wurden acht Firmen für Einsatz von 1070 Juden vorgesehen. Über die Abwehrfrage beim Einsatz von Juden bei Stemag und Eckart entschied der Inspekteur zugunsten des Einsatzes.

In der Sitzung wurde mitgeteilt, daß im Wehrkreis XIII ca. 30 000 Russen zum Einsatz kommen sollen. Im Rahmen der Umsetzungsaktion französischer Kriegsgefangener wurden 3280 Umsetzungen durchgeführt...

In den »Meldungen wichtiger staatspolizeilicher Ereignisse« berichtete das RSHA am 27. 10. 1941, in Schweinfurt seien »in einem Fabrikbereich kommunistische Parolen angeschmiert« worden, und am 31. 10. 1941, in München habe der Schlosser Alfred Maier (geb. 1921) den in seiner Arbeitsstelle ausgehängten Wehrmachtsbericht »mit einem Sowjetstern und Hammer und Sichel beschmiert«.

Aus Monatsbericht des Regierungspräsidenten von Ober- und Mittelfranken, 6. 11. 1941

... In der Berichtszeit haben sich Anhaltspunkte für die Tätigkeit organisierter kommunistischer bzw. marxistischer Gruppen nicht ergeben. Die Briefe und Erzählungen der Soldaten, die im Osten stehen, tragen wesentlich dazu bei, auch den Volksgenossen, die vielleicht noch mit dem Bolschewismus liebäugelten, die Augen über diese Weltpest zu öffnen. Ein früherer Kommunist aus Thalmässing, Landkreis Hilpoltstein, der im Osten bei einer Eisenbahnbautruppe eingesetzt ist und so Gelegenheit hat, sich von den Segnungen des Kommunismus an Ort und Stelle zu überzeugen, äußerte bei seiner Rückkehr, daß er den Reden der Nationalsozialisten über den Kommunismus nie geglaubt habe, daß er aber jetzt, wo er die kommunistischen Zustände gesehen habe, sich überzeugt habe, daß das von den Nationalsozialisten Gesagte noch gar nichts sei gegenüber der Wirklichkeit. Jetzt wisse er, was Kommunismus ist...

Aus Monatsbericht des Regierungspräsidenten von Schwaben, 8. 11. 1941

... Ferner fand sich um die Monatsmitte in einem der Messerschmitt-Werke mit Rotstift an eine Abortwand geschrieben: »Wir brauchen keinen Führer von Gottesgnaden und keinen Massenmörder von Berchtesgaden«. Über die Worte waren mit Rotstift Hammer und Sichel gezeichnet...

---

[61] In Fortsetzung der Maßnahmen zur Diskriminierung der deutschen Juden (Judenkennzeichnungspflicht) waren diese der Zwangsarbeitspflicht unterworfen worden. Schon wenige Monate später begann ihre Deportation nach den besetzten polnischen und sowjetischen Gebieten, wo die Mehrzahl umgebracht wurde (vgl. Abschnitt V dieser Berichtssammlung). Das Programm der »Endlösung« der Judenfrage hatte für die NS-Führung Vorrang, auch vor dem Arbeitseinsatz in der Kriegswirtschaft. Am 21./22. 12. 1941 vermerkte das Kriegstagebuch des Rüstungskommandos Augsburg: »Rü In teilte mit, daß gegen die Abstellung von jüdischen Arbeitskräften nach dem Osten, die in SS-Fertigung [Sonder-Stufe, Rüstungsfertigung besonderer Dringlichkeit] eingesetzt sind, nur Einspruch bei der zuständigen Gestapo erhoben werden kann«.

Dokumente 303

Aus Monatsbericht des Regierungspräsidenten von Oberbayern, 10. 11. 1941

... In den Kreisen der Industriearbeiter wird darüber geklagt, daß besonders in der Holz- und Textilindustrie die Tariflöhne zu niedrig seien... Ein Ausgleich ergibt sich häufig dadurch, daß alle erwachsenen Mitglieder der Familie gleichzeitig verdienen. Aus Wirtschaftskreisen wird berichtet, daß sich die uk-gestellten Gefolgschaftsmitglieder zum Heeresdienst drängen, da der Familienunterhalt höher liege als der Arbeitsverdienst...

In Mühldorf wurde der bekannte Kommunist Mühlhöfer wegen Verbreitung von Greuelnachrichten verhaftet. In Rosenheim mußte ein Finanzamtsangestellter aus Kolbermoor in Polizeihaft genommen werden, weil er nach den Angaben seiner Stiefsöhne zu diesen geäußert hatte, sie sollten von Rußland heimgehen und die Gewehre nach hinten richten...

Die seit Monaten durchgeführte Auskämmung der Gewerbebetriebe zum Zwecke der Umsetzung von Arbeitskräften in die Rüstungsindustrie ging auch im abgelaufenen Monat weiter. Dabei wurde der strengste Maßstab angelegt. Die betroffenen Gewerbszweige wurden an den Rand der Existenzmöglichkeit gebracht, zumal gleichzeitig mit der Auskämmungsaktion noch in ganz erheblichem Umfange Arbeitskräfte durch Einberufungen zum Wehrmachtsdienst abgezogen wurden.

Besonders schwer sind die Auswirkungen dieser Maßnahmen auf dem Gebiete des Fraueneinsatzes... Das Leistungsvermögen der Frauen wird schon auf eine harte Probe gestellt; die verlangten Wochenstunden können auf die Dauer kaum durchgehalten werden. Bei den Arbeitsämtern laufen daher Kündigungsanträge in steigender Zahl ein, so daß noch eine weitere Verknappung der Arbeitskräfte die Folge sein muß. Bei der ganzen Frage ist, wie bereits früher hervorgehoben wurde, von besonderer Bedeutung, daß die gesetzlichen Möglichkeiten zum Einsatz der Frau in den Arbeitsprozeß sich in der Hauptsache auf jene Arbeitskräfte beschränken, die vor dem Krieg gearbeitet und während des Krieges ihre Beschäftigung aufgegeben haben. Auf alle übrigen Frauen kann ein Zwang zur Aufnahme von Kriegsarbeit nicht ausgeübt werden. In den wenigsten Fällen erklären sich diese Frauen zum Arbeitseinsatz bereit. Die Stimmung der arbeitenden Frauen wird durch diese ungleiche Behandlung außerordentlich beeindruckt. Sie empfinden alle und bringen dies auch bei jeder Gelegenheit zum Ausdruck, daß nur die dem Arbeiterstand angehörigen Frauen die Last der Kriegsarbeit zu tragen haben. Gesetzliche Maßnahmen werden sich hier auf die Dauer nicht umgehen lassen...

Aus Meldung wichtiger staatspolizeilicher Ereignisse des Reichssicherheitshauptamts (Berlin)

[12. 12. 1941]... Wegen Vergehens gegen das Heimtückegesetz wurde von der Stapostelle Nürnberg der Mechaniker Johann Koch (Erlangen) festgenommen. Koch gehörte vor der Machtübernahme der SPD an...

[17. 12. 1941] ... Wegen Verdachts der Vorbereitung zum Hochverrat wurde von der Stapostelle Nürnberg der Wickler Friedrich Grasser (Nürnberg) festgenommen. Grasser, der bei einem Wehrwirtschaftsbetrieb beschäftigt war, hatte versucht, durch kommunistische Mundpropaganda seine Arbeitskameraden im staatsfeindlichen Sinne zu beeinflussen. Er war vor der Machtübernahme Mitglied der KPD und bis zu deren Auflösung Politischer Leiter im Stadtteil Nürnberg-Süd. Im Jahre 1934 hatte er sich am Aufbau der illegalen KPD in Nürnberg beteiligt; er war daher seinerzeit wegen Vorbereitung zum Hochverrat vom OLG in München zu 2 Jahren Gefängnis verurteilt worden. Nach seiner Strafverbüßung hatte er bis zum Jahre 1939 in Schutzhaft eingesessen...

Immer stärker wurde die Gestapo nicht nur zur politischen Gegnerbekämpfung herangezogen, sondern auch bei Verstößen gegen die »Arbeitsdisziplin« in der Kriegswirtschaft. Nicht nur bei den zur Arbeit in das Reich verbrachten ausländischen Zivilarbeitern, auch bei den deutschen Arbeitern spielten von der Gestapo verfolgte »Arbeitsverweigerungen«, über die man in der Öffentlichkeit peinliches Schweigen bewahrte, eine zahlenmäßig erhebliche Rolle. Den RSHA-Meldungen wichtiger staatspolizeilicher Ereignisse liegen für die Monate Oktober und Dezember 1941 jeweils eine Aufstellung der Verhaftungs-Rapporte sämtlicher Staatspolizei(leit)stellen im Gebiet des »Großdeutschen Reiches« als Anlage bei, in denen auch die wichtigen Verhaftungsgründe aufgeführt sind. Daraus ergibt sich für den hier als Beispiel genommenen Monat Oktober 1941, daß im Bereich der drei bayerischen Gestapo(leit)stellen in München, Nürnberg und Regensburg 18 Personen wegen Verdachts der Betätigung für die KPD, 41 wegen sonstiger »Opposition« und 68 wegen »Arbeitsverweigerung« festgenommen worden waren. In den außerbayerischen städtisch-industriellen Zentren lagen die Zahlen noch wesentlich höher. Von der Gestapoleitstelle Hamburg z. B. wurden im Oktober 1941 wegen KPD-Verdachts 15 Personen, wegen sonstiger »Opposition« 48 und wegen Arbeitsverweigerung 180 (!) Personen festgenommen.

Aus Monatsbericht des Regierungspräsidenten von Unterfranken, 12. 1. 1942

[Lage der Textilindustrie] ... Was die Lohnverhältnisse betrifft, so sind Arbeitszeit und Verdienst tariflich geregelt. Bei dem Überangebot von Arbeitsmöglichkeiten sind die Familien in die Lage versetzt, alle ihre erwerbstätigen Angehörigen in Fabriken und sonstigen industriellen und handwerklichen Betrieben mit einigermaßen entsprechenden Verdiensten unterzubringen. Da regelmäßig auch in den armen Spessartgemeinden mehrere Familienangehörige gewinnbringender Arbeit nachgehen können, ist zur Zeit auch für den sonst als Notstandsgebiet bekannten Spessart eine gewisse Besserung der Wirtschaftslage der Bevölkerung eingetreten...

Aus Meldung wichtiger staatspolizeilicher Ereignisse des Reichssicherheitshauptamts (Berlin), 19. 1. 1942

... Die Stapostelle Nürnberg nahm folgende Personen wegen Vergehens gegen die Verordnung zur Sicherstellung des Kräftebedarfs für Aufgaben von besonderer staatspolitischer Bedeutung bzw. wegen Arbeitsvertragsbruch in Haft: Arbeiterin G. (Pegnitz), Hilfsarbeiter S. (Nürnberg), Arbeiterin B. (Nürnberg) und Schlosser T. (Nürnberg). Die Genannten hatten durch häufiges Fernbleiben von ihrem Arbeitsplatz die rechtzeitige Fertigstellung staatspolitisch wichtiger Arbeiten gefährdet...

Aus Meldung wichtiger staatspolizeilicher Ereignisse des Reichssicherheitshauptamts (Berlin), 18. 2. 1942

... Ferner wurden ... durch die Stapoleitstelle München ...23 Personen festgenommen. Es handelt sich hierbei ebenfalls um ehemalige Angehörige des Aufbruchkreises und der KPD. Wie festgestellt wurde, waren die führenden Persönlichkeiten der Berliner Organisation, Dr. Römer und Robert Uhrig..., wiederholt nach München gekommen, um dort Funktionäre aufzustellen und diese mit Weisungen zu versehen[62] ...

Aus Monatsbericht der NSDAP-Kreisleitung Augsburg-Stadt, 20. 2. 1942

... Durch die Aufhebung der Uk-Stellungen sind aus vielen Betrieben starke Abzüge an Arbeitskräften gemacht worden. Unter der Gefolgschaft verschiedener Betriebe wird viel darüber gesprochen, daß so mancher Abteilungsleiter gut entbehrlich wäre, aber wohl deswegen uk-gestellt bleibt, weil er nur dem Betriebsführer unersetzlich erscheint... Die Stimmung beim Arbeiter darf trotz hoher Inanspruchnahme als gut bezeichnet werden... Der Wille zu erhöhtem Einsatz und Mehrleistung ist durchweg vorhanden, dies gilt auch für Dienstverpflichtete... Die Betriebsführer übersehen vielfach, daß sie neben ihren wirtschaftlichen Aufgaben auch Betreuungsaufgaben gegenüber der Gefolgschaft haben. In Großbetrieben hält man am liebsten einen Sozialreferenten, dem man dann die Verantwortung für die Betreuung aufhalst, wobei natürlich dann der Betriebsobmann weitgehendst ausgeschaltet wird. Wenn nicht die Gefolgschaft selbst allmählich immer mehr verstehen würde, daß es heute um Sein oder Nichtsein der Gesamtheit geht, wäre vielfach die Stimmung wahrscheinlich nicht gut. Die Arbeitszeit geht vielfach über das normale Maß hinaus und liegt im Durchschnitt bei ca. 56 bis 58 Stunden, einzelne Betriebe arbeiten bis zu 70 Stunden...

Aus Monatsbericht des Regierungspräsidenten von Ober- und Mittelfranken, 7. 4. 1942

... Im Regierungsbezirk sind nunmehr auch Arbeitskräfte aus der Ukraine eingesetzt. Sie werden zum Teil als sehr arbeitswillig und brauchbar geschildert; es ist aber zu befürchten, daß ihre Leistungen rasch absinken werden. Sie beklagen sich bitter, daß die Versprechungen, die ihnen bei der Anwerbung gemacht wurden, nicht gehalten wurden, und daß sie, statt sich frei bewegen zu können, hinter Stacheldraht verwahrt werden. Die Verpflegung soll ganz unzulänglich, ebenso die Entlohnung so nieder sein, daß die Leute unmöglich ihren Angehörigen etwas heimschicken können. Betriebsführer weisen darauf

---

[62] Es handelte sich um die Festnahme von Mitgliedern einer von dem ehemaligen Führer des Freikorps »Oberland«, Beppo Römer, 1939 in München gebildeten nationalbolschewistischen Widerstandsgruppe, die eng mit einer illegalen KPD-Gruppe (»Gruppe Hartwimmer-Olschewski«) zusammenarbeitete, vgl. Bretschneider, (siehe S. 194, Anm. 3), S. 74–89. Die Festnahme weiterer 25 Mitglieder dieser Gruppen in München zeigten die »Meldungen wichtiger staatspolizeilicher Ereignisse« des RSHA vom 27. 2., 13. 3. und 20. 3. 1942 an. Die aktivsten Angehörigen der Gruppe wurden 1944 vom Volksgerichtshof in Berlin verurteilt (sechs Todesurteile, vier lebenslange Haftstrafen), die übrigen vom OLG München meist zu mehrjährigen Haftstrafen.

hin, daß sich die Sympathie, die die Ukrainer von Haus aus für Deutschland haben, rasch in Haß verwandle und daß viele dem Kommunismus in die Arme getrieben werden. Am 17. März kam es in einer Fabrik in Nürnberg, in der 59 Arbeiter aus Charkow eingesetzt sind, zu einer Revolte... Anhaltspunkte für die Tätigkeit illegaler kommunistischer bzw. marxistischer Gruppen haben sich nicht ergeben...

Der Berichtsmonat stand wieder im Zeichen von Einberufungen zur Wehrmacht und von Abzügen aus Betrieben mit ziviler Fertigung. Die im Interesse der Leistungssteigerung der Rüstungsproduktion notwendige »Konzentration der Wirtschaft« und die Umsetzung von Arbeitskräften in die Schwerpunktfertigung haben zum Teil erhebliche Eingriffe in Betriebe mit nachrangiger Fertigung gebracht...

Aus Monatsbericht des Regierungspräsidenten von Oberbayern, 9. 4. 1942

... Die Herabsetzung der Fleisch-, Fett-, Brot- und Mehlrationen hat die Stimmung stark beeinflußt. Man war allgemein auf Einsparungsmaßnahmen gefaßt, hatte jedoch nicht damit gerechnet, daß sie in solchem Umfang erforderlich seien. Nach den Berichten der Landräte haben die Kürzungen besonders bei der Arbeiterschaft Unwillen und Enttäuschung ausgelöst. In den Kreisen der Schwer- und Schwerstarbeiter sind Stimmen laut geworden, daß es bei dieser einschneidenden Minderung der Rationssätze wohl nicht mehr möglich sein werde, das Arbeitspensum in vollem Umfang zu erledigen...

Wegen Vorbereitung zum Hochverrat wurde in Pullach (Landkreis München) am 15. 3. 1942 der Vorarbeiter Jakob Blendl festgenommen und der Geheimen Staatspolizei übergeben...

Aus Monatsbericht der NSDAP-Kreisleitung Augsburg-Land, 21. 4. 1942

... Die Betriebsgemeinschaften legen im allgemeinen ein gutes Verhalten an den Tag und sind politisch absolut zuverlässig. Es ist bestimmt im ganzen Kreisgebiet kein Betrieb, in dem nach der politischen Richtung etwas zu befürchten wäre, im Gegenteil, besonders wenn laufend politische Aufklärung durch Betriebsappelle erfolgt, ist die Haltung der Arbeiter wohl am besten von allen Berufsschichten. Das Vertrauen zum Führer ist von dieser Seite aus unbegrenzt. Gerade aber von diesen Kreisen ist der Hunger nach politischer Aufklärung zu beobachten und wird jeder Vortrag im Rahmen von Betriebsappellen dankbarst empfunden. Verstöße gegen die Arbeitsdisziplin kommen wohl vereinzelt vor, auch werden von Zeit zu Zeit Bummeltage gemacht, jedoch darf gegen diese Erscheinung nicht immer mit Schärfe vorgegangen werden, weil mancher Arbeiter tatsächlich so in Anspruch genommen ist, daß er einfach gezwungen ist, von Zeit zu Zeit einen oder zwei Tage auszuruhen, um nicht ganz zusammenzubrechen. Gerade angesichts dieser Leistung ist die politische Haltung besonders zu würdigen...

Dokumente 307

Aus Monatsbericht des Regierungspräsidenten von Schwaben, 8. 6. 1942

... Im Zuge der Zerschlagung einer unter der Bezeichnung »Revolutionäre Sozialisten« entdeckten illegalen Organisation, die Sabotageakte, Aufstellung von Rollkommandos und zu gegebener Zeit weitere gewaltsame Handlungen plante, wurden im Lauf der letzten zwei Monate auch in Augsburg von der Geheimen Staatspolizei bisher zehn Personen als Mittäter festgenommen. Im übrigen ist über vermehrtes Auftreten von Staatsgegnern, Saboteuren, Miesmachern usw. nichts bekannt geworden ...
Flugblätter kommunistischen Inhalts wurden in den Schränken einiger Arbeiter eines Rüstungsbetriebes in Memmingen gefunden; zwei solcher Flugblätter brachte ein kleines Kind auch von der Straße nach Hause. Hersteller und Verbreiter der Flugblätter sind bis jetzt nicht bekannt, möglicherweise stammen sie von französischen Kriegsgefangenen, die in dem Betrieb arbeiten...

Aus Meldung wichtiger staatspolizeilicher Ereignisse des Reichssicherheitshauptamts (Berlin)

[3. 6. 1942:] ... Von der Stapostelle Nürnberg wurde die Rentnerin R. (Nürnberg) wegen versuchter Zersetzung der Wehrkraft sowie wegen Vergehens gegen das Heimtückegesetz festgenommen und dem Ermittlungsrichter vorgeführt. Sie hatte in Briefen an ihren an der Ostfront stehenden Sohn staatsfeindliche Äußerungen gebraucht und diesen außerdem aufgefordert, zu den Sowjetrussen überzulaufen. Die R. ist als Kommunistin bekannt, vor der Machtübernahme war sie Mitglied der Roten Hilfe und des Verbandes proletarischer Freidenker. Weiter nahm die gleiche Stapostelle noch folgende Personen wegen kommunistischer Umtriebe in Haft: Bauhilfsarbeiter Z., Bauhilfsarbeiter F. – beide wohnhaft im DAF-Gemeinschaftslager Kiliansdorf – und Maurer L. (Obersteinbach). Z., der bis zum Jahre 1933 Mitglied der SPD war, hatte in einer Unterhaltung mit sowjetrussischen Kriegsgefangenen erklärt, daß es in Deutschland heute noch 60 000 Kommunisten gebe und, daß es dem deutschen Arbeiter gleichgültig sei, wie der Krieg ausgehe. F. und L. hatten sich mit sowjetrussischen Kriegsgefangenen, die in einem Fliegerhorst beschäftigt sind, ebenfalls in unzulässige Unterhaltungen eingelassen und die Gefangenen aufgefordert, langsamer zu arbeiten bzw. in Abwesenheit des Meisters überhaupt zu feiern...
[24. 6. 1942] ... Von der Stapoleitstelle München wurde im Zuge der Ermittlungen gegen die illegale Organisation »Revolutionäre Sozialisten« der Schleifer Heinrich Veit (Augsburg) festgenommen. Veit hatte auf seiner Arbeitsstelle Nachrichten des feindlichen Rundfunks weiterverbreitet. Er war in den Jahren 1906 – 1933 Mitglied der SPD...

Aus Monatsbericht des Regierungspräsidenten von Ober- und Mittelfranken, 7. 7. 1942

... Organisierte staatsfeindliche Tätigkeit größeren Umfangs ist nicht in Erscheinung getreten. Der Kommunist Friedrich Grasser in Nürnberg wurde vom Sondergericht Nürnberg zum Tode verurteilt, weil er an seinem Arbeitsplatz versuchte, durch staatsfeindliche Mundpropaganda zwischen Volk und Staatsführung einen Keil zu treiben und den Wehrwillen des deutschen Volkes zu lähmen...

Aus Monatsbericht des Regierungspräsidenten von Ober- und Mittelfranken, 8. 8. 1942

... Eine große Anzahl deutscher Arbeitskräfte mußte wiederum wegen arbeitsunwilligen und disziplinlosen Verhaltens staatspolizeilich behandelt werden. Bei schweren Verfehlungen erfolgte Festnahme und Überstellung der Beschuldigten an das Gericht; die übrigen wurden staatspolizeilich verwarnt und belehrt. Bei den Festgenommenen handelte es sich hauptsächlich um amtsbekannte, arbeitsscheue Elemente, die wegen Arbeitsunwilligkeit schon wiederholt beanstandet werden mußten, Arbeitsniederlegungen größeren Ausmaßes fanden nicht statt...

Aus Monatsbericht des Regierungspräsidenten von Oberbayern, 9. 9. 1942

... Die Haltung der Bevölkerung ist noch immer gut und diszipliniert, wenn sich auch mehr und mehr eine gewisse Kriegsmüdigkeit bemerkbar macht. Die Ernährungsschwierigkeiten, die Gewißheit eines zweiten Winterfeldzuges im Osten und die steigenden Verluste an Gefallenen und Verwundeten drücken auf die Stimmung...

Aus Monatsbericht des Regierungspräsidenten von Oberbayern, 8. 10. 1942

... Der Luftangriff auf München und Umgebung in der Nacht zum 20. September hat in Stadt und Land große Beunruhigung hervorgerufen. Die Bevölkerung rechnet voll Sorge mit einer Wiederholung und Verstärkung dieser Angriffe...
Infolge des Fliegerangriffes [auf München] in der Nacht vom 19. zum 20. September erlitten 35 industrielle Unternehmungen Schäden, und zwar fünf Totalschäden, sechs schwere und 24 mittlere bis leichte Schäden...

Aus Monatsbericht des Regierungspräsidenten von Oberbayern, 9. 11. 1942

... Die im September angelaufene Einberufungswelle hat große Härten zur Folge. Die in Mitleidenschaft gezogenen Stellen der öffentlichen Verwaltung und gewerblichen Wirtschaft betonen, daß nunmehr die äußerste Grenze erreicht sei...

*Aus Monatsbericht des Regierungspräsidenten von Niederbayern und der Oberpfalz,
9. 11. 1942*

... Eine illegale kommunistische Gruppe wurde von der Gestapo Regensburg nach längerer Überwachung in der Stadt Regensburg aufgedeckt. Wegen dringenden Verdachts der Vorbereitung zum Hochverrat wurden neun Personen verschiedener Berufe aus der Stadt festgenommen. Weitere Festnahmen stehen bevor[63] ...

*Aus Meldung wichtiger staatspolizeilicher Ereignisse des Reichssicherheitshauptamts
(Berlin), 10. 11. 1942*

[Über dieselbe Gruppe]... Diese Organisation setzt sich aus ehemaligen Marxisten – vornehmlich Kommunisten – zusammen, die zur gegebenen Zeit eine kommunistische Revolution durchführen wollten. Einzelne der festgenommenen Personen hatten fortgesetzt ausländische Sender abgehört und die Nachrichten weiterverbreitet. So hatte B. auf Weisung des Moskauer Senders an die Ehefrau des als vermißt gemeldeten Schützen Hermann Blanke nach Bremen geschrieben und ihr mitgeteilt, daß ihr Mann sich in russischer Gefangenschaft befinde, und es ihm gut gehe. Ferner war B. im Besitz von sowjetrussischen Flugblättern in deutscher Sprache, die als Passierscheine für deutsche Soldaten beim Überlaufen gedacht sind. Diese Flugschriften gab er mit dem Bemerken weiter, daß sie den Überläufern gute Behandlung gewährleisten. Gemäß den Abmachungen waren viele Mitglieder im Besitz von russischen Sprachführern, die zur Verständigung mit russischen Kriegsgefangenen bzw. Ostarbeitern dienen sollten. R. und K., die im Regensburger-Donau-Hafen beschäftigt waren, hatten bereits Beziehungen zu sowjetrussischen Kriegsgefangenen angeknüpft, die sie bei der in Aussicht genommenen Revolution bewaffnen wollten. Die in letzter Zeit in Regensburg festgestellten kommunistischen Schmierereien stammen ausschließlich von dieser Gruppe. Es waren auch sogenannte »Schwarze Listen« aufgestellt worden, die die Namen von Personen enthielten, die sich abfällig über den Bolschewismus äußerten. Der organisatorische Zusammenhalt wurde durch Treffs in Wohnungen und auf öffentlichen Plätzen aufrechterhalten...

*Aus Meldung wichtiger staatspolizeilicher Ereignisse des Reichssicherheitshauptamts
(Berlin), 1. 12. 1942*

... Von der Staatspolizeileitstelle München wurden sechs Gefolgschaftsmitglieder einer Pulverfabrik in Ebenhausen bei Ingolstadt festgenommen, die seit Anfang 1942 vorsätzlich zahlreiche Explosionen herbeigeführt hatten, wodurch neben Sachschaden ein erheblicher Produktionsausfall verursacht worden ist. Die Täter wurden dem Richter vorgeführt, der Haftbefehl erließ...

---

[63] In Meldung wichtiger staatspolizeilicher Ereignisse vom 24. 11. 1942 berichtete das RSHA über die Festnahme von weiteren 15 Personen dieser Gruppe in Regensburg durch die dortige Stapostelle.

Aus Monatsbericht des Regierungspräsidenten von Ober- und Mittelfranken, 5. 12. 1942

... Der Mangel an Arbeitskräften nimmt ständig zu. In manchen Betrieben sind außer den ausländischen Arbeitskräften nur noch Frauen und Greise tätig... In den Rüstungsbetrieben überwiegen durch die fortgesetzte Herausnahme bisher Uk-Gestellter vielfach die ausländischen Arbeitskräfte so stark, daß die Grenze des Tragbaren erreicht scheint...

Aus Monatsbericht der NSDAP-Kreisleitung Augsburg-Stadt, 19. 12. 1942

... Die Verleihung des Prädikates »Kriegsmusterbetrieb« an die MAN hat sich insgesamt nicht so ausgewirkt, wie man das hätte erwarten können, denn ein Großteil der Arbeiter gibt an, davon nichts zu spüren und bezeichnet dieses Unternehmen immer noch als eines der unsozialsten und es muß auch zugegeben werden, daß in dieser Hinsicht keinerlei Vergleiche zwischen Messerschmitt und MAN gezogen werden können. Es ist bestimmt richtig, daß die MAN in der Kriegsproduktion Außerordentliches leistet, aber ein Betrieb, der nicht auch sonst nationalsozialistisch auf der Höhe ist, dürfte nicht ausgezeichnet werden, denn er erfährt nun einmal von der Gefolgschaft aus gesehen die Beurteilung nach innerbetrieblichen sozialen Vorgängen... Auch der durchgeführte Großappell hat gezeigt, daß nicht eine innere freudige Anteilnahme vorhanden war, sondern mehr ein zwangsweises Beisammenbleiben, von dem sich jeder drückte, der hierzu eine Möglichkeit sah. Die Leute sind bestimmt alle willig, aber sie erwarten nun einmal vom Nationalsozialismus in allen Dingen eine 100%ige Korrektheit und lehnen kompromißweise gewährte Zugeständnisse in jeder Form ab. Bei noch längerer Dauer des Krieges wird es unerläßliche Voraussetzung sein, daß an der Spitze jedes Unternehmens ein zuverlässiger Nationalsozialist steht, der nicht einmal so sehr Wirtschaftler zu sein braucht, der aber die Menschenführung auf allen Gebieten beherrschen muß...

Die für die letzte Kriegsphase – ab 1943 – zur Verfügung stehenden Berichte sind spärlicher, lückenhafter auch nach Inhalt und Differenzierungsgrad vielfach weniger ergiebig und schablonenhafter als in den vorangegangenen Jahren. Die Auswahl aus diesen Berichten vermag nur noch einige Reflexe der Wirklichkeit einzufangen und ist entsprechend knapp gehalten. Die Lage der gewerblichen Arbeiterschaft wurde, diesen Berichten zufolge, in den letzten Jahren des Krieges vor allem von folgenden Faktoren bestimmt: der weiter anwachsenden Anforderung an die Arbeiterschaft, bei zusätzlichen Belastungen: schlechtere Ernährung und Versorgung, Heranziehung zu Luftschutz, Stadt- und Landwacht, in den bombengeschädigten Orten häufig auch Obdachlosigkeit und provisorische Unterbringung in Behelfsheimen. Die Militarisierung des Arbeitseinsatzes in der Kriegs- und Rüstungswirtschaft und die strenge Überwachung durch die Gestapo, die abschreckende Wirkung drakonisch verschärfter Strafen bei »Wehrkraftzersetzung«, »Sabotage« u. a. engten die Möglichkeiten oppositioneller Verhaltensweisen objektiv ein. Dazu trat – als subjektiver Faktor – die bei der Masse der Arbeiterschaft vorhandene Teilnahme am nationalen und Kriegs-Geschehen. Viele Angehörige der Arbeiterschaft befanden sich in den Reihen der Wehrmacht und blieben – wie im 1. Weltkrieg – nicht unbeeinflußt von den durch den Krieg entfesselten nationalen Emotionen, speziell den »Rußland«-Erfahrungen, in den Großstädten in der Heimat auch von den verheerenden Wirkungen des Bombenkrieges der Westmächte. Bereitschaft und Fähigkeit zur Opposition gegen das NS-Regime oder gar zur internationalen Zusammenarbeit waren auch von daher begrenzt. Bemerkenswerterweise enthalten die Berichte, die sich in den letzten Kriegsjahren immer wieder mit geheimen Widerstandsgruppen unter sowjetischen Kriegsgefangenen u. a. »Fremdarbeitern« befassen, so gut wie keine Anhaltspunkte dafür, daß es zwischen den deutschen Arbeitern in den Industriebetrieben und den ihrer Anleitung und Aufsicht unterstellten Kriegsgefangenen und Fremdarbeitern oppositionelle Solidarisierungen gegeben hat. Hinter dem nur gelegentlichen Aufflackern kommunistischer und sozialistischer Untergrundtätigkeit, das die Berichte aus den letzten Kriegsjahren erkennen lassen, blieb verborgen, daß politisch bewußte oppositionelle Gesinnungsgruppen innerhalb der Arbeiterschaft gleichwohl weiterhin bestanden. Die meisten von ihnen trachteten jetzt danach, das NS-Regime zu überleben und sich nicht in letzter Minute in tödliche Gefahr zu begeben.

Aus Monatsbericht des Regierungspräsidenten von Oberbayern, 9. 1. 1943

... Im allgemeinen war die Arbeitsdisziplin in den Rüstungsbetrieben befriedigend. Ostarbeiter und Ostarbeiterinnen werden immer mehr auch für eigentliche Rüstungsarbeiten herangezogen... In kleineren und mittleren Betrieben, die heute für die Wehrwirtschaft meist mit erheblich vermehrter Gefolgschaft arbeiten, ergaben sich bei den vielfach nicht mehr ausreichenden Sitzaborten, Wasch- und Umkleidegelegenheiten Schwierigkeiten, weil die Vermehrung dieser Einrichtungen aus technischen Gründen meist nicht möglich ist. Der Mißstand wird verstärkt, wenn Kriegsgefangene und Juden die unzureichenden Aborte und Waschräume mitbenützen müssen. Nach dem Bericht des Gewerbeaufsichtsamts München-Stadt haben sich weibliche Gefolgschaftsmitglieder wiederholt beschwert, daß sie gemeinsam mit Juden und Kriegsgefangenen die Wasch- und Umkleideräume benützen müssen...

Aus Meldung wichtiger staatspolizeilicher Ereignisse des Reichssicherheitshauptamts (Berlin), 12. 1. 1943

... Die Staatspolizeileitstelle München nahm den Fräser Ernst Traut, geb. am 28. 3. 1904 zu Aschaffenburg, – wohnhaft in München – wegen Vorbereitung zum Hochverrat fest. Traut, der früher Mitglied der KPD und des RFB [Rotfrontkämpfer-Bund] war, hat seit Sommer 1941 ununterbrochen ausländische Rundfunksendungen abgehört und weiterverbreitet sowie andere Personen zum Mithören aufgefordert. Außerdem hatte er wiederholt durch gehässige und defaitistische Äußerungen versucht, die Widerstandskraft des deutschen Volkes zu untergraben. Gegen Traut wurde Haftbefehl erlassen...

Aus den Kriegstagebuch-Berichten des Rüstungskommandos Augsburg von Anfang Februar 1943 geht hervor, daß den Messerschmittwerken in Augsburg als Arbeitskräfte damals erstmalig 3000 KZ-Häftlinge zugewiesen wurden, die in einem Sonderlager untergebracht wurden. Der Einsatz von KZ-Häftlingen bei Messerschmitt und anderen Rüstungsfirmen nahm bis 1945 in starkem Maße zu.

Aus Monatsbericht des Regierungspräsidenten von Oberbayern, 8. 2. 1943

... Die Verordnung des Generalbevollmächtigten für den Arbeitseinsatz über die Mobilmachung der Arbeitskräfte in der Heimat wurde in weiten Kreisen der Bevölkerung mit Befriedigung aufgenommen. Das Interesse konzentriert sich jetzt hauptsächlich auf die Vollzugsmaßnahmen. Die Bevölkerung wird sehr scharf darüber wachen, ob der totale Einsatz auch wirklich durchgeführt wird und ob es nicht einzelnen Personen oder Schichten gelingen wird, sich der Verpflichtung zu entziehen. Bemängelt wird, daß die Verordnung nicht schon früher erschien und daß der Arbeitseinsatz der weiblichen Personen nur bis zum 45. Lebensjahr festgelegt wurde...

In der Nacht vom 30. auf 31. Januar wurden in der Ortschaft Otting (Landkreis Laufen) vier Plakate in Druckschrift angeschlagen mit dem Inhalt: »10 Jahre Hitler sind genug, macht Schluß mit dem Betrug.« Der Täter konnte bis jetzt nicht ermittelt werden. Der Bergmann Karl Pfisterer des Bergwerks Marienstein (Gemeinde Waakirchen, Landkreis Miesbach) wurde vom Sondergericht München am 20. Januar wegen eines Vergehens gegen das Heimtückegesetz zu 5 Monaten Gefängnis verurteilt. Pfisterer hatte am 29. 3. 1942 im Waschraum des Bergwerks folgende Zettel angeschlagen: »Gemüse ohne Fett, ohne Brotzeit ins Bett. Magermilch ein Viertel Liter, den ganzen Tag Heil Hitler!«...

Der hohe Krankenstand bei den deutschen wie ausländischen Arbeitern hat im wesentlichen angehalten. Ein Betrieb berichtet, der Krankenstand habe sich gegen Weihnachten wohl infolge der Arbeitsruhe über die Feiertage gebessert, sei aber schon in der ersten Woche des Januar wieder auf die gleiche Höhe wie Mitte Dezember gekommen. Es mehre sich nicht nur die Zahl der Krankenfälle, sondern es erhöhe sich auch die Dauer der Erkrankungen...

Aus Monatsbericht des Regierungspräsidenten von Niederbayern und der Oberpfalz, 10. 2. 1943

... Gegen 209 Personen wurde Schutzhaftantrag gestellt, gegen 176 Schutzhaftbefehl erlassen und 177 in die Konzentrationslager eingeliefert; unter den eingelieferten befanden sich 153 polnische Zivilarbeiter...

26 Ostarbeiter wurden zum Arbeitseinsatz in Konzentrationslager eingewiesen, so daß nunmehr insgesamt 599 eingeliefert sind. 190 polnische und 42 Ostarbeiter und -arbeiterinnen wurden wegen Arbeitsverweigerung u. a. festgenommen, von denen 176 männliche Arbeitskräfte zum Arbeitseinsatz in ein Konzentrationslager überstellt wurden...

Aus Monatsbericht des Regierungspräsidenten von Schwaben, 11. 2. 1943

... Im fabrikeigenen Ostarbeiterlager der Firma Keller & Knappich in Augsburg wurde Mitte des Monats gelegentlich einer Durchsuchung eine größere Anzahl von Werkzeugen, darunter auch eigenhändig angefertigte Stichwaffen gefunden, außerdem wurde dort eine Grundriß-Skizze der Werksanlagen sichergestellt, in der alle sabotageempfindlichen Teile des Werkes rot umrandet waren. Bei den Ermittlungen ergab sich, daß sich eine Anzahl der Ostarbeiter ebenfalls zu einer Widerstandsbewegung zusammengeschlossen hatte. Bis jetzt sind 17 Personen festgenommen...

Aus Monatsbericht des Regierungspräsidenten von Unterfranken, 10. 3. 1943

... Die Rückschläge auf dem östlichen Kriegsschauplatz haben in der Bevölkerung eine tiefe Erschütterung verursacht. Je nach der geistigen Verfassung und politischen Einstellung der Einzelnen kann man die verschiedensten Meinungen hören... Auf der anderen Seite tragen die Kriegsgefangenen und ausländischen Arbeitskräfte in den letzten Wochen ein stark überhebliches Wesen zur Schau...
In letzter Zeit hat sich auch die kommunistische Wühlarbeit wieder bemerkbar gemacht. [Es folgen Angaben über verschiedene kommunistische Wandanschriften und Flugblatt-Verteilungen in Schweinfurt u. a. Orten.]

Aus Monatsbericht des Regierungspräsidenten von Oberbayern; 20. 3. 1943

... Es mehren sich die Anzeichen dafür, daß staatsfeindliche Elemente die augenblickliche Stimmung ausnützen, um ihre hetzerischen Parolen in das Volk zu tragen. Der Landrat in Miesbach berichtet: »Es wurde festgestellt, daß sich unter den Bergarbeitern in Hausham Hetzer und Gerüchteverbreiter befinden müssen. In Rottach wurde ein Führerbild mit der Überschrift ›Der Stalingrad-Mörder‹ angeschlagen... In Hausham war ein Zettel angeschlagen mit dem Inhalt, daß der dortige Ortsgruppenleiter bald dran glauben müsse. Auch an Einflüsterungen kirchlich orientierter Kreise fehlt es nicht«... In der Papierfabrik Redenfelden (Landkreis Rosenheim) wurde ein deutscher Arbeiter verhaftet, weil er seit Kriegsbeginn Feindsender abgehört und das Gehörte seinen Arbeitskameraden und sogar Kriegsgefangenen weitererzählte...

Aus Kriegstagebuch des Rüstungskommandos Nürnberg, 31. 3. 1943

... Arbeitseinsatzlage unverändert. Neue Einsatzaktion von Frauen und Männern brachte noch keine fühlbare Entlastung...
Die Fertigung im Monat März stand teilweise im Zeichen schwerwiegender Folgen des großen Luftangriffes [auf Nürnberg] vom 8./9. 3. ...

Aus Monatsbericht des Regierungspräsidenten von Ober- und Mittelfranken, 7. 4. 1943

... Vereinzelte Anzeichen deuten darauf hin, daß politische Gegner des nationalsozialistischen Staates die Zeit für gekommen glauben, nicht nur mit ihrer staatsabträglichen

314   II. Arbeiterschaft und illegale Arbeiterbewegung

Kritik hervorzutreten, sondern sich auch wieder aktiv zu betätigen. Darauf ist es zurückzuführen, daß in steigendem Maße versucht wird, das Volk durch Gerüchte zu beunruhigen, ihm das Vertrauen zur Staatsführung und die Hoffnung auf einen guten Ausgang des Krieges zu nehmen. In einem Betrieb in Hof äußerte ein Arbeiter mit zynischen Worten, der Führer sei gar nicht mehr in seinem Hauptquartier, weil er einen Nervenzusammenbruch erlitten habe...

In der Nacht vom 8./9. März waren die Städte Nürnberg und Fürth das Ziel eines neuen Angriffs der englischen Luftwaffe, der alle vorausgegangenen an Heftigkeit weit übertraf... Der eigentliche Angriff wurde von etwa 100 Flugzeugen in vier Wellen und in einer Höhe von 2 – 5000 m durchgeführt. In den Industrieanlagen wurden schwere Schäden angerichtet, aber auch viele Wohngebäude in Nürnberg und Fürth fielen dem britischen Terror zum Opfer... An Verlusten sind eingetreten: Tote: 343, Schwerverletzte: 143, Leichtverletzte: 616... Bei der Bergung der Verschütteten leisteten die Eingrifftrupps und Eingreifkommandos der Partei in Zusammenarbeit mit dem Selbstschutz bis zum Eintreffen der Instandsetzungsdienstkräfte außerordentlich wertvolle Tätigkeit. Auch Bergleute aus Amberg wirkten wacker mit. Von 336 Verschütteten wurden 222 lebend, 114 tot geborgen. Obdachlos wurden in Nürnberg ca. 12 000, in Fürth 1000 Volksgenossen... Durch den Terrorangriff auf Nürnberg in der Nacht vom 8./9. März 1943 wurde das Ostarbeiterlager der Firma MAN-Werke Nürnberg durch Spreng- und Brandbomben vollkommen zerstört. Von den 1053 Lagerinsassen sind etwa 120 getötet worden... Anhaltspunkte für die Tätigkeit organisierter kommunistischer oder marxistischer Gruppen haben sich nicht ergeben...

Aus Monatsbericht des Regierungspräsidenten von Oberbayern, 8. 4. 1943

... Der Fliegerangriff auf München in der Nacht vom 9. zum 10. März hat der Bevölkerung den Ernst der Luftlage eindringlich zum Bewußtsein gebracht und die Gemüter stark beunruhigt...

In München wurden vermutlich in der Nacht zum 27. März und in den Abendstunden des 31. März durch unbekannte Täter im Stadtinnern und in der Nähe des Hauptbahnhofes Flugblätter mit der Aufschrift: »Nieder mit Hitler! Wir wollen Frieden!« auf Straßen, Gehsteige und Plätze geworfen...

Aus Monatsbericht des Regierungspräsidenten von Ober- und Mittelfranken, 8. 5. 1943

... Von der guten Haltung der Arbeiterschaft zeugt die Tatsache, daß in Hof bei einer freiwillig durchgeführten Sammlung für die Neuaufstellung der 6. Armee in einem Industriebetrieb mit rd. 700 Gefolgschaftsmitgliedern ein Betrag von 5000,– RM gespendet wurde; Frauen, die Angehörige im Krieg verloren haben, stellten ihren ganzen Wochenlohn für diese Spende zur Verfügung...

Aus Monatsbericht des Regierungspräsidenten von Ober- und Mittelfranken, 8. 6. 1943

... Die Zahl der deutschen Arbeiter und Arbeiterinnen, die wegen Arbeitsvertragsbruchs und Verpflichtungsbruchs sowie wegen disziplinlosen Verhaltens staatspolizeilich behandelt werden mußten, hat sich erhöht...
Im Zuge der Arbeitseinsatzverordnung sind im Landesarbeitsamtsbezirk Nordbayern insgesamt rund 100 000 Volksgenossen erfaßt worden, und zwar 14 000 Männer und 86 000 Frauen...

Aus Kriegstagebuch des Rüstungskommandos Nürnberg (Vierteljahresrückblick), 30. 6. 1943

... Die Stimmung unter den Belegschaften macht im großen und ganzen einen zufriedenstellenden Eindruck. Aus einzelnen Bemerkungen ist aber zu entnehmen, daß doch eine gewisse Labilität besteht. Die an die deutschen Arbeitskräfte gestellten Anforderungen sind außerordentlich hoch. Nicht nur, daß sie vielfach 60 und mehr Stunden in der Fertigung stehen, werden sie in immer mehr zunehmendem Maße zu Hilfsdiensten herangezogen, die sowohl ermüdend wie auch stimmungsmäßig ungünstig wirken...

Aus Kriegstagebuch des Rüstungskommandos Nürnberg (Monatsrückblick), 30. 6. 1943

... Neuerdings trat wieder zunehmende Belastung der Rüstungsarbeiter durch Polizei, Luftschutz und Stadtwacht in Erscheinung. Bei der Überlastung der Leute ist Befreiung durch höheren Befehl unbedingt zu erstreben, da genannte Organisationen eine Freigabe fast stets ablehnen... Besonders die Nachtschichten fallen immer mehr in sich zusammen, da deutsches Aufsichtspersonal fehlt...

Aus Kriegstagebuch des Rüstungskommandos Nürnberg, 31. 8. 1943

... Die Luftangriffe vom 10./11. und 27./28. 8. wirkten sich teilweise besorgniserregend aus. Viele Arbeitskräfte erschienen tagelang nicht zur Arbeit, viele versuchten in nichtgefährdete Gebiete abzuwandern, so daß erhebliche Fertigungsausfälle zu verzeichnen waren. Der Gedanke, aus den total- und teilweise beschädigten Firmen Arbeitskräfte zur Umsetzung zu gewinnen, konnte kaum in die Tat umgesetzt werden, da diese Kräfte für die Aufräumung, Umsetzung und Verlagerung meist selbst wieder dringend benötigt wurden...

Aus Monatsbericht des Regierungspräsidenten von Unterfranken, 10. 9. 1943

In der allgemeinen Volksstimmung ist gegenüber den Vormonaten eine erhebliche Verschlechterung eingetreten. Insbesondere hat der Angriff auf Schweinfurt das Sicherheitsgefühl der mainfränkischen Bevölkerung schwer erschüttert... Durch den Angriff wurden vor allem die Betriebe Kugelfischer, Georg Schäfer & Co., die Rothenburger-Metallwerke, die Kartonagefabrik Allmis, die Molkerei Lochner, die Stadtwerke (Gaswerk und Wasserwerk) sowie die Anlagen der Reichsbahn und des Postamts schwer beschädigt...

Aus Kriegstagebuch des Rüstungskommandos Nürnberg, 31. 10. 1943

... Der Mangel an Facharbeitern bildet nach wie vor den größten Engpaß und brachte oft kaum zu behebende Schwierigkeiten und Behinderungen mit sich. Die durch die Luftangriffe vom August entstandenen Schäden waren soweit behoben, daß die Hälfte der betroffenen Firmen wieder voll arbeitete und der Rest in den nächsten Wochen... Die Überfremdung durch Ausländer und der Mangel an beaufsichtigenden deutschen Fachkräften nimmt besonders durch die Einberufungen stetig zu...

Aus Kriegstagebuch des Rüstungskommandos Nürnberg, 31. 12. 1943

... Im großen und ganzen ist der Arbeitswille bei den Betriebsleitungen und ihren Gefolgschaften nach wie vor anerkennenswert gut. Gewisse Abstumpfungserscheinungen sind wohl zu verzeichnen und müssen im Auge behalten werden, haben jedoch bis jetzt noch keinen besorgniserregenden Umfang angenommen...

Aus Monatsbericht des Regierungspräsidenten von Niederbayern und der Oberpfalz, 8. 1. 1944

... Wegen Vorbereitung eines hochverräterischen Unternehmens in teilweiser Verbindung mit Abhören und Verbreitung ausländischer Rundfunksendungen wurden drei Personen aus Regensburg zu Zuchthausstrafen von 3 bis 5 Jahren, eine zur Gefängnisstrafe von 1 Jahr und 6 Monaten verurteilt... Wegen Beschimpfung des Führers und führender Persönlichkeiten wurde der frühere Kommunist Seiderer aus Eschlkam, Landkreis Kötzting, zum Tode ... verurteilt...

Aus Monatsbericht des Regierungspräsidenten von Schwaben, 10. 2. 1944

... Untersuchungen oder Strafverfahren wurden u. a. eingeleitet: gegen das ehemalige KPD-Mitglied Hollenthoner in Augsburg wegen defaitistischer Äußerungen; ... gegen das ehemalige SPD-Mitglied, den Eisendreher Ferdinand Nardten, der nach dem angestellten Schriftvergleich dringend verdächtig ist, in einer Abortanlage der MAN-Werke die Schmähschrift angebracht zu haben: »Nieder mit Hitler. Mit Hitler an den Galgen, dem Massenmörder«; ... Ein ehemaliger Kommunist, Andreas Munninger von Memmingen, der wegen staatsfeindlicher Bestrebungen verhaftet worden war, hat sich im Landgerichtsgefängnis erhängt...

Berichte über die Luftangriffe auf Augsburg am 25./26. 2. 1944

[Aus Bericht des Befehlshabers der Ordnungspolizei München vom 27. 2. 1944 an den Höheren SS- und Polizeiführer München[64]:]
... Der Angriff erfolgte nachmittags einmal, nachts zweimal. Die Stadt wurde schwer getroffen. Tagesangriff wesentlich Messerschmitt, wobei der Gegner in vier Wellen zu je 50 Flugzeugen den Angriff durchführte und eine Zerstörung des Betriebes bis zu 60% erreichte. Nachtangriff ausgesprochene Terrorangriffe. 1. Welle 200 und 2. Welle 100 Flugzeuge. Schwerpunkt Altstadtgebiet... Personenschaden: 171 Gefallene (93 Männer, 66 Frauen, 11 Kinder, 1 Luftschutz-Polizist), 1800 Verwundete, 200 Verschüttete, Bergung im Gange, 8500 Obdachlose... Wohn-, Wirtschafts- und öffentliche Gebäude: 2921 total zerstört, 1250 schwer zerstört, 1135 mittelschwer zerstört, 1569 leicht zerstört (Kleinschäden nicht miteingeschlossen)... 38 Fabriken, davon bedeutend Messerschmitt 60%, MAN 60%, Keller und Knappich 50%, Papierfabrik Handl 100%... Bei den Messerschmitt-Werken dürfte die notdürftige Ingangsetzung des Betriebes in acht Tagen erfolgen, soweit Strom zur Verfügung steht... Messerschmitt hat nach Angaben des Betriebsluftschutzleiters 30 Tote, dazu kommen 250 KZ-Gefangene, 18 Verletzte. Versuchs- und Entwicklungsstation Messerschmitt total zerstört. Trotz der Zerstörung des Werkes sind heute abgenommene Flugzeuge nach Lager Lechfeld überführt worden.
[Aus Bericht des Polizeipräsidenten in Augsburg vom 1. 3. 1944[65]:]
... Personenschäden: Gefallen insgesamt: 424 bekannt, davon Männer 203, Frauen 189, Kinder 32... Verwundete: 1320, davon Männer 640, Frauen 590, Kinder 90. Verschüttet sind noch 104 Personen. Nach Lage der Fälle ist nicht damit zu rechnen, daß noch Verschüttete lebend geborgen werden... Die Vermißtenzahl ist noch völlig ungeklärt, da bei dem überaus starken Angriff der Abtransport in dem vorgesehenen Rahmen nicht erfolgen konnte. Zur Zeit ist mit rund 85 000 Obdachlosen zu rechnen... Fabriken: 63 mit Beschädigungsgrad zwischen 50 und 100%. Sonstige Betriebe und Anlagen 12...
[Aus Kriegstagebuch des Rüstungskommandos Augsburg, 7. 3. 1944:]
... Der Leiter des Gauarbeitsamts gibt bekannt, daß sich z. Zt. noch nicht übersehen läßt, wieviel Fachkräfte nach auswärts eingesetzt werden können. Bei einem großen Teil der Betriebe ist in Bälde mit der Wiederaufnahme der Fertigung zu rechnen. Sobald die von der DAF eingeleitete Aktion zur Instandsetzung der Wohnungen und Errichtung von Quartieren weitere Fortschritte gemacht hat, werden nach auswärts abgewanderte Arbeiter zurückgerufen. Zur Zeit sind rund 50-60% der Arbeitskräfte in den Betrieben wieder gemeldet. Ein Großteil dieser Leute ist für die Instandsetzung ihrer Wohnungen beurlaubt...

[64] Anlage zu KTB Rüstungskommando Augsburg, 7. 3. 1944.
[65] Ebenda.

Aus Monatsbericht des Regierungspräsidenten von Ober- und Mittelfranken, 8. 3. 1944

... Am 25. Februar traf ein schwerer Luftangriff die Stadt Fürth mit Schwerpunkt Flugzeugfabrik Bachmann, v. Blumenthal & Co. Diese erlitt schwere Schäden. Es wurden eine Anzahl Hallen total oder teilweise zerstört. Auch 23 Flugzeuge gingen verloren. Besonders schmerzlich ist der Verlust von 54 besten Fachkräften...

Aus Monatsbericht des Regierungspräsidenten von Ober- und Mittelfranken, 9. 6. 1944

... Anhaltspunkte für den Zusammenschluß illegaler kommunistischer oder marxistischer Gruppen durch deutsche Volksgenossen haben sich im Berichtsmonat nicht ergeben...

Dagegen wurde in den Monaten März, April und Mai 1944 eine kommunistische Organisation aufgedeckt, der ausschließlich sowjetrussische kriegsgefangene Offiziere, Ostarbeiter und Ostarbeiterinnen angehörten. Ihr Ziel war die Vorbereitung eines bewaffneten Aufstandes in Deutschland... Durch die Festnahme von 65 sowjetrussischen kriegsgefangenen Offizieren, 27 Ostarbeitern und 13 Ostarbeiterinnen wurde die gesamte Organisation zerschlagen...

Die Widersetzlichkeiten von Gastarbeitern gegenüber deutschen Aufsichtspersonen sind in letzter Zeit besonders zahlreich...

Aus Monatsbericht des Regierungspräsidenten von Niederbayern und der Oberpfalz, 10. 6. 1944

... In manchen Zweigen der Industrie ist die Arbeitslast fast unerträglich geworden. In den Eisen- und Stahlwerken wurde die Arbeitszeit zum Teil auf zwölf Stunden verlängert. Dabei haben viele Arbeiter noch Anmarschwege von fünf bis 15 km zur Arbeitsstelle zurückzulegen und müssen meist noch eine kleine Landwirtschaft betreuen. Es ist verständlich, daß eine solche Überbeanspruchung Mißstimmung erregt... Die Dienstverpflichtung deutscher Arbeitskräfte kann vielfach nur noch mit polizeilichem Zwang durchgeführt werden...

In den Monatsberichten der bayerischen Regierungspräsidenten aus dem Jahr 1944 kehrt fast stereotyp die Formel wieder: »Für die Tätigkeit illegaler kommunistischer oder marxistischer Gruppen haben sich keine Anhaltspunkte ergeben«. Andererseits enthalten diese Monatsberichte, aufgrund der Monatsmeldungen der Gestapo, Zahlenangaben über die Festnahmen durch Polizei und Gestapo, die zeigen, daß die Verfolgungsmaßnahmen der Staatsorgane gegenüber oppositionellen Regungen zum Teil erheblich zunahmen, ohne daß – z. B. bei Schutzhaftverhängungen – jeweils klar erkennbar ist, ob es sich um politische Gründe, Arbeitsverweigerung und um Deutsche oder Ausländer gehandelt hat. Um den Umfang und Trend sichtbar zu machen, seien gleichwohl einige Zahlen genannt.

Die Monatsberichte des Regierungspräsidenten von Niederbayern und der Oberpfalz verzeichnen an neuen Schutzhaftverhängungen vom Dezember 1943 bis Juli 1944 274 Fälle; außerdem wurden wegen Arbeitsvertragsbruchs, Arbeitsverweigerung o. ä. zeitweilig in Polizeihaft genommen im Juli 1944: 154 Personen (16 Deutsche, 138 Ausländer), im August 1944: 116 Personen (davon 15 Deutsche).

Aus der Berichterstattung des Regierungspräsidenten von Ober- und Mittelfranken ergibt sich für die Zeit von Dezember 1943 bis November 1944 eine zunehmende Zahl von Festnahmen wegen »Heimtücke« (Höchststand im August und September 1944 mit 77 bzw. 97 gemeldeten Fällen); ebenso eine wachsende Zahl von Schutzhaftverhängungen wegen Arbeitsverweigerungen (Höchststand im September und Oktober 1944 mit 65 bzw. 93 gemeldeten Fällen).

Aus Monatsbericht des Regierungspräsidenten von Niederbayern und der Oberpfalz, 10. 7. 1944

... Die Arbeitsdisziplin ist nur bei den männlichen Arbeitskräften befriedigend, dagegen geben die Frauen viel Anlaß zu Beanstandungen. Die Gründe hierfür liegen einmal in ihrer günstigen finanziellen Lage infolge der hohen Unterstützungen, ferner in der mangelnden Einsicht in die Kriegsnotwendigkeiten, in dem Arbeitsunwillen der aufgrund der Meldepflichtverordnung eingesetzten Frauen und in der Rückwirkung dieses Verhaltens auf die schon länger in dem Betrieb Beschäftigten...

Aus Monatsbericht des Regierungspräsidenten von Oberbayern, 6. 9. 1944

... Trotz der fortgesetzten militärischen Rückschläge bewahrt die Bevölkerung eine mustergültige Haltung, die in einem nach wie vor ungebrochenen Arbeitswillen und Arbeitseifer täglich in Erscheinung tritt. Auch ist trotz aller Zweifel und Besorgnisse das Vertrauen der Bevölkerung zum Führer und zur deutschen Wehrmacht unerschüttert... Aus dieser Haltung heraus werden auch alle Maßnahmen der Reichsführung zum totalen Arbeitseinsatz nicht nur richtig verstanden, sondern auch lebhaft begrüßt, wobei allerdings auch immer wieder zum Ausdruck gebracht wird, daß nun endlich ohne Unterschied der Person und ohne Rücksichtnahme auf Beziehungen durchgegriffen werden möge...

Der Kommunist Mirlach, Landkreis Ingolstadt, der zu einem Mitarbeiter davon sprach, daß das herrschende Regime bald ausregiert haben werde, wurde zu drei Jahren Zuchthaus vom Volksgerichtshof verurteilt. Das Bekanntwerden dieses Urteils hat, wie der Landrat in Ingolstadt bemerkt, sehr beruhigend auf Gleichgesinnte gewirkt, die nunmehr mit ihren Äußerungen vorsichtiger geworden seien...

Insbesondere Arbeiter aus der Landsberger Rüstungsindustrie suchen auf eigene Faust Arbeitsplätze auf dem Lande. Es dauert oft wochen-, ja monatelang, bis man dieser Flüchtlinge wieder habhaft wird... Die Verlagerung von Betrieben von der Stadt auf das Land geht weiter. Die Schwierigkeiten für die Unterbringung der Gefolgschaftsmitglieder nehmen zu, da in einzelnen Orten und Bezirken geradezu eine Übervölkerung festzustellen ist und alle einigermaßen geeigneten Räume besetzt sind...

II. Arbeiterschaft und illegale Arbeiterbewegung

Aus Monatsbericht des Regierungspräsidenten von Ober- und Mittelfranken, 8. 9. 1944

... Für die Tätigkeit illegaler kommunistischer oder marxistischer Gruppen haben sich keine Anhaltspunkte ergeben. Im Laufe des Monats wurden vorbeugend [41] Personen [Funktionäre] verhaftet, die vor 1933 bei den Systemparteien politisch tätig waren (darunter sechs Angehörige der früheren Bayer. Volkspartei)... Verschiedentlich wurden Hetzschriften und staatsabträgliche Schmiereien festgestellt...

Aus Monatsbericht des Regierungspräsidenten von Niederbayern und der Oberpfalz, 9. 9. 1944

... Eine Zunahme der Tätigkeit von Staatsfeinden konnte nicht beobachtet werden. Anhaltspunkte dafür, daß illegale staatsfeindliche Organisationen bestehen, konnten nicht gewonnen werden. – Im Zuge der Aktion »Gitter« wurde eine Anzahl von früheren Mitgliedern des Reichstages, des Landtages oder von Stadträten, die der SPD, der KPD oder der BVP angehört hatten, festgenommen...
Wegen Vergehens gegen das Heimtückegesetz, Verdacht der Wehrkraftzersetzung und Gerüchteverbreitung wurden 79 Personen zur Anzeige gebracht. Hiervon wurden 65 an den Oberstaatsanwalt oder an das Kriegsgericht weitergegeben... Der Volksgerichtshof hat den August Lindner aus Landshut wegen Wehrkraftzersetzung zum Tode verurteilt. Wegen kommunistischer Mundpropaganda wurde der bereits wegen Vorbereitung zum Hochverrat mit 1 Jahr [und] 3 Monaten Gefängnis vorbestrafte OT [Organisation Todt] – Mann Otto Gulczinski, zuletzt beschäftigt bei einer Firma in Dingolfing, festgenommen und dem Richter überstellt... Im Zuge der Aufrollung der illegalen KPC wurden die [deutschen] Bezirksgruppenleiter für Klentsch und Alt-Possigkau, der Sägearbeiter Jaroslaw Benes und der Maurerpolier Daniel Haas festgenommen... Das Verfahren wird vor dem Volksgerichtshof in Berlin durchgeführt werden...

Aus Meldung wichtiger staatspolizeilicher Ereignisse des Reichssicherheitshauptamts (Berlin), 15. 9. 1944

... In München wurden z. B. kürzlich Hetzzettel in der Größe 20 x 20 cm mit fünf verschiedenen staatsfeindlichen Texten an Mauern angeklebt. Der Text war in Druckschrift mit rotem Farbstift und roter Tusche hergestellt. Die Parolen richten sich in persönlichen Angriffen gegen den Führer, fordern zur Arbeitsniederlegung und Revolution auf und stellen sich hinter die Putschisten vom 20. 7. 1944...

Aus Monatsbericht des Regierungspräsidenten von Unterfranken, 8. 12. 1944

... Die Arbeiterin Rosa Spahn aus Aschaffenburg wurde wegen Vergehens gegen das Heimtückegesetz zu 1 Jahr 6 Monate Gefängnis verurteilt... Der Fabrikarbeiter Franz

Hugo von Fuchsstadt, Landkreis Hammelburg, wurde wegen Verbrechens gegen das Heimtückegesetz zum Tode verurteilt...
Besonders schwer hat die Stadt Aschaffenburg durch den Angriff vom 21. 11. 1944 gelitten... Die Zahl der Obdachlosen ist auf 20 000 gestiegen, d.i. die Hälfte der Bevölkerung... Alle Krankenhäuser überfüllt durch die Aschaffenburger Katastrophe...

Aus Monatsbericht des Regierungspräsidenten von Niederbayern und der Oberpfalz, 11. 12. 1944

... [Staatsfeinde:] Verstärkte Tätigkeit nicht feststellbar. In Zwiesel Anschlag von 16 Plakaten gegen den Volkssturm. In Deggendorf wegen Rundfunkverbrechens und Wehrkraftzersetzung drei Personen zum Tode und zwei zu höheren Zuchthausstrafen verurteilt...

Aus Monatsbericht des Regierungspräsidenten von Oberbayern, 7. 3. 1945

... In der Rüstungsindustrie zunehmender Rohstoffmangel, häufig wegen ungenügender Zufuhr, deshalb Kürzung der Arbeitszeit, Arbeiterentlassungen... Durch zahlreiche Alarme und Angriffe Arbeitsergebnis rückgängig. Fertigwaren, auch das Ergebnis einer Monatsarbeit, bleiben liegen, weil Abfuhr nicht möglich...

Aus Monatsbericht des Regierungspräsidenten von Niederbayern und der Oberpfalz, 10. 3. 1945

... In einem Verlagerungsbetrieb der Messerschmittwerke wurden im Zuge einer Aktion gegen eine bolschewistische Widerstandsorganisation 48 Ostarbeiter und Ostarbeiterinnen festgenommen. Die Organisation hatte zum Ziel, deutschfreundlich gesinnte Ostarbeiter vorzumerken, lässig zu arbeiten, Lebensmittel, Lebensmittelmarken, Waffen und Munition zu beschaffen und zur gegebenen Zeit die herannahende Rote Armee zu unterstützen...
Wegen Abhörens ausländischer Sender wurde gegen 12 Personen – im Vormonat 32 – eingeschritten. Wegen Vergehens gegen das Heimtückegesetz, Verdachts der Wehrkraftzersetzung und Gerüchteverbreitung wurden 73 – im Vormonat 53 – Personen zur Anzeige gebracht...

Die Auflösungserscheinungen der letzten Kriegswochen, bei weiterhin geltenden Befehlen zum Durchhalten und zur Verteidigung jeden Stücks deutschen Landes gegen die schon weit in das Reich eingedrungenen feindlichen Truppen, führten an vielen Stellen des Reiches, so auch in Bayern, zu spontanen Aktionen von Einzelnen und kleinen Gruppen, um das sinnlos gewordene weitere Blutvergießen zu verhindern. Die am 28. 4. 1945 von Stabsoffizieren der Wehrmacht (Hauptmann Gerngroß u. a.) ausgehende und durch den Rundfunk proklamierte »Freiheits-Aktion Bayern«

(FAB) fand Resonanz bei politisch sehr verschieden eingestellten anderen Gruppen und löste eine Reihe lokaler Einzelaktionen aus, an denen auch antinationalsozialistisch eingestellte Arbeiter beteiligt waren. Einen der bemerkenswertesten Nebenschauplätze der FAB-Aktion bildete der Ort Penzberg. Arbeiter des Penzberger Bergwerkes sind in den vorstehenden Berichten wiederholt als Hort oppositioneller Verhaltensweisen zitiert worden. Sie machten in den letzten Kriegstagen einen Aufstandsversuch, der kurz vor dem Eintreffen amerikanischer Truppen noch grausam gerächt wurde. Stellvertretend für andere lokale Fälle der Arbeiteropposition der »letzten Stunde« sollen diese Vorgänge am Schluß unserer Berichtsauswahl dokumentiert werden. Bei dem Bericht, den wir auszugsweise wiedergeben, handelt es sich um die Schilderung des »Tathergangs« in der Urteilsbegründung der 1. Strafkammer des Landgerichts München II, das drei Jahre nach den Vorgängen, in der Zeit vom 14. 6. – 7. 8. 1948, am Ort des Schauplatzes in Penzberg verhandelte und aufgrund ausgiebiger Beweisdokumente und Vernehmungen den Hergang rekonstruiert hatte.[66]

[*Bericht über die Vorgänge in Penzberg am 28. 4. 1945*]

In den frühen Morgenstunden des 28. April 1945 wurden auf der Welle des Großsenders München überraschende Meldungen durchgegeben. Urheber dieser Durchsagen war die sogenannte FAB... In dieser Sendung wurde bekanntgegeben, daß der Krieg zu Ende sei... Die Bevölkerung wurde aufgefordert die Arbeit niederzulegen, weiße Fahnen zu hissen und sich im ganzen Land der führenden Nationalsozialisten zu bemächtigen, wie dies in München bereits geschehen sei. Sodann sollten die Vertreter der FAB, der demokratischen Parteien und vor allem die früheren Bürgermeister der Landgemeinden die Machthaber des Regimes absetzen und die Geschicke ihrer engeren Heimat wieder in die Hand nehmen. In Penzberg saß der ehemalige sozialdemokratische Bürgermeister vor 1933, Hans Rummer, schon seit früh 4 Uhr am Rundfunk und hörte die Meldungen ab. Aufgrund der alarmierenden Durchsagen ließ er seine Gesinnungsgenossen verständigen und begab sich mit Sebastian Reithofer und Franz Biersack kurz nach 6 Uhr ins Bergwerk, um die Stillegung des Betriebes zu veranlassen. Grund hierfür war das Gerücht, daß die Anhänger Hitlers vorhätten, beim Umsturz das Bergwerk, Wasserwerk und andere Anlagen zu sprengen und die Stadt zu verteidigen, Anlaß zum Handeln waren die Meldungen des Freiheitssenders. Rummer lag daran, diese Wahnsinnstaten und damit den Untergang Penzbergs zu verhindern und andererseits das Leben der eingefahrenen Bergleute zu retten. Nach längeren Verhandlungen mit Oberingenieur Becker und dem dann als allein zuständig herbeigeholten Bergwerksdirektor Dr. Ludwig gelang es Rummer, seine Forderungen durchzusetzen. Im Bergwerk hatten sich Ludwig März und Josef Kuck an Rummer angeschlossen. Der inzwischen verständigte Volkssturmführer D. wurde beauftragt, den Volkssturm zu alarmieren und unsichere Elemente auszusondern. Nach Beendigung der Verhandlungen im Bergwerk fuhren Rummer und seine Kameraden in die Lager der kriegsgefangenen Russen und Franzosen. Dort erklärte Rummer den Wachen und Gefangenen die neue Lage, versprach letzteren die Freiheit, bat sie aber, zunächst noch im Lager zu bleiben, was sie auch zusicherten... Sodann begab sich Rummer mit seinen Genossen ins Rathaus. Vor diesem stand bereits eine größere Men-

---

[66] Enthalten in: Justiz und NS-Verbrechen, Sammlung deutscher Strafurteile wegen nationalsozialistischer Tötungsverbrechen 1945 – 1966, Bd. III, hrsg. von Adelheid L. Rüter-Ehlermann und C.F. Rüter. Amsterdam 1969, S. 71–77.

schenmenge, die über die neuen Ereignisse debattierte. Aus ihr schlossen sich noch Paul Badlehner, Johann Dreher und Rupert Höck an. Da der NS-Bürgermeister noch nicht erschienen war, informierte Rummer die anwesenden Polizisten und Beamten der Stadtverwaltung über die neue Lage und verpflichtete sie, unter ihm ihren Dienst weiter zu versehen. Dann setzte er den inzwischen gekommenen Bürgermeister V. von den Ereignissen in Kenntnis, erklärte ihn für abgesetzt, forderte die Übergabe der Schlüssel und legte ihm nahe, Penzberg zu verlassen. Als er ihm zusicherte, daß er persönlich und sein Eigentum unangetastet bleibe, gab V. schließlich nach und entfernte sich. Rummer, Reithofer, März, Badlehner, Dreher und Höck begaben sich dann in das Bürgermeisterzimmer, um über noch zu treffende Maßnahmen und die zukünftigen Geschicke der Stadt zu beraten...

In dem Tathergangs-Bericht wird dann weiter ausgeführt: Morgens gegen 7 Uhr sei Hauptmann Be. mit einigen seiner Soldaten nach Penzberg gekommen und habe dort nach Kenntnisnahme der Vorfälle und Rücksprache mit seinem inzwischen ebenfalls in Penzberg eingetroffenen Regimentskommandeur O. von diesem den Befehl erhalten, »Rummer und seine Anhänger zu verhaften«.

Be. ging daraufhin zum Rathaus zurück, entwaffnete Rummer und die bei ihm Befindlichen und erklärte sie für verhaftet. Hierbei wurden einige Pistolen in Polstersesseln gefunden, die Rummer und seine Genossen wegen des militärischen Eingreifens abgelegt und dort versteckt hatten. Dann ließ er der vor dem Rathaus anwesenden Menschenmenge bekanntgeben, daß in zehn Minuten die Straße zu räumen sei, widrigenfalls scharf geschossen werde. Die letzten Vorgänge spielten sich etwa um 10 Uhr ab... O: kam dann mit seinem Adjutanten Kuntze aufs Rathaus, wo ihm Be. die Festgenommenen übergab. O. stellte an Rummer, der allein als Sprecher fungierte, die Frage, ob er den Bürgermeister V. abgesetzt und ihm die Schlüssel abgenommen habe und ob er Be. aufgefordert habe, die Waffen niederzulegen und seine Soldaten nach Hause zu schicken. Diese Frage bejahte Rummer... O. ließ dann die Festgenommenen in den Sitzungssaal bringen und dort bewachen. Dann setzte er den NS-Bürgermeister V., der ihm selbst schon von seiner Absetzung berichtet hatte, wieder in sein Amt ein und betraute Be. mit der Aufrechterhaltung von Ruhe und Ordnung in der Stadt... O. entschloß sich, ... nach München ... zu fahren, um dort Bericht zu erstatten... und begab sich deshalb mit V. ins Zentralministerium zu dem damaligen Gauleiter und Reichsverteidigungskommissar Giesler. Dort erstatteten beide Meldung über die Vorfälle in Penzberg. Giesler entfernte sich daraufhin etwa fünf Minuten in ein Zimmer, kam dann zurück und erklärte: »Rummer und seine Leute werden umgelegt.« Ein Verzeichnis dieser Leute wurde nicht erstellt. Dann fragte er O., ob er ein Exekutionskommando stellen könne, was dieser bejahte. O. wandte ein, ob nicht ein Gericht zusammentreten müsse, und bemerkte, daß er die Angelegenheit noch dem stellvertretenden Generalkommando melden müsse. Giesler fertigte ihn daraufhin barsch ab und stellte die Frage, wie lange O. mit seiner Truppe noch in Penzberg bleibe und dort für Sicherheit garantiere. O. antwortete, daß dies ungewiß sei und von weiteren Befehlen abhänge, die er von seiner Brigade erhalte. Giesler bestimmte nun mit den Worten: »Das machen Sie!« den anwesenden Volkssturmführer Zöberlein mit seiner Einheit nach Penzberg zu fahren und dort für Ordnung zu sorgen... In Penzberg herrschte bereits seit mehreren Stunden vollkommene Ruhe. Die Straßen waren menschenleer, da seit 16 Uhr Ausgangssperre verhängt war... O. begab sich sofort nach seiner Rückkehr ins Bürgermeisterzimmer und traf unverzüglich die Vorbereitungen zur Exekution... K. und Re. fuhren nun zur Erkundung eines geeigneten Erschießungsortes weg. Gleich nach ihrer Rückkehr wurden die Festgenommenen in den Regimentsomnibus gebracht und hinausgefahren, während das Peloton schon einige Minuten vorher zu dem nur einen Kilometer vom Rathaus entfernten Exekutionsplatz marschiert war. Die Erschießungen gingen so vonstatten, daß die Opfer einzeln aus dem Omnibus geholt und an einen Baum gefesselt wurden. Nachdem ihnen die Augen verbunden und Pappherzen angeheftet waren, gab Re. auf ein Zeichen des K. hin jeweils den Feuerbefehl. So fanden an der mit jungen Fichten bestandenen Bergwerkshalde Hans Rummer, Ludwig März, Rupert Höck, Paul Badlehner, Michael Bo., Johann Dreher und Michael Schwertl den Tod...

Um diese Zeit befand sich Zöberlein mit seiner Einheit, der auch Zila und A. angehörten, bereits auf der Fahrt von München nach Penzberg. Unterwegs hatte er halten lassen und seinen Leuten erklärt, daß sie sich von nun an als Werwolf zu betrachten hätten und, daß jeder Ungehorsam sofort mit dem Tode bestraft würde. Zwischen 18.30 und 19.00 Uhr kam Zöberlein in Penzberg an, begab sich sofort ins Rathaus und ließ sich unter dem vereinbarten Kennwort bei O. melden. Seine Leute waren abgesessen und hielten sich zum Großteil im Erdgeschoß des Rathauses auf. Sie hatten Flugzettel dabei mit der Aufschrift »Werwolf Oberbayern« und dem Inhalt, daß kein »Verräter und Liebediener des Feindes« der tödlichen Rache des Werwolfs entrinnen werde. Diese Zettel wurden noch im Laufe des Abends an die Bevölkerung verteilt. Zöberlein ging dann zu O. und teilte ihm mit, daß er im Auftrage des Gauleiters die Exekution der Festgenommenen durchzuführen habe. O. bedeutete ihm darauf, daß diese schon vor zwei Stunden vollzogen worden sei...

Mittlerweile hatten V. und R. die Namen einiger »politisch unzuverlässiger« Personen benannt... Den Zettel, auf dem die Namen der »Unzuverlässigen« verzeichnet standen, übergab V. dem... Polizeimeister Kugler mit der Anweisung, die Adressen anzufügen. Nach Erledigung dieses Auftrages brachte Kugler die Liste V. zurück... Gegen 21 Uhr, als die Stadtwachmänner bereits auf Posten eingeteilt waren, kam ein Unterführer von Zöberlein vom Bürgermeisterzimmer in die Polizeiwache herunter. Er hatte den oben erwähnten Zettel in der Hand und verlangte nach ortskundigen Leuten und Stricken. Während es einigen Wachmännern gelang, sich der bedrohlichen Situation zu entziehen, wurden Gi., Pe. und zwei andere genötigt, den Verhaftungstrupps des Werwolfs den Weg zu den Wohnungen der Festzunehmenden zu zeigen...

Die Festgenommenen, Biersack, Behlolawek und Summerdinger, waren in das Polizeizimmer im Erdgeschoß des Rathauses gebracht worden. Gegen 21.45 Uhr waren mehrere Abteilungen des Werwolfs in die am nördlichen Stadtrand gelegene Heimstättensiedlung eingedrungen, um dort gleichfalls Verhaftungen vorzunehmen. Dabei kam es vor dem Haus des Bergmanns Hörmann zu einer Schießerei, bei der der Bergmann Josef Kastl von unbekannten Tätern so schwer angeschossen wurde, daß er einige Stunden später verstarb. Dagegen gelang es den Leuten Zöberleins nicht, jemand festzunehmen, da sich die Betreffenden bereits in Sicherheit gebracht hatten. Auch wagte der Werwolf nicht, weiter vorzudringen, da einige der Angegriffenen das Feuer erwiderten... Etwa um 22 Uhr wurden Biersack und Behlolawek am Balkon des Hauses Reithofer – unmittelbar neben dem Rathaus – und Summerdinger an einem Baum gegenüber von unbekannten Werwölfen gehenkt...

Zwischen 23 und 24 Uhr führte W. ein Verhaftungskommando zu Grauvogl, M. ein solches zu Fleißner und Mi. eines zu den Eheleuten Zenk. Die fünf Genannten wurden festgenommen und ins Rathaus gebracht. Nach kurzem Aufenthalt im Polizeizimmer wurden sie einzeln wieder abgeführt und an Bäumen in der Gustavstraße, beim Staltacherhof und in einem Garten der Karlstraße gehenkt... Außerdem waren im Laufe des Abends noch sieben weitere Personen – von wem, war nicht mehr festzustellen – auf die Liste der zu Verhaftenden gesetzt worden. Diese konnten jedoch, trotzdem nach ihnen gesucht worden war, nicht festgenommen werden, da sie sich bereits in Sicherheit gebracht hatten. Gegen 2 Uhr früh fuhr der letzte Lastwagen des Werwolfs nach München zurück...

TEIL III

Konflikte im agrarisch-katholischen Milieu Oberbayerns am Beispiel des Bezirks Aichach 1933–1938

EINFÜHRUNG

Im Jahr 1933 lebte von der Land- und Forstwirtschaft ein knappes Drittel der bayerischen Bevölkerung. Obwohl die Wirtschaftszweige Industrie und Handwerk sich in vehementem Vormarsch befanden, war Bayern immer noch überwiegend ein Agrarstaat. In Altbayern war der Typus des gemessen an den Betriebsgrößen gut situierten Mittel- und Großbauern vorherrschend und er prägte wesentlich die politische Kultur dieses Raumes. In geradezu »reiner« Form war dieser bäuerliche Typus im oberbayerischen Bezirk Aichach vertreten. Da für diese Region bis in das Jahr 1938 die Berichterstattung des Bezirksamts überliefert ist, bot sich die Möglichkeit, am Beispiel Aichach das Verhalten der Bevölkerung im agrarisch-katholischen Milieu Oberbayerns gegenüber dem Nationalsozialismus zu dokumentieren. In deutlicher Abgrenzung zum Kapitel »Ebermannstadt« soll dabei nicht die ganze Breite und Vielfalt lokalen Geschehens abgebildet werden. Vielmehr werden in der folgenden Auswahl nur diejenigen Komplexe herausgehoben, die in der Konfrontation von agrarischer Bevölkerung und Nationalsozialismus besonders deutlich hervortreten. Schwerpunkte bilden dabei einmal die Durchsetzung der NS-Agrarpolitik, wobei die Erbhofgesetzgebung die größten Reibungen provozierte, und zum andern die Verschärfung der landwirtschaftlichen Arbeitskräftesituation aufgrund des Dienstbotenmangels. Als drittes wird die Auseinandersetzung um die Behauptung einer bodenständigen und selbstbewußten Lokalpolitik in den Blick gerückt, als deren Träger insbesondere die Bauern-Bürgermeister und die konservative Provinzpresse in Erscheinung treten. Und als vierte Konfliktsebene sollen die Erscheinungsformen des »weiß-blau« gefärbten politischen Katholizismus dokumentiert werden, die im kirchlichen Vereinswesen und im religiösen und weltlichen Brauchtum wurzelten. Letztere erwiesen sich einerseits als Elemente der Beharrung, setzten der Durchsetzung des Nationalsozialismus aber, wie sich vor allem an der Aktivität der Dorfpfarrer und ihrem Einfluß zeigt, auch starke Kräfte entgegen. Der Konzeption der Gesamtdokumentation entsprechend, war beabsichtigt, auch in der folgenden Auswahl allgemeine Probleme möglichst konkret in ihrer sozialen Gebundenheit auf »unterer Ebene« abzubilden.

Die ausgewählten Dokumente entstammen den Halbmonats- bzw. Monatsberichten des Aichacher Bezirksamtsvorstands einschließlich der periodischen Berichterstattung der Gendarmerie-Stationen im Bezirk (Affing, Aichach, Aindling, Altomünster, Pöttmes, Schiltberg und ab März 1937 Inchenhofen)[1]. Zusätzlich wurden in die Auswahl Passagen aus den Halbmonats- bzw. Monatsberichten des Regierungspräsidenten von Oberbayern eingeschaltet, um dort, wo die Aichacher Berichterstattung nicht ausreichte, durch Beispiele aus ähnlich strukturierten ländlichen Regionen Oberbayerns die verschiedenen Aspekte der thematisch hervorgehobenen Problematik ansichtig zu machen. Die archivalische Überlieferung der Aichacher Berichte bricht mit dem Jahr 1939 ab. Die Begrenzung der Auswahl auf die Zeit von 1933 bis 1938 konnte in Kauf genommen werden, da die Konflikte, die aufgrund der Berichterstattung dokumentiert werden sollten, schwerpunktmäßig in diesen Zeitraum fielen.

An der nordwestlichen Peripherie des Regierungsbezirks Oberbayern gelegen, war der Bezirk Aichach wirtschaftlich mehr auf Augsburg, das Zentrum Schwabens, als auf die Landeshauptstadt München ausgerichtet. In der Besiedelungsdichte rangierte das Bezirksgebiet in der Reihe der oberbayerischen Bezirke an unterer Stelle[2]. Da sich die Bevölkerung auf sehr viele Gemeinden verteilte, wiesen nur 14 von den 73 politischen Gemeinden des Bezirks mehr als 500 Einwohner auf. Wirtschafts- und Verwaltungsmittelpunkt war die Stadt Aichach mit 3709 Einwohnern. Ihr agrarisch-kleinstädtischer Charakter wurde nur noch unterstrichen durch die Existenz einer Fleischfabrik, die als einziger größerer Industriebetrieb innerhalb des Bezirks zu den saisonalen Spitzenzeiten der Schlachtviehanlieferung mehrere hundert Arbeiter beschäftigte. Daneben gab es im Bezirk an nennenswerten gewerblichen Unternehmungen lediglich einige Ziegeleien und Baufirmen. Als Sammelpunkte der landwirtschaftlichen Produktion verfügten die Gemeinden Pöttmes (1601 Einwohner), Altomünster (1295), Inchenhofen (777), Kühbach (773) und Aindling (565) über das Marktrecht. Außer den bereits genannten Gemeinden hatten noch Affing, Griesbäckerzell, Hilgertshausen, Klingen, Rehling, Schiltberg, Sielenbach und Tandern mehr als 500 (aber nicht mehr als 1000) Einwohner.

Land- und Forstwirtschaft beherrschten das Wirtschaftsleben im Bezirk Aichach in einem Ausmaß, wie dies innerhalb Oberbayerns nur noch im benachbarten Bezirk Schrobenhausen der Fall war. Zu ihr zählten im Jahr 1939 noch 56,9% der Bezirksbevölkerung[3]. Die übrigen Wirtschaftszweige folgten mit weitem Abstand (Industrie und Handwerk 21,3%, Handel und Verkehr 5,2%). Im Gegensatz zu den Monokulturen der großagrarischen Gebiete im Norden und Osten des Reiches zeichnete sich die Landwirtschaft in Bayern durch eine sehr differenzierte Produktion aus und war deshalb erst relativ spät in den Sog der Agrarkrise geraten, wobei berücksichtigt werden muß, daß es auch in Bayern mit regionalen Schwerpunkten Spezialkulturen gab, wie den Wein- und den Hopfenanbau oder die Almwirtschaft, die stärker krisenanfällig waren. Im Bezirk Aichach wurden zwei Drittel der landwirtschaftlichen Fläche als Ackerland und ein Drittel

---

[1] Wochen-, Halbmonats- bzw. Monatsberichte des Bezirksamts Aichach (1914 – 1938) und der Gendarmerie-Stationen (1923 – 1927 und 1933 – 1938) im StA München, LRA 99 497 und 99 532.
[2] Die folgenden Zahlen zur Gemeindestatistik nach der Volkszählung von 1933, Ztschr. d. Bayer. Statist. Landesamts Jg. 65 (1933), S. 404.
[3] Ebenda Jg. 74 (1942), S. 196.

als Wiesen und Weiden genutzt. Wie im übrigen Oberbayern wurde überwiegend Getreide (72,4% des Ackerlandes) angebaut[4]. Die Verteilung von 31,2% Roggen, 27,4% Hafer, 25,3% Weizen und 13,6% Sommergerste weist auf mittelgute Bodenqualität und Ertragslage hin. Hier sei erwähnt, daß auf den kargen Böden des Bezirks Ebermannstadt, der im ersten Kapitel der Dokumentation eingehend beleuchtet wurde, zu 39,1% Sommergerste, zu 30,6% Roggen, zu 15,3% Weizen und zu 13,3% Hafer angebaut wurde.

Ungleich konfliktgeladener, als dies in kleinbäuerlichen Gegenden der Fall war, traten die Erbhof- und die Dienstbotenproblematik in Gegenden mit überwiegend mittel- und großbäuerlichem Besitz in den Vordergrund. Zum Zeitpunkt der land- und forstwirtschaftlichen Betriebszählung von 1939 gehörten im Bezirk Aichach zu den 1211 Betrieben mit 10 und mehr Hektar 67,4% der landwirtschaftlich genutzten Fläche.[5] 25,9% entfielen auf die 686 mittelbäuerlichen Betriebe der Größenklasse von 10 bis unter 20 Hektar, 39,0% auf die 419 großbäuerlichen Betriebe der Größenklasse von 20 bis unter 100 Hektar. Über 2,5% verfügten die sechs landwirtschaftlichen Großbetriebe mit 100 und mehr Hektar. Den Rest teilten sich 2458 Parzellen- und kleinbäuerliche Betriebe. Im oberbayerischen Durchschnitt waren die landwirtschaftlichen Betriebe nur geringfügig größer als im Bezirk Aichach.

Das nationalsozialistische Erbhofgesetz vom 29. September 1933 stellte Höfe mit einer Größe von (in der Regel) 7,5 bis 125 Hektar unter Sonderrecht, um die Existenz bäuerlicher Vollerwerbsbetriebe zu sichern. Erbhöfe waren grundsätzlich unveräußerlich und mit Hypotheken nicht belastbar. Zwangsvollstreckungen konnten an Erbhöfen nicht mehr vollzogen werden. Der Gesetzgeber setzte sich über die regional sehr unterschiedlich ausgeübten Erbrechts- und Besitzverhältnisse rigoros hinweg, indem er die Testierfreiheit des Erblassers aufhob und in der nunmehr obligatorisch geregelten, ungeteilten Erbfolge die männlichen Erben eindeutig bevorzugte. Teilung des Grundbesitzes im Erbfall hatte in Bayern bis zum Erlaß des Reichserbhofgesetzes nur in einigen Gegenden Oberfrankens und vor allem Unterfrankens, wo bäuerlicher Kleinbesitz vorherrschte, stattgefunden[6]. Insofern schuf die neue Rechtslage keine allzu großen Reibungsflächen. In ausgesprochenem Widerspruch zu der in Bayern geübten Erbsitte stand jedoch die Diskriminierung der übrigen Erben, und hier in erster Linie der weiblichen Ehegatten und der Töchter. In Bayern lebten die meisten Bauern in ehelicher Gütergemeinschaft[7], und so brachte die Erbhofrechtsverordnung vom 21. Dezember 1936 mit der Anerkennung des anderen Ehegatten als Anerben bei Ehegattenhöfen wenigstens eine gewisse Milderung des neuen Erbrechts. Daß die anfangs beträchtliche Kritik der Bauern am Reichserbhofgesetz und seinen tiefgreifenden Auswirkungen, z. B. auf die landwirtschaftliche Kreditaufnahme, nach einigen Jahren in der Berichterstattung kaum mehr erwähnt wurde, ist wohl im wesentlichen auf die Tätigkeit der Anerbengerichte und der maßgeblichen Kreisbauernführer des Reichsnährstands zurückzuführen, die ihre Rechtsprechung bzw. ihre Begutachtungspraxis weitgehend den lokalen Traditionen und

---

[4] Nach der land- und forstwirtschaftlichen Betriebszählung von 1939, ebenda Jg. 72 (1940), S. 191 ff.
[5] Ebenda.
[6] Siehe Erbach, Karl: Die bäuerliche Erbsitte im rechtsrheinischen Bayern. Würzburg 1935, S. 22ff.
[7] Ebenda S. 36f.

Bedürfnissen anpaßten[8]. Schon einmal, nach Einführung des Bürgerlichen Gesetzbuchs von 1871, hatte sich die bäuerliche Erbsitte als so stark erwiesen, daß sie vom Einfluß einer neuen Rechtsordnung nahezu frei blieb[9].

Die Mittel- und Großbauern beschäftigten in ihren Betrieben neben den Familienmitgliedern meist noch landwirtschaftliche Dienstboten (Knechte und Mägde). Landarbeiter gab es in Bayern anders als im Norden und Osten des Reiches kaum. Die Dienstboten waren in den meisten Fällen unverheiratet und neigten daher zum häufigen Arbeitsplatzwechsel. Traditionsgemäß verdingten sie sich zu Lichtmeß (1. Februar) für ein Jahr und wohnten dann im bäuerlichen Familienverband auf dem Hofe. Im Bezirk Aichach waren im Jahre 1939, zu einem Zeitpunkt äußerster Dienstbotenknappheit, 1806 Dienstboten und 392 Landarbeiter und Taglöhner beschäftigt, so daß auf jeden Hof in der Größe von 10 bis 20 Hektar landwirtschaftlicher Betriebsfläche durchschnittlich ein Dienstbote und etwa drei auf die großbäuerlichen Betriebe kamen. Höfe unter zehn Hektar benötigten kaum Dienstboten. Knechte und Mägde machten 14,8% der im Bezirk Aichach in der Landwirtschaft Beschäftigten aus, für Oberbayern lag ihr prozentualer Anteil etwas höher bei 16,6%[10]. Besonders für die größeren Betriebe stellte die Landflucht landwirtschaftlicher Arbeitskräfte ein kontinuierliches Problem dar. Nur zeitweilig war sie infolge der Demobilisierung nach dem ersten Weltkrieg und der Massenarbeitslosigkeit am Ende der Weimarer Republik aufgehalten worden. Die Abwanderung vollzog sich häufig durch Bruch des Arbeitsvertrages in der Form, daß Dienstboten spontan ihre Arbeitsstelle verließen, um in den Städten Arbeit zu nehmen. Die alte bayerische Dienstbotenordnung, die bis zur Novemberrevolution in Kraft war, ging in ihrem Kern auf die Ehehalten-Ordnung von 1781 zurück, die mit ihren drakonischen Strafbestimmungen den Geist des absolutistischen Polizeistaats atmete[11]. Bis 1918 waren die Dienstboten unter Ausnahmerecht gestellt. Die Polizeibehörden waren ermächtigt, in arbeitsrechtliche Konflikte zwischen landwirtschaftlichen Arbeitgebern und Arbeitnehmern einzugreifen. Aufgrund Artikel 106 des Polizeistrafgesetzbuchs für Bayern von 1871 konnten Dienstboten bei vertragswidrigem Verhalten, das auch »hartnäckigen Ungehorsam oder Widerspenstigkeit gegen die Befehle der Dienstherrschaft« sowie »gröbliche Verletzung der Pflicht der schuldigen Achtung gegen dieselben« einschloß, mit Haft bis zu acht Tagen oder mit Geld bis zu 15 Talern bestraft werden[12]. Erst mit dem reichsrechtlichen Erlaß der »Vorläufigen Landarbeitsordnung« vom 24. Januar 1919 wurden die landwirtschaftlichen Arbeitnehmer den Industriearbeitern rechtlich gleichgestellt. Dennoch vermochten die modernen Formen des Arbeits- und Sozialrechts, z. B. im Tarif- und sozialen Versorgungswesen, auf dem Lande kaum Fuß zu fassen. Ihre Durchsetzung scheiterte an der archaisch-patriarchalischen Einstellung der Bauern gegenüber dem Gesinde ebenso wie an der organisatorischen Schwäche der landwirtschaftlichen Arbeitnehmer-

---

[8] Zu diesem Schluß kommt anhand außerbayerischen Quellenmaterials Farquharson, J.E.: The NSDAP and Agriculture in Germany 1928 – 1938. Phil. Diss. University of Kent 1972.
[9] Siehe Erbach (siehe S. 329, Anm. 6), S. 27.
[10] Ztschr.d.Bayer.Statist. Landesamts Jg.73 (1941), S. 132 ff. Der Dienstbotenanteil machte in Niederbayern 14,3% aus, in Schwaben 11,6%, in der Oberpfalz 10,2%, in Mittelfranken 8,9%, in Oberfranken 6,6% und in Unterfranken 4,3%.
[11] Siehe Ernst, Georg: Die ländlichen Arbeitsverhältnisse im rechtsrheinischen Bayern. München 1908, S. 5ff.
[12] Gesetzblatt für das Königreich Bayern 1871/72, S. 55f.

verbände. Äußerungen der Art, daß die Bauern die Aufhebung der alten Dienstbotenordnung bedauerten, finden sich häufig in der Berichterstattung des Aichacher Bezirksamts in der Weimarer Zeit. Während des Dritten Reiches, als die Abwanderung von Arbeitskräften in die Industrie, und nicht mehr der landwirtschaftliche Produktenpreis, zum zentralen Problem für die Landwirtschaft wurde, konnten die Betriebsführer in ähnlicher Weise wie vor 1918 wieder die Ortspolizei bzw. das vorgesetzte Bezirksamt zur Einhaltung des Dienstvertrags einschalten. In die Austragung sozialer Konflikte auf dem Lande griff in vielen Fällen sogar die Gestapo ein, die gegen vertragsbrüchige Dienstboten Schutzhaft oder gar Einweisung ins Konzentrationslager anordnete.

Die Bevölkerung des Bezirks Aichach war 1939 zu 97,7% katholisch. Die konfessionelle Bindung war für sie das ausschlaggebende Kriterium für politische Wahlentscheidungen. Bei sämtlichen Wahlen zwischen 1919 und 1932 erzielte die Bayerische Volkspartei im Vergleich zu den übrigen oberbayerischen Bezirken hier im Bezirk Aichach ihre besten Ergebnisse. Die Bauernbürgermeister und Dorfpfarrer standen in der politischen Tradition der BVP. In ihnen hatte sie ihren stärksten Rückhalt, was umso wichtiger war, als die Bürgermeister die Identität von sozialer Führung und wirtschaftlicher Potenz auf dem Lande verkörperten; denn jede Politik, die von außen kam und nicht von den Dorfautoritäten mitgetragen wurde, hatte kaum Chancen sich durchzusetzen. Von daher findet auch die Schärfe der lokalen Auseinandersetzungen nach der nationalsozialistischen Machtübernahme ihre Erklärung. BVP-orientiert war auch die Lokalpresse. Der Aichacher Kurier, der im Bezirk eine geradezu monopolartige Stellung besaß, war aber nicht ausschließlich Sprachrohr der BVP, er mußte auch auf die herrschende lokalpolitische Meinung Rücksicht nehmen. Das zeigte sich besonders deutlich bei den Reichspräsidentenwahlen von 1925, als er entgegen der Empfehlung der BVP im zweiten Wahlgang die Kandidatur des Protestanten Hindenburg nicht aktiv unterstützte[13].

Über die allgemeine politische Einstellung der Bezirksbevölkerung schrieb der Bezirksamtsvorstand in seinem Wochenbericht vom 16. Juni 1920: »Der größte Teil der Bevölkerung ist mit den Errungenschaften der Revolution nicht zufrieden und sehnt sich nach den ruhigen, gesicherten Verhältnissen, wie sie vor dem Krieg bestanden haben, zurück.« Ihr Desinteresse an politischen Problemen, die nicht unmittelbar landwirtschaftliche Belange betrafen, war ein Grundthema der Berichterstattung. Im Halbmonatsbericht vom 14. April 1923 hieß es: »Ein großer Teil der ländlichen Bevölkerung hat nur für seine eigenen Angelegenheiten ein Interesse; wie es der Allgemeinheit geht und wie sich die politische Lage in Deutschland gestaltet, berührt ihn verhältnismäßig wenig.« Umso stärker engagierten sich die Bauern in Fragen, die die Verteidigung ihrer wirtschaftlichen Existenz betrafen.

Bei gleichzeitigem Rufen nach staatlichen Subventionen, verwahrten sich die Bauern stets gegen interventionistische Lenkungsmaßnahmen. Insbesondere die staatliche Agrar-, Steuer- und Sozialpolitik riefen ihre massiven Proteste hervor, die von den landwirtschaftlichen Organisationen und Vereinen programmatisch formuliert wurden. In der Weimarer Zeit war das lokalpolitische Selbstbewußtsein der bäuerlichen Bevölkerung

---

[13] Im ersten Wahlgang hatte der BVP-Kandidat Held im Bezirk 84,2% der Stimmen erhalten. Nach dem Ausscheiden Helds erhielt Hindenburg nur 65,9% der Stimmen.

vielfach zum Ausdruck gekommen. Während die Beteiligung an Wahlversammlungen im Bezirk immer schwankend war, erhielten neben den Veranstaltungen der Traditions-, Schützen- und Kriegervereine die Versammlungen der Bauernvereine stets größten Zulauf. Die Kriegswirtschaft und die nach der Novemberrevolution nur schrittweise gelockerte Zwangsbewirtschaftung der landwirtschaftlichen Produktion riefen den Unmut der Bauern hervor, der in geharnischte Resolutionen der Bauernvertreter gefaßt wurde, sich aber auch häufig in handgreiflichen Auseinandersetzungen mit den staatlichen Kontrollkommissionen Luft verschaffte. Oftmals drohten die Bauern sogar mit Lieferstreiks. Zeitweilig richtete sich der Protest auch gegen die BVP, die bei den ersten Wahlen nach dem Weltkrieg vorübergehend erhebliche Stimmen an den Bauernbund abgeben mußte. Nach der Liquidierung der kommunistischen Räterepublik im April 1919 fanden sich freilich die im Bauernbund und im christlichen Bauernverein organisierten Aichacher Landwirte zusammen, um »gegen die Einführung jeder kommunistischen Wirtschaftsform auf dem Gebiete der Landwirtschaft und gegen jede Bedrohung des freien Eigentumsrechts der Landwirte an Grund und Boden«[14] zu demonstrieren. Obwohl die Landwirtschaft in der Phase der rapiden Geldentwertung bis 1923 eine Zeit guter Konjunktur und hoher Gewinne erlebte, rissen auch danach die Klagen der Bauern über die Höhe der Liefersolls, über die Besteuerung, über Löhne und Sozialabgaben für die Dienstboten nicht ab. Unmittelbar nach der Inflation setzte eine rezessive Entwicklung der Agrarwirtschaft ein, die zur Jahreswende 1932/33 ihren Tiefpunkt erreichte. Der Verfall der Preise für Agrarprodukte führte zu großer Kapitalknappheit, und viele Bauern mußten zur Bezahlung von Krediten und Steuern Schulden aufnehmen. Im Jahr 1932 hatte sich in Bayern gegenüber dem Vorjahr die Zahl der Zwangsversteigerungen land- und forstwirtschaftlicher Grundstücke um über die Hälfte auf 1923 Fälle erhöht[15]. Sowohl der Zahl wie der Fläche nach standen Oberbayern und Niederbayern an der Spitze der Vergantungen. Betroffen waren dabei vor allem mittelbäuerliche Besitzungen in der Größenordnung von 5 bis 10 Hektar.

Die unangefochtene Stellung der BVP konnte nur durch eine extreme wirtschaftliche Krisensituation erschüttert werden. Bei den meisten Wahlen der Weimarer Zeit kamen die Sozialdemokraten im Bezirk Aichach nicht über einen Stimmenanteil von über 10% hinaus. Erst im Juli 1932 wurde eine Ortsgruppe der KPD in Aichach gegründet, die aber nur verschwindend wenige Wähler für sich mobilisieren konnte. Auch die Nationalsozialisten hatten zunächst kaum Resonanz in der bäuerlichen Bevölkerung gefunden. Deshalb mußte die organisatorische und propagandistische Durchdringung des Bezirks durch den Nationalsozialismus auch von außerhalb, von den städtischen Zentren Augsburg und Ingolstadt her, erfolgen. Erst nachdem die NSDAP ab 1931 ihre Agitation verstärkt auf agrarpolitische Probleme ausgerichtet hatte und die Bauern durch die Agrarkrise existenziell verunsichert waren, nahm das Interesse für ihre Propaganda auch in kleineren Gemeinden zu. In den Wahlkämpfen des Jahres 1932 profilierte sich die NSDAP immer deutlicher als Konkurrentin der BVP. Auf dem Höhepunkt des Wahlkampfes zur Neuwahl des Reichspräsidenten, wo sich Hindenburg, von BVP, Bauern-

---

[14] Wochenbericht des Bezirksamts Aichach, 17. 5. 1919.
[15] Ztschr.d.Bayer.Statist.Landesamts Jg. 65 (1933), S. 276ff.

bund und SPD unterstützt, und Hitler als die aussichtsreichsten Kandidaten gegenüberstanden, schrieb das Bezirksamt in seinem Halbmonatsbericht vom 29. Februar 1932: »Wie schon in den letzten Berichten erwähnt, entfalten die Nationalsozialisten eine ungemein rege Versammlungstätigkeit im ganzen Bezirke. Fast jeden Tag werden solche Versammlungen angemeldet und in den kleinsten Ortschaften abgehalten. Die Versammlungen sind bis jetzt ohne wesentliche Störung verlaufen und haben auch die Redner der National-Sozialisten fast durchwegs mit ihren Ausführungen Beifall erzielt. Es ist dies um so begreiflicher, als ja die Redner in ihren Ausführungen sich zum großen Teil mit der Notlage der Landwirtschaft befassen und insbesondere auch betonen, daß, wenn die nationalsozialistische Partei an das Ruder kommt, kein Bauer mehr vom Hof vertrieben werden kann. Die Hypothekschulden werden vom Staate übernommen. Der Bauern brauche jährlich nur vier bis fünf Prozent Rückzahlung zu leisten und die Verzinsung werde abgeschafft. Die Arbeitslosigkeit werde durch Einführung der Arbeitsdienstpflicht beseitigt. Nur in einer Versammlung konnten sich die Nationalsozialisten nicht durchsetzen. Dort konnte der Redner nur sehr schwer sprechen, da er von anwesenden Mitgliedern der Bayerischen Volkspartei unter Führung von zwei Geistlichen mehrfach unterbrochen wurde. Es herrschte eine ziemliche Erregung und nur durch das Eingreifen der anwesenden Gendarmeriebeamten konnte verhindert werden, daß Versammlungsleiter und Redner nicht tätlich angegriffen wurden.« Nach der nationalsozialistischen Machtübernahme knüpften die Bauern zum Teil große Hoffnungen an diese wirtschaftlichen Versprechungen, was sich auch in den ausgewählten Dokumenten widerspiegelt. Bäuerlicher Protest gegen den Dirigismus der NS-Agrarpolitik konnte aber nach der Gleichschaltung des landwirtschaftlichen Vereins- und Verbandswesens nur noch in der Form von Unmutsäußerungen und individueller Kritik fortgesetzt werden.

F. W.

DOKUMENTE

Aus Halbmonatsbericht des Regierungspräsidenten von Oberbayern, 18. 1. 1933

... Der Kommunismus versteht es, die bestehende trostlose Lage der Landwirtschaft, die die bäuerlichen Kreise ohnehin ins radikale Lager abzudrängen geeignet ist, gut zu nutzen und sich im verstärkten Maße an die Bauern heranzudrängen. Die Fälle werden immer häufiger, daß bei Versteigerung bäuerlichen Gutes Trupps von Kommunisten sich im Bauernhofe einfinden, sich als Schützer der Bauern aufspielen und erklären, daß sie die Wegnahme des letzten Stückes Vieh nicht dulden wollen. Durch dieses Vorgehen erreichen sie offenbar auch auf der einen Seite, daß Steigerer vom Erscheinen abgehalten werden, auf der anderen Seite bleibt dieser »Beistand« nicht ohne Eindruck auf die Bauern...

Die allgemeine Wirtschaftslage hat sich nach keiner Richtung gebessert, vielmehr hat sich die Krise verschärft durch die Wirtschafts[lage] der Landwirtschaft, die infolge Fallens der Milchpreise und der fast totalen Unverkäuflichkeit des Holzes immer trostloser wird. Die Stimmung unter den Landwirten ist daher außerordentlich niedergedrückt. Die Bauern erwarten immer dringender die Hilfe des Reiches in ihrer Not. Mit Vollstreckungsschutz und ähnlichen negativen Maßnahmen wird den Bauern wenig geholfen sein. Es muß wenigstens für einige Zeit die Beschränkung oder völlige Sperre der Einfuhr von Fetten, Vieh und Holz kommen, sowie eine wirksame Schutzzollpolitik Platz greifen, wenn den Bauern noch rechtzeitig Hilfe gebracht werden soll...

Von einer Reihe von Bezirksämtern wurde berichtet, daß die Mißstimmung in der landwirtschaftlichen Bevölkerung in einer bedenklichen Weise zunehme und bereits einen sehr hohen Grad erreicht habe. In einer Bezirksausschußsitzung [in] Mühldorf vom 13. Januar sind die Worte gefallen: »Es dauert nicht mehr lange, dann bricht so alles zusammen«...

Aus Halbmonatsbericht des Bezirksamts Aichach, 31. 1. 1933

Der Kanzlerwechsel wird außer von den Nationalsozialisten und den Deutschnationalen nicht begrüßt und wird hierdurch keine Hebung der Wirtschaft erwartet, dagegen werden größere innenpolitische Unruhen befürchtet. Die verschuldeten Betriebe erwarten nun von Hitler eine Streichung ihrer Schulden, um weiter wirtschaften zu können...

Die Not in der Landwirtschaft macht sich immer mehr geltend. Infolge von Betriebseinschränkungen in den bäuerlichen Betrieben macht sich auch ein Überangebot von landwirtschaftlichen Dienstboten bemerkbar. Im Jahr 1932 wurden im Bezirke 159 Zwangsversteigerungsverfahren verhängt. Tatsächlich durchgeführt wurden 15 Zwangsversteigerungen...

Aus Halbmonatsbericht des Regierungspräsidenten von Oberbayern, 20. 2. 1933

Der Wahlkampf hat allenthalben eingesetzt, besonders die NSDAP hat zahlreiche Versammlungen veranstaltet...
Die nationalsozialistischen Aufzüge haben neuerdings größere Ausmaße angenommen. Gelegentlich eines SA-Umzuges in Aichach, wobei von Eberstein[16] den Vorbeimarsch am Stadtplatz abgenommen hat, fand eine Fahnenweihe und die Vereidigung der Leute der Sturmabteilung Aichach auf dem dortigen Turnplatz statt. Vorher hielt von Eberstein eine kurze Ansprache. Die Absicht der Ortsgruppe, die Fahnenweihe mit Ansprache und die Verpflichtung der SA-Leute auf dem Stadtplatz vor dem Rathaus vorzunehmen, konnte nicht verwirklicht werden, weil das Bezirksamt dies nicht zugelassen hat. Bei der am Abend abgehaltenen Wählerversammlung äußerte der Redner, Sturmführer Eichinger von München, u. a.: in Preußen dürften schon keine kommunistischen Versammlungen mehr stattfinden, dagegen sei dies noch in Bayern möglich und habe in München am 12. Februar eine kommunistische Kundgebung veranstaltet werden können. Die Bayerische Volkspartei trete immer für die Belange der Bayern ein, obwohl gar keine Belange mehr vorhanden seien. Der Nationalsozialismus werde eine Mainlinie niemals zulassen. Er bedauerte, daß die Kundgebung nicht am Stadtplatz, wie in Friedberg, habe stattfinden dürfen. Über kurz oder lang werde dies aber in Aichach auch möglich sein. Der Redner rief noch die Hilfe Gottes an, damit Hitler gesund erhalten bleibe...

Aus Halbmonatsbericht des Bezirksamts Aichach, 28. 2. 1933

Der Wahlkampf wird im Bezirk durch Abhaltung von Wahlversammlungen in sehr vielen, auch in kleinsten Orten, insbesondere von der NSDAP, sehr rege betrieben. Bayerische Volkspartei, Bauern- und Mittelstandsbund, Sozialdemokraten und Kommunisten haben nur verhältnismäßig wenig Versammlungen abgehalten. Von den Nationalsozialisten wird ganz besonders dahin gearbeitet, die Bauernschaft für sich zu gewinnen. Zentrum, BVP und Sozialdemokratie werden als die Schuldigen des heutigen wirtschaftlichen Elends bezeichnet. Es wird in den Versammlungen davon gesprochen, daß die Erzeugerpreise hinaufgesetzt, der Zins jedoch herabgesetzt, die Soziallasten gemildert und eine Inlandswährung geschaffen wird. Die Banken werden verstaatlicht, wodurch dem Zinswucher ein Ende bereitet wird. Die Hypotheken werden mit 75% aufgewertet, der Zinsfuß auf 3% gesenkt und für die Landwirtschaft neue Zollmaßnahmen getroffen. Das Parlament wird umgestellt werden und an dessen Stelle werden die Ständekammern treten[17]... In verschiedenen Landgemeinden sieht man jetzt auch die Hakenkreuzfahne aufgezogen. In den Wahlversammlungen der Nationalsozialisten wurden insbesondere auch Äußerungen des hiesigen Stadtpredigers Holder, die er in der Schule

---

[16] Führer der SA-Gruppe Hochland.
[17] Propagandistisch sehr geschickt, griffen die Nationalsozialisten ständestaatliche Vorstellungen auf, die ähnlich auch innerhalb der BVP – und hier vor allem vom bäuerlichen Flügel – als Gegenmodell zum Parlamentarismus der Weimarer Verfassung vertreten wurden.

machte, scharf kritisiert. Genannter Herr hat nämlich mit Rücksicht auf den am 12. des Monats in Aichach stattgefundenen Propagandaumzug der Nationalsozialisten mit Weihen der Sturmfahne die Kinder in der Schule gefragt, ob sie auch den Faschingszug sich angesehen haben, und soll sich u. a. auch dahin geäußert haben, daß es eine Todsünde sei, bei der Wahl einem Nationalsozialisten die Stimme zu geben usw. ...

Aus Halbmonatsbericht des Regierungspräsidenten von Oberbayern, 4. 3. 1933

... Speziell bei der bäuerlichen Bevölkerung hat sich vielfach ein Stimmungsumschwung zugunsten der NSDAP ergeben. Das leichte Anziehen der Holz- und Viehpreise wird von der Landwirtschaft vielfach bereits als ein Erfolg der neuen Reichsregierung gebucht...

Aus Halbmonatsbericht des Bezirksamts Aichach, 14. 3. 1933

Der Tag der Reichstagswahl[18] ist im ganzen Bezirke ruhig verlaufen. Auch die letzten Tage[19] haben keine Störungen in der öffentlichen Ruhe und Ordnung im Bezirke gebracht. Am Freitag, den 10. des Monats, hat die NSDAP-Ortsgruppe Aichach unter Beiziehung ihrer Parteiangehörigen aus der Umgebung die Flaggenhissung auf dem Bezirksamtsgebäude vorgenommen, ohne jedoch zuvor mit dem Bezirksamt ins Benehmen getreten zu sein. Die Bekämpfung des Kommunismus wird seitens der Bevölkerung allgemein begrüßt, insbesondere auch, daß die Reichsflagge wiederum die Farbe schwarz-weiß-rot tragen soll... Bei einem Großteil der Bevölkerung besteht die Meinung, daß ihnen nunmehr 50% der Steuern und Umlagen erlassen werden und die Hypotheken entweder auf das Reich übernommen oder ebenfalls zu einem Großteil ermäßigt werden. Im übrigen aber ist die Bevölkerung mit ihren Äußerungen über die Einsetzung des Reichskommissars in Bayern sehr zurückhaltend...

Am 1. April berichtete das Bezirksamt Aichach, die letzte Märzwoche sei »unter dem Zeichen revolutionärer Bestrebungen« gestanden, denn der SA-Sonderkommissar beim Bezirksamt habe die

---

[18] Im Bezirk wurden am 5. März für die Reichstagswahl 15 900 Wähler zur Stimmabgabe mobilisiert, was einer Wahlbeteiligung von 89,1% entsprach. Das waren noch einmal 1139 Wähler mehr als bei den Reichstagswahlen im Juli 1932, wo die Wahlbeteiligung bereits 82,8% betragen hatte. Die BVP erhielt 8639 Stimmen (54,5%) gegenüber 10 478 (71,3%) im Juli 1932; die NSDAP erhielt 6041 (38,1%) gegenüber 2034 (13,8%) Stimmen. Die Wählerschaft der SPD reduzierte sich auf 509 Stimmen (3,2%; Juli 1932: 5,2%); Bauernbund (Juli 1932: 3,3%) und KPD (Juli 1932: 3,3%) schrumpften auf je 1,5%. Das Wahlergebnis zeigt deutlich, daß es den Nationalsozialisten auch im Bezirk Aichach gelungen war, im Wahlverhalten der Bevölkerung die Immunitätsschranke des politischen Katholizismus zu durchbrechen und nunmehr auch in bäuerlichen Schichten in größerem Ausmaß Stimmen zu gewinnen. In den oberbayerischen Bezirken lag die durchschnittliche Wahlbeteiligung am 5. März bei 84,9%. Hier erhielten NSDAP 39,9%, BVP 34,5%, SPD 10,4%, Bauernbund 6,4%, KPD 5,0% und Kampffront Schwarz-Weiß-Rot (Deutschnationale) 3,1% der Stimmen. Bei diesen Wahlen war Aichach der Bezirk mit dem immer noch höchsten Anteil an BVP-Stimmen und mit dem niedrigsten Anteil an SPD-Stimmen.

[19] Am 9. März war die legale, von der BVP getragene bayerische Regierung gestürzt und die vollziehende Gewalt vom Reichsinnenminister dem Nationalsozialisten General a.D. von Epp unter Ernennung zum Reichskommissar für Bayern übertragen worden.

Entfernung des Bezirkskassiers, des Geschäftsführers der Allgemeinen Ortskrankenkasse und des Bürgermeisters der Gemeinde Todtenweis von ihren Posten gefordert. Erst nach längeren Verhandlungen, in die sich auch SA-Standartenführer Dittler aus Ingolstadt einschaltete, habe der Sonderkommissar seine Forderungen zurückgenommen. Weitere Übergriffe seien in der Stadt Aichach erfolgt, wo die beiden Bürgermeister zum Rücktritt aufgefordert wurden und der Stadtrat für aufgelöst erklärt wurde. Es seien jedoch Bestrebungen im Gange, den 1. Bürgermeister Haselberger im Amt zu halten. Kommerzienrat Haselberger war Besitzer der »Aichacher Fleischwarenfabrik Haselberger«, des größten Gewerbeunternehmens im Amtsbezirk.

Aus Halbmonatsbericht des Bezirksamts Aichach, 14. 4. 1933

Irgendwelche Schwierigkeiten auf dem politischen Gebiete haben sich in der letzten Zeit im allgemeinen nicht ergeben. Die Nationalsozialisten sind sehr eifrig daran, in allen Gemeinden möglichst viele ihrer Kandidaten im Gemeinderat unterzubringen, auch dort, wo sie aufgrund der letzten Reichstagswahl in der Minderheit geblieben sind, und haben dadurch in einzelnen Gemeinden eine Beunruhigung unter der Bevölkerung hervorgerufen. Es soll auch den Bürgermeistern gesagt worden sein, daß sie, wenn sie sich nicht der nationalsozialistischen Partei anschließen, als Bürgermeister nicht bestätigt werden können.

Der Eingang der Bezirksumlage ist vollständig in Stillstand gekommen, da die Umlagenschuldner immer der Meinung sind, daß ihnen nunmehr unter der neuen Regierung die Umlagen, wenn nicht ganz, so doch bis zu 50% erlassen werden. In einer Gemeinde haben sich die Landwirte gegenseitig verpflichtet, bis auf weiteres keine Umlagen mehr zu zahlen. Im allgemeinen hört man seitens der Bauernschaft nicht mehr so viel klagen, weil sie hofft, daß sich ihre wirtschaftliche Lage bessern werde...

Aus Halbmonatsbericht des Regierungspräsidenten von Oberbayern, 20. 4. 1933

...Das Bezirksamt Wasserburg berichtet: »Unklarheiten bestehen noch darüber, was mit den beiden großen landwirtschaftlichen Organisationen, dem landwirtschaftlichen Verein und dem christlichen Bauernverein geschehen soll. Die nächsten Wochen werden sicher auch eine Klärung hierüber bringen[20]. In sehr vielen Gemeinden ist die Mitgliederzahl der NS-Bauernschaft stark gewachsen. Es wäre nur wünschenswert, daß diese Organisation auch eine Zeitschrift herausbringt, die auch den süddeutschen landwirtschaftlichen Verhältnissen Rechnung trägt. Die Landwirte wünschen, daß bei der voraussichtlich auch für die Bauernkammer geplanten Gleichschaltung erfahrene und tüchtige Praktiker hineingewählt werden«...

---

[20] Das gesamte landwirtschaftliche Vereinswesen wurde rasch unter nationalsozialistische Kontrolle gebracht. Die politisch wichtigsten Organisationen – die Bayerischen Christlichen Bauernvereine, der deutschnational orientierte Bayerische Landbund und die NS-Bauernschaft – wurden im Juli 1933 aufgelöst. An ihre Stelle trat eine nationalsozialistisch geführte »Bayerische Bauernschaft«, die im Herbst 1933 in der Landesbauernschaft Bayern des Reichsnährstands aufging.

Aus Halbmonatsbericht des Regierungspräsidenten von Oberbayern, 19. 5. 1933

...Die Beitritte zur nationalsozialistischen Bauernschaft sind zahlreich.

Hinsichtlich der bevorstehenden Lösung des landwirtschaftlichen Entschuldungsproblems[21] berichtet das Bezirksamt Altötting: »Die Landwirtschaft ist sich über das bevorstehende Entschuldungsproblem scheinbar vollständig im unklaren. Teilweise erwartet man sich neben der Zusammenlegung oder völligen Streichung der Schulden überdies noch namhafte Darlehen... Die Bauernschaft selbst begrüßt durchaus nicht das Entschuldungsverfahren, weil angenommen wird, daß auf Kosten der Allgemeinheit und der Sparer diejenigen bäuerlichen Kreise belohnt werden würden, die schlecht oder wenig sparsam gewirtschaftet haben. Auf dem letzten Amtstag in einer Bauerngemeinde wurden mir zwei extreme Beispiele vom Darlehenskassenverwalter vorgeführt. Dem einen Bauer, der ein guter, fleißiger und sparsamer Wirtschafter ist, gelang es, trotz der schlechten Wirtschaftslage, sein Anwesen in den letzten Jahren auszubauen und sich schuldenfrei zu halten. Sein Nachbar, ein eifriger Jäger, aber nachlässiger Wirtschafter, steht vor dem Bankrott. Es würde größte Mißstimmung in der Gemeinde auslösen, wenn diesem Bauern jetzt Gelegenheit zur Sanierung, womöglich auf Kosten der Einleger im Darlehenskassenverein, gegeben würde«...

Aus Halbmonatsbericht des Bezirksamts Aichach, 31. 5. 1933

...Staatsfeindliche Bestrebungen konnten nicht wahrgenommen werden. Eine große Mißstimmung ist aber nach wie vor in einer Reihe von Gemeinden vorhanden, weil der vom Gemeinderat gewählte Bürgermeister [vom Kreisleiter der NSDAP] nicht bestätigt wurde. Es muß auch beobachtet werden, daß in einigen Gemeinden infolge der politischen Umtriebe von Angehörigen der verschiedenen Parteien (hauptsächlich NSDAP und BVP) großer Zwiespalt unter der Bevölkerung entstanden und es auch schon zu Prügeleien gekommen ist. Der Beauftragte des Sonderkommissars hat dieser Tage in einer hiesigen Zeitung bekanntgegeben, daß nicht nur Neuaufnahmen, sondern auch Neuanmeldungen in den Stahlhelm in Stadt und Bezirk Aichach bis auf weiteres nicht stattfinden...

Nach der nationalsozialistischen Machtübernahme riefen Absetzung, Entmachtung und Parteiwechsel von Bürgermeistern und Gemeinderäten auch in kleinsten Gemeinden zum Teil erhebliche Spannungen hervor. Gerade im Bezirk Aichach, zuvor Hochburg der BVP, trat die Diskrepanz zwischen dem Machtanspruch der neuen politischen Führung und ihrem Mangel an demokratischer Legitimation, besonders deutlich hervor. Aus einer vom 12. 5. 1933 datierten Übersicht[22] ergibt sich, daß gegen Ende der ersten Gleichschaltungsphase[23] von den insgesamt 545 Gemeinderatsmitgliedern (bzw. Stadtratsmitgliedern in Aichach) im Bezirk immer noch 327 der BVP angehörten und nur

---

[21] Aufgrund des Gesetzes zur Regelung der landwirtschaftlichen Schuldverhältnisse vom 1. 6. 1933 (RGBl. I, S. 331) wurden landwirtschaftliche Schulden bis zur Hälfte gekürzt. Der Zinssatz der Forderungen wurde allgemein bis auf 4,5% herabgesetzt.
[22] StA München, LRA 103 129.
[23] Siehe die Gesetze zur Gleichschaltung der Gemeinden und der Gemeindeverbände mit Land und Reich vom 7. 4. und 10. 5. 1933, GVBl. S. 105ff. und 127f.

215 der NSDAP, ferner je eines dem Bayerischen Bauernbund, der SPD und dem Christlich-Sozialen Volksdienst. Obwohl die NSDAP in nur 18 Gemeinderäten über die Mehrheit verfügte, stellte sie doch 35 erste Bürgermeister. Die BVP, in 47 Gemeinderäten in der Mehrheit, stellte nur noch 20 erste Bürgermeister. In den übrigen Gemeinden war der Posten des ersten Bürgermeisters vor allem deshalb nicht besetzt, weil eine Neuwahl angesetzt oder weil die Bestätigung durch die Partei nicht erteilt worden war.

Aus Halbmonatsbericht des Regierungspräsidenten von Oberbayern, 6. 6. 1933

... In Rott am Inn wurde am 20. und 21. Mai eine große Bauernkundgebung veranstaltet, die nunmehr alljährlich an die Stelle des bisherigen Tuntenhausener Bauerntags[24] treten soll. Die Veranstaltung war insbesondere am Sonntag sehr gut besucht. Es dürften ungefähr 7000 Teilnehmer anwesend gewesen sein. Am Vormittag fand eine Kriegergedächtnisfeier statt, nachmittags ein Festzug, an dem sich verschiedene Ortsgruppen der SA, der Hitlerjugend, Schützen-, Veteranen- und Kriegervereine beteiligten. Anschließend an den Festzug fand die eigentliche Bauernkundgebung statt... Nach längeren Ausführungen des Präsidenten der Bauernkammer, Holzmann, über die neugeschaffene Gleichschaltung in den landwirtschaftlichen Organisationen, sprach der Hauptreferent Staatssekretär Luber über die frühere und jetzige Lage der Bauernschaft sowie über die Aufgaben und Ziele, die sich die nationalsozialistische Regierung zur Besserung der wirtschaftlichen Lage der Bauern gesetzt hat...

Aus Halbmonatsbericht des Bezirksamts Aichach, 14. 6. 1933

...Die Landwirte klagen nach wie vor über die hohen Steuern und Umlagen sowie die hohen Bierpreise... Der Eingang der Bezirksumlagen ist schlecht. Vom Rechnungsjahr 1932 sind erst rund 75% bezahlt. Zwangsvollstreckungen haben, insbesondere infolge des Vollstreckungsschutzes, meistens keinen Erfolg. Eine Belebung der Wirtschaft, insbesondere des Gewerbes, ist bis jetzt noch nicht zu beobachten...

Aus Monatsbericht der Gendarmerie-Station Mering (Bezirk Friedberg), 27. 6. 1933

... Auf Anordnung des Herrn Sonderbeauftragten beim Bezirksamt Friedberg wurde heute nachmittags auf dem hiesigen Bahnhof der verheiratete Landwirt Josef Kaiser von Schönleiten, Bezirksamt Aichach, zur Inschutzhaftnahme festgenommen und in das Amtsgerichtsgefängnis Friedberg eingeliefert. Kaiser ist Führer des Christlichen Bauernvereins des Bezirkes Aichach, hat als solcher Wahlversammlungen mitveranstaltet und in überaus unschöner Weise über die derzeitigen Führer des Deutschen Reiches geschimpft...

---

[24] Den Tuntenhausener Bauerntag hatten alljährlich seit Gründung des »Bayerisch-patriotischen Bauernvereins« im Jahre 1868 die Patriotenpartei, das bayerische Zentrum und später die BVP zur Demonstration weiß-blau-katholischer Selbständigkeit genutzt.

III. Agrarisch-katholisches Oberbayern/Aichach

Aus Halbmonatsbericht des Bezirksamts Aichach, 30. 6. 1933

...Zwischen der hiesigen Ortsgruppe des Stahlhelm und der NSDAP bestehen gespannte Verhältnisse. Von den Anhängern der NSDAP wird die Aufziehung des Stahlhelm in Aichach als eine Organisation der BVP angesehen. Große Aufregung hat die Verhaftung der Mitglieder des Stadtrats und des Bezirkstags, soweit sie Anhänger der BVP waren, hervorgerufen. Die Verhafteten haben sofort nach ihrer Verhaftung ihren Austritt aus der Partei und die Niederlegung ihrer Mandate erklärt und konnten nachmittags bereits wieder mit Zustimmung des Beauftragten des Sonderkommissars aus der Haft entlassen werden.

Da im Bezirk Aichach der Bezirkstag aus fünf Mitgliedern der BVP und vier Mitgliedern der NSDAP bestand, ist nunmehr der Bezirkstag nicht mehr beschlußfähig, da die Ersatzleute der BVP nicht eintreten werden...

Aus Halbmonatsbericht des Bezirksamts Aichach, 15. 7. 1933

...Wegen Auflösung der BVP konnte man unter der Bevölkerung keine allzu große Beunruhigung wahrnehmen, da eben schon mit diesem Ereignis gerechnet wurde. Die Bevölkerung ist übrigens sehr zurückhaltend, da keiner seinen Mitmenschen oder Nachbarn mehr traut und [jeder] befürchtet angezeigt zu werden, wenn er irgendwie eine nicht genehme Bemerkung macht.

Eine Reihe von Vereinen, insbesondere die katholischen Burschenvereine, sind beunruhigt, weil sie fürchten, aufgelöst zu werden und ihre Vereinsgelder ausliefern zu müssen...

Verglichen damit zeichnete der Regierungspräsident in seinem Bericht vom 5. August ein wesentlich positiveres Stimmungsbild: »In der Bevölkerung ist nunmehr eine merkliche politische Entspannung eingetreten; die Stimmung wird allgemein als gut bezeichnet. Viele Leute, die der nationalen Regierung bisher noch abwartend gegenüberstanden, beginnen, insbesondere angesichts der energischen Maßnahmen der Regierung zur Bekämpfung der Arbeitslosigkeit, Vertrauen zu fassen. Zur Beruhigung der katholischen Bevölkerung hat auch der erfolgreiche Abschluß des Konkordats beigetragen«...

Aus Halbmonatsbericht des Bezirksamts Aichach, 14. 8. 1933

Wie ich bereits unterm 30. Juni berichtete, besteht hier zwischen der NSDAP und der hiesigen Ortsgruppe des Stahlhelm, die erst Anfang Mai gegründet wurde, ein sehr gespanntes Verhältnis. Am 11. des Monats, abends, ließ der Beauftragte des Sonderkommissars den stellvertretenden Ortsgruppenführer des Stahlhelm Reichart in Schutzhaft nehmen, weil derselbe mit seinen Stahlhelmmitgliedern nicht zu dem von der SA angeordneten Apell, der dazu bestimmt gewesen wäre, die Eingliederung des Stahlhelm in die SA vorzunehmen, angetreten ist. Reichart wurde am Samstag vormittags wieder aus der Haft entlassen[25]. Zur Zeit befinden sich noch acht Personen des Bezirks in Schutzhaft,

---

[25] Die monatelang andauernden Streitigkeiten zwischen der NSDAP und dem Stahlhelm in Aichach fanden erst Anfang Oktober ein Ende, als die Stahlhelm-Ortsgruppe in die SA eingegliedert wurde.

hauptsächlich wegen abfälliger Bemerkungen in bezug auf die jetzige Reichsregierung und wegen politischer Bedrohung des zweiten Bürgermeisters und Ortsgruppenleiters der NSDAP in Pöttmes. Ein Mann befindet sich im Konzentrationslager in Dachau[26] ...

Aus Halbmonatsbericht des Bezirksamts Aichach, 30. 8. 1933

... Das Staatsministerium des Innern hat mit Entschließung vom 17. des Monats sein Befremden ausgesprochen, daß die Umbildung der Gemeinderäte ... noch nicht abgeschlossen sei, obwohl inzwischen bereits mehr als ein Monat verflossen sei...

Die Umbildung der Gemeinderäte und die Überprüfung bzw. Neubestellung der Bürgermeister waren durch Eingriffe des NSDAP-Kreisleiters in das amtliche Bestätigungsverfahren erheblich verzögert worden. Insgesamt sechs ersten und elf zweiten Bürgermeistern sowie zahlreichen Gemeinderäten versagte der Kreisleiter die Bestätigung, was in vielen Fällen sowohl zu Differenzen innerhalb der betroffenen Gemeinden als auch mit dem Bezirksamt als Staatsaufsichtsbehörde führte. In der Gemeinde Rehling wurde die Neuwahl eines von der Kreisleitung gewünschten Bürgermeisters dadurch boykottiert, daß sechs ehemals der BVP angehörende Gemeinderäte ihren Rücktritt erklärten und dadurch die geforderte Mehrheitsentscheidung bei der Wahl unmöglich machten. Außer in Rehling mußten aufgrund des Einspruchs der Kreisleitung gegen vom Bezirksamt bereits bestätigte erste Bürgermeister in den Gemeinden Haunswies, Oberschönbach, Stumpfenbach, Todtenweis und Oberdorf Neuwahlen angesetzt werden, obwohl das Bezirksamt der Auffassung war, daß, insbesondere in Todtenweis und Oberdorf, bewährte Fachkräfte nun Bürgermeistern weichen sollten, die zwar der Kreisleitung genehm waren, aber kaum die für ihr Amt erforderliche Befähigung mitbrachten. Zum Ausscheiden des Bürgermeisters Riß von Todtenweis schrieb das Bezirksamt in einem Sonderbericht vom 18. September »... Riß war bereits seit 1912 erster Bürgermeister in Todtenweis. Derselbe ist getragen von dem allgemeinen Vertrauen der Bevölkerung der Gemeinde und es steht auch heute noch der größte Teil der Bevölkerung der Gemeinde hinter ihm. Die Zahl seiner Gegner dürfte nach den eingezogenen Erkundigungen sehr gering sein. Riß genoß aber auch im ganzen Bezirke sehr großes Ansehen. Er war auch seit dem Jahre 1919 im Bezirkstag, war stellvertretender Bezirkstagsvorsitzender, war Vorsitzender der Bezirksbauernkammer und Mitglied des Kreistages... Wenn man alles bedenkt, so darf schon gesagt werden, daß in der Gemeinde kein Mann vorhanden ist, der dieses große Vertrauen besitzt wie Riß und der auch in die gemeindlichen, insbesondere landwirtschaftlichen Verhältnisse von Gemeinde und Bezirk so eingeweiht ist wie Riß. Sein jetziger Nachfolger als Bürgermeister ist ein Kaufmann. Er besitzt eine größere Krämerei und selbst keine Landwirtschaft...«

Aus Halbmonatsbericht des Bezirksamts Aichach, 30. 9. 1933

... In der gestrigen Sitzung des Bezirkstags ... hat ein Bezirkstagsmitglied zu Beginn der Sitzung den Vertreter des Aichacher Kurier aufgefordert, die Sitzung zu verlassen... Dieser Aufforderung zum Verlassen der Sitzung liegt die Tatsache zugrunde, daß vor ei-

---

[26] Der Schutzhäftling Peter Lang, der den Ortsgruppenleiter von Pöttmes bedroht haben soll, hatte bereits im April zusammen mit drei Freunden »aus politischer Rachsucht« den Führer des SA-Sturm in Pöttmes verprügelt und war deshalb schon einmal in Schutzhaft genommen worden. Bei dem Dachauhäftling handelte es sich um den Kommunisten Josef Weber. Auch über ihn und drei weitere Mitglieder der KP-Ortsgruppe Aichach (Hugo Denks, Franz Gut und Josef Strobl) war bereits vom 23. März bis 1. Mai auf Veranlassung des SA-Sonderbeauftragten Schutzhaft verhängt worden. StA München, LRA 99 500.

nigen Tagen in dem Geschäftslokal des Aichacher Kurier ein SA-Mann ein Aushängeplakat anbot, mit der Aufschrift »Deutsche, kauft deutsche Waren«... Dem SA-Mann wurde erklärt, daß für den Kauf kein Interesse bestände. Es dürften zu diesem Vorgehen gegen den Aichacher Kurier aber auch noch andere Gründe vorgelegen sein. In Aichach sind zwei Lokalblätter. Seitens der NSDAP ist die Aichacher Zeitung als ihr Parteiblatt erklärt. Der Aichacher Kurier war früher das Organ der BVP. Letztere Zeitung hatte eine große Auflage, und nun wird dahin getrachtet, daß die Abonnentenzahl der Aichacher Zeitung gehoben wird[27]. Auch hat sich der Aichacher Kurier durch einen Bericht über eine Versammlung der NSDAP vom 8. September bei der NSDAP oder wenigstens bei einigen Mitgliedern derselben mißliebig gemacht. Der Ortsgruppenführer hat in dieser Versammlung Ausführungen gebracht, die bei einem Teil der Bevölkerung und insbesondere bei der Beamtenschaft große Verärgerung hervorrufen mußten und auch hervorgerufen haben. Der Aichacher Kurier hat eben diese Ausführungen in großen Zügen in der Nr. 139 seines Blattes gebracht...

Aus Halbmonatsbericht des Bezirksamts Aichach, 14. 10. 1933

... Das Erntedankfest wurde in Aichach am 1. Oktober und in Pöttmes mit Genehmigung der Gauleitung von Oberbayern am 8. Oktober gefeiert. In beiden Orten wurde auch ein größerer Umzug gehalten, der in Pöttmes noch durch Einfügung von Festwagen verschönert wurde. Am Erntedankfest in Aichach hat sich auch die Beamtenschaft beteiligt... Die Beteiligung seitens der ländlichen Bevölkerung war verhältnismäßig gering. Die Ursache hierfür dürfte hauptsächlich im Geldmangel liegen...

Aus Halbmonatsbericht des Bezirksamts Aichach, 14. 11. 1933

Die Wahlen haben sich im Bezirke im allgemeinen in völliger Ruhe abgewickelt. Die Beteiligung war eine äußerst rege. Bei der Volksabstimmung wurden 17 788 Stimmen abgegeben, von denen 17 470 auf »Ja« lauteten. Für die Reichstagswahl wurden 17 776 Stimmen abgegeben, von denen 17 319 auf den Wahlvorschlag der NSDAP fielen. Die Wahlbeteiligung betrug im Bezirke 99,2%. Trotz der gegebenen Anweisungen und trotz Hinweis darauf, daß die Wahl geheim ist, wurde diese doch nicht überall geheim durchgeführt, wozu der Umstand beitrug, daß in Wahlversammlungen von der NSDAP der Standpunkt vertreten wurde, daß der Nationalsozialist nicht geheim, sondern öffentlich

---

[27] Mit öffentlichen Aufrufen und persönlichen Hausbesuchen forderten in den folgenden Monaten lokale NSDAP-Stellen die Abonnenten zur Abbestellung des ›Aichacher Kuriers‹ und zum Bezug des Parteiblatts der NSDAP auf. Wie das Bezirksamt im November der Staatskanzlei meldete, befürchteten nunmehr viele Abonnenten, »daß sie vielleicht als solche Personen angesehen werden könnten, der jetzigen Regierung feindlich gegenüberstehen, falls sie den ›Aichacher Kurier‹ weiterbeziehen.« Die angewandten Werbemethoden waren nach Ansicht der Staatskanzlei »als unzulässiger Boykott anzusehen, der nicht nur den gesetzlichen Bestimmungen über den Wettbewerb, sondern auch den wiederholten und genauen Anweisungen des Herrn Reichsleiters für die Presse widerspricht«. StA München, LRA 101 159.

wählt. So kam es auch, daß in Aichach die Mehrzahl der Wähler die aufgestellten Wahlzellen nicht benützte...[28]

Zur weiteren Behebung der Arbeitslosigkeit wurden dem Bezirke seitens der Arbeitsämter Augsburg und München aufgetragen, nicht weniger als 275 Landhelfer im Bezirke unterzubringen. In mehreren Besprechungen mit den Bürgermeistern des Bezirks wurden denselben die Notwendigkeit der Unterbringung derselben ernstlich nahegelegt. Wenn auch noch nicht von sämtlichen Gemeinden die Vollzugsberichte vorliegen, darf doch jetzt schon gesagt werden, daß die Unterbringung der Landhelfer gelungen ist...

Aus Halbmonatsbericht des Regierungspräsidenten von Oberbayern, 4. 12. 1933

... Das Bezirksamt Altötting berichtet, daß die bei den Landwirten vorhandene Skepsis gegenüber dem Erbhofgesetz nicht schwinden will. Der Kernpunkt der Bedenken ist die Einreihung der Töchter an vierter Stelle in der Anerbenreihenfolge, die angeblich unzulängliche Abfindung der nachgeborenen Kinder und die Unmöglichkeit der Begründung von Miteigentum am Erbhof für den Fall, daß ein Bauer in den Erbhof einheiratet. Der bisherige Rechtszustand, daß der Einheiratende aufgrund der Gütergemeinschaft Miteigentümer und »Moar« des Hofes wird, ist so tief im Volke verwurzelt, daß der Bauer eine abweichende Regelung sich nicht vorzustellen vermag...

Die im folgenden zitierte Passage aus dem Bericht eines Bezirksamtsvorstands in Ostbayern führte weitere wesentliche Argumente auf, wie sie in ähnlicher Form von den Bauern in ganz Bayern gegen das Erbhofgesetz vorgebracht wurden: »Obwohl das Erbhofgesetz zum Schutze des Bauernstandes erlassen ist, findet es selbst in den Kreisen der Landwirte keine ungeteilte Anerkennung. Begrüßt wird es natürlich von Bauern, die durch das Gesetz vor der Vergantung bewahrt wurden. Dagegen sind die tüchtigen Landwirte, die sich stets bemüht haben, ihre Verpflichtungen zu erfüllen und ihre Höfe schuldenfrei zu halten, peinlich überrascht, wenn ihnen jetzt gerade wegen ihrer Eigenschaft als Erbhofbesitzer von den Banken usw. kein Kredit gewährt wird und sie daher gewissermaßen als kreditunwürdig behandelt werden. Da der Erbhof nicht mehr dinglich belastet werden kann und mit allem Zubehör dem Zugriff des Gläubigers entzogen ist, lehnt begreiflicherweise jeder vorsichtige Geschäftsmann eine Kreditgewährung an Erbhofbesitzer ab. Dies wirkt sich auch auf die Arbeitsbeschaffung aus, da viele Erbhofbesitzer zwar einen Reichsbauzuschuß haben möchten, aber ihren Anteil an den Kosten der Baumaßnahme ohne Kredit nicht aufbringen können. Eine weitere Folge der Unbelastbarkeit des Erbhofes ist, daß die derzeitigen Erbhofbesitzer, die sich durch einen bloß obligatorischen Übergabevertrag nicht genügend gesichert fühlen, in zunehmendem Maße ihre Altersversorgung in einer Lebensversicherung suchen. Die hohen Prämien müssen natürlich aus dem Hof herausgewirtschaftet werden. Hierdurch und durch den Mangel an Kredit (z. B. zum Maschinenankauf usw.) ist ein Rückgang in der Bewirtschaftung des Hofes zu befürchten. Ein weiteres und noch schlimmeres Bedenken gegen das Erbhofgesetz wird darin erblickt, daß die meisten Erbhöfe nicht in der Lage sein werden, den außer dem Anerben vorhandenen Kindern eine entsprechende Ausstattung zu leisten. Das Los der Anerben und seiner Geschwister wird also in vielen Fällen so ungleich sein, daß ein Vater, der in gleicher Liebe an allen seinen Kindern hängt, diese Regelung als unbillig empfindet. Der Gegensatz in der Versorgung des Anerben und der übrigen Kinder wird natürlich um so schroffer sein, je größer die Kinderzahl ist. Infolgedessen wird der Vater, so-

---

[28] Die gesetzlichen Wahlvorschriften wurden von den örtlichen Parteistellen weiter dadurch verletzt, daß z. B. in Aichach die Wahlkommission sich zu gehunfähigen Kranken ins Haus begab, um deren Stimmzettel abzuholen, oder daß in einer Reihe von Gemeinden Wahlvorstände, die ausschließlich der NSDAP angehörten, aufgestellt wurden.

lange er Erbhofbesitzer ist, zugunsten der anderen Kinder dem Hofe Mittel entziehen (z. B. durch Lebensversicherung usw.) oder, was näher liegt, die Zahl der Kinder einschränken, wie das in Westfalen, dem Ursprungsland des Anerbenrechtes, bereits der Fall sein soll.«[29]

Aus Halbmonatsbericht des Bezirksamts Aichach, 16. 12. 1933

Die Stimmung der Bevölkerung ist im allgemeinen gut. Jedoch wurden in der Gemeinde Todtenweis auf Antrag des Sonderbeauftragten drei Gemeindeangehörige in Schutzhaft genommen, weil sie dem neuen Bürgermeister in seiner Amtsführung passiven Widerstand geleistet, auch Hetzreden gegen denselben geführt und gemeindliche Anschläge herabgerissen haben sollen. Auch sollen sie in einer öffentlichen Gemeindeversammlung sich dahin ausgesprochen haben, daß der größte Teil der Bevölkerung in der Gemeinde nicht hinter dem Bürgermeister stehe. In der Gemeinde Todtenweis herrscht anscheinend eine große Verstimmung, da, wie schon früher einmal berichtet wurde, der frühere langjährige Bürgermeister Riß als Bürgermeister nicht mehr bestätigt wurde und die Bevölkerung heute noch diesen als Bürgermeister der Gemeinde sehen möchte. ...

Die drei Gütler Eberle, Wolf und Bissinger hatten auch, soweit aus ihrem Schutzhaftakt hervorgeht[30], die Richtigkeit des Ergebnisses der Volksabstimmung vom November angezweifelt, die in Todtenweis 90% Ja-Stimmen erbracht hatte. Am 16. Dezember berichtete das Bezirksamt dazu an die Bayerische Politische Polizei: »Es ist anzunehmen, daß die Inschutzhaftnahme allenfalls in Todtenweis noch vorhandener widerstrebender Elemente gezeigt hat, daß das Bezirksamt und der Sonderbeauftragte gewillt sind, energisch durchzugreifen; dies dürfte zu einer alsbaldigen Befriedung der Gemeinde mitbeitragen.«[31] Am selben Tag teilte das Bezirksamt auch der Regierung mit, »daß nunmehr die Stimmung für den derzeitigen Bürgermeister Spanrunft in Todtenweis bei einem größeren Teil der Bevölkerung der Gemeinde Todtenweis bereits wesentlich günstiger geworden ist, und dieser Teil hinter dem Bürgermeister auch steht.«[32]

Aus Halbmonatsbericht des Regierungspräsidenten von Oberbayern, 3. 1. 1934

... Die im Bruckbräu in Bad Tölz abgehaltene Versammlung, bei der die Vertreter der Landesbauernschaft fesselnde Vorträge hielten, war sehr gut besucht. Die Ausführungen über das Erbhofgesetz fanden die größte Aufmerksamkeit. Auch das Bezirksamt Wasserburg meldet, daß im Vordergrund des Interesses bei allen Bauern das Reichserbhofgesetz steht. Während viele Bauern dieses Gesetz als Eingriff in ihre persönlichen Rechte betrachten, begrüßen andere das Gesetz sehr. Sehr mißlich ist hiebei der Umstand, daß zur Zeit kein Geldinstitut auch nur das kleinste Darlehen auf einen Hof gibt, bis nicht wieder grundbuchamtliche Eintragungen vorgenommen werden dürfen. Da sehr viele landwirtschaftliche Betriebe die Reichsbauzuschüsse ausnützen möchten, dies aber nur

---

[29] Zitiert im Halbmonatsbericht der Regierung von Niederbayern und der Oberpfalz vom 4. 1. 1934; vgl. auch insbes. den Bericht des Bezirksamts Würzburg, zitiert im Halbmonatsbericht der Regierung von Unterfranken vom 6. 4. 1934.
[30] StA München, LRA 99 500.
[31] Ebenda.
[32] StA München, LRA 99 497.

möglich ist, wenn hiezu das nötige Baukapital aufgenommen werden kann, ist der derzeitige, durch das Reichserbhofgesetz bedingte Zustand nach Ansicht des Bezirksamts Wasserburg nicht gerade erfreulich...

Aus Halbmonatsbericht des Bezirksamts Aichach, 15. 2. 1934

In der ersten Hälfte des Monats wurden wiederum fünf Personen, insbesondere wegen beleidigender Äußerungen in bezug auf die SA, in Schutzhaft genommen. Es handelt sich hier meistens um Äußerungen, die nach dem Genuß von Alkohol in Wirtschaften gemacht wurden...
Die Volksstimmung ist im allgemeinen ruhig. Das Reichserbhofgesetz wird in der Landwirtschaft vielfach besprochen; manche Bauern wollen nicht, daß ihr Hof Erbhof wird...

Aus Halbmonatsbericht des Bezirksamts Aichach, 13. 4. 1934

... Die bäuerliche Bevölkerung beklagt sich vielfach darüber, daß die Bezahlung der abgelieferten Eier bis jetzt nur monatlich erfolgt. Weiter wird über die immer noch zu niedrigen Erzeugerpreise Klage geführt. Endlich erwartet die landwirtschaftliche Bevölkerung, daß bis zum Beginn der sommerlichen Erntearbeiten endlich eine Senkung des Bierpreises eintritt...
Gegen einen katholischen Geistlichen (Pfarrer Spatz in Ruppertszell) sind auf Veranlassung des Sonderbeauftragten und im Benehmen mit der Bayerischen Politischen Polizei – München – Erhebungen wegen staatsabträglichen Verhaltens eingeleitet. Pfarrer Spatz wird beschuldigt, in Predigt und Christenlehre ständig Ausführungen gemacht zu haben, die sich mehr oder minder offen gegen den neuen Staat und seinen Führer richteten...[33]

Aus Halbmonatsbericht des Regierungspräsidenten von Oberbayern, 3. 3. 1934

... Das Erbhofgesetz wird in landwirtschaftlichen Kreisen immer noch viel kritisiert. Durch weitere Aufklärung wird die bäuerliche Bevölkerung sich auch mit diesem Gesetz abfinden. Das Bezirksamt Altötting berichtet, daß die Frage der bäuerlichen Kreditschöpfung immer noch manchem Zweifel begegnet und die Auffassung vertreten wird, daß mit einem auf die Tätigkeit und gute Wirtschaftsführung des Bauern allein aufgebauten Personalkredit auf die Dauer nicht auszukommen sei, es sei denn, daß ein Haftender, beispielsweise der Reichsnährstand, hinter dem Kredit steht. Ein Realkredit in bescheidenem Maße, etwa innerhalb des ersten Drittels des Einheitswertes und von Fall zu Fall

---

[33] Gegen Pfarrer Spatz wurde von der Bayerischen Politischen Polizei ein Verfahren anhängig gemacht, daß vom Landgericht Augsburg aber wieder abgesetzt wurde.

an die Genehmigung des Anerbengerichts gebunden, wird als durchaus unschädlich für den Bestand des Erbhofes angesehen. Die Abfindung der Geschwister des Anerben wäre hiedurch erleichtert und auch der großen, allgemein besprochenen Gefahr eines zu erwartenden Rückgangs der Geburtenziffer in den Bauernfamilien begegnet. Die Klärung der Kreditfrage hält die Bauernschaft für sehr vordringlich...

Aus Halbmonatsbericht des Bezirksamts Aichach, 30. 4. 1934

... Aufgrund der Verordnung vom 28. 2. 1933 und der hierzu erlassenen Bekanntmachung vom 4. 3. 1933 wurde im Benehmen mit dem Sonderbeauftragten beim Bezirksamt und der Bayerischen Politischen Polizei unterm 7. [richtig: 27.] 4. verfügt, daß die Zeitung »Aichacher Kurier – Bayerische Landpost« auf die Dauer von acht Tagen verboten wird... Außerdem wurde der Schriftleiter dieser Zeitung, Josef Lakas, ebenfalls mit Verfügung vom 27. April in Schutzhaft genommen, da ein weiter Kreis der Nationalsozialisten gegen Lakas so eingestellt ist, daß nach Auffassung des Sonderbeauftragten sowie des Ortsgruppenleiters dessen persönliche Sicherheit gegenwärtig nicht mehr gewährleistet ist...

Das Verbot wurde damit begründet, daß der Aichacher Kurier »besonders in letzter Zeit ständig an hervorragender Stelle, zumeist auf der ersten Seite (Titelseite), Nachrichten gebracht [habe], die geeignet sind, Beunruhigung in weite Kreise der Bevölkerung, insbesondere der katholischen Landbevölkerung, zu tragen«. Als Beispiele hierfür wurden Artikel über den katholischen und evangelischen Kirchenkampf angeführt.

Während der Verbotszeit verteilte der Verlag an seine Boten Handzettel, in welchen er dazu aufforderte, die Gelegenheit dazu zu benutzen, »nun erst recht für den Aichacher Kurier zu werben«. Daraufhin erfolgte ein zweites Verbot für weitere acht Tage durch Verfügung des Bezirksamts. Die Staatskanzlei hob dieses erneute Verbot jedoch wieder auf, da ihr die rechtlichen Grundlagen nur für die Beschlagnahme der Handzettel, nicht aber für ein Verbot der Zeitung gegeben schienen.[34]

Aus Halbmonatsbericht des Regierungspräsidenten von Oberbayern, 18. 5. 1934

... Das Bezirksamt Ebersberg berichtet, daß die Klagen der Bauernschaft in der Hauptsache folgendes berühren: Erbhofgesetz mit der Folge, daß der Bauer keine Schulden mehr machen kann; Vollzug des Körgesetzes, das im Bezirk Ebersberg streng durchgeführt wurde; hoher Bierpreis, der dem Bauern nicht gestattet, seinen Dienstboten während der Ernte Bier zu geben; Höhe der Sozialasten; Nichterfüllung des Versprechens, daß die hohen Gehälter über 12 000 RM im Staat und in der Privatwirtschaft abgebaut würden usw. Das Bezirksamt Starnberg meldet, daß unter den Landhelfern mitunter Unzufriedenheit herrsche, weil diesen angeblich versprochen worden sei, daß sie nach sechs Monaten wieder in die Stadt zurück dürfen und dann Arbeit zugewiesen erhalten. Dem sei aber nicht so, denn diesen Leuten werde die Rückkehr in die Stadt verwehrt. Im Bezirk Starnberg wird in der Bauernschaft über die Milch- und Eierverteilungsregelung, unzulängliche Senkung der Steuern, Niedrigkeit der Getreidepreise und Schwierigkeiten bei der Beschaffung von Arbeitskräften durch den Arbeitsdienst genörgelt...

---

[34] StA München, LRA 101 159.

Aus Halbmonatsbericht des Bezirksamts Aichach, 14. 7. 1934

... Seitens der Landwirtschaft wird nach Mitteilung des Kreisbauernführers darüber geklagt, daß jetzt gerade zu Beginn der Erntezeit vielfach Dienstboten ihre Dienstplätze verlassen, und ersucht derselbe um energisches Eingreifen. Bedauerlich ist, daß die alte Dienstbotenordnung, die ein Vorgehen ermöglicht hätte, nicht mehr besteht. Der Eingang der Bezirksumlagen ist unbefriedigend. Bei der jetzigen Stimmung der ländlichen Bevölkerung sind vorerst keine weiteren Einzahlungen zu erwarten, Zwangsvollstreckungen haben meistens keinen Erfolg; sie verursachen nur Kosten...

Aus Halbmonatsbericht des Bezirksamts Aichach, 31. 7. 1934

Offenbar hatte, ausgelöst durch das Vorgehen gegen die SA am 30. Juni, die Bevölkerung in einem größeren Maße ihre bisherige politische Zurückhaltung aufgegeben und beträchtliche Regimekritik geübt, denn der zweite Juli-Bericht des Bezirksamts griff dieses Thema ausführlich auf:

Die Bevölkerung ist staatserhaltend eingestellt und steht in ihrer großen Mehrheit für die Regierung und ganz besonders für den Führer ein. Gleichwohl werden aber auch Bedenken laut, ob die Wege, die beschritten wurden, auch zum Ziele führen. Auf dem Lande wird ja nicht allzuviel politisiert, namentlich jetzt während der Erntezeit. Bemerkungen dahingehend, Hitler wäre schon recht, aber eine Säuberung in der Partei und bei den unteren Führern wäre notwendig, wurden schon öfters laut, wenn sich auch die meisten Leute keine Meinung zu äußern getrauen, weil sie fürchten, in Unannehmlichkeiten verwickelt zu werden. Bemängelt wird auch, daß über vieles die Zeitungen nichts bringen oder nichts bringen dürfen und nicht wie früher auch andere Meinungen in der Presse zum Ausdruck gebracht werden dürfen. Bemängelt wird insbesonere auch, daß keine Liste der bei der Röhm-Revolte Getöteten herausgegeben wird. Es werden auch nicht mehr so viele Zeitungen wie früher gehalten, weil, wie es heißt, ganz gleich ist, welche Zeitung gelesen wird, es steht im allgemeinen doch in jeder das gleiche. Von der Nachricht der Aufhebung der Einrichtung des Sonderbevollmächtigten und Sonderbeauftragten hat die Bevölkerung im allgemeinen mit Befriedigung Kenntnis genommen...

Aus Monatsbericht des Bezirksamts Aichach, 4. 9. 1934

Dem Bericht der Gendarmerie-Station Pöttmes vom 1. 9. 1934 zufolge hatten besonders in Gundelsdorf viele Wähler die Volksabstimmung vom 19. August (über die nach dem Tode Hindenburgs erfolgte Vereinigung der Ämter des Reichspräsidenten und des Reichskanzlers) dazu benutzt, »um den örtlichen Behörden (Bürgermeister) Ärgernis zu geben und den Unwillen gegen sie zum Ausdruck zu bringen. In der Gemeinde Gundelsdorf soll zwischen dem jetzigen Bürgermeister und den Mitgliedern des einstmals aufgelösten Burschen-Vereins in politischer Hinsicht angeblich wegen Auflösung des Vereins und Beschlagnahme des Vermögens eine Unstimmigkeit bestehen.«

... Die Abstimmungshandlung selbst hat ohne jegliche Störung stattgefunden. Wie sich bei Überprüfung der Wahlverhandlungen herausstellte, haben die gleichen Parteidienststellen, mit deren Einvernehmen vorher die Abstimmungsvorsteher und -stellvertreter aufgestellt worden waren, in den Gemeinden Oberbachern, Obergriesbach, Randelsried, Ruppertszell, Tandern, Untergriesbach und Wollomoos am Wahltag eine Änderung in der Zusammensetzung des Wahlvorstandes vorgenommen. In einem Rundschreiben an die Gemeindebehörden war ausdrücklich darauf hingewiesen worden, daß eigenmächtige Abweichungen zu unterbleiben hätten. Vielfach wurde auch nicht geheim, sondern, auf mehr oder weniger erfolgte Aufmunterung hin, an offenen Tischen gewählt...

In Tandern herrschen schon seit längerer Zeit unter der Burschenschaft Unstimmigkeiten, die in den letzten Wochen zu schweren Prügeleien geführt haben. Gummiknüppel und Flaschen fanden bei diesen politischen Auseinandersetzungen zwischen SA-Angehörigen auf der einen und ehemaligen Mitgliedern des vor einiger Zeit aufgelösten Katholischen Burschenvereins auf der anderen Seite Verwendung. Die gegen beide Parteien erstatteten Strafanzeigen blieben aufgrund des Straffreiheitsgesetzes dem Vernehmen nach erfolglos. Die Schuldfrage konnte nicht einwandfrei geklärt werden; beide Teile dürften Schuld tragen.

Angesichts dieser Vorkommnisse muß der Wunsch weitester Bevölkerungskreise nach geeigneten unteren Führern als berechtigt anerkannt werden. Es ist Zeit, daß dafür gesorgt wird, daß auch auf dem Lande der richtige Mann an den richtigen Posten kommt... Die nunmehr baldige Besetzung des seit Monaten freien Kreisleiterpostens wäre dringend zu wünschen, zumal bedenkliche Spannungen innerhalb des Parteigebildes und örtliches Rivalisieren von Tag zu Tag mehr in Erscheinung treten[35]...

Die Klagen über die niederen Viehpreise sind mit dem Steigen der Schweinepreise etwas zurückgegangen; gleichwohl wird der Erlös für Großvieh und Kälber als ungenügend bezeichnet, der Preis für Kunstdünger dagegen als viel zu hoch. Geklagt wird auch ständig über den hohen Bierpreis und vereinzelt über zu hohe Lichtstrompreise...

Aus Monatsbericht des Bezirksamts Aichach, 3. 10. 1934

... Dem Erbhofgesetz stehen die finanziell gut gestellten Bauern nicht sehr sympathisch gegenüber. Günstiger wird das Gesetz von den wirtschaftlich schwächeren Landwirten aufgenommen...

Aus Monatsbericht des Bezirksamts Aichach, 3. 11. 1934

... Nach Gendarmeriebericht besteht in der Gemeinde Tandern bei der Mehrheit der dortigen Bevölkerung kein besonderes Vertrauen und Zuneigung gegen den in Aussicht genommenen ersten Bürgermeister, und wird von der Bevölkerung der Wunsch für Beibehaltung des derzeitigen Bürgermeisters ausgesprochen. Die Tätigkeit desselben ist aber dadurch behindert, daß ein Teil des Gemeinderats demselben die Gefolgschaft verweigert. Dem in Aussicht genommenen ersten Bürgermeister wurden vor einigen Tagen

---

[35] Der bisherige Kreisleiter, der praktische Arzt H. Hamel in Pöttmes, war am 14. 6. 1934 gestorben. Sein Nachfolger wurde der Zahnarzt Dr. Hartwig in Aichach.

nachts mehrere Fenster seines Wohnhauses eingeschlagen. Die Täter konnten noch nicht ermittelt werden...

Die Gendarmerie-Station Schiltberg berichtete am 27. 10. 1934 über die personellen Hintergründe der Vorfälle in Tandern: »Es besteht die Ansicht, daß durch die Ernennung des Mair als ersten Bürgermeister dem längst gehegten Wunsch des Andreas Regnath jun. in Tandern, Gemeindeschreiber zu werden, Rechnung getragen werden soll, welcher Wunsch dem Regnath nach Beibehaltung des [bisherigen] Bürgermeisters Völkl kaum ermöglicht worden wäre.« Der SA-Scharführer Regnath soll sich schon bei der im Bericht des Bezirksamts vom August 1934 erwähnten Schlägerei zwischen SA-Leuten und katholischen Burschen in Tandern hervorgetan haben. Eine Regelung erfolgte im Dezember, als dem Gendarmerie-Bericht zufolge »nach langwierigen Verhandlungen« der dortige Schmiedmeister Alois Huber als erster Bürgermeister aufgestellt und der Gemeinderat umgebildet wurde.

Aus Monatsbericht des Bezirksamts Aichach, 3. 12. 1934

... Dem Aichacher Kurier, dem früheren Organ der Bayerischen Volkspartei, in Aichach, wurde vom Bürgermeister in Aichach verboten, zu den öffentlichen Stadtratssitzungen einen Pressevertreter abzuschicken. Der Verlag der Zeitung hat sich wegen dieses Vergehens des ersten Bürgermeisters beschwert und laufen hierüber besondere Verhandlungen...

Die Schriftleitung des Aichacher Kurier wandte sich nach dieser erneuten Behinderung ihrer Tätigkeit beschwerdeführend an die Regierung von Oberbayern. Da der erste Bürgermeister dem Pressevertreter keine ordnungswidrige Störung einer Sitzung nachweisen konnte, mußte dem Aichacher Kurier wieder die Entsendung eines Vertreters zu den öffentlichen Stadtratssitzungen gestattet werden.[36]

Aus Monatsbericht der Regierung von Oberbayern, 8. 1. 1935

... In den Bezirken Aichach und Wolfratshausen wurde eine auffallende Mehrung der Versammlungen der konfessionellen Vereine festgestellt. Das Bezirksamt Aichach hat wegen der Häufung dieser Versammlungen eine Veranstaltung des katholischen Burschenvereins Oberzeitlbach, in der Kaplan Scherm von Altomünster sprechen sollte, verboten. Scherm hat, nachdem er im Besitze der Verbotsverfügung war, in der Kirche in Oberzeitlbach eine religiöse Weihestunde für die Mitglieder des Burschenvereins abgehalten, in der er, einem Zeitungsbericht zufolge, in Chorrock und Stola über das gleiche Thema sprach, das er in der verbotenen Versammlung behandeln wollte. Der [Bayerischen] Politischen Polizei wurde vom Bezirksamt eingehender Bericht über die Angelegenheit erstattet[37]...

---

[36] StA München, LRA 101 159.
[37] Die Bayerische Politische Polizei verhängte daraufhin über den Burschenverein Oberzeitlbach ein Betätigungsverbot.

Aus Monatsbericht des Bezirksamts Aichach, 4. 2. 1935

In politischer Beziehung ist gegenüber dem letzten Monatsbericht nichts besonderes Neues zu melden... Zu einer Beanstandung hat Pfarrer Bauer in Gundelsdorf Anlaß gegeben. Zwischen ihm und dem Ortsbauernführer ist es zu einem Zwischenfall insofern gekommen, als Pfarrer Bauer dem Ortsbauernführer auf dessen Gruß »Heil Hitler« erwiderte: Der Pfarrhof ist ein Anhängsel der Kirche und in diesem Haus grüßt man mit »Grüß Gott«. Diese Angelegenheit ist noch nicht erledigt...

Mehrere Gendarmerie-Stationen melden eine begeisterte Aufnahme des Ergebnisses der Saarabstimmung bei der Bevölkerung. In Tandern und Hilgertshausen hatten aus diesem Anlaß Fackelzüge stattgefunden. »Nur der Bauer Hundseder in Inchenhofen hat«, laut Bericht der Aichacher Gendarmerie vom 28. 1. 1935, »dem Lehrer Seibert, als dieser Saarerde verkaufen wollte, erklärt, ihm sei es gleich, ob die Saar französisch oder deutsch sei. Das Dritte Reich habe ihm schon Geld genug gekostet, er kaufe nichts.«

Die Landwirte führen zur Zeit keine besonderen Klagen, doch ist die Finanzlage vieler Landwirte keine gute, die sich auch in der ungenügenden Bezahlung ihrer Umlagenschuld auswirkt... Viele verschanzen sich auch hinter dem Entschuldungsverfahren und stützen sich auf den Vollstreckungsschutz. Beim hiesigen Amtsgericht sind in den letzten zwei Jahren 631 Anträge auf Eröffnung des Entschuldungsverfahrens eingereicht worden. Seitens der Gläubiger wird deshalb auch geklagt, daß sie vielfach gegen ihre Schuldner nicht vorgehen können. Wenn auch verschiedene Zahlungspflichtige nicht zahlen oder nicht zahlen wollen, muß andererseits doch auch betont werden, daß die Spareinlagen im Bezirke während des Jahres 1934 eine erhebliche Steigerung erfahren haben... Es darf dies als ein gutes Zeichen für die Hebung der Wirtschaft angesehen werden...

Aus Monatsbericht des Regierungspräsidenten von Oberbayern, 7. 2. 1935

... Allgemein wird über einen Mangel an landwirtschaftlichen Dienstboten geklagt. Die jüngeren Leute, denen die günstige Entwicklung der Industrie nicht unbekannt ist, versuchen mit allen Mitteln, als Lohnarbeiter irgendwo unterzukommen. Das Problem der Landflucht ist sehr ernst und beeinflußt die Stimmung der Landwirtschaft in ungünstiger Weise. In bäuerlichen Kreisen sind auch Klagen über die hohen Löhne, die heuer zu Lichtmeß von den Dienstboten gefordert wurden, laut geworden...

Aus Monatsbericht des Bezirksamts Aichach, 4. 3. 1935

Mit Bezugnahme auf den Bericht vom 4. Februar... gebe ich noch davon Kenntnis, daß dem Pfarrer Bauer seitens des Bezirksamts nahegelegt wurde, bis auf weiteres als Versammlungsleiter oder -redner nicht mehr tätig zu sein. Pfarrer Bauer hat sich auch bisher dieser Weisung gefügt...

Seitens der NSDAP ist von den beiden in Aichach erscheinenden Zeitungen die »Aichacher Zeitung« als Blatt der Partei erklärt worden. Für diese Zeitung hat nun eine ganz

besondere Werbetätigkeit eingesetzt und wird anscheinend angestrebt, daß künftighin von den Lokalblättern nur mehr diese Zeitung allein im Bezirke gelesen und gehalten wird und daß die zweite Zeitung, »Aichacher Kurier«, die von der Bayerischen Volkspartei seinerzeit aufgezogen wurde und den Nationalsozialismus schwer bekämpfte, unhaltbar wird. Wenn der Betrieb des »Aichacher Kurier« eingestellt werden muß, wird freilich eine Reihe von Arbeitern und Angestellten brotlos werden...
 Seitens vieler Bürgermeister wurde darüber geklagt, daß sie insbesondere für die Partei und das Winterhilfswerk sehr stark in Anspruch genommen werden und insbesondere auch sehr oft zu Besprechungen nach Aichach kommen müssen. Es kann auch die Wahrnehmung gemacht werden, daß manche Bürgermeister gern von ihrem Posten zurücktreten möchten...

Aus Monatsbericht des Bezirksamts Aichach, 4. 4. 1935

 Die Einführung der allgemeinen Wehrpflicht wurde überall begrüßt. Es tauchen nur bei den Landwirten Bedenken auf, daß Dienstknechte nicht mehr in der erforderlichen Zahl zu bekommen sind, zumal jetzt schon ein Mangel an Dienstboten besteht. Nach einer Mitteilung der Kreisbauernschaft fehlen zur Zeit im Bezirk Aichach, aufgrund von der Kreisbauernschaft gepflogenen Erhebungen, 68 Dienstmägde und 71 Dienstknechte...
 Nach Mitteilung der Kreisleitung soll von verschiedenen Geistlichen des Bezirks in einer ziemlich deutlichen Art gegen den Nationalsozialismus gepredigt und gegen die Gemeinschaftsschule Stellung genommen worden sein. Es wurde deshalb beantragt, ein allgemeines Versammlungsverbot für alle katholischen Vereine auf die Dauer von drei Monaten zu erlassen. Die Erhebungen ergaben, daß lediglich in einigen Orten von Geistlichen gegen den Nationalsozialismus mehr oder weniger Stellung genommen wurde, weshalb dann im Benehmen mit der Kreisleitung daraufhin an die in Frage kommenden Geistlichen eine entsprechende Mahnung erging, derartige Ausführungen, die geeignet sind, Unruhe in die Bevölkerung zu tragen, zu unterlassen, damit von weiterem Umgang Abstand genommen werden kann. Ferner wurde durch die Kreisleitung mitgeteilt, daß in einigen Gemeinden anläßlich der Saar-Rückgliederung in der Kirche nicht geläutet worden sei. Die Erhebungen ergaben hier, daß tatsächlich in sieben Gemeinden nicht geläutet wurde...
 Nicht in den Bericht des Bezirksamts aufgenommen wurde folgende Meldung im Bericht der Gendarmerie-Station Schiltberg vom 27. 3. 1935: »Nach einer Mitteilung des Lehrers Staudacher in Ruppertszell scheint es, daß sich der dortige Pfarrer Spatz von seiner früheren Einstellung gegen den Nationalsozialismus immer noch nicht ganz freimachen konnte, was er allerdings in offener Aussprache nicht mehr zum Ausdruck bringt. Am Heldengedenksonntag hielt er nur eine stille Messe – vermutlich deswegen, weil die HJ in Uniform [zum Gottesdienst] aufmarschiert ist. Dieses Verhalten hat bei mehreren Leuten von Ruppertszell Verärgerung ausgelöst.«
 Nach Bericht der Gendarmerie wird von verschiedenen Leuten geklagt, daß von den Amtswaltern und Blockleitern der NSDAP so sehr darauf gedrungen wird, nicht mehr den »Aichacher Kurier«, das frühere Organ der Bayerischen Volkspartei, sondern nur

mehr die »Aichacher Zeitung«, das Organ der NSDAP im Bezirk Aichach zu bestellen...

Aus Monatsbericht des Bezirksamts Aichach, 3. 5. 1935

... Pfarrer Mayr in Schiltberg soll gelegentlich einer Predigt in versteckter Form staatsfeindliche Kirchenpolitik getrieben haben; irgendwelche Äußerungen bezeichnender Art konnten aber nach Bericht der Gendarmerie nicht festgestellt werden...

Wegen eines im »Aichacher Kurier«... am 29. April erschienenen Artikels »Christentum und Arbeit« wollte die Kreisleitung die Beschlagnahme der Zeitung und ein Verbot der Zeitung erwirken... Die Beschlagnahme und das Verbot der Zeitung wurden jedoch von der zuständigen Stelle nicht genehmigt...

Insbesondere die folgenden Ausführungen des Artikels: »Die alte heidnische Zeit verachtete die Arbeit, die Zeit des Gottlosentums hat den Haß der Arbeit erzeugt, das neue Heidentum hat die Arbeit vergöttert und zum Selbstzweck allen Erdendaseins gemacht«, ließen nach Auffassung der Bayerischen Politischen Polizei »eine Spitze gegen die Auffassungen der nationalsozialistischen Lehre erkennen und sind geeignet, Unruhe in der Bevölkerung zu erregen«. Da für ein Verbot die Richtlinien der nationalsozialistischen Pressepolitik nicht ausreichten, schien es der Bayerischen Politischen Polizei angezeigt, zumindest den verantwortlichen Schriftleiter »ernstlich zu verwarnen und ihn darauf hinzuweisen, daß bei der geringsten neuerlichen staatsabträglichen Schreibweise mit den schärfsten polizeilichen Mitteln vorgegangen wird«.[38]

Aus Monatsbericht des Bezirksamts Aichach, 4. 6. 1935

... Der 1. Mai wurde im ganzen Bezirk festlich begangen.

Pfarrer Korn in Inchenhofen bekundet ein dem nationalsozialistischen System abträgliches Verhalten. Die gepflogenen Erhebungen wurden der Politischen Polizei zugeleitet... Pfarrer Korn hat, nach den Erhebungen, am Ostertage einen dem Jungvolk Angehörigen, der in seiner Uniform die Kirche besuchte, angeblich aus der Kirche gewiesen mit den Worten: »Seit wann geht man denn in Uniform in die Kirche?« Pfarrer Korn behauptet, er hätte zu dem Knaben gesagt: »Seit wann kommst du so in die Kirche?«. Weggeschickt habe er ihn nicht. Als die Kommunikanten in Inchenhofen auf einen Zettel ihre Personalien aufschreiben mußten, hat ein dem Jungvolk angehöriger Knabe am Schlusse hingeschrieben »Heil Hitler«. Daraufhin hat Pfarrer Korn ihm einige Schläge auf den Kopf gegeben, ihn längere Zeit – eine halbe bis eine Stunde – hinausknien lassen und gesagt: »Schändlich, schändlich, so etwas ist mir seit zwanzig Jahren noch nie in den Weg gekommen«. »Du bist nicht wert, daß man dir in das Gesicht speit«. »Du kommunizierst unwürdig«. Nach Angabe des Bürgermeisters hat Pfarrer Korn auch infolge der Verärgerung, weil er ihn auf einige Gebräuche aufmerksam machte, die Pfarrer Korn am Karsamstag nicht berücksichtigte, an den beiden Ostertagen keine Predigt gehalten und den Altarschmuck beseitigt.

[38] StA München, LRA 101 159.

In die Erbhofrolle des Bezirkes wurden bisher 900 Erbhöfe eingetragen.
Die Zeitung »Aichacher Kurier«... begegnet bei der NSDAP nach wie vor Schwierigkeiten. Als z. B. in einer Versammlung über die Gründung einer Flurbereinigungsgenossenschaft in Aichach, die in einer Wirtschaft – die als Parteilokal erklärt ist – abgehalten wurde, der Vertreter dieser Zeitung erschien, wurde an den Verhandlungsleiter das Ansinnen gestellt, den Vertreter dieser Zeitung aus dem Lokal zu verweisen. Als dieses abgelehnt wurde, ist der Kreisgeschäftsführer selbst gekommen und hat den Pressevertreter veranlaßt, das Lokal zu verlassen...
In letzter Zeit mehren sich die Klagen, daß landwirtschaftliche Dienstboten ohne triftige Gründe böswillig ihre Dienststelle verlassen und entweder nach Hause gehen oder sich anderweitig verdingen, wo sie einen größeren Lohn erhalten. Ein solches Verhalten schädigt in den meisten Fällen den Dienstherrn empfindlich, der nicht sofort wieder einen geeigneten Ersatz erhält. Ein solches Verhalten kann auch im Interesse der Allgemeinheit nicht geduldet werden, wenn die Erzeugungsschlacht[39] zu einem glücklichen Ende geführt werden soll. Das Bezirksamt hat deshalb angedroht, in künftigen Fällen bei grundlosem Verlassen der Dienststelle Schutzhaft zu verhängen. Es ist bedauerlich, daß die alte Dienstbotenordnung nicht mehr besteht...

Aus Monatsbericht der Regierungspräsidenten von Oberbayern, 11. 6. 1935

... Die Bevölkerung hält nach wie vor daran fest, bei den herkömmlichen Maifeiern die alten Landesfarben zu verwenden. Da HJ und SA dieses vielerorts nicht dulden wollten, kam es zu erheblichen politischen Schwierigkeiten. Die weiß-blauen Fahnen wurden von HJ und SA vielfach mit Gewalt entfernt und durch die Hakenkreuzfahne ersetzt, wobei die Führer der Aktion gegenüber den Bauernburschen Ausdrücke wie »schwarze Brut«, »Bauernlackel« usw. gebrauchten. Als Gegenaktion sind verschiedene Maibäume umgesägt worden. Überfallkommandos wurden eingesetzt, einige Personen in Schutzhaft genommen. Ein Bürgermeister wurde vom Führer eines Überfallkommandos an Ort und Stelle für abgesetzt erklärt. Auch bei den Firmungsfeierlichkeiten führte die Verwendung der alten Landesfarben verschiedentlich zu größeren Meinungsverschiedenheiten. Die Bevölkerung, darunter auch Mitglieder der NSDAP und ihrer Untergliederungen, wendet sich leidenschaftlich dagegen, daß die alten Landesfarben zum Symbol der früheren Bayerischen Volkspartei gestempelt werden. Da die geschilderten Vorfälle gleichzeitig aus mehreren Verwaltungsbezirken, nämlich aus den Bezirken Ebersberg, Freising, Garmisch, Laufen, München-Land, Pfaffenhofen und Wolfratshausen berichtet werden, stets tiefgreifende unerfreuliche Auswirkungen haben und mit ihrer Wiederholung zu rechnen ist, so wird neuerdings um baldige Regelung der Flaggenverwendung gebeten...

---

[39] Im Rahmen der autarkiewirtschaftlichen Intentionen der nationalsozialistischen Wirtschaftspolitik wurden ab 1935 jährlich sogen. Erzeugungsschlachten zur Steigerung der landwirtschaftlichen Produktivität durchgeführt. Im Vordergrund standen Maßnahmen zur Förderung der tierischen Produktion, des Kartoffelanbaus und des Anbaus von Öl- und Faserpflanzen.

Aus Monatsbericht des Bezirksamts Aichach, 4. 7. 1935

Die Stimmung in der Bevölkerung ist verschiedentlich nicht so, daß daraus auf ein volles Einstehen für das Programm der NSDAP geschlossen werden könnte. Namentlich ist verschiedentlich die Anschauung zu hören, daß die Nationalsozialisten kirchenfeindlich eingestellt sind...

Die Sonnwendfeier wurde im Bezirke, insbesondere in den größeren Orten, durchgeführt; in Aichach sind rund 800 SA-Männer der Stürme Aichach, Pöttmes, Aindling, Altomünster, Indersdorf und Dachau angetreten...

Wegen böswilligen Verlassens ihrer Dienststellen wurden im Bezirke vor einiger Zeit sechs Dienstknechte in Schutzhaft genommen, weil sie durch ihr Verhalten dazu beitrugen, die Durchführung der Erzeugungsschlacht zu sabotieren. Nach einigen Tagen wurden dieselben wieder aus der Haft entlassen...

Aus Monatsbericht des Regierungspräsidenten von Oberbayern, 9. 7. 1935

... Auch bei den Fronleichnamsprozessionen wurde vielfach wieder mit den alten Landesfarben weiß-blau beflaggt, woraus sich an verschiedenen Orten die schon mehrfach gemeldeten unerfreulichen Vorfälle ergeben haben. So wurde z. B. in Rimsting, Bezirksamt Rosenheim, vom Hause des früheren Bürgermeisters die weiß-blaue Fahne mit Gewalt herabgeholt und in den bei der Düngerstätte befindlichen Jauchegraben geworfen. Die Bevölkerung nahm eine drohende Haltung gegen den Führer der Aktion und die von ihm herbeigeholte SA an. Der Besonnenheit des Truppführers war es zu danken, daß Tätlichkeiten vermieden worden sind. Die Flaggenfrage will besonders in den Gebieten des Oberlandes nicht zur Ruhe kommen. Die Bevölkerung hält nach wie vor daran fest, bei Maifeiern, Prozessionen, Jubiläen und anderen Veranstaltungen die alten Landesfarben zu zeigen. Oft werden diese Fahnen mit Gewalt entfernt, die Fahnenmasten umgelegt und ähnliche Strafaktionen unternommen. Dieser unentwegte Kleinkrieg beginnt die Einigkeit des Volkes zu stören. Die beschleunigte Regelung der Flaggenfrage wird deshalb nochmals dringend erbeten[40]...

Über Dienstbotenmangel wird nach wie vor von den Bauern in unvermindertem Maße geklagt. Die Bezirksämter sind deshalb unter dem Drucke eines Notstandes vielfach dazu übergegangen, ohne triftigen Grund entlaufene Dienstboten unter Verwarnung durch die Gendarmerie auf ihre Arbeitsplätze zurückbringen zu lassen, bei neuerlichem Verstoß aber zu kurzdauernder Inschutzhaftnahme zu schreiten. Wenn auch gesetzliche Grundlagen dazu mangeln, so muß ich doch dieses energische Vorgehen billigen, da eine das Volk schädigende Handlung vorliegt. Verschiedentlich hat sich jedoch herausgestellt, daß der Aufgabe des Dienstes Streitigkeiten zugrunde lagen, die bei Gericht auszutragen wären. Auch kann die Befürchtung nicht von der Hand gewiesen werden, daß die Bauern die Zwangslage ihrer Dienstboten nunmehr ausnützen und diese ungebührlich behandeln

---

[40] Durch das Reichsflaggengesetz vom 15. 9. 1935 (RGBl. I, S. 1145) wurde die Hakenkreuzflagge zur alleinigen Reichs- und Nationalflagge erhoben.

werden; die von den Bauern gewährte Bezahlung und Verpflegung läßt auch während der Erntezeit zu wünschen übrig...

Aus Monatsbericht des Regierungspräsidenten von Oberbayern, 9. 9. 1935

... Das Verlagsrecht des »Aichacher Kurier« ist von einer durch die Kreisleitung Aichach gebildeten Kommanditgesellschaft käuflich erworben und das parteiamtliche Organ »Aichacher Amtsblatt« zu einer Tageszeitung umgestaltet worden. Der »Aichacher Kurier« hat ab 1. 9. sein Erscheinen eingestellt. Den unmittelbaren Anlaß hat der in nächster Ziffer geschilderte Vorfall gegeben.

Im weiteren führte der Bericht des Regierungspräsidenten nahezu wörtlich einen im »Aichacher Kurier« veröffentlichten Artikel auf. Darin war unter der Überschrift »Kundgebung gegen einen Juden« folgender Text abgedruckt: »Am Dienstagvormittag fand auf dem hiesigen Notariat die Zwangsversteigerung des Grundbesitzes der Kaufmannseheleute Andreas und Franziska Schöfbeck aus Sielenbach statt. Zu der Versteigerung war auch ein Jude, ein älterer Mann aus Ulm, erschienen, der eine beträchtliche Forderung aus Warenlieferungen an die Kaufmannseheleute Schöfbeck hatte. Als das bekannt wurde, entstand bald eine Ansammlung vor dem Notariat, an der sich auch SA- und SS-Leute beteiligten. Bei der Versteigerung ging der Grundbesitz um 15 551 Mark in das Eigentum der sechs minderjährigen Kinder der Familie Schöfbeck über. Als danach der Jude das Notariat verlassen wollte, mußte er ein Schild in der Hand halten mit der Aufschrift ›Ein Jude will deutschen Kindern die Heimat rauben‹. Währenddessen hielt ein Mitglied der SS eine Ansprache, die sich gegen das Treiben der Juden richtete und mit dem Sprechchor schloß: Juda verrecke! Der Jude wurde dann von einem SA-Mann ins Auto gebracht und unter dessen Begleitung über die Stadtgrenze geführt.«[41] Dieser Zeitungsartikel habe, so berichtete der Regierungspräsident ferner, »großen Unwillen in der Bevölkerung« erregt, »so daß der Redakteur und die verantwortlichen Schriftleiter in Schutzhaft genommen werden mußten«. Der Presseartikel deckte sich inhaltlich voll mit den Beobachtungen der Aichacher Gendarmerie-Hauptstation über die Vorfälle vor dem Aichacher Notariat. Die Gendarmerie berichtete am 15. 8. 1935 außerdem über das Vorgehen der örtlichen Polizeistellen gegen den »Aichacher Kurier«: »Dieser Zeitungsartikel hatte zum Teil in der Bevölkerung Unwillen hervorgerufen. Am gleichen Tage abends gegen 17.30 sammelten sich vor dem ›Aichacher Kurier‹ (Inhaber Karl Schütte) eine Anzahl Neugieriger, weil SA- und SS-Leute bei Schütte erschienen waren. Dabei wurde der Kreis der Zuschauer immer größer. Gegen 18.00 Uhr erhielt die hiesige Gendarmerie durch das Bezirksamt Aichach... den fernmündlichen Auftrag, daß der Redakteur Josef Lackas und der Schriftleiter Peter Assenmacher vom ›Aichacher Kurier‹ zu ihrem persönlichen Schutze in Haft zu nehmen sind... Im Anschluß an die Festnahme der drei Genannten traf der Herr Kreisleiter Dr. Hartwig vor dem Redaktionsgebäude ein. Er richtete an die anwesende Menschenmenge kurze Worte und forderte dieselbe auf, nach Hause zu gehen. Nach Absingen des Deutschland- und des Horst-Wessel-Liedes zerstreute sich die Menge.«[42] Die Schutzhaftbefehle wurden vom Bezirksamt damit begründet, die Ausführungen des Presseartikels seien »teilweise sachlich unrichtig und in ihrer Gesamtheit geeignet, der Lügen- und Greuelpropaganda des Auslands Vorschub zu leisten«. Zusätzlich verfügte das Bezirksamt, der beanstandete Artikel habe »zu einer Kundgebung der Aichacher Bevölkerung vor dem Verlagshause des ›Aichacher Kurier‹ Anlaß gegeben, in der die Empörung dieser Menge über diesen Artikel zum Ausdruck kam. Da die Gefahr besteht, daß sich ähnliche Kundgebungen wiederholen und dabei Ausschreitungen sich ereignen, wenn der ›Aichacher Kurier‹ weiterhin erscheint, ist im Interesse der Aufrechterhaltung der öffentlichen Ruhe, Ordnung und Sicherheit das Verbot dieser Zeitung bis auf weiteres und bis zur Klärung über den Fortbestand der Zeitung geboten. Das Verbot erfolgt im Benehmen mit der Bayerischen Politischen Polizei«. Tat-

---

[41] »Aichacher Kurier« vom 14. 8. 1935.
[42] StA München, LRA 101 159, auch für das folgende.

sächlich wurden jedoch Verbot und Schutzhaftnahmen allein deshalb ausgesprochen, weil durch wahrheitsgemäße journalistische Berichterstattung die Inszenierung einer geradezu modellhaften antisemitischen »Volksempörung« dekuvriert und damit das Regime an einer äußerst empfindlichen Stelle getroffen worden war.

In ähnlicher Weise wie in Aichach wurde auch in anderen Bezirken die ehemals BVP-orientierte Provinzpresse von NSDAP-Blättern aufgesogen. Der Regierungspräsident von Oberbayern berichtete darüber verschiedentlich, so z. B. am 10. 1. 1936: »Der Eigentümer des nationalsozialistischen Organes in Ingolstadt (›Der Donaubote‹) hat die früher bayerisch-volksparteiliche ›Ingolstädter Zeitung‹ für 300 000 RM mit Zustimmung des Reichspresseamtes aufgekauft, so daß dort außerdem nur mehr das schon früher farblose ›Ingolstädter Tagblatt‹ erscheint. In Weilheim spricht man davon, daß die beiden dort erscheinenden Tageszeitungen zum 1. 2. 1936 zusammengelegt werden und daß am 1. 3. 1936 auch das Murnauer Tagblatt folgen soll.«

Aus Monatsbericht des Bezirksamts Aichach, 2. 11. 1935

... Auf den Viehmärkten in Aichach finden sich jüdische Händler vereinzelt ein. Irgendwelche Klagen gegen sie und ihre Geschäftsgebaren wurden bis jetzt nicht bekannt. Im Gegenteil wird seitens der Landwirte verschiedentlich befürchtet, daß, wenn die jüdischen Händler vollkommen ausgeschlossen würden, die Großviehmärkte ungünstig beeinflußt würden, indem viel Vieh nicht mehr verkauft werden könnte...

Der Bauernstand ist mit den jetzigen Verhältnissen im allgemeinen zufrieden; nur wird der Preis für das Getreide, namentlich Weizen, als zu nieder erachtet, da die Produktionskosten verhältnismäßig hoch sind, insbesondere auch durch Beschaffung des notwendigen Kunstdüngers. Zum Besuch der Landwirtschaftsschule haben sich heuer nicht so viele junge Landwirte gemeldet als im vergangenen Jahr. Zum Teil macht sich die Aushebung zum Arbeits- und Wehrdienst bemerkbar; zum Teil sagen auch manche junge Leute, daß der Besuch der Schule für sie keinen Wert habe, weil sie, wenn sie nicht der Erstgeborene sind, nach dem Erbhofgesetz nicht Bauer werden können...

Aus Monatsbericht des Regierungspräsidenten von Oberbayern, 11. 11. 1935

... Die Anordnung der Bayerischen Politischen Polizei, Erntedankfeiern kirchlich-konfessionellen Charakters außerhalb der Kirche unter allen Umständen zu unterbinden und in die Kirche zu verlegen, hat überall dort zu Verstimmungen geführt, wo eine Vormittags-Prozession im Freien (also vor Beginn der staatlichen Erntedankfeier) herkömmlich war und deshalb zu einer Beeinträchtigung der staatlichen Erntedankfeier nicht hätte führen können. Nach dem Bericht des Bezirksamts Rosenheim hat der Vollzug der Anordnung vielfach Entrüstung hervorgerufen...

Aus Monatsbericht des Regierungspräsidenten von Oberbayern, 9. 12. 1935

... Nach dem Bericht eines Bezirkes mit überwiegend ländlichem Charakter ist es auffällig, daß die meisten Bauern-Bürgermeister amtsmüde sind. Zu einem großen Teil liegt das daran, daß von ihnen zuviel verlangt wird. Die Anforderungen, die der Staat, die Partei und die Parteigliederungen an einen Bürgermeister stellen, sind zur Zeit ungeheuer groß, und ein Bauer, der diesen Anforderungen zu entsprechen versucht, wird in seiner Wirtschaft unweigerlich zurückkommen. Daneben spielen auch politische Momente hinein. Bauern, die sich voll für die NSDAP einsetzten, wurden in den Augen ihrer bäuerlichen Kollegen als zu stark politisch engagiert angesehen und andererseits auch von der Partei doch nicht ganz voll genommen. Dadurch sitzen sie zwischen zwei Stühlen. Was viele noch auf ihren Posten hält, ist die Besorgnis, es könnte nach ihrem Rücktritt ein Nichtbauer Bürgermeister werden; denn in vielen bäuerlichen Gemeinden hat die Berufung von Arbeitnehmern zu Bürgermeistern eine gewisse Unruhe und Erregung hervorgerufen...

Nach einer statistischen Erhebung vom 1. Januar 1936 waren nur in elf der 72 Gemeinden im Bezirk Aichach keine Bauern-Bürgermeister im Amt. Zu diesem Zeitpunkt, also nach den personellen Umbesetzungen infolge der Durchführung der Deutschen Gemeindeordnung, standen immer noch in über einem Drittel der Gemeinden Bürgermeister an der Spitze der örtlichen Verwaltung, die bereits vor der nationalsozialistischen Machtübernahme gewählt worden waren.[43]

Aus Monatsbericht des Bezirksamts Aichach, 3. 1. 1936

... Von den Bauern und Landwirten derjenigen Gemeinden, welche zu einem Milcheinzugsgebiet erklärt wurden, wird vielfach Unwille über diese Anordnung geäußert, weil sie nun die Milch nicht mehr verbuttern dürfen, sondern an die Molkerei abliefern müssen. Viele Bauern sprechen sich gegen diese Lieferungspflicht auch deshalb aus, weil sie glauben, dadurch in der Kälber- und Schweineaufzucht benachteiligt zu werden. Es bestehen zum Teil auch noch Unklarheiten bezüglich der getroffenen Anordnungen...

Aus Monatsbericht des Bezirksamts Aichach, 3. 2. 1936

... Seitens des Schulleiters der Schule Rehling wurde Beschwerde gegen den dortigen Pfarrer Dr. Haider erhoben, weil dieser gegen den Schulleiter und die Schule hetzt und angenommen werden muß, daß Dr. Haider gegen den neuen Staat eingestellt sei... Ferner wurde Beschwerde gegen Pfarrer Mayr in Schiltberg erhoben, weil derselbe sich in der Schule den Deutschen Gruß verboten habe. Hierüber ist auch bereits die Bayerische Politische Polizei unterrichtet, und hat diese Entschließung dahin erlassen, daß dem Pfarrer Mayr zu eröffnen ist, daß ihm, falls er sich an diese Vorschrift nicht hält, die Genehmigung zur Erteilung von Religionsunterricht entzogen wird...
Zur Zeit werden in allen Gemeinden des Bezirks Versammlungen zur Durchführung der Erzeugungsschlacht abgehalten.
Der Regierungspräsident hatte am 10. 1. 1936 berichtet, der Erfolg dieser Versammlungen sei weitgehend bedingt »durch das Ansehen, das die Ortsbauernführer als Wirtschafter genießen«.

---

[43] StA München, LRA 103 138.

Infolge Rücktrittes des bisherigen Kreisleiters Dr. Hartwig in Aichach wurde nunmehr Kreisleiter Friedrichs in Dachau auch als Kreisleiter für den Bezirk Aichach aufgestellt... In der Marktgemeinde Pöttmes wurde, nachdem der bisherige erste Bürgermeister [Gutsbesitzer] Freiherr von Gumppenberg von diesem Posten zurückgetreten ist, an dessen Stelle der Kaufmann und Sturmbannführer Valentin Herzner von Pöttmes als Bürgermeister aufgestellt...

In Aichach wurde vor einigen Wochen in der HJ ein Lied gelernt und gesungen, in dem angeblich der Papst und die Geistlichkeit verächtlich gemacht worden sind... In Elternkreisen hat sich eine gewisse Erregung bemerkbar gemacht, und wurde auch von verschiedenen Eltern erklärt, daß sie ihre Kinder nicht mehr in der HJ lassen wollen. Der hiesige Unterbannführer hat ein weiteres Singen dieses Liedes in der HJ verboten. Der Hundertsatz der HJ und des BdM beträgt im Bezirke Aichach 56,83%...

Aus Monatsbericht des Bezirksamts Aichach, 3. 4. 1936

Die allgemeine politische Lage ist im ganzen Bezirke, wie sich auch bei der Reichstagswahl vom 29. März gezeigt hat, gut. Im Bezirke Aichach haben 99,62% für den Führer gestimmt; 51 Gemeinden stimmten mit 100% für Adolf Hitler. Die Wahlpropaganda war im Bezirke sehr groß aufgezogen. Es haben 16 große Wahlkundgebungen stattgefunden; außerdem wurden noch in jeder Gemeinde Wahlversammlungen abgehalten...

Mehrere Geistliche sollen dabei zur Stimmabgabe für den »Führer« aufgefordert haben. Im Monatsbericht der Bayerischen Politischen Polizei vom 1. 4. 1936 wurden katholische Geistliche erwähnt, die im Bezirk Aichach bei Wahlversammlungen auftraten. Einer von ihnen schloß seine Rede mit folgendem Aufruf: »Alle, die sich verpflichtet fühlen, Religion, Gott und Christentum zu schützen, sollen die Zeichen der Zeit erkennen und dem Bolschewismus am 29. März die Antwort geben: ›Die geschlossene Einheit des deutschen Volkes steht hinter Adolf Hitler‹.« Der Monatsbericht des Bezirksamts Aichach verwies weiter auf mehrere Fälle von Wahlmanipulation durch NSDAP-Ortsgruppenleiter, was sogar zur Folge hatte, daß in der Stadt Aichach der Bürgermeister und der Ortsgruppenleiter ihre Ämter niederlegen mußten.

Aus Monatsbericht des Bezirksamts Aichach, 3. 8. 1936

In den Orten, in welchen klösterliche Lehrkräfte wirken, ist unter der Bevölkerung immer noch eine starke Beunruhigung, da die Eltern von Kindern befürchten, es werden die klösterlichen Lehrkräfte abberufen. Weitaus der größte Teil der Bevölkerung ist gegen die Aufhebung der klösterlichen Schulen[44]. In der Stadt Aichach wurden vor einigen Tagen Unterschriften gesammelt für die Beibehaltung der klösterlichen Lehrkräfte. Es sollten hier die Eltern, die Kinder in die Schule schicken, befragt worden sein. Soviel man hört, sollen wenige Eltern die Unterschrift verweigert haben. 94% sollen sich für die Beibehaltung der klösterlichen Lehrkräfte ausgesprochen haben...

Das Entlaufen der Dienstboten, wie es in der letzten Zeit mehrfach vorgekommen ist,

---

[44] Trotz behördlichen Verbots hatten die katholischen Geistlichen im Bezirk am 21. oder 28. Juni in den Kirchen einen Hirtenbrief verlesen, in dem gegen die geplante Aufhebung der Klosterschulen Stellung bezogen wurde.

dürfte nunmehr, nachdem stark zugegriffen werden kann[45], allmählich aufhören. Vor einigen Tagen wurde ein Dienstknecht des Bezirks wegen unbefugten Dienstentlaufens in Schutzhaft genommen, und wird derselbe nach Dachau überstellt...

Aus Monatsbericht des Regierungspräsidenten von Oberbayern, 7. 8. 1936

... Zwar haben die jetzt zulässigen Zwangsmaßnahmen bei Vertragsbrüchen und grundlosen Kündigungen schon etwas gefruchtet, auch werden die Erntehelfer aus der Ostmark dankbar begrüßt, allein es herrscht nach wie vor ein Mangel an tüchtigen, geschulten Mägden und Knechten. Dieser Mangel wird nicht aufhören, solange das soziale Problem »hie Fabrikarbeiter, hie landwirtschaftlicher Dienstbote« nicht gelöst ist. Das nebeneinander von Industrie und Landwirtschaft führt zu einer ständigen Vergleichung der Arbeitsbedingungen, die hinsichtlich der persönlichen Freiheit und Freizeit immer zugunsten des Industriearbeiters ausfällt. Der landwirtschaftliche Dienstbote sieht sich im Vergleich zum Fabrikarbeiter auch zu schlechteren Lohnbedingungen arbeiten. Er kommt später zum Heiraten, später zur Gründung eines eigenen Haushalts und einer Familie. So kann man es erleben, daß die Bauern selbst ihre nachgeborenen Söhne und Töchter handwerklichen und industriellen Berufen zuführen und dabei zu Hause einen Mangel an Arbeitskräften haben. Ein Bezirksamt berichtet, daß trotz der Verhängung von Schutzhaft, trotz gütlicher Vermittlungsversuche der Deutschen Arbeitsfront dutzende Male gemeldet wurde, daß Dienstboten erklärten, sich lieber nach Dachau schaffen zu lassen, als wieder auf ihren Dienstplatz zurückzukehren. Die Bauern tragen hier selbst ein gerütteltes Maß an Schuld wegen schlechter Behandlung ihrer Ehehalten...

Aus Monatsbericht des Bezirksamts Aichach, 3. 11. 1936

Die Werbung der Lehrkräfte zum Beitritt in die Deutsche Schulgemeinde stößt infolge der erlassenen Hirtenbriefe über die Gemeinschaftsschule auf dem Lande auf große Schwierigkeiten. Verschiedene Eltern, die bereits Mitglied der Deutschen Schulgemeinde waren, treten wieder aus, weil ihnen angeblich gesagt wird, daß, wer in der Deutschen Schulgemeinde ist, von der Kirche exkommuniziert und ihm das christliche Begräbnis verweigert werde. Es kommen, nach Angabe der Lehrkräfte, von auswärts Leute in die Gemeinden, in die Wirtshäuser und reden gegen die Deutsche Schulgemeinde. Die Lehrkräfte werden den Kommunisten gleichgestellt, weil sie für die Deutsche Schulgemeinde eintreten; weiter wird gesagt, wer für die Deutsche Schulgemeinde unterschreibt, unterschreibt für den religonslosen Unterricht...

---

[45] Durch Entschließung des Bayerischen Innenministeriums vom 14. 7. 1936 waren die Bezirkspolizeibehörden ermächtigt worden, »in Fällen volksschädigenden Eigennutzes mit Schutzhaft vorzugehen 1.) gegen landwirtschaftliche Arbeitskräfte, die ohne nennenswerten Grund ihre Arbeitsplätze verlassen, 2.) gegen Bauern und Landwirte, die anderen landwirtschaftlichen Arbeitgebern ihre Arbeitskräfte abdingen oder solche in Kenntnis eines Vertragsbruches einstellen, 3.) gegen jede Person, die durch Verleitung landwirtschaftlicher Arbeitskräfte zum Vertragsbruch Unordnung oder Unruhe in den landwirtschaftlichen Markt trägt«. StA München, LRA 13 092.

Der Kampf gegen die Deutsche Schulgemeinde, die nationalsozialistische Organisation zur Durchsetzung der entkonfessionalisierten Gemeinschaftsschule, war, soweit aus der Berichterstattung zu entnehmen ist, im Bezirk zuerst von Pfarrer Mayr aufgenommen worden. Dazu meldete die Gendarmerie-Station Schiltberg in ihrem Monatsbericht vom 29. 8. 1936: »Die katholischen Geistlichen im hiesigen Dienstbezirke unterstützen im allgemeinen die Bestrebungen der Reichsregierung und verhalten sich loyal. Nur Pfarrer Mayr in Schiltberg bringt an den vormittäglichen Gottesdiensten an den Sonntagen in seiner Predigt stets das Thema über die Deutsche Schulgemeinde und fordert die Kirchenbesucher auf, aus der Deutschen Schulgemeinde wieder auszutreten, soweit sie dieser bereits angehören.«

Pfarrer Korn in Inchenhofen soll nach einer von der Gendarmerie erstatteten Anzeige in einer Predigt folgendes gesagt haben: »Der Bolschewismus braucht nicht von Rußland zu kommen, der wächst bereits in der heutigen Jugend heran!« Die erstattete Anzeige wurde der Geheimen Staatspolizei München vorgelegt. Weiter hat Pfarrer Mayr von Schiltberg gelegentlich des Todes des Oberforstverwalters Strauß in Schiltberg, eines alten Parteimitgliedes, ein Verhalten an den Tag gelegt, das bei vielen Leuten, insbesondere den Parteimitgliedern und bei der SA, großen Unwillen erregte. Die Anzeige wurde ebenfalls der Geheimen Staatspolizei München vorgelegt. Seitens derselben erging nun Entschließung dahin, daß, nachdem bei den bisher gemachten Erfahrungen die Justizbehörden in derartigen Fällen mangels Straftatbestandes das Verfahren einstellen, von einer Anzeigeerstattung an die Staatsanwaltschaft abzusehen sei. Leider bestehe augenblicklich keine Möglichkeit, derartige Gemütsrohheiten und Ungezogenheiten, wie sie sich Pfarrer Mayr zuschulden kommen hat lassen, zu ahnden. Es werde Aufgabe der Parteiorganisationen sein, diesen Fall entsprechend propagandistisch zu würdigen...

Aus Monatsbericht des Bezirksamts Aichach, 2. 12. 1936

... Gegen Pfarrer Maximilian Mayr in Schiltberg wurde unterm 10. November seitens der Gendarmerie Anzeige erstattet, weil derselbe den Bürgermeister Asam von Schiltberg gelegentlich des Hauptgottesdienstes in der Kirche aufforderte, den im »Stürmer«-Kasten ausgehängten »Stürmer« zu entfernen. Das Titelblatt des »Stürmers« war mit einem Juden versehen: dieser Jude hielt ein Buch mit der Aufschrift »Das alte Testament« in der Hand[46]. Diese Anzeige wurde der Geheimen Staatspolizei München zugeleitet...

Aus Monatsbericht der Gendarmerie-Station Affing (Bezirk Aichach), 27. 1. 1937

Politisch kann Neues wiederum nicht berichtet werden, nachdem überwiegend bäuerliche Bevölkerung vorhanden ist, die sich um Politik wenig kümmert. Parteipolitisch wäre beizufügen, daß das Interesse für die HJ, BdM, SA etc. im Schwinden begriffen zu sein scheint. Die HJ in Igenhausen beispielsweise ist eingegangen, nicht aber auch der dortige Burschenverein...

---

[46] Neben dem Buch war ein evangelischer Pastor abgebildet, davor ein Hitlerjunge und ein BdM-Mädchen; dazu der Text: »Den Geist, der aus dem Buche spricht, versteht die deutsche Jugend nicht«, »Der Stürmer« Jg. 1936, Nr. 44.

Dokumente   361

Aus Monatsbericht des Bezirksamts Aichach, 2. 2. 1937

... Am Sonntage, den 24. Januar, sprach in der Stadtpfarrkirche in Aichach Jesuitenpater Rupert Mayer. Die Kirche war dichtgedrängt und bis auf das letzte Plätzchen besetzt...
    Dazu berichtete die Gendarmerie-Hauptstation Aichach am 29. 1. 1937: Die Ansprache »hat Verwirrung in die Bevölkerung getragen. Vielfach kann man von den Leuten hören, sie verstehen nicht, daß solche Hetzreden von der Kanzel nicht unterbunden werden«. Eine Mitschrift der Predigt wurde neben elf weiteren Predigtmitschriften als Beweismaterial im Prozeß Rupert Mayer vor dem Sondergericht München im Juli 1937 vorgelegt. In der Aichacher Pfarrkirche hatte Mayer zahlreiche Beweise für die Kirchenfeindlichkeit des Regimes angeführt und gemeint: »Nach diesen Beweisen könnte man glauben, daß der Nationalsozialismus der erbittertste Gegner der Kirche sei. Demgegenüber steht die Erklärung der Reichsregierung vom Frühjahr 1933, das Konkordat und der Programmpunkt 24. Da kennt man sich nicht mehr aus, was richtig ist.«[47]

Aus Monatsbericht des Regierungspräsidenten von Oberbayern, 10. 2. 1937

... Die Maßnahmen des Reichsnährstandes bieten beim Bauern überhaupt Anlaß zu vielen Klagen. Abfällige Beurteilung, ja Enttäuschung, bietet die bayerische Körordnung, die anstelle der erhofften Erleichterungen Erschwerungen bringe. Ein Bürgermeister und Alt-Pg. äußerte am Bezirksamt Altötting, daß er die Übernahme der strengen Vorschriften des alten bayerischen Körgesetzes in die neue Körordnung nicht verstehen könne, da doch die Nationalsozialisten seinerzeit im bayerischen Landtag gegen das Körgesetz gestimmt hätten... Ferner werden von den Anordnungen des Reichsnährstandes zum Teil in drastischer Weise bemängelt: Milchleistungsprüfungen, Anbauzwang für Raps, Flachs (was als unwillkommener Eingriff in die Wirtschaftsführung aufgefaßt wird), Milchablieferung in die Molkereien usw. Die Auszüge aus den Ämterberichten und Bürgermeisterberichten ergeben nach der bäuerlichen Ansicht folgendes Bild:

Auf der einen Seite	Auf der anderen Seite
Dienstbotennot	Vierjahresplan ... Milchkontrolle mit erhöhter Arbeit
niedriger Milchpreis	hoher Verbraucherpreis mit hohen Molkereigewinnen
Mangel an Getreide	hohe Gewinne der Mühlen
hohe Düngerpreise	Riesengewinne der Düngemittelfabriken
niedrige Schlachtviehpreise	hohe Preise für Nutz- und Zuchtvieh
Steigerung aller Ausgaben ...	Mißernte und ungenügende Erlöse
Mangel an Zahlungsmitteln	Umständlichkeiten beim Verkauf von landwirtschaftlichen Erzeugnissen (Milch, Getreide, Zuchtvieh, Schlachtvieh) ...

---

[47] Nach Gritschneder, Otto: Die Akten des Sondergerichts über Pater Rupert Mayer S. J., in: Beiträge zur altbayerischen Kirchengeschichte Bd. 28. München 1974, S. 201.

III. Agrarisch-katholisches Oberbayern/Aichach

Aus Monatsbericht des Regierungspräsidenten von Oberbayern, 10. 3. 1937

... Der gute Wille der Bauernschaft zur tatkräftigen Mitarbeit an der dritten Erzeugungsschlacht ist unzweifelhaft vorhanden. Bauern, die aus innerer Gegnerschaft diese oder jene Maßnahme nicht durchführen wollen, gibt es so gut wie nicht mehr. Jedoch die Dienstbotennot und der zunehmende Mangel an Betriebskapital sind es, die den vorhandenen guten Willen immer wieder lähmen. Von der teilweisen Behebung der Dienstbotennot durch vermehrte Maschinenverwendung will man bei dem Kapitalmangel nicht viel wissen...

Aus Monatsbericht des Bezirksamts Aichach, 3. 4. 1937

... Der Pfarrer Mathias Korn in Inchenhofen hat am 19. März anläßlich des vormittäglichen Gottesdienstes gegen den im »Stürmer«... veröffentlichten Artikel »Leonhardiritt«[48] scharfe Worte geführt...
Seitens der Landwirtschaft wurde die Verordnung über die Verbilligung des Kunstdüngers und Erhöhung der Roggenpreise sehr begrüßt... Verschiedene Bauern klagen sehr über Dienstbotenmangel. Nach einem Gendarmeriebericht sind einige Bauern vorhanden, die 150–200 Tagwerk Grund besitzen und einen Dienstboten, anstatt vier bis fünf, zur Arbeit haben...

Aus Monatsbericht des Bezirksamts Aichach, 3. 5. 1937

... Der katholische Pfarrer Mayr in Schiltberg soll beim Einsammeln der Beichtzettel den Frauen gesagt haben, daß es keine Pflicht sei, daß sie ihre Kinder zur HJ und BdM schikken, und begründete seine Ausführungen mit einem Ausschreiben des deutschen Jugendführers und erklärte, daß dieser gesagt habe, es sei eine freiwillige Sache, wenn Eltern und Erziehungsberechtigte ihre Kinder in die genannten Verbände beitreten lassen. Am 25. 4. 1937 sprach Pfarrer Mayr während des Gottesdienstes über das Thema »Die neue Weltanschauung«. Hierbei soll er bemängelt haben, daß die Mädchen der Volksschule im Turnanzug durch die Ortsstraßen gehen und im Freien auf dem Sportplatz turnen; wie er auch als unanständig betrachte, wenn Frauen und Männer bei den Sportgruppen der KdF gemeinsam Leibesübungen machen...

Aus Monatsbericht des Bezirksamts Aichach, 3. 6. 1937

... Am 27. Mai wurde in der Pfarrkirche in Aindling nachmittags von dem Jesuiten-Pater Rupert Mayer ein Vortrag an Männer gehalten, welcher eine Stunde dauerte. Eingela-

---

[48] Der »Stürmer« hatte der Kirche vorgeworfen, der Leonhardiritt – ein »uraltes germanisches Brauchtum« – werde dadurch »verschandelt«, daß auf den mitgeführten Festwagen häufig auch alttestamentarische Szenen dargestellt würden (Jg. 1937, Nr. 7).

den waren nur Männer. Die Zahl der Besucher war nicht übermäßig. Der Redner sprach zunächst zu den Jungmännern und brachte zum Ausdruck, daß man sich freuen müsse, daß die Jugend nicht ganz marxistisch und kommunistisch verseucht worden sei. Später ging der Redner zur Stellung der katholischen Kirche über. Dabei betonte er, daß er für seine Äußerungen allein verantwortlich sei, niemand persönlich angreife und nur das sage, was in der letzten Zeit in den Hirtenbriefen geschrieben wurde. Der Redner ging dann auf Alfred Rosenberg ein und sagte, daß seine Lehre nicht die richtige sei. Die Katholiken müssen dies als Irrlehre bezeichnen. Der Redner betonte ferner, daß in dieser Lehre von einem Gott gesprochen werde, aber man glaube doch nichts. Die neuheidnische Lehre spalte sich wieder in Richtungen und habe mit dem Christentum nichts mehr zu tun. Der Redner bemerkte auch, daß heute der katholischen Kirche die Hände gebunden seien und sie sich nicht wehren könne, wenn man sie verleumde. Zum Schluß betonte der Redner, daß man einmütig hinter der katholischen Kirche stehen werde...

Aus Monatsbericht des Bezirksamts Aichach, 3. 7. 1937

Die freie Elternabstimmung über die Deutsche Schule (Gemeinschaftsschule) war das örtlich wichtigste politische Ereignis. Das Abstimmungsergebnis blieb zwar hinter dem anderer Kreise zurück; dennoch gab die übergroße Mehrzahl der Erziehungsberechtigten auch hier ihre Stimme für die Gemeinschaftsschule ab. Lediglich einige Gemeinden, in denen der Einfluß der Geistlichkeit noch sehr groß ist, blieben auffallend zurück. Die Abstimmung selbst ging, abgesehen von Zwischenfällen in Kühbach, Rapperzell und Sielenbach, im allgemeinen ruhig und reibungslos vor sich. Danach allerdings setzte in vielen Orten seitens der Pfarrherren eine sehr heftige Gegenreaktion, die auch heute noch nicht abgeklungen ist, ein; im Gegenteil mehren sich die Berichte, daß wegen der Schulfrage größte Unruhe und Unstimmigkeit in den Gemeinden herrscht. Bezeichnend ist, daß beispielsweise Pfarrer Mathias Korn in Inchenhofen nach der Abstimmung an zwei Sonntagen keine Predigt mehr hielt und erklärte, es erübrige sich in der heutigen Zeit, daß ein Priester auf die Kanzel steigt und das Wort Gottes predige, wenn die Leute doch nicht die Worte des Priesters befolgen, vielmehr immer wieder den Glaubenslosen nachlaufen würden. In den letzten Tagen hat Korn nach dem Gottesdienst ein Vaterunser für die blinden Christen und Eltern beten lassen; das Gebet sei für die Christen und Eltern bestimmt gewesen, die sich für die Gemeinschaftsschule bekannt haben.
  Auch Pfarrer Maximilian Mayr in Schiltberg geißelt fast in jeder Predigt diejenigen, die für die Gemeinschaftsschule gestimmt haben. Dabei versteht er, der an seinem früheren Wirkungsort bereits politisch beanstandet werden mußte[49], es vorzüglich, seine Worte so zu wählen, daß er dabei weder Staat noch Partei angreift bzw. nur sehr schwer gefaßt werden kann. Durch die ständigen Quertreibereien des Mayr sind die Zustände in Schiltberg nahezu unhaltbar geworden; sie bedürfen möglichst bald der Bereinigung; entsprechende Verhandlungen sind im Gange...

---

[49] Als Pfarrer von Unterwindach, Bezirk Landsberg, war Mayr zum ersten Mal in Schutzhaft genommen worden.

Im Dezember 1937 wurde Pfarrer Mayr die Befugnis zur Erteilung des Religionsunterrichts entzogen, weil er in der Volksschule von Schiltberg den Erntedankfestzug in Aichach als Maskeradezug bezeichnet hatte. Ferner wurde ihm, nachdem eine von Schiltberger Bürgern beabsichtigte Unterschriftensammlung im letzten Augenblick verhindert werden konnte, die sofortige Inschutzhaftnahme angekündigt, »falls von seiner oder seiner Anhängerseite irgend etwas unternommen werden sollte, was die ohnehin schon gespannte Situation in der Gemeinde zu verschärfen in der Lage sei« (Monatsbericht des Bezirksamts Aichach vom 4. 1. 1938). Ein gegen ihn wegen seiner Äußerung über die Gestaltung des Festzugs in Aichach angestrengtes Verfahren vor dem Sondergericht München wurde im Juni 1938 aufgrund einer Amnestie eingestellt. Da er aber weiterhin gegen die Einschränkungen seiner seelsorgerischen und Erziehertätigkeit opponierte, wurde er im März 1940 in Schutzhaft genommen und ins Konzentrationslager Dachau eingewiesen.

Der Herr Kreisleiter hat im Hinblick darauf, daß Bauern, die sich bisher als ausgesprochene Gegner des Dritten Reiches gezeigt haben, vielfach in den Genuß von verbilligten Darlehen, Zuschüssen und dergleichen[50] gelangen, angeregt, ein politisches Unbedenklichkeitszeugnis bei ihm anzufordern und die Gewährung der genannten Vorteile davon abhängig zu machen, daß der Gesuchsteller in politischer Beziehung einwandfrei sei. Er hat darauf hingewiesen, daß es auf die Dauer für die Arbeit in den Gemeinden untragbar sei, wenn gerade abseits Stehende bezuschußt würden, während die anderen, die sich für die Partei einsetzten, dadurch immer wieder vor den Kopf gestoßen würden und sich mehr und mehr als die Dummen vorkämen...

Aus Monatsbericht des Bezirksamts Aichach, 6. 12. 1937

... Während die Landwirtschaft die Maßnahmen der Regierung bezüglich Schweinemast und Erhöhung der Erzeugerpreise für Schweine günstig aufnahm, kann gleichwohl nicht verkannt werden, daß die Klagen und die allgemeine Unzufriedenheit von Monat zu Monat stärker werden. Der Mangel an landwirtschaftlichen Arbeitern, die zu hohen Löhne und die zu niedrigen Getreidepreise sind zum wesentlichen der Grund hiefür. Wie immer wieder versichert wird, stehen diese hohen Löhne in keinem Verhältnis zur Arbeitsleistung und vor allem auch zur Leistungsfähigkeit des Betriebes. Auch über die hohen Zahlungen an den Reichsnährstand wird geklagt, zumal die Bauern auch die Beiträge ihrer Dienstboten übernehmen müssen, wenn sie nicht Gefahr laufen sollen, daß diese den Dienst verlassen...

Aus Monatsbericht des Bezirksamts Aichach, 3. 3. 1938

Die allgemeine politische Lage ist unverändert. Die Auflösung der katholischen Jugendvereine [und der Marianischen Jungfrauenkongregationen] wurde allgemein mit Ruhe und Zurückhaltung hingenommen; man konnte jedoch vielfach die Meinung ver-

---

[50] Zur Steigerung der landwirtschaftlichen Erzeugung wurden den Bauern im Sommer 1937 Reichszuschüsse für die Neuerrichtung und Verbesserung von Düngestätten und Jauchegruben, für Weideanlagen und den Bau moderner Hühnerhaltungen gewährt, nachdem ihnen der Weg zum Realkredit durch die Erbhofgesetzgebung weitgehend versperrt war.

treten hören, daß die Mädchen der Jungfrauenkongregation doch nicht staatsfeindlich oder gar staatsgefährlich seien...

Unter großer Beteiligung der führenden Männer von Partei und Staat fand am 21. des Berichtsmonats die Amtseinführung des Führers des neugebildeten Bannes Aichach (454) sowie der Führerin des Untergaues und des Jungmädel-Untergaues Aichach (545) im Feierraum des HJ-Heimes zu Aichach statt. Nachdem Aichach nunmehr Sitz dieser Dienststellen, deren Bereich sich über drei Bezirksämter erstreckt, ist, kann mit einem Wachsen und Erstarken der Jugendorganisation, die gegenwärtig noch sehr im argen liegt, zuversichtlich gerechnet werden...

Das vom Eierwirtschaftsverband... verfügte Verbot des Absatzes von Eiern durch den Erzeuger auf dem Wochenmarkt in Augsburg hat starken Unwillen hervorgerufen. Die Eierablieferungen an die Sammelstelle gehen noch sehr zaghaft vor sich. Teilweise wurde mit Verringerung des Hühnerbestandes gedroht. Es wird noch längere Zeit dauern, bis die bäuerliche Bevölkerung, die seit jeher zum Markt nach Augsburg fuhr, an die Neuordnung gewöhnt und von deren Notwendigkeit und Zweckmäßigkeit überzeugt werden kann...

Aus Monatsbericht des Bezirksamts Aichach, 3. 5. 1938

Auch der Kreis Aichach hat am 10. April gezeigt, daß er geschlossen hinter dem Führer und seiner Großtat, der Wiedervereinigung Österreichs mit dem deutschen Reiche, steht. Die Wahlberechtigten haben hundertprozentig an der Abstimmung teilgenommen und hundertprozentig mit »Ja« gestimmt...

Im Monat zuvor hatte das Bezirksamt berichtet, »Beachtung und Freude« habe auch die dem Nationalsozialismus gegenüber positive Erklärung der österreichischen Bischöfe vom 18. 3. 1938 ausgelöst.

Aus Monatsbericht des Bezirksamts Aichach, 4. 6. 1938

... Die Maul- und Klauenseuche hat sich nunmehr auch im hiesigen Bezirksbereich beträchtlich ausgebreitet... Bedauerlich ist, daß die Bevölkerung den polizeilichen Seuchenbekämpfungsmaßnahmen zum Teil wenig Verständnis und wenig guten Willen entgegenbringt. Zumeist hört man die Auffassung vertreten, daß die Seuche doch nicht aufzuhalten sei und daß es infolgedessen besser sei, sie in möglichst allen Anwesen der Gemeinde auf einmal zu haben, da man dann am ehesten wieder von ihr loskommt. Verantwortungslos war das Verhalten des Pfarrers von Gundelsdorf, der zur »Seuchenbekämpfung« sogenanntes Ignaziuswasser an die Bevölkerung abgab, das auch reißenden Absatz fand und das weiter bewirkte, daß die Bevölkerung, vertrauend auf die Wirkungen des Wassers, sich noch weniger als bisher an die polizeilichen Anordnungen hielt. Der Unfug wurde sofort nach Bekanntwerden abgestellt...

Aus Monatsbericht des Bezirksamts Aichach, 1. 7. 1938

... In kirchenpolitischer Hinsicht ist in letzter Zeit eine gewisse Beruhigung eingetreten... Gegen Pfarrer Kapfhammer in Schnellmannskreit wurde Strafanzeige erstattet, weil er entgegen der Abmahnung des Tierarztes von einem Sperrbezirk aus eine Wallfahrt unternommen hatte...

Dazu führte der Bericht der Gendarmerie-Station Pöttmes vom 29. 6. näher aus: »Kapfhammer gehört übrigens nach Angabe des hiesigen Pfarrers auch zu dem Kreis von Geistlichen, die ihn... als Hosenscheißer, Hitlerpfarrer usw. bezeichnen, wenn sie im engeren Kreis beisammen sind. Auch der Pfarrer von Walda, ein ganz hartnäckiger Starrkopf, hat mit seinen Leuten trotz des Verbots die Wallfahrt mitgemacht.«

Die nationalsozialistische Volkswohlfahrt führte im Berichtsmonat eine Großwerbung im Kreise Aichach durch... Trotz der ungünstigen Zeit infolge der herrschenden Viehseuche und der bevorstehenden Ernte hatte die Werbung einen großen Erfolg. Die Zahl der Mitglieder der NSV stieg von 2900 auf über 3700; es sind jetzt 65 v. H. der Haushaltungen Mitglieder der NSV gegenüber vorher 51 v. H. ... Bemerkenswert erscheint, daß vielfach Volksgenossen bei der Werbung den Einwand entgegenstellten, daß die hauptamtlichen politischen Leiter und sonstigen Angestellten der Partei viel zu hohe Gehälter hätten; hier müßte in erster Linie gespart werden.

Der Gendarmerie-Posten von Inchenhofen führte in seinem Monatsbericht vom 29. 6. den mangelnden Erfolg der Aktion in seiner Gemeinde darauf zurück, daß »Pfarrer Korn ein großer Gegner des heutigen Staates ist, und er immer noch einen Teil Anhänger hat, die ihm willenlos gehorchen«. Pfarrer Korn habe in seiner Pfingstpredigt vor zahlreichen auswärtigen Wallfahrern gesagt, »daß es nicht mehr möglich sei, einen Festprediger für diesen Tag nach Inchenhofen zu bekommen, weil in Inchenhofen mehrere Spitzel vorhanden sind, die jedes Wort sofort an die zuständigen Stellen des heutigen Staates genau berichten. Diese Spitzel stellen sich sogar auf die Zehenspitzen und halten die Hand an das Ohr, um ja jedes Wort zu verstehen«.

Die Organisation der Partei, deren Aufbau seit der Machtübernahme im Kreise Aichach ausnehmend vernachlässigt war – wohl infolge des vierfachen Wechsels in der Person des Kreisleiters[51] –, wird derzeit durchgeführt. Der größere Teil der überwiegend ländlichen Bevölkerung ist streng kirchlich eingestellt und steht völlig unter dem Einfluß der Geistlichen. In mehreren Gemeinden sind noch keine Parteigenossen vorhanden[52]; die Bevölkerung steht mancherorts der Bewegung innerlich ganz gleichgültig gegenüber...

---

[51] Die wichtigsten lokalen Parteiämter waren zuletzt im Januar 1938 umbesetzt worden: Den Kreisleiterposten hatte der bisherige Ortsgruppenleiter und kommissarische Bürgermeister von Aichach übernommen, neuer Ortsgruppenleiter der Stadt war der protestantische Anstaltspfarrer des Strafgefängnisses Aichach geworden. Letzterer wurde freilich bereits im September 1938 wieder abgelöst.

[52] Nähere Angaben sind im Bericht des Bezirksamts für August enthalten: »Die Partei zählte vor der Aufhebung der Mitgliedersperre [1. 5. 1937] nur 600 Mitglieder; in 25 Gemeinden war nicht ein Parteigenosse vorhanden. Die nunmehr 1600 Parteimitglieder werden in 23 Ortsgruppen zusammengefaßt.«

Aus Monatsbericht des Bezirksamts Aichach, 1. 9. 1938

... Die Verlesung des Hirtenbriefes der Fuldaer Bischofskonferenz fand in allen Pfarreien, mit Ausnahme von Altomünster, am 28. 8. 1939 statt[53]... Nach den übereinstimmenden, bei Amt eingelaufenen Berichten hat der Hirtenbrief seinen Zweck, die Gläubigen in eine erneute Kampfstimmung gegen die Bewegung zu setzen, nicht erreicht. Vor allem die ländliche Bevölkerung hat an dem Inhalt des Schreibens der Bischöfe wenig Anteil genommen. Ein großer Teil der Kirchenbesucher konnte bzw. wollte den Ausführungen, an denen sie auch wegen der für sie unpassenden Form kein Interesse hatte, nicht folgen. So wurde z. B. in einzelnen Pfarreien festgestellt, daß die Hälfte der Männer auf der Empore während der Vorlesung schliefen; in den Wirtschaften oder sonst in der Öffentlichkeit wurde über den Hirtenbrief fast nichts gesprochen. In einzelnen Orten wurde der Hirtenbrief als sehr scharf bezeichnet und von den Leuten dahin ausgedeutet, daß sich die Kirche mit dem Staat wieder einmal nicht vertragen könne...

Aus Monatsbericht des Bezirksamts Aichach, 3. 11. 1938

... Infolge der Befreiungstat[54] des Führers, die von der ganzen Bevölkerung mit freudigem Dank begrüßt wird, herrscht zwar in politischer Hinsicht eine seit langem nicht mehr beobachtete Hochstimmung; in wirtschaftlicher Beziehung sind jedoch die Sorgen der zum größten Teil landwirtschaftlichen Einwohnerschaft des Bezirks groß.
Die Bauern sind über die immer stärker werdende Landflucht sehr erbittert. Die Dienstbotennot nimmt jetzt schon Formen an, die sich zu einer unmittelbaren Gefahr für die landwirtschaftliche Erzeugung und für die intensive Bewirtschaftung von Grund und Boden entwickeln. Die Wochenlöhne der Dienstboten, die im Jahre 1933 etwa 6,- RM betrugen, sind auf mehr als das Doppelte gestiegen. Nach mir zugegangenen Berichten sind heute schon Bauern gezwungen, Wochenlöhne von 16,- bis 18,- RM zu bezahlen; jedenfalls ist die Neigung zu einer immer noch steigenden Erhöhung der Löhne unverkennbar. Da die Preise für landwirtschaftliche Erzeugnisse im großen ganzen gleich bleiben, entwickelt sich eine wirtschaftliche Lage der Landwirtschaft, die allmählich unhaltbar wird und gesetzgeberische Abhilfemaßnahmen erfordert... Im Gegensatz zur Landwirtschaft ist die wirtschaftliche Entwicklung in Industrie, im Handel und größtenteils auch beim Handwerk eine gute und ständig aufwärtsstrebende...

Aus Monatsbericht des Bezirksamts Aichach, 1. 12. 1938

Die allgemeine politische Lage ist unverändert. Umtriebe aus ehemals marxistischen Kreisen waren nicht festzustellen. Allgemeine Empörung löste bei der Bevölkerung die

---

[53] Der Hirtenbrief vom 19. 8. 1938 wurde von der Partei als Versuch gewertet, »die gegenwärtige politische Lage zu einem politischen Großangriff gegen das Dritte Reich auszunützen«. Nach: Berichte des SD und der Gestapo über Kirchen und Kirchenvolk in Deutschland 1934–1944, bearb. v. Heinz Boberach. Mainz 1971, S. 295.
[54] Gemeint ist die Eingliederung des Sudetenlandes ins Deutsche Reich nach dem Münchener Abkommen.

Ermordung des Gesandtschaftsrats vom Rath aus. Die nunmehrige Ausschaltung der Juden aus dem Wirtschaftsleben und die sonstigen scharfen Gegenmaßnahmen gegen die Judenschaft werden von dem weltanschaulich noch nicht gefestigten Teil der Volksgenossen – vor allem in klerikalen und kleinbürgerlichen Kreisen – immer noch nicht verstanden und als ungerechtfertigt bezeichnet. Der Bezirk Aichach selbst ist judenfrei; auch vor der Machtübernahme bzw. vor dem Weltkrieg waren Juden nach meinen Feststellungen im Bezirk nicht wohnhaft...

Aus Monatsbericht des Regierunsgpräsidenten von Oberbayern, 9. 1. 1939

... Beeinträchtigt wird die Volksstimmung auf dem Lande durch wirtschaftliche Sorgen, wie sie die Realsteuerreform, der Dienstbotenmangel, die Absatzstockung auf dem Getreidemarkt und das immer weitere Klaffen der Preisschere mit sich bringen...

Die katholischen Geistlichen hielten sich im großen und ganzen zurück. Wenn sie auch in ihrer Mehrzahl ihre gegnerische Einstellung nicht offen bekennen, so bleibt doch die bedauerliche Wahrnehmung, daß viele von ihnen für den nationalen Staat nichts oder nicht viel übrig haben. Daraus ist wohl auch die immer noch zurückhaltende Einstellung eines großen Teils der Bevölkerung zu Partei und Staat zu erklären...

TEIL IV

Zur Lage evangelischer Kirchengemeinden

A. Berichte der Kapitalsbeauftragten für Volksmission 1933/34

EINFÜHRUNG

Die folgende Berichtsauswahl bezieht sich auf ein episodisches Kapitel der ereignisvollen Geschichte der evangelisch-lutherischen Kirche Bayerns in den Jahren 1933/34. Sie entstammt dem ausschließlich den nordbayerischen Kirchenkreis Bayreuth betreffenden Bestand von Restakten des 1933 von der Leitung der Evangelisch-Lutherischen Landeskirche Bayerns eingesetzten »Sonderbeauftragten für Volksmission« im Landeskirchlichen Archiv in Nürnberg[1]. Als Reflex religiöser und politischer Stimmungen in der Pfarrerschaft wie der evangelischen Gemeinden und ihrer Lage ist dieser fragmentarische Aktenbestand aber über seinen Anlaß hinaus nicht nur kirchen-, sondern auch allgemeingeschichtlich interessant.

Volksmissionarische Sonderaktivitäten neben der regelmäßigen pfarramtlichen Gemeindearbeit stellten innerhalb der evangelischen Kirche Bayerns keine Neuigkeit des Jahres 1933 dar. Wenn meist auch unter anderem Namen (»Evangelisation«), so bildeten vergleichbare, auch durch die katholische Volksmission beeinflußte Bemühungen zur Wiedergewinnung entchristlichter Volksschichten, zur Aktivierung der Laienchristen und zur Intensivierung ihrer Frömmigkeit vor allem in den protestantischen Gebieten der fränkischen Regierungsbezirke seit der Ausbreitung volkstümlicher pietistischer Erweckungsbewegungen im 18. und frühen 19. Jahrhundert einen Grundzug im Leben des bayerischen Diaspora-Protestantismus. Der Landesverein für Innere Mission und die verschiedenen landeskirchlichen oder unabhängig von der Amtskirche wirkenden evangelischen Bruderschaften und Gemeinschaften (Möttlingen, Hensoltshöhe/Gunzenhausen) sowie – vor allem – die vom Missionshaus Neuendettelsau ausgehende Heimatmission hatten seit Beginn des 20. Jahrhunderts eine Tradition volksmissionarischer Tätigkeit geschaffen[2] und dazu beigetragen, daß der Protestantismus in Franken, ähnlich wie in Schwaben, eine stärker volksverwurzelte Frömmigkeit ausbilden und bewahren

---

[1] LKA Nürnberg, Volksmission. Für den Hinweis auf diesen Bestand und die Genehmigung seiner Benutzung für diese Sammlung sind die Herausgeber dem Leiter des Landeskirchlichen Archivs, Herrn Dr. Helmut Baier, zu besonderem Dank verpflichtet.

[2] Vgl. Henn, Ernst: Die bayerische Volksmission im Kirchenkampf, in: Ztschr. f. bayer. Kirchengeschichte Jg. 38 (1969), insbes. S. 2 ff.

konnte als in anderen benachbarten protestantischen Ländern (Thüringen, Sachsen). In bezug auf das früher thüringische Coburger Gebiet, das erst in der Weimarer Zeit Bayern angeschlossen wurde, und die in den Grenzkreisen bemerkbaren Thüringer Einflüsse wird – auch in den hier ausgewählten Berichten[3] – dieser Unterschied der Volksfrömmigkeit in den kirchlichen Zeugnissen vielfach bestätigt.

Die Ingangsetzung der Evangelischen Volksmission im Jahre 1933 stand gleichwohl unter einem besonderen Vorzeichen: der Machtübernahme durch die NS-Bewegung und der suggestiven Mobilisation nicht nur politischer und nationaler, sondern auch sittlicher und religiöser Heilserwartungen, die sie unter der Devise der »volksgemeinschaftlichen Erweckung« in den protestantischen Landesteilen zuwege gebracht hatte. Bei dem durchschlagenden Erfolg, den die nationalsozialistische Bewegung innerhalb der bürgerlich-mittelständischen und ländlichen Bevölkerung in den evangelischen Landesteilen Bayerns schon in den Jahren 1930 – 1932 zu verzeichnen hatte, spielten evangelische Pfarrer, Lehrer und aktive Laienchristen auf lokaler Ebene eine wesentliche Rolle, während gleichzeitig die NS-Propaganda in diesen Gebieten bewußt an die Traditionen evangelischer Volksfrömmigkeit mit ihren politischen und ideologischen Implikationen anknüpfte. Es wurde deutlich, daß die nationalsozialistische Bewegung bestimmte christlich-religiöse Erwartungshaltungen ebenso erfolgreich anzusprechen wußte wie die, vor allem in den ehemaligen Reichsstädten und ritterschaftlichen Territorien, ausgeprägte Tradition des Reichs-Patriotismus und Deutsch-Nationalismus. Viele Pfarrer und Christen in der protestantischen Provinz hatten die von der Weimarer Republik in Kultur, Gesellschaft und Politik begünstigten Strömungen als Vorherrschaft eines religions- und traditionsfeindlichen Materialismus oder als moralisch kulturelle Dekadenz empfunden. Bei ihnen gewann die nationalsozialistische Bewegung mit ihrem Appell an Opferbereitschaft und Idealismus, der Beschwörung von nationaler Gemeinschaft und »Volkwerdung«, der Kampfansage gegen »marxistischen Atheismus und Sittenverfall«, der Proklamation eines »positiven Christentums«, den Nimbus einer völkisch-christlichen Wiedergesundungsbewegung, auf die sie alle Hoffnung setzten.

Die Synthese von evangelischer Frömmigkeit und völkischem Nationalismus war in der protestantischen Pfarrerschaft und lutherischen Theologie in Bayern schon seit Beginn der Weimarer Republik, nicht zuletzt infolge der gegenrevolutionären Wendung gegen Sozialismus und Räterepublik, stark verankert. Über einhundert bayerische evangelische Pfarrer hatten zeitweilig in Freikorps der nationalen Rechten gestanden.

Die Wirksamkeit des Gemischs aus lutherischer Theologie und völkisch-nationaler Ideologie, zu Anfang der 30er Jahre auch von den Erlanger Theologen Althaus und Elert artikuliert[4], hatte schon 1923/24 dazu geführt, daß ein großer Teil vor allem der Kriegsteilnehmergeneration evangelischer Pfarrer an der damaligen ersten Welle der völkischnationalen Bewegung in Bayern teilnahm. Seit 1929/30 war die Stellung zum Nationalsozialismus ein Zentralthema der innerkirchlichen Diskussion geworden, sowohl in Pfarr-

---

[3] Vgl. z. B. den Bericht des Kapitelsbeauftragten des Dekanats Rügheim (Unterfranken) vom 7. 11. 1933 mit seinen Bemerkungen über den schwächeren Kirchenbesuch in den ehemals coburgischen Gemeinden dieses Dekanats (siehe S. 380f.) sowie den Bericht des Kapitelsbeauftragten im Dekanat Rothausen vom 6. 11. 1933 über den Grenzeinfluß der »Thüringer großen Unkirchlichkeit« (siehe S. 384ff.).

[4] Vgl. Baier, Helmut: Die Deutschen Christen Bayerns im Rahmen des bayerischen Kirchenkampfes. Nürnberg 1968, S. 33. Auch zum folgenden ist auf Baiers Darstellung zu verweisen.

konferenzen wie im theologischen Streitgespräch; so auch im Juli 1931 bei einer von Neuendettelsau veranstalteten Konferenz der »Arbeitsgemeinschaft für Volksmission«. Der Einsatz zahlreicher Pfarrer für den Nationalsozialismus und die Gründung eines NS-Pfarrervereins innerhalb der Landeskirche (Anfang 1932) hatten den Kirchenpräsidenten der evangelischen Kirche in Bayern D. Veit schon im März 1932 veranlaßt, seine geistlichen Amtsbrüder mit Rücksicht auf den inneren Frieden der Gemeinden zur parteipolitischen Zurückhaltung zu ermahnen, was ihm bei der Mehrheit der Pfarrer aber nur den Vorwurf reaktionärer Haltung eintrug. Besonders effektvoll hatte Hans Schemm, der Führer der oberfränkischen NSDAP, mit seinen Parolen (»Unsere Politik heißt Deutschland, unsere Religion heißt Christus«) um die Gunst der evangelischen Pfarrer geworben, die wesentlich dazu beitrugen, daß die NSDAP schon 1932 in zahlreichen evangelischen Landgemeinden mit 90 - 100 Prozent aller Stimmen gewählt wurde.

Die nationalsozialistische Machtübernahme und die mit ihr sympathisierende Stimmung des größten Teiles der evangelischen Kirche und Pfarrerschaft führten im Frühjahr 1933 zunächst vor allem dazu, daß die bisherige Kirchenleitung zum Rücktritt gezwungen wurde und auf der außerordentlichen Synode in Bayreuth (4. 5. 1933) eine der nationalsozialistischen Landesregierung genehme autoritäre Führung der Landeskirche unter Bischof D. Hans Meiser ins Amt kam. Mit dieser neuen Führung, die auch von der ganz überwiegenden Mehrheit der nationalsozialistischen Pfarrer anerkannt wurde, war aber zugleich ein Damm gesetzt gegen die bald auch in Bayern einsetzenden Versuche, mit Hilfe der von der NSDAP protegierten »Glaubensbewegung Deutsche Christen« eine parteihörige Sonderorganisation innerhalb der Pfarrerschaft und Kirche zu bilden. Im Zusammenhang der Auseinandersetzungen zwischen den Deutschen Christen und der Leitung der Landeskirche, die sich im Sommer 1933 anläßlich der Neuwahl der Kirchenvorstände (23. 7.) und der Landessynode (27. 8.) zunehmend verschärfte, entstand auch der Gedanke einer volksmissionarischen Sonderaktion.

Das Stichwort »Volksmission« war zunächst hauptsächlich von den Deutschen Christen ausgegeben worden mit der erklärten Zielsetzung, einerseits die nationalsozialistische Bewegung in die evangelischen Gemeinden hineinzutragen, andererseits den Nationalsozialismus christlich zu beeinflussen, und hatte insoweit auch die Unterstützung der Landeskirchenleitung gefunden. Je mehr sich die Deutschen Christen aber von ihrer Reichsleitung (Pfarrer Joachim Hossenfelder) beeinflussen ließen und sich der Unterordnung unter den Landesbischof zu entziehen suchten, um so mehr war die Landeskirchenleitung darauf bedacht, die Organisation der Volksmission selbst in die Hand zu nehmen. Unter diesem Vorzeichen kam es im September 1933 zur Einsetzung des »Sonderbeauftragten für Volksmission« durch den Landeskirchenrat. Die Aufgabe wurde Pfarrer Helmut Kern, seit 1926 Inspektor für Heimatmission der Missionsanstalt Neuendettelsau, übertragen, der damals noch mit der Glaubensbewegung Deutscher Christen sympathisierte, zugleich aber ein unbedingt loyaler Anhänger des neuen Landesbischofs war.

Die Anfang Oktober 1933 unter Kerns Leitung in einer Pfarrer-Arbeitsgemeinschaft in Riederau aufgestellten acht Thesen für die volksmissionarische Arbeit[5], insbesondere die

---

[5] Vgl. Henn (siehe S. 369, Anm. 2), S. 12 ff.

These sechs (»Völkisches Erwachen und Heilsgeschichte«), offenbaren das Zwittergebilde weltlich-ideologischer und theologisch-religiöser Aussagen, die gegen Demokratie und Liberalismus polemisierten und das »völkische Erwachen« begrüßten, aber zugleich eine religiöse Verklärung des Dritten Reiches ablehnten. Es galt, so schrieb der Kreisdekan des Kirchenkreises Bayreuth rückblickend im Januar 1934[6], durch »den großen Gedanken der Volksmission ... die national erweckten Massen nun auch kirchlich zu erreichen und zu durchdringen« und, so fügte er hinzu, ein »neues Feuer« zu entfachen, das auch »die Glaubensbewegung Deutsche Christen hätte entzünden können, wenn sie auf der kirchlichen Linie geblieben wäre«.

Auch aus dieser Äußerung wird ersichtlich, daß die im Herbst 1933 in Bayern in Gang gesetzte Evangelische Volksmission in einem ambivalenten Verhältnis zur nationalsozialistischen »Erweckungsbewegung« stand. Einerseits suchte sie von ihr zu profitieren, sie zu imitieren, sich selbst als »SA der Kirche« zu stilisieren[7] und bestimmte, durch den Nationalsozialismus und die Deutschen Christen propagierte Elemente völkischer Ideologie in christliches Gewand zu kleiden. Andererseits war sie bemüht, die politische und ideologische Verzerrung und Manipulation religiöser Bedürfnisse und Motive durch den Nationalsozialismus und die von ihm zu befürchtende Untergrabung der Autorität der Kirche und der Reinheit der Lehre abzuwenden.

Die volksmissionarische Aktivität, von der im folgenden berichtet wird, hatte kaum begonnen, als die spektakuläre Großkundgebung der Glaubensbewegung Deutscher Christen im Sportpalast in Berlin (13. 11. 1933) mit den provozierenden Äußerungen des Pfarrers D. Krause, die das Alte Testament und die paulinische Bibelüberlieferung als jüdische Machwerke verunglimpften, das Ansehen der Deutschen Christen auch in weiten Kreisen nationalsozialistischer Pfarrer schwer schädigte. Hinzu kam, daß auch die Leitung der NSDAP schon Mitte Oktober (sogenannter Toleranz-Erlaß von Rudolf Heß) von den Deutschen Christen abgerückt war. In Bayern führte dies im Dezember 1933 zum Austritt der hier von Anfang an gemäßigteren, überwiegend auf Loyalität gegenüber dem Landesbischof bedachten Deutschen Christen aus der Glaubensgemeinschaft und zu ihrer Selbstauflösung, nachdem einige ihrer prominentesten Führer (Pfarrer Klein, Wolf Meyer) nach Preußen oder nach Thüringen abgewandert waren. Die volksmissionarische Aktivität war im Winter 1933/34 infolgedessen von der Rivalität der Deutschen Christen, die erst im Frühsommer 1934 von Thüringen aus wieder in Bayern Fuß zu fassen suchten, kaum mehr beeinträchtigt. Der volksmissionarische Versuch, Evangelisation in den Gemeinden mit der nationalsozialistischen Bewegung zu verbinden, geriet aber zunehmend in die Spannungen hinein, die sich zwischen dem aufoktroyierten neuen Reichskirchenregiment unter Reichsbischof Ludwig Müller und zahlreichen, von Martin Niemöller schon im Sommer 1933 im Pfarrernotbund zusammengefaßten, bekenntnistreuen Pfarrern ergaben. Die zeitweilige »Unterwerfung« der Landesbischöfe, auch Hans Meisers, unter den Reichsbischof nach Hitlers persönlichem Eingreifen (Januar 1934), begleitet von der gleichzeitigen Eingliederung der evangelischen Jugendverbände in die Hitlerju-

---

[6] In dem von ihm verfaßten »Gesamtbescheid« zu den Kirchenvisitationen des Jahres 1933 im Kirchenkreis Bayreuth vom 16. 1. 1934; Abschrift im LKA Nürnberg, Dekanat Weiden/276.

[7] So wörtlich in einer volksmissionarischen Veranstaltung im Dekanat Münchberg, vgl. den Bericht des dortigen Beauftragten für Volksmission vom 10. 5. 1934 (siehe S. 391).

gend, rief manche Opposition, auch unter den volksmissionarischen Pfarrern, wach. Was zunächst im Zeichen der deutsch-christlichen Bewegung als Volksmission begonnen hatte, leitete bald über zur Bekenntnisbewegung bayerischer Pfarrer und Theologen. Helmut Kern wurde als Sonderbeauftragter für Volksmission einer der wirksamsten Sprecher und Organisatoren der Pfarrer-Bekenntnisfront in Bayern und später – vor allem durch seine in Massenauflage verbreitete Schrift »Mein Deutschland – wohin?« (1937) und seine vielen Reden und Predigten auch außerhalb Bayerns – ein von der Gestapo mit zeitweiliger Haft und Redeverboten zunehmend drangsalierter Exponent der Bekennenden Kirche in Deutschland[8].

Die wachsende Aversion gegen den Reichsbischof, der im Frühjahr 1934 auch die theologische Fakultät der Universität Erlangen Ausdruck gab, und die massiver werdenden Eingriffe der Bayerischen Politischen Polizei zur Niederhaltung dieser Kirchenopposition, die dann im Sommer 1934 zum offenen Bruch zwischen dem Landesbischof und dem Reichskirchenregiment, und mit der Verhaftung Meisers im Oktober 1934, zur allgemeinen Entfesselung des Kirchenkampfes in Bayern führte, machte die hochgesteckten ursprünglichen Ziele der volksmissionarischen Aktivität bald illusorisch und reduzierte sie nach der Errichtung des ständigen »Amtes für Volksmission« (1935) weitgehend auf das traditionelle Feld der Evangelisation.

Der Aktenbestand, dem die folgenden Berichte entstammen, reicht zeitlich nur bis zum Sommer 1934. Die Berichte, die hier in Auswahl wiedergegeben sind, kennzeichnen die großen, im Rückblick extrem illusionär erscheinenden Erwartungen, die die volksmissionarischen Kräfte der Evangelischen Kirche auf ein konstruktives Zusammengehen mit der NS-Bewegung gesetzt hatten. Sie zeigen aber auch, wie schnell die Hoffnungen binner weniger Monate gedämpft und durch den beginnenden Kirchenkampf überschattet wurden.

Im Einvernehmen mit dem Sonderbeauftragten für Volksmission waren im Auftrag des Landeskirchenrates im Oktober 1933 für die einzelnen Dekanate der Evangelisch-Lutherischen Landeskirche Bayerns jeweils Kapitelsbeauftragte (KB) für Volksmission berufen und dem Sonderbeauftragten unterstellt worden; so auch für die 27 Dekanate des Kirchenkreises Bayreuth, aus dem die vorgelegten Berichte stammen[9].

Offensichtlich wählte man für die volksmissionarische Arbeit meist jüngere Pfarrer aus, die interessiert und pädagogisch geschult erschienen für Evangelisationsarbeit und den Umgang mit Laien. Bei der Auswahl spielte wohl auch eine Rolle, ob die Betreffenden, was ohnehin für die übergroße Mehrzahl der jüngeren evangelischen Geistlichen galt, ein grundsätzlich positives Verhältnis zur NS-Bewegung hatten oder gar – durch Mitgliedschaft oder Funktionen in NS-Verbänden – besonders prädestiniert dafür erschienen, dem Gedanken der Volksmission auch in den Erwachsenen- und Jugendverbänden der Partei – an diese Möglichkeit glaubte man damals noch stark – zum Erfolg zu

---

[8] Über die Aktivitäten Kerns bis 1939 ausführlich Henn (siehe S. 369, Anm. 2), passim.
[9] Hierzu liegt in den Akten nur ein Schreiben des Kreisdekans des Kirchenkreises Bayreuth, D. Prieser, an Pfarrer Kern vom 9. 10. 1933 mit einer Vorschlagsliste für die Berufung der einzelnen Kapitelsbeauftragten vor; Prieser schreibt darin, er habe möglichst »jüngere (Pfarrer)-Kollegen vom Land vorgeschlagen, um ihnen Gelegenheit zu geben, sich auf einem weiteren Arbeitsfeld zu betätigen, Dekane nur da, wo sich kein geeigneter Kollege im Kapitel zu finden scheint«; enthalten in LKA Nürnberg, Volksmission.

verhelfen. Die Kapitelsbeauftragten für Volksmission, von denen die hier vorgelegten, an den Sonderbeauftragten Pfarrer Kern gerichteten Berichte stammen, mögen infolgedessen nicht in vollem Maße repräsentativ sein für die Pfarrerschaft der Evangelisch-Lutherischen Kirche in den von ihnen vertretenen Dekanaten, sie dürften aber doch Repräsentanten einer sehr breiten damaligen Strömung der evangelischen Pfarrerschaft in Bayern gewesen sein, zumal es sich bei ihnen, wie aus ihren Berichten selbst genügend hervorgeht, in der Regel um Geistliche handelte, deren Loyalität der Kirchenleitung gegenüber erwiesen war. Nur wenige standen zeitweilig den Deutschen Christen nahe, der größere Teil von ihnen spielte ab 1934, als der Evangelische Kirchenkampf in Bayern auf den Höhepunkt gelangte, eine aktive Rolle bei der Herstellung einer »Bekenntnisfront« zur Abwehr der Eingriffe in den Bekenntnisstand und die Selbständigkeit der bayerischen Landeskirche.

Die Berichte aus den Monaten November 1933 bis Mai 1934 spiegeln die Phase des Übergangs von den anfänglichen Illusionen zur allmählich einsetzenden Ernüchterung. Sie decken nicht mehr die eigentliche Phase des Kirchenkampfes seit dem Sommer 1934. Dieser ist jedoch anderweitig für Bayern schon breit dokumentiert und dargestellt worden[10], während die Periode der anfänglichen Irrungen bisher in der zeitgeschichtlichen Literatur eher unterbelichtet geblieben ist.

Fast von allen 27 Dekanaten des Kirchenkreises Bayreuth, der 1933 ganz Unterfranken, Oberfranken und die Oberpfalz umfaßte, liegen in dem fragmentarischen Aktenbestand Monatsberichte der Kapitelsbeauftragten für Volksmission vor. Die hier wiedergegebene Auswahl aus zwölf Dekanaten enthält umfangmäßig kaum mehr als zehn Prozent der Gesamtberichte. Sie schöpft mithin diese Quelle nicht aus, obgleich die Herausgeber bemüht waren, aus der Gesamtheit der nach inhaltlicher Dichte und Umfang zum Teil sehr unterschiedlichen Berichte die ergiebigsten auszuwählen. Maßgebend für die Auswahl war in erster Linie der Gesichtspunkt der Ausführlichkeit und Konkretheit der Berichterstattung, daneben der Gesichtspunkt der regionalen Streuung. Bei der Wiedergabe wurden die im Original zum Teil vorgenommenen, die Lesbarkeit beeinträchtigenden Abkürzungen einheitlich aufgelöst bzw. auf ein Mindestmaß beschränkt. Alle anderen Abweichungen vom Originaltext sind ebenso wie die Auslassungen kenntlich gemacht. Der Anmerkungskommentar beschränkt sich auf ein Minimum von Hinweisen, die zum Verständnis der Texte unentbehrlich erschienen.

Ein wichtiges Kriterium der Auswahl und Kürzung bildete eine aus der Aufgabe der Volksmission resultierende besondere Eigenart der Berichte: Um die volksmissionarische Arbeit möglichst erfolgreich den örtlichen Verhältnissen anpassen zu können, hatte Pfarrer Kern die Kapitelsbeauftragten angewiesen, zu Beginn ihrer Tätigkeit, im November 1933, nicht nur die kirchliche Lage im engeren Sinne, sondern darüber hinaus die wirtschaftlichen, sozialen und politischen Gegebenheiten in den protestantischen Gemeinden der jeweiligen Dekanate zu erkunden und darüber zu berichten. Die Eröffnungsberichte der Kapitelsbeauftragten vom November/Dezember 1933, die diesem Ersuchen folgten – sie wurden in dieser Auswahl darum vorrangig berücksichtigt –, enthalten aufgrund dessen zahlreiche für die soziale und politische Geschichte einzelner Regio-

---

[10] Vgl. vor allem Baier (siehe S. 370, Anm. 4).

nen und Gemeinden in dieser Periode bemerkenswerte Angaben. Mit aller Vorsicht interpretiert, vermögen sie manchen Durchblick durch die Oberfläche kirchlicher Verhältnisse zu geben und den sozialen und politischen Bedingungshintergrund religiöser Einstellungen wie auch des zeitweiligen Zusammengehens mit der NS-Bewegung sichtbar zu machen.

Die in ihnen vielfach dokumentierten leidenschaftlichen, meist voreingenommenen Urteile über die Rolle der Arbeiterparteien in der Weimarer Zeit und die Arbeiterschaft als Hort der Antikirchlichkeit und des Atheismus sprechen eine ebenso deutliche Sprache wie die Angaben über den unterschiedlichen Grad der Kirchenfrömmigkeit in den verschiedenen sozialen Schichten einzelner Gemeinden und die Bemerkungen über die personelle und soziale Identität von kirchlichen und nationalsozialistischen Jugendgruppen. Diese und andere Äußerungen lassen erkennen, daß die protestantische Kirche ihren kräftigsten Rückhalt meist in denselben sozialen Schichten und demselben soziokulturellen Milieu hatte wie der Nationalsozialismus, eine Affinität war hier vorgegeben – primär im bürgerlichen und bäuerlichen Milieu –, während die Arbeiterschaft, aber auch Intelligenz, Großbürgertum und liberales Beamtentum eher abseits standen.

Bemerkenswert sind auch die zum Teil unterschiedlichen Angaben über den Einfluß, den lokal dominierende katholische Konfessionsgruppen, z. B. in Schweinfurt oder Bamberg, auf den Frömmigkeits-»Pegel« des Protestantismus ausübten, oder über die Bevorzugtenstellung, die dem Protestantismus in vorherrschend katholischen Gebieten durch die NSDAP damals zeitweilig eingeräumt wurde. Die »Leidenschaftlichkeit«, mit der viele protestantische Pfarrer bis Ende 1933 der durch den Nationalsozialismus vermittelten eschatologischen Vision des »Dritten Reiches« anhingen, bis zu welchem Grade die evangelische Kirche damals bereit war, den Ruhm Hitlers zu singen, wie sehr sie nolens volens selbst dazu beitrug, ihre Gläubigen zu Anhängern Hitlers zu machen und einer fatalen Verquickung von religiösem und völkischem Heil das Wort zu reden und in Bildungsarbeit und Seelsorge erfahrene Pfarrer und christliche Laien der NS-Bewegung zur Verfügung zu stellen – dies spricht sich in den Berichten unmittelbar aus. Sie bezeugen aber auch den beginnenden Konflikt, die zunehmende Erkenntnis, daß die von protestantischer Frömmigkeit zunächst mitgetragene NS-Bewegung Kirche und Gottesdienst mehr und mehr zu überspielen und an den Rand zu drängen begann.

Zu den sozialgeschichtlich interessanten Inhalten der Berichte gehören auch die weitgehend identischen Ausführungen über die Rolle protestantischer Lehrer bei der Verbreitung völkisch-antisemitischen Gedankengutes; über den besonderen Resonanzboden, den die Sekte der Bibelforscher unter den ärmsten Schichten der Bevölkerung, insbesondere der Arbeiterschaft, fand und sie des Marxismus verdächtig machte (Dekanat Hof). Sie bezeugen das beginnende Zusammenrücken der beiden christlichen Konfessionen gegenüber dem Nationalsozialismus oder die im ganzen eher passive Haltung der im Juli 1933 meist unter lokalem NS-Einfluß neu gewählten Kirchenvorsteher, an deren Adresse sich die volksmissionarische Aktivität in besonderem Maße richtete, u. a. m.

Wenn insgesamt in dieser Phase in den ausgewählten Berichten vom »Widerstand« der Evangelischen Kirche viel weniger als von ihrer Anpassung und bemühten Zusammenarbeit mit dem Nationalsozialsismus die Rede ist, so vermitteln sie doch gerade dadurch Einsichten in wichtige Voraussetzungen des späteren Kirchenkampfes. Die enttäuschten

Erwartungen zahlreicher protestantischer Pfarrer ebenso wie vieler protestantischer Gemeinden, die 1932/33 fast einhellig nationalsozialistisch eingestellt gewesen waren, bereiteten den Boden für den Willen zur Resistenz und zur Behauptung der zunehmend bedrängten Bastionen der Kirche in den folgenden Jahren des Dritten Reiches. Diese nüchtern und klarsichtig gewordene Lageeinschätzung charakterisiert seit 1934/35 die Mehrzahl der kirchlichen Visitationsberichte, die den zweiten Teil dieser Berichtsauswahl aus der Provenienz der Evangelisch-Lutherischen Landeskirche Bayerns bilden.

M. B.

DOKUMENTE

Aus Monatsbericht des Dekanats Schweinfurt (Unterfranken), 7. 11. 1933

... In und um Schweinfurt sind die sozialen und wirtschaftlichen Verhältnisse kompliziert, der konfessionelle Wettbewerb scharf, das Hereinspielen der verschiedensten weltanschaulichen Strömungen lebhaft. Bis zum nationalen Aufbruch war die politische Lage hoch gespannt, was in der entsetzlichen Arbeitslosigkeit in und um Schweinfurt wie auch in der guten Organisation der roten Parteien seine Ursache hatte. Diese politische Hochspannung ist natürlich jetzt vom öffentlichen Schauplatz verschwunden; doch lebt ihre Einstellung noch vielfach verhüllt weiter... Das scharfe Zugreifen der Nationalsozialisten, auch gegen den Arbeiter und die Fortdauer mancher kapitalistischer Auswüchse, schafft nicht wenige neue Herde der Unzufriedenheit. Die Arbeitslosigkeit ist noch lange nicht überwunden; die Tatsache, daß die Neueinstellung vielfach auf Kosten der Beschäftigung anderer geschieht, macht manches böse Blut.

Die Freidenker waren zum größten Teil Angehörige der proletarischen Freidenkerorganisation. Mit den marxistischen Parteien sind natürlich auch diese Organisationen aus der Sichtbarkeit verschwunden. Es zeigte sich dadurch, daß nicht wenige Angehörige dieser Organisationen einfach dem Terror gefolgt waren und nun zum Teil wieder Anschluß an die Kirche suchten und besonders ihre Kinder wieder dem Religionsunterricht zuführten. Das Letztere geschah allerdings zum Teil aus der Auffassung heraus, daß dies jetzt einfach staatliche Vorschrift sei. – Neben diesem proletarischen Freidenkertum stand das aufgeklärte Bürgertum, das zum großen Teil in der Freimaurerloge zusammengefaßt war, und daneben eine Gruppe, die theosophisches Gedankengut pflegte. Die Freimaurerloge hat sich hier wie anderwärts aufgelöst...

Der Kirchenbesuch ist in Schweinfurt im allgemeinen nicht schlecht, wenn er auch in der Regel nur immer wieder dieselben Kreise erfaßt. Auf welche Weise in die der Kirche fernstehenden Kreise vorgestoßen werden kann, ist das große Problem, das die hiesigen Pfarrer im Zusammenhang mit der aufzunehmenden Volksmission ernst bewegt...

Die Jugendarbeit ist in Schweinfurt sehr ausgebaut; allerdings bestanden allzu viele Kreise nebeneinander. Die Propaganda der staatlichen Jugendorganisationen hat hier wie anderwärts die kirchlichen Jugendorganisationen stark dezimiert. Der von Pfarrer Baumgärtner gegründete große Schweinfurter evangelische Jugendbund ist auf einen Bruchteil seines Bestandes zurückgegangen; die Oberndorfer Gruppe hat sich im allgemeinen gehalten, doch muß sie auch über fehlenden Nachwuchs klagen; andere Jugendbünde, wie z. B. der in Sennfeld, bestehen zwar dem Namen nach noch, haben aber ihre Zusammenkünfte mehr oder minder eingestellt, da entweder alle oder die meisten Mitglieder zur Hitlerjugend oder Jungvolk übergetreten sind. Der Schweinfurter Bibelkreis lebt nur noch in seiner Jugend- und in seiner weiblichen Abteilung. Die verschiedenen

Mädchenkreise, die nicht sehr groß waren, haben sich im allgemeinen bis auf die Nachwuchsfrage gut gehalten. Am meisten hat bis jetzt der CVJM seinen Bestand zu wahren gewußt. Die Beziehungen der staatlichen Jugend zu der christlichen Jugendarbeit ist hier nicht polemisch zu nennen. Es wird von den Leitern der kirchlichen Jugendorganisationen bewußt auf eine friedliche und womöglich freundschaftliche Zusammenarbeit mit HJ und BdM hingearbeitet. Einem gelegentlichen Verlangen, Räume in den Gemeindehäusern für Gruppen der staatlichen Jugendpflege zur Verfügung zu stellen, wurde wiederholt bereitwillig entsprochen. Eine günstige Position hat hierorts die Kirche neuerdings der HJ gegenüber gewonnen dadurch, daß Herr Katechet Heyn als Leiter der Kulturabteilung bei HJ und JV bestellt ist. Wir hoffen, in seiner Person einen Stützpunkt für die kommende Volksmissionsarbeit in diesen Kreisen zu haben. Durch die Beziehungen einiger Pfarrer zur Partei und besonders zur HJ ist erreicht, daß die Jugendgruppen der HJ geschlossen den Kindergottesdienst besuchen. Auch das ist als eine dankenswerte Beziehung zu nennen, daß bei einer kürzlich stattgefundenen Volksmissionswoche des CVJM, allerdings nur am Eingangsabend, ein großer Teil der HJ und des JV geschlossen teilnahm. Für weiteren Ausbau der kirchlichen Position innerhalb der staatlichen Jugend werden Wege gesucht. –

Die Stellung der Stadtverwaltung zur evangelischen Sache ist nicht ungünstig. Es ist immerhin ein Erfolg, wenn zum Luthertag der Platz um die Johanniskirche, der bisherige Kirchplatz, auf den Namen »Martin-Luther-Platz« umgetauft wird, und wenn bei der aus diesem Anlaß zum 19. November geplanten Kundgebung der katholische Oberbürgermeister Pösl eine Ansprache übernommen hat...

Um einer Richtung in den Weg treten zu können, welche unter dem Titel »Deutsche Christen« Tendenzen der völkischen Religion in die Gemeinde zu tragen drohte, erwog man von seiten der Geistlichen Schweinfurts einen geschlossenen Übertritt zu der Glaubensbewegung der Deutschen Christen. Dieser Plan ist vorerst zurückgestellt, nachdem uns bekannt geworden ist, daß der Herr Landesbischof Hossenfelder[11] in München neue Leiter der Glaubensbewegung Deutscher Christen unter Umgehung unseres Herrn Landesbischofs eingesetzt habe. Schnellste Klärung ist hier dringend geboten; bis wir hier klar sehen, sind uns die Hände in dieser Richtung gebunden...

---

[11] Pfarrer Joachim Hossenfelder (geb. 1899) war Mitbegründer der »Glaubensbewegung Deutsche Christen«, seit 1929 Mitglied der NSDAP und Kirchenfachberater der Reichsleitung der NSDAP. Er hatte 1932 im Benehmen mit der Parteileitung die Richtlinien und Grundsätze für die Bewegung der Deutschen Christen aufgestellt und war seitdem Leiter ihres Führerrates, seit 6. 9. 1933 auch Landesbischof von Brandenburg. Schon bei der außerordentlichen Tagung der Synode der Evangelisch-Lutherischen Landeskirche Bayerns vom 12. – 14. 9. 1933 in München hatte Landesbischof Meiser bezüglich des Verhältnisses zu den Deutschen Christen den Grundsatz aufgestellt, daß diese keine Sonderorganisation innerhalb der Landeskirche darstellen, sondern seiner Gesamtführung der Landeskirche unterstellt sein müßten. Aus dem Hineinregieren der Leitung der Deutschen Christen unter Hossenfelder in die Landeskirche ergaben sich in den folgenden Wochen bis zur Selbstauflösung der DC-Organisation in Bayern (siehe S. 371 ff.) fortlaufend Konflikte; vgl. im einzelnen Baier (siehe S. 370, Anm. 4), insbes. S. 3 – 79.

Aus Monatsbericht des Dekanats Schweinfurt (Unterfranken), 18. 12. 1933

... Die Bevölkerung von Schweinfurt und den Randgemeinden besteht neben einem Stock von eingesessenen Bürgern, Geschäftsleuten, Handwerkern und Beamten bzw. Bauern, überwiegend aus Industriebevölkerung, welche zum großen Teil erst in den letzten Jahrzehnten hier zusammengeströmt ist. Daraus erklärt sich die vielfache kirchliche Entwurzelung und das Fehlen einer festen kirchlichen Tradition in der Arbeiterschaft. Die kirchenfeindliche Agitation der früheren sozialistischen und kommunistischen Organisationen hat ihren starken Anteil an diesen Zuständen. Mit der Entfernung der Gemeinden vom hiesigen Industriezentrum wächst natürlich der bäuerliche Prozentsatz in der Bevölkerung und entsteht der Durchschnittstypus nicht sehr kirchlicher Landgemeinden. – In Bad Kissingen ist die Zusammensetzung der Gemeinde zum größten Teil durch den Kurbetrieb bestimmt (Ärzte, Kurangestellte, Beamte, Kurhausbesitzer, Kaufleute).

Wirtschaftlich lastete auf Schweinfurt und den Randgemeinden in den vergangenen Jahren schwer der Druck der Arbeitslosigkeit. Er ist nun wohl gemildert, aber noch lange nicht behoben.

Konfessionell ist vor allem in Schweinfurt und den Randgemeinden ein starker Gegendruck der durch Zuzug mächtig angewachsenen katholischen Kirche zu spüren, der sich besonders in den neu entstehenden Siedlungen geltend macht. Das Pfarramt Sennfeld klagt ausdrücklich darüber, daß die zunehmende Besiedlung Sennfelds mit Katholiken anscheinend planmäßig geschehe. Auch sonst wird von der Gegenseite zäh und zielbewußt an der Stärkung der eigenen Position gearbeitet. Die Haltung der offiziellen katholischen Stellen gegen den gegenwärtigen Staat ist zum mindesten nach wie vor sehr zurückhaltend.

Politisch bestand wenigstens in Schweinfurt und den Randgemeinden eine starke schwarz-rote Mehrheit, die gegenwärtig zum Teil gewiß nur äußerlich von der Bildfläche verschwunden ist. Die durch die frühere politische Verhetzung großgezogenen religiösen Hemmnisse bestehen zum größten Teil noch fort. Bei besonderen Gottesdiensten kommen wohl heutzutage durch den geschlossenen Kirchgang der Verbände viele unter den Klang des Wortes, die ihm früher ganz fern standen. Von einer wesentlichen Hebung des religiösen Interesses durch den politischen Umschwung kann jedoch nicht geredet werden... Der Kirchenbesuch kann im Durchschnitt nur auf 25 Prozent beziffert werden. Nur einzelne Landgemeinden erheben sich wesentlich darüber (Schwebheim, Euerbach, Poppenlauer, Thundorf). – Bibelstundenarbeit wird mit Ausnahme von Niederwerrn überall getrieben, zum Teil mit gutem Erfolg. Die Beteiligung von Männern ist überall unbedeutend... Wegen des Kirchgangs der politischen Organisationen und der nationalen Verbände ist in etlichen Orten die Einführung getroffen, daß einmal im Monat geschlossener Kirchgang stattfindet. Diese Einrichtung verdient auch an anderen Orten Nachahmung, nachdem ein häufigerer allgemeiner Kirchgang erfahrungsgemäß nicht zu erreichen ist. Allerdings hat diese Regelung auch den Nachteil, daß sich nicht wenige an den anderen Sonntagen desto leichter vom Kirchgang dispensieren, und daß an den anderen Sonntagen bei Veranstaltungen auf die kirchlichen Belange desto weniger Rücksicht genommen wird. – In die in Schweinfurt und in den Pfarrbezirken von Kissingen und

Neustadt bestehenden Arbeitsdienstlager konnte bisher ein nennenswerter Eingang nicht gefunden werden.

Die bisherige kirchliche Jugendarbeit ist durch die staatlichen Jugendorganisationen stark eingeschränkt und besonders in der Nachwuchsfrage bedroht. In einer Reihe von Pfarreien ruht sie ganz, da die verfügbare Jugend zu HJ und BdM abgewandert ist. Das Verhältnis der staatlichen und christlichen Jugendorganisationen war bisher außer einem gewissen stillen Konkurrenzkampf im allgemeinen freundlich. Daß Herr Katechet Heyn in Schweinfurt Leiter der Kulturabteilung des HJ und JV Schweinfurt ist, ist ein Zeichen dafür. Erst in der jüngsten Zeit scheint sich eine schärfere Tonart durchzusetzen. Der Gauleiter der NSDAP in Unterfranken, Herr Dr. Hellmuth, bestreitet den christlichen Jugendorganisationen neben der Hitlerjugend die Existenzberechtigung...

In der allerletzten Zeit ist die Tonart, speziell gegen die evangelischen Verbände, schärfer geworden in ausgesprochenem Zusammenhang mit den bekannten Vorgängen bei der Evangelisationswoche in Nürnberg[12]. Man sieht die evangelischen Jugendvereinigungen schon als seine sichere Beute an und stellt sich demnach gegen sie ein. Ich habe den Eindruck, daß diese verschärfte Stellungnahme von höherer Stelle ausgeht. – Von evangelisch kirchlicher Seite wurde zu dieser verschärften Einstellung gewiß kein Anlaß gegeben. Die älteren Mitglieder unserer Jugendverbände sind zum großen Teil bei der SA, nicht wenige, ohne dabei ihre Mitgliedschaft in den evangelischen Verbänden aufgegeben zu haben. Auch die gleichzeitige Zugehörigkeit zu christlichen Jugendorganisationen und HJ oder BdM ist bis jetzt da und dort nicht selten. Ob dies nicht bald im Sinn der bestehenden Vorschriften energischer unterbunden werden wird, bleibt abzuwarten. Weder an Begeisterung für das Dritte Reich noch an unserem Entgegenkommen gegen die nationalen Jugendverbände hat es in den christlichen Verbänden gefehlt...

Aus Monatsbericht des Dekanats Rügheim (Unterfranken), 7. 11. 1933

Das Kapitel Rügheim ist, abgesehen von dem Städtchen Königsberg und der Diasporagemeinde Haßfurt, ein Randdekanat mit vorwiegend bäuerlicher Bevölkerung. Mehrere Gemeinden haben eine vermögende Einwohnerschaft, sonst sind es meist Kleinbauern. Der Kirchenbesuch ist gut bis sehr gut, mit Ausnahme der früher coburgischen Gemeinden Königsberg, Hellingen, Altershausen, Dörflis, Nassach, die eine schwächere Beteiligung aufweisen; er dürfte durch den politischen Umschwung keine wesentliche Änderung erfahren haben. Bibelstunden werden in der Mehrzahl der Gemeinden gehalten. An kirchlichen Jugendgruppen bestehen zwei CVJM- und zwei lose Gruppen, drei Kreise des Grünen Kreuzes[13] und fünf lose Gruppen. Angeschlossene Posaunenchöre sind neun vorhanden. Mit der HJ, die sich in allen Gemeinden befindet, und den BdM[-Gruppen], die bis jetzt an sechs Orten gegründet sind, ist außergottesdienstliche seelsorgerliche

---

[12] Bei der vom 3. – 12. Dezember nach Nürnberg einberufenen Evangelisationswoche wurden evangelische Jugendgruppen von der HJ angepöbelt und ihre Veranstaltungen zum Teil massiv gestört; vgl. Henn (siehe S. 369, Anm. 2), S. 20 f.

[13] Grünes Kreuz: veralteter Name für Evangelisches Mädchenwerk in Deutschland, später Evangelische weibliche Jugend Deutschlands.

Fühlung an drei Orten aufgenommen. In Rügheim, das eine Jugendschar des Grünen Kreuzes hat, ist die Gründung eines BdM vergebens versucht worden. In Holzhausen ist Leiterin des BdM die Pfarrfrau; Haßfurt hat ein Mädchen aus dem Grünen Kreuz als BdM-Führerin abgeordnet. Gemeinschaften verschiedener Richtungen (Bruder Junker vom Nordbayerischen Verband und Dietrich-Nürnberg von der Möttlinger Art)[14] dürften an sechs Plätzen bestehen; zur Zeit scheinen keine besonderen Schwierigkeiten mit den zuständigen Pfarrämtern vorzuliegen. Die Gegend ist zur Hälfte katholisch.

Innerhalb des Dekanatsbezirks liegen zwei Kreisleitungen der NSDAP, Hofheim und Haßfurt, die der kirchlichen Arbeit grundsätzlich nichts in den Weg legen. Der Kreisleiter Haßfurt hat dem Dekanat auf eine Zuschrift hin unter dem 16. Oktober geantwortet, daß er selbstverständlich nach wie vor bemüht sein werde, darauf hinzuwirken, daß bei Parteiveranstaltungen irgendwelcher Art den Teilnehmern die Erfüllung ihrer religiösen Verpflichtungen ermöglicht wird...

Aus Monatsbericht des Dekanats Rügheim (Unterfranken), 11. 12. 1933

... Der BdM hat inzwischen auch in Oberlauringen Fuß gefaßt. Ein Mädchen des Grünen Kreuzes wurde Scharführerin. In Haßfurt ist ein Grünkreuz-Mädchen Ringführerin, in Holzhausen die Pfarrfrau Gruppenführerin. Das Ansinnen des HJ-Führers Coduro (Lehrer) vom Unterbann IV/4 Königshofen-Hofheim, monatlich zwei Sonntagnachmittage für die HJ freizuhalten, wurde von den beteiligten Dekanaten dahin entschieden, daß der Nachmittag des dritten Sonntags im Monat christenlehrfrei bleibt. Der Ortsgruppenleiter von Oberlauringen, der zweite Lehrer, auf dem Seminar rot, später in Beziehung zu Coburger Kreisen, besitzt Rosenberg's Mythos und ist weithin davon eingenommen, aber zur Aussprache über das Buch bereit. Seine Haltung dürfte in der Linie der Deutschkirche liegen. Freifrau Truchseß von Wetzhausen, NS-Frauenschaftsleiterin im Bezirk Hofheim, steht gesinnungsmäßig bei der Deutschkirche...

... Am 5. Dezember machte der Kapitelsbeauftragte eine Werbeversammlung der HJ unter Leitung des Unterbannführers Coduro in dem katholischen, zu seinem Kirchenbezirk gehörigen Stadtlauringen mit. Die Erwachsenen waren so gut wie nicht erschienen. Oberbannführer Kess – Würzburg gab folgende Auslegung des Konkordates betreff Jugendorganisationen: Wir achten das Konkordat, weil es der Führer abgeschlossen hat. Wir gehen nicht gewaltsam gegen DJK[15] und weiße Rose[16] vor. Aber wir lassen es uns von niemandem verwehren, mit allen Mitteln der Propaganda gegen die konfessionellen Verbände anzugehen. Der Priester hat zur Kirche und zu Gott zu führen, wir führen die Jugend zu Deutschland. Die einzig daseinsberechtigte Jugend des Dritten Reiches ist die HJ...

---

[14] Die Gemeinschaftsbewegung »Möttlinger Art« ging zurück auf Friedrich Stanger (1855 – 1934), der nach einem Bekehrungserlebnis im Jahre 1909 in Möttlingen bei Calw (Schwarzwald) ein christliches Erholungsheim (»Rettungsarche«) gegründet hatte, das zum Ausgangspunkt einer evangelischen Bruderschaftsbewegung wurde, die durch Wortverkündigung »Erneuerung des Herzens«, aber auch die Heilung körperlicher Gebrechen zu bewirken suchte.

[15] Deutsche Jugendkraft, eine Sportorganisation der katholischen Jugend.

[16] Katholische Jungmädchen-Vereinigung.

Aus Monatsbericht des Dekanats Rügheim (Unterfranken), 8. 2. 1934

Durch den Kampf um die innere Selbständigkeit der evangelischen Kirche hat es in der Kapitelsgeistlichkeit nicht an Spannungen latenter und akuter Art gefehlt. Daum vertritt den Standpunkt, man müsse Hitler als dem von Gott gesandten Retter in allen, auch kirchlichen Dingen folgen. Die Mehrzahl der Kollegen, auch der Mitglieder des NS-Pfarrerbundes, ist bemüht, eine lutherisch bestimmte Volkskirche im totalen Staat aufrechtzuerhalten. Die »Bruderschaft lutherischer Pfarrer« leidet. Damit wird auch die Volksmission erschwert...

Aus Monatsbericht des Dekanats Rügheim (Unterfranken), 7. 3. 1934

Wie die Haltung der Amtsbrüder auseinandergeht, zeigt folgende Gegenüberstellung: Ein Kollege sagte in einer Predigt, die SA-Führer seien Verführer, weil sie ihre Leute an der Kirche vorbeiführen, und bekam vom Sturmbannführer eine Rügezuschrift... Ein anderer Amtsbruder wagte es überhaupt nicht, mit den Schulungsabenden für Kirchenvorsteher zu beginnen...

Aus Monatsbericht des Dekanats Rügheim (Unterfranken), 10. 5. 1934

Zur Lage im Kapitel: Die Beziehungen zwischen den kirchlichen und politischen Stellen sind nach wie vor im allgemeinen geregelte und erfreuliche... Auch innerhalb der Kollegenschaft des Kapitels ist eine fast einhellige Linie in der Frage der bekenntnismäßigen Haltung festzustellen. Der ausgesprochene Deutsche-Christen-Pfarrer erscheint mehr isoliert und meidet nicht selten die Konferenzen... Die Volksmission erscheint durch den Bekenntniskampf in die zweite Linie getreten. Es gilt in diesem Kampf ebenso vorsichtig wie tapfer zu sein...

Aus Monatsbericht des Dekanats Eyrichshof (Unterfranken), 7. 11. 1933

... Die wirtschaftlichen Verhältnisse sind dank einer guten Ernte bei den Bauern und dank der Arbeit in den wenigen Industriezweigen bei der Arbeiterschaft zufriedenstellend. Letztere gibt es nur durch die Basaltwerke, die beide im Bereich der Gemeinde Maroldsweisach liegen und der Bevölkerung Verdienst geben. Die Löhne bewegen sich allerdings auf einer sehr niedrigen Stufe... Doch ist auf diese Weise für viele Familien, die noch ein wenig Grund und Boden besitzen, ein zusätzliches Einkommen gegeben, so daß diese Arbeitsgelegenheit auch von Arbeitswilligen aus anderen Gemeinden ergriffen wird. Viele Arbeiter haben früher Beschäftigung in Schweinfurt gefunden; indessen ist seit fünf Jahren dazu keine Möglichkeit mehr gegeben. Von Proletariat im soziologischen Sinn kann bei der Arbeiterschaft im Kapitel nicht gesprochen werden.

Die religiöse Lage wird durch drei Faktoren bestimmt: Die starke Durchsetzung der

Bevölkerung mit katholischen Gemeinden hat einen vorteilhaften Einfluß auf die Kirchlichkeit der Evangelischen. Die Nähe des thüringischen und coburgischen Landes wirkt etwas nachteilig ein, wenn auch andererseits gesagt werden muß, daß Bayern nicht ohne Einfluß auf die jenseitigen Grenzgebiete geblieben ist. Im vergangenen Jahr ist durchwegs ein Nachlassen des Kirchenbesuches festzustellen. Die Ursachen liegen wohl in der starken Inanspruchnahme der männlichen Bevölkerung durch Übungen usw. der SA, SS, HJ und des Stahlhelms, ferner in der Abhaltung von Festen, deren Vorbereitung oft schon in die Morgenstunden des Sonntags hineinfielen...

Aus Monatsbericht des Dekanats Eyrichshof (Unterfranken), 15. 12. 1933

... Störungen von kirchlichen Veranstaltungen sind nicht zu melden. Der kirchlichen Arbeit werden von keiner Seite Schwierigkeiten bereitet; ja, es scheint, daß mancherorts die Mitarbeit von Pfarrern in Sprechabenden der NSDAP nicht unerwünscht ist. Die aktive Mitarbeit der Kollegenschaft des Kapitels Eyrichshof an der volksmissionarischen Arbeit ist recht erfreulich... All unser Ringen um die rechte Art volksmissionarischer Tätigkeit hat aber so lange keinen Sinn und ist zur Erfolglosigkeit von allem Anfang an verdammt, als es nicht gelingt, die kirchlichen Verhältnisse von Grund auf zu ordnen. Die Frage nach der Leitung der Reichskirche und den Männern in ihr ist keine organisatorische, verwaltungstechnische noch kirchenpolitische, sondern eine religiös-sittliche. Sowohl die Wahl Müllers und seiner Vertrauten als auch ihr Verhalten ist nicht nur himmelweit von jeder kirchlichen und evangelischen Haltung entfernt, ...

Unser Herr Landesbischof soll wissen, daß die Volksmission, die die Schäden der Kirchenpolitik am eigenen Leib spürt, auch zu ihm am meisten steht in seinem Kampf um Lehre und Leben der Kirche...

Aus Monatsbericht des Dekanats Eyrichshof (Unterfranken), 9. 2. 1934

... Unter die außerordentliche Arbeit darf in diesem Monat die kirchliche Verkündigung am 30. Januar, des Tages der Wiederkehr der Machtübernahme durch Hitler, gerechnet werden. Wo es die örtlichen Verhältnisse erlaubten, d. h. wo die Gemeinde nicht allzu weit verstreut wohnte, wurden Gottesdienste abgehalten, die außergewöhnlich gut besucht waren; die Angehörigen der Gliederungen der NSDAP nahmen teilweise geschlossen daran teil, teilweise war der Besuch des einzelnen von Partei wegen angeordnet... Ich selbst bin von dem Sturmführer der SA gebeten worden, die »weltanschauliche Schulung« der SA zu übernehmen. Ich habe zugesagt, mir ist fraglich, ob etwas daraus wird, da Rosenberg als der mit der Schulung Beauftragte Pfarrer für seine journalistischen Oberflächlichkeiten wohl nicht gebrauchen kann...

Aus Monatsbericht des Dekanats Eyrichshof (Unterfranken), 16. 3. 1934

... Manchmal hat es den Anschein, als wollte ein gewisser Fatalismus und damit verbunden eine müde Resignation die Gemüter ergreifen. Dies wird hervorgerufen durch die vollkommene Unübersichtlichkeit der kirchlichen Verhältnisse. Welchen Anteil hat der Pfarrernotbund an der Verwirrung? Wo sind die wirklichen Freunde? Stehen nicht auch im Lager des Notbundes viele, die sich hinter dem Bekenntnis verstecken, um ihre staatsfeindlichen Gefühle pflegen zu können? Sind nicht in unseren Reihen Verräter, die dem Staat die gemeine Lüge vorschwätzen, daß alles, was gegen den Reichsbischof mißtrauisch eingestellt ist, reaktionär sei? Was tut die bayerische Pfarrerschaft, wenn der Reichsbischof im weiteren Verfolg seiner Despotie unseren Landesbischof absetzt?...

Mit verbissener Leidenschaftlichkeit haben viele evangelische Pfarrer dem Dritten Reich den Boden bereitet und kennen auch heute noch kein anderes politisches Ziel. Ist das alles schon vergessen und sieht man es nicht?... Mit Recht wird von erfahrener Seite darauf hingewiesen, daß wir Pfarrer in dieser Notzeit mehr denn je uns auf unser eigentliches bescheidenes und doch so großes Amt besinnen und es verwalten müssen: Verkündiger des Evangeliums an der Stätte zu sein, wohin wir gestellt sind.

Aus Monatsbericht des Dekanats Eyrichshof (Unterfranken), 15. 5. 1934

Das Verhältnis zu Partei und Dienststellen des Staates ist gut. Reibungen sind keine vorgekommen...

In die hiesige Gemeinde war durch die Erklärung der Nürnberger Pfarrerschaft gegen die gotteslästerliche Äußerung im Stürmer (Mai-Sondernummer)[17] große Beunruhigung gekommen, da diese Erklärung in der hier viel gelesenen »Allgemeinen Rundschau« bekannt war. Ich hielt es für meine Pflicht, gegen diese unerhörte Verhöhnung in einer Erklärung Stellung zu nehmen, die ich unter den Verkündigungen am vergangenen Sonntag (Exaudi) abgab. Soweit ich feststellen konnte, war die Gemeinde dankbar für ein freimütiges Bekenntnis. Es wird aus der Gemeinde die Frage gestellt, was unsere Kirchenleitung und unser Herr Landesbischof zur Abwehr solcher Niedertracht tun wird. Wir dürfen sicher sein, daß sich hinter mannhafte und mutige Männer die Gemeinden als Ganzes stellen werden...

Aus Monatsbericht des Dekanats Rothausen (Unterfranken), 6. 11. 1933

Das geographisch verschiedenen Gebieten (Haßberge, Grabfeldgau, Rhön) zugehörige, weit ausgedehnte (55 km), sich an der Thüringer Grenze hinziehende Kapitel ist auch von uneinheitlichem Bevölkerungscharakter. Dem typischen Unterfranken (aufge-

---

[17] In der erwähnten Sonderausgabe des »Stürmer« waren Artikel über jüdische Ritualmorde mit folgendem Redaktionskommentar versehen worden: »Dieser verruchte hohnvolle jüdische Brauch hat eine verdächtige Ähnlichkeit mit dem christlichen Abendmahl. Auch bei diesem wird der Wein als Blut und die Hostie als Leib eingenommen. Der Christ macht's symbolisch, der Jude in Wirklichkeit, das ist der einzige Unterschied.«

schlossen, unzuverlässig) schließt sich der Rhöner an (verschlossen, nörglerisch, arbeitsam), und die Grenzorte haben den Thüringer Einschlag angenommen (materialistisch). Die Diasporastädtchen Königshofen und Mellrichstadt zeigen in ihren evangelischen Gemeinden alle Möglichkeiten der Bevölkerung und Stammesverschiedenheit (Beamte, zugezogene Geschäftsleute, Arbeiter). Im weiteren sind alle Gemeinden mehr oder weniger eingebettet in katholisches Gebiet, was sich als Abgrenzung oder aber auch kirchliche Charakterlosigkeit ausdrückt. Die Mehrzahl der evangelischen Gemeindeglieder sind Klein- und Mittelbauern. Die meisten Dörfer können als geschlossene Bauerndörfer gelten. Lediglich die Rhöndörfer sind ausgesprochene Kleinbauern-Arbeiter-Gemeinschaften. Arbeiter gibt es freilich in allen unseren Dörfern, sie sind aber mit der Bauernschaft eng verknüpft. Einige Güter (Mennoniten) haben Landarbeiterschaft. – Frühere Leibeigenschaft ist vielfach im Bevölkerungscharakter, auch in der rassischen Zusammensetzung, deutlich bemerkbar. Nordisch-ostische Mischung ist bei Vorwalten ostischer Bestimmtheit die rassische Charakterisierung der Bevölkerung.

Kennzeichnend für unsere Gegend ist das enge, allzu enge Zusammenwohnen der Bevölkerung. Dazu kommt die bisher ausgeübte Erbteilung, die sehr späte Übernahme des Besitzes durch die nachwachsende Generation (oft erst mit 50 Jahren) und die vielfach übliche Inzucht der Dörfer, dies mehr bei den Bauern als bei den Arbeitern.

Wir haben einige gut gestellte Dörfer dabei, wir haben aber auch die armen Rhöndörfer in unserer Mitte. Die allgemeine wirtschaftliche Lage kann mit »eben noch erträglich« bezeichnet werden. Der sehr gute Ausfall der Winterhilfssammlung zeigt auch die Anerkennung ihrer zum Teil guten Lage durch die Bevölkerung selbst. Die Not in der Rhön ist groß. Nach dem Kriege waren alle Bauern sehr »rot« eingestellt. Heute ist unsere Gegend natürlich äußerlich nationalsozialistisch. Zum Teil war die gesund denkende Jugend gerade unserer Gegend schon seit Jahren dieser Einstellung, zum Teil seit 1923. Im allgemeinen aber liebt es unsere Bevölkerung nicht sehr, Farbe zu bekennen. Die ältere Generation ist heute noch großenteils reaktionär. Der starke Kommunismus der Rhön dürfte als überwunden gelten. »Schwarze« Einstellung bei manchen Personen und sogar Dörfern ist merkwürdigerweise nicht selten ein Zeichen der Charakterlosigkeit weiter Schichten.

Der Kirchenbesuch ist teilweise recht gut. Allgemein kann man aber das Gefühl nicht loswerden, daß jede Kleinigkeit (Abhaltung, Fest, Witterung) die Leute auch ohne Gewissensbisse vom Kirchenbesuch abhalten kann. An der Grenze macht sich die Thüringer große Unkirchlichkeit sehr bemerkbar. Von dort aus ist wohl auch die allgemein schwankende kirchliche Haltung zu begreifen. Im allgemeinen ist es wohl überall so, daß die Hauptgottesdienste von Männern mehr als von Frauen besucht werden, während die Wochengottesdienste das Gegenteil zeigen. Die Christenlehren sind sehr verschieden besucht. Ganz deutlich in Erscheinung tritt keine gegnerische Strömung gegen die Kirche. Manchmal werden wir mit der katholischen Kirche in einen Topf geworfen. Recht stark war vor einigen Jahren fast in allen Gemeinden die marxistische Hetze zu spüren. In allen Dörfern gibt es irgendeine Gruppe von alters her oder neuerdings, die sich von Kirchenbesuch oder besonders Abendmahl ferne halten. Teils sind es überzeugte Marxisten, teils aber auch jener aufgeklärte Bauernschlag, der »tue recht und scheue niemand« als Religion für sich in Anspruch nimmt. Nicht zu leugnen ist, daß die Unterstützung der wertvollen Forderungen, besonders aber der Opferforderung der NSDAP durch die Pfarrer, manchem nicht behagt, und er dies auf seine kirchliche Haltung überträgt. – Eine leichte Welle von Tannenbergbund-Propaganda[18] ist wieder verschwunden. Die Träger sind bisher wieder sehr kirchlich geworden. – Die Gefahr der Beeinflussung, besonders der Lehrer, durch die dritte Konfession besteht wie überall. Es gibt bereits Lehrer, die das Alte Testament den Kindern gegenüber ablehnen. Doch scheint noch wenig allgemeine Richtung dorthin zu bestehen. – Eine starke Welle der Propaganda der Ernsten Bibelforscher brachte viel Werbematerial in die Häuser fast aller Gemeinden. Ganz deutlich war die Folge: eine gewisse kommunistische Tendenz in der Zeit der Krise im vergangenen Jahre. Schlimm erschien, daß diese Sekte sich in Schloß Sternberg eine Zentrale errichtet hatte. Neuerdings ist dieses Nest jedoch gründlich ausgeräumt worden. – Das Erbübel des Grabfeldmenschen[19], die Verdrossenheit, ist der größte Feind der Kirche und des Glaubens. Ich möchte darunter zusammenfassen: Übelnehmen, Empfindlichkeit, Unaufrichtigkeit, Kleinlichkeit.

Die Stellung zur NSDAP und zu den einschlägigen Staatsstellen hat bisher kaum eine Belastungsprobe zu bestehen gehabt. In Königshofen ist die Frage sowieso dadurch geklärt, daß ich der Kreisleitung der NSDAP angehöre, und daß Kollege Dr. Däschlein in engster Mitarbeit in der Hitlerjugend steht. Gelegentliche Anregungen und Wünsche fanden bei SA und Parteiorganisationen stets ein freundliches Entgegenkommen. – In Mellrichstadt ist die Angelegenheit dadurch nicht erleichtert, daß ein evangelischer kirchlicher Lehrer Kreisleiter der NSDAP ist. Es ist freilich eine Selbstverständlichkeit, daß wir von seiner Seite in allen Fragen der Kirche bestes Entgegenkommen erfahren, aber er selbst fordert andererseits manchmal auch, daß die Kirche ihm etwas sehr weit entgegenkomme. In Sachen des Versuches, evangelische Jugendverbände aufzulösen, konnte ich vermittelnd eingreifen. Vielleicht befindet sich auch gerade dieser Kreisleiter in einem fast ganz katholischen Bezirk in etwas schwieriger Lage und muß daher manchmal gerade der Kirche gegenüber sehr unparteiisch erscheinen. Doch kann man im allgemeinen sehr mit ihm zufrieden sein...

Aus Monatsbericht des Dekanats Rothausen (Unterfranken) für Dezember 1933

Man kann wohl sagen, daß durch unser Kirchenvolk ein Aufhorchen geht. Sie sind es bisher nicht gewohnt gewesen, daß ihre evangelische Kirche auch anzugreifen imstande ist. Ich glaube, man kann sagen: unser Kirchenvolk freut sich dessen. Auch eine andere Erscheinung tritt dabei zu Tage: es scheiden sich die Geister. Die bisher in ihrer behäbigen Kirchlichkeit Zufriedenen stehen oft nicht mehr in erster Reihe, sondern gerade die bisher weniger Beachteten. Es zeigt sich langsam eine aktive Front der Kirche. Die besondere Auswahl der Kirchenvorsteher macht sich nicht zum Schlechten, sondern zum Guten bemerkbar. Es war richtig, daß diese Auswahl nicht so sehr den Gemeinden über-

---

[18] Tannenbergbund: völkische Vereinigung, gegründet 1926 von General Ludendorff zum Kampf gegen die »überstaatlichen Mächte« (Freimaurer, Juden, Jesuiten, Marxismus) und zur Schaffung einer deutsch-germanischen Religionsgemeinschaft unter entschiedener Ablehnung des Christentums.

[19] Grabfeld: Landschaft im nördlichen Unterfranken an der oberen Saale zwischen der Rhön und den Haßbergen.

lassen blieb. Wo es so war, wie bei uns hier, daß diese Auswahl geschah durch den Pfarrer und unter freundlichster Mitarbeit des Dekans, konnte eigentlich nur Wünschenswertes herauskommen. – Freilich beginnen nun auch die weltanschaulichen Kämpfe in den Gemeinden. Eine Gemeinde meldet, daß dort ein sichtliches Warten auf eine Verschmelzung der Konfessionen eingesetzt hat... Andererseits ist ein merkliches Nachlassen der konfessionellen Spannungen in den Diasporabezirken zu spüren. Es kommt vor, daß die SA, auch wenn sie größtenteils katholisch ist, am evangelischen Gottesdienst teilnimmt (Neustädtles bei Willmars). Evangelische Kundgebungen werden günstig beurteilt (Königshofen), Katholiken nehmen am Abschied des evangelischen Pfarrers sehr herzlich teil (Mellrichstadt).

Aus Monatsbericht des Dekanats Coburg (Oberfranken), 9. 11. 1933

... Neben Gemeinden mit vorwiegend ländlicher, finden sich solche mit industrieller Bevölkerung (Heimindustrie, Korb- und Spielwarenfabrikation, nur wenige Fabriken). Die landwirtschaftlichen Betriebe tragen meist kleinbürgerlichen Charakter, gewähren jedoch der Bevölkerung ausreichende Versorgung. Das Coburger Land ist weder Notstands- noch Überschußgebiet. Nur die Puppenstadt Neustadt kann als Notstandsgebiet angesprochen werden.

Die »deutsche Stadt« Coburg hat das Bestreben, in der Erreichung der Ziele des Dritten Reiches voranzumarschieren, welche Eigenart trotz der allgemeinen Bejahung der politischen Wende bei den Bürgern nicht ungeteilte Zustimmung findet. Weite Kreise, bis hinein in die Reihen der NSDAP, fühlen sich durch die Methoden der führenden Männer Coburgs verletzt. Von Dingen, welche besonders die kirchlich gesinnte Bevölkerung erregten, seien nur genannt der Versuch, den vierten Pfarrer am Vorabend seiner Installation zu verhaften, die rein politische Einflußnahme bei der jüngsten Pfarrstellenbesetzung, das Parteidiktat bei der Neuwahl der Kirchenvertreter. Die Judenfrage ist hier mit besonderer Schärfe aufgeworfen worden. – Bedeutend spannungsloser ist die Lage in den Landgemeinden. Der Kirchenbesuch ist in der Stadt als gut, auf dem Lande als schlecht zu bezeichnen. Einen Ansatz zur Besserung brachte auf dem Lande die politische Wendung. Die Güte des Kirchenbesuchs hängt jedoch nicht von der Zugehörigkeit des Pfarrers zur NSDAP ab. Manche Gemeinden, deren Seelsorger der Partei angehört, weisen sehr geringen Kirchenbesuch auf. Ob die mit der politischen Wende einsetzende Besserung von Dauer bleibt, ist sehr fraglich. Da und dort macht sich bereits ein Nachlassen des Kirchenbesuches bemerkbar.

An gegnerischen Strömungen sind vor allem folgende Sekten zu nennen, die in Coburg Separatgemeinden bilden: Baptisten, Neu-Apostolische, Christliche Wissenschaft, Mormonen, Adventisten, Ernste Bibelforscher, Anthroposophen. Dazu kommen noch Tannenbergbund und Deutschkirche. Die Kirchenaustritte der letzten Zeit erfolgten hauptsächlich zu den Neu-Apostolischen und Tannenbergbündlern.

Die Aktivität der Katholischen Kirche drohte nach dem Anschluß Coburgs an Bayern, eine Gefahr zu werden. Aber der erbeigene protestantische Sinn der Bevölkerung wurde lebendig, wies die katholische Gemeinde in ihre Grenzen und vereitelte alle gegenreformatorischen Hoffnungen.

Bei aller Freundlichkeit ist gegen die Coburger landeskirchliche Gemeinschaft eine gewisse Vorsicht am Platze. Da sie dem Thüringer Bund (Blankenburg) angehört, ist die Gefahr des kirchlichen Separatismus und der Konjunkturpolitik gegeben. Schwierigkeiten, die sich der kirchlichen Arbeit durch staatliche und parteiamtliche Stellen in den Weg legen, sind nicht vorhanden. Es wird nur von seiten der Partei der kirchlichen Arbeit (inclusive Jugendarbeit) Mißtrauen entgegengebracht. Brücken werden da und dort geschlagen. So betätigen sich Pfarrer Rübel-Großgarnstadt und Pfarrverweser Brehm-Ahorn in der HJ bzw. im Jungvolk. Im allgemeinen jedoch ist solcher Dienst nicht nach dem Wunsch der hiesigen leitenden Stellen... Mit der Wiederbesetzung der zweiten Pfarrstelle Coburg wird sich die Arbeit an SA, HJ, BdM, NSBO eröffnen. Der neue Pfarrer Hoffmann hat durch Gruppenführer v. Obernitz (Nürnberg) einen Sonderauftrag für [die] SA erhalten.

Aus Monatsbericht des Dekanats Hof (Oberfranken), 7. 11. 1933

Das Kapitel Hof an der Nordostgrenze Bayerns umfaßt ungefähr 65 000 Seelen, die in der Hauptsache, auch auf dem Lande, sich aus industrieller Bevölkerung zusammensetzen. Für die Lage in diesem Bezirk ist bemerkenswert, daß die Arbeit in den Textilfabriken, die seit dem Frühling angezogen hatte, in den letzten Wochen, besonders in den Spinnereien wieder etwas nachläßt. Unter der Arbeiterschaft wird viel darüber geklagt, daß in einzelnen Betrieben im Laufe der letzten zwei Jahre die Rationalisierung sehr stark vorwärts getrieben wurde... Die Organisation der NSBO, die schätzungsweise die Hälfte der Belegschaften erfaßt haben dürfte, ist so ziemlich in allen Orten vorhanden, in denen sich Fabrikunternehmungen befinden. Politisch hat ja schon bei den Wahlen vorigen Jahres die NSDAP die Führung in allen Ortschaften, in allen Gemeinden unseres Kapitels gehabt, nach der Machtübernahme Hitlers setzte auch in unserer Gegend der Zustrom der früheren Gegner zu der NSDAP und ihren Hilfsorganisationen in starkem Maße ein.

Was ich den politischen Führern schon gesagt habe, spreche ich auch in diesem Bericht aus: Ich halte es für eine Gefahr, daß so viele aus kommunistischen und sonstigen marxistischen Kreisen heute auch in der SA und SS sich befinden. Es wird nötig sein, in den Organisationen politischer, wehrsportlicher und wirtschaftlicher Art eine fruchtbare Erziehungsarbeit durchzuführen. Gerade von hier aus gesehen gewinnt die Arbeit der Volksmission eine große Bedeutung.

Für die Beurteilung der Verhältnisse in unseren Gemeinden ist zu beachten, daß die Welle des Rationalismus in unserer Gegend nicht so stark gespürt wurde wie anderswo, daß aber andererseits der heilsame Gegensatz der katholischen Kirche gefehlt hat. So erklärt es sich, daß in den Gemeinden unseres Kapitels auch in der rötesten Zeit auch von seiten der Arbeiterschaft die Beziehung zur Kirche nicht gelöst wurde, daß aber andererseits die Kirchlichkeit nicht sehr groß war. Es gab auch in Hof verhältnismäßig wenig Austritte, nicht viel Abmeldungen vom Religionsunterricht, dazu konnte allenthalben ein gutes persönliches Verhältnis zu den Pfarrern festgestellt werden. Trotzdem war der Kirchenbesuch nicht sehr hoch; er dürfte wohl auf 8 – 10% im Durchschnitt für das Kapitel zu schätzen sein.

Im einzelnen wäre zu sagen, daß wohl infolge der zahlreichen Bibelstunden die Arbeit der Sekten zurückgegangen ist. Erfreulich ist auch die durchgängige Feststellung der Pfarrer des Kapitels, daß das Verhältnis zur politischen Partei und ihren Organisationen und Führern ein gutes ist. SA und SS nimmt an besonderen Gottesdiensten geschlossen teil, auch für die große Kundgebung der NSBO am 6. August dieses Jahres wurde der Dienst der Kirche begehrt. In der Stadtgemeinde Hof ist die Versorgung der Jugend in der Weise geregelt, daß für die konfirmierte männliche Jugend alle 14 Tage ein Jugendgottesdienst stattfindet, an dem die Hitlerjugend geschlossen teilnimmt... Der BdM beteiligte sich seit Oktober einige Male geschlossen an den Gemeindegottesdiensten am Sonntag.

Aus der Mitte der Kapitelsgeistlichen kommt die Klage, daß die vielen Veranstaltungen und Feiern den Kirchenbesuch schädigen. Auch die Jugend wird durch die vielen Ausmärsche vom regelmäßigen Besuch der Kindergottesdienste abgehalten...

Aus Monatsbericht des Dekanats Hof (Oberfranken), 12. 12. 1933

Durch die Vorgänge in der Berliner Sportpalastkundgebung[20] ist auch in unseren Gemeinden schwere Beunruhigung entstanden. Hinter der offenen Bitte, die aus einer Versammlung, in der Herr Dekan Wiegel über die kirchliche Lage referierte, an den Herrn Reichsbischof gerichtet wurde, stehen die Gemeinden geschlossen. Wenn gerade aus den Kreisen unserer besten Gemeindeglieder immer wieder ausgesprochen wird: »Lieber eine freie Kirche als eine Kirche, die nicht auf dem Boden des Bekenntnisses steht«, so zeigt das deutlich, welch eine große Verantwortung auf den Schultern der kirchlichen Führer liegt.

Die Erwartungen für den Besuch der Jugendgottesdienste, die sich an die Vereinbarung mit der Führung der Hitlerjugend knüpfen, haben sich nicht erfüllt. Der Besuch dieser Gottesdienste war von seiten der HJ durchweg sehr gering. Nach der Tagung der Hitlerjugend in Bayreuth am 2. und 3. Dezember, die den geschlossenen Kirchgang in Uniform abgelehnt hat, wird er in Zukunft wohl noch schlechter werden. Auch der BdM, der im Oktober ziemlich regelmäßig an den Vormittagsgottesdiensten teilgenommen hat, ist im November nicht mehr gekommen...

Daß der Ansatzpunkt für die volksmissionarische Arbeit die Männerwelt sein muß, wird ohne weiteres anerkannt. Darum haben wir hier in Hof zunächst mit der Arbeit in der Betriebszellenorganisation und in der SA und SS begonnen... Volksmissionar Brandler sprach am 24. 11. über »Luther und Hitler« und fand bei seinen Ausführungen, die ganz in das Zentrum des evangelischen Glaubens führten, dankbare und aufmerksame Zuhörer. Wir könnten auch in die SA- und SS-Formationen des Bezirks ohne weiteres

---

[20] Am 13. 11. 1933 hatte die »Glaubensbewegung Deutsche Christen« im Sportpalast in Berlin eine Großkundgebung veranstaltet, bei der insbes. der DC-Aktivist Dr. Krause verschiedene Äußerungen (z. B. über die »völkische Sendung Luthers« und die »Minderwertigkeitstheologie des Rabbiners Paulus«) machte, die von der Mehrzahl der evangelischen Geistlichen und Gläubigen als ungeheuerlicher Angriff auf die Grundfesten der Kirche und des Glaubens angesehen wurden und entsprechende Empörung auslösten. Schon am 14. November war es in München unter Leitung von Landesbischof Meiser und in Anwesenheit des Ministerpräsidenten Siebert zu einer Gegenkundgebung gekommen.

hinein, müssen aber bitten, daß uns Kräfte von dem Herrn Sonderbeauftragten zur Verfügung gestellt werden. Im Blick auf die Größe unserer Gemeinden kann diese Bitte wohl ohne besondere Begründung ausgesprochen werden. Mit dieser Bitte verbinde ich den Antrag, daß der Volksmissionar Brandler, der im Dienste der thüringischen Landeskirche steht und Franke ist, von der Volksmission angestellt werde. Ohne einen hauptamtlichen Mitarbeiter kommen wir in unserem Bezirk nicht aus. Brandler hat die Herzen der SA und SS und die Gabe, zu den Herzen zu sprechen. Im Angesicht der offenen Tür zu der Männerwelt im Braunhemd dürfte die jährliche Aufwendung von vielleicht 2500 Mark kein Grund sein, eine tüchtige Kraft abzulehnen.

Aus Monatsbericht des Dekanats Hof (Oberfranken), 12. 2. 1934

... Die Vorgänge in der Reichskirche haben natürlich auch in unserer Gemeinde viel Aufregung hervorgerufen, aber man ist gewillt, in brüderlich-christlichem Geiste den Weisungen von oben Rechnung zu tragen und alles zu tun, was ohne Verletzung des Bekenntnisses möglich ist, um den Frieden zwischen den einzelnen Gruppen innerhalb der Evangelisch-Lutherischen Kirche zu fördern. Zu bedauern ist, daß unter dem Eindruck der letzten Vorgänge das Vertrauen zu unserem Herrn Landesbischof in manchen, gerade kirchlichen Kreisen nicht größer, sondern geringer geworden ist. Deswegen verschließt man sich aber doch nicht dem Ruf, unter der Führung des Herrn Landesbischofs sich noch inniger zu treuem Dienst an Gemeinde und Volk zusammenzuschließen...

Aus Monatsbericht des Dekanats Münchberg (Oberfranken), 6. 11. 1933

Der Bezirk ist gemischt aus Landwirtschaft und Industrie, so jedoch, daß der Prozentsatz der Fabrikarbeiter, besonders nach dem Krieg, sich ständig erhöht hat. Eine große Zahl von Männern und auch Frauen fährt täglich zur Arbeit in die drei Städte des Kapitels Münchberg, Helmbrechts, Schwarzenbach (Saale). Eine Hauptvoraussetzung für die Durchführung der Aktion wäre die Anstellung eines Vikars für die unübersehbar große Gemeinde in Schwarzenbach und vor allem für das ungewöhnlich gewachsene Helmbrechts mit seinem weiten Außenbezirk. – Die Tatsache der vielen auswärts Schaffenden stellt sich der Durchführung von Abenden z. B. recht hindernd in den Weg in den ländlichen Gemeinden. Wie stark zudem die Gemeindeglieder durch die Organisationen der NSDAP beansprucht sind, ist ja bekannt. Im Juli wurden zwei geplante Bibellager verboten. (Der Landeskirchenrat ist davon unterrichtet.) Verantwortlich dafür sind zwei uns mißgünstige Männer: Regierungsrat Derks in Münchberg und der Sonderkommissar Pöhlmann in Stammbach. In Schwarzenbach wurde ein anläßlich eines Festes geplanter Zug der CVJMer zur Kirche vom Bezirksamt Hof verboten... Im übrigen haben wir die Erfahrung gemacht, daß am leichtesten zu arbeiten ist, wenn man möglichst wenig fragt und anmeldet...

Nach Lage der Dinge ist überall der Versuch, in die bestehenden Organisationen zu kommen, notwendig.

Während [die] Arbeit in der SA, wie ich höre, durch die Deutschen Christen bezirksweise geordnet ist, soll nun ähnliches versucht werden für HJ und NS-Frauenschaft...
Es wurden Verhandlungen geführt mit verschiedenen Organisationen über einmalige religiöse Vorträge. Mit Studentenschaft und NS-Frauenschaft konnte sehr rasch ein Abkommen getroffen werden. Mit BdM schweben Verhandlungen noch, schwächere Aussichten bietet das Deutsche Jungvolk, unmöglich ist es, in die HJ hineinzukommen. Der Geist Schirachs setzt sich überall durch. Ich habe lange mit dem Bannführer in Münchberg ergebnislos gesprochen und der Oberbannführer Lutz, Bayreuth, hat es mir schwarz auf weiß mitgeteilt, daß dort weder Zeit noch Interesse für die Volksmission ist. Trotzdem setzen wir unsere Bemühungen örtlich fort.

Aus Monatsbericht des Dekanats Münchberg (Oberfranken), 10. 5. 1934

Am 15. April fand in Münchberg eine evangelische Kundgebung statt. Dekan Wiegel sprach im größten Saal über »Christus und Volk«. Die Versammlung war gut besucht und eindrucksvoll. In der anschließenden Männerversammlung (90 Prozent Kirchenvorsteher) sprach der Kapitelsbeauftragte über den Kampf um das Evangelium im Jahr 1934. In der Aussprache tat sich eine Gruppe Münchberger Deutsche Christen hervor und tadelte es hart, daß ein unnötiger und gar nicht aktueller Kampf wider Rosenberg geführt würde. Dagegen ging sie nicht ein auf das Ziel des Referats: Wie erhalten wir eine SA der Kirche? Die Deutschen Christen haben auch hier ihre kirchenzerstörende Wirkung an den Tag gelegt...
Es ist inzwischen völlig klar geworden, daß die Organisationen [der NSDAP] uns nicht mehr offenstehen, da man kein »Muckertum« will. Nur die NS-Frauenschaft ist durch persönliche Beziehungen noch zugänglich.

Aus Monatsbericht des Dekanats Bamberg (Oberfranken) (Pfarrer Geuder, Pommersfelden) , 7. 11. 1933

In Bamberg hauptsächlich höhere und mittlere Beamte, Geschäftsleute, Angestellte und ein kleiner Kreis von Arbeitern. Gesamtcharakter der Gemeinde: Diaspora. Durch den politischen Umschwung hat der Protestantismus in der Stadt, der der nationalsozialistischen Freiheitsbewegung von Anfang an sehr offen gegenüberstand, an maßgebendem Einfluß gewonnen. Die wirtschaftlichen Verhältnisse sind im allgemeinen nicht günstig (schlechter Geschäftsgang, Gehaltskürzungen). Forchheim ebenfalls Diasporagemeinde. Überwiegend Arbeiterbevölkerung, meist solide, kirchliche Leute, daneben Beamte, Geschäftsleute. Die Mehrzahl der Fabrikdirektoren ist evangelisch. Wirtschaftliche Verhältnisse der Zeit entsprechend. In beiden Städten zahlreiche Mischehen, häufig katholisch getraut. Bisher keine Behinderung der kirchlichen Arbeit durch staatliche oder parteiamtliche Stellen, abgesehen von der nicht unwesentlichen Beeinträchtigung der Jugendarbeit (Tracht- und Aufmarschverbot, Werbung erschwert, Unklarheit über das grundsätzliche Verhältnis zur HJ).

Mühlhausen, Steppach, Pommersfelden, Weingartsgreuth, Großbirkach, Trabelsdorf, Lonnerstadt sind ausgesprochene Bauerngemeinden in katholischer Umgebung. Trabelsdorf und Pommersfelden auch selbst konfessionell gemischt. Mittlerer und kleinerer Grundbesitz, zum Teil Abhängigkeit von Gutsherrschaften. Traditionelle Kirchlichkeit, aufs Ganze gesehen recht guter Kirchen- und Abendmahlsbesuch. Politische Einstellung fast durchwegs nationalsozialistisch. Keine nennenswerten Schwierigkeiten von politischer Seite her, abgesehen von einer (ergebnislosen) Anfechtung der Kirchenvorstandswahl in Pommersfelden durch die dortige Ortsgruppe der NSDAP. In Walsdorf und Gleisenau Bauern- und Arbeiterbevölkerung gemischt. In der stark zerstreuten Gemeinde Buttenheim zusammengewürfelte Bevölkerung, Handwerker, Beamte, vor allem aber Industrieleute, meist aus mittel- und norddeutschen Städten zugezogen; mehrere schon lange erwerbslos. Dementsprechend unregelmäßiger Kirchenbesuch...

Aus Monatsbericht des Dekanats Bamberg (Oberfranken) (Pfarrer Geuder, Pommersfelden), 12. 12. 1933

Die volksmissionarische Arbeit setzt im Kirchenbezirk Bamberg zwar nicht schlagartig, aber Schritt für Schritt ein. Sie wird in den Gemeinden, soweit bisher zu sehen, weniger als »große Aktion« als vielmehr als Ausbau der bisherigen Gemeindearbeit gewertet...
Von einer geschlossenen Beteiligung evangelischer SA-Angehöriger ist mir nichts bekannt geworden; sie ist auch durch deren zur Zeit sehr starke dienstliche Inanspruchnahme erschwert. In Pommersfelden war sie in Aussicht gestellt worden, wurde aber dann hintertrieben. ... Auf welche Schwierigkeiten die Volksmission bei den »Gebildeten« stößt, wenigstens in Städten mit starker evangelischer Minderheit, hat schon der Versuch gezeigt, in Bamberg (und auch in Forchheim) einen geeigneten Vertrauensmann zu finden.

Aus Monatsbericht des Dekanats Bamberg (Oberfranken) (Pfarrer Geuder, Pommersfelden), 11. 1. 1934

Die Kirchenvorsteherschulung hat in sieben Pfarreien (von zwölf) im Dezember eingesetzt. In einigen mußte der Beginn aus örtlichen und zeitlichen Gründen auf Januar verschoben werden; in einer scheint bis jetzt noch nichts unternommen zu sein. Die Zusammenkünfte finden auf dem Land meist alle 8 oder 14 Tage statt, in den Städten infolge der Zeitschwierigkeiten naturgemäß weniger häufig. Teilnehmerzahl in den Dorfgemeinden 20–40. Fast überall rege Aussprache. Wo bei der Wahl der Kirchenvorsteher politische Gesichtspunkte statt der kirchlichen den Ausschlag gaben, rächt sich dies jetzt; so z. B. in Weingartsgreuth, wo die »berufenen Vertreter« wenig mitarbeiten und die seinerzeit »Hinausgewählten« samt den übrigen interessierten Gemeindemitgliedern den Männerabenden, trotz wiederholter Einladungen, fernbleiben...

Daß in der durch den Reichsbischof völlig verfahrenen Jugendsache[21] möglichst umgehend das Rechte geschieht, ist von entscheidender Wichtigkeit. Vor allem dürfen dabei die Rechte der Eltern nicht übergangen werden. Solange die antichristliche Tendenz der HJ-Führerschaft offensichtlich ist, darf die Kirche eine »Eingliederung« (dies belastende Wort ist wohl besser zu meiden, zumal es den Kernpunkt der Sache nicht trifft) weder befehlen noch empfehlen, sondern höchstens gestatten. Die zu treffende Regelung hat vom Gedanken der Gemeinde-, nicht der Verbandsjugend auszugehen. Falls sie einheitlich für das Reich getroffen werden soll, ist freilich zu beachten, daß die bekennende Gemeinde weithin eine Fiktion ist. Wohl zu beachten ist auch der Unterschied zwischen der Hitlerjugend, die auf große Strecken nicht viel mehr als »organisiertes Flegelalter« ist, und dem mehr von bündischer Art beeinflußten Jungvolk...

Aus Monatsbericht des Dekanats Bamberg (Oberfranken) (Pfarrer Geuder, Pommersfelden), 8. 2. 1934

...Einige Bünde haben aus der gegenwärtigen Lage in den letzten Tagen tapfer die meines Erachtens einzig sinnvolle und ehrenvolle Konsequenz gezogen und ihre Gliederungen (bis zu 18 Jahren) aus der Mitgliedschaft und Gehorsamspflicht entlassen, um sie der Obsorge der Kirchengemeinden zu überweisen. Natürlich werden die bisherigen Führer dieser zum Dienst zur Verfügung stehen. Den Bünden und Verbänden wird nach wie vor der Kampf der HJ gelten; wird künftig die ganze kirchliche Jugendarbeit unter Wegfall aller bündischen Formen von der Gemeinde getrieben und getragen, so ist eine klare Abgrenzung geschaffen und schafft ein etwaiger Angriff dagegen einen klaren status confessionis...

Ich kann mich aufgrund meines Ordinationsgelübdes nicht hinter die von den Kirchenführern am 27. 1. abgegebene Erklärung[22] stellen, weil sie in dieser Form eine bekenntniswidrige Bindung darstellt.

---

[21] Am 19. Dezember 1933 hatte Reichsbischof Müller ohne Befragen der Landesbischöfe mit dem Reichsjugendführer Baldur von Schirach ein Abkommen über die korporative Eingliederung des Evangelischen Jugendwerkes in die HJ abgeschlossen. Die seit Januar 1934 auch in Bayern in Gang gesetzte Überführung der evangelischen Jugendorganisationen in die HJ wurde von der Landeskirchenleitung im wesentlichen gelassen. Die von Landesbischof Meiser veranlaßten Schritte, um die Wirkung dieser Eingliederung abzumildern (Berufung von Vertrauensmännern für die evangelische Jugend innerhalb der HJ u. a.), empfanden viele evangelische Geistliche als ungenügend, vgl. Baier (siehe S. 370, Anm. 4), S. 83 f. und Priepke, Manfred: Die evangelische Jugend im Dritten Reich. 1933–1936. Hannover 1960, S. 66 ff.

[22] Nachdem Hitler am 25. Januar 1934 durch einen Empfang des Reichsbischofs und der meisten Landesbischöfe die durch die vorangegangenen Protesterklärungen verschiedener Kirchenführer gegen den Reichsbischof entstandene Verschärfung des Kirchenkampfes zu dämpfen vermocht hatte, war es am 25.–27. Januar zu einer »Versöhnungs«-Konferenz zwischen dem Reichsbischof und den Landesbischöfen gekommen, wobei diese am 27. Januar 1933 erklärt hatten, daß sie sich geschlossen hinter den Reichsbischof stellten und gewillt seien, seine Maßnahmen und Verordnungen durchzuführen und eine kirchenpolitische Opposition gegen den Reichsbischof zu verhindern. Diese zeitweilige »Unterwerfung der lutherischen Bischöfe« wurde von Martin Niemöller und dem von ihm geleiteten Pfarrernotbund scharf kritisiert und bildete einen wichtigen Anlaß der selbständigen Pfarreropposition gegen das reichsbischöfliche Kirchenregiment; vgl. hierzu Hermelink, Heinrich: Kirche im Kampf. Dokumente des Widerstands und des Aufbaus in der Evangelischen Kirche Deutschlands von 1933–1945. Tübingen 1950, insbes. S. 66–74.

IV. Evangelische Kirchengemeinden – Volksmission

Aus Monatsbericht des Dekanats Bayreuth (Oberfranken), 7. 11. 1933

Reine Bauerngemeinden sind die Dörfer Benk, Busbach, Emtmannsberg, Haag, Mengersdorf, Mistelgau, Neunkirchen und von den Gemeinden Gesees und Neudrossenfeld der Pfarrsitz selbst. Die wirtschaftliche Lage der Dörfer ist nicht einheitlich. Das abgelegene Haag und Neunkirchen hat meist kleine Leute. Auch Busbach ist nicht wohlhabend. Infolge der ziemlich gleichartigen Zusammensetzung der Gemeinden waren sie in der Nachkriegszeit weniger von sozialen und politischen Kämpfen heimgesucht. Und auch der Umschwung zur neuen Zeit vollzog sich ohne nennenswerte Erschütterung. Der Kirchenbesuch ist nicht sonderlich hervorzuheben, doch »befriedigend«...

In Bindlach, Eckersdorf, St. Johannis und Mistelbach und deren Außenorten und in den Außenorten von Gesees und Neudrossenfeld ist eine erhebliche Zahl von Arbeitern, die diesen Gemeinden und Außenorten zum Teil den Charakter von Vorstadtgemeinden gibt. Durch die Arbeitslosigkeit und die dadurch den Gemeinden entstehenden Lasten, die die bäuerliche Bevölkerung fast allein zu tragen hat, sind viele böse Spannungen entstanden. Verheerender noch waren die politischen Gegensätze. Am meisten gilt das wohl von Eckersdorf und Mistelbach, wo die Hetze einzelner Glieder den Pfarrern das Leben oft sehr schwer machte und die Arbeit noch schwerer. – Die Kirchlichkeit entspricht weithin, aber nicht immer, der sozialen Stellung und politischen Einstellung. Eine gewisse Entspannung ist durch den Umschwung wohl eingetreten. Jedenfalls hat die Hetze aufgehört. Der Gegensatz in den Gemeinden hat andererseits doch wohl auch dazu beigetragen, daß die positiven Kreise sich bewußter an ihre Kirche anschlossen.

Warmensteinach ist eine sehr arme Arbeitergemeinde mit sehr vielen Arbeitslosen (Glasarbeiter). Doch ist die Bevölkerung zugänglich und aufgeschlossen.

Die Marktgemeinde Weidenberg hat Kleinbürger und Arbeiter. Unter letzteren sind viele Arbeitslose (Granitschleifer usw.). Die Bürgerlichen sind wenig angeregt, verspießt. Jugendarbeit von einiger Bedeutung geschieht in Bindlach, Eckersdorf, St. Johannis, Neudrossenfeld. Gemeinschaftseinfluß ist vor allem in Bindlach, Eckersdorf (mit Donndorf), Emtmannsberg, Mengersdorf und Weidenberg. Die volksmissionarische Arbeit des Bayreuther Löhehauses erfaßt vor allem die Gemeinden des Hummelgaus. Neudrossenfeld hatte Winterlager.

Evangelisationen haben in der letzten Zeit stattgefunden in Eckersdorf von Neuendettelsau (Dr. Eppelein), in Emtmannsberg, Mengersdorf und Weidenberg durch die Gemeinschaft. Vorgesehen ist für den Winter Evangelisation in Bindlach, gewünscht wird sie von Neudrossenfeld. Erwünscht schiene sie mir in erster Linie für Warmensteinach und Busbach.

In Bayreuth sind alle sozialen Schichten und Stände vertreten. Viele Arbeiter zählt die Gemeinde St. Georgen. Bayreuth-Altstadt ist fast ausschließlich Arbeitergemeinde. In der Stadtpfarrei ist der Kirchenbesuch aus dem Mittelstand ziemlich gut, in St. Georgen und in der Altstadt läßt er viel zu wünschen übrig. Die gehobenen Stände der Stadt (Beamte) halten sich aber – mit Ausnahmen – kaum weniger fern vom kirchlichen Leben als die Arbeiter. Das wird vor allem auch an dem Besuch oder Nichtbesuch der Gemeindeabende deutlich. Auch die bisherigen Veranstaltungen zum Luthertag ließen darüber, trotz des an sich guten Besuchs, nicht im unklaren.

Die sozialen Gegensätze und politischen Gegensätze führten in der kritischen Zeit zu Ende des vorigen Jahres und zu Beginn dieses Jahres zu sehr scharfen Kämpfen. Verhaftungen von Sozialdemokraten und Kommunisten sind auch heute noch an der Tagesordnung. Doch handelt es sich in der Hauptsache, soweit ich sehen kann, weniger um ernst zu nehmende systematische Aktionen als um törichte Geschwätze und Lausbubereien unreifer Elemente...
Was den Einfluß des politischen Umschwungs auf die Gemeinden in Stadt und Land betrifft, so ist die Erwartung, daß das kirchliche Leben dadurch sonderlich befruchtet werde, vorläufig nicht eingetreten. Die Verbände beteiligen sich überall bei besonderen Veranlassungen geschlossen an den Gottesdiensten, auch die Hitlerjugend. In der Stadt wurden auch Jugendgottesdienste gemeinsam für Hitlerjugend und die übrigen Bünde gehalten und die Abhaltung von Bibelabenden ist in Angriff genommen. Aber von einem wirklichen Erfolg für die kirchliche Arbeit kann doch wohl erst dann gesprochen werden, wenn die Leute auch dann vermehrt sich am Leben der Kirche beteiligen, wo sie nicht kommandiert sind. Doch ist die Zeit noch nicht da zu einem abschließenden Urteil. Auf das eine hoffe ich doch, daß das gesellschaftliche Vorurteil, das bei Arbeitern und Gebildeten in gleicher Weise gegen die Kirche besteht, wenn uns Gott wirklich eine Volksgemeinschaft schenken will, doch da und da überwunden wird, und uns so in der Volkswerdung auch eine Wegbereitung für unsere kirchliche Arbeit gegeben wird.
Schwierigkeiten wurden der kirchlichen Arbeit, soweit ich sehen kann, weder auf dem Lande noch in der Stadt, abgesehen von der Not, die den Pfarrern und ernsten Gemeindegliedern mancherorts, vor allem auch in der Stadt, aus den Kirchenwahlen erwachsen ist, [bereitet]...

Aus Monatsbericht des Dekanats Bayreuth (Oberfranken), 11. 1. 1934

...Die vordringlichste Frage und Sorge ist die durch den Auftrag zur Eingliederung der Evangelischen Jugend geschaffene Lage. Sie ist hier in Bayreuth besonders dadurch erschwert, daß in den letzten Wochen unsere Evangelische Jugend bei jeder sich gebenden offiziellen und nicht offiziellen Gelegenheit zum Teil auch von hochoffiziellen Persönlichkeiten in der übelsten Weise beschimpft worden ist. Dadurch ist viel Erbitterung geschaffen worden, und eine Entfremdung, an die sonst niemand in der Evangelischen Jugend gedacht hätte. Das läßt sich wohl auch so schnell nicht verwinden. Irgendeine unbedachte oder disziplinlose Haltung seitens der Jugend ist aber nicht zu befürchten.

Aus Monatsbericht des Dekanats Bayreuth (Oberfranken), 8. 2. 1934

...Die Schulungsarbeit geht ungehindert ihren Gang. Da und dort ist es möglich geworden, auch die SA zu den Männerabenden heranzubringen. An unserem letzten Schulungsabend der Altstadt hat sich die SA fast geschlossen beteiligt. Darunter sind natürlich viele, die vordem im roten Lager standen, und darum dem kirchlichen Leben fernblieben... Was die Evangelische Jugend betrifft, so hat sich nun die Christdeutsche Jugend der Hitlerjugend bzw. dem Bund deutscher Mädchen eingegliedert. Daß das Drängen zu dieser Eingliederung seitens der HJ, trotz der oft sehr häßlichen Form, eingestandenermaßen doch nur aus dem Grunde geschah, daß die HJ bei ihrem Mangel an geeigneten Führern solche zu bekommen trachtete, läßt hoffen, daß das mit Schmerzen gebrachte Opfer der Christdeutschen in den Aufgaben, die sie in der HJ und dem BdM finden werden, eine Frucht haben wird...

Aus Monatsbericht des Dekanats Berneck (Oberfranken), 7. 11. 1933

In Berneck überwiegend Kleinbürger und Gewerbetreibende, aber auch Arbeiter, vor allem in Frankenhammer. Die meisten leben von der Kur. In der Stadt Bauern nur noch vereinzelt; aber durch die acht eingepfarrten Dörfer hat die Pfarrgemeinde stark bäuerlichen Einschlag. Wirtschaftliche Lage: nur wenig wirklich Wohlhabende gegen früher. Sehr viele beziehen Wohlfahrtsunterstützung. Auch unter den Bauern überwiegen die mit mittlerem und geringem Besitz. – Bis 1933 hielten sich die bürgerliche Rechte und die sozialistische Linke die Waage. Letztere, selbst die Kommunisten, gebärdete sich aber nicht besonders radikal und kirchenfeindlich.

Der Kirchenbesuch beträgt etwa 10 Prozent und war voriges Jahr besser wie heuer. Die reifere Jugend ist wenig vertreten; die Schuljugend wird seit einigen Jahren durch den Kindergottesdienst einigermaßen erfaßt; doch ist seit März dieses Jahres ein auffallender Rückgang zu bemerken, woran aber wohl in der Hauptsache äußerliche Anlässe wie Aufmärsche, politische Veranstaltungen usw. schuld sind, so daß bei ruhigerer Entwicklung wieder Besserung zu erwarten ist. Gegnerische Strömungen: Ernste Bibelforscher sind verboten, aber immer noch heimlich am Werk... .

Der kirchlichen Arbeit werden hier von keiner Seite direkt Schwierigkeiten gemacht. Andererseits wurde aber auch unser kirchlicher Dienst noch nicht ausdrücklich begehrt. Ernstliche Widerstände sind wohl nicht zu befürchten... Von den Pfarrern, die in den Dienst praktischer Volksmissionsarbeit gestellt werden können, ist zunächst Kollege Möbus, Goldkronach, zu nennen, der als altes Parteimitglied der NSDAP, als Gauleiter der Deutschen Christen in Oberfranken und als Frontsoldat besonderer Qualität vor allem geeignet ist, die Arbeit an SA, Hitlerjugend usw. aufzunehmen, da er von vornherein das Vertrauen dieser Kreise besitzt und Fühlung mit den Parteiinstanzen und den Deutschen Christen hat.

Bischofsgrün: Vier Fünftel der Gemeinde sind Arbeiter (Glasperlenmacher, Steinhauer usw.), die vielfach zugleich etwas Landwirtschaft haben. Die Bevölkerung ist wirklich arm. Politisch: früher eine rote Hochburg, auch viele Kommunisten. Kirchenbesuch: 10 Prozent, manchmal weniger. Gegnerische Strömungen: Bibelforscher, Adventisten, Freidenker. Viele Kirchenfeinde. Bibelstunden in Bischofsgrün und Wülfersreuth den Winter über. Gemeindpflege: Der evangelische Gemeindeverein (früher Arbeiterverein) kommt von Oktober bis Mai zusammen. Außerdem werden noch besondere Gemeindeabende von Zeit zu Zeit gehalten. Eine Tochter des Pfarrers ist Führerin des BdM und Leiterin der Mütterhilfe. Auch Frauenabende werden gehalten und die konfirmierte Jugend gesammelt. Als vor einigen Jahren ein Verein für naturgemäßes Leben

(Geburtenbeschränkung usw.) sein Unwesen trieb, wirkte der Ortspfarrer durch entsprechende Vorträge, vor allem über Eugenik, entgegen.

Ein neuer Kirchenchor ist in der Bildung begriffen, der dann auch für die Volksmission eingesetzt werden kann...

Es folgen ähnliche Kurzangaben über soziale, wirtschaftliche, politische und kirchliche Verhältnisse in den Gemeinden Gefrees, Goldkronach, Himmelkron, Lanzendorf, Nemmersdorf, Streitau.

Aus Monatsbericht des Dekanats Berneck (Oberfranken), 13. 12. 1933

...Die große kirchliche Gleichgültigkeit ist wie eine Eisdecke, die langsam aufgetaut werden und erst da und dort Löcher bekommen muß. Von einzelnen kirchlich regsamen Gemeindemitgliedern abgesehen, betrachten die meisten Kirche und Glauben lediglich als eine Ausschmückung und Zugabe des Lebens, die zuzeiten auch entbehrt oder doch hintan gestellt werden kann. Das zeigt sich auch darin, daß es die Gemeinde gar nicht als öffentliches Ärgernis empfindet oder doch sich niemand etwas dagegen zu sagen getraut, wenn am Sonntag während der Kirchzeit fleißig exerziert wird. Und gerade das wäre wichtig, daß nicht bloß die Pfarrer dagegen auftreten, die doch bloß im Verdacht stehen, für ihre Sache zu reden, sondern die Gemeindemitglieder dies tun aus der Nötigung des Glaubens heraus wie aus der Sorge um das Volk, das sich selbst verdirbt, wenn es das Wort Gottes verachtet, und den Mut finden, für sich und andere das zu verlangen, was ihnen als Christen gehört. Daß es soweit noch kommt, dazu ist Geduldsarbeit und die Bildung einer neuen öffentlichen Meinung nötig...

Hindernisse und Hemmungen haben sich noch nicht sehr fühlbar gemacht, werden aber sicher zu Tage treten, sobald sich die Fronten klarer formieren. Zu dem Punkt »Schwierigkeiten durch parteiamtliche Stellen« sei noch bemerkt, daß einzelne Führer, besonders der SAR [SA-Reserve] und HJ, ihre kirchenfeindliche Haltung immer schlechter verbergen können...

Aus Monatsbericht des Dekanats Berneck (Oberfranken), 14. 5. 1934

...Unsere Gemeinden sind im allgemeinen wenig berührt durch den Kirchenstreit; wenigstens tritt eine Beunruhigung nicht zutage, wenn sich auch doch wohl viele die Sache im stillen schon angelegen sein lassen werden. Diese Zurückhaltung darf wohl weithin nicht mit Interesselosigkeit gleichgesetzt werden. Viele freilich werden, zumal in unserer Gegend der Bekenntnisstand unmittelbar nicht angefochten ist, hinter den Auseinandersetzungen doch einen Pfarrerzank vermuten, vor allem die, welche sich gar nicht recht klar sind über das, was eigentlich Christenglaube und Kirche Christi ist, und das sind nicht wenige...

Aus Monatsbericht des Dekanats Weiden (Oberpfalz), 7. 11. 1933

Sämtliche Gemeinden des Dekanatsbezirks können nicht in dem Sinn als Missionsobjekt gesehen werden, daß es gälte, schlimmste Mißstände in kirchlicher, moralischer oder irgendwelcher anderer Hinsicht bekämpfen zu müssen. Für alle gilt vielmehr, daß sie sich nur in dem nun schon so lange währenden Kampf mit der römischen Kirche und Konfession erhalten konnten, wenn sie ihres kirchlichen und religiösen Besitzes auch bewußt blieben und sich dementsprechend verhielten. Es ist demnach durchwegs gute, ja zum Teil sehr gute Kirchlichkeit zu finden. Der Pfarrer gilt noch viel in seiner Gemeinde und ist vielfach nicht nur der geistliche Führer, sondern seine Gemeinde hält sich an ihn auch in anderen Anliegen und Sorgen des Lebens. Der Abendmahlsbesuch ist meistens ein sehr guter, die Höhe der Gaben beachtenswert. Da die Gemeinden aus ihrer Geschichte wissen, daß sie sich nur im Kampf erhalten konnten, so sind sie Neuerungen nicht sehr geneigt und Bestrebungen wie die der deutschvölkischen Richtung werden von vorneherein keinen Eingang finden, wenn der Gemeindepfarrer rechtzeitig Aufklärung gibt. Es haben aus diesem Grunde auch die Deutschen Christen kaum Eingang gefunden, obwohl von seiten des Gemeinschaftsbruders dafür geworben wurde, und man sich von seiten der Geistlichen aus sicherlich nicht ablehnend verhielt. Es war allenthalben die hier gewiß richtige Ansicht vertreten, daß man die Bewegung nicht nötig habe...

Weiden: Beamte, Bürger, Gewerbe, Industriearbeiter, wirtschaftlich zufriedenstellend. Fast nur NSDAP, auch vor 1933 wenig Marxismus. Kirchlichkeit gut. Schwierigkeiten von keiner Seite, auch für die Durchführung der Volksmission nicht zu befürchten...

Erbendorf: Gewerbetreibende, Bauern, Arbeiter, zum Teil große Not, früher ein Teil marxistisch, jetzt fast alles NSDAP. Kirchlichkeit gut, aber zum Teil veräußerlicht. Gebefreudigkeit läßt zu wünschen übrig. Schwierigkeiten bestanden keine und werden auch keine gemacht werden...

Floß: Vorwiegend Landgemeinde, Kleinbürger und im Markt Floß Arbeiter. Große Arbeitslosigkeit, landwirtschaftliche Bevölkerung besser situiert. Nationalsozialistische Einstellung, Reste von früheren Kommunisten, gute Kirchlichkeit, durch konfessionelle Gegensätze bedingt. Schwierigkeiten bisher von keiner Seite, auch kaum solche zu erwarten...

Flossenbürg: Sehr kleine Gemeinde, hauptsächlich Steinhauer, wenig Bauern. Dürftige Verhältnisse, vor Umschwung links eingestellt, jedoch absolut kirchlich, vor allem auch Männer.

Grafenwöhr: Exponiertes Vikariat. Offiziere und Mannschaften des Truppenübungsplatzes, Beamte in Eschenbach und Pressath, kirchlich gut, jedoch zahlreiche Mischehen, wenig ausgesprochene Armut. Meist nationalsozialistisch schon vor dem 30. Januar...

Kaltenbrunn, Freihung: Meist Landwirtschaft, einzelne Gewerbetreibende und wenig Arbeiter. Kirchlichkeit gut, Schwierigkeiten bisher nicht vorhanden...

Kohlberg: Bauerngemeinde, entsprechend situiert, alles Nationalsozialisten. Gut kirchlich eingestellt (Diaspora). Keine Schwierigkeiten, keine Verbote. SA gemischt konfessionell, Führer hauptsächlich evangelischer Konfession. Verhältnis zur Zeit gut und friedlich...

Neunkirchen, Mantel: Bauerngemeinde, Mantel auch Gewerbe, Beamte, Industrie, Arbeiter, Angestellte. Neunkirchen gut kirchlich, Mantel weniger. In beiden Gemeinden alles Nationalsozialisten. Keine Schwierigkeiten...
Neustadt am Kulm: $^1/_3$ Kleinbauern, $^1/_3$ kleine Geschäftsleute, $^1/_3$ Arbeiter. Im Diasporagebiet kleinere Beamte. Kirchlichkeit könnte noch besser sein. Nationalsozialisten, Deutschnationale. Pfarrer mit Beziehungen zu den Verbänden, daran gemessen keine Schwierigkeiten von dieser Stelle...
Es folgen ähnliche Angaben für neun weitere Gemeinden.

Aus Monatsbericht des Dekanats Neumarkt (Oberpfalz), 6. 11. 1933

...Der Kirchenbezirk Neumarkt i. Opf. umfaßt neun Pfarreien und ein exponiertes Vikariat. Die meisten Gemeinden liegen um den Sulzbürg herum, liegen in der ehemaligen Grafschaft Wolfstein und sind als evangelisch anzusprechen. Die übrigen Gemeinden tragen reinen Diasporacharakter. Die ländliche Bevölkerung ist seßhaft und betreibt Landwirtschaft. Dazwischen findet sich auch Industriebevölkerung, wie in Pyrbaum und Allersberg. Die städtischen Bewohner dagegen tragen stark fluktuierenden Charakter an sich, besonders Neumarkt, aber auch Beilngries. Es kommt vor, daß hier 20–30 Ab- und Zuwanderungen im Monat erfolgen. Es gibt kaum ein Land innerhalb des Deutschen Reiches, das hier nicht vertreten wäre: Ostpreußen finden sich ebenso wie Schleswig-Holsteiner, Pfälzer ebenso wie Sachsen. Das erschwert eine geregelte Gemeindearbeit.
Während auf dem Land meist gesicherte Existenzen sind, tritt die Arbeitslosigkeit in der Stadt stark in den Vordergrund. Sie nimmt aber erfreulicherweise mehr und mehr ab...
In politischer Hinsicht herrscht der Nationalsozialismus natürlich vor. In der katholischen Bevölkerung ist der innere Widerstand gegen den gegenwärtigen Staat oft genug zu bemerken, vor allem auch unter der Geistlichkeit, die durch unvorsichtiges Reden oft schon Anstoß erregt hat. Auch der Kommunismus hat hier eine Heimstätte. Noch am 5. März d. J. wählten allein in meinem Bezirk 110 kommunistisch. Daß sich diese Elemente nach wie vor gänzlich von der Kirche fernhalten, ist klar, doch begnügen sie sich mit passivem Verhalten. Vielleicht gelingt es, durch die Volksmission manchen von ihnen der Kirche zurückzugewinnen.
Der Kirchenbesuch in den Landgemeinden ist uneingeschränkt trefflich. Auch in Neumarkt ist er gut zu nennen, obgleich die Beamtenschaft, zumal die außerbayerische, die aus Thüringen, Sachsen, Braunschweig usw. stammt, oft kaum mehr kirchliches Interesse besitzt und dadurch vielen schlechten Einfluß hat. Es kam vor, daß ein wohlsituierter Finanzbeamter kurz nach seiner Beförderung hierher wegen der Kirchensteuer seinen Austritt aus der Kirche erklärte. Ein Kapitel für sich sind die zahlreichen Mischehen, die dank des von katholischer Seite ausgeübten Druckes bis zu 80 Prozent katholische Einsegnungen aufweisen...
Durch staatliche oder parteiliche Stellen werden unserer Arbeit keinerlei Schwierigkeiten erwachsen. Das verbietet schon die Parität. Wie gründlich treibt die katholische Kirche Mission, durch zugereiste Mönche ungehindert. Die Gemeindeabende unseres evan-

gelischen Vereins gehen nach wie vor weiter und erfreuen sich ungeteilten Besuchs, sogar von katholischer Seite, was wegen der vielen Mischehen nicht unterbunden werden kann. Unsere Arbeit an der Schul- und schulentlassenen Jugend beiderlei Geschlechts geht ungestört vor sich. Auch die HJ beteiligt sich immer gern an unseren Vereinsabenden, wöchentlich zweimal, davon eine Turnstunde. Erst recht erwächst nirgends auf dem Land irgendein Widerstand gegen unsere Arbeit...

Aus Monatsbericht des Dekanats Neumarkt (Oberpfalz), 8. 12. 1933

Der Haupttag des Monats war selbstverständlich der Luthertag... Alle Berichte erwähnen außergewöhnliche Beteiligung der Gemeinden, sowie der nationalen Verbände und Körperschaften. In Neumarkt hatte der Sturmbannführer sogar das Anerbieten gemacht, zur Begleitung der gesungenen Lutherlieder die 25 Mann starke, aus lauter Katholiken bestehende SA-Kapelle abzustellen, was dankbar angenommen wurde und die Festesstimmung wesentlich erhöhte...

B. Visitationsberichte der Dekanate 1934–1942

EINFÜHRUNG

Die im folgenden auszugsweise wiedergegebenen Berichte entstanden im Zusammenhang mit den Kirchenvisitationen, die in den Dekanaten der Evangelisch-Lutherischen Landeskirche Bayerns in der NS-Zeit ebenso wie in der Weimarer Zeit mehr oder weniger regelmäßig abgehalten wurden. Ziel der Visitationen war es, wie aus den »Anweisungen und Bemerkungen zu den Dekanats-Visitationen im Kirchenkreis Bayreuth« vom 19. 4. 1928[1] hervorgeht, die »besonderen Nöte« und die »Eigenart« der einzelnen Kirchengemeinden kennenzulernen, und die Wahrnahme der kirchengemeindlichen Amtspflichten durch die Pfarrer und Kirchenvorstände zu überprüfen. Die Visitationen und Zwischenvisitationen, die der jeweilige Dekan in den einzelnen Gemeinden seines Dekanatsbezirks im Abstand von wenigstens zwei bis drei Jahren durchzuführen hatte[2], wurden vorbereitet durch einen ausführlichen Fragebogen, den der Gemeindepfarrer auszufüllen hatte, und dessen Beantwortung bei der Visitation besprochen wurde. Er verlangte Angaben sowohl über die Vermögenslage der Kirchengemeinde und den Zustand der kirchlichen Gebäude und Einrichtungen als auch über Zusammensetzung und Aktivität des Kirchenvorstandes und anderer Laienkräfte; weiterhin wurde gefragt nach der Resonanz der verschiedenen in der Gemeinde abgehaltenen gottesdienstlichen Veranstaltungen, dem Stand des Kirchengesangs, den Formen und Inhalten der kirchlichen Jugendarbeit, den in der Gemeinde bestehenden kirchlichen Ordnungen und Gewohnheiten bei Trauungen, Beerdigungen, Konfirmationen und nach der Gestaltung des Religionsunterrichts in den Schulen. Unter der Rubrik »Gemeindeleben« wurde außerdem eine ganze Reihe von Angaben auch zur wirtschaftlichen Lage der Gemeindemitglieder, zum »sittlichen Leben in der Gemeinde« (häusliche Zucht, Vereinsleben, Wirtshausleben, Häufigkeit von unehelichen Geburten, Scheidungen, Gebrauch von Mitteln zur Verhütung von Schwangerschaften u. a.) angefordert.

Die Visitation begann in der Regel mit einem Besuch des Gottesdienstes, anschließend besprach der visitierende Dekan mit dem Gemeindepfarrer und Kirchenvorstand die ihm aus der Beantwortung des Fragebogens und sonstigen Eindrücken besonders vordringlich erscheinenden Fragen und unterrichtete seinerseits, was in den Jahren des Kirchenkampfes von besonderer Bedeutung war, über die Haltung der Kirchenleitung zu bestimmten aktuellen Fragen. Über die gesamte Visitation wurde anschließend ein Protokoll gefertigt, das der Dekan, der Gemeindepfarrer und die anwesenden Mitglieder des

---

[1] Hrsg. von Oberkirchenrat Prieser, dem damaligen Kreisdekan des Kirchenkreises Bayreuth der Evangelisch-Lutherischen Landeskirche Bayerns; enthalten u. a. in LKA Nürnberg, BD Coburg/56.
[2] Grundlegende Bestimmungen über die Kirchenvisitationen finden sich im Kirchlichen Amtsblatt für die Evangelisch-Lutherische Landeskirche in Bayern rechts des Rheins Jg. 1922, Nr. 1.

Kirchenvorstandes unterschrieben. Die ausgefüllten Fragebogen und das Visitationsprotokoll stellen die aus dem Visitationsvorgang erwachsenen Grunddokumente dar. Sie wurden ergänzt durch zusammenfassende, meistens jährliche Berichte der Dekane über die Gesamtheit der abgehaltenen Visitationen und gelegentlich auch durch zusammenfassende Berichte der Landeskirchenleitung über die sich aus den Visitationen mehrerer Jahre im ganzen Lande ergebenden Eindrücke von Stand und Entwicklung des kirchlichen Lebens.

Aus den letztgenannten Berichtskategorien stammt die hier wiedergegebene Auswahl. Der Bestand des Landeskirchlichen Archivs in Nürnberg enthält nur für einen kleinen Teil der bayerischen Dekanate Visitationsakten aus der NS-Zeit, und auch diese vorhandenen Akten und Berichte sind meist sehr fragmentarisch. Vielfach sind sie als Quelle für die Realgeschichte des kirchlichen Lebens inhaltlich ohne nennenswerte Aussagekraft, weil zu stark bestimmt durch das Berichtsschema, durch die bei Inhabern kirchlicher wie weltlicher Ämter aus der Dienst-Routine resultierenden inhaltlichen und sprachlichen Stereotypen, auch durch die in allen Bereichen amtsinterner Berichterstattung bekannte Tendenz, die Lage von unten nach oben eher schönfärbend darzustellen. Die Aussagekraft der hier ausgewählten Berichte ist deshalb im ganzen eher untypisch und exzeptionell. Sie mag gleichwohl, von den Gesichtspunkten dieser Auswahl abgesehen, deutlich machen, daß diese Quellengruppe weit über die Kirchengeschichte hinaus für die Historie und Zeitgeschichte von Bedeutung ist, namentlich auch für die lokale und regionale Sozialgeschichte.

Mit Absicht wurden in der Auswahl Jahresberichte aus ländlichen und städtischen Dekanaten für die Jahre 1934–1937 (Schwabach, Augsburg, Schweinfurt) sowie der Bericht eines Landortpfarrers – aus Fröhstockheim bei Kitzingen vom Jahr 1939 – kombiniert mit einem Überblicksbericht der Landeskirchenleitung für die Jahre 1936–1939 und Ausschnitten aus den Jahresberichten eines Dekanats (Hof) für den Gesamtzeitraum 1934–1942. Durch diese Kombination sollte gewährleistet werden, daß einerseits die ortsgebundene Konkretheit der Aussagen, andererseits die sich aus dem Vergleich nach Ort und Zeit und aus dem Zeitverlauf ergebende Einschätzung der sich verändernden Lage der Kirche hinreichend zu Wort kommen. Der sich in den letzten Kriegsjahren aufgrund der Wendung der Kriegslage und der zunehmenden Besorgnis der Bevölkerung wieder regenerierende kirchliche Einfluß (Zunahme des Gottesdienstbesuches u. a.), der andeutungsweise im Jahresbericht des Dekanats Hof für 1942 zum Ausdruck kommt, ließ sich infolge der fragmentarischen Quellen bzw. ihrer Unergiebigkeit nicht, wie an sich erwünscht, dokumentieren. Der zeitliche Schwerpunkt der veröffentlichten Berichtsauszüge liegt in den Jahren 1935–1939, d. h. jener Phase, in welcher der, von der Landeskirche erfolgreich bestandene, offene Kampf mit dem Regime während des Jahres 1934 zu Ende gegangen war, das NS-Regime aber außen- und innenpolitisch seinen Einfluß erheblich auszudehnen, den Höhepunkt seiner Suggestivität zu entfalten und dadurch direkt und indirekt die Autorität der Kirche weit wirkungsvoller zurückzudrängen vermochte als 1933/34.

Wenn in den vorgelegten Berichten u. a. ersichtlich wird, daß die neuen Versuche der Deutschen Christen, in den bayerischen evangelischen Gemeinden Fuß zu fassen, nur vereinzelt und zeitweise, und in städtisch-bürgerlichen Gemeinden eher als in reinen

Bauerndörfern, einige Erfolge hatten, aber schon 1938/39 überall als gescheitert angesehen werden konnten, so tritt doch in den Berichten um so deutlicher die viel größere Gefahr hervor, die der Kirche in dieser Zeit infolge der Unterhöhlung der geistigen, sozialen und organisatorischen Fundamente ihrer Wirksamkeit entstand. Nicht nur einzelne Dekane und Pfarrer, auch die Landeskirchenleitung kam 1939 zu dem Schluß, daß die nationalsozialistische Machtergreifung und der offene Kirchenkampf in den Jahren 1934/35 eine geringere Belastungsprobe für die Kirche dargestellt hätten als die Entwicklungen und Ereignisse der Jahre 1936–1939, durch die die Kirche einem fortgesetzten Prozeß der »Zermürbung, Ermattung und Verkümmerung« ausgesetzt worden sei.[3]

Die Spiegelung des Kirchenkampfes von 1934/35 in den einzelnen Gemeinden, die in den Berichten enthalten sind, lassen als primäres Resultat dieser Phase hervortreten: die generelle Enttäuschung des vorangegangenen illusionären Glaubens an die Harmonisierbarkeit einer Regeneration christlich-religiöser Gesinnungen mit dem Nationalsozialismus und die zunehmend klare Erkenntnis der antikirchlichen und antichristlichen Grundzüge des NS-Regimes.[4] Die Zeit, in der NS-Organisationen noch Wert darauf legten, an kirchlichen Veranstaltungen teilzunehmen, war 1936 definitiv zu Ende[5] und machte wachsender antikirchlicher Propaganda, auch der Aufforderung zum Kirchenaustritt, Platz. Für das Jahr 1938 wird weitgehend übereinstimmend ein besonders starker Rückgang des kirchlichen Lebens bezeugt. Von einzelnen Kreisleitungen der NSDAP, so in Hof, wird berichtet, daß sie in den Jahren 1938–1941 einen außerordentlich zielstrebigen »Kampf gegen die Kirche« organisierten.[6] Teilweise ist in den Jahren 1935/36 auch von der mobilisierenden Wirkung des vorangegangenen Kirchenkampfes die Rede, der moralischen Bewährung von Pfarrern und ganzen Kirchengemeinden. Die Bedeutung dieses Vorgangs wird aber auch relativiert durch das Eingeständnis, daß die gegen die Deutschen Christen in zahlreichen Gemeinden hergestellte Bekenntnisfront kaum sehr belastungsfähig sei, wenn ernstere Opfer gefordert würden.[7]

Deutlich tritt in der Berichterstattung der Unterschied der Lage in Stadt und Land hervor. Mehr als durch den Aktivismus und die Überzeugungstreue ihrer Gläubigen hat offenbar in den ländlichen Gemeinden das traditionalistische Lebensgefüge, das Festhalten am »Glauben der Väter«, die Kirche hier vor größeren Einbußen bewahrt. Wie problematisch die Argumentation der aus solchen Gründen für das »gesunde« Land eingenommenen evangelischen Geistlichen sein konnte, wird ersichtlich, wenn in diesem Zusammenhang von der »zersetzenden Atmosphäre der Stadt« die Rede ist und der zunehmend schwierigen Lage der Kirche in solchen Dörfern, die »in das Strahlungsfeld größerer Städte« kommen.[8] Fast einhellig ist die Feststellung, daß in den Jahren ab 1935 vor allem die Jugend, vielfach aber auch, aus Angst um Stellung und Ansehen, die Männer sich von der Kirche zurückzogen. Nicht verschwiegen wird die wachsende Mutlosigkeit von Pfarrern, die die Ersetzung der Konfessionsschulen durch Gemeinschaftsschulen in den Jah-

---

[3] Bericht der Landeskirchenleitung für die Jahre 1937/38, siehe S. 412 ff.
[4] Jahresbericht des Dekanats Hof für 1936, siehe S. 418 f.
[5] Bericht des Dekanats Schweinfurt vom 12. 12. 1936, siehe S. 408 f.
[6] Jahresbericht des Dekanats Hof für 1938–1941, siehe S. 420 ff.
[7] Jahresbericht des Dekanats Hof für 1935, siehe S. 417 f.
[8] Bericht der Landeskirchenleitung für die Jahre 1937/38, siehe S. 412 ff.

ren 1936–1938 zum Teil selbst als »Unabwendbarkeit der Entwicklung« hingenommen hätten, ihre wachsende Resignation angesichts der vom NS-Regime durch alle seine Einflußkanäle geförderten Zurückdrängung »kirchlicher Gewöhnung« und der mehr und mehr verbreiteten Neigung, die Kirche als eine »veraltete, nicht mehr zeitgemäße Erscheinung« zu betrachten.[9]

Der Prozeß der Reduzierung der Autorität der Kirche wird in einer Reihe von Berichten, das macht ihre sozialgeschichtliche Interessantheit aus, in seinen konkreten lokalen und sozialen Bedingungs- und Bezugsformen geschildert: Wichtigste Antipoden des Pfarrers und der kirchlich gesinnten Bevölkerung in den ländlichen Orten waren vielfach kleine, aber einflußreiche Fraktionen, angeführt vom Ortsgruppenleiter der NSDAP, dem Bürgermeister und anderen gemeindlichen Amtspersonen.[10] Besondere Bedeutung aber hatte der sich bis 1938 fast überall vollziehende Rückzug der Lehrer von der Kirche, der sich vor allem darin ausdrückte, daß sie ihre Mitwirkung in Kirchenvorständen, bei der Erteilung von Religionsunterricht und der Verrichtung des Organistendienstes niederlegten. Die Trennung von Kirche und Schule, von Pfarrer und Lehrer, die sich in den evangelischen Landgemeinden, trotz des im 19. Jahrhundert vorangegangenen Kulturkampfes, meist erst unter nationalsozialistischem Einfluß in der zweiten Hälfte der 30er Jahre vollzog, kann in ihrer Bedeutung für die soziale Umgestaltung des Dorfes kaum überschätzt werden. Dort, wo bisher eine Einheit der Autorität und geistigen Führung von Kirche und Schule geherrscht hatte, entstand jetzt die weltanschauliche und politische Polarisierung und die damit herbeigeführte »Isolierung des Ortspfarrers«.[11] Seine Stellung und Autorität wurde vor allem bei der Schuljugend untergraben, die nunmehr den Pfarrer als Quantité négligeable behandeln, auch ungehemmt verhöhnen oder seinen Bibelunterricht als jüdische Lehre denunzieren konnte.[12]

Einige der Berichte – besonders eindringlich der des Pfarrers von Fröhstockheim aus dem Jahre 1939 – geben über den kirchlichen Bereich hinausgehende Einblicke in die soziale Strukturveränderung ländlicher Gemeinden in der NS-Zeit. Die Partei, so wird dort berichtet, mache auch vor dem Dorfe nicht halt und »will auch auf dem Lande in jeder Hinsicht allein maßgeblich sein«[13]. Der Dorfpfarrer könne sich, angesichts der geänderten Verhältnisse, kaum noch auf seine, früher durch Bildung, Stand und Ansehen der Kirche, gesicherte Vorrangstellung, sondern zunehmend nur noch auf seine individuelle geistige und moralische Autorität stützen. Von der persönlichen Haltung der einzelnen Pfarrer war es mehr als zuvor abhängig, ob die Kirchengemeinde intakt blieb oder verkümmerte. Der Bericht des Fröhstockheimer Pfarrers verdeutlicht aber auch, daß es auf dem Lande weniger die ideelle und propagandistische Überzeugungskraft war, die den Einfluß der NSDAP ausmachte, als das durch sie geschaffene System von Begünstigungen und Benachteiligungen, besonders wirksam bei einer bäuerlichen Bevölkerung, die, aus früherer Untertänigkeit ihrer Standesherrschaft gegenüber, daran gewöhnt war, sich

---

[9] Bericht des Dekanats Schweinfurt vom 12. 12. 1936, siehe S. 408 f.
[10] Jahresbericht des Dekanats Hof für 1937, siehe S. 419.
[11] Bericht der Landeskirchenleitung für die Jahre 1937/38, siehe S. 412 ff. und Bericht des Dekanats Hof für 1938, siehe S. 420 f.
[12] Jahresbericht des Dekanats Hof für 1938, siehe S. 420 f.
[13] Bericht des Pfarramts Fröhstockheim, Dekanat Kitzingen vom 14. 5. 1939, siehe S. 409 ff.

irgendwelchen Herren zu beugen (»die Leute leben in großer Angst vor Zwangsmaßnahmen«) oder sich durch Erbötigkeit kleine Vorteile zu sichern. Wo jeder jeden kannte, war die Glaubwürdigkeit des Überschwenkens zur NSDAP sehr gering. Das Überhandnehmen des Nützlichkeits-Opportunismus und eine fatale, die Dorfeinheit sprengende Ausbreitung von Mißgunst und Denunziation werden als besonders bemerkenswerte Wirkungen des nationalsozialistischen Regimes im Dorfe registriert (»Niemals war die Volksgemeinschaft weniger wirklich als jetzt«). Der Bericht weist auch daraufhin, daß Hinnahme oder Ablehnung antikirchlicher Tendenzen bei den Bauern stark bedingt war von ihrer wirtschaftlichen und sozialen Lage (»die Kritik greift vom wirtschaftlichen auf das geistige Gebiet über«) und sich an unliebsamen Einzelerscheinungen viel leichter als am Grundsätzlichen entzündete. Die Veränderungen der sozialen Struktur des Dorfes durch den Nationalsozialismus fanden ihre Grenze an noch intakten Normen und Traditionen, die auch der Kirche zugute kamen (»Man schämt sich vor den Leuten, ein deutscher Christ zu sein«; »auch heute wäre es in Fröhstockheim noch schwer denkbar, daß ein Einwohner aus der Kirche austritt«).

Von spektakulärer Opposition der evangelischen Pfarrer und ihrer Gemeinden ist in den Visitationsberichten kaum die Rede. Eindrucksvoll spiegelt sich aber die Selbstreinigung von früheren Täuschungen und Verirrungen, die zunehmende Klarsichtigkeit und Bewußtmachung der geistigen Gegnerschaft und das beharrliche Bemühen anonymer Pfarrer und Laienchristen, den geschrumpften Bezirk kirchlichen Einflusses zu erhalten. Solche Standhaftigkeit konnte im Einzelfall zur Verteidigung von Positionen führen, die in ihrer bisherigen Form (Konfessionsschule) kaum noch mit längst fälligen Emanzipations- und Modernisierungsnotwendigkeiten vereinbar waren, deren sich das NS-Regime geschickt als Vehikel für die Expansion des eigenen Einflusses bediente. Der objektive politische Gehalt selbst solchen, in seiner Motivation und Legitimation problematischen Widerstandes gegen den Nationalsozialismus war aber – in der gegebenen Situation, in der alle Veränderungen von Einfluß- und Machtstrukturen dem Nationalsozialismus zugute kommen mußten – dennoch evident. Entscheidend war doch vor allem der Beitrag, den die Kirche leistete zur Stärkung der Kräfte der Abwehr und zur Erhaltung eines Bezirkes institutioneller, geistiger und moralischer Immunität, den das NS-Regime zwar einengen, aber nicht beseitigen konnte. Die situationsgebundenen zeitgenössischen Eindrücke über den Konflikt zwischen der evangelischen Kirche und dem Nationalsozialismus, die in den folgenden Berichten festgehalten sind, noch nicht stilisiert durch nachträgliche Überhöhung der Widerstandskraft der Kirche, sind gerade dadurch wichtige Zeugnisse für eine realistische, nicht-legendäre Darstellung des kirchlichen Widerstandes im Dritten Reich.

M. B.

DOKUMENTE[14]

Aus Visitationsbericht des Dekanats Schwabach (Mittelfranken), 25. 7. 1934

...Auch das kirchliche Leben unserer Gemeinden blieb von der allgemeinen großen Bewegung nicht unberührt; gerade die kirchlich gesinnten und ernstgerichteten Gemeindeglieder waren ja schon seit Jahren auch immer die Träger der nationalen Idee gewesen, während die marxistisch verseuchten Gruppen auch immer antikirchlich waren. Aus unserem gutgesinnten evangelischen Volke in Franken hat die NSDAP ihre besten Leute gewonnen. Unsere Gemeinden freuten sich in der ersten Hälfte des Jahres 1933 mit ganzem Herzen darüber, daß sowohl aus persönlichen Bekenntnissen unseres Führers Hitler als aus dem Programm der NSDAP immer wieder hervorging, daß die oberste Staatsführung durchaus ein christliches Volk heranzuziehen wünsche. Unvergeßlich sind uns die Gottesdienste des 1. Mai u. a., wo die Scharen des Volkes in unsere Kirche kamen in einer solchen Menge, daß die Gotteshäuser zu klein erschienen. Dieser anfänglichen Freude folgte aber recht bald die Enttäuschung nach. Immer dringender wurden die Klagen aus allen Gemeinden darüber, daß durch sonntägliche Veranstaltungen der HJ, SA, SS und sonstiger Parteiunternehmungen mehr und mehr der Gottesdienstbesuch geschädigt wird und vor allem das jüngere Geschlecht dem Gottesdienstbesuch abwendig gemacht wird. Auch auf die Christenlehren erstreckten sich die fortgesetzten Störungen, obwohl diese ein Teil der normalen Schulpflicht sind. Beschwerden haben da und dort Erfolg gehabt, aber ein wirklich zuverlässiger Erfolg ist trotz aller von oben kommender Erlasse ausgeblieben.

Ähnlich erging es den Vorschriften über oder gegen die Ausdehnung von Appellen für Jugendliche bis in die späten Abendstunden hinein und überhaupt die überspannte Inanspruchnahme der Jugend, gegen die auch schon die weltliche Lehrerschaft oft genug ihre Stimme erhoben hat. Es konnte nicht ausbleiben, daß die sonst im Unterricht weltlicher Fächer ebenfalls beklagte Zerstreutheit oder Übermüdung der Jugend auch auf den Religionsunterricht schädigend einwirkt.

Geradezu empört waren unsere Landgemeinden, als am Erntefest 1933 die erwachsene Jugend aus dem ganzen Kirchenbezirk nach Roth befohlen wurde, wo vormittags während des Hauptgottesdienstes Sportwettkämpfe der SA durchgeführt wurden. Solche Mißachtung der kirchlichen Erntefestfeier paßte sehr schlecht zu der vorhergehenden feierlichen Ankündigung des »Ehrentages« des deutschen Bauern. Auch im Frühjahr 1934 erregte es Empörung, als am Buß- und Bettag vormittags während des Gottesdienstes in der unmittelbaren Nähe des Dorfes Regelsbach eine Felddienstübung veranstaltet wurde! Man hört jetzt überall sehr bittere Äußerungen in dem Sinne: Im roten Parteistaate blieben wenigstens unsere kirchlichen Familien unberührt von widerkirchlichen Einflüs-

---

[14] Sämtliche hier auszugsweise wiedergegebenen Berichte entstammen dem LKA Nürnberg.

sen, nun aber werden uns unsere gut und ernst erzogenen Jungen und Mädchen aus dem Zusammenhange mit dem kirchlichen Leben herausgerissen...

In Rohr wurde der Versuch gemacht, den für das Thema ›Kirche und Judenfrage‹ angesetzten Vortrag polizeilich zu verhindern; nach längerem Hin und Her, wobei auch der unterzeichnete Dekan energisch eingriff, erfolgte die Aufhebung des Verbotes.

Ebenso scheiterte der auf die Person des Pfarrers Hammerbacher dort gemachte Angriff von seiten der Politischen Polizei mit dem Ziele der Beseitigung des genannten Geistlichen aus dem Amte. Der Denunziant hat zuletzt sich davon überzeugen müssen, daß seine Angeberei sehr unangebracht gewesen ist. Es ist jetzt wieder völlige Ruhe und Harmonie zwischen Pfarrer H. und seinen wenigen Gegnern in Rohr.

Was den Kirchenstreit anlangt, so weiß sich das Kirchenvolk mit unserem Herrn Landesbischof einig in dem Wunsche, es möge sich eine einheitliche Reichskirche evangelischer Art schaffen lassen, ebenso jedoch wollen unsere Leute die gesunde bayerische Überlieferung der Landeskirche und ihr wirkliches kirchliches Leben samt dem lutherischen Bekenntnis geschützt wissen gegen zersetzende und gewaltsame Eingriffe...

Aus Visitationsbericht des Dekanats Augsburg (Schwaben), 28. 12. 1935

...Den kirchlichen Kampf haben die Gemeinden alle mit großer Teilnahme verfolgt. Die Kirchenvorstände erwiesen sich überall als wohl unterrichtet. Unmittelbar betroffen wurden durch ihn nur die Stadtgemeinden, insbesondere die Gemeinde von St. Ulrich. Dort kam es zu schweren Auseinandersetzungen im Kirchenvorstand, die das unfreiwillige Ausscheiden einiger Kirchenvorstandsmitglieder zur Folge hatten, einige andere zur Zurückhaltung von der Teilnahme an den Sitzungen veranlaßten. Die Deutschen Christen veranstalten in der Stadt, insbesondere im Sprengel von St. Ulrich, eine lebhafte Agitation, die nicht ohne Wirkung bleibt, wenn sie auch erfreulicherweise bei den leitenden Parteistellen keine Unterstützung findet. Sie haben sich förmlich als Gemeinde konstituiert mit Gottesdiensten, Sakramentsverwaltung, Kasualien und Konfirmandenunterricht. Auch in Neuburg gibt es Deutsche Christen, die sich aber bis jetzt nicht störend bemerklich gemacht haben. Die Landgemeinden sind von der Bewegung kaum berührt. Die Kirchenvorstände stehen außer bei St. Ulrich in den besuchten Gemeinden geschlossen auf der Seite der »Bekennenden Kirche«...

Die Einwirkung der Zeitverhältnisse und des Kirchenkampfes auf das kirchliche Leben äußert sich in verschiedenen Richtungen. Neben mancherlei Verwirrung und bisweilen leidenschaftlicher Ablehnung der Kirche findet sich gesteigertes Interesse. Der Gottesdienstbesuch ist in den visitierten Gemeinden fast überall erfreulich, wenigstens was die Erwachsenen anlangt. Daß in Pfersee fast die Hälfte der Kirchenbesucher aus Männern besteht, mag rühmend hervorgehoben werden. In Königsbrunn sollte die Teilnahme am Gottesdienst reger sein. Fast überall wird über die mangelnde Beteiligung der Jugend geklagt. Die Abendmahlsziffer ist, wie von jeher, in der Stadt niedriger als auf dem Lande. Aber wenn sie in Pfersee 46–49% der Seelenzahl erreicht, so ist dies für einen Industrie-Vorort immer noch günstig. Verschmähungen kirchlicher Handlungen kommen nur bei gemischten Ehen häufiger vor. Die Zahl der Austritte ist gering...

Aus Visitationsbericht des Dekanats Augsburg (Schwaben), 14. 12. 1936

... Die antichristliche und antikirchliche Propaganda macht sich auch im Gebiet des Kirchenbezirks fühlbar. Sie verstärkt sich zusehends. Bei der letzten Visitation (Heilig Kreuz am 11. Dezember) wurde festgestellt, daß unlängst eine Anzahl Angehöriger der SS und SA ihren Austritt aus der Kirche erklärt haben...

Der Gottesdienstbesuch ist in der visitierten Gemeinde rege; die mangelnde Beteiligung der heranwachsenden Jugend wird überall beklagt. Die Beteiligung am Heiligen Abendmahl ist nicht zurückgegangen. Verschmähungen kirchlicher Handlungen sind selten. Allerdings bleiben zahlreiche Ehen ungetraut. Aber man kann hier nur in wenig Fällen von einer eigentlichen Verschmähung reden. Die wachsende Zahl der Ehescheidungen bringt es mit sich, daß sich die Wiederverehelichungen von Geschiedenen häufen. Hierbei wird die Trauung häufig nicht begehrt, oder sie muß auch öfters verweigert werden. Sodann reißt es immer mehr ein, daß sich die Leute bei gemischten Ehen nicht trauen lassen. Die Zahl der gemischten Ehen aber ist außerordentlich hoch...

Aus Visitationsbericht des Dekanats Schweinfurt (Unterfranken), 12. 12. 1936

... Die Visitationen gestalteten sich ganz anders als noch im Jahr 1934. In diesem Jahr waren in Euerbach anläßlich der Visitation die HJ und die Frauenschaft und verschiedene Gemeindemitglieder in Uniform erschienen, um im Zug mit zur Kirche zu ziehen. In diesem Jahr war nirgends mehr eine Uniform zu sehen und Parteigliederungen hielten sich ferne. Auch die Lehrer üben große Zurückhaltung. In Niederwerrn war keiner der beiden Lehrer erschienen, in Maßbach war ein Lehrer, der dem Kirchenvorstand angehört, gekommen, aber auch der sehr kirchentreue Kantor ließ sich entschuldigen. Dagegen war in Kissingen bei den kirchlichen Tagen die Teilnahme der Lehrer sehr erfreulich und in Gochsheim wurde gerade durch die anwesenden Lehrer die Aussprache vertieft. Im allgemeinen muß wohl festgestellt werden, daß die Lehrer, die ihre kirchliche Gesinnung zeigen, mit mancherlei Widerständen zu kämpfen haben.

Die Kirchenvorsteher wissen in der größten Mehrzahl, um was es heute geht und sind entschlossen, ihren Weg als evangelische Christen zu gehen. Freilich sind auch solche dabei, die durch Bindungen anderer Art gehindert sind, in allen kirchlichen Fragen vom evangelischen Standpunkt aus Stellung zu nehmen. Daß auch Mitglieder von Kirchenverwaltung und Kirchenvorstand nicht den Mut haben, für die Bekenntnisschule einzutreten, auch wenn sie diese innerlich bejahen, muß mit Bedauern festgestellt werden...

Daß der Gottesdienstbesuch in den meisten Gemeinden recht gut ist, darf mit Dankbarkeit festgestellt werden. Die Landgemeinden halten in der Hauptsache fest am Glauben der Väter. Freilich ist die Jugend zwischen 15 und 30 Jahren überall sehr schwach vertreten. Auch die Opferfreudigkeit der meisten Gemeinden ist dankbar anzuerkennen.

Deutlich ist aber auch überall zu sehen, wie kirchliche Gewöhnung langsam zu schwinden beginnt. Es sind in allen Gemeinden solche vorhanden, die die Kirche als eine veraltete, nicht mehr zeitgemäße Einrichtung zu betrachten gelernt haben. Daß die Jugendarbeit fast in allen Gemeinden mit besonderen Schwierigkeiten zu kämpfen hat, braucht wohl nicht besonders betont zu werden...

Der Kampf gegen Christentum und Kirche ist fast überall zu spüren, wenn auch einige geschlossene Landgemeinden davon bisher noch fast ganz verschont geblieben sind. Aber die Entscheidung zwischen Christentum oder Antichristentum wird keinem erspart bleiben. Es werden viele sich einschüchtern lassen. Aber eine kleine Schar von treuen Jüngern des Herrn ist überall da.

Aus Visitationsbericht des Dekanats Schweinfurt (Unterfranken) für das Jahr 1937

Im Laufe des Jahres 1937 hat der Dekan in den drei Gemeinden Zell, Poppenlauer und Bad Neustadt Hauptvisitationen abgehalten...
Die Jugendarbeit, besonders die männliche, ist mit immer größer werdenden Schwierigkeiten verbunden. Die Freudigkeit, sich an solchen Jugendversammlungen zu beteiligen, wird der Jugend mehr und mehr durch allerlei Mittel genommen.
Die drei besuchten Gemeinden sind in ihrer Art sehr verschieden. Poppenlauer, eine Landgemeinde, in der eine größere katholische Gemeinde neben der evangelischen besteht. Sie ist sehr kirchlich und hat sich in dem Kampf um die Bekenntnisschule ausgezeichnet bewährt. – In Zell sind die beiden Gemeinden Zell und Weipoltshausen in dem seit vielen Menschenaltern bestehenden Gegensatz, von dem schon vor 100 Jahren berichtet wird, der sich immer wieder recht ungünstig auswirkt. Es fehlt der Gemeinde am rechten Gemeindebewußtsein. Sie hat in den letzten Jahrzehnten freilich auch mancherlei zu entbehren gehabt.
In Bad Neustadt geht durch die Gegensätze, die heute in jeder Gemeinde zu finden sind, mehr und mehr das rechte Gemeindegefühl verloren, zumal auch der Lehrer, der bisher ein treuer Mitarbeiter des Pfarrers gewesen ist, sich vom kirchlichen Leben mehr und mehr zurückzieht...

Aus Bericht des Pfarramts Fröhstockheim / Dekanat Kitzingen (Unterfranken), 14. 5. 1939

Das Urteil über eine kleine Landgemeinde wird zugleich erleichtert und erschwert dadurch, daß alle Familien in ihrem Familienleben und in ihrem Verhalten zueinander dem Geistlichen oft nur zu bekannt sind. Der Geistliche erfährt, meist allerdings erst auf Umwegen, vieles, was in den Häusern vorgeht; er erfährt, obwohl er selbst nie das Wirtshaus besucht, »religiöse« Wirtshausgespräche; er schaut, mit einem Wort, hinein in den ganzen kleinlichen Alltagskram seiner Gemeindeglieder. Darum beschäftigen ihn innerlich oft Dinge, die dem Stadtgeistlichen erfreulicherweise an der Peripherie seiner Amtstätigkeit verschwinden; erfreulicherweise, denn es ist meist sehr unerfreulich, was man hört...
Auf das Ganze gesehen darf gesagt werden, daß sich die Lage des Landgeistlichen in einem grundsätzlichen Wandel befindet...
Die Partei will auch auf dem Lande in jeder, auch in geistiger Hinsicht allein maßgebend sein. Der Pfarrer wird in seiner Bedeutung für das Dorf in seiner bisherigen geisti-

gen Gestalt richtig eingeschätzt. Darum sucht man seinen Einfluß unter allen Umständen zu beseitigen. Die Methoden sind ja bekannt; sie sind oft so niedrig, daß sie das Gegenteil von dem erreichen, was sie bezwecken. Trotzdem wird sich der Geistliche keiner Täuschung darüber hingeben dürfen, daß es in Zukunft allein seine geistlichen Eigenschaften sein werden, die ihm als Menschen und seinem Amte Autorität sichern können. Alle Momente früherer Zeit: Bildungsgang, Standeszugehörigkeit, gesellschaftliche Stellung usw. sind nun bedeutungslos. Auf dem Dorfe herrschen andere Größen, die sich nach oben nur halten können, wenn sie vom Geistlichen gänzlich unabhängig sind. Das ganze Organisationswesen der Partei ist auch auf dem Dorfe im Kleinen vorhanden. Meist fehlt es in einer kirchlichen Gemeinde an Amtsträgern, die ihren Auftraggebern geeignet genug, d. h. unkirchlich genug sind. Man muß darum zunächst auch kirchlich gesinnte Leute einspannen, wenn man sich nicht, wie es tatsächlich da und dort geschieht, mit ganz minderwertigen Elementen begnügen will.

Der entscheidende Gesichtspunkt bei der Beurteilung der Partei ist der Nützlichkeitsstandpunkt. Welchen Vorteil habe ich, wenn ich mittue? In Fröhstockheim ist eine kleine Gruppe von Menschen, die mittels der Partei in die Höhe kommen wollen. Aber jeder im Dorfe kennt ja den Nützlichkeitsstandpunkt aller, jeder kennt sehr genau die Vergangenheit des anderen; das trägt nicht dazu bei, die einheimischen Amtsträger beliebt zu machen, im Gegenteil, man verfolgt ihr Tun mit Mißtrauen und Argwohn, man bemüht sich, ihren Eigennutz zu entlarven; niemand glaubt daran, daß sie aus Begeisterung für eine große Sache mitarbeiten. Darum kann man auch nicht im entferntesten sagen, daß irgendeiner dieser Amtswalter vom Ortsgruppenleiter bis herunter zum Blockwalter im Dorfe beliebt sei in dem Sinne, wie etwa ein Geistlicher in seinem Dorfe für »beliebt« galt, und wie heute noch jeder, ohne Unterschied seiner jetzigen Einstellung zur Partei, mit Ehrerbietung und Achtung von früheren Geistlichen der Gemeinde spricht.

Die kleine Gruppe von Leuten, die die Partei in ihre persönliche Rechnung als Faktor eingesetzt haben, ist sicher auch bereit, ihre Kirchlichkeit zu opfern, wenn das einmal von ihnen verlangt würde. Heute wäre es in Fröhstockheim noch schwer denkbar, daß ein Einwohner aus der Kirche austritt: er hätte die Verurteilung seines Schrittes durch die Allgemeinheit zu befürchten. Der Lehrer hat sein Ansehen im Dorf verloren, als er vor drei Jahren den Organistendienst niederlegte; der Bürgermeister, der sich vom Lehrer beeinflussen ließ, war genötigt, sich mit dem Geistlichen wenigstens nach außen hin wieder zu versöhnen, um sich im Dorfe eine Stellung zu erhalten. So darf gesagt werden, daß jede nur geistige Agitation gegen die Kirche sehr wenig Erfolg hätte; man schämt sich vor den Leuten, ein Deutscher Christ oder Schlimmeres zu sein. Mehr zu erwarten hat ein gewaltsames Vorgehen gegen die Kirche, denn die Leute leben in großer Angst vor Zwangsmaßnahmen; der Fröhstockheimer war ja jahrhundertelang der Abhängige und wirtschaftlich Gedrückte, weil die Standesherrschaft 54% des Bodens besitzt. Auch der rechtlich denkende Einwohner sieht darum in der »Herrschaft« seinen Feind, aber er fügt sich, weil er nicht anders kann. So wird er sich auch fügen, wenn der »funkelnde Weltanschauungskampf« zu Zwangsmethoden übergehen sollte. Ein innerer Widerstand ist nur von einer starken geistigen Führung zu erreichen, und diese Führung kann ja sehr schnell mundtot gemacht werden.

Die überwiegende Mehrzahl der Leute steht der Partei innerlich ablehnend gegenüber;

viele – und es sind dies die besten Elemente – durchschauen die weltanschaulichen Absichten der Partei bis in die letzten Konsequenzen. Die Kritik kann freilich nur sehr vorsichtig laut werden. Sie wendet sich zunächst gegen die besondere Lage der Landwirtschaft; diese Lage ist gekennzeichnet durch den Arbeitermangel und die Landflucht. Beide Gefahren sind sehr ernst; einsichtige Gemeindeglieder sind dadurch zu großem Pessimismus gestimmt. Sie stellen fest, daß es gerade die Amtswalter im Dorfe sind, die ihre Kinder in die Stadt schicken, weil sie für die Landarbeit »zu gut« sind. Man gibt zu, daß bezüglich des Arbeitermangels in den Parteikreisen offensichtlich Ratlosigkeit herrscht. Der »Landhelferdienst« wird auf dem Lande mehr als skeptisch betrachtet.

Die Kritik greift vom Wirtschaftlichen auf das geistige Gebiet über. Dabei ist immer wieder festzustellen, daß es trotz aller Aufklärung des Geistlichen nicht die großen und grundlegenden Gesichtspunkte sind, die die Kritik beherrschen; die Kritik wird vielmehr an kleinen Einzelerscheinungen laut. Daß die Erziehung der Jugend im argen liegt, wissen die Leute; daß man der Jugend die Ehrfurcht vor der Autorität nimmt, daß dieser »Grundsatz« der Schule von heute unabsehbare schlimme Folgen haben wird, erkennen sie nicht klar; denn sonst könnten sie dem damit entgegenarbeiten, daß sie daheim die elterliche Autorität stärken. Wenn aber der Lehrer am Sonntag bis tief in die Nacht dem Alkohol sich ergibt und dann am Montag der Unterricht wegen »Erkrankung« des Lehrers entfällt, dann setzt hier die Kritik ein und verwirft das ganze System von heute. Die Kritik und die Urteilsbildung der Leute bedarf sehr einer christlichen Erziehung.

Die Gemeinde kann kirchenpolitisch als Bekenntnisgemeinde angesprochen werden. Vom Kirchenkampf hat sie viel gehört und wenig erlebt. In der jüngsten Zeit erfährt man etwas mehr am eigenen Leibe (Religionsunterricht des DC-Lehrers, Aufhebung der Christenlehre, Verkürzung des Religionsunterrichts usw.). Daran erkennen auch viele, die sich noch immer mit der Meinung trösteten: »der Führer weiß es ja nicht«, daß der Pfarrer doch recht hat mit seiner Meinung: es geht im Kirchenkampf um das reine Evangelium. Es ist im gegenwärtigen Zeitpunkt, wo sehr viele endlich stutzig werden gegenüber der Weltanschauungspolitik des Staates, sicher nicht das Richtige, im Bekenntniskampf auf eine Siegfriedstellung sich zurückzuziehen. Nichts würde die schwierige Stellung des Geistlichen mehr untergraben als das. Die wohlmeinenden und treuen Gemeindeglieder haben das Gefühl: unser Pfarrer hält den Kopf hin, wenn's zum Treffen kommt, und diese Gewißheit bedeutet für sie sehr viel. Der Geistliche seinerseits weiß, daß viele auf ihn schauen, und daß seine Autorität im inneren Urteil der Leute in dem Maße wächst, als gewisse Kreise sie nach außen hin zerstören möchten. Viele kleine und häßliche Erlebnisse erschweren heute die Amtstätigkeit auch des Landpfarrers; kann man doch tatsächlich von einer Nadelstichpolitik der Partei gegen den Pfarrer sprechen. Nichts aber würde den Pfarrer seelisch stärker belasten, als wenn ihn etwa die Kirchenleitung in die Siegfriedstellung des Kirchenkampfes zurücknehmen würde. Er und die Gemeindeglieder warten darauf, daß die Kirchenleitung dann und wann ein recht deutliches Wort redet; für den Pfarrer und für die Gemeinde bedeutet das eine innere Befreiung, wenn ihnen mit kirchenregimentlicher Vollmacht aus dem Herzen geredet wird.

Die wachsende Unzufriedenheit auf dem Lande und die mit ihr bei vielen wachsende Furcht vor den Machthabern zeitigen eine andere sehr unerfreuliche Erscheinung des Gemeindelebens: das Mißtrauen vieler gegen viele und den häßlichen Streit zwischen ganzen Häusern und Familien. Niemals war die Volksgemeinschaft weniger Wirklichkeit als jetzt. Wie viele haben schon ihre Ämtlein verloren, wie viele luden sich gegenseitig auf das Rathaus zum Schiedsgericht oder verklagten sich vor dem Kreisleiter. Kleinlich ist meist der Anlaß, trotzdem ruft er den häßlichsten Streit und die nackteste Selbstsucht auf den Plan. Weil es Streitigkeiten innerhalb der Partei und um Parteidinge sind, kann sich der Geistliche nicht persönlich einmischen. Die Predigt von der Versöhnung und vom christlichen Vergeben tut mehr not denn je. Redliche Gemeindeglieder ziehen sich angewidert von diesem Streit in den Häusern hin und her zurück, der Prediger des Evangeliums aber sieht mit Schrecken, wohin die Gemeinschaft der Menschen und auch der Christen kommt, wenn die Macht als Ideal vom Staat gepredigt und Machtbefugnisse in die Hände von Menschen gelegt werden, die sich selbst nicht beherrschen können.

Die Sorge um die Jugend tritt mehr und mehr in den Vordergrund. Bis zum Konfirmationsalter hat sich an der Verbundenheit der Jugend mit dem kirchlichen Leben auf dem Lande zwar nichts geändert; die Autorität des Geistlichen ist geblieben, die des Lehrers gesunken. Bei der reiferen Jugend liegen die Dinge schon ernster. Um nur eines zu nennen: die häufigen Kinovorführungen der Partei auf dem Dorfe, an denen die Jugend als an einem Unterrichtsersatz teilnehmen muß, wirken sich verhängnisvoll aus. Die Staatsjugend ist ohne jede geeignete Führung. Der ständige Wechsel der Stundenpläne und Unterrichtszeiten in der Schule nötigt schon der konfirmierten Jugend ein weises Lächeln ab, die Jugend hat ein sehr feines Empfinden dafür, daß sie fortwährend nur »pädagogisches« Versuchsobjekt ist. Die Kenntnisse, auch in den Fächern, denen eine primär vaterländische Bedeutung zugesprochen werden kann, gehen in erschreckendem Maße zurück. Zur offenen Gehorsamsverweigerung kam es im letzten Winter, als der Lehrer die Schüler zwingen wollte, einen »Schwur auf Baldur« in Gedichtform auswendig zu lernen. Ganz allgemein kann festgestellt werden, daß die Lehrer bei der Auswahl des Memorierstoffes jedes pädagogische Gefühl für das Kindgemäße vermissen lassen.

Zusammenfassend ist zu sagen, daß sich die Landjugend ihr Vertrauen zu Kirche und Pfarrer nicht so leicht nehmen lassen wird. Freilich hat es der Landpfarrer nicht schwer, auch außerhalb der Schule mit der Jugend in Verbindung zu bleiben.

Einzelne erfreuliche und unerfreuliche Erscheinungen, die es allenthalben gibt, treten jetzt zurück hinter der großen Sorge, daß die Entchristlichung unseres Volkes auch auf das Dorf übergreifen möchte...

Aus Bericht der Landeskirchenleitung über die Kirchenvisitationen in Bayern, 1937/38[15]

Die Grundlage des Berichtes bilden die dem Landeskirchenrat vorgelegten Visitationsakten der Jahre 1937 und 1938. Die Akten des Jahres 1937 umfassen 45, die des Jahres 1938 36 Dekanate. Sie enthalten insgesamt 360 Berichte (197 Hauptvisitationen und 163 Zwischenvisitationen)...

---

[15] Dieser 22 Maschinenseiten umfassende Bericht, ohne Unterschrift und Datum, wurde offenbar 1939 geschrieben.

Die Visitationen konnten in den Berichtsjahren bis zum Ausbruch des Krieges großenteils planmäßig durchgeführt werden. An äußeren Hindernissen machte sich in manchen Bezirken die Maul- und Klauenseuche geltend und in den Ostgebieten die Tschechenkrise. Man kann in normalen Jahren damit rechnen, daß in knapp zwei Dritteln der Dekanate Visitationen stattfinden. Die Hauptgründe für den Ausfall sind: Freijahr nach dem Besuch des Kreisdekans, Neubesetzung des Dekanats, Häufung von Installationen, Krankheit des Dekans und, am häufigsten, Überlastung des Dekans durch Arbeit in der eigenen Gemeinde und durch die Führung der Verwaltungsgeschäfte. Bedauerlich ist, daß aus diesem Grund die Dekane der großen Städte schon seit Jahren keine Visitationen abhalten konnten und auch für die Zukunft mit der Wiederaufnahme des Visitationsgeschäftes nicht gerechnet werden kann. Die visitierten Gemeinden sind in der großen Mehrzahl Dörfer und kleine Landstädte und umfassen vor allem Bauern, Handwerker und Arbeiterbevölkerung. Die Beobachtungen der Visitationsberichte gelten deshalb in der hier niedergelegten Form vor allem für die ländlichen Verhältnisse, in den Grundzügen dürfen sie jedoch allgemeine Geltung beanspruchen...

Die Berichte ergeben, bei aller Verschiedenheit der lokalen Verhältnisse, ein klares Bild. Sie lehren, daß Mutlosigkeit angesichts der gegenwärtigen kirchlichen Lage ebenso unbegründet ist wie Sorglosigkeit...

In vielen Gemeinden ergibt sich wenigstens äußerlich im großen und ganzen kein anderes Bild christlichen und kirchlichen Lebens als in früheren Jahren. Für die Stammgemeinden kann man sogar teilweise von innerer Vertiefung reden. Die Arbeit der Geistlichen darf Erfolge sehen und es ist zu hoffen, daß auch heute echte Frucht wachsen darf, die bleibt.

Aber über diesen erfreulichen Erfahrungen darf nicht vergessen werden, daß die Entwicklung eine Erschwerung des geistlichen Dienstes und einen gewissen Rückgang kirchlichen Lebens mit sich gebracht hat, der in den meisten Gebieten der Landeskirche nicht übersehen werden kann. Die Zeitverhältnisse der Jahre 1936–1939 haben auf das innere Leben der Einzelgemeinde weit stärker eingewirkt, als es selbst in den Jahren 1932–1935 der Fall war. Während damals die großen Kämpfe innerhalb der Kirche in der Mehrzahl der bayerischen Dorfgemeinden nicht jedermann augenfällig werden konnten, fallen heute die Entscheidungen selbst im kleinsten Dorf. Es wird daher immer wieder betont, wie sehr sich die Lage in allgemeiner und kirchlicher Hinsicht gerade in den letzten vier Jahren verändert hat, und daß diese Zeitspanne für das kirchliche Leben eine viel stärkere Belastungsprobe bedeutet, als etwa das ereignisreiche Jahr 1934. Vor allem scheint das Jahr 1938 eine Reihe von Schwierigkeiten gebracht zu haben, die sich auf die Gesamthaltung der Gemeinde ungünstig auswirkten. Ein Dekan glaubt von seinen Eindrücken anläßlich der Visitation im Frühjahr 1939 sagen zu müssen: »Der Gesamteindruck war in allen Gemeinden stark bestimmt durch die katastrophalen Änderungen auf dem Gebiet der Schule und des Religionsunterrichtes«... Die Arbeit der Pfarrer ist ungleich schwieriger geworden als früher und stellt an Charakter und seelsorgerliche Weisheit erhöhte Anforderungen.

Das Problem der Deutschen Christen ist für die Gesamtlage bereits ein Stück Historie geworden. Einige deutsch-christliche Geistliche haben zum Bekenntnis zurückgefunden. Andere müssen sich wenigstens in ihren eigenen Gemeinden sehr zurückhalten, um sich überhaupt halten zu können. Einige Gemeinden, die wider ihren Willen DC-Pfarrer hatten, stehen unter ihrem neuen Geistlichen mit besonderer Freude zum Evangelium; gespaltene Gemeinden mit DC-Gruppen sind zum größten Teil wieder zur Ruhe gekommen, da die Deutschen Christen in sich zusammenbrachen und nicht wenige von ihren führenden Leuten nach ihrem Austritt aus der Kirche »deutschgläubig« wurden. Es darf daher gesagt werden, daß die deutsch-christlichen Gedanken während der Berichtsjahre jede werbende Kraft verloren haben, und die noch bestehenden deutsch-christlichen Grüppchen keinerlei innere Bedeutung für die Gesamtkirche mehr besitzen...

Die letzten Jahre werden vielmehr dadurch charakterisiert, daß sich unsere Gemeinden nach dem Abwehrsieg gegen die DC vor einen neuen Feind gestellt sehen, der schwer greifbar, aber doch überall spürbar gegen das Christentum kämpft...

Es ist die Gefahr der Zermürbung, der Ermattung und der Verkümmerung, die unseren Gemeinden droht. Die Gemeinden in ihrer überwältigenden Mehrzahl werden ihrem christlichen Glauben nicht freiwillig untreu werden, aber sie glauben weithin, gegen die neuen Kräfte »kann man doch nichts machen« – und resignieren. Man vergißt zwar nicht mehr so leicht, aber man wagt auch nicht mehr so leicht zu handeln. Die kirchliche Sorglosigkeit mancher Gemeinden und ihrer Pfarrer ist auf einmal in eine gewisse Mutlosigkeit umgeschlagen. Besonders tiefe Wirkungen hat die Schulfrage in vielen Gemeinden hervorgerufen: sie haben instinktiv die Gefahren gefühlt, glauben aber vor einer »Unabwendbarkeit« der Entwicklung zu stehen.

In einer Reihe von Berichten aus verschiedenen Gegenden scheint die kirchliche Frage in dörflichen Gemeinden als eine Teilfrage der inneren Umgestaltung des bäuerlichen Lebens gesehen zu werden. Landflucht, Überarbeitung, Kinderarmut bringen einen folgenschweren Mangel an Arbeitskräften mit sich. Die Arbeitsüberlastung bedrückt die bäuerliche Bevölkerung auch in seelischer Hinsicht und macht sie selbst für die kirchlichen Fragen resigniert und müde. Man fühlt in den neuen Verhältnissen und der geistigen Umgestaltung des Dorfes ein Verschwinden altgewohnter Lebensformen und Sitten, alte Traditionen verfallen und die innere Einheit des Dorfes bricht auseinander. Kirche und Schule trennen sich. Pfarrhaus und Lehrerhaus werden die sichtbaren Verkörperungen zweier Welten, wo noch vor wenigen Jahren eine Einheit war. Man sieht die Not, wenn man sie auch nicht überall verstandesmäßig in ihrer Tiefe erkennt, aber man fühlt sich zu schwach, diese neue Entwicklung aufzuhalten...

Diese Nöte und Schwierigkeiten treten natürlich in den verschiedenen Verhältnissen der Landeskirche in sehr unterschiedlicher Stärke zutage. In den kirchlichen fränkischen Gemeinden des Ansbacher Kirchenkreises hat sich das äußere Bild meist kaum geändert. Wer sich nicht zu seiner Kirche hält, gilt dort auch heute noch als Außenseiter. Doch zeigen sich auch hier gewisse Symptome der Zeiterscheinung, die manchmal wenig in die Augen fallen. Man muß angesichts dieser Verhältnisse daran erinnern, daß sich aus allen Teilen der Landeskirche Gemeinden als Beispiele angeben lassen, die 1936 und 1937 noch hoffen konnten, vor inneren und äußeren Erschütterungen bewahrt zu bleiben, und die 1938 und 1939 plötzlich einen fühlbaren Rückgang ihres kirchlichen Lebens verzeichnen mußten. Man darf daher Risse und Sprünge im Bau einer Gemeinde nicht gering achten, doch braucht man diesen Symptomen gegenüber keineswegs die Waffen zu strecken. Das können uns vor allem eine Reihe von Gemeinden in der oberfränkischen Diaspora beweisen. Man hat gerade hier, in diesem kirchlich so uneinheitlichem Gebiet, manches Anschauungsmaterial dafür, was auch heute die Arbeit eines Pfarrers vermag, der den Nöten der Zeit zu begegnen versteht. Schwierig wird freilich die Lage, wenn Dörfer mit bäuerlicher Bevölkerung in das Strahlungsfeld größerer Städte kommen. Manche Gebiete in der Maingegend und vor allem rings um Nürnberg werden immer mehr durch die zersetzende Atmosphäre der Stadt beeinflußt. Die jungen Gemeinden im Münchner Kirchenkreis mit ihrem etwas fluktuierenden Gemeindecharakter spüren ein gewisses Zurückfluten, haben aber fast überall einen treuen Stamm. Bei allen diesen Verschiedenheiten sind es aber die gleichen Schwierigkeiten, die wenigstens grundsätzlich alle Kirchengebiete bewegen: die Tendenz zu leichtem Abnehmen des Gottesdienstbesuches und der Teilnahme am heiligen Abendmahl, Abhaltung der Jugend und öfter auch der Männer vom Gemeindeleben durch andere Veranstaltungen, Erschwerung der kirchlichen Unterweisung, antichristliche Beeinflussung und geheimer Druck auf gewisse Kreise, sich der Kirche gegenüber zurückzuhalten...

Die Veranstaltungen der Staatsjugend nehmen in vielen Bezirken auf den Gemeindegottesdienst immer weniger Rücksicht und was 1935 noch undenkbar war, ist an manchen Orten 1939 selbstverständlich geworden. Die Jugend wird weithin vor allem dem regelmäßigen Gottesdienstbesuch entwöhnt. Für die Dorfjugend ist eine deutschgläubige Beeinflussung nicht zu befürchten, aber zunächst eine äußere Entwöhnung vom gottesdienstlichen Leben durch bewußtes Fernhalten vom Gottesdienst, der eine innere Entfremdung folgt...

Die bewußte Abkehr von der christlichen Kirche umfaßt in der Hauptsache nur engbegrenzte Kreise. In fühlbarem Umfang jedoch macht sich in einer Reihe von Gemeinden die Zurückhaltung der Männer bemerkbar, die aus Rücksichtnahme oder Angst »äußerlich« der Kirche fernbleiben. Das eigentliche Problem aber ist, ähnlich wie bei der Jugend die zeitlich bedingte Abhaltung von Gottesdienst und Bibelstunde durch die verschiedensten Veranstaltungen. Auch die Not der Überarbeitung vieler Bauern wirkt sich ungünstig aus. Diese Lockerungen christlicher Sitte und Zucht dürfen gerade bei den Hausvätern nicht gering geachtet werden...

Das äußere Bild einer Kirchenvisitation hat sich weithin geändert. Die politische Gemeinde ist in der Regel nicht mehr offiziell beteiligt. Neben Gemeinden, die fast geschlossen am Visitationsgottesdienst teilnehmen, stehen Gemeinden, in denen die Öffentlichkeit davon wenig berührt wird. Nicht selten überschatten andere Veranstaltungen die Visitation, und der Gottesdienstbesuch weist Lücken auf...

In erster Linie bedeuten die neuen Verhältnisse in der Schule für die Geistlichen eine schwere zeitliche Belastung und gefährden manchmal das notwendige Gleichgewicht katechetischer und seelsorgerischer Arbeit. So sehr die Ereignisse, die im November 1938 ihren vorläufigen Abschluß fanden, für die Kinder eine Minderung christlicher Unterweisung bedeuten, für den Geistlichen ist es weithin eine starke Mehrung der Schulstunden, die als Eckstunden teilweise über den ganzen Tag verstreut sind. Es ist nicht selten, daß Geistliche mit Filialdörfern eine wöchentliche Stundenzahl von 15–20 Unterrichtsstunden erreichen. Schon die Wege zu diesen Stunden nehmen viel Zeit in Anspruch...

Die Zahl der jährlichen Abendmahlsfeiern ist sehr verschieden. Während im Kirchenkreis Ansbach weithin sechs Frühjahrs- und sechs Herbstkommunionen stattfinden, erreichen manche Gemeinden im Nürnberger Bezirk jährlich 20–24 Feiern. Auffallenderweise gibt es vor allem in Schwaben Gemeinden, in denen nur drei bis fünf Abendmahlsgottesdienste im Jahr gehalten werden. Für die Abendmahlsziffer ist in dörflichen Gemeinden die Häufigkeit der Abendmahlsfeiern nicht sehr wesentlich, da sich Tradition und Sitte hier besonders stark auswirkt...

Die Tendenz »Nebengottesdienste« in Bibelstunden und dergleichen umzuwandeln, ist allgemein zu beobachten. Nicht selten werden diese Bibelstunden an Stelle schlecht besuchter Nebengottesdienste recht ordentlich besucht, vor allem deshalb, weil dadurch auch die Filialdörfer besser berücksichtigt werden können. Eine Beeinträchtigung des Sonntagsgottesdienstes durch solche Bibelstunden in Filialen konnte nicht festgestellt werden. In einem Fall freilich mußte die Erfahrung gemacht werden, daß ein ordentlich besuchter Wochengottesdienst bei Umwandlung in eine Bibelstunde zerfiel, da die Männer zu dieser angeblichen »Weibersache« nicht mehr kommen. Die Bibelstunde als Frauensache anzusehen, ist ein nicht selten anzutreffendes Vorurteil unserer Gemeinden...

Das Problem der Jugend und ihre kirchliche Unterweisung mußte schon wiederholt angeschnitten werden. Es steht im Mittelpunkt vieler Visitationsbesprechungen. Die Nöte umfassen alle Altersstufen der Jugend...

Bei den Jüngeren steht das Schulproblem im Vordergrund. Während bei der Visitation im Jahr 1936 noch die Bekenntnisschule bestand, berichtet der Fragebogen für 1939 von Gemeinschaftsschule, Verkürzung des Religionsunterrichts, Erschwerung der Unterweisung bei Berufsschülern, Niederlegung des Religionsunterrichts durch die meisten Lehrer, Verlegung des Religionsunterrichts auf Eckstunden...

Welche Folgen die Trennung des Lehrerstandes von der Kirche für das Dorf und seine Jugend hat, wurde ebenfalls oben angedeutet. Gerade die junge Lehrerschaft, die zum Teil mit deutschgläubigen Ideen von ihren Ausbildungsstätten kommt, bildet weithin einen Fremdkörper im Dorf, der manche Aufregung und Spaltung verursacht. Doch sollen auch die Lehrer nicht vergessen sein, die heute noch in Treue Religionsunterricht erteilen und viel Segen stiften...

Es wird zu einer Lebensfrage der Kirche werden, inwieweit in Zukunft das Elternhaus den Kindern christliche Erziehung und Unterweisung vermitteln kann...

Der Gottesdienstbesuch ist normalerweise befriedigend. (Von rund 200 gesammelten Angaben bezeichnen $2/3$ den Gottesdienstbesuch als gut, $2/9$ als mittelmäßig, $1/9$ als schlecht und unbefriedigend). Freilich muß diesem subjektiven Urteil gegenüber gesagt werden, daß im Vergleich zum Stand von 1932 auch in dörflichen und kleinstädtischen Gemeinden ein Rückgang des Besuches in mäßigen Grenzen die Regel ist. Die Gründe sind schon genannt worden. Ein kleiner Kreis von Menschen ist der Kirche in den letzten Jahren innerlich entfremdet worden, gewisse Schichten halten sich aus Scheu »neutral«, viele werden zeitlich verhindert, die Jugend wird durch äußere Abhaltungen und durch seelische Beeinflussung der Kirche und ihren Gottesdiensten entfremdet. Einige Dekane berichten, daß besonders im Jahr 1938 ein Rückgang des Gottesdienstbesuches wie des gesamten kirchlichen Lebens zu beklagen war...

Der Kirchenvorstand umfaßt in den meisten Gemeinden heute wieder Männer, denen das Wohl ihrer Kirche am Herzen liegt. Vorsteher, die 1933 aus unkirchlichen Gründen gewählt wurden und sich in ihr Amt nicht finden konnten, sind in den meisten Fällen freiwillig ausgeschieden. Leider häufen sich neuerdings die Fälle, in denen ängstliche Naturen den Sitzungen einer kirchlichen Körperschaft fernbleiben. Die überwiegende Mehrzahl unserer Kirchenvorstände aber kann als arbeitsfähig bezeichnet werden. Die Zahl der im Jahr gehaltenen Sitzungen ist sehr verschieden. Während manche Gemeinden nicht einmal die vorgeschriebene Mindestzahl von vier Sitzungen abhalten, finden in anderen Pfarreien bis zu 20 Zusammenkünfte statt. Bezirkssynoden fanden seit 1935 offenbar nicht mehr statt...

Durch das Verhältnis des Lehrerstandes zur Kirche ist das Organistenproblem dringend geworden. In den Berichtsjahren wurden immer mehr Gemeinden vor die Frage nach einem Ersatzorganisten gestellt. In manchen Fällen spielt jetzt die Pfarrfrau oder ein pensionierter Lehrer die Orgel, das kann aber nur eine Zwischenlösung sein. Darum haben schon viele Gemeinden aus allen Teilen der Landeskirche Gemeindeglieder für diesen Dienst ausbilden lassen und haben fast immer sehr gute Erfahrungen damit gemacht. Alle Berufsstände sind unter diesen Hilfsorganisten vertreten, und nicht selten sind es junge Bauern. Die erste Ausbildung erhalten diese Organisten entweder von einem Pfarrer im eigenen Kapitel oder von einem hauptamtlichen Organisten in der nächsten Stadt. Den Abschluß der Ausbildung bilden in der Regel die Organistenkurse in Erlangen...

Aus Visitationsberichten Dekanat Hof (Oberfranken) über die Jahre 1934–1942
[1934]

...Das Bild des kirchlichen Lebens dürfte seit der nationalen Revolution sich nicht wesentlich verändert haben. Es ist noch immer wesentlich bestimmt durch herkömmliche Sitte und Gewohnheit. Die anfangs starke Beteiligung der SA an den Gottesdiensten hörte bald wieder auf, ja vielfach wurde durch gleichzeitigen Dienst der SA die Teilnahme vor allem der jüngeren Männer am Gottesdienst noch stärker vermindert. Der an Väterart stark festhaltende Sinn in unseren Gemeinden steht noch mißtrauisch modernen Bewegungen, wie denen der Deutschen Christen und der Deutschen Glaubensbewegung, gegenüber. Andererseits kann es nicht ausbleiben, daß durch die verschiedenartigen Schulungen, bei denen Rosenbergs Mythos irgendwie eine Rolle spielt, völkische Religiosität in den Gemeinden sich geltend machen muß...

[1935]

...Die um die Osterzeit erfolgte Sammlung der Bekenntnisgemeinschaften führte den Gemeindegliedern den Ernst der kirchlichen Lage erneut vor Augen, rief bei ihnen allerlei Fragen wach und zwang sie zu heilsamer Besinnung und Entscheidung. Der Wert der Bekenntnisgemeinschaften darf nicht überschätzt werden: würden von ihren Mitgliedern spürbare finanzielle Opfer verlangt werden, oder würden jenen aus ihrer Mitgliedschaft peinliche Nachteile erwachsen, so würde voraussichtlich der überaus hohe Prozentsatz der eingeschriebenen Mitglieder (bis zu 97%) erheblich schwinden...

Die Deutschen Christen haben in Hof eine etwa 60 Mitglieder zählende Gruppe durch die nimmermüde Werbearbeit des Herrn Dr. Schippel mühsam zusammengebracht und müssen sich mit kleinen Versammlungen von 30–35 Teilnehmern begnügen. Sie kommen auch deswegen nicht vorwärts, da sie von Parteikreisen, denen Dr. Schippel nicht genehm ist, nur wenig gefördert werden. Versuche, in Landgemeinden einzubrechen, hat die Hofer DC-Gruppe noch nicht unternommen, auch von Sachsen oder Thüringen her ist noch kein Einbruchsversuch gemacht worden. Unter den Lehrern mögen einige Freunde der DC sein. Die Deutsche Glaubensbewegung hat sich bisher auf eine kläglich besuchte und unglücklich verlaufene Versammlung in Hof beschränkt...

Die Unterschiede in der Lebendigkeit der Gemeinden sind auffallend groß. Auch früher unkirchliche Gemeinden sind durch die aufopfernde und weise Arbeit ihrer Pfarrer zu kräftigem Gemeindeleben erwacht. Noch sind die meisten Gemeinden des Dekanatsbezirks Missionsgemeinden. Aber töricht, ja sündhaft ist die Rede, daß in ihnen einfach nichts zu erreichen sei. Es fehlen ihnen noch die Pfarrer, die als gesegnete Missionare in ihnen und an ihnen arbeiten können. Die Kirchenleitung kann Versäumnisse früherer Jahrzehnte, ja Jahrhunderte in Nordostoberfranken vor allem dadurch ausgleichen, daß sie wahrhaft missionarische Geistliche in dieses Gebiet schickt...

In den heuer visitierten Gemeinden haben die Kirchenvorstandswahlen des Juli 1933 verhältnismäßig wenig Schaden angerichtet. Nur in Oberkotzau hat ein Kirchenvorstand, der zugleich der Ortsgruppenleiter ist, gegen den Ortsgeistlichen eine derart feindselige Haltung angenommen, daß er mit einer Minderheit des Kirchenvorstandes zu den seltenen und vor allem verwaltungsmäßigen Sitzungen überhaupt nicht mehr kommt und eine systematische Hetze gegen den Ortsgeistlichen trieb, die sogar bis zur Forderung von dessen Schutzhaft sich steigerte. Im allgemeinen lassen sich die Kirchenvorstände von ihren Pfarrern etwas sagen, verstehen und teilen fast ausnahmslos deren Sorgen, die ja die Sorgen der Kirche sind, und unterstützen ihre Pfarrer bei ihren Aufbaubemühungen wie in ihren Kämpfen. Der Visitator suchte in sämtlichen Besprechungen ein möglichst eindeutiges und scharf umrissenes Bild von der augenblicklichen kirchlichen Lage zu geben und nicht zuletzt einen Einblick in die eigentlich miteinander ringenden Mächte und Kräfte. Er gewann den erfreulichen Eindruck, daß ein guter Teil der Kirchenvorsteher mit nüchternem und scharfem Blick selbst beobachtet, wie zielstrebig daran gearbeitet wird, kirchliche Sitte immer mehr abzubauen und antichristliche Anschauungen in alle Kreise, namentlich in die der Jugend, wenn auch mit aller Vorsicht, zu leiten...

[*1936*]

Die Visitationsarbeit war im Berichtsjahr zwar nicht unberührt durch den jeweiligen Stand des Kirchenkampfes, konnte aber feststellen, daß das brennende Interesse an Einzelvorgängen einer recht klaren Erkenntnis der antichristlichen und antikirchlichen Mächte und Kräfte und einer festen Entschlossenheit, trotz allem dem Väterglauben und der evangelischen Kirche die Treue zu halten, Platz gemacht hat. Kirchenaustritte sind in den visitierten Gemeinden im Berichtsjahr nicht vorgekommen. Auch von der Agitation der Deutschen Christen waren sie verschont geblieben.

In der Stadt Hof haben die Deutschen Christen sich im Berichtsjahr kaum gerührt. Dagegen hat die Deutsche Glaubensbewegung in zwei Lokalen eines Arbeiterviertels einige Versammlungen gehalten, die aber nicht von Arbeitern, sondern mehr von den mittleren Schichten der Bevölkerung mäßig besucht waren. Die Austrittsbewegung des Herbstes 1936 führte in Hof etwa zwei Dutzend Angehörige des Mittelstandes aus der Gemeinschaft unserer evangelischen Kirche heraus...

Innerhalb der Kirchenvorstände der visitierten Gemeinden hat es erfreulicherweise keine Schwierigkeiten gegeben. Freilich sind in den Kirchenvorständen meistens Vertreter der älteren Generation, die treu am Hergebrachten hängen, ohne im allgemeinen eine besondere Aktivität zu entfalten...

[*1937*]

...Die visitierten Gemeinden sind vom Kampf gegen die Kirche nicht unberührt geblieben. In Joditz ist eine Gruppe von 5–6 Leuten, welche sich als deutschgläubig bezeichnen und gelegentlich ungute Angriffe gegen die Kirche machen. Die Deutschen Christen haben dort keinerlei Interesse gefunden. In Köditz ist's ein Grüpplein von 6–7 Leuten, darunter die zwei Lehrer und der Gemeindeschreiber, welche in Opposition zur »Bekenntnisfront« stehen und dem Ortspfarrer gelegentlich Schwierigkeiten machen. Sie halten sich zu den Deutschen Christen, die übrige Gemeinde aber schließt sich gegen sie ab. Erwähnt sei, daß der eine der beiden Lehrer seinen Religionsunterricht sehr zuverlässig erteilt, wenn er auch seine eigenen Kinder, die das Hofer Gymnasium besuchen, vom Religionsunterricht abmelden ließ. In Oberkotzau ist unter dem Einfluß des Bürgermeisters, der ein persönlicher Gegner des Ortspfarrers ist, von politischer Seite her diesem und dem kirchlichen Leben überhaupt manche Schwierigkeit bereitet worden. Ein anfänglich scheinbar großes Interesse für die Deutschen Christen, das der Neugierde vor allem entsprang, ist rasch geschwunden. Doch wird immer wieder darauf gelauert, ob der Ortspfarrer sich nicht eine vermeintliche oder tatsächliche Blöße bei seinem amtlichen Wirken gibt. In Berg hob die DC-Bewegung ziemlich stürmisch an, so daß es zur Beleidigung des Ortspfarrers kam. Doch haben sich die wenigen radikalen Geister in die »politische Religion« geflüchtet oder sind zu den Deutschgläubigen übergegangen. Für die Deutschen Christen ist auch hier das Interesse geschwunden. In Kautendorf haben sich die DC noch nicht gerührt. In Konradsreuth dagegen vermeinen sie einen ihrer Hauptstützpunkte zu haben. Neben einem Lehrer ist es vor allem der Bürgermeister, früher Kirchenvorstandsmitglied, der sich mit seinen Anverwandten für die Deutschen Christen einsetzt, so daß eine ziemlich aktive Gruppe von 12–15 Leuten da ist...

Während die Kirchenvorstände von Joditz und Köditz noch intakt sind, sind in Oberkotzau und Berg einige Kirchenvorsteher zurückgetreten und ersetzt worden. Innerhalb der nunmehrigen Kirchenvorstände der visitierten Gemeinden herrscht erfreulicherweise große Einmütigkeit und entschiedenes Eintreten für die Ortsgeistlichen...

[*1938*]

... Im Pfarrbezirk Regnitzlosau haben zwei deutschchristliche Lehrer aus dem eingepfarrten Nentschau es zwar zu keiner Gruppenbildung der DC gebracht, aber der Zeitgeist dürfte nicht unbeteiligt sein bei dem schmerzlichen Rückgang des Gemeindelebens, der sich in der weitverzweigten Gemeinde in geringem Kirchenbesuch, in schwacher Abendmahlsbeteiligung und auch in geringer Opferfreudigkeit kundgibt.

Auch in Rehau ist es zu keiner Gruppenbildung der DC gekommen, doch führt dort ein nicht unbeachtlicher radikaler Teil der Lehrerschaft einen scharfen Kampf gegen alle kirchliche Arbeit, so daß weder Frauen- noch Jugendarbeit recht zur Entfaltung kommen kann. Wie verheerend die Einflüsse dieses radikalen Teils der Lehrerschaft auf die Jugend sind, zeigte sich namentlich bei der Niederlegung des Religionsunterrichts durch die Lehrer. Nicht wenige Kinder vernichteten oder verschenkten ihre Religionsbücher. Der Geistliche, der den Religionsunterricht des Lehrers aufnahm, wurde mit den Rufen empfangen: »Wir wollen nichts mehr von dem Juden hören, wir wollen keine Judengeschichten mehr!«

In Döhlau hält der Schulleiter, der zugleich politischer Leiter ist und einige führende Parteileute völlig in der Hand hat, die Arbeit des Pfarrers ziemlich in Schach. Die Folge ist, daß kaum Männer den Gottesdienst zu besuchen wagen und daß die Männerarbeit nach anfänglichem Aufblühen wieder rasch ein Ende fand. So befindet sich der Ortsgeistliche, der kirchenpolitisch einer gewissen DC-Ideologie nicht abgeneigt ist, in einer starken Isolierung. Wesentlich anders bietet sich das Bild in Gattendorf. Zwar hat auch der dortige Schulleiter, der nunmehr aus der Kirche ausgetreten ist, alles versucht, der großzügigen Aufbauarbeit des Ortspfarrers Schwierigkeiten zu schaffen, bisher aber ohne Erfolg. Das Gemeindeleben in Gattendorf ist geradezu ein Schulbeispiel dafür, wie gesegnet auch in einer oberfränkischen, stark von Industriearbeiterschaft durchsetzten Gemeinde das Wirken eines Geistlichen sein kann, wenn dieser restlos und mit geeigneten Mitteln sich für den Gemeindeaufbau einsetzt...

Ein ähnlich erfreuliches Bild bietet die Gemeinde Leupoldsgrün, die durch kräftiges Gemeindeleben und starke Opferfreudigkeit sich auszeichnet. Auch hier ist die restlose und zielbewußte Aufbauarbeit des Pfarrers reich gesegnet. Eine kleine Gruppe Deutscher Christen versucht zwar immer wieder, ihr Dasein zu erweisen, vermag aber keinen wesentlichen Einfluß zu gewinnen.

Münchenreuth hat infolge der kirchlichen Haltung des dortigen Schulleiters seit Jahren keine DC-Versammlung mehr gehabt; wenn auch der Kirchenbesuch sich in mäßigen Grenzen hält, so steht doch die kleine Gemeinde treu zu ihrer Kirche. Sie vermißt es, daß sie seit mehr als Jahresfrist keinen eigenen Geistlichen mehr hat. In Töpen, das hart an der Thüringer Grenze liegt, machen sich gewisse Einwirkungen der DC bemerkbar, ohne daß die dortige Ortsgruppe wesentlich vorwärts käme.

In Trogen haben die DC keine Versuche gemacht, Boden zu gewinnen. Durch die ruhige und vermittelnde Haltung des Ortspfarrers macht die Gemeinde einen stark befriedeten Eindruck.

In der Gemeinde Hof selbst fehlt es infolge der Schulungsarbeit der Partei nicht an lebhafter geistiger Auseinandersetzung. Seit Sommer dieses Jahres ist von Thüringen aus der deutschchristliche Pfarrer Künder Kamerad Stefan [sic!] in Hof stationiert. Alle 14 Tage hält er in der Gaststätte »Feldschlößchen« (Parteilokal) Gottesfeiern, die durchschnittlich von 80 Leuten, meist Angehörigen der Frauenschaft, besucht sind. Er erteilt auch judenfreien Religions- und Konfirmandenunterricht. Zum DC-Religionsunterricht haben in einigen Klassen einige Abmeldungen vom Religionsunterricht stattgefunden; die Zahl der Konfirmanden dürfte kaum eine nennenswerte sein. Deutschgläubige Versammlungen haben in Hof seit dem Frühjahr 1938 nicht mehr stattgefunden. Die Zahl der Kirchenaustritte betrug in Hof im Berichtsjahr 95; die Mehrzahl der Ausgetretenen sind als Angestellte der Partei von politischen Beweggründen geleitet...

Die Organistenfrage machte im Berichtsjahr manchen Gemeinden zu schaffen. In Rehau haben sowohl der Kantor wie der Organist aus schulpolitischen Gründen ihren Dienst niedergelegt und sind durch einen Diakon ersetzt worden, der sich in Hof bei Stadtkantor Meyer weiterbildet. In Regnitzlosau versieht bereits seit längerem ein Organist den Dienst, der zugleich Mesner und Friedhofswärter ist. In Döhlau hat die Pfarrfrau den Organisten- und Kantorendienst übernommen. In Gattendorf wechselt die Pfarrfrau mit einem Mädchen, das sich in Hof bei Stadtkantor Meyer weiterbildet, im Dienst an der Orgel ab. In Leupoldsgrün ist ein Schneidermeister, der früher in der Gemeinschaft das Harmonium spielte, eifrig bemüht, sich im Orgelspiel zu vervollkommnen; er gibt sich mit Erfolg Mühe um die Ausbildung des Kirchenchors. In Münchenreuth, Töpen und Trogen haben die Lehrer den Organistendienst beibehalten...

[1939]

Im Frühsommer 1939 erreichte der Kampf gegen die Kirche im Gebiet der Kreisleitung Hof seinen Höhepunkt. Wie einem Amtsbruder von einem Teilnehmer glaubwürdig versichert wurde, war im Sommer 1939 auf einer Schulungsburg ein in allen Einzelheiten ausgeführter Plan behandelt worden, wie die Kirche im Herbst 1939 niederzukämpfen sei. Offenbar in der Absicht, diesen Plan zu verwirklichen, legte der Kreisleiter von Hof den ersten Kreistag der NSDAP in erster Linie auf die Vorbereitung zum Kirchenaustritt an. Am Sonntag, den 11. Juni 1939, sollte in der Adolf-Hitler-Halle durch Staatsrat Ministerialdirektor Willi Börger der Hauptschlag erfolgen. Vor allerdings schwach besuchter Versammlung hielt Börger eine deutschgläubig drapierte Freidenkerrede, die auf innere und äußere Loslösung von alten Bindungen abzielte. Der Kreisleiter schlug die gleichen Töne an und forderte, daß nun Entscheidung und Tat folgen sollten. Man hatte in gewissen Kreisen einen Massenaustritt erwartet und immerhin erreichte man, daß im Juni, Juli und August 125 Kirchenaustritte erfolgten. Dann kam der Kriegsausbruch, der die Austrittsbewegung in Hof wieder zum Stillstand brachte. Die Gemeinden außerhalb Hofs wurden von der Agitation nicht betroffen. Die Schrift von Willi Börger »Vom deutschen Wesen« wurde durch Blockleiter angeboten und soll in etwa 1500 Exemplaren abgesetzt worden sein. Sehr gut wirkte am 25. Juni eine Predigt des Herrn Oberkirchenrat Breit in der überfüllten Michaeliskirche, die eine gute positive Antwort auf die christenfeindliche Hetze gewesen ist.

Innerhalb der weitverzweigten Gemeinde Berg ist zwar die deutschchristliche Agitation wieder verstummt; aber durch einige Lehrer wird Gleichgültigkeit oder Feindschaft gegen die Kirche verstärkt. In einem eingepfarrten Dorf kam es vor, daß der Lehrer die Kinder zu Aufpassern des Pfarrers geradezu bestellte und sie aufforderte, sie sollten ihn holen, sowie der Pfarrer etwas von den Juden sage. Außerdem suchte er durch kräftiges Klavierspielen die Aufmerksamkeit im Religionsunterricht abzulenken. In Pilgramsreuth ist immer noch harter Boden, doch dürfte durch die geschickte und treue Arbeit des Pfarrers und durch die Freude an dem schön restaurierten Gotteshaus eine gewisse Aufwärtsentwicklung der Gemeinde festzustellen sein. In Joditz ist ein Häuflein Kirchenfeindlicher, die aus der Kirche ausgetreten sind und, namentlich im Gasthaus, eine gewisse Gegenarbeit vollbringen. Gleichwohl ist das Gemeindeleben im Vergleich zu Gemeinden im benachbarten Thüringen ein noch erfreuliches. Die Gemeinde Kautendorf scheint von neuzeitlichen Strömungen wenig erfaßt zu sein; freilich ist ihre Erschlossenheit für das Evangelium auch nur eine begrenzte. Es ist schade, daß die sehr tüchtige Arbeit von Pfarrer Zimmerer durch dessen Einberufung zum Heere und durch den Krieg eine unerwünscht lange Unterbrechung erfährt. In Konradsreuth haben, namentlich seit Kriegsausbruch, die deutschchristlichen Werbearbeiten völlig aufgehört. Bedauerlich ist, daß ein Lehrer der oberen Klassen, der nunmehr aus der Kirche ausgetreten ist, durch eine gewisse Verächtlichmachung christlichen Glaubens große Verwirrung in die Kinder bringt. Wird er auch von der Mehrzahl der Bevölkerung abgelehnt, so bleibt doch irgendetwas hängen. Erfreulich ist, wie in Köditz trotz der Abwesenheit des Ortsgeistlichen, der sofort bei Kriegsausbruch als Offizier eingezogen wurde, die Gemeinde treu zu ihrer Kirche und zu ihrem Pfarrer steht, so daß die beiden Lehrer, die aus der Kirche ausgetreten sind, eine ziemliche Zurückhaltung sich auferlegen müssen. In Oberkotzau scheint seit dem Pfarrerwechsel eine völlige Beruhigung eingetreten zu sein, die deutschchristliche Werbung ist völlig verstummt...

[1940]

Im Jahr 1940 waren Hauptvisitationen fällig in Döhlau, Leupoldsgrün, Münchenreuth, Töpen, Gattendorf und Trogen, Zwischenvisitationen in Regnitzlosau und Rehau...
Schwer betroffen wurde die Gemeinde Döhlau durch den am 15. August erfolgten Selbstmord ihres Pfarrers. Leider ist ja in Döhlau ein gottgläubiger Lehrer, der nichts versäumt, um Verwirrung in die Gemeinde zu bringen und namentlich die Schulkinder gegen christlichen Glauben und Kirche mißtrauisch und rebellisch zu machen...
In Leupoldsgrün, wo unter der überaus umsichtigen und tüchtigen Arbeit von Pfarrer Biemüller die Saat, welche das stille und treue Wirken von Pfarrer Neunsinger bereitet, aufgehen durfte, geht das Gemeindeleben auch in der Zeit der Verwesung durch Pfarrer Albrecht – Konradsreuth erfreulich weiter. Die Gemeinde ist dort zu gegenseitiger Verantwortlichkeit erzogen und zeigt einen erfreulichen kirchlichen Sinn. Die Gemeinde Töpen hat durch eine gewisse Müdigkeit und Hoffnungslosigkeit, mit der Pfarrer Sandner ihr gegenüberstand, gelitten. Pfarrer Röder-Joditz, der sich ihrer mit Eifer und Treue angenommen hat, hat es rasch verstanden, in ihr freudigen Widerhall zu finden und das

Gemeindeleben wieder etwas vorwärts zu bringen. Die Gemeinde Töpen dürfte noch am ehesten den Einflüssen, die von Thüringen herüberwirken, zugänglich sein...
Die Gemeinde Rehau ist eigentlich als eine recht konservative anzusprechen. Um so verwunderlicher ist, daß die Gegenarbeit einiger Lehrer unter der Jugend so viel auszurichten vermochte. Die Eltern scheinen der Jugend gegenüber ziemlich machtlos zu sein. Neben Pfarrer Klein braucht diese Gemeinde unbedingt einen Pfarrer, der durch seine Vitalität auf sie günstig wirkt, der die Jugend zu behandeln versteht und durch eine volkstümliche Predigtgabe die Gemeinde anzusprechen vermag.

[*1941*]

... Im Frühjahr 1941 wurde im Gebiet der Kreisleitung Hof nach Rückkehr des Kreisleiters aus Oslo der Kampf gegen die Kirche wieder spürbarer aufgenommen. Das Büchlein »Gott und Volk« wurde allen Amtswaltern in Stadt und Land kostenlos ausgehändigt. In den Versammlungen der Politischen Leiter wie in der NS-Frauenschaft wurde danach geschult. Es wurde wie ein Katechismus der Gottgläubigkeit behandelt. Schriftsteller Hans Pförtner hat im Juni auf der Pfarrkonferenz sich über das Büchlein »Gott und Volk« eingehend verbreitet und auch in einem Vortrag, den er in der Lorenzkirche hielt, indirekt darauf Bezug genommen. Eine neue Kampfwelle gegen Christentum und Kirche sollte am 22. Juni vorgetrieben werden. Gauleiter Wächtler und der Kreisleiter verbreiteten sich eingehend über religiöse bzw. antichristliche Fragen, ohne freilich bei der Erschütterung, welche gerade an diesem Tag der Kriegsausbruch mit Rußland mit sich brachte, auf die Hörer einen starken Eindruck zu machen. Im Herbst benützte der Kreisleiter das Fest des fünfzehnjährigen Bestehens der HJ in Hof zu heftigen Ausfällen gegen Christentum und Kirche, fand dabei aber namentlich bei den Schülern der Höheren Lehranstalten ziemlich heftigen Widerspruch, der ihm zu seinem Verdruß auch wieder zu Ohren kam.
Im Juli sprach Professor Wolf Meyer-Erlach in seiner üblichen Art über »Englische und deutsche Frömmigkeit«. Der nationalkirchliche Pfarrkamerad Brandler, der bald nachher militärisch eingezogen wurde, benützte die Gelegenheit, um zum Kirchenaustritt aufzufordern. Es ist wohl auch nunmehr der größte Teil der von den DC Erfaßten aus der Kirche ausgetreten. Die Kirchenaustritte innerhalb der evangelischen Gemeinde Hof betrugen 1937 – 87; 1938 – 95; 1939 – 200; 1940 – 66; 1941 – 126.
Der furchtbare Ernst unseres Kampfes mit Rußland, die erschütternde Anschauung des bolschewistischen Elends und der bolschewistischen Untaten, welche die letzten Auswirkungen der Gottlosigkeit und des Materialismus dartun, haben doch wohl gar manche zu einer gewissen Besinnung und gerechteren Einschätzung von Christentum und Kirche wieder geführt. Wenn gleichwohl das kirchliche Leben keine besondere Aufwärtsbewegung zeigt, so liegt dies doch weithin in der Überforderung der Menschen durch die Kriegsverhältnisse begründet. Die Bauern werden am Sonntag mit den Stallarbeiten nicht fertig, sind auch ängstlich wegen der ausländischen Arbeiter und Kriegsgefangenen, die sie im Hause haben. Die Arbeiter, die einen großen Prozentsatz auch unserer Landgemeinden ausmachen, haben weite Strecken zu ihren Arbeitsplätzen, sind mei-

stens übermüdet und wollen am Sonntag auch einmal bei ihrer Familie sein und ein warmes, anständiges Mittagessen zu sich nehmen.

Mit Recht sagt ein Bericht aus Rehau, daß es auf weiten Kreisen wie ein lähmender Druck liege, sie halten sich nach wie vor fern von der Kirche. Viele wollen freilich nicht irgendwie »gottgläubig« sein, aber sie sind »furchtgläubig«. Recht dankbar erweisen sich die Gemeindeglieder, die man im Felde persönlich anschreibt und denen man einiges zum Lesen zukommen läßt. Ihre religiöse Bewegtheit pflegt zwar gewöhnlich wieder stark abzuebben, wenn sie außer Gefahr sind, aber spurlos ist das, was sie erlebten, doch nicht an ihnen vorübergegangen und wohl die allermeisten werden, wenn sie einmal heil heimkommen dürfen, ihr Leben wirklich als ein Geschenk der Gnade Gottes ansehen.

Viel innere Not macht unsere Jugend durch. Wo Lehrer und Eltern versagen, da droht der Jugend, namentlich auf dem Lande, große Verwahrlosung. Ein Bericht aus Grenzgemeinden gegen Thüringen besagt: »Diese Verwahrlosung zeigt sich schon in der Kleidung. Kuhmist an den Stiefeln, Pferdestallgeruch, Heu und Stroh in den Haaren, an den Kleidern, das ist keine Seltenheit. Da ist auch nicht viel von Anstand und auch von Wissensstand zu erwarten. Es gibt Klassen, in denen es unmöglich ist, ein Stück aus der Bibel oder dem Katechismus fehlerfrei lesen zu lassen. Die Jugend selber ist entscheidungslos. Sie hört hier so – macht mit, dort hört sie anders – macht auch mit. Sie glaubt, wenn es so weitergeht, keinem mehr. Die Eltern haben teilweise die Gewalt über die Jugend verloren. Auch unter der Jugend ist ein Unterschied, und zwar zwischen Buben und Mädchen. Die Mädchen halten mehr zusammen, sind auch sauberer, anständiger, fleißiger, gewissenhafter und kirchlicher.« Von wenigen Ausnahmen abgesehen (Rehau!), scheint von Seite der Lehrerschaft eine weniger unfreundliche Haltung gegen die Kirche eingenommen zu werden. Eine große Flegelhaftigkeit der Knaben in den 7. und 8. Klassen, namentlich im Religionsunterricht, dürfte vor allem in der Unruhe der Zeit begründet sein. Geringschätzige Äußerungen über Kirche und Pfarrerstand, die als Produkte von Schulungen zuhause laut werden, mögen mehr auf die Jungens einwirken als die direkten Einflüsse der Hitlerjugend, die in ihrem Betrieb überhaupt keine Zeit für religiöse und weltanschauliche Fragen aufbringt.

[*1942*]

...Ein in der Öffentlichkeit bemerkbarer Kampf gegen Christentum und Kirche findet nicht statt. Dagegen wird bei den Zusammenkünften von Organisationen der Partei immer wieder diese und jene abfällige Äußerung getan. Auch vom Kreisleiter wird immer wieder die Erwartung ausgesprochen, daß die Politischen Leiter sämtlich aus der Kirche austreten. Er ist ungehalten, daß der größere Prozentsatz diesen Schritt noch nicht vollzogen hat. Der Ernst der Zeit hat die kirchenfernen Gemeindeglieder nur ganz vereinzelt wieder in den Gottesdienst geführt. Im allgemeinen ist eine große Stumpfheit in weitesten Kreisen zu beobachten. Mitspielen mag immer noch eine ängstliche Rücksichtnahme auf die kirchenfeindliche Haltung maßgebender Leute. Die Zahl der Kirchenaustritte ist 1942 um ein geringes größer als 1941. Groß ist leider bei der Jugend die Neigung, die Kirche als eine nicht vorhandene Größe zu betrachten. Wenn nicht besondere Ereignisse auf die im gegenwärtigen Geiste Aufwachsenden einwirken werden, dürften recht ernste Gefahren und Nöte für unsere Kirche daraus erwachsen. Am schlimmsten haben sich die Dinge unter der Jugend in Rehau entwickelt. Nicht nur, daß in den verschiedenen Klassen verhältnismäßig viele am Religionsunterricht nicht teilnehmen; Pfarrer Klein ist selbst von gelegentlichen Belästigungen nicht ganz verschont. Gewiß steht ein achtenswerter, wenn auch nicht allzu großer Kreis der Gemeinde treu zum Gemeindeleben und auch zum Ortspfarrer, aber die Unkirchlichkeit ist doch erschreckend groß...

TEIL V
Judenverfolgung und nichtjüdische Bevölkerung 1933 – 1944

EINFÜHRUNG

Seit Gründung der NSDAP bildete der Antisemitismus einen wesentlichen Bestandteil ihrer Ideologie und Propaganda. Nach der nationalsozialistischen Machtübernahme im Jahre 1933 widmete daher die periodische Berichterstattung der staatlichen und der Parteistellen dem jüdischen Bevölkerungsteil besondere Aufmerksamkeit. Die folgende Auswahl hat sich zum Ziel gesetzt, an konkreten und zugleich typischen Einzelfällen das Verhalten der nichtjüdischen gegenüber der jüdischen Bevölkerung unter den Bedingungen des NS-Regimes zu dokumentieren. In der Auswahl werden daneben auch Praktiken des antisemitischen Terrors durch die Partei und in groben Umrissen die Entwicklungslinien der staatlichen Judenpolitik erkennbar.
Die Berichte der Regierungspräsidenten, der Bezirksämter (einschließlich der ihnen zuzuordnenden Gendarmerie-Berichte) und der kreisunmittelbaren Städte machen aufgrund der relativ guten archivalischen Überlieferung den Hauptteil der ausgewählten Dokumente aus. Freilich fehlen, bis auf verschwindend geringe Reste, gerade die Berichte der Stadtparlamente bzw. der Oberbürgermeister von München, Nürnberg, Fürth, Würzburg, Augsburg und Bamberg – also der Städte mit den größten jüdischen Gemeinden in Bayern. Teilweisen Ersatz bieten, vor allem für die Vorkriegszeit, die Berichte der Polizeidirektionen München und Augsburg. Für ganz Bayern faßte die Bayerische Politische Polizei bzw. Gestapo ihre Beobachtungen, Ermittlungen und Maßnahmen gegen die Juden in ihrer monatlichen Berichterstattung zusammen. Die Überlieferung dieses überaus wichtigen Quellenkomplexes deckt allerdings nur den Zeitraum von September 1935 bis zum November 1937 ab. Aus dem staatlichen Bereich müssen noch die Lageberichte der Oberstaatsanwälte und der Präsidenten der Oberlandesgerichte Bamberg, München und Nürnberg in den Kriegsjahren genannt werden, die aber nur in Ausnahmen auf das Schicksal der jüdischen Bevölkerung Bezug nahmen. Die Berichterstattung der NSDAP, ihrer Gliederungen und angeschlossenen Verbände wuchs zwar während des Dritten Reiches quantitativ ungeheuer an, dennoch nimmt sie in der vorliegenden Auswahl, im Vergleich zu der staatlichen Berichterstattung, einen ungleich geringeren Raum ein, da sie, bis auf spärliche Überlieferungsreste, verloren gegangen ist. Trotz der erheblichen Lücken in der Überlieferung ist in den erhalten gebliebenen Berichtsserien eine Fülle von Phänomenen verzeichnet, deren repräsentative Auswahl das Dokumentationsziel erreichen läßt.

Im Jahre 1933 waren in Bayern 41 939 Juden ansässig, davon 6487 in der Pfalz[1]. Dies entsprach einem Anteil von 0,55 Prozent an der bayerischen Gesamtbevölkerung, während in Preußen der jüdische Anteil bei 0,91 Prozent lag. In Bayern waren seit der ersten Hälfte des 19. Jahrhunderts der prozentuale Anteil an der Gesamtbevölkerung, der 1820 1,45 Prozent betrug, wie auch die absolute Zahl der Juden (Höchststand 1840: 59 376) ständig zurückgegangen. Die demographische Entwicklung der Juden in Bayern unterschied sich darin von derjenigen im Reich, wo erst seit 1925 ein Rückgang der absoluten jüdischen Bevölkerungszahl registriert wurde.

Der Prozeß der vollen staatsrechtlichen Gleichstellung der Juden war in Bayern erst mit dem Eintritt ins Reich 1871 abgeschlossen worden[2], nachdem das »Judenedikt« von 1813 den Juden zwar die freie Religionsausübung garantiert hatte, die Matrikelgesetzgebung mit der Begrenzung der Mitgliederzahlen der jüdischen Gemeinden die Binnenwanderung aber weitgehend unterbunden hatte und die Beschränkungen der Gewerbefreiheit die wirtschaftliche Entfaltung der Juden schwer behindert hatte. Viele bayerische Juden hatten sich deshalb zur Auswanderung – vor allem in die Vereinigten Staaten von Amerika – gezwungen gesehen. Die Aufhebung der Matrikelgesetze verschaffte den Juden schließlich die Freizügigkeit. Abgesehen von der Stadt Fürth, die eine traditionell große jüdische Gemeinde mit im Jahre 1840 2535 Mitgliedern aufwies, nahm in kurzer Zeit die Zahl der in den großen bayerischen Städten ansässigen Juden rapide zu – eine Entwicklung, die in Nürnberg und München erst um 1925 zum Stillstand kam. Zum Teil war das Anwachsen der jüdischen Bevölkerung in den großen Städten um die Jahrhundertwende auch durch den Zustrom jüdischer Einwanderer aus dem Osten begründet, ohne daß der »ostjüdische« Anteil in Bayern ein ähnliches Ausmaß erreicht hätte wie in den westlichen und nördlichen Teilen des Reiches.

Tabelle: Zahlenmäßige Entwicklung der größten jüdischen Gemeinden

	1840	1900	1933
München	1 423	8 739	9 005
Nürnberg	6	5 956	7 502
Würzburg	425	2 567	2 145
Fürth	2 535	3 017	1 990
Augsburg	97	1 171	1 030
Bamberg	333	1 160	812
Aschaffenburg	207	604	591
Regensburg	122	571	427

In den großen Städten lockerten sich die Bindungen an das religiöse Gemeindeleben der Juden, so daß die Assimilierung in die christliche soziale Umwelt durch Heirat, Konversion oder Austritt aus der Gemeinde, vor allem seit dem ersten Weltkrieg, zum wesentlichen Faktor der jüdischen Bevölkerungsentwicklung wurde. Dem Zustrom in die

---

[1] Das im folgenden benutzte statistische Zahlenmaterial über die demographische Entwicklung der bayerischen Juden stammt aus Ztschr. d. Bayer.Statist.Landesamts Jg. 70 (1938), S. 447ff. (Die Glaubensjuden in Bayern aufgrund der Volks- und Berufszählung vom 16. Juni 1933) und Ophir, Baruch Zvi: Pinkas Hakehillot. Encyclopedia of Jewish Communities from their Foundation till after the Holocaust (Germany – Bavaria). Jerusalem 1972. (In hebräischer Sprache mit englischer Einleitung).

[2] Siehe Schwarz, Stefan: Die Juden in Bayern im Wandel der Zeiten. München 1963.

städtischen Ballungszentren stand ein Schwund der jüdischen Bevölkerung in den Dörfern und Kleinstädten gegenüber. Waren in Kommunen dieser Größenklasse im Jahre 1840 noch 88 Prozent der Juden Bayerns ansässig, so waren es 1920 nur mehr 22 Prozent. 1933 bestanden in Bayern (ohne Pfalz) noch 198 jüdische Gemeinden, von denen sich viele infolge des Bevölkerungsschwunds am Rande der Auflösung befanden.

Entsprechend der historischen Entwicklung der einzelnen bayerischen Landesteile wies die Siedlungsstruktur der bayerischen Juden regional starke Differenzierungen auf.

Tabelle: Die jüdische Bevölkerung in den bayerischen Regierungsbezirken und ihr Anteil an der Gesamtbevölkerung (1933)

	Kreisunmittelbare Städte	Bezirke	Insgesamt
Oberbayern	9 192	330	9 522 (0,54 %)
Niederbayern	215	78	293 (0,04 %)
Oberpfalz	772	232	1 004 (0,15 %)
Oberfranken	1 522	611	2 133 (0,27 %)
Mittelfranken	9 989	1 632	11 621 (1,12 %)
Unterfranken	3 803	4 717	8 520 (1,07 %)
Schwaben	1 506	853	2 359 (0,27 %)
	26 999	8 453	35 452 (0,55 %)

Die wittelsbachische Politik hatte die Ansiedlung von Juden in den altbayerischen Gebieten zu unterbinden gewußt, nur in den Städten hatten sich vereinzelt Juden als Kaufleute, Vieh- und Getreidehändler niederlassen können. Die herrschaftliche Zersplitterung der fränkischen und schwäbischen Landesteile im alten Reich hingegen hatte die Bildung einer Vielzahl jüdischer Gemeinden in Dörfern und Kleinstädten begünstigt, die sich vor allem in Unterfranken in ihrer überkommenen Struktur lange erhielten.

In der beruflichen Gliederung unterschieden sich die Juden Bayerns kaum von denen im übrigen Reich. Der überwiegende Teil der jüdischen Erwerbspersonen war im Jahr 1933 in Handel und Verkehr beschäftigt (68,2%), weitere Schwerpunkte bildeten das Handwerk und die akademischen Berufe.

Der latent vorhandene Antisemitismus wurde in Bayern durch die wirtschaftliche Liberalisierung im 19. Jahrhundert und durch den damit verbundenen gesellschaftlichen Aufstieg eines Teils der Juden teilweise überdeckt. Antisemitische Strömungen des Bürgertums wurden in völkischen Zirkeln, wie der Anfang 1918 in München gegründeten Thule-Gesellschaft, gepflegt. Ein Klima des explosiven Antisemitismus entstand in Bayern erst nach der Liquidierung der kommunistischen Räterepublik im Dschungel völkisch-nationalistischer Organisationen und militanter Verbände. Die militärische Niederlage, die Revolution und die Klassenkämpfe von 1918/19 wurden als letztlich von den Juden verursacht deklariert. Von den radikal-antisemitischen Gruppierungen schaltete sich die NSDAP, der 1922 Julius Streicher seinen Nürnberger Anhang zugeführt hatte, am lautstärksten in die bayerische Innenpolitik ein. Die bayerische Regierung tolerierte vor allem unter Kahr, der als Ministerpräsident und später als Generalstaatskommissar sämtliche »ostjüdischen« Einwanderer auszuweisen versuchte, die hemmungslose antisemitische Propaganda. In ihrer Bedeutung als antisemitische Agitationsforen wurden der »Miesbacher Anzeiger« und der »Völkische Beobachter«, die in Oberbayern weite

Verbreitung fanden, bald von der ab 1923 von Streicher herausgegebenen Zeitschrift »Der Stürmer« übertroffen. Trotz einer deutlichen Mäßigung der bayerischen Regierungspolitik gegenüber der jüdischen Minderheit nach dem Scheitern des Hitler-Putsches kam es bis 1933 vor allem in Franken zu zahlreichen planmäßigen Übergriffen auf jüdische Mitbürger und Schändungen jüdischer Friedhöfe und Kulteinrichtungen durch Mitglieder der völkisch-nationalistischen Bewegung[3].

Die Judenpolitik des NS-Regimes[4] verlief in sehr uneinheitlichen Bahnen. Auf der einen Seite trieben die Staatsorgane auf dem Gesetzgebungs- und Verordnungswege die allgemeine Ausschaltung der Juden aus dem öffentlichen Leben voran. Andererseits praktizierte die Partei individuellen Terror gegen jüdische Mitbürger. Aus dem Neben- und Gegeneinander der verschiedenen Stränge der nationalsozialistischen Judenpolitik resultieren vielfach Widersprüche, vor allem dann, wenn von der Propaganda animierte oder von der Parteiorganisation in Gang gesetzte »Einzelaktionen« mit wirtschafts- oder außenpolitischen Rücksichten der Staatsführung kollidierten.

Die Vorfälle vom 25. 5. 1935 in München sind ein besonders sprechendes Beispiel für die Widersprüchlichkeit dieser Judenpolitik. Sie widerlegen gleichzeitig die von offizieller Seite immer wieder behauptete Spontaneität antisemitischer Ausschreitungen. Die Beleuchtung der Hintergründe der Ereignisse in München zeigt auch die begrenzte Aussagekraft der Berichte, in diesem Fall sogar die offensichtlich verschleiernde Aufgabe des unten abgedruckten Monatsberichts der Polizeidirektion München vom 4. 6. 1935.

Wie aus den Sachakten hervorgeht[5], versuchte der in seiner Doppelfunktion als Innenminister und Gauleiter von München-Oberbayern agierende Adolf Wagner die Ausschaltung der Juden dadurch zu forcieren, daß er die Werbung für den »Stürmer« in München unterstützte, die HJ zu verstärkter antisemitischer Propaganda aktivierte und SS-Mannschaften zu planmäßigen Übergriffen organisierte. Nachdem sich seine Taktik der scheinbar spontanen Volksempörung am 18. Mai beim Verbot der katholischen Caritas-Sammlung bewährt hatte, gab Wagner für die SS grünes Licht zum schlagartigen Vorgehen gegen jüdische Geschäfte. Als die Provokateure jedoch außer Kontrolle gerieten und sogar die unter dem Befehl Wagners stehende Polizei angriffen, distanzierte sich der Urheber der Vorfälle und forderte strengste Bestrafung, die Himmler als Reichsführer SS jedoch verweigerte. Der Streit zwischen Himmler und Wagner konnte erst nach über einem Jahr durch persönliches Eingreifen Hitlers geschlichtet werden.

SS-Führung und Gestapo verfolgten die Strategie der strikten Segregation von Juden und Nichtjuden und förderten deshalb bis Kriegsbeginn die staatszionistischen Bestrebungen und die Auswanderung der Juden. Die um diese Probleme kreisenden innerjüdischen Auseinandersetzungen und die Aktivitäten jüdischer Vereine und Organisationen wurden, obwohl von den Berichterstattern intensiv beobachtet und notiert, nur dann in

---

[3] Siehe Ophir (siehe S. 428, Anm. 1), S. 17 ff., und Hanke, Peter: Zur Geschichte der Juden in München zwischen 1933 und 1945. München 1967, S. 49ff.

[4] Siehe Adam, Uwe Dietrich: Judenpolitik im Dritten Reich. Düsseldorf 1972; ferner Krausnick, Helmut: Judenverfolgung, in: Buchheim, Hans u. a.: Anatomie des SS-Staates, Bd. 2. Freiburg 1965; Drobisch, Klaus u. a.: Juden unterm Hakenkreuz. Frankfurt a. M. 1973.

[5] GStA, Reichsstatthalter 447; siehe auch Pätzold, Kurt: Faschismus – Rassenwahn – Judenverfolgung. Eine Studie zur politischen Strategie und Taktik des faschistischen deutschen Imperialismus (1933–1935). Berlin 1975, S. 216ff.

die vorliegende Auswahl mitaufgenommen, wenn sie zugleich Reaktionen der nichtjüdischen Bevölkerung aufzeigen.

Am 17. 5. 1939 waren in Bayern (ohne Pfalz) nur mehr 14 292 Glaubensjuden ansässig, bis zum 1. 8. 1941 verringerte sich ihre Zahl noch einmal auf 9835. Die Statistik für 1941 bis 1944 verzeichnet 8376 bayerische Juden, die in die Konzentrations- und Vernichtungslager deportiert wurden[6].

Nürnberg war Sammel- und Ausgangspunkt für sämtliche Transporte von Juden aus den Regierungsbezirken Unter-, Mittel- und Oberfranken[7]. Von den 4637 aus Franken deportierten Juden haben vermutlich nicht mehr als hundert überlebt. Abgesehen von dem letzten, am 17. 1. 1944 mit zehn Juden nach Theresienstadt abgehenden kleineren Transport, berichtete der Regierungspräsident von Mittel- und Oberfranken unter Verwendung erstaunlich exakter Angaben, die ihm offenbar von der Gestapo zugeleitet wurden, über alle in Nürnberg zusammengestellten Transporte. Die sich darauf beziehenden Passagen seiner Berichterstattung sind vollzählig in die vorliegende Dokumentation aufgenommen worden. Während in den Berichten andere Themen wie etwa die Lebensmittelversorgung, die Preiskontrolle oder die Einhaltung der Verdunkelungsvorschriften oft seitenlang abgehandelt wurden, beschränken sich die Ausführungen zum Komplex Deportationen auf wenige Sätze, die mit kalter Prägnanz und ohne Kommentar die wichtigsten Daten und Zahlen nannten.

Der Regierungspräsident von Niederbayern und der Oberpfalz meldete in seinem Monatsbericht vom 8. 5. 1942, 213 Juden seien »nach dem Osten abgeschoben« worden. Unmittelbar vor dem Abtransport hätten sich in Landshut fünf Juden durch Gas vergiftet. Im September 1942 wurden »die letzten noch in Regensburg untergebrachten 117 Juden... nach Theresienstadt überstellt« (Monatsbericht vom 8. 10. 1942).

Weniger präzise berichtete der Regierungspräsident in Augsburg über die Deportation der Juden aus Schwaben. Im November 1941 seien »drei jüdische Familien mit 16 Köpfen weggebracht« worden, im März 1942 »rund 360« und im April 1942 »rund 420 Juden« (Monatsberichte vom 10. 12. 1941, 10. 4. 1942, 9. 5. 1942). Weitere Abtransporte aus Schwaben registrierten die Monatsberichte vom 11. 8. 1942 und vom 9. 9. 1942. In nahezu allen diesen Berichten wurden auch Selbstmorde oder Selbstmordversuche von Juden erwähnt, begangen »aus Angst vor dem Abtransport«.

Zentrale Sammelstelle für die zur Deportation bestimmten Juden aus Oberbayern, Niederbayern und Schwaben war München. Über die Vorgänge in der Landeshauptstadt selbst liegen keine Berichte vor, der Regierungspräsident von Oberbayern erwähnte die systematische Eliminierung der Juden mit keinem Wort. Aus anderen Quellen[7a] ist jedoch ersichtlich, daß die Transporte aus München in bezug auf die jeweilige Größenordnung, die zeitliche Folge und die Bestimmungsorte ähnlich wie in Nürnberg durchgeführt wurden. Zwischen November 1941 und Februar 1945 verließen München zahlreiche Deportationszüge mit insgesamt 3500 bis 4000 Juden, von denen 2500 bis 3000 der jüdischen Gemeinde von München angehörten.

F. W.

---

[6] Nach Ophir (siehe S. 428, Anm. 1), S. XXXIXf.

[7] Siehe bes. Adler, H.G.: Der verwaltete Mensch. Studien zur Deportation der Juden aus Deutschland. Tübingen 1974. Das Buch ist vor allem aus Akten unterfränkischer Provenienz erarbeitet.

[7a] Siehe Hanke (siehe S. 628, Anm. 3), S. 288ff.

DOKUMENTE

Aus Halbmonatsbericht des Regierungspräsidenten von Niederbayern und der Oberpfalz, 30. 3. 1933

... Am 15. ds. Mts., früh gegen 6 Uhr, erschienen in einem Kraftwagen mehrere Männer in dunkler Uniform vor der Wohnung des israelitischen Güterhändlers Otto Selz in Straubing. Selz wurde von ihnen in Nachtkleidern aus der Wohnung geholt und im Kraftwagen entführt. Etwa um 9.30 [Uhr] wurde Selz in einem Wald bei Weng, Bezirksamt Landshut, erschossen aufgefunden. Der Kraftwagen soll aus der Richtung München – Landshut gekommen und auf der gleichen Strecke wieder zurückgefahren sein. Er war mit sechs Uniformierten besetzt und trug das Zeichen: II A. Die Nummer konnte nicht festgestellt werden. Mehrere Landleute wollen bei einigen Insassen des Wagens die rote Armbinde mit dem Hakenkreuz bemerkt haben...

Aus Halbmonatsbericht des Stadtrats Bad Kissingen (Unterfranken), 31. 3. 1933

... Der hiesige Bezirks-Rabbiner Dr. Ephraim und der Vorstand der Kultusgemeinde Bad Kissingen Stadtrat N. Bretzfelder von hier wurden gelegentlich einer Vorsprache bei einem jüdischen Rechtsanwalt in Schweinfurt wegen der hier in Haft genommenen israelitischen Glaubensgenossen festgenommen. Rabbiner Dr. Ephraim wurde in Schutzhaft behalten, Kultusvorstand Bretzfelder wegen Krankheit wieder entlassen, ihm aber zur Auflage gemacht, den Stadtbezirk Bad Kissingen nicht zu verlassen und sich beim Polizeiamt täglich zweimal zu melden.

Eine im Anschluß an diese Schweinfurter Verhaftungen vorgenommene Durchsuchung in der Synagoge sowie der Wohnung des Rabbiners, der hiesigen Kultusbeamten und der israelitischen Anstalten war ohne Erfolg.

Aus Halbmonatsbericht des Bezirksamts Bad Brückenau (Unterfranken), 31. 3. 1933

... Auf Antrag des [SA-]Sonderkommissars wurde mit Beschluß vom Heutigen gegen die Viehhändler Abraham Grünebaum von Brückenau und Lazarus Heß und Abraham Katzmann von Geroda die Schutzhaft verhängt. Heß und Katzmann befinden sich bereits im hiesigen Amtsgerichtsgefängnis; Grünebaum befindet sich z. Zt. im Landkrankenhaus in Fulda und ist nicht haftestehungsfähig...

Aus Halbmonatsbericht des Bezirksamts Weißenburg (Mittelfranken), 2. 4. 1933

...Bei der Boykottierung der Judengeschäfte hat sich bisher in Stadt und Bezirk alles ohne irgendwelche Störungen abgewickelt. Der Radau am Abend des 29. März in Ellingen vor dem Haus eines jüdischen Viehhändlers hat sich als sehr harmlos herausgestellt. Ich habe sofort dafür gesorgt, daß keine Mitteilungen hierüber in die Presse gekommen sind...

Aus Völkischer Beobachter (Süddeutsche Ausgabe), 3. 4. 1933

München im Zeichen des Abwehrkampfes gegen die jüdische Greuel- und Boykotthetze. Von den Litfaßsäulen künden große Anschläge in gelber und roter Farbe die Wahrheit über den volksfremden Juden, der stets auf seinen eigenen Vorteil bedacht und dessen einziges Bestreben es ist, das deutsche Volkstum zu vernichten: »Kauft nicht in jüdischen Kaufhäusern und Geschäften!«, »Geht nicht zu jüdischen Rechtsanwälten und Ärzten!«, »Der Jude hetzt im Ausland gegen uns«. Überall wird dem deutschen Volksgenossen diese Mahnung entgegengerufen. Überall reißt man dem ewigen Juden die Maske vom Gesicht. Lastkraftwagen fahren durch die Stadt. Überall Aufklärung. Und das deutsche München lauscht und gehorcht den Worten seiner Führer.

Durch die Straßen der Innenstadt wälzt sich ein breiter Menschenstrom. Aber die SA- und Stahlhelmposten vor den jüdischen Geschäften haben wenig zu tun. Gut hat der Aufklärungsfeldzug, der von der deutschen Presse und allen verantwortlichen Stellen durchgeführt wurde, gewirkt. Überall herrscht freudige Zustimmung zu den energischen Abwehrmaßnahmen, die nun endlich ergriffen wurden. Fast hat man den Eindruck, daß die Posten mehr zum Schutz der Geschäfte da waren, so hoch gingen die Wogen der nationalen Erregung.

Vor den Warenhäusern »Epa« und »Uhlfelder« glaubten jüdisch-marxistische Hetzer im trüben fischen zu können. Aber sie hatten nicht mit dem Wandel im Volk gerechnet. Meist übergab das Publikum selbst die Provokateure der Polizei und Hilfspolizei. Ein Teil dieser jüdischen Helfershelfer trug sogar das Parteiabzeichen. Gelegentliche Ansammlungen wurden rasch zerstreut. Auch vor dem Hotel des Ostjuden Friedinger, »Stadt Wien«, standen unsere Braunhemden. Vereinzelt sah man Streifen der SA- und SS-Hilfspolizei.

In den Hauptgeschäftsstraßen der Innenstadt traf man immer wieder auf das gelbe oder rote kleine, aber wirksame Plakat: »Jude! Zentralkomitee zur Abwehr der jüdischen Greuel- und Boykotthetze für München«. Es ist erschütternd zu sehen, wie diese fremde Rasse sich bei uns eingenistet hat und deutschen Volksgenossen Arbeit und Brot wegnimmt.

Der ganze erste Tag des Boykotts stand im Zeichen einer musterhaften Disziplin und Ruhe. Eisern und unbeweglich war die SA auf ihrem Posten und kämpfte auch hier für Deutschland, wie sie es jetzt 14 Jahre lang getan. Der Abwehraktion in München war durch das Zusammenwirken aller nationalen Kräfte ein voller Erfolg beschieden...

Auch in Augsburg wurde der Abwehrboykott streng nach den Weisungen des Zentralkomitees durchgeführt. Als unmittelbar vor zehn Uhr die SA begann, vor den Geschäften aufzumarschieren, herrschte in den Hauptstraßen ein lebensgefährliches Gedränge, so daß die zahlreich aufgebotene Polizei Mühe hatte, den Verkehr einigermaßen aufrechtzuerhalten. Erst als die meisten vom Boykott betroffenen Geschäfte nach Beginn des Abwehrkampfes freiwillig schlossen, nahm das Straßenbild allmählich das gewohnte samstägige Aussehen an. Vor den Eingängen zu den großen jüdischen Kaufhäusern sind große Abwehrtransparente aufgestellt...

Da in Passau der Freitag immer ein Markttag ist, zu dem auch jedesmal ein großer Teil der ländlichen Bevölkerung in die Stadt kommt, wurde der Beginn des Abwehrboykotts gegen jüdische Geschäfte und Warenhäuser überraschend bereits für Freitagvormittag angesetzt. SS- und SA-Abteilungen zogen vor den jüdischen Geschäften auf und klebten Plakate an die Schaufenster mit der Warnung, nicht bei Juden zu kaufen. Die jüdischen Geschäftsinhaber schlossen gleich ihre Läden. Kunden, die noch in den Geschäften weilten, erhielten nach Verlassen der Läden Zettel ausgehändigt, des Inhaltes, daß sie nie mehr bei Juden kaufen sollen. Obwohl sich in den Straßen und vor den Läden große Menschenansammlungen gebildet hatten, war der Tag ohne Zwischenfall verlaufen...

Mit militärischer Pünktlichkeit setzte in Nordbayern die Abwehrmaßnahme gegen die ausländische Greuel- und Boykotthetze ein. Zur zehnten Vormittagsstunde wurden sämtliche Eingangstüren jüdischer Geschäftshäuser und Ladengeschäfte von SA besetzt. An den Schaufenstern wurden schwarze Plakate mit einem gelben Kreis in der Mitte zur Kennzeichnung der jüdischen Geschäfte angebracht. Auch die Firmenschilder jüdischer Rechtsanwälte und Ärzte usw. wurden mit diesen Plakaten versehen. In den Straßen der großen Städte herrschte ein außerordentlich lebhafter Verkehr, doch kam es nirgends zu nennenswerten Zwischenfällen.

In Nürnberg, dessen Hauptstraßen in den Vormittagsstunden von Menschen wimmelten, nahm die Polizei auch verschiedene Haussuchungen vor. Es erfolgten einige Festnahmen; verschiedentlich wurden auch Waffen gefunden. Zur Mittagsstunde, als die Mehrzahl der jüdischen Geschäfte schloß, flaute das lebhafte Treiben in den Straßen etwas ab. Die ganze Aktion in Nürnberg und in Nordbayern hat sich reibungslos vollzogen.

Die Berichterstattung der Regierungspräsidenten ging kaum auf die Boykott-Aktion vom 1. April ein, wurde sie doch in erster Linie als eine Parteiangelegenheit betrachtet. Aber auch der im vorstehenden ausführlich zitierte Bericht des »Völkischen Beobachters« läßt durch die Fassade propagandistischer Phrasen durchscheinen, daß der Großteil der Bevölkerung meist nur reserviert oder neugierig, selten jedoch aktiv teilnehmend reagierte, und daß vereinzelt sogar offen gegen die Aktion Stellung bezogen wurde.

Aus Halbmonatsbericht des Regierungspräsidenten von Ober- und Mittelfranken, 7. 4. 1933

...Beträchtlich wurde die Ruhe gestört und die Bevölkerung der Stadt Rothenburg erregt durch den, von einigen SA-Leuten ohne Anweisung ihrer Führer veranstalteten, nächtlichen Überfall auf das Anwesen der Güter- und Viehhandelsfirma Mann und auf

die israelitischen Inhaber Josef Mann und dessen Söhne Justin und Norbert Mann...
Den nächtlichen Überfall auf das Anwesen und die Teilhaber der Firma Mann lehnte der Sonderkommissär... selbst ab...
Die Abwehraktion gegen die Greuelpropaganda führte nur in Dinkelsbühl zu Unzuträglichkeiten, die mit der Inschutzhaftnahme der betreffenden Juden ihren Abschluß fanden...
Über die Auswirkungen der jüdischen Greuelpropaganda im Ausland berichtet der Stadtrat Erlangen: »Die Auswirkungen der jüdischen Greuelpropaganda im Ausland einerseits und die dagegen eingeleiteten Abwehrmaßnahmen andererseits haben sich bei einzelnen hiesigen größeren Betrieben bereits unangenehm fühlbar gemacht. So wurde festgestellt, daß infolge der jüdischen Greuelpropaganda Zahlungen aus dem Auslande für die Metallwarenfabrik Klebes & Mußgüller zurückgehalten werden, und daß die für die Kartonagen- und Lederwarenfabrik Rüter & Co. sowie die Schreibwarenfabrik Zukker & Co. um diese Zeit üblichen Konjunkturaufträge vom Ausland ausblieben. Durch die in die Wege geleiteten Abwehrmaßnahmen wurden der hiesigen Baumwollindustrie erhebliche Aufträge aus dem Inland annulliert, wodurch angeblich eine 90%ige Absatzstockung eingetreten ist, die für längere Zeit untragbar wäre«...

Aus Halbmonatsbericht der Schutzmannschaft Bad Tölz (Oberbayern), 10. 4. 1933

...Am 1. April 1933, vormittags 10 Uhr, wurde von der Parteileitung der NSDAP eine Boykottbewegung gegen jüdische Geschäfte, Ärzte, Rechtsanwälte usw. eingeleitet, als Abwehr gegen die jüdische Greuelpropaganda im Auslande. Bad Tölz wurde davon nicht betroffen, d. h. das einzige jüdische Geschäft »Cohn« am Fritzplatz hier wurde nicht boykottiert...

Aus Halbmonatsbericht des Regierungspräsidenten von Ober- und Mittelfranken, 8. 8. 1933

...Die für 19. ds. Mts. angeordnete Aktion gegen jüdische Organisationen ist ohne besondere Vorkommnisse verlaufen; nur in Nürnberg wurde sie über den angeordneten Rahmen hinaus ausgedehnt[8]. Verschiedene Ämter berichten über Bestrebungen zur Ausschaltung der jüdischen Viehhändler beim Viehabsatz, insbesondere auf den Märkten. Auch die Benützung öffentlicher Badeanstalten durch die Juden wurde da und dort eingeschränkt oder verboten...

---

[8] In München war bereits am 12. 5. 1933 auf Befehl der Bayerischen Politischen Polizei ein Schlag gegen die jüdischen Vereine geführt worden. Bei der Ausdehnung dieser Maßnahme auf ganz Bayern im Juli ging auf Veranlassung des SA-Sonderkommissars für Mittelfranken bei der Regierung von Mittel- und Oberfranken die SA selbständig gegen Nürnberger und Fürther Juden mit eigenmächtigen Beschlagnahmen, Festnahmen und Demütigungen vor, noch bevor die mit der Durchführung beauftragten Polizeibehörden tätig wurden.

Aus Halbmonatsbericht des Regierungspräsidenten von Ober- und Mittelfranken, 19. 8. 1933

...Nur gegen Juden und Judenfreunde bzw. -freundinnen wurde wieder verschiedentlich in Nürnberg und dessen näherer und weiterer Umgebung vereinzelt vorgegangen. In Rothenburg o. d. Tauber beteiligten sich dabei Angehörige des dortigen Arbeitsdienstlagers angeblich auf einen höheren Befehl von Nürnberg...

Aus Halbmonatsbericht des Regierungspräsidenten von Unterfranken, 6. 9. 1933

...Am 28. 8. wurden von fünf bis sechs SS-Leuten aus Aschaffenburg drei Juden aus Hörstein, Bezirksamt Alzenau, gelegentlich der dortigen Kirchweih mittels Auto außerhalb der Ortschaft verbracht und in unerhörter Weise mit Gummiknüppeln mißhandelt. Dem einen Verletzten wurde der Unterkiefer zerschmettert, mehrere Zähne gelockert und das eine Auge blau geschlagen, so daß er ein Bild des Jammers bot. Da die Annahme berechtigt ist, daß der Vorfall von SS-Leuten aus Hörstein veranlaßt wurde, erfolgte, um einer Verdunkelungsgefahr zu begegnen, im Einvernehmen mit dem Kreisleiter die Verhaftung des Hörsteiner SS-Führers Vogt. Die Verhaftung mußte jedoch am 29. 8. auf Anordnung der Bayerischen Politischen Polizei aufgehoben werden...
Die Polizeidirektion Würzburg berichtet über einen von der NSBO geleiteten Boykott gegen eine jüdische Firma. Die Gauleitung der NSBO wurde aufgefordert, die Boykottmaßnahmen einzustellen...

Aus Halbmonatsbericht des Regierungspräsidenten von Ober- und Mittelfranken, 20. 9. 1933

...Die Stimmung gegen die Juden auf dem flachen Lande findet ihren Ausdruck in vielfachen Verboten von Ortspolizeibehörden gegen die Juden. Anschläge an den Ortseingängen »Juden unerwünscht«, »Zutritt zum Viehmarkt für Juden verboten«, Ausschluß aus öffentlichen Bädern, Anschläge von »Prangerlisten« mit Namen von Personen, die bei Juden kaufen, sind vielfach am Lande, aber auch in Städten (Coburg), zu finden...

Aus Halbmonatsbericht des Stadtrats Bayreuth (Oberfranken), 2. 10. 1933

...Der Jude Justin Steinhäuser hat vor kurzem das Aufgebot mit einer hiesigen Christin beantragt, und letztere hatte trotz eindringlicher Belehrung durch das Standesamt auf der Erlassung des Aufgebots bestanden. Das Aufgebot wurde erlassen, da gesetzliche Hinderungsgründe nicht bestanden. Die Ehe wurde auswärts geschlossen. Der nationale Staat spricht sich grundsätzlich gegen Judenmischehen aus. Insbesondere haben Kinder aus einer Ehe zwischen Juden und Christen schwere Nachteile für ihr Fortkommen zu erwarten. Da eine Änderung des Personenstandsgesetzes bis jetzt nicht erfolgt ist, können solche Ehen zur Zeit rechtlich nicht verhindert werden. Aus der Einwohnerschaft wurden uns erregte Vorhaltungen über die den Rechts- und Rassenanschauungen der heutigen Zeit widersprechende Aufgebotserlassung gemacht, denen mit Rechtsgründen kaum zu begegnen war. Falls die Ehe hier geschlossen worden wäre, hätte mit peinlichen Zwischenfällen gerechnet werden müssen. Vielleicht empfiehlt es sich, der wohl noch längere Zeit ausstehenden Umarbeitung der Gesetzgebung durch ein Sondergesetz, das derartige Mischehen verhindert, vorzugreifen...

Aus Halbmonatsbericht des Regierungspräsidenten von Ober- und Mittelfranken, 6. 10. 1933

...Eingriffe in die Wirtschaft finden leider immer noch statt. Das Reichswirtschaftsministerium nahm in einem Falle Stellung gegen das ortspolizeiliche Verbot des Anhaltens von jüdischen Lieferautos innerhalb bestimmter Ortschaften und gegen Presseartikel der Provinzpresse, in denen der Juden-Boykott verherrlicht und zu entsprechendem weiteren Vorgehen aufgefordert wurde. Das Vorgehen gegen die jüdische Papierfabrik Heroldsberg, Bezirksamt Erlangen, und die kreditgefährdenden Presseartikel über dieses Werk bergen die Gefahr des Erliegens des mehrere hundert Arbeiter beschäftigenden Unternehmens, seine Verlegung nach London in sich. Umgekehrt kann die vom 1. Bürgermeister der Stadt Fürth im Interesse der Erhaltung der großen (jüdischen) Konservenfabrik Bauernfreund AG unternommene Aktion möglicherweise als ein taktischer und wirtschaftlicher Fehlgriff sich erweisen...

Aus Halbmonatsbericht des Regierungspräsidenten von Unterfranken, 20. 3. 1934

...Dem Vernehmen nach beabsichtigt die Gauleitung der NS-Hago in der Zeit vom 23. 3. – 7. 4. in Unterfranken eine großzügige Propaganda für den gewerblichen Mittelstand durchzuführen. Die Aktion soll am 21. 3. mit einer Massenversammlung eingeleitet werden. Später sollen Sprechchöre eingesetzt und Transparente verwendet werden; letztere werden jedoch nur rein deutschen, also nicht auch »gleichgeschalteten« Geschäften zur Verfügung gestellt. Der Kampf gilt selbstverständlich dem Juden, wenn aus bestimmten Gründen angeblich auch alles vermieden werden wird, was äußerlich daraufhinweisen könnte; außerdem soll gegen die Warenhäuser und sonstigen Großbetriebe Stellung genommen werden.

Daß damit das Gerücht vom »Judenboykott« wieder neue Nahrung erhält, ist unschwer vorauszusehen. Es ist auch mit Bestimmtheit mit zahlreichen Vorstellungen zu rechnen, wobei die Beschwerdeführer das Vorgehen der NS-Hago als unzulässigen »Eingriff in die Wirtschaft« bezeichnen werden. Da nicht bekannt war, ob es sich um eine örtliche oder im ganzen Reich zur Durchführung gelangende Maßnahme handele, wurde mit der Gauamtsleitung der NS-Hago Fühlung genommen. Dort wurde erklärt, daß die Aktion im Willen des Führers läge, daß das Reichspropagandaministerium einverstanden sei und daß die zur Verwendung kommenden Transparente vorgeschrieben seien...

Laut Mitteilung in den Halbmonatsberichten des Regierungspräsidenten vom 6. und 19. April waren während der Kampagne in Aschaffenburg und Umgebung »Übergriffe gegen nichtarische Geschäfte und Warenhäuser feststellbar, die nicht im Sinne der Reichsregierung gelegen sind«. In einigen Gemeinden des Bezirks Schweinfurt habe die Kreisleitung der NS-Hago oder die Ortspolizei Plakate mit der Inschrift »Wer beim Juden kauft, ist ein Volksverräter« entfernen lassen. Vereinzelt seien auch von der HJ Sprechchöre vorgetragen worden, in denen die Bevölkerung aufgefordert wurde, nicht in jüdischen, sondern in deutschen Geschäften zu kaufen.

Aus Halbmonatsbericht des Regierungspräsidenten von Ober- und Mittelfranken, 6. 4. 1934

...Die auf Veranlassung der Kreisleitung in mittelfränkischen Gemeinden mit Aufklärungsversammlungen, Plakaten usw. durchgeführte Propagandawelle zur Bekämpfung des Judentums hat den erfreulichen Erfolg gehabt, daß sich die Bevölkerung mehr und mehr von jüdischen Geschäften abwendet. Jedoch stößt die erstrebte Ausschaltung der Juden aus dem Wirtschaftsleben hauptsächlich bei der Landwirtschaft deshalb auf Schwierigkeiten, weil noch kein ausreichender Ersatz auf dem Gebiete des Viehhandels besteht, zumal behauptet wird, daß bei Inanspruchnahme der genossenschaftlichen Viehverwertung erhebliche Mindererlöse gegenüber dem freien Verkauf erzielt werden. Auch die Geschäftsleute klagen vielfach darüber, daß sich der Bezug von vielen Waren und Rohstoffen durch christliche Firmen noch nicht ermöglichen läßt. Auf der anderen Seite zeigt diese Art der Bekämpfung des Judentums die bedenkliche Folge, daß in zahlreichen Fällen nachweisbar jüdische Firmen nennenswerte Lieferaufträge in Orten, in denen die Plakate gegen die Juden angeschlagen waren, zurückgezogen haben...

Aus Halbmonatsbericht des Regierungspräsidenten von Ober- und Mittelfranken, 20. 5. 1934

...Die Erregung, die in kirchlichen Kreisen über die in der Ritualmord-Nummer des »Stürmer« beiläufig erwähnte Vergleichung des christlichen Abendmahls mit dem jüdischen Ritualmord-Brauch entstanden war, wird sich nach der inzwischen bekanntgegebenen Anordnung des Reichskanzlers über die Beschlagnahme dieser Sondernummer voraussichtlich rasch wieder legen. Durch Bekanntgabe einer scharfen Verwahrung der evangelischen Geistlichkeit in den Kirchen war dieser Vorfall schon weit über den Leserkreis des »Stürmer« hinaus in die evangelische Bevölkerung gedrungen. Der Stadtkommissär von Erlangen hat zur Verhinderung weiterer Beunruhigung über diesen Vorfall einen geplanten öffentlichen Anschlag dieser Erklärung der Geistlichen sowie den Abdruck in den Tageszeitungen verboten...

Aus Halbmonatsbericht des Regierungspräsidenten von Unterfranken, 6. 6. 1934

...In Kleinwallstadt, Bezirksamt Obernburg, wurden auch in letzter Zeit den Juden wiederholt die Fenster eingeworfen, und zwar mit Pflastersteinen. Es ist dies eine Erscheinung, die sich in Zwischenräumen schon seit Herbst vergangenen Jahres wiederholt. In dem unmittelbar an die Synagoge der israelitischen Kultusgemeinde Kleinwallstadt angrenzenden Grasgarten des Arbeiters und Hausmetzgers Peter Markert von Kleinwallstadt wurde vor einiger Zeit hinter einem kleinen Holzstoß eine fast ganz mit Petroleum gefüllte ³/₄-Liter-Flasche gefunden, an der ein kleines Bündel dürres Tannenreisig mit einem Draht befestigt war. Diese Vorkommnisse, die offenbar auf eine Verdrängung der in Kleinwallstadt ansässigen Juden aus der Gemeinde abzielen, haben unter dem größten Teil der Bevölkerung erhebliche Beunruhigung hervorgerufen. Die Täter konnten bis jetzt nicht festgestellt werden. Es besteht der dringende Verdacht, daß es sich um ein planmäßiges Zusammenarbeiten einer kleinen Rotte handelt...

Aus Lagebericht des Chefs des Sicherheitsamts des Reichsführers SS (Berlin) für Mai/Juni 1934[9]

...Der nationalsozialistische Staat hat durch seine Gesetzgebung den Kampf gegen den übermäßigen Einfluß des Judentums im gesamten Kultur- und Wirtschaftsleben Deutschlands aufgenommen. Gegen diese Maßnahme wird von katholischer Seite zwar nicht offen Stellung genommen, aber aus zahlreichen Äußerungen geht deutlich die Sympathie für das Judentum hervor.
  Besonders bemerkenswert war in dieser Beziehung die Wirkung der Adventspredigten des Kardinals Faulhaber über das Judentum. Obwohl Faulhaber in seinen Predigten betont, daß es sich für ihn »nur um das vorchristliche Judentum« handle, mußte doch die Themenstellung im gegenwärtigen Augenblick als eine Verteidigung des jüdischen Einflusses (Altes Testament!) erscheinen; schließlich hat sich ja doch die rassische Anlage des jüdischen Volkes in christlicher Zeit nicht verändert. Selbst wenn der Kardinal dies nicht beabsichtigt hätte, hätte er doch die Wirkung voraussehen müssen. In der jüdischen und Auslandspresse werden Faulhabers Ausführungen als Verteidigung des Judentums aufgefaßt...

Aus Halbmonatsbericht des Stadtrats Bayreuth (Oberfranken), 2. 7. 1934

...Am 26. Juni wurde der jüdische Kaufmann Sch. zur Sicherung seiner Person in Schutzhaft genommen. Sch. hatte eine Kellnerin eines hiesigen Cafés zu Autofahrten nach auswärts eingeladen und ihr die Beschaffung von Unterkleidung versprochen, wenn sie nach Ladenschluß zu ihm ins Geschäft oder in sein Wochenendhaus komme. Die unsittlichen Anträge des Sch. wurden in hiesigen SA-Kreisen bekannt. Als Sch. am 26. Juni abends sein Geschäft verließ, sammelte sich eine Anzahl von Personen und ging gegen ihn tätlich vor...

---

[9] Abgedruckt auch in: Boberach (siehe S. 367 Anm. 53), S. 3ff.

V. Judenverfolgung und nichtjüdische Bevölkerung

Aus Halbmonatsbericht des Regierungspräsidenten von Ober- und Mittelfranken, 21. 7. 1934

...In Gunzenhausen wurden von dem früheren SA-Obersturmführer Kurt Bär unter Beihilfe von anscheinend noch zwei Genossen der jüdische Gastwirt Strauß und sein Sohn in ihrer Wirtschaft ohne Anlaß niedergeschossen. Bär war mit verschiedenen anderen Beteiligten infolge der »Judenunruhen« am Palmsonntag in Gunzenhausen vom Landgericht Ansbach wegen Landfriedensbruch verurteilt worden und hat die Tat anscheinend aus Rache verübt. Der Gastwirt Strauß ist seinen Verletzungen kurz darauf erlegen. Kurt Bär war bereits aus der Partei ausgeschlossen worden...[10]

Aus Lagebericht des Regierungspräsidenten von Unterfranken, 7. 8. 1934

...Die Juden verhalten sich – Einzelfälle ausgenommen – zurückhaltend. Aus einem Teil der Bezirke wird berichtet, daß die Geschäfte der Juden sehr zurückgegangen und mancherorts die Juden weggezogen seien; andere Bezirke berichten, daß sich die jüdischen Geschäfte behaupten. Die jüdischen Kleiderfabrikanten in Aschaffenburg machen sich durch Massenankäufe von Tuchen und Lagerung zum Teil bei Spediteuren unangenehm bemerkbar. Auch werden einige Geschäfte bewußt von Juden gemieden. Vereinzelt fanden Exzesse gegen Juden statt, die nicht gebilligt werden können. So wurden in einem jüdischen Friedhof neun und in einem weiteren Friedhof 31 Grabsteine umgeworfen und zum Teil zertrümmert. Veranlaßt durch das anmaßende Verhalten verschiedener jüdischer Besucher der städtischen Bade- und Schwimmanstalt, hat der Stadtrat Bad Kissingen auf Anregung der Kreisleitung eine Anordnung erlassen, daß der Besuch der städtischen Badeanstalt durch Juden nicht erwünscht ist. Das Staatsministerium des Innern hat verfügt, daß diese Anordnung zurückzuziehen sei. In der Benützung des staatlichen Bades waren die Juden entgegen Auslandsmeldungen nicht beschränkt...

Aus Lagebericht des Regierungspräsidenten von Niederbayern und der Oberpfalz, 7. 12. 1934

...Auf dem Wochenmarkt in Kelheim am 31. 10. 1934 erschienen auch fünf jüdische Händler. Da ihre Anwesenheit bei den übrigen Händlern und bei den Marktbesuchern

---

[10] Der Vorfall hatte eine längere Vorgeschichte. Seit April/Mai 1933 kam es in Gunzenhausen zu einer Serie von antisemitischen Anschlägen und Demonstrationen, als deren treibende Kraft der SA-Sonderbevollmächtigte beim Bezirksamt auftrat. Diese Entwicklung kulminierte in der Nacht vom 25. auf 26. März 1934 (Palmsonntag), als Angehörige der Gunzenhauser SA, angeführt von Kurt Bär, einen Pogrom inszenierten. Die am Ort ansässigen Juden wurden unter starker Beteiligung der Bevölkerung mit Gewalt aus ihren Wohnungen geholt und unter Beschimpfungen und Schlägen ins Gefängnis gebracht. Zwei jüdische Bürger kamen dabei – angeblich durch Selbstmord – zu Tode. Über Wochen hin blieb seitdem die Stimmung in Gunzenhausen antijüdisch aufgeheizt, so daß der verstärkte Gendarmeriedienst erst Anfang Mai wieder aufgehoben werden konnte. Auch bis dahin blieben jüdische Geschäfte, vor allem die Straußsche Gastwirtschaft, die schon am Palmsonntag Ausgangspunkt der Ausschreitungen gewesen war, Zielscheibe nächtlicher Übergriffe.

Mißstimmung erregte, wurden die jüdischen Händler von der Ortspolizeibehörde aufgefordert, ihre Waren wieder einzupacken und sich zu entfernen. Sie kamen dieser Aufforderung nach, wandten sich aber hernach, da sie polnische Staatsangehörige waren, beschwerdeführend an ihr Generalkonsulat in München...

Aus Monatsbericht der Polizeidirektion München, 8. 12. 1934

...Die judenfeindliche Einstellung der Bevölkerung zeigte sich in zwei Vorfällen, die sich in der Öffentlichkeit abspielten:
Am 26. 11. 1934 störte eine Gruppe von etwa 25 Studenten die Darbietungen in der Künstlerkneipe »Simplizissimus«, Türkenstraße 57. Sie begründete ihr Verhalten damit, daß das Programm in diesem Kabarett noch heute unter jüdischem Einfluß stünde und mit dem nationalsozialistischen Gedankengut nicht in Einklang gebracht werden könne. Die Studenten nahmen auch daran Anstoß, daß das Bild des Dichters Dietrich Eckart[11] in der Gaststätte an einem ungeeigneten Platz aufgehängt sei. Nach den Angaben des Unternehmers hängt das Bild schon seit Jahren an dieser Stelle, nämlich über dem Platz, an dem Dietrich Eckart als Stammgast ständig gesessen ist. Zur Behebung des Zwischenfalles mußte das Überfallkommando gerufen werden, das die Studenten zur Namensfeststellung auf eine Polizeiwache verbrachte, weil sie sich weigerten, der Aufforderung des Überfallkommandos, die Gaststätte zu verlassen oder Ruhe zu geben, nachzukommen.
Um die gleiche Zeit wurde in den Luitpoldlichtspielen der Kriminalfilm »Rom-Expreß« mit dem bekannten Filmschauspieler Konrad Veidt vorgeführt. Das Publikum nahm gegen diese Aufführung Stellung, da ihm der Schauspieler Veidt als Hauptdarsteller des in London gedrehten deutschfeindlichen Hetzfilmes »Jud Süß« bekannt war. Zu ernsten Kundgebungen kam es in diesem Falle nicht. Die Theaterleitung zog es jedoch vor, den Film vorzeitig abzusetzen...

Aus Bericht der NSDAP-Kreispropagandaleitung Eichstätt (Gau Franken) für Dezember 1934

...Im allgemeinen kann gesagt werden, daß der Zulauf in Judengeschäfte infolge der Aufklärung nachgelassen hat. Viele Landbewohner gehen aber nach wie vor zu Juden und begründen dies auf Vorhalt damit, daß sie bei Juden gegen Bezahlung ihre Produkte absetzen können, während christliche Käufer (Lagerhäuser und Genossenschaften) nur schwer aufnehmen. Dafür ein interessantes Beispiel: Die Löwenbrauerei München (Generaldirektor Jude Dr. Hermann Schülein) lehnte den Ankauf eines größeren Postens Eichstätter Braugerste ab, nahm aber denselben Posten vom Juden Schimmel in Eichstätt an. Als Entgegnung auf diesen Vorgang hat Propagandaleiter Bürgermeister Dr. Krauß den Bezug von Löwenbräubier für die städtischen Anstalten verboten. Ein Jude, dem

---

[11] Der Journalist und Schriftsteller Dietrich Eckart (1868 - 1923) war 1921 - 1923 Hauptschriftleiter des »Völkischen Beobachters« und trat besonders durch seinen radikalen Antisemitismus hervor.

seine Wohnung in einem städtischen Gebäude gekündigt wurde, ist von Eichstätt verzogen. Die Juden hier verhalten sich im ganzen genommen still, sie tun aber ungefähr so, als wenn ihnen nichts passieren könnte...

Aus Monatsbericht der Polizeidirektion München, 8. 2. 1935

... Im Verlaufe einer geschlossenen Vorstellung der NS-Gemeinschaft »Kraft durch Freude« am 7. 1. 1935 im Prinzregententheater kam es zu einem Zwischenfall. Verschiedene Zuschauer nahmen daran Anstoß, daß der jüdischer Arzt Dr. Walter Weil (geb. 8. 8. 1893 zu Braunschweig) die geschlossene Vorstellung besuchte, und verlangten seine Entfernung. Dr. Weil verließ freiwillig den Zuschauerraum und erklärte dem zur Dienstleistung abgestellten Polizeibeamten, daß er die Eintrittskarte zur Vorstellung von der Theaterleitung als Presseberichterstatter erhalten habe. Er sei Berichterstatter für das »Neue Wiener Journal« und den »Pester Lloyd«. Als Dr. Weil den Zuschauerraum verlassen hatte, war unter den Besuchern wiederum Ruhe. Die Vorführung wurde nicht gestört.

Mit den über Österreich nach den adriatischen Häfen abgehenden Zügen reisen hier des öfteren größere Gruppen jüdischer Auswanderer (Zionisten) ab. Die Abreise der etwa 500 Personen starken Gruppe am 28. 1. 1935... gestaltete sich im Münchener Hauptbahnhof zu einer Kundgebung, an der viele Fahrgäste und auch Fußgänger, die sich im Bahnhof aufhielten, Anstoß nahmen. In Zukunft wird die Abreise derartiger Auswanderergruppen polizeilich überwacht, um von Anfang an Mißständen und herausfordernden Kundgebungen den Boden zu entziehen...

Aus Monatsbericht des Regierungspräsidenten von Unterfranken, 7. 5. 1935

... Eine starke Bewegung macht sich in Würzburg neuerdings gegen jüdische Geschäftshäuser, Ärzte und Rechtsanwälte bemerkbar. In drei Fällen wurden zur Nachtzeit jüdische Kaufhäuser in Würzburg mit Klebezetteln versehen, die die Aufschrift trugen »Wer bei Juden kauft, ist Volksverräter« und »Geh nicht zu jüdischen Ärzten und Rechtsanwälten«. Am 20. 4. gegen 18 Uhr sammelte sich vor dem jüdischen Kaufhaus Ruschkewitz eine Menschenmenge von etwa 200 Personen an, um angeblich festzustellen, welche Angehörigen der NSDAP und ihrer Gliederungen Einkäufe bei Juden tätigen wollten. Die Beteiligten wurden von der Polizei vom Platze gewiesen. Zu irgendwelchen Ausschreitungen kam es hierbei nicht...

Aus Monatsbericht der Polizeidirektion München, 4. 6. 1935

Der Monat Mai hatte im Vergleiche zum Vormonat in politischer Hinsicht Bewegung unter die Bevölkerung gebracht. Die Vorfälle am 18. 5. 1935, die zum Verbot der Caritassammlung in München führten, sowie die Auswüchse, die sich im Verlaufe des Monats, besonders aber am 18. 5. 1935 und am 25. 5. 1935 im Rahmen der in der letzten Zeit mit übergroßem Auftrieb von nicht berufenen Elementen vorwärtsgetriebenen Boykottbewegung der jüdischen Geschäfte ereigneten, fanden wohl in einem Teile der Bevölkerung Zustimmung. Der ruhige und besonnene Teil jedoch hielt sich von dieser überlaut betriebenen, stellenweise auch von staatsfeindlichen Hetzern geschürten Art von Antisemitismus fern...

Die Juden-Boykott-Bewegung begann in München ungefähr Ende des Monats März sich zu entwickeln. Anfangs äußerte sie sich darin, daß versucht wurde, diejenigen Ladengeschäfte, deren Inhaber Juden sind oder deren Geschäftsführer Jude ist, in ihrer kaufmännischen Tätigkeit zu behindern. Etwa Mitte April wurde durch Polizeirunden der zuständigen Wachen und gleichzeitig auch durch Anzeigen der Betroffenen festgestellt, daß Zettel und Plakate antisemitischen Inhalts angeklebt worden waren. Später, etwa vom 18. April ab, wurden nachts, und zwar in unregelmäßigen Zeitabständen, teils vor, teils nach der Polizeistunde Schaufenster beschrieben (»Jude, Saujude, Raus mit den Juden« und dgl.). Täter konnten nicht ermittelt werden, auch die Geschädigten waren nicht in der Lage, einen Täter namhaft zu machen oder verwertbare Anhaltspunkte zur Ermittlung zu geben. Es handelte sich offensichtlich um kleine Gruppen von Personen, die unter genauester Beobachtung der im Dienst stehenden Polizeirunden handelten. Sie warteten offenbar jeweils ab, bis »die Luft rein« war und beschrieben dann mit ätzenden Flüssigkeiten die Schaufenster...

Am 8. 5. 1935 wurde festgestellt, daß die »Schreibkolonnen« sich nicht mehr darauf beschränkten, die Fenster mit Säuren zu bemalen, sondern daß sie dazu übergingen, Scheiben einzuwerfen... Die Polizeidirektion München hatte bereits Tage vorher in den bedrohten Gegenden, insbesondere in der Neuhauser Straße, im Färbergraben, Sendlinger Straße, Tal, Wein- und Dienerstraße verstärkten Rundendienst angeordnet. Trotzdem war es nicht möglich, einen der Täter zu fassen, da diese offenbar die Polizeirunden genau beobachteten und erst tätig wurden, als sie sich außer Gefahr glaubten. Es handelte sich in diesem Fall offensichtlich immer um die gleiche Gruppe, die systematisch ihre Aktion steigerte...

In der Nacht vom 12. /13. Mai 1935 (Samstag/Sonntag) wurden von Angehörigen der HJ an den Ausfallstraßen Münchens Plakate angeschlagen mit der Aufschrift »Juden unerwünscht«. Außerdem wurden Zettel an jüdische Geschäfte angeklebt, die bekannten antisemitischen Inhalt hatten. Die Zettel hatten kleine Ausmaße und waren leicht abwaschbar. Weiterhin wurden Bürgersteige mit Kalk- und Ölfarbe beschrieben: »Juden unerwünscht«, »Judensau« und dgl. Die Gebietsführung der Hitlerjugend München, die am nächsten Tage von der Polizeidirektion verständigt worden war, stellte diese Art von Werbetätigkeit sofort ab.

Am 18. 5. 1935 ereigneten sich aus Anlaß der Sammlung des Deutschen Caritasverbandes Kundgebungen und Zwischenfälle auf der Straße, so daß die Weiterführung der Sammlung verboten werden mußte. Im Anschluß hieran kam es auch zu Zwischenfällen vor jüdischen Geschäften. Der Inhaber des jüdischen Wäschegeschäftes Raff, Dienerstraße 22, ersuchte um 15.15 Uhr fernmündlich um polizeilichen Schutz, da seine Kunden belästigt und seine Schaufenster mit einer ätzenden Flüssigkeit beschmiert würden. Die Nachprüfung ergab, daß eine Belästigung der Einkäufer und eine Beschmierung der

Schaufenster nicht stattfand. Kurz vor 18.00 Uhr wurde vom Polizeibezirk 1 im Rosental zwischen den Kaufhäusern Uhlfelder und Epa eine größere Menschenansammlung gemeldet. Der Verkehr war vollkommen lahmgelegt. Fußgänger hatten bereits an den Kaufhäusern die Rolladen herabgezogen. Das Überfallkommando rückte aus, hat aber in keiner Weise eingegriffen und kehrte sofort wieder zurück. Kurz nach 18 Uhr erfolgten rasch hintereinander Anforderungen des Überfallkommandos durch jüdische Geschäfte und zwar Bach, Sendlinger Straße, Rothschild, Färbergraben, Ecke Sendlinger Straße, Elko, Färbergraben und Eichengrün, Karmeliterstraße. Weiterhin bat die Geschäftsleitung des Konfektionshauses Bamberger & Hertz in der Kaufinger Straße um Schutz. Das Überfallkommando wurde nicht mehr eingesetzt, jedoch der Führer des Streifendienstes beauftragt, beruhigend auf die Anführer der einzelnen Ansammlungen einzuwirken. Die Menschenansammlungen haben sich daraufhin auch allmählich aufgelöst. Es erfolgten in keinem Falle Sachbeschädigungen oder Tätlichkeiten. Die meisten der genannten jüdischen Geschäfte entschlossen sich, trotzdem etwa gegen 18.45 Uhr die Geschäfte zu schließen. Dies wurde jedoch in keinem Falle von der Polizeidirektion angeordnet... Beim Verlassen des Kaufhauses Bamberger & Hertz in der Kaufinger Straße wurde ein italienischer Staatsangehöriger ... angehalten mit den Worten »Man solle nicht bei Juden kaufen«. Als er erwiderte, er sei italienischer Staatsangehöriger, erhielt er von einem unbekannten Mann aus der Menge einen Schlag ins Gesicht. Das Italienische Generalkonsulat in München erhob wegen dieses Vorfalls Vorstellung bei der Bayerischen Staatskanzlei.

Am Samstag, den 25. 5. 1935, nachmittags 14.30 Uhr, rotteten sich im Rosental in der Höhe des Kaufhauses Epa Menschen zusammen. Nach fernmündlicher Meldung bestand die Gefahr, daß eine Aktion gegen jüdische Geschäfte in Gang komme. Der Offizier vom Dienst verständigte sofort den Leiter des politischen Referats und meldete die Angelegenheit dem Staatsministerium des Innern. Daraufhin begab sich Herr Stabsleiter Köglmeier sofort selbst an Ort und Stelle und gab daraufhin die Anweisung, zunächst den SA- und SS-Streifendienst einzusetzen und erst, wenn dieser nicht mehr durchdringe, blaue Polizei abzuordnen. Um 14.27 Uhr machte die Deutsche Arbeitsfront, Gau München-Oberbayern, von der Störung der jüdischen Geschäfte Mitteilung und verlangte die polizeiliche Schließung der Judengeschäfte zum Schutz der arischen Angestellten dieser Betriebe. Die Polizeidirektion lehnte es jedoch ab, die Schließung dieser Geschäfte anzuordnen. Von 14.20 – 14.50 Uhr erbaten sich nahezu alle jüdischen Geschäfte Münchens von der Polizeidirektion fernmündlich Schutz. Von einzelnen Polizeiwachen und Rundenbeamten wurde die Bildung von Demonstrationszügen gemeldet. Ab 15 Uhr (bis gegen 17 Uhr) gingen die Akteure schlagartig an vielen Stellen der Stadt gegen jüdische Geschäfte vor. Sie drangen in die Geschäfte ein, wiesen die Kunden aus den Läden und zwangen den Inhaber oder Geschäftsführer, den Laden zu schließen. In einzelnen Fällen wurden arische Angestellte dieser Geschäfte mißhandelt. Es konnte sehr bald festgestellt werden, daß sich unter den Demonstranten nicht allein Angehörige der NSDAP und ihrer Gliederungen befanden, sondern daß sich den Kundgebungen Gruppen sehr zweifelhafter Art anschlossen, die die Gelegenheit benützen wollten, die Erregung noch zu steigern und Leute gegen die Polizei zu hetzen. Es wurde z. B. ein Rädelsführer, der eine braune Hose trug, festgenommen. Dieser Mann ist aber weder Mitglied der NSDAP noch Angehöriger einer ihrer Gliederungen. Gegen ihn wird strafrechtlich vorgegangen. Um 16.45 Uhr wurden alle verfügbaren Beamten der Schutzpolizei auf Runden geschickt mit dem Befehl, Ausschreitungen zu unterbinden. Weiterhin erging Weisung, das Schließen von Geschäften zu verhindern, die Täter festzunehmen und einzuliefern.

Etwa um 15.15 Uhr hatte der Verkehrsposten am Bahnhofsplatz eine größere Menschengruppe, etwa 40 – 50 Personen, in der Prielmayerstraße festgestellt. Er forderte, um die Verkehrsstörung zu beheben, pflichtgemäß die Leute auf auseinanderzugehen. Da er sich aber nicht durchsetzen konnte, wollte er aus der Polizeiwache am Hauptbahnhof Verstärkung herbeiholen. Die Menschenmenge, die inzwischen immer mehr anwuchs, folgte und wollte die Wachräume im Hauptbahnhof stürmen. Den größten Teil dieser Ansammlung stellten Angehörige des österreichischen SS-Hilfswerklagers Schleißheim dar. Die Menschenmenge war inzwischen auf etwa 400 Personen angewachsen. Sechs Personen aus der Ansammlung, die angeblich Meldungen machen wollten, erhielten Zutritt zur Wache. Dort führten sie sich sehr undiszipliniert auf, griffen einen Kriminalbeamten an und zogen ihn in die Menge. Im Verlaufe der Schlägerei wurde dieser Beamte zu Boden geworfen und mit Faustschlägen und Fußtritten bearbeitet. Er erlitt Verletzungen am Auge, an den Lippen, am Kinn sowie am rechten Daumen. Er konnte sich nur dadurch befreien, daß er mit der Pistole drohte. Zwei der Täter konnten bei dieser Gelegenheit festgenommen werden. Daraufhin wurde auch ein Hauptwachtmeister der Schutzpolizei angegriffen, als er die Menge zu beruhigen versuchte. Man wollte ihm den Säbel entreißen. Erst als noch drei weitere Beamte der Schutzpolizei mit Nachdruck eingriffen, konnten die Demonstranten aus dem Wachraum entfernt und die Türen abgeschlossen werden. Aus der Menge hörte man Rufe: »Schaut's die schwarzen Hunde! Blank zieh'n tun's! Haut sie zusammen! Die schwarzen Brüder werden wir noch ausmisten« usw. Außerdem wurde den Beamten gedroht, es käme noch ein 30. Juni, und dann aber würden sie schauen. Unter dieser Menge befanden sich auch Kommunisten. Dies geht klar daraus hervor, daß nach Angabe eines Zeugen, eines Offiziers, den Polizeibeamten zugerufen wurde: »Euch Nazihunde, Euch schlagen wir, wie Ihr es braucht!« Die Demonstranten wurden durch den SA- und SS-Streifendienst zerstreut.

Das Überfallkommando mußte fortgesetzt ausrücken, oft waren zwei bis drei Wagen gleichzeitig unterwegs. Beinahe an sämtlichen Tatorten hatten sich die Rädelsführer mit ihrem Anhang schon entfernt, als der Überfallwagen herannahte; den Beamten verblieb nunmehr die Aufgabe, die Passanten und Neugierigen zum Weitergehen zu veranlassen.

In der Zwischenzeit war auch versucht worden, gegen die Wache 11/I (Schwabing) vorzugehen. Dort wurde versucht, einen Festgenommenen zu befreien. Die Polizeibeamten wurden mit Ausdrücken belegt wie »Judenschützlinge, schwarze Sauhunde, Bluthunde, die Wache wird noch ausgehoben« und dgl. Auch hier mußte ein Überfallwagen eingesetzt werden.

Ein weiterer Vorfall beweist klar, daß an diesem Tage kommunistische Drahtzieher ihre Zeit gekommen sahen, denn man versuchte durch irreführende Anrufe die Polizeikräfte abzulenken, sie zu zersplittern und die Schlagkraft zu hemmen.

Gegen 18 Uhr kam der Überfallwagen gerade dazu, als versucht wurde, das Bernheimer Haus am Lenbachplatz, in dem sich ein ausländisches Konsulat (Mexiko) befindet, zu stürmen. Das Überfallkommando nahm Personen, die offensichtlich mit den Tätern zusammen waren, fest; es handelte sich um Angehörige der politischen Verfügungstruppe in bürgerlicher Kleidung. Die Vorgeführten gaben an, sie seien beim Appell angewiesen worden, in Zivil auszugehen, damit nicht Angehörige der aktiven SS in Uniform bei Demonstrationen gegen Juden festgestellt würden. Nach Feststellung der Personalien und nach Einvernahme wurden sie dem Kommandeur der Verfügungstruppe zur Verfügung gestellt.

Am Nachmittag, kurz nach der Festnahme der neun Angehörigen der Verfügungstruppe bei der Kunsthandlung Bernheimer am Lenbachplatz, rotteten sich weitere Angehörige der Verfügungstruppe in Zivil in der Löwengrube vor dem rückwärtigen Eingang zum Polizeigebäude zusammen, um ihre in Polizeigewahrsam genommenen Kameraden zu befreien. Dabei kam es zu wüsten Beschimpfungen des SS-Streifendienstes durch Angehörige der Verfügungstruppe. Die Beschimpfungen nahmen Ausmaße an, daß Männer des SS-Streifendienstes mit der Waffe gegen die Verfügungstruppe in Zivil vorgehen wollten. Durch persönliches Eingreifen des Leiters des politischen Referats wurden Tätlichkeiten verhindert, die Verfügungstruppe in Zivil gab das Tor der Polizeidirektion frei, entfernte sich aber nicht, es mußte deshalb die Straße geräumt werden...

Um 21 Uhr wurden 35 dreimännige Runden ausgesandt (jeweils zwei Beamte der Schutzpolizei und ein Angehöriger des Streifendienstes) mit dem Auftrag, die wichtigsten Straßen zu beobachten. Diese Streifen brauchten nicht mehr einzuschreiten...

Am Freitag, den 3. Mai 1935, abends fand im Ufa-Palast an der Sonnenstraße die Erstaufführung des Films »Natascha« statt. Der Film, der französischen Ursprungs ist, schildert die Verhältnisse, wie sie im Jahre 1916 in Rußland anzutreffen waren. Die Spielhandlung stellt eine Figur von betontem jüdischen Aussehen besonders heraus. Gegen die Vorführung dieses, das deutsche Wesen beleidigenden Films nahm ein großer Teil der Zuschauer Stellung. Unter den Besuchern entstanden Meinungsverschiedenheiten, die schließlich in kleine Raufereien ausarteten. Die Vorführung des Films mußte abgebrochen und das Theater geräumt werden. Die Räumung ging ohne Schwierigkeiten vonstatten. Die Tätlichkeiten, die sich auf der Straße fortzusetzen drohten, konnten sogleich beigelegt werden. Die Angelegenheit fand ihre Erledigung dadurch, daß der Film vom Spielplan abgesetzt wurde...

Der zuletzt aufgeführte Vorfall gehörte ebenfalls in die Reihe der gezielten antisemitischen Provokationen in München im Frühjahr 1935. Reichsstatthalter von Epp wollte sich mit der obenstehenden Version der Polizeidirektion nicht begnügen und holte weitere Informationen ein. Von einem Augenzeugen, der als Pressereferent des Kolonialpolitischen Amtes der NSDAP an der Aufführung teilgenommen hatte, erhielt er einen Bericht, der keinen Zweifel darüber zuläßt, daß es sich hier um eine geplante und von den Polizeibehörden geduldete Sprengung der Vorstellung handelte:
»... Mir fiel schon beim Eintritt auf, daß über dem ganzen Saal eine gewisse ›Explosivstimmung‹ lag, welche wir aus vielen Versammlungen der Kampfzeit vor der Machtübernahme gut kennen. Es waren im Saal eine auffallend große Anzahl von jüngeren Leuten in gelben SA-Uniformhosen oder schwarzen SS-Uniformhosen. Des weiteren trugen sie Braunhemd und darüber Zivilrock, ausnahmslos ohne Abzeichen. Zunächst lief eine Wochenschau, welche Ausschnitte aus einer Rede des Führers im Tonfilm brachte. Unmittelbar daran anschließend kam der Hauptfilm »Natascha«. Schon bei den ersten Szenen erhoben sich stürmische, jedoch rasch wieder abflauende Protestkundgebungen. Gleich darauf kamen Szenen, in welchen ein russischer Jude sich sehr übel gegenüber einem ins Lazarett eingelieferten russischen Frontoffizier benimmt. Bei diesen Szenen kam es zu derartigen tumultähnlichen Stürmen, daß zeitweise ein wildes Gebrüll durch den Saal ging. Der größte

Teil der völlig ahnungslosen Besucher erhob sich und verließ das Lokal fluchtartig, die Kasse des Ufa-Palastes bezahlte notgedrungen das Eintrittsgeld zurück. Da ich einen Ranglogenplatz hatte, fiel mir von oben aus auf, daß sich ein junger Mann... an einzelne Kinobesucher heranmachte und diese teilweise unter Anwendung von Brachialgewalt aus dem Saal bzw. aus ihren Sitzreihen hinausboxte. Ähnliche Szenen beobachtete ich auch an anderen Stellen... Während ich in den Vorraum des Theaters hinunterging, hörte ich ein wildes Geschrei und sah, wie auch dort die ... bereits gekennzeichneten Kreise teilweise tätlich gegen die das Theater verlassenden Besucher vorgehen. Vollkommen erregt kam mir der Geschäftsführer des Ufa-Palastes entgegen und sagte: ›Das ist doch ein Skandal, die Reichszensurstelle in Berlin genehmigt den Film und hiesige Parteikreise sprengen die Aufführung.‹ Er erwähnte, daß er bereits vor zehn Minuten das Überfallkommando verständigt habe. Ich verließ zunächst das Theater und traf draußen den Leiter des Reichssymphonieorchesters Pg. Franz Adam, welcher gleichfalls über die Vorgänge entrüstet war. Im Kassenvorraum machten sich einstweilen die gleichen jungen Leute daran, mit Messern die in den Schaukästen befestigten Szenenbilder des Films zu zerschneiden... Meiner Schätzung nach kam erst etwa 40 Minuten nach dem Anruf das Überfallkommando. Vorher hatte noch ein Knäuel von jungen Leuten einen Kameraden auf den Schultern auf die über dem Eingang des Ufa-Palastes befindliche breite Türleiste gehoben. Dieser turnte von dort aus zu dem großen, über dem Eingang befindlichen Reklameplakat empor und zerfetzte dasselbe mit einem Messer. Dann wurde er wieder herabgeangelt und ein anderer Genosse schlug ihm auf die Schulter mit den Worten: ›Jetzt schau, daß Du möglichst rasch verschwindest, bevor die Polizei kommt.‹ Er entfernte sich dann in Richtung Sendlinger-Tor-Platz. Unterdessen war das erwähnte Überfallkommando eingetroffen, das sich lediglich darauf beschränkte, den Platz vor dem Theater zu räumen. Eine Verfolgung des Knäuels von Hauptmissetätern, die sich in Richtung Sendlinger-Tor-Platz entfernten, wurde nicht aufgenommen. Das Überfallkommando bestand meiner Erinnerung nach aus Leuten des Streifendienstes der SA bei der Polizeidirektion München (rote Kragenspiegel und Mützenaufschläge). Als ich noch einmal den Vorraum des Ufa-Palastes betrat, sah ich, daß zwei Ketten des Überfallkommandos jeweils mit dem Rücken zur Wand und mit dem Gesicht nach außen die Wand dort im Halbkreis abgeschlossen hatte, wo sich die Bildtafeln mit den Filmausschnitten, welche größtenteils zerstört waren, befanden. Grotesk war, daß hinter dem Polizeikordon, also gewissermaßen durch diesen gesichert, noch mehrere Jünglinge damit beschäftigt waren, ihr Zerstörungswerk durch Zerschneiden der Bilder fortzusetzen.«[12]...

Aus Lagebericht des Regierungspräsidenten von Schwaben, 7. 6. 1935

... In Augsburg wurde in der Nacht zum 24. 5. 1935 an den Schaufenstern jüdischer Geschäfte die Aufschrift »Jude« angebracht. In der gleichen Nacht wurden auf dem Judenfriedhof in Augsburg zwei Grabsteine umgeworfen. In der Nacht zum 25. 5. 1935 zertrümmerten – wie teilweise schon im März – Unbekannte in vier Kaufhäusern fünf Schaufenster. In der Nacht zum 30. 5. 1935 wurden im Schuhhaus des Juden Polatschek in Augsburg von unbekannten Tätern zwei Schaufenster... eingeworfen. Die Täter ergriffen nach der Tat in einem Kraftwagen die Flucht. Die Versicherungsgesellschaften weigern sich in letzter Zeit, die erheblichen Schäden zu ersetzen. Die Geschädigten wollen sich nunmehr an die Stadt Augsburg wegen Schadensersatzes wenden.

In der ersten Hälfte Mai, meist in der Nacht zum 12. 5. 1935, wurden in sämtlichen unmittelbaren Städten und in der Mehrzahl der Landgemeinden Tafeln angeschlagen mit der Aufschrift »Juden sind hier unerwünscht«, in Fischach, Bezirksamt Augsburg, mit der Aufschrift »Volksgenossen! Vorsicht! Judengeschäfte am Platz! Meidet sie!« Die Ak-

---

[12] Bericht des Hauptstellenleiters W. Winter vom 8. 6. 1935; GStA, Reichsstatthalter 447.

tion wurde von der HJ, angeblich auf Befehl ihrer Gebietsführung »Hochland«, ohne Verständigung der örtlichen Behörden und der politischen Kreisleitungen durchgeführt. Die Anschläge sind meistens noch heute an Ort und Stelle. In Kur- und Fremdenverkehrsorten hielten sich zum Teil Ausländer über dieses Vorgehen auf, so namentlich in Hindelang sowie in der Stadt und im Bezirk Lindau. Auch der Oberbürgermeister von Augsburg erhielt von einem Schweizer Reisenden, angeblich arischer Abstammung, ein Protestschreiben gegen die Anbringung der Tafel.

In Memmingen ist ein Teil der früher dort ansässigen Juden nach Palästina oder Lothringen gezogen. Andere sollen sich mit ernsthaften Auswanderungsabsichten tragen...

Aus Monatsbericht des Regierungspräsidenten von Oberbayern, 11. 6. 1935

... In vielen Orten des Regierungsbezirkes befinden sich Plakate, Tafeln und Schilder mit den Aufschriften »Die Juden sind unser Unglück«, »Juden unerwünscht« und ähnlichen Inhalts. Auf manchen Straßen waren Aufschriften mit roter Ölfarbe angebracht wie »Als größter Lump im ganzen Land ist uns der Jud bekannt«, »O Herr schick ihnen den Moses, auf daß er sie führe nach Jerusalem« usw.; diese wurden zum größten Teil wieder beseitigt. Die Bevölkerung billigt in jeder Hinsicht den sachlichen Kampf gegen das Judentum. Sie hält jedoch die genannten Aufschriften und Plakate für unzweckmäßig und befürchtet besonders in Fremdenverkehrsgemeinden wie in Garmisch-Partenkirchen wirtschaftliche Ausfälle...

Aus Tätigkeitsbericht des Gauamts für Kommunalpolitik, Gau Franken, 10. 7. 1935

... Auf dem Nürnberger Viehmarkt waren in früheren Jahren, wie wohl auf allen größeren Viehmärkten, die jüdischen Viehhändler stark vertreten. Nahezu zwei Drittel der Viehhändler waren Juden, und durchschnittlich 70% des dort umgesetzten Viehs stammte von jüdischen Händlern. Am 15. März 1934 unternahm der Stadtrat Nürnberg den ersten Vorstoß zur Reinigung des Viehmarktes, indem er die Anordnung traf, daß den jüdischen Viehhändlern besondere Plätze, getrennt von den deutschen Händlern, anzuweisen seien. Diese Zuweisung streng getrennter Verkaufsplätze wurde von der Marktverwaltung strikte durchgeführt. Seitdem verringerte sich die Zahl der jüdischen Viehhändler fortwährend. Als Anfang Dezember 1934 auch die Zulassung von drei jüdischen Agenten abgelehnt wurde, war der Nürnberger Viehmarkt vollkommen frei von jüdischen Händlern und Agenten. An diesem Zustand hat sich bis heute nicht nur nichts geändert, es gelang sogar durch sorgfältige Überwachung der Marktbeschickung einige Verkäufer, die sich als Strohmänner für jüdische Händler hergaben, auszumerzen...

Aus Bericht der NSDAP-Kreispropagandaleitung Eichstätt (Gau Franken) für Juli 1935

... Es gibt im Kreis Eichstätt keine Ortschaft, die nicht ihre Judentafel hat. Ebenfalls ist es so in unseren Grenzbezirken, die nicht zum Frankengau gehören. Dabei ist jedoch ein großer Unterschied; während bei uns fast jedes Kind über die Judengefahr aufgeklärt ist, finden wir in Ingolstadt, Neuburg und Beilngries kaum etwas anderes als Nachahmung ohne tieferes Verständnis[13]. Die Folge ist dehalb auch, daß die Juden sich dort unbekümmerter und frecher verhalten als bei uns. In Eichstätt sind die Juden, dank der immer wiederholten Aufrüttelung der Bevölkerung, bald in der Einzahl. Einer hat sein Geschäft in diesem Monat geschlossen, zwei andere wurden wegen frecher Redensarten in Schutzhaft gesetzt, hoffentlich für längere Zeit. Am Rathaus in Eichstätt wurden zwei neue Schaukasten für den »Stürmer« angebracht...

Aus Lagebericht der Polizeidirektion Augsburg, 1. 8. 1935

... In der Nacht vom 5./6. 6. 1935 wurde in dem jüdischen Tuchversandgeschäft Weinberger & Bissinger ... ein Auslagefenster durch einen Steinwurf zertrümmert. Die Tat geschah nach dem Ergebnis der bisherigen Erhebungen nach 1 Uhr morgens. Von den Tätern fehlt zunächst jede Spur...

In der Nacht vom 18./19. 7. 1935 schmierten bisher unbekannt gebliebene Täter an die Schaufenster mehrerer jüdischer Firmen mit weißer Farbe in ungefähr 50 cm großen Buchstaben das Wort »Jude«, das sie zwischen zwei Pfeile setzten. Bei der weißen Farbe handelte es sich um eine ätzende Flüssigkeit, die mit Kieselsäure vermengt war und sehr schwer vom Glas entfernt werden konnte. Den betreffenden Firmen ist deshalb ein beträchtlicher Schaden entstanden. Die Nachforschungen in den Geschäften, in denen Kieselsäure verkauft wird, sind im Gange. Die angebrachten Aufschriften an den Schaufenstern der Juden werden z. Zt. mittels Glasschleifapparaten entfernt. Die meisten Leute, die hier zusehen, äußern sich sehr mißliebig über ein derartig unsinniges Vorgehen gegen die Juden...

Im Interesse des Ansehens von Staat und Partei dürfte es unbedingt erforderlich sein, auf die maßgebenden Parteidienststellen einzuwirken, daß sie ihren Leuten ein derartiges Vorgehen in Zukunft verbieten.

In der Nacht zum 30. 7. 1935 wurden die Firmenschilder der jüdischen Rechtsanwälte Strauß und Adler ... von unbekannten Tätern beschädigt.

Am 18. und 19. 7. wurden durch den SD ... des Oberabschnittes Süd bei der hiesigen israelitischen Kultusgemeinde und in den Räumen der Synagoge Durchsuchungen nach staatsfeindlichem Material vorgenommen. Es wurden hierbei Privatkorrespondenz, aus der ein Schriftwechsel mit Emigranten zu entnehmen war, und Bücher staatsabträglichen Inhalts sichergestellt.

Aus diesen Vorgängen ist zu entnehmen, daß hier in letzter Zeit in erheblichem Maße gegen die Juden vorgegangen wird.

---

[13] Ingolstadt gehörte zum Gau München-Oberbayern, Neuburg zum Gau Schwaben und Beilngries zum Gau Bayerische Ostmark.

Aus Monatsbericht der Bayerischen Politischen Polizei, 1. 8. 1935[14]

In der Bewegung gegen die Juden macht sich die fortschreitende rassische Aufklärung der Bevölkerung immer stärker bemerkbar. Neben Einzelaktionen, die sich meist aus Affekthandlungen entwickeln, tritt immer mehr eine überlegte planvolle Ablehnung alles Jüdischen. Das zeigt sich beispielsweise in dem Verhalten der arischen Bevölkerung gegen die jüdischen Benützer der öffentlichen Badeanstalten. Selbst wenn sich die Juden ruhig verhalten und abgesondert bleiben, werden sie von den arischen Besuchern zum Verlassen der Bäder aufgefordert, weil die Bevölkerung anfängt, das Zusammensein und insbesondere das Zusammenbaden mit Juden als ekelhaft zu empfinden. Meist werden dann Schilder angebracht mit der bekannten Aufschrift: »Juden nicht erwünscht« oder »Juden ist der Zutritt verboten«, so z. B. in der Nacht vom 4. auf 5. Juli an der Städtischen Badeanstalt in Bad Kissingen.

Im Bad Maria Einsiedel in München erregten am 14. Juli 1935 einige Juden, die sich mit arischen Mädchen im Bade aufhielten, öffentliches Ärgernis und Unwillen arischer Badebesucher. Leider verwahrte sich die Badedirektion gegen polizeiliches Einschreiten mit der Begründung, daß die Juden sich ruhig verhielten und daß in erster Linie die Badedirektion selbst für Ruhe und Ordnung sorge. Am gleichen Tage (14. 7. 1935) kam es im Schwimmbad zu Heigenbrücken, Bezirksamt Aschaffenburg, zu judenfeindlichen Kundgebungen. Etwa 15 – 20 jüngere Schwimmbadbesucher hatten von der zum Schwimmbad gehörigen Parkanlage aus durch Sprechchöre die Entfernung der Juden aus dem Schwimmbad verlangt. Die Sprechchöre lauteten: »Hier ist ein deutsches Bad, Juden haben keinen Zutritt, hinaus mit ihnen« und ähnliches. Eine erhebliche Anzahl sonstiger Schwimmbadbesucher hatte in diese Sprechchöre miteingestimmt, so daß wohl die überwiegende Zahl der Schwimmbadbesucher die Entfernung der Juden verlangte. Mit Rücksicht auf diese allgemeine Empörung und die zu befürchtenden Unruhen hatte sich der zufällig im Schwimmbad anwesende Kreisleiter der NSDAP, Oberbürgermeister Wohlgemuth von Aschaffenburg, zu dem Bademeister begeben und die Hinausweisung der Juden durch diesen verlangt. Der Bademeister hat das Ersuchen abgelehnt mit der Begründung, daß er nur den Anordnungen der Badeverwaltung Folge zu leisten habe und zudem die Juden als solche auch nicht ohne weiteres erkennen könne. Wegen dieser Ansicht des Bademeisters kam es zwischen Oberbürgermeister Wohlgemuth und dem Bademeister zu einer geringfügigen Auseinandersetzung, die später durch die Badeverwaltung beigelegt wurde. Mit Rücksicht auf dieses Vorkommnis hat der Kur- und Kneippverein unterm Heutigen am Badeeingang eine Tafel mit der Aufschrift angebracht: »Juden ist der Zutritt verboten«.

In Bad Kissingen hat nach einem Bericht des Stadtkommissärs Dr. Konrath vom 24. 7. 1935 in letzter Zeit ein starker Zustrom von Juden eingesetzt. In den Schwimmanstalten Bad Kissingen und Garitz wurden daher von der Bevölkerung entsprechende Schilder angebracht. Dr. Konrath befürchtet, daß der Ruf des Bades Kissingen schwer geschädigt würde, wenn diese von Kissingen weder verschuldete noch gewünschte Überschwemmung mit Juden so weitergeht. Er hat Schritte eingeleitet, daß auch den Staatsbä-

---

[14] Auszug in AStA, MWi 2763.

dern die Möglichkeit gegeben wird, die Judenplage zu unterbinden, weil zu befürchten ist, daß sonst die Staatsbäder von den rassisch gesund empfindenden Kurgästen als »Judenbäder« gemieden würden. Man sei es den in ein Staatsbad kommenden Kurgästen schuldig, daß sie nicht durch den dauernden Anblick der zahlreichen Juden verärgert und dadurch in ihrer Erholung und Wiedergenesung beeinträchtigt würden. Da es bei der in Bad Kissingen abgehaltenen großen Tagung des Einheitsverbandes deutscher Tanzlehrer undenkbar war, daß gleichzeitig offizielle Vertreter der nationalsozialistischen Organisation, darunter hochstehende Amtsträger in Uniform, in den mit den nationalen Symbolen geschmückten Räumen mit Juden zusammenkamen und dabei ernste Störungen mit Sicherheit zu erwarten waren, sah sich der staatliche Badkommissar Dr. Konrath gezwungen, den Zutritt von Juden zu dieser durchaus nationalsozialistisch gestalteten Versammlung zu unterbinden.

In Bad Tölz wehrte man sich gegen die jüdische Überschwemmung des Parkhotels dadurch, daß vor dem Hotel die Straße beschriftet wurde mit den Aufschriften: »Juden sind unser Unglück« und »Hier wohnen die Vaterlandsverräter«. Um die Entfernung dieser Beschriftung zu verhindern, wurden auf der dem Hotel gegenüberliegenden Straßenseite fünf bis sechs SA-Posten aufgestellt. Obwohl weder Belästigungen noch Ausschreitungen gegen die Juden vorkamen, waren diese doch sehr verschüchtert und trauten sich nicht mehr auf die Straße. Dem Besitzer des Hotels, Hellmann, wurde mitgeteilt, daß seine jüdischen Gäste ruhig abreisen könnten, ohne daß sie irgendwelche persönliche Belästigung zu befürchten hätten.

In Bad Tölz attackierten die örtlichen Parteistellen sowohl die jüdischen Kurgäste wie die jüdische Leitung des Parkhotels mit Erfolg. In der Nacht vom 1. auf 2. August wurde das Hotel durchsucht, um einen dort vermuteten jüdischen Gast aus Zwickau in Schutzhaft zu nehmen, der im »Stürmer« wegen »rassenschänderischem Treiben« angeprangert worden war[15], zum Zeitpunkt der Durchsuchung jedoch bereits abgereist war. Nachdem sich dieser Fall nicht zu einer aufsehenerregenden Provokation verwerten ließ, wurden »am Hotel selbst und in mehreren Straßen Aufschriften gegen die Juden angebracht. Am Sonntag, den 5. August, zog eine große Menschenmenge unter Vorantreten einer Musikkapelle durch Tölz unter Mitführung eines Transparentes ›Juden sind hier unerwünscht, Bad Tölz will keine Juden‹. Da mit weiteren Zwischenfällen gerechnet werden mußte, hat das Bezirksamt die Schließung des Hotels angeordnet.«[16]

Aus Monatsbericht der Gendarmerie-Station Egmating, Bezirk Ebersberg (Oberbayern), 31. 8. 1935

... Der Jude und Viehhändler Julius Löwenthal hält sich wiederholt beim Gastwirt und Ortsbauernführer Isidor Mayer in Münster auf. Am 14. und 28. Juli hat er von dem Bauern Josef Schwaiger und dem Bauern Josef Seidl in Münster je einen Rehbock gekauft. Die Böcke wurden abgeschossen und beim Kreisjägermeister nicht angemeldet... Außerdem ist der Pg. D. in Egmating mit dem Juden Julius Löwenthal mit dessen Auto umhergefahren. D. steht im dringenden Verdacht des Wilderns und hat einer Frau eines österreichischen [SA-]Obersturmführers »billiges Rehwild« angeboten. Ich vermute

---
[15] »Der Stürmer« Jg. 13 (1935), Nr. 31.
[16] Lagebericht des Regierungspräsidenten von Oberbayern vom 8. 8. 1935.

stark, daß Löwenthal auch Abnehmer des Wildes ist, weil er wiederholt mit seinem PKW zu ihm gekommen ist. Der Jude Löwenthal, wohnhaft in München, Kobellstraße 15, scheint sich in Egmating und Umgebung sehr wohl zu finden. Dies nimmt auch kein Wunder, hat ihm doch der Stützpunktleiter der NSDAP Anton Kronester eine Kuh verkauft, und zwar erst vor ganz wenigen Wochen. Im Herbst 1934 hat er dem Juden Löwenthal einen Ochsen und erst vor wenigen Wochen wieder eine Kuh verkauft. Auch der Pg. D. scheint mit dem Juden sehr befreundet zu sein, sonst würde er nicht zum Ärger der Ortsansässigen mit dessen Auto umherfahren. Erst kürzlich hat er drei Stück Rinder bekommen, und ich vermute doch, daß auch diese vom Juden Löwenthal stammen. Es wurde wiederholt an mich die Frage gerichtet, warum nichts geschieht... Gegen Löwenthal, Schwaiger und Seidl jun. und sen. wurden die vorgeschriebenen Anzeigen erstattet...

Aus Monatsbericht des Regierungspräsidenten von Unterfranken, 6. 9. 1935

... Der Kampf gegen die Juden hat in den letzten Wochen überall an Schärfe zugenommen. Vereinzelt ist es auch zu Ausschreitungen gekommen, die nicht zu billigen sind...
  In Alzenau erregte das wiederholte Erscheinen anonymer Flugblätter, die in teilweise übertriebener, teilweise sogar wahrheitswidriger Weise eine Reihe von Beamten und Bürgern der Judenfreundlichkeit und des Volksverrats bezichtigten, starke Erbitterung, da die Angegriffenen außerstande waren, sich gegen die unbekannten Verfasser zur Wehr zu setzen. Der Unfug scheint nun wieder abgeflaut zu sein, da weitere Ausgaben des »Alzenauer Stürmer« – so nannte sich das Schmähblatt – seit Anfang August nicht mehr erschienen sind. Die Blätter sind, soweit erreichbar, polizeilich beschlagnahmt und beseitigt, da sie gegen das Pressegesetz und gegen die oberpolizeilichen Vorschriften über die öffentliche Verbreitung von Plakaten, Flugblättern und Flugschriften vom 8. 5. 1929 verstießen...
  Im Bezirk Miltenberg ist die Möbelindustrie gut beschäftigt. Dagegen klagt die jüdische Möbelfabrik Lindheim in Kahl, die zur Zeit noch mit etwa 150 Personen arbeitet, über schlechten Geschäftsgang. Da sich auch die Zigarrenfabrik im Kahlgrund größtenteils in jüdischen Händen befindet, kann sich die gegenwärtige Judenboykottbewegung leicht zum schweren Nachteil der dortigen arbeitsuchenden Bevölkerung ausweiten.
  Das Bezirksamt Ochsenfurt berichtet: In einzelnen Ortschaften des Bezirks blüht der Handel der Juden mit den Bauern noch genau so wie früher. Dies ist besonders darauf zurückzuführen, daß der Jude immer noch in der Lage ist, den Bauern zu kreditieren sowie gegen Bargeld zu kaufen, ferner auch darauf, daß es an arischen Viehhändlern mangelt und bei der Viehverwertung größtenteils Fettvieh umgesetzt wird. Es bestehen eben hier für den Ochsenfurter Gau ganz besondere Verhältnisse. Der Gau ist auf Erzeugung von Fettvieh eingestellt und erzeugt an Gangochsen (Magervieh) und an Jungvieh nicht das, was benötigt wird. Das Fettvieh wird ausgeführt, Mager- und Jungvieh aus der Oberpfalz, Niederbayern usw. eingeführt. Einfuhr und teilweise auch Ausfuhr liegt aber zumeist in den Händen der Juden. Es besteht im Bezirk keine christliche Firma, die hier den Juden Abbruch tun könnte...

Aus Monatsbericht des Regierungspräsidenten von Oberbayern, 9. 9. 1935

... In Bad Tölz und Heilbrunn werden im Anschluß an die im letzten Monatsbericht gemeldeten Vorfälle Kur- und Badekarten an Juden nicht mehr abgegeben. Auch in den anderen Orten, wie in Garmisch und Rosenheim, wurden die Juden zur vorzeitigen Abreise veranlaßt. Es darf jedoch nicht verschwiegen werden, daß der Großteil der Bevölkerung in den Ausflugsorten vom Fremdenverkehr lebt und deshalb die scharfe Kampfansage an die Juden nicht billigt.

An Amts- und Privatgebäuden in Rosenheim wurde ein Plakat angeschlagen, auf welchem die jüdischen Geschäfte der Stadt aufgeführt sind und jeder als Volksverräter bezeichnet wird, der in diesen Geschäften einkauft.

In Pfaffenhofen riß ein Engländer ein Judenplakat ab; er wurde angehalten und gezwungen, zur Sicherung der Strafbeitreibung eine Kaution zu hinterlegen...

Aus Monatsbericht der Bayerischen Politischen Polizei, 1. 10. 1935

... Daß manche Bekenntnispfarrer in Anlehnung an die Bibel die frühere oder zukünftige »Sendung« des jüdischen Volkes besonders hervorzuheben oder behandeln zu müssen glauben, muß als eine Herausforderung der nationalsozialistischen Bevölkerung angesehen werden. So hat der bereits mehrfach wegen seiner staatsabträglichen Äußerungen beanstandete evangelische Vikar Karl Steinbauer aus Penzburg vor kurzem in einer Predigt u. a. folgendes geäußert: »Wer nun meint, ich will nichts wissen von dem Juden Abraham, ich will nichts wissen von dem Judenbuch, der Bibel, der muß wissen, daß er heraustritt aus der Kette der Verheißung und den Weg Gottes verachtet und Christus ihm zum Gericht werden muß, der doch Heiland auch ihm sein wollte. ›Das Heil kommt von den Juden‹, so wie wir's hier meinen. Und die, die davon nichts wissen wollen aus ihrem Antisemitismus heraus, aus ihrer völkischen Einstellung, die sollen sich ganz nüchtern klarmachen, daß auch die Juden aus völkischen Gründen nichts davon wissen wollten und die Propheten gesteinigt haben. Diese völkischen Antisemiten stehen Schulter an Schulter mit diesen völkischen Juden«. Gegen Steinbauer mußte im Interesse der Aufrechterhaltung der öffentlichen Ruhe und Ordnung ein Redeverbot verhängt werden.

Eine Nummer des in Kulmbach erscheinenden »Friedensboten«, der Wochenschrift der »Gemeinschaft innerhalb der evangelischen Landeskirche«, mußte wegen judenfreundlicher Ausführungen beschlagnahmt werden...

Infolge des Erlasses des Führers, nach welchem Einzelaktionen gegen Juden zu unterbleiben haben[17], ist eine merkliche Abnahme der Ausschreitungen gegen Juden zu ver-

---

[17] Im Sommer 1935 hatten die unkontrollierten antijüdischen Ausschreitungen ein derartiges Ausmaß angenommen, daß der Reichswirtschaftsminister und der Reichsinnenminister mit Nachdruck eine gesetzliche Regelung beim Vorgehen gegen die Juden forderten. Deshalb erging am 20. August an die Landesregierungen eine Anordnung des Führers und Reichskanzlers, wonach »Einzelaktionen gegen Juden von Mitgliedern der NSDAP, ihrer Gliederungen und der angeschlossenen Verbände unbedingt zu unterbleiben haben. Wer hiernach noch an Einzelaktionen gegen Juden teilnimmt oder dazu anstiftet, muß in Zukunft als Provokateur, Rebell und Staatsfeind betrachtet werden...« Bereits Anfang August waren die Gauleiter vom Stellvertreter des Führers in diesem Sinne instruiert worden. Da in der Anordnung Hitlers zum Begriff »Einzelaktionen« nichts näher ausgeführt worden war, definierte ihn die Bayerische Politische Polizei als »alle Maßnahmen, die nicht auf einer ausdrücklichen Anordnung der Reichsregierung und der Reichsleitung der NSDAP beruhen«; AStA, MWi 35.

zeichnen. Im bayerischen Oberland, insbesondere im Bezirk Garmisch-Partenkirchen, wurde zufolge einer Verfügung des Politischen Polizeikommandeurs der Länder mit Rücksicht auf die bevorstehende Winterolympiade im Benehmen mit den zuständigen Parteidienststellen die judengegnerische Agitation abgestoppt. Die Entfernung der Schilder mit judenfeindlichen Aufschriften wurde veranlaßt, um den ausländischen Bestrebungen nach Verlegung der Olympiade in ein anderes Land den Boden zu entziehen, da immer wieder festgestellt wurde, daß derartige Tafeln von den Insassen ausländischer Kraftfahrzeuge photographiert und in ausländischen Zeitungen veröffentlicht wurden...

In Passau fand am 31. 8. 1935 eine große Kundgebung mit dem Thema »Gegen Judentum und politischen Katholizismus« statt. Anschließend daran wurden in der Nacht vom 1. September sämtliche Schaufenster der Passauer Judengeschäfte mit roten Zettelchen beklebt, die die Aufschrift trugen: »Kauft nicht im Warenhaus« und »Kauft nicht beim Juden«. Gegen die Täter wurde Strafanzeige erstattet...

Aus Lagebericht der Polizeidirektion Augsburg, 1. 10. 1935

...In der Nacht vom 18./19. 9. wurden an die Rolläden einiger jüdischer Geschäfte im Stadtbezirk Lechhausen mit Mennig-Farbe die Worte »Jude« und »Saujude« geschmiert. Als Täter konnte der Propagandaleiter der Ortsgruppe 22, H., ermittelt werden. Auf Grund des strengen Verbotes der Reichsregierung gegen Einzelaktionen wurde H. vorläufig festgenommen. Er wurde dann mit einer strengen Verwarnung wieder entlassen, nachdem diese Angelegenheit von den zuständigen Parteidienststellen behandelt wird...

Die in den letzten Monaten in der nationalsozialistischen Presse wieder erschienenen Aufklärungsartikel haben bei einem großen Teil der Bevölkerung die beabsichtigte Wirkung nicht verfehlt... Dennoch gibt es auch jetzt noch Leute genug, die ihre Einkäufe in Judengeschäften betätigen. Von nationalsozialistisch eingestellten Kreisen wird gefordert, daß die jüdischen Geschäfte dem Publikum als solche gekennzeichnet werden müssen. Eine unbefugte Kennzeichnung solcher Geschäfte ist, mit Ausnahme des Falles H., in letzter Zeit nicht mehr erfolgt. Doch wurden eines Nachts vor Judengeschäften von unbekannten Tätern rote Zettel angeklebt, mit der Aufschrift: »Wer beim Juden einkauft ist ein Volksverräter« oder »In 5 Minuten wird hier auf Juden geschossen«...

In hiesigen Ärztekreisen wird mißbilligt, daß es hier immer noch jüdische Ärzte gibt, die eine Kassenpraxis ausüben, obwohl sie weder Feldzugteilnehmer waren, noch vor dem Jahre 1915 eine selbständige Praxis ausgeübt haben.[18]

---

[18] In die antijüdischen Sonderbestimmungen des Gesetzes zur Wiederherstellung des Berufsbeamtentums vom 4. 7. 1933 wurden durch die Zulassungsordnung vom 17. 5. 1934 auch die Kassenärzte miteinbezogen. RGBl. I, S. 399. Um die vier jüdischen Kassenärzte in Augsburg in ihrer freien Berufsausübung weiter einzuengen, beabsichtigte das städtische Wohlfahrtsamt Ende 1936, den Vertrag zwischen dem Bezirksfürsorgeverband und diesen Ärzten zum nächstmöglichen Zeitpunkt zu kündigen; Monatsbericht des Regierungspräsidenten von Schwaben vom 6. 12. 1936.

Aus Lagebericht der Polizeidirektion München, 3. 10. 1935

... Die Aufklärungsarbeit der Partei und ihrer Beauftragten sorgte dafür, daß Einzelaktionen gegen Juden, wie sie besonders in den Monaten April und Mai ds. Js. in großer Zahl erfolgten, unterblieben. Dafür aber stärkte sich die Abwehrfront des gesamten Volkes gegen alles Jüdische. Anstelle des ziellosen Einzelvorgehens tritt allmählich eine zielbewußte allgemeine Ablehnung des jüdischen Gastvolkes, seiner Sitten und Kultur.

Die Bevölkerung zeigt wohl kaum mehr Verständnis für das rassenschändende Verhalten so vieler Juden und die Artvergessenheit arischer Mädchen, die sich von den Juden trotz der warnenden Vorgänge der verflossenen Monate nicht trennen wollen. Die hier behandelten Fälle zeigen, daß verschiedene jüdische Geschäftsinhaber die wirtschaftliche Not von Angestellten in brutaler Weise ausnützen zur Befriedigung ihres entarteten, überaus anspruchsvollen Geschlechtstriebes.[19] Im Laufe des Monats August wurden sechs jüdische Rasseschänder in das Konzentrationslager Dachau eingewiesen. Weiterhin kamen sechs artvergessene Mädchen und Frauen in Schutzhaft. Im Monat September 1935 mußten ebenfalls 32 Personen polizeilich gesichert werden, da ihnen aus Kreisen der Bevölkerung rasseschänderisches Treiben vorgeworfen wurde und in vielen Fällen Gefahr für die persönliche Sicherheit der Betroffenen bestand. Ein großer Teil dieser Personen wurde in Schutzhaft genommen. Auffallend ist es, daß seit dem Erlaß des Gesetzes vom 15. 9. 1935 zum Schutze des deutschen Blutes und der deutschen Ehre sich ein rascher Umschwung in dieser Angelegenheit zeigte...

Aus Monatsbericht des Regierungspräsidenten von Oberbayern, 9. 10. 1935

... Vor dem Erlaß des neuen Gesetzes betreffend die Regelung der Judenfrage konnte in mehreren Bezirken eine bedeutsame Steigerung der antijüdischen Propaganda, insbesondere durch Werbeplakate und Sondernummern des »Stürmer«, festgestellt werden. Im allgemeinen kann die Säuberung der Fremdenverkehrsorte von den jüdischen Sommergästen als beendet erachtet werden. Ein besonderes Hervortreten von Juden in provozierender Weise wurde nicht beobachtet.

Nach einer Zeitungsnachricht hat der Zuchtverband für oberbayerisches Alpenfleckvieh, Miesbach, die Anordnung erlassen, daß Mitglieder auszuschließen sind, wenn sie mit Juden handeln.

Die Handwerkskammer von Oberbayern hat eine Bekanntmachung erlassen, nach der sie es ablehnt, Lehrverträge mit Nichtariern und, ab Frühjahr 1936, Lehrverträge von nicht der HJ bzw. dem BdM angehörenden Lehrlingen bzw. Lehrmädchen zu genehmigen...

---

[19] Die Diktion dieser Passage zeigt besonders eindringlich, in welchem Ausmaß sich auch die Berichterstattung staatlicher Organe den Jargon des »Stürmer« zu eigen gemacht hatte.

Aus Tätigkeitsbericht des Gauamts für Kommunalpolitik, Gau Franken, 10. 10. 1935

... Der Reichsparteitag ist allen Beteiligten wiederum zum großen Erlebnis geworden und hat höchste Bedeutung durch die Tagung des Reichstags und den Erlaß der »Nürnberger Gesetze« erlangt. Diese Gesetze, die eine Bestätigung der langjährigen Arbeit des unermüdlichen und unerbittlichen Vorkämpfers in der Judenfrage, unseres Gauleiters Julius Streicher, bedeuten, haben im besonderen im Gau Franken helle Begeisterung ausgelöst. ... Bei der Nürnberger Stadtverwaltung laufen auch jetzt noch nahezu täglich Schreiben von Partei- und Volksgenossen aus dem ganzen Reich ein, in denen die Begeisterung über den Verlauf des Reichsparteitages und über den Erlaß der Nürnberger Gesetze zum Ausdruck kommt...

Aus Lagebericht des Regierungspräsidenten von Ober- und Mittelfranken, 10. 10. 1935

... Eigenmächtige Ausschreitungen gegen das Judentum kamen nur noch selten vor. In Forth, Bezirksamt Erlangen, wurde das Haus eines Juden mit Steinen beworfen; in Uhlfeld, Bezirksamt Neustadt a.d. Aisch, wurden im Judenfriedhof einige Grabsteine umgeworfen; in Oberrimbach und Umgebung (Bezirksamt Scheinfeld) kam es zu Reibereien zwischen Berliner Notstandsarbeitern (SA-Leute) und den ortsansässigen Juden, die jedoch noch rechtzeitig von der SA-Führung unterbunden wurden; in Ziegenbach, Bezirksamt Scheinfeld, wurden drei Juden, die dort Geschäfte machen wollten, von Arbeitsdienstmännern aus dem Dorf hinausgedrängt.

In verschiedenen Gemeinden um Hersbruck wurden Bauern, die ihren Hopfen an jüdische Händler verkauft hatten, mit umgehängten Plakaten als Volksverräter gebrandmarkt, durch die Ortschaften geführt. In Wittelshofen, Bezirksamt Dinkelsbühl, weigern sich die Einwohner, an die dort noch ansässigen 15 Juden irgendwelche Lebensmittel abzugeben, so daß diese sich vollständig von auswärts versorgen müssen.

Aus Lagebericht der Polizeidirektion München, 6. 12. 1935

... Trotz des vom Herrn Reichsinnenminister erlassenen Verbotes von Einzelaktionen gegen Juden und jüdische Geschäfte sind von Zeit zu Zeit Übereifrige am Werke. Mitte November wurde nächtlicherweile eine große Auslagefensterscheibe des in jüdischen Händen liegenden Einheitspreisgeschäftes »Eska-Kleinpreise« (Stephanie Kahn), Nymphenburger Straße 128, eingeworfen. Die Täter waren nicht zu ermitteln. Von dem Betriebsführer des Unternehmens, das 70 Arbeitskräfte beschäftigt, wurde um die gleiche Zeit an den Leiter des zuständigen Polizeibezirks ein Schreiben gerichtet, in welchem er ersuchte, durch entsprechende Anweisung der Polizeirunden darauf hinzuwirken, daß das Aufstellen der Kontrollpersonen unterbleibt, die in letzter Zeit eine Art Prüfung des in dem Betrieb einkaufenden Publikums ausübten und dadurch den Geschäftsgang empfindlich benachteiligten.

Im Rahmen der antisemitischen Werbetätigkeit in den ersten Monaten des zweiten

Halbjahres sind an verschiedenen günstig gelegenen Plätzen in Neuhausen (dort liegt auch das Geschäft »Kleinpreise«) Stürmerkästen aufgestellt worden. Die Errichtung der Kästen erfolgte jeweils unter großer Beteiligung von Angehörigen der NSDAP und der ihr angeschlossenen Verbände sowie auch der übrigen Bewohner in feierlicher Aufmachung. Die Redner erklärten hierbei, daß in den Kästen außer den Veröffentlichungen des »Stürmers« auch ein Verzeichnis der jüdischen Geschäfte des Stadtbezirkes angeschlagen und jeweils für längere Zeit eine Liste der Bewohner ausgehängt werde, die in den jüdischen Geschäften einkaufen. Es war auch für kurze Zeit eine Liste der jüdischen Geschäfte sowie auch ein Verzeichnis von Käufern veröffentlicht. Die beiden Listen wurden jedoch bald wieder entfernt. Schon kurze Zeit nach dem Einlauf der Beschwerde wurde die Kontrolle eingestellt; anscheinend hatten die mit dieser Arbeit Betrauten von der Beschwerde bei der Polizei erfahren...

Aus Lagebericht des Regierungspräsidenten von Schwaben, 7. 12. 1935

... Das Verständnis für die Reinhaltung des Blutes wurde durch die Ausführungsbestimmungen vom 14. 11. 1935 zu den Nürnberger Gesetzen weiter gehoben. Vielfach wird immer stärker die arteigene Wirtschaft, d. h. die Entfernung der Juden nicht bloß aus dem öffentlichen Dienst, sondern auch aus der Wirtschaft verlangt...
Den Angehörigen der Garnison Augsburg hat der Standortälteste verboten, in Judengeschäften einzukaufen. Ein gleiches Verbot für Beamte und die baldige Einschränkung der wirtschaftlichen Betätigungsfreiheit der Juden, insbesondere im Viehhandel, wird in Partei- und Geschäftskreisen vielfach gewünscht. Tatsächlich verschlechtert sich bereits die wirtschaftliche Lage der Juden unaufhaltsam trotz ihrer zähen Bemühungen, ihre Geschäfte weiterzuführen. Im Bezirksamt Donauwörth ist nur noch 1 Jude in der Wirtschaft tätig (in Harburg). Ichenhausen[20], Bezirksamt Günzburg, bezeichnet sich selbst als eine sterbende Stadt, da in den dortigen Geschäften die Leute nicht mehr einkaufen wollen; sie gehen nach Günzburg oder Ulm; unter dieser Ableitung der Käufer leiden dann auch die Geschäfte von Christen. In Altenstadt, Bezirksamt Illertissen, gingen die Geschäfte der Schuhleisten- und Stanzmesserfabrik Brüder Winkle, deren Kunden zu etwa 80% Juden gewesen sein sollen, sehr stark zurück; die Kleiderfabrik Löwenstein & Cie. dortselbst kündigte 32 Arbeiterinnen...

Aus Lagebericht des Regierungspräsidenten von Oberbayern, 9. 12. 1935

... In der Judenfrage ist eine Art Beharrungszustand eingetreten, wohl dadurch veranlaßt, daß allgemein die gesetzlichen Vorschriften darüber erwartet werden, inwieweit eine Ausschaltung der Juden aus dem Wirtschaftsleben dem Willen der politischen Staatsführung entspricht. Die Judenfrage spielt zwar in den Außenbezirken praktisch nur eine

---

[20] In der Stadt Ichenhausen befand sich die nach Augsburg größte jüdische Gemeinde im Regierungsbezirk Schwaben. Im Jahr 1933 waren von den 2493 Einwohnern der Stadt 309 Juden, die dort eine zentrale Stellung in Wirtschaft und Handel einnahmen.

geringe Rolle, weil im ganzen Regierungsbezirk (ausgenommen den Stadtbezirk München) nur 602 Juden ansässig sind. Dennoch ergeben sich verschiedene Einstellungen. Nach dem Bericht des Bezirksamts Aichach finden sich auf den Viehmärkten in Aichach vereinzelt jüdische Händler ein, gegen deren Geschäftsgebaren Klagen nicht bekannt geworden sind. Im Gegenteil wird seitens der Großzahl der Landwirte die ungerechtfertigte Befürchtung ausgesprochen, daß durch einen Ausschluß der jüdischen Händler die Großviehmärkte ungünstig beeinflußt würden, weil dann viel Vieh nicht mehr verkauft werden könnte. Nach dem Bericht des Bezirksamtes Wolfratshausen haben zwei Gemeinden dieses Bezirks bekanntgegeben, daß für Kühe, welche von jüdischen Viehhändlern stammen, der gemeindliche Zuchtbulle künftig nicht mehr zur Verfügung gestellt werde.

Nach dem Bericht des Oberbürgermeisters der Stadt Rosenheim zeigt der dort durchgeführte Kampf gegen die jüdischen Geschäfte einen allmählichen Erfolg. Nach Mitteilung des Innungsobermeisters der Schneiderzwangsinnung soll der Inhaber eines der fünf jüdischen Konfektionshäuser sich bereit erklärt haben, das Geschäft einer von der Innung zu gründenden Verkaufsgenossenschaft ablösungsweise zu überlassen. Der jüdische Geschäftsinhaber will ins Ausland...

Aus Lagebericht der Polizeidirektion München, 5. 2. 1936

... Wie alljährlich kam es bei der Durchführung des Inventur-Verkaufes im jüdischen Stoffgeschäft Sally Eichengrün in der Karmeliterstraße in den ersten Tagen – ab 28.1.1936 – zu großen Ansammlungen. Zeitweise stellten sich die kauflustigen Frauen in langen Schlangenlinien, die bis zu 300 Personen zählten, vor dem Geschäfte auf der Straße auf. Diese Tatsache, daß noch ein großer Teil der Frauen und Mädchen die vom Führer aufgezeigten Richtlinien zur Lösung der Judenfrage nicht begriffen hat oder nicht begreifen will, löste unter vielen der Passanten Erregung aus. Andere hatten für dieses würdelose Verhalten nur einen Ausdruck der Verachtung übrig. Die Vorgänge vor dem Geschäft wurden durch Beamte in bürgerlicher Kleidung ständig überwacht. Ein Anlaß zu einem umfangreichen Einschreiten war nicht gegeben...

Im Laufe des Monats Dezember vergangenen Jahres liefen bei der Polizeidirektion 528 Gesuche ein, in denen deutschblütige Hausangestellte um Befreiung von dem Verbot des § 3 des Blutschutzgesetzes (Verbot der Beschäftigung von deutschblütigen reichsangehörigen Dienstmädchen unter 45 Jahren in jüdischen Haushaltungen) baten. Es sei dazu bemerkt, daß München zur Zeit etwa 7800 jüdische Einwohner und etwa 2500 jüdische Haushaltungen zählt. Die Gesuche wurden zum Teil auch von den jüdischen Arbeitgebern gestellt. In den meisten Fällen war ein Bedürfnis zur Verwendung dieser Hausangestellten nicht gegeben, es wurden daher die Gesuche nicht begutachtet. Bezeichnend für die vollkommen unzureichende politische Schulung der Hausangestellten ist die Tatsache, daß ein großer Teil der Gesuchstellerinnen mit allen Mitteln versuchte, die Erlaubnis zum Antritt einer Stelle in einer jüdischen Haushaltung zu erlangen. Es muß andererseits zugestanden werden, daß das Beschäftigungsverbot ab 1. 1. 1936 in sozialer Hinsicht bei einer großen Anzahl von Hausangestellten sich sehr nachteilig ausgewirkt hat, da viele der betroffenen Dienstmädchen zum Teil schon seit vielen Jahren innegehabte Stellen aufgeben und oft gute Arbeitsplätze verlieren mußten, ohne bis heute wieder einen Ersatz dafür finden zu können... Die Unterbringung der durch das Gesetz am 31. 12. 1935 stellenlos gewordenen Dienstmädchen geht nach den Berichten der Polizeibezirke nur langsam vor sich...

Aus Monatsbericht des Regierungspräsidenten von Oberbayern, 8. 2. 1936

... In Wolnzach wurde das Haus eines jüdischen praktischen Arztes nächtlicherweile von unbekannten Tätern mit der Aufschrift »Saujud« versehen, offenbar deswegen, weil dieser, durch jahrzehntelange Tätigkeit gut eingeführt und in großem Ansehen bei der Bevölkerung stehend, dies seinen Nachfolger in der Leitung des Krankenhauses fühlen läßt und dabei ein wesentliches Hindernis für die Durchsetzung des Nationalsozialismus in Wolnzach und Umgebung ist.

Aus Monatsbericht des Regierungspräsidenten von Ober- und Mittelfranken, 7. 3. 1936

... Wegen der durch die Ermordung des Landesgruppenleiters Gustloff[1] hervorgerufenen Erbitterung der Bevölkerung waren die Juden sehr verängstigt. Zu nennenswerten Ausschreitungen ist es jedoch nicht gekommen...
Am 5. Februar 1936 kam es in Neustadt a. d. Aisch vor dem Hause des jüdischen Handelsmanns Heinrich Sämann zu einer Menschenansammlung, weil der Jude vorher einen Kriegsbeschädigten beschimpft hatte. Die Menge verbrachte den Juden zur Polizeiwache, wo er einen Nervenzusammenbruch erlitt. Zwischen ihm und dem Kriegsbeschädigten bestanden persönliche Differenzen, außerdem spielten Meinungsverschiedenheiten über die genossenschaftliche Schafhaltung eine Rolle...
Am 11. 2. 1936 wurde der jüdische Handelsmann Stern Feuty (nordamerikanischer Staatsbürger) von Michelbach a. d. Lücke in Insingen, Bezirksamt Rothenburg, wo er Geschäfte machen wollte, von dem Lehrer Schmidt und der Oberklasse seiner Schule zum Dorf hinausgesungen. Dienstaufsichtliche Würdigung ist gegen den Lehrer eingeleitet...

Aus Monatsbericht der Bayerischen Politischen Polizei, 1. 4. 1936

... Zu einem Zwischenfall größeren Ausmaßes kam es gelegentlich eines Räumungsverkaufs des jüdischen Kaufhauses Max Pfeiffer in Passau, dessen Inhaber die Juden Ucko, Salinger und Spitz sind. Mit dem Einsetzen des Ausverkaufs am 3. 3. 1936 haben sich nämlich Angehörige der NS-Frauenschaft und andere, darunter auch österreichische

---

[21] Am 4. 2. 1936 ermordete der Jude David Frankfurter den Leiter der Schweizer Landesgruppe der NSDAP, Wilhelm Gustloff.

Flüchtlinge, die ihren Wohnsitz in Passau haben, vor dem Geschäft angesammelt und die Kauflustigen durch Abraten, Fotografieren und schließlich durch Beschimpfungen abzuhalten versucht, Einkäufe dort zu betätigen. Einer der Geschäftsinhaber soll hierbei, als er sich auf der Straße sehen ließ, angespuckt worden sein. In der Nacht vom 3. 3. auf 4. 3. wurden von bisher unbekannten Tätern während einer Luftschutzübung, wobei sämtliche Polizeiorgane der Stadt wegen der Verdunkelung meist an der Peripherie verwendet worden waren, sämtliche Schaufenster des Kaufhauses mit roter Farbe beschmiert und Aufschriften »Judenschwein verdufte«, »Judensau« u. ä. angebracht. Auch Klebezettel wurden verwendet. Die städtische Polizei hat wiederholt die auf der Straße angesammelten Passanten zum Weitergehen veranlaßt. Am 5. 3. 1936 wurde das Kaufhaus vom Stadtrat im Benehmen mit der Handelskammer Passau und den beteiligten Juden geschlossen und das Personal des Kaufhauses entlassen. Trotzdem das Geschäft nun geschlossen war, sammelten sich immer wieder Neugierige dort an, die die Angelegenheit besprachen. Das Straßenbild und die beschmierten Schaufenster waren natürlich auch Anziehungspunkte für die sich vorübergehend in Passau aufhaltenden Österreicher. Die Geschäftsinhaber des Kaufhauses sollen seit 5. 3. 1936 aus Passau verschwunden sein...

Gelegentlich der Reichstagswahl und der damit verbundenen Aufwallung des deutschen Nationalbewußtseins haben die Juden nicht immer die nötige Zurückhaltung beachtet. So erregte eine Gruppe jüdischer Kartenspieler in einem Münchener Kaffee durch ihr lautes und unbekümmertes Betragen bei der Übertragung der Führerrede von Essen an das ganze deutsche Volk erhebliches Ärgernis. Ihrem Verhalten wurde durch die Polizei nach Eingang der Meldung sofort Einhalt geboten. In der Maximilianstraße in München lenkte ein jüdischer Geschäftsmann dadurch den Zorn seiner deutschen Nachbarn auf sich, daß er bei der Verkehrsruhe am Freitag, nachmittags 4 Uhr, mit den Händen in den Hosentaschen sich auf die Straße stellte und höhnisch darüber grinste, daß von verschiedenen Kraftfahrzeugen die Verkehrsruhe nicht beachtet wurde...

Aus Lagebericht der Polizeidirektion Augsburg, 3. 4. 1936

...Beim hiesigen Gericht kamen bereits einige Personen, die sich gegen die Nürnberger Gesetze zum Schutze deutschen Blutes und deutscher Ehre vom 15. 9. 1935 verfehlt hatten, zur Aburteilung. Die einzelnen Fälle wurden in der Tageszeitung veröffentlicht. Die Bevölkerung, welche allmählich rassepolitisches Verständnis zeigt, erkennt diese Säuberungsaktion vollkommen an, vertritt aber den Standpunkt, daß die Gesetzgebung einseitig ist, weil im Falle von Rasseschändung nur der männliche Teil unter Strafe gestellt wird. Nach allgemeiner Anschauung sollen beide Teile zur Verantwortung gezogen werden...

Aus Monatsbericht der Bayerischen Politischen Polizei, 1. 5. 1936

...Bei sehr vielen Juden scheint allmählich die Erkenntnis durchzudringen, daß es gut und zweckmäßig ist, sich als Gäste im Gastlande der erforderlichen Zurückhaltung zu befleißigen. Obwohl die Auswanderungsbewegung sich nicht gesteigert hat, kann doch immer wieder festgestellt werden, daß viele Juden auch bereit sind, diese letzte Folgerung, nämlich die Auswanderung, aus der Rassepolitik des nationalsozialistischen Staates zu ziehen. Dabei spielt für die Auswanderungsfreudigkeit neben der nationalsozialistischen Politik eine nicht unbedeutende Rolle die Propaganda, welche die Juden unter sich für die Auswanderung machen. Ein unbestreitbares Verdienst scheint in dieser Richtung in erster Linie den Zionisten zuzukommen, deren Geschäftsführer des Gruppenverbandes Bayern, Dr. Capell, Nürnberg, erst kürzlich wieder in einem Vortrag zu Bayreuth über das Thema »Palästina im Aufbau« sprach und dabei die Leistungen der Zionisten, die noch immer für eine Rückwanderung der Juden nach Palästina eingetreten seien, hervorhob und erklärte, es sei ein neuer Geist unter den auswandernden Juden, der bereits auf den Schiffen nach Palästina zu fühlen sei. Zum Schlusse betonte er dann noch, daß insbesondere die Jugend wieder ein Ziel hätte.

Auf der anderen Seite ereigneten sich im Monat April in drei fränkischen Gemeinden, in Ermreuth, Bezirksamt Forchheim, Gerolzhofen und in Neustadt a. d. Saale unerfreuliche Ausschreitungen auf jüdischen Friedhöfen. So wurden auf dem Judenfriedhof Gerolzhofen von mehreren Jungvolkangehörigen im Alter von etwa zwölf Jahren zwei Grabsteine umgeworfen. Zur Zeit der Tat waren die Jungens nicht im Dienst. Mangels Strafmündigkeit wurden nur die vorgesetzte Schulbehörde und die zuständige HJ-Dienststelle zu disziplinärem Vorgehen veranlaßt. In Ermreuth wurden 19 Grabsteine von bis jetzt noch unbekannten Tätern umgeworfen. Beschädigt wurden auf dem Judenfriedhof in Neustadt a. d. Saale drei Grabsteine...

Aus Monatsbericht des Bezirksamts Bad Tölz (Oberbayern), 3. 6. 1936

...Das früher ausschließlich von Juden besuchte Parkhotel in Bad Tölz ist nun an die jungen Eheleute Madlener von Bad Tölz verpachtet, die es in rein arischem Sinne betreiben. Man muß hier ab und zu den Hinweis hören, warum gerade in dem Badeort Tölz so scharf gegen die Juden vorgegangen wird, während sie in Wiessee ungehindert sich aufhalten und die Kur gebrauchen können.

Zum hiesigen Jahrmarkt hatten auch drei Juden die Zulassung durch die Ortspolizeibehörde erhalten. Auf Betreiben der Kreisleitung wurde ihnen jedoch die Standkarte von der Stadt wieder entzogen. Der Kreisleiter soll geäußert haben, er könne nicht garantieren, daß nicht alles kurz und klein geschlagen werde, wenn die Juden kommen. Unter den drei Juden war auch ein polnischer Händler; die uneingeschränkte Zulassung dieser polnischen Juden ist gerade in letzter Zeit erst durch eine Ministerialentschließung eingeschärft worden. Wenn es schon der Wille der Partei ist (»Die Partei befiehlt dem Staat«), daß Juden nicht zugelassen werden, dann sollten nicht Ministerialentschließungen das Gegenteil anordnen, sonst kommen die Außenbehörden in unerträgliche Konflikte...

Aus Monatsbericht des Regierungspräsidenten von Niederbayern und der Oberpfalz, 7. 7. 1936

... In Straubing wurden am 30. Juni die Auslagen einer Reihe jüdischer Geschäfte dicht mit Zetteln verklebt mit der Aufschrift: »Wer beim Juden kauft, ist ein Volksverräter«. Auch wurde vor diesen Geschäften die kauflustige ländliche Bevölkerung, die an diesem Dulttag zahlreich nach Straubing kam, von dem Betreten der Geschäfte abgehalten. Einschreiten der Polizei hatte keinen dauernden Erfolg. Es soll auch eine größere Anzahl jüdischer Händler an diesem Tag nach Straubing gekommen sein in der Erwartung, daß die Bauern aus dem Hochwassergebiet Vieh abstoßen würden, worüber sich die Bevölkerung erregt haben soll. Der Kreisleiter wies in einer von ihm einberufenen Bürgermeisterversammlung die Bürgermeister darauf hin, daß sie dafür zu sorgen hätten, daß die ländliche Bevölkerung in Straubing nicht bei Juden einkaufen darf. Zu größeren Ausschreitungen kam es nicht.

In der Stadt Weiden entstanden dadurch Schwierigkeiten, daß ein getaufter Jude auf dem gemeindlichen Friedhof beerdigt wurde. Da die israelitische Kultusgemeinde sich weigert, getaufte Juden zu beerdigen, wurde ein stadteigenes Grundstück dem Friedhof zugeschlagen. Auf diesem Teil des Friedhofs sollen nunmehr die nichtarischen Personen, die nach dem Gesetz als Juden gelten, beerdigt werden. Die Anlage wurde von der Regierung genehmigt...

Aus Tätigkeitsbericht des Gauamts für Kommunalpolitik, Gau Franken, 7. 9. 1936

... Eine bedauerliche Feststellung mußte in den letzten Monaten die politische Leitung des Kreises Hilpoltstein machen. Die Handelsbeziehungen der Bauern mit Juden haben einen derartigen Umfang angenommen, daß sich die politische Leitung zu einem energischen Eingreifen veranlaßt sah. In einer am 23. August anberaumten Versammlung der Bürgermeister, Ortsbauernführer und Viehhändler, bei der auch das Bezirksamt, der Kreisbauernführer, die landwirtschaftlichen Raiffeisengenossenschaften und ein Vertreter des agrarpolitischen Amtes der NSDAP für den Gau Franken vertreten waren, geißelte der Kreisbauernführer das Verhalten mancher Bauern, die in der heutigen Zeit noch nicht einmal die einfachsten Richtlinien der nationalsozialistischen Bewegung erfaßt haben. Diesen Ausführungen schloß sich der Vertreter des agrarpolitischen Amts der NSDAP an, der insbesondere einige praktische Vorschläge zur Bekämpfung des Viehhandels mit Juden einbrachte. In Zukunft werden die Ortsbauernführer der Kreisleitung Meldung machen, wenn ein Stück Vieh verkauft werden soll; die Kreisleitung wird dann einen leistungsfähigen Viehhändler in die betreffende Gemeinde entsenden, der den Bauern das Vieh zu anständigen Preisen abnimmt. Damit entfällt der von seiten mancher Bauern erhobene Vorwurf, daß kein leistungsfähiger Viehhändler die Gemeinde bzw. den Bauern aufgesucht und das Vieh zu einem anständigen Preis abgenommen hätte. Zum Schluß ersuchte Kreisleiter Minnameyer die Bürgermeister des Kreises Hilpoltstein, dabei mitzuhelfen, daß die jüdischen Viehhändler sich von den Gemeinden dieses Kreises fernhielten.

Aus Monatsbericht der Staatspolizeileitstelle München, 1. 11. 1936

...nicht nur vom Auslande her wird eine hetzerische Propaganda gegen den »Stürmer« betrieben, sondern auch im Inlande selbst werden immer wieder Fälle einer Gegenpropaganda bekannt. So wurden in Lindau mehrere Hetzzettel mit folgendem Inhalt festgestellt: »Der ›Stürmer‹ ist in Wort und Bild von abstoßender Minderwertigkeit und stellt ein beschämendes Dokument der Kulturschande dar. Wer den ›Stürmer‹ kauft und verbreitet, besorgt die Geschäfte der ausländischen Hetzpropaganda gegen Deutschland und begeht ein Verbrechen an dem mühsamen Friedenswerk des Führers. Ein alter Parteigenosse, Kreispropagandawart in der Kampfzeit.«

Zwei der Zettel wurden an den Lindauer Stürmerkästen gefunden, während je ein weiterer an einer Dachrinne am Bahnhof und in einer öffentlichen Bedürfnisanstalt angeklebt war...

Aus Monatsbericht des Regierungspräsidenten von Niederbayern und der Oberpfalz, 8. 12. 1936

...Am 12. November wurde die Staatspolizeistelle Regensburg davon verständigt, daß sich im Schlachtviehhof Regensburg bei den arischen Händlern eine starke Erregung gegen die jüdischen Viehhändler bemerkbar mache und daß mit Ausschreitungen zu rechnen sei. Für Mittwoch, den 11., und Donnerstag, den 12. November, hatte der Viehwirtschaftsverband Bayern die Mitglieder der Schlachtvieh-Qualifizierungsausschüsse zu theoretischer und praktischer Schulung geladen. Die Mitglieder, etwa 150, trafen sich am Vormittag des 12. 11. im Schlachtviehhof. Von der Erregung gegen die Juden hatte der Leiter der Regensburger Marktverwaltung, der Marktbeauftragte und Kreisbauernführer Wolfertseder, nicht die Staatspolizeistelle, sondern den SD verständigt. Als die Beamten der Staatspolizeistelle im Schlachtviehhof eintrafen, hatten sich die Juden bereits in das Direktionsgebäude zurückgezogen; vor diesem standen etwa 150 Personen, man hörte Rufe: »Schlagt sie tot! Hängt sie auf! Gebt sie uns, wir bringen sie nach Nürnberg«. Die jüdischen Händler mußten als gefährdet angesehen und zum Schutz ihrer Person in Schutzhaft genommen werden. Die Angaben der auswärtigen Tagungsteilnehmer, daß lediglich in Regensburg noch Juden zum Schlachtviehhof zugelassen würden, sind falsch; es war schon geraume Zeit vorher vom Direktor des Viehhofs festgestellt worden, daß ein Judenverbot nur in Nürnberg und Memmingen besteht. Für die Folge sind derartige Auftritte dadurch ausgeschaltet, daß der Oberbürgermeister der Stadt Regensburg jüdischen Händlern das Betreten des Schlachtviehhofes verboten hat. Die auswärtigen Teilnehmer haben auch gegen den Schlachthofdirektor Stellung genommen, der als »Judenknecht« beschimpft wurde...

Aus Monatsbericht der Staatspolizeileitstelle München, 1. 1. 1937

... Am 20. 12. 1936 kam es in Cham zu Ausschreitungen gegen jüdische Geschäfte. In Cham fand der herkömmliche Weihnachtsmarkt statt, der von der Landbevölkerung sehr stark besucht war. Die Landbevölkerung kaufte sehr viel in jüdischen Geschäften. Bereits in den Vormittagsstunden wurden Personen, die im jüdischen Schuhgeschäft Eisfeld kauften, fotografiert. In den Nachmittagsstunden, gegen 14 Uhr, rottete sich vor dem Geschäft alsbald eine große Menschenmenge zusammen, die sich zum Teil feindselig gegen das jüdische Geschäft verhielt, zum Teil teilnahmslos dastand. Vereinzelt wurde auch zugunsten der Juden Stellung genommen. Personen, die in diesem Geschäft kaufen wollten, wurden aufgefordert, das Geschäft nicht zu betreten, teilweise wurde diese Aufforderung befolgt, ein großer Teil betrat aber trotzdem das Geschäft. Die Menge erging sich in Rufen wie »Juda verrecke«, »Kauft nicht bei Juden« usw. Schließlich hat der Jude Eisfeld freiwillig das Geschäft geschlossen. Anschließend daran bildete sich ein ungeordneter Zug, der durch die Straßen von Cham zog und Sprechchöre wie »Kauft nicht bei Juden«, »Wer beim Juden kauft, ist ein Volksverräter« verlauten ließ. Bei allen jüdischen Geschäften wurde Halt gemacht und die Schließung der Geschäfte verlangt. Beim jüdischen Geschäft Fleischmann zogen junge Leute die Rolläden herunter. Die Folge dieser Demonstration war, daß sich jeweils bei den jüdischen Geschäften eine unübersehbare Menschenmenge sammelte. Die Urheber dieser Aktion konnten bis jetzt nicht festgestellt werden.[22] Nach dem Zuge durch die Straßen, der etwa um 14.45 Uhr beendet war, herrschte wieder vollkommene Ruhe. Der Geschäftsverkehr, der anfänglich unter den Vorkommnissen litt, kam wieder in normale Bahnen. Die jüdischen Geschäfte aber blieben weiterhin geschlossen...

Nach Mitteilung der Polizeidirektion Hof war am Sonntag, den 13. 12. 1936, der Andrang der Käufer in dem jüdischen Kaufhaus »Gebrüder Ury« teilweise so stark, daß das Personal, das durch Aushilfskräfte vermehrt wurde, nicht in der Lage war, die Kunden restlos abzufertigen. Diese setzten sich zum größten Teil aus Schichten der Arbeiter und Landbevölkerung zusammen. Diese Tatsache ist deshalb bemerkenswert, weil sie nur zu deutlich zeigt, in welchem Maße auch heute noch deutsche Volksgenossen bei Juden einkaufen...

Aus Monatsbericht des Regierungspräsidenten von Niederbayern und der Oberpfalz, 5. 2. 1937

... Aus manchen Bezirken wird über örtliche judenfeindliche Vorkommnisse berichtet. In Zwiesel und Bodenmais mußten sich die Wirte verpflichten, an Juden keine Speisen

---

[22] Bei der Demonstration besonders hervorgetan hatten sich der Kreisredner und Rechtsberater des HJ-Bannes 340, der Kreisleiter des Amts für Beamte, der Adjutant des örtlichen SA-Sturmbannes, der Kreiswalter der DAF und ein Vertrauensmann des SD. Auf welche Schwierigkeiten die Polizeibehörden bei ihren Ermittlungen gegenüber Angehörigen der NSDAP und ihrer Nebenorganisationen in der Regel stießen, schilderte der Bezirksamtsvorstand in seinem Tagesbericht an die Gestapo vom 21. 12. 1936: »... Die Erhebungen durch die örtlichen Polizeiorgane dürften kaum zu einer ausreichenden Klärung des Sachverhalts führen, da diesen gegenüber keine Angaben gemacht werden...«; GStA, MA 106 411.

und Getränke zu verabreichen und sie nicht zu beherbergen. Der Bürgermeister der Gemeinde Bodenmais hat am 8. 1. 1937 eine Bekanntmachung erlassen, in der es u. a. heißt: »Ich verbiete hiemit ausdrücklich die Beherbergung von Juden in Bodenmais. Die Nürnberger Gesetze und die Auslegungen des Führers am Parteitag 1936 dürften auch den letzten Volksgenossen belehrt haben, wie wichtig die Behandlung der Judenfrage ist. Juden und Bolschewismus sind zwei unzertrennliche Begriffe und deshalb will ich in meinem Ort keinen Juden mehr sehen. Diese Warnung gilt jedem Quartiergeber, ob es sich um Gastwirte oder Private handelt...«...

Aus Monatsbericht des Regierungspräsidenten von Ober- und Mittelfranken, 6. 4. 1937

...Auch die Anhänger der Deutschen Glaubensbewegung waren ziemlich rührig. Erwähnung verdient vor allem eine Versammlung in Hof am 27. Februar, wo vor etwa 600 Personen Heinz Brackemann, Detmold, über das Thema »Durch arteigenen Glauben zur religiösen Volksgemeinschaft« sprach. Er erklärte, warum die Deutsche Glaubensbewegung entstehen mußte; der deutsche Mensch, arisch und artbewußt, könne der christlichen Kirche mit ihren verjudeten Dogmen nicht angehören. Er suche sich einen Glauben, der ihm arteigen sei und aus Blut und Rasse ihm geboten werde. Er erläuterte weiter die Bergpredigt und die zehn Gebote. »Wir glauben an einen Gott, nicht aber an einen Jesus Christus, der Jude war und der dann, weil er revolutionär einen neuen Glauben aufbauen wollte, von den Juden ans Kreuz geschlagen wurde.« Maria sei nicht die reine und unbefleckte Jungfrau gewesen, wie sie von der Kirche verehrt und angebetet werde, die Mutter Gottes habe auch nicht so ausgesehen, wie sie von hervorragenden Meistern dargestellt werde. Wäre das Muttergottesbild in seiner Wirklichkeit geschaffen worden, dann hätte es ein ganz anderes Bild gegeben und zwar eine Jüdin mit den typischen Gesichtszügen und in ihrem Schoße liegend ein Judenknäblein, das heute Jesus genannt werde...

Aus Monatsbericht des Regierungspräsidenten von Ober- und Mittelfranken, 5. 5. 1937

...In der evangelischen Erlöserkirche zu Bamberg hielt am 21. April der neue Kirchenrat und Kreisdekan Bezzel von Bayreuth einen Vortrag über die evangelische Kirche. Er setzte sich – ein weißer Rabe unter seiner Fakultät – in schärfster Weise mit dem Judentum und den Freimaurern auseinander: »Der Jude hat mit der Christlichen Kirche nichts gemein. Der Jude ist ein fremdes Element und muß als Feind unseres Glaubens betrachtet werden. Nicht durch die Juden ist der christliche Glauben enstanden, sondern von den Jüngern Jesu. Betrachtet man die Machenschaften der Juden, so muß man sagen: hie Bolschewismus, hie Freimaurertum – hie Christliche Kirche. Der Jude versucht, den Bolschewismus in die Kirche hineinzutragen und so die Religionsgemeinschaft zu zerstören. Die Juden sind die Zerstörer und gehören hinausgepeitscht.« Man möchte nur wünschen, daß dieser Oberhirte recht viele seiner Amtsbrüder zu seiner Einsicht bekehre...

Aus Monatsbericht der Staatspolizeileitstelle München, 1. 7. 1937

...Obwohl die Gerichte gegen die jüdischen Rassenschänder in letzter Zeit mit aller Schärfe des Gesetzes vorgehen, reißt die Kette der Vergehen gegen die Blutschutzgesetze nicht ab. Die Lücke im Gesetz, nämlich die Straffreiheit des beteiligten weiblichen Teiles, die von einem großen Teil der Bevölkerung nicht verstanden wird, macht sich bemerkbar.

Auch wenn die Juden trotz der Aufklärung der nationalsozialistischen Bewegung fast überall die ihnen gebührende Behandlung finden, gibt es immer noch Volksgenossen, die für das jüdische Volk glauben, eine Lanze brechen zu müssen. Am meisten tun sich hier hervor die Vertreter der beiden christlichen Kirchen, besonders aber der streitenden Kirche. Oft kommt es in den Landgemeinden vor, daß der Geistliche die Juden seiner Gemeinde als auserwähltes Volk darstellt und die Bevölkerung geradezu auffordert, bei den Juden zu kaufen...

Aus Monatsbericht des Regierungspräsidenten von Schwaben, 6. 7. 1937

...In Ichenhausen, Bezirksamt Günzburg, stellte der Ortspropagandaleiter der NSDAP den Antrag, daß den Juden eine Wirtschaft zum alleinigen Besuch zugewiesen werden solle. Auf Veranlassung der Geheimen Staatspolizei, Staatspolizeileitstelle München, wird das Bezirksamt im Benehmen mit der Kreisleitung auf die Gaststätteninhaber in Ichenhausen dahin einwirken, daß sie an ihren Lokalen ein Plakat anbringen, daß der Besuch von Juden unerwünscht ist...

Aus Monatsbericht der Staatspolizeileitstelle München, 1. 8. 1937

...Durch einen Erlaß des Reichs- und Preußischen Ministers des Innern vom 24. 7. 1937 wurden endlich Richtlinien über die Aufnahme von Juden in Heilbädern herausgegeben. Danach sind jüdische Kurgäste in Heilbädern, in denen die Möglichkeit besteht, sie getrennt von den übrigen Kurgästen in jüdischen Kuranstalten, Hotels, Pensionen oder Fremdenheimen unterzubringen, zuzulassen. Voraussetzung dabei ist jedoch, daß in diesen Betrieben deutschblütiges weibliches Personal unter 45 Jahren nicht beschäftigt wird...

In mehreren Regierungsbezirken wurden Erhebungen durchgeführt mit dem Ziele festzustellen, welche Bauern noch Handelsgeschäfte mit jüdischen Händlern, insbesondere Viehhändlern, durchführen. Diese Erhebungen führten zu erschreckenden Feststellungen. Sie zeigten, daß noch ein großer Prozentsatz der Bauern mit Juden Geschäfte betreibt. So konnte u. a. festgestellt werden, daß allein im Regierungsbezirk Schwaben-Neuburg noch über 1500 Bauern in den Jahren 1936/37 mit jüdischen Viehhändlern in Geschäftsverbindung gestanden haben. Als Ursache dieser Mißstände wird angegeben, daß auf dem Lande ein Mangel an verlässigen, kapitalkräftigen, arischen Viehhändlern bestände, so daß die Bauern gezwungen seien, ihre Viehhandelsgeschäfte mit Juden abzuschließen. So liege z. B. der Viehhandel auf dem Markte in Nördlingen zu 80–90% in jüdischen Händen. Dies ist nur zum Teil richtig, denn infolge der einigenden Bestimmungen des Reichs- und Preußischen Ministeriums für Ernährung und Landwirtschaft kann die Geheime Staatspolizei nichts dazu tun, diesem Übel zu steuern. Die tiefere Ursache liegt jedoch in der Einstellung der Bauern, die jegliches Rassebewußtsein vermissen läßt. Die Erhebungen, die noch nicht abgeschlossen sind, zeigen jetzt schon, daß gerade in den Gegenden, wo nach wie vor der politische Katholizismus seine Herrschaft ausübt, die Bauern von den Lehren des streitbaren, politischen Katholizismus so infiziert sind, daß sie gegen jede Erörterung des Rasseproblems taub sind. Dieser Umstand zeigt weiterhin, daß der Großteil der Bauern gegenüber weltanschaulichen Lehren des Nationalsozialismus vollständig unempfänglich ist, und daß sie nur durch materielle Nachteile dazu gezwungen werden können, mit arischen Händlern in Geschäftsverbindung zu treten. Es wurden deshalb dem Reichsnährstand, Landesbauernschaft Bayern, alle Bauern gemeldet, von denen bekannt ist, daß sie bei Juden einkaufen, damit ihnen alle Begünstigungen des Reichsnährstandes entzogen werden.

Im Berichtsmonat kamen etwa 1500 Anträge zur Ausstellung von Gewerbe-Berechtigungsscheinen zur Nachprüfung der politischen Zuverlässigkeit der Antragsteller in Einlauf. Bei zehn Antragstellern wurden gegen die Ausstellung Bedenken erhoben. Darunter befanden sich acht jüdische Antragsteller, die durch ihre frühere Zugehörigkeit zur SPD oder KPD oder durch eine neuerliche staatsfeindliche Handlung bewiesen haben, daß sie die für das Gewerbe erforderliche Zuverlässigkeit nicht besitzen...

Aus Monatsbericht des Regierungspräsidenten von Niederbayern und der Oberpfalz, 8. 12. 1937

...Für den 3. November war eine Besichtigung des Graphitwerkes Kropfmühle, Bezirksamt Wegscheid, durch einen Beauftragten des Rohstoffamtes in Berlin angesagt. Die Verwaltung dieses Werkes in München verständigte daraufhin die Betriebsleitung in Kropfmühle, daß sie den Vorstand Dr. Neustätter in München, einen Juden, und ein Mitglied des Aufsichtsrates nach Kropfmühle entsenden werde. Diese Nachricht hat sowohl bei der Werksleitung wie auch bei der Gefolgschaft eine starke Entrüstung hervorgerufen. Die Gefolgschaftsmitglieder kündigten an, daß sie die Arbeit niederlegen würden, wenn der Jude es noch einmal wage, das Werk zu betreten, und setzte dies auch in die Tat um, sobald die Sirenen heulten, als Dr. Neustätter und das Aufsichtsratmitglied, Ministerialdirektor Dr. Schmidt, den Fabrikhof betraten. Dr. Neustätter wurde sodann im Zimmer des Betriebsführers aufgefordert, das Werk sofort zu verlassen. Da der Jude noch zögerte, wurde diese Aufforderung von Gefolgschaftsmitgliedern, die inzwischen in das Verwaltungsgebäude gegangen waren, wiederholt, bis schließlich Dr. Neustätter, begleitet von Schmährufen, Fußtritten und Steinwürfen das Werk verließ...

Aus Monatsbericht der Kreisbauernschaft Weißenburg (Mittelfranken) für Januar 1938

...Bis zum heutigen Tage haben wir keinem einzigen ansässigen Juden im Bereiche der Kreisbauernschaft Weißenburg die Ausstellung einer Gewerbelegitimationskarte zum Handel mit Vieh etc. befürwortet.

Für die Aufklärung bei den Bauern über die Judenfrage wurde von seiten der Kreisbauernschaft Weißenburg alles getan. Es dürfte wohl heute keine einzige Ortsbauernschaft da sein, wo nicht der »Stürmer« in mehreren Exemplaren gelesen wird, so glaube ich auch zu erreichen, daß durch diese Aufklärung die ländliche Bevölkerung zur Einsicht kommt und von sich aus mit dem Juden keine Geschäfte mehr tätigt. Ich wünschte nur, daß die Bekämpfung der Juden in den übrigen Kreisbauernschaften ebenso einsetzen sollte, wie dies in den fränkischen Kreisbauernschaften der Fall ist...

Aus Monatsbericht des Regierungspräsidenten von Oberbayern, 10. 3. 1938

...Die immer stärkere Zunahme der Juden im Fremdenverkehr des Werdenfelser Landes hat die dortige Kreisleitung der NSDAP veranlaßt, eine Großaktion gegen die Juden im Kreisgebiet durchzuführen. Den Höhepunkt dieser Aktion bildete eine Massenversammlung im Olympiafestsaal zu Garmisch-Partenkirchen, die unter dem Motto stand: »Fremdensaison ohne Juden«. Es kam dort der einmütige Wille der Bevölkerung zum Ausdruck, daß der Besuch von Juden im Werdenfelser Land unerwünscht ist. Der Aufforderung, an den Hotels, Gaststätten, Pensionen, Ladengeschäften usw. Judenabwehrschilder anzubringen, ist in weitestem Umfange Rechnung getragen worden. In dem bisher von Juden gern besuchten Ettal sind in diesem Winter die Juden ausgeblieben...

Aus Monatsbericht des Regierungspräsidenten von Ober- und Mittelfranken, 6. 8. 1938

...Die Abwanderung der Juden hält an. Im Berichtsmonat haben wieder 59 Juden den Regierungsbezirk verlassen. Aus Schopfloch, Bezirksamt Dinkelsbühl, sind allein sechs Judenfamilien weggezogen, so daß sich dort nur noch zwei ältere Judenfrauen befinden...

In Bamberg gingen zwei große jüdische Geschäfte in arischen Besitz über. In der Marktgemeinde Bechhofen, Bezirksamt Feuchtwangen, haben sämtliche Juden ihre Geschäfte und Anwesen verkauft oder wenigstens Verkaufsverhandlungen eingeleitet. Es ist damit zu rechnen, daß Bechhofen und damit der ganze Bezirk Feuchtwangen in nächster Zeit judenfrei sein wird...

Aus Monatsbericht des Bürgermeisters der Stadt Schwabach (Mittelfranken), 2. 9. 1938

...Die Zahl der in Schwabach noch wohnhaften Juden beträgt nunmehr 14. Der Inhaber der Firma S. Feuchtwanger, Lederhandlung in Schwabach, der Jude Hermann Feuchtwanger, hat das Haus Königsstraße Nr. 22 samt Laden an einen Arier verkauft. Damit sind nun in Schwabach alle jüdischen Kleinhandelsgeschäfte verschwunden.

Der Brauereibesitzer A. Weller in Schwabach hat die im Besitz der Israelitischen Kultusgemeinde Schwabach befindliche Synagoge käuflich erworben, um sie als Lagerraum für Brauereigegenstände umzubauen...

Aus Monatsbericht des Regierungspräsidenten von Ober- und Mittelfranken, 7. 9. 1938

...Die Stadt der Reichsparteitage Nürnberg erlebte am 10. 8. 1938 einen denkwürdigen Tag: Julius Streicher gab das Zeichen zum Abbruch der Hauptsynagoge am Hans-Sachs-Platz, die zur Durchführung städtebaulicher Maßnahmen entfernt werden mußte. Zehntausende von Volksgenossen wohnten der geschichtlichen Stunde bei...

Kurz vor dem Abbruch der Synagoge ließen die Juden in aller Heimlichkeit aus der Synagoge einen fünf Zentner schweren Stein mit Inschrift zur Erinnerung an die vor 500 Jahren niedergebrannte erste Synagoge in Nürnberg entfernen und auf den jüdischen Friedhof verbringen. Die Herausnahme des Steines besorgte der Nürnberger Baumeister Fritz Frisch, der sich erst im Jahre 1937 in die NSDAP hatte aufnehmen lassen. Frisch wurde sofort aus der Partei ausgeschlossen und seine Charakterlosigkeit in der Öffentlichkeit gebührend gebrandmarkt...

Aus Monatsbericht des Regierungspräsidenten von Niederbayern und der Oberpfalz, 7. 11. 1938

...Die Arisierung der Judengeschäfte macht besonders in den Städten (z. B. Regensburg, Landshut, Schwandorf) gute Fortschritte. Am 22. Oktober wurden dem jüdischen Geschäftsinhaber Friedmann in Schwandorf die Ladenfenster von bisher noch nicht ermittelten Tätern eingeworfen. Trotzdem war am folgenden Tage (Jahrmarktsonntag) der Andrang der landwirtschaftlichen Bevölkerung gerade bei den Judengeschäften besonders groß. Ebenso wurde am 24. Oktober 1938 in Vilshofen das jüdische Kaufhaus Finger von den Käufern besonders bevorzugt in der Annahme, daß die Preise wegen Geschäftsaufgabe herabgesetzt seien.

Im Vollzug der Anordnung des Reichsführers SS und Chefs der Deutschen Polizei über die Abschiebung polnischer Juden wurden insgesamt 13 Juden abtransportiert, die aber nach neuerlicher Meldung der Polizeidirektion Regensburg an der Grenze nicht übernommen wurden[23]...

---

[23] Im Frühjahr 1938 hatte die Regierung Polens ein Gesetz zur Ausbürgerung eines Großteils der polnischen Auslandsjuden verabschiedet. Kurz vor Inkrafttreten des Gesetzes am 30. 10. 1938 wurde von deutscher Seite versucht, die im Reich lebenden polnischen Juden abzuschieben. Unter den von dieser Maßnahme, die von der Gestapo durchgeführt wurde, Betroffenen befanden sich auch die Eltern des Juden Herschel Grünspan, der am 7. 11. 1938 in Paris den deutschen Gesandtschaftssekretär Ernst vom Rath erschoß.

Aus Sonderbericht der Schutzpolizei der Stadt Freising (Oberbayern), 11. 11. 1938[24]

Am 10. 11. 1938 fand in vier Sälen eine Protest-Kundgebung mit dem Thema »Der Meuchelmord in Paris!« statt. Veranstalter waren die vier Ortsgruppen der NSDAP in Freising. In jeder Versammlung wurde die Bevölkerung aufgefordert, sich jeder Tätigkeit gegen Person und Sache zu enthalten. Es wurde auf die Rundfunkdurchsage von Reichsminister Dr. Goebbels hingewiesen. Jede Veranstaltung war überfüllt.

Nach Beendigung, gegen 9.15 Uhr, gingen die Massen, etwa 3000 Personen, nicht nach Hause, sondern zogen durch die Straßen der Stadt und forderten durch Sprechchöre, daß die Juden aus Freising verschwinden sollten. Es wurde auch ein kleines Transparent mit der Aufschrift »Juda verrecke« mitgetragen. Ein Trupp dieser Leute, vielleicht 200 Personen, zogen vor das Haus des Juden Holzer, der bereits am Nachmittage festgenommen und nach München gebracht wurde. Sie forderten, daß die Tochter des Juden, Irma Holzer, eine äußerst freche und unverschämte Jüdin, herauskomme. Der Aufforderung kam sie nach. Nun wurde sie auf der Straße, etwa 100 m weit, zum »Anschauen« herumgeführt. Sie wurde nicht geschlagen, erlitt auch keinerlei Verletzungen. Es ist nur gerufen worden, sie solle aus Freising verschwinden. Von der Schutzpolizei der G[endarmerie] Freising wurde sie zu ihrem persönlichen Schutz in Haft genommen, im Polizeiarrest verwahrt und beim Morgengrauen wieder entlassen.

Fast zur gleichen Zeit wurde der arische Rechtsanwalt Max Lehner, der judenhörig ist und bei Geldbeitreibungen Juden vor Gericht vertritt, mit Gewalt aus seiner Wohnung geholt. Es begab sich ein Trupp vor seine Wohnung und forderte ihn auf, herauszukommen. Da nicht geöffnet wurde, ist die Wohnungstüre eingedrückt worden, auch ging eine Fensterscheibe in Trümmer. Es wurde ihm dann das bereits erwähnte Transparent »Juda verrecke« in die Hand gedrückt, das er eine längere Wegstrecke tragen mußte. In seiner Wohnung erhielt er ein paar Ohrfeigen, auf dem Wege selbst wurde er nicht mißhandelt. Auf dem Wege erhielt er naturgemäß viele Zurufe, die sich mit seinem bisherigen Verhalten befaßten und das die Bevölkerung nicht verstehen kann. Nachdem die Schutzpolizei mit der Unterbringung der Jüdin fertig war, rückte sie aus und nahm auch Lehner fest. Er wurde zu seiner persönlichen Sicherheit und auf seinen eigenen Wunsch in Schutzhaft genommen. Die Unterbringung erfolgte im Amtsgerichtsgefängnis Freising, das er am anderen Morgen um 7 Uhr wieder verließ... Bezüglich der Anzeigeerstattung befragt, erklärte Lehner, daß er nicht wünsche, daß vorerst irgend etwas unternommen würde, er wolle sich die ganze Sache erst noch überlegen...

Aus politischem Monatsbericht des NSLB, Kreis Traunstein, Abschnitt Haslach (Gau München-Oberbayern), 19. 11. 1938

Die Stimmung ist angesichts der friedlichen Angliederung des Sudetenlandes an das Reich gut und konnte auch durch die Aktion gegen die Juden im wesentlichen nicht getrübt werden. Die Bauern und Bürger, allen voran die Schwarzen, mitunter sogar ein Pg.,

---

[24] StA München, LRA 116 533.

geißelten die Gewaltanwendung gegenüber dem »auserwählten Volke«. Das habe mit Kultur und Anstand nichts mehr zu tun. Es fehlte aber auch nicht an Verteidigern, welche diesen neunmalklugen Kritikern die Leviten lasen und ihnen bewiesen, daß die brennenden Synagogen und zerbrochenen Fensterscheiben einerseits nur eine bescheidene Revanche gegenüber den, dem deutschen Volke, ja den Völkern Europas, durch die Juden zugefügten Schäden (Krieg, Revolution, Inflation, Gewaltherrschaft und Bürgerkrieg) sind, und daß anderseits auch hier wie in der römisch-katholischen Kirche der Zweck die Mittel heilige: Nämlich den Juden möge hiedurch der Appetit an weiterem Verbleib im Reiche vergehen. Die Hinweise auf den englischen Terror in Palästina und Indien durch Presse und Rundfunk haben ausgezeichnet gewirkt, indem sie die Miesmacher bald zum Schweigen zwangen. Nur einige »Unentwegte« wie Pfaffen und ihre nächsten Trabanten schütteln mißmutig den Kopf, vielleicht in der Befürchtung, es könnte auch ihnen dereinst eine solche Lektion zuteil werden. Der Einsatz der Schuljugend durch geharnischte Aufsätze und rassekundliche Belehrung hat propagandistisch tadellos gewirkt. Wertvoll bei dieser Aktion war die Feststellung, daß die Schwarzen sich dem Volke als Trabanten des Judentums offenbarten. So sagte z. B. Pfarrer Blum an meiner Schule, nachdem ihm im Religionsunterricht ein Aufsatz in die Hände geriet (»Hinaus mit den Juden!«), zu den Kindern: »Ihr könnt ja nichts als Fenster einschmeißen!« Nebenbei! [Es] stand in dem Aufsatz kein Wort davon, wohl aber warum die Juden hinausgehören und daß jedes Mitleid mit ihnen falsch wäre...

Aus Monatsbericht der NSDAP-Kreispropagandaleitung Eichstätt (Gau Franken), 30. 11. 1938

... Bei der Judenaktion war das Volk restlos in der Hand der Partei. Es wird einmütig gut geheißen, daß die Propaganda sich nicht auf die Abwehr [der Proteste des Auslands] beschränkt, sondern besonders England und Amerika gegenüber zum Angriff vorgegangen ist. Hierauf ist es auch zurückzuführen, daß die Hochstimmung keine Abminderung erfahren hat...

Aus Monatsbericht des Oberbürgermeisters von Ingolstadt (Oberbayern), 1. 12. 1938

Die Aktion gegen die Juden wurde rasch und ohne besondere Reibungen zum Abschluß gebracht. Im Verfolg dieser Maßnahme hat sich ein jüdisches Ehepaar in der Donau ertränkt...

Aus Monatsbericht des Bezirksamts Schrobenhausen (Oberbayern), 4. 12. 1938

...Die Aktion gegen die Juden berührte den Kreis nicht. Vorhanden ist hier lediglich ein Volljude, der als russischer Kriegsgefangener in der Gemeinde Berg im Gau hängengeblieben ist und dort seither das Gewerbe eines Flickschusters ausübte. Der gegen ihn aufgetauchte Verdacht illegaler Betätigung hat sich nicht bestätigt. Haussuchungen und sonstige Ermittlungen blieben ohne Erfolg. Er wird sein Anwesen... an eine voreheliche Tochter seiner arischen Frau veräußern und dann mit seiner Familie aus der Gegend verschwinden. Vorhanden ist ferner noch ein Halbjude, nämlich der Rechtsanwalt Kitzinger. Auf ihn finden die Vorschriften nach Mitteilung der Anwaltskammer keine Anwendung. Eine Überraschung gab es dabei insofern, als Rechtsanwalt Kitzinger durch Originalbelege nachwies, daß er 1923 beim Stoßtrupp Hitler war und beim Kriegsministerium beteiligt gewesen ist[25]. In der Broschüre »Der Stoßtrupp Hitler« wird er wiederholt erwähnt. In der Bevölkerung kann festgestellt werden, daß Einkauf bei Juden oder Geschäftsbeziehungen mit solchen völlig aufgehört haben...

Aus Monatsbericht des Regierungspräsidenten von Schwaben, 7. 12. 1938

...Helle Empörung weckte allenthalben der feige Meuchelmord an dem Gesandtschaftsrat 1. Klasse vom Rath. Deutlich erkennbar für alle unterstrich dieser Mord die weltgeschichtliche Bedeutung der Judenfrage und die Notwendigkeit ihrer kompromißlosen Lösung, die in den Reden führender Männer, durch die Aufklärungstätigkeit der Partei und andere Mittel der Führung, wie Presse und Rundfunk, immer wieder betont worden war. Nach solchem Anschauungsunterricht wurden die Gegenwirkungen des Volkes in Gestalt von Demonstrationen und Aktionen gegen Juden und jüdischen Besitz, insbesondere Synagogen, und jene der Reichsregierung durch Verordnungen, namentlich über die Sühneleistung der deutschen und staatenlosen Juden und zur Ausschaltung der Juden aus dem Wirtschaftsleben, allgemein verstanden und – hauptsächlich die wirtschaftspolitischen Maßnahmen – von immer mehr Volksgenossen auch grundsätzlich gebilligt, zumal ja den Juden ihr kulturelles Eigenleben immer noch unverwehrt bleibt...

Die Demonstrationen und Aktionen am 10. und 11. November 1938 gingen nach den Berichten der Außenbehörden im allgemeinen reibungslos vor sich. Fensterscheiben von Geschäften und Synagogen, zum Teil auch von Privatwohnungen der Juden, gingen hiebei in Trümmer. In Memmingen wurde die Synagoge eine Woche hindurch abgetragen und zum Teil gesprengt; hier wie anderwärts (so in Augsburg, Öttingen, Fellheim, Altenstadt) wurden die Einrichtungsgegenstände in den Synagogen verbrannt oder sonst vernichtet, zum Teil wurden, wie in Memmingen, auch die Judenwohnungen und deren Einrichtung in weitem Umfang demoliert. In Binswangen und Buttenwiesen, Bezirksamt Wertingen, wurden auf den Judenfriedhöfen Grabdenkmäler umgeworfen und beschädigt. Akten, Wertpapiere und Wertgegenstände, desgleichen Schaufenster, wurden, soweit möglich, wieder hergestellt.

Die Zahl der im Zuge der Aktion in Schutzhaft genommenen Juden beträgt... 319. Beim Bezirksamt Günzburg haben seit dem 10. 11. 1938 etwa 25 Juden mit neun Kindern aus Ichenhausen um Ausstellung von Pässen zum Zwecke der Auswanderung nachgesucht...

---

[25] Beim Hitler-Putsch hatten sich am 9. 11. 1923 in der Münchener Ludwigstraße auf Höhe des ehemaligen Kriegsministeriums unter der Führung von Ernst Röhm etwa 150 Mann den regierungstreuen Reichswehrtruppen entgegengestellt.

Aus Monatsbericht des Regierungspräsidenten von Ober- und Mittelfranken, 8. 12. 1938

...Die freche Herausforderung des Weltjudentums durch den feigen Mord in Paris war für zahlreiche Lehrer des Regierungsbezirks Veranlassung, aufgrund ihrer nationalsozialistischen Einstellung zur Judenfrage den Religionsunterricht niederzulegen.
Im Verlauf der Protestaktion gegen die Juden wurden in Wunsiedel auch zwei evangelische Geistliche und vier katholische Pfarrer, die als »Judenknechte« gelten, durch die empörte Volksmenge auf die Polizeiwache verbracht und dort vorübergehend festgehalten. In den Pfarrhäusern wurde eine Anzahl Fensterscheiben zertrümmert...
Im Zuge der Protestaktion gegen das jüdische Mördergesindel wurden im Regierungsbezirk 772 Juden festgenommen, von denen sich noch 389 in Haft befinden. Außerdem wurden nach dem Bericht der Staatspolizeistelle Nürnberg-Fürth 17 Synagogen ausgebrannt, 25 Synagogen demoliert, 115 jüdische Geschäfte zerstört; weitere 39 jüdische Geschäfte wurden nur geschlossen. In 594 jüdischen Wohnungen wurde die Inneneinrichtung zerstört bzw. beschädigt. Außerdem wurde das Geschäft einer Deutschblütigen beschädigt, weil der Bevölkerung bekannt war, daß die Inhaberin mit einem Juden Rassenschande getrieben hatte... Judenfrei sind bereits die Städte Dinkelsbühl, Eichstätt, Schwabach, Zirndorf und die Bezirke Hersbruck, Neustadt a. d. Aisch, Nürnberg, Pegnitz, Rothenburg o. d. Tauber und Staffelstein...

Aus Monatsbericht des Regierungspräsidenten von Niederbayern und der Oberpfalz, 8. 12. 1938

...Die jüdische Mordtat an dem deutschen Gesandtschaftsrat in Paris löste in allen Kreisen der Bevölkerung helle Empörung aus; allgemein wurde ein Einschreiten der Reichsregierung erwartet. Die gegen das Judentum gerichteten gesetzlichen Maßnahmen fanden deshalb vollstes Verständis. Um so weniger Verständnis brachte der Großteil der Bevölkerung für die Art der Durchführung der spontanen Aktion gegen die Juden auf; sie wurde vielmehr bis weit in Parteikreise hinein verurteilt. In der Zerstörung von Schaufenstern, von Ladeninhalten und Wohnungseinrichtungen sah man eine unnötige Vernichtung von Werten, die letzten Endes dem deutschen Volksvermögen verloren gingen und die in krassem Gegensatz stehe zu den Zielen des Vierjahresplans, insbesondere auch zu den gerade jetzt durchgeführten Altmaterialsammlungen. Auch die Befürchtung wurde laut, daß bei den Massen auf solche Weise der Trieb zum Zerstören wieder geweckt werden könnte. Außerdem ließen die Vorkommnisse unnötigerweise in Stadt und Land Mitleid mit den Juden aufkommen.
Bei der vom 9./10. November nachts durchgeführten Aktion wurden die fünf im Regierungsbezirk vorhandenen Synagogen in Regensburg, Amberg, Straubing, Neumarkt und Sulzbürg bei Neumarkt zerstört. Die Regensburger Synagoge wurde in Brand gesteckt; die Archivalien sind gerettet. Der in Geschäften, Läden und Wohnungen angerichtete Sachschaden wird von der Staatspolizei Regensburg für den Regierungsbezirk auf 200 000 RM geschätzt, von Plünderungen wurde nichts bekannt. In Straubing wurde ein Schuhgeschäft ausgeräumt, die Schuhe wurden für das WHW sichergestellt. Die

männlichen Juden, teilweise auch weibliche, wurden in der Nacht festgenommen; im ganzen kamen in der Folgezeit 224 Männer aus dem Regierungsbezirk in das Konzentrationslager Dachau[26]. Ein Teil von ihnen ist unterdessen wieder freigelassen worden. In Regensburg wurden alle Männer am Vormittag des 10. 11. vor dem Abtransport in geschlossenem Zug durch die Stadt geführt. Sie mußten ein großes Plakat »Auszug der Juden« tragen. In den kleineren Orten, in denen nur einzelne Juden oder Judenfamilien ansässig waren, beschränkte sich die Aktion auf Festnahmen; es kam dort zu keinen oder nur geringfügigen Zerstörungen von Vermögenswerten.

In einigen Fällen richteten sich die Demonstrationen vom 9./10. 11. auch gegen Nichtjuden. So wurde in Weiden die Wohnung des Rechtsanwalts Justizrat Dr. Pfleger zerstört; der Schaden wird von Pfleger auf 10 000 RM geschätzt. Der Oberbürgermeister berichtet, daß dabei zweifellos auch wertvolles Archiv- und Kulturgut (Altertümer) vernichtet wurde. Pfleger war früher Abgeordneter der Bayerischen Volkspartei, stets ausgesprochener Gegner des Nationalsozialismus und trat auch bis in die letzte Zeit anwaltschaftlich für Juden ein. – In Landshut mußte sich am Nachmittag des 12. 11. ein Landgerichtsdirektor aufgrund einer nach Wortlaut und Sinn nicht genau feststehenden abfälligen Äußerung über die Judenaktion, die er im Büro einem Justizangestellten gegenüber gemacht hatte, von Demonstranten in geschlossenem Zug durch die Stadt auf das Rathaus führen lassen; er hatte eine Tafel mit der angeblichen Äußerung zu tragen. Der Oberbürgermeister gab nach Rücksprache mit dem Leiter der Staatspolizei Regensburg den Vorgeführten wieder frei, riet ihm aber sofortige Entfernung aus Landshut. Der Fall liegt noch nicht restlos klar; der Angeprangerte hat ein Gesuch um Ruhestandsversetzung eingereicht...

In welchem Umfang sich nach den geschilderten Vorkommnissen die Zahl der im Regierungsbezirk noch vorhandenen 752 Juden (davon 53 Ausländer; Stand vom 1. 10.) in absehbarer Zeit verringern wird, ist abzuwarten; der Wille zur Auswanderung ist jedenfalls allgemein. Eine tschechische jüdische Familie aus Eggenfelden, Besitzer einer kleinen Schuhfabrik, reiste auf eigenen Wunsch nach Verkauf der Fabrik am 11. 11. in ihren Heimatstaat ab; der erbetene polizeiliche Schutz bis zur Grenze wurde gewährt...

---

[26] Der Sonderbericht des Regierungspräsidenten von Niederbayern und der Oberpfalz vom 10. 11. 1938 vermerkte, es seien circa 300 Juden in Schutzhaft genommen worden, zwei der Schutzhäftlinge seien »an Herzschlag« gestorben. Die Aktion habe sich »im allgemeinen im Rahmen der Richtlinien des Reichsführers SS und Chefs der Deutschen Polizei gehalten«; GStA, Reichsstatthalter 823. In diesen Richtlinien, übermittelt an alle Stellen der Staatspolizei und des Sicherheitsdienstes durch Fernschreiber in der Nacht auf 10. 11. 1938 (gez. Heydrich), wurden die Maßnahmen gegen die Juden einheitlich festgelegt: »Die Leiter der Staatspolizeistellen oder ihre Stellvertreter haben sofort nach dem Eingang dieses Fernschreibens mit den für ihren Bezirk zuständigen politischen Leitungen – Gauleitung oder Kreisleitung – fernmündliche Verbindung aufzunehmen und eine Besprechung über die Durchführung der Demonstrationen zu vereinbaren, zu der der zuständige Inspekteur oder Kommandeur der Ordnungspolizei zuzuziehen ist. In dieser Besprechung ist der politischen Leitung mitzuteilen, daß die deutsche Polizei vom Reichsführer SS und Chef der Polizei die folgenden Weisungen erhalten hat, denen die Maßnahmen der politischen Leitungen zweckmäßig anzupassen wären. Es dürfen nur solche Maßnahmen getroffen werden, die eine Gefährdung deutschen Lebens oder Eigentums nicht mit sich bringen (z. B. Synagogenbrände nur, wenn keine Brandgefahr für die Umgebung ist).... Sobald der Ablauf der Ereignisse in dieser Nacht die Verwendung der eingesetzten Beamten hierfür zuläßt, sind in allen Bezirken so viele Juden – insbesondere wohlhabende – festzunehmen, als in den vorhandenen Hafträumen untergebracht werden können. Es sind zunächst nur gesunde und männliche Juden nicht zu hohen Alters festzunehmen. Nach Durchführung der Festnahme ist unverzüglich mit den zuständigen Konzentrationslagern wegen schnellster Unterbringung der Juden in den Lagern Verbindung aufzunehmen...«; Nürnberger Dokumente PS-374.

Aus Monatsbericht des Regierungspräsidenten von Unterfranken, 9. 12. 1938

...Die Empörung über den feigen jüdischen Mord an dem Gesandtschaftsrat vom Rath führte in der Nacht vom 9. auf 10. November im ganzen Regierungsbezirk zu judenfeindlichen Kundgebungen, denen allenthalben die Synagogen sowie eine Anzahl jüdischer Laden- und Wohnungseinrichtungen zum Opfer fielen. Die Sühnemaßnahmen und insbesondere die Auferlegung einer Geldbuße werden allgemein gebilligt. Von einem Großteil, insbesondere der ländlichen Bevölkerung, wird bedauert, daß bei den Aktionen Werte vernichtet wurden, die mit Rücksicht auf unsere Rohstofflage zweckmäßigerweise der Allgemeinheit hätten nutzbar gemacht werden können. Beanstandet wurde ferner, daß die Aktion auch noch nach dem Erlaß des Herrn Reichspropagandaministers, der die sofortige Einstellung anordnete, fortgesetzt wurde und insbesondere auch Lebensmittel mutwillig vernichtet worden seien. So wurden in Oberelsbach, Bezirksamt Bad Neustadt a. d. Saale, 3$^{1}/_{2}$ Ztr. Mehl in den Mist und eine Kiste Vorratseier auf die Straße geworfen. Nach dem Berichte eines Bezirksamts haben bei der darauffolgenden Eintopfsammlung viele Volksgenossen erklärt, nachdem so viele Vermögenswerte unnütz vernichtet worden seien, könnten sie sich nicht entschließen, etwas zur Sammlung zu geben. Befürchtungen in bezug auf die Gebefreudigkeit zum Winterhilfswerk werden auch von anderen Bezirksämtern geäußert. Von dem Bezirksamt Bad Neustadt a. d. Saale wird darauf hingewiesen, daß die wenig wohlhabenden Juden in Oberelsbach durch die Vernichtungsaktion und durch den Wegfall jeder Verdienstmöglichkeit bereits in eine solche Notlage geraten seien, daß die Ortsfürsorge zum wiederholten Eingreifen gezwungen gewesen sei...

Aus Monatsbericht des Regierungspräsidenten von Oberbayern, 10. 12. 1938

Im vergangenen Monat beschäftigte die Protestaktion gegen den jüdischen Meuchelmord an dem deutschen Gesandtschaftsrat in Paris die meisten Volksgenossen. Die Empörung über dieses Verbrechen war allgemein. Die im Anschluß daran getroffenen politischen Maßnahmen waren in den einzelnen Orten mit jüdischen Einwohnern verschieden[27]. Zumeist wurden die Juden zur sofortigen Abreise veranlaßt, da für ihre Sicherheit keine Gewähr mehr bestehe. Verschiedentlich mußten sie auch eine Erklärung unterschreiben, nie mehr zurückzukehren und ihren Grund- und Hausbesitz durch Verkauf aufzugeben. Ein Teil der Juden wurde festgenommen und der Gendarmerie übergeben, was zur Verhaftung und Überstellung an die Staatspolizeileitstelle München führte. Zu Gewalttätigkeiten und Ausschreitungen ist es nur vereinzelt gekommen. Zu einer größeren Aktion kam es gegen den Juden Freiherrn von Hirsch in Planegg, wo die Demon-

---

[27] Über die Vorgänge in München existiert eine zusammenfassende Meldung der Kriminalpolizeileitstelle München vom 10. 11. 1938; GStA, Reichsstatthalter 823: »Bei der in der heutigen Nacht sich auswirkenden Empörung der Bevölkerung gegen die Juden wurden 42 Läden teils beschädigt, teils zerstört, sechs Brände verursacht und ein Jude tödlich verletzt. Bei den Bränden handelt es sich um den Brand der Synagoge, einen Dachstuhlbrand und vier Schaufensterbrände. Auch Plünderungen eines Goldwaren- und eines Schuhgeschäftes wurden gemeldet. Festnahmen sind durch die Kriminalpolizei nicht erfolgt. Die Kriminalpolizei ist über sämtliche Vorgänge unterrichtet worden. Die Weiterbearbeitung erfolgt von dort...«

stranten auch einen Brand im Schloß Planegg verursachten, wobei mehrere Zimmer ausbrannten...[28]

Die Protestaktion gegen die Juden wird von der Bevölkerung vielfach als organisiert betrachtet. Die Gewalt, die hierbei zum Teil angewendet wurde, hat insbesondere bei der ländlichen Bevölkerung Anlaß zu Kritik gegeben...

In eine schwierige Lage gerieten bei der Judenaktion in Planegg die Gendarmeriebeamten, die wegen eines Überfalles durch unbekannte Täter zu Hilfe gerufen wurden. Die Beamten hatten keine Ahnung von dem Charakter des Überfalles als einer politischen Demonstration. Sie wurden bei ihrem Einschreiten von den Demonstranten mit Pistolen bedroht. Als ihnen erklärt wurde, daß illegaler Zustand eingetreten sei und die Aktion auf höhere Weisung erfolge, zogen sie sich zurück und verständigten sofort fernmündlich den politischen Referenten des Bezirksamts München, der weitere Weisungen erholte und gab...

Aus Monatsbericht der Gendarmerie-Station Reichenhall, Bezirk Berchtesgaden (Oberbayern), 29. 12. 1938

... Am 13. 12. 1938 vergiftete sich die in Bayerisch Gmain wohnhaft gewesene 67-jährige verwitwete Jüdin und Schauspielersgattin Klara Dapper mit Veronal, weil man ihr in der Nacht vom 12./13. 12. 1938 vor ihre Haustür in Bayerisch Gmain von bis jetzt unbekannten Tätern einen Zettel mit der Aufschrift gehängt hatte: »Alle Juden endlich einmal heraus!« Die Dapper hatte in Bayerisch Gmain ein Wohnhaus, das ihr Eigentum war. Die Ortschaft Bayerisch Gmain ist somit judenfrei...

Die Datumsangaben im Monatsbericht stimmen nicht mit denen des Sonderberichts der Gendarmerie-Station vom 15. 12. 1938 überein. Der Anschlag war bereits in der Nacht vom 9. auf 10. 12. 1938 erfolgt. Offenbar wollte der Berichterstatter die Tatsache unterdrücken, daß Klara Dapper nach der Einnahme des Schlafmittels noch drei Tage lang mit dem Tode gerungen hatte. In der Frühe des 10. Dezember hatte das Hausmädchen die Witwe bewußtlos im Bett liegend vorgefunden. Sie »verständigte sofort mehrere Ärzte in Reichenhall, die aber die ärztliche Behandlung der Dapper ablehnten und sie zu dem jüdischen, in Reichenhall wohnhaften Arzt Dr. Ortenau verwiesen. Dr. Ortenau übernahm dann die Behandlung der Dapper.« Zur Vorgeschichte des Falles bemerkte der Sonderbericht: »...Die Verlebte ist am 1. 5. 1921 von Karlsruhe in Bayerisch Gmain zugezogen und war Besitzerin der Villa Edelweis. Ihr Ehemann Karl Dapper war arischer Abstammung und Schauspieler. Letzterer ist am 26. 12. 1924 gestorben. Seit dessen Tod lebte die Verstorbene in Bayerisch Gmain sehr zurückgezogen. Wie festgestellt wurde, ist sie im Jahre 1907 aus der jüdischen Gemeinde ausgetreten. Die in der letzten Zeit erfolgten Maßnahmen gegen die Juden in Deutschland ließ sich die Verlebte sehr zu Herzen gehen, lebte in einer gewissen Angst, daß ihr noch einmal ein Leid angetan werde, und äußerte sich auch schon wiederholt, daß sie lebend ihre Villa nicht verlassen werde, falls sie hierzu gezwungen werden sollte...«

---

[28] Der Anschlag wurde von Christian Weber, dem Kreistagspräsidenten von Oberbayern und Vorsitzenden der NSDAP-Fraktion im Münchener Stadtrat, inszeniert. Es sollte damit Druck auf den Schloßbesitzer ausgeübt werden, da sich dieser seit Sommer 1938 gegen einen Verkauf seiner Jagdrechte an Weber gesperrt hatte. In der Nacht vom 8. auf 9. 11. 1938 fuhr Weber selbst nach Planegg, um zusammen mit einem befreundeten Stadtratskollegen und mehreren SS-Männern in Zivil den Brand zu legen. Freiherr von Hirsch, der noch im Laufe der Nacht von der Gestapo in Schutzhaft genommen wurde, sah sich bald darauf gezwungen, das Schloßgut an die Stadt München zu verkaufen; die gutseigenen Jagdrechte wurden von Weber gepachtet; Akten der Staatsanwaltschaft München I, Strafsache gegen Josef Beer (1 Kls 24/46).

Aus Monatsbericht des Regierungspräsidenten von Schwaben, 7. 1. 1939

... Die Aufregung weiter Kreise über die Judenaktionen hat sich im allgemeinen wieder gelegt. Die festgenommenen Juden wurden zum großen Teil, wenigstens soweit sie Frontkämpfer waren oder ihre Auswanderung betreiben, wieder freigelassen. Die beiden in der Stadt Dillingen a.d. Donau ansässig gewesenen Juden sind ins Ausland verzogen, Stadt und Bezirk Dillingen a.d. Donau sind nun judenfrei.

Nach Bericht des Landrats Donauwörth besteht bei den Ärzten zum Teil Unklarheit, wieweit sie an Juden ärztliche Hilfe leisten sollen und dürfen. Durch den ärztlichen Standesverein (Dr. Knaupp-Burgheim) sei ihnen dem Vernehmen nach die Hilfeleistung verboten worden. Auf der anderen Seite solle das Gestapa Berlin nach Auskunft der Gestapo Augsburg die Hilfeleistungspflicht arischer Ärzte gegenüber Juden grundsätzlich bejaht haben. Dies wird schon aus seuchenpolizeilichen Erwägungen zu billigen sein, mindestens soweit jüdische Ärzte nicht vorhanden oder leicht erreichbar sind. Bei der Bedeutung der Frage ist vielleicht eine allgemeine Weisung angezeigt...

Aus Monatsbericht des Regierungspräsidenten von Niederbayern und der Oberpfalz, 9. 1. 1939

... Von den am 9./10. 11. verhafteten und in das Konzentrationslager Dachau eingewiesenen 224 Juden aus dem Regierungsbezirk sind unterdessen rund 170 wieder entlassen worden. Ein kleiner Teil davon ist bereits ausgewandert; der Rest will Deutschland in absehbarer Frist verlassen. Im ganzen werden nach Schätzung der Staatspolizei Regensburg etwa zwei Drittel der im Regierungsbezirk ansässig gewesenen Juden auswandern. Ein in Regensburg vorhanden gewesenes jüdisches Umschichtungsheim wird aufgelöst.

Die Überführung der jüdischen Geschäfte in arische Hände bzw. die Auflösung dieser Geschäfte vollzieht sich in Ordnung und wird bald abgeschlossen sein. Bei der Veräußerung des jüdischen Grundbesitzes stehen sich teilweise mehrere Bewerber gegenüber, die sich erbittert bekämpfen und verdrängen möchten. In der Stadt Straubing wurde am 24. 11. der jüdische Haus- und Grundbesitz arisiert; die Stadt erzielte dadurch einen bedeutenden Vermögenszuwachs; dafür wurde der NSDAP-Kreisleitung Straubing zur Erbauung eines Kreishauses ein Betrag von RM 250 000 als Schenkung zugesagt...

Aus Monatsbericht des Regierungspräsidenten von Oberbayern, 9. 1. 1939

... Innenpolitisch hat sich die durch die Judenaktion vorübergehend gestörte Lage wieder beruhigt. Das Vorgehen gegen die Juden wird nur mehr wenig besprochen und dann zumeist in dem Sinne kritisiert, daß man den Erfolg auch mit weniger drastischen Mitteln hätte erreichen können. Die Verordnung zur planmäßigen Entjudung der deutschen Wirtschaft wurde mit Befriedigung aufgenommen. Die tägliche Erörterung der Judenfrage durch den Rundfunk vor Beginn der Nachrichten erweist sich hierbei als ein ausgezeichnetes Belehrungsmittel. Nur die von der Kirche beeinflußten Kreise gehen in der Judenfrage noch nicht mit...

Aus Monatsbericht des Regierungspräsidenten von Niederbayern und der Oberpfalz, 9. 2. 1939

... Über die Aktion vom 9./10. November ist es im allgemeinen zur Ruhe gekommen; die Bevölkerung hat sich mit den Geschehnissen abgefunden. Die Staatspolizeistelle Regensburg hat ihre Verhandlungen über die Vorgänge nunmehr soweit abgeschlossen, daß ein allgemeiner Überblick möglich ist. Dabei stellte sich, insbesondere nach der Entlassung der männlichen Juden aus dem Konzentrationslager Dachau, heraus, daß doch noch in einer größeren Reihe von Orten und Fällen als bisher bekannt bedauerliche Übergriffe gegenüber jüdischem Vermögen vorgekommen sind. Leider waren an diesen auch einzelne Parteigenossen und SA-Angehörige beteiligt. Das geraubte Gut, bei dem es sich übrigens nicht um sehr große Beträge gehandelt hat, konnte zum Teil wieder beigebracht werden. In einem Falle kam auch ein arisches Dienstmädchen in Weiden um Wäsche und Kleider im Betrag von rd. 200 RM. Die Erledigung der aufgeklärten Fälle erfolgt durch die Staatspolizeistelle, bei Parteigenossen im Benehmen mit dem Gaurichter.

Die Auswanderungsabsichten der Juden stoßen nach dem Bericht der Staatspolizeistelle auf größere Schwierigkeiten als vorauszusehen war. Mehr und mehr zeigt sich, daß die Einwanderungsmöglichkeiten in fremde Länder doch recht beschränkt sind; auch nehmen die Verhandlungen mit den Finanz- und Devisenstellen viel Zeit in Anspruch...

In Eggenfelden mußte ein staatenloser, nach dem Krieg in Deutschland verbliebener russischer Jude, der mit einer arischen Einheimischen verheiratet ist, wegen Beleidigung eines örtlichen SA-Führers in Schutzhaft genommen werden; ebenso wurde in Regensburg ein 1909 getaufter jüdischer kaufmännischer Angestellter (Frontkämpfer mit mehreren Kriegsauszeichnungen) zur Prüfung der Schutzhaftfrage festgenommen, der seine Zugehörigkeit zur jüdischen Rasse bisher zu verheimlichen gewußt hatte und sich als Regensburger Vertreter seiner Düsseldorfer Firma an einer Betriebsfeier als Ehrengast beteiligt und im Beisein des Oberbürgermeisters und anderer Ehrengäste die nationalen Lieder mitgesungen hatte. Die Firma hat ihn fristlos entlassen. In Straubing wurde ein Studienrat a.D. in Schutzhaft genommen, der am Sylvesterabend eine im gleichen Haus wohnende jüdische Familie eingeladen hatte. Die Frau eines Arztes in Amberg, die vor mehreren Jahren aus der jüdischen Religionsgemeinschaft ausgetreten war, ohne sich taufen zu lassen, hat sich mit Gas vergiftet.

Die Arisierung der jüdischen Geschäfte ist zum größten Teil abgeschlossen; aus dem Regensburger Geschäftsleben ist der früher nicht unbeträchtliche jüdische Einfluß jetzt vollkommen ausgeschaltet...

Aus Monatsbericht des Regierungspräsidenten von Unterfranken, 10. 2. 1939

... Soweit die Juden nicht auswandern, ist eine Abwanderung vom flachen Land in die Stadt festzustellen. So haben sich in der Stadt Aschaffenburg 35 Juden zu ständigem und 24 Juden zum vorübergehenden Aufenthalt gemeldet, die bisher in ländlichen Gemeinden der Umgebung ansässig waren...

Aus Monatsbericht des Regierungspräsidenten von Schwaben, 7. 3. 1939

... Die Juden verhalten sich ruhig. In Fischach, Landkreis Augsburg, betreiben die meisten mit Nachdruck ihre Auswanderung; ähnlich steht es auch anderwärts.

Genehmigt wurden von hier aus bisher rund 60 Veräußerungen jüdischer Firmen, 65 Veräußerungen jüdischer Anwesen und Grundstücke, Zwangsaufträge zur Veräußerung von Grundstücken wurden fünf erteilt...

Aus Monatsbericht des Regierungspräsidenten von Ober- und Mittelfranken, 7. 3. 1939

Der evangelische Pfarrer Friedrich Seggel in Mistelgau (Landkreis Bayreuth) wurde am 28. Februar 1939 wegen Vergehens gegen § 130 a RStGB[29] bzw. § 2 des Gesetzes gegen heimtückische Angriffe auf Partei und Staat angezeigt. Seggel hat am 16. November 1938 (Buß- und Bettag) bei seiner Predigt in Mistelgau und in der Filialkirche in Glashütten die Juden in Schutz genommen. Dabei sagte er u. a.: Die in den vergangenen Tagen (8., 9., 10. November 1938) wegen der Ermordung des Botschaftsrates vom Rath gegen die Juden durchgeführten Empörungsaktionen seien vom christlichen Standpunkte aus in keiner Weise gut zu heißen, sondern zu verurteilen. Ein Christenmensch mache so etwas nicht, das seien Untermenschen gewesen.

Aus Monatsbericht des Regierungspräsidenten von Niederbayern und der Oberpfalz, 7. 8. 1939

... Die Entjudung der gewerblichen Wirtschaft in dem zum alten Reichsgebiet gehörenden Teil des Regierungsbezirks ist abgeschlossen. Die gewerbliche Entjudung in den drei angegliederten sudetendeutschen Landkreisen[30] ist außerordentlich schwierig, da die Betriebe meist sehr verschuldet und die finanziellen Verhältnisse überdies entweder wegen Verschleppung der Buchhaltung oder wegen an sich ungenügender Buchführung sehr unklar sind. Die Entjudung der Optischen Werke Neuern und des Gabelwerks Bernt in Neuern steht vor dem Abschluß.

Die Entjudung des Hausbesitzes schreitet im alten Reichsgebiet rasch vorwärts; dagegen wollen die geflüchteten Juden, die im Sudentengebiet ansässig waren, meist nicht verkaufen. Wenn sie verkaufsbereit sind, machen sie den Verkauf regelmäßig vom freien Transfer des Kaufpreises abhängig, also von einer Bedingung, die kaum erfüllbar ist. Über diese Frage schweben Verhandlungen mit der Devisenstelle Wien. Da gerade in den sudetendeutschen Landkreisen die alsbaldige Überführung des Hausbesitzes, mindestens

---

[29] Nach § 130a, dem sogen. Kanzelparagraphen, der 1871 und in Erweiterung 1876 in das Reichsstrafgesetzbuch aufgenommen worden war, konnten Geistliche bestraft werden, die sich »in einer den öffentlichen Frieden gefährdenden Weise« politisch betätigten.

[30] Nach der Besetzung des Sudentenlandes im Oktober 1938 wurden Teile westböhmischer Verwaltungsbezirke (Bischofsteinitz, Böhmisch-Krumau, Klattau, Prachatitz, Schüttenhofen und Taus) an Bayern angegliedert; Gesetz über die Gliederung der sudetendeutschen Gebiete vom 25. 3. 1939; RGBl. I, S. 745.

soweit er Geschäftsräume enthält, in arische Hände notwendig ist, werde ich voraussichtlich demnächst an den Reichswirtschaftsminister den Antrag stellen, in größerem Umfange Zwangsarisierungen des Hausbesitzes zu gestatten. Zur Zeit sammle ich noch Material...

Aus Stimmungsbericht der NSDAP-Kreisleitung Kitzingen-Gerolzhofen (Gau Mainfranken), 11. 9. 1939

... In Kitzingen und Marktbreit kam es am Wochenende zu Tätlichkeiten gegen die Juden. In Kitzingen wurde der berüchtigte Jude Moses Meier verprügelt. Der Täter wurde in Schutzhaft genommen, jedoch sofort auf Betreiben der Partei wieder auf freien Fuß gesetzt. Eine Anzeige wurde nicht erstattet. In Marktbreit hat sich vor dem Haus eines Juden eine über hundert Mann zählende empörte Volksmenge versammelt, die des Juden Haushälterin, eine Deutsche aus Veitshöchheim, herausholte. Es gingen ein paar Fensterscheiben und sonstige kleine Bauteile in Trümmer. Der Jude selbst nahm keinen Schaden. Die pflichtvergessene Haushälterin wurde innerhalb einer Stunde von ihrem Sohn per Kraftwagen abgeholt.

Nichtsdestoweniger muß nach wie vor eine starke Spionagetätigkeit der Juden festgestellt werden. Die Juden treiben sich nach wie vor sehr viel am Bahnhof herum, ebenso an den Hauptverkehrsstraßen, die von durchziehenden Truppen befahren werden. Auch wandern die Juden viel von Dorf zu Dorf und besuchen zum Teil draußen auf dem Land schon wieder die Gastwirtschaften. So wurde mir aus Großlangheim gemeldet, daß dort der Jude Ackermann in der Wirtschaft »Zum Adler« getroffen wurde. Diese Wirtschaft wird sehr viel von den in der Nähe liegenden Fliegern aufgesucht. Ich bin überzeugt, daß Ackermann, nur um zu spionieren, nach Großlangheim kommt. Ackermann selbst stammt aus Kleinlangheim. Wie vor einiger Zeit bereits berichtet, wurde dieser Jude vom Ortsgruppenleiter Fröhlich (Wiesenbronn) aus seinem Dorfe gejagt, als er sich gerade auf den Weg nach Rödelsee machte. Es ist auffallend, daß dieser Jude immer die um den Flugplatz in Kitzingen gelegenen Orte aufsucht.[31]

Es ist nach meinem Dafürhalten an der Zeit, endlich sämtliche Juden in einem Konzentrationslager zusammenzufassen, um aber auch wirklich nicht mehr mit deutschen Volksgenossen in Berührung treten zu können...

Aus Monatsbericht des Regierungspräsidenten von Ober- und Mittelfranken, 7. 12. 1939

Nach dem Attentat im Bürgerbräukeller [32] fanden in den Gemeinden Adelsdorf und Mühlhausen, Landkreis Höchstadt a.d. Aisch, Einzelaktionen gegen Juden statt. Nach

---

[31] Auf diese Beobachtungen der Kreisleitung über die »Tätigkeit der Juden« machte am 5. 10. 39 der Stellvertretende Gauleiter die Gestapo Würzburg aufmerksam. In diesem Zusammenhang sei ferner »seitens der Kreisleitung die Frage aufgeworfen worden, welche gesetzliche Handhabe besteht, um Juden vom Besuch der Bauernhäuser abzuhalten«, nachdem bei der Kreisleitung eine Anregung des Ortsgruppenleiters von Bibergau, »hier etwas zu unternehmen«, eingelaufen war; StA Würzburg, NSDAP I/2.

[32] Am 9. 11. 1939 mißglückte in München ein Bombenattentat des Schreiners Georg Elser auf Hitler.

sofortiger Aufklärung der Bevölkerung, die die Juden loshaben möchte, ist Ruhe eingetreten.

Aus Lagebericht des Präsidenten des Oberlandesgerichts Nürnberg, 8. 5. 1940

Nach den jüngst veröffentlichten Feststellungen des Statistischen Amts der Stadt Nürnberg sind in der Zeit vom 1. 2. 1933 bis 31. 12. 1939 aus Nürnberg 5638 Juden ausgewandert. Von diesen gingen 40,5 v.H. nach den Vereinigten Staaten von Amerika, 22,5 v.H. nach England, 8,9 v.H. nach Palästina und je 4,6 v.H. nach Holland und Frankreich; der Rest ist in andere Großstädte des Reiches verzogen.

In 22 Fällen wurde in den Monaten Februar und März 1940 der Verkauf jüdischen Grundbesitzes an Deutsche grundbuchamtlich vollzogen. Es handelt sich dabei um Verkäufe, die bereits vor den Arisierungsmaßnahmen der Gauleitung Franken beurkundet worden sind.[33]

Aus Monatsbericht des Regierungspräsidenten von Unterfranken, 10. 5. 1940

... Unter den Festnahmen wegen staatsabträglichen Verhaltens sind von Interesse:
die Festnahme der Studienratsehefrau R. in Bad Kissingen. Sie ist beschuldigt, trotz wiederholter Warnung und Belehrung, auch seitens ihres Ehemannes, die schon vor 1933 bestehende Freundschaft mit einem in ihrem Haus wohnenden Juden fortgesetzt zu haben und auch in der Öffentlichkeit in ihren Beziehungen zu dem Juden keine Zurückhaltung geübt zu haben;
des Landgerichtsrates a.D. Dr. Lobmiller in Würzburg. Er ist beschuldigt, anläßlich einer Kaffeehausunterhaltung Partei für die Juden ergriffen und zum Ausdruck gebracht zu haben, daß die Judenverfolgung nur eine nationalsozialistische Mache sei...

---

[33] Die Gauleitung Franken hatte nach dem Pogrom vom 9./10. 11. 1938 viele Juden innerhalb des Gaugebiets zur Übergabe von Häusern, Grundstücken und Geschäften zu etwa 10% ihres Wertes gezwungen. Die Objekte waren auf den Namen des Stellvertretenden Gauleiters Holz überschrieben worden, da die Gauleitung selbst nicht den Charakter einer juristischen Person besaß. Diese Arisierungen standen im offenen Widerspruch zur VO des Beauftragten des Vierjahresplans (Göring) vom 12. 11. 1938, wonach die Ausschaltung der Juden aus der Wirtschaft ausschließlich den staatlichen Stellen vorbehalten blieb; RGBl. I, S. 1580. Zugriffe der Partei auf jüdisches Vermögen blieben demnach untersagt. Nach dem Bekanntwerden der groß angelegten Nürnberger Arisierungsaktion setzte Göring eine Untersuchungskommission ein. Die dabei aufgedeckten Fälle von Korruption und massiver Erpressung boten schließlich Anlaß genug, Streicher, der ohnehin wegen zahlreicher krimineller Vergehen untragbar geworden war, die Leitung des Gaues Franken auf Dauer zu entziehen, Holz wurde nur vorübergehend aus dem Amt entfernt, er avancierte 1942 sogar zum kommissarischen Gauleiter. Der Nürnberger Polizeipräsident erhielt von Göring den Sonderauftrag zur Revision der von der Gauleitung eigenmächtig vorgenommenen Arisierungen, so daß die Polizei bis in das Jahr 1942 hinein mit der erneuten Umschreibung befaßt war – eine Revision der Unrechtmaßnahmen gegenüber den geschädigten Juden stand dabei freilich nicht zur Debatte.

Aus Tätigkeitsbericht des Rassenpolitischen Amts der NSDAP, Gau München-Oberbayern, 29. 6. 1940

... Ich erhielt parteidienstlich die Mitteilung, daß die Tochter eines Beauftragten, in der Gauleitung tätigen Pg. als Lernschwester des Roten Kreuzes in einer Privatklinik aufgefordert worden war, dort wohnende Juden zu bedienen. Man muß schon bedienen sagen, denn aus der mir zugegangenen Mitteilung entstand deutlich der Eindruck, daß eine Reihe von Juden sich in diesem Sanatorium eingemietet hatte, um in dieser Zeit angenehm zu wohnen [und] verpflegt [zu werden] und dem Dienstbotenmangel zu entgehen. Die Weitergabe der mir zugegangenen Mitteilung hatte nach einem Bericht zur Folge, daß eines Morgens die ganze jüdische Gesellschaft abgeholt und ins jüdische Asyl[34] gebracht wurde...

Aus Tätigkeitsbericht des Rassenpolitischen Amts der NSDAP, Gau München-Oberbayern, 14. 10. 1940

... Die heutige Beanspruchung unserer Sprechstunde durch Juden und Mischlinge[35] hat uns schon vor längerem dazu veranlaßt, außer der Juden- auch eine Mischlingskartei anzulegen. – Durch die gewonnenen Erfahrungen hat es sich als wünschenswert erwiesen, daß wir unsere Feststellungen über den Anfrager hinaus machen und unsere Erhebungen anderen Gauamtsleitungen zur Kenntnis bringen. Auf diese Weise wird die möglichst vollständige Erfassung jüdischer Mischlinge wenigstens insoweit durchführbar, als diese Juden an unserer Gesetzgebung interessiert sind. Da es sich nicht selten um den Versuch der Verschleierung des Grades der jüdischen Abstammung handelt, so ist die Gestaltung einer solchen das Reich umfassenden Mischlingskartei von besonderem Wert. – Hierbei werden also nicht nur Juden zu erfassen sein, die als Mischlinge 1. Grades erscheinen, sondern auch Mischlinge 2. Grades, die als deutschblütig auftreten möchten...

Es ist uns in letzter Zeit in unserer Sprechstunde aufgefallen, daß jüdische Mischlinge fortdauernd ein großes Interesse für die derzeit geltenden bzw. demnächst zu erwartenden gesetzlichen Bestimmungen bezüglich ihrer Heirat haben...

Zu diesen Mitteilungen nahm das Rassenpolitische Amt der Reichsleitung der NSDAP am 5. 12. 1940 Stellung: »... Die von Ihnen in Aussicht genommene Mischlingskartei ist zu begrüßen. Soweit uns bekannt ist, wird auch beim Rassenpolitischen Gauamt in Köln eine derartige Kartei geführt... Wenn Sie weiter schreiben, daß nach Ihren Beobachtungen die jüdischen Mischlinge dauernd ein großes Interesse bezüglich der Frage der Heirat haben, so können wir dies nur bestätigen. Wir erklären hier im Amt grundsätzlich, daß eine Heiratsgenehmigung ausgeschlossen ist, daß heute

---

[34] Nach der Aufhebung des Kündigungsschutzes für Juden (Gesetz von 30. 4. 1939, RGBl. I, S. 864 f.) hatte die »Arisierung jüdischen Wohnraums« im großen Stil begonnen. Die aus ihren Wohnungen vertriebenen Münchener Juden fanden in sogen. »Judenhäusern«, die von der Gemeindeverwaltung eingerichtet wurden, eine vorläufige Unterkunft, bis im März 1941 schließlich im Norden der Stadt ein großes Barackenlager als zentrale Aufnahmestelle gebaut wurde; siehe Hanke (siehe S. 430, Anm. 3), S. 279 ff.

[35] Die nationalsozialistische Rassegesetzgebung unterschied nach »Volljuden« und »Mischlingen«. Soweit die betroffenen Personen christlich waren und von zwei jüdischen Großeltern abstammten, fielen sie in die Kategorie der »Halbjuden« (»Mischlinge 1.Grades«), soweit sie unter ihren Vorfahren nur eine jüdische Großmutter bzw. nur einen jüdischen Großvater aufwiesen, in die Kategorie der »Vierteljuden« (»Mischlinge 2.Grades«).

Genehmigungen nicht mehr erteilt werden und daß die betreffende Bestimmung des § 1 der 1. Durchführungsverordnung zum Blutschutzgesetz so ausgelegt werden muß, als wenn die Eheschließung praktisch verboten ist[36] ... Vertraulich möchten wir nur darauf hinweisen, daß die Tendenz bezüglich der zukünftigen Behandlung der jüdischen Mischlinge 1. Grades klar dahin verläuft, sie schlechter als bisher zu stellen. Es ist nicht ausgeschlossen, daß nach Kriegsende eine Gleichstellung mit Volljuden erwogen wird.«

Aus Monatsbericht des Regierungspräsidenten von Ober- und Mittelfranken, 7. 10. 1941

... Die Kennzeichnung[37] der Juden erfolgte ohne Zwischenfälle, auch das Erscheinen der gekennzeichneten Juden in der Öffentlichkeit führte bis jetzt zu keinerlei Störungen. Dagegen häufen sich anonyme und offene Anzeigen der deutschblütigen Bevölkerung gegen vermeintliche Juden bzw. solche, die laut Verordnung von der Kennzeichnungspflicht ausgenommen sind...

Aus Monatsbericht des Regierungspräsidenten von Schwaben, 8. 10. 1941

... Nach dem Bericht des Oberbürgermeisters von Augsburg hat die Kennzeichnung der Juden bei allen Volksgenossen große Befriedigung ausgelöst. Allerdings bedarf die Frage der Einkaufsmöglichkeit für die Juden noch der Lösung, da nicht jeder Geschäftsmann die gekennzeichneten Juden in seinem Geschäfte dulden will, weil dadurch Anlaß zu Unstimmigkeiten gegeben ist. Dies trifft auch infolge des stärkeren Verkehrs für den Wochenmarkt zu. Die Kennzeichnungspflicht für Juden wird wohl zwangsläufig dazu führen, einige Verkaufsstellen für Lebensmittel und Gegenstände des täglichen Bedarfs ausschließlich nur für Juden zu errichten...

Über die weitere Beschränkung der Einkaufsmöglichkeiten der Juden berichtete der Regierungspräsident am 21. 1. 1942: »In Augsburg wurde durch Anordnung des Oberbürgermeisters die Einkaufszeit für Juden auf die jeweils erste Verkaufsstunde des Tages festgesetzt; der Besuch des Stadtmarktes wurde ihnen verboten. Der Oberbürgermeister berichtet hierzu, daß diese Regelung von der Bevölkerung begrüßt wurde. Es konnte aber bereits festgestellt werden, daß nun nichtjüdische Personen für Juden auf dem Wochenmarkt einkaufen, wo die Juden auch schon bisher bei den Wochenmarkt-Fieranten[38] [wegen der Zuteilung von Lebensmitteln] eingeschrieben waren. Der Oberbürgermeister glaubt, daß man sich mit dieser Tatsache solange abfinden müsse, als nicht eigene Einkaufsgelegenheiten für Juden bestehen.«

---

[36] In ihrem Tätigkeitsbericht vom 29. 6. 1940 hatte die Gauamtsleitung München-Oberbayern bereits angeregt, daß eine geschlechtliche Beziehung zwischen »Mischlingen 1.Grades und Deutschblütigen ... mindestens solange als Rassenschande zu bezeichnen ist, als die Genehmigung zur Ehe noch nicht vorliegt«.
[37] Aufgrund der Polizeiverordnung vom 1. 9. 1941 (RGBl. I, S. 547) hatten Juden vom vollendeten sechsten Lebensjahr an in der Öffentlichkeit auf der linken Brustseite ihrer Kleidung sichtbar einen handtellergroßen gelben »Judenstern« zu tragen.
[38] Fieranten: ambulante Markthändler.

V. Judenverfolgung und nichtjüdische Bevölkerung

Aus Monatsbericht des Regierungspräsidenten von Ober- und Mittelfranken, 7. 12. 1941

Im Zuge der Juden-Evakuierungsaktion ging am 29. November ein Sonderzug mit 1001 Juden und neun Kindern von Nürnberg nach Riga ab. Vermutlich aus Furcht vor der bevorstehenden Evakuierung haben drei Jüdinnen Selbstmord verübt...
In der Nacht vom 15. auf 16. November wurde vor dem Rathaus in Windsbach, Landkreis Ansbach, zum Protest gegen die einzige im Landkreis noch vorhandene jüdische Person, die Ehefrau des Uhrmachers Reuter, ein Galgen mit der Aufschrift »Für die Jüdin« aufgestellt.
Soweit ersichtlich, existiert nur ein einziger Bericht, in welchem Reaktionen der Bevölkerung auf die Deportation der Juden verzeichnet wurden. »Am 25. [richtig: 29.] November 1941 ging aus Nürnberg und Fürth der erste Transport mit Juden nach dem Osten«, schrieb der Generalstaatsanwalt beim Oberlandesgericht Nürnberg in seinem Lagebericht vom 10. 12. 1941 und weiter: »Die Bevölkerung, der dies nicht verborgen blieb, nahm die Tatsache zustimmend zur Kenntnis.«

Aus Lagebericht des Präsidenten des Oberlandesgerichts Nürnberg, 5. 1. 1942

Die Arisierung jüdischen Grundbesitzes wird stetig fortgeführt. In Nürnberg sind bereits über vier Fünftel des seinerzeit auf den früheren Gauleiter-Stellvertreter Holz umgeschriebenen Grundbesitzes arisiert. Die Zahl der in Nürnberg noch vorhandenen Juden hat sich im Berichtszeitraum dadurch erheblich verringert, daß im Dezember 1941[39] rund 500 Juden evakuiert wurden. Weitere Abtransporte von Juden sollen für die nächsten Monate in Aussicht genommen sein. Die krasse Wohnungsnot in Nürnberg wird dadurch aber kaum merklich gebessert werden...

Aus Monatsbericht des Regierungspräsidenten von Ober- und Mittelfranken, 7. 4. 1942

... Im Rahmen der Evakuierungsaktion verließ am 24. März ein Sonderzug mit 990 Juden Nürnberg mit dem Reiseziel Lublin-Izbica. Zwischenfälle haben sich nicht ereignet. Der Jude Dr. Martin Israel Offenbacher hat sich der Evakuierung durch Selbstmord (Leuchtgas) entzogen...

Aus Monatsbericht des Regierungspräsidenten von Ober- und Mittelfranken, 5. 5. 1942

... Am 24. März wurden 781, am 25. April 105 Juden nach dem Osten evakuiert. Außer einigen Selbstmorden und Selbstmordversuchen sind keinerlei Störungen eingetreten...

---

[39] Gemeint ist der Transport vom 29. 11. 1938.

Aus Monatsbericht des Regierungspräsidenten von Ober- und Mittelfranken, 6. 6. 1942

... Der vom Sondergericht Nürnberg wegen Rassenschande zum Tode verurteilte Jude Leo Israel Katzenberger... wurde am 3. Juni hingerichtet[40]...

Aus Monatsbericht des Regierungspräsidenten von Ober- und Mittelfranken, 7. 10. 1942

... Nach Theresienstadt wurden evakuiert: Am 10. 9. 1942 1000 Juden, am 23. 9. 1942 563 Juden = 1563 Juden. Die restlichen Juden von Nürnberg und Fürth, die nicht in Mischehen leben, werden z. Zt. in einem Anwesen in Fürth zusammengelegt...

Aus Monatsbericht des Regierungspräsidenten von Ober- und Mittelfranken, 7. 7. 1943

... Am 18. Juni wurden aus dem Regierungsbezirk die letzten Rassejuden, die nicht in deutsch-jüdischer Mischehe leben oder gelebt haben, evakuiert. Hiervon wurden 86 Juden nach dem Osten und 36 nach Theresienstadt abgeschoben.

Insgesamt sind im Regierungsbezirk Oberfranken-Mittelfranken noch 242 Juden wohnhaft, von denen 153 in privilegierter, 63 in nicht privilegierter Mischehe[41] leben. Der Rest setzt sich aus 23 Geltungsjuden[42] und 3 Ausländern zusammen. 22 Juden befin-

---

[40] Katzenberger war Vorsitzender der Israelitischen Kultusgemeinde in Nürnberg. Er stand zum Zeitpunkt des gegen ihn geführten Prozesses im 69. Lebensjahr. Im ersten Halbjahr 1941 war er unter der Beschuldigung verhaftet worden, Geschlechtsverkehr mit einer Fotografin aus Nürnberg ausgeübt zu haben, mit der er seit vielen Jahren familiär-freundschaftliche und auch geschäftliche Beziehungen unterhalten hatte. Tatsächlich aber ließ sich die Beschuldigung nicht aufrechterhalten, nachdem die Fotografin den gegen Katzenberger vorgebrachten Vorwurf in einer beschworenen Erklärung abgestritten hatte und auch das übrige Beweismaterial zu einer Verurteilung nicht ausreichend erschienen war. Der Vorsitzende des Sondergerichts Nürnberg, Landgerichtsdirektor Rothaug, setzte jedoch durch, daß der Fall vom Strafgericht an das Sondergericht überwiesen wurde. Bereits vor Prozeßbeginn hatte er seine Absicht bekundet, hier die Todesstrafe zu verhängen. In der revidierten Anklage wurde Katzenberger nicht nur der »Rassenschande« beschuldigt, sondern auch des Verbrechens gegen die Volksschädlingsverordnung, die in schwersten Fällen die Möglichkeit zur Verurteilung zum Tode eröffnete. Laut Anklage soll Katzenberger unter Ausnutzung der kriegsbedingten Verdunkelung die Fotografin mehrmals aufgesucht und mit ihr bei dieser Gelegenheit »rassenschänderischen Verkehr« ausgeübt haben. Die Fotografin war durch einen verfahrenstechnischen Schachzug Rothaugs als Entlastungszeugin ausgeschaltet worden, und zwar dadurch, daß sie unter der Anschuldigung des Meineids in die Anklage miteinbezogen wurde. Dem Prozeß selbst verstand Rothaug den Charakter einer politischen Kundgebung gegen das »Judentum« zu verleihen, siehe; Das Nürnberger Juristenurteil (allgemeiner Teil). Hrsg. vom Zentral-Justizamt für die Britische Zone. Hamburg 1948, S. 212 ff.

[41] In »Mischehe« lebende Juden, also Juden, die mit einem Nichtjuden verheiratet waren, blieben zunächst in den meisten Fällen von der Deportation verschont. Der Terminus der »privilegierten Mischehe« bezieht sich auf die vom Zwang der Kennzeichnung durch den »Judenstern« gemäß den Bestimmungen der Polizeiverordnung vom 1. 9. 1941 (RGBl. I, S. 547) ausgenommenen Juden. Der Kennzeichnungszwang fand keine Anwendung a) auf den in einer Mischehe lebenden jüdischen Ehegatten, sofern Abkömmlinge aus der Ehe vorhanden sind und diese nicht als Juden gelten, und zwar auch dann, wenn die Ehe nicht mehr besteht oder der einzige Sohn im gegenwärtigen Kriege gefallen ist; b) auf die jüdische Ehefrau bei kinderloser Mischehe während der Dauer der Ehe.«

[42] Als »Geltungsjuden« wurden die Personen bezeichnet, die unter den § 5 Abs. 2 der 1. VO zum Reichsbürgergesetz vom 14. 11. 1935, (RGBl. I, S. 1333) fielen: »Als Jude gilt auch der von 2 volljüdischen Großeltern abstammende staatsangehörige jüdische Mischling, a) der beim Erlaß des Gesetzes der jüdischen Religionsgemeinschaft angehört hat und danach in sie aufgenommen wird, b) der beim Erlaß des Gesetzes mit einem Juden verheiratet war oder sich danach mit einem solchen verheiratet, c) der aus einer Ehe mit einem Juden... stammt, die nach dem Inkrafttreten des Gesetzes ... geschlossen ist, d) der aus dem außerehelichen Verkehr mit einem Juden ... stammt und nach dem 31. Juli 1935 außerehelich geboren wird.«

den sich z. Zt. in Haft oder im Konzentrationslager. Von den oben genannten 242 Juden haben 167 ihren Wohnsitz in Nürnberg, 33 in Fürth, die übrigen in den Landgemeinden...

Aus Monatsbericht des Regierungspräsidenten von Ober- und Mittelfranken, 8. 11. 1944

...Auf Weisung des Reichssicherheitshauptamts Berlin wurden alle jüdischen Mischlinge und jüdisch versippten Personen listenmäßig erfaßt und den Arbeitsämtern zum geschlossenen Arbeitseinsatz bei der Organisation Todt gemeldet. Die Erfassungsaktion ist noch nicht abgeschlossen...

TEIL VI

Die Partei in der Provinz
Möglichkeiten und Grenzen ihrer Durchsetzung 1933 – 1939

A. Berichte von NSDAP-Ortsgruppen

EINFÜHRUNG

Zum Wesen der NS-Herrschaft gehörten nicht nur die »negativen« Zwangsmaßnahmen, nämlich die wirksame Überwachung, Strafandrohung, Abschreckung und andere Mittel aus dem vielfältigen Katalog von Bestrafung und Verfolgung. Als sozusagen »positive« Herrschaftsinstrumente standen daneben die permanente Werbung, Überzeugung, Indoktrinierung und organisatorische Erfassung zur Sicherung der freiwilligen Einsatzbereitschaft für die Ziele des Regimes, ohne die es weit weniger erfolgreich gewesen wäre.

Während die Bayerische Politische Polizei (Gestapo) im wesentlichen nur die negativen Herrschaftsmittel zur Wirkung zu bringen hatte, war die Aufgabe der Partei gespalten. Sie umfaßte eine breite Skala von Kontroll- und Sanktionsmitteln, aber auch die verschiedensten Anstrengungen zur »Gewinnung« der Bevölkerung. Die NSDAP blieb, obwohl sie selbst ein Teil der institutionalisierten Herrschaft wurde, auch nach 1933 Agitationspartei.

Resistenz gegenüber der nationalsozialistischen Herrschaft bestand nicht nur aus aktivem politischen Widerstand von Einzelnen oder Gruppen, sondern sie zeigte sich auch an der Immunität gegenüber den von der Partei ausgehenden Versuchen zur ideologischen Indoktrination und Erfassung, in der Nicht-Partizipation an der von der Partei erstrebten organisatorischen Erfassung. Die Frage der Durchsetzungsfähigkeit der Partei in der Gesellschaft bildet unter diesem Aspekt einen wichtigen Teilkomplex innerhalb der Dokumentation der Strukturen resistenten Verhaltens der Bevölkerung in der NS-Zeit.

Als politische Monopol- und Massenorganisation des Dritten Reiches suchte die NSDAP mit ihren Nebenorganisationen den totalitären Auftrag der »Erfassung« des Volksganzen auf manigfaltige Weise in den verschiedensten Sektoren der Gesellschaft sowie auf den verschiedensten Stufen öffentlicher und staatlicher Verwaltung wahrzunehmen. Mitgliederwerbung, -schulung und -organisation auf der unteren Ebene der Ortsgruppen und Stützpunkte machen nur einen Teilbereich ihrer Aktivität aus. Einen weiteren bildete das breite Spektrum der NS-Gleichschaltung und Reglementierung der vielen gruppenspezifischen, beruflichen, fürsorgerischen und sonstigen Verbände, von der Nationalsozialistischen Volkswohlfahrt (NSV), der Deutschen Arbeitsfront (DAF), der Jugenderziehung in der HJ, der Sport- und Kulturgleichschaltung bis zur speziellen Zusammenfassung der Frauen (NS-Frauenschaft) und einzelner Berufsgruppen (NS-Beamtenbund, NS-Lehrerbund, NS-Rechtswahrerbund etc.). Eine weitere Säule der Parteiaktivität stellte ihre Mitwirkung und Kontrolle in den verschiedenen Ressorts der Exekutive und Bürokratie auf der Ebene der Gemeinde-, Landes- und Reichsverwaltung dar.

Die hier vorgelegte Dokumentation kann diese Gesamtaktivität nur von einigen wenigen Aspekten her veranschaulichen. Ihre Auswahl war wesentlich abhängig von einigen, zufällig erhalten gebliebenen Berichtsakten der NSDAP, ihrer Fachorganisationen und angeschlossenen Verbände. Es kommt dabei ausschließlich die Orts-, Kreis- und Gauebene, d. h. die untere oder mittlere Stufe der Parteiorganisation zu Wort.

Die bisher vorliegenden Untersuchungen zur Geschichte der NSDAP in den Jahren 1933 – 1945 beziehen sich fast ausschließlich auf ihre gesamtstaatliche Aktivität, die Organisations-, Kompetenzverhältnisse und Führungsprobleme der Partei an ihrer Spitze[1]. Studien zur Wirkungsgeschichte der NSDAP in den verschiedenen Bereichen der Gesellschaft, auf dem Grenzgebiet von politischer Herrschaft und Gesellschaft liegen bisher kaum vor[2].

Obwohl das Hitler-Regime seine offensichtlich stärkste Integrationskraft in der Figur des »Führers«, dessen Appellen und visionären Deklamationen hatte, bedurfte es doch der Partei, um die ephemere, vom Charisma des Führers mobilisierte »Gefolgschaft« organisatorisch zu stabilisieren. Hier lag auch ihre wichtigste Aufgabe im lokalen Bereich zur Sicherung der sozialen Basis des Regimes. Die »Eroberung« der Volksmassen blieb auch noch nach 1933 ein ständiges, unverzichtbares Ziel. Bei seiner Erfüllung stand vieles im Wege: die Hohlheit der Weltanschauung, die sich bei dem Versuch einfacher Erklärung und Anwendung »vor Ort« immer wieder enthüllte, die Unzulänglichkeit des untergeordneten Führerkorps und der Opportunismus der massenhaften, neuen Parteigenossen, die parteiinternen Rivalitäten und Kontroversen. Häufig war das lokale Image und Prestige der NSDAP[3] schon aus solchen Gründen schwach. Die Partei hatte außerdem bei der beanspruchten politischen Führung mit traditionellen, sozialen Eliten und Autoritäten zu rechnen, die ihr, wenn sie diese nicht für sich gewinnen konnte, an Ansehen bei der Bevölkerung oft überlegen waren.

Bei der Mehrzahl der Beobachtungsgebiete, auf die sich die folgenden Parteiberichte beziehen, handelt es sich um ländliche, »provinzielle« Regionen Bayerns, meist mit überwiegend katholischer Bevölkerung. Es kommen deshalb auch vor allem die in diesem Milieu der Partei entgegenwirkenden Kräfte zu Wort, insbesondere die katholische Kirche bzw. ihre gläubigen Anhänger. Die von ihr geprägten Verhaltens-, Denktraditionen und Einrichtungen begrenzten die Durchsetzungsmöglichkeit der Partei in der »Provinz« in nicht zu übersehendem Maße.

---

[1] Das gilt eingestandenermaßen auch für die bis jetzt umfassendste Arbeit von Orlow, Dietrich: The History of the Nazi Party: 1939–1945. Pittsburgh 1973.

[2] Ansätze u. a. bei Schoenbaum, David: Die braune Revolution. Eine Sozialgeschichte des Dritten Reiches. Köln 1968.

[3] Zur Zeit bereitet Ian Kershaw eine Studie über die Volksstimmung in Bayern in der NS-Zeit vor, die auch das Image der NSDAP behandeln wird.

Einführung

Das erste Teilkapitel behandelt die Partei auf lokaler Ebene in den Jahren 1933 – 1939. Die Dokumentationsgrundlage bilden periodische Berichte unterer Hoheitsträger der Partei (Ortsgruppen- und Stützpunktleiter) aus Restbeständen von Kreisleitungsakten der NSDAP verschiedener bayerischer NSDAP-Gaue. Aus einem völlig ungeordneten Bestand des Staatsarchivs Nürnberg[4] stammen Stimmungs- und Monatsberichte einzelner Ortsgruppen und Stützpunkte des NSDAP-Kreises Eichstätt (Akten der Kreisleitung Eichstätt). Er enthält Berichte auch anderer Dienststellen (der Kreishandwerkerschaft, DAF, Kreispropagandaleitung, Kreisbauernschaft u. a.) und erstreckt sich mit erheblichen Lücken im wesentlichen auf die Jahre 1935 – 1939. Von der Kreisleitung Dinkelsbühl blieb nur ein kleiner Splitterbestand, Berichte der Ortsgruppe Röckingen für das Jahr 1938, erhalten[5]. Für den Gau Schwaben sind aus der Vorkriegszeit nur die Tätigkeitsberichte der Kreisleitung Memmingen-Land überliefert[6], die unter Verwendung vorgedruckter Formulare vier Themenbereiche umfaßten: allgemeine organisatorische Tätigkeit innerhalb der NSDAP, ihrer Gliederung und Verbände; Statistik über Versammlungen, Kundgebungen u. ä.; politische Tätigkeiten und der Punkt Allgemeines, der einen ausführlichen Stimmungsbericht über Handarbeiter, Landbevölkerung und Wirtschaftskreise einschloß. Der erst- und der letztgenannte Punkt wurden fast regelmäßig behandelt, die anderen meistens gar nicht beigeheftet oder ausgefüllt. Auch dieser Bestand weist Lücken auf, deren Umfang kaum festzustellen ist, da die Ortsgruppen und Stützpunkte nicht jeden Monat Berichte lieferten; z. B. trafen für den Monat Juni 1936 von den 16 Ortsgruppen und 19 Stützpunkten der Kreisleitung Memmingen-Land nur 13 Berichte bei ihr ein. Die Bayerische Ostmark ist durch Stimmungs- und Tätigkeitsberichte aus den Kreisleitungen Kronach, Stadtsteinach und Selb vertreten[7]. Zusätzlich wurden Berichte verschiedener Amtsleiter der Kreisleitung Kronach herangezogen.

Die Stimmungs- und Tätigkeitsberichte kamen mit Erlaß des Stellvertreters des Führers vom Oktober 1938 in Wegfall. Statt dessen hatten die Hoheitsträger »politische Lageberichte« jeweils zum Ende des Monats zu schreiben, die den Gauleitern bzw. deren Referenten als Unterlage für ihren Bericht an den Stellvertreter des Führers dienten. Den Kreisleitern blieb es freigestellt, ihrerseits schriftliche Berichte von den Ortsgruppen- und Stützpunktleitern anzufordern. Die Amtsleiter bzw. Hauptstellenleiter in den Kreis- und Gauleitungen hatten dagegen einen »fachlichen Tätigkeitsbericht«, der sich ausschließlich auf das sachliche Arbeitsgebiet des jeweiligen Amts bezog, an das ihnen übergeordnete Amt zu richten, eine Zweitschrift ging an den zuständigen Hoheitsträger. Von allen Berichterstattern forderte der Stellvertreter des Führers in erster Linie wahrheitsgemäße Berichte, schonungslose Offenheit, präzise Ausdrucksweise und Verzicht auf Zeilenschinderei, angesichts einiger erhalten gebliebener Berichte eine längst fällige Mahnung an die Hoheitsträger. Um eine effektivere Berichtsauswertung zu gewährleisten, wurde das alte Berichtsschema durch ein neues ersetzt, das nicht weniger als 30 Hauptpunkte mit zahlreichen Unterpunkten umfaßte, Ausdruck der gewachsenen Bedeutung der Berichte für die Partei zur Kontrolle der öffentlichen Meinung. Zu berichten war na-

---

[4] StA Nürnberg, NSDAP vorl. Ordner 8.
[5] LKA Nürnberg, KKE 75.
[6] StA Neuburg, NSDAP (Bestand noch ungeordnet).
[7] StA Bamberg, M 33/29, 153, 154, 175, 196, 197, 410.

hezu über sämtliche Lebensbereiche, vor allem aber über »Klagen und Mißstimmung der Bevölkerung, besondere Ereignisse politischer Bedeutung, Anteilnahme der Bevölkerung an außenpolitischen Vorgängen, Gerüchte, die Stellung der Partei im Leben der Nation, das Vertrauen der Bevölkerung zur Partei«, daneben auch über innerparteiliche Angelegenheiten, die Parteigenossen, Propaganda, Schulung, Kirche, Staatsfeinde, aber auch über abseits gelegene Bereiche wie Luftfahrt oder Kolonialfragen. Diese hohen Ansprüche überforderten offensichtlich die meisten Hoheitsträger, besonders die auf dem Land, denn die in ihrer überwiegenden Mehrzahl einfach gehaltenen Berichte von Ortsgruppen- oder Stützpunktleitern wurden den Anforderungen in keiner Weise gerecht.

Das Organisationsgefüge der NSDAP auf lokaler Ebene tritt in den Berichten oft nicht klar hervor. Es bedarf deshalb einer kurzen Erläuterung. Eine Ortsgruppe, deren Gebietsgrenzen für gewöhnlich mit den Gemeindegrenzen identisch waren – sie konnte aber mehrere Gemeinden umfassen –, setzte sich organisatorisch aus mehreren Zellen zu je vier bis acht Blocks, die jeweils aus 40–60 und mehr Haushaltungen bestanden, zusammen. Zur Gründung einer Ortsgruppe waren theoretisch 50 Parteimitglieder nötig, zur Gründung eines Stützpunkts nur 15, die Höchstgrenze einer Ortsgruppe belief sich auf 500 Parteimitglieder, eines Stützpunkts auf 50[8], der Unterschied zwischen beiden Hoheitsbereichen lag ausschließlich in der Größenordnung[9]. Stützpunkt- sowie Ortsgruppenleiter – beide nur ehrenamtlich tätig – besaßen dieselben Rechte und Pflichten, die im Organisationshandbuch sehr allgemein zusammengefaßt sind: »Als Hoheitsträger ist er zuständig für alle Willensäußerungen der Partei; er ist verantwortlich für die politische und weltanschauliche Führung und Ausrichtung des ihm unterstellten Hoheitsbereiches[10] ... und soll darüber hinaus Vorbild, Berater und Kamerad«[11] sein. Diese Führungsverantwortung räumte den Hoheitsträgern, zu denen auch die darunter stehenden Zellen- und Blockleiter sowie selbstverständlich auch Kreisleiter, Gauleiter und der »Führer« als oberste Parteiinstitution, unter den übrigen Politischen Leitern eine Sonderstellung ein. Zum Stab eines Ortsgruppenleiters gehörte theoretisch eine Reihe von ihm disziplinär unterstellten Politischen Leitern (Organisationsleiter, Schulungsleiter, Propagandaleiter, NSBO-Leiter, NS-Frauenschaftsleiter u. a.), aber im Gegensatz zur Kreisleitung, der untersten hauptamtlich geführten Hoheitsdienststelle der Partei, deren politische Ämter in den meisten Fällen ständig besetzt waren, hinkte auf Ortsgruppenebene die Praxis dem theoretisch-politischen Anspruch nach. In den Landgemeinden war der Ortsgruppenleiter vielfach auf sich allein gestellt und hatte höchstens einige Blockleiter zur Seite. Dabei darf nicht vergessen werden, daß es der NSDAP auch auf dem Lande schon 1933 gelungen war, in vielen Gemeinden vorzudringen. Selbst einige kleine Gemeinden mit weniger als 300 Einwohner waren als Stützpunkte gut durchorganisiert[12].

Besonders in bayerischen Landgemeinden stand der Ortsgruppen- oder Stützpunktlei-

---

[8] Organisationshandbuch der NSDAP. München 1936, S. 116 und 126. Die Zahlen unterlagen im Laufe der Zeit gewissen Veränderungen.
[9] 1938 wurden alle Stützpunkte in Ortsgruppen umgewandelt. Organisationshandbuch der NSDAP. München 1940, 4. Aufl., S. 127–129.
[10] Ebenda, S. 119.
[11] Ebenda, S. 123.
[12] Als Beispiele werden in der Auswahl die Gemeinden Wötzelsdorf und Vogtendorf angeführt.

ter häufig auch einem kommunalen Amt vor. In der Partei-Statistik von 1935[13] lag der Gau München-Oberbayern an fünfter Stelle. Von 388 Ortsgruppen- und Stützpunktleitern des Gaues München-Oberbayern waren sieben Bürgermeister von Städten und 119 von Gemeinden (insgesamt 32,5%); von 1161 Ortsgruppen- und Stützpunktleitern des Gaues Bayerische Ostmark waren 38 Bürgermeister von Städten und 360 von Gemeinden (insgesamt 34,3%); von 834 Ortsgruppen- und Stützpunktleitern des Gaues Schwaben sieben von Städten und 150 von Gemeinden (insgesamt 24,8%). Die Verquickung von Partei- und Kommunalämtern läßt sich am Beispiel eines Kreises noch besser verdeutlichen, z. B. waren von insgesamt 56 Bürgermeistern des Kreisgebietes Memmingen-Land im Jahre 1937 zehn als Ortsgruppenleiter, elf als Stützpunktleiter, einer als Kreisbauernführer, zwei als Organisationsleiter und einer als Schulungsleiter tätig, d. h. fast die Hälfte aller Bürgermeister übte Parteifunktionen aus[14]. In noch höherem Maße verbanden Kreisleiter ihr Parteiamt mit einem kommunalen Amt. Auch hier lagen die Gaue Bayerns in der Statistik an der Spitze (München-Oberbayern, Bayerische Ostmark und Franken auf Platz drei bis fünf). Von den 23 Kreisleitern des Gaues München-Oberbayern waren sieben Bürgermeister von Städten und sechs von Gemeinden (insgesamt 56,5%); von den 47 Kreisleitern des Gaues Bayerische Ostmark waren 19 Bürgermeister von Städten und fünf von Gemeinden (insgesamt 51,1%), von den 16 Kreisleitern Frankens waren acht Stadtbürgermeister. Aber in keinem der Gaue Bayerns übte ein Ortsgruppen- oder Kreisleiter nach der Parteistatistik von 1935 gleichzeitig das Amt eines Bezirksamtsvorstandes aus.

Nachdem mit der ersten Gründung einer Ortsgruppe außerhalb Münchens[15] der Anspruch der Partei, sich zur überregionalen politischen Kraft auszudehnen, erstmals im Jahr 1920 erhoben worden war, hatten für längere Zeit die Parteigaue der späteren Bayerischen Ostmark die Führung in der Ortsgruppenbildung und somit im Vordringen der Partei auf unterster Ebene in der Provinz übernommen. In den Jahren 1930 bis 1935 stieg dann die Zahl der Ortsgruppen sprunghaft an; die Gaue Bayerns blieben dabei etwas unter dem Reichsdurchschnitt, ausgenommen der Gau Bayerische Ostmark, der mit 1357 Ortsgruppen und Stützpunkten (= 6,4%) an zweiter Stelle hinter dem Gau Kurmark lag[16].

Zum besseren Verständnis und zur Interpretation der Berichte wäre es an sich wünschenswert, die Bevölkerungsstruktur der einzelnen Ortsgruppen, auf die sich die Berichte beziehen, genau zu kennen. Da in der amtlichen Statistik für die NS-Zeit nur die jeweiligen Einwohnerzahlen der Gemeinden und ihre konfessionelle Gliederung ausgewiesen sind, konnten bei den entsprechenden Berichten nur diese Daten in Anmerkungsform angegeben werden. Um darüber hinaus zumindest ein grobes Bild der politischen

---

[13] Partei-Statistik, Stand 1. 1. 1935, o.O., o.J. (1935), Bd. 2, S. 306.
[14] StA Neuburg, NSDAP (Bestand noch ungeordnet). Die Personalunion von Bürgermeister und Ortsgruppenleiter bestand bei den Gemeinden Benningen, Böhen, Boos, Fellheim, Günz, Kronburg, Lauben, Markt-Rettenbach, Ottobeuren und Wertingen, die von Bürgermeister und Stützpunktleiter bei den Orten Attenhausen, Guggenberg, Haitzen, Hawangen, Heimertingen, Lautrach, Memmingerberg, Niederrieden, Pleß, Steinheim und Westerheim.
[15] Gründung der Ortsgruppe Rosenheim am 18. 4. 1920.
[16] Partei-Statistik, (siehe S. 491, Anm. 13), Bd. 3, S. 175, 1935: Franken 291=1,4%; Mainfranken 327=1,5%; München-Oberbayern 393=1,8%; Schwaben 638=3%.

und sozialen Struktur zu skizzieren, seien hier einige wenige Angaben für die jeweiligen Kreisgebiete vorangestellt, die natürlich nur sehr begrenzt etwas aussagen über die Lage der in den Berichten geschilderten Gemeinden dieser Kreise.

Die Kreise Kronach, Rehau und Stadtsteinach, alle nördlich und nordöstlich von Bayreuth gelegen, zählten, gemessen an der allgemein stark agrarischen Struktur Bayerns, zu den industriellen Regionen. Von der Gesamtbevölkerung des Bezirks Rehau (Kreisleitung Selb) gehörten 1939 nur noch 20,4 Prozent zur Land- und Forstwirtschaft (1925 noch 23,8%); dagegen waren 48,5 Prozent der Erwerbstätigen Arbeiter. Die statistischen Daten waren für die Bezirke Kronach und Stadtsteinach ähnlich, wenngleich etwas zu ungunsten des Arbeiteranteils verschoben, (1939 Kronach 23,3% : 45,7%; Stadtsteinach 34,0% : 37,9%). Die Arbeiter im Bezirk Rehau fanden vor allem in der Porzellanindustrie (Hutschenreuther in Hohenberg) und daneben auch in der Lederindustrie, im Bezirk Stadtsteinach in der Handstickereiherstellung und im Bezirk Kronach in der Schiefer- und Korbwarenindustrie Beschäftigung, d. h. in zum Teil sogar auf Heimarbeit basierender Mittel- und Kleinindustrie. Die Bezirke Dinkelsbühl (59,4% : 21,0%), Memmingen (53% : 28,5%) und Eichstätt (Land 54,3% : 27,3%; Stadt 3,8% : 29,8%) entsprachen hingegen etwa dem gesamtbayerischen Durchschnitt.

Die konfessionelle Struktur der genannten Bezirke war überwiegend katholisch bestimmt, besonders stark zutage trat dies in der Bischofsstadt Eichstätt einschließlich den umliegenden Gemeinden, dann in absteigender Reihenfolge in Memmingen, Stadtsteinach und Kronach[17]. Die Bezirke Rehau und Dinkelsbühl wiesen dagegen sehr hohe protestantische Bevölkerungsteile auf.[18]

Wie in überwiegend protestantisch ländlichen Regionen nicht anders zu erwarten, wählte Dinkelsbühl bei den Reichstagswahlen[19] überdurchschnittlich nationalsoziali-

---

[17] Eichstätt-Stadt bei einer Gesamtbevölkerung im Jahr 1933 von 8068 Einwohnern: 92,8% katholisch und 6,8% evangelisch; Eichstätt-Land: von 25 921 Einwohnern 97,8% katholisch und 2,2% evangelisch; Memmingen-Land: von 34 905 Einwohnern 81,8% katholisch und 18,1% evangelisch; Stadtsteinach: von 16 912 Einwohnern 66,6% katholisch und 39,4% evangelisch; Kronach: von 60 705 Einwohnern 62,3% katholisch und 37,5% evangelisch.

[18] Rehau: von 20 673 Einwohnern 12,1% katholisch und 86,7% evangelisch; Dinkelsbühl: von 23 911 Einwohnern 15,2% katholisch und 84,4% evangelisch.

[19] Für das folgende die wichtigsten Abstimmungsergebnisse bei der Reichstagswahl am 5. 3. 1933 in den ausgewählten Bezirken in Prozentzahlen:
Dinkelsbühl: Wahlbeteiligung 94,7%; NSDAP 71,5; SPD 7,7; KPD 0,6; BVP 7,0;
Eichstätt: Wahlbeteiligung 90,6%; NSDAP 40,5; SPD 5,8; KPD 3,2; BVP 48,7;
Memmingen: Wahlbeteiligung 90,2%; NSDAP 50,5; SPD 3,1; KPD 1,1; BVP 34,9;
Kronach: Wahlbeteiligung 92,0%; NSDAP 36,1; SPD 26,2; KPD 6,1; BVP 28,3;
Rehau: Wahlbeteiligung 91,7%; NSDAP 58,3; SPD 21,0; KPD 10,3; BVP 2,3;
Stadtsteinach: Wahlbeteiligung 90,5%; NSDAP 55,9; SPD 14,0; KPD 1,3; BVP 21,2.
Aus: Ztschr. d. Bayer. Statist. Landesamts, Jg. 65 (1933), S. 288 ff.
Die Entwicklung der NSDAP (in Prozent) in den ausgewählten Bezirken nach den Wahlen von:

	Sept. 1930	Juli 1932	Nov. 1932	März 1933
Dinkelsbühl	24,6	71,2	65,8	71,5
Eichstätt-Land	9,1	18,8	17,8	40,5
Eichstätt-Stadt	17,2	24,3	21,8	33,3
Kronach	21,6	30,7	31,3	36,1
Memmingen	14,9	35,0	35,3	50,5
Rehau	20,4	53,6	50,2	58,3
Stadtsteinach	24,6	49,1	45,7	55,9

stisch. Der Bezirk Kronach und auch der Bezirk Rehau waren Hochburgen der SPD. Letzterer wies zusätzlich einen sehr hohen KPD-Stimmenanteil auf. Relativ immun gegenüber der NSDAP zeigten sich die traditionellen BVP-Zentren Memmingen und vor allem Eichstätt. Von den ausgewählten Bezirken besaßen die Nationalsozialisten bei ihrer Machtübernahme in Kronach am wenigsten Rückhalt.

Die Berichte der einzelnen Ortsgruppenleiter sprechen im wesentlichen für sich selbst. Ihr wohl auffälligstes Merkmal ist die Schärfe, mit der die Berichtenden den Gegensatz zwischen Partei und Kirche empfanden und aussprachen. Zugleich drückt sich darin das Eingeständnis weltanschaulicher Unterlegenheit aus. Die Kontrollfunktionen der Partei auf lokaler Ebene, die z. B. bei politischen Beurteilungen von Gemeindemitgliedern, der Vergabe von Unterstützungen, Posten u. a., eine wesentliche Rolle spielten, werden, weil es sich hier nicht um wirkliche Tätigkeitsberichte handelt, kaum erörtert. Die Berichterstattung bezieht sich inhaltlich fast ausschließlich auf die Bemühungen der NSDAP zur organisatorischen und weltanschaulichen Gewinnung der Bevölkerung.

Die gelegentlich aus den Dokumenten ersichtliche Zahl der Parteimitglieder eines Ortes läßt zwar gewisse Rückschlüsse auf den Erfolg zu, den die Partei bei ihrer Werbung um lokale Anhängerschaft verbuchen konnte, besagt aber noch wenig über die Qualität ihrer Integrationskraft. Wie bei anderen Berichten dieses Bandes wird auch hier erkennbar, daß der Appell an die materielle Opferbereitschaft zunehmend als lästige Zumutung empfunden wurde und der Mitgliederwerbung und Versammlungstätigkeit häufig als stärkstes Hindernis entgegenstand. Insbesondere die im Vergleich zu Beamten oder Kaufleuten von administrativen Begünstigungen oder Benachteiligungen weniger abhängigen Bauern konnten unter solchen Umständen in der Parteimitgliedschaft meist keinen Vorteil, sondern nur einen Nachteil erblicken. Es gab sogar Ortsbauernführer, die, um den Parteibeitrag nicht leisten zu müssen, ihre Mitgliedschaft quittierten. Daß sie bei den »sturen« und »undankbaren« Bauern so wenig ausrichten konnten, bildete einen ständigen Klagepunkt ländlicher Ortsgruppen- und Stützpunktleiter. Von daher war auch ihrem Bemühen, über Versammlungen und ortsfremde Parteiredner weltanschauliche und sonstige »Schulung« zu vermitteln, enge Grenzen gesetzt. Die Versuche, die »Feiergestaltung« traditioneller Dorffeste (Erntedankfest etc.) in die Hand zu bekommen und damit wenigstens eine emotionale Bindung zu schaffen, scheinen auch nicht sehr viel erfolgreicher gewesen zu sein, gerieten sie doch nicht selten in Konflikt mit der wirkungsvolleren Tradition kirchlich-katholischer Feiern und Feste. Die Kirche zog den Indoktrinierungsbestrebungen der Partei oftmals eine nicht von ihr zu überwindende Grenze, die vor allem in der für das Regime als »katastrophal« bezeichneten Wirkung der Hirtenbriefe zum Ausdruck kam. Auch in den mitunter rüden Beschimpfungen der Pfarrer durch Ortsgruppenleiter spiegelt sich diese Ohnmacht.

In einer Zeit, als der Besitz von Rundfunkgeräten auf dem Lande noch eine Seltenheit war, bestand eine wichtige Funktion der Partei auch darin, den »Gemeinschaftsempfang« von Führer-Kundgebungen zu organisieren. Hier zumindest, wo es um die viel stärkere Suggestivität des »Führers« ging, war die Hilfsfunktion der Partei meist von Erfolg gekrönt.

E. F.

DOKUMENTE

Aus Monatsbericht des Stützpunkts Wötzelsdorf, Kreis Kronach (Gau Bayerische Ostmark), 22.6.1933

NSDAP Wötzelsdorf hatte vor dem März 1933 18 Mitglieder. Seit dieser Zeit sind wir gewachsen auf 30 Pg. Sieben von diesen Zugängen sind bereits dem Gau gemeldet, drei liegen wegen Aufnahmesperre noch dahier, zwei Pg. wurden von anderen Ortsgruppen überwiesen. Unser Stützpunkt zählt somit 28 Pg. Darunter zwei Erwerbslose. Wachstum also zehn Mitglieder. Es besteht im Dorfe auch eine Bauern-Zelle mit vorläufig zehn Mitgliedern, hier werden nächstens noch mehr Aufnahmen gemacht[20] ...

Aus Tätigkeitsbericht der Ortsgruppe Theisenort[21], Kreis Kronach (Gau Bayerische Ostmark), 5.9.1933

...Gleichschaltung: Der Kriegerverein wurde am 6.8.1933 gleichgeschaltet, am 7.8.1933 der Gesangverein in Theisenort. Beim Schützenverein Theisenort war dies nicht nötig, da Vorstand und Ausschuß zu 80% Pg. Allgemeine Lage: Ruhig. Gegenströmungen und Versuche zu irgendwelcher Miesmacherei, Verleumdungen, machten sich nicht bemerkbar. Verhältnis zwischen den einzelnen Pg. ist herzlich.

Aus Monatsbericht der Ortsgruppe Theisenort, Kreis Kronach (Gau Bayerische Ostmark), vom 4.10.1933

...Eine Zelle geheimen Widerstandes gegen NSDAP und Staatsregierung bildet der katholische Arbeiter-Verein in Johannisthal. Gleichschaltung infolge Konkordat und Mangel an geeignetem Pg., der Mitglied dieses Vereins ist, nicht erfolgt. Notwendig wäre Ernennung eines Beauftragten, um diesbezügliche Anordnungen wird gebeten.

Aus Monatsbericht der Zelle Haßlach[22], Kreis Kronach (Gau Bayerische Ostmark), für Oktober 1933

...Die Stimmung konzentriert sich vor allem jetzt auf die Wahl; verschiedene SA-Män-

---

[20] Die überwiegend evangelische Gemeinde (271 Protestanten und 1 Katholik) wies bei einer Einwohnerzahl von 272 Personen eine Parteimitgliedschaft von über 10% auf. Diese weit über dem Reichsdurchschnitt (1935: 3,78%) liegende Parteimitgliedschaft kann als Indiz für die zum Teil recht guten Startchancen der Partei auf dem Lande gelten.

[21] Die Gemeinde Theisenort zählte 1933 insgesamt 675 Einwohner, 291 katholische und 384 evangelische.

[22] Die Gemeinde Haßlach zählte 1933 insgesamt 310 Einwohner, 258 katholische und 52 evangelische.

ner und Pg. nahmen Gelegenheit, an den Radios in Haßlach die großen Reden des Führers in Berlin usw. anzuhören. (Wenn der Führer spricht, wird dies jeweils im Ort bekanntgegeben, damit jeder Gelegenheit hat, ihn zu hören.) Die Stimmung an sich in der SA und Bevölkerung ist unbedingt für Hitler...

Tätigkeits- und Stimmungsbericht des Stützpunkts Tschirn[23], Kreis Kronach (Gau Bayerische Ostmark), für [Oktober 1933]

Der Stützpunkt Tschirn beteiligte sich am 5. ds. an einem Schulungsabend in Teuschnitz. Am 25. wurde eine Abonnentenwerbung für das »Fränkische Volk« durchgeführt. Das Ergebnis waren 13 Neuzugänge für August, 9 für September und 12 für Oktober. Am 30. wurde hier ein Sturmappell abgehalten, der einen sehr guten Eindruck machte. Unterstützungsempfänger haben wir noch einen, Arbeitslose ohne Unterstützung noch 7. Die Stützpunktleitung hat für die Unterbringung der Arbeitslosen vorbildlich gesorgt.

Trotz der Unterbringung fast sämtlicher Arbeitsloser herrscht immer noch große Abneigung gegenüber der NSDAP. Das beweist, daß ein großer Teil unserer ehemaligen Gegner hier eine Stahlhelm-Ortsgruppe gebildet hat. Schwarz und Rot versuchen immer noch, uns zu unterwühlen. Unsere ehemalige schwarzrote Gemeinderegierung hat uns 4509 M einzukassierende Rückstände hinterlassen, deren Inkasso auf sehr große Schwierigkeiten stößt und deren Beitreibung, die wir beginnen mußten, wird von den Herrschaften benützt, um Stimmung gegen uns zu machen. Trotz alledem werden wir uns von unserem Standpunkt, Gemeinnutz geht vor Eigennutz, nicht abbringen lassen.

Aus Tätigkeitsbericht der Ortsgruppe Lauenstein[24], Kreis Kronach (Gau Bayerische Ostmark), 3.1.1934

...Von den Vereinen im Orte sind nun der Militärverein und der Deutsche Turnverein sowie der Gesangverein gleichgeschaltet. An die Freiwillige Feuerwehr, das Rote Kreuz, den Ziegenversicherungsverein und den Sparhilfeverein ergehen Schreiben zur Aufforderung für die Gleichschaltung. Die Gleichschaltung dieser Vereine unterblieb bisher, es sind kleine Vereine, damit sie es selbst vornehmen sollten. Ist jedoch bis heute unterblieben.

Aus Tätigkeitsbericht der Ortsgruppe Erkersreuth[25], Kreis Selb (Gau Bayerische Ostmark), für April 1934

...Die Sammlung für die Arbeitsschlacht der Bayerischen Ostmark brachte im Orts-

---

[23] Die Gemeinde Tschirn zählte 1933 insgesamt 772 Einwohner, 767 katholische und 5 evangelische.
[24] Die Gemeinde Lauenstein zählte 1933 ingesamt 795 Einwohner, 38 katholische und 757 evangelische.
[25] Die Gemeinde Erkersreuth zählte 1933 insgesamt 919 Einwohner, 146 katholische und 773 evangelische.

gruppenbereich die erfreuliche Summe von 675.- RM. Ebenso brachten die übrigen Sammlungen freudig überraschende Ergebnisse, ein Beweis, daß in der Bevölkerung ein gesunder Opfersinn herrscht. Eine rühmliche Ausnahme machen nur einige Bauern, die nicht gerade die ärmsten sind.

Unter den Bauern gibt es noch wenige Nationalsozialisten. Sie sind wohl national, doch besitzen sie noch keine Spur von Sozialismus. Eine Aufklärung ist fast nicht möglich, da sie sich bei Veranstaltungen der NSDAP fast immer ausschließen. Sie halten sich natürlich nur an fehlerhafte Einzelfälle und sehen nie die große Linie der Regierungsmaßnahmen zur Rettung des ganzen Volkes. Beispiel: Milchpreis und Abgabe.

Auch unter den bei Notstandsarbeiten untergebrachten Volksgenossen herrscht nicht gerade gute Stimmung, da die Kinderreichen bei einem Stundenlohn von 54 Pf. sich in der Woche kaum besser stellen als Arbeitslose, wobei sie aber, nach ihrer Aussage mehr für Ernährung und Arbeitskleidung brauchen. Die angesetzte Versammlungswelle ist tatsächlich notwendig, wenn nur gerade die Zweifler erfaßt werden. Wir brauchen für unseren Ortsgruppenbereich zugkräftige Redner sowohl für die Bauern als auch für die Arbeiterschaft...

Stimmungsbericht der Ortsgruppe Regnitzlosau[26], *Kreis Selb (Gau Bayerische Ostmark), 31.7.1934*

Übertragung der Rede des Führers aus dem Reichstag[27]. Alle Anwesenden hörten gespannt den Ausführungen des Führers zu. Seine Offenheit, Schlichtheit und sein Mut wirken begeisternd auf die Zuhörer. Sogar frühere Gegner, die bis jetzt der Bewegung fremd geblieben sind, sprechen sich jetzt für ihn aus. Das gesamte Volk erkennt die Größe seines Führers an und bedauert nur, daß er das alles durchmachen mußte; Hitler und die NSDAP gingen aus dem Kampfe stärker denn je hervor.

In einer am 17.7.1934 stattgefundenen Versammlung der Bauernschaft des Ortsgruppenbereiches Regnitzlosau über Milchpreisregelung und Ablieferung an den Milchhof Hof, in welcher der Bezirksleiter des Reichsnährstandes Schörner Gottlieb referierte, kam es während derselben zu sehr heftigen Auftritten gegen die geplanten Maßnahmen, so daß die Versammlung sogar vorzeitig geschlossen werden mußte. Von Seite der Ortsgruppe muß schon erwähnt werden, daß die Kritik der Bauern zum großen Teil berechtigt ist, nachdem nach Angaben der Bauern bezüglich des Milchhofes Angaben gemacht werden, die eine Kritik berechtigen. Auch in dieser Angelegenheit wäre eine mündliche Aussprache mit dem Herrn Kreisleiter zu begrüßen.

---

[26] Die Gemeinde Regnitzlosau zählte 1933 insgesamt 1092 Einwohner, 1 katholischen und 1088 evangelische.
[27] In seiner Reichstagsrede am 13.7.1934 rechtfertigte Hitler die auf seinen Befehl begangenen Morde anläßlich der Röhm-Affäre. Unter den Ermordeten befanden sich viele prominente Nationalsozialisten und Politiker, die eins gemeinsam hatten, nämlich Hitlers Interessen irgendwann einmal gestört zu haben.

Aus Tätigkeitsbericht der Ortsgruppe Benningen[28], *Kreis Memmingen-Land (Gau Schwaben), für August 1934*

... 72 Nein-Stimmen beweisen, daß bei uns noch zahlreiche Gegner vorhanden sind. In erster Linie sind es jene schwarzen Kreise, die immer den Traum von Brüning, Bayerische Volkspartei usw. noch im Kopfe haben. Als Hauptgegner können wir mit ruhigem Gewissen unseren Herrn Pfarrer angeben, der noch kurz nach Machtantritt Adolf Hitlers ein ausgesprochener öffentlicher Hetzer war, und wenn er sich heute auch vor der Öffentlichkeit zurückhält, so sind wir doch nach wie vor überzeugt, daß er immer noch einer unserer schärfsten Gegner ist. Am besten konnten wir es bei Hindenburgs Tod sehen, den ersten Tag hat er gar nicht läuten lassen, obwohl er bestimmt hören mußte, daß man überall ringsum in den naheliegenden Ortschaften läutete...

Aus Tätigkeitsbericht der Ortsgruppe Guggenberg, Kreis Memmingen-Land (Gau Schwaben), für August 1934

... Von der Wahl selber ist zu sagen, daß man sich schämen muß, wenn man in einer Gemeinde ist, in der es noch 40 Nein-Stimmen gibt[29]. Festgestellt will ich noch haben, daß die Nein-Wähler lauter Bauern sind und zwar solche, die früher dem Gemeinderat angehört haben und nun die Führung in anderen Händen nicht vertragen können...

Aus Tätigkeitsbericht der Ortsgruppe Niederrieden[30], *Kreis Memmingen-Land (Gau Schwaben), für August 1934*

... Das beste Bild bekommt man, wenn man sich das Wahlresultat[31] besieht. Wir alle hielten es für unmöglich, daß es so viele Nein gibt. Gerade in der Propaganda taten wir unser Möglichstes. Es hat uns sehr viel geschadet, daß gerade ausgerechnet vor der Wahl Besuche aus der Schweiz im Dorfe waren, die mit ihrem dummen Geschwätz und Erzählungen aus der Schweiz (30. Juni etc.)[32] ihr Möglichstes taten, die an und für sich in ihrer politischen Standfestigkeit Wackeligen noch umzustimmen. Ich rechne, daß die Nein-Stimmen aus dem schwarzen Lager kamen und da sind wir durch die Anwesenheit von Klosterfrauen und ihrem Anhang reich gesegnet. Einige der Nein-Stimmen rechne ich bösartigen Lümmeln zu, denen wohl die Ordnung im neuen Staate nicht paßt...

---

[28] Die Gemeinde Benningen zählte 1933 insgesamt 735 Einwohner, 701 katholische und 34 evangelische.
[29] In dieser Gemeinde mit im Jahre 1933 insgesamt 596 Einwohnern (davon 577 katholisch und 9 evangelisch) entsprach der Prozentanteil an Nein-Stimmen dem des Reichsdurchschnitts.
[30] Die rein katholische Gemeinde Niederrieden zählte 1933 insgesamt 618 Einwohner.
[31] Volksabstimmung am 19.8.1934 über das vom Kabinett schon am 1.8. beschlossene Gesetz zur Vereinigung des Reichspräsidentenamtes mit dem Reichskanzleramt; RGBl. I, S. 747. Das Ergebnis blieb weit hinter den Erwartungen der Nationalsozialisten zurück. Über 5 Millionen Deutsche hatten gegen Hitler gestimmt oder ungültige Stimmzettel abgegeben.
[32] Gemeint ist hier die Röhm-Affäre. Hitlers Erklärung, die Ermordeten hätten angeblich einen Putsch geplant, klang für viele nicht glaubwürdig, vor allem weil er nicht in der Lage war, seine Behauptung durch einen Beweis zu stützen.

Aus Stimmungsbericht der Ortsgruppe Regnitzlosau, Kreis Selb (Gau Bayerische Ostmark), 31.12.1934

... Aus einer Spende der Firma Friedrich Adolf Soergel, Regnitzlosau, konnten 200 RM in Gutscheinen abgegeben werden. Außerdem erhielten die Armen Mehl, Zucker, Konserven, Obst, Lebkuchen, Kleidungsstücke. Die Firma Fr. A. Soergel, Regnitzlosau, veranstaltete für ihre Belegschaft eine Weihnachtsfeier im Vereinshaus. Die Arbeiter und Angestellten wurden reichlich beschenkt, außerdem erhielt jeder Arbeiter einen Wochenlohn als Weihnachtsgabe. Eine Sammlung für das WHW während der Weihnachtsfeier ergab die stattliche Summe von 145 RM, die ebenfalls in Gutscheinen abgegeben wurden. Die Weihnachtsfeier der Ortsgruppe im Vereinshaus war gut besucht. Die Darbietungen verfehlten ihre Wirkung auf die Anwesenden nicht. In der Weihnachtszeit zeigen sich so recht die guten Seiten des WHW (sozial):[33] Neben den Beschenkten haben auch die hiesigen Kaufleute eine Freude. Sie machten vor den Feiertagen gute Geschäfte, denn die Gutscheine konnten nur im Ortsbereich umgesetzt werden.

Während also in Regnitzlosau alles seinen guten Gang geht, kommen in den äußeren Bezirken unserer Ortsgruppe immer wieder Störungen vor. So in Prex: Hier wird teilweise von besitzenden Bauern das WHW und die weltanschauliche Schulung sabotiert. Die Presse, die »Bayerische Ostmark«, wird sehr spärlich gelesen, nicht einmal die Bauernzeitung. Diese Leute bleiben auch von den Versammlungen weg und zeigen bereits wieder Ansätze zum Klassenhaß, indem sie arbeitslose SA-Männer, die zugleich auch Pg. sind, anfeinden und heruntersetzen. Auch zeigen sich manchmal noch Auswirkungen des letzten Kirchenstreites. Für manche alte Bauern ist heute noch der Herr Pfarrer die Hauptperson. Scheinbar wollen die Bauern jetzt mehr die berufliche Schulung in den Vordergrund schieben und die weltanschauliche Schulung hintansetzen...

Aus Tätigkeitsbericht der Ortsgruppe Boos[34], Kreis Memmingen-Land (Gau Schwaben), 4.1.1935

... Der Nationalsozialismus ist eben auf dem Lande doch noch nicht so recht durchgedrungen, der Eigennutz steht noch sehr häufig vor dem Gemeinnutz; betreff Kritisieren an den wirtschaftlichen Maßnahmen ist es jedoch etwas besser geworden.

Aus Tätigkeits- und Stimmungsbericht des Stützpunkts Unterweißenbach, Kreis Selb (Gau Bayerische Ostmark), 27.2.1935

... Als gegnerische Tätigkeit merkt man manchmal, wenn diese Leute so unter sich sind,

---

[33] Das Armenwesen mußte in dieser an der bayerisch-sächsisch-tschechischen Grenze gelegenen Gemeinde, deren Bevölkerung sich vorwiegend aus ärmlichen Einwohnern zusammensetzte, die zum Teil sogar auf illegale Verdienstmöglichkeiten, wie z. B. Schmuggel, angewiesen war, auch für die Partei und ihre sozialen Einrichtungen eine nicht unwichtige Rolle spielen.

[34] Die Gemeinde Boos zählte 1933 insgesamt 798 Einwohner, 788 katholische und 10 evangelische.

daß sie mich und den Bürgermeister beschimpfen, denn vom Winterhilfswerk bekommt diese Sorte nie genug; eine Gefahr besteht aber nicht.

Des öfteren höre ich die Klage, man weiß vor lauter Schulungen und Versammlungen oft nicht mehr, wo man Zeit und Geld dazu herbringt. Ich befürchte, dies könnte zuletzt zur Gleichgültigkeit führen. Beim letzten Abzeichen-Verkauf mußte wieder die Feststellung gemacht werden, daß in Mittelweißenbach beim größten Bauern (namens Pöhlmann Michael), diese Namensangabe dient nur zur Vormerkung, den Schulkindern die Türe vor der Nase zugeschlagen wurde.[35]

Aus Bericht der Kreispropagandaleitung Eichstätt[36] (Gau Franken) für Februar 1935

...Anläßlich der Saarfeier hatte ich u. a. einen Propagandamarsch der Mittelschulen angeordnet. Im Gymnasium sind über 50% Seminaristen (Pfarrerlehrlinge), die natürlich auch mitmarschieren mußten. Diese sangen auf dem Marsch das Christus-Königs-Lied. Auf Vorhalt hat das Rektorat des Gymnasiums angeordnet, daß die Pfarrerlehrlinge jeden Mittwoch nachmittags Singstunden in unseren Kampfliedern nehmen müssen, um für den nächsten Propagandamarsch gewappnet zu sein.

Aus Tätigkeitsbericht der Ortsgruppe Erkersreuth, Kreis Selb (Gau Bayerische Ostmark), für März 1935

...Ich bin bemüht, alle Volksgenossen aufzuklären und sie mit der nationalsozialistischen Weltanschauung vertraut zu machen, damit alle das Wirken unserer Regierung verstehen.

Die Bedürftigen wurden gerade in diesem Monat reich bedacht. Trotzdem gibt es noch immer Unzufriedene. Hier besteht ein bestimmter Kreis, meist Arbeitslose, denen ich nicht traue. Nachweisen läßt sich trotz Beobachtung nichts. Doch in diesem Monat ist einem von ihnen im betrunkenen Zustand etwas herausgerutscht, was er nüchtern bestimmt nicht geäußert hätte: »Jetzt seid ihr noch an der Macht, aber bald werden die Kommunisten wieder drankommen.« Dieser angeführte Ausspruch ist nur sinngemäß, aber er drückt jedenfalls das aus, womit sich der Mann und sein Kreis beschäftigen in Gedanken. Mein Augenmerk wird in Zukunft noch mehr diesem Personenkreis gewidmet sein.

Am 11.3. haben an der Grenze etliche Verhaftungen durch die Grenzwachen und, wie verlautet, Nürnberger Kriminalpolizei stattgefunden von auswärtigen Personen. Wie es heißt, soll es sich um Devisenschmuggel und Kokainhandel drehen, es wird gemunkelt, auch von Flugblätterschmuggel. Sicherheit darüber war nicht zu erlangen. Daß bei den

---

[35] In seinem Bericht vom 28.4.1935 mußte der Stützpunktleiter gerechterweise zugeben, daß auch andere Gemeindemitglieder die 20 Pfennig für ein Abzeichen »trotz eindringlicher persönlicher Bearbeitung« nicht spenden wollten oder konnten, und er stellte fest, daß für einen Ort von 239 Einwohnern (davon 19 katholisch und 220 evangelisch) 50 Abzeichen einfach zu viel seien.

[36] Die Stadt Eichstätt zählte 1933 ingesamt 8068 Einwohner, 7484 katholische und 548 evangelische.

Sammlungen immer Meckerer zu finden sein werden, werden wir nie verhindern können, so die Bauern beim Eintopfgericht.

Aus Tätigkeits- und Stimmungsbericht des Stützpunkts Unterweißenbach, Kreis Selb (Gau Bayerische Ostmark), 26.5.1935

...Dienstag, den 21. Mai, wurde die ganze Bevölkerung schriftlich aufgefordert, die Rede des Führers anzuhören[37], dieser Aufforderung wurde fast restlos Folge geleistet; bei den Radiobesitzern sammelten sich alle Nachbarn, die übrigen hörten im Gastzimmer des Pg. Georg Schmidt.

Eine Versammlung der NSV in Unterweißenbach wird wenig Erfolg haben, denn unsere Bevölkerung ist so eingestellt, daß sie in jeder Versammlung eine sogenannte Mitglieder-Fangung sieht, sie ziehen es deshalb vor und besuchen derartige Versammlungen eben nicht. Auch mußte bei der Werbung von Mitgliedern zur NSV durch Zellenleiter Schlicht die Feststellung gemacht werden, daß gerade Nichtparteigenossen sich auch hier nicht einlassen, obwohl sie es machen könnten. Wir müssen aus diesen Gründen von einer Versammlung abraten.

Aus Stimmungsbericht der Ortsgruppe Regnitzlosau, Kreis Selb (Gau Bayerische Ostmark), 27.5.1935

...Der Ortsbauernführer von Regnitzlosau, Hans Sünderhauf, hat seinen Austritt aus der NSDAP erklärt, angeblich wegen zu hohen Beitrages. Er machte seinem Blockleiter gegenüber folgende Äußerung: »Für den Beitrag kauf ich mir lieber im Jahr zwei Paar Stiefel.« Unter den Parteigenossen hat diese Redensart großes Ärgernis hervorgerufen...

Aus Bericht der [Kreispropagandaleitung] Eichstätt (Gau Franken) für Mai 1935

...Die NS-Frauenleiterin klagt darüber, daß viele Frauen austreten, voran die der Bürgermeister, angeblich weil der Reichsnährstand den NS-Frauen passiv gegenübersteht. Die Angelegenheit wird nachgeprüft. Die NS-Frauen müssen unter allen Umständen unterstützt werden, denn die Frauen auf dem Land sind in bezug auf ihre Männer hundertmal wirksamer wie der beste Versammlungsredner...

Anläßlich der 900-jährigen Bestandsfeier des Klosters St. Walburg kam die gegnerische Weltanschauung mehr wie sonst üblich zu Wort. – Bischof Störenfried[38] von Würzburg hat in der Kirche eine Predigt gehalten, die eine Schutzhaftnahme verdient gehabt hätte.

---

[37] Am 21.5.1935 hielt Hitler vor dem Reichstag eine »Friedens«-Rede. Ihr eigentlicher Sinn lag darin, einer Beunruhigung in der Bevölkerung, die aufgrund des an demselben Tag erlassenen Wehrgesetzes zu erwarten war, vorzubeugen und von den Kriegsvorbereitungen abzulenken.

[38] Der damalige Bischof von Würzburg hieß Ehrenfried. Im handschriftlichen Entwurf des Berichts ist der begonnene Name »Ehrenfr.« zweimal durchgestrichen.

Bei dieser Gelegenheit konnte man durch die überaus zahlreiche Beteiligung an der 900-Jahrfeier, namentlich seitens der Frauen, ersehen, daß die schwarze Front arbeitet und ihre Mitläufer hat. Das führt aber auch zwangsläufig zur größeren Unterstützung der NS-Frauen...

Aus Bericht der Kreispropagandaleitung Eichstätt (Gau Franken) für Juli 1935

...Das Rote Kreuz hat in Eichstätt eine starke Werbetätigkeit ausgeübt, was zur Folge hatte, daß einige Frauen, die noch im Frühjahr ihren Eid auf den Führer ablegten, ihre Ämter in der NS-Frauenschaft niederlegten und solche im Roten Kreuz übernahmen. Da im Roten Kreuz die sogenannten besseren Stände vorwiegend vertreten sind, ist der wirtschaftliche Einfluß entsprechend größer und deshalb sind besonders die Frauen der Geschäftsleute einem gewissen Druck unterworfen. Die energische Kreisamtsleiterin der NS-Frauen hat es bisher verstanden, den Einfluß des Roten Kreuzes klein zu halten und seine Maßnahmen der NS-Frauenschaft vorher zu unterbreiten. Das gleiche trifft zu bei dem Evangelischen Frauenverein. Ein wachsames Auge ist dauern notwendig, denn hier ist die Reaktion...

Andauernd wird von unseren Anhängern berichtet, daß die Geistlichen kaum einen Gottesdienst vorbeigehen lassen, in dem sie nicht in irgendeiner versteckten Redewendung gegen uns hetzen und arbeiten. Bei dem jahrhundertelangen Studium von x-seitigen Auslegungen sind diese schwarzen Brüder uns erheblich überlegen, so daß unser Gegenwirken außerordentlich schwer ist. Unterstützung erfahren diese Herren von den ehemaligen Deutschnationalen, die unseren Bestrebungen zum mindesten vollkommen passiv gegenüberstehen. Ihre Verbindungen mit der Geistlichkeit sowohl wie mit den Offizieren der Reichswehr sind u. E. eine Gefahr, die nicht hoch genug angeschlagen [sic!] werden kann. Dazu eine kurze Bemerkung: Vor einigen Wochen war hier in Eichstätt ein Pionierbataillon zwecks Übungen einquartiert. Der Bataillonskommandeur (Major) gab bei dieser Gelegenheit zwei Festessen; bei dem ersten waren die Vertreter der Stadt und der PO [Politische Organisation] eingeladen, beim zweiten der Bischof und einige hohe Geistliche und Behördenvorstände. Die eingeladenen Behördenvorstände sind uns als kohlschwarz und reaktionär bekannt. Und wenn in der Tischrede des Bataillonskommandeurs eine Redewendung fällt, die darum geht, daß Reichswehr und Kirche ein gleiches Ziel verfolgen, so gibt das mindestens Anlaß zum Nachdenken...

Die Stimmung in der Arbeiterschaft ist mit wenigen Ausnahmen gut. Hüten sollte man sich aber, sie zu verhätscheln, wie das hier und da in Versammlungen usw. geschieht. Die Stärkung des Selbstbewußtseins sollte nicht in Lobhudeleien ausarten. Bei der DAF sollten insbesondere nur Redner eingesetzt werden, die die Psyche des Arbeiters richtig beurteilen können. Dasselbe gilt für den Reichsnährstand. Die Landbevölkerung wird von ihren Ortspfarrern aus wohlerwogenen eigenen oder kirchlichen Interessen nachteilig gegen uns beeinflußt. Wir finden bei den Bauern nur Anklang, wenn wir ihnen handgreifliche Vorteile bringen. Wenn sie aber opfern müssen, dann lieber der Kirche und dem Pfarrer als uns. Man sollte die Pfaffen zwingen, für ihre Einnahmen aus Staatsmitteln auch staatsfördernde Arbeit zu leisten. In Arnsberg hat ein Missionspater gesagt: »Es gibt

Leute, die gehen überhaupt nicht in die Kirche, andere besuchen nur den halben Gottesdienst und wieder andere gehen nur hinein, um den Geistlichen, wenn er ein unüberlegtes Wort sagen sollte, zur Anzeige zu bringen. Diese Menschen heißen sich dann Nationalsozialisten!«...

Aus Monatsbericht der [Kreispropagandaleitung] Eichstätt (Gau Franken) für August 1935

...Die Landbevölkerung nimmt das Gute aus den Maßnahmen der NSDAP als selbstverständlich hin und bleibt dabei an dem Weihrauch der Pfaffen hängen. Mag sein, daß in protestantischen Gegenden die Bauern einen weiteren Horizont haben, hier bei uns bleibt in der katholischen Bevölkerung immer eine starke Bindung an den Klerus bestehen. Das konnten wir auch bei der Übersiedlung des Eichstätter Bischofs nach Berlin neuerdings wieder feststellen. Der Dom war bei dem Abschiedsgottesdienst überfüllt, viele Hunderte von Personen zogen vor das Bischofspalais und riefen: »Bischof, wir bleiben dir treu bis zum Tod« usw. Das war eine Demonstration gegen uns...

Aus Tätigkeits- und Stimmungsbericht des Stützpunkts Unterweißenbach, Kreis Selb (Gau Bayerische Ostmark), 27.9.1935

...Bei Eintreffen der Erntefest-Abzeichen wollte ich die Gelegenheit nützen, wie das Quartiersgeld ausgezahlt wurde für die Einquartierung, diese Abzeichen mit an den Mann zu bringen. Beim ersten erlebte ich gleich folgendes: »Das sage ich dir schon gleich, kein solches Zeug kaufe ich heuer nicht.« »Damit mache ich heuer einen Punkt.« Im allgemeinen hört man hier sagen: Durch die überaus schlechte Kartoffelernte werden wir heuer zum Winterhilfswerk wenig oder gar nichts geben können...

Aus Stimmungsbericht der Ortsgruppe Hohenberg a.d. Eger[39], Kreis Selb (Gau Bayerische Ostmark), 24.10.1935

...Da das vorjährige Erntedankfest einzig und allein die Ortsgruppenleitung durchgeführt hatte, stellte heuer unser Ortsgruppenleiter die Bedingung, daß nur dann ein Erntedankfest abgehalten wird, wenn die Hohenberger Bauernschaft an dessen Gestaltung tatkräftig mitarbeitet. Diese Bedingung wurde aus diesem Grunde gestellt, weil sich unsere Bauern größtenteils bei unseren Veranstaltungen nicht sehen lassen, geschweige daß sie irgend etwas mitmachen. Diese Einstellung ist darauf zurückzuführen, weil der Bürgermeister gegen die willkürliche Festsetzung der Preise einzelner landwirtschaftlicher Erzeugnisse einen Riegel vorgeschoben hat. Die Protestkundgebung gegen das allmonatliche Kaffeekränzchen einzelner besser situierter Frauen war aus dem Grund notwendig,

---

[39] Die Gemeinde Hohenberg zählte 1933 insgesamt 1111 Einwohner, 172 katholisch und 939 evangelische.

weil sich die arbeitende Bevölkerung Hohenbergs darüber aufgeregt hat, daß das keine Volksgemeinschaft ist, wenn ein Teil arbeiten muß und der andere Teil sich am schönsten Werktag nachmittags im Wirtshaus Prassen und Faulenzen hingibt. Andererseits ist bekannt, daß diese Frauen keiner Organisation der NSDAP angehören. Über direkte gegnerische Haltung uns gegenüber haben wir in Hohenberg nicht zu klagen. Nur ein Teil der sogenannten höheren Beamten in der Fabrik glaubt, Nationalsozialist sein zu können, ohne daß er sich in die Volksgemeinschaft eingliedert, betrachtet also einen arbeitenden Volksgenossen ohne Kragen und mit schmutzigem Arbeitskittel nicht als Arbeitskameraden. Diese Spießer und Meckerer sind tatsächlich nicht zu bessern, sondern wir müssen warten, bis sie gestorben sind. Sonst alles in Ordnung.

Aus Monatsbericht der [Kreispropagandaleitung] Eichstätt (Gau Franken) für Oktober 1935

... Eine Reihe junger Burschen[40] hatte gesetzwidrige Zusammenkünfte veranstaltet, bei welchen unter Beteiligung eines Geistlichen in abträglichem Sinne politisiert wurde. Es wurden sogar praktische Übungen abgehalten, um im gegebenen Augenblick gegen die derzeitige Staatsführung gewappnet zu sein. Ein schneller Zugriff brachte sechs Burschen und nach deren Einvernahme auch den Kaplan Dr. Rindfleisch in Schutzhaft. Tagebücher, Schriftstücke usw. konnten beschlagnahmt und sichergestellt werden. Das Gericht wird nun weiter zu befinden haben. Wir sind indessen bemüht, die Angelegenheit propagandistisch auszuwerten, wozu uns die derzeitige Versammlungswelle reichlich Gelegenheit bietet. Es wäre verfehlt, zwischen Geistlichen und Kirche zu unterscheiden, wenigstens nicht in Eichstätt, obwohl sich nun ein Teil der Geistlichen bemüht, sich vom verhafteten Amtsbruder zu distanzieren...

Aus Tätigkeitsbericht des Stützpunkts Heimertingen[41], Kreis Memmingen-Land (Gau Schwaben), 5.11.1935

... Die eine Hälfte der Jugend sitzt in der Schule und wird durch den Lehrer in staatspolitischen Dingen aufgeklärt, lernt dabei auch die Vergangenheit gründlich kennen, und die Staatsjugend, bzw. die Hitlerjugend treibt sich irgendwo herum in einem Raum und verprügelt den Führer, weil er einen Staatsjungen, weil er glaubt, schon Pfeife rauchen zu müssen, verwarnt. Wie da später ein Führer seine Autorität durchsetzen will, ist mir nicht ganz klar. Es kommen wiederholt die Bauern zu mir und erklären, daß sie eben unter diesen Umständen ihre Jungens aus der HJ herausnehmen. Und darauf können wir uns verlassen, wenn die Bauern einmal mit ihrer Drohung ernst machen, so schnell wird dann die HJ auf dem Lande nicht wieder zum Zuge kommen. Ich bin der festen Ansicht, daß gerade auch in späteren Zeiten, wenn es notwendig erscheinen sollte, die Landbevölkerung die treueste sein wird...

---

[40] Sie waren ohne Ausnahme Mitglieder des katholischen Jugendvereins, siehe Monatsbericht des Regierungspräsidenten von Ober- und Mittelfranken vom 9.11.1935.

[41] Die Gemeinde Heimertingen zählte 1933 insgesamt 832 Einwohner, 822 katholische und 10 evangelische.

Aus Tätigkeitsbericht des Stützpunkts Memmingerberg[42], *Kreis Memmingen-Land (Gau Schwaben), 4.12.1935*

...Zu aller anderen Arbeit haben unsere Ortsgruppen- und Stützpunkt-Leiter jetzt noch die Aufgabe, die Leute zu bewegen, das »Memminger Volksblatt« (ganz schwarze Zeitung!) nicht zu bestellen. Diese ganze Unruhe und aufreibende Kleinarbeit hätte vermieden werden können, wenn die höheren Instanzen hierzu keine Erlaubnis gegeben hätten. In einigen evangelischen Ortschaften, wie z. B. Volkratshofen und Woringen, gehen diese der bekennenden Kirche angehörenden Volksgenossen zu keiner NSDAP-Veranstaltung.

Aus Tätigkeitsbericht der Kreisleitung Memmingen-Land (Gau Schwaben), 4.12.1935

...Reaktionäre Kreise äußern sich gern am Biertisch gegen Staat und Regierung...Ein früherer Sozialdemokrat Biebl aus Ottobeuren blieb bei einem Sprechabend in Benningen bei dem durch den Kreispropagandaleiter ausgebrachten »Sieg Heil!« auf den Führer sitzen und wurde eine halbe Stunde später in Schutzhaft genommen; er sitzt heute noch...

Ein Bürgermeister des Kreisgebietes erlaubte sich bei einem öffentlichen Sprechabend der NSDAP eine ziemlich scharfe Kritik. Der Beauftragte der NSDAP wird das hierzu Nötige veranlassen...

Die Aufhebung der Mitgliedsperre ist für manchen Stützpunkt eine Lebensnotwendigkeit!...

Aus Stimmungsbericht der Kreispropagandaleitung Eichstätt (Gau Franken) für Januar mit März 1936

...So kann ich wahrheitsgetreu berichten, daß alle Versammlungen sehr gut besucht waren und voll guter Stimmung waren. Besondere Aufmerksamkeit war dem Wahlakt selbst gewidmet. Der Schleppdienst arbeitete systematisch. Wer im Kreis Eichstätt nicht an die Urne gebracht werden konnte, war entweder tot oder unauffindbar. Darum auch eine hundertprozentige Wahlbeteiligung[43]. 100% für den Führer stimmten von 76 Ortschaften 52. Die intensive Überwachung des Wahlaktes ließ fast alle Nein-Wähler ermitteln. Im ganzen können wir mit dem Wahlergebnis zufrieden sein...

Aus Tätigkeitsbericht der Kreisleitung Memmingen-Land (Gau Schwaben), 29.2.1936

...Bezüglich der Werbung zum Reichsberufswettkampf ist festzustellen, daß es zweck-

---

[42] Die Gemeinde Memmingerberg zählte 1933 insgesamt 638 Einwohner, 75 katholische und 558 evangelische.
[43] Reichstagswahl vom 29.3.1936.

mäßiger wäre, die gesamte Werbung der zuständigen Schule in eine Hand zu geben. In unserem Falle lag die Werbung in den Händen der HJ und der DAF. Es begab sich nun die betrübliche Tatsache, daß weder von der Führung der HJ noch der DAF auch nur das Allergeringste in dieser Sache getan wurde. Wenn sich nicht der Lehrkörper der Schule selbst für den Reichsberufswettkampf eingesetzt hätte, wäre überhaupt nichts herausgekommen. Bei der Eröffnung des Reichsberufswettkampfes, die doch ein feierlicher Auftakt hätte werden sollen, war von der HJ ein Mann (eine untergeordnete Persönlichkeit!) erschienen und von der DAF ließ sich überhaupt niemand sehen. Dabei ist es nicht zu verwundern, wenn teilweise eine katastrophale Entwicklung der Dinge eintritt. Es wäre eben angebracht, bei der Durchführung des nächsten Reichsberufswettkampfes nur solche Leute von der HJ und der DAF heranzuziehen, die auch tatsächlich Interesse und vor allem Verständnis für die Sache haben...

Die Werbung der DAF unter der Bauernschaft ist sehr rege, zeitigt aber bei weitem nicht die erwünschten Erfolge. Die Bauern erregen sich über die hohen Beiträge, die sich bei Eintritt in die DAF auch noch verdoppeln würden...

Aus Tätigkeitsbericht des Stützpunkts Grönenbach[44], Kreis Memmingen-Land (Gau Schwaben), 3.5.1936

...Ich kann immer wieder feststellen, daß der deutsche Arbeiter trotz der zum großen Teil noch schlechten Lebensbedingungen größtes Verständnis für die Maßnahmen der Regierung besitzt. Es ist erfreulich, ehemalige fanatische Sozialdemokraten und Kommunisten zu hören, mit welcher Hochachtung diese heute von unserem Führer sprechen. Diese Menschen sind hundertmal wertvoller als jene, die eben nur aus Klugheit und Berechnung mitlaufen. Der Arbeiter fühlt und weiß, daß der Führer seine Nöte und Sorgen kennt, daß er sie selbst erlebt hat und daß es jetzt in erster Linie darauf ankommt, die Arbeitslosigkeit zu beseitigen und daß es erst dann möglich ist, den Lebensstandard zu heben...

Aus Tätigkeitsbericht der Ortsgruppe Erkheim[45], Kreis Memmingen-Land (Gau Schwaben), 1.5.1936

Es werden viele Klagen laut bei den Arbeitern, daß der Lohn viel zu nieder ist im Verhältnis zu den Lebensmitteln und der Kleidung. Der Arbeiter soll doch auch leben können. Der Arbeiter wird auf dem Land noch vielfach nicht als gleichberechtigt betrachtet, weil Klassenpolitik betrieben wird und die Volksgemeinschaft nicht beachtet wird...

---

[44] Die Gemeinde Grönenbach zählte 1933 insgesamt 2249 Einwohner, 1686 katholische und 562 evangelische.
[45] Die Gemeinde Erkheim zählte 1933 insgesamt 1149 Einwohner, 807 katholische und 342 evangelische.

Aus Tätigkeitsbericht des Stützpunkts Heimertingen, Kreis Memmingen-Land (Gau Schwaben), 31.5.1936

...Die politische Stimmung ist bestimmt gut. Gegen das Sammelwesen besteht eine Abneigung, aber nicht, weil die kleine Gabe den Bauern zuviel wäre, sondern weil bei den Kleinbauern immer noch trotz gegenteiliger Behauptung an verschiedenen höheren Stellen das nötige Geld fehlt. Der gewaltige Dienstbotenmangel beeinflußt die Gebefreudigkeit außerordentlich. Die Bauern sagen, wir sollen alleine rumschinden, damit dann im Herbst für die anderen gesammelt werden kann, welche im Sommer vom Fenster aus den Bauern zusehen...

Stimmungsbericht der Ortsgruppe Friesen[46], Kreis Kronach (Gau Bayerische Ostmark), für Juni 1936

Die Stimmung in der Bevölkerung war an den Fronleichnamstagen nicht gut. Es gab eine große Empörung, nachdem der Veteranen- und Kriegerverein nicht mit aufziehen durfte (wie alljährlich), auch deswegen, weil der Bürgermeister sich nicht an der Prozession beteiligte (wie alljährlich).

Stimmungsbericht des Stützpunkts Niederdorf[47], Kreis Memmingen-Land (Gau Schwaben), für Juni 1936

Der Erlaß des bayerischen Kultusministeriums über die Außerdienstsetzung der Ordensschwestern als Lehrkräfte an den katholischen Volksschulen hat viel Staub aufgewirbelt. Die drei Gemeinden unserer Ortsgruppe mit 100% Katholiken sind größtenteils sehr enttäuscht und erregt über diese Regierungsmaßnahme. Das Verhältnis der politischen Leitung zur Bevölkerung war in letzter Zeit zur Zufriedenheit geworden, wird aber dadurch erheblich verändert werden. Die Zusammenarbeit des Ortsgruppenleiters und seiner Blockwarte mit der Bevölkerung wird in Zukunft in jeder Hinsicht wieder beschwerlicher und mit manchen Unannehmlichkeiten und Zwistigkeiten verbunden sein.

Aus Tätigkeitsbericht der Kreisleitung Memmingen-Land (Gau Schwaben), 1.7.1936

...Die Werbung für die NSV hat im Monat Juni rund 400 Neuaufnahmen gebracht. Eine weitere Werbung wäre möglich gewesen, wenn nicht am letzten Sonntag der Hirtenbrief[48],

---

[46] Die Gemeinde Friesen zählte 1933 insgesamt 864 Einwohner, 854 katholische und 10 evangelische.
[47] Die Gemeinde Niederdorf zählte 1933 insgesamt 281 Einwohner, 280 katholische und einen evangelischen.
[48] Der Hirtenbrief der bayerischen Bischöfe richtete sich gegen die Auflösung der Klosterschulen und die Entfernung der Ordenslehrkräfte aus den staatlichen und städtischen Schulen. Er wurde trotz eines Verbots der Bayerischen Politischen Polizei vom 20.6.1936 von fast allen Geistlichen am 21. oder 28.6.1936 verlesen.

der bayerischen Bischöfe verlesen worden wäre. Nach der Verlesung dieses Briefes ist es vollständig ausgeschlossen, noch irgendwie NSV-Mitglieder zu erhalten.

Ganz katastrophal hat sich der letzte Hirtenbrief der bayerischen Bischöfe im Kreisgebiet ausgewirkt. Ganz besonders schwerwiegend ist dies in den Landgemeinden in Erscheinung getreten. Ich gebe Ihnen nachfolgend einige Auszüge aus den Stimmungsberichten der einzelnen Ortsgruppen zur Kenntnis:

Fellheim: »Der Hirtenbrief, welcher am 28.6.1936 in der Kirche verlesen wurde, nämlich, daß die Ordenslehrerinnen außer Kurs gesetzt werden sollten, ist von der Landbevölkerung schlecht aufgenommen worden, man hört ziemlich schimpfen. Es wird behauptet, daß [wenn] man den Hirtenbrief einen Sonntag zuvor von der Kanzel verkündet hätte, dann hätten die Gendarmen den Auftrag gehabt, den Pfarrer sofort von der Kanzel herunter zu verhaften[49]. Sogar von Parteigenossen konnte gehört werden, wenn die Sache in dieser Beziehung so weitergehe, so wollen sie aus der Partei austreten und nicht immer die Sachen, welche oben vermurkst werden, ausbaden.«...

Aus Stimmungsbericht der [Kreispropagandaleitung] Eichstätt (Gau Franken) für das 2. Vierteljahr 1936

Die Stimmung im Kreis ist schlechter geworden. Es beginnen sich allmählich die Hirtenbriefe in der Bevölkerung mehr und mehr auszuwirken. Der Inhalt der Hirtenbriefe, von denen ich der Gaupropagandaleitung je ein Exemplar mit der wörtlichen Wiedergabe zusandte, wird durch Predigten ergänzt und durch Mittelspersonen auch den Personen bekanntgemacht, die eine direkte Verbindung mit der Kirche nicht mehr haben. Wir haben in Eichstätt zu wenig Freiheit, in Versammlungen oder sonstwie in der Öffentlichkeit zu diesen »Seelenheilserlassen« Stellung zu nehmen. Dadurch entsteht naturgemäß allmählich der Eindruck der Schwäche, die bei der Bevölkerung Verwirrung hervorruft. Ich gebe gern zu, daß nicht jeder Redner geeignet ist, diesen hochgezüchteten Klerikern wirksam und in passender Form entgegenzutreten. Unser Kreisleiter ist aber bestimmt in der Lage, diese Form zu finden und erfolgreiche Abwehrarbeit zu leisten...

Am 28.6. wurden in Eichstätt Unterschriften gegen die Aufhebung [des Unterrichts] der klösterlichen Lehrkräfte gesammelt. Mir wurde berichtet, daß die Sammlerinnen sich dahin geäußert hätten, daß eine Menge Namen erzielt worden seien, ohne daß die Listen unberufenen Händen sichtbar geworden wären. Sogar zu Pg. ist man gegangen...

Aus Monatsbericht der Ortsgruppe Wilhelmsthal[50], Kreis Kronach (Gau Bayerische Ostmark), 21.6.1936

Seit der Verlesung des Hirtenbriefes ist eine große Erregung unter den Leuten. Die ehemaligen prominenten Mitglieder der Bayerischen Volkspartei, vereinigt im katholi-

---

[49] Die polizeiliche AO vom 20.6.1936 verbot nicht nur die Verlesung des Hirtenbriefes, sondern sah auch die Verhaftung der gegen das Verbot verstoßenden Pfarrer vor. Noch an demselben Tag erging eine AO des Staatsministers des Innern an die untergeordneten Behörden, die Verhaftungen von Geistlichen untersagte.

[50] Die Gemeinde Wilhelmsthal zählte 1933 insgesamt 1011 Einwohner, 1010 katholische und einen evangelischen.

schen Arbeiterverein, treten mit dem Selbstbewußtsein des Siegers auf, verweigern den Deutschen Gruß und sagen wieder: Grüß Gott! Die Unterschriftensammlung für die Schwestern (klösterlichen Lehrerinnen) haben sie mit einer Schnelligkeit und Tatkraft durchgeführt, die staunenswert ist. Der Kampf wird wieder geführt mit dem Schlagwort: Die Religion ist in Gefahr! Es dreht sich hier nicht um die Unterrichtserteilung durch klösterliche Lehrkräfte, sondern um die katholische Schule und die Klosterschwestern überhaupt. Es heißt: Neue Lehrbücher, neue Hefte gibt es, eine neue Schule wird gebaut, daß die Kinder nicht mehr alle zu den Schulschwestern gehen, alles muß lutherisch werden, oder die Einheitsreligion annehmen... Daß diese Lügen nur vom Pfarrhaus ausgehen, ist anzunehmen. Das öffentliche Gebet für die Erhaltung der katholischen Schule und der Schulschwestern ist ein psychologisches Meisterstück, so wird immer der Gedanke an »diese teueren Güter« wachgehalten und ein jeder Beter in die Rolle eines Bedrückten gedrängt, der von Gott Erhörung seiner Bitte erflehen will. Wenn sogar alte Kämpfer und Gemeinderäte, die oft genug von mir aufgeklärt worden sind über den Zweck der Regierungsmaßnahmen, unterschreiben und sagen: »Ich bin ein katholischer Christ. Jetzt geht's um die Religion!«, dann ist das ein Zeichen, daß die Autorität der Partei und des Staates schwer erschüttert ist. Man beginnt sich wieder umzustellen und geht ins Lager der Klerikalen über, weil dort die Macht und die Stärke gewittert wird. – Ich nehme ja an, daß wegen der Olympiade und des dadurch bedingten großen Fremdenverkehrs die Partei sich so ruhig verhält und im Oktober spätestens mit einem großen Schlag dem politischen Katholizismus den Garaus macht. Sollte aber wahr sein, was in Kronach gesprochen wird, daß der Abbau der klösterlichen Lehrerinnen um fünf Jahre verschoben wird, dann graben wir uns das Loch, in das die Schwarzen uns werfen. Wir ändern diese Brüder nicht, wir müssen sie ausrotten. Ein richtig schwarzes Tuch läßt sich auch nicht umfärben. Als das Volk hungerte, da schrie es: Heil Hitler! Jetzt wird es wieder satt und erliegt den Einflüsterungen der Geistlichkeit, denn sie hat Himmel und Hölle zu vergeben.

Es muß daher unbedingt gezeigt werden, daß wir noch da sind und das Heft in Händen haben. Denn ich fühle hier – in anderen Ortschaften ist es ebenso – einen großen passiven und einen langsam anwachsenden aktiven Widerstand gegen alle Anordnungen...

Aus Tätigkeitsbericht der Ortsgruppe Sontheim[51], Kreis Memmingen-Land (Gau Schwaben), für August 1936

...Hirtenbrief vom 30.8.1936[52]. Wenn im Laufe der Zeit noch mehr solche Hirtenbriefe verlesen werden dürfen, dann werden die Ortsgruppenleitungen bald keinen Wert mehr haben, sondern nur noch dem Namen nach da sein. Wenn man einem was widerlegt, dann heißt es, der Pfarrer auf der Kanzel hat es gesagt und dies stimmt. Alles, was ein Pfarrer von der Kanzel bringt, wird geglaubt und es sitzt. Wenn man glaubt, daß einigermaßen Ruhe ist und die Bevölkerung dem Nationalsozialismus ein wenig besser gegen-

---

[51] Die Gemeinde Sontheim zählte im Jahre 1933 insgesamt 1019 Einwohner, 1015 katholische und 4 evangelische.
[52] Der von allen Bischöfen Deutschland erlassene Hirtenbrief vom 20. 8.1936 wurde am 30.8. in den katholischen Kirchen verlesen. Die Bischöfe prangerten darin vor allem die Bekämpfung der Kirche in Spanien an und wiesen am Schluß auf die Einigung des kirchlich-religiösen Lebens im nationalsozialistischen Deutschland hin.

übersteht, kommt so ein Hirtenbrief und schlägt alles zunichte. Die Gefahr der Schwarzen wird immer größer, denn sie arbeiten auch im geheimen vorzüglich.

Aus Tätigkeitsbericht des Gauinspekteurs-Nord[53] (Gau Bayerische Ostmark), 28.9.1939

...Im Hinblick auf die Auswirkungen am Fronleichnamstage 1936 ist eine entsprechende Verordnung des Gauleiters für die Politischen Leiter des Gaues sowie für die Bürgermeister, Ratsherren und Gemeinderäte der Städte und Gemeinden des Gaues rechtzeitig erforderlich. Trotz des Hinweises auf die Anordnung des Stellvertreters des Führers seitens der Hoheitsträger an die Bürgermeister und Ratsherren sowie Gemeinderäte, haben diese – wie aus vielen Zuschriften hervorgeht – teilweise geradezu aus Opposition geschlossen an der Fronleichnamsprozession mit brennenden Kerzen teilgenommen. Diese unmöglichen Bilder und Politischen Leiter müssen in der Zukunft verschwinden. Von Stadtsteinach wurde mir berichtet, daß sogar ein evangelischer Ratsherr bei der katholischen Prozession mit brennender Kerze hinter dem »Himmel« teilgenommen hat!; daß ein anderer evangelischer Ratsherr sich beleidigt fühlte, weil er zur Prozession nicht eingeladen wurde!...

Aus Stimmungsbericht der [Kreispropagandaleitung] Eichstätt (Gau Franken) für das 3. Vierteljahr [1936]

In seiner Predigt in Buxheim am 29.9.1936 hatte der Bischof von Eichstätt, Michael Rackl, offen über die nationalsozialistische Hetze gegen die katholische Kirche gesprochen, »die weit über das hinausgehe, was man von Rußland gewohnt« sei.
...Es ist nicht übertrieben, wenn ich behaupte, daß diese Störungsarbeiten des Bischofs an Wirkung unsere Aufbauarbeit übertrifft. Die Kirchen sind voller denn je, und selbst ein erheblicher Teil unserer Pg. befindet sich darunter...
Die Stimmung in der Arbeiterschaft ist im ganzen gut, trotzdem wir zwei Mann in Schutzhaft setzen mußten, die in der Trunkenheit ihre innere Meinung zum Ausdruck brachten...

Aus Stimmungsbericht der Ortsgruppe Regnitzlosau, Kreis Selb (Gau Bayerische Ostmark), 20.10.1936

...Der am 10.9.1936 durchgeführte Jugendtag der Evangelischen Kirche zeitigte hier keinerlei Ergebnis, da die gesamte Jugend fast restlos in der HJ, BdM und JV und JM or-

---

[53] Die Gauinspektion-Nord wurde im Mai 1934 mit Sitz in Kronach eingerichtet. Mit ihrer Leitung wurde Dr. Paul Müller, Kreisleiter von Kronach bzw. Kronach-Stadtsteinach, beauftragt, der seine eigentliche Aufgabe in der »lebendigen Fühlungnahme« mit den Kreisleitern seines Inspektionsbereiches sah; StA Bamberg, M 33/153 Jahresgesamt-Terminmeldung des Gauinspekteurs-Nord vom 31.12.1934. Seine Tätigkeit bestand allerdings vorrangig in der Erledigung zahlreicher, an Partei-Stellen gerichteter Beschwerden.

ganisiert ist. Auffallend war, daß in der Vormittagspredigt (Pfarrer Schmidt, Hof) besonders auf die Rechte der Eltern hingewiesen und ausdrücklich betont wurde, sie hätten das alleinige Bestimmungsrecht über ihre Kinder. Diese Veranstaltung fiel ausgerechnet zeitlich mit dem Reichsparteitag zusammen...

Aus Tätigkeitsbericht des Stützpunkts Amendingen[54], Kreis Memmingen-Land (Gau Schwaben), 3.11.1936

...Es ist heute bereits so, daß den größten Nutzen vom Aufbau die haben, welche von aller politischen Arbeit sich drücken. In Amendingen ist es bereits so weit, daß politische Leiter boykottiert werden...

Aus Vierteljahresbericht der Kreispropagandaleitung Eichstätt (Gau Franken), 28.12.1936

...Im großen betrachtet war das Jahr 1936 auch im Kreis Eichstätt ein voller Erfolg der Maßnahmen der Reichsregierung und wird allgemein als solcher anerkannt. Dies gilt namentlich in bezug auf die Aufrüstung. Wird dieses Thema in den Versammlungen berührt, dann kann man sofort ein begeistertes Mitgehen feststellen. Man hat überall das Gefühl, als käme außenpolitisch einmal eine Auseinandersetzung, der man mit Ruhe entgegensieht, weil man die Rüstungen auf unserer Seite für ausreichend hält...

Aus Tätigkeitsbericht des Amts für Erzieher, Kreis Kronach-Stadtsteinach[55] (Gau Bayerische Ostmark), 28.6.1937

In Oberrodach wurde trotz der andauernden Hetze des zuständigen Pfarrers Otto in Seibelsdorf die Gemeinschaftsschule beschlossen, nachdem sich die Eltern zu rund 94% für ihre Einführung entschieden hatten...Stimmung innerhalb der Lehrerschaft: sehr gut. Allgemein wird die Einführung der Gemeinschaftsschule auch in den Schulen mit einheitlicher Konfession gewünscht, damit endlich den Geistlichen beider Konfessionen die Voraussetzung für ihre Wühlereien in bezug auf die Einführung der Gemeinschaftsschule genommen wird...

Über irgendwelche besonderen Angriffe der Geistlichen beider Konfessionen wurde mir nichts berichtet, jedoch allgemein betont, daß zur Zeit neben der Propaganda für die Konfessionsschule die katholischen Geistlichen die Verfehlungen der Klosterbrüder usw. als harmlos hinzustellen suchen, wobei sie es in geschickter Weise verstehen, die

---

[54] Die Gemeinde Amendingen zählte 1933 insgesamt 684 Einwohner, 621 katholische und 62 evangelische.
[55] Die NSDAP-Kreise Kronach und Stadtsteinach müssen im Sommer 1937 zusammengelegt worden sein. Das genaue Datum konnte nicht ermittelt werden.

Glaubwürdigkeit der NS-Presse bzw. der Berichterstattung herabzumindern bzw. zu erschüttern...[56]

Stimmungsbericht des Stützpunkts Wildenstein[57], Kreis Kronach-Stadtsteinach (Gau Bayerische Ostmark), für Juli 1937

Viel Staub wirbelte der sogenannte Kirchenstreit auf. Es ist aber auch sonderbar, wie sich heute die Geister finden. Früher ein förmliches »Anspucken« der beiden Konfessionen; heute gehen beide wunderbar einig! Sonderbarerweise mischen sich Leute ein, die zwar nicht in die Kirche gehen – wenigstens nur sehr selten –, sonst aber den Mund tüchtig voll nehmen. Äußerungen wie: »wenn ›sie‹ nicht aufhören mit dem Kirchenzeug, dann wird kein Pfennig mehr zur Winterhilfe gegeben« usw. Und was noch schöner ist, auch der Protestant glaubt einfach nicht an die Echtheit der Klosterprozesse.

Aus Tätigkeitsbericht des Amts für Beamte, Kreis Kronach-Stadtsteinach (Gau Bayerische Ostmark), 23. 9. 1937

...Es wurde festgestellt, daß 45 Beamtenkinder auf auswärtigen konfessionellen Schulen sich befinden. Für die Gauschule Weismain wurden drei Beamte gemeldet. Die freiwillige Schulungsgemeinschaft wird von ca. 50 Beamten abgelehnt mit der Begründung, wenn zur Schulungsgemeinschaft Beiträge erhoben werden, sei es keine freiwillige Schulung mehr. Die Mitglieder des Juristenbundes beim Amtsgericht in Ludwigstadt lehnen die freiwillige Schulungsgemeinschaft mit der Begründung ab, daß sie vom Juristenbund geschult würden[58]...

Aus Tätigkeitsbericht der Ortsgruppe Gehülz[59], Kreis Kronach-Stadtsteinach (Gau Bayerische Ostmark), 15. 10. 1937

...Es vergeht kaum ein Sonntag, an dem Kurator Henkel nicht von der Kanzel herab Stellung nimmt gegen den heutigen Staat. Vor ca. sechs Wochen nahm er gegen die Klosterprozesse Stellung. Er gebrauchte dabei die Wendung: »Es erinnert an gewisse Tiere, die auch gerne im Schmutz wühlen«. Insbesondere nahm er Stellung gegen die Veröffentlichung dieser Prozesse. Es ist gewiß ein starkes Stück, wenn man so diese verkommenen

---

[56] In den Monaten Mai bis Juli 1936 und April bis Juli 1937 fand eine Reihe von Prozessen gegen katholische Ordensangehörige und Geistliche hauptsächlich wegen Verstoßes gegen § 175 StGB statt. Die nationalsozialistische Propaganda schlachtete diese Sittlichkeitsprozesse in so diskriminierender Weise aus, daß sie als Hauptwaffe im katholischen Kirchenkampf 1936/37 gelten können.
[57] Die Gemeinde Wildenstein zählte 1933 insgesamt 218 Einwohner, 66 katholische und 152 evangelische.
[58] Schon einen Monat später kann das Amt für Beamte berichten, die Vorträge über die freiwillige Schulungsgemeinschaft hätten bewirkt, daß »nunmehr fast alle Beamten der Schulungsgemeinschaft beigetreten sind«; Tätigkeitsbericht des Amts für Beamte, Kreis Kronach-Stadtsteinach vom 29. 10. 1937.
[59] Die Gemeinde Gehülz zählte 1933 insgesamt 1124 Einwohner, 970 katholische und 154 evangelische.

Klosterbrüder in Schutz nimmt und den Staat mit solchen Tieren vergleicht. Am darauffolgenden Sonntag sagte er, es wird bald so weit sein, daß bei einer Hochzeit oder Beerdigung keine Glocke mehr ertönt und keine Orgel mehr spielt.

Am nächsten Sonntag feierten wir unsere Kirchweih, die wir gegen den Willen des Kuratus, der sie am 2. Oktobersonntag halten will, abhielten. Er hielt bloß eine stille Messe und hatte bloß zwei kleine Lichtlein brennen. Im übrigen forderte er auf, daß doch alle katholischen Christen ihre 3 RM bezahlen sollen zum Einbau der Dampfheizung in der katholischen Kirche, und zwar nicht bloß der Ehemann, sondern auch Frau und Kinder müssen je 3 RM bezahlen. Er nahm einen Teller und fing dann das Sammeln an, dann war die Kirche aus. Dieses Benehmen hat selbst die strenggläubigsten Katholiken sehr erbost und einige erklärten, die Kirche nicht mehr besuchen zu wollen.

Zu all diesen Vorfällen nahm der Unterzeichnete in einer Ortsgruppenversammlung Stellung und wies darauf hin, daß gerade die katholischen Geistlichen jeden Tag dem Führer auf den Knien danken müßten, weil sie jetzt noch ihres Amtes walten können. Auch zur Frage der Gemeinschaftsschule wurde eingehend Stellung genommen und die verschiedenen Gerüchte zurückgewiesen. Im übrigen wird bemerkt, daß die Einführung der Gemeinschaftsschule seit 1. Oktober nicht die geringsten Schwierigkeiten hervorrief. Die gesamte Bevölkerung fügte sich ohne den geringsten Widerstand. Außerdem wird noch bemerkt, daß Kuratus Henkel seine Frauen- und Mädchenversammlungen in der Kirche abhält, so daß ich keine Möglichkeit habe, etwas dagegen zu unternehmen...

Aus Tätigkeitsbericht der Ortsgruppe Hesselbach[60], Kreis Kronach-Stadtsteinach (Gau Bayerische Ostmark), 20. 10. 1937

...Das Erntedankfest nahm seinen programmgemäßen Verlauf. Da eine Abordnung einer Betriebsgemeinschaft aus Kronach anwesend war, zeigte sich eigentlich ein gutes Einvernehmen zwischen Stadt und Land. Leider mußte, wie alle Jahre, festgestellt werden, daß die Ortsbauernschaft sich nur sehr gering beteiligte. Von 25 Bauern waren neun angetreten und diese machten überhaupt nichts, sondern schlossen sich einfach der DAF an. Dasselbe Bild beim Erntetanz. Hier war eigentlich überhaupt kein Bauer vertreten[61]...

Werbung für die NSV durch die Bauernschaft wurde vorgenommen. Das Ergebnis war ein klägliches. Die Ortsbauernschaft Hesselbach konnte von 15 Erbhofbauern überhaupt kein neues Mitglied zur Aufnahme melden. Die Ortsbauernschaft Grümpel brachte bei zehn Bauern wenigstens drei neue Mitglieder. – Es ist auch sonderbar – der hiesige Ortsbauernführer ließ die Werbung durch seinen 14jährigen Jungen vornehmen, statt daß er selbst seine Leute in einer Versammlung bearbeitet und geworben hätte...

Ein Pg. hat gegen die Gemeinschaftsschule gestimmt. Am Sonntag, den 26. 9., wurde auf Befehl des Kreisleiters dieser Pg. nochmals besucht und ihm klargelegt, daß er noch-

---

[60] Die Gemeinde Hesselbach zählte 1933 insgesamt 567 Einwohner, 566 katholische und 1 evangelischen.
[61] Auch der Stützpunkt Tschirn, Kreis Kronach-Stadtsteinach, (Bericht vom 19. 10. 1937) meldet, daß sich viele Bauern beim Erntedankfest zurückhalten und die »besser gestellten Bauern« überhaupt nicht erscheinen würden.

mals Gelegenheit hätte, seine Stimme für die Gemeinschaftsschule abzugeben. Er erklärte aber nur: »Ja, das heißt überlegen, denk' dir nur, der Kuratus Schramm hat in der Kirche gesagt, die Leute, die für die Gemeinschaftsschule eintreten, haben das mit ihrem Gewissen abzumachen. – Ich kann da nicht unterschreiben, das sind halt Gewissensfragen.« Unser Bürgermeister legte daraufhin dem Pg. klar, daß für einen Pg. der oberste Pfarrer Adolf Hitler ist und daß dessen Befehl jedem Pg. heilig sein muß. Es war aber alle Mühe umsonst...

Aus Tätigkeitsbericht der Ortsgruppe Mitwitz[62], Kreis Kronach-Stadtsteinach (Gau Bayerische Ostmark), 20. 10. 1937

...Das Erntedankfest wurde gemeinsam mit den Stützpunkten Neundorf, Kaltenbrunn, Burgstall, Beikheim, Breitenlohe und der Ortsgruppe Mitwitz in Mitwitz durchgeführt. Am Vorabend des Festes sangen die HJ und der BdM verschiedene Lieder und luden zum Feste. Das Fest selbst wurde mit Glockengeläute und einigen Chorälen, ausgeführt von der Kreismusikkapelle, eingeleitet. Um 12 Uhr mittags sammelte sich Jung und Alt zum Festzuge, welcher von der Ortsgruppenleitung seinen Anfang nahm und durch die Ortsstraßen von Mitwitz zum Festplatze führte. Vor der Bückebergübertragung[63] sprach der Hoheitsträger. Die Zeit nach der Übertragung wurde mit verschiedenen lustigen Spielen und Reigen des BdM und JV sowie Vorführungen eines Reitertrupps ausgefüllt. Die Kreismusikkapelle füllte die Pausen mit einigen Märschen aus. Abends traf man sich beim Erntetanz im Wöhler'schen Saale. Das Erntedankfest wurde von der ganzen Mitwitzer Bevölkerung, auch waren die obengenannten Stützpunkte ihrer Einwohnerzahl entsprechend vertreten, mit voller Begeisterung gefeiert...

Stimmungsbericht des Stützpunkts Wildenstein, Kreis Kronach-Stadtsteinach (Gau Bayerische Ostmark), für Oktober 1937

Die größten Sorgenkinder sind und bleiben die Bauern. Es dürfte kaum einen undankbareren Menschen geben. Leute, die der nationalsozialistische Staat entschuldet hat und mindestens 100 Zentner Kartoffeln außer ihrem Eigenverbrauch zur Verfügung haben, geben zum WHW doch 1 ganzen Zentner. Deutscher Gruß? – kommt nicht in Frage. Durch das immerwährende Preisen des Bauern als das A und O unseres Volkes werden die Brüder so egoistisch, daß sie schelmisch lächelnd über alles hinwegsehen. Alle anderen Bevölkerungsschichten sind treue Anhänger des Führers.

---

[62] Die Gemeinde Mitwitz zählte 1933 insgesamt 1167 Einwohner, 57 katholische und 1110 evangelische.
[63] Am 3. 10. 1937 hielt Hitler auf dem Bückeberg bei Hameln eine Erntedankrede. Es war das letzte Erntedankfest unter nationalsozialistischer Herrschaft, da 1938 der Einmarsch in das Sudetenland und ab September 1939 der Krieg solche Feste nicht mehr zuließen.

Aus Tätigkeits- und Stimmungsbericht der Ortsgruppe Guttenberg[64], Kreis Kronach-Stadtsteinach (Gau Bayerische Ostmark), 27. 11. 1937

...NSV und WHW haben in den Gliederungen der Partei rührige Helfer. Zuwendungen der NSV werden gern entgegen genommen. Die begüterten Landwirte und Bauern treten der NSV nicht bei. Selbige gehören auch der Partei nicht an. Sie zahlen keine Beiträge und verlachen die Mitglieder als die »Dummen«, weil sie doch ohne etwas beizutragen, denselben Vorteil, ja noch mehr haben, als diese. Ein gelinder Zwang müßte hier ausgeübt werden; ein kleiner Steuerzuschlag wäre für diese zweckmäßig. Für arbeitsfähige, kräftige, junge Familienväter sollte das WHW nicht eintreten, da diese sonst zu Müßiggängern erzogen werden. Man hört Redensarten, im Sommer bringen wir uns durch und im Winter unterstützt uns das WHW...

Aus Tätigkeits- und Stimmungsbericht des Stützpunkts Langenau[65], Kreis Kronach-Stadtsteinach (Gau Bayerische Ostmark), 20. 12. 1937

...An diese Stelle möchte ich auch noch ein kleines Ereignis, das mir gestern zustieß, setzen: Gestern nachmittag probte ich mit hiesigem Jungvolk neue Lieder für die Weihnachtsfeier der NSDAP. Im Laufe dieses Beisammenseins wollte ich an befähigte Schüler Gedichte, die ebenfalls zur Ausgestaltung der Feier verwendet werden sollten, verteilen. Dabei passierte mir als Lehrer das Unglaubliche, daß sich ein 12–13jähriger Schüler trotz dreimaliger, sehr freundschaftlicher Aufforderung weigerte, das Gedicht, das für ihn gedacht war, zu lernen. Ich glaube nicht, daß diese Gehorsamsverweigerung in diesem 12–13jährigen Jungvolkbuben selbst geboren wurde, es ist vielmehr anzunehmen, daß dem Buben vom Vaterhaus eingeschärft wurde, für Feiern, die die Partei organisiert, prinzipiell nichts mehr zu tun. Zu diesem Falle möchte ich noch bemerken, daß der Vater des Jungen einer von denen war, die ihre Unterschrift zur Einführung der Gemeinschaftsschule verweigerten.

Aus Tätigkeits- und Stimmungsbericht der Ortsgruppe Tschirn, Kreis Kronach-Stadtsteinach (Gau Bayerische Ostmark), 20. 12. 1937

...Die Rede des Reichsbauernführers wurde hier übertragen. Es war Gemeinschaftsempfang angeordnet, aber nur ein kleiner Teil der Bauern war anwesend. Dadurch, daß verschiedene Bauern und deren Söhne persönlich zum Eintritt in die Partei aufgefordert wurden und nicht Folge geleistet haben, haben diese bekundet, daß sie immer noch gegnerisch eingestellt sind...

---

[64] Die Gemeinde Guttenberg zählte 1933 insgesamt 749 Einwohner, 253 katholische und 496 evangelische.
[65] Die Gemeinde Langenau zählte 1933 insgesamt 674 Einwohner, 57 katholische und 617 evangelische.

Aus Tätigkeits- und Stimmungsbericht der Ortsgruppe Unterrodach[66], Kreis Kronach-Stadtsteinach (Gau Bayerische Ostmark), für Dezember 1937

...Die Bauern sind die unzufriedensten, die es heute noch gibt. Die Organisation ist bei uns in Ordnung, die Zusammenarbeit ist gut. Weltanschaulich sind die Bauern die größten Dummköpfe, da ist es schwer beizukommen...
Wenn der Bauer durch die Preise, die er von seinen Erzeugnissen erzielt, seine Dienstboten nicht bezahlen kann, wie es notwendig ist, so müßte halt doch von seiten der Regierung ein Weg gefunden werden, daß die Landarbeiter eben von irgendeiner Seite einen Ausgleich bekommen würden, denn es wird bestimmt immer schlimmer, keiner will mehr zu einem Bauern. Es ist bestimmt ernst zu nehmen, wenn heute schon Bauern sagen, es gibt einmal Erbhöfe, aber keine Bauern. Ich bin fast bei jeder Bauernzusammenkunft anwesend, aber jedesmal muß ich dreinfahren...

Auch die wenigsten sind zur Partei zu bringen, es langt halt das Geld nicht, bekommt man zur Antwort, die denken nicht daran, daß sie durch die Inflation ihr Vermögen verloren haben, nun möchten sie in den paar Jahren schon wieder so viel beisammen haben, was ihre Vorfahren in Jahrzehnten zusammengebracht hatten...

Aus Tätigkeits- und Stimmungsbericht der Ortsgruppe Vogtendorf[67], Kreis Kronach-Stadtsteinach (Gau Bayerische Ostmark), für Dezember 1937

Unsere Ortschaft mit 175 Einwohnern hat eine Ortsgruppe von 37 Mitgliedern (durch Abwanderung der jüngeren Kräfte sind wir von 56 Mitgliedern auf diese Zahl gekommen). Die Ortsgruppe gliedert sich in drei Blocks. Die Blockleiter besorgen und betreuen ihr Gebiet im allgemeinen zur Zufriedenheit. SA und HJ sind bei uns recht schwach vertreten. Ihre Zusammenarbeit mit der Ortsgruppenleitung müßte viel besser und intensiver sein. Viel besser und eingehender ist [es] da bei der Jungmädel- und BdM-Gruppe. Die Stimmung mancher Vg. und ihr Verhältnis zur Partei läßt zu wünschen übrig. Die Hoheitsträger haben öfters gegen unrichtige, wenig nationalsozialistische Anschauungen Stellung zu nehmen. Hier findet gewöhnlich unser wackerer Ortsgruppenführer den richtigen Weg und die rechte Belehrung. – Die Träger des Staates in unserer Gemeinde sind durchweg emsige Pg., während manche Vg. staatliche Gesetze in engbegrenzter, alte Bahnen verratender Weise auslegen und eines Besseren belehrt werden müssen...

Versammlungen werden hin und wieder abgehalten und sind meistens mittelmäßig besucht. Film und Lichtbild können bei uns nicht recht durchdringen. Der Ort ist eben zu klein, so daß sich die Sache schlecht lohnt...

Die Sachen der Arbeitsfront liegen in Vogtendorf in treuen Händen, treten aber wenig in Erscheinung, weil unsere Arbeiter alle in Kronacher Betrieben beschäftigt sind.

Die NSV-Vogtendorf arbeitet mit Gliederungen der Partei, Behörden und Verbänden recht gut zusammen. Über die Tätigkeit der NSV ist die Bevölkerung recht erfreut, was

---

[66] Die Gemeinde Unterrodach zählte 1933 insgesamt 1100 Einwohner, 35 katholische und 1065 evangelische.
[67] Die Gemeinde Vogtendorf zählte 1933 insgesamt 192 Einwohner, 75 katholische und 117 evangelische.

ffcht ausschließt, daß es auch einige Unzufriedene gibt. 15 Mitglieder dieser wohltätigen Einrichtung in unserem kleinen Dörflein zeugen von dem lebhaften Verständnis für diese Sache. Doch stehen auch hier trotz intensivster Werbung noch einige Eigennützige abseits...

Aus Stimmungsbericht der Ortsgruppe Röckingen[68], Kreis Dinkelsbühl (Gau Franken), 30. 3. 1938

...Der Einmarsch der Deutschen Truppen[69] und die Reden des Führers wurde von der ganzen Bevölkerung mit starker Anteilnahme entgegen genommen. Alles freute sich und war begeistert...

In persönlicher Rücksprache des Ortsgruppenleiter mit Pg. die eingezogen waren, wird es als ein großer Mangel empfunden, daß viele Unteroffiziere die Führer sein sollen weltanschaulich von uns noch weit entfernt sind und im Kriegsfalle der Truppe den geistigen Rückhalt nie geben können, den die Truppe braucht. Es wäre in Zukunft unbedingt notwendig, daß alte verdiente Pg. die heute noch im Mannschaftsstand stehen, daß man denen Gelegenheit gibt durch verschiedene Übungen als Unterführer herangebildet zu werden und die dann der Truppe die Gewähr geben im ernstfalle alle Belastung stand zu halten. Es soll keine Überhebung der Pg. sein, sondern es ist notwendig im Interesse der Landesverteidigung[70].

Aus Stimmungsbericht der Ortsgruppe Röckingen, Kreis Dinkelsbühl (Gau Franken), 3. 10. 1938

Das wichtigste Ereigniss war im Berichtsmonat die Rückgliederung der Sudetendeutschen in das Reich[71]. Als nach der Führerrede auf dem Schlußkongreß des Reichsparteitags[72], die Spannung mit der Tschechei immer größer wurde, war es jedem Volksgenossen klar, daß hier was Entscheidendes kommen mußte. Bei der Übertragung der Kundgebung aus dem Sportpalast aus Berlin[73], zeichte es sich deutlich, daß es der letzte Volksgenosse ernst genommen hat, die Ortschaften waren wie ausgestorben und alles war am Radio. Die Arbeiten auf dem Feldern wurden vorwärts getrieben, daß wenn die Ent-

---

[68] Die Gemeinde Röckingen zählte 1933 insgesamt 669 Einwohner, 6 katholische und 663 evangelische.

[69] Gemeint ist der deutsche Einmarsch in Österreich am 12. 3. 1938, der den Anschluß Österreichs an das Deutsche Reich bewirkte.

[70] Die für diesen Berichterstatter typischen Rechtschreibfehler wurden mit Absicht weitgehend beibehalten.

[71] In dem Bestreben vor allem Großbritanniens und Frankreichs, den Frieden zu erhalten, von dem besonders der englische Premierminister Neville Chamberlain erfüllt war, kamen die Regierungschefs von Großbritannien, Frankreich und Italien Hitlers Annexionswünschen weitestgehend entgegen. Die Tschechoslowakei wurde, wie im Münchner Abkommen am 29. 9. 1938 niedergelegt, zur Abtretung ihrer sudetendeutschen Gebiete an das Deutsche Reich gezwungen.

[72] Hitler beendete den Reichsparteitag, der der letzte der NSDAP sein sollte, mit einer Rede auf dem Schlußkongreß am 12. 9. 1938, in der er seine Kriegsabsichten unverhüllt zum Ausdruck brachte.

[73] In der Sportpalastkundgebung am 26. 9. 1938 griff Hitler die tschechoslowakische Republik und deren Präsidenten Benesch in grober, provozierender Weise an.

scheidung fällt, jeder dazu bereit ist. Wass besonders hervorgehoben werden muß, war sich das ganze Volk klar darüber, wenn uns ein Krieg aufgezwungen wird ist der Jude dafür verantwortlich. Und eines muß noch betont werden, daß ein jeder Volksgenosse bereit war, den schweren Gang zu gehen, wenn es der Führer für notwendig findet.

Um so freudiger war das Aufatmen, als durch die Tat des Führers in der letzten Stunde noch alles für uns und für die Welt zum besten gewendet hat.

Daß die Kirche in der Führung des Volkes versagt beweißt der letzte Sonntag. In der Hauptpredigt wurde zwar am Anfang der großen Tage gedacht, doch hat nach ihrer syrischen Weltanschauung dies nur der liebe Gott fertig gebracht, vom Führer wurde nicht gesprochen. Dann wurde bewegt Klage geführt, daß die Gotteshäußer immer leerer werden und nur die alten Leute in die Kirche gehen, die Jugend ferne bleibt. Der Same des Gottewort kann nur in der Kirche ausgestreut werden, anderweitig wird die Tätigkeit der Kirche beschränkt. Am Schluß wurde vom Landeskirchenrat vorgedrucktes Kirchengebet gebetet in dem unter anderem wie Gebet für den Führer und Wehrmacht zum Schluß für den Landesveräter Niemüller[74], der noch immer um seines Glaubens willen im Gefängniß schmachtet, gebetet wurde. Wenn in zeiten, wo Tausende von Volksgenossen im Gefängniß sitzen und Hunderte gefallen sind, nur darum weil sie Deutsche sein wollen, eine Landeskirche so klein ist und ihren hebräischen Haßgesang nicht lassen kann, muß doch der beschränkteste Volksgenosse wissen um waß es in unsern Weltanschauungskampf geht[75] ...

Aus Stimmungsbericht der Ortsgruppe Röckingen, Kreis Dinkelsbühl (Gau Franken), 29. 12. 1938

... Die Versammlung im Bereiche der Ortsgruppe waren sehr gut besucht und haben auf die Bevölkerung den besten Eindruck hinterlassen. Doch muß von Seiten des Redners äußerst vorsichtig vorgangen werden, wenn es gilt die N.S. Weltanschauung im Volke zu vertiefen. Die Erfolge des Führers werden von dem borniertesten Bürger anerkannt, doch wenn sie von weltanschaulichen Fragen wass hören, so kommen diese Zeitgenossen mit der »Religion ist in Gefahr« daher. Diese These wird Sonntag für Sonntag von den Kanzeln verzapft, wo dogmatisierende Kanzelredner mit dem hohen Geistesflug unserer Bewegung nicht mitkommen können, oder auch nicht wollen[76] ...

---

[74] Der evangelische Pfarrer Martin Niemöller wurde am 1. 7. 1937 verhaftet und am 2. 3. 1938 vom Sondergericht Berlin wegen Vergehens gegen das Heimtückegesetz zu sieben Monaten Festungshaft und 2000 RM Geldstrafe verurteilt. Noch an demselben Tag wurde er in ein Konzentrationslager eingeliefert. Seine KZ-Haft fand erst mit dem Zusammenbruch des NS-Regimes ihr Ende.
[75] Wie Anm. 70.
[76] Wie Anm. 70.

VI. Die Partei – NSDAP-Ortsgruppen

Aus Monatsbericht der Ortsgruppe Wellheim[77], Kreis Eichstätt (Gau Franken), 16. 2. 1939

Die allgemeine Stimmung der Bevölkerung ist nach wie vor als sehr gut zu bezeichnen... Die Teilnahme an außenpolitischen Vorgängen ist sehr gut. Eine genaue Umfrage über die Beteiligung an der letzten Führerrede-Übertragung ergab eine fast geschlossene Teilnehmerzahl...

Aus Stimmungsbericht der Ortsgruppe Obereichstätt[78], Kreis Eichstätt (Gau Franken), 19. 2. 1939

Die Stimmung ist im allgemeinen schlecht. Mit der Außenpolitik ist alles zufrieden, mit der Innenpolitik, hauptsächlich auf dem flachen Land, herrscht große Unzufriedenheit...

Aus Monatsbericht der Ortsgruppe Workerszell[79], Kreis Eichstätt (Gau Franken), 19. 2. 1939

...Es ist höchste Zeit, daß endlich einmal jeder politisierende Pfarrer sofort verhaftet wird, denn, was wir in monatelanger Arbeit vorbereiten, das bringt so ein Hetzer sehr rasch zu Fall. Der Geistliche in Pollenfeld muß unbedingt ständig, aber ohne großes Aufsehen, an den Sonntagen überwacht werden. Als Staatsfeinde möchte ich diese Art von Pfarrern bezeichnen, und solange wir diese nicht rücksichtslos ausmerzen, wird das Volk von diesen Elementen durch Arbeiten von Familie zu Familie und insbesondere im Beichtstuhl immer wieder zurückgehalten, zu uns restlos zu kommen...

Aus Monatsbericht des Kreisschulungsleiters Eichstätt (Gau Franken), 21. 3. 1939

...Nachdem den Kreisschulungsleitern die Überwachung der gesamten geistigen und weltanschaulichen Erziehung der NSDAP in ihren Kreisgebieten obliegt, und eine Erziehung nicht zuletzt gerade auch bei Beerdigungen von Pg. möglich ist, würde ich anregen, künftig zu Vorsprechungen wegen der Durchführung von solchen Beerdigungen zugezogen zu werden. Ich halte es nicht für zweckmäßig, daß erst kirchliche Zeremonien am Grabe eines Pg. stattfinden, die Gliederung der NSDAP in dieser Zeit gedeckt hinter einer Mauer stehen und dann, wenn der Geistliche weg ist, anmarschieren. Ich halte unmaßgeblich dafür, daß die Partei auch hier zuerst zu kommen hat...

---

[77] Die überwiegend katholische Gemeinde Wellheim zählte 1939 insgesamt 529 Einwohner.
[78] Die überwiegend katholische Gemeinde Obereichstätt zählte 1939 insgesamt 511 Einwohner.
[79] Die überwiegend katholische Gemeinde Workerszell zählte 1939 insgesamt 544 Einwohner.

Aus Bericht der Ortsgruppe Nassenfels[80], Kreis Eichstätt (Gau Franken), 22. 3. 1939

Allem Anschein nach hat sich die Lage etwas beruhigt, weil man weniger hört. Auffallend ist, daß die Bevölkerung an den hochbedeutsamen Ereignissen[81] nur recht schwachen Anteil nimmt, mit wenigen Ausnahmen. Fast bin ich versucht zu sagen, daß das als Vertrauen aufzufassen ist...
In der SA macht sich eine Lauheit bemerkbar, und zwar dadurch, daß die Beteiligung eine sehr schlechte ist. Immer sind die gleichen SA-Männer wieder da, und zwar gewöhnlich sind es die alten Semester, d. h. die gedienten Soldaten. HJ, JV, BdM und JM scheinen einen Dornröschenschlaf zu schlafen und stehen, wie ich schon das letztemal berichtete, auf recht schwachen Füßen...
Die DAF, das heißt der Ortsobmann, hat sich wieder ein Glanzstück am Tag der Heldenehrung geleistet, nämlich ist er mit seinen Leuten überhaupt nicht angetreten, mit der Begründung, daß er nicht immer hintennach marschieren wolle. Ich vermute, daß von seinen Leuten auch recht wenige gekommen wären; die meisten Mitglieder der DAF sind ja schon beim Rot-Kreuz-Bund und sind schon deswegen dabei. Aber mindestens hätte er veranlassen müssen, daß wenigstens die Ortsfahne dabeigewesen wäre, aber auch das ist unterblieben...
Aktivität der »Schwarzen« ist immer noch stark, weil die Leute immer noch dran hängen. Man merkt, daß Kirche und Partei sind wie Feuer und Wasser... Die Kirche beeinflußt die Alten und die Jungen! Auffallend ist, daß der hiesige Geistliche und seine Anhänger... einen Chorregenten herbrachten, der politisch äußerst gefährlich ist. Dieser hat es fertiggebracht, einen Gesangverein aufzuziehen, bei dem sich sogar ein Pg. und Mitglieder der DAF beteiligen. Es wäre m.E. unbedingt notwendig, diese gelegentlich einmal zur Rechenschaft zu ziehen und den Pg. vor die Alternative zu stellen!...

Aus Bericht der Ortsgruppe Obereichstätt, Kreis Eichstätt (Gau Franken), 26. 3. 1939

...Bei den Partei- und Volksgenossen heben sich die konfessionellen Bindungen scharf ab. Sie müssen immer ermahnt und auf ihre Pflichten als Deutsche hingewiesen werden. Am besten macht sich all dies hauptsächlich bei Bestellungen von nationalsozialistischen Veranstaltungen einerseits und Besuch der Kirchen andererseits, in der Opferbereitschaft für das WHW, im ganzen Charakter bemerkbar. Es sind immer die gleichen, die nach ihren sozialen Verhältnissen sehr gut geben und auch immer dieselben, [die], obwohl sie in den meisten Fällen finanziell besser stehen, das Gegenteil tun, ja, es ist sogar im Beruf eine nachteilige Behandlung der Gottgläubigen festzustellen. Von gewissen Pg. werden auch noch sogenannte christliche Wochenzeitschriften bzw. Zeitungen gelesen, in denen alles mögliche zu lesen ist, nur nicht nationalsozialistische Weltanschauung...

---

[80] Die überwiegend katholische Gemeinde Nassenfels zählte 1939 insgesamt 503 Einwohner.
[81] U.a. Annexion der restlichen Tschechoslowakei am 15. 3. 1939.

Bericht des Amts für Beamte[82], *Kreis Eichstätt (Gau Franken), für März 1939*

Die Wiedereingliederung alten deutschen Gebietes in den letzten Tagen[83] hat in der Beamtenschaft größte Beachtung hervorgerufen. Die Achtung vor unserer Staatsführung ist ins Unerreichbare gestiegen. Die Beamten haben sich auch auf dem darauffolgenden Tag der Wehrmacht bei allen Veranstaltungen reichlich eingefunden und nach besten Kräften gespendet. In der kleinen Stadt Eichstätt konnte allein ein Betrag von rund 1500 RM dem WHW zugeführt werden. Und hier haben in nicht geringem Maße wieder die Beamten dazu beigetragen. Wenn es auch da und dort noch einige wenige von Berufskameraden gibt, die jetzt glauben, es käme zu einem Weltbrand, so werden sie doch meist von den aufrechten, guten, dem Führer alles anvertrauenden Kameraden zurechtgewiesen. Mit Stolz können wir auf unseren Führer blicken, der uns in eine große, siegreiche Zukunft führen wird.

Aus Monatsbericht der Ortsgruppe Wellheim, Kreis Eichstätt (Gau Franken), 26. 4. 1939

...Sämtliche 10jährigen ließen sich in das JV und den BdM aufnehmen bis auf ein Mädchen, das die Eltern absolut nicht abgeben. Alle Vorhaltungen waren zwecklos. Gründe werden nicht angegeben. Da das Mädchen des öfteren, trotz meines Verbotes, bei den leider noch immer hier wohnenden früheren Schulschwestern beobachtet wird, fürchte ich eine Beeinflussung von dort. Soll das Mädchen für das Kloster geworben werden?...

Aus Monatsbericht der Ortsgruppe Kinding[84], *Kreis Eichstätt (Gau Franken), 20. 5. 1939*

...Die Aktivität der Kirche hat – soweit dies übersehen werden kann – seit einiger Zeit nachgelassen. Leider ist die Beteiligung der Bevölkerung an kirchlichen Feiern meist größer als an nationalsozialistischen Versammlungen und dergleichen. So läuft bei Bittgängen fast das ganze Dorf mit, während zum Beispiel die Beteiligung an Sonnwendfeiern sehr zu wünschen übrig läßt...

Aus Monatsbericht der Ortsgruppe Dollnstein[85], *Kreis Eichstätt (Gau Franken), 22. 5. 1939*

...Auf eine Umfrage bei den Bauern, die ein Landdienstmädchen einstellen würden, erhielt ich ganze zwei Meldungen. Gerade der Ortsbauernführer, der ein vollkommen unfähiger Mann ist und der selbst über Dienstbotenmangel wohl am meisten schimpft, will

---

[82] Es handelt sich um einen Auszug eines Berichts für die Kreisleitung, der hier in voller Länge wiedergegeben ist.
[83] Annektierung der Restttschechoslowakei am 15. 3. 1939 und Errichtung des Protektorats Böhmen und Mähren am darauffolgenden Tag.
[84] Die überwiegend katholische Gemeinde Kinding zählte 1939 insgesamt 411 Einwohner.
[85] Die überwiegend katholische Gemeinde Dollnstein zählte 1939 insgesamt 923 Einwohner.

von einem Landdienstmädchen nichts wissen, weil die Mädchen abends um 7 Uhr wieder im Lager sich einfinden müssen. Es ist ja klar, wenn schon der Bauernführer eine ablehnende Stellung einnimmt, machen die anderen auch keinen Gebrauch davon. In der Führung der Bauernschaft in Dollnstein fehlt es ganz gewaltig...

Aus Bericht der Ortsgruppe Nassenfels, Kreis Eichstätt (Gau Franken), 23. 5. 1939

...Der hiesige Geistliche und seine in den umliegenden Ortschaften wohnenden Kollegen sind immer noch unsere schärfsten Gegner, namentlich der hiesige ist ein ganz verbissener, reaktionärer Bursche, der sich absolut nicht fügen will und immer noch seine Herrschgelüste raushängen läßt. Seinem Studium nach könnte man meinen, er sei ein gebildeter Mensch, aber er ist ein ungezogener Lümmel, der nicht einmal die einfachsten Regeln des Anstandes wahren kann. Vielleicht bietet sich doch einmal Gelegenheit, ihm eine »Kräftige« zu verabreichen!...

Aus Tätigkeitsbericht des Rassenpolitischen Amts, Kreis Eichstätt (Gau Franken), 25. 5. 1939

...Im Schloß Hirschberg, Beilngries, werden laufend Exerzitien durchgeführt, so ein Kurs dauert immer 8–14 Tage. In diesem Monat haben zwei Kurse stattgefunden, zu welchen eine Anzahl junger Mädel aus unserem Kreis teilgenommen haben. Ich vermute, daß diese Exerzitien als geheime Schulungen gegen den Rassengedanken des Nationalsozialismus aufgezogen werden. Das gleiche führt auch Dompfarrer Dr. Kraus in einem von ihm errichteten Kongregationssaal in Eichstätt durch...

Aus Monatsbericht der Ortsgruppe Walting[86], Kreis Eichstätt (Gau Franken), 25. 5. 1939

...Die Mütterehrung, die ebenfalls durch gute Zusammenarbeit zwischen politischer Leitung und NS-Frauenschaft einen eindrucksvollen Verlauf nahm, brachte eine Anzahl Frauen, die der Partei sonst bestimmt großenteils ziemlich fern standen, vielleicht zum erstenmal zu der Überzeugung, daß Partei und Regierung in Wahrheit Diener am Volke sein wollen und sind... In Hirnstetten sollen Frauen (nach Mitteilung des Bürgermeisters) geäußert haben: »Gebt's uns lieber a Geld, a Kreuz ham mir so gnug«...

Aus Lagebericht der Ortsgruppe Horbach[87], Kreis Kronach-Stadtsteinach (Gau Bayerische Ostmark), für Mai 1939

Die mit großer Spannung erwartete große Rede des Führers vor dem großdeutschen

---
[86] Die rein katholische Gemeinde Walting zählte 1939 insgesamt 218 Einwohner.
[87] Die überwiegend evangelische Gemeinde Horbach zählte 1939 insgesamt 133 Einwohner.

Reichstag am 28. April[88] wurde bei uns von allen Volksgenossen miterlebt. Jeder Rundfunkbesitzer hatte auf Aufforderung seine Nachbarn usw. eingeladen und dann bei der Übertragung auch ein volles Zimmer. Die Rede wurde mit großer Begeisterung aufgenommen. Eine ganze Anzahl Partei- und Volksgenossen haben sich auch die Wiederholung der Übertragung angehört!...

Aus Lagebericht der Ortsgruppe Johannisthal[89], Kreis Kronach-Stadtsteinach (Gau Bayerische Ostmark), 10. 6. 1939

...Die Bevölkerung steht restlos hinter der Partei. Nur zwei bis drei unsaubere Elemente sind noch hier, die aber unter Aufsicht gehalten werden, damit sie Johannisthal nicht mehr in Mißkredit bringen. Zwei sind auch in dem Monat bestraft worden...
...Johannisthal steht im Vertrauen zur Partei heute anders da als vor vier bis fünf Jahren, und wenn dem Bürgermeister dank der Mitarbeit der Gau-und Kreisleitung die vorgesehenen Maßnahmen glücken, dann kann Gemeinde und Ortsgruppe zufrieden sein. (Kanalisation, Siedlungsbauten, Schulhausumbau, Lehrerwohnhausbau und Bau der Volkswaschküche.) Unserem Kreisleiter aber möchte ich für seinen tatkräftigen Einsatz für Johannisthal auch hier danken.

Aus Tätigkeits- und Stimmungsbericht der Ortsgruppe Fischbach[90], Kreis Kronach-Stadtsteinach (Gau Bayerische Ostmark), 12. 6. 1939

...Eine HJ-Schar besteht hier leider immer noch nicht. Es gäbe hier verschiedene Jugendliche, die gern zur HJ gingen, aber keine Gelegenheit dazu haben. Die Partei erhält daher von unten her keinen Nachwuchs. Die Auswirkungen werden in den nächsten Jahren hier sehr ungünstig sein.
Wir haben hier im Hoheitsbereich einen Jugendlichen (kaufmännischer Lehrling bei Link), der der gegebene Jungvolkführer wäre. Er lehnt die Sache einfach ab. Seine Eltern unterstützen ihn in dieser Haltung. Der betreffende Jugendliche hat seine schöne Lehrstelle und ich habe ihm klargemacht, daß er in seinem Beruf später niemals Aussichten gehabt hätte, wenn die Verhältnisse durch den Nationalsozialismus nicht gründlich gewandelt worden wären. Ich möchte hier gern derartige Drückebergereien abstellen und bitte die Kreisleitung, eventuell durch die DAF auf den Betreffenden (Heinrich Endres) einzuwirken. Warum sollen sich einzelne Jugendliche von ihren Verpflichtungen drücken, während Tausende ihren Dienst mit Hingabe erfüllen...

---

[88] Diese Reichstagsrede war die offizielle, sarkastisch-drohende Antwort Hitlers auf die an Frieden mahnende Botschaft des amerikanischen Präsidenten Roosevelts vom 15. 4. 1939.
[89] Die überwiegend katholische Gemeinde Johannisthal zählte 1939 insgesamt 741 Einwohner.
[90] Die überwiegend evangelische Gemeinde Fischbach zählte 1939 insgesamt 727 Einwohner.

Aus Lagebericht der Ortsgruppe Ebersdorf bei Ludwigstadt[91], Kreis Kronach-Stadtsteinach (Gau Bayerische Ostmark), 15. 6. 1939

Seitens der Bevölkerung werden die Klagen immer hörbarer wegen der unzuverlässigen Straßenverhältnisse sowohl im Ort selbst, als auch der Teilstrecke Ebersdorf-Hupferhammer und muß hier dringend Abhilfe geschaffen werden, sonst ist das Vertrauen der Bevölkerung zu Partei und Staat das allerbeste.
Innerpolitische Gegensätze bestehen nicht, die Parteigenossen erfüllen ihre Pflichten, die Politischen Leiter arbeiten gut. SA macht in Lauenstein Dienst, BdM und Frauenschaft bemühen sich, den politischen Teil auszufüllen, auch HJ und JV stehen unter guter Leitung, doch wäre ein brauchbares Jugendheim nötig. NSKOV und NS-Kriegerbund schlampern noch etwas. Alle anderen Vereine fügen sich in die politische Ordnung...

Aus Lagebericht der Ortsgruppe Horbach, Kreis Kronach-Stadtsteinach (Gau Bayerische Ostmark), 21. 6. 1939

... In der sich anschließenden Kaffeestunde brachten viele Mütter das Gespräch auf den Wandel gegenüber früher. Früher seien sie mit ihren vielen Kindern ausgelacht, ja sogar verspottet worden, heute werden sie in ihren alten Tagen vom Führer in einer Weise geehrt, wie sie sich das haben niemals träumen lassen. Eine Frau meinte, daß sie Adolf Hitler für diese Ehrung nicht persönlich danken könne, dafür aber um so fester zu ihm halten wolle. Die Ehrenkreuze werden voll Stolz getragen...

Aus Monatsbericht der Ortsgruppe Walting, Kreis Eichstätt (Gau Franken), 21. 6. 1939

Gegenüber dem Vormonat keine Veränderung, die Bevölkerung im gesamten Ortsgruppenbereich kümmert sich weder um die Außen- noch um die Innenpolitik, geht treu der Arbeit nach, verläßt sich in allen Gegenwartsfragen auf die glückliche Hand des Führers, der die Danzig- wie die Polenfrage und die Kolonienforderung mit der gewohnten Gründlichkeit regeln wird...
Dem kirchlichen Brauchtum steht das Landvolk noch sehr aktiv gegenüber, das beweist die Teilnahme an der Fronleichnamsprozession. Das Volk hier, wie überhaupt im Brauchtum, gewähren zu lassen, bindet es an uns mehr als nörgelnde Kritik. Der Einfluß auf die Jugend ist nicht im Steigen begriffen. Wo es der Politische Leiter versteht, mit dem Volk in enger Fühlung zu bleiben, sich für sein Wohl und Wehe jederzeit helfend zu bemühen, nie den Eindruck erwecken läßt, als sei er ein Spitzel, der nur für die Politische Polizei arbeitet, statt im persönlichen Verkehr die wahre innere Einstellung abzuhorchen und dann aufzuklären, kurz von dem einen Gedanken bei der Arbeit ausgeht, ich will meine Volks- und Parteigenossen zusammenschweißen und für alle Fälle in Krieg und Frieden bereithalten, aufbauen und nicht zerstören, da ist es ausgeschlossen, daß die Kir-

---

[91] Die überwiegend evangelische Gemeinde Ebersdorf zählte 1939 insgesamt 819 Einwohner.

che sich jemals wieder in weltlichen Dingen machtpolitischen Einfluß verschafft. Ich habe das befriedigende Bewußtsein, daß die Volkgenossen in jeder Lage zu mir und nie zum Pfarrer kommen. Das Altmühltal ist nicht so, wie es vielfach verschrien ist, nur weil Eichstätt kirchliche Hochburg ist. Wenn wir unsere Vg. gerade dort, wo ein jesuitischer Pfarrer in Hinterhältigkeit sein Unwesen treibt, immer wieder aufsuchen und nicht als der Parteigewaltige, sondern als Mensch zu Mensch gegenübertreten, falsche Anschauungen nicht durch Denunziation, sondern durch Aufklärung zerstören, dann nehmen wir den anderen indirekt das Betätigungsfeld. Und gerade jetzt, wo man sich kirchlicherseits auf der Kanzel vollständig ausschweigt, kann Neuland gewonnen werden, steht doch auch das bisher schwärzeste Dorf nur unter einem Einfluß. Unsere Leute sind harmlos, wirtschaftlich nicht auf Rosen gebettet und viel dankbarer als die gutsituierten Bauern an unserer Kreisgrenze (Hitzhofen, Lippertshofen, Eitensheim)...

Aus Monatsbericht der Ortsgruppe Workerszell, Kreis Eichstätt (Gau Franken), 22. 6. 1939

...Unsere größte Sorge auf dem Lande bereitet uns die Jugenderziehung, denn sie droht ganz aus der Hand zu gleiten. BdM hat z. Zt. gute Führung, aber das JV verlottert von Tag zu Tag mehr, denn die Lehrer haben ihre seitherige Mitarbeit fast völlig eingestellt. Sie gehen sogar dazu über, den Schülern an den Jugendtagen Hausaufgaben zu geben, so daß die Jungen dem Dienst fernbleiben. Ein Hauptgrund, warum die Lehrer nicht mehr mitarbeiten, ist der, daß der Reichsjugendführer sowohl in Reden als auch in seiner Presse fortwährend die Lehrer angreift. Die Gründe der Lehrer sind verständlich und ich bitte, im Interesse unserer Jugend mit größtem Nachdruck dahin zu wirken, daß diese Angriffe eingestellt werden. Es ist ausgeschlossen, daß die Führer des JV auf dem Land sich durchsetzen, von der HJ überhaupt zu schweigen. Die HJ besteht nur mehr dem Namen nach, da ein gleichaltriger HJ-Führer mit diesen in den besten Lümmeljahren stehenden Kameraden nur in ganz seltenen Fällen sich durchsetzen kann...

Aus Stimmungsbericht des Amts für Erzieher, Kreis Kronach-Stadtsteinach (Gau Bayerische Ostmark), für Juni 1939

Die anfangs Juni von der katholischen Kirche in Szene gesetzten Demonstrationen (Fronleichnams- u. ä. Prozessionen) gaben Gelegenheit, die Stellung der Erzieherschaft des Kreises zu diesen Einrichtungen zu beobachten. Die Haltung der Erzieher muß dabei als gut bezeichnet werden. Mit verschwindenden Ausnahmen wurde die Beteiligung, auch in schwierigen Orten, abgelehnt.
In der Ortschaft Triebenreuth bei Stadtsteinach hat die Entfernung kitschiger kirchlicher Symbole – es handelt sich um eine aus Zigarrenkistenbrettern gefertigte Heiligenstatue und ein Kruzifix minderwertiger Art – durch einen jungen Lehrer einen Sturm der Entrüstung unter der Bevölkerung hervorgerufen. Durch vermittelndes Eingreifen des Kreisleiters und des Kreisamtsleiters für Erzieher konnten die beunruhigten Gemüter

wieder besänftigt werden, nachdem das umstrittene Heiligenbild endgültig entfernt und dem »künstlerischen« Kruzifix ein »gebührender« Platz an einer Seitenwand eingeräumt wurde...

Aus Monatsbericht der Ortsgruppe Nassenfels, Kreis Eichstätt (Gau Franken), für Juni 1939

In der Stimmung ist eine Änderung nicht eingetreten; die »schwarze Brut« freut sich ihres Daseins und ihrer geheimen Wühlarbeit; dabei gehen sie aber so geschickt zu Werke, daß man ihnen nichts anhaben kann. Sehr viel Aufregung verursachte der Zwang zum Zahlen einer Gebühr für die stattgefundenen Prozessionen. Es wird erzählt, daß namentlich der vorige Bürgermeister sich so sehr darüber aufgeregt hat, natürlich war das beim Bier, als keiner unserer Leute dort war, sonst hätte man sich ganz bestimmt ausgeschwiegen. Es ist auch ganz eigenartig, daß keiner den Mut aufbringt, mir oder einem der Zellen- und Blockleiter etwas mitzuteilen, damit man einen solchen Burschen doch endlich einmal fassen kann!...

Aus Lagebericht der Ortsgruppe Nordhalben[92], Kreis Kronach-Stadtsteinach (Gau Bayerische Ostmark), 15. 7. 1939

Klagen und Mißstimmung in der Bevölkerung sind nicht wahrzunehmen. Die gegenwärtige außenpolitische Lage wird zwar aufmerksam, aber mit vollkommener Ruhe verfolgt. Gegenüber den letzten Jahren ist eben das Vertrauen zu unserer Führung und zur Stärke des Reiches bedeutend gefestigt worden. Von irgendwelchen sinnlosen Gerüchten ist ebenfalls nichts zu berichten. Sehr oft wird natürlich die Frage aufgeworfen, ob es wohl Krieg geben wird. Von einer Kriegsstimmung ist dabei aber nichts zu spüren. Es ist aber Verständnis dafür vorhanden, daß ein sofortiges Losschlagen besser wäre als ein langes Zögern. Diese Ansicht wird gerade von noch wehrpflichtigen Kriegsteilnehmern und von aktiv gedienten jungen Leuten vertreten, also von Menschen, die im Ernstfall als erste ihre Haut zu Markte tragen müßten. Jedermann sieht eben die Notwendigkeit ein, daß der deutsche Lebensraum erweitert werden muß, wenn wir als Volk auf die Dauer unserem Lebensstandard entsprechend leben wollen...

Aus Monatsbericht der Ortsgruppe Walting, Kreis Eichstätt (Gau Franken), 19. 7. 1939

...Die genannte Werbung [für den Eintritt in die SA] führte in der Ortsgruppe zu einem mäßigen Erfolg. Viele in Betracht kommende Volksgenossen glauben, für immer tatenlos durchs politische Leben schleichen zu können. Bei der gegenwärtigen arbeitsreichen Zeit in Landwirtschaft und Gewerbe ist das Interesse für politische Fragen gering.

---

[92] Die überwiegend katholische Gemeinde Nordhalben zählte 1939 insgesamt 2282 Einwohner.

Die Bevölkerung spricht von möglicher Kriegsgefahr mit ziemlicher Ruhe und im allgemeinen mit Zuversicht auf die Maßnahmen des Führers...

Aus Stimmungsbericht der Ortsgruppe Kinding, Kreis Eichstätt (Gau Franken), 22. 7. 1939

Im allgemeinen kann die Stimmung als gut bezeichnet werden. Wohl weiß die Bevölkerung, daß früher oder später mit einer Auseinandersetzung mit den Feinden Deutschlands gerechnet werden muß. Sie hat sich mit diesem Gedanken allmählich vertraut gemacht, und wenn auch niemand den Krieg will, so sieht doch der Großteil der Bevölkerung im Vertrauen auf den Führer und unsere Wehrmacht der kommenden Entwicklung mit Ruhe entgegen und geht unbeirrt seiner Arbeit nach...

B. Berichte von Gau- und Kreisämtern des NS-Lehrerbundes

EINFÜHRUNG

Die im zweiten Teilkapitel vorgelegte Berichtsauswahl aus einer Sonderprovenienz entstammt dem Bestand NS-Lehrerbund im Bundesarchiv[1], der, mit erheblichen Lücken, im wesentlichen nur die Jahrgänge 1934–1937 umfaßt. Zeitliche und inhaltliche Ergänzung fand dieser Bestand in dem allerdings auch nur fragmentarischen Bestand von NSLB-Berichten im Staatsarchiv München[2]. Bei diesen hauptsächlich für die Jahre 1938/39 vorliegenden Stimmungs- und auch Tätigkeitsberichten der Kreis- und zum Teil auch Abschnittswaltungen des Gaues München-Oberbayern handelt es sich um NSLB-Berichterstattung der untersten Ebene. Dagegen setzt sich der erstgenannte Bestand aus vierteljährlichen Tätigkeitsberichten der verschiedensten Abteilungen aller NSLB-Gauwaltungen Bayerns zusammen.

Bislang konnten periodische Berichte der Schulverwaltung in Bayern aus der NS-Zeit nicht gefunden werden. Deshalb erschien es um so wichtiger, wenigstens von der Berichterstattung des NSLB her einen wenn auch nur ausschnitthaften und in gewissem Maß durch verbandspolitische Interessen beeinträchtigten Eindruck von den aus der NS-Schulpolitik resultierenden Konflikten zu geben. Das Hauptaugenmerk der Berichterstatter galt weit mehr der Verbandspolitik als spezifischen Lehrer- und Schulproblemen. So läßt die nur fragmentarisch erhaltene Quelle manchmal schulpolitische Fragen und Konflikte unter dem Nationalsozialismus, wie z. B. den Kampf um die Einführung der Gemeinschaftsschule, nicht genügend deutlich erkennen. Dennoch ist sie als einzige, einen längeren Zeitraum umschließende bayerische Berichtsquelle für die Veranschaulichung nationalsozialistischer Schul- und Lehrer-Politik und der gegen sie gerichteten Widerstände von beträchtlichem Wert[3].

Die Berichte befassen sich mit einer Vielzahl von Themen. Zu den Beobachtungsbereichen gehörte Organisatorisches, die Zusammenarbeit mit den Parteigliederungen und Verbänden, den Behörden und Ämtern, mit den Elternschaften, Schulung, Propaganda, Presse und Sammlungen ebenso wie die Stimmung in den verschiedenen Bevölkerungsschichten, Probleme des Unterrichts fielen demgegenüber weit ab. Möglicherweise lag in den vielfältigen Anforderungen eine Ursache für die beklagte Berichtsmüdigkeit. Trotz wiederholter Mahnungen traf manchmal nur ein Drittel der Berichte beim Gauamts-Or-

---

[1] BA, NS 12/557, 826, 904, 907, 908, 910, 911, 913, 916, 918, 926, 927; hinzugezogen wurden außerdem die Aktenbände 909, 912, 914, 915.
[2] StA München, NSDAP 983.
[3] Allgemein zur NS-Schulpolitik: Eilers, Rolf: Die nationalsozialistische Schulpolitik. Eine Studie zur Funktion der Erziehung im totalitären Staat. Köln 1963. Auf Schulkonflikte in einer kleinen Region wird im Kapitel I (Ebermannstadt) näher eingegangen.

ganisationsleiter ein.⁴. Auch mußte die breite Fächerung der Berichterstattung notwendigerweise auf Kosten der Dichte und Konkretheit gehen. Angesichts dieser Tatsache und der besonders in der Anfangsphase oft nicht zu übersehenden Schönfärberei sahen sich die Herausgeber gezwungen, bei der Auswahl der Berichte einen strengen Maßstab anzulegen. In einem Falle, in bezug auf die wichtige Rolle des NSLB bei der Niederlegung des Religionsunterrichtes der Lehrer, wurde zur besseren Veranschaulichung auf eine andere Berichtsquelle zurückgegriffen⁵. Von den gesamten vorhandenen NSLB-Berichten fanden nur schätzungsweise fünf Prozent Verwendung. Maßgebend für die Auswahl waren die Konflikte, die sich aus den mehr oder weniger erfolgreichen schulpolitischen und ideologischen Durchsetzungsbestrebungen des NS-Lehrerbundes bei der Lehrerschaft und ihren Verbänden ergaben. Die häufigsten und mitunter auch länger andauernden Konflikte resultierten aus dem verbissenen Kampf der Nationalsozialisten gegen den kirchlichen Einfluß in der Schule, Umstände und Begleiterscheinungen der Gleichschaltung bzw. Auflösung der Lehrerverbände und -vereine zogen Spannungen und Konflikte anderer Art nach sich. Auch die permanenten Indoktrinierungsversuche des NSLB, besonders durch Schulungslager und -kurse, und das vor allem aufgrund konkurrierender Erziehungsansprüche mitunter spannungsgeladene Verhältnis der Lehrerschaft zur HJ erzeugten genügend Zündstoff. Abgesehen von dem schließlich von NSLB-Amtswaltern zunehmend beklagten Leistungsverfall bei den Schülern und dem Nachlassen der Schuldisziplin, bleiben die innerschulischen Probleme ebenso wie die der fachlichen Gestaltung der Schulerziehung aus der Berichterstattung, soweit sie überliefert ist, weitgehend ausgeklammert. Die hier dargebotene Auswahl einer in sich fragmentarischen Berichtsprovenienz kann deshalb nur einzelne Aspekte, längst nicht die Gesamtheit der Konflikte darlegen, die sich aus dem Kampf um die Schule und den Lehrer in der NS-Zeit ergaben.

Der NSLB wurde am 21.4.1929 in Hof von Hans Schemm, Gauleiter der Bayerischen Ostmark und bayerischer Kultusminister von 1933–35, gegründet. Die zunächst nur auf Franken, Thüringen und Sachsen begrenzte Organisation wurde nach dem Reichsparteitag vom August desselben Jahres auf das gesamte Reich ausgedehnt. Das magere schulpolitische Programm (akademische Ausbildung der Volksschullehrer und Beseitigung der Lehrervereine) vermochte bis zur Regierungsübernahme Hitlers nicht mehr als 6000 Lehrer zum Eintritt in den NSLB zu bewegen. Als dann Schemm die »Einheitsfront aller Erzieher« propagierte, den NSLB also zum Standesverband durchzusetzen versuchte, was ihm auch gelang, schnellte die Mitgliederzahl innerhalb des Jahres 1933 auf 220 000, diese kletterte unaufhaltsam höher, bis sie rund 320 000 erreichte und damit 97 Prozent der Lehrer »erfaßt« waren⁶. Auch die Zahl der Parteieintritte nahm bei den Lehrern nach dem 30.1.1933, mehr als bei jeder anderen Berufsgruppe, so rapide zu, daß sogar die Partei selbst sich genötigt sah, vor den damit verbundenen Erscheinungsformen des Konjunk-

---

[4] Für das dritte Vierteljahr 1936 lieferten z. B. von den 24 Kreisamtsleitern des Gaues München-Oberbayern nur acht einen Bericht; BA, NS 12/916, Bericht des Gauamts-Organisationsleiters Gau München-Oberbayern für das 2. und 3. Vierteljahr 1936.

[5] Monatsbericht des Regierungspräsidenten von Ober- und Mittelfranken vom 7.1.1939, siehe S. 547 ff.

[6] Eilers (siehe S. 527, Anm. 3), S. 128; danach muß die Gesamtzahl der Lehrer im Reich bei rund 330 000 gelegen haben.

turrittertums zu warnen[7]. Ende 1934 waren rund 84 000 Lehrer in Deutschland Mitglieder der NSDAP[8], das bedeutete rund ein Viertel der gesamten Lehrerschaft (die durchschnittliche Parteimitgliedschaft innerhalb der Gesamtbevölkerung erreichte erst nach 1939 etwa 10%).

Man muß auch bei der Einschätzung der sich in den folgenden Berichten spiegelnden NSLB-Aktivität unterscheiden zwischen der pauschalen NS-Zwangszusammenfassung der Lehrer im NSLB (viele blieben weltanschaulich wenig überzeugte »zahlende Mitglieder«) und diesem Viertel der Lehrer, die als Parteigenossen eine mehr oder weniger aktive Funktion im Dienste des Nationalsozialismus zu übernehmen hatten.

Der NSLB, ein der NSDAP angeschlossener Verband, wurde durch das Amt für Erzieher in Personalunion betreut. Der Leiter des Hauptamts für Erzieher war somit zugleich bei der Reichsleitung der NSDAP Leiter des NSLB. Ihm unterstanden die Gauwalter. Darunter folgten die Kreiswaltungen, die untersten selbständigen Verwaltungseinheiten des NSLB, die in Abschnittswaltungen der unselbständigen Kreisabschnitte und bei größeren Schulen in Zellenwaltungen eingeteilt waren. Die Reichswaltung des NSLB mit Sitz in Bayreuth untergliederte sich 1936/37 nach einem komplizierten Organisierungsprozeß in folgende erwähnenswerte Abteilungen: die Abteilung »Organisation« mit den Unterabteilungen »Soziale Schuljugendarbeit« und »Familienkunde«; die Abteilungen »Schulung« und »Erziehung und Unterricht« mit ihren Unterabteilungen a) Fachschaft I Lehrer an Hochschulen, b) Fachschaft II Lehrer an höheren Schulen, c) Fachschaft III Lehrer an Mittelschulen, d) Fachschaft IV Lehrer an Volksschulen, e) Fachschaft V Lehrer an Sonderschulen, f) Fachschaft VI Lehrer an Berufs- und Fachschulen, g) Fachschaft VII Sozial-pädagogische Berufe, h) Körperliche Ertüchtigung, i) Rassenkunde, k) Geschichte und Vorgeschichte, l) Luftschutz und Wehrerziehung, m) Kurzschrift und Maschinenschreiben, n) Weibliche Erziehung; die Abteilung »Schrifttum« mit den Unterabteilungen: a) Bücherei, b) Zeitschriften, c) Begutachtung, d) Jugendschriften; die Abteilung »Presse und Propaganda« und die Abteilung »Wirtschaft und Recht«. Alle genannten Abteilungen waren gehalten, regelmäßig über ihre Tätigkeit Bericht zu erstatten.

An den Säuberungsaktionen im Zusammenhang mit der Gleichschaltung der Lehrerschaft, vor allem aufgrund des Gesetzes zur Wiederherstellung des Berufsbeamtentums vom 7.4.1933[9], war der NSLB nicht erkennbar beteiligt. Dagegen spielte er bei der Gleichschaltung der Lehrervereine eine entscheidende Rolle. Zur Beseitigung der berufsständischen Organisationen ging der NSLB mehrgleisig vor. Neben der Werbung um den Eintritt der nichtorganisierten Lehrer in den NSLB wurde besonders intensiv versucht, die Mitglieder anderer Lehrervereine abzuwerben, was manchmal nicht ohne Schikanen und Drohungen ablief. Abgesehen von ihrer inneren Aushöhlung wurden die Verbände auch aufgefordert, dem NSLB korporativ beizutreten. Einige folgten daraufhin freiwillig der Forderung, andere vollzogen nach entsprechend scharfem Druck die Selbstauflösung. Darüber hinaus versuchte Schemm, durch Verschleierung seiner wahren Ziele,

---

[7] Partei-Statistik (siehe S. 491, Anm. 13) Bd. I, S. 75.
[8] Ebenda, S. 70.
[9] RGBl. I, S. 175.

Lehrerverbände unter NSLB-Kontrolle zu bringen. Der im April 1933 proklamierten »Deutschen Erziehergemeinschaft« (DEG), deren Leitung Schemm übernahm, traten im Juni 1933 44 Verbände bei in dem festen Glauben, sich dadurch gegen die vom NSLB ausgehenden Auflösungstendenzen absichern zu können. Ihrer Meinung nach war der NSLB nur einer der vielen beigetretenen Verbände und insofern nicht weisungsbefugt. Schemm hingegen betrachtete die beiden Verbände, DEG und NSLB, als weitgehend identisch. Der Reichsminister des Innern, der eine organisatorische Abtrennung eines großen Teils der Beamtenschaft unter gesonderter Führung verhindern und demzufolge die vorhandenen Lehrervereine erhalten wollte, legte dem aufstrebenden NSLB eine Reihe von Hindernissen in den Weg, z. B. gründete er im Dezember 1933 die neue »Deutsche Erziehergemeinschaft«, die sich als Nachfolgeorganisation der DEG und Gegenorganisation zum NSLB verstand und die noch unabhängigen Verbände vereinte. Wiederum gelang es dem scheinbar kompromißbereiten Schemm, den NSLB als alleinige Standesorganisation durchzusetzen. Bis zu seinem Tode am 5.3.1935 hatte Schemm sein Ziel, sämtliche Lehrerverbände aufzulösen, annähernd erreicht. Sein Nachfolger und Freund, Mitbegründer des NSLB, einst Volksschullehrer wie er und Gauleiter der Bayerischen Ostmark, Fritz Wächtler, leitete 1936 die endgültige Liquidation der Lehrerverbände ein mit dem Erfolg, daß Anfang 1938 sämtliche Verbände vom NSLB aufgesogen worden waren.[10]

Soweit aus den Berichten erkennbar ist, entwickelte der NSLB auf dem eigentlichen Feld der inhaltlichen Gestaltung der Schulerziehung (Lehrerpläne u. a.) keine systematische, mit der staatlichen Schulpolitik konkurrierende Programmatik. Dabei spielte sicher eine Rolle, daß die Leitung des NSLB mit der des bayerischen Kultusministeriums bis 1935 in der Person Hans Schemms vereint war. Die Hauptaufgabe des NSLB lag in der Erstellung von politischen Beurteilungen von Lehrern, besonders bei der Besetzung leitender Schulstellen, wodurch er die Parteikontrolle in der Personalpolitik ausübte, ferner, wie die Berichte bezeugen, in der weltanschaulichen Schulung der Lehrer, deren Ergebnisse man trotz aller Betriebsamkeit des NSLB auf diesem Gebiet allerdings nicht überschätzen sollte. Als Interessenverband, vor allem der Volksschullehrer, die den NSLB von Anfang an beherrschten, übernahm er manche traditionelle Forderung der Volksschullehrerverbände, insbesondere sofern sich diese auf die bessere Besoldung der Lehrer, die bessere (akademische) Ausbildung und die davon erhoffte Verbesserung der gesellschaftlichen Stellung der Volksschullehrer bezogen, durchsetzte diese Forderungen zugleich aber mit speziellen NS-Auslesegesichtspunkten, z. B. in den vorzugsweise für zuverlässige künftige NS-Volksschullehrer bestimmten Hochschulen für Lehrerbildung mit ihren politisch-weltanschaulichen Grundfächern[11].

Die im folgenden wiedergegebenen Berichte sind dort am interessantesten, wo sie nicht nur die vielfach zum Selbstzweck erstarrende Aktivität des NSLB, sondern darüber hinaus die Einflußmöglichkeiten und die Stellung des Lehrers in der NS-Zeit beleuchten. Viele Zielsetzungen des NSLB erwiesen sich hier als illusorisch. So erfolgreich er in der

---

[10] Zur Auflösung der Lehrerverbände vgl. Eilers (siehe S. 527, Anm. 3), S. 76–85. Eine Darstellung über die Zerschlagung der Verbände in Bayern steht noch aus.
[11] Das galt auch kurze Zeit für künftige Lehrer an höheren Schulen, siehe S. 545, Anm. 20.

Gleichschaltungspolitik gewesen war, so schwach blieb seine Stellung im Gefüge der Parteiorganisation. Auch der Versuch des NSLB, über den nationalsozialistischen Lehrer die weltanschauliche und organisatorische Erfassung der Jugend voranzutreiben, blieb sehr begrenzt, obwohl vor allem auf dem Lande jüngere NS-Lehrer als HJ- und Jungvolkführer gerade in Bayern mangels geeigneter, aus der Jugendbewegung selbst hervorgegangener Führer eine bedeutende Rolle spielten. Die Berichte zeigen, wie sehr, vor allem in den späteren Jahren 1937/38, die von der HJ propagierten Erziehungsideale der Jugendselbständigkeit und die in der nationalsozialistischen Weltanschauung und Schulung begründeten Erziehungsnormen (Erlebnis-Erziehung kontra ›tote‹ Bildung) dem Ansehen der traditionellen Schulbildung ebenso wie der des Lehrers entgegenwirkten. Gegen die von NSLB-Amtswaltern peinlich empfundene Verächtlichmachung des Lehrers durch bestimmte NS-Organe konnten diese nur wortreich, aber ohnmächtig ihre Stimme erheben.

Daß der NSLB seine auf die bildungsmäßige, materielle und soziale Hebung des Volksschullehrerstandes zielenden Bestrebungen im wesentlichen nicht verwirklichen konnte, hatte unmittelbare Auswirkungen auch im Hinblick auf die vor allem auf dem Lande zunächst potentiell wichtige Funktion, die dem NS-Volksschullehrer von der Partei zugedacht war. Der »ketzerische« Volksschullehrer war im Gegensatz zu den zahlreichen, meist in Klöstern herangebildeten weiblichen Lehrkräften im traditionellen Gefüge des katholischen bayerischen Dorfes seit dem 19. Jahrhundert Exponent der »Aufklärung« und Weltlichkeit, was sich häufig in seiner politischen Gegenposition gegenüber dem politischen Katholizismus niederschlug, gleichgültig ob diese in liberaler oder gar sozialdemokratischer oder (schon vor 1933 auf dem Lande sehr häufig) in völkisch-nationalsozialistischer Gesinnung ihren Ausdruck fand.

An den Lehrer mehr als an andere »Autoritäten« konnte die NSDAP im katholischen Dorf anknüpfen. Im Schulhaus sah der NSLB deshalb auch ganz bewußt die nationalsozialistische Hochburg und Gegenbastion gegen den Ortsgeistlichen. Der relativ hohe Anteil von Volksschullehrern, die in bayerischen Dörfern als Ortsgruppen- oder Stützpunktleiter der Partei, als Parteiredner, Schulungsleiter, Veranstalter von NS-Dorfgemeinschaftsabenden eine Rolle spielten, ist evident. Auch als ehrenamtliche NS-Bürgermeister, Gemeinderäte, Gemeindeschreiber o. ä. kam ihnen eine wichtige Funktion zu. Diese an sich günstige Ausgangslage für die Durchsetzung des Nationalsozialismus mit Hilfe des Volksschullehrers auf dem Lande wurde aber vielfach konterkariert. Die aus kirchlich-religiöser Tradition resultierende Resistenz gegen den Schulungsauftrag des NS-Lehrers verband sich dabei mit den alten, traditionellen, sozialen Resistenzfaktoren gegen den Lehrer und die Schule auf dem Lande.

Auch in der NS-Zeit hat sich die Stellung des Volksschullehrers kaum positiv verändert. Immer noch waren sie häufig auf Nebenverdienste durch Gemeindeschreiberei, Chor- und Organistendienste angewiesen. Diese auch im Dritten Reich weiterhin wahrzunehmen, wurde für viele nationalsozialistische Volksschullehrer allmählich problematisch. Nicht wenigen wurde der Gemeindeschreibdienst weggenommen, andere konnten es mit ihrer nationalsozialistischen Überzeugung nicht vereinbaren, den Vertretern der »römisch-katholischen Weltanschauung« den Gottesdienst mit Orgelspiel verschönern zu helfen. Nicht selten wurde von den Dorfbewohnern der Versuch unternommen, die Landlehrer, die keinen Kirchendienst mehr versahen, loszuwerden. Die neuen zahlreichen Ehrenämter der Partei, die der Lehrer gern übernahm, werteten sein Ansehen nicht unbedingt auf, noch viel weniger brachten sie ihm Geld ein. Obwohl von hohem sozialen und politischen Autoritäts- und Prestigeanspruch, konnte sich der NS-Volksschullehrer nicht einmal die Lebenshaltung eines Facharbeiters leisten. Die bäuerliche Bevölkerung sah im Dorfschullehrer häufig noch die Spottfigur des Schulmeisters und den Faulenzer, der nur vormittags arbeitete. Ganz abgesehen davon mußte der Schulhaushalt von den Gemeinden bewilligt werden, ein willkommenes Druckmittel, wenn es galt, den NS-Lehrer seine Abhängigkeit spüren zu lassen. So mancher Lehrer mußte mit dem Bürgermeister um jeden Bleistift feilschen. Wie schnell die Bevölkerung bereit war, gegen die Lehrer Stellung zu beziehen, zeigt ihre Reaktion auf die Einführung des achten Schuljahres. Die bäuerliche Bevölkerung machte den Lehrern den Vorwurf, daß sie ausgerechnet in der Zeit des großen Landarbeitermangels die 13-jährigen von der Arbeit abhielten. Selbst die Bildungsautorität des Landlehrers war eingeschränkt durch den Pfarrer, der mit seiner meist gediegeneren Ausbildung dem Lehrer, was der Landbevölkerung nicht verborgen blieb, geistig überlegen war. Die nicht immer ausbrechenden, aber latent vorhandenen Spannungen zwischen diesen beiden Antipoden auf dem Dorf hatten nicht nur politisch-ideologische, sondern auch soziale Ursachen.

Es ist schwer abzuschätzen, welche Auswirkungen die relativ starke Bindung vieler Lehrer an die NSDAP hatte. Die – wie immer begrenzte – Autorität des Lehrers, wenn er zugleich Exponent der NSDAP war, kam zweifellos vielfach der Partei zugute, die ohne den Lehrer, vor allem in bäuerlich katholischen Gemeinden oft viel schwerer oder überhaupt nicht hätte Fuß fassen können. Die zum Teil vom Nationalsozialismus selbst produzierten Gegenkräfte, die das Ansehen von Schule und Lehrer herabminderten, nicht zuletzt auch die aus dem schnellen Wechsel zur NSDAP resultierende Unglaubwürdigkeit vieler Lehrer, standen dieser Wirkungsmöglichkeit andererseits entgegen. Die Enttäuschung vieler Lehrer über den NSLB[12] reflektierte auch die engen Grenzen der Durchsetzungsfähigkeit der Partei, sofern diese dabei in besonderem Maße auf den Lehrer angewiesen war.

Berücksichtigt man, daß viele NS-Volksschullehrer während des Krieges zur Wehrmacht einberufen wurden und der Schuldienst auf dem Lande in noch höherem Maße den älteren, kirchlich gebundenen weiblichen Lehrkräften überlassen werden mußte, so wird man die Möglichkeiten, die sich für die Partei über den Lehrer boten, in dieser Phase, die von den Berichten nicht mehr abgedeckt wird, noch geringer einschätzen müssen.

E. F.

---

[12] Typisch für die Desillusionierung der Lehrerschaft ist folgender Ausspruch eines Ehrenzeichenträgers aus dem Jahre 1941: »Wenn man mir gesagt hätte, daß die NSDAP, für die ich als Pg und als Gründungsmitglied des NSLB gekämpft habe, so viel für den Aufstieg unseres Standes tut, hätte ich jeden Lügen gestraft. Wenn das so bleibt, bin ich bereit, mein Goldenes abzugeben...« StA Würzburg, SD-Hauptaußenstelle 33, Bericht des SD-Abschnitts Würzburg [nicht vor 21.4.1941].

DOKUMENTE

Aus Monatsbericht des NSLB, Gau Schwaben, Abteilung Erziehung und Unterricht, 12.5.1934

Der Aufbau der Abteilung Unterricht und Erziehung im Gau Schwaben erfolgt Schritt für Schritt, Zug für Zug. Wohl sind wir uns bewußt, daß das Erziehungswesen möglichst rasch der Idee des 3. Reiches zu dienen hat, trotzdem können wir nur langsam aufbauen... Zu unserem Bedauern müssen wir feststellen, daß auch heute die ganze weibliche Lehrerinnenbildung in Schwaben durch verlässige Kräfte der römischen Weltanschauung getätigt wird. Es gibt in Schwaben nur klösterliche Lehrerinnenbildungsanstalten. Und wenn dort der Deutsche Gruß auch gegeben wird und das Horst Wessel-Lied gesungen wird und wenn auch der Visitator eventuell bei einer Visitation den besten Eindruck gewinnen wird, so müssen die Klosterfrauen die römische Weltanschauung haben, denn ohne diese wären sie nicht im Kloster. Ich halte es für ein Unding, von nationalsozialistischen Klosterfrauen zu reden. So stehen wir vor der betrüblichen Tatsache, daß die ganze weibliche Lehrerjugend römisch-katholisch und nicht nationalsozialistisch erzogen wird. Soll die schwäbische weibliche Jugend nationalsozialistisch erzogen werden, so muß vor allem diesem Übelstand abgeholfen werden...

Aus Bericht des NSLB, Gau Mainfranken, Kreisamtsleitung Bad Neustadt, 17.4.1935

Alte Verbände bestehen m.W. im Kreis Neustadt/Saale nicht mehr. Im Kreis Neustadt/Saale sind dem NS-Lehrerbund eingegliedert: Mitglieder des Bayerischen Lehrervereins, Mitglieder des Katholischen Lehrerinnenvereins, Mitglieder des Philologen-Verbandes (Mittelschule Neustadt). Die Mitglieder des ehemaligen Bayerischen Lehrervereins haben sich ausnahmslos gut in den NSLB eingegliedert, wenn auch damit nicht gesagt sein soll, daß bereits alle vollwertige nationalsozialistische Lehrer sind. Da fehlts bei manchem noch weit, aber es herrscht bestimmt bei den meisten der gute Wille, es zu werden. Wenn die Mitglieder des ehemaligen katholischen Lehrerinnenvereins – wie auch alle anderen Lehrerinnen – sehr fleißig zu den Tagungen des NS-Lehrerbundes erscheinen, so bringe ich doch die Meinung nicht los, daß diese noch recht weit entfernt sind vom nationalsozialistischen Geist, daß diese vielmehr noch flott im alten, schwarzen Fahrwasser schwimmen...

Aus Bericht des NSLB, Gau Mainfranken, für das 2. Vierteljahr 1935

...Das Vertrauen, das der Gauleiter von Mainfranken, Dr. Hellmuth, dem NSLB und seiner Leitung, namentlich auch seiner Schulungs- und Berufsarbeit entgegenbringt, ist nicht nur eine erfreuliche Tatsache. Es ergibt sich daraus auch eine einmütige und fruchtbare Behandlung aller Schul- und Standesfragen, ein günstiges Zusammenwirken für die Erledigung von Personalfragen, die der nationalsozialistischen Bewegung nützen, eine Unterstützung und Hilfsbereitschaft im Sinne der PO [Politische Organisation] bei wichtigen Entscheidungen. Hier darf auch vermerkt werden, daß jüngst bei zwei Neubesetzungen von Kreisleiterstellen zwei Volksschullehrer zum Zuge kamen, so daß heute von 20 Kreisleitern drei dem Berufe des Volksschullehrers angehören...

Andererseits ist festzustellen, daß die PO immer mehr erkennt, welche wichtige Hilfe sie in dem Lehrer hat, der ein guter Nationalsozialist ist[13]. Aus dieser Erkenntnis muß vom NSLB dahin gesteuert werden, durch Schulung und Auswahl der künftigen Lehrer alles daranzusetzen, um namentlich für die Schulstellen auf dem Lande tüchtige Nationalsozialisten verfügbar zu haben...

Der noch bestehende Philologenverband ist immer noch ein Hemmnis für die Geschlossenheit des NSLB. Die einzelnen Philologen wünschen selbst, daß hier völlige Eingliederung erfolgt und das Nebeneinander auch aus finanziellen Gründen aufgehoben wird...

Aus Tätigkeitsbericht der Gaufachschaft II, Gau Mainfranken, für das 2. Vierteljahr 1935, 1.7.1935

...Überall regt sich der Wunsch immer lauter, nachdem man A gesagt hat, auch B zu sagen und den Bayerischen Philologenverband möglichst bald einzugliedern, damit von den Doppelmitgliedern die finanzielle und seelische Belastung genommen wird.[14] Wichtig bei der Überführung wäre auch, wenn die Buchstaben NS ernst genommen werden sollen, daß nicht mechanisch überführt wird, sondern wirklich unzuverlässige Mitglieder, die dem Dritten Reich noch immer innerlich grollen oder ablehnend gegenüberstehen, nicht der bloßen Ziffer wegen übernommen werden. Es sollte aber dazu eine einheitliche Parole ausgegeben werden, die die Gaufachschaftsleiter dann an die einzelnen Kreise weitergeben können. Denn die Kreisfachschaftsleiter kennen ihre Leute schon genauer. Diese Scheidung ist unbedingt notwendig, wenn der NSLB nicht bloß eine Aufwärmung früherer Standesvereine, sondern auch ein Gesinnungsbund mit einheitlichem Ziel sein soll. Denn es ist Erfahrungstatsache, daß eine Reinigung hinterher meist unmög-

---

[13] Noch deutlicher findet sich diese Feststellung in einem Jahresbericht der Kreisleitung Kronach für das Jahr 1934: »Die stärksten Bollwerke unserer Weltanschauung sind die ›ketzerischen‹ Volksschullehrer, die 100%ig im Kreise durch den NSLB erfaßt sind und ihre große Mission gerade auf dem Land erkannt haben.« StA Bamberg, M 33/153/1.

[14] Nachdem der Bayerische Lehrerverein am 1.7.1934 aus der gegen den NSLB gerichteten »Deutschen Erziehergemeinschaft« ausgetreten und in den NSLB übergegangen war, widersetzte sich einzig der stärkste der noch unabhängigen Verbände, der Philologenverband, einer Auflösung bzw. Eingliederung in den NSLB. Mit Erlaß des NSLB vom 29.9.1936 über das Verbot von Doppelmitgliedschaft wurden alle außerhalb des NSLB verbliebenen Lehrerverbände und auch die noch de jure innerhalb des NSLB befindlichen Vereine, die dem NSLB zwar korporativ beigetreten waren, aber als eingetragene Vereine sich eine gewisse Selbständigkeit gewahrt hatten, liquidiert, so der Bayerische Lehrerinnenverein am 28.1.1938, der Bayerische Philologenverein am 4.2.1938, der Bayerische Hilfsschullehrerverband am 11.2.1938, der Bayerische Lehrerverein am 25.2.1938.

lich ist, schon deswegen, weil solche gesinnungslaue Menschen meist sehr klug und ehrgeizig sind und sich nicht ertappen lassen...

Was die Zusammenarbeit mit der HJ anlangt, so kann man sich dem Berichte eines Kreisfachschaftsleiters II anschließen, der diesen Punkt also zusammenfaßt: »Es wäre nur zu wünschen, daß die HJ-Führer bei allen einschlägigen Fragen sich mit der Anstaltsleitung und insbesondere mit dem Vertrauensmann der Schule öfter ins Benehmen setzen wollten. Es erweckt den Eindruck, als ob das geflissentlich vermieden würde«...

Aus Tätigkeitsbericht des Kreisjugendwalters Traunstein (Gau München-Oberbayern) [für das 2. Vierteljahr 1935]

...Zwischen dem zuständigen Bannführer und dem Kreisjugendwalter herrscht das beste Einvernehmen; über dieses glückliche Verhältnis bin ich sehr erfreut. Ebenso findet man sicher das größte Entgegenkommen beim BdM. Auch an den einzelnen Schulen herrschen jetzt zum größten Teile zwischen HJ und Lehrerschaft gute Beziehungen und geordnete Verhältnisse. Die früher vorhandenen Spannungen sind zum größten Teile verschwunden, wenn auch mir vor nicht langer Zeit ein Unterbannführer, selbst Lehrer, versicherte, daß noch immer Lehrkräfte aller Schulgattungen, manchmal sogar auch jüngere und manche weibliche, nicht die richtigen inneren Beziehungen zur HJ und ihren Führern gefunden hätten und noch innerliche Widerstände und Hemmungen vorhanden wären...

In dem Bestreben, möglichst viele junge Lehrkräfte, ob männlich oder weiblich, als HJ-Führer zu gewinnen, wenn es möglich und notwendig ist, finde ich auch volles Verständnis und Entgegenkommen. Draußen, auf oft ganz verlorenen Dörfern und zerstreuten Berggemeinden, wo oft mit dem besten Willen kein geeigneter Führer zu finden ist, muß der junge Lehrer und die junge Lehrerin die Führung bei der HJ und BdM übernehmen.

Der Stand der HJ, besonders BdM, ist noch in manchen Schulen nicht befriedigend und liegt teilweise noch unter 20%. Vielfach sprechen da aber auch äußere Umstände mit, so die Scheu vor den Zahlungen – Beiträge, Uniform –, dann besonders der Umstand, daß alle Landkinder, besonders bei dem jetzigen stärksten Mangel an landwirtschaftlichen Arbeitskräften, gleich nach Austritt aus der Volkshauptschule schwere Knechts- und Magdarbeit leisten müssen und sie der Arbeitgeber gar nicht entbehren kann; solche schwere Arbeit müssen auch die Kinder schon in der Volkshauptschule oft verrichten, namentlich in den Erntezeiten...

Man soll nicht glauben, was für falsche und unrichtige Ansichten in bezug auf HJ – besonders BdM – bei vielen Eltern noch bestehen und wie ablehnend viele Väter und Mütter diesen Einrichtungen noch gegenüberstehen, namentlich auf dem flachen Lande...

Aus Tätigkeitsbericht des Kreises Starnberg (Gau München-Oberbayern) für das 2. Vierteljahr 1935, 15.7.1935

... Der Werbung für JV und JM stellen sich immer noch große Schwierigkeiten entgegen. Der Staatsjugendtag, d. h. die Erfassung der neutralen Schüler im staatspolitischen Unterricht und in den Spielnachmittagen, ist in seiner Zielsetzung ins Gegenteil verkehrt worden. Die Jungens und Mädels gehen lieber zur Schule, zum Unterricht, zum Basteln usw. als mit der organisierten Jugend hinaus ins Gelände. Es ist bereits vorgekommen, daß Eltern ihre Kinder aus dem organisierten Verbande herausnahmen und lieber am Samstag zur Schule schickten. Abhilfe ist hier dringend nötig...

Bericht des [Gauschulungswalters], Gau Franken, für das 2. und 3. Vierteljahr 1935

Alle Schulungsarbeit konnte aufs engste verknüpft werden mit fachlicher Arbeit. Die im Gau Franken gehaltenen Vorträge in Versammlungen und Arbeitsgemeinschaften dienten immer der Vermittlung nationalsozialistischen Gedankengutes. Während der Berichtsmonate wurden in der Gauschule I Franken in Henfenfeld geschult: in 8 Erzieherkursen 401 Erzieher, in 3 Erzieherinnenkursen 134 Erzieherinnen. Außerdem trafen sich 49 Gausachbearbeiter zu einer Pfingsttagung in der Gauschule Henfenfeld. Grundgedanke dieser Tagung war: »Die Schule im Dienste der rassenpolitischen Erziehung des völkischen Nachwuchses.« Fachschaftsleiter, Sachgebietsreferenten und Amtswalter wurden auch zur Schulung der Politischen Leiter zugezogen. Die indirekte Schulung der Mitglieder erfolgte durch die Schulungsbriefe. Die Zahl der Abnehmer ist ganz gewaltig gestiegen und wird noch weiter steigen. Die Lehrer sind begeistert. Es wird nicht lange mehr dauern und jeder Erzieher im Gau wird Leser der Schulungsbriefe sein.

Aus Bericht des Amts für Erzieher, Gau Schwaben, Abteilung Organisation, 19.11.1935

Der Gau Schwaben ist in Kreisamtsleitungen aufgeteilt. Jede hat ihren Amtsleiter, dem ein Kreisreferent für Luftschutz beigegeben ist. Manche Kreise, z. B. Augsburg, haben sich in Ortsgruppen aufgeteilt, um eine straffere Erfassung der einzelnen Mitglieder und ein übersichtlicheres Arbeiten zu ermöglichen. Dies gilt auch für größere Gruppen vom Lande. Es hat sich bewährt. Die Amtsleiter sind dem Gauamtsleiter gegenüber verpflichtet, die Maßnahmen der Gauamtsleitung durchzuführen in den einzelnen Kreisen. In größeren Schulhäusern sind Vertrauensleute aufgestellt, die bestimmte Aufgaben haben, z. B. Einsammeln der Beiträge zum NSLB...

Für jeden Schulsprengel ist noch ein Jugendwalter und, wo notwendig, eine Jugendwalterin aufgestellt, die die Belange zwischen Schule, Elternhaus und Jungvolk bzw. HJ regeln. Die Verbindung zur politischen Leitung stellt der Ortsamtsleiter des NSLB dar, der in jeder Ortsgruppe der NSDAP aufgestellt ist und die im Ortsgruppenbereich wohnenden Erzieher betreut. Die Ortsamtsleiter gehören in den Stab der politischen Ortsgruppe. In vielen Ortschaften ist der Lehrer selbst der Ortsgruppenleiter. In manchen

Kreisen sind alle Fachschaften vertreten, die Kreissachbearbeiter sind für jeden Kreis aufgestellt. Im Gau Schwaben wird z. Zt. die bis jetzt noch nicht weltanschaulich geschulte Lehrerschaft durch die Schulungsleiter der Ortsgruppen erfaßt und mit dem Gedankengut des Nationalsozialismus vertraut gemacht, die Kurse sind gut besucht.

Im Laufe des Sommers wurden folgende 10-tägigen Schulungskurse für Erzieher und Erzieherinnen durchgeführt. Ein weibliches Lager in Burtenbach, je drei Kurse, geleitet von Pg. Aquinata Reiser und Schulungsleiter Wölpl. Ein Lager in Neuburg a. Donau, geleitet von Pg. Metzger, Neu Ulm, und ein 3. Lager, ebenfalls in Neu-Ulm, geleitet von Pg. Oskar Henkel, Augsburg. Die Lager waren sehr gut besucht. Es entwickelte sich ein herzlicher Kameradschaftsgeist. Der Besuch der Schulungslager war noch freiwillig. Die Teilnehmer sprachen anerkennend ihre Zufriedenheit aus. Der Gauamtsleiter und sein Stab scheuen keine Mühe, um mit den einzelnen Kreisamtsleitungen und der Kollegenschaft in ständiger persönlicher Fühlung zu bleiben. Zum allergrößten Teil macht die Lehrerschaft freudig mit. Das beweist schon die hohe Zahl von Jungvolk- und HJ-Mitgliedern. Auf vielen Schulhäusern flattern schon HJ-Fahnen. Eine große Anzahl von Lehrern ist im Jungvolk der HJ, SA und SS führend tätig. Viele Lehrer haben freiwillig Reserveübungen bei der Wehrmacht gemacht.

Der Gau Schwaben ist schon in manchen Beziehungen bahnbrechend hervorgetreten.

Tätigkeitsbericht des NSLB, Gau Franken, Abteilung Schulung, für das 4. Vierteljahr 1935

Im Mittelpunkt der Schulungsarbeit stand das Thema Rasse – Vererbung. Im Dienste der Schulungsarbeit standen 32 Kreisversammlungen und 96 Ortsgruppenversammlungen. Der Besuch der Veranstaltungen ist fast 100%ig, da auf meinen Antrag eine Verfügung der Regierung im Mittelfranken-Schulanzeiger erlassen wurde, in der die Erwartung ausgesprochen wurde, daß sich die Erzieher an den Schulungsveranstaltungen des NSLB regelmäßig beteiligen. In den oben genannten Schulungsversammlungen wurden 12 200 Erzieher erfaßt.

Aus Tätigkeitsbericht des NSLB, Gau München-Oberbayern, Abteilung Presse, für das 4. Vierteljahr [1935]

Die Neuorganisation der bisher sogenannten bürgerlichen Presse Oberbayerns, von der im letzten Bericht Mitteilung gemacht wurde, macht weitere Fortschritte. Auch die größte Münchner Tageszeitung, die »Münchner Neuesten Nachrichten«, hat ihren Besitzer gewechselt. Das »Neue Münchener Tagblatt«, das vor Jahresfrist in der »Postzeitung« (Augsburg) aufgegangen war, das frühere Organ der Bayerischen Volkspartei, erscheint seit kurzem wieder als selbständiges Blatt...

Die beiden großen Tageszeitungen »VB«, Münchner Ausgabe, und »MNN«, besonders letztere, sind nicht nur aufnahmebereit für Mitteilungen und Aufrufe der Gauamtsleitung, wie sich bei Ernennung des neuen Hauptamtsleiters und der Dezemberschulung der oberbayerischen Erzieher aufs neue zeigte (Belege wurden seinerzeit an das Hauptamt für Erzieher, Abteilung Presse und Propaganda, eingesandt), sondern senden auch regelmäßig auf Wunsch Berichterstatter zu unseren Veranstaltungen. Zur Dezemberschulung der Erzieher im Zirkus Krone, München, waren bei sämtlichen Vorträgen Berichterstatter des »VB«, der »MNN« und des »DNB« anwesend, die auch entsprechende befriedigende Berichte brachten. »Die Münchner Zeitung« schickt seit längerer Zeit keinen eigenen Berichterstatter mehr zu unseren Veranstaltungen, sondern entnimmt den Stoff für ihre Berichte aus den Meldungen des »DNB«. Grund angeblich notwendige Sparmaßnahmen...

Die Gauzeitung[15] hat sich nun bei fast allen Lehrerbundsmitgliedern des Gaues München-Oberbayern durchgesetzt und wird, wie ich auf Nachfrage von den Kreisamtsleitern erfuhr, gerne gelesen. Leider erlauben es die Mittel nicht, die Zeitung in größerem Umfange erscheinen zu lassen...

Im Doppellauf mit der Bayerischen Lehrerzeitung, der sich im gemeinsamen Abdruck verschiedener von der Reichsamtsleitung gelieferten Mitteilungen und Artikel und Anordnungen oft unangenehm bemerkbar machte, ist nun scheinbar in vernünftige Bahnen gelenkt. Die Bayerische Lehrerzeitung beschränkt sich im allgemeinen wieder auf ihr früher gepflegtes Aufgabengebiet...

Aus Bericht des Amts für Erzieher, Gau Schwaben, Abteilung Erziehung und Unterricht, 6.1.1936

...Ein Schmerzenskind in Erziehung und Unterricht ist heute noch die Unterrichtsart in den höheren Lehranstalten. Es ist wohl nicht möglich, sie anders zu gestalten, ehe nicht die Lehrkraft selbst zutiefst begeisterter Anhänger der nationalsozialistischen Idee ist. Eine Hoffnung auf baldige Änderung ist dadurch gegeben, daß der Philologenverband aufgelöst ist und seine Mitglieder nun im nationalsozialistischem Geiste geschult werden können. Nur so kann man Hemmungen beseitigen.

Aus Bericht des Amts für Erzieher, Abteilung Erziehung und Unterricht, Gau Schwaben, für die Monate April – September 1936, 30.9.1936

Eine große Anzahl der Kreise des NSLB Schwabens berichten über eine starke Teilnahme der Mitglieder des NSLB an den Schulungskursen der Gliederungen, am 3-wöchigen Kurs der Gauschule und an den 10-tägigen kasernierten Schulungskursen der politischen Kreise.

Im Monat Mai fand die Gauschulungstagung Schwabens vom 3.–5. in Augsburg statt, an der 66% der schwäbischen Erzieherschaft teilnahmen...

Zwei Kreise berichten folgendes: Es ist zu verlangen, daß alle Lehrer und Lehrerinnen ein gewisses Mindestmaß nationalsozialistischen Gedankengutes besitzen müssen. Das

---

[15] »Pädagogischer Umbruch«.

ist jedoch trotz der Schulung nicht immer der Fall. Das politische Kirchentum beherrscht immer noch einen nicht geringen Teil der Erzieherschaft.

Aus Tätigkeitsbericht des NSLB, Gau Mainfranken, Hauptstelle Schulung, für das 4. Vierteljahr 1936, 10.1.1937

...Die Erziehung des »Erziehers«, seine weltanschauliche Umformung muß als vordringlichste und wichtigste Aufgabe vor allen anderen betont werden... Nur ein weltanschaulich und fachlich gleicherweise gut geschulter Lehrer vermag das Schulhaus innerhalb der Dorfgemeinde zu jener nationalsozialistischen Hochburg aufzubauen, die das bisher bestandene Übergewicht des Pfarrhofes zurückdrängt und gänzlich verschwinden läßt. Ein Lehrer, der heute noch seine Abneigung gegen jede Mithilfe innerhalb der Bewegung damit begründet, daß er feststellt, er habe keinen größeren Ehrgeiz, als in seiner Schularbeit vorbildlich zu sein, gehört ausgemerzt. Wie er, kann aber auch jener Lehrer gefährlich werden, der immer nur von nationalsozialistischer Weltanschauung spricht, in seiner Pflichterfüllung und Leistung aber scheinbar nach anderen Grundsätzen lebt. Steht er als Lehrer auf dem Lande dazu noch in der Beobachtung durch die gesamte Dorfgemeinschaft, so wird er bald als Schwätzer erkannt und nicht mehr ernstgenommen...
Die Fest- und Feiergestaltung als Ausdruck neuer Formgebung nationalsozialistischen Kulturwillens bedarf in Zukunft einer besonderen Pflege auch durch Einsatz aller schöpferischen Kräfte innerhalb der deutschen Erzieherschaft nicht nur im Schulungslager, sondern auch in Kreis- und Gautagungen. Deshalb erscheint ab 1.12.1936, herausgegeben vom Hauptamt für Erzieher, Bayreuth, eine Vierteljahreszeitschrift für Fest- und Feiergestaltung. Laut Anordnung des Hauptamtes für Erzieher, Bayreuth, habe ich bis 6.12.1936 die Herausstellung eines Stoßtrupps unter den mainfränkischen Erziehern organisiert. Ich habe die Kreisamtsleiter des Amtes für Erzieher angewiesen, im Benehmen mit dem zuständigen Kreisleiter der NSDAP die Auswahl nach folgenden Gesichtspunkten zu treffen: Die zu bestimmenden Erzieher mußten folgende Voraussetzung erfüllen:
Jeder Stoßtruppsoldat muß Parteigenosse sein.
Er mußte seine weltanschauliche Festigkeit bewiesen haben und bereit sein, sich selbst fortgesetzt in die nationalsozialistische Weltanschauung zu vertiefen.
Der Besuch einer Schulungsburg der NSDAP und eines Schulungslagers des Amts für Erzieher muß nachgewiesen werden. Rednerische Fähigkeiten...
Die Beteiligung aus der Fachschaft II [war] eine äußerst mangelhafte. Verbindung mit dem Fachschaftswalter II wurde aufgenommen, und im Monat Dezember wurde durch ein eingehendes Rundschreiben an die Direktorate den einzelnen Bundesgenossen nahegelegt, sich in der Lagerzeit 1937 fleißiger an den Lehrgängen zu beteiligen.

Aus Bericht des Amts für Erzieher, Gau Schwaben, Abteilung Organisation, für das 4. Vierteljahr 1936, 20.1.1937

...Zu 99% sind die aktiven und die ausgeschiedenen Lehrkräfte im NSLB erfaßt, ebenso die Kindergärtnerinnen. Doppelmitgliedschaft besteht bei einigen Lehrerinnen noch, doch wurde und wird diesen nahegelegt, daß dies nicht angeht und daß eine klare Stellung vom NSLB verlangt wird. Auch in diesem Berichtsvierteljahr haben eine große Anzahl von Lehrkräften, die bei den Ortsgruppen der NSDAP eingerichteten Schulungskurse besucht und zum Teil wiederholt. Vielfach sind es Volks- und Mittelschullehrer, die als Schulungsleiter eingeteilt sind und die Schulung leiten, und der Lehrer ist auf dem besten Wege, so zum Volkserzieher, zum Kämpfer für das 3. Reich zu werden. In manchen Gemeinden ist es so, daß auf der [einen] Seite der Lehrer für den Führer [steht], während der Geistliche sich auf die Gegenseite stellt und für seine Belange oder die der Kirche kämpft. Eine Aussprache mit den Kreiswaltern hat diesen unschönen Zustand ans Licht gebracht. Das Zusammenarbeiten mit der HJ und dem JV sowie mit dem BdM hat sich jetzt bedeutend besser gestaltet, da es doch zum größten Teil Lehrer- und Volkserzieher sind, die, durch fortgesetzte Arbeit an der Jugend und an den Eltern, die Jugend diesen Verbänden zugeführt hat. Man ist scheinbar zu einer etwas anderen Ansicht über den deutschen Lehrer gekommen. Sehr viele Lehrer sind HJ- und Jungvolkführer und Lehrerinnen Führerinnen des BdM...

Aus Bericht des NSLB, Gau Bayerische Ostmark, über die weltanschauliche Lage für Januar 1937

Die einlaufenden Meldungen lassen im allgemeinen eine Beruhigung gegenüber den Vormonaten erkennen...[16] Die in den Vormonaten einsetzende Taktik auch der evangelischen Kirche wird fortgesetzt, nämlich: durch hirtenbriefartige Verlesungen zu wirken und so, ähnlich der katholischen Kirche, einen genauen Rahmen für die Propaganda vorzuschreiben und zugleich den einzelnen Geistlichen der Partei und Behörde gegenüber zu entlasten. Die starke Erregung weiterer Kreise der katholischen Bevölkerung, über den Abbau der klösterlichen Lehrkräfte im allgemeinen, ebbt ab...[17] Die Schulfrage wird in die sonntäglichen Kirchengebete eingeschlossen. So berichtete Waldmünchen: »Der Pfarrer läßt jetzt in der Kirche folgendes Gebet beten: Er betet voran: ›Herr, erhalte uns und unseren Kindern den katholischen Glauben.‹ Darauf antwortet das Volk: ›Herr erhalte uns und unseren Kindern die katholische Schule.‹« Ähnlich berichtete der Kreis Kronach, wo außerdem von den Pfarrern zum »Schutz der hl. Religion und christlichen

---

[16] Die Beunruhigung der Bevölkerung war durch die Auseinandersetzung um die Abschaffung der Konfessionsschulen verursacht worden. Die Gemeinschaftsschule, seit 1930 Programmpunkt des NSLB, wurde zuerst in Hessen eingeführt. Die Umwandlung von 53 Bekenntnisschulen in Gemeinschaftsschulen vollzog sich Ostern 1934. Im Herbst desselben Jahres setzte in München der Schulkampf ein. Massive Propaganda und Druck gleichermaßen auf Lehrer wie Eltern hatten trotz des engagierten Widerstandes der Kirchen zur Folge, daß sich die Eltern sukzessive von der Bekenntnisschule abwandten und Ostern 1937 sämtliche Schulen in München als Gemeinschaftsschulen eingerichtet werden konnten. Die bei dem Münchener Schulkampf gewonnenen Erfahrungen nutzten die Nationalsozialisten bei den nun überall eingeleiteten Aktionen zur Einführung der Gemeinschaftsschule. Ostern 1941 bestand keine einzige Bekenntnisschule mehr. Eine Legalisierung der Gemeinschaftsschule per Schulgesetz erfolgte nicht; vgl. auch Kapitel I (Ebermannstadt).

[17] Der Widerstand von Bevölkerung und Geistlichkeit gegen den Abbau von Ordenslehrkräften setzte Anfang 1936 mit Bekanntwerden des Planes ein. Dessen ungeachtet wurden im Januar 1937 erstmals 600 Lehrschwestern entlassen. Bis zum Jahre 1939 waren in Bayern alle klösterlichen Lehrkräfte aus den Schulen verbannt.

Schule« besondere Sühneandachten angesetzt wurden. Den Leuten wurde ferner aufgegeben, daheim vor dem Kruzifix zu beten; dazu sollten zwei brennende Kerzen aufgestellt werden.

Von evangelischer Seite wurde in den Kirchen am letzten Januarsonntag gegen die Gemeinschaftsschule aufgerufen und gelegentlich die Kirchenbesucher veranlaßt, sich in Listen gegen die Einführung der Gemeinschaftsschule auszusprechen.

Beide Konfessionen verkünden dem unchristlich werdenden Deutschland düster den Untergang und die Bolschewisierung...

So sucht man vor allem die kleinen Erstkommunikanten und, besonders auch in eigenen Schulungen, deren Mütter zu gewinnen. Ein weiterer Weg ist die Steigerung der Zahl der Ministranten, die dann wieder in besonderen »Ministrantentagen« geschult werden... Den gewaltigen Einfluß, den die Kirche durch die Beichte hat, möge beleuchten die Zeitungsnachricht, daß die Gemeinde Falkenstein, eine der kleinsten Gemeinden im Kreis Roding, 1936 nicht weniger als 36 000 Kommunionen mit ebensoviel Beichten zu verzeichnen hatte...[18]

Aus Tätigkeitsbericht des NSLB, Gau Mainfranken, Abteilung Schulung, für das 1. Vierteljahr 1937

Erziehung, Schule und Lehrer sind in ihrer Wirkung und Bedeutung beeinträchtigt durch die noch unentschiedene Kompromißlage, in der sie sich heute befinden. Während sich die Jugend in ihrer Zielsetzung und Erziehungsarbeit – HJ, SA, SS – mehr und mehr von der Kulturgeschichtsbetrachtung »vom Kreuze aus« löst und entfernt, ist in der Schule noch voller Raum für die vorderasiatisch-syrische Weltanschauung gegeben. Ich bezweifle, ob durch den einzelnen nationalsozialistischen Lehrer auf die Dauer viel geändert werden kann, solange noch ein uns feindliches System die Seelen von Millionen deutscher Jungen und Mädchen wöchentlich je vier Stunden in einem außerdeutschen Bereich führen kann. Gewiß sprechen politische Notwendigkeiten für die vorläufige Beibehaltung eines solchen Zwiespaltzustandes innerhalb der Schule; für diese aber bedeutet er eine verhängnisvolle Belastung. Ich halte die eben nur kurz geschilderte Lage für unsere Schule gefährlicher als irgendwelche Redensarten, die die Schule von den »Erziehungsfaktoren« ausschließen möchten. Mag es von Millionen von Volksgenossen aus anderen Berufsständen genügen, durch den Hinweis auf ihre Zugehörigkeit zur NSV oder die geleisteten Opfer ihre politische Zuverlässigkeit und Unentbehrlichkeit zu beweisen, für den Erzieher zum neuen Glauben genügt dies alles nicht. Er wird sein Ansehen und seine Bedeutung in der kommenden Zeit nur dann erhalten, wenn er einschwenkt in die vorderste Front des weltanschaulichen Kampfes. Der Umstand, daß fast jedes einzelne Mitglied des NSLB zugleich Staatsbeamter ist, darf kein Grund sein, die weltanschauliche Stoßkraft und Aktivität einer NS-Organisation, also des NS-Lehrerbundes, zu hemmen. Die hier nur kurz angedeuteten Gedanken beunruhigen heute alle die Lehrer, die sich zur vollen Konsequenz der nationalsozialistischen Weltanschauung durchgerungen haben.

---

[18] Diese Angabe erscheint angesichts der Einwohnerzahl Falkensteins (796) übertrieben hoch.

Es wäre bedauerlich und von großem Schaden für unsere Arbeit, wenn alle diese, durch ihre kämpferische Haltung wertvollen Bundesgenossen nicht im NSLB, sondern in der HJ, SS und SA weltanschaulich heimisch würden...

Am Beginn eines neuen Kulturkampfes – alle Zeichen sprechen dafür – ist es höchste und letzte Zeit, sämtliche verantwortlichen Stellen im Schulwesen mit konsequenten Nationalsozialisten, nicht nur mit Trägern des Parteiabzeichens zu besetzen. Vor allem alle noch schwarzen Überreste müssen raschestens entfernt werden. Nur so wird uns der Sieg sicher sein. Das Urteil über die weltanschauliche Haltung des Lehrers wird heute weitgehend beeinflußt durch die für unseren gesamten Erzieherstand beschämende Tatsache, daß noch viele Lehrer die vom »heiligen Reichsfeind« in Rom gegen unseren Führer und unser Reich erhobenen gemeinen Verdächtigungen allsonntäglich vom Orgelbock aus mit dem himmlischen Gloria musikalisch unterstreichen. Bekenntnis und Haltung klaffen hier weit auseinander. Dies merkt die Jugend, und sie weist es deshalb mit Recht als eine Anmaßung zurück, von solchen Angestellten einer reichsfeindlichen Organisation im nationalsozialistischen Sinne erzogen zu werden.

Aus Tätigkeitsbericht des Amts für Erzieher, Gau Bayerische Ostmark, Fachschaft II (Höhere Schulen), für das 2. und 3. Vierteljahr 1937

Die Teilnahme der Mitglieder der Fachschaft II an den Veranstaltungen des NSLB und ihre Mitarbeit war auch in diesen beiden Vierteljahren erfreulich. Mit ganz wenigen Ausnahmen stehen sie alle in den Reihen des NSLB. Für die Gemeinschaftsschule glaubten einige, wohl aus weltanschaulicher Gegnerschaft, nicht stimmen zu können, was bei einem den Ausschluß aus dem NSLB, bei einem anderen die Versetzung in den Ruhestand zur Folge hatte...

Geklagt wird allenthalben über die schlechten Leistungen der Schüler, was zum Teil auf die übermäßige und mehr als vorgeschriebene Inanspruchnahme bei der HJ zurückzuführen ist. Hier sind es vor allem die Unterführer, die von sich aus das geforderte Maß glauben überschreiten zu müssen...

Aus Tätigkeitsbericht des NSLB, Gau Mainfranken, Fachschaft II (Höhere Schulen), für das 2. und 3. Vierteljahr 1937

Die merkwürdige Einstellung großer Teile unserer Jugend zur Schule überhaupt und insbesondere zur geistigen Leistung an den höheren Lehranstalten gibt den Bundesgenossen der Fachschaft II immer wieder Anlaß zu berechtigten Klagen und zur Besorgnis für die Zukunft. Es fehlt vielfach jeder Arbeitseifer und jedes Pflichtgefühl. Viele Schüler glauben, das Reifezeugnis in acht Jahren auch bei großen geistigen Minderleistungen einfach ersitzen zu können. In den HJ- und DJ-Einheiten wird die Schule in keiner Weise unterstützt; im Gegenteil, gerade diejenigen Schüler, die dort sogar in führenden Stellungen tätig sind, zeichnen sich in der Schule öfters durch ungebührliches Benehmen und

durch Nachlässigkeit aus. Überhaupt muß allgemein festgestellt werden, daß die Schulzucht bedenklich gelockert erscheint...
Der NSLB möge sich für eine bessere Zusammenarbeit zwischen Schule und NS-Jugend einsetzen. Disziplinlosigkeit und fortgesetzte Pflichtvergessenheit müßten von beiden Stellen (Schule und Jugendführung) im gegenseitigen Einvernehmen bekämpft werden, in ähnlicher Weise wie betreffend die Beamtenschaft Staat und Partei zusammenarbeiten.

Aus Stimmungsbericht des NSLB, Kreis Traunstein, Abschnitt Marquartstein (Gau München-Oberbayern), 16.5.1938

... In Grassau ist eine Kindergärtnerin, die prachtvoll im nationalsozialistischen Sinne arbeitet, die zugleich auch den BdM führt und ihn tadellos beisammen hat. Das Mädel ist eine prachtvolle Nationalsozialistin, die gerade und offen mit vollständig einwandfreiem Lebenswandel ihren Weg geht und auch wertvolle Erfolge bereits hat. Sie ist vor allem dem Herrn Kooperator des Dorfes ein Dorn im Auge, und er ist es, der am meisten die Bevölkerung gegen sie aufhetzt, und wiederum erleben wir, daß nicht etwa das Mädel vom »Hoheitsträger« gestützt würde und der Kooperator als »Unfriedensstifter« bezeichnet wird, nein, im Gegenteil, er nimmt sie 1 1/2 Stunden zu sich, um ihr in der unverschämtesten Weise zu erklären, daß sie zu nationalsozialistisch sei und deshalb nicht nach Grassau passe und verschwinden müsse. Er hilft also dazu, daß die schwarzen Kreise das erreichen, was sie sich zum Ziele setzten...
Jungvolk und BdM und HJ haben in Marquartstein Sportfest (15.5.38). Bei Beendigung des Sportfestes erscheint während des Einziehens der Flagge die Großmutter eines BdM-Mädels und holt, während die Abteilung noch die Hand zum Deutschen Gruß erhoben hat, unter gemeinsten Beschimpfungen der Jugendführer, ihr Mädel mitten aus der angetretenen Abteilung heraus und nimmt das Mädel mit nach Hause...

Aus Bericht NSLB, Kreis Garmisch-Partenkirchen (Gau München-Oberbayern), 2.6.1938

... In den Kreisen der Lehrerschaft ist Unmut über die Rede und den Ton der Verächtlichmachung des Erzieherstandes in der Rede des Reichsjugendführers am 1. Mai. Man sollte doch auch die Leute, die besten Willens mitarbeiten, nicht andauernd durch solche Entgleisungen vor den Kopf stoßen. In der Gauleitung hat man dies bereits eingesehen. Im Ministerium, Land und Reich sieht man die Folgen, daß kein Mensch mehr den Lehrberuf ergreifen will, da der Erzieherstand nicht mehr geachtet wird und von oberen Stellen so behandelt wird. Es wäre an der Zeit, daß die maßgebenden Erzieher und Leiter der Erzieherschaft auf die Gefahren eines solchen Handelns hinweisen würden und mal mit unverblümter Deutlichkeit dagegen Stellung nehmen würden. Auch wir heraußen auf dem Land haben unter dieser Misere sehr zu leiden. Der NSLB wird nicht mal bei den Mitgliedern als voll genommen, weil er sich dies alles so bieten läßt. Man ist halt zahlendes Mitglied und lacht heimlich darüber. Wo soll dies hinführen? Daß die Anordnungen dann auch nicht ernst genommen werden, kann man sich denken. Denn die Befehle einer schwachen Leitung sind dazu verdammt, als Krampf angesehen zu werden, der eigene Minderheitskomplexe verdecken soll.

Aus Bericht des NSLB, Kreis Freising (Gau München-Oberbayern), 27.9.1938

Der Bezug der Reichszeitung des NSLB, der deutsche Erzieher, wurde unseren Mitgliedern zur Pflicht gemacht. Diese Werbung war sehr schwer, da sich einzelne Berufskameraden von der Bayerischen Lehrerzeitung nur unlieb trennen konnten. Das Werbeversprechen, daß »Der deutsche Erzieher« durch seinen ausgesuchten Mitarbeiterstab zu einer sehr guten Fachzeitung bzw. Zeitschrift gestaltet werden würde, hat sich bis jetzt noch nicht erfüllt. Diese Zeitung ist bis jetzt noch Ersatz, noch nichts Besseres (Urteil der Kollegenschaft!). Sie wird von einem Teil der Erzieherschaft ungelesen beiseitegelegt. Der Inseratenteil ist sicher zu umfangreich, der erziehungswissenschaftliche Teil zu knapp...

Aus politischem Monatsbericht des NSLB, Kreis Traunstein, Abschnitt Haslach (Gau München-Oberbayern), 19.11. 1938

...Wenn schon die Beamten allen Berufen voran freudigst die Ehrenämter der NSDAP und deren Gliederungen betreuen, so stehen hier wiederum an der Spitze die Erzieher. Trotzdem sind die dummen Witze vom »nichtstuenden Schullehrer« oder »Privatier« bis heute nicht verstummt, und es fehlt nicht an Wichtigtuern in Staat und Partei, welche mit Vorliebe verächtlich von »Schulmeistern« oder von Leuten reden, »welche blitzartig ihre Gesinnung wechseln«. Wie gemein diese Ehrabschneidung ist, beweist schon die Tatsache, daß man den Volksschullehrern ebenso häufig vorhält: »Sie haben schwer zur Partei gefunden«. Solche und ähnliche Widersprüche beweisen die Hohlheit des Geschwätzes jener Politiker, die sich nie ernstlich mit dem Lehrerstand befaßten. Sonst müßten sie wissen:
1. Daß der bayerische und vor allem der deutsche Volksschullehrer schon vor der Gründung der NSDAP den politischen Katholizismus mit einem seltenen Idealismus bekämpfte (»Die freie deutsche Schule« v. Jakob Beyl). Dies bestätigen auch die Ausführungen des volkstümlichen Schriftstellers Ludwig Thoma.
2. Daß der Einheitsstaat bereits ein Programmpunkt des bayerischen und des deutschen Lehrervereins war.
3. Daß die Volksschullehrer im Weltkriege die meisten Reserve-Offiziere stellten und von allen Berufen die meisten Gefallenen zu beklagen haben.
4. Daß die Volksschullehrer vor der Machtübernahme führend in der Bewegung tätig waren und heute an der Spitze der Vg. in bezug auf Übernahme der entscheidenden ehrenamtlichen Parteiarbeit auf dem Lande marschieren.

Kein Wunder, wenn angesichts solch ungerechter Verächtlichmachung kein talentvoller Junge mehr Lehrer werden will. Dazu kommt die schlechte Bezahlung, die sich insoferne schlechter als bei allen mittleren Beamten auswirkt, als der Lehrer überwiegend auf das Dorf verbannt ist, wo die Ausbildung der Kinder z. B. geradezu unerschwinglich ist.

Aus politischem Monatsbericht des NSLB, Kreis Traunstein, Abschnitt Marquartstein (Gau München-Oberbayern), für November 1938

...Je mehr ein Erzieher seine Aufgabe erfüllt, die Jugend zu freien, gottesfürchtigen Jungens und Mädels zu erziehen, die frei werden von den Bindungen der Konfessionen, die die politischen Schachzüge der Kirche erkennen, um so mehr stößt man auf den Widerstand der Elternschaft und findet auch bei den »Politischen Leitern« sehr oft wenig Verständnis. Wenn es sogar vorkommt, daß der Hoheitsträger des Ortes (Marquartstein) an den Lehrer herantritt, er möge doch einen Tag, der zwar als gesetzlicher Feiertag gestrichen ist, wieder in der Schule als solchen einführen, um die »katholischen Kreise« nicht vor den Kopf zu stoßen, denn »man müsse sich nach der Bevölkerung richten«, so darf man sich nicht wundern, wenn diese Kreise so frech werden.

Wir bemühen uns immer mehr, die Ministranten wegzubringen, und erklären der Geistlichkeit, daß sie, soweit möglich, volksschulentlassene Jungens dazu hernehmen möge, und da bringt es der Ortgruppenleiter von Unterwössen fertig, seinen Buben (elf Jahre alt) ministrieren zu lassen, ausgerechnet bei einem Ortsgeistlichen, der als berüchtigter Hetzer gegen den Staat bekannt ist und mehrmals schon bestraft wurde[19]. In erster Linie dürften die Politischen Leiter darauf aufmerksam gemacht werden, daß sie einen Lehrer, der sich von konfessionellen Bindungen freimachte, unterstützen, wenn ihm daraus Schwierigkeiten entstehen sollten...

Aus Bericht des NSLB, Kreis Weilheim, Abschnitt Peissenberg (Gau München-Oberbayern), 23.12.1938

...Die Lehrerschaft hegt in immer stärkerem Maße Befürchtungen wegen eines kommenden Abbaues der Lehrerhochschulbildung[20]. Es ist fast allgemein die Meinung, daß Dr. Ley und Baldur von Schirach mit ihrem ganzen Einfluß daraufhin arbeiten, die Hochschulbildung zu Fall zu bringen. Deswegen versucht man, auch auf dem Wege der Werbung durch die Jugendorganisationen Ersatz für den Lehrerberuf zu erlangen, obwohl man weiß, daß nur die volle Hochschulbildung und volle wirtschaftliche und gesellschaftliche Gleichstellung Nachwuchs anlocken wird. Es wird nicht begriffen, wie sogar

---

[19] Dieser Ortsgruppenleiter setzte sich auch für den Pfarrer ein, als dieser vom Lehrer des Ortes angezeigt worden war, und bei einer Amtswalterbesprechung behauptete er sogar, »daß Lehrer in der Partei überhaupt nichts zu suchen hätten«; Fachlicher Tätigkeitsbericht des NSLB, Kreis Traunstein, vom 12.6.1939.

[20] Nach der Ausbildungsordnung von 1937 mußten die angehenden Lehrer höherer Schulen erst zwei Semester an einer Hochschule für Lehrerbildung absolvieren, ehe sie zum Fachstudium an einer Universität zugelassen wurden. Darin hatte sich die Forderung des NSLB nach gemeinsamer Ausbildung aller Lehrkräfte zum Teil verwirklicht. Wachsender Lehrermangel ließ es bald ratsam erscheinen, diese Neuordnung in der Lehrerausbildung wieder rückgängig zu machen; Erlaß des RMfWEuV vom 30.1.1940.

Lehrer und Lehrerinnen werben bei einer Maßnahme, die gegen ihren Stand offensichtlich gerichtet ist. Mit Absicht werden auch die Schulen und Lehrer vom Reichsberufswettkampf ferne gehalten...

Aus fachlichem Tätigkeitsbericht des NSLB, Gau München-Oberbayern, 23.12.1938

Als überaus sinniges Weihnachtsgeschenk – »Friede auf Erden« – legte die HJ der deutschen Erzieherschaft auf den sonst recht kärglich ausgestatteten Weihnachtstisch Heft 24 des Führerorgans der nationalsozialistischen Jugend »Wille und Macht«, der Zeitschrift, deren Bezug der Erzieherschaft nachdrücklichst empfohlen worden war. Ferner erschien in einer der größten Münchener Zeitungen, den Neuesten Nachrichten, am 14. Dezember 1938 der Artikel: »Hitlerjugend fordert Volksschulreform«, der sinngemäß auch von den Provinzblättern übernommen worden war.

Die oberbayerische Erzieherschaft weist die in diesem Artikel enthaltenen unverschämten Angriffe auf die Schule und die Erzieherschaft mit schärfster Entrüstung zurück...[21]

Wir Erzieher, die wir wie kein anderer Stand neben unserer nervenaufreibenden beruflichen Tätigkeit in ehrlichster und anständigster Weise unsere ganze Freizeit, teilweise sogar einen Teil unserer wohlverdienten Ferien, der Arbeit in der Partei, ihren Gliederungen und angeschlossenen Verbänden, im Reichsluftschutzbund usw. freudig opfern, haben es nun endlich satt, uns und unsere ehrliche Arbeit in der Öffentlichkeit mit Dreck beschmeißen zu lassen.

Der HJ muß nun endlich einmal und deutlichst zum Bewußtsein gebracht werden, daß die Frontkämpfer der Jahre 1914 mit 1918 – und die meisten Erzieher waren ja Soldaten des Weltkrieges! – zwar stärkste Disziplin zu halten verstehen, die sie nicht in der HJ gelernt haben, daß in ihnen aber auch noch der alte Frontgeist der Jahre 1914 mit 1918 lebt, der vor allem eines nicht kannte und auch heute noch nicht kennt: Feigheit!

---

[21] Als besonders anstößig wurden wohl folgende Behauptungen empfunden: »In der HJ finde die Jugend das soldatische Prinzip der Pflichterfüllung, des Gehorsams, der Treue und Ehrenhaftigkeit. In der Schule finde die gleiche Jugend das Abschreiben, den Betrug am Lehrer, das Verheimlichen und Verschweigen in Ordnung. Dieser auffällige Gegensatz müsse verschwinden... Der Lehrer solle die unwürdige Rolle des Aufpassers und Ordnungsbeamten ablegen. Warum solle nicht der kleine Jugendführer die Gemeinschaft seiner Kameraden zur Ehrlichkeit und Treue, Pflichterfüllung und Ordnung auch in der Schule erziehen. Die tiefste Ursache des mangelnden Ansehens des Lehrerstandes würde dabei ausgemerzt werden...« »MNN« vom 14.12.1938. Der Artikel der »MNN« war eine Kurzfassung des Aufsatzes von Günter Kaufmann, des Hauptschriftleiters von »Wille und Macht«, Die Schule von morgen, in: »Wille und Macht«. Führerorgan der nationalsozialistischen Jugend, hrsg. Baldur von Schirach, Berlin 15.12.1938, Jg. 6, H. 24, S. 1–14.

*Aus Monatsbericht des Regierungspräsidenten von Ober- und Mittelfranken,
7. 1. 1939*[22]

... Wie bereits im Monatsbericht für November 1938 ... kurz mitgeteilt ist, hat unmittelbar im Anschluß an die Judenaktion im November 1938 im ganzen Regierungsbezirk die Lehrerschaft, mit verhältnismäßig wenigen Ausnahmen, die weitere Erteilung von Religionsunterricht an den öffentlichen Volksschulen abgelehnt. Bis zum 15. Dezember 1938 hatten von 3257 evangelischen Lehrkräften 2749 (= 84,40%) und von 1699 katholischen Lehrkräften 1273 (= 74,93%) den Religionsunterricht niedergelegt.[23] Daneben haben in einigen Fällen Lehrkräfte erklärt, daß sie nur den alttestamentlichen Teil des Religionsunterrichtes nicht mehr behandeln wollen. Meist aber wurde der Religionsunterricht ohne Einschränkung niedergelegt. Ein Teil der Lehrerschaft tat dies »zum Protest gegen die jüdische Mordtat in Paris«, andere geben an, daß sie nicht mehr gewillt seien, der deutschen Jugend im Religionsunterricht weiterhin das Verbrechervolk der Juden als »Auserwähltes Volk Gottes« hinzustellen oder die Geschichte dieses Volkes zu lehren. Der Anstoß zu der ganzen Bewegung ging offenbar vom NSLB aus, der seine Mitglieder veranlaßte, den Religionsunterricht an der Schule niederzulegen.[24] Im Gegensatz hiezu wurde seitens der Obersten Schulaufsichtsbehörden in der Folgezeit wiederholt darauf hingewiesen, daß der schulplanmäßige Religionsunterricht als ordentliches Lehrfach grundsätzlich von Lehrern zu erteilen sei, daß es für den nationalsozialistischen Lehrer, der sich zur Erteilung des Religionsunterrichtes bereit erklärt habe, nicht zweifelhaft sein könne, daß von ihm bei der Erteilung des Religionsunterrichtes, insbesondere bei der Darstellung des Judentums, nichts verlangt werde, was den Grundsätzen des Nationalsozialismus zuwiderlaufe, und daß hienach eine Niederlegung des Religionsunterrichtes durch den Lehrer vom nationalsozialistischen Standpunkte aus nur dann gerechtfertigt

---

[22] Das in diesem Kapitel strikt eingehaltene Provenienzprinzip wurde ausnahmsweise zugunsten eines staatlichen Berichts durchbrochen, weil er im Vergleich zu Partei-Berichten in relativ ausführlicher und abgewogener Weise auf die Niederlegung des Religionsunterrichts eingeht. Es ist einer der ganz wenigen Berichte von Regierungspräsidenten, die den NSLB erwähnen.

[23] Das Amt für Erzieher, Kreis Kronach-Stadtsteinach, konnte unter dem 26. 11. 1938 ähnliche Prozentzahlen melden. Die am 11. 11. 1938 »unerwartet und schlagartig« einsetzende Aktion zur Niederlegung des Religionsunterrichts hatte folgendes Ergebnis:

	Zahl	Prozent
1. Zahl der Lehrkräfte (insgesamt):	258	
2. Bedingungslose Niederlegung erfolgte von:	(207) 213	80,2
3. Ablehnung des Alten Testaments durch:	6	2,4
4. Unter Vorbehalt, daß Partei oder Staat die Niederlegung verlangen:	29	11,2
5. Gegen die Niederlegung des Religionsunterrichtes und für Weitererteilung:	16	6,2

In der Stadt Kronach wurden dagegen für den NSLB weniger günstige Ergebnisse erzielt; StA Bamberg, M 33/129.

[24] Der NSLB, der schon seit 1937 verstärkt für die Abschaffung des Religionsunterrichts eingetreten war, versuchte anläßlich des Attentats auf den Gesandtschaftsrat vom Rath, die Lehrerschaft in einer »spontanen Aktion« zur Niederlegung des Religionsunterrichts zu bewegen. In einer internen Anweisung des NSLB vom 14. 11. 1938 wurde sie damit begründet, daß eine »Verherrlichung des jüdischen Verbrechervolkes« nicht mehr geduldet werden könne. Die Reaktionen der Lehrer waren von recht unterschiedlicher Art. Das Reichserziehungsministerium verurteilte die Aktion, und der Stellvertreter des Führers forderte die Zurückziehung dieser Anordnung, so daß der NSLB gezwungen war, sich von ihr zu distanzieren. Dennoch setzte sich der NSLB in diesem Fall durch und erwirkte die Freistellung der Lehrer vom Religionsunterricht. Es blieb der einzige nennenswerte schulpolitische Erfolg des NSLB; siehe S. 551.

sei, wenn tatsächlich ernste Gewissensbedenken vorliegen. Auch wurden gemäß ausdrücklicher Weisung der obersten Unterrichtsverwaltung die Lehrer, die seit dem November 1938 Niederlegungserklärungen abgegeben hatten, aufgefordert, diese nach den angegebenen Grundsätzen zu überprüfen und eine neue verbindliche Erklärung gegenüber der Schulaufsichtsbehörde abzugeben.

Diese gegensätzliche Stellungnahme der Schulbehörde und des NSLB in der Frage der Erteilung des Religionsunterrichtes hat in der Lehrerschaft größte Verwirrung und Beunruhigung hervorgerufen. Die Gefahr eines inneren Zwiespaltes zwischen den Lehrern, die den Weisungen des NSLB folgen wollen und denen, die sich entsprechend den Richtlinien der Schulbehörde verhalten wollen, ist bereits jetzt sehr groß. Während die einen glauben, daß die Niederlegung des Religionsunterrichts von der NSDAP gewünscht werde – so wurde es einem Teil der Lehrerschaft vorgestellt –, bezweifeln es diejenigen Lehrkräfte, die den Religionsunterricht nicht niedergelegt oder wieder aufgenommen haben und auch die, welche von der beabsichtigten Wiederaufnahme nur deshalb Abstand genommen haben, um die Zerrissenheit in der Lehrerschaft nicht noch mehr zu erhöhen. Schon jetzt ist es zu unerfreulichen Auseinandersetzungen innerhalb der Lehrerschaft gekommen. Die einen, die für die Erteilung des Religionsunterrichtes auch durch die Lehrer sind, werden von den anderen als »Pfaffenknechte« beschimpft, und es wird ihnen spöttisch geraten, sich doch auch wieder um den niederen Kirchendienst zu bewerben, Angriffe, die von den ersteren begreiflicherweise nicht unwidersprochen hingenommen werden. Die Folge ist, daß unter der Lehrerschaft teilweise ein gegenseitiges Mißtrauen aufzutreten beginnt, anstelle der bisherigen Kameradschaft. Es kommt hinzu, daß bei der im Jahre 1938 im Regierungsbezirk durchgeführten Umwandlung der evangelischen und katholischen Bekenntnisschulen in Gemeinschaftsschulen die Lehrer überall in schriftlicher Erklärung die Bereitschaft erklärt haben, den Religionsunterricht auch in der Gemeinschaftsschule zu geben, und zwar in der gleichen Weise wie bisher in der Bekenntnisschule. Diese Tatsache ist überall in der Bevölkerung bekannt. Der Umstand, daß jetzt, also nach so kurzer Zeit seit Einführung der Gemeinschaftsschule, die Lehrerschaft in ihrer überwiegenden Mehrheit den Religionsunterricht niedergelegt hat, wird ihr vielfach in der Bevölkerung als Wortbruch ausgelegt und hat zur Folge, daß viele Lehrer in eine schiefe Lage kommen, die für ihre Person in gleicher Weise abträglich ist wie für den ganzen Lehrerstand.

Ob sich viele Lehrkräfte bereitfinden werden, ihre einmal abgegebene Erklärung wegen Niederlegung des Religionsunterrichts wieder zurückzunehmen, steht heute noch nicht fest, ist aber sehr fraglich. Auf der einen Seite werden sie sich vor allem in den Augen der ihnen anvertrauten Jugend nicht lächerlich machen wollen, auf der anderen Seite aber fürchten viele, daß im Falle des Widerrufes ihre Erklärung die bekannten Vergleiche mit der Windfahne und dem Schilfrohr sehr zum Nachteil des Ansehens der Lehrerschaft gezogen werden.

Infolge der Niederlegung des Religionsunterrichtes durch die Lehrer kann an vielen Schulen, besonders in den Städten, der lehrplanmäßige Religionsunterricht nicht mehr in dem bisherigen Umfang gehalten werden, wenn auch überall die Geistlichen sich zur Übernahme der bisher von der Lehrerschaft erteilten Religionsunterrichtsstunden bereit erklärt haben.

Es ist notwendig, daß die Spitzenstellen des Staates und der Partei, vor allem des NSLB, bald zu einer klaren und eindeutigen Regelung über die Frage der Erteilung von Religionsunterricht durch die Lehrerschaft in den öffentlichen Schulen kommen. ...

Aus fachlichem Tätigkeitsbereich des Amts für Erzieher, Kreis Wolfratshausen (Gau München-Oberbayern), 8. 1. 1939

... Die »Auffassung des nationalsozialistischen Staates zur Erteilung des Religionsunterrichtes«, wie sie in den letzten Ministerialentschließungen[25] dargelegt wurde, ist von der Lehrerschaft mit wahrhaft gemischten Gefühlen aufgenommen worden. Es ergeben sich in der Lehrerschaft zu diesem Punkte wohl vor allem drei Auffassungen:
1. Der nationalsozialistische Lehrer, der die Weltanschauung Rosenbergs wirklich bejaht, möchte dies in seiner weltanschaulichen Haltung auch ehrlich bekennen. Er sehnt sich darum nach dem Augenblick, wo er die selbstverständlichste Konsequenz daraus ziehen und die konfessionellen Gemeinschaften und Organisationen endgültig verlassen kann. Bisher aber wird ihm bei solcher Gelegenheit von hohen Behörden immer noch versichert: »Sie erweisen dem Staat und der Partei einen schlechten Dienst damit!« Nun erkennen diese Lehrer wohl an, daß die Lösung großer außenpolitischer Aufgaben zunächst wichtiger ist als die Entscheidung in weltanschaulich-religiösen Dingen. Keinesfalls aber darf man von ihnen weitere Zugeständnisse in persönlich-weltanschaulichen Dingen verlangen. Die Erteilung des Religionsunterrichts ist diesen Lehrern selbstverständlich unmöglich.
2. Die konfessionell gebundenen Lehrkräfte zeigen sich über die letzten Ministerialentschließungen äußerst befriedigt.

---

[25] Die Ministerialentschließung des bayerischen Kultusministers, Gauleiter Adolf Wagner, vom 19. 11. 1938, Nr. IV 69 559, ist im politischen Stimmungsbericht der NSLB-Gauwaltung München-Oberbayern, Abteilung Propaganda, vom 1. 12. 1938 wörtlich wiedergegeben:
»Der Religionsunterricht an den öffentlichen Volksschulen ist staatlicher Lehrgegenstand und ordentliches Lehrfach. Aufgabe des Staates ist es, dafür zu sorgen, daß dieser lehrplanmäßige Unterricht in der Schule ordnungsgemäß abgehalten wird. Hält der Lehrer den Religionsunterricht nicht, dann hält ihn der Geistliche. Seitdem ich die Leitung des Unterrichtsministeriums übernommen habe, wurde ich aus Kreisen der Lehrerschaft wiederholt gefragt, ob es im nationalsozialistischen Staat angängig sei, daß der weltliche Lehrer an den Volksschulen Religionsunterricht erteilt, bei dem er in erster Linie Biblische Geschichte zu geben hat. Ich habe stets den Standpunkt vertreten, dafür zu sorgen, daß jede Lehrkraft hierüber selbst frei zu entscheiden hat. Kein Volksschullehrer kann gezwungen werden, den Religionsunterricht zu erteilen oder niederzulegen. Keiner Lehrkraft erwächst aus ihrem Entschluß ein Nachteil oder eine Schädigung. Vom nationalsozialistischen Standpunkt aus ist es aber nicht veranlaßt, daß ein Volksschullehrer den Religionsunterricht ablehnt. Ich halte es vielmehr vom nationalsozialistischen weltanschaulichen Standpunkt aus sogar für erwünscht, daß der nationalsozialistische Lehrer den Religionsunterricht beibehält, den er, wie ich annehme, in einer den großen Fragen unserer Zeit aufgeschlosseneren Weise erteilen wird als der Geistliche.
Die feige Mordtat des Juden Grünspan hat nun zahlreiche Lehrkräfte veranlaßt, aus ihrer Empörung gegen das Judenvolk heraus den Religionsunterricht an den öffentlichen Volksschulen niederzulegen. Ich verstehe den Widerwillen der Lehrkräfte, einen Lehrstoff aus dem jüdischen Volksleben zu behandeln. Und doch halte ich es, aus den von mir oben dargelegten Gründen, nicht für richtig, jetzt den Religionsunterricht einfach niederzulegen. Der nationalsozialistische Lehrer ist mir in der Schule lieber als der Geistliche. Deshalb ist der Geistliche möglichst aus der Schule fernzuhalten.
Ich ersuche, die Lehrkräfte von dieser Entschließung in geeigneter Weise zu verständigen.« (Im Original unterstrichen: »geeigneter Weise«).

3. Eine dritte Gruppe nimmt folgenden Standpunkt ein:
Das Verhältnis von 5 Religionsstunden zu 22 weltlichen Unterrichtsstunden ist unnatürlich, wenn man bedenkt, daß der Religionslehrer diese 5 Stunden fast ausschließlich der weltanschaulichen Erziehung widmen kann, während der weltliche Lehrer in der übrigen Zeit dem Kind nicht nur sämtliche Fertigkeiten des Lesens, Schreibens, Rechnens usw., sondern auch eine ungeheure Menge von Sachwissen vermitteln soll; außerdem und vor allem aber möchte der nationalsozialistische Lehrer das Kind zu einem deutschen Menschen erziehen.
Es ist darum begreiflich, wenn eine Gruppe von Lehrern (und offenbar auch die zuständigen Behörden) zu dem Ergebnis kommen, daß in Anbetracht des Zeitgewinns etwa die Bibelstunden doch besser vom weltlichen Lehrer erteilt würden.
Wie er sie erteilt und wozu er sie verwendet, wäre demnach doch wohl gleichgültig. Denn man wird doch nicht erwarten, daß der nationalsozialistische Lehrer die Bibelstunden z. B. im Sinne der katholischen Kirche und ihrer diesbezüglichen Dienststellen (z. B. des Dekans) zu erteilen gewillt und »fähig« sei? Ergibt sich aber aus dieser Lösung nicht ein Dilemma zwischen »Lehre« und Charakter? Trübt diese (vielleicht »diplomatische«) Zwischenlösung nicht merklich das Bild vom ehrlichen, geraden, kompromißlosen deutschen Erzieher? ...[26]

Aus fachlichem Tätigkeitsbericht des Amts für Erzieher, Kreis Laufen (Gau München-Oberbayern), 9. 1. 1939

Kreisleiter Kammerer sprach in der Versammlung in Reichenhall über das nunmehrige Verhältnis der Partei und HJ zur Erzieherschaft. Er erklärte, daß die Partei nunmehr der Erzieherschaft das Vertrauen entgegenbringe, das ihr gebühre und daß zu hoffen ist, daß einerseits der Erzieher seine Pflicht im Dritten Reich als NS-Lehrer erfüllt, andererseits aber der Erzieherstand die nötige Anerkennung und Rückendeckung durch die Partei erfährt. Die Ortsgruppenleiter des Kreisgebietes wurden durch den Kreisleiter mündlich und auch noch schriftlich aufgefordert, mit den Erziehern nunmehr in nahe Fühlungnahme zu treten und dort das gegenseitige Verhältnis zu bessern, wo dies noch nötig erscheint. Die Ortsgruppenleiter haben diesem Rufe des Kreisleiters Folge geleistet, und es hat sich das Verhältnis in den meisten Fällen, wo eine Änderung nötig war, auch tatsächlich zum Besseren gewendet...

Aus fachlichem Tätigkeitsbericht des Amts für Erzieher, Kreis Pfaffenhofen (Gau München-Oberbayern), 10. 1. 1939

In unserem Kreise liegt die Führung des JV fast 100% in den Händen der Lehrerschaft, und es zeigt sich erfreulicherweise, daß die Lehrerschaft sehr wohl imstande ist, auch außerschulisch die deutsche Jugend ohne Pedanterie und falsche Schulmeisterei zu führen.

---

[26] Dieser Berichtspassus wurde von der Gauwaltung München-Oberbayern für den Bericht vom 28. 1. 1939 wörtlich übernommen.

Überall dort aber, wo die Jugend sich selbst überlassen bleibt, zeigt sich ein erschreckender Mangel an geeigneten Führerpersönlichkeiten. Entweder wird die Appellszeit hilflos vertrödelt oder die Appelle finden überhaupt nicht statt.
Es wäre endlich an der Zeit, daß auch die letzte ehrenkränkende abfällige Äußerung über unseren Stand von seiten unreifer Hitlerjungens oder HJ-Führer unterbleibt...

Aus fachlichem Tätigkeitsbericht des Amts für Erzieher, Kreis Traunstein (Gau München-Oberbayern), 10. 2. 1939

... Die Lehrerschaft steht zum größten Teil bereits in der Partei oder den ihr angeschlossenen Verbänden und ist dort vielfach aktiv tätig. Daß bei manchem die Zweckmäßigkeit der entscheidende Faktor seines Eintrittes war, darf nicht übersehen werden. Eine Belastungsprobe würden sie nicht bestehen. Wenig erfreulich ist das Verhältnis der weiblichen Lehrkräfte zur Partei. Dies gilt ganz besonders von den Lehrerinnen im Alter ab 40 Jahren. Sie sind geradezu fanatisch romhörig, was sicher dem Einfluß der klösterlichen Erziehung zuzuschreiben ist. Das Verhältnis zum NSLB dürfte ähnlich sein wie oben. Aus diesen und jenen Bemerkungen kann man schließen, daß manche Lehrkräfte dem Bayerischen Lehrerverein, wenn nicht gar dem Katholischen Lehrerverein, nachtrauern. Vielfach wird dem NSLB der Vorwurf gemacht, daß er die Angriffe auf die Lehrerschaft zu wenig scharf zurückweist...

Aus Stimmungsbericht des NSLB, Kreis Traunstein, Abschnitt Haslach (Gau München-Oberbayern), 9. 6. 1939

... Wenn der nationalsozialistische Staat den noch bevorstehenden Kampf mit der Kirche siegreich überstehen will, dann darf unter keinen Umständen dem bestehenden Lehrermangel zuliebe die akademische Lehrerbildung preisgegeben werden. Dem akademisch bestens gebildeten Vertreter der römisch-katholischen Weltanschauung auf dem Dorfe, dem Pfarrer, muß mindestens ein gleichgebildeter Kämpfer der NSDAP gegenüberstehen. Das ist der Volksschullehrer des Dritten Reiches. Die Partei würde einen folgenschweren Trugschluß begehen, würde sie den Wert einer gründlichen Bildung unterschätzen. Alle Kämpfer der NSDAP, insbesondere die Ortsgruppenleiter und die Volksschullehrer auf dem Dorfe, wissen zu gut, daß die hohe Bildung des Pfaffen eine ungeheure Macht ist.

Aus fachlichem Tätigkeitsbericht des Amts für Erzieher, Kreis Altötting (Gau München-Oberbayern), 15. 6. 1939

... Die Befreiung der Erzieherschaft vom Bibelunterricht und ganz besonders die Kürzung der Religionsstunden und deren Verwendung für deutsche Unterrichtsfächer gab vielen wieder besonderen Mut und Auftrieb...

C. Berichte der Kommunalpolitischen Gauämter

EINFÜHRUNG

Die im letzten Teilkapitel vorgelegte Auswahl an Berichten setzt sich aus monatlichen Tätigkeitsberichten der Gauämter für Kommunalpolitik zusammen[1]. Sie sind von sämtlichen kommunalpolitischen Gauämtern Bayerns für die Jahre 1934–1942 überliefert. Die Auswahl schließt, wie in den vorangegangenen Kapiteln zur Parteiberichterstattung, mit dem letzten Friedensmonat, da zwar auch die nationalsozialistische Kommunalpolitik durch die spezifischen Bedingungen des Krieges, aber eben nur durch diese, eine Veränderung erfuhr, ihre Grundtendenzen im wesentlichen aber beibehielt.

Die kommunalpolitische Abteilung konsolidierte sich in der Parteiorganisation relativ spät[2]. Erst im September 1933 wurde sie selbständig[3] und im November 1934 zum Hauptamt für Kommunalpolitik erhoben[4]. Anders als sein großer kommunalpolitischer Rivale, der Deutsche Gemeindetag, konnte sich das Hauptamt zunächst nur auf die fachliche Erfahrung weniger aktiver NS-Kommunalpolitiker stützen, auch fehlte ihm bis Kriegsende ein gesicherter Anteil am Parteietat[5]. Die Gau- bzw. Kreisamtsleiter waren in der Regel ehrenamtlich tätig, hatten aber hauptberuflich zumeist ein kommunales Amt inne, in den seltensten Fällen allerdings ein bedeutendes. Eine Ausnahme machte Bayern mit seinem Gauamtsleiter für Schwaben, Mayr, Oberbürgermeister von Augsburg, und dem Gauamtsleiter für die Bayerische Ostmark, Schlumprecht, gleichzeitig Oberbürgermeister von Bayreuth. Ohne finanzielle Grundlage und Weisungsbefugnis wurden die kommunalpolitischen Ämter innerhalb der Parteiorganisation lange Zeit als »unbedeutendes lästiges Anhängsel«[6] angesehen. Dementsprechend gering müssen Handlungsspielraum und Einflußmöglichkeiten des Hauptamts für Kommunalpolitik angesetzt werden.

Ihre wichtigste Aufgabe erblickten die Ämter für Kommunalpolitik in den fachlich-politischen, weltanschaulichen Schulungen der Bürgermeister, Beigeordneten und Gemeinderäte. Sie waren stets schnell bei der Hand, wenn es galt, mit zahlenmäßigen Er-

---

[1] BA, NS 25/190 (Bayerische Ostmark); 218, 220, 221 (Franken); 298, 299 (München-Oberbayern); 283, 285, 286 (Mainfranken); 351, 353 (Schwaben); StA Würzburg, NSDAP II/8.
[2] Grundlegend hierzu: Matzerath, Horst: Nationalsozialismus und kommunale Selbstverwaltung. Berlin 1970.
[3] AO des Reichsorganisationsleiters vom 28. 9. 1933, VOBl. 1933, S. 124.
[4] Vom 16. 11. 1934, VOBl. 1934, S. 214 f.
[5] Dem Gauamt Schwaben stellte z. B. der Gauschatzmeister erstmals im Januar 1938 einen monatlichen Betrag von RM 150,– zur Verfügung. Aber auch dann noch war das Gauamt auf ehrenamtlich tätige Mitarbeiter und unentgeltliche Büroraumnutzung angewiesen. Andere Gauämter gingen überhaupt leer aus. BA, NS 25/353, Bericht des Gauamts für Kommunalpolitik, Gau Schwaben vom 10. 6. 1938.
[6] Ebenda.

folgsmeldungen über Schulungskurse aufzuwarten[7]. Nach Einschätzung des Hauptamts selbst aber erlangte die Schulungstätigkeit nie zentrale Bedeutung und Wirkung. Verschiedentlich unternommene Vorstöße, die Ämter an wichtigen, d. h. in erster Linie personalpolitischen, Entscheidungen teilhaben zu lassen, schlugen fehl. Wenn einige Berichterstatter besonders hervorheben, wie häufig die kommunalpolitischen Ämter in personalpolitischen Entscheidungen konsultiert wurden, so diente wohl auch dies vor allem der Kaschierung dessen, was man als schwerwiegenden Mangel empfand: bei personalpolitischen Entscheidungen völlig ausgeschaltet zu sein. Eine konkrete Einflußnahme wurde überdies durch die charakteristische doppelgleisige Weisungsgebundenheit erschwert. Politisch unterstand das Hauptamt dem Stellvertreter des Führers, die Gauämter demzufolge den Gauleitungen und die Kreisämter den Kreisleitungen; fachlich unterstand das Hauptamt für Kommunalpolitik dem Reichsorganisationsleiter und die einzelnen Ämter dem jeweiligen vorgesetzten Amt für Kommunalpolitik, d. h. dem Hauptamt die Gauämter und diesen die Kreisämter für Kommunalpolitik; die Ortsebene blieb aus der kommunalpolitischen Ämterorganisation ausgespart.

Eine nicht ganz gering zu veranschlagende, wenn auch nur indirekte Einflußnahme der Ämter auf Entscheidungen bei Parteistellen entwickelte sich jedoch über ihre Berichterstattung. Die regelmäßigen Tätigkeitsberichte von Kreisämtern, Gauämtern und Hauptamt, letztere an den Reichsorganisationsleiter gerichtet, die über die Kommunalpolitik hinaus auch Themen von allgemeinerem Interesse behandelten, scheinen sich zu einer der solidesten Kategorien parteiinterner Berichterstattung entwickelt zu haben. Sie gewannen sehr bald an Renommee, und der Verteiler- und Empfängerkreis wuchsen zusehends. Vereinzelt wurden Gauamtsberichte nach vorhergegangener Überarbeitung auch in der »NS-Gemeinde« veröffentlicht, dem Sprachrohr des Hauptamts für Kommunalpolitik und ab Ende 1937 – nach der Ausschaltung der Fachzeitschriften des Deutschen Gemeindetages – einzigen Fachorgan für Kommunalpolitik.

Die folgende Auswahl von Berichten kommunalpolitischer Ämter der NSDAP in Bayern wurde nicht getroffen, um die relativ bedeutungslose Aktivität dieser Ämter zu dokumentieren, sondern – das war auch ein leitender Auswahlgesichtspunkt – um die sich in diesen Berichten spiegelnde Einflußnahme der Partei auf die Kommunalpolitik wenigstens beispielhaft zu veranschaulichen. Zentrales Thema dieser Berichtsauswahl ist das konfliktträchtige Verhältnis von Partei und kommunaler Selbstverwaltung.

Das wohl wichtigste Teilgebiet bildet dabei die Personalpolitik. In keinen Bereich der öffentlichen Verwaltung, weder der Reichs- noch der Landesverwaltung, vermochte die NSDAP in der Personalpolitik so stark vorzudringen wie in der Gemeindeverwaltung. Das Gleichschaltungsgesetz vom 7. 4. 1933 gab der NSDAP die erste Handhabe, um die in Bayern noch auf die Kommunalwahlen vom 8. Dezember 1929 zurückgehende Zusammensetzung der Gemeinderäte nach dem Schlüssel des Ergebnisses der Reichstagswahl vom 5. 3. 1933 umzubilden. In der Folge des Gesetzes zum Verbot anderer Parteien (14. 7. 1933) konnte die NSDAP, häufig unter Druck und Drohungen, fast in allen Gemeinden Bayerns nicht nur NS-Mehrheiten in den Stadt- und Gemeinderäten, sondern

---

[7] Zum Beispiel teilte das Gauamt Schwaben mit, daß von den in Gemeinden tätigen Parteigenossen bis August 1937 insgesamt 315 Bürgermeister und 170 Beigeordnete einen Schulungskurs der Kreisschulung und 134 Bürgermeister und 125 Beigeordnete einen Lehrgang der Gauschule absolviert hätten; ebenda.

auch die Wahl nationalsozialistischer Bürgermeister durchsetzen. Die Deutsche Gemeindeordnung (DGO) von 1935 schuf schließlich eine gesetzliche Grundlage für die Mitwirkung der NSDAP, insbesondere der Kreisleiter, bei der Berufung von Bürgermeistern. Über das ihr eingeräumte Vorschlagsrecht und das Instrument der politischen Beurteilung gelang es der NSDAP, vor allem bei kleineren Gemeinden, praktisch in fast allen Fällen ihr genehme Bürgermeisterkandidaten durchzubringen, obwohl die förmliche Berufung Sache der staatlichen Inneren Verwaltung war. Personalunionen von Ortsgruppenleitern und Bürgermeistern, auch Kreisleitern und Bürgermeistern, waren die häufige Folge, wenn sie auch innerhalb der Partei umstritten blieben. Die personalpolitische Parteiherrschaft in der Gemeinde, die, wie die Berichte zeigen, sich vielfach in einer exzessiven Patronagepolitik in der Bevorzugung alter Kämpfer und Parteigenossen bei kommunalen Stellen ausdrückte, ließ sich dennoch nicht absolut willkürlich und unbegrenzt ausnutzen.

Die Kritik der Bevölkerung, insbesondere sozial einflußreicher Gruppen, am neuen und zum Teil unfähigen »Bonzentum« der NSDAP in der Gemeindeverwaltung, die 1933/34 landauf, landab geübt wurde und das Parteiimage vielfach schwer schädigte, zwang die NSDAP oft, ihre personalpolitischen Entscheidungen zu überprüfen. Die personellen Veränderungen, die aufgrund der DGO seit 1935 in vielen Gemeinden vorgenommen wurden, verfolgten nicht nur das Ziel, restliche, noch nicht von Parteigenossen eingenommene kommunale Positionen zu besetzen, sondern noch häufiger den Zweck, korrupte oder unfähige »Alte Kämpfer«, die unmittelbar nach der Machtergreifung in kommunale Spitzenstellungen gelangt waren, durch besser qualifizierte oder angesehenere Kandidaten aus den Reihen der NSDAP zu ersetzen. Die Art und Weise, wie die Partei in einer Gemeinde kommunale Personalpolitik betrieb, entschied oft, ob sie in der Gemeinde sozialen Rückhalt erhielt oder nicht. Die Berichte zeigen, wie relativ sensibel jedenfalls die kommunalpolitischen Ämter der NSDAP dieses Problem registrierten.

Die erlangte Herrschaft der NSDAP in der Gemeindeverwaltung eröffnete ihr wirksame Sanktionsmöglichkeiten in allen Bereichen, für die an sich die Gemeindeverwaltung zuständig war, z. B. bei der Vergabe oder Vorenthaltung kommunaler Aufträge, je nach politischem Wohlverhalten.

Die Verkümmerung der kommunalen Selbstverwaltung beschränkte sich nicht auf die mit der DGO vollzogene Annullierung von Gemeindewahlen und die Abhängigmachung der Bürgermeister von Partei und Staatsverwaltung. Sie kam zusätzlich auch dadurch zum Ausdruck, daß zentrale Parteiorganisationen in bisher gemeindliche Selbstverwaltungsangelegenheiten hineinregierten. Die Einschränkung der Gemeindehoheit in dem traditionell wichtigen Bereich kommunaler sozialer Fürsorge, vor allem durch die NSV, ist dafür ein Beispiel. Als die Gemeinden gezwungen wurden, NSV-Schwestern mit regulärem Gehalt anstatt der billigen, bisher den Gemeinden zur Verfügung stehenden Ordens- oder Rot-Kreuz-Schwestern einzustellen, entdeckten auch die kommunalpolitischen Ämter ihr Herz für die kommunale Selbstverwaltung. Ähnlich stand es um die den Gemeinden zugemutete Beschaffung von Heimen, Sportplätzen o. ä. für die HJ, während gleichzeitig einige, den Gemeinden noch verbliebene eigene Steuereinkünfte (Biersteuer u. a.) im Zuge der Zentralisierung der Steuer- und Finanzverfassung entzogen oder beschnitten wurden.

Die Kontrolle der NSDAP über die Gemeindeverwaltung bedeutete auch Konkurrenz gegenüber der staatlichen Aufsichtsverwaltung. Gelegentlich suchte die Partei über die ihr zustehenden Kompetenzen hinaus Eingemeindungen oder andere Rationalisierungen der Gemeindeverwaltung durchzudrücken. Vielfach waren Wirksamkeit und Regelmäßigkeit, vor allem der ehrenamtlichen Gemeindeverwaltung in den kleineren Orten, durch soziale Rücksichtnahmen beeinträchtigt, was sich z. B. in der von Landräten öfters beklagten Nachlässigkeit bei der Steuereinziehung wiederspiegelt. Im Hinblick darauf wird man die Kontrolle der NSDAP in den Gemeinden auch als Versuch zu werten haben, die nicht selten schwache Gemeindeverwaltung gegenüber den Gemeindebürgern durchschlagskräftiger zu machen.

Obwohl es weitgehend von Ehrgeiz und Fähigkeit der örtlichen Hoheitsträger der NSDAP abhing, inwieweit sie die Kontrolle über die Gemeindeverwaltung machtbewußt ausübten oder diese der Aufsichtsverwaltung der Bezirksämter mehr oder weniger überließen, – die potentielle Macht der NSDAP in der Gemeindeverwaltung war vergleichsweise stark. Die in den Berichten zum Ausdruck kommende starke Fixierung der NSDAP auf kommunalpolitische Probleme findet ihre Bestätigung auch in dem ständigen Bemühen der NSDAP, das besonders im Organisationseifer auf Ortsgruppenebene zutage trat, an der Basis der Gesellschaft und der öffentlichen Verwaltung stark verankert zu sein. Das bedeutete oft, mehr als es die Berichte erkennen lassen, Anpassung an die realen sozialen Gegebenheiten des jeweiligen lokalen Milieus sowie Teilverzicht auf weltanschauliche und programmatische Prinzipien.

E. F.

DOKUMENTE

Aus Tätigkeitsbericht des Gauamts für Kommunalpolitik, Gau Unterfranken, 8. 5. 1934

... Verschiedene Bürgermeister mußten teils aus politischen, teils aus Krankheitsgründen zurücktreten. Festgestellt wurde, daß eine große Anzahl von Gemeinderatsmitgliedern, zum Teil sogar in der Mehrheit, bei einzelnen Gemeinderatskollegien nicht Parteimitglieder sind...

Aus Tätigkeitsbericht des Gauamts für Kommunalpolitik, Gau München-Oberbayern, 17. 5. 1934

Im Berichtsmonat mußte wiederum in verschiedenen Gemeinden eingegriffen werden, da besonders in reinen Agrargemeinden einzelne Gemeinderäte sich durchaus nicht an die Änderung der politischen Verhältnisse gewöhnen konnten. Besondere Schwierigkeiten wurden einer Kreisleitung entgegengesetzt bei Vornahme von Eingemeindungen[8]. Es handelte sich um vollständig lebensunfähige Zwerggemeinden, die sich mit aller Gewalt gegen Eingemeindungen sträubten, um auch in der Zukunft schön unter sich zu sein und möglichst wenig Unterstützungsempfänger zu haben. Die betreffenden Gemeinderäte wurden jeweils für 12–15 Sitzungstage suspendiert, in der Zwischenzeit ist durch das in Frage stehende Bezirksamt jeweils das Eingemeindungsverfahren durchgeführt...

Aus Tätigkeitsbericht des Gauamts für Kommunalpolitik, Gau Unterfranken, für Juli 1934

... In vielen Kreisen klagt der betreffende Kreisamtsleiter über Uneinigkeit und Disziplinlosigkeit einzelner Bürgermeister und der Stadtrats- bzw. Gemeinderatsmitglieder untereinander. Die Kreisleitungen überwachen die Verhältnisse, jedoch mangelt es außerordentlich an geschulten Pg., die verantwortlich an Stelle auszuscheidender Bürgermeister und Gemeinderäte gesetzt werden können. So wurden Bürgermeister gewählt, die vom Kreisleiter nicht bestätigt werden...

Aus den Tätigkeitsberichten der Kreisamtsleiter geht hervor, daß gerade die führenden Persönlichkeiten in der Kommunalpolitik der kleinen und mittleren Landgemeinden es an Fachkenntnissen, Autoritäts- und Verantwortungsgefühl und auch an gründlicher Er-

---

[8] Das Vorgehen der Kreisleitung entbehrte jeder gesetzlichen Grundlage. Diese wurde erst Jahre später mit dem Erlaß des Reichsinnenministers vom 6. 1. 1939 über »Maßnahmen zur Hebung der Verwaltungskraft kreisangehöriger Gemeinden« (RMBliV, S. 33) geschaffen. Zur Durchführung des Erlasses, der die Beteiligung der Kreisleiter an den Eingemeindungen vorsah, kam es nur noch in Ansätzen, da der Erlaß aus Kriegsgründen sehr bald wieder ausgesetzt werden mußte; RdErl. d. RMdI vom 30. 8. 1939, RMBliV, S. 1812.

fassung des nationalsozialistischen Gedankengutes fehlen lassen. Die Erfahrung lehrt, daß oft die früheren Gemeindevertreter (Nichtparteigenossen) zu Rate gezogen werden, was sich unangenehm in jeder Weise auswirkt...

Aus Tätigkeitsbericht des Gauamts für Kommunalpolitik, Gau Mainfranken[9], *4. 9. 1934*

... Infolge Disziplinlosigkeit und politischer Unzuverlässigkeit schritten einzelne Kreisleiter dazu, Bürgermeistern und Gemeinderatsmitgliedern nahezulegen, ihr Amt niederzulegen. Die betreffenden gemaßregelten Personen, die meist aus der Partei ausgestoßen wurden, weigerten sich, ihr Amt niederzulegen. Dabei entstanden Schwierigkeiten in der Weise, daß die Aufsichtsbehörden in dem Verhalten der ausgeschlossenen Bürgermeister und Gemeinderatsmitglieder keine genügende gesetzliche Handhabe für die Entlassung feststellen konnten und dadurch Schwierigkeiten zwischen der Kreisleitung und den Behörden entstanden. Ich habe versucht, in der Weise zu vermitteln, daß ich die Kreisleitung gemeinsam mit der nationalsozialistischen Stadtratsfraktion der betreffenden Gemeinde auf die gesetzliche Handhabe hinwies und ihnen Wege zur Erreichung des Zieles vorzeigte. Auch mit dem Bezirksamt wurde verhandelt, und es konnte auch in einigen Fällen eine befriedigende Lösung gefunden werden.
Leider mußte auch verschiedentlich festgestellt werden, daß nicht die genügende Zurückhaltung vor jüdischen Geschäftemachern von seiten der Bürgermeister und Gemeinderäte geübt wurde. Wo einzelne Fälle bekannt wurden, haben wir die entsprechenden Maßnahmen getroffen...

Aus Tätigkeitsbericht des Gauamts für Kommunalpolitik, Gau Mainfranken, 12.11. 1934

... Ernste Sorgen bereiten die aus dem Arbeitsdienst nach erfolgter einjähriger Arbeitsdienstzeit ausscheidenden Arbeitsmänner. Viele dieser jungen Leute sind verbittert, daß ihnen keine Arbeitsplätze zugewiesen werden konnten. Zu diesem Zwecke wurde einerseits den Gemeinden nahegelegt, möglichst diesen jungen Volksgenossen, die freiwillig sich der Arbeitsdienstpflicht für ein Jahr unterzogen hatten, Arbeitsplätze zuzuweisen, anderseits hat die Arbeitsgauleitung 28 eine besondere Fürsorgestelle errichtet, die zusammen mit den Arbeitsämtern des Gaues bevorzugt die Arbeitsmänner bei Vergebung von Arbeitsstellen berücksichtigt...
Wegen unnationalsozialistischen Benehmens (Disziplinwidrigkeiten, Beziehungen zu Juden, unsoziales Verhalten gegen das Winterhilfswerk) mußte eine ganze Anzahl von Gemeinderats- und Stadtratsmitgliedern ausgeschieden werden. Zum Teil waren letztere keine Pg...

---

[9] Der Gau Unterfranken wurde 1934 in Gau Mainfranken umbenannt.

Tätigkeitsbericht des Gauamts für Kommunalpolitik, Gau Mainfranken, für November 1934

Das Gauamt erledigte im Berichtsmonat eine Menge Anfragen von Ortsgruppen und Kreisleitungen, die sich mit der Einsetzung und Abberufung von Bürgermeistern und Gemeinde- bzw. Stadträten befaßten. Bürgermeister und Gemeinderäte, die sich verschiedentlich gegen die grundlegendsten Auffassungen des Nationalsozialismus versündigt und gegen die Parteidisziplin verstoßen haben, wurden, soweit sie Parteigenossen waren, durch Parteigerichtsverfahren aus der Partei entfernt und von ihren Gemeindeämtern abberufen. Das Gauamt für Kommunalpolitik wurde ordnungsgemäß von all diesen Fällen rechtzeitig in Kenntnis gesetzt und hat zusammen mit dem Gaupersonalamt und den zuständigen Kreisleitungen nach Maßgabe der zur Zeit in Kraft befindlichen gesetzlichen Bestimmungen die Angelegenheiten erledigt. In einigen Fällen mußte der Gemeinderat in seiner Mehrheit entlassen und neu zusammengestellt werden. Soweit das Staatsministerium des Innern um Widerruf der Bestätigung eines Bürgermeisters angegangen wurde, erfolgte eingehende Behandlung der Angelegenheit durch das Gauamt. Einige Male wurden Besprechungen bei den Kreisleitungen an Ort und Stelle geführt, um über die Durchführung bestimmter kommunalpolitischer Maßnahmen zu beraten. Grundsätzlich wird das Gauamt für Kommunalpolitik bei allen wichtigen kommunalpolitischen Angelegenheiten zu Rate gezogen...

Bei der Berufung und Absetzung von Gemeinderatsmitgliedern, insbesondere von Bürgermeistern, werden die bestehenden einschlägigen Bestimmungen von den Kreisleitern oft als eine bestimmte Härte und bürokratische Hemmung empfunden. Insbesondere erwachsen oft bei der Berufung der Nachfolger Schwierigkeiten, zumal die vorhandenen Ersatzmänner im Laufe der Zeit sich im öffentlichen Leben nicht bewährt haben und darum abgelehnt werden. Anderseits herrscht in vielen Gemeinderäten noch der Geist des alten parlamentarischen Diskutierens und Debattierens. Schwierigkeiten entstehen vielfach daraus, daß die Bürgermeister und Ortsgruppenführer bzw. Stützpunktleiter nicht zusammenarbeiten, ja gegeneinander arbeiten. Jeder wacht ängstlich über seine Kompetenz und lehnt jede Einmischung der anderen Seite ab. Die neue Reichsgemeindeordnung wird auch hier die notwendige Klarheit schaffen...

Aus Tätigkeitsbericht des Gauamts für Kommunalpolitik, Gau Schwaben, 10. 12. 1934

... Berichte aus der Provinz lassen erkennen, daß die Zusammenarbeit der Stadtverwaltungen mit den Kreisleitungen der NSDAP immer vertrauensvoller wird. Auch der Umstand, daß viele Ortsgruppenleiter zugleich Mitglieder der Stadtverwaltungen sind, trägt sehr viel zur Beruhigung in der Einwohnerschaft und zu einem harmonischen Zusammenarbeiten der Parteidienststellen mit den Ortsbehörden, nicht zuletzt aber auch zu einer gründlichen Schulung der Amtswalter in gemeindepolitischen Angelegenheiten bei...

Aus Tätigkeitsbericht des Gauamts für Kommunalpolitik, Gau Schwaben, 12. 2. 1935

... Viele Klagen von Kreisamtsleitern, und zwar aus ganz verschiedenen Gegenden Schwabens, treffen sich in dem einen Punkte, daß immer noch so viele Leute, auch nach der Gleichschaltung, als Gemeinderäte und Bürgermeister in Landgemeinden tätig sind, die den veränderten Zeitverhältnissen in keiner Weise Rechnung tragen und die ihre vorübergehend zur Schau getragene nationalsozialistische Gesinnung sofort verleugnen, sobald nur die geringsten materiellen Opfer von ihnen verlangt werden (Beitritt zur NSV, Abonnieren der NS-Zeitung u. a.), und auffallender Weise sind es gerade die besser Begüterten, die ihren Volksgenossen ein solch schlechtes Beispiel geben. Es bedarf einer riesigen Geduld und eines großen Taktgefühls der Kreisamtsleiter, hier in jedem Falle einen richtigen Ausgleich zu schaffen, die Säumigen auf ihre übernommenen Pflichten hinzuweisen und, wenn nötig, durch zuverlässige Parteigenossen zu ersetzen ...

Aus Tätigkeitsbericht des Gauamts für Kommunalpolitik, Gau Mainfranken, für Februar 1935

... Infolge der neuen Bestimmung des Reichsarbeitsführer über die Durchführung von Arbeitsmaßnahmen mit Hilfe des NS-Arbeitsdienstes wurden viele Gemeinden, die unter schweren Opfern Arbeitsdienstlager errichtet haben, in die unangenehme Lage versetzt, auf bereits finanzierte Arbeitsmaßnahmen zu verzichten. Der Arbeitsdienst wurde in diesen Fällen weggezogen, so daß die Gemeinden als Träger der Arbeitsdienstlager in schwierige finanzielle Sorgen gerieten. Infolge der im Gau Mainfranken eigenartigen wirtschaftlichen Struktur erscheint es notwendig, mangels großzügiger Arbeitsmaßnahmen auch kleinere Arbeitsprojekte durch den Arbeitsdienst ausführen zu lassen ...

Aus Tätigkeitsbericht des Gauamts für Kommunalpolitik, Gau Schwaben, 11. 6. 1935

... Viele Gemeinden des Gaues Schwaben haben den erfreulichen Beschluß gefaßt, diejenigen Handwerker und Geschäftsleute, welche noch nicht Mitglied der NSV sind, trotzdem sie dazu wirtschaftlich in der Lage wären, von städtischen Aufträgen bis auf weiteres auszuschließen. Diese Volksgenossen haben sich bewußt außerhalb die Volksgemeinschaft gestellt und verdienen es deshalb nicht, von der Öffentlichkeit Aufträge zu erhalten ...

Aus Tätigkeitsbericht des Gauamts für Kommunalpolitik, Gau Franken, 9. 9. 1935

... Der Vollzug der deutschen Gemeindeordnung[10] hat auch im Berichtsmonat das Gauamt und die Kreisämter erheblich beansprucht. Es kann allgemein eine sehr zufriedenstel-

---

[10] Die Deutsche Gemeindeordnung vom 30. 1. 1935, RGBl. I, S. 49

lende Zusammenarbeit mit den Parteibeauftragten festgestellt werden. Von der Möglichkeit der Abberufung ungeeignet erscheinender Gemeindeleiter und ihrer Ersetzung durch zuverlässige Persönlichkeiten, die durch die Übergangsbestimmungen der DGO gegeben war, ist überall da Gebrauch gemacht worden, wo sich im besonderen gewisse Unzuverlässigkeiten auf dem im Gau Franken völlig kompromißlos gehandhabten Gebiet der Judenfrage gezeigt haben. Hier ist nunmehr auch in den Gemeindeverwaltungen eine absolut einheitliche Front gewährleistet...

In einem Falle wiederholter und hartnäckiger Überschreitung der Preise[11] und Nichtbefolgung der Preisaushangsvorschriften wurde im Einverständnis mit dem Staatsministerium für Wirtschaft ein Metzgergeschäft auf zwei Tage geschlossen. Dabei wurde vom Staatsministerium für Wirtschaft zum Ausdruck gebracht, daß diese Geschäftsschließung, als bisher einzige in Bayern, ausnahmsweise genehmigt werde, künftig soll jedoch mit Schutzhaft vorgegangen werden. Wir haben demgegenüber in einem Bericht an das Wirtschaftsministerium erklärt, daß wir die sofortige Geschäftsschließung bei groben Verstößen als die wirksamere und gerechtere Maßnahme ansehen; denn wirtschaftliche Verstöße sollen mit wirtschaftlichen Strafen geahndet werden...

Aus Tätigkeitsbericht des Gauamts für Kommunalpolitik, Gau Franken, 10. 10. 1935

... Bericht des Amtsleiters für den Kreis Neustadt a.d. Aisch über die Durchführung der Deutschen Gemeindeordnung:

»Zur Durchführung der Deutschen Gemeindeordnung vom 30. Januar 1935 war es notwendig, in 84 Gemeinden 348 Gemeinderäte zu berufen, 168 Beigeordnete und 84 Bürgermeister vorzuschlagen und zu bestätigen. Diese Arbeit wurde am 27. September beendet. In zahlreichen Fällen war es möglich, die Bürgermeister zu belassen, Beigeordnete und Gemeinderäte aus der Reihe der bisherigen Gemeinderäte zu berufen. Wo es irgend angängig war, wurden selbstverständlich Parteigenossen bevorzugt. In manchen Orten konnten tüchtige Parteigenossen nicht berücksichtigt werden, weil sie noch nicht das Alter von 25 Jahren erreicht haben, und in wieder anderen Orten war die Auswahl an geeigneten Parteigenossen gering. Die Erfahrung der Jahre 1933–1935 hat gezeigt, daß nicht ganz einwandfreie Parteigenossen, die sich in einem solchen Ehrenamt der Gemeinde befinden, mehr der Kritik ausgesetzt sind als Nichtparteigenossen und daß von vielen Volksgenossen die Kritik gar zu gerne verallgemeinert wird.

Von den Bürgermeistern waren 13 neu einzusetzen und zu vereidigen. In 12 Fällen hat es sich darum gehandelt, Stellen, die durch Tod, Krankheit oder freiwilligen Rücktritt frei geworden waren, zu besetzen. Nur in einem Falle mußte eine Amtsenthebung vorgenommen werden, da bei dem bisherigen Bürgermeister die nationale Zuverlässigkeit nicht gegeben war (Verkehr mit Juden).

In 82 Gemeinden ist die Umstellung reibungslos ohne jede Mißstimmung erfolgt.

---

[11] VO gegen Preissteigerungen des Reichswirtschaftsministers vom 16. 5. 1934; RGBl. I, S. 389, und Bekanntmachung über Preisüberwachung des Bayerischen Staatsministeriums für Wirtschaft vom 17. 7. 1934, GVBl. S. 312.

Während zur Zeit der öffentlichen Gemeindewahlen Haß und Streit in alle Gemeinden getragen wurden, fand die nun geübte Art der Einsetzung bei der Bevölkerung volles Verständnis. Nur in den Gemeinden Herrnneuses und Schellert wurde der Versuch unternommen, die Maßnahmen des Beauftragten der NSDAP zu hintertreiben. Es ist bedauerlich, daß es gerade Parteigenossen waren, die hier versucht haben, ihre eigenen Interessen in den Vordergrund zu rücken. Es ist dies umso bedauerlicher, da die unzufriedenen Parteigenossen nicht davor zurückgeschreckt sind, mit groben Unwahrheiten bei Kreisleitung und Gauleitung gegen die von der Kreisleitung bestimmten Bürgermeister zu arbeiten.

So hat im ganzen gesehen die Durchführung der Gemeindeordnung sicher dazu beigetragen, ein noch festeres Zusammenarbeiten zwischen Partei und Gemeinde zu gewährleisten.«...

Aus Tätigkeitsbericht des Gauamts für Kommunalpolitik, Gau Mainfranken, 5. 1. 1936

... Allseits wird wiederum über das Aufleben jüdischer Geschäfts- und Handelstätigkeit besonders in den landwirtschaftlichen Gemeinden geklagt. Nach eingehenden Berichten nützen besonders die jüdischen Viehhändler die Abendstunden für ihre Tätigkeit aus. Einzelne Bürgermeister aus dem Kreise Gemünden haben sogar durch gutachtliche Erklärungen, in denen sie jüdische Viehhändler besonders belobten, zu erreichen versucht, die bereits abgesprochene Berechtigung zum Viehhandel für die betreffenden Juden wieder rückgängig zu machen. Gegen diese Bürgermeister wurde das Verfahren mit dem Ziel der Absetzung eingeleitet...

Aus Tätigkeitsbericht des Gauamts für Kommunalpolitik, Gau Mainfranken, 5. 2. 1936

... In den letzten zwei Monaten werden in den Gemeinden, hauptsächlich in den ländlichen Gemeinden, sehr viele Klagen über die schlechte Zahlungsweise der Gemeindebürger laut. Dies ist teilweise auf die zur Zeit bestehenden schlechten Verdienstmöglichkeiten und vielerlei Belastungen der Volksgenossen zurückzuführen. Die gemeindlichen Rückstandsverzeichnisse weisen vielerorts eine Steigerung aus; dazu kommen noch oftmals die Belastungen der Rückstände aus den früheren Jahren hinzu, so daß die Gemeinden zu den Maßnahmen des Mahn- und Vollstreckungsverfahrens übergehen mußten. Um die unwilligen Steuerzahler von den wirklich Bedürftigen oder unfähigen Zahlern scheiden zu können, ist diese Maßnahme nicht zu umgehen. Meist krankt das Kassen- bzw. Rückstandswesen daran, daß die Bürgermeister nicht den Mut haben, sich herauszustellen und die Ausstandsverzeichnisse gegen zahlungsunwillige Bürger vollstreckbar zu erklären. Oftmals mußte die Wahrnehmung gemacht werden, daß Bürgermeister Rücksicht nahmen und die pflichtgemäße Eintreibung der Schulden unterließen, weil Gemeinderäte oder sonst verantwortliche Personen in der Gemeinde mit die Hauptschuldner der Gemeinde sind. Nachdem die Belastung der Gemeinden durch die vielerlei Auflagen sich vergrößert hat, muß die Gemeinde auf den höchstmöglichen Eingang ihrer

Forderung bedacht sein. Um nicht eine Neuverschuldung der Gemeinden heraufzubeschwören, muß notwendigerweise darauf geachtet werden, daß die Umlegung von Ausgaben, die nicht Pflichtaufgaben der Gemeinden und grundsätzlich keine Maßnahmen von kommunalpolitischer Bedeutung sind, unterbleiben...

Die vom Gauamt organisierten und geleiteten Schulungskurze nehmen einen außerordentlich befriedigenden und erfolgreichen Verlauf. Bereits zehn Kurse sind durchgeführt, so daß fast die Hälfte aller mainfränkischen Bürgermeister geschult wurden. Durchweg zeigen die Bürgermeister an den Vorträgen, die sich hauptsächlich auf dem Gebiete der DGO, Rechnungs- und Kassenwesen, Fürsorgewesen, Arbeitsmaßnahmen zur Durchführung der Arbeitsschlacht, Kulturelle Aufgaben usw. bewegen, großes Interesse. Durch die Einschaltung einer Aussprache anschließend an die jeweiligen Referate tritt klar in Erscheinung, wieweit Sinn und Inhalt der neuen DGO erkannt wurden und von welcher politischen und fachlichen Grundstimmung die Bürgermeister beseelt sind. Daß während dieser viertägigen Kurse die Kameradschaft in echt nationalsozialistischem Geiste gepflegt, die Feierabendgestaltung weltanschaulich ausgerichtet durchgeführt wird, ist eine Selbstverständlichkeit. Alte und bewährte Parteigenossen sind für die Schulungskurse verpflichtet, weltanschauliche Vorträge zu halten. Durch diese Schulungen treten die Bürgermeister mit dem Gauamt für Kommunalpolitik in direkte Beziehung, was die Arbeit des Gauamts in vielerlei Entscheidungen wesentlich erleichtert. Die Bürgermeister erkennen die Wichtigkeit des Amtes für Kommunalpolitik. Nach Abschluß der Kurse erhalten die Kreisleiter durch den Schulungsleiter eine kurze Beurteilung der Teilnehmer...

Ein Bürgermeister hat Antrag auf Beihilfe beim Finanzamt für eine Familie gestellt, die nach Sachlage mit Rücksicht auf Kinderzahl und Bedürftigkeit vollberechtigt für den Anspruch ist. Der Vater stand jedoch vor der Machtübernahme der KPD nahe. Die Kinder des Betreffenden gehören zum Teil der HJ an und sollen und wollen dadurch schließlich einmal wertvolle Volksgenossen werden. Das Finanzamt hat den Antrag abgelehnt mit der Begründung, daß das Vorleben und der Leumund nicht einwandfrei sei. Es erscheint hier zweckmäßig, bei der Beurteilung der politischen Seite des Antragstellers jeweils den politischen Hoheitsträger zu Rate zu ziehen, da vielmals weder Bürgermeister noch der Beamte des Finanzamts Entscheidung auf politische Wertigkeit abgeben kann...

Aus Tätigkeitsbericht des Gauamts für Kommunalpolitik, Gau Mainfranken, 4. 3. 1936

... Von seiten der Geistlichen und Kirchenstellen werden die Darlehenskassen und vielerlei auch Privatbanken bei der Anlegung ihrer Gelder wie überhaupt bei Abwicklung ihrer Geldgeschäfte bevorzugt. Einzelne Sparkassenleiter führen diese Vorgänge auf die Kontensperren der religiösen Organisationen im Jahre 1933 zurück. Aus einzelnen Gemeinden werden besonders Klagen laut, daß die Geistlichen gerade in den Vorständen und Aufsichtsräten der Darlehenskassen eine ausschlaggebende Rolle spielen und einen entsprechenden Einfluß auf die Darlehenskassen-Mitglieder ausüben. Wird von Nationalsozialisten der Versuch gemacht, in den Vorstand oder Aufsichtsrat hineinzukommen, dann drohen die andern, ihre Spareinlagen zu kündigen. Sie sagen: »Wenn die alten erfahrenen Männer am Ruder bleiben, so lassen wir auch unsere Spareinlagen bestehen, kommen die Neuen (sprich Nationalsozialisten), dann gehen wir und nehmen unsere Gelder mit«. Geklagt wird, daß von seiten der Geistlichen immer wieder interne Versammlungen abgehalten werden, die in Anwesenheit eines Beauftragten der Partei zunächst harmlos verlaufen, in Abwesenheit des politischen Beauftragten sich umstellen und zum Ausharren mahnen. Dabei wird auf die ersten Christen, die ebenfalls in Hetakomben [sic!] ihre Besprechungen abhalten mußten, hingewiesen...

Aus Tätigkeitsbericht des Gauamts für Kommunalpolitik, Gau Franken, 10. 3. 1936

... Die nationalsozialistische Personalpolitik der Stadt Nürnberg geht aus folgender Veröffentlichung hervor, die im Amtsblatt der Stadt Nürnberg am 27. Februar 1936 erschienen ist:
»Es ist selbstverständlich, daß es auch die Stadtverwaltung Nürnberg als eine ihrer besonderen Aufgaben ansieht, ihren Dank gegenüber den Altkämpfern der nationalsozialistischen Bewegung auch dadurch zum Ausdruck zu bringen, daß sie diese Altkämpfer bei der Erledigung von Arbeiter-, Beamten-, Lehrer- und Angestelltenstellen bei gegebener sonstiger Eignung bevorzugt berücksichtigt. Aber auch sonst bietet ein Querschnitt durch die städtische Gesamtbelegschaft – Arbeiter, Beamte, Lehrer und Angestellte usw. zusammengefaßt – ein außerordentlich interessantes Bild, aus dem im folgenden einige Zahlen aufgezeigt sein sollen.
In den städtischen Dienst sind seit der Machtergreifung 486 Mitglieder der NSDAP, der SA, SS, der HJ, des BdM, der NS-Frauenschaft und des NS-Studentenbundes neu aufgenommen worden, deren Beitritt bereits vor dem 30. Januar 1933 erfolgt ist, außerdem weitere 300 Personen, die ihren Beitritt zur NSDAP und ihren Gliederungen nach dem genannten Zeitpunkt vollzogen haben. Zu diesen 786 Neuaufnahmen treten sodann weitere 369 Personen, die zum größten Teile Mitglieder der Deutschen Arbeitsfront oder des Reichsbundes Deutscher Beamten sind. Im ganzen haben also seit der Machtergreifung durch die NSDAP 1155 Volksgenossen Anstellung im städtischen Dienst gefunden...

Aus Tätigkeitsbericht des Kreisamts für Kommunalpolitik, Kreis Haßfurt, Gau Mainfranken, 28. 4. 1936[12]

... Ich habe schon im letzten Bericht auf die Rückstände verwiesen. 59 517,85 RM aus den Vorjahren, 88 579 RM aus dem Jahre 1935, doch gewiß eine schöne Erbschaft, und nach den neuen Meldungen vom April ist mit einem Rückgang von 50% bestimmt zu rechnen. Wodurch wurde das erreicht? Weil man den Bürgermeistern erklärte, Ihr müßt, müßt und müßt, und nur dieses Eindringliche hat zum Ziel geführt. Nun kommen die

---

[12] StA Würzburg, NSDAP II/8. Es handelt sich hierbei zusammen mit dem Bericht desselben Amts vom 2. 11. 1937 (siehe S. 566) um vereinzelte Berichte einer verlorengegangenen periodischen Berichterstattung.

Bürgermeister mit ihren besonderen Rückständen zum Kreisamt und bitten, wir sollen in diesem und jenem Fall an den Schuldner persönlich schreiben. In vielen Fällen haben wir das schon und fast immer mit Erfolg getan.

Wie ist nun hier die Lage, ist die Aufsichtsbehörde im Stande und bereit, die Bürgermeister in dieser Frage zu unterstützen? Weiß man nicht, daß es eben einen besonderen Eindruck macht, wenn von der Kreisleitung ein Schreiben kommt. Ist es nicht auch Aufgabe der Kreisleitung und damit des Kreisamtes, sich dafür einzusetzen, daß die Steuermoral gehoben wird. Ich bitte um Klärung, wie nun das Kreisamt eingreifen kann. Wenn es der Aufsichtsbehörde überlassen bleiben soll, dann Gute Nacht, dann können die Rückstände weiterhin schlafen. Für das Kreisamt und die Kreisleitung wäre es ja eine große Erleichterung, wenn wir uns um diese Sachen nicht kümmern würden, aber dann und damit ist den Gemeinden nicht geholfen. Es dreht sich darum, daß wir die Gesundung der Gemeinden erreichen. Die Mittel können schon manchmal etwas ungewöhnlich sein.

Wie weit wir im gemeindlichen Kassenwesen zurück sind, dafür ist der Beweis in Sylbach erbracht. Auch in anderen Gemeinden ist es dringend notwendig ein- und durchzugreifen. Beantragen Sie einmal beim Amt die Vornahme einer Revision, so werden Sie gleich hören können, daß dies dienstlich unmöglich ist. Wie soll dann aber die Besserung kommen, wenn man andererseits das Kreisamt zur Untätigkeit verdammen will, denn durch Reden allein geschieht bekanntlich nichts, ebenso nicht durch lange Schriftsätze? Glauben Sie, daß es sich nicht wertvoll auswirkt, daß wir in unserem ganzen Kreis nun einheitliche Quittungen etc. haben, daß in der kleinsten Gemeinde die Quittung durchgeschrieben ist? Nun müßte man die Zeit aufbringen und bei den einzelnen Gemeinden nachsehen, wie die Sache in der Praxis aussieht. Ich werde dies mit dem Kreisleiter in einigen Gemeinden bestimmt vornehmen und dann die übrigen Gemeindekassiere in einer Sonderschulung neuerlich beraten. Also überall gibt es doch Arbeit und die Arbeit, die vom Kreisamt geleistet wird, ist doch ganz dazu angetan, der Aufsichtsbehörde die Arbeit zu erleichtern. Warum dann auf diesen Papierstandpunkt verfallen wollen? Bestimmen tut die Partei, und wir werden auch die Schriftform finden, woran nichts zu deuten ist...

Ich bitte um Bescheid, welche Tätigkeit das Bezirksamt zu »entfalten« hat, wenn eine Gemeinde um Hilfe bittet zur Ermöglichung der Beitreibung der Außenstände.

Aus Tätigkeitsbericht des Gauamts für Kommunalpolitik, Gau Mainfranken, 4. 11. 1936

In den Berichtsmonat fällt die große Werbeaktion der NSV, die in unserem Gau besonders stark vorwärtsgetrieben wurde. Durch Zusammenwirken mit dem Amt für Volkswohlfahrt bei der Gauleitung wurden den Gemeinden und Bürgermeistern die ihnen zufallenden Aufgaben zugewiesen. Die Bürgermeister hatten vor allem dafür zu sorgen, daß sämtliche Beigeordneten, Gemeinderäte, Gemeindebeamte, -Angestellte und -Arbeiter Mitglied der NSV wurden und somit vorbildlich in der Gemeinde wirkten. Der Erfolg dieser Werbung ist in allen Kreisen erkennbar; der Gau Mainfranken dürfte wohl an die Spitze aller Gaue mit seinem Ergebnis an NSV-Mitgliedern kommen...

Aus Tätigkeitsbericht des Gauamts für Kommunalpolitik, Gau Franken, 8. 7. 1937

... Die NSV beabsichtigt in Lauf die Einrichtung einer NS-Gemeindestation (Braune Schwestern). Nach einem Reichsvertrag sind für jede Braune Schwester monatlich RM 120.- zu bezahlen. Für 3 Schwestern sind dies im Jahre RM 4 320.-. Dabei sieht der Vertrag vor, daß diese Schwestern nur ganz bestimmte Aufgaben zu erfüllen haben. So brauchen sie sich beispielsweise bei Erkrankung einer Hausfrau, die viele Kinder hat, nicht um den Haushalt anzunehmen, wie z. B. die Wohnung aufräumen, putzen, Krankenpflege und insbesondere Nachtwachen nicht durchzuführen. In Lauf arbeitet gegenwärtig noch die Gemeindediakonie, die durch private Spenden ein eigenes Haus besitzt und deren finanzielle Unterhaltung vor allem mit durch private Zuschüsse gewährleistet wird. Diese Station hat vier Schwestern, versorgt das ganze Stadtgebiet einschließlich Umgebung, macht jede Arbeit und steht dem Wohlfahrtsamt auch sonst zur Verfügung. Sie bekommt von der Stadt im Jahre einen Gesamtzuschuß von RM 400.-! Trotz aller weltanschaulichen Gründe kann sich deshalb die Stadtverwaltung Lauf für eine Ablösung der billigen und doch einwandfreien und tüchtigen Diakonissen durch die teueren und etwas vornehmen Braunen Schwestern nicht begeistern...

Aus Tätigkeitsbericht des Gauamts für Kommunalpolitik, Gau München-Oberbayern, 5. 10. 1937

... Die Abstimmung für die Gemeinschaftsschule, welche im Juli durchgeführt wurde, hat im Gaugebiet 97,5% für die Gemeinschaftsschule ergeben. Einige Bürgermeister, vor allem aber Gemeinderäte, die gegen die Gemeinschaftsschule stimmten, wurden abberufen...

Die Hetze seitens der Kirche nimmt kein Ende. Es wurden bekanntlich vor allem die Berichte der Zeitungen über die Koblenzer Sittlichkeitsprozesse als unglaubwürdig erklärt.[13] Diesem ist das Gauamt auf Anregung des Gauleiters dadurch entgegengetreten, daß es vom 5. bis 9. 7. 1937 eine Sonderfahrt nach Koblenz und nach Düsseldorf durchführte, an der 114 Bürgermeister, Beigeordnete oder sonst angesehene Personen aus den Gemeinden, und zwar aus jedem Kreis des Gaugebietes durchschnittlich vier bis fünf teilnahmen. In Düsseldorf besichtigte man die Reichsausstellung »Schaffendes Volk«, und in Koblenz nahmen die Fahrtteilnehmer an zwei Terminen teil, in denen einmal Vergehen gegen geistig minderwertige Fürsorgezöglinge und einmal Vergehen von an und für sich normalen Klosterbrüdern untereinander verhandelt wurden. Den Gegensatz zwischen dem arbeitenden Deutschland und den sittlich verkommenen Klosterbrüdern zu zeigen, war von vornherein die Absicht gewesen und hatte auch den gewünschten Erfolg. Denn hier konnten sich auch die ärgsten Zweifler davon überzeugen, daß die Berichte unserer Zeitungen bei weitem nicht ausreichen, um die tatsächlichen Vorkomm-

---

[13] Für die Ermittlungsverfahren gegen Ordensangehörige und Priester richtete der Reichsjustizminister Gürtner um die Jahreswende 1935/36 eine außerordentliche Dienststelle in Koblenz ein. Diese Sonderstaatsanwaltschaft war zuständig für Sittlichkeitsdelikte von Klosterangehörigen und Geistlichen im gesamten Deutschen Reich.

nisse in den Klöstern auch nur einigermaßen wiederzugeben. Sie stellten aber auch gleichzeitig fest, daß die Objektivität des Gerichts geradezu sprichwörtlich war...[14]

Aus Monatsbericht des Kreisamts für Kommunalpolitik, Kreis Haßfurt, Gau Mainfranken, 2. 11. 1937

... Es zeigt sich immer mehr, daß die Bürgermeister der kleinen Gemeinden in vielen Fällen nicht in der Lage sind, die von ihnen zu erfüllenden Aufgaben ordnungsgemäß durchzuführen. Auch sind tüchtige Kräfte für die Führung der Gemeinde – Bürgermeister, zwei Beigeordnete, Kassenverwalter – vier ehrenamtliche Kräfte – oft nicht in hinreichender Zahl vorhanden. Die Berufungsverfahren von Bürgermeister und Beigeordneten waren oft sehr langwierig, weil für die zu besetzenden Stellen nicht genügend Personen zur Verfügung standen, die politisch zuverlässig sind und deshalb das Vertrauen der Partei genießen, die in ihrer Gemeinde einen Rückhalt haben und letztlich den Anforderungen gewachsen erscheinen, die das Amt eines Bürgermeisters und Beigeordneten an seinen Inhaber heute stellen muß und täglich stellt. In drei Gemeinden konnten die Berufungsverfahren bis jetzt noch nicht abgeschlossen werden...

Aus Tätigkeitsbericht des Gauamts für Kommunalpolitik, Gau Schwaben, 11. 7. 1938

... Die eingegangenen Berichte halten sich meist in der gleichen Linie wie der Monatsbericht aus dem Kreis Lindau, in dem folgendes ausgeführt ist:
»Die Mitteilung des Preußischen und Reichsinnenministers auf dem Deutschen Gemeindetag in Berlin[15], daß künftighin das Reich den Gemeinden ohne eine Ersatzleistung die Einkünfte aus der Biersteuer, der Körperschaftssteuer und der Grunderwerbssteuer nehmen wolle[16], erfüllt wohl jeden Bürgermeister mit ernstester Sorge. Selbst wenn damit gerechnet werden kann, daß die Biersteuer den bayerischen Städten nicht völlig entzogen wird, ergeben sich doch sehr trübe Aussichten für die Zukunft. Was man zu den Ausführungen in einem Artikel des »Völkischen Beobachters« über die Biersteuer sagen soll, die folgendermaßen lauten: ›Wenn dann auch die gemeindliche Arbeit mehr ein Verwalten als ein Gestalten sein wird und in der Ausführung neuer Maßnahmen und größerer Pläne kurz treten muß, so bedeutet dies für eine Übergangszeit nichts wesentliches. Im Gegenteil, den Umständen nach könnte es vielleicht der inneren Konsolidierung und Abklärung bei der gemeindlichen Selbstverwaltung nützlich sein, wenn sie zu einem der-

---

[14] Die hohe Zahl der Verurteilungen im Gegensatz zu den wenigen Freisprüchen, vor allem bei den Prozessen gegen die Laienbrüder, ließ manchen Zeitgenossen vermuten, die Haltung der Gerichte sei nicht korrekt. Daß dies nicht zutraf, kann nach heutigen Erkenntnissen als sicher gelten; siehe Hockerts, Hans Günter: Die Sittlichkeitsprozesse gegen katholische Ordensangehörige und Priester 1936/37. Mainz 1971.

[15] Rede Fricks auf der 5. Jahrestagung des Deutschen Gemeindetags am 15. 6. 1938 zum Thema »Der Aufbau der gemeindlichen Selbstverwaltung im Lande Österreich«, abgedruckt in: Der Gemeindetag. Ztschr. für deutsche Gemeindepolitik, Jg. 32 (1938), Nr. 13, S. 429–432.

[16] Siehe das bald darauf erlassene Dritte Gesetz zur Änderung des Finanzausgleichs vom 31. 7. 1938; RGBl.I, S. 966.

artigen Kurztreten angehalten würde«, weiß ich nicht. Sie klingen, vor allen Dingen was den Schlußsatz anbetrifft, wie Hohn. Die Gemeinden haben doch wahrhaftig, wenigstens was den Durchschnitt anbetrifft, bis heute keine luxuriösen Ausgaben gemacht, sondern lediglich einen Teil der Schäden geheilt, die die Kriegszeit und die Krisenjahre mit sich brachten.«

Gerade die Biersteuer macht sowohl in den Städten wie in den ländlichen Gemeinden einen sehr erheblichen Einnahmeposten aus. So beträgt beispielsweise die Biersteuer in der Stadt Höchstädt, Kreis Dillingen, 16 500.– RM, während die Gemeindeumlagen nur einen Eingang von 14 500.– RM aufweisen. Der Bürgermeister der Stadt Höchstädt schreibt, daß es unmöglich sein wird, den Haushalt auszugleichen, und daß eine weitere Erhöhung der Grundsteuer notwendig wäre, nachdem die Bürgersteuer schon 500% beträgt, was für die steuerschwache Bevölkerung an sich schon eine große Belastung bedeutet...

Es wird aus Kempten berichtet, daß die NSV das Rote Kreuz in sich aufgenommen und den Gemeinden Aufforderung mit Zahlkarte geschickt habe des Inhalts, daß von der Gemeinde in Zukunft für jede Rote-Kreuz-Schwester 160 RM an die NSV zu zahlen seien; die Gemeinden seien vorher nicht befragt worden, und in Kempten z. B. habe die Stadt für die Rot-Kreuz-Schwestern nie etwas bezahlt. Die Finanzierung sei vielmehr früher Sache des Roten Kreuzes gewesen, das ja auch die Einnahmen hatte. Die Stadt Kempten habe die Neubelastung – 5760 RM jährlich – ablehnen müssen.

Es wird dabei immer wieder zum Ausdruck gebracht, daß die Gemeinden selbstverständlich die NSV, die HJ, das Jugendherbergswerk und all die Organisationen, deren Wert und Bedeutung keineswegs verkannt wird, gern und freudig unterstützen, soweit es in den Kräften der Gemeinden steht, daß aber nunmehr bei der gegebenen Finanzlage auch die Organisationen sich bescheiden müssen, nachdem die Gemeinden Mühe haben, ihren Pflichtaufgaben gerecht zu werden...

Aus Monatsbericht des Gauamts für Kommunalpolitik, Gau Mainfranken, 2. 9. 1938

... Die Bürgermeister lehnen es fast insgesamt ab, von der durch das Finanzausgleichsgesetz und den dazu ergangenen VO[17] eingeräumten Möglichkeiten der Steuererhöhung Gebrauch zu machen. Derartige Maßnahmen von seiten der Bürgermeister sind gegenwärtig auch politisch nicht recht tragbar. Wenn schon von seiten der Staatsführung solche Steuererhöhungen ins Auge gefaßt sind, dann wäre es sehr zweckmäßig, wenn sie zentral eingeführt würden, statt den einzelnen Landbürgermeistern diese schwere Aufgabe zu überbürden.

---

[17] Finanzausgleichsgesetz, siehe Anm. 16.

Aus Tätigkeitsbericht des Gauamts für Kommunalpolitik, Gau Bayerische Ostmark, 1. 3. 1939

Aus dem Kreis Rottenburg-Mallersdorf wird gemeldet: »Der Landrat des Landkreises Rottenburg[18] hat mit seinen verschiedenen, sich teilweise widersprechenden Anordnungen (in Steuersachen) ein ziemliches Durcheinander bei den einzelnen Gemeinden angerichtet. Die Gemeinden sind nun mit der Ablieferung der Steuern (Bezirksumlagen) im Rückstand; teilweise ist noch nichts von den Gemeinden an den Bezirk bezahlt. Nun stellte der Landrat den Bürgermeistern einen Termin von drei Tagen, wobei er bei nicht rechtzeitiger Ablieferung den Bürgermeistern persönlich die Zinsen auferlegen wollte. Von einem Teil der Bürgermeister wurde nun dieser Termin nicht eingehalten. Daraufhin fuhr der Landrat in eigener Person in die verschiedenen Gemeinden und nahm das in der Gemeindekasse vorhandene Geld einfach mit, ohne Rücksicht darauf, ob darin auch Gelder der Tierseuchenkassen usw. enthalten waren. Diese Maßnahme hat bei allen Bürgermeistern sehr böses Blut gemacht, so daß von Amtsniederlegungen gesprochen wurde... Mit dieser Maßnahme ist der Bevölkerung das letzte Vertrauen dem Staate gegenüber genommen worden, und die Partei muß darunter leiden.«...

Aus Tätigkeitsbericht des Gauamts für Kommunalpolitik, Gau Mainfranken, 29. 7. 1939

... Seit der Machtübernahme ist auf fast allen Wirtschaftsgebieten ein Aufschwung festzustellen. Auffallend ist, daß ein Wirtschaftszweig, und zwar das Fremden- und Beherbergungsgewerbe, mit geringen Ausnahmen von diesem Aufschwung nicht miterfaßt wurde. Zwar hat sich im allgemeinen ziffernmäßig die Frequenz gegenüber der Zeit vor 1933 gesteigert, trotzdem lassen die wirtschaftlichen Verhältnisse in der Mehrzahl der Bade- und Fremdenverkehrsorte zu wünschen übrig. Die Stimmung der beteiligten Privatunternehmer grenzt da und dort an Verzweiflung. Sie können seit Jahren ihren steuerlichen Verpflichtungen nicht annähernd nachkommen, die Verschuldung der Betriebe hat zugenommen, ein Betrieb nach dem andern – hauptsächlich die größeren – kommen zur Zwangsversteigerung, weil eine andere Sanierung kaum möglich ist. Die beispielsweise in Bad Kissingen mit großen Hoffnungen erwartete Saison 1939 war ein Fehlschlag; die Frequenz gegenüber dem Vorjahr ist weiter zurückgegangen. Es ist schwer, die Ursachen dafür einwandfrei festzustellen. Der Ausländerbesuch hat in diesem Jahr fast völlig ausgesetzt; durch die neu zum Reich gekommenen sudetendeutschen Bäder wird ein erheblicher Teil von Gästen dorthin gelenkt. Zweifellos spielen auch die Ertragsverhältnisse der Betriebe eine Rolle, die seit Jahren mit wenigen Ausnahmen zu wünschen übrig lassen. Die Unkosten haben sich in der Nachkriegszeit in solchem Maße gesteigert, daß sie mit dem Ertrag nicht mehr in Einklang stehen. Es erscheint angezeigt, daß dieses Problem auch von oben her einmal angefaßt wird, damit nicht ein Zweig der deutschen Wirtschaft verkümmert, während es sonst überall vorwärts geht.

---

[18] Laut Münchener Jahrbuch 1940 war die Landratsstelle Rottenburg 1939 nicht besetzt. Es kann sich infolgedessen hier nur um einen Vertreter handeln.

Es besteht kein Zweifel, daß auch die politische Spannung einen wesentlichen Anteil an der Minderung der Besucherzahl trägt. So ist ein Großteil der Bäder, die auf Ausländer und besonders begüterte Kurgäste angewiesen sind, ein Opfer von Verhältnissen, die außerhalb des Vermögens der örtlichen Dienststellen liegen...

Aus Tätigkeitsbericht des Gauamts für Kommunalpolitik, Gau Franken, 30. 8. 1939

... Nach einer Verfügung des Stellvertreters des Führers sollen alle Volksgenossen, die im Besitze eines Amtes und noch nicht Parteigenossen sind, als Parteianwärter vorgeschlagen werden. Dies käme im Kreis Scheinfeld insbesondere für die Gemeinderäte und Beigeordneten in Frage, soweit diese nicht schon Parteigenossen sind. Ich merke bei diesbezüglichen Aufforderungen einen gewissen Widerstand, und zwar mit folgender Begründung: Die Gemeinderäte sind durchwegs verhältnismäßig alt, ein großer Teil ist über 60 Jahre und nahe daran; sie sagen, es hätte doch keinen Zweck mehr, in diesem hohen Alter sich noch als Parteigenosse aufnehmen zu lassen. Abgesehen davon, so hört man weiter, werden ja die Gemeinden zum Teil aufgelöst, und dann komme ich ja sowieso als Gemeinderat nicht mehr in Frage. Viele von diesen alten Gemeinderäten scheiden durch die Zusammenlegung der Gemeinden an und für sich als solche aus...

TEIL VII
Stimmung und Verhalten der Bevölkerung unter den Bedingungen des Krieges

A. Weltanschauliche Berichte der Kreisschulungsämter
1943–1944

EINFÜHRUNG

Die vorliegende Literatur über Volksstimmung und Meinungsbildung in der NS-Zeit bezieht sich in hohem Maße auf die Kriegsphase und hier wiederum in erster Linie auf die meinungs- und stimmungsbildenden Faktoren, die ihre Ursache und Prägung fast ausschließlich in vermittelten Nachrichten von der Front hatten. Weniger tritt dagegen die Partei in ihrem auch in der Kriegszeit nicht erloschenen Durchsetzungswillen, in ihrer realen oder irrealen Selbsteinschätzung und in ihrem unaufhaltsamen Prestige-Verfall in Erscheinung. Diese Lücke ein wenig aufzufüllen versuchen, war auch ein Gesichtspunkt bei der Auswahl der Berichte für dieses Kapitel, insbesondere für das erste Teilkapitel. Gleichermaßen scheinen die Meinungen, Haltungen und Stimmungen der Bevölkerung unter den Bedingungen und Belastungen des Krieges, soweit sie nicht direkte Reaktion auf das Frontgeschehen waren, noch nicht genügend Beachtung gefunden zu haben. Die Art und Weise, wie die Bevölkerung vom Krieg wirklich betroffen war, auch das Maß der Betroffenheit bzw. die fehlende Betroffenheit (vgl. Teilkapitel C), im Lichte der Konkretsituation zu dokumentieren, war vorrangiges Ziel aller Einzelabschnitte dieses Schlußkapitels.

Die folgende Berichtsauswahl des ersten Teilkapitels entstammt dem völlig ungeordneten NSDAP-Bestand des Staatsarchivs Nürnberg[1]. Es handelt sich um die Spezialprovenienz der »weltanschaulichen Berichte« der Kreisschulungsämter im Gau Franken, den einzigen ihrer Art für Gesamtbayern. Sie reichen von Januar 1943, dem Beginn dieser Berichterstattung, bis Januar 1945. Das ihnen zugrunde liegende, weitgespannte Berichtsschema umfaßte die »biologische Lage« (darunter sind vor allem Geburtenbewegung, »Fremdvolk«-Fragen und Volksgesundheit zu verstehen), die »weltanschauliche Lage« (hier wurden in der Regel propagandistische und tagespolitische Maßnahmen, Angriffe auf Hitler und die Tätigkeiten der Kirchen abgehandelt), weltanschauliche Erziehung, kulturelle Lage, Volkskunde und Feiergestaltung.

---

[1] StA Nürnberg, NSDAP/56 (Kreisschulungsamt Ansbach), 57 (Dinkelsbühl), 58 (Eichstätt), 60 (Fränkische Alb), 61 (Fürth), 62 (Neustadt a.d.Aisch), 63 (Nürnberg), 64 (Rothenburg o.d.Tauber), 65 (Schwabach), 66 (Weißenburg); hinzugezogen wurde 59 (Erlangen).

Eine nicht geringe Anzahl der Berichte, für die eine allzu rosige Lageschilderung charakteristisch ist, sollte mit besonders kritischem Vorbehalt gelesen werden. Die ihnen eigene Tendenz zur Schönfärberei konnte die unterschiedlichsten Motive haben: Angst vor Sanktionen, Anstreben einer Parteikarriere, Anbiederung bei vorgesetzten Dienststellen oder blinder Glaube an Hitler und den Nationalsozialismus. Typisch für Fehlbeurteilungen aus ideologischer Borniertheit ist die Reaktion des Kreisschulungsleiters von Neustadt auf das Attentat vom 20. Juli 1944. Stereotype Erklärungsschemata der NS-Weltanschauung aus simplifizierter Feindbild-Perspektive veranlassen ihn zu schreiben, daß nun die »Gefährlichkeit der Freimaurer« klar erkannt sei und auch die Judenfrage durch das Attentat eine »starke Vertiefung« erfahren habe. Es werde »lebhaft diskutiert und immer wieder festgestellt, daß hinter allem Unglück das Walten des Judentums«[2] stehe.

Auf der anderen Seite gab es nicht wenige Berichterstatter, die durchaus fähig waren, die Lage realistisch zu beurteilen, es aber dann auch mitunter für notwendig hielten, sich, bevor sie überhaupt den ersten Bericht schrieben, zu vergewissern, daß sie bei dieser »undankbaren Aufgabe« nicht zur Verantwortung gezogen würden, falls – wie es einer ausdrückte – »Dinge zum Vorschein kommen, die, wenn auch nicht gerade besorgniserregend, so doch mindestens unschön sind«[3].

Die Auswahl bezieht sich auf diese kritischeren Berichte, die – unter dem Vorbehalt der auch ihnen gegenüber gebotenen Vorsicht – Anhaltspunkte für die Durchdringungsfähigkeit des Nationalsozialismus liefern. Ihnen zufolge hatte die weltanschauliche Erziehung der Partei, zumindest auf dem Lande, weithin versagt. Einige der dafür angeführten vordergründigen Ursachen, das Fehlen finanzieller Mittel, geeigneter Räumlichkeiten u. ä., waren für den Mißerfolg wohl weniger ausschlaggebend als andere, vor allem die in den Berichten vielfach bezeugte Tatsache, daß es dem Nationalsozialismus, trotz aller Aktivität und Dynamik, nicht gelungen war, das Landvolk, das sich auch kaum für nicht-kirchliche Feiern erwärmen ließ, zu politisieren und zu indoktrinieren. Das Eingeständnis »beispielloser Kälte und Dürftigkeit«, das die NS-Feiergestaltung auf dem Lande häufig auszeichnete, zeigt, wie hoffnungslos die Partei in dieser Hinsicht ihrer großen weltanschaulichen Konkurrentin, der katholischen Kirche, unterlegen war. Neidvolle Klagen über die traditionsreiche, suggestive Kunst kirchlicher »Menschenführung« ziehen sich wie ein roter Faden durch die weltanschaulichen Lageberichte. Auch z. B. bei der Behandlung von »Fremdarbeitern« stieß die Partei mit ihrer Fremdvolkdoktrin vielfach auf gegensätzliche Interessen und Gewohnheiten der Landbevölkerung. Sie mußte sich in der Mitte des Krieges eingestehen, daß der Nationalsozialismus auf dem Lande weltanschaulich »keinen Schritt voran gekommen« sei und selbst die Jugend von Weltanschauung nichts wissen wolle.

Offensichtlich schon wegen dieser negativen Bilanz wichen die berichtenden Schulungsämter schon ein halbes Jahr nach Beginn der Berichtsserie zunehmend auf Ersatzthemen allgemeiner Art aus, so daß die Berichte vielfach den Stimmungs- und Lageberichten der Kreis- und Ortsgruppenleiter gleichen, was auch in der vorliegenden Aus-

---

[2] StA Nürnberg, NSDAP/62, weltanschaulicher Bericht des Kreisschulungsamts Neustadt a.d.Aisch vom 19. 9. 1944.
[3] StA Nürnberg, NSDAP/63, weltanschaulicher Bericht der Ortsgruppe Nürnberg-Maxfeld vom 9. 4. 1943.

wahl, unter der Einschränkung, daß sie vorrangig nach konkreten Kriegseinflüssen und -bedingungen getroffen worden ist, seinen Niederschlag findet.

Der sich in dieser spät begonnenen Berichtsserie äußernde Versuch der Partei, in der zweiten Kriegshälfte durch stärkere weltanschauliche Schulung Stimmung und Verhalten der Bevölkerung positiv zu beeinflussen, war, das belegen auch andere Berichte, zum Scheitern verurteilt. Der rasche Prestigeverfall der Partei, nicht Hitlers und der NS-Regierung überhaupt, spiegelt sich einheitlich in allen für die Regierungszeit vorliegenden Stimmungsberichten.

E. F.

DOKUMENTE

Aus weltanschaulichem Bericht des Kreisschulungsamts Dinkelsbühl, 2. 1. 1943

... Auffallend ist die Beobachtung, daß immer nach den Feiertagen (Weihnachten-Ostern-Pfingsten), an welchen jetzt während des Krieges die Stadtbevölkerung wesentlich zahlreicher sich ihrer ländlichen Heimat erinnert und dort Besuch macht, in unsere ländliche Gegend Gerüchte hereingetragen werden, die nahe an der Grenze der Heimtücke stehen. Bei dieser Beobachtung ist wiederum festzustellen, daß diese Schauergeschichten viel weniger aus der fränkischen Gegend (Nürnberg) kommen als vielmehr aus Schwaben, aus Augsburg und München. Die Besucher der Hauptstadt der Bewegung zeichnen sich als Importeure übelster Gerüchte ganz besonders aus.

Beide Konfessionen zeigen passiven Widerstand, der unverkennbar ist. Den Ausschlag über Umfang und Wirkung gibt in allen Fällen der amtierende Geistliche, der die gesinnungsmäßige Haltung der Bevölkerung bestimmt. Die Aktivität der Konfessionen beschränkt sich ausschließlich auf gesteigerten innerkirchlichen Betrieb und bewegt sich damit im Rahmen des Erlaubten. Die von seiten der Konfessionen mit großem Fleiß durchgeführten Gefallenen-Gedächtnisgottesdienste werden durchwegs ohne Tiefe abgewickelt. Verschiedene Kritiken haben mir bekundet, daß bei größerer Kritikfähigkeit des Landvolkes die Durchführung dieser Gottesdienste ganz dazu angetan wäre, von denselben Abstand zu nehmen. Doch die Landbevölkerung nimmt diese »Leier« eben einfach und vorbehaltlos hin...

Über die gesteigerte Tätigkeit der katholischen Kirche in Herrieden während der Weihnachtszeit gebe ich folgenden Bericht wörtlich wieder:

»An Weihnachten entwickelte die katholische Kirche naturgemäß eine größere Aktivität. Dies zeigte sich jedoch weniger an der Predigt, sondern vielmehr an der Feiergestaltung. Die Pfarrkirche ist im Innern ausgiebig mit Tannenbäumen und Tannengrün geschmückt worden, woran Lametta, Silberkugeln und Kerzen im Überfluß angebracht waren. Vorn im Presbyterium hing hoch oben eine große, aus Girlanden bestehende Kugel (elektrisch beleuchtet), über welcher die Figur des Jesusknaben stand. Die Kriegergräber in der Peterskapelle waren ebenfalls mit Weihnachtsbäumen geschmückt. Es brannten vier große, dicke Kerzen (rot) und an jedem der 33 Namenstäfelchen brannte eine kleine Kerze. Diese Kriegergräber genießen schon heute bei der Bevölkerung begreiflicherweise große Verehrung als Ort des Gebetes und des Gedenkens an die Gefallenen«...

Aus weltanschaulichem Bericht des Kreisschulungsamts Neustadt a.d. Aisch, 16. 2. 1943

... Die meisten Volksgenossen haben die Lage Stalingrads vor dem Bericht am 23. 1. 1943 nicht begriffen. Sie waren bis dahin der Ansicht, daß die Eingeschlossenen in den nächsten Tagen wieder befreit sein würden. Deshalb hat der Bericht vom 23. 1. 1943 sehr niederschlagend gewirkt. Bei den meisten hat die Depression trotz der Sorge um ihre Angehörigen nicht lange angehalten, sondern der Wut auf die Bolschewisten Platz gemacht und sich in einen verstärkten Wehrwillen verwandelt. Dies beweisen auch die Ergebnisse bei den letzten Sammlungen. – Es hätte also nicht geschadet, wenn die Bevölkerung schon früher über die ernste Lage unterrichtet worden wäre...

Aus weltanschaulichem Bericht des Kreisschulungsamts Schwabach, 18. 2. 1943

Es werden innerhalb der Bevölkerung mehr denn je ausländische Sender, besonders der Schweizer Sender, gehört. Bereits Anfang dieses Jahres gingen Gerüchte um, die von einer eingeschlossenen Armee bei Stalingrad berichteten. Man sprach von 70 000 Mann[4]. Die deutschen Berichte haben davon nichts gebracht oder erst, als nichts mehr zu verheimlichen war. Es war dem Volksgenossen versprochen worden, daß er die ungeschminkte Wahrheit erfahren solle, das ist nicht geschehen. Die Folge ist, daß man heute unseren Verlautbarungen über die Lage an den Fronten mißtraut.

Aus weltanschaulichem Bericht des Kreisschulungsamts Weißenburg, 20. 2. 1943

... Stalingrad war ein Fanal[5]. Auch der letzte wurde aufgerüttelt. Mancher begreift jetzt erst den Sinn dieses Krieges. Die Versammlungen und Schulungen sind sehr gut besucht. Das Bestreben sich zusammenzuschließen, um der großen Gefahr zu begegnen, ist vorhanden. Kleinmütige möchten zweifeln, ob die Gefahr abzuwenden ist. Der überwiegende Teil der Bevölkerung sieht jedoch die Notwendigkeit des Kampfes bis zum Endsieg ein und ist bereit, auch dafür sich restlos einzusetzen...

Die weltanschauliche Ausrichtung der Jugend läßt zu wünschen übrig. Die sehr jugendlichen Führer können diese Aufgabe nicht bewältigen. Eine Zusammenarbeit mit der Partei auf diesem Gebiet ist nicht vorhanden. Wenn nicht die Schulungsarbeit der HJ der Partei übertragen wird, wächst eine Jugend heran, die von Weltanschauung wenig weiß und auch nichts wissen will...

---

[4] In Stalingrad waren rund 284 000 deutsche Soldaten eingeschlossen, davon konnten nur 34 000 ausgeflogen werden, 90 000 gerieten in Gefangenschaft. Der Rest war gefallen oder verschollen.

[5] Die 6. Armee wurde am 23. 11. 1942 von sowjetischen Truppen zwischen Wolga und Don eingeschlossen. Da Hitler sowohl Ausbruch als auch Kapitulation verboten hatte, engten sowjetische Verbände die 6. Armee in Stalingrad immer mehr ein. Generalfeldmarschall Paulus unterzeichnete am 31. 1. 1943 für einen Teil der eingeschlossenen Truppen, General von Seydlitz am 2. 2. 1943 für die restlichen eingeschlossenen Truppen die Kapitulation. – Da in Kapitel VII das Kriegsgeschehen nur in Ausnahmefällen, wenn der Sinnzusammenhang es erforderte, kommentiert wurde, wird bei der zahlreichen Literatur über den Zweiten Weltkrieg insbes. verwiesen auf Gruchmann, Lothar: Der Zweite Weltkrieg. Kriegsführung und Politik, in: Deutsche Geschichte seit dem Ersten Weltkrieg, Bd. II. Stuttgart 1973.

Aus weltanschaulichem Bericht des Schulungsleiters der Ortsgruppe Luitpoldhain, Kreis Nürnberg, 6. 4. 1943

... Die meisten Volksgenossen haben für alle Maßnahmen von Staatsführung und Partei Verständnis und gehen willig mit. Nur wünschen sie nicht in ihren Augen unnötige Belastungen ihrer an und für sich knappen Freizeit... durch Parteidienststellen. Wenn z. B. im Bereich der Zelle, in der ich wohne, innerhalb einer Woche die Volksgenossen seitens der Partei zu vier Veranstaltungen mobil gemacht werden, so ist das des Guten zuviel (Zellenabend, Großversammlung, Heldenehrung, Sprechabend), so ist das zuviel und erzeugt letzten Endes nur Mißmut und Gleichgültigkeit...

Aus weltanschaulichem Bericht des Schulungsleiters der Ortsgruppe Maxfeld, Kreis Nürnberg, 9. 4. 1943

... Hier [in Fragen der Feiergestaltung] haben die Kirchen einen bedeutenden Vorsprung. In diesem Zusammenhang muß noch bemerkt werden, daß die Kirchen mit zunehmender Härte des Krieges einen Zustrom haben wie noch nie. Heute ist es so, daß nicht mehr der Pfarrer dem Volk nachläuft, sondern umgekehrt, das Volk kommt zum Pfarrer. Die erdrückende Mehrzahl der Jugendlichen wird konfirmiert, in den allermeisten Gefallenentraueranzeigen ist ein Hinweis auf einen Trauergottesdienst enthalten, auch bei Gefallenen der Waffen-SS und sogar der Leibstandarte. ... Es hat keinen Sinn, wenn wir diese Tatsachen in Abrede stellen. Wir werden damit in Zukunft noch mehr rechnen müssen, denn das neuerwachte kirchliche Interesse erstreckt sich so tief in die Kreise unserer Anhängerschaft, daß wir nicht darüber hinwegsehen können.

Aus weltanschaulichem Bericht des Kreisschulungsamts Dinkelsbühl, 18. 4. 1943

... Eine wertvolle Feststellung hat meine Erhebung ergeben, wonach (mit nur einem Ausnahmefall) in den katholischen und evangelischen Kirchen bis heute nachweislich kein Geistlicher auch nur einmal auf die Gefahr des Bolschewismus eingegangen ist und in der Predigt oder bei anderen Gelegenheiten darauf hingewiesen hätte. – Es müssen hier unbedingt diesbezügliche organisierte und systematische Anweisungen für diese geschlossene Unterlassung bestehen!
Es besteht Veranlassung zu der Annahme, daß sich das Landvolk über das Wesen des Bolschewismus nicht die notwendigen Vorstellungen macht. Man sollte doch meinen, daß die vielen Urlauber von der Front und den Lazaretten hier unwiderleglichen Einfluß geübt haben müßten. Das ist aber nicht der Fall. – Die Landbevölkerung sieht die Gefahr nicht mit dem Ernst und erkennt sie keineswegs als ihre persönlichste Angelegenheit. – Sie glaubt vielmehr, daß es auch im Falle eines verlorenen Krieges »auch wieder ginge!« Die Aufklärung der Partei (durch Propaganda- und Schulungsredner) wird vielfach als übertrieben hingenommen und hat nicht die erstrebte Wirkung...
Die Möglichkeiten der weltanschaulichen Erziehung sind in der Partei und deren Glie-

derungen äußerst bescheiden, die vorhandenen Mittel sehr gering und, insbesondere die äußeren Voraussetzungen an Gebäuden/Räumen und auch Anlässen, für ländliche Verhältnisse nicht Rechnung tragend. So z. B. haben die Anlässe und Anregungen guter Feierstunden ... im Berichtsgebiet höchstenfalls in Dinkelsbühl, Wassertrüdingen und Feuchtwangen Eingangsmöglichkeit und Verständnis zu erwarten, werden dann von einigen hundert Parteigenossen aufgenommen, nur von der Hälfte wirklich verstanden, und alle übrigen Volksgenossen des Kreisgebietes hören nicht einmal davon und bleiben damit völlig unberührt – die weltanschauliche Arbeit der HJ ist hier auf dem Lande als nahezu unbedeutend zu bezeichnen...

Aus weltanschaulichem Bericht des Kreisschulungsamts Nürnberg, 18. 4. 1943

... Das starke Vorhandensein fremdvölkischer Arbeitskräfte (90 000 im Gau Franken nach einer Angabe des Pg. Reich in der letzten Schulung) beschäftigt die Volksgenossen immer stärker. Die gefühlsmäßige Einstellung zu den Fremdvölkischen ist nicht einheitlich klar. Wenn z. B. deutsche Arbeiter für den Fremdvölkischen (Franzosen), der für eine Zurechtweisung seinen Meister anfällt und mißhandelt, noch Stellung nehmen (siehe Gauringblatt), wenn sich die Ausländer laut und anmaßend in den Straßenbahnen und Eisenbahnen benehmen können und deutschen Frauen die Sitzplätze wegnehmen und vielleicht sogar dabei stillschweigende Unterstützung finden (»der ist auch müde von der Arbeit«, »der hat ebenso seinen Platz bezahlt«), so zeigt das bei dem gutmütigen Deutschen mit seinem überobjektiven Gerechtigkeits- und Gleichheitsdenken noch einen großen Mangel an nationalem Eigenwillen. Andererseits herrscht berechtigter, starker Unmut über dieses Benehmen Fremdvölkischer. Die Franzosen und Französinnen führen sich laut und ungeniert, besonders am Abend, auf (vergleiche Gartenstadt). Das Stelldichein der Ostarbeiter am Plärrer an den Sonntagen ist eine allgemeine Gewohnheit geworden. In der Dunkelheit treiben sich noch viel zu viel Fremdvölkische auf den Straßen herum. Es wird berichtet, daß Männlein und Weiblein dieser Fremdvölkischen zum Teil auf dem Randstein vor dem Luitpold-Automat und zum Teil auf der Stadtmauer vor dem Frauentor und am Ring noch spät am Abend zusammensitzen und kein gutes Sittenbeispiel geben. ... Für die fahrtberechtigten Fremdvölkischen müßte die Straßenbahndirektion an die Schaffner Weisungen hinausgeben. Wenn ein Parteigenosse ... zur Selbsthilfe schreitet und für deutsche Frauen Platz schaffen will, von der Schaffnerin die Drohung erhält, vom Wagen gewiesen zu werden, so verkennt eine solche Deutsche als Schaffnerin ihren Dienst. Auf den Eisenbahnen sind die Zustände ähnlich... Die Terrorangriffe der Mordbrenner. Das Rechtsgefühl des deutschen Volkes wendet sich gegen diese Art Kriegführung. Man kann immer wieder hören: Das ist kein Krieg mehr, sondern reiner Menschenmord. Bei vielen Volksgenossen steigert sich dies zu dem ausgesprochenen Haß gegen die Feinde. Freilich ist dieser Haß noch nicht so allgemein, und manche denken naiv, ob keine Möglichkeit wäre, überhaupt den Luftkrieg durch Vereinbarung zu beenden.

Aus weltanschaulichem Bericht [des Schulungsleiters der Ortsgruppe Lichtenhof, Kreis Nürnberg], 19. 4. 1943[6]

... Eine Frau, deren Sohn gefallen war und für den nun am folgenden Tag ein Gottesdienst stattfinden sollte, äußerte sich: »Von euren roten Fetzen will ich aber nichts sehen«[7]. Und als nun der Ortsgruppenleiter verfügte, daß keine Fahnen mitgehen, daß keine Böller, wie sonst am Grabe eines Soldaten, abgeschossen werden, da schimpften die Bauern und sagten, wenn die Alte auch ein bissel geschimpft hat, ist der Soldat von II. Klasse gewesen, ist der nimmer wert, mit soldatischen Ehren zu Grabe getragen zu werden, ist er nicht auch für das Vaterland gefallen?

Aus weltanschaulichem Bericht des Kreisschulungsamts Weißenburg, 21. 4. 1943

... Das Geschehen von Stalingrad hat zum Teil eine große Niedergeschlagenheit ausgelöst. Besonders bei Familien, deren Angehörige Kämpfer von Stalingrad waren. Die Stimmung wird unter anderem auch von Geistlichen erzeugt. Hat doch bei einem Trauergottesdienst für einen Gefallenen der evangelische Geistliche von Treuchtlingen geäußert, die deutschen Soldaten hätten sich an die Flugzeuge, die Verwundete herausholten, geklammert, um gerettet zu werden. Sie hätten aber niedergeschossen werden müssen, damit wenigstens die Verwundeten hätten zurückgeholt werden können. Dagegen hätten sich einige Pfarrer geopfert, die mit dem Fallschirm über Stalingrad absprangen, um den eingeschlossenen Kämpfern Trost zu spenden. Die »Heiligen Schriften« hätten aber nicht ausgereicht, so groß sei das Verlangen der Männer gewesen. Man habe die Bibeln in Teile, ja in Blätter zerlegen müssen, um den Bedarf zu decken.
Es wird berichtet, daß von Woche zu Woche eine wachsende Kriegsmüdigkeit um sich greift. Es mehren sich die Zweifel an einem guten bzw. siegreichen Ausgang des Krieges. Sehr viele Volksgenossen sind einwandfreien Beweisführungen nicht mehr zugänglich...

Aus weltanschaulichem Bericht des Schulungsleiters der Ortsgruppe Feucht, Kreis Nürnberg, 11. 6. 1943

... Angriffe gegen den Führer und führende Persönlichkeiten erfolgen in so vorsichtiger Form, daß man nie zupacken kann. Ich selbst habe von meinem Schlafzimmer aus folgende Äußerungen Vorübergehender gehört: »Es ist ein Krieg der verpaßten Gelegenheiten, wie kann aber auch ein Gefreiter eine Millionenarmee führen.« Der Stimme nach war es ein mir bekannter Intellektueller, aber ich konnte bei der Dunkelheit nicht sehen und auch nicht nachgehen, weil ich schon ausgezogen im Bett lag. Ferner hörte ich an einem anderen Abend: »Jetzt haben wirs wieder, er hält alles, was er versprochen hat, Arbeit

---

[6] Eingangsdatum des Berichts.
[7] Hierzu die Randbemerkung: »Ortsgruppenleiter von Lichtenhof berichtete mir ähnliche, aber noch weit krassere Fälle.«

und Brot.« Das war nach Verkündigung der Fleischherabsetzung. Auch diese Stimme kam mir als die eines ehemaligen Rotfront-Funktionärs bekannt vor...

Aus weltanschaulichem Bericht des Kreisschulungsamts Neustadt a.d. Aisch, 17. 6. 1943

... Protestantische Kirche: Wie bisher Maulwurfsarbeit. Dem Pfarrer Holzberger von Schauerheim wurde die Erteilung des schulischen Religionsunterrichts untersagt. Er hält nun in der Kirche zu Schauerheim doppelt soviel Religions-Unterricht, der von den Kindern mit Genehmigung der Eltern freiwillig besucht wird. Mit Rechtsmitteln ist nichts dagegen zu machen und auf die Eltern ist gegenwärtig schwer Einfluß zu gewinnen. So gehts, wenn die Kirche einen tüchtigen Amtsleiter hat...
Jugend: Das Sorgenkind! Die Klagen werden immer häufiger und dringender. Allseits die Feststellung, daß die geeigneten Führer fehlen. In manchen Dörfern soll die HJ vollständig schlafen. So wird von Westheim berichtet, daß kein Appell und gar nichts stattfindet. Die HJ existiere nur auf dem Papier. Von anderer Seite kommt die Beschwerde, daß ausgerechnet die BdM-Führerinnen den Kindergottesdienst erteilen, und daß manche Eltern ihre Sprößlinge noch unterstützen. »Der Junge muß schon viel arbeiten, dann soll er auch ein Vergnügen haben.«...

Aus weltanschaulichem Bericht des Schulungsleiters der Ortsgruppe Lichtenhof, Kreis Nürnberg, 18. 6. 1943

... Die Biertisch-Strategen, wozu ich auch die in den Schulhäusern befindlichen Flüsterkandidaten rechne, sind zwar, soweit es die größten Maulaufreißer betrifft, verstummt, dafür reden dann andere, die sonst ihren Mund gehalten haben, jammern und meckern, daß der Krieg zu lange dauert, daß kein Ende abzusehen ist, daß keine Aussicht auf Sieg sei, daß es immer schlimmer wird. Andererseits ist vielfach festzustellen, daß man doch zu der Einsicht gekommen ist, wir müssen durchhalten, koste es was es wolle, nicht, daß ein zweites Mal 1918 und Versailles wiederkehre.
Deprimierend aber wirkt demgegenüber wieder, wie respektlos vielfach vom Führer gesprochen wird, nicht bloß in Witzen schlimmster Art, sondern auch durch Feststellungen wie folgende: »Wenn Hitler kaputt ist, dann ist der Krieg auch zu Ende, eher nicht.«
Meiner Ansicht nach fehlt dem größten Teil unserer Volksgenossen die innerliche Festigkeit und Sicherheit. Es herrscht ein Zwiespalt dahin, daß viele nicht wissen oder nicht wissen wollen, zu unterscheiden zwischen Weltanschauung der NSDAP und religiösen Fragen. Um es ganz deutlich zu sagen, den Juden haben wir hinausgeschmissen, den Pfaffen aber haben wir behalten, und behalten hat er den Einfluß auf die Jugend und das deutsche Gemüt, und solange das der Fall ist, wird kein echter und rechter Nationalsozialismus aufkommen.

Aus weltanschaulichem Bericht des Kreisschulungsamts Rothenburg o.d. Tauber, 20. 6. 1943

... Ortsgruppe Frommetsfelden: Parteimüdigkeit. So notwendig eine straffe Zusammenfassung und Ausrichtung aller Pg. und Angehörigen der Gliederungen sein mag, wird es bei dem Arbeitskräftemangel in der Landwirtschaft als Abhaltung von kriegswichtigen Berufsaufgaben empfunden, wenn zu viele, d. h. fast jeden Sonntag, Versammlungen und sonstige Parteiveranstaltungen stattfinden. Die der Partei fernstehenden oder gar ablehnend gegenüber stehenden Vg., welche eine Ausrichtung am nötigsten hätten, werden, weil fernbleibend, nicht erfaßt und machen sich über die aktiven Pg. und Nationalsozialisten lustig. Die Gegner spekulieren gerade auf eine um sich greifende Parteimüdigkeit. Beispiel: Ein alter Gegner der NSDAP äußerte kürzlich: »Langsam, aber sicher sterben die Nationalsozialisten aus.«...

Ortsgruppe Gastenfelden: Die Stimmung in der Bevölkerung wird als »flau« bezeichnet. Die meisten Vg. zeigen kein Interesse für das politische Leben, erwarten nichts mehr von der Gegenwart, ziehen aber Schlüsse für die Zukunft, die nach der Meinung vieler keineswegs als rosig anzusehen ist. Die Partei als solche kommt immer mehr in Mißkredit. Es herrscht der Eindruck, als ob die Reichsführung von unten herauf nicht richtig unterrichtet würde über die tatsächliche Lage im Landvolk...

Aus weltanschaulichem Bericht des Kreisschulungsamts Weißenburg, 26. 6. 1943

... Die [evangelische] Kirche wird mit der Verlängerung des Krieges immer aktiver. Der Pfarrer gewinnt immer mehr Einfluß auf die Bevölkerung. Grund: Abzug der aktivsten und beweglichsten Parteigenossen zur Wehrmacht, die Pfarrer bleiben zurück! Die Pfarrer verstehen es; die Bevölkerung wieder für die Kirche zu interessieren und zum Kirchenbesuch zu veranlassen. Es steht fest, daß die Kirchen noch nie solchen Zulauf hatten als gerade jetzt. Die Kirche ist dabei, sich der Menschenführung wieder zu bemächtigen. Die Anwerbung von Laienpredigern geht weiter. Es werden Volksgenossen bevorzugt, die bei der Bevölkerung in gutem Ansehen stehen, guten Lebenswandel führen und deren Familienangehörige religiös eingestellt sind. Die Kirche gewinnt dadurch ein sehr gutes und anziehendes Aushängeschild. Die Laienprediger werden vor ihrer Einsetzung planmäßig geschult. In der Stadtkirche Gunzenhausen fand im Frühjahr 1943 eine Schulung unter Ausschluß der Öffentlichkeit statt. Den Laienpredigern werden fertige Predigten zugestellt, die sie ihrer Gemeinde vortragen. Sie sollen auch zur Abendmahlsausgabe zugelassen werden. Diese Volksgenossen werden, durch ihre zuteil gewordene Auszeichnung durch die Kirche, solche fanatisch überzeugten Christen, daß sie lieber als »Märtyrer« sterben, als ihren Glauben aufgeben. Die Partei darf diese Entwicklung nicht übersehen. Es können sich dadurch Dinge entwickeln, die heute noch gar nicht vorauszusehen sind. Die Kirche gewinnt auf jeden Fall sehr großen Einfluß auf den deutschen Menschen.

Die Kirche und ihre Pfarrer sind im allgemeinen sehr vorsichtig und sehr darauf bedacht, mit den gesetzlichen Bestimmungen nach außen nicht in Konflikt zu kommen...

Aus Ellingen, der römischen Metropole des Dekanates Weißenburg, wird berichtet, daß die Beteiligung der Bevölkerung beim Empfang des Bischofs anläßlich der Firmung sehr mäßig war. Der Bischof Rachel[8] aus Eichstätt hielt in der Kirche eine Ansprache über das Thema: »Liebet Eure Feinde, tuet Gutes denen, die Euch hassen.« In Augenblicken des schwersten Kampfes um die Existenz unseres Volkes können solche Auslassungen nicht anders gewertet werden als eine Sabotageaktion am Widerstandswillen unseres Volkes...

Aus weltanschaulichem Bericht des Kreisschulungsamts Neustadt a.d. Aisch, 19. 8. 1943

... Fremdvolkfrage: Die Ortsgruppenleiter sind einig in der Ansicht, daß das Verbot der Prügelstrafe die Aufrechterhaltung der Disziplin sehr erschwert. Einerseits ist das bloße »Gutzureden« bei den monatlichen Appellen wirkungslos, andererseits sind die Verfehlungen der Fremdvölkischen nicht immer gleich so schwer, daß man sie der Polizei übergeben müßte. Und wenn dies geschieht, so erhält der Sünder einige Ausruhetage und sein Arbeitgeber ist ohne Arbeitskraft. Davor fürchten sich letztere am meisten. Sie lassen sich von den Fremdvölkischen da und dort schon sehr viel bieten, damit diese gutwillig arbeiten und bleiben. Beispiel: In Rodheim, Ortsgruppe Gollhofen, haben eine Witwe und ihre etwa 20-jährige Tochter einen polnischen Arbeiter als Hilfskraft. Der fühlt sich im Laufe der Zeit so als Herr im Hause, daß er die Tochter schlägt – selbst bei geringfügigen Anlässen und aus purer Abneigung. Schließlich wird es doch zu stark, und der Fall wird untersucht. Was stellt sich nun heraus? Mutter und Tochter haben alles getan, um den Polen bei guter Stimmung zu erhalten. Sie haben sich sogar mit dem Essen eingeschränkt, da[mit] der Pole genug bekam. Die Butter hat dieser nicht aufgestrichen, sondern in Scheiben geschnitten und auf das Brot gelegt. – Dem Polen ist natürlich das Handwerk gelegt worden.
Ein anderer Fall, aus dem auch die Frechheit der Polen, aber auch die Dummheit unserer lieben Volksgenossen ersichtlich ist. In Auernhofen sind bei einem Großbauern vier oder fünf Polen beschäftigt. Diese beschweren sich eines Tages über unzureichende Verköstigung. Was ergibt die Nachprüfung der Sache? – Die Polen erhielten eines Abends folgende Kost: Kartoffelsalat, eine tüchtige Schüssel Grünsalat, Brot, soviel sie wollen (der Brotlaib lag zur Selbstbedienung auf dem Tisch), eine Maß Bier und zwei Eier. Grund der Beschwerde: der beim Nachbarn beschäftigte Pole erhält dasselbe, aber nicht 2, sondern 5 (mit Worten fünf) Eier. Der Nachbar wurde aufgeklärt!!! Bei Versagen der Vernunft nimmt ihm der Kreisleiter die Arbeitskraft weg. Nach meiner Kenntnis der »Volksgenossen« wird aber der Pole dasselbe erhalten wie zuvor, nur im geheimen...

Aus weltanschaulichem Bericht des Kreisschulungsamts Fürth, 31. 8. 1943

... Nach dem ersten Angriff auf Nürnberg am 11. 8. 1943 war zunächst der Großteil der Bevölkerung, soweit sie nicht im Erwerbsleben stand, darauf bedacht, das Stadtgebiet zu

---

[8] Muß heißen: Bischof Rackl.

verlassen. Dieses Beginnen hat sich aber wenigstens in Fürth nach etwa acht Tagen wieder festgelaufen. Die Anordnung, daß Schulkinder die Stadt verlassen müssen, hat gewaltig Staub aufgewirbelt; es waren nur Proteste zu hören und Drohungen, daß sich die Eltern mit allen Mitteln gegen die Wegnahme der Kinder sträuben würden. Der neuerliche Angriff hat an der Lage soviel wie nichts geändert. Es darf auch im Rahmen dieses Berichtes bemerkt werden, daß das Eingreifen der Nachtjäger beim Angriff am 27.–28. 8. 1943 eine sehr starke Beruhigung der Bevölkerung gebracht hat. Die Sonderzuteilungen an Lebensmitteln haben begreiflicherweise Befriedigung ausgelöst...

Aus weltanschaulichem Bericht des Kreisschulungsamts Eichstätt, 1. 10. 1943

... Im Kreisgebiet befinden sich verhältnismäßig viele Fremdvölkische: Im Offizierslager Eichstätt ca. 3000 englische Offiziere als Kriegsgefangene; französische und serbische Kriegsgefangene sowie Polen und sonstige aus dem Osten stammende Fremdvölkische sind als landwirtschaftliche Arbeitskräfte eingesetzt... Durch ihre frechen Äußerungen, wie »Euren Hof übernehmen nun bald wir«, schüchtern sie manchen an sich wenig siegesgläubigen Bauern bzw. manche Bäuerin ein und bringen dadurch nicht nur Unruhe und Unsicherheit in die Dörfer, sondern untergraben dadurch bewußt die Zuversicht und den Glauben an den deutschen Sieg. Ein Bauer sagte mir vor wenigen Tagen wörtlich: »Bei uns ist es nun soweit, daß nicht zehn Leute im Dorfe an den Sieg unserer Waffen glauben. Zum Glück kommen doch immer wieder Urlauber von der Front und muntern die Leute auf.« Bedauerlicherweise nimmt nun die Landbevölkerung gegen die anmaßende Haltung dieser Fremdvölkischen keineswegs energisch Stellung... So nun, wie es heute auf dem Lande aussieht, sind die Fremden eine Gefahr für die Stimmung unseres Landvolkes...

Durch die Ereignisse in Italien[9] verlor der größte Teil der Bevölkerung den Glauben an den Endsieg. Die Stimmung in dieser Zeit sank auf schlecht, zumal auch im Osten durch die einsetzende Rückzugsbewegung die tollsten Gerüchte verbreitet wurden. In Kreisen der Verneiner sprach man: »Einer ist nun weg, der andere wird auch eines Tages verschwinden!«

Die Feindpropaganda und die Schwarzhörer versuchten mit verstärkter Anstrengung, das Vertrauen zum Führer und zur deutschen Führung überhaupt zu erschüttern. Mit der Befreiung des Duce[10] und mit dem blitzschnellen Handeln der deutschen Truppen in Italien und im Südosten besserte sich die Stimmung schnell und gründlich. Vor allem wirkte die Rede des Führers ermutigend und zuversichtlich. Auf einen gründlichen Vergeltungsschlag gegen England setzt man alle Hoffnung, da ja auch der Führer über diesen in seiner Rede[11] keinen Zweifel gelassen hat...

---

[9] Der Sturz Mussolinis am 24. 7. 1943 durch den faschistischen Rat und die bedingungslose Kapitulation Italiens am 8. 9. 1943.
[10] Handstreichartige Entführung des auf dem Gran Sasso internierten Mussolini am 12. 9. 1943.
[11] Hitler hielt in der fraglichen Zeit nur eine Rede (Rundfunkrede am 12. 9. 1943), in der er aber mit keinem Wort auf Vergeltungsschläge gegen England einging.

Aus weltanschaulichem Bericht des Kreisschulungsamts Rothenburg o.d. Tauber, 20. 10. 1943

Ortsgruppe Neusitz u. a.: Die in den Dörfern untergebrachten Bombengeschädigten bringen mit ihren Ansprüchen unter die ländliche Bevölkerung große Mißstimmung. Auch die Gerüchteverbreitung nimmt durch diese Leute stark zu. Die Schwarzseher und Zweifler am Endsieg werden mehr. Viele Leute glauben, wir bräuchten nur aufzuhören und der Friede wäre da. Daß es in diesem Krieg um die Lebens- und Zukunftsmöglichkeiten des deutschen Volkes geht, wird sehr oft nicht begriffen oder geglaubt. Sehr häufig bilden auch die nun laufenden Gerüchte über die »Vergeltung« den Ausgangspunkt für die niedergedrückte Stimmung.
Dazu zwei Stimmen von der Front: Einer (allerdings beschränkten Geistes) schreibt heim: »Wir überlegen schon den Rückweg in die Heimat«. Ein Arbeitsmann schreibt von der Front: »Der Starke ist am mächtigsten allein.« ...

Aus weltanschaulichem Bericht des Kreisschulungsamts Weißenburg, 23. 10. 1943

... Ein Teil der führenden höheren Beamten – obwohl Pg. – steht weltanschaulich nicht auf der Ebene der NSDAP. Es wird deshalb in diesen Fällen nicht von einer positiven weltanschaulichen Erziehung der diesen Männern anvertrauten Volksgenossen gesprochen werden können. Ebenso verhält es sich bei der Wehrmacht als weltanschaulichem Erziehungsfaktor. Die z. Zt. bei der Wehrmacht stehenden Pg. berichten auf diesem Gebiet nur Ungünstiges...

Aus weltanschaulichem Bericht des Kreisschulungsamts Rothenburg o.d. Tauber, 20. 12. 1943

... Ortsgruppe Rothenburg-Süd: Es scheint, daß eine gewisse defaitistische Stimmung sich in Kreisen des Mittelstandes breitmachen will. So hörte ich im Gesangverein einmal in einer Probe die Worte sprechen, man weiß nicht, soll man die Gefallenen betrauern oder beneiden, wenn man so die Lage betrachtet...
Der Kampf gegen die Gerüchte über angebliche Zerstörungen durch Bombenangriffe, die durch Bombenflüchtlinge verbreitet werden, gleicht einer Sisyphosarbeit. Gewisse Bevölkerungskreise wollen einfach sich nicht von den Tatsachen überzeugen lassen. Der Verdacht des Abhörens von Feindsendern kann nicht immer abgewiesen werden...
Ortsgruppe Brunst: Das vom Führer geschaffene Wohnungshilfswerk wurde allgemein begrüßt, denn es hat sich gezeigt, daß das durch die Fliegerschäden bedingte Verpflanzen und Zusammenwohnen der Städter mit den primitiv und einfach lebenden Landleuten die zwischen Stadt und Land schon bestehende Kluft noch vergrößerte...

Aus weltanschaulichem Bericht des Kreisschulungsamts Eichstätt, 27. 12. 1943

... Die Sauckel-Verordnung über den Arbeitseinsatz der Frauen und Männer auf dem Lande habe sich, so hört man durchwegs auf dem Lande, nicht bewährt. Einmal sind diese zu erfassenden Männer und Frauen vielfach für die landwirtschaftlichen Arbeiten unbrauchbar, weil sie der Arbeit unkundig sind, anderntels wollen sie, wenn wirklich Lust und Wille zur Arbeit vorhanden ist, nur gegen Naturalien helfen. So kommt es, daß auf dem Lande der größte Prozentsatz dieser Arbeitskräfte brach liegt und namentlich junge Frauen ein wahres Faulenzerleben im 5. Kriegsjahr führen, während die Bauersfrauen nicht wissen, wie sie ihre Arbeit zwingen sollten. Es soll vorkommen, daß solche Frauen noch um Kohlen- und Heizzuteilung an die Wirtschaftsämter kommen, obwohl sie genügend Zeit hätten, sich das Holz im nahen Walde im Laufe des Sommers zu sammeln. Aber dazu sind sie zu faul und teils zu fein. Sie haben ja Unterstützung und damit Geld. Dieses Verhalten kränkt nicht nur die ländliche Bevölkerung, sondern verbittert sie und verleitet sie zu Kritik und Mißfallen gegen unsere staatlichen Kriegsmaßnahmen. Im Zeichen des totalen Kriegseinsatzes wünscht daher jeder arbeitswillige deutsche Mensch, daß auch diese Arbeitskräfte für den Krieg mobil gemacht werden. Soweit sie wegen ihrer Familienverhältnisse nicht direkt der Rüstungsindustrie zugeteilt werden können, sollen auf dem Lande Nähstuben und Kleinbetriebe in Form der Heimindustrie errichtet werden, die kriegsnotwendige und kriegswichtige Arbeiten leisten können.

Da und dort hört man auch in den Städten, daß der totale Arbeitseinsatz in Stadt und Land nicht nach nationalsozialistischen Grundsätzen durchgeführt werde, daß man bei sog. besseren Kreisen immer noch gewisse Rücksichten nimmt. Auch spiele das ärztliche Zeugnis eine große Rolle. Wundert man sich, wenn immer wieder von den unteren arbeitenden Volksschichten gesprochen wird, der Krieg würde ja doch nur um die Interessen der »Großen« geführt werden? ...

Aus weltanschaulichem Bericht des Kreisschulungsamts Fränkische Alb., 8. 3. 1944

... Hersbruck: In katholischen Orten wurde in der Zeit vom 24. 12. bis 6. 1. eine Muttergottesfigur mit Kind von Haus zu Haus gebracht. Die Figur blieb einen Tag lang dort. Dann kam der Ortsgeistliche mit Ortsbewohnern in der betreffenden Familie zusammen, und unter Gebeten und Zeremonien wurde die »Mutter Gottes« ins nächste Haus gebracht. Diese Feiern sollen heuer erstmals gewesen sein. Die Muttergottesfigur wurde vom Bischof der Pfarrgemeinde gestiftet...

Aus weltanschaulichem Bericht des Kreisschulungsamts Eichstätt, 15. 3. 1944

... Am 25. 2. 1944 wurde in Eichstätt kurz nach 12 Uhr Fliegeralarm gegeben. Im Offizierslager Eichstätt, in dem englische Kriegsgefangene untergebracht sind, müssen bei Fliegeralarm befehlsgemäß die Unterkunftsräume aufgesucht werden, und es ist verboten, daß sich Kriegsgefangene während des Alarms außerhalb der Wohnbaracken zeigen.

Verschiedene Engländer jedoch beachteten diese Vorschrift nicht, sondern liefen vor ihre Baracken und schrien und brüllten in tobsüchtiger Freude zu den vorüberfliegenden Maschinen hinauf. Als die Engländer von den Posten zur sofortigen Rückkehr in ihre Barakken aufgefordert wurden, verlachten sie dieselbe. Nachdem der nächstliegende Posten seinen Wachunteroffizier von diesem Vorfall verständigte, ordnete dieser an, er solle nochmals energisch warnen und, wenn alles nichts helfen würde, habe er einen Warnschuß abzugeben. Doch die Engländer machten sich nun erst recht über den Posten lustig. Der Posten telefonierte nun nochmals seinen Wachunteroffizier an und verlangte weitere Order. Es wurde ihm hiermit mitgeteilt: »Wenn die Engländer sich jetzt noch nicht fügen wollen, wird scharf geschossen!« Nach dem Warnschuß, den die Engländer mit Lachen beantworteten, schoß der Posten zwei Oberleutnants nieder. Der eine war durch Kopfschuß sofort tot, der andere wurde durch Brustschuß schwer verwundet und verstarb am Abend. Nach diesem Vorfall trat im Lager Ruhe ein. Sämtliche Engländer im Gefangenenlager verweigerten nun daraufhin den deutschen Offizieren den Gruß. Auch sonst sollen sich die Engländer im Lager frech und anmaßend benommen haben, so daß drei englische Offiziere mit geschärftem Arrest bestraft werden mußten. Einige Tage nach dem Vorfall traf hier eine Schweizer Kommission ein und hielt eine genaue Untersuchung ab. Die Beerdigung der beiden erschossenen Engländer fand unter Ausschluß der Öffentlichkeit statt. Die Bevölkerung billigte das Handeln dieses Postens. Daß einige unbelehrbare Frauenspersonen äußerten, nun werde Eichstätt eines Tages dafür mit Bomben heimgesucht, sei als dummes Geschwätz nur nebenbei erwähnt...

Die Partei genießt im Kreise großes Ansehen, und es kann wohl ohne Überhebung festgestellt werden, daß das Vertrauen zur Partei noch nie so groß war wie heute...

Im Monat Februar wurde der Pfarrer Schmalzl in Pollenfeld von der Gestapo verhaftet. Den Grund seiner Verhaftung weiß bis heute niemand. Die Bevölkerung der Pfarrei war über diese Maßnahme sehr erregt und aufgebracht, zumal sie der Meinung ist, daß sich Schmalzl seit mehr als einem Jahr sehr ruhig verhielt. Es sei doch unerhört, einfach ihren Pfarrer wegzuholen. Ihr Mißfallen gegen die Partei und ihre Zuneigung für den Pfaffen bekundeten vor allem die Frauen dadurch, daß die Frauenversammlungen in Seuversholz, Weigersdorf und Pollenfeld nur ganz gering besucht waren. Drei besonders pfaffenhörige Frauen von Seuversholz stellten sogar einige der wenigen Versammlungsteilnehmerinnen zur Rede und beschimpften sie. Diese Frauenspersonen wurden durch die Kreisleitung zur Verantwortung gezogen. Zu dem Vorfall wird in der Pfarrei Pollenfeld erzählt, der Bischof von Eichstätt soll geäußert haben: »Wenn es sich herausstellt, daß ein Pfarrangehöriger Schuld an der Verhaftung des Seelsorgers sei, bekommt die Pfarrei 20 Jahre lang keinen Priester mehr.« (Kirchenbann!) Am 20. 3. 1944 wurde Pfarrer Schmalzl aus der Haft entlassen...

Starke Mißbilligung unter der Jugend selbst wie auch in der Bevölkerung hat die Art und Weise der Durchführung der sogenannten »Haarschnitt-Aktion für Jugendliche« durch die hiesige Bannführung ausgelöst. Der K-Bannführer Grimm erließ am 28. 1. 1944 an sämtliche Friseure der Stadt Eichstätt folgendes Schreiben: »Angesichts des heldenhaften Kampfes, den heute der deutsche Soldat an allen Fronten führt, ist es eine Selbstverständlichkeit, daß vor allem die deutsche Jugend in der Heimat sich sowohl in ihrer Haltung als auch im äußeren Auftreten dieses Kämpfertums würdig erweist. So ist es für die Hitler-Jugend untragbar, daß es u. a. noch Jungen gibt, die das Erscheinungsbild der deutschen Jugend dadurch verunglimpfen, daß sie mit einer weichlichen Tangofrisur oder einer sog. Künstlermähne herumlaufen. Dies ist durchaus undeutsch und entspricht nicht der soldatisch harten Zeit, in der wir leben. Ich habe deshalb angeordnet, daß im Bann Eichstätt ab sofort jeder Jugendliche kurzen Haarschnitt zu tragen hat. Wer sich dieser Anordnung widersetzt, wird nach der Kriegsdienststrafordnung der Hitler-Jugend wegen Befehlsverweigerung bestraft«...

Besondere Beachtung fand dieses Schreiben, als man in der Stadt erfuhr, daß auf der Banndienststelle und im Dienstzimmer des Bannführers gewalttätig »Haarschuren« vorgenommen wurden. So mußte sich der Junge F. mit noch einigen Kameraden auf der Banndienststelle melden. Nachem F. ins Zimmer der Banndienststelle getreten war, wurde er von zwei HJ-Führern und dem Stammführer A. gepackt und in roher Weise geschoren...

Als er [ein Friseurlehrling namens P.] auf die Straße kam, überfielen ihn zwei größere HJ-Jungen der LBA und der Stammführer A. von hinten, schlugen auf ihn ein, hielten ihm den Mund zu und schleiften ihn in ein enges Seitengäßchen. Dort schnitten sie ihm mit einer Schere die Haare ab. Dem Überfallenen gelang es trotz starken Drosselns durch die Angreifer um Hilfe zu rufen... Nach Mitteilung der Mutter des P. sei ihr Junge arg zugerichtet gewesen. Sie habe an dem Abend die röchelnden Hilferufe ihres Sohnes gehört und sei in großer Sorge ob der Mißhandlung ihres Sohnes gewesen. Nach acht Tagen war das linke Auge des P. auch tatsächlich noch stark blutunterlaufen. Die Mutter hat gegen die Täter wegen Mißhandlung Strafanzeige erstattet.

Beim darauffolgenden Appell äußerte Stammführer A. zu P.: »Uns passiert nichts – wenn du noch mal was sagst, dann hau ich dir nochmals eine hin, daß dir die Zähne in den Hals hinunterrutschen.« Die Mutter des P. ging zum Bannführer Grimm und sagte u. a.: »Das möchte unser Führer bestimmt nicht haben, daß die Jugend heute so erzogen wird.« Darauf der Bannführer: »Meine Buben erziehe ich!«...

Aus weltanschaulichem Bericht des Kreisschulungsamts Nürnberg, 18. 3. 1944

... Die Aufklärung der Partei hat dem Volke klar gezeigt, worum es in diesem Weltkampf geht, und das Volk hat dies auch verstanden. Es darf jedoch nicht übersehen werden, daß die schaffende Bevölkerung in den Fabriken viel unbeschwerter und gleichmütiger in weltanschaulicher Hinsicht die Sorgen des Alltags und noch mehr gewisse militärische Rückschläge auf sich nimmt als beispielsweise Volksgenossen aus den Kreisen der Intelligenz, die meist den Rechenstift neben die Weltanschauung legen. Es zeigt sich, daß die Sprechabende in Arbeitervierteln ohne besonderen Druck sehr gut besucht werden, während es in mehr bürgerlichen Vierteln eines gewissen Druckes seitens der Zellenleiter bedarf, um die Sprechabende zu füllen. Überall ist festzustellen, daß der alte Stamm der Treuen und Unentwegten immer da ist, ob in Sprechabenden oder Massenversammlungen. Diese treuen Parteigenossen sind sozusagen der Stoßtrupp, auf den man sich voll verlassen kann...

*Aus weltanschaulichem Bericht des Kreisschulungsamts Rothenburg o.d. Tauber,
20. 4. 1944*

... Ortsgruppe Hartershofen: Die evangelische Kirche übt einen ungeheuren Einfluß auf unsere Landbevölkerung aus. An der Beerdigung der Ehefrau des verstorbenen Pg. Schmidt von Nordenberg hat sich nur eine einzige Frau beteiligt. Der Grund war das Parteibegräbnis. Ich bin seit 19 Jahren hier und weiß, was die Frau Schmidt an Nächstenliebe geleistet hat. In Krankheits- und Unfällen ist sie jederzeit beigesprungen. Als in einem Hause ein Fall von spinaler Kinderlähmung aufgetreten ist, hat sie, obwohl sie selbst ihre damals noch kleinen Kinder hatte, das kranke Kind gepflegt. Jedem Verstorbenen vom Ort ist sie hinter dem Sarge nachgegangen usw. Sie hat den Kindern, welche heute Frauen sind, stricken und Handarbeiten gelehrt. Diese undankbare Gesellschaft hat ihrer Lehrerin die letzte Ehre versagt und bloß deshalb, weil kein Himmelskutscher die Beerdigung leitete...

Aus weltanschaulichem Bericht des Kreisschulungsamts Eichstätt, 20. 6. 1944

... Im Gesamtverhalten der katholischen Kirche hat sich nichts geändert. Sie erfreut sich eines großen Anhanges und bedeutet dem Volke mehr denn je die machtvolle Segensspenderin und himmelverheißende Trösterin. Auf dem Lande sitzt der »Herr Hochwürden« als die Persönlichkeit wie vor 10, 20 oder auch 50 Jahren, sorglos, wohlgenährt und hochgeschätzt. Die Herren kommen jeden Dienstag samt und sonders nach Eichstätt zu ihren Versammlungen. Alle sind gut genährt und trotz Krieg recht vergnügt. Ein erheblicher Teil von Frauen und Männern grüßt diese größten Faulenzer unseres Volkes ehrerbietig durch Hutabnahme. Den Hitlergruß verweigern sie konsequent. Nachwuchssorgen haben sie bisher keine; denn ihr Priesterseminar ist gut besetzt mit frischen, tüchtigen Bauernbübchen, deren Eltern so töricht sind, diese jesuitische Fron als besondere Begnadigung anzusehen. Hervorragend begabte Jungen vom Lande konnten in den letzten Jahren für die Adolf-Hitler-Schule oder napol.[12] Erziehungsanstalten nicht gewonnen werden. Die Eltern schicken diese auf die Oberschule, sicherlich auf Geheiß des jeweiligen Ortspfaffen...
Die Firmung wurde für die Stadt und das Land in feierlicher Weise im »Hohen Dom« erteilt. Beteiligung der Bevölkerung war sehr groß. Die Fronleichnamsprozession bot in Stadt und Land den üblichen, althergebrachten Feierakt der Kirche. Bei der am Sonntag abgehaltenen Prozession fiel in Eichstätt die starke Beteiligung der Jugend besonders auf. Obwohl am eigentlichen Fronleichnamstag (Donnerstag) auf staatliche Anordnung Arbeitstag war, hielten auf dem Lande die Bauern durchwegs völlige Arbeitsruhe...
Auf dem Lande wurde die Jugendverpflichtungsfeier ohne jede tiefere Wirkung lediglich zur Kenntnis genommen. Selbstverständlich werden ja auch diese politischen Feiern auf dem Lande mit einer beispiellosen Kälte und Dürftigkeit abgehalten. Die Ortsgrup-

---

[12] Die Nationalpolitischen Erziehungsanstalten zählten wie die Adolf-Hitler-Schulen zu den nationalsozialistischen Eliteschulen.

penleiter hätten wenigstens die Parteimitglieder an Hand der Broschüre in mehreren Sprechabenden für den Sinn und die Bedeutung dieser Feier schulen müssen. Unsere sehr vielen »Auchparteigenossen« müssen endlich für die weltanschaulichen Belange der Partei hellhörig gemacht und aus ihrer bodenlosen Gleichgültigkeit und ihrem christlich-katholischen Trott herausgerissen werden. Wenn sich innerhalb unserer Partei nicht eine Gemeinschaft leidenschaftlicher Bejaher nationalsozialistischer Haltung und Lebensführung zusammenfindet, dann kommen wir weltanschaulich keinen Schritt weiter. Zum großen Teil standen die Schulen der Verpflichtungsfeier uninteressiert gegenüber...

Aus weltanschaulichem Bericht des Kreisschulungsamts Rothenburg o.d. Tauber, 20. 6. 1944

... Ortsgruppe Rothenburg-Nord: Bei der Jugend kann überhaupt nicht von einer weltanschaulichen Erziehung gesprochen werden. Es liegt dies hauptsächlich an dem dauernden Führermangel. Die Auffassung der HJ ist viel zu selbstherrlich. Die weltanschauliche Schulung der HJ müßte durch die Partei durchgeführt werden. In letzter Zeit machen sich auch bereits stärkere Anzeichen von Verwilderung bemerkbar. Dies zeigt sich an den zunehmenden mutwilligen Sachbeschädigungen durch Jugendliche...

Aus weltanschaulichem Bericht des Kreisschulungsamts Fränkische Alb, 22. 6. 1944

... Ortsgruppe Velden: »Wie schon im letzten Bericht herausgestellt, sind z. Z. über den auf Burg Veltenstein sich aufhaltenden Herrn Reichsmarschall einige nicht sehr freundliche Meinungen im Umlauf, weil die Bevölkerung es nicht verstehen konnte, daß der Herr Reichsmarschall mit Persönlichkeiten, die uns in der politischen Arbeit schon die größten Schwierigkeiten machten, die sogar schon von der politischen Polizei überwacht worden sind und sich in jeder Weise gegen die Bewegung aussprachen, gesellschaftliche Beziehungen angeknüpft hat.«...

Aus weltanschaulichem Bericht des Kreisschulungsamts Weißenburg, 29. 6. 1944

... Der Stadtpfarrer Kelber von Treuchtlingen, einer der gemeinsten und aktivsten weltanschaulichen Gegner hat sich nun selbst erledigt. Er hat in einem überheblichen Schriftsatz dagegen Verwahrung eingelegt, daß christliche Kinder, die dem BdM angehören, zu »heidnischen« Lebensfeiern usw. herangezogen werden. Er hat im Namen des Kirchenvorstandes gegen diese Gewissensvergewaltigung Protest eingelegt und dabei ausgeführt, daß die sog. »Gottgläubigen« eine hoffnungslose Minderheit seien und immer noch über 95% des deutschen Volkes dem Christentum angehören. Die ganzen Akten in dieser Sache wurden nun über den Gauleiter der Gestapo zugeleitet, die verschiedene Maßnahmen verfügte. Verfall eines Sicherungsgeldes von 1000 RM. Nochmalige Stellung eines Sicherungsgeldes von 1000 RM. Aufenthaltsverbot für Treuchtlingen und Übersiedlung an einen anderen Ort des Staatspolizeigebietes Nürnberg-Fürth. Kelber (Jahrgang 1900), der uk-gestellt war, hatte sich gebrüstet, nun freiwillig zur Wehrmacht einzurücken. Durch Vorsprache beim WBK wurde diese Absicht verhindert...

Die Anordnung des Reichsleiters Pg. Bormann, für jeden Gefallenen eine Gedächtnisfeier von der Partei aus durchzuführen, ist nicht möglich. Für fast jeden Gefallenen findet in unserem Gebiet ein kirchlicher Gedächtnisgottesdienst statt; jetzt plötzlich auch eine Parteifeier zu machen, würde mehr schaden als nützen. Selbstverständlich wird für jeden Gefallenen, deren Angehörige keine kirchliche Feier wünschen, eine Heldenehrungsfeier der Partei gestaltet. Die Reichsstellen scheinen in der Frage der konfessionellen Gebundenheit der Landbevölkerung nicht klar zu sehen. Wenn im Kulturpolitischen Arbeitsheft Folge 2 auf Seite 7 Absatz 2 ausgeführt wird: Der Wunsch der Angehörigen nach Gedächtnisgottesdiensten beruht in sehr vielen Fällen nicht in erster Linie auf einer besonders starken Bindung an die Kirche, als in dem Bedürfnis, den Toten in der Gemeinschaft geehrt zu sehen..., so ist dies eine Verkennung der tatsächlichen Lage. Der Gedächtnisgottesdienst ist ein Ausdruck der kirchlichen Gebundenheit; auf ihn würde fast nie verzichtet werden.

Die Arbeit auf dem Gebiet der Lebensfeiern muß sehr sorgfältig und behutsam vorwärts getrieben werden, zumal die Gestaltungskräfte auf dem Lande meistens fehlen. Mit Gewalt und einer Überschwemmung wird hier nichts erreicht...

Aus weltanschaulichem Bericht des Kreisschulungsamts Ansbach, 18. 8. 1944

... Zur Zeit des Hochsommers ist der Markt mit Gemüse voll versorgt. Trotzdem zeigt es sich merkwürdigerweise an bestimmten Tagen, daß in Ansbach vor den Gemüseläden ganze Kolonnen Schlange stehen, dies deswegen, weil die ersten Gurken und Tomaten eingetroffen sind, die naturgemäß nur in geringen Mengen angeliefert werden konnten. Jede der Frauen will davon etwas bekommen. Man wundert sich, daß die Frauen überhaupt Zeit haben, stundenlang wegen ein paar Tomaten anzustehen. Die Erscheinung beweist, daß die weltanschauliche Erkenntnis trotz der Arbeit der Partei wenig praktische Wirkung ausgelöst hat und daß bei sehr vielen deutschen Frauen wenig Verständnis für die Lage herrscht. Dabei ist allerdings zu beachten, daß es sich um einen Mangel der Anpassungsfähigkeit der weiblichen Seele überhaupt handelt...

Aus weltanschaulichem Bericht des Kreisschulungsamts Eichstätt, 19. 8. 1944

... Als in den Abendstunden des 20. 7. durch den Rundfunk das Attentat auf den Führer ohne Einzelheiten bekanntgegeben wurde, ergriff unsere Bevölkerung in allen seinen Schichten tiefste Empörung. Die ehrliche Sorge um den Führer und die freudige Genugtuung über seine Errettung waren das spontane Bekenntnis der Verehrung, Liebe und Wertschätzung des Volkes für Adolf Hitler. Mit Sicherheit glaubte man die Attentäter aus den Reihen feindlicher Terroristen bzw. feindlicher Geheimagenten suchen zu können. Um so mehr waren alle Teile der Bevölkerung ungeheuer enttäuscht und entrüstet, daß die Mörderclique aus hohen Offizieren und sonstigen Helfershelfern bestand. In Eichstätt und in allen Ortsgruppen des Kreises fanden am 21. 7. Treuekundgebungen für den Führer statt, die gut besucht waren. Die Redner der Partei klärten kurz die Zusammenhänge des verbrecherischen Anschlages auf Führer und Volk auf und wirkten dadurch beruhigend und zuversichtlich. Die harten Maßnahmen gegen die Mörder und Verräter fanden in Stadt und Land ungeteilte Billigung. Das Volk ist sich bewußt, daß diese Mörderbande unserer Kriegsführung schon seit Jahren durch Sabotage und sonstige verräterische Aktionen großen Schaden zugefügt hat. Auch führen viele Männer und Frauen einige tödliche Unglücksfälle bedeutender Persönlichkeiten (Todt, Dietl) auf das teuflische Wirken dieser Mörder zurück.

Die Partei hat in zahlreichen Block- und Zellenabenden gegen die verschieden aufgetauchten Volksmeinungen, Vermutungen und Gerüchte, die durch die Ereignisse des 20. 7. hervorgerufen wurden, Stellung genommen und aufklärend gewirkt, denn ohne Zweifel hat die furchtbare Tat und der gemeine Verrat, gerade aus den Kreisen hoher Offiziere, unser Volk seelisch zutiefst erschüttert. Immer wieder taucht die Frage auf: »Warum konnten dies gerade Offiziere tun? Steht es denn wirklich schlecht um unsere Sache, wenn Generäle eine solche Tat auszuführen wagen?«...

Aus weltanschaulichem Bericht des Kreisschulungsamts Weißenburg, 26. 8. 1944

... Vor einigen Tagen wurde durch das SS-Sicherheitshauptamt in Berlin der Befehl erteilt, frühere Führer der SPD und KPD in Haft zu nehmen. Diese Maßnahme wurde vollzogen. Sie erscheint aber deswegen bedenklich, weil manche dieser Männer in der Zwischenzeit gezeigt haben, daß sie ihre Haltung schon änderten und kaum mehr dem Kreis der Staatsfeinde angehören. Es besteht die Gefahr, daß unter den Arbeitern der Eindruck entsteht, man wolle jetzt nun wieder nur die Kleinen packen. Diese Mutmaßung ist bestimmt im Hinblick auf die tadellose Haltung der Arbeiterschaft bedenklich...

Aus weltanschaulichem Bericht des Kreisschulungsamts Neustadt a.d. Aisch, 24. 10. 1944

... Auf hartnäckigen Widerstand – wie schon bisher – stößt die Abhaltung der Zellensprechabende. Selbst die Ortsgruppenleiter stellen sich auf den Standpunkt, daß die Belastung der Parteigenossen zu groß würde. Die Sonntage seien mit allen möglichen Veranstaltungen schon besetzt, und die rührigsten Parteigenossen seien Bürgermeister, Ortsbauernführer usw., die nicht mehr wüßten, wo sie die Zeit für die Bewältigung ihrer Aufgaben herbringen sollten.

Über die Schulung der HJ und des JV im September laufen recht unterschiedliche Meldungen ein. In manchen Ortsgruppen wurde vollzähliger Besuch und guter Erfolg festgestellt. Andere klagen, daß die Jugend zur Schulung nicht erscheint, weil es an ihrer Führung fehlt. Die Ortsgruppenleiter sollten hier eine stärkere Hand zeigen... Die wenigen Behördenleiter, von denen ich das letztemal berichtete, daß sie ihre Gefolgschaft schulen, sind nun wieder eingerückt. Damit sind hoffnungsvolle Anfänge wieder dahin...

Aus weltanschaulichem Bericht des Kreisschulungsamts Fürth, 26. 10. 1944

... Das Volk ist sich bewußt, daß der Krieg von uns gewonnen werden muß. Trotzdem läßt sich nicht ableugnen, daß mancher Volksgenosse und vor allem die Frauen bei der augenblicklichen Lage an den Grenzen und im Land selbst im Glauben an die Möglichkeit des Sieges schwanken und sehr schwarz sehen. Die vielen Luftangriffe auf eine ganze Reihe von Städten und die dadurch klar ersichtliche Luftüberlegenheit unserer Gegner bestärkt die Menschen in ihrer Ansicht noch. Die sehr geringen Abschußzahlen gerade in der letzten Zeit tun dabei noch das Übrige. Allgemein ist deshalb zu hören, daß nun die weiteren Vergeltungswaffen einsetzen müßten, wenn nicht alles zerstört werden soll. Der Haß gegen unsere Feinde wächst dabei ständig...

Aus weltanschaulichem Bericht des Kreisschulungsamts Fränkische Alb, 22. 12. 1944

... Rupprechtstegen. Der Glaube an den Führer ist gerade in den letzten schweren Tagen und Wochen an den Fronten in der Gesamtheit der Bevölkerung unerschütterlich. Alles schafft und hofft zuversichtlich auf den baldigen Einsatz weiterer neuer Waffen. Allgemein wird die Ansicht vertreten, nur der Führer allein wird diese momentanen großen Schwierigkeiten meistern können...

B. Berichte des Sicherheitsdienstes 1940 – 1944

EINFÜHRUNG

Die im zweiten Unterkapitel vorgelegten Auszüge aus Berichten bayerischer SD-Dienststellen stammen aus verschiedenen Beständen, deren umfangreichster Berichte der SD-Zentrale Würzburg[1] mit den ihnen zugrundeliegenden Berichten sämtlicher SD-Außenstellen Mainfrankens umfaßt[2]. Dieser in seiner Überlieferung stark gestörte Bestand aus den Jahren 1939–1944 weist ganz erhebliche Lücken auf[3]. So sind aus dem Jahr 1939[4] nur drei datierbare Berichte und für das Jahr 1942 nur 13 Stimmungsberichte der SD-Hauptaußenstelle Würzburg an den SD-Abschnitt Nürnberg erhalten geblieben. Aus den Jahren 1940/1941 liegen, mit unbedeutenden Ausnahmen, nur die Berichte aus den großen Fachgebieten des SD, Amt III, – damals »Lebensgebiete« genannt –,[4a] vor, stereotyp wie folgt betitelt: »Recht und Verwaltung«, »Volkstum und Volksgesundheit«, »Kulturelle Gebiete«, »Wirtschaft«, »Volksleben und Nationalsozialismus« und »Politische Kirchen«. Letztere firmierten unter »Gegner-Erforschung«, für die laut Geschäftsverteilungsplänen Amt IV des RSHA zuständig war.[4b] Im übrigen entsprachen die genannten Lebensgebiete (ausgenommen »Volksleben und Nationalsozialismus«) den großen Abschnitten der übergeordneten Berichte des SD-Hauptamts[5]. Die Berichte zur »Allgemeinen Stimmung und Lage«, die stets den ersten Teil der zusammenfassenden Berichte des SD-Hauptamts darstellten, sind im Würzburger Bestand für März bis April 1941 überliefert, ferner für die Monate April bis Mai und August bis November 1943 und für April bis Juni 1944. Der äußerst fragmentarische Charakter dieses Aktenmaterials ist wohl mehr auf seine zweimalige Beschädigung als auf unregelmäßige Berichterstattung

---

[1] Bis Sommer 1939 SD-Unterabschnitt Mainfranken, bis 1. 7. 1941 SD-Abschnitt Würzburg, dann SD-Hauptaußenstelle Würzburg. Erlaß des Chefs der Sicherheitspolizei und des SD vom 30. 5. 1941 über die Suspendierung des SD-Abschnitts Würzburg mit Wirkung vom 1. 7. 1941; BA, R 58/241. Siehe auch Erlaß vom 20. 6. 1941, der die Bezeichnung »SD-Hauptaußenstelle« festlegt; ebenda.

[2] StA Würzburg, SD Hauptaußenstelle Würzburg/ 1–37.

[3] Das StA Würzburg rekonstruierte im November 1976 diesen wichtigen Bestand und ließ ein Repertorium anfertigen, in dem das Datum jedes einzelnen Berichts festgehalten ist.

[4] Die »tägliche Inlandslageberichterstattung« setzte offensichtlich erst im Herbst 1939 ein. Aus einem Schreiben des Sicherheitsdienstes des RFSS, SD-Führer des SS-Oberabschnittes Fulda-Werra/SD-Unterabschnitt Hessen-Nassau, an die SD-Außenstelle Aschaffenburg vom 23. 9. 1939, BA, Sammlung Schumacher 463, ist zu entnehmen, daß zu diesem Zeitpunkt aufgrund verschiedener am 15. 9. 1939 erteilter Anweisungen die ersten Inlandslageberichte eingelaufen waren.

[4a] Vgl. Geschäftsverteilungsplan des RSHA (Stand vom 1. 1. 1941); IMT, Bd. 38, Dok. 185-L, S. 10ff. Siehe auch Geschäftsverteilungsplan des RSHA (Stand vom 1. 10. 1943); ebenda, Dok. 219-L, S. 69ff.

[4b] Ebenda, S. 12ff. bzw. S. 73ff.

[5] Ab September 1939 hießen sie »Berichte zur innenpolitischen Lage«, ab 8. 12. 1939 »Meldungen aus dem Reich« und ab Juni 1943 »SD-Berichte zu Inlandsfragen«; vgl. hierzu: Meldungen aus dem Reich. Auswahl aus den geheimen Lageberichten des Sicherheitsdienstes der SS 1939–1944, hrsg. v. Heinz Boberach. Neuwied 1965, bes. S. XVI f., siehe auch: Bd. 12, bearb. v. Heinz Boberach (siehe S. 367, Anm. 53).

der SD-Außenstellen zurückzuführen, so daß mit Sicherheit von periodischen Berichten ausgegangen werden kann. Hinzugezogen wurden darüber hinaus Berichte einer oberbayerischen und einer schwäbischen SD-Außenstelle. Für Friedberg[6] liegen die Berichte für die Jahre 1942-1945 vergleichsweise weniger lückenhaft vor, für Berchtesgaden[7] gilt das gleiche für die Jahre 1941-1945. Gelegentlich herangezogen wurden zusätzlich die Spezialberichte des SD-Abschnitts Bayreuth, Abteilung Völkische Minderheiten, an den Gaubeauftragten für Volkstumsfragen, 1942[8]. Über den Turnus der Berichtsabfassung – anfangs sollen die Berichte täglich erstattet worden sein, bis Mitte Mai wurden sie dreimal und dann zweimal pro Woche abgefaßt[9] – läßt sich anhand der ausgewerteten Bestände wegen ihrer Lückenhaftigkeit nichts aussagen, zumal auch verschiedene Berichte über dasselbe Lebensgebiet, von derselben Stelle, unter demselben Datum vorliegen. Bei den Stimmungsberichten dagegen läßt sich mit größerer Sicherheit eine wöchentliche Folge erkennen. Sie sind in der Regel drei bis fünf Seiten lang, während die Berichte über die Fachgebiete häufig auch zehn Seiten überschreiten.

Ihre besondere Qualität erhielten die Berichte durch die offensichtlich gut organisierten »Zubringer«-Dienste der Vertrauensmänner des SD (V-Männer). Eine Liste von 20 Neuzugängen unter den V-Leuten der Außenstelle Aschaffenburg, vermutlich noch aus der Vorkriegszeit[10], gibt über die Zusammensetzung des Informantenkreises einigen Aufschluß. Ihm gehörten, abgesehen von mehreren Politischen Leitern, an: zwei Landräte, ein Schriftsteller, ein Rechtsanwalt, ein Arzt, ein stellvertretender Bankdirektor und zwei Ratsinspektoren. Mit diesen neu hinzugekommenen Vertrauensleuten zählte allein die kleine SD-Außenstelle Aschaffenburg insgesamt 154 V-Männer[11]. Diese waren angewiesen, alle Menschen, mit denen sie zusammenkamen, auf geschickte, indirekte Weise auszuhorchen[12], damit an übergeordneter Stelle in mühseliger Kleinarbeit ermittelt werden konnte, wie Maßnahmen der Regierung, der Partei und das Kriegsgeschehen wirkten. Die mosaikartige Zusammensetzung zahlreicher, so ermittelter Stimmungen, Reaktionen und Haltungen einzelner, nach ihrer Schichtzugehörigkeit klassifiziert, nach Typik, Repräsentativität und Häufigkeit unter Berücksichtigung regionaler Besonderheiten

---

[6] StA Neuburg, (Bestand noch ungeordnet).
[7] StA München, LRA 29 656.
[8] StA Bamberg, M 30/1049.
[9] Boberach 1965 (siehe S. 592, Anm. 5), S. XVI f.
[10] BA, Sammlung Schumacher 463, Liste der neuen Zubringer der Außenstelle Aschaffenburg, o.D. Die Liste müßte aber noch vor dem 22. 8. 1938 erstellt worden sein, da sie einen Gendarmerie-Hauptwachtmeister führt, es ab diesem Zeitpunkt den Gendarmerie-Posten aber verboten war, als Vertrauensleute beim SD zu arbeiten. Ebenda: Schreiben SD-Oberabschnitt Süd, Unterabschnitt Mittelfranken vom 22. 8. 1938.
[11] BDC, Gestapo-SD, Liste der Zubringer der Außenstelle Aschaffenburg, o.D.
[12] Hierzu Rundschreiben Nr. 168 des Sicherheitsdienstes des RFSS, SD-Leitabschnitt Stuttgart III c 4-Ry/ho vom 12. 10. 1940, HStA Stuttgart, K 750/38, abgedruckt bei Steinert, Marlis G.: Hitlers Krieg und die Deutschen. Stimmung und Haltung der deutschen Bevölkerung im Zweiten Weltkrieg. Düsseldorf 1970, S. 44; siehe auch S. 40: »... Jeder V-Mann muß überall, in seiner Familie, seinem Freundes- und Bekanntenkreis und vor allem an seiner Arbeitsstätte jede Gelegenheit wahrnehmen, um durch Gespräche in unauffälliger Form die tatsächliche stimmungsmäßige Auswirkung aller wichtigen außen- und innenpolitischen Vorgänge und Maßnahmen zu erfahren. Darüber hinaus bieten die Unterhaltungen der Volksgenossen in den Zügen (Arbeiterzüge), Straßenbahnen, in Geschäften, bei Friseuren, an Zeitungsständen, auf behördlichen Dienststellen (Lebensmittel- und Bezugscheinstellen, Arbeitsämtern, Rathäusern usw.), auf Wochenmärkten, in den Lokalen, in Betrieben und Kantinen aufschlußreiche Anhaltspunkte in reicher Fülle, die vielfach noch zu wenig beachtet werden.«

sortiert, konnte ein relativ zuverlässiges Gesamtbild der Volksmeinung liefern. Die erkennbare Methodik, die der SD bei seiner Meinungsforschung anwandte, unterschied diese von der Stimmungsberichterstattung aller anderen Dienststellen von Staat und Partei in der NS-Zeit und rückte sie, als rudimentäre Vorform, in die Nähe der wissenschaftlichen Demoskopie.

Zur Eruierung der öffentlichen Meinung besaßen die SD-Stellen die besten Voraussetzungen. Die Meinungserkundung besaß Priorität vor allen anderen Aufgaben der SD-Außenstellen, ihre Mitarbeiter waren vor Sanktionen sicher, auch wenn die »Meldungen aus dem Reich« von manchen NS-Führern wegen ihrer ungeschminkten Lageeinschätzung des »Defaitismus« bezichtigt wurden[13], die Informationsbeschaffung über die V-Männer, auch über die Postüberwachung, lief zweifellos gut, und selbst der Informationsfluß von oben nach unten wurde systematisch gepflegt[14].

Wenn es andererseits vorkam, daß Berichte der SD-Leitstellen bei der Einsatz-Auswertungsstelle in Berlin für die Meldungen aus dem Reich »entschärft«[15] wurden, so gab es Entsprechendes wohl auch auf der unteren Ebene. Jedenfalls zeigt sich: Die Berichte der Außenstellen sind weitgehend unmittelbare Reproduktion des Gehörten, ohne größere Verarbeitung und Reflexion, anders als die stärker reflektierten und zurechtgerückten Berichte der Hauptaußenstelle.

Die Berichte zu den einzelnen Lebensgebieten, meist durch gediegene Fachkenntnis ausgezeichnet, behandelten in der Regel größere Sachkomplexe über einen längeren Zeitraum hinweg. Aus allen genannten Fachbereichen sind in der folgenden Auswahl Beispiele vertreten. Die Berichte zur allgemeinen Lage und Stimmung folgen keinem starren Schema, da die Wichtigkeit der Ereignisse die Reihenfolge der Bearbeitung bestimmte. Ihnen waren jeweils zusammenfassende Analysen derjenigen stimmungsbildenden Faktoren vorangestellt, die die Entwicklung in der öffentlichen Meinung am wirksamsten beeinflußten. Konkrete Beispiele für positive oder negative Stimmungseinflüsse bestimmter Ereignisse und Maßnahmen schlossen sich jeweils an.

Ein besonderer Vorzug ist die schon angedeutete schonungslose Offenheit der Berichte. Aufgefordert, »kraß und unverblümt«[16] zu berichten, befanden sich die SD-Berichterstatter in der vergleichsweise günstigen Lage, daß sie als Kern der »ehernen Staatsschutz-Garde« des Reichsführers SS auf jede sich nach oben hin anbiedernde Schönfärberei verzichten konnten und mit Kritik nicht zu sparen brauchten. Von der Beobachtung ausgenommen waren ausdrücklich parteiinterne Vorgänge. Dagegen zählte es sehr wohl zu den Aufgaben des SD, negative Stimmungen gegenüber der Partei in der Bevölkerung zu beobachten. Ein weiterer Vorzug ist die angeordnete Berücksichtigung psychologischer Momente. Einstellungen der Bevölkerung zu Partei und Staat sollten auch aus we-

---

[13] Zu den Angriffen auf die SD-Berichte, siehe Boberach 1965 (siehe S. 592, Anm.5), S. XXVI ff. Trotz der Versuche seitens prominenter NS-Führer, die SD-Berichte abzuwürgen, ist es ihnen offensichtlich gelungen, bis fast zum Kriegsende zu überdauern. Der letzte Bericht der SD-Außenstelle Berchtesgaden datiert vom 7. 3. 1945.

[14] Die Sachbearbeiter jeder Außenstelle sollten alle 14 Tage durch einen Mitarbeiter des Abschnitts über die Reichslageberichte des RSHA und die Berichte des Abschnitts informiert werden. StA Würzburg, SD-Hauptaußenstelle Würzburg 43/27, Schreiben der SD-Hauptaußenstelle an alle SD-Außenstellen vom 1. 4. 1941.

[15] Steinert (siehe S. 593, Anm. 12), S. 41.

[16] StA Würzburg, SD-Hauptaußenstelle Würzburg 43/25, Schreiben der SD-Hauptaußenstelle Würzburg, 3. 2. 1941.

niger offen zutage tretenden Verhaltensweisen, z. B. aus gedankenlosen Umgehungen von kriegswirtschaftlichen Vorschriften, erschlüsselt werden. Die semidemoskopische Arbeit des SD zeichnete sich auch durch den Versuch aus, Meinungen auf unterster Ebene schichtspezifisch zu erfassen, weshalb hin und wieder besonders prägnante Äußerungen von Angehörigen bestimmter Kreise (Arbeitern, Beamten, Intellektuellen u. ä.) wörtlich wiedergegeben wurden.

Besonderen Wert legte die folgende Auswahl auf die in den Berichten enthaltenen, durch SD-Bearbeiter wenig gefilterten Meinungsäußerungen. Maßgebend war ferner orts- und milieubezogene Konkretheit von Anlaß und Inhalt. In den SD-Berichten wiedergegebene allgemeine Äußerungen und Beurteilungen der Bevölkerung zum weit entfernten Kriegs- und Frontgeschehen wurden nur gelegentlich berücksichtigt, vor allem wenn sie wegen ihrer lokalen oder schichtspezifischen Artikulation besonders bemerkenswert sind oder auf besonderen Informationen, etwa den von Fronturlaubern, beruhen und insofern ein lokal identifizierbares stimmungsbildendes Ereignis darstellen.

Die Auswahl der Berichte beläuft sich nur auf etwa zwei Prozent des gesamten vorhandenen bayerischen SD-Berichtsmaterials. Dennoch wurde versucht, der Quelle insofern gerecht zu werden, als kein darin angeschnittenes Thema von Wichtigkeit ausgespart wurde. Die Tatsache, daß die allgemeinen Inhalte der vom SD zusammengestellten »Meldungen aus dem Reich« schon gedruckt vorliegen, und der die Berichts-Auswahl dieses Bandes bestimmende Leitgedanke, vorrangig die lokal-, sozial- und milieuspezifische Wirkung des NS-Regimes abzubilden, erforderte jedoch auch wegen der zahlreichen in den Berichten enthaltenen Wiederholungen eine strenge Beschränkung auf die Wiedergabe solcher Passagen, die durch Konkretheit und Ausführlichkeit hervorstechen.

Die Berichte bezeugen, daß es unter der nationalsozialistischen Herrschaft, trotz aller Bemühungen um Meinungslenkung und -ausrichtung, keine uniforme Meinung in Bayern während des Zweiten Weltkrieges gegeben hatte. Gleichwohl kam es zu bestimmten, dominierenden Meinungstrends, und einzelne wichtige, im regionalen Umkreis und Berichtszeitraum maßgeblich gewordene, kriegsbedingte meinungs- und stimmungsbildende Faktoren lassen sich klar erkennen. Dazu zählten sicherlich die häufigen Alarme und Bombenangriffe, die schon Anfang 1941 deutlich wahrnehmbar schlechte Stimmung und Kriegsunlust, im weiteren Fortgang zunehmend Lebensangst, Nervosität und Niedergeschlagenheit erzeugten. Von dieser fatalistischen 1918-Psychose erholte sich die Bevölkerung, abgesehen von kurzen Phasen der Aufmunterung unter dem Einfluß von Hitler- oder Goebbelsreden, bis Kriegsende nicht mehr. Ein anderer wichtiger Bezugspunkt der Stimmung, vor allem auf dem Lande, wurden die ausländischen Arbeitskräfte und Kriegsgefangenen, eine in den Augen der Einheimischen ständig zunehmende unheimliche, weil nicht zu übersehende Bedrohung. Hinzu kam der Komplex der sich gerade in Bayern massierenden Evakuierten mit allen durch sie verursachten Versorgungsproblemen. Auch die oft grausamen Erfahrungen und Erzählungen der Luftkriegsevakuierten trugen wesentlich zur Stimmungsverschlechterung bei. Die übereinstimmend berichtete Abneigung der Einheimischen gegen Evakuierte zeigt, wie wenig tragfähig die beschworene Volksgemeinschaft gewesen ist. Sie wurde nach Ansicht vieler diskreditiert, weil »Partei-Bonzen«, »bessere Damen« u. a. offenbar ein von Kriegseinschränkungen wenig beengtes, aufwendiges Leben führen konnten. Die Enttäuschung über den versprochenen Abbau von Standesunterschieden drückt sich in der Meinungswiedergabe der SD-Berichte deutlich aus. Die Partei hatte den Berichten zufolge schon 1941 ihr Prestige in der Bevölkerung weitestgehend verloren. Drückebergerei von SS-Leuten, Korruption und Patronage von politischen Führern u. a. sprachen sich herum, drangen auch in kleinere Gemeinden und erzeugten »Ekel vor der Partei«. Nach langer Schonfrist wurde auch der vergötterte »Führer« nicht mehr von dem Trend dieser Stimmung und Kritik ausgespart. In den Berichten taucht scharfe Hitler-Kritik zum erstenmal im Frühsommer 1943 auf, nach dem Luftangriff auf Schweinfurt soll er »verwünscht und verflucht« worden sein. Ähnlich scharfe Volksäußerungen wurden zwar in den folgenden Monaten nicht mehr berichtet, aber aus einer Reihe von SD-Berichten seit 1943 – die im folgenden nicht sämtlich wiedergegeben sind – wird doch erkennbar: auch Hitler war nicht mehr tabu.

Gleichwohl steht der Leser dieser SD-Berichte vor einer kaum zu überbrückenden Diskrepanz. Trotz der überwiegend negativen Volksstimmung und Kriegsmüdigkeit blieb – wie die SD-Berichte ebenfalls übereinstimmend bezeugen – die Einsatz- und Durchhaltemoral der großen Mehrheit der Bevölkerung bis in die letzten Kriegsmonate erhalten. Was immer an historischen, psychologischen und anderen Erklärungen hierfür beigebracht werden kann, mit einiger Sicherheit läßt sich wohl nur sagen: Die sich verstärkende Nonkonformität der Meinungen signalisiert einen Prozeß der Loslösung von der Suggestivität des Hitler-Regimes, aber noch keine volle politische Erkenntnis seines Charakters, die zu Handlungskonsequenzen hätte führen müssen.

E. F.

DOKUMENTE

Aus Bericht des SD-Abschnitts Würzburg (Gau Mainfranken), 16. 5. 1940

... Die Bestrebungen zum Ausbau der SA-Wehrmannschaften, die seither in der Stadt Würzburg ergebnismäßig weit hinter den ländlichen Bezirken zurücklagen, wurden in den letzten Wochen tatkräftig durch die Einheiten der SA festgesetzt, wenngleich die Erfolge zum Teil auch noch sehr spärlich waren. Die SA-Standarte Würzburg hat daher neuerdings die Aufgabe übernommen, die Stadt Würzburg nach unausgebildeten Altersklassen durchzukämmen. Zu diesem Zweck wurden die SA-Stürme nach Ortsgruppenbereichen aufgeteilt, die dann zusammen mit dem Ortsgruppenstab Listen über die in Frage kommenden Personen aufstellen und diese zu Werbe- und Besprechungsabenden vorladen. Das Ergebnis dieser Propaganda war teilweise sehr schlecht. So hatte beispielsweise die Würzburger Ortgruppe »Daniel-Sauer« 250 Männer vorgeladen, von denen sich nach stärkster Bearbeitung 91 zur Teilnahme an der Ausbildung bereit erklärten. Am 1. Dienstsonntag waren aber nur 62 Mann und am 2. nur 16 Mann erschienen. Ähnlich gestaltete sich das Bild in den Ortsgruppen Würzburg-Ost, Keesberg, Pfleich, Grombühl und Milte, obgleich hierbei schärfste Werbemethoden angewandt wurden, die sich praktisch nicht von einer Unterschriftserpressung unterscheiden. An dieser Gepflogenheit läßt sich auch der propagandistische Fehlschlag erweisen...

Auch in Schweinfurt, so berichtet der SD-Abschnitt unter dem 6. 6. 1940, kämen immer weniger SA-Wehrmänner zum Dienst, viele träten überhaupt nur einmal – anläßlich ihrer Verpflichtung – an. Beim letzten Dienst seien nur 40 Prozent der Wehrmänner erschienen.

Aus Bericht des SD-Abschnitts Würzburg (Gau Mainfranken), 3. 6. 1940

... In Rechtswahrerkreisen wird vereinzelt geäußert, daß die Zeit der Blutsurteile vorbei sei. Gemeint ist die Tätigkeit der Sondergerichte...

Aus Bericht des [SD-Abschnitts] Würzburg (Gau Mainfranken), 6. 6. 1940

... Die von den Ortsgruppen der NSDAP im hiesigen Dienstbereich seit mehreren Wochen durchgeführten zusätzlichen Sammlungen für Liebesgabenpakete an die Soldaten wurden nunmehr durch die Gauamtsleitung der NSV verboten. Das Verbot führte im Hinblick auf das Unvermögen der einzelnen Ortsgruppen, aus anderen Mitteln Liebespakete ins Feld zu senden, zu heftigen Auseinandersetzungen zwischen NSDAP-Kreisleitungen und NSV, die Sammlungen sind jedoch endgültig eingestellt. Die NSV hat Weisung erhalten, den Hoheitsträgern der NSDAP Mittel zur Verfügung zu stellen, aus denen die Liebesgabensendungen an die eingezogenen Ortsgruppenmitglieder finanziert werden können. In den einzelnen Ortsgruppen ergeben sich jedoch in der Betreuung der Soldaten außerordentliche Schwierigkeiten dadurch, daß es kaum mehr möglich ist, Verpackungsmaterial und Liebesgaben selbst (Tabakwaren, Zigaretten) in ausreichenden Mengen zu erhalten. Der Absicht hauptsächlich ländlicher Ortsgruppenleiter, den Soldaten Naturalien haltbarer Natur zu schicken, steht eine Verfügung des Landesbauernführers Deininger entgegen, die das Sammeln von Naturalien für Liebesgaben unter Strafe stellt. Die Liebesgabenbetreuung durch die Partei, die nicht zuletzt den Zweck hatte, der kirchlichen Betreuung der Soldaten durch die Heimatpfarrer Abbruch zu tun, liegt ganz allgemein im argen. Weder die propagandistisch-weltanschauliche noch die liebesgabenmäßige Betreuung der Eingezogenen durch die NSDAP weist nach verschiedenen Berichten von Soldaten und Soldatenangehörigen ein irgendwie geartetes Niveau auf...

Im Verhältnis Partei – Wehrmacht haben sich in letzter Zeit verschiedentlich Reibungen örtlichen Charakters ergeben, die geeignet sind, die bisherigen Spannungsweiten zu vertiefen. So hat beispielsweise die Standortkommandantur Würzburg trotz energischen Widerspruchs der Kreisleitung auch den letzten noch für kulturelle Veranstaltungen zur Verfügung stehenden Saalbau, den Huttensaal in Würzburg, für militärische Zwecke beschlagnahmt. Außerdem wird von der Wehrmacht der Versuch gemacht, die Räumlichkeiten, in denen die Nähstunden der NS-Frauenschaft und der NSV sowie die Schuh-Austauschstellen der NSV untergebracht sind, für ihre Zwecke zu bekommen. Von seiten der Kreisleitung Würzburg wird dabei betont, daß auch der Hinweis darauf, daß die genannten Einrichtungen von erheblicher kriegsmäßiger Bedeutung seien und Ersatzraum nicht zur Verfügung steht, bei den Wehrmachtsstellen nicht als stichhaltig angesehen werde.

Von den Offizieren des Wehrbezirkskommandos Würzburg wird bei den gegenwärtig stattfindenden Musterungen als abschreckendes Beispiel immer wieder der »Fall C.« den Gemusterten zur Kenntnis gebracht. Es handelt sich dabei um den hauptamtlichen, ehemals beim SS-Abschnitt IX beschäftigten SS-Oberscharführer C., der sich, um einer Einberufung zu entgehen, durch die Hand geschossen hat und deswegen in Berlin zum Tode verurteilt wurde. Die Tatsache, daß von den betreffenden Offizieren häufig betont wird, es handele sich um einen SS-Angehörigen, wird von den zur Musterung Erschienenen und von den übrigen informierten Volksgenossen als sehr merkwürdig empfunden...

Aus Bericht der SD-Außenstelle Würzburg (Gau Mainfranken), 27. 6. 1940

... Im hiesigen Gebiet sind derzeit insgesamt 3000 polnische Gesindekräfte (2400 männlich, 600 weiblich) eingesetzt... Unter dem 29. 1. 1940 hat der Regierungspräsident von Würzburg-Mainfranken eine oberpolizeiliche Vorschrift über die Behandlung der polnischen Arbeitskräfte aufgrund des Art. 44 a des Bayerischen Polizeistrafgesetzbuches erlassen[17]. Die VO bringt eine wesentliche Verschärfung der bisherigen Bestimmungen. Besonders begrüßenswert erscheint, daß nunmehr der Besuch deutscher Veranstaltungen

---

[17] Die VO vom 11. 3. 1940 über die Behandlung polnischer Arbeiter war durch die VO vom 20. 5. 1940 (GVBl. S. 109) wieder aufgehoben.

kultureller, kirchlicher und geselliger Art sowie der Besuch von Gaststätten untersagt ist...

Verschiedentlich sind nun auch schon die Einsatzkräfte kriminell hervorgetreten. Auf dem Sellenberger Hof bei Kleinrinderfeld, Landkreis Würzburg, wurden am 14. 5. 1940 drei polnische Kriegsgefangene verhaftet, die sich an deutschen Mädchen geschlechtlich vergangen hatten. Die Polen vergewaltigten die 16-jährige M.N., während sich die 17-jährige H.J. nach anfänglichen Weigerungen den Polen hingab. Nach den Gendarmerie-Erhebungen soll es sich um 6–7 Fälle handeln. Die Mädchen wurden am 14. 5. 1940 von SA-Angehörigen geschoren[18], mit einem Schild umgetan und am Abend in dieser Weise als Ehrlose gebrandmarkt durch die Ortschaft geführt...

Dazu heißt es im Bericht der SD-Außenstelle Würzburg vom 7. 9. 1940: »Diese Volksjustiz hat bei dem katholischen Teil der Bevölkerung größtes Aufsehen erregt und wird von diesen Kreisen vollkommen abgelehnt, da die beiden Mädchen N. und J., die ihres Kopfhaares beraubt wurden, als besonders gut katholisch bekannt sind. Dem die Vorerhebungen durchführenden Gendarmeriemeister wird von der Bevölkerung der Vorwurf gemacht, er habe die Geständnisse bei den Mädchen erpreßt.«...

Es läßt sich immer noch beobachten, daß von seiten der einheimischen Bevölkerung nicht der nötige Abstand gewahrt wird und daß vielfach falsches Mitleid mit den Gesindekräften herrscht. Es besteht der Eindruck, daß manche Volksgenossen ihre Abneigung gegen Partei und Staat durch besonders liebevolle Behandlung der Polen zum Ausdruck bringen...

Es ist bemerkenswert, daß sich auch vielfach die Soldaten hier keinerlei Hemmungen auferlegen. In Großlangheim, Landkreis Kitzingen, verkehrten polnische Gesindekräfte bei dem Wirt Michael Pfannes und unterhielten sich dort mit den Bauernburschen und den Soldaten des Fliegerhorstes Kitzingen. Verschiedentlich wurde beobachtet, daß Soldaten auch mit Polinnen spazieren gehen. In der Nähe von Großlangheim haben zwei Soldaten des Fliegerhorstes einen Polen mit zwei Polinnen fotografiert und sind mit ihnen in freundschaftlicher Unterhaltung spazierengegangen... In Gaubüttelbrunn, Landkreis Ochsenfurt, gingen die polnischen Gesindekräfte zur Beichte und ließen sich hierzu eigens einen Priester aus Würzburg mit polnischen Sprachkenntnissen kommen. Die angebliche Frömmigkeit der Polen macht insbesondere auf die katholische Bevölkerung den stärksten Eindruck. Ein Bauer erzählt, die Polen seien sehr fromm, sie hätten in der Kirche so schön gesungen und seien so andächtig gewesen...

Ferner kann auch die Feststellung gemacht werden, daß Volksgenossen, die mit gutem Beispiel vorangehen müßten, hier vollkommen versagen. So hat ein Ortsbauernführer in Aidhausen, Landkreis Königshofen, erklärt, daß er seine polnischen Gesindekräfte genauso ansehe wie seine Dienstboten...

---

[18] Im Bericht des SD-Abschnitts Würzburg/SD-Hauptaußenstelle Würzburg vom 16. 5. 1940 wird darauf verwiesen, daß dies im Einverständnis mit dem Landrat und Kreisleiter geschehen ist.

Aus Bericht des SD-Abschnitts Würzburg (Gau Mainfranken), 1. 7. 1940

Die von der NS-Frauenschaft durchgeführte Aktion zur Verstärkung dés Fraueneinsatzes im Kriege[19] beschränkte sich in ihrer Tragweite in der Hauptsache auf die Städte und größeren Orte. Auf dem flachen Lande mit überwiegend bäuerlicher Bevölkerung wird die Aktion weniger praktisch, da dort brach liegende Arbeitskräfte nur in zahlenmäßig geringem Umfange vorhanden sind. Über den Befehl des Stellvertreters des Führers vom 13. 4. 1940 hinaus führte die NS-Frauenschaft im Gau Mainfranken nicht nur eine Propagandaaktion für den Fraueneinsatz durch, sondern erfaßte im Einvernehmen mit dem Leiter des Arbeitsamtes Würzburg die in Frage kommenden Frauen listenmäßig und leitete diese Listen dem Arbeitsamt zu. Auf diesem Wege erhielt das Arbeitsamt Würzburg etwa über 1000 Adressen, die dann von einer besonderen Abteilung durchgearbeitet wurden. Das Arbeitsamt lud hierauf die kinderlosen Ehefrauen und ledigen Haustöchter vor, um sie für den Einsatz in wichtigen Betrieben zu gewinnen. Die auf diese Weise eingeleitete Einschaltung der Frauen in den Arbeitsprozeß war in Richtung auf den Erfolg gesehen örtlich verschieden.

Im Würzburger Bezirk wird aufgrund der gemachten Erfahrungen die grundsätzliche Bereitwilligkeit der Frauen hervorgehoben, die Tatsache, daß das Anschriftenmaterial von der NS-Frauenschaft oder sonst einer Parteidienststelle stammt, trat nach außen hin nicht in Erscheinung. Als abträglich erwies sich jedoch, daß ein großer Teil der in den Listen als beschäftigungslos gemeldeten Frauen und Haustöchter bereits in Arbeit stand, andere waren selbst krank, wurden zu Hause benötigt oder waren nach auswärts verzogen. Aus Schweinfurt a.M. und Lohr a.M. wird gemeldet, daß die Einschaltung der Frauen in den Arbeitsprozeß in zahlreichen Fällen nur gegen den Willen der Betroffenen geschehen konnte bzw. verhindert wurde. Es handelt sich dabei fast durchwegs um Angehörige der sogenannten gehobeneren Bevölkerungsschichten. In kleineren Städten stehen solche Frauen im Mittelpunkt der Beobachtung der Frauen aus den sozial schlechter gestellten Schichten, und immer wieder wurden Verweigerungen der letztgenannten Kreise mit dem Hinweis versucht, daß zuerst diese oder jene Frauen aus der besseren Schicht herangezogen werden sollen. Dabei ist verschiedentlich festzustellen, daß Frauen und Töchter führender Parteigenossen den übrigen Volksgenossinnen kein gutes Beispiel geben. In diesen Fällen ist festzustellen, daß die Betreffenden, sofern sie den Willen zum Einsatz überhaupt haben, bestrebt sind, sich die Arbeit selbst auszusuchen. Die Arbeitsämter mußten deshalb, um die Anforderungen nach weiblichen Arbeitskräften überhaupt erfüllen zu können, vielfach mit Dienstverpflichtung vorgehen. Die Arbeitsamtsnebenstelle Lohr a.M. mußte in drei Fällen sogar die Staatsgewalt einschalten...

Aus Bericht des [SD-Abschnitts Würzburg] (Gau Mainfranken), 12. 9. 1940

»Die Partei wird nach dem Kriege aufgelöst, die politischen Führer werden durch die Offiziere abgelöst, Deutschland wird nach dem Kriege reiner Militärstaat, denn die Partei

---

[19] AO A 44/40 des StdF v. 13. 4. 1940 betr. Verstärkung des Fraueneinsatzes im Kriege; RVBl. A 1940, S. 44.

hat ihre Aufgabe, die Einigung des Volkes und die damit mögliche Aufrüstung herbeizuführen, erfüllt.« Diese und ähnliche Äußerungen sind von Urlaubern der Wehrmacht, namentlich von solchen, die im Frieden als politische Leiter oder sonstwie aktiv innerhalb der Partei tätig waren, jetzt wieder häufiger zu hören. Wenn versucht wird, eine Begründung für diese Ansichten zu bekommen, so stößt man im allgemeinen auf eine starke Zurückhaltung. Namen, konkrete Äußerungen innerhalb der Wehrmacht werden kaum genannt. Aber so viel lassen einzelne manchmal durchblicken, daß der eine oder andere Offizier sich in diesem Sinne geäußert hätte. Der Offizier habe auch hinzugefügt, es sei selbstverständlich, daß den Offizieren nach dem Kriege der Führungsanspruch zufalle, denn diese hätten durch ihre Führung der Truppe und ihre Leistung im Kriege die Freiheit des Reiches erkämpft. Die Schaffung einer starken Wehrmacht zu ermöglichen, sei die einzige Aufgabe der Partei gewesen. Diese Aufgabe habe sie nunmehr erfüllt. An der Ablösung der Partei durch die Wehrmacht könne auch der Führer nichts ändern, denn sonst schaffe er sich in dem Offizierkorps eine gefährliche Opposition...

Aus Bericht der SD-Außenstelle Ebern (Gau Mainfranken), 5. 10. 1940

Gegen die aus Anlaß des Einsatzes polnischer Gesindekräfte ergangenen Polizeiverordnungen[20] und polizeilichen Maßnahmen wird von Woche zu Woche in stärkerem Umfang verstoßen. Die Schwierigkeiten sind nicht nur persönlicher und örtlicher Natur, sondern haben in erster Linie grundsätzlichen Charakter. In Gesprächen mit den Arbeitgebern (im Kreisgebiet kommen als solche lediglich Bauern und Landwirte in Frage) wird immer wieder auf folgendes hingewiesen: In den bäuerlichen Anwesen sind alle Zimmer und Behältnisse nicht verschlossen. Es ist auch nicht möglich, Personen, die im Anwesen mitarbeiten und im Haus schlafen, ständig zu überwachen. Infolgedessen kann der Bauer nur solche Leute ständig um sich haben, denen er mit Vertrauen entgegenkommen kann. Ein solches Vertrauensverhältnis könne jedoch nicht entstehen, wenn die für die Behandlung der polnischen Gesindekräfte ergangenen Anordnungen eingehalten würden. Es sei vielmehr nötig, daß der Bauer den Polen hin und wieder Zuwendungen mache, daß er ihm ein Fahrrad zur Verfügung stelle, wenn er bekannte oder verwandte Polen in der Nachbarschaft aufsuchen wolle, daß er sich mit den Polen auch hin und wieder über nichtdienstliche Angelegenheiten unterhalte. Nur eine ausgesprochen gute Behandlung des Polen, wobei der Bauer die von den Polen als lästig empfundenen Anordnungen auch seinerseits nicht beachte, könne das Vertrauensverhältnis schaffen, ohne das nun einmal in einem kleinen landwirtschaftlichen Betrieb [ein] Nebeneinander und Miteinanderarbeiten ausges[chlossen] sei...
Es kommt des weiteren hinzu, daß bei dem gegenwärtigen Mangel an Arbeitskräften jeder Arbeitgeber sich bemüht, den ihm einmal zugeteilten Polen auch bei sich zu behalten. Gerade in den Zeiten der Hauptarbeit sind die Arbeitsämter durchwegs zu der Praxis übergegangen, einen davongelaufenen Polen sofort wieder in eine andere Arbeitsstelle zu vermitteln, weil eben der Bedarf an Arbeitskräften so groß war und eine längere Inhaftie-

---

[20] Vgl. Bekanntgabe 42/40 RVBl. vom 4. 7. 1940.

rung den Mangel an Arbeitskräften lediglich erhöht hätte. Zwangsweise Zurückbeförderung eines Polen an seinen früheren Arbeitsplatz ist ebenfalls ein zweischneidiges Schwert, da meist auf beiden Seiten eine Verärgerung gegeben ist, die keinen Arbeitsfrieden sicherstellt und früher oder später zu einem erneuten Davonlaufen des Polen führt...

Aus Bericht des [SD-Abschnitts Würzburg] (Gau Mainfranken), 17. 10. 1940

Die Anordnung des Führers[21], wonach die Parteiorgane zur Kontrolle der Verdunklung mit eingesetzt werden, hat erwartungsgemäß zu gewissen Überschneidungen in polizeilichem Vollzug geführt... Es wird aus dem Bezirk Würzburg berichtet, daß es unverkennbar sei, daß seitens mancher Polizeiorgane eine gewisse Eifersucht aufgetreten sei gegenüber dem Mitwirkungsrecht, das der Partei zugestanden wurde. Auf der anderen Seite hätten auch manche Parteiorgane eine überspitzte Diensteifrigkeit an den Tag gelegt und Kleinigkeiten beanstandet, die schwer zu vermeiden seien. Auf jeden Fall müsse gesagt werden, daß die Mithilfe der Partei zur Sicherstellung der Verdunklung eine wertvolle Hilfe darstelle. Es sei tatsächlich vielfach so gewesen, daß die Polizei in vielen Fällen zu rücksichtsvoll war und daß die frische Initiative der Partei auch den praktischen Vollzug der Polizei günstig beeinflußt habe. In diesem Zusammenhang wird darauf hingewiesen, daß es durchaus nicht schädlich sei, wenn die Parteiorgane auch gelegentlich einmal zu drastischen Mitteln, wie Fenstereinwerfen und dergleichen, griffen, zumal die Polizei diese Mittel nicht anwenden könne. Manche Volksgenossen reagieren einzig und allein auf solche Handgreiflichkeiten. Die Mitwirkung der Partei habe auch den Vorzug, daß sie im Rahmen der ihr übertragenen Menschenführung die Belehrung der breiten Masse im Sinne des Luftschutzes viel leichter durchführen könne, als die Behörden. Daß gelegentlich Auswüchse im Vollzug vorkämen, sei bei der Vielzahl der eingesetzten Organe nicht zu vermeiden. So habe beispielsweise der Bürgermeister von Oberdürrbach festgestellt, daß der dortige Zellenleiter seine Kontrolltätigkeit teilweise nicht selbst ausübt, sondern seine 14-jährige Tochter damit beauftragt habe. Die Bevölkerung sei natürlich nicht geneigt gewesen, von dem Mädchen Belehrungen entgegenzunehmen, während sie diese vom Zellenleiter sicherlich entgegengenommen hätte...

Seit der Machtübernahme ist es eine unablässige Sorge sowohl der Kreisleitung als auch der Landräte, die reibungslose Zusammenarbeit zwischen Bürgermeister und Hoheitsträger sicherzustellen. Während auf der einen Seite ein Gegeneinanderarbeiten dieser beiden örtlichen Gewalten sich fortsetzt zum Schaden der Dorfgemeinschaft und der dörflichen Verwaltung auswirkt, potenziert sich andererseits die Leistungsfähigkeit der beiden Organe, wenn eine glückliche und gute Zusammenarbeit gefunden wird. Es soll nicht verkannt werden, daß es in der dörflichen Enge oft viel schwerer ist, diese Zusammenarbeit herzustellen, als in dem weiteren Raum einer Großstadt.

Zahlreiche örtliche Hemmungen, insbesondere verwandtschaftlicher Natur, spielen eine große Rolle. Auch die persönliche Veranlagung der beiden maßgeblichen Menschen

---

[21] Bekanntgabe B 69/40 des StdF v. 10. 10. 1940 betr. Überwachung der Verdunkelung; RVBl. A 1940 , S. 147 f. und AO A 95/40 des StdF v. 13. 12. 1940 betr. Einsatz der Partei im Luftschutz; RVBl. A 1940, S. 175–178.

ist vielfach ausschlaggebend. Es wurde besonders seit Kriegszeit beobachtet, daß es in manchen Gemeinden – so z. B. in der Gemeinde Waldbüttelbrunn –, wo früher zwischen dem Bürgermeister und dem Ortsgruppenleiter meist Disharmonie bestand, nunmehr die Verhältnisse vollkommen in Ordnung sind, weil der stellvertretende Ortsgruppenleiter eine ganz andere persönliche Veranlagung besitzt und infolgedessen mit dem an sich recht tüchtigen Bürgermeister gut auskommt. Auch das Umgekehrte läßt sich feststellen. In der Gemeinde Kirchheim z. B. war die Zusammenarbeit zwischen Bürgermeister und Hoheitsträger seit jeher nicht in Ordnung gewesen. Seit Kriegsbeginn ist nun ein anderer stellvertretender Ortsgruppenleiter mit der Führung der Ortsgruppe beauftragt. Es zeigte sich, daß auch diesem eine reibungslose Zusammenarbeit nicht gelang, so daß der Bürgermeister trotz der Kriegsverhältnisse seines Amtes enthoben werden mußte. Dieser Bürgermeister ist überhaupt ein Beispiel dafür, wie manche Bürgermeister versuchen, um die Schwierigkeiten der Zusammenarbeit herumzukommen. Er gab sich nach außen hin sowohl seiner vorgesetzten Dienststelle als auch den Parteiorganen gegenüber den Anschein, als ob er die von dort kommenden Weisungen und Anregungen zu befolgen gewillt sei. Dabei hatte er schon bei Kundgabe seiner Zusage die Absicht, durch irgendwelche geschickte Umgehungsmaßnahmen seinen Willen doch durchzusetzen. So erhielt er beispielsweise kurz vor seiner Absetzung die Weisung, in der Milchgenossenschaft im Interesse der Arbeiter die 14-tägige Vorauszahlung der Milch zu unterlassen. Er versprach dies zwar, ging aber nach Hause, stellte eine Liste auf und ließ alle Beteiligten unter sanftem Druck unterschreiben, daß sie zur 14-tägigen Vorauszahlung freiwillig bereit [wären]. Auch beim Hoheitsträger liegt teilweise der Grund für ungenügende Zusammenarbeit. Es muß den Bürgermeister verdrießen, wenn – wie dies zum Beispiel in Oberdürrbach z. Zt. der Fall ist – der stellvertretende Zellenleiter in jeder Sprechstunde des Bürgermeisters gleichsam als Überwachungsorgan dabeisitzt. Es gibt manchen Dorfbewohner, der das innere Bedürfnis hat, mit dem Bürgermeister einmal unter vier Augen zu sprechen. Dies wird jedoch dadurch unmöglich gemacht.

Die Regelung, daß die Bürgermeistergeschäfte und der Dienst des Hoheitsträgers sich in einer Hand befinden, ist zwar im allgemeinen aus grundsätzlichen Erwägungen unerwünscht, weil dadurch verhindert wird, daß die Partei der gemeindlichen Verwaltung gegenüber ständig als Motor wirkt. In manchen Fällen ist eine derartige Regelung aber vorübergehend geradezu die einzige mögliche Lösung. So liegen die Verhältnisse z. Zt. in der Gemeinde Kirchheim. Durch die bereits oben erwähnte jahrelange Gemeindearbeit der beiden Organe sind die Verhältnisse so verfahren, daß sie nur dadurch in Ordnung gebracht werden können, daß einmal vorübergehend beide Funktionen so lange in eine Hand gelegt werden, bis sich die Verhältnisse beruhigt haben. Auf der anderen Seite kann beobachtet werden, daß wenn dieser Zustand zu lange andauert – wie dies z. B. in Versbach und Lengfeld der Fall ist – ganz offensichtlich eine gewisse Erschlaffung nach beiden Richtungen hin eintritt...

Aus Bericht der SD-Außenstelle Würzburg (Gau Mainfranken), 22. 10. 1940

Die VO zum Schutze der Jugend[22] spielt sich langsam ein. Die Hauptverfehlungen, die beanstandet werden, sind Übertretungen des Rauchverbots, Betreten der Straße nach Einbruch der Dunkelheit und verbotener Aufenthalt in den Wirtschaften. Im Landkreis Würzburg wurden seit Bestehen der VO bis jetzt etwa 200 Jugendliche gebührenpflichtig verwarnt. Zu erwähnen ist besonders, daß seitens der Nichtmitglieder der HJ ein gewisser Oppositionsgeist gegen die Bestimmungen der VO zu Tage tritt. Es hat in Rimpar ein Jugendlicher wiederholt öffentlich geraucht, in der offensichtlichen Absicht, den HJ-Führern zu zeigen, daß sie ihm nichts zu sagen hätten. Gelegentlich tritt auch die Auffassung zu Tage, daß die Jugendlichen unter 18 Jahren, die dem Deutschen Roten Kreuz angehörten, von der Verordnung nicht betroffen würden...

Aus Bericht des [SD-Abschnitts] Würzburg (Gau Mainfranken), 31. 10. 1940

Die Frage, in welcher Zahl und in welchem Maße sich die Hoheitsträger der Partei im Felde eingesetzt haben, wird an der Front und in der Heimat immer wieder erörtert. Daß die Führerschaft von SS, SA und HJ in dieser Richtung ohne Tadel dasteht, wird – von den ewigen Nörglern abgesehen – anerkannt... Dagegen wurden mehrfach Stimmen laut, daß die Hoheitsträger der Partei vielfach ihre Visitenkarte an der Front nicht abgegeben haben, obwohl sie ihrem Alter nach dahin gehört hätten. Selbst wenn auch sie mit einem über dem Durchschnitt stehenden Prozentsatz im Felde stehen würden, so wird doch mit Fingern auf einzelne gedeutet, die ihrem Alter nach bei der Wehrmacht sein könnten, weil eben der Politische Leiter in erhöhtem Maße im Blickpunkt der Öffentlichkeit steht. Das gleiche gilt natürlich, wenn ein solcher zwar bei der Wehrmacht war oder ist, jedoch dort seinen Mann nicht gestellt hat oder zu frühzeitig und mit großem Nachdruck seine Uk-Stellung oder Versetzung nach rückwärts betrieben hat. Auch die Soldaten, die selbst an der Front waren, sprechen bisweilen abfällig darüber, wenn ein Politischer Leiter ihres Alters große Reden schwingt, ohne dabei gewesen zu sein.

Zu dem vorgenannten Thema wurde der Außenstelle Würzburg mitgeteilt, daß im Kreis Haßfurt ein SA-Sturmführer Z. wegen Feigheit vor dem Feinde in Polen aus den Reihen der SA ausgeschieden worden und auch anderer Parteiämter verlustig gegangen ist. Ebenso wird berichtet, daß dem Kreisleiter G. in Bad Neustadt a.Saale eine wenig rühmliche Rolle als Soldat nachgesagt werde. Eine Nachprüfung, ob diese beiden Berichte auf Wahrheit beruhen, ist bisher noch nicht erfolgt.

Aus Bericht des [SD- Abschnitts Würzburg] (Gau Mainfranken), 4. 11. 1940

Aus Schweinfurt wird über die stimmungsmäßige Auswirkung des am 5. und 6. Oktober 1940 dort abgehaltenen Kreistages der NSDAP berichtet:

---

[22] Siehe S. 142, Anm. 156.

Es handelt sich um eine Herbstarbeitstagung, die verschiedene Kundgebungen und Appelle, Arbeitstagungen sämtlicher Kreisämter sowie das Einholen einer U-Bootmannschaft vom Bahnhof und einen Werbeabend der Marinekameradschaft Schweinfurt unter Anwesenheit der U-Bootbesatzung umfaßte. Das Programm war im einzelnen mit einer Einladung an die Bevölkerung in der Presse veröffentlicht. Es wurde beobachtet, daß die Bevölkerung zum Empfang der U-Bootfahrer wohl sehr stark vertreten war, jedoch bei den übrigen Kundgebungen fast völlig fehlte...

Infolgedessen war unter den Angetretenen sehr oft die Äußerung zu hören, daß all die schönen Worte, die bei derartigen Veranstaltungen gesprochen werden, immer wieder nur an den gleichen Kreis gerichtet seien, während diejenigen, die es eigentlich angeht, niemals etwas davon hören würden. In diesem Zusammenhang wurde z. B. auch erwähnt, daß sehr viele junge Männer beim Marsch durch die Stadt am Nachmittag aus den Gasthäusern herausgekommen seien, um sich den Zug anzusehen, und danach wieder an den Biertisch zurückgingen. In diesem Zusammenhang wurde auch über die Wehrmannschaften gesprochen. Nach Aussagen der SA-Männer sei dabei ein völliges Fehlschlagen festzustellen. Einem Sturm von älteren SA-Männern seien bei der Verpflichtung 250 Männer zugeteilt worden, von denen heute angeblich nur noch etwa 20 Dienst machen. Es sei ein Unding, wenn allgemein genehmigt würde, daß Gefolgschaftsmitglieder der Rüstungsindustrie vom Dienst bei der Wehrmannschaft befreit sind, weil viele alte SA-Männer die gleiche Arbeitszeit hätten, weil sie in den gleichen Rüstungsbetrieben tätig sind, auch während des Krieges regelmäßig ihren Dienst ableisteten. Es sei selbstverständlich, daß man Leuten von der Rüstungsindustrie gewisse Zugeständnisse hätte machen können, aber eine vollständige Befreiung wäre nicht am Platze gewesen. Dadurch hätten lediglich diejenigen, die sich schon seit Jahren davon drücken, irgendwie ein persönliches Opfer für die Volksgemeinschaft zu bringen, die Möglichkeit gehabt, auch bei dieser Angelegenheit wieder Außenseiter zu machen. Für einen alten SA-Mann (diese Stimmen kommen insbesondere aus Stürmen, in denen SA-Leute im Alter von 50 Jahren und mehr sind, die also auch Kriegsteilnehmer sind) sei es empörend gewesen, zu sehen wie diese Leute grinsend an der Straße gestanden hätten und sich freuten, daß sie nicht marschieren mußten. Diese Feststellungen könnten lediglich dazu führen, daß die alten SA-Leute für die Folge ihren Dienst sehr unwillig tun...

Abschließend könne bemerkt werden, daß alle SA-Männer die Notwendigkeit der Abhaltung eines Kreistages nicht eingesehen haben, weil das in den einzelnen Reden Gesagte für sie nur eine Wiederholung dessen war, was auch Presse und Rundfunk seit Monaten jedem Einzelnen einhämmern...

Aus Berichten des [SD-Abschnitts] Würzburg (Gau Mainfranken), 18. 11. 1940

... Ein wenn auch ziemlich wirkungsloser Versuch, das Vertrauen zur Staatsführung zu unterwühlen, wurde in Würzburg dadurch unternommen, daß alte Wahlzettel der NSDAP in allen Briefkästen des Hauses Dietrich Eckartstraße 25 am 13. 10. 1940 eingeworfen wurden. Der Text der Wahlzettel ist der folgende: »Reichstag für Freiheit und Frieden – Wahlkreis Franken – Nationalsozialistische Deutsche Arbeiterpartei – Adolf

Hitler – Heß Frick Göring Goebbels Streicher Hellmuth Wächtler.« Bezweckt war offenbar damit, auf den Widerspruch hinzuweisen zwischen dem bei der seinerzeitigen Wahl des nationalsozialistischen Reichstags gemachten Versprechen auf Freiheit und Frieden und der heutigen Kriegszeit.

In Höchberg-Land, Würzburg, wurden in den letzten Wochen verschiedene parteifeindliche Handlungen vorgenommen; so wurden Anschläge der NS-Frauenschaft wiederholt mit Rotstift durchstrichen, Plakate der Gaubühne beschädigt und die Scheibe des Schaukastens der HJ vor dem Rathaus zertrümmert. Die Täter konnten bisher nicht ermittelt werden...

Aus Bericht der SD-Außenstelle Würzburg (Gau Mainfranken), 22. 11. 1940

... In Gerbrunn [Landkreis Würzburg] hat ein Pole einen HJ-Führer mit der Mistgabel verletzt. Richtig ist allerdings, daß die Jugendlichen in Gerbrunn sich selbst als Polizei aufzuspielen versuchen und dadurch vielleicht die Polen bis zu einem gewissen Grad gereizt haben. Auf keinen Fall kann jedoch geduldet werden, daß die Polen im Inlande in dieser Weise zur Selbsthilfe greifen. Der Pole wurde in Polizeihaft genommen...

Sehr zu Bedenken Anlaß geben auch wiederholt Fälle, in denen deutsche Knechte sich mit Polinnen eingelassen haben. Verschiedene Polinnen im Landkreis Würzburg haben in der letzten Zeit Kinder geboren und mußten in ihre Heimat zurückgebracht werden. Die betreffenden Knechte haben meist nicht die geringste Empfindung dafür, daß sie sich als deutsche Menschen irgend etwas vergeben. Es scheint dringend Anlaß gegeben, daß sowohl die ländlichen Arbeitgeber durch ihre zuständige Berufsvertretung, die Kreisbauernschaft, als auch die Landbürgermeister durch ihre vorgesetzten Dienststellen immer wieder und nachdringlich darauf hingewiesen werden, daß sich das Verhältnis zwischen Polen und Deutschen nicht weiter zugunsten der Polen verschieben darf. Alle Fälle, in denen Zuwiderhandlungen festgestellt werden, müssen mit drakonischen Maßnahmen geahndet werden, weil nur so die nötige Abschreckung erzielt wird. Viel wirksamer oft als Strafen sind Maßnahmen der Volksjustiz, wie Zöpfe abschneiden und Umherführen mit Plakaten in der Ortschaft...

Aus Bericht des [SD-Abschnitts] Würzburg (Gau Mainfranken), 25. 11. 1940

... Schweinfurt berichtet: Bei der letzten WHW-Sammlung im Oktober wurde die Beobachtung gemacht, daß von einem großen Teil der Volksgenossen weniger gegeben worden ist als sonst. Sammler geben an, daß ihnen noch nie so oft wie am 21. 10. 1940 entgegnet worden ist: »Ja, sehen Sie, das Leben ist halt viel zu teuer, man muß heute jeden Pfennig mehr ansehen als sonst.« Von Parteiseite wird ferner noch darauf verwiesen, daß von den Volksgenossen mit einem 2. Kriegswinter gerechnet wird und diese Vermutung zu einer gewissen Unlust gegenüber den Sammlungen führt.

Würzburg berichtet: An einigen Stellen wird über zu großen Druck bei Sammlungen geklagt: In Gaukönigshofen soll Unwille über die Häufigkeit von Sammlungen herrschen

– in vier Wochen vier Sammlungen. – Die erzielten Ergebnisse werden dadurch geringer. In Ochsenfurt hat es Mißstimmung erregt, daß der Kreisamtsleiter der NSV, Pg. Hohmann, folgendes Schreiben an mehrere Volksgenossen gerichtet hat:

»... Bei Durchsicht der Eintopflisten wurde festgestellt, daß Sie trotz des Schicksalskampfes, in dem unser Volk augenblicklich zur Sicherung seiner Zukunft angetreten ist, und in dem Millionen deutsche Männer ihr Leben einsetzen, nicht die Erwartungen erfüllt haben, die man jetzt in jeden ehr- und pflichtbewußten Deutschen in der Heimat setzen muß.

Wir haben, um gerechte Richtlinien zu erhalten für das, was der einzelne Deutsche bei den Sammlungen für das Kriegs-WHW leisten soll, von der Gauamtsleitung einen aus der Gesamtsteuerkraft bzw. dem Gesamteinheitswert des Kreises errechneten, angesichts der Leistungsfähigkeit wirklichen niedrigen Betrag genannt bekommen, der im Kreis Ochsenfurt aufgebracht werden soll. Diesen Betrag haben wir nach gleichen Grundsätzen auf die Gemeinden unseres Kreises aufgeteilt und diese angewiesen, nun ihren Soll- bzw. Ziel-Betrag ebenfalls entsprechend der Steuerkraft bzw. dem Einheitswert auf die einzelnen Haushaltungen aufzuteilen als Leistung, die von den einzelnen Volksgenossen aufgebracht werden kann ohne große Schwierigkeiten.

Während in vielen Gemeinden und vielen Familien diese gerechte Lösung freudig begrüßt wurde und die Leute sich ohne weiteres an ihre Richtzahl hielten, haben Sie hier eine beschämende Ausnahme gemacht. Das ganze Volk opfert, die Soldaten setzen Leben und Gesundheit an der Front ein und viele Millionen in der Heimat unterstützen sie dabei durch großzügige Geldopfer. Sie aber glauben, mit einem lächerlichen und für Ihre Verhältnisse absolut beschämenden Almosen sich um Ihre Opferpflicht drücken zu können. Haben Sie sich schon überlegt, wie sehr Sie sich damit der schicksalhaft großen Stunde und des wunderbaren Einsatzes unserer Soldaten unwürdig erweisen? Ich glaube, daß Ihnen Ihr Ehrgefühl in Zukunft sagen sollte, wie gering doch der von Ihnen als kleines Opfer erwartete Betrag RM –,50 gegenüber dem Einsatz der Soldaten ist und wie schmählich es ist, wenn wir sie nicht mit allen Mitteln unterstützen.«

Der Inhalt des Schreibens geht zu weit. Es wird der Vorwurf erhoben, die betreffenden Volksgenossen haben sich drücken wollen und sich des Einsatzes der Soldaten unwürdig erwiesen. Solche Schreiben sollen auch mehrere Frauen erhalten haben, deren Männer im Felde waren oder beim Heeresdienst sind und deren Unterstützung eine größere Gabe nicht möglich macht. Verschiedene Frauen sollen die von der NSV erhaltenen Schreiben ihren Männern geschickt haben, bei denen dadurch besondere Mißstimmung erregt wurde...

Gegenüber den großen Ereignissen des Krieges ist das Geschehen in der Partei zwangsläufig in den Hintergrund getreten. Diese wirkt sich wie folgt aus: Der Soldat hat im Felde eine neue Kameradschaft gefunden. Dies führte zur Lockerung seiner Bindung an die Partei und ihre Gliederungen in der Heimat. Manche Soldaten äußern sich, daß sie, wenn der Krieg aus ist, in der Partei keine ehrenamtliche Arbeit mehr leisten mögen... Es kann jedoch damit gerechnet werden, daß ein großer Teil von ihnen, wenn er wieder in den alten Kreis der Heimat zurückkehrt, auch wieder für die Partei arbeitet. Erhöhte Widerstände sind jedoch zu erwarten.

Die Partei- und Volksgenossen, die schon vorher der Partei gleichgültig oder ablehnend gegenüber standen, halten vielfach jetzt die Zeit für gekommen, ihrem Herzen Luft zu machen. Dabei wird in erster Linie folgendes bemängelt: Viele Parteiführer seien gegenüber Parteigenossen und Volksgenossen zu selbstherrlich. Das Einschreiten gegenüber Parteiführern, bei denen Mängel hervorgetreten seien, geschehe nicht energisch genug. Der erwartete Reinigungsprozeß in der Partei sei ausgeblieben. Auch die Klagen über die Sammlungen nehmen zu, wobei sogar Äußerungen fallen wie folgende: »Wenn es für das Rote Kreuz wäre, gäben wir mehr, aber da bekommen es die Leute, die es nicht bräuchten.« (in Kürnach) oder: »Die sollen ihren Krieg selber bezahlen« (Ortsgruppe Würzburg Ost)...

Die Kehrseite macht sich bei den politischen Leitern und den sonst aktiv tätigen Pg. bemerkbar. Es wird immer schwerer, willige Mitarbeiter zu finden. Dies trägt zum Anwachsen der Arbeit bei den jetzt im Amt befindlichen Leitern bei. Die politischen Leiter (besonders Block- und Zellenleiter) leiden teilweise darunter, daß ihre Arbeit weder bei Volksgenossen noch insbesondere bei übergeordneten Parteistellen entsprechend gewürdigt und anerkannt wird. Begrüßt wurde es von ihnen, daß der 9. November auch heuer trotz des Krieges gefeiert wurde und die Feiern in der Presse entsprechenden Widerhall fanden. Man erblickt darin ein Zeichen, daß die Partei von ihrer Tradition nichts abzugeben gedenkt.

Aus Bericht des [SD-Abschnitts Würzburg] (Gau Mainfranken), 2. 12. 1940

... Die Mehrung der Verwaltungsarbeit in den Gemeindekanzleien ist seit Kriegsbeginn außerordentlich. Demgemäß ist auch die Inanspruchnahme der Bürgermeister durch ihre Verwaltungsgeschäfte außerordentlich gestiegen. In dem gleichen Maße ist, wie von sachkundiger Seite aus dem Landkreis Würzburg berichtet wird, bei einer immerhin ins Gewicht fallenden Anzahl von Bürgermeistern die Dienstfreudigkeit gesunken. Dies zeigt sich auch darin, daß immer wieder Bürgermeister mit ärztlichen Zeugnissen kommen, mit denen sie darzutun versuchen, daß sie nicht mehr dienstfähig sind. Dabei handelt es sich meist um Erkrankungen, die schon seit Jahren bestehen, z. B. erhebliche Herzerkrankung, Zuckerkrankheit, Gallensteine und dergleichen, die eigentlich schon früher Anlaß zum Ausscheiden hätten bilden können. Es ist im Landkreis Würzburg beispielsweise in den letzten Monaten zweimal vorgekommen, daß der Bürgermeister ausschied und daß dann auch der 1. Beigeordnete mit ärztlichem Zeugnis nachwies, daß er nicht in der Lage sei, die Dienstgeschäfte zu führen. In der Gemeinde Kirchheim mußte deshalb ein Beauftragter nach § 112 der Deutschen Gemeindeordnung aufgestellt werden. In sieben weiteren Gemeinden ist entweder der Bürgermeisterposten unbesetzt oder es liegen Verhältnisse vor, daß der derzeitige Bürgermeister in absehbarer Zeit durch eine andere Person ersetzt werden muß. Die Ermittlung geeigneter Bürgermeisterkandidaten bereitet die allergrößten Schwierigkeiten. Abgesehen davon, daß in weiteren Kreisen der Dorfbevölkerung eine fühlbare Abneigung gegen die Übernahme öffentlicher Ehrenämter besteht, sind auch geeignete Kandidaten in der Dorfgemeinschaft sehr dünn gesät. Wenn jemand das geistige Zeug zur Führung der Verwaltungsgeschäfte besäße, ist es in den meisten Fällen so, daß er in politischer Hinsicht nicht ganz unbedenklich ist. Insbesondere zeigen auch die Männer auf dem Land so erhebliche konfessionelle Bindungen, daß man sie deswegen als nationalsozialistische Bürgermeister nicht brauchen kann...

Aus Bericht des SD-Abschnitts Würzburg (Gau Mainfranken), 16. 1. 1941

...Durchbrechungen der gleichmäßigen Verteilung der vom Gesetz unter öffentliche Bewirtschaftung gestellten Verbrauchsgüter[23] kommen in ungeheurer Zahl vor. Die latente Kriminalität ist hier wesentlich wichtiger als die offene, durch Gerichtsverhandlungen oder durch Bestrafung seitens der Verwaltungsbehörden in Erscheinung tretende, weil, wie nirgends sonst, die latente Kriminalität die offene um ein Vielfaches übertrifft... An den Bezugsscheinausgabestellen brandet täglich eine Lügenflut. Dabei benehmen sich alle Stände gleich. Wesentlich erleichtert wird dieser ununterbrochene Schwindel vor den Kartenausgabestellen durch das ergangene Verbot, bei den Antragstellern eine amtliche häusliche Nachschau abzuhalten, ob die gemachten Angaben wirklich stimmen. Die Durchbrechungen dieser Art sind ebenso zu beurteilen wie die im folgenden behandelten:

Durchbrechungen dadurch, daß zwangsbewirtschaftete Waren unter Umgehung von Bezugsausweisen in die Hand des Verbrauchers wandern: Dies sind die wichtigsten Durchbrechungen. Hier ist der Angelpunkt für die Beantwortung der Frage, ob die Zwangsbewirtschaftung klappt oder nicht. Abgesehen werden kann von den Gegenden im Deutschen Reich, wo von der Zwangsbewirtschaftung der landwirtschaftlichen Erzeugnisse noch kaum etwas zu bemerken ist. Es sind das namentlich fette landwirtschaftliche Erzeugergebiete, die etwas abseits vom Verkehr liegen und vom Fremdenstrom noch nicht entdeckt sind, wie z. B. der Bayerische Wald. Die Volksmeinung hat nichts gegen solche Erscheinungen. Man nimmt an, daß es Einzelfälle sind, und vermag nicht zu beurteilen, ob der Gesamtversorgung dadurch ein nennenswerter Schaden zugefügt wird. Einmütig ist dagegen die Auffassung, daß die Belieferung von markenpflichtigen Waren durch Erzeuger ohne Markenabgabe noch so groß ist, daß bei Beseitigung dieser Durchbrechungen eine nicht unwesentliche Änderung der Versorgungslage eintreten würde. Hierher gehören die Beziehungen zum Land nicht nur in Gegenden, wo die Landwirtschaft verhältnismäßig stark ist; es wird vielmehr im ganzen Großdeutschen Reich verwandtschaftliche oder bekanntschaftliche Beziehung zum Land ausgenützt, um sich »hinten herum« mit Eiern, Butter, Speck usw. beliefern zu lassen. Die Verhältnisse sind hier kaum anders geworden als im Weltkrieg. Eine große Rolle bei den Durchbrechungen dieser Art spielt auch der Tauschhandel. Ein ländlicher Metzger, der nicht zu scharf überwacht wird, gibt Talg an den Seifenfabrikanten und erhält von diesem dafür unter Umgehung der Verbrauchsvorschriften Seife. Der gleiche Tauschhandel besteht

---

[23] Siehe hierzu u.a. bes. VO über den Warenverkehr vom 18. 8. 1939, RGBl. I, S. 1431; VO zur vorläufigen Sicherstellung des lebenswichtigen Bedarfs des deutschen Volkes vom 27. 8. 1939, RGBl. I, S. 1498; VO zur Aufhebung der VO zur vorläufigen Sicherstellung des lebenswichtigen Bedarfs des deutschen Volkes vom 14. 11. 1939; RGBl. I, S. 2195; VO über die Verbrauchsregelung für Spinnstoffwaren vom 14. 11. 1939; RGBl. I, S. 2196 und VO über die Verbrauchsregelung für lebenswichtige gewerbliche Erzeugnisse vom 14. 11. 1939; RGBl. I, S. 2221.

zwischen sonstigen Verteilern, wie z. B. zwischen Metzgern und Bäckern oder Bäckern und Kolonialwarenhändlern, aber selbstverständlich auch zwischen Erzeugern und Verteilern.

Wie stellt sich nun die Volksmeinung zu solchen Durchbrechungen? Einheitlich verurteilt wird von der Volksmeinung jede Art von Durchbrechung, die ein Gewerbe daraus macht sowie zu übermäßigem Verdienst oder wucherischer Preissteigerung führt. Der Schleichhandel im engeren Sinne, wie er in den Jahren während und auch nach dem Kriege in Blüte war, ist eine seltene Erscheinung. Wo er entdeckt wird, wird er streng bestraft. Eine Ausnahme scheint allerdings der Schleichhandel zu machen, der bisweilen noch aus den besetzten Ostgebieten Waren ins Altreich bringt. Hier wird – im krassen Gegensatz zum Volksempfinden – nicht entsprechend durchgegriffen. Als Beispiel wird auf den Fall Schweser, Ochsenfurt, verwiesen, der auch vom Abschnitt ausführlich berichtet wurde. Abgesehen vom Schleichhandel jedoch werden wucherische Preise nicht ausreichend verfolgt. Es wird allgemein über zu mangelhaftes Durchgreifen der Preisüberwachungsbehörden geklagt. Die Weihnachtsgänse, die mit RM 30,– bezahlt wurden, waren recht unerfreuliche Erscheinungen. Es ist auch nicht so, wie beispielsweise ein Ortsgruppenleiter äußerte, daß das »römische Recht« die Schuld daran trägt, wenn eine Gans nominell für RM 12,– verkauft werde, in versteckter Form aber weitere RM 15,– bis 20,– dafür gegeben wurden. Hier müßte am Ausgangspunkt zugepackt werden, nämlich durch Überwachung und Stichproben beim Erzeuger. Diese Erscheinungen sind solange tragbar, als die Ernährungslage so günstig wie bisher ist. Sollten aber weitere Einschränkungen folgen, würden sich dergleichen Lässigkeiten in der Preisüberwachung bedenklich auswirken... Es ist und bleibt nun einmal Zwangswirtschaft jeder Art etwas Unpopuläres gleichermaßen bei Erzeugern wie bei Verteilern. Ob das Volksempfinden mit seiner Genugtuung darüber, daß der Verbrauchsregelung ein Schnippchen geschlagen wurde, auf dem rechten Wege ist, ob es sich also um gesundes Volksempfinden handelt, kann man am ehesten daraus entnehmen, wenn man sich die Leute ansieht, die sich am gewissenlosesten über die gesetzliche Verbrauchsregelung hinwegsetzen. Es sind dieselben Kreise, die von Partei und Staat nichts wissen wollen, die zu den Miesmachern und Mekkerern gehören. Ein großer Teil ihres täglichen Tuns und Denkens geht dahin, wie verschaffe ich mir dieses und jenes »hintenherum«. Andererseits findet man, daß Leute infolge ihrer positiven Einstellung zum neuen Staat auch in ihrer Stellung zu den Verbrauchsregelungsvorschriften vorbildlich sind. Es gibt Ortsgruppenleiter auf dem Lande, die geradezu angestaunt werden, weil sie trotz bestehender Gelegenheit jede Unsauberkeit auf diesem Gebiete ablehnen. Das Volksempfinden auf diesem Gebiet entsprechend zu läutern, ist eine Aufgabe, mit der nicht erst gewartet werden sollte, bis vielleicht weitere Rationierungsmaßnahmen notwendig sind. Die ständigen Verstöße gegen diese Vorschriften wirken demoralisierend. Wer hier gegen das Gesetz verstößt, neigt dazu, auch sonstige Verstöße zu versuchen. Die notwendige strenge Bestrafung von solchen, die gefaßt wurden, ist auch nur dann mit dem Volksempfinden zu vereinbaren, wenn die Einstellung zur Rationierung als Teil nationalsozialistischer Haltung angesehen wird. Eine Volksgesinnung, die Durchbrechungen der Rationierungsbestimmungen nicht einhellig und ernstlich verurteilt, gibt einen gefährlichen Nährboden für die Keimzellen anderer Zersetzungserscheinungen, wie sich dies im Jahre 1918 gezeigt hat.

Aus Bericht der SD-Außenstelle Bad Kissingen (Gau Mainfranken), 24. 1. 1941

Wenn man so die Unterhaltungen der Soldaten verfolgt, so gewinnt man immer wieder den Eindruck, daß das Militär ohne jedes Interesse an der Partei ist. Genügend Fälle beweisen die gegensätzliche Einstellung. Wohl ist in allen Waffengattungen weltanschaulicher Unterricht, aber in vielen Vorträgen wird immer wieder hervorgehoben, daß es nur das Militär ist, das in erster Linie an den Siegen und überhaupt am ganzen Aufbau Deutschlands schuld ist. Von einem Hauptmann wurde erzählt, daß die Herren Offiziere an der Propaganda des Reichsministers Dr. Goebbels absolut keinen Gefallen finden. Ja, in diesem Offizierskorps kam es sogar vor, daß einer der Offiziere bei der politischen Zeitungs- und Rundfunkschau von Hans Fritsche[23a] den Radio abstellte mit folgenden Worten: »Fritsche bringt wieder seinen Quatsch! Die Herren sind doch einverstanden, wenn ich den Radio ausmache!« – Der Apparat wurde ohne Widerrede daraufhin abgestellt. –

Ein andermal wurde ein einfacher Soldat durch ein Schreiben des Kreisleiters gebeten, sich Urlaub (über Sonntag) geben zu lassen. Der Soldat hätte den Urlaub bekommen, wenn er nicht von dem Brief der Kreisleitung gesprochen hätte. Der Urlaub wurde mit folgenden Worten abgelehnt: »Was, NSDAP-Amtswalter sind Sie und wollen einmal ein paar Tage Urlaub schinden – kommt nicht in Frage, die Partei hat uns einen Dreck [zu] sagen!« Der Soldat gab sich damit zwar nicht zufrieden und meldete sich zum Rapport. Nachdem er auch hier mit den nötigen Bemerkungen empfangen wurde, versuchte er sich zum Abteilungsrapport zu melden, doch wurde ihm versichert, er möge sich ruhig beim Abteilungskommandeur melden, – es wird aber das Nötige vorbereitet, daß es keinen Zweck hat. Der Betreffende unterließ es nun, um nicht noch mehr einstecken zu müssen, nur weil er von der Partei einen oder zwei Tage angefordert wurde. Fortgesetzte Beobachtungen haben ergeben, daß der Soldat einen SA-Mann oder Politischen Leiter in Uniform nur sehr selten grüßte, obwohl Grußpflicht besteht. Es sind nur wenige, ...[es sei denn,] sie sind selbst Politische Leiter oder SA-Männer, die grüßen...

Aus Bericht der SD-Außenstelle Bad Kissingen (Gau Mainfranken), 24. 2. 1941

In den Schulen sowie in den Kindergärten der NSV hängt bis heute noch immer das Kruzifix. Dies zu entfernen, ist nun Aufgabe der Bürgermeister oder Lehrer und in den Kindergärten der Kindergärtnerinnen[24]. Es wurde auch schon oft versucht, doch ist die Bevölkerung sehr dagegen eingestellt. Angeblich ist da der Glaube in Gefahr. In einem Kindergarten wurde das Kruzifix entfernt, und der Endeffekt war, daß am andern Tag von 30 Kindern nur noch fünf den Kindergarten besuchten. Ein Vater erdreistete sich sogar, zur Kindergärtnerin zu kommen und zu verlangen, daß das Kruzifix sofort wieder an seinen alten Platz gebracht wird. Die Kindergärtnerin tat dies nicht, worauf der Mann es

---

[23a] Muß heißen: Fritzsche, Ministerialdirektor im Reichspropagandaministerium, bekannt durch seine Kommentare zur politischen Lage im Rundfunk.

[24] Den sogen. Kruzifixerlaß, der die Entfernung der Schulkreuze und religiösen Bilder sowie das Unterlassen der Gebete anordnete, erließ Gauleiter und Kultusminister Wagner erst zwei Monate später, am 23. 4. 1941, siehe auch S. 148, Anm. 160.

selbst wieder an seinen alten Platz hing. Es bedeutete dies zwar einen Hausfriedensbruch, aber, um keine Unstimmigkeiten in diese Gemeinde zu bringen, sah man von einer Anzeige gegen diesen Mann ab.

Die Bevölkerung ist samt und sonders gegen solche Maßnahmen eingestellt. Es ist sehr schwer, hier etwas Positives zu unternehmen, denn die Kirche ist bei den Bauern immer noch Allheilmittel, wogegen die Partei mit ihren Gliederungen bzw. angeschlossenen Verbänden nur als Geldquetsche angesehen wird. Was die Partei oder deren angeschlossene Verbände den Volksgenossen nützen und was schon getan worden ist, spielt hier keine Rolle, wenn es sich um Maßnahmen gegen irgend etwas Kirchliches handelt...

Die Werbung für NS-Schwestern-Nachwuchs auf dem Lande ist natürlich ebenso schwer. Die Angst, das Mädchen könnte ihren, vielleicht mit viel Mühe anerzogenen katholischen Glauben verlieren, ist vorherrschend. Hier tritt die jahrhundertelange Verdummung des Landvolkes durch die Pfaffen ganz besonders in Erscheinung. Es ist deshalb kein Wunder, wenn ein kolossaler Mangel an NS-Schwestern zu verzeichnen ist. Es konnte schon häufig festgestellt werden, daß junge Mädchen, welche sich schon bei den NS-Schwestern gemeldet hatten, nach Bekanntwerden ihres Entschlusses beim Pfarrer wieder zurücktraten und bei Einberufung in das NS-Schwesternheim einfach ihren Dienst nicht antraten. Diese Vorkommnisse sind nicht nur bedauerlich, sondern gemeingefährlich. Man kann daraus ersehen, daß die Stellung der Schwestern in den überwiegend katholischen Landgemeinden nicht gerade die beste ist. Die Landbevölkerung sieht die Partei als den Feind der Kirche an und glaubt, daß die Partei der Kirche den Kampf angesagt hat. Wenn der Kampf auch nicht so deutlich zu Tage tritt, so wird der Bauer in dieser seiner Meinung durch den Pfarrer bei jeder passenden oder unpassenden Gelegenheit nur noch bestärkt...

Daß die Landleute eine passive Haltung gegenüber der Partei einnehmen, kann am besten am folgenden erkannt werden: Beim Einsatz von Rednern (Reichs- oder Gaurednern) mußte oft schon festgestellt werden, daß bei den Veranstaltungen noch nicht einmal die Hälfte der männlichen Einwohner des Dorfes vorhanden waren, von den Frauen ganz zu schweigen. Soweit sich diese Zuhörer nicht aus S[D]- oder Politischen Leitern zusammensetzen, sind die übrigen durch besondere Aufforderung anwesend. Das glatte Gegenteil kann jedoch bei kirchlichen Veranstaltungen, Missionen oder dergleichen festgestellt werden...

Aus Bericht des SD-Abschnitts Würzburg (Gau Mainfranken), [nicht vor 24. 2. 1941]

Die Parteigenossen erwarten, daß als Minister[25] ein Mann bestimmt wird, der mit der Partei engstens verwurzelt ist, damit der bisherige Zwiespalt, der in der Justizverwaltung herrschte, beseitigt wird. Man weist darauf hin, es sei doch so gewesen, daß man zwar im Spaß, aber doch mit einem guten Teil Ernst erzählte, wenn man in das Justizministerium gehe, müsse man das Parteiabzeichen abnehmen; es habe Oberlandesgerichtspräsidenten gegeben, die Richter, die von ihrer ehrenamtlichen Betätigung in der Partei sprachen, den

---

[25] Nach dem Tod des Justizministers Dr. Franz Gürtner am 29. 1. 1941.

Rat gegeben hätten, diese Ämter niederzulegen. Das wirkte lähmend auf die parteitreuen Richter und Staatsanwälte und die anderen Justizbeamten. Man sagte auch, die politischen Beurteilungen, die von allen möglichen Stellen oft mit größter Genauigkeit erstellt würden, spielten bei der Justizverwaltung keine Rolle; sie fielen höchstens für die höchsten Stellen ins Gewicht. Andererseits weist man in diesem Zusammenhang in Kreisen der Justizbeamten darauf hin, daß gerade die Justizverwaltung in Bayern vor 1933 die Zufluchtstätte derer gewesen sei, die weder schwarz noch rot gewesen seien... Es sei deshalb nicht gerechtfertigt, wenn vielfach den Rechts- und Staatsanwälten eine zweifelhafte politische Gesinnung nachgesagt werde...

Aus Bericht der SD-Außenstelle Würzburg (Gau Mainfranken), 25. 2. 1941

...Eine »neue illegale Partei« scheint im Entstehen begriffen zu sein, deren Gesinnungsangehörige sich in der Gegnerschaft zum Nationalsozialismus einig sind und von diesem Standpunkt aus auch die Kriegslage wie die innere Lage beurteilen. Auch Angehörige der NSDAP und ihrer Gliederungen stehen in ihren Reihen. Sie geben ihrem Unwillen über neue Gesetze, über Ankündigungen der Regierung betreffs künftiger Parteibauten, über die geplante Sozialgesetzgebung, über die Schulreform usf. offen Ausdruck. Sie weisen hin auf die hohen Steuern, die Einschränkung der persönlichen Freiheit, die »Bedrohung der christlichen Weltanschauung«, die Beförderungen in der Beamtenschaft fast einzig auf Grund der Gesinnung und der Zugehörigkeit zur Partei ohne Rücksicht auf die Fähigkeit, auf die Tätigkeit der Gestapo, das »Schreckensregiment«, die »Korruption«, die »Partei- und Bonzenwirtschaft« und tragen damit die Unzufriedenheit und den Zweifel in immer weitere Reihen.

Besonders aktiv sind dabei die katholischen Kreise. Hier gehen einesteils die Bestrebungen, sich mit den orthodoxen Protestanten zusammenzuschließen, weiter, andernteils unterstützen sie jede gegen den Nationalsozialismus gerichtete Bewegung durch zustimmende Ermunterung. Diese Kreise halten fest zusammen, sind in ihrer Haltung sehr vorsichtig, warnen einander vor »Verdächtigen«, verhängen über diese besonders in Ämtern und Gesellschaften, wo es ihnen möglich ist, eine Art Boykott, treffen sich auch gern unter dem Deckmantel religiöser Veranstaltungen. Wer das Diözesanblatt liest, regelmäßig oder fast regelmäßig in die Kirche geht, es seien Frauen oder Männer, wird durch Mittelspersonen von ihnen bearbeitet und allem Anschein nach mit bestem Erfolg.

In manchen Teilen der Arbeiterschaft gärt es. Dort ist wieder das Wort vom »Schwindel« zu hören. Das Volk werde nichts zu lachen haben, wenn wir den Krieg gewönnen; wir würden auf Schritt und Tritt belogen, was für England als Schwäche gedeutet werde, das sei bei uns eine gute Einrichtung, die einen mästeten sich, die andern hungerten, die Frauen der Arbeiter würden dienstverpflichtet, die Frauen der hohen Beamten und vor allem der Offiziere führten nach wie vor ihr bequemes Drohnenleben. Der »Krampf« sei schlimmer als während des Weltkriegs. Die meisten Leute würden krank vor lauter Wut im Bauch, es sei Zeit, daß der Schwindel aufhöre...

Die SD-Außenstelle Schweinfurt berichtet am 28. 2. 1941 über die starke Verärgerung der Landbevölkerung. Sie glaubt in Fragen des Luftschutzes gegenüber der städtischen Bevölkerung benachteiligt zu werden. Außerdem würden ihr Auflagen gemacht zur Anschaffung von Gasmasken für das Vieh, dagegen sei von Gasmasken für die Bauern niemals die Rede.

Aus Bericht der SD-Außenstelle Würzburg (Gau Mainfranken), 28. 2. 1941

...Unter dem Eindruck der Führerrede[26] treten zur Zeit alle anderen stimmungsbildenden Umstände in den Hintergrund, die Führerrede bildet den Hauptgegenstand der Gespräche über Krieg und Politik. Die dem Nationalsozialismus abholden Kreise lassen sich trotzdem nicht entmutigen; sie suchen weiterhin Bedenklichkeit, Verzagtheit, Niedergeschlagenheit und Mißtrauen zu verbreiten, mahnen zur Vorsicht, zum Abwarten und stellen nach wie vor die Wahrscheinlichkeit eines sehr langen Krieges und die Möglichkeit der Niederlage vor Augen. Die katholische Kirche setzt dabei ihre Bemühungen fort, sich eine treue Anhängerschaft für den Endkampf zu sichern, den sie mit großer Bestimmtheit erwartet. Der Krieg bildet für sie nur eine Episode, wenn auch eine wichtige, die es auszunutzen gilt, weil nach ihrer Meinung der Regierung gegenwärtig mehr oder weniger die Hände gebunden seien und »kirchenfeindliche« Maßnahmen zu großes Aufsehen erregen und unter Umständen auch Rückwirkungen auf die Frontsoldaten zur Folge haben würden. Die Kirche arbeitet dabei sehr geschickt, indem sie es scheinbar in erster Linie nur auf die Pflege des religiösen Lebens absieht. Mit der Veranstaltung von Missionen, religiösen Übungen, Zusammenkünften zur religiösen Erbauung gewinnt sie die Frauen und damit die Familie. Ohne daß von Politik und dem Nationalsozialismus ausdrücklich die Rede ist, verbreitet sich in diesen Kreisen die stärkste Abneigung gegen den nationalsozialistischen Staat und findet dort alles, was diesem abträglich sein könnte, eine bereitwillige Zustimmung und Förderung. Nirgends werden bedenkliche Äußerungen zur politischen und militärischen Lage so willig gehört und aufgenommen, zuversichtliche Darlegungen so sehr belächelt und bezweifelt wie in diesen Kreisen. Sie fühlen sich den »gläubigen Dummköpfen« gegenüber hoch überlegen...

Aus Bericht der SD-Außenstelle Kitzingen (Gau Mainfranken), 7. 3. 1941

...Eine ausgesprochene Mißstimmung herrscht gegenüber dem weiblichen RAD. Die schaffende Bevölkerung, vor allem die Gewerbetreibenden und ihre jetzt hart mitarbeitenden Ehefrauen, aber auch viele andere Hausfrauen, die wegen des Mangels an Hausgehilfinnen schwer zu schaffen haben, beanstanden es, daß die Maiden erst früh 9 Uhr vom Lager weggingen, um sich auf ihre Arbeitsstellen zu begeben, und letztere bereits um 16 Uhr, samstags um 15 Uhr, wieder verlassen, während die Arbeitgeber selbst schon frühzeitig zu arbeiten begännen und abends bzw. nachmittags noch lange zu tun hätten. Man steht allgemein auf dem Standpunkt, daß die Maiden keine wirkliche Hilfe bedeuteten, zumal sie auch meist über keinerlei Vorkenntnisse verfügten oder wenigstens kein

---

[26] Gedenkrede zur Parteigründung, gehalten am 24. 2. 1941 im Hofbräuhaus in München.

Interesse an der Arbeit hätten, die sie ja doch nur vorübergehend ausführten, wie sie wüßten. Außerdem wird angenommen, daß sie infolge des immer nur bescheidenen von ihnen zu leistenden Arbeitsumfangs das Arbeiten überhaupt verlernten, soweit sie es vorher gekonnt hätten...

Die Bevölkerung ist verstimmt, daß sie genötigt ist, die Kinder aus den Westgebieten immer noch ohne jede Vergütung aufzunehmen und zu verpflegen. Die Stellen der NSV haben noch keinerlei Anstalten gemacht, um die vom Reich zur Verfügung gestellten Mittel heranzuschaffen. Besonders die ärmere Bevölkerung murrt über diesen Zustand, der nun schon seit sechs Wochen anhält. Als erschwerend wird auch empfunden, daß die Kinder ihre Bezugskarten zum Teil bloß in ihren Heimatorten ausgestellt erhalten, die Gasteltern also deshalb gezwungen sind, fortgesetzt nach auswärts zu schreiben, um die erforderlichen Karten zu erhalten...

Uk-gestellte junge Männer (Spezialarbeiter), die zunächst zur Erfüllung wichtigster Aufgaben zurückgehalten werden müssen, versuchen mit allen erdenklichen Mitteln zur Truppe zu kommen. Es entstehen dadurch laufend Differenzen persönlicher Art mit den Betriebs-Vorgesetzten. Der am häufigsten vorgebrachte Einwand ist der, daß die Reklamierten zeitlebens als halbe Drückeberger betrachtet würden, nicht mitreden könnten und in allen Mannesfragen zweitrangig wären...

Aus Bericht der SD-Außenstelle Schweinfurt (Gau Mainfranken), 12. 3. 1941

...Nachstehend geben wir den Inhalt gemeiner, hochverräterischer Zettel bekannt, die, vermutlich sogar im Durchschreibeverfahren auf Notizblockzettel hergestellt, am Friedhof in Schweinfurt gefunden wurden:

I. Dummes deutsches Volk!
   Ist Deutschland jemals mehr begaunert worden, wie
   heute? Nieder mit dem Bluthund Hitler und seinen
   Genossen. Was haben sie geleistet? Wo kommen sie her?
   Hitler hat durch die Großbonzen den Krieg begonnen.
   Volk wach auf! Hitler verrecke!
II. Heul, deutsches Volk, heul!
   Betrachte Deine Führer von oben bis unten.
   Lauter Verbrecher, die noch nie was für uns
   geleistet: Der versoffene Lump Dr. Ley;
   Heß, der Anstifter vom Attentat im Bürgerbräu;
   Göring hat den Reichstag angezündet.
   Das Volk verlangt Aufklärung, Ihr Verbrecherhunde!
III. Deutsches Volk!
   Demnächst der große Schlager. Der Sowjetstern wird
   ausgelöscht (alles singt mit)? Wehe Hitler mit
   seiner Verbrecherclique, wenn Ihr die Einigkeit
   des deutschen Volkes zu spüren bekommt.

> Hitler, Dein Halt ist nur Beförderung.
> Merk Dir das, Du Lustmörder!
> IV. Nieder mit Hitler und seinen herangezogenen
> Faulenzern und Drohnenbrut. Sie haben unsere Rechte
> gestohlen, und vor aller Welt verhaßt gemacht,
> diese Herangezüchteten vom Großkapital. »Heil! Heil!«
> schreiben die Bonzen, alles andere »Heul!«
> Hitler, wo ist Deine Gleichstellung!
> Du Lügenhund und Massenmörder!
> Hitler verrecke!

Die Geheime Staatspolizei, Außendienststelle Schweinfurt, hat den Vorgang zur Zeit in Bearbeitung. Da die Flugblätter nur einem engen Kreis zur Kenntnis kamen, wurde das Vorhandensein dieser Blätter bei der Bevölkerung nicht bekannt[27].

Laut Bericht der SD-Außenstelle Würzburg vom 14. 3. 1941 nahm in Estenfelden nahezu die gesamte Einwohnerschaft an einer Primizfeier in »demonstrativer Weise« teil.

Aus Bericht der SD-Außenstelle Ebern (Gau Mainfranken), 14. 3. 1941

...Die Gastwirtsehefrau D. in Bramberg hat mit einem französischen Gefangenen unerlaubte Beziehungen unterhalten. Während sie selbst nur einen Fall zugibt, daß sie sich mit dem Franzosen geküßt hat, hat dieser mindestens sechs Fälle zugegeben. Als die D. auf die Kreisleitung vorgeladen wurde, wurde sie von einigen Volksgenossen ergriffen und kahlgeschoren. Sodann wurde ihr ein Plakat umgehängt: »Ich habe die deutsche Frauenehre beschmutzt« und sie ein Stück durch die Stadt geführt. Die Gendarmerie griff alsdann ein und nahm die D. in Haft, in der sie sich z. Zt. noch befindet. Die Kunde von diesem Vorfall ging wie ein Lauffeuer durch das ganze Kreisgebiet. Stimmungsmäßig ist festzustellen, daß ein großer Teil der Bevölkerung die Maßnahme gutheißt, manche forderten geradezu noch Prügelstrafen. Ablehnung fand die Maßnahme dagegen bei den meisten Frauen, auch bei denen, die Parteigenossinnen sind. Allerdings rückten diese mit ihrer wahren Auffassung zunächst nicht heraus, sondern erklärten, obwohl sie ganz weiß im Gesicht wurden, als sie die Kahlgeschorene sahen, daß dieser ganz recht geschehen sei. In späteren Gesprächen gaben die Frauen jedoch, als sie unter sich waren, der Überzeugung Ausdruck, daß sie mit der Maßnahme nicht einverstanden seien. Vereinzelt wurde auch die Frage aufgeworfen, ob in der gleichen Weise gegen die Männer vorgegangen würde, die sich in Frankreich mit Französinnen einließen. Ganz ablehnend zur getroffenen Maßnahme verhielten sich die kirchlich, insbesondere katholisch eingestellten Bevölkerungsteile. Hier fiel die Äußerung »man brauche nur noch Daumenschrauben und Folterkammern, dann sei das Mittelalter fertig«...

---

[27] Meldungen über Flugblätter finden sich in den Berichten der SD-Stellen höchst selten. Dieses Flugblatt ist wahrscheinlich im Zusammenhang mit den damals kursierenden Gerüchten über einen Krieg mit Rußland zu sehen; vgl. Boberach 1965 (siehe S. 592, Anm. 5), S. 123 und 128.

Dieser Vorfall war auch noch nach einer Woche Gegenstand lebhafter Gespräche im Ort. Der SD-Bericht vom 21. 3. 1941 trug nach, »daß von Personen, die die kahlgeschorene Frau nicht gesehen haben, die Maßnahme im allgemeinen mehr gut geheißen wird wie von den Personen, insbesondere Frauen, die die kahlgeschorene Frau mit eigenen Augen gesehen haben.«

Aus Bericht der SD-Außenstelle Schweinfurt (Gau Mainfranken), 14. 3. 1941

...Aus Westheim, Landkreis Haßfurt, wird berichtet: »Anstoß zum Ärgernis, insbesondere der schwerarbeitenden Landfrau, geben ein Großteil der Stadtfrauen, die aus den luftgefährdeten Gebieten dort untergebracht sind. Abgesehen von den hohen Ansprüchen an die Lebenshaltung, die die Ansprüche der Landbevölkerung – auch die der Friedenszeit – weit übersteigen, werden noch Gelage in den Gastwirtschaften veranstaltet, die bis in die Morgenstunden hinein dauern. Es trägt bestimmt nicht zur Gebefreudigkeit bei, wenn Menschen die Einrichtungen des Führers – NSV – so mißbrauchen.«...

Aus Bericht der SD-Außenstelle Bad Neustadt (Gau Mainfranken), 14. 3. 1941

...Nur in den streng katholischen Kreisen scheint das Vertrauen zum Führer nicht gerade überzeugend vorhanden zu sein.

Die Stimmung in diesen Kreisen [Arbeiterkreisen] ist als durchweg gut anzusehen. Man hat allgemein das Vertrauen zur Führung und ist von einem deutschen Sieg überzeugt. Jedoch ergibt sich in manchen Punkten eine gewisse Mißstimmung, die sich dahingehend äußert, daß sich gerade während des Krieges wieder ein Bonzentum gebildet hätte und daß teilweise auf eine Volksgemeinschaft kein Wert gelegt würde. Man kann in gewissen Kreisen immer wieder die Feststellung machen, daß die Arbeiterschaft wenig oder gar kein Vertrauen mehr zum Vertrauensrat oder auch zur DAF hat. Man hat sogar erklärt, daß der Arbeiter in der DAF nur noch eine Organisation sieht, die ihm Geld abnimmt, aber sonst nur die Interessen des Arbeitgebers sieht...

Aus vielen Kreisen kommen immer wieder Beschwerden, daß gerade die Beamtenschaft sich nicht so für die Belange des Nationalsozialismus einsetzt, wie man dies von unseren heutigen Staatsbeamten erwarten müßte. Es wurde dabei im wesentlichen auf die wenig aktive Mitarbeit bei Sammlungen sowie auch bei Nachtwachen für den Luftschutz hingewiesen. In manchen Fällen läßt man sogar hauptsächlich den Bauern gegenüber eine gegnerische Einstellung zum nationalsozialistischen Staat durchblicken... Man ist in vielen Kreisen noch der Ansicht, daß viele Beamte sich nur deshalb zum Nationalsozialismus bekennen, weil sie sich zu dieser Stellungnahme gezwungen sehen...

Aus Bericht der SD-Außenstelle Schweinfurt (Gau Mainfranken), 18. 3. 1941

...Die von unbedingter Siegesgewißheit zeugende Rede des Führers am Heldengedenktag[28] bestärkte alle Volksgenossen in ihrem Glauben an den Endsieg 1941. Die markante-

---

[28] Rede am 16. 3. 1941 vor dem Zeughaus in Berlin.

sten Sätze der Rede: England muß fallen – kalt und entschlossen werden wir deshalb im Jahre 1941 antreten, um zu vollenden, was in dem vergangenen Jahr begonnen wurde – haben den stärksten Eindruck auf alle Bevölkerungsschichten gemacht. Von einer Kriegsmüdigkeit, wie sie im Weltkrieg auftrat, ist nicht das Geringste zu spüren. Die Volksgenossen warten mit brennender Ungeduld auf den Beginn der letzten, entscheidenden militärischen Operationen...

Aus Bericht der SD-Außenstelle Schweinfurt (Gau Mainfranken), 21. 3. 1941

...Größten Eindruck machen die wuchtigen Großangriffe unserer Luftwaffe. Daß die beiden letzten Massenangriffe auf Hull und London ohne eigene Verluste durchgeführt wurden, rief bei allen Volksgenossen dankbare Freude hervor.

Im Landkreis Haßfurt wohnende Industriearbeiter erzählen, daß von Köln und Düsseldorf wegen Fliegerschäden hierhergebrachte Volksgenossen (hauptsächlich Frauen und Kinder) Furchtbares über die englischen Fliegerangriffe zu berichten wissen. Auf Karren würden zu Hunderten die Toten zum Friedhof gefahren. Ganze Häuserblocks seien vernichtet. – Der Erfolg dieser Schilderungen ist der, daß viele Quartierleute die Meinung vertreten, die Stärke der Engländer würde den Krieg auf dem Kontinent in diesem Jahr noch nicht beenden lassen...

Aus Bericht der SD-Außenstelle Lohr (Gau Mainfranken), 25. 3. 1941

Die Stimmung in der Bevölkerung ist fast ausnahmslos von dem Gedanken eines baldigen Kriegsendes bewegt. Diese Stimmung ist in weiten Kreisen symptomatisch und besteht selbst noch nach einer Versammlungswelle. Die Versammlungswelle als solche hat nicht den Erfolg gezeitigt, den man von ihr erwartet hat. Die Redner begaben sich im allgemeinen auf ein wenig aktuelles Gebiet, was ganz den Interessen der Versammlungsbesucher entgegenstand. Was die Bevölkerung hören will, ist ein Bild von dem, wie es draußen aussieht und welche Aussichten für ein baldiges Kriegsende bestehen. Selbst in den ländlichen Bevölkerungskreisen kann eine gewisse Nervosität beobachtet werden, die sich vor allem bei den Menschen äußert, die Angehörige im Felde haben. Ein bezeichnendes Bild dafür ist ein durch einen Apotheker (Mitarbeiter) festgestellter, erhöhter Konsum von Nervenberuhigungs- und Kräftigungsmitteln, eine Angelegenheit, die früher auf dem Lande nicht so stark anzutreffen war. Niederdrückend ist auch das Maß der täglichen Arbeit, die heute meist auf den Schultern der Frauen liegt. Es wird heute im allgemeinen recht wenig politisiert und auch nicht voreilig prophezeit. Aber es ist trotzdem keine rechte Freude, die die Menschen bei aller Siegeszuversicht bewegt. In diesem Sinne kann man wohl von einer Kriegsmüdigkeit sprechen, von der die Landbevölkerung befallen ist. Dazu gesellen sich die z. Zt. stattfindenden zahlreichen Einberufungen älterer Jahrgänge, was sogar eine gewisse Unzufriedenheit hervorruft. Man ist der Ansicht, daß, wenn weitere Einberufungen aus diesen Kreisen erfolgen, die Gefahr besteht, daß mancher Landwirt einen Teil seiner Grundstücke nicht bewirtschaften kann oder daß zumindest doch nur ein Durchschnittsertrag erzielt würde.

Im gleichen Maße rufen auch die Dienstverpflichtungen in der Arbeiterschaft Unzufriedenheit hervor. Hier spielt vor allem die Entlohnung eine Rolle. Arbeiter, die an einer Baustelle an der Bahn beschäftigt sind und hier einen verhältnismäßig geringen Lohn empfangen, könnten als Facharbeiter bei Großbauten sich weit besser stellen und sind deshalb ungehalten. Bezeichnend hierfür ist ein Ausspruch, den ein Maurer tat. Er sagte, daß man den Arbeitern versprochen habe, unter die Arme zu greifen; man hätte aber zu hoch gegriffen und sie bei der Gurgel erwischt. Derartige Fälle von Unzufriedenheit sind nicht vereinzelt.

Unter dem Eindruck dieser Alltagsgeschehen gehen die großen politischen und kriegerischen Ereignisse vielfach in Wirkungslosigkeit auf. Man macht im allgemeinen ebensowenig ein Aufhebens davon, ob nun beispielsweise an einem Tage 20 000 Bruttoregistertonnen oder 200 000 versenkt werden...

Aus Bericht der SD-Außenstelle Kitzingen (Gau Mainfranken), 28. 3. 1941

...Ein schwerer Fehler und eine geradezu unverständliche Voreiligkeit, durch welche das Vertrauen in die Richtigkeit der Pressemitteilungen schwer erschüttert wurde, war es, daß die MZ[29] am Donnerstag, den 27. 3. 1941 morgens, dementierte, daß in Jugoslawien die Bevölkerung demonstriert hätte[30], während abends der Rundfunk das bestätigen mußte. Warum sind denn solche Dementis notwendig, wenn die Bevölkerung noch gar nichts von feindlichen Nachrichten weiß. Man gewinnt den Eindruck, daß solche Dementis erfolgen, weil man glaubt, daß doch viele Leute da sind, die ausländische Sender hören, und daß man sich an diese wendet...

Aus Bericht der SD-Außenstelle Königshofen (Gau Mainfranken), 28. 3. 1941

...Die durch die Arbeitsämter Bad Neustadt und Schweinfurt am 26. 3. 1941 in Königshofen vorgenommene Verpflichtung der Frauen für den Arbeitseinsatz im Krieg hat ergeben, daß die Frauen sich vielfach sehr darüber aufgeregt haben und absolut kein Verständnis aufbrachten für den so nötigen Arbeitseinsatz. Dies ist auch wohl darauf zurückzuführen, daß die Vertreterinnen der beiden Arbeitsämter sehr rücksichtslos vorgingen und auch verheiratete Frauen mit eigenem Haushalt zur Arbeit in die Firma Preh Bad Neustadt verpflichteten. Selbst Gesuche wegen besonderer familiärer Verhältnisse wurden zurückgewiesen. Andererseits muß aber festgestellt werden, daß es seitens der Frauenschaft vielfach an gutem Willen fehlt, eine gewisse Furcht vor der Fabrikarbeit herrscht und überhaupt die ganze Angelegenheit als Eingriff in die eigene Bequemlichkeit betrachtet wird...

---

[29] Mainfränkische Zeitung, amtliches Organ der NSDAP und sämtlicher Staats- und Gemeindebehörden.
[30] Am 27. 3. 1941 fanden in Belgrad und anderen serbischen Städten tatsächlich antideutsche Demonstrationen statt.

VII. Bevölkerung im Kriege – SD-Berichte

Aus Bericht der SD-Außenstelle Würzburg (Gau Mainfranken), 28. 3. 1941

Der Beitritt Jugoslawiens zum Dreimächtepakt [am 25. 3. 1941] steht im Mittelpunkt aller politischen Unterhaltung und beeinflußt die Stimmung auf das günstigste[31]. Immer stärker wird betont, daß Jugoslawien England trotz der amerikanischen Hilfe für verloren halte und darum sich zum Anschluß, nicht nur zu einem Nachgeben unter Einspruch, entschlossen habe. Alles ist des Lobes voll über den Erfolg unserer Diplomatie, besonders aber wird die Staatskunst des Führers bewundert, die sich auf einem so schwierigen Boden wie dem des Balkans glänzend bewährt habe. Die Erinnerung an den Weltkrieg wird geweckt, wo eine Kriegserklärung nach der anderen eintraf, statt daß neue Bundesgenossen oder Freunde gewonnen wurden. An dieser Tatsache sei zu erkennen, wie grundlegend sich gegenüber der damaligen Zeit in der deutschen Führung alles geändert habe...

Die wirtschaftliche Lage in Deutschland wird von vielen zwar nicht als trostlos aber als sehr ernst bezeichnet. Es sei ein arger Fehler der Regierung, daß sie nichts Durchgreifendes gegen die fortschreitende Teuerung unternehme. Viele kleine Leute würden durch diese geradezu zur Verzweiflung getrieben. In der Arbeiterschaft gäre es stark, weil wohl die Beamten nun einigermaßen berücksichtigt worden seien,[31a] nicht aber sie, die doch viel schlechter daran seien. Wie sollte ein Arbeiter zum Beispiel Obst kaufen können, das jetzt wieder auf dem Markt zu haben sei. Seine Kinder müßten zuschauen, wie reicher Leute Kinder dieses verzehrten. Er selber könne sich auch keinen Schoppen Wein mehr leisten, seit er wenigstens 50 Pfg. koste, und die in den Feinkostgeschäften ausgestellten ausländischen Weine zu drei bis fünf RM die Flasche seien ebenfalls nur für die deutschen Plutokraten eingeführt worden. Es bleibe eben, wie es immer gewesen sei...

Aus Bericht des SD-Abschnitts Würzburg (Gau Mainfranken), 31. 3. 1941

... In letzter Zeit werden auch bei achtenswerten Persönlichkeiten im Lehrerberuf, die sonst die nötige Zivilcourage haben, Klagen laut, daß das von ihrer Werbetätigkeit für die Gemeinschaftsschule her erschütterte Vertrauen bei der Bevölkerung schwer zu gewinnen sei, wenn sie weiterhin allein vor dieser die Verantwortung für eingreifende Entkonfessionalisierungsmaßnahmen (z. B. Abschaffung der konfessionellen Schulgebete) tragen müssen. (Überdies sind, wie von seiten der NSLB-Gauwaltung geltend gemacht wird, die Lehrer oft die einzigen Vertrauensträger der politischen Leitung bzw. des SD am Orte, die regelmäßig Stimmungs- und Kirchenberichte zu liefern haben und oft genug schon dadurch als »Spitzel« verdächtig sind.) An höheren Schulen, wo das gemeinsame Gebet zum Teil schon eine sehr veräußerlichte Angelegenheit geworden war, erregte das Unterlassen im allgemeinen kein großes Aufsehen, vereinzelt kam es aber in den Ober-

---

[31] Wenige Tage später mußte die SD-Außenstelle aufgrund des Umschwungs in Jugoslawien das Gegenteil berichten, siehe Bericht vom 1. 4. 1941, S. 621f.

[31a] Zurückzuführen auf die streng geheime Aufhebung der Brüning'schen Notverordnung die offensichtlich doch bekannt geworden war.

klassen, die offenbar mit Theologienachwuchs durchsetzt waren, zu Demonstrationsversuchen mit Pfui-Rufen und dergleichen.

Ein nunmehr unter dem Geleitwort »Entrümpelung der Schulräume« ebenfalls durch die Bezirksschulräte ergangenes Rundschreiben fordert, auf würdige Ausgestaltung der Schulräume bedacht zu sein[32]. Die Verantwortung für die viele Gefühle verletzende Entfernung des Kruzifixes von einem bisherigen Vorzugsplatz an der Stirnwand des Schulzimmers, die nun außer dem Führerbild im Blickfeld der Schüler keinen sonstigen Schmuck tragen soll, hat wieder allein der Lehrer zu tragen. Obwohl die Verwaltung von Dingen des Sachbedarfs an sich Gemeindeangelegenheit wäre, wird diese Maßnahme unter priesterlichem Einfluß im Volk als persönliche Machenschaft des Lehrers angesehen. So wird, anstatt die Eltern für die nationalsozialistischen Schulen zu gewinnen, oft das Gegenteil erreicht.

Wie die Vollzugsmeldungen ergeben, hat die Ausführung der an sich gerechtfertigten Anordnung in manchen Gemeinden einen Sturm der Entrüstung bei Geistlichen, Eltern und sogar in der Jugend hervorgerufen, auch wo sie noch so taktvoll und überlegt durch Anbringung des Kreuzes an der Seitenwand gehandhabt wurde. Z. B. erklärte Pfarrer Sufert, vor den Schülern darüber schimpfend, für die Gemeinden Rothausen, Thundorf und Theinfeld im Landkreis Bad Kissingen, er könne seine Einwilligung zu einer zweitrangigen Behandlung des Kreuzes nicht geben, und werde, wenn die erwartete Weisung des Bischofs eingetroffen sei, die Kreuze lieber in der Kirche verwahren, bis ihnen wieder der 1. Platz eingeräumt werde...

Aus Bericht der SD-Außenstelle Würzburg (Gau Mainfranken), 1. 4. 1941

...Durch die Vorgänge in Jugoslawien hat die Stimmung in weiten Kreisen, besonders in jenen, die außerhalb der Partei und Bewegung stehen, aber auch bei solchen, die ihr nur äußerlich durch das Parteiabzeichen verbunden sind, einen unverhältnismäßig schweren Rückschlag erlitten. Die oppositionellen Kreise, hier in erster Linie die Anhänger der Kirche, nützen die Neigung zum Kleinmut aus, um für ihre Ziele zu werben. Viele, die an sich gefaßter sind und sich auch der kirchlichen Bearbeitung verschließen, meinen jetzt, das Schlimme bringe der Umschwung in Jugoslawien mit sich, daß der Krieg dadurch sehr verlängert werde; denn nun bestehe keine Hoffnung mehr, daß die Türkei sich dem Dreimächtepakt anschließen werde, auch die Haltung Rußlands werde sich eher verschlechtern als verbessern, außerdem werde Englands Bevölkerung durch den Erfolg seiner Diplomatie wieder aufgepulvert und zu neuen Anstrengungen willig gemacht werden. Daß Griechenland nun nicht mehr daran denke nachzugeben, sei ebenso selbstverständlich.

Eine kleine Gruppe beurteilt die Vorgänge in Jugoslawien insofern mit großem Optimismus, als sie meint, erst durch den Übertritt Jugoslawiens auf die gegnerische Seite sei die Möglichkeit geschaffen, die Verhältnisse auf dem Balkan für immer zu bereinigen...

---

[32] Es handelt sich hierbei um vorbereitende Maßnahmen zur versuchten endgültigen Entfernung der Kreuze aus den Schulzimmern.

Fast in allen Kreisen wird der baldige Einmarsch deutscher Truppen in Jugoslawien erwartet; die Feindschaft Jugoslawiens gegen Deutschland stehe fest, es dürfe nicht gewartet werden, bis Jugoslawien mobilisiert habe und imstande sei, stärkeren Widerstand zu leisten, Jugoslawien werde rasch zusammenbrechen; denn es sei ein Nationalitätenstaat und selbst die Serben stünden nicht geschlossen hinter der neuen Regierung...

Die oppositionellen Kreise glauben nun, mit großer Wahrscheinlichkeit den Verlust des Krieges für Deutschland voraussagen zu können. Sie sind aufgeräumt und sehr geschäftig. »Verdächtigen« gegenüber meiden sie alle politischen Gespräche. In Ämtern und Schulen stehen sie oft in eifriger Unterhaltung beisammen: diese verstummt, sowie ein »richtiger Nazi« sich einer solchen Gruppe nähert...

Aus Bericht der SD-Außenstelle Kitzingen (Gau Mainfranken), 1. 4. 1941

Trotz der verschiedenen unerwünschten Ereignisse der letzten Tage ist von einem Schwinden des Vertrauens und der Zuversicht in den breiten Volksmassen nichts festzustellen. Ein VM aus Mainbernheim (Landkreis Kitzingen) meldet treffend: »Es ist manchmal geradezu rührend, mit welchem kindlichen Vertrauen gerade Leute aus den einfachsten Schichten heute zum Führer und unserer Staatsführung aufblicken.« Es ist unzweifelhaft so, daß der einfache Mann sich nicht sonderlich den Kopf zerbricht, eben wegen seiner festen Überzeugung: »Der Führer hat das einkalkuliert und wird das schon richtig erledigen.«...

Große Freude über den neuen Partner Jugoslawien im Dreimächtepakt war schon vorher nicht festzustellen. Das Volk hat sehr gut gefühlt, daß der Beitritt Jugoslawiens zum Dreimächtepakt unter Bedingungen erfolgt war. Viele Vg. waren der Ansicht, daß eine Freundschaft, bei der schon bei Begründung Bedingungen gestellt werden, keinen großen Wert hat. Man war darüber enttäuscht, daß Deutschland kein Recht zum Durchmarsch durch jugoslawisches Gebiet haben sollte. Wenn die Vorgänge in Jugoslawien auch als diplomatische Niederlage – als erste seit Beginn des Krieges – gewertet wurden, so ist doch jedermann davon überzeugt, daß die Wehrmacht in den nächsten Tagen eine Deutschland befriedigende Lösung schaffen wird. Alle Vg., mit denen ich mich unterhalten habe, sind der Ansicht, daß sich Deutschland das Verhalten Jugoslawiens unmöglich bieten lassen kann...

Der SD-Bericht Würzburg vom 4. 4. 1941 spricht von einer zunehmenden Verbitterung der Bevölkerung über die Verfolgung der Volksdeutschen in Jugoslawien und von der häufig gestellten Frage, »wie lange noch mit dem Einmarsch gewartet werden soll«.

Aus Bericht der SD-Außenstelle Würzburg (Gau Mainfranken), 8. 4. 1941

Nachdem infolge des Beginns des Einmarsches in Jugoslawien und Griechenland[33] und der Erfolge in Nordafrika eine gewisse Entspannung eingetreten war und sich allge-

---

[33] Am 6. 4. 1941 Einmarsch in Jugoslawien und Griechenland, am 17. 4. bedingungslose Kapitulation Jugoslawiens, am 24. 4. Kapitulation Griechenlands.

mein eine starke Zuversicht bemerkbar gemacht hatte, ist sehr rasch wieder ein deutlicher Umschwung der Stimmung erfolgt. Wohl ist man in den weitesten Kreisen nach wie vor überzeugt, daß wir auf dem Balkan siegen und Jugoslawien und Griechenland niederringen werden, aber nun macht sich die allgemeine Besorgnis geltend, daß dies nicht in einem Blitzkrieg, sondern nur in einem mehrere Wochen, wenn nicht Monate dauernden Ringen geschehen könne und viele Opfer an Menschenleben erfordern werde...

Über das Sinken der Arbeitsfreudigkeit wird allgemein geklagt, besonders über jene der Frauen. Es herrsche Unzufriedenheit, weil Frauen mit Kindern arbeiten müßten, bessere Damen dagegen säßen in den Kaffeehäusern herum. Andere Frauen möchten nicht arbeiten, weil sie einen hohen Unterhalt bekämen. Sie erschienen sehr unregelmäßig zur Arbeit. Auch mit Hausangestellten und Zugehfrauen gebe es oft große Schwierigkeiten. Bei der Knappheit der Arbeitskräfte könnten sie sich alles erlauben und sie machten von dieser Möglichkeit entsprechenden Gebrauch.

Die Beamten klagen über Überlastung. Viele brechen zusammen. Dazu komme noch die Verstimmung über die Art der Beförderung. Einerseits würden Leute befördert, die trotz des Parteiabzeichens alles, nur keine Nationalsozialisten seien; diese brächten als Vorgesetzte wieder ihre Gesinnungsgenossen vorwärts; Deutschnationale und ehemalige Angehörige der Bayerischen Volkspartei trieben es besonders schlimm. Wenn andererseits Parteigenossen befördert würden, so seien nicht die Leistungen, sondern Beziehungen und Gesinnung maßgebend, und sie versagten bei ihrer Unfähigkeit vollständig und brächten das »System« in argen Mißkredit.

Mißmutige Äußerungen über die »Bonzen« und »Bonzenwirtschaft« werden immer häufiger. Die höheren Amtsträger der Partei gebärdeten sich hochmütig und bildeten exklusive Zirkel.

Das Treiben der Kriegsgewinnler in Bädern und Sommerfrischeorten und in den vornehmen Lokalen der größeren Städte bildet ein unerschöpfliches Thema der einfachen Leute. Sie könnten sich auch noch Lebensmittel in Hülle und Fülle verschaffen und in den Gaststätten sich an markenfreien guten Gerichten sattfressen. Das Geld spiele bei ihnen ja keine Rolle. Wenn die Getränke teurer und teurer würden, so mache es ihnen auch nichts aus.

In ländlichen katholischen Kreisen äußert man die Überzeugung, daß nach dem Siege Deutschlands alle Parteiangehörigen aus der Kirche austreten müßten. Es werde eine schwere Katholikenverfolgung eintreten. Pfarrer geben der Hoffnung Ausdruck, daß sich die wirklichen frommen Protestanten mit den Katholiken vereinigen und eine Kirche bilden werden. Von diesen Hoffnungen der Geistlichen wird auf dem Lande viel gesprochen. In den gleichen Kreisen wird mit am lautesten die Besorgnis geäußert, daß der Krieg durch seine Ausweitung ins Unabsehbare in die Länge gezogen werde, unvorstellbare Opfer kosten und zum Untergang führen werde...

Aus Bericht der SD-Außenstelle Würzburg (Gau Mainfranken), 18. 4. 1941

...Von der in Aussicht gestellten Schließung klösterlicher Schülerheime in Würzburg (wie in ganz Bayern) wird von manchen eine Verschlechterung der Stimmung erwartet.

Die katholischen Kreise würden diese Regierungsmaßnahme zum Anlaß einer großen Hetze gegen den Nationalsozialismus nehmen. Auf jeden Fall müsse Fürsorge dafür getroffen werden, daß die ehemaligen Zöglinge dieser Institute nicht ihr Studium aufgeben müßten. Dies sei notwendig um der Volksstimmung willen wie auch wegen des Nachwuchses in den akademischen Berufen. Die meisten der Institutsinsassen seien Söhne armer, oft völlig mittelloser Eltern. Der Nationalsozialismus könne große moralische Eroberungen auf dem Lande machen, wenn er die Sorgen um das Fortkommen dieser jungen Leute übernehme. Man müsse darauf achten, daß die Geistlichkeit die Eltern nicht dazu bewege, ihre Söhne aus dem Studium zu nehmen, um dann sagen zu können, der Nationalsozialismus habe es unmöglich gemacht, daß diese Kinder armer Leute weiterstudieren konnten...

Aus Bericht der SD-Außenstelle Würzburg (Gau Mainfranken), 22. 4. 1941

...Aufgefallen ist die ungewöhnlich starke Beteiligung an Erstkommunion- und Konfirmationsfeiern. So gingen in protestantischen Gegenden auch Arbeiter massenhaft in die Kirche, die früher nie dort zu sehen waren. Der Ruf, die Religion sei in Gefahr, erhebe sich auch in protestantischen Kreisen immer lauter. Wo man sich den kirchlichen Fragen zuwende, dort werde das Interesse am Staat, an der Politik, am Krieg immer geringer oder äußere sich negativ...

Aus Bericht der SD-Außenstelle Bad Neustadt (Gau Mainfranken), 24. 4. 1941

Das deutsche Volk ist in bezug auf Kriegserfolge geradezu verwöhnt, so daß es sich noch vor Ablauf der kriegerischen Geschehen im Südosten in Diskussionen und Mutmaßungen bereits anderen Kriegsschauplätzen zuwendet. Da nun vielerseits mit der endgültigen Bereinigung auf dem Balkan in Kürze gerechnet wird, beginnt ein allgemeines Rätselraten, was nun werden wird. Man spricht neben dem Wunsch, endlich England durch Invasion gründlich zu bestrafen, auch von Portugal, Gibraltar, Ägypten und Suez-Kanal. Nebenbei gesagt, haben weite Teile unseres Volkes keinen Begriff von den ungeheuren Zerstörungen in den englischen Industrieorten und es wäre, wenn möglich, angebracht, durch Text und Bild die verheerenden Wirkungen der deutschen Großangriffe auf englische Städte dem Volke näher zu bringen, da auch ganz richtig von einsichtigen Leuten oft die Frage aufgeworfen wird, wie wohl vom deutschen Volk die Schläge und Niederlagen, die England einstecken muß, aufgenommen würden...

Aus Bericht der SD-Außenstelle Aschaffenburg (Gau Mainfranken), 23. 10. 1941[34]

...Während der Schulferien, die am Donnerstag, den 16. Oktober d. J., endeten, war

---

[34] BA, Sammlung Schumacher 243 II, Bd. 2.

der Schulsaal in Eichelsbach [Landkreis Obernburg] neu getüncht worden. Nach der Neutünchung hatte der Schulleiter zunächst im Schulsaal keinerlei Gegenstände aufhängen lassen. Es fehlten also in den ersten Schultagen sowohl Führerbild als auch das Kruzifix. Der Schulleiter trug sich mit der Absicht, das Kreuz nicht mehr aufzuhängen, während er das Führerbild nach einigen Tagen am schönsten Platz anbringen wollte. Am Samstag, den 18. d. M., fand nun der Lehrer beim Eintreffen in Eichelsbach – Eichelsbach wird im Abteilungsunterricht betreut und der Erzieher, der in der Gemeinde Hofstetten wohnt, muß zu Fuß jeweils die Gemeinde Eichelsbach aufsuchen, um Unterricht abhalten zu können – die Ortseinwohner in der Nähe des Schulhauses versammelt. Der Lehrer versuchte die Bewohner zu beruhigen, hatte jedoch damit keinerlei Erfolg. Der ebenfalls anwesende Bürgermeister war gleichfalls nicht in der Lage, die Bevölkerung zu beruhigen, die teilweise eine drohende Haltung gegen den Lehrer einnahm. Zwischenzeitlich waren auch die Schüler und Schülerinnen eingetroffen, so daß sich der Lehrer genötigt sah, diese wegzuschicken mit dem Hinweis, sie sollten gegen neun Uhr wiederkommen. Später begab sich dann der Bürgermeister und der Lehrer in das Schulhaus. Die Ortseinwohner drängten teilweise nach, woraufhin der Lehrer denselben den Zutritt verbot und die bereits Eingedrungenen hinauswies. Nachdem eine Beruhigung nicht eintrat, schloß der Lehrer das Schulzimmer sowie die Schule wieder ab und gab den Schulkindern Bescheid, daß sie heute zum Unterricht nicht kommen brauchten.

Bemerkt muß noch werden, daß in das Schulzimmer, in dem sich beim letzten Unterricht noch kein Kreuz befand, ein solches von irgendwelchen unbekannten Personen wahrscheinlich in den Samstag-Vormittagsstunden, während sich der Lehrer noch nicht in Eichelsbach befand, angebracht worden war. Aufgrund dieser Sachlage entschloß sich nun der Erzieher, den Bescheid des zuständigen Kreisschulrates anzurufen und so lange keinen Unterricht zu halten, bis die Angelegenheit geklärt ist. Bei der eben erwähnten Demonstration trat der Ortsbauernführer Anton Ziemlich als Wortführer der gesamten Gemeinde besonders negativ in Erscheinung.

Zu den Vorgängen in Eichelsbach wäre noch zu bemerken, daß die dortige Bevölkerung aus eigener Initiative heraus eine solche Demonstration kaum durchgeführt haben würde, zumal der gegenwärtig dort tätige Lehrer in ziemlichem Ansehen steht und allgemein beliebt ist. Interessant ist in diesem Zusammenhang die Feststellung, daß sich im Monat September der bischöfliche Sekretär und Zeremoniar Dr. Ludwig Pfeifer, welcher am 7. 4. 1908 in Eichelsbach geboren ist, in der Gemeinde Eichelsbach auf Urlaub befand. Pfeifer gilt als einer der vertrautesten Berater des Bischofs Ehrenfried von Würzburg, und es wird nun vermutet, daß derselbe während seiner Anwesenheit in Eichelsbach die Bevölkerung entsprechend aufgehetzt hat...

Der geheime Erlaß von Staatsminister Wagner, der die Entfernung der Schulkreuze untersagte (sogenannter Stopperlaß), wurde offensichtlich schon auf mittlerer Regierungsebene zurückgehalten. Der Regierungspräsident von Unterfranken soll, so schreibt der SD-Berichterstatter, angeblich eine entsprechende Regierungsentschließung am 9. 9. 1941 an die unteren Verwaltungsbehörden geleitet haben, wo sie aber erst am 26. 9. 1941, nachdem die Gestapo Nürnberg eine gezielte Anfrage an die Landräte hatte ergehen lassen, eintraf. Aufgrund der Demonstrationen wurden die Schulleiter und Bürgermeister mit Schreiben vom 20. 10. erstmals über die Regierungsentschließung vom 9. 9. informiert.

Aus Bericht der SD-Außenstelle Berchtesgaden (Gau München-Oberbayern), 2. 1. 1942

... Die Stimmung der Wehrmacht hier ist als gut zu bezeichnen, wenn auch nicht immer von unbedingter Siegeszuversicht die Rede ist. So hörte ich z. B. heute ein Gespräch an zwischen einem Unteroffizier der hier einquartierten Gebirgsjäger und einem kaufmännischen Angestellten aus Berchtesgaden. Unter anderem sagte dieser Wehrmachtsangehörige folgendes: »Was uns blühen würde, wenn wir diesen Krieg verlieren, haben wir gesehen. Wir halten hin, solange es irgend geht, und jeder wird es tun, der einmal im Osten war. Ob wir aber den Krieg gewinnen, steht auf einem anderen Blatt. Da dürfen wir schon alles zusammennehmen. Recht viel anderes gibt es aber bei uns schon nicht als Siegen oder Verrecken.« So ähnlich dürfte die Einstellung bei einem großen Teil unserer Wehrmacht sein...

Am 14. 12. wurde während der Predigt in der Stiftskirche in Berchtesgaden ein Hirtenbrief verlesen über die Ablieferung der Kirchenglocken. Am Schlusse gab der Geistliche (Schüller) noch bekannt, welche Glocken in Berchtesgaden zur Ablieferung kommen... Man hat versucht, so sagte der Geistliche, alle Glocken der Stiftskirche zu erhalten, da diese auch im letzten Krieg unter Denkmalschutz gestellt wurden. Was bei der damaligen Regierung erhalten bleiben konnte, müßte auch der jetzigen Regierung möglich sein. Diesen letzten Satz hörte ein Bäuerlein nicht richtig und er fragte seinen Nebenmann: »Was hat er hiazt da gsagt?« Darauf sein Nebenmann: »A Kirchaglockn müassn abgliefat wern«, darauf der Alte: »Aha, sama scho wieder so weit«!...

Aus Bericht der SD-Außenstelle Berchtesgaden (Gau München-Oberbayern), 31. 3. 1942

... Die Rede des Führers am 15. ds. hat großen Eindruck hinterlassen. Ganz besonders wird die unbeschränkte Siegeszuversicht, die aus jedem Wort sprach, hervorgehoben. Der Eindruck dieser außerordentlichen Siegeszuversicht wurde in allen Kreisen der Bevölkerung erweckt. Ganz besonders gefiel der Satz, daß uns die Bolschewisten nie mehr schlagen werden, nachdem dies in diesem Winter nicht gelungen war, und daß sie aber in den nächsten Monaten geschlagen werden.[35] »Haben sie gehört, was der Führer sagte, jetzt wirds aber mal losgehn. Der Führer sagt so etwas nicht, wenn er nicht sicher ist«, sagte ein hiesiger Amtsgerichtsrat. Ein Bauer meinte: »Hast as ghört, gestern hat as eana wieda gsagt, da Führa, jetzt derfans nacha bald zammpacka«. Aus vielen ähnlichen Aussprüchen ist zu entnehmen, daß gerade dieser Satz am meisten beachtet wird. Auch Frauen fiel dieser Satz auf...

---

[35] Im Wortlaut hieß dieser Satz: »Die bolschewistischen Horden, die den Deutschen und die verbündeten Soldaten in diesem Winter nicht zu besiegen vermochten, werden von uns in dem kommenden Sommer bis zur Vernichtung geschlagen sein. Der bolschewistische Koloß, den wir in seiner ganzen grausamen Gefährlichkeit erst jetzt erkennen, darf – und dies ist unser unumstößlicher Entschluß – die gesegneten Gefilde Europas nie mehr berühren, sondern soll in weitem Abstand von ihnen seine endgültige Grenze finden!« Zit. nach Domarus, Max: Hitler. Reden und Proklamationen 1932-1945. Kommentiert von einem deutschen Zeitgenossen. Neustadt a. d. Aisch 1963. Bd. II (1939-1945), S. 1850; Bd. I (1932-1938) Neustadt a. d. Aisch 1962. Sämtliche in Teil VI und VII dieses Bandes erwähnten Reden Hitlers sind bei Domarus wenigstens auszugsweise abgedruckt.

Aus Bericht der SD-Außenstelle Berchtesgaden (Gau München-Oberbayern), 2. 7. 1942

... Der Unwillen richtet sich in erster Linie gegen die hier anwesenden Kurgäste, die täglich ankommen in Schwärmen wie die Heuschrecken. Besonders Berufstätige hört man immer wieder darüber klagen, daß es ihnen unmöglich ist, auch nur das Notwendigste zu haben, denn es werde alles von diesen Kurgästen aufgekauft. Die Leute haben Zeit zum Anstellen, sie hängen an den Läden wie die Kletten und lassen sich nicht vertreiben, solang sie dort nur noch eine Staude Salat wissen. Dazu wird noch berichtet, daß sehr viele dieser Kurgäste auch noch von zu Hause Pakete erhalten. »Dö fressn uns no auf« oder »wenn nur die Bande amal beim Teifi wär«, das ist so der übliche Ausdruck, den man auf den hiesigen Baustellen immer wieder hören kann. »Wenn nur die Preußnteifen dahi wärn« oder »wenn nur dös G'frast da Teifi holat«, hört man bei den Bauern. Solche und ähnliche Aussprüche kann man überall hören und sie zeigen allzudeutlich, was man von diesem Zustrom in der werktätigen Bevölkerung denkt. Mit banger Sorge sehen Frauen mit mehreren kleinen Kindern den kommenden Wochen entgegen. Gerade diese Frauen trifft der Mangel am allerschwersten, denn sie können unmöglich die Zeit aufbringen, die erforderlich wäre, um das Notwendigste an Lebensmitteln zu erstehen. Am besten ist der daran, der die meiste Zeit hat zum Anstellen...

Aus Bericht des SD-Abschnitts Bayreuth (Gau Bayerische Ostmark), 20. 7. 1942

... In den ausgesprochen katholischen Gebieten des Abschnittsbereiches (Oberpfalz, Niederbayern, ein Teil von Oberfranken) wirkt die Tatsache, daß ein Großteil der Russen ebenfalls katholisch ist, im Sinne einer Verwischung der Grenzen zwischen dem deutschen und dem fremden Blut. So wurde von katholischen Kreisen in Regensburg festgestellt, daß die Russen außerordentlich fromme Menschen sein müßten, da sie ständig das Kruzifix um den Hals bei sich trügen. Wie weit die Urteilslosigkeit von Katholiken gegenüber den Russen geht, zeigt ein Fall, der sich am 7. 6. 1942 in Bamberg ereignete. Dort nahmen an der Fronleichnamsprozession ca. 40 russische Zivilarbeiter und Zivilarbeiterinnen teil. Der Lagerführer selbst ging an der Spitze mit. Die Russen sind ungefähr 100 m mit der Prozession gelaufen und wollten anschließend im Dom der Messe beiwohnen. Erst durch das Eingreifen der Kripo wurden die Russen vom Zug abgedrängt und der Lagerleiter in Polizeihaft genommen. Aus der an der Prozession teilnehmenden Bevölkerung heraus hat sich kein Finger gerührt, die Russen zu entfernen. Eine aktive Stellungnahme der katholischen Geistlichkeit zu den Fragen der religiösen Betreuung der Russen ist im Bereich bisher nicht zu beobachten. Wie aber schon angeführt, genügt für die gut katholische Bevölkerung schon die Tatsache, daß der Russe ebenfalls katholisch und fromm ist, um in ihm den »Auchmenschen« zu sehen...

Aus Bericht der SD-Außenstelle Friedberg (Gau Schwaben), 31. 8. 1942

Der beherrschende Stimmungsfaktor in diesen Tagen ist unbedingt der in der Nacht vom 28. 8. auf 29. 8. erfolgte Angriff einzelner Feindflugzeuge gegen Augsburg und Umgebung. Dabei beeinflußt der Umfang der Schäden die Stimmung viel weniger als die Furcht, daß solche Einflüge sich in größerem Umfang wiederholen könnten. Selbst in den weitabgelegenen Landorten ist man sehr besorgt. Man befürchtet, daß der Feind nur auf das Einbringen der Ernte gewartet habe und nun mit allen möglichen Kampfmitteln diese zu vernichten suche. Gerüchte, die gleichzeitig in der Umgegend von Stätzling einerseits und Merching andererseits auftauchen, wissen von bestimmten chemischen Mitteln, die der Feind zur Vernichtung der Ernte verwenden werde. Diese Gerüchte stammen von Ostfronturlaubern.

In der Stadt Friedberg selbst wurde bei obigem Angriff wenig Disziplin gezeigt. Nur ein Teil der Bevölkerung verbrachte den Alarm in den meist sehr behelfsmäßigen Luftschutzkellern, eine große Anzahl, darunter auch Kinder und sogar Kleinkinder, besah sich das Schauspiel von der Stadtmauer aus. Dieses keineswegs luftschutzmäßige Verhalten wird vielfach damit erklärt, daß man erfahren habe, daß bei einem Angriff der Feindluftwaffe auf Mainz der größte Teil an Todesfällen darauf zurückzuführen sei, daß die Leute dort in ihren Kellern verschüttet worden seien und wegen Mangel an Hilfskräften tagelang dort nicht ausgegraben worden seien. Ein großer Teil sei buchstäblich verhungert...

Aus Bericht des SD-Abschnitts Bayreuth (Gau Bayerische Ostmark), 31. 8. 1942

...Über das Ansteigen der Fälle des verbotenen Umganges mit Fremdvölkischen (Geschlechtsverkehr usw.) wurden bereits im hiesigen [Lagebericht] vom 17. 8. 1942 konkrete Zahlen gegeben. Auffallend bei dieser Entwicklung ist, daß es sich dabei um die ausgesprochen katholischen Gebiete des Gaues handelt. Es liegen zwar keine umfassenden Zahlenangaben für den nördlichen Teil des protestantischen Gebietes vor, doch ist als sicher festzustellen, daß hier die Entwicklung nicht so ausgesprochen kraß ansteigt. Entsprechend der Struktur des Gaugebietes handelt es sich in den meisten Fällen um deutsche Volksgenossen aus der bäuerlichen Bevölkerung, die durch staatspolizeiliche Maßnahmen oder Gerichtsurteil bestraft werden mußten. Neben dieser das Zahlenbild beeinflussenden strukturellen Gegebenheit steht aber auch stärkstens die Tatsache, daß insbesondere in der Landwirtschaft die Berührungsmöglichkeiten zwischen Fremdvölkischen und den deutschen Volksgenossen größer sind als in Gebieten, in denen der städtisch industrielle Charakter vorherrscht. Dadurch, daß der Fremdvölkische im Einzeleinsatz auf dem bäuerlichen Hof tagtäglich auch in seiner Freizeit mit der deutschen Bevölkerung zusammenkommt, ergeben sich immer wieder die Fälle, in denen sich deutsche Volksgenossen zu einem verbotenen Umfang hinreißen lassen...

Aus Bericht der SD-Außenstelle Friedberg (Gau Schwaben), 14. 9. 1942

Die Stimmung der letzten Tage läßt deutlich Tendenzen nach unten erkennen. Größere Erfolgsmeldungen sind nicht mehr in der Lage, die Stimmung auch nur auf einige Zeit zu verändern. In Stadt und Land macht sich eine gewisse Teilnahmslosigkeit bemerkbar, die auch auf die innere Kriegsbereitschaft der Bevölkerung nicht ohne Einfluß ist. Es kommt vor, daß man sich z. B. in Friedberg in einer Gaststätte ohne Hemmungen öffentlich darüber unterhält, wie die Verhältnisse sich gestalten würden, wenn der Krieg für uns verloren wäre. In den Betrieben macht sich in verstärktem Maße jene Stimmung bemerkbar, die auffallend an die des Jahres 1918 erinnert. Man glaubt wohl, daß eine totale Niederlage Deutschlands nicht recht möglich wäre, man spielt aber mit dem Gedanken, daß es auch in diesem Kriege nicht zu einer endgültigen Entscheidung käme. Der Frieden ohne Sieg, womöglich auf der Grundlage gegenseitiger Vereinbarungen im Stile der Genfer Abmachungen des »Völkerbundes« wird mehr wie je zitiert.

Auch die innere Haltung, darunter insbesondere die der in den Rüstungsbetrieben arbeitenden Bevölkerung, hat sich in bedenklicher Weise verändert. Vergehen und Verbrechen gegen die Kriegswirtschaftsverordnung werden nicht mehr als unmoralische Handlung angesehen, man bezeichnet im Gegenteil den Volksgenossen, der aus einer inneren Haltung heraus die ungesetzliche Beschaffung zwangsbewirtschafteter Waren ablehnt, als den »Dummen«. Aus dem Bericht eines Rüstungsarbeiters der Messerschmittwerke: »Man kann alles noch kaufen, allerdings gegen unsinnig viel Geld oder Tausch gegen andere begehrte Waren. Diese Schweinerei läßt sich aber nicht aufdecken, weil sie alle das Maul halten. Und wenn sie einen erwischen, dann ist die Strafe viel zu wenig.«...

Die Stimmen zum Kriegsgeschehen sind wesentlich weniger geworden. Auf dem flachen Lande nimmt man nur mehr von größeren Ereignissen Notiz. Die Gespräche am Biertisch wenden sich mehr und mehr Dingen zu, die mit dem Kriege nicht in unmittelbarer Verbindung stehen. »Man vermeidet bewußt Gespräche über den Krieg, es ist, als will man nicht daran erinnert werden; und wenn die einzige Glocke, die wir noch haben, zu läuten anfängt, dann wissen wir nur wieder, daß wieder einer gefallen ist. Alle sagen es, daß es Zeit wäre, daß der Krieg sein Ende nehmen solle. Aber aus der Stadt wird gesagt, daß dieser Krieg noch mindestens zwei Jahre dauere. Das halten wir nicht mehr aus.« (Bericht eines Ortsbauernführers.) Daneben sind aber auch Berichte zu erwähnen, die von einer ausgesprochen vorbildlichen Haltung der Landbevölkerung sprechen. So wird mehrfach berichtet, daß einfache Bauern sich sofort zur Aufnahme bombengeschädigter Familien bereit erklärten, ohne dazu aufgefordert worden zu sein...

Aus Bericht der SD-Außenstelle Berchtesgaden (Gau München-Oberbayern), 28. 9. 1942

...Es fehlt auch nicht an ängstlichen Gemütern, die die Ansicht vertreten, es gingen uns die Menschenreserven aus. Hier sind es wieder besonders Bürger- und Arbeiterkreise, die diese Ansicht in erster Linie vertreten. Erst heute sagte mir ein hiesiger Geschäftsmann:»Ja bis jetzt ham wir d'Trümpf no allweil in da Hand, i fürcht grad, daß uns bald ausgangan«, gemeint hat er mit den Trümpfen die Soldaten...

In der letzten Zeit gingen hier Gerüchte um, die so heinbuchen [= hanebüchen] sie auch sind, erhebliche Beunruhigung in die Bevölkerung, besonders die Landbevölkerung brachten. Eine Frau aus Au bei Berchtesgaden soll in einem Reichsbahnomnibus der

Strecke Berchtesgaden-Schellenberg erzählt haben, daß eine Frau, deren Mann seit längerer Zeit vermißt ist, nun von diesem aus der Gefangenschaft eine Karte bekam, auf der die Worte standen: »Mir geht es gut.« Auf der Karte befand sich eine bolschewistische Briefmarke, welche die Frau abnahm, um sie aufzuheben. Nun kam eine weitere Mitteilung zum Vorschein. Hinter der Marke stand: »Haben mir beide Füße abgesägt, komme nie wieder.«...

Nach dem Luftangriff auf München hieß es hier allgemein, vom 23. auf 24. September kommen sie nach Berchtesgaden. Es wird berichtet, daß selbst Leute aus Intelligenzkreisen bereits ihre Koffer packten, um nach dem Angriff noch etwas zum Anziehen zu haben. Ein Ehrenzeichenträger sagte mir, er habe seine Anzüge sowie die Wäsche in den Keller gebracht, damit doch diese außer Gefahr seien. Es handelt sich hier wohlgemerkt um einen Pg., der sonst auch nicht so leicht aus der Ruhe zu bringen ist.

Aus Bericht des SD-Abschnittes Bayreuth (Gau Bayerische Ostmark), 6. 11. 1942

...Wie schon berichtet, nimmt die deutsche Bevölkerung am Leben der Slowenenfamilien[36] keinen besonderen Anteil. Man steht den Leuten keinesfalls ablehnend gegenüber, da diese durch ihr Verhalten im allgemeinen keinen Grund dazu geben. Es kann aber ebenfalls nicht festgestellt werden, daß die deutsche Bevölkerung nun versucht, mit den Wiedereindeutschungsfähigen in engeren Kontakt zu kommen. Hier spielt auch die Mentalität der Bevölkerung Niederbayerns, wo die meisten der Slowenen eingesetzt sind, eine erhebliche Rolle. Der Niederbayer und auch der Oberpfälzer stehen allem Neuen verhältnismäßig konservativ und abwartend gegenüber, was sich auch in der Haltung gegenüber den Slowenen ausdrückt. Verschiedentlich haben deutsche Gesindekräfte sogar geäußert, die Slowenen seien zu langsame Arbeiter und müßten im Reich erst mal lernen, was arbeiten heißt (Vilshofen). Die in dieser Äußerung liegende Geringschätzung ist aber nur in seltenen Fällen offen und öfters zum Ausdruck gebracht worden...

Aus Bericht der [SD-Hauptaußenstelle Würzburg (Gau Mainfranken), 9. 11. 1942]

...Die andauernden erbitterten Kämpfe um Stalingrad werden trotz der guten PK [Propaganda-Kompanie]-Berichte und Wiedergaben in Illustrierten nicht mehr besonders beachtet. Man hat sich weitgehendst damit abgefunden, daß Stalingrad wohl noch fallen wird vor dem Einbrechen des Winters, daß aber ein Weitertragen des Angriffes über Stalingrad hinaus nicht mehr erfolgen wird. Man nimmt die Stadt allgemein als Angriffsbasis für die nächste Offensive an. Umsomehr werden die Kämpfe am Kaukasus und am Terek besprochen...

---

[36] Aus der Untersteiermark.

Aus Bericht der SD-Außenstelle Friedberg (Gau Schwaben), 16. 11. 1942

... Die Stimmung bei den Lang- und Nachtarbeitern in den Rüstungsbetrieben läßt sehr zu wünschen übrig. Die langen Arbeitszeiten, die immerhin noch knappe Lebensmittelversorgung, die schlechte Qualität des Bieres, die ungenügende Freizeit, schlechte Verkehrsverhältnisse nach Augsburg und daneben eine unkontrollierbare Gerüchtebildung sind die Unterlagen der sich immer mehr verschlechternden Stimmung...
   Die Anordnung des Generalbevollmächtigten für den Arbeitseinsatz vom 1. 10. über die Neugestaltung der Löhne und die Schaffung von nunmehr acht Lohngruppen hat, wie die ersten Stimmen zeigen, unter der Arbeiterschaft, insbesondere aber unter der weiblichen Belegschaft, größere Unruhe hervorgerufen. Schon vor der Verkündigung wurde gerüchtweise verbreitet, daß vom Reich geplant sei, niedrigere Löhne einzuführen. Wenn man sich auch über die Auswirkungen noch nicht im klaren ist, so wird doch schon behauptet, daß diese Anordnung nichts bezwecke als eine weitere Steigerung der Leistungen. Solche, die aufgrund ihrer körperlichen Verfassung eben nicht mehr leisten könnten, würden durch Herabsetzung der Löhne »bestraft« werden. Eine weitere Heraufsetzung des Akkords sei zudem in Hinblick auf den ohnehin schon stark gesunkenen Gesundheitsstand nicht ratsam. Auch aus Kreisen der Betriebsführer wird eingewendet, daß solche eingreifende lohnpolitische Maßnahmen im Kriege nur weitere Unruhe hervorriefen. In Arbeiterkreisen weist man darauf hin, daß die DAF als berufene Hüterin der Belange des Arbeiters sich nicht genügend in die Verhandlungen mit dem Generalbevollmächtigten für den Arbeitseinsatz eingeschaltet habe, auch habe sie es unterlassen, die Arbeitskameraden rechtzeitig über diese Neuerungen aufzuklären. Jedenfalls müsse man »oben« bedenken, daß der süddeutsche Arbeiter das Arbeitstempo des norddeutschen, insbesondere des rheinischen Arbeiters nie erreichen könne...;

Aus Bericht der SD-Hauptaußenstelle Würzburg (Gau Mainfranken), 23. 11. 1942

...In konfessionellen Kreisen wird der zu drei Jahren sechs Monaten Gefängnis verurteilte Kräuterhändler Witt allgemein bedauert und mitgeliebt. Es wird erzählt, daß er von der Partei die Auflage erhalten hatte, täglich zum Gauleiter zu gehen und auf die Frage, wie es ihm gehe antworten mußte: »Mir geht es gut«. Dies habe er vier Wochen lang wiederholen müssen. Als er das letztemal beim Gauleiter erschienen sei, habe er einen Rosenkranz um seine Hände gewickelt und habe auf die Frage erklärt, er müsse nun beichten, daß er vier Wochen lang gelogen habe. Auf das hin sei er festgenommen worden. Es scheint, daß Witt zu einem christlichen Märtyrer erhoben werde...

Aus Bericht der SD-[Hauptaußenstelle Würzburg] (Gau Mainfranken), 14. 12. 1942

Außer der Kriegslage sind es die fortlaufenden Kampfhandlungen und die damit verbundenen Verluste, die die Angehörigen der Frontsoldaten in ständiger Beunruhigung halten. Die Aussichtslosigkeit auf ein baldiges Kriegsende drückt diese Familien schwer nieder. »Wenn doch das Morden endlich einmal aufhören würde.« Das ist der tägliche Wunsch dieser Leute. Weiter kommt dazu, daß viele Familien durch den Krieg vollständig zerrissen sind. Mit jedem Urlaub, den der Vater von Zeit zu Zeit erhält, geht er schwerer wieder von daheim fort, eine Erscheinung, die sich auch im vergangenen Kriege bemerkbar machte. Eine zunehmende Kriegsmüdigkeit macht sich mit der Dauer des Krieges bemerkbar. Viele Menschen haben z. Zt. das Gefühl, daß wir gegenwärtig in einer Krise stehen, die überbrückt werden muß. Die bevorstehenden Feiertage und die Aussichtslosigkeit, an diesen Tagen nur wenig oder keine Freude bereiten zu können, wirkt sich entsprechend aus und läßt bei vielen Volksgenossen alles grauer erscheinen, als es ist. Die Menschen werden etwas sentimental...

Aus Bericht der SD-Hauptaußenstelle Würzburg (Gau Mainfranken), 27. 12. 1942

...Mit einer gewissen Besorgnis werden die Angriffe der Sowjets registriert. Wenn man auch darüber beruhigt sein könne, daß die Winterausrüstung der Truppe in diesem Jahre wesentlich besser sei als im vergangenen und überhaupt die Vorbereitungen umfassender als im Vorjahre seien, so greife doch immer stärker die Meinung um sich, daß der sowjetrussische Gegner mit seinem anscheinend unerschöpflichen Kriegspotential militärisch kaum zu besiegen sei. Einem Bericht aus Bad Kissingen zufolge wird in diesem Zusammenhang sogar von der Möglichkeit gesprochen, daß es zu einem von Deutschland diktierten Vertrag kommen müsse, der das Kriegsende im Osten herbeiführe.

Aus Urlauber-Erzählungen will man entnehmen, daß die durch Partisaneneinbrüche geschwächten deutschen Linien an längeren Strecken so dünn geworden seien, daß es geradezu zu einer »Verwischung der Fronten« gekommen sei. Hinzu kommt das Gerücht, daß die Sowjets angeblich »in breiter Front« in die Ukraine eingedrungen seien (Bad Kissingen)...

Aus Bericht der SD-Außenstelle Friedberg (Gau Schwaben), 4. 1. 1943

Dominierend bei allen Gesprächen über den Krieg und damit auch der stärkste Stimmungsfaktor ist die Ansicht, daß der Krieg ins Uferlose ausgeweitet erscheint und daß somit keinesfalls auf ein absehbares Ende gerechnet werden kann. Fast alle Neujahrswünsche bezogen sich auf den Krieg und auf das sehnlichst erwartete Ende. Man könnte alle Unannehmlichkeiten und Einschränkungen viel leichter ertragen, wenn man das Ziel sehen könnte. Gewiß ist heute ein Teil der Bevölkerung, und auch der bäuerlichen, der Meinung, daß bis zum Ende durchgehalten werden müsse; es sind aber Anzeichen dafür vorhanden, daß viele, die vor Monaten noch zu dieser Ansicht standen, heute nur noch ein Ende unter allen Umständen herbeisehen. Damit beginnt sich auch die Haltung eines Teiles der Bevölkerung zu ändern. Eine Erscheinung, die um so mehr ins Gewicht fällt, als seit Jahr und Tag eines der Hauptziele unserer Propaganda, daß ein verlorener Krieg zugleich den Untergang Deutschlands bedeuten würde, nun den Anschein erweckt, an Zugkraft und Glaubwürdigkeit eingebüßt zu haben...

Dokumente 633

Aus Bericht der SD-Hauptaußenstelle Würzburg (Gau Mainfranken), 12. 1. 1943

... Die am Altjahresabend durch den Bischof Ehrenfried im Dom abgehaltene Predigt hat unter der Bevölkerung lebhaften Widerhall gefunden. Von den katholischen Kreisen wird mit Begeisterung über den Inhalt der Predigt gesprochen, der alles bisherige übertroffen habe. Die Meinung der weniger konfessionell gebundenen Volksgenossen nimmt Stellung gegen den Bischof, der es sich heute noch erlauben darf, die Bevölkerung in der Kriegszeit aufzuputschen. Ehrenfried spielte darauf an, daß wir in ein Katastrophenjahr eintreten. Man ist in nichtkonfessionellen Kreisen aufgebracht über die Frechheit des Bischofs, jetzt im vierten Kriegsjahr derartige Rede in der Öffentlichkeit zu halten, durch die die Einigkeit des Volkes untergraben wird. Warum wird gegen den Bischof nicht vorgegangen?, so fragen sich heute viele Volksgenossen. Man ist unzufrieden damit, daß diese schwarzen Kreise heute noch hetzen können.

Aus Bericht der [SD-Hauptaußenstelle Würzburg] (Gau Mainfranken), 1. 2. 1943

Die offiziellen Berichte von der Ostfront und aus Nordafrika haben in der Gesamtbevölkerung schwere Erschütterungen ausgelöst. Besonders ist es die Einschließung von Stalingrad und insbesondere die völlig trostlose Lage der dort eingeschlossenen Truppen, die gegen die Heeresleitung schwerste Kritik auslöst. Man begreift nicht, weshalb die Stalingradkämpfer nicht früher entsetzt wurden, als sich hierzu noch eine Möglichkeit bot. Nicht der Durchbruch der Russen an und für sich ist es, was den Unwillen der Bevölkerung auslöst, sondern nur die Tatsache, daß die eingeschlossene Armee dem vollständigen Untergang geweiht ist, daß es für die eingeschlossene Armee kein Entrinnen mehr gibt und sie sich abschlachten lassen müssen bis zum letzten Mann; die immer wieder dokumentierte Grausamkeit der Bolschewisten gibt zu dieser furchtbaren Annahme berechtigten Anlaß. Ein unendliches Bedauern mit diesen Opfern zieht durch die ganze Bevölkerung, zumal man weiß, daß fränkische Regimenter mit in Stalingrad wären; aus Briefen wird erzählt, daß viele Soldaten allein an Erschöpfung gestorben seien, daß wieder andere so aussehen, daß man sie nicht mehr erkenne ob ihrer Abzehrung. Es sind Gerüchte im Umlauf, welche die Stimmung der Bevölkerung auf tiefste bedrücken. Vielfach wird der Führung der Vorwurf gemacht, weshalb sie nicht den Befehl an die Stalingradkämpfer zur Kapitulation erteilt, wo doch alles aussichtslos ist, um wenigstens noch eine geringe Hoffnung zu haben, das Leben so vieler Menschen zu erhalten...

Aus Bericht der SD-Außenstelle Friedberg (Gau Schwaben), 8. 2. 1943

Die seit den Tagen von Stalingrad sichtlich ernste, wenn auch noch nicht verzweifelte, Stimmung hält weiter an. Es ist vielleicht weniger die strategische Niederlage, die besprochen wird, als mehr die Verluste an Menschen, die man als sehr hoch bezeichnet. Von vielen werden Zahlen von 200 000 und mehr genannt...
Aus allen Berichten und Gesprächen läßt sich ersehen, daß nun nicht nur der ganze

Feldzug eine andere Wendung erhalten hat, sondern daß seine Beendigung in noch weitere Ferne gerückt ist. Ein beachtlicher Teil der Bevölkerung ist sogar der Ansicht, daß auf unserer Seite in diesem Jahr mit einer größeren Offensive an der Ostfront nicht mehr gerechnet werden kann...

Auf dem innerpolitischen Sektor steht z. Zt. die Verordnung über die Meldepflicht zur Arbeitskraft-Erfassung zur Debatte. Aus der Vielheit der Meinungen über diese Verordnung läßt sich auf Seite der Werktätigen immer wieder der Zweifel vernehmen, ob es wohl gelänge, alle bisher Außenstehenden zu erfassen. Die Verordnung biete eine große Zahl von »Hintertürchen«, durch die gerade die, die bisher schon faulenzten, entschlüpfen könnten. Es sei z. B. nicht gerecht, daß landwirtschaftliche Kreise überhaupt nicht erfaßt würden. Schon allein die Tatsache, daß die Landwirtschaft es sich leisten könne, heute noch jährlich 45 Tage (die sogenannten Bauernfeiertage) zusätzlich zu den allgemeinen Feiertagen zu feiern, und dabei Gefangene und ausländische Arbeiter zum Spazierengehen schicken könne, beweise, daß die Landwirtschaft nicht nur mit Arbeitskräften voll ausgestattet sei, sondern einen Teil dieser Kräfte abgeben könne...

Die Durchführung der obigen Verordnung setze auf jeden Fall voraus, daß die bisher schon eingesetzten Arbeitskräfte gerecht verteilt sein müßten. Bei der Durchführung müsse aber so gerecht wie möglich gehandelt werden, sonst würde das Ansehen und die Autorität der Regierung schwer sinken...

Am 25. 2. 1943 berichtete die SD-Außenstelle Berchtesgaden, daß sich die Stimmung in allen Bevölkerungsschichten gebessert habe. Die Niederlage an der Ostfront sei, so höre man aus Intelligenzkreisen, propagandistisch stärker als vielleicht nötig herausgestellt worden, um die Neutralen etwas aufzurütteln. Entgegen diesen ortsgebundenen abwiegelnden Stimmungstendenzen wurde München als Unruheherd gesehen, wie folgender Vorfall zeigt:

»Nach dem Hauptgottesdienst am Sonntag, den 21. ds., wurde von Bauern auf dem Marktplatz in Berchtesgaden erzählt, daß ein Urlauber in München einen Herrn traf, den er vom Sehen kannte und daher mit Heil Hitler grüßte, worauf sich dieser umdrehte und dem Urlauber eine pfunds Ohrfeige verabreichte. Es sei z. Zt. überhaupt nicht sehr ratsam, in München das Parteiabzeichen zu tragen. Dem ganzen Gespräch war zu entnehmen, daß man in diesen Kreisen vielfach der Ansicht ist, in München könnte über kurz oder lang die Revolution ausbrechen, zumindest wäre von dort bald mehr zu hören.«...

Der SD-Bericht Friedberg vom 1. 3. 1943 schilderte die Angst der Landbevölkerung vor den ausländischen Arbeitern, die behaupte, die Ausländer wüßten genau, daß es in manchem Dorf keine einzige Waffe gäbe, und wenn sie nur könnten, würden sie ihnen allen »den Hals umdrehen«.

SD-Außenstelle Friedberg meldete am 29. 3. 1943 den Mißerfolg der im Gau Schwaben abgehaltenen Versammlungen und die in Stadt und Land wachsende Gleichgültigkeit gegenüber politischen Ereignissen.

Aus Bericht der [SD-Hauptaußenstelle Würzburg] (Gau Mainfranken), 22. 2. 1943

...Die Ankündigung des totalen Einsatzes[37] aller verfügbaren Menschen wird zumeist

---

[37] Es handelt sich hier um die berühmt-berüchtigte Rede Goebbels' zum Totalen Krieg im Berliner Sportpalast am 18. 2. 1943, abgedr. bei: Goebbels-Reden, hrsg. von Helmut Heiber, Düsseldorf 1972, Bd. 2, S. 172-208.

gebilligt, wenn man auch Stimmen hört, daß diese Aktion früher hätte kommen sollen. Der Ton der Rede gilt als aufgeregt, wie überhaupt die Rede allzu deutlich die schwere Krise beleuchtet hätte, in der wir uns befänden. Dem Ausland müsse dies auch auffallen und es werde den Schluß ziehen, daß es um uns schlecht stehe. Andere wieder bezeichnen den Schluß der Rede mit seinen Fragestellungen an die Versammlung als Komödie, da in der Versammlung nicht das Volk sei, sondern nur kommandierte Formationen anwesend waren, die selbstverständlich zu allem ja geschrien hätten. Man habe auch deutlich gefühlt, daß die »hohen Herren« um ihre eigene Position in Sorge und Angst lebten...

Aus Bericht der [SD-Hauptaußenstelle Würzburg] (Gau Mainfranken), 8. 3. 1943

...Die Beunruhigung der Bevölkerung über die Rückschläge im Osten ist nach der Stabilisierung der Donez-Front weitgehend gewichen... Trotzdem sind in allen Kreisen der Bevölkerung Stimmen der Hoffnungslosigkeit und Niedergeschlagenheit zu hören, die u. a. auch durch Redewendungen in Feldpostbriefen wie: »Als ich wieder draußen ankam, fand ich von meiner Division gar nichts mehr vor. Alles zersprengt« (von einem, der während der Krisenzeit in Urlaub war), »Ich bin der einzig Überlebende meiner ganzen Batterie«, »Wenn Ihr nichts mehr von mir hört, so tröstet Euch mit dem Gedanken, jetzt ist er erlöst. Wenn nur einmal eine Kugel ein Ende machen tät«, erzeugt werden. In diesem Zusammenhange wird immer wieder auf die schlechte Postzustellung der Feldpostbriefe verwiesen, die oft 4-6 Wochen und noch länger unterwegs sind. Die Bevölkerung ist der Meinung, daß solche Briefe zurückgehalten worden seien. Würzburg berichtet als beachtliches Zeichen der Niedergeschlagenheit, daß Volksgenossen sich Mittel verschaffen, um sich im Falle einer deutschen Niederlage aus dem Leben befördern zu können: »Die einen beschaffen sich tödlich wirkende Tabletten, andere wollen, wenn der schwarze Tag kommt, den Gashahn öffnen, um gemeinsam mit ihren Angehörigen in den Tod zu gehen. Solche Pläne und Stimmungen scheinen durchaus nicht vereinzelt zu sein, da man in weiten Kreisen der Bevölkerung von ihnen hört. Geschäftsleute bestätigen, daß eine ganze Anzahl ihrer Kunden sich mit diesen Gedanken beschäftigen würden. Über solche Leute scheint eine wahre Angstpsychose gekommen zu sein, hervorgerufen durch Presseartikel, welche das Schlimmste erwarten lassen für den Fall, daß der Bolschewismus siegen sollte.«...

Aus Bericht der SD-Hauptaußenstelle Würzburg (Gau Mainfranken), 22. 3. 1943[38]

...Parteigenossen äußerten die Meinung, der Führer habe deshalb persönlich gesprochen, um die umlaufenden Gerüchte zu entkräften, was auch weitgehend gelungen ist. Die Rede wurde nicht mit der gewohnten Begeisterung, jedoch dem Ernst des Tages ent-

---

[38] Sonderbericht über die Wirkung der Rede Hitlers, gehalten in Berlin am Heldengedenktag, dem 21. 3. 1943. Berichte, die ausschließlich eine Rede Hitlers oder Goebbels' zum Gegenstand hatten, wurden in der vorliegenden Auswahl nicht näher als Sonderberichte gekennzeichnet.

sprechend aufgenommen. Die fast leidenschaftslose Sprache, der monotone Vortrag habe sich eigenartig angehört und müsse als rhetorisch nicht gut bezeichnet werden. Zum Teil habe der Tonfall deprimierend gewirkt. Äußerungen wie »Die Rede wurde so schnell gesprochen, als ob Luftgefahr 25 gewesen wäre«, oder »Man hatte den Eindruck, als habe der Führer in aller Hast die Rede abgelesen, um sofort wieder zur Front zurückkehren zu können«, kommen vor allem von einfachen Volksgenossen. Die Wirkung kann im ganzen als beruhigend bezeichnet werden, Arbeiter äußerten, wenn die Rede auch kurz war, wir sind froh, daß wir den Führer überhaupt einmal wieder gehört haben, es ist ja so viel erzählt worden, daß man sich nicht mehr auskannte, was wahr war und was nicht...

Aus Bericht der SD-Außenstelle Kitzingen (Gau Mainfranken), 9. 4. 1943

...Sehr mies ist z. Zt. die Stimmung der bäuerlichen Bevölkerung. Es wird über die verschiedensten Dinge geklagt und schrecklich geschimpft. Sehr viel beklagt man sich u. a. über den SA-Wehrdienst. Die Bauern müßten zu all ihrer Arbeit noch so viel Zeit für derartiges vergeuden, obwohl sie doch viel Wichtigeres zu tun hätten. So wird aus Biebelried (Landkreis Kritzingen) berichtet, daß man einem Bauern mit Einberufen zur Wehrmacht gedroht habe, weil er nicht zum SA-Wehrdienst gegangen sei. Kurze Zeit darauf sei dieser dann wirklich eingezogen worden und ist nun vor einigen Tagen gefallen. Dieser Fall hat bei den Bauern der Umgebung helle Empörung hervorgerufen. Die Stimmung sei besonders bei den kleineren Bauern »geladen«. Die meisten wüßten nicht mehr ein noch aus. Die Preise für ihre Erzeugnisse würden künstlich niedergehalten, wenn sie aber etwas brauchen, dann würden sie geschröpft. Es herrscht Unstimmung darüber, daß Preise für junge Tiere zum größten Teil höher sind als für gemästete. Auf dem Land ist man allgemein der Ansicht, daß man mit den Bauern nur Schindluder treibe. Die Ortsbauernführer, Bürgermeister usw. seien in einer furchtbaren Lage; wenn es noch eine Weile so weiterginge, dann könnten sie die Leute nicht mehr beschwichtigen, man müßte dann damit rechnen, daß jeder, der sich nicht auf die Seite stelle, erschlagen werden würde. Es ist bereits so weit, daß man kein Hehl mehr daraus macht zu sagen, uns kann es gleich sein, was geschieht, wenn eine andere Regierung drankommt, gehen wir auch zu dieser, schlechter kann es uns nicht mehr gehen...

Aus Bericht der SD-Außenstelle Friedberg (Gau Schwaben), 9. 4. 1943

...Der beginnenden Gleichgültigkeit der breiten Masse dem kriegerischen Geschehen gegenüber steht auch eine gewisse Teilnahmslosigkeit im Innern. Die Kinos sind zwar jeden Tag gefüllt, man sieht aber keineswegs mehr auf eine gewisse Qualität der Filme, sondern man will nur für ein paar Stunden Ablenkung und Vergessen. Die Gaststätten in den größeren Orten sind meist leer, in den Landgemeinden werden sie an den Wochentagen vielfach überhaupt nicht mehr aufgesucht.

Einschneidende Verordnungen wie die über den Arbeitseinsatz oder die über die Schließung nichtkriegswichtiger Betriebe sind schon wieder vergessen. Man weist ihnen kaum größere Bedeutung zu; »der Staat hat nicht mehr die Macht, seine Anordnungen durchzudrücken!« Dabei wird vielfach bemerkt, daß man sich »oben« anscheinend nicht im klaren darüber ist, daß gerade solche Maßnahmen, die doch das ganze Volk berühren sollen, sich unbedingt klassenkämpferisch auswirken müssen, wenn ihre Handhabung nicht die genügende Strenge zeigt...

Aus Bericht der [SD-Hauptaußenstelle Würzburg] (Gau Mainfranken), 17. 4. 1943

...Die bäuerliche Bevölkerung nimmt am gegenwärtigen Geschehen außerordentlich wenig Anteil. Dies ist begründet dadurch, daß fast sämtliche männlichen Arbeitskräfte eingezogen sind, daß sie für die Politik kaum mehr Zeit finden. Allgemein herrscht auf dem Lande die Ansicht, daß man mit dem Bauern Schindluder treibe, Ortsbauernführer, Bürgermeister usw. seien in einer unerquicklichen Lage, denn sie könnten kaum noch die Leute beschwichtigen. Die Preisregelung beherrscht vielfach die Stimmung auf dem Lande. Der Bauer glaubt, aus ihm wird das letzte herausgezogen und allen anderen, besonders Soldatenfrauen, würde das Geld scheffelweise nachgeworfen. Durch die großen Blutopfer und durch die totale Mobilisierung aller Leistungsreserven können immer wieder Stimmen erfaßt werden, der Krieg möchte bald zu Ende gehen, damit doch endlich man von diesem Alpdruck befreit werde.

Aus Bericht der SD-Außenstelle Bad Kissingen (Gau Mainfranken), 22. 4. 1943

...Über die Maßnahmen, welche im Interesse der Reichsverteidigung getroffen wurden, insbesondere die Schließungen usw. werden von seiten der Bevölkerung und dies in ca. 80% aller Fälle nur negative Urteile laut.
Vor allem die Stillegung der örtlichen Tageszeitung findet absolut kein Verständnis bei den einzelnen Beziehern, da es ein tiefer Eingriff in die täglichen Lebensgewohnheiten von annähernd 5000 Beziehern ist, und vor allen Dingen, da die Kissinger Saale-Zeitung ein wichtiges Bindeglied und Verbindungsmittel zwischen Front und Heimat war. Die Verstimmung erfährt insofern noch eine Verstärkung, weil die als Ersatz in Frage kommende Zeitung, die Schweinfurter Zeitung, nicht einmal das mindeste von den Nachrichten bringt, was erwartet wird. Vor allen Dingen wird betont, daß an manchen Tagen überhaupt keine Nachrichten von Kissingen in der Schweinfurter Zeitung sind...

Aus Bericht der SD-Außenstelle Friedberg (Gau Schwaben), 23. 4. 1943

Die Stimmung in Stadt und Land ist unveränderlich flau. Sie entspricht dem vierten Kriegsjahr und hat wohl ihren Urgrund in der Aussichtslosigkeit der weiteren kriegerischen Entwicklung. Der einfache Volksgenosse, der bisher immer noch den Glauben an ein erwartbares Kriegsende hochhielt, kommt allmählich zur Überzeugung, daß das Ende des Krieges in immer weitere Ferne rückt. Die innere Teilnahme am Krieg verschwindet, selbst größere Ereignisse haben keine Dauerwirkung mehr. Die vielfach zu beobachtende Interesselosigkeit des einzelnen verändert auch seine Haltung. Die Partei ist kaum mehr in der Lage, hier aufmunternd zu wirken, da ein Großteil der Politischen Leiter insbesondere auf dem flachen Lande selbst Zuspruch bräuchte. Vielfach ist man der Ansicht, daß unsere Propaganda z. Zt. restlos versage...

Die Mordtat im Walde bei Katyn[39] wird nur noch wenig mehr besprochen. Man hört sogar die Ansicht, daß diese Angelegenheit von uns allzusehr nach der propagandistischen Seite hin ausgewertet wurde. Vereinzelt wird die Ansicht laut, daß die Feinde auch in den von uns eroberten Ostgebieten auch Massengräber finden würden. Es seien zwar keine Polen, sondern Juden, die von unseren Truppen systematisch hingerichtet wurden. Man dürfe also von einer solchen Sache nicht so viel Aufhebens machen, zumal früher immer von der Minderwertigkeit des polnischen Volkes die Rede war. »Die Russen wissen ganz genau, was sie wollen. Die vernichten eine Schicht der Bevölkerung vollkommen, weil sie ihnen nicht paßt. Sie denken alles bis zum Ende und hören nicht in der Mitte auf wie wir!« (Rüstungsarbeiter, sehr belesen)...

Die Stimmen zur Versorgungslage haben sich nicht geändert. Bezeichnend ist folgende Einzeläußerung eines Arbeiters der MAN, die öffentlich im Zug gemacht wurde: »Nichts Gescheites mehr zum Fressen, einen Dreck zum Saufen, nichts mehr zum Rauchen – jetzt können sie uns nur noch ganz verrecken lassen!« Von keiner Seite erfolgte ein Widerspruch.

Aus Würzburg wird weiter berichtet, daß konfessionell gebundene Kreise einen Sieg des Nationalsozialismus nicht zu wünschen scheinen. Unzufriedenheit und Mißstimmung mache sich besonders in bäuerlichen Familien bemerkbar. Sie faßten notwendige Einschränkungsmaßnahmen als Schikane auf und stünden Staat und Partei »geradezu innerlich oppositionell« gegenüber. Nicht selten höre man: »Bei uns ist es schon bald wie in Sowjetrußland. Man ist über nichts mehr Herr.« Dagegen wird die »untadelige Haltung« der Städter hervorgehoben. (Bericht der SD-Außenstelle vom 23. 4. 1943).

Aus Bericht der SD-Außenstelle Berchtesgaden (Gau München-Oberbayern), 27. 4. 1943

...Die Rede von Reichsminister Dr. Goebbels am 19. 4. 1943 über den deutschen Rundfunk anläßlich einer Feierstunde in Berlin wird lebhaft kritisiert. Hier sind es besonders Intelligenz- und auch Parteikreise, die diese Rede als eine Pastorenrede bezeichnen. So sagte mir erst heute wieder ein Herr aus Intelligenzkreisen, »Was nur mit dem Goebbels jetzt los ist, wenn man den so reden hört, da möcht man unbedingt glauben, der Krieg ist schon verloren«. Ein Anderer, »Na, der Goebbels hat aber gestern wieder gesprochen, man möcht am liebsten den Kopf hinlegen, man hat immer das Gefühl, als ginge es in nächster Zeit zum Aufhängen oder Köpfen. Der Mann hat doch nicht mehr den geringsten

---

[39] Dort fanden deutsche Truppen Massengräber mit Tausenden von polnischen Offizieren, die wohl im September 1939 beim Einmarsch der sowjetischen Truppen in Ostpolen in Gefangenschaft gerieten und vermutlich von der politischen Polizei der Sowjetunion (GPU) ermordet wurden.

Auftrieb. Wenn das unser Stimmungsbarometer sein soll, ich möchte sagen, wenn die in dieser Rede wieder zum Ausdruck gekommene Stimmung Allgemeingut unserer führenden Persönlichkeit ist, dann können wir zusammenpacken«. Ein Arbeiter meinte dazu, »Was jetzt grad mit dem Goebbels ist, den kost ja gar nimma ohörn. Da hörst nix mehr als Krise, Ausharren bis zum Letzten und lauta so Sachan. Dem Redn nach, san ma jetzt grad no im letzten Schnappn«. Eine Bürgersfrau, »Ich weiß nicht, ich hab Goebbels immer gern angehört, wenn man ihn jetzt hört, wird man direkt mutlos. Die Stimmung wird dadurch nur verschlechtert.«...

Aus Bericht der SD-Hauptaußenstelle Würzburg (Gau Mainfranken), 1. 5. 1943

...Im allgemeinen macht sich die Ansicht breit, daß die Truppenteile, die im Wehrmachtsbericht als besonders tapfer bezeichnet werden, so gut wie aufgerieben sind. Die Erwähnung wird gleichsam als Nachruf für die betreffende Einheit betrachtet, die aufgrund großer Opfer aufgehört hat zu bestehen. Diese Ansicht wurde durch Urlauber vertreten. Im allgemeinen gebe man dem Feinde die eingesetzten Einheiten nicht bekannt...

Die SD-Außenstelle Bad Neustadt weist in ihrem Bericht vom 6. 5. 1943 auf die anhaltende Stimmungsmache gegen die Partei hin. So sei zu hören, »daß es richtiger wäre, wenn die Amtsträger der Partei die Uniform ausziehen und daheim bleiben würden. Dadurch würde die Bevölkerung weniger beunruhigt«.

Aus Bericht der SD-Außenstelle Kitzingen (Gau Mainfranken), 7. 5. 1943

...Am Heldengedenktag und an Führers Geburtstag veranstaltete die NSADP in sämtlichen Ortsgruppen gutbesuchte Versammlungen. Dabei ist es jedoch in der Stadt Gerolzhofen zu sehr unliebsamen Vorkommnissen gekommen, die z. Zt. nicht nur in Gerolzhofen selbst, sondern darüber hinaus auch im ganzen Landkreis Gerolzhofen in aller Munde sind: Am Heldengedenktag war für das ganze Reichsgebiet angeordnet worden, daß Beflaggung in diesem Jahr unterbleibt. Offenbar in Unkenntnis dieser Anordnung hat der Ortsgruppenleiter von Gerolzhofen allgemeine Beflaggung auf Vollmast für seinen Ortsgruppenbereich befohlen. Als die Bevölkerung dieser Aufforderung nur ungenügend Folge leistete, wurde SS umhergesandt, welche den [Befehl] des Ortsgruppenleiters durchsetzen sollte. Trotzdem hat ein Großteil der Bevölkerung auch dann noch die Beflaggung unter[lassen... Daraufhin haben sich] drei SS-Männer und ein SA-Mann in das Kino Höret und in die Gastwirtschaft Härterich begeben, haben dabei jeden Anwesenden nach dem Namen gefragt und ihn aufgeschrieben. Die Vorführung im Lichtspieltheater mußte dabei unterbrochen werden – etwa $\frac{1}{2}$ Stunde –, wobei es zu höhnischen Zwischenrufen, zu allgemeinem Getrampel und Geklatsche gekommen ist. Anwesende Frontsoldaten weigerten, sich ihre Namen anzugeben, und riefen den SS-Leuten zu, sie sollten doch erst einmal zeigen, ob sie auch an der Front etwas leisten könnten. Frauen sagten, sie würden die Angelegenheit ihrem Mann an die Front schreiben. Auch der Ausdruck der GPU[Politische Polizei der Sowjetunion]-Methoden scheint dabei gefallen zu sein... Durch solche, jedem deutschen Wesen fremde Zwangsmaßnahmen, erzeugt man nun einmal weder Liebe zum Führer noch Liebe zur Partei. Vielmehr ist ein allgemeines Geschimpfe die Folge, das um so mehr, als unglücklicherweise jetzt auch bekannt geworden ist, daß in Gerolzhofen angeblich die einzelnen Blockleiter der Partei Listen führen, nach welchen dann [die] Einstellung des einzelnen Volksgenossen und die Würdigkeit [für den] Empfang von Kinderbeihilfen beurteilt werden...

Aus Bericht der SD-Außenstelle Bad Brückenau (Gau Mainfranken), 7. 5. 1943

...Aus verschiedenen Orten unseres Bereichs wird berichtet, daß an der Person und den Maßnahmen des Führers in der letzten Zeit sehr viel und scharf Kritik geübt wurde. Der Führer habe immer zu sehr mit offenen Karten gespielt, z. B. seit den Jahren 1936 bis heute immer wieder den Bolschewismus als Weltfeind Nr. 1 erklärt und herausgestellt, daß die Zukunft des deutschen Volkes im Osten liege. Damit habe er aber den Widerstand der Sowjets nur herausgefordert. Da und dort hörte man auch wieder, daß die Maßnahmen gegen die Juden im Jahre 1938 verfehlt gewesen seien.[40] Das seinerzeit zerstörte Gut hätten wir heute bitter notwendig. – Außerdem handle der Führer stets nach eigenem Gutdünken, höre auf keinen Rat und dadurch komme es oft zu schweren Gegensätzen zwischen seinen engsten politischen und militärischen Mitarbeitern...

Aus Bericht der SD-Außenstelle Kitzingen (Gau Mainfranken), 14. 5. 1943

...In Gesellschaft von Akademikern, Kaufleuten und Bürgern beschäftigt man sich u. a. mit der Verantwortungslosigkeit und »Korruption«, die sich in beängstigender Weise in der politischen Führerschaft breitmache. Es wird gesagt, man brauche kein Pessimist zu sein, auch große Optimisten müßten heute einsehen, daß das autoritäre System einem furchtbaren Schiffbruch entgegengehe. Mit tönenden Phrasen könne das Volk nicht bei der Stange gehalten werden. Sogar der Führer habe im Volk schon viel Sympathien verloren, weil er sich anscheinend von seinen Parteileuten einwickeln lasse und nicht zu bemerken scheine, wie es heute im Staate sei. Eine Kritik an Parteistellen zu üben, sei unmöglich. Wer das wage – auch mit der besten Absicht – müsse für seine Existenz bangen. Wenn ein kleiner Lump einmal bloßgestellt würde, sei immer ein Höhergestellter da, der diesen decke. Im Volk sammle sich allmählich ein Ekel vor der Partei und eine Wut an, die eines Tages sich entladen müsse. Wer früher beispielsweise über die harmlosen Dummheiten und Eitelkeiten des Gauleiters gelächelt habe, der beginne ihn zu verachten und sei vermutlich in absehbarer Zeit bereit, ihm den Schädel einzuschlagen. Man habe nur nach der »Daniel-Sauer-Feier« am 2. Mai in die Reihen der heimmarschierenden SA hineinhören brauchen. »Im Gau Mainfranken sei alles, vom ›Heldentum‹ Daniel Sauers an bis zur selbstlosen Einsatzbereitschaft der Parteiführer, auf Schwindel und Phrasen aufgebaut.

---

[40] Gemeint sind hier wohl vor allem die in der Nacht vom 9./10. 11. 1938 organisierten Pogrome.

Das Volk würde dauernd und mit allen Mitteln bearbeitet, daß es durchhalte, und wisse auch, was ihm blühe, wenn es nicht durchhalte, aber die schlechte Moral seiner politischen Führer könne nicht wirkungslos bleiben.« Im übrigen sah man bei dieser Feier ganz deutlich, wie sich die »Bonzen« an hochwichtige Kriegsverordnungen halten: es seien nach Sickershausen (1 km von Kitzingen) mindestens zehn Autos mit »Prominenten« gefahren, während oft genug wegen angeblichen Benzinmangels nicht einmal Frauen zur Entbindung in ein Entbindungsheim gefahren werden könnten...

Aus Bericht der SD-Außenstelle Bad Brückenau (Gau Mainfranken), 20. 5. 1943

...Gegenstand einer sehr scharfen Kritik ist immer noch die inzwischen Tatsache gewordene Kürzung der Fleischrationen.[41] Es wird dabei hauptsächlich von Frauen, weniger über die Kürzung selbst als darüber geschimpft, daß sie knapp ein halbes Jahr nach der Oktoberrede Görings – in der es hieß, es könne von nun ab nicht mehr schlechter, sondern nur noch besser werden – erfolgt sei. Hierüber fallen oftmals auch in bäuerlichen Kreisen ganz offen scharfe Urteile. Daß man für die entzogene Wochenration von 100 gr. Fleisch 12,5 gr. Fett, d. i. täglich noch nicht 2 gr., biete, sei eine Spekulation auf die Dummheit oder Gutmütigkeit des Vol[kes]. Man solle eben das Maul nicht so weit aufreißen oder aber, wenn man schon nicht wisse und nur immer Fehlprophezeiungen mache, lieber ganz schweigen. Solche Mißerfolge würden nicht nur die Bevölkerung sehr beunruhigen, sondern auch das Ansehen unserer Führung dem Ausland gegenüber immer mehr zur Lächerlichkeit stempeln.

Die Stimmung ist bei allen Volksgenossen so trübe, wie noch nie während des ganzen Kriegsverlaufes. Auch Volksgenossen, die bisher vernünftig mit Fehlschlägen rechneten, glauben nicht mehr an einen siegreichen Kriegsausgang. In Arbeiter- und Bauernkreisen rechnet man wenn auch nicht mit einer Niederlage, so doch mit einem »faulen Frieden«. Die Arbeiter sagen, daß sie dann nach dem Kriege schließlich noch mehr hergenommen werden wie jetzt. Man hätte sich von allem Anfang an zuviel vorgenommen und sei jetzt nicht in der Lage, die Bissen zu verdauen.

Aus Bericht der SD-Außenstelle Berchtesgaden (Gau München-Oberbayern), 26. 5. 1943

...Aus verschiedenen Briefen von Soldaten an der Front geht hervor, daß dort z. B. die Verpflegung wie auch die Behandlung der Leute ziemlich schlecht wäre. Von Urlaubern wird sogar verschiedentlich die Meinung geäußert, daß verschiedene Offiziere glatt darauf hinarbeiten, daß wir den Krieg verlieren, denn sonst könnten sie nicht so arbeiten. Bei Gesprächen unter Soldaten wird der Krieg in letzter Zeit öfters als Krampf bezeichnet, ein Wort, das uns vom Krieg 1914/18 her noch sehr gut im Gedächtnis ist, in den ersten Kriegsjahren dieses Krieges aber unter unseren Soldaten bestimmt nicht üblich war...

---

[41] Die Fleischration wurde von 350 g auf 250 g pro Woche und Kopf reduziert.

Aus Bericht der SD-Außenstelle Schweinfurt (Gau Mainfranken), 27. 5. 1943

...Zur Einführung der neuen Lohnordnung äußert sich ein Arbeiter (alter SA-Mann): »Diese neue Lohnordnung ist nicht gerecht. Das hat uns der Nationalsozialismus zuerst nicht versprochen. Einmal hieß es, wer mehr leistet, soll mehr verdienen. Heute ist es so, daß wir mehr leisten müssen, um nur das zu verdienen, was wir früher verdienten. Dabei ist das keine Maßnahme auf Kriegsdauer, denn die neuen Löhne werden bleiben. Was soll man da noch glauben!« Ein anderer Arbeiter sagt: »Gehen Sie einmal in den Waschraum! Der Waschraum ist das beste Barometer für die Stimmung. Was war das noch für eine Stimmung seit 1933 bis vor zwei Jahren. Wir haben schon immer viel gearbeitet, aber wir waren noch guter Dinge und haben nach der Arbeit gesungen. Heute ... taumelt jeder nach der Arbeit in den Waschraum. Kaum einer spricht ein Wort und wenn geredet wird, wird geschimpft und geflucht. Wir alle sind so müde, daß wir gar ni[chts mehr] hören und lesen wollen. Selbst gut gemeinte Worte werden [als] ›Sprüch‹ abgetan. Wir Arbeiter haben das Gefühl, daß [wir] wieder rechtlos geworden sind«...

Aus Bericht der SD-Außenstelle Bad Brückenau (Gau Mainfranken), 4. 6. 1943

...Über den Abschluß der Kämpfe in Afrika [42] sind nur noch wenig Stimmen zu hören und die Bevölkerung scheint sich, ausgenommen allerdings die Landbevölkerung, allmählich mit dieser Tatsache abgefunden zu haben. So erzählt man sich u. a., daß sich unsere Afrika-Soldaten über den Abschluß der Kämpfe in Afrika riesig gefreut hätten und daß die in Gefangenschaft geratenen deutschen Soldaten den Engländern geradezu um den Hals gefallen seien. Deutsche Kriegsgefangene hätten zum Teil auch schon aus Kanada geschrieben, es gehe ihnen dort außerordentlich gut und sie würden großartig verpflegt. Dieselben Stimmen kommen aus dem Landkreis Hammelburg...

Aus Bericht der SD-Hauptaußenstelle Würzburg (Gau Mainfranken), 15. 6. 1943

Den Berichten kann übereinstimmend ein erneutes Absinken der allgemeinen Stimmung, die in einer zunehmenden Beunruhigung, Nervosität, Niedergeschlagenheit und Hoffnungslosigkeit zum Ausdruck kommt, entnommen werden. Die Spannung über die Weiterführung des Krieges wirkt sich, besonders bei Frauen, in wachsender Angst vor der Zukunft aus... Die zum Ausdruck kommende Hoffnungslosigkeit stützt sich in allen Kreisen der Bevölkerung vor allem auf die Zerstörung der Industriegebiete und Wohnstätten durch Luftangriffe... Bezüglich einer Vergeltung heißt es im Volksmund allgemein und drastisch: »Ja die Vergeltungsangriffe wären schon recht und vor allen Dingen sehr nötig, es wäre auch höchste Zeit, aber ... können vor Lachen!«... Die all-

---

[42] Im April 1943 wurde die aus deutschen und italienischen Truppen bestehende »Heeresgruppe Tunis« durch britische und amerikanische Armeen geschlagen, circa 252 000 Soldaten gerieten in Gefangenschaft, nur rund 700 konnten entkommen.

gemein schlechte Stimmung findet ihren Niederschlag in der Verbreitung unzähliger Gerüchte und Witze. Der Inhalt derselben zeigt, daß man vorwiegend an einen günstigen Ausgang dieses Krieges weniger denn je glaubt und daß Maßnahmen der Regierung, führender Persönlichkeiten, zunehmend auch die Person des Führers, angegriffen werden. Bürgerliche und landwirtschaftliche Kreise sind dabei in stärkerem Maße als die Arbeiterbevölkerung beteiligt; die Landbevölkerung sehe überhaupt schwarz...

Aus Bericht der [SD-Außenstelle Neustadt] (Gau Mainfranken), 19. 6. 1943

Zur Rede[43] liegen noch wenig Stimmen vor. Allgemein sagt man, es wäre alles gut und schön, was Goebbels sagte, aber damit ist den Leuten auch nicht geholfen. Der größte Teil der Bevölkerung läßt sich wenig beeindrucken, man vertritt die Meinung, Goebbels habe leicht reden. An einem Ladentisch wurde der Witz erzählt: Die Kaninchen werden beschlagnahmt, sie müssen alle nach Berlin geschickt werden, damit sie den Kohl von Goebbels fressen...

Aus Bericht der SD-Außenstelle Friedberg (Gau Schwaben), 18. 7. 1943

...Die Zerstörungen deutschen Kulturgutes durch die feindliche Luftwaffe hat nach einheitlichen Meldungen aus den Landgemeinden dort verhältnismäßig geringe Wirkung hervorgerufen. Ein VM schreibt: »Für die Bombardierung des Kölner Domes zeigen die Landsleute merkwürdig wenig Verständnis. Als ich kurz nach der Terrortat einmal in der Gastwirtschaft zur Sprache brachte, was die Engländer sich geleistet hätten, sagte eigentlich niemand etwas dazu. Nur einer fragte, ob da eigentlich viel Leute ›draufgegangen‹ seien.«
Eigenartigerweise hat der Tod Sikorskis[44] die Gemüter des Landvolkes viel mehr erregt, als die Kölner Untat. Das wird ohne weiteres verständlich, wenn man beobachten kann, daß der polnische Kriegsgefangene und Landarbeiter heute schon zum fast liebgewordenen Bestandteil des bäuerlichen Betriebes gehört, dessen politische Ansicht im bäuerlichen Familienkreis sehr gewertet wird...

Aus Bericht der [SD-Außenstelle] Würzburg (Gau Mainfranken), 27. 7. 1943

...Zur Bombardierung Roms ist man geteilter Meinung. Während positiv gesinnte Kreise hierin erst einen Anfang sehen, jedoch stärkste politische Auswirkungen in aller Welt erhoffen, nehmen katholische Kreise Kritik an der propagandistischen Ausschlachtung unsererseits »jetzt, wo ihnen das Wasser bis zum Halse geht, erinnern sie sich wieder

---

[43] Rede von Goebbels am 18. 6. 1943.
[44] Sikorski, Ministerpräsident der polnischen Exilregierung, kam am 5. 7. 1943 bei einem Flugzeugabsturz in Gibraltar ums Leben. Über die Umstände seines Todes herrschen kontroverse Meinungen.

an den Hl. Vater«, »unser Jammer über die zerstörten Heiligtümer sei lediglich antibritische Propaganda«, »jetzt werden von uns Äußerungen der Empörung erwartet, wir werden uns aber hüten, hätten sie doch den Krieg nicht angefangen, dann wäre auch Rom nicht bombardiert worden«...

Aus Bericht der SD-Außenstelle Kitzingen (Gau Mainfranken), 2. 8. 1943

...Daß die fleißigen Kirchengänger einen deutschen Sieg nicht wünschen, ist bekannt. Eine als sehr fromm bekannte Frau der Kitzinger Siedlung sagte in einem Ladengeschäft mit einem vielsagenden Lächeln zum Fall Mussolini:[45] »Ja, ja, es kommt alles so wie es kommen muß und das, was jetzt passiert ist, ist bloß der Anfang.« Viele Vg. aller Schichten können kaum ihre Freude verbergen, daß die Faschistische Partei aufgelöst und verboten worden sei...

Aus Bericht der SD-Hauptaußenstelle Würzburg (Gau Mainfranken), 3. 8. 1943

...Verschiedentlich wurde die jetzige Lage Italiens mit der Deutschlands verglichen, besonders aus Kreisen, die dem NS-Staat wegen ihrer reaktionären oder kirchlichen Einstellung nicht gewogen sind, die ähnliche Vorgänge wie in Italien auch gerne in Deutschland sehen würden. Dabei spielt man mit dem Gedanken einer Militärdiktatur (Göring), die den längst ersehnten Frieden herbeiführen könnte. Die Äußerungen in einem Friseurgeschäft (vermutlich Handwerker): »Gott sei Dank, jetzt besteht auch die Aussicht, daß der verdammte Schwindel zu Ende geht. Ich kenne viele Leute, die beten zu unserem Herrgott, daß er die Lumpen bei uns holt, denn wenn wir den Krieg gewinnen, dann geht es uns noch schlechter«, kennzeichnen die Ansicht eines großen Teiles der Landbevölkerung, die diese auch ziemlich ungeschminkt vertreten würde. Ein Zahnarzt (ehemaliger Freimaurer) meinte: »Eine Militärdiktatur sei viel besser, als ein Parteiregime«; aus verschiedenen mehr oder minder anzüglichen Bemerkungen von Vg. sei die gleiche Auffassung herauszulesen. Vor allem in katholischen Kreisen wird die Ansicht vertreten, daß wir keinen Krieg hätten anfangen sollen...

Aus Bericht der SD-Außenstelle Kitzingen (Gau Mainfranken), 9. 8. 1943

...Hartnäckig halten sich die Gerüchte, die anscheinend durch Reisende, besonders aus München, importiert werden, daß es in der deutschen Führung krisle und tiefgehende Meinungsverschiedenheiten herrschten. Der Führer soll den Obersalzberg nicht mehr verlassen und häufig Anfälle bekommen, Göring sei zwar jetzt notgedrungen zurückgeholt worden, es sei aber doch »etwas los gewesen«, Dr. Goebbels habe auch durchgehen wollen, sei aber daran gehindert worden, die Münchener Studenten seien noch lange

---

[45] Siehe S. 582.

nicht ruhig,[46] ihre Bewegung hätte in München viele Anhänger und man verlange dort ziemlich offen den Rücktritt der Regierung...

Die SD-Außenstelle Bad Brückenau berichtete am 9. 8. 1943 über die äußerst beunruhigende Wirkung, die Erzählungen von Bombengeschädigten, insbesondere von Hamburgern, auslösten. U. a. werde behauptet, daß die Leichen berghoch in den Straßen lägen und Hamburg zu 75 Prozent zerstört sei. Hamburger Frauen sollen auch mit Revolution gedroht haben, und zwar unter dem Hinweis, daß von ihrer Stadt schon einmal eine Revolution ihren Anfang genommen habe. Die Befürchtungen der Bevölkerung, daß nunmehr mainfränkische Städte bombardiert würden, vertieften sich zusehends, meldete der SD-Leitabschnitt Nürnberg, SD-Hauptaußenstelle Würzburg am 10. 8. 1943. Viele Menschen verließen die Stadt Würzburg, um im nahegelegenen Guttenberger Wald zu übernachten.

Aus Bericht der SD-Außenstelle Bad Brückenau (Gau Mainfranken), 16. 8. 1943

...Wie aus unseren letzten Lageberichten bereits hervorgeht, mehren sich die defätistischen Äußerungen, und es kann vielfach festgestellt werden, daß die Ursache in der Mischung der Bevölkerung mit den Evakuierten aus den bombengeschädigten Gebieten zu suchen ist. Einige derartige Kostproben liegen neuerdings wieder vor. In Hammelburg z. B. wird erzählt, daß sich im Düsseldorfer Gebiet von der deutschen Regierung niemand mehr sehen lassen dürfe, da die Regierungsvertreter mit Steinwürfen empfangen werden würden. Dr. Goebbels könne nur noch in einem Panzerwagen durch die Westgebiete fahren. In Düsseldorf sei in letzter Zeit ein in Leuchtbuchstaben ausgeführtes Plakat zu sehen gewesen, mit dem Inhalt: »Lieber Tommy fliege weiter, wir sind nur arme Bergarbeiter. Fliege lieber nach Berlin, die haben am meisten »Ja« geschrien!«...

Bei dieser Gelegenheit wird darauf hingewiesen, daß sehr oft von arbeitenden Volksgenossen die Ansicht geäußert wird, daß es ganz gleich sei, wie es komme; ob so oder so — arbeiten müßten sie ja doch. Es wurden sogar schon Äußerungen erfaßt, die sinngemäß lauteten: »Es ist ganz gleich, ob wir den Krieg gewinnen oder verlieren, unsere persönliche Freiheit bekommen wir ja doch nie wieder.«...

Aus Bericht der SD-Außenstelle Bad Neustadt (Gau Mainfranken), 20. 8. 1943

Die seit einer Woche anhaltende Luftbedrohung und vor allem der Einflug eines starken feindlichen Bomberverbandes am Tage hat dazu geführt, daß die Nervosität und Befürchtungen der Bevölkerung nunmehr den Höhepunkt erreicht haben. Besonders ausschlaggebend war der am Anfang der Woche auf Schweinfurt erfolgte Angriff, der verbunden mit den anhaltenden Luftalarmen den größten Teil der Bevölkerung völlig kopflos werden ließ. Der Gedanke, daß demnächst Neustadt und Umgebung ebenfalls in Mitleidenschaft gezogen würden, ist der Bevölkerung nicht mehr auszureden...

---

[46] Wahrscheinlich im Zusammenhang mit der Hinrichtung von Professor Kurt Huber am 13. 7. 1943 zu sehen, der wie die Geschwister Hans und Sophie Scholl, Alexander Schmorell und Willi Graf zum engsten Kreis der »Weißen Rose« zählte. Ihre Flugblattaktion fand am 18. 2. 1943 statt.

Der Angriff auf Schweinfurt und das Überfliegen des hiesigen Gebietes durch einen großen Bomberverband am Tage hat eine unbeschreibliche Überraschung hervorgerufen. Wenn auch Schweinfurt für den hiesigen Bereich als Gefahrenmoment angesehen wurde, so hat doch kein Mensch mit der Verwirklichung in diesem Maße gerechnet. Dies zeigt sich auch[daran], daß zuerst kaum ein Mensch beim Erscheinen des feindlichen Verbandes daran dachte, einen Luftschutzkeller aufzusuchen, und jeder überrascht den Anflug der Flieger beobachtete. Erst später machte jeder seinem Herz Luft und kritisierte die Luftschutzmaßnahmen und vor allem den Mangel in unserer Abwehr. Man betonte durchweg, daß die feindlichen Flieger nach dem Angriff auf Schweinfurt so richtig dokumentierten, wie wehrlos wir augenblicklich sind und daß die Luftüberlegenheit ausschließlich beim Feind liegt. Vor allem wurde immer wieder die Frage nach dem Einsatz unserer Jäger gestellt, da man sich trotz der hohen Belastung unserer Luftwaffe an allen Fronten nicht vorstellen kann, daß uns nicht mehr die Möglichkeit gegeben wäre, einen solchen Bomberverband entsprechend anzugreifen...

Aus Bericht der SD-Außenstelle Friedberg (Gau Schwaben), 22. 8. 1943

...Stimmungsgemäß am meisten ausschlaggebend ist nach wie vor die Furcht vor Terrorangriffen und die damit verbundenen Evakuierungsmaßnahmen der süddeutschen Städte. Der Terrorangriff auf die Messerschmitt-Werke in Regensburg am Dienstag ist der Anlaß zur Verbreitung wildester Gerüchte. Das liegt wohl daran, daß genauere Meldungen nicht gegeben wurden.

In den Landgemeinden wird nach wie vor über das Verhalten der aus Norddeutschland Evakuierten, die größtenteils auf eigene Kosten fuhren, geklagt. Der Gegensatz Preußen-Bayern scheint wieder aufzuleben. Es muß aber gesagt werden, daß an dieser Erscheinung die Gäste aus Norddeutschland die überwiegende Schuld tragen...

Die beginnende Evakuierung Münchens hat auch hier große Unruhe hervorgerufen, zumal behauptet wird, daß auch Augsburg die gleichen Maßnahmen in Erwägung ziehe. Daß dabei immer wieder auf Ungerechtigkeiten hingewiesen wird, ist selbstverständlich. So sollen vor allem Augsburger Kreise, die mehr Wohnungen haben oder deren Wohnung unterbelegt ist, von Einquartierungen verschont werden. Ein Arbeiter erklärte: »Da triffts halt immer wieder die, die nichts haben. Die Hausbesitzer, die ›Großkopfeten‹ haben sich schon lang in Sicherheit gebracht. Wir dürfen unsere Kinder weggeben, wer weiß wohin, und selbst dürfen wir in der Stadt bleiben. Uns macht es ja nichts, wenn sie uns verbrennen. Die Hauptsache ist, daß die feinen Herrschaften verschont bleiben!« Es ist bezeichnend, daß gerade bei nationalen Notwendigkeiten, wie sie eine Evakuierung darstellt, Standesunterschiede in den Blickpunkt der Betrachtung gestellt werden...

Aus Bericht der SD-Außenstelle Bad Brückenau (Gau Mainfranken), 23. 8. 1943

...Am Dienstag, den 17. 8., gegen 15,30 Uhr überflog ein Verband feindlicher Flugzeuge die hiesige Gegend in fast musterhafter geschlossener Ordnung. Sie erschienen vollkommen überraschend und wurden infolgedessen von der überall in hellen Scharen auf die Straße geströmten Bevölkerung anfänglich als gegen England fliegende deutsche Formation angesprochen. Ein Lehrer aus der Umgebund hat sogar seine Schulkinder aus dem Schulzimmer geführt, ihnen die Flieger gezeigt und dazu gesagt: »Schaut Kinder, so aktiv ist heute unsere Luftwaffe; die fliegen jetzt wahrscheinlich gegen England.« In Brückenau sagte ein ältere Frau zur Nachbarin: »Schau, da fliegen sie jetzt nüber – hoffentlich kommen sie alle gesund wieder heim.«... Die Bombenangriffe auf Schweinfurt und Regensburg haben die bisher schon vielfach bestandenen Zweifel an der Leistungsfähigkeit unserer Abwehr vermehrt... Die Bevölkerung kann vor allem nicht verstehen, warum der Personenzug Schweinfurt/Meiningen während des Angriffs in der Bahnhofshalle in Schweinfurt stehen geblieben sei, dadurch sei doch ein Ausfall von hunderten von Toten und Verletzten entstanden. Es wird weiter erzählt, daß im Bahnhof allein fast 600 Tote gezählt worden seien und einige Tage nach dem Angriff aus einer eingestürzten Unterführung heraus man noch Klopfzeichen von Verschütteten festgestellt habe. In diesem Zusammenhang erzählt man sich hier, daß die Bevölkerung Schweinfurts über die Abfassung des Wehrmachtsberichtes vom Mittwoch, den 18. 8., sehr empört sei. Die lapidare Meldung – »die Bevölkerung hatte Verluste« – sei roh und herzlos. Damit wolle man die Schwere der Opfer offenbar verkleinern, bedenke aber nicht, welches Gefühl diese Art Berichterstattung bei den Betroffenen selbst auslöse. Die führenden Persönlichkeiten hätten ja leicht reden und würden sich ebenso leicht über die sich mehrenden Katastrophen hinwegsetzen. Sie selbst säßen ja in dicken und bequemen Luftschutzkellern und würden auch für sich sonst wenig entbehren. Ihren Eigenbesitz hätten sie ja jedenfalls und auch schon entsprechend gesichert untergebracht...

Der Bericht der SD-Außenstelle Lohr vom 23. 8. 1943 steht ebenfalls ganz unter dem Eindruck des Luftangriffes. Die Bevölkerung hielt auch in Lohr die englisch-amerikanischen Bomber für deutsche und freute sich, daß sie in »so großer Anzahl wie noch nie« anflogen. Als bekannt wurde, daß es sich um Feindflugzeuge handele, zweifelte man daran, weil sie »ja gerade so in Formationen wie am Reichsparteitag, geordnet und ungestört«, fliegen würden.

Aus Bericht der SD-Außenstelle Würzburg (Gau Mainfranken), 24. 8. 1943

...Wie von Polizeibeamten erzählt wird, die beim Luftangriff in Nürnberg eingesetzt waren, haben es die politischen Leiter ganz besonders schwer, nach Luftangriffen ihre Aufgabe zu erfüllen. Die Uniform der politischen Leiter soll wie ein rotes Tuch auf den Stier wirken. Man sieht gewissermaßen diese als die Schuldigen an und glaubt, den ganzen Unmut an ihnen auszulassen. Während Wehrmacht und Polizei von den Leuten respektiert werden, wird dem politischen Leiter kaum eine Beachtung geschenkt...

Aus Bericht des SD-Leitabschnitt Nürnberg/SD-Hauptaußenstelle Würzburg (Gau Mainfranken), 24. 8. 1943

An den Arbeitsstätten [in Schweinfurt] wurde besonders in den ersten Tagen stark debattiert, ein Gerücht jagte das andere. Die Flucht in die Wälder der Umgebung und

Landgemeinden nach Einbruch der Dunkelheit hielt zwei Nächte an... Von den Bombengeschädigten Schweinfurts wurde ebenfalls eine resignierende Auffassung vertreten: »Man gäbe alles für einen baldigen Frieden.« Die Nerven und seelische Verfassung seien derart heruntergekommen, daß allgemein von einem langsamen Dahinsiechen gesprochen werde... Eine Meldung besagt: »Man habe den Eindruck, es werden jetzt überall nur ausländische Sender gehört, auch der Wortlaut der Flugblätter, Hitler habe den Krieg mit jedem Lande begonnen, werde bejaht und der Führer verwünscht und verflucht. Seitdem feindliche Flieger das Dorf überflogen, haben alle den Kopf verloren.«...

Der Luftangriff bildete noch Wochen später das Tagesgespräch in Stadt und Land. Die niedergeschlagene Stimmung machte aber bald einer verbissenen zum Durchhalten entschlossenen Haltung auf 80 bis 90 Prozent (Bericht der SD-Außenstelle Bad Kissingen, 29 8. 1943).

Der Angriff in Schweinfurt bewirkte auch in Bad Kissingen Angst vor Bombardierung. Nach Auslösung des Alarms wanderte ein großer Teil der Bevölkerung mit Koffern und Wägelchen ins Freie. Die Berichterstatter schätzten die Zahl derjenigen, die nicht mehr an den Endsieg glaubten, auf 80 bis 90 Prozent. (Bericht der SD-Außenstelle Bad Kissingen, 29. 8. 1943)

Aus Bericht der SD-Außenstelle Berchtesgaden (Gau München-Oberbayern), 30. 8. 1943

...[Es] herrscht bei einem Teil der Volksgenossen, hauptsächlich in Bauern- und Arbeiterkreisen die Ansicht, daß die Wittelsbacher wieder kommen, also wir wieder ein Königshaus bekämen. Besonders festen Fuß scheint diese Überzeugung [bei] den, den klerikalen Kreisen Nahestehenden, gefaßt zu haben. Andere wiederum, und soweit hier festgestellt werden kann, kommt diese Einstellung mehr von der Ostmark herüber, scheinen fest der Überzeugung zu sein, daß die Habsburger das Spiel abziehen werden. Bemerkenswert ist, daß ein großer Teil der Bevölkerung der Meinung ist, daß die Bolschewiken zu uns nie kämen, wenn wir auch den Krieg verlieren würden. Dafür würden schon die Engländer und Amerikaner sorgen, daß die Bolschewiken nicht zu groß würden...

Auch hier in Berchtesgaden gibt es viele Volksgenossen, darunter auch solche aus Intelligenzkreisen, die täglich einen Terrorangriff erwarten; wenn man sich diese Gespräche anhört, dann könnte man fast zu der Überzeugung kommen, daß für diese Volksgenossen ein solcher tatsächlicher Angriff direkt eine Entspannung bringen würde. Man hat den Eindruck, daß diese Menschen vor lauter Erwartung schon überhaupt keine Ruhe mehr finden können... Über die aus München hierher Evakuierten wird ebenfalls in der hiesigen Bevölkerung sehr viel kritisiert. Die aus Münster, heißt es, waren zum Teil unverschämt in ihren Forderungen gegenüber ihren Hauswirten. Die später kommenden Hamburger waren dies noch mehr, nach den bis jetzt gemachten Erfahrungen aber schlagen die Münchner den Rekord. Wegen jeder Kleinigkeit rennen sie auf und davon, bemängelt und beschimpft [wird] einfach alles.

Aus Bericht der SD-Außenstelle Kitzingen (Gau Mainfranken), 30. 8. 1943

Die Bevölkerung im Außenstellenbezirk Kitzingen beobachtete voller Angst und Pessimismus den Luftangriff auf Nürnberg, der sie besonders empfänglich für die Meinungen von Bombengeschädigten machte.

... Ein bombengeschädigter Mann aus Essen führte im Kitzinger Gußwerk ungefähr folgendes aus: »Die Stunde der Vergeltung ist noch die einzige Hoffnung der Bombengeschädigten. Wenn diese Stunde nicht kommen sollte, und zwar heuer noch, dann gibt es über kurz oder lang in jeder Großstadt eine Revolution, denn die Stimmung der Bombengeschädigten gegen die Regierung ist fürchterlich. Viele sagten, sie hätten nichts mehr zu verlieren, höchstens ihr Leben, aber zuvor würden noch andere Köpfe rollen.«...

Im übrigen laufen noch immer die krassesten Schauermärchen um. So wird in Kitzingen erzählt, daß auf der Eisenbahnfahrt von Kitzingen nach Emskirchen zu zwei Frauen in ein 2. Klasse-Abteil ein Herr mit einem sehr großen Koffer zugestiegen sei, der diesen Koffer auffallend vorsichtig behandelt habe. Auf die Frage, was denn in dem Koffer sei, habe er diesen geöffnet und zwei vollkommen verkohlte Skelette gezeigt und bemerkt, das sei seine Frau und seine Tochter und das Einzige, was er noch besitze...

Am 30. 8. 1943 ging der Berichterstatter der SD-Außenstelle Bad Brückenau nochmals auf die Luftangriffe ein, die immer noch das Gespräch beherrschten. Er hob besonders hervor, daß alle noch die Frage bewege, wie es möglich gewesen sei, daß ein so starker feindlicher Bomberverband bei hellichtem Tage und bei wolkenlosem Himmel so weit nach Deutschland einfliegen und in nahezu geschlossener Formation wieder heimfliegen konnte.

Aus Bericht des SD-Leitabschnitts Nürnberg/SD-Hauptaußenstelle Würzburg (Gau Mainfranken), 31. 8. 1943

...Die Schlußfolgerung aus den pessimistischen Debatten sei häufig die, daß der Krieg verloren sei und die Regierung gut daran täte Schluß zu machen. »1918 sei es auch nicht so schlimm geworden und das wird jetzt sicher auch nicht so schlimm sein«, »Die anderen würden uns auch nicht den Kopf abreißen« (Vor allem von Frauen, besonders der unteren Schichten vertreten)...

Im Bericht der SD-Außenstelle Würzburg vom 31. 8. 1943 wurde befürchtet, daß die Zerstörungen deutscher Städte und die Rückzüge an der Ostfront schwere psychische und physische Folgen haben könnten. Die Bevölkerung sei derart niedergeschlagen und nervös, daß sie nur noch schwarz in die Zukunft sehe.

Aus Bericht der SD-Außenstelle Bad Brückenau (Gau Mainfranken), 6. 9. 1943

...Diese [die Terrorangriffe] bilden das Tagesgespräch und lasten wie ein Alpdruck auf der gesamten Bevölkerung. Über die Auswirkung der Angriffe der letzten Zeit gehen die wildesten Gerüchte um. Bombengeschädigte, die sie miterlebt haben, sagen ganz offen, daß Worte überhaupt nicht ausreichen, um das Grauen auch nur einigermaßen zu schildern. Es wird erzählt, daß die Menschenverluste sehr groß seien und, was besonders stark auf das Gemüt der Frau wirkt, viele Kinder bei den Angriffen umkämen. Viele Frauen äußern sich heute schon ganz offen, daß es ein Verbrechen sei, jetzt noch Kinder in die Welt zu setzen, solange man Gefahr laufe, sie auf so schreckliche Art zu verlieren. Ebenso sei es für die Kinder schrecklich, die in vielen Fällen den Vater im Felde und die Mutter unter den Trümmern ihrer Wohnungen verlieren und hilf- und schutzlos der ungewissen Zukunft entgegengehen müssen. Aus Oberbach bei Brückenau wird uns berichtet, daß eine dortige Frau ihr Umstandskleid zu einem Straßenkleid umgearbeitet habe und als Grund dafür zugab, daß sie, solange der Krieg dauere, ersteres ja doch nicht mehr brauche. Die Frauen, auch auf dem Lande, sagen geradeheraus, daß unsere Führung überhaupt kein Recht habe, den Gedanken der kinderreichen Familie zu propagieren, solange sie nicht in der Lage sei, die Heimat vor den schrecklichen Luftangriffen zu schützen und das Leben der Volksgenossen in der Heimat zu sichern.

Aus Schwärzelbach, Landkreis Hammelburg, wird berichtet, daß eine Frau aus dem Luftkriegsgebiet sich geäußert habe: »Sie [die Führung] solle halt aufhören mit dem Krieg, sonst würden unsere Städte noch alle zusammengehauen, und den Krieg könnten wir ja doch nicht mehr gewinnen.« Die Mutter dieser Frau bot sogar ein paar gedruckte, an den Papst gerichtete Gebete zur Erlangung des Friedens an und meinte, als ihr entgegengehalten wurde, daß der Papst als internationale Macht gerade uns Deutschen doch nicht besonders helfen werde, wir bräuchten keinen »Sieg«, sondern nur »Frieden«. Aus der gleichen Gemeinde wird weiter berichtet, daß der dortige Pfarrer in einer Predigt die Bombenangriffe auf unsere Städte als »Strafe Gottes« bezeichnet habe...

Am vergangenen Mittwoch ist in dem Sägewerksbetrieb Amrhein in Rupboden, Landkreis Brückenau, ein arbeitsunwilliger russischer Kriegsgefangener (Offizier) vor der versammelten Belegschaft des Werkes und den im Werk beschäftigten russischen Gefangenen erschossen worden. Die Exekution nahm ein Feldwebel der Wehrmacht, der zur Inspektion des Gefangenenlagers eingesetzt ist, vor. Sie ist von allen Bevölkerungskreisen mit großer Genugtuung zur Kenntnis genommen worden, und überall heißt es: »Hoffentlich sieht man so langsam ein, daß die Gefangenen nicht gar so human behandelt werden dürfen.« Oder auch: »Nun geht auch dem Stalag endlich einmal ein Licht auf.«

Aus Bericht der SD-Außenstelle Würzburg (Gau Mainfranken), 9. 9. 1943

...Die Arbeiterschaft zeigt die bisher schlechteste Stimmung[47]. Sie äußert sich in folgenden Aussprüchen: »Man hat ja gewußt, daß er es nicht lange aushält, aber so schnell hat niemand geglaubt.«... »Man hat doch das kommen sehen, warum wartet man, entweder ist es nicht so schlimm oder wir können nicht mehr.« – »Nun ist die zweite Front und die Entscheidung da, wahrscheinlich eine kurze Zeitfrage.« – »Warum ist alles so gleichgültig, wir haben alles, nur keinen totalen Kriegseinsatz.« – »Nun werden weitere Länder unruhig und abspringen.« – »Entweder geschieht jetzt etwas oder es geht schief.« – »Bis jetzt wurde uns ein falsches Bild gezeigt oder ist die Regierung falsch unterrichtet.« – »Es

---
[47] Im Hinblick auf die Kapitulation Italiens.

muß endlich einmal alles aufgeboten und gesagt werden, wie es steht, der Einsatz der Heimat ist nicht vollständig, es schauen zu viele zu.«-»Warum wird die Insel nicht angegriffen und total erledigt, dann könnte man ruhig den Ereignissen entgegensehen, man hört nichts mehr von Vergeltung und jammert nur über die schönen Städte, das hilft nichts; können wir nicht, dann hätten wir nicht so große Sprüche machen dürfen.«...

Aus Bericht der SD-Außenstelle Kitzingen (Gau Mainfranken), 13. 9. 1943

...Der Fall Italiens ist das Hauptthema aller Vg. Die gemeine Handlungsweise an Mussolini wird allgemein und einhellig aufs schärfste verurteilt. Eine Arbeiterfrau meinte: »Ich hätte noch verstanden, wenn man Mussolini vielleicht erschossen hätte, aber gemein wie einen Verbrecher auf eine Bahre zu schnallen, das ist so abscheulich und niederträchtig, daß man nur Pfui Teufel sagen kann.« Ein Geschäftsmann aus Kitzingen sagte: »Hoffentlich erwischen sie diesen gemeinen Schuft, diese handvoll König und knüpfen ihn auf.«...

Auf dem flachen Lande scheinen – im Gegensatz zu den städtischen Bezirken – die Vorgänge in Italien mehr negativ gewirkt zu haben. So berichtet der VM aus Gerolzhofen: Obwohl ein ähnlicher Schritt Italiens längst erwartet wurde, löste die Nachricht doch eine allgemeine Beunruhigung aus. Da die Stimmung bereits vorher auf dem Nullpunkt war, konnte eine Verschlechterung allerdings kaum mehr eintreten. Weitere Kreise der Bevölkerung, besonders der bäuerlichen, sind so gut wie allgemein der Ansicht, daß die Niederlage des deutschen Volkes noch in diesem Jahr vollendet werde. Ein Lehrer sagte: »Heute noch an den Sieg zu glauben, ist eine Dummheit.« Eine Bäuerin äußerte: »Es glaubt niemand mehr daran, daß unsere Führung noch um das Wohl des deutschen Volkes den Krieg fortführt. Die Führung hat nur Angst um ihre eigene Haut.« Größtenteils sei die Stimmung gekennzeichnet durch die ohnmächtige Wut gegen die Führung. Man wirft derselben vor, daß sie lieber das ganze Volk zugrunde gehen lasse, als klein beigeben würde. Es wird bereits davon gesprochen, welche in der Öffentlichkeit stehenden Persönlichkeiten nach dem Krieg »baumeln« würden. Für Gerolzhofen selbst wird erzählt, es sei eine Liste von 14 Personen vorhanden...

Aus Bericht der SD-Außenstelle Bad Brückenau (Gau Mainfranken), 13. 9. 1943

...Oft mußte im hiesigen Dienstbereich festgestellt werden, daß die zahlreich hier untergebrachten Frauen aus Düsseldorf bis vor kurzem eine ziemlich hoffnungslose Stimmung unter der hiesigen Bevölkerung verbreiteten. Aus ihren Reihen dürfte auch folgender hier umgehender Spruch stammen, und zwar »habe der Führer im Jahre 1933 erklärt, daß Deutschland in zehn Jahren anders aussehen würde.« Dies sei die einzige Prophezeiung des Führers, die bereits heute hundertprozentig in Erfüllung gegangen sei...

Frauen aus Schweinfurt klagen darüber, daß die Aufräumungsarbeiten in Schweinfurt sehr langsam vorangingen und heute noch viele Leichen nicht geborgen seien. Diese Frauen behaupten, daß nach dem Bombenangriffe noch viele Verschüttete hätten gerettet werden können, wenn z. B. die in Schweinfurt liegenden Wehrmachtsteile mit Hacke und Spaten solange für die Aufräumungsarbeiten eingesetzt worden wären, bis die letzten Schuttmassen beiseitegeräumt [gewesen wären]. Statt dessen habe man die dortigen Soldaten exerzieren lassen. – Lobend sprechen sich die Frauen über das Eingreifen der NSV aus, die nach dem Angriff sofort ihre Volksküchen in Betrieb genommen und reichliches und gutes Essen ausgegeben hätten. Auch wird von diesen Frauen das tatkräftige Einsetzen der NS-Frauenschaft in Schweinfurt anerkannt...

Aus Bericht des SD-Abschnitts Nürnberg/SD-Hauptaußenstelle Würzburg (Gau Mainfranken), 14. 9. 1943

Die tiefe Befriedigung über den raschen und erfolgreichen Verlauf unseres Vorgehens in Italien beherrscht die allgemeine Stimmungslage. Insbesondere haben die Befreiung des Duce und die Führerrede die Stimmung emporschnellen lassen und ersteres verschiedentlich Begeisterung ausgelöst. Die Niederträchtigkeit Badoglios und Emanuels haben eine so gesunde Wut ausgelöst und die Entwicklung der Gesamtlage hat so günstig gewirkt, daß man von einer Stärkung der Kampfbereitschaft und des allgemeinen Widerstandswillens sprechen kann. Die beruhigende Wirkung der Führerrede kommt in der vorwiegend zuversichtlichen Erwartung kommender Ereignisse zum Ausdruck...

Die SD-Außenstelle Schweinfurt berichtete am 20. 9. 1943 über die katastrophale Stimmung in katholischen Kreisen, insbesondere auf dem Lande. Bei den anderen Bevölkerungsteilen habe aber die kühne Befreiung Mussolinis eine Stimmungsbesserung nach sich gezogen.

Aus Bericht der SD-Außenstelle Bad Brückenau (Gau Mainfranken), 20. 9. 1943

...Die Flucht in die »Sachwerte« ist größer denn je; es wird alles mögliche und unmögliche zusammengekauft, wobei der Preis keine Rolle spielt. Immer und immer wieder ist die Befürchtung zu hören, daß eines Tages von »Staatswegen« auch die Spargelder ganz oder teilweise beschlagnahmt würden. Volksgenossen aus den luftbedrohten Gebieten führen vielfach ihre Gelder mit sich oder verteilen sie unter Verwandte auf verschiedene Orte und Städte, da sie Bedenken haben, sie den Banken anzuvertrauen. Diese Erscheinungen sind aus dem benachbarten Schweinfurt verschiedentlich bekannt geworden. Auch in der Geschäftswelt ist das gleiche Mißtrauen in unsere Währung festzustellen. Diese Kreise befürchten offenbar eine nach dem Kriege kommende kräftige Gewinnabschöpfung durch den Staat. Sie gehen dabei von der Annahme aus, daß diese ungeheuren Kriegsschäden nach Kriegsende von jedem Land selbst getragen werden müssen und infolgedessen die Einziehung der Kriegsgewinne als unausbleibliche »Maßnahme« zu erwarten sei...

Aus Bericht des SD-Leitabschnitts Nürnberg/SD-Hauptaußenstelle Würzburg (Gau Mainfranken), 5. 10. 1943

...Die Goebbels-Rede wurde mit größtem Interesse aufgenommen. Die bisher aufgegriffenen Meinungsäußerungen sind aber teilweise noch zurückhaltend. Allgemein wurde gesagt, Goebbels habe das »Maul« nicht mehr so voll genommen wir bei früheren Reden. Er habe vor allem die gegenwärtige mißliche Lage getreu geschildert und sei am Schlusse doch dazu gekommen, daß wir siegen würden. Der Sieg des Marathonläufers wird besonders von Frauen dahingehend kommentiert, daß wir darauf gefaßt sein müßten, über ein vollkommen zerstörtes und entvölkertes Land Sieger zu sein. In diesem Zusammenhang wird weiter gesagt, was werde uns der schönste Sieg helfen, wenn unser ganzes schönes Land kaputt sei. In höheren Beamtenkreisen wird eine merkliche Zurückhaltung geübt. Man gibt wohl zu, daß die Rede sehr gut gewesen sei, aber der Krieg sei nun einmal noch nicht gewonnen. In Kreisen der Geschäftswelt äußert man, daß nach der Rede von Goebbels der Krieg noch nicht so bald zu Ende sei und man sich noch auf allerhand gefaßt machen müßte. Durchhalten sei aber das Gebot der Stunde. Der Hinweis bezüglich des Einsatzes der U-Boote wurde allgemein begrüßt. Konfessionell gebundene Kreise erwarten auf diese Rede hin einen verstärkten Einsatz der feindlichen Luftwaffe. Der Ausspruch von Goebbels, daß König und Kaiser nur im Märchen usw. vorkämen, wird in Anbetracht unserer Verbündeten wie Bulgarien, Rumänien und Japan als sehr gewagt bezeichnet. Diese Länder müßten diese Äußerung als eine Beleidigung auffassen. Von der Arbeiterschaft wird besonders die Ruhe und Siegeszuversicht der Rede hervorgehoben. Die langersehnte Vergeltung sei doch auch nicht mehr so weit entfernt...

Aus Bericht der SD-Außenstelle Lohr-Marktheidenfeld (Gau Mainfranken), 11. 10. 1943

...Aus Marktheidenfeld wird berichtet, daß dort bereits zwei Parteiaustrittserklärungen der Kreisleitung vorliegen und daß auch in der Ortschaft Kaisten (Landkreis Karlstadt) aufgrund der letzten Ereignisse mehrere ihren Austritt aus der Partei erklärt hätten. Auch der jetzige erste Beigeordnete hätte diese Absicht gehabt und sei durch das Dazwischenfahren des zuständigen Ortsgruppenleiters von diesem Schritt abgehalten worden, Pg. verlangen das Ausscheiden solcher unzuverlässiger Elemente. Ein Überreden würde als Schwäche ausgelegt. Der Ausschluß sei die einzige Möglichkeit...

Die SD-Außenstelle Bad Neustadt berichtete am 15. 10. 1943 über den tags zuvor erfolgten zweiten Luftangriff auf Schweinfurt, der in der dortigen Bevölkerung große Bestürzung hervorgerufen habe. Durchsickernde Nachrichten über das Ausmaß des Schadens beunruhigten besonders diejenigen, die Angehörige in Schweinfurt und Umgebung hatten.
Auch der Bericht der SD-Außenstelle Bad Kissingen befaßte sich mit diesem Tagesangriff[48] und stellte fest, daß dabei alle anderen Ereignisse nur noch nebenbei besprochen worden seien, z. B. der Kampf an der Ostfront.

---

[48] Wie fast sämtliche SD-Außenstellen zu dieser Zeit, z. B. SD-Bericht Bad Brückenau vom 18. 10. 1943, Hauptaußenstelle Würzburg vom 19. 10. 1943, Lohr vom 25. 10. 1943.

Aus Bericht der SD-Außenstelle Friedberg (Gau Schwaben), 17. 10. 1943

... Die nun laufende Versammlungswelle der Partei kann an der Grundstimmung und Grundeinstellung der Bevölkerung nichts ändern, da einerseits bei diesen Versammlungen immer die gleichen Zuhörer anwesend sind und andererseits das Unterlagenmaterial der Redner ziemlich veraltet erscheint. Das Volk hört nicht mehr auf Versprechungen und Fantasiegebilde, es will Tatsachen. In Parteikreisen ist man der Ansicht, daß Großversammlungen in der jetzigen Zeit, deren politische Konstellation sich von einem Tag auf den anderen ändert, wenig Sinn haben. Man kann sich ohne weiteres vorstellen, daß ein Redner an einem Abend eine Behauptung aufstellt, die am nächsten Tag durch die Tatsachen schon widerlegt sein kann...

Aus Bericht der SD-Außenstelle Schweinfurt (Gau Mainfranken), 25. 10. 1943

Die Stimmung in der Gesamtbevölkerung wird immer noch von dem kürzlichen Fliegerangriff auf Schweinfurt stärkstens beeinflußt. Es herrscht allenthalben noch eine ziemliche Nervosität, die auch durch die verschiedenen Reden von Partei-Funktionären nicht beseitigt werden konnte. Besonders in Frauen- aber auch in Männerkreisen rechnet man in Kürze mit einem weiteren Angriff. Nachdem auch die Hochbauten einzelner Fabriken mehr oder weniger beschädigt wurden, will kein Mensch bei Fliegeralarm mehr in die Keller dieser Bauten und alles rennt in die in der Nähe sich befindlichen Bunker. Es herrscht bei den Gefolgschaftsmitgliedern eine sehr große Erregung, daß dies in Zukunft verhindert werden soll. Die Menschen fühlen sich im Betrieb nicht mehr sicher und verlangen daher ostentativ irgendwelche sicheren Luftschutzräume. Es wird den Firmeninhabern der Vorwurf gemacht, nicht besser Vorsorge getroffen zu haben. Aus Gesprächen der Arbeiterschaft konnte man entnehmen, daß den Oberen gar nichts daran liege, ob eine Anzahl Arbeiter und Angestellte ihr Leben lassen müssen, die Hauptsache ist, daß sie sich rechtzeitig in Sicherheit bringen können. Die männliche Gefolgschaft eines hiesigen Großbetriebes ist über eine angeblich zu treffende Lösung in der Unterbringung der Gefolgschaft in Bunkern sehr erbost, da es nur den weiblichen Gefolgschaftsmitgliedern gestattet sein soll, in die Bunker zu gehen, während die männlichen Gefolgschaftsmitglieder in den Kellern der nicht mehr sicheren Bauten des Werkes untergebracht werden sollen. Die Arbeitsmoral leidet dadurch kolossal...

Aus Bericht der SD-Außenstelle Würzburg (Gau Mainfranken), 26. 10. 1943

... Gegenwärtig werden schwere Besorgnisse und erbitterte Anklagen von der Würzburger Bevölkerung darüber geäußert, daß die Schweinfurter Industrie teilweise nach Würzburg oder in die nächste Umgebung verlegt werden solle; die Großstadt Würzburg und [die] Wohnviertel und die Bevölkerung würden dadurch aufs Schwerste gefährdet. Sogar die führende Ärzteschaft Würzburgs habe dagegen Protest eingelegt und auf die Gefährdung der vielen Würzburger Lazarette und Krankenhäuser hingewiesen. Die Bevölkerung lehnt in ihrer Gesamt[heit] eine solche Maßnahme als unvernünftig und nicht notwendig ab.

Aus Bericht der SD-Außenstelle Bad Kissingen (Gau Mainfranken), 30. 10. 1943

... In den betroffenen Kreisen und über diese Kreise hinaus hat die Maßnahme des Oberbürgermeisters von Schweinfurt, welche die Nichtfreigabe der bei dem Bombenangriff auf Schweinfurt gefallenen Vg. anordnete, Entrüstung und große Beunruhigung hervorgerufen.

Es wird von den betroffenen Familien nicht verstanden, daß die Toten in einem Massengrab beigesetzt werden müssen, wo es sich doch bei den Toten in der Hauptsache um Leute aus Schweinfurt selbst oder aus der allernächsten Umgebung gehandelt hat, welche ohne Belastung der öffentlichen Verkehrsmittel in ihren Heimatort verbracht hätten werden können. Für den betroffenen Vg. ist dies unbedingt eine Härte und wird in keiner Weise verstanden. Auch die Veröffentlichung in der Schweinfurter Zeitung, welche sich damit befaßt und herausstellt, daß ein Massengrab deswegen besser sei, da es nicht nach 20 Jahren wieder anderweitig [ver]geben wird, wird nicht geglaubt und nur immer wieder die Fr[age] gestellt, wann denn der Tote aus dem Massengrab in ein Privatgrab verlegt werden könnte. »Sogar unsere Toten nimmt man uns« und ähnliche Äußerungen werden von den betroffenen Familien getan...

Aus Bericht der SD-Außenstelle Bad Neustadt (Gau Mainfranken), 31. 10. 1943

... Von vielen Weltkriegsteilnehmern ist zu hören, daß Deutschland keinen langen Krieg führen könnte und wieder die gleichen Schwierigkeiten wie 1917/18 auftreten würden. Hier erwähnt man im gleichen Zusammenhang in den letzten Tagen, daß kürzlich eingetroffene Verwundete aus dem Kampfabschnitt Krementschug von Munitionsmangel gesprochen hätten. Angeblich hätten nur bis zehn Schuß täglich abgegeben werden dürfen, demgegenüber wären die Sowjets natürlich erheblich im Vorteil gewesen. Man wirft unwillkürlich die Frage auf, ob dies auf ein Versagen des Nachschubs zurückzuführen oder tatsächlich Munitionsmangel sei.

Diesen Betrachtungen, insbesonders soweit sie sich negativ auswirken, wird dann von Zeit zu Zeit wieder Auftrieb durch Erzählungen der Urlauber gegeben, aus denen ein starker Siegeswille und eine unbedingte Siegeszuversicht spricht. Dagegen ist mancher Fronturlauber verbittert darüber, daß noch so manche Volksgenossen und vor allem von Anfang an uk-gestellt sind. Sie wären draußen froh gewesen zu hören, daß der totale Krieg proklamiert würde, und jetzt hocken sie immer noch daheim. Dies wirkt sich besonders in kleinen Ortschaften und Dörfern aus, wo einer den anderen, besonders die Familienverhältnisse und auch sonstige Einstellung genauestens kennt...

Der in einer der letzten Rede Fritzsches gegebene Hinweis, daß bei dem letzten Angriff in Schweinfurt nicht 80% der Industrie, wie vom Feind behauptet, sondern nur etwa 30% ausgeschaltet sei, hat nicht nur bei den Schweinfurtern, sondern überall durchweg

Mißfallen und vielfach Verärgerung hervorgerufen. Nach Ansicht vieler wäre hier unsere Propaganda der der Feindmächte unterlegen. Sei es wie es wolle, sagt man, wir sollten die Feinde ruhig in dem Glauben lassen, daß 80% der Industrie vernichtet wäre, dann kämen sie so schnell nicht wieder. Demgegenüber wurde vereinzelt der Einwand gemacht, daß die Sendungen auch von den Soldaten gehört würden, die sich aufgrund des OKW-Berichtes, und in diesem Fall bei den hohen Abschußziffern stärkste Einflüge voraussetzend, große Sorgen um die Angehörigen machten. Für die würde es immerhin eine Beruhigung sein, zu erfahren, daß die Auswirkungen nicht so groß seien, wie zuerst angenommen wurde...

Aus Bericht der SD-Außenstelle Schweinfurt (Gau Mainfranken), 1. 11. 1943

...Die Stimmung unter der Allgemeinheit, besonders aber in Arbeiter- und Angestelltenkreisen der hiesigen Großindustrie hat gegenüber der Vorwoche keine Änderung erfahren. Er herrscht allgemein immer noch eine Nervosität und gewisse Furcht vor einem neuerlichen Fliegerangriff auf Schweinfurt. Dies ist in erster Linie dadurch bedingt, daß keinerlei luftschutzsichere Keller oder Bunker für die Arbeiterschaft in den Großbetrieben vorhanden sind. So konnte man beispielsweise in Arbeiter- und Angestelltenkreisen der Firma Fichtel & Sachs am Samstag vormittags gegen 1/4 11 Uhr, anläßlich einer Durchsage durch den Werkfunk, daß Luftgefahr 20 sei und die Frauen sofort in die in der Nähe des Werkes gelegenen Bunker gehen sollen, während die männliche Gefolgschaft an ihren Arbeitsplätzen zu bleiben habe, große Mißstimmung und Arbeitsunlust feststellen und Äußerungen wie: »Der deutsche Arbeiter kann ja verrecken«...

Die Arbeiterschaft steht auf dem Standpunkt, daß die Keller in den angeschlagenen Hochbauten keinerlei sicheren Schutz bieten, und erwartet von der Betriebsführung, daß hier Mittel und Wege gefunden werden, um hier Abhilfe zu schaffen, zumal wir heute doch mehr denn je auf jeden deutschen Facharbeiter angewiesen und daher gezwungen sind, die Erhaltung dieser Menschen unter allen Umständen sicherzustellen. Es ist da und dort die Meinung zu hören, daß unseren Herren das nötige Interesse fehlt und dieselben direkt Sabotage treiben. Ein Arbeiter eines Großbetriebes hier sagte: »Man hat das Gefühl, daß die Menschen heute weniger wert seien als die Maschinen, weil für diese sogleich nach dem Angriff für sichere Unterbringung gesorgt wurde, während wir Arbeiter in den Schulräumen aushalten sollen, die uns nicht das Gefühl der Sicherheit geben, da gehen wir schon lieber ins Freie.«

Desgleichen herrscht unter der Arbeiter- und Angestelltenschaft große Mißstimmung über das Arbeiten an den letzten beiden Sonntagen, da nur ein Teil und zwar die Ehrlichen arbeiten. Die Nerven der Bevölkerung seien so mitgenommen, daß ihnen nach sechstägiger schwerer Arbeit – ganz abgesehen von den üblichen Sorgen wegen eines weiteren Luftangriffes – ein Tag Ruhe zu gönnen sei. Dies ist die Ansicht aller Arbeitenden, daß die Sonntagsarbeit keinen Pfifferling wert sei, nachdem diese Leute ohne Lust und Liebe der Aufforderung nachkommen.

Die Bewachung der Ausgänge in den verschiedenen Fabriken durch Soldaten wird als ein schlechtes Zeichen der Stimmung unter der Arbeiterschaft gewertet. Auf Befragen dieser Soldaten, weshalb sie eigentlich hier stehen würden, gaben dieselben zur Antwort, daß sie im Falle eines Luftangriffes beim Verlassen männlicher Gefolgschaftsmitglieder das Recht hätten und auch den Befehl, von der Waffe (M-Pi) Gebrauch zu machen...

Aus Bericht der SD-Außenstelle Kitzingen (Gau Mainfranken), 1. 11. 1943

Das fortgesetzte Vordringen der Sowjets hat zweifellos im Außenstellenbereich eine Welle des Pessimismus ausgelöst. So berichtet ein VM, daß ein kaufmännischer Angestellter ihm gegenüber ungefähr folgendes geäußert habe: »Es gibt kaum noch jemand, der im Innersten davon überzeugt ist, daß wir diesen Krieg gewinnen. Wenn jemand heute noch etwas anderes sagte, dann tue er das nur, um nicht von irgendeinem 200%igen verpetzt zu werden. Jeder habe Angst, vor das Sondergericht zu kommen. In ihrem eigensten Interesse machten die Parteibonzen dem Volke Angst vor dem Bolschewismus. Wenn der Bolschewismus so schlimm wäre, wie die Propaganda ihn darstelle, dann würden sich die russischen Soldaten nicht so für ihn schlagen, wie sie es offensichtlich tatsächlich für ihn tun.«...

Von wachsender Besorgnis vor allem bei den Frauen über die steigende Zahl von ausländischen Arbeitskräften berichtet die SD-Außenstelle Bad Brückenau am 1. 11. 1943. Sie würden aufgrund des anmaßenden Auftretens der Ausländer befürchten, daß die deutschen Männer alle an der Front stünden und die Heimat »schutzlos der Willkür« dieser Menschen ausgesetzt wäre.

Aus Bericht der SD-Außenstelle Würzburg (Gau Mainfranken), 2. 11. 1943

...Die Mehrzahl der Menschen quält sich heute mit den Folgen eines verlorenen Krieges. Daß dann der Bolschewismus hereinbrechen würde und die Greueltaten an der Zivilbevölkerung vollbringen würde, wie sie in Presse und Rundfunk usw. immer geschildert zu werden pflegen, erscheint den Leuten als das Schrecklichste. Man bangt um die Jugend und das Schicksal der Angehörigen, die den Bolschewisten in die Hände fallen würden. Die Furcht vor dem Schrecklichen, das dem jetzigen Kampfe folgen würde, läßt die Menschen im allgemeinen den Krieg lieber weiter ertragen...

Aus Bericht der SD-Außenstelle Schweinfurt (Gau Mainfranken), 8. 11. 1943

...Aus nachfolgenden wörtlich wiedergegebenen Berichten ist die allgemeine Stimmung...des Außenstellenbereiches am besten zu entnehmen:
»Die Haltung der Bevölkerung ist im hiesigen geschlossenen Beobachtungsbereich gleichbleibend ruhig und fest. In letzter Zeit ist vor allem in bäuerlichen Schichten eine derart zuversichtliche Meinung zu hören, die wissen will, daß der Krieg bald beendet sein würde. An der Ostfront und im Bombenkrieg erwartet man eine baldige entscheidende Wendung zu unseren Gunsten, die auf die Anwendung neuer Waffen zurückzuführen ist. Man spricht von kleinen Panzern, die ohne Bemannung mit Feuerwaffen ausgestattet

nach vorne preschen, dann selbsttätig wieder zurückkehren. Ebenso ist man der Ansicht, daß uns neue Waffen in Form von kleinen Flugzeugen zur Verfügung stehen, die von einem Mutterflugzeug aus starten können, um selbsttätig durch Einstellung auf eine bestimmte Entfernung Bomben auszulösen. Naive weibliche Gemüter glauben auch an die in Umlauf befindlichen Weissagungen, die besagen, daß die Weihnachtsglocken 1943 den Frieden einläuten. Auch spricht man hie und da von einer in Bälde ausbrechenden Revolution in Sowjetrußland und in den USA.«

In katholischen Gemeinden dagegen sei die Haltung der Bevölkerungsmehrheit denkbar schlecht. So wurde erzählt, daß in der Dorfschenke von Breitbrunn, Landkreis Haßfurt, die gemeinsten Schimpfworte über führende Persönlichkeiten fielen, die nicht wiederzugeben seien. Auch aus Südbayern kommende Volksgenossen erzählen, daß sich dort weiß-blaue Instinkte regen. Es ist zweifellos nicht von der Hand zu weisen, daß hier der politische Katholizismus irgendwie im Geheimen wühlt...

Die SD-Außenstelle Kitzingen berichtete am 8. 11. 1943, daß viele die Schäden in Schweinfurt gesehen hätten und stark erschüttert seien. Sie würden der Propaganda nicht mehr glauben, daß die Kriegsproduktion keinen »folgeschweren Schaden« erlitten hätte. Bauern meinten, es sei sinnlos geworden, weiterhin zu arbeiten, da ja doch bald alles vernichtet werden würde.

Unter demselben Datum meldete die SD-Außenstelle Bad Brückenau ein bisher noch nicht gekanntes Stimmungstief und die merkliche Zurückhaltung der Bevölkerung, ihre wahre Meinung zu äußern.

Aus Bericht der SD-Außenstelle Würzburg (Gau Mainfranken), 9. 11. 1943

Die Rede des Führers[49] wurde von der Gesamtbevölkerung mit größter Spannung erwartet und abgehört. Der allgemeine Eindruck ist der, daß der Führer mit einer Frische und Zuversicht gesprochen habe, wie man ihn schon lange nicht mehr gehört habe. Wenn auch die gegenwärtige schwierige Lage, in der wir uns befinden, nicht verkannt wird, so hat diese Rede doch zu einer wesentlichen Beruhigung der Gesamtbevölkerung beigetragen... Auffällig war vor allem das vom Führer betonte Bekenntnis zur Religiosität. Eine Sekretärin äußert dazu folgendes: »Gestern hat er wieder gesprochen, wie es einem ums Herz war. Das war wieder einmal so eine richtige Rede, wie er sie früher gehalten hat. Nicht so lahm wie das letzte Mal. Er hat zwar arg mit dem lieben Gott poussiert (im guten Sinne gemeint), er hat es dauernd mit der Vorsehung. Aber jedenfalls scheint er von einem unbändigen Glauben beseelt zu sein. Er hat das ganze Volk wieder aufgeputscht, so daß sie sicher von heute ab alle wieder das Parteiabzeichen tragen.«...

Aus Bericht der SD-Außenstelle Bad Kissingen (Gau Mainfranken), 13. 11. 1943

... In positiv eingestellten Kreisen auf dem Lande bezeichnet man die Rede als so zuversichtlich wie kaum noch eine. Man hört den Ausspruch: »Wer kann jetzt noch am Sieg

---

[49] Rede am 8. 11. 1943 im Löwenbräukeller in München anläßlich des Jahrestages des Putschversuches von 1923.

zweifeln.« Jedoch an den sogenannten Vergeltungsschlag gegen England glauben die wenigsten ländlichen Volksgenossen. Die Umquartierten auf dem Lande sehen jedoch im Vergeltungsschlag ihre große Rache für die Bombenschäden und der Glaube daran wurde durch die Äußerung des Führers wieder sehr gefestigt. Gespräche über die Rede in »schwarzen« Kreisen auf dem Lande wurden kaum geführt. Dort schweigt man die Rede tot, wenigstens anders eingestellten Volksgenossen gegenüber. Bezeichnend ist ein Vorfall, der der Außenstelle von einem VM berichtet wurde: Der VM (Pg.) fängt mit einem Bauern (ebenfalls Pg.) ein Gespräch an und fragt: »Na, der Führer hat doch prima gesprochen? Was meinst Du?« Dieser antwortet: »Im Osten muß es ja hart hergehen.«

In städtischen [Kreisen] beachtete man besonders die Worte des Führers, daß die Vergeltung kommt und zwar, daß wir uns an England halten. Man ist der Meinung, daß es nicht mehr lange dauert.

In Arbeiterkreisen wurde die Rede besonders gut aufgenommen. Hier beachtete man wieder sehr, daß der Führer die Leistungen des deutschen Arbeiters voll würdigte...

Unter anderen Berichten gingen auch die SD-Berichte von Bad Neustadt (9. 11. 1943) und Friedberg (14. 11. 1943) auf die Führerrede ein. Während der Berichterstatter von Bad Neustadt festhielt, daß die Bevölkerung die tiefe Religiosität und überlegene Siegeszuversicht Hitlers und sein »einmaliges politisches Genie« erkannt hätte, ist der Bericht von Friedberg etwas zurückhaltender, aber auch er stellte fest, daß die Rede die erheblich gesunkene Kriegsbereitschaft merklich gehoben habe. Ein anderer Bericht behauptete, der Satz Hitlers, er werde nie seine Nerven verlieren, sei das Wirkungsvollste der gesamten Rede gewesen (Bericht des Leitabschnitts Nürnberg, SD-Hauptaußenstelle Würzburg, 9. 11. 1943). Auch der Bericht der SD-Hauptaußenstelle Würzburg vom 16. 11. 1943 behauptete ähnliches und führte als Beweis für die suggestive Wirkung der Hitler-Rede folgende Äußerung eines Kitzinger Handwerkes an: »Es ist eigenartig, was für eine Macht der Führer hat. Die gleichen Leute, die am Dienstag früh (9. 11.) noch sagten, daß Deutschland verloren sei, wollten am Dienstag abends nichts mehr davon wissen.«

Aus Bericht der SD-Außenstelle Friedberg (Gau Schwaben), 14. 11. 1943

...Mit der beginnenden kalten Jahreszeit mehren sich die Klagen über die überaus mangelhafte Beschaffenheit der Kleidung der Ostarbeiter und -arbeiterinnen. Vielfach muß die Bäuerin aus den eigenen Beständen den dringendsten Bedarf decken. Daß sogar die private Mildtätigkeit sich bis zu den Ostarbeiterinnen erstreckt, zeigt folgender Vorfall aus Rieden: Bei dem Bauern Gail Johann in Rieden, der eine Ukrainerin als Arbeitskraft hat, lag eines Abends vor der Stalltür ein Paket. Es enthielt einen Unterrock, eine Bluse und Schürze und ein warmes Kopftuch. Ein Zettel lag dabei: »Das gehört der Olga.« Der Spender ist bis heute noch nicht ermittelt worden...

Aus Bericht der SD-Außenstelle Berchtesgaden (Gau München-Oberbayern), 6. 3. 1944

In der Bevölkerung, besonders in der Landbevölkerung wird kritisiert, daß die Partei wohl käme und die Nachricht vom Heldentode eines Familienangehörigen überbrächte, damit wäre aber die Einschaltung der Partei erschöpft. Später kümmere sich um die Hinterbliebenen kein Mensch mehr. Dazu wird auch von seiten der verschiedenen Parteigenossen kritisiert, daß die NSDAP sich tatsächlich hier wenig kümmere. Den Hinterbliebenen müßte immer wieder an die Hand gegangen werden, sie müßten sehen, daß tatsächlich wer da ist, der sich um sie kümmert. So, wie es jetzt ist, werden diese Volksgenossen der Kirche direkt in die Arme getrieben. Die Partei überbringt die Todesnachricht, die Betreuung überläßt sie dem Geistlichen. Dieser versäumt es nicht, sich immer wieder nach dem Befinden und den verschiedenen kleinen Sorgen zu erkundigen. Sie wissen genau, daß das für sie die beste Propaganda ist.

In einem hiesigen Friseurgeschäft ereignete sich am Freitag folgender Vorfall:

In dem vorgenannten Geschäft warteten verschiedene Volksgenossen, darunter auch ein SS-Untersturmführer, bis sie an die Reihe kamen. Unter ihnen befand sich auch ein Ostarbeiter. Man sah es dem Friseur an, daß er nun nicht recht wußte, was er machen solle. Am liebsten hätte er wahrscheinlich den Ostarbeiter warten lassen, bis die anderen Kunden bedient waren, da hätte dieser allerdings warten müssen bis vor Geschäftsschluß. Um dieses unappetitliche Luder wieder loszubringen, nahm er ihn dann doch her, wie er an die Reihe kam. Die anderen Volksgenossen, darunter auch der SS-Untersturmführer, mußten warten, bis diesem Burschen der Rüssel abgekratzt war. Inzwischen eingezogene Erkundigungen zeigen auf, daß dies auch anderswo der Fall ist und daß man eigentlich nicht recht weiß, wie man sich gegenüber diesen Leuten verhalten soll. Man ist der Ansicht, daß unter den Leuten selbst doch der eine oder andere wäre, der im Lager Haare und Bart schneiden könnte. Es ist nicht gerade angenehm, sich hinter einem solch verlausten, verkommenen Subjekt wieder auf den Sessel zu setzen...

Aus Bericht der SD-Außenstelle Würzburg (Gau Mainfranken), 11. 4. 1944

...Die Evakuierung Würzburgs wird viel besprochen und ihr Bekanntwerden hat in vielen Kreisen, besonders bei den Frauen, große Angst und Niedergeschlagenheit ausgelöst. Es glaubt nun kaum jemand mehr, daß Würzburg verschont bleiben könnte. Trotzdem lehnen die Eltern eine Verschickung ihrer Kinder ab, weil sie diese nicht in unbekannte Hände zu unbekannten Familien geben wollen. Nur ganz wenige Eltern finden sich bereit, ihre Kinder in Familienpflege aufs Land zu verschicken. Kritisiert wird häufig, daß für die Sicherheit der Würzburger Bevölkerung so wenig getan worden sei. Keine sicheren Splittergräben, keine ausreichenden Bunker – nur für den Gauleiter werde ein bombensicherer Bunker erstellt! –, keine entsprechenden Feuerlöschteiche, keine Mauerdurchbrüche, ständige Änderungen in den Anlagen von Schutzräumen; für das Versteifen der Schutzräume sei kein Holz vorhanden – solche Klagen werden immer wieder laut...

Aus Bericht der SD-Außenstelle Schweinfurt (Gau Mainfranken), 12. 4. 1944

...Unsere Propaganda begegnet überall unter der Bevölkerung Ablehnung, weil man sie für falsch und verlogen hält. Sie rede von Unberührtheit unserer Rüstungsindustrie durch die feindliche Luftoffensive – dabei könne man ja in Schweinfurt am besten sehen, wie gut die Nordamerikaner unsere wichtigsten Betriebe außer Gefecht setzen.

Aus Bericht der SD-Außenstelle Friedberg (Gau Schwaben), 16. 4. 1944

... Soweit man überhaupt noch von Stimmung sprechen kann, ist diese in Stadt und Land ausgesprochen nervös und unruhig. Der letzte Terrorangriff auf Augsburg, der zwar im Berichtskreis keine Schäden verursachte, hat diese Unruhe gerade unter der ländlichen Bevölkerung noch mehr gesteigert. In der Stadt spricht man versteckt und auf dem flachen Land offen davon, daß von einer für uns glücklichen Beendigung dieses Krieges keine Rede mehr sein kann. Der größte Teil der Bevölkerung wünscht Frieden um jeden Preis. Die Wirkung der Feindpropaganda in Form von Flugblättern und Hetzsendungen ist bei der ländlichen Bevölkerung deutlich erkennbar. Dazu kommt noch eine bestimmte Beeinflussung durch ausländische Arbeitskräfte, deren Verhalten nach übereinstimmenden Meldungen immer noch mehr provozierender wird.

Die Stimmen zum Geschehen an der Ostfront sind denkbar pessimistische. Im merkwürdigen Gegensatz zu den Berichten des OKW stehen die Erzählungen der Ostfronturlauber, in denen die »Absetzbewegungen« als reguläre Flucht bezeichnet werden. So erzählte ein Urlauber in Mering, daß kurz vor seiner Abfahrt der gesamte Wagenpark seiner Einheit in die Luft gesprengt werden mußte, da der stark nachdrängende Feind eine Mitnahme der Wägen und Waffen nicht mehr zuließ...

Aus Bericht der SD-Außenstelle Bad Brückenau (Gau Mainfranken), 24. 4. 1944

... Die Beflaggung zum Führergeburtstag war in den Landgemeinden vielfach sehr spärlich, in den beiden Kreisstädten (Brückenau und Hammelburg) anfänglich mangelhaft, später jedoch allgemein. Es schien, als ob bei vielen Vg. anfangs wenig Geneigtheit zum Zeigen der Fahne überhaupt bestanden habe und sie erst später erkannten, daß sie nicht gut hinter den anderen zurückstehen können. In Brückenau war festzustellen, daß Häuser, aus denen in der letzten Zeit Gefallene zu beklagen waren, offenbar bewußt nicht geflaggt hatten.

Aus Bericht der SD-Außenstelle Würzburg (Gau Mainfranken), 2. 5. 1944

... Die Bevölkerung befindet sich in einer dauernden Spannung wegen einer seit vielen Wochen erwarteten feindlichen Invasion. Die Hoffnung, daß die Feinde dabei ungeheure Blutopfer werden bringen müssen, wirkt immer noch positiv auf die Stimmung eines Teils der Bevölkerung ohne Unterschied von Stand und Beruf; doch hört man in den jüngsten Zeiten mehr und mehr Stimmen, welche an einer feindlichen Invasion schon zu zweifeln beginnen. Man verweist auf das Frühjahr, das dahinschwinde ohne entscheidende Ereignisse zu Lande, und sieht den Sommer kommen, in dem vermutlich weiterhin eine feindliche Landung unterbleibt. So würden dann weiterhin unsere Truppen im Westen gebunden sein und keinen Einfluß auf die Kriegslage im Osten üben können...

Überhaupt zitiert man jetzt wieder besonders häufig die der heutigen Lage widersprechenden früheren Prophezeiungen und Feststellungen führender Männer. Abgeworfene Flugblätter der Feinde mögen das ihrige dazu beitragen, obgleich schon vorher immer wieder solche Gegensätzlichkeiten bei Unterhaltungen zwischen Volksgenossen aller Kreise herausgestellt wurden. »Was der deutsche Soldat erobert hat, gibt er nicht mehr heraus«, »Die russische Armee ist zerschmettert« und andere Aussprüche mehr hört man immer wieder zitieren. Daß das Nichteintreffen solcher Prophezeiungen das Vertrauen in die oberste Führung einigermaßen erschüttert hat, ist unverkennbar.«...

Aus Bericht der SD-Außenstelle Berchtesgaden (Gau München-Oberbayern), 3. 5. 1944

...Man hört bestimmte Redensarten immer wieder, so daß angenommen werden muß, daß gewisse Kreise hier am Werke sind. So äußerte z. B. eine Bäuerin aus Scheffau, Gem. Schellenberg: Mei Mo, der Kriag is do schon valorn, da kinnans do nix mehr macha. Solln do aufhörn, grad daß no an Haufa Leut hiwerd. Grad schad is um dö junga Leit.« Eine Bäuerin aus Anger bei Piding, das ungefähr 30 km von Schellenberg entfernt ist, äußert zur selben Zeit: »Den Kriag ha ma ja scho wieda valorn. Dö Großn kennas so a scho lang, dö sang uns's grad net. Is grad schad um dö Leit, dö no falln müssn. Solln halt aufhörn, wenns seng, daß doch nix mehr hilft.« Solche Äußerungen sind in diesen Kreisen nicht etwa vereinzelt, man kann sie offen oder versteckt täglich hören. Man hört sie im Landkreis Laufen genau so wie im Landkreis Berchtesgaden. Wesentlich zuversichtlicher ist die Arbeiterschaft. So wird mir berichtet, daß am Samstag, den 29. 4., in einem hiesigen Geschäft eine Arbeiterfrau mit einer Bauersfrau in einen Disput kam, weil sich die Bauersfrau auch wieder in obigem Sinne äußerte. Die Arbeiterfrau erwiderte darauf: »Geh hör ma do auf mit deim Krampf. Wenns scho an Hitla an Sieg net vagunnts, nacha denkts do wenigstens an unsane arma Krüppln. Den Krieg gewinn ma a wenns euch a net recht is, es Deppn es pfarranarischn.« Auch in Bürger- und Beamtenkreisen spricht man zuversichtlich. Aus dem Rahmen fallen auch hier wieder nur die stark kirchlich gebundenen Familien, so daß angenommen werden muß, daß der Klerus an dieser Meinung nicht ganz unbeteiligt ist...

Aus Bericht der SD-Außenstelle Friedberg (Gau Schwaben), 29. 5. 1944

...Das Verhalten der Kriegsgefangenen und ausländischen Arbeiter bereitet weiterhin Sorge. So schreibt ein VM aus Dasing: »Drückend auf die Stimmung hier, wie auch in den umliegenden Orten, wirken die Zusammenrottungen der Polen und Russen. Wenn diese auch noch keine großen Ausmaße annehmen, so wirken doch 8–12 junge Männer mit verwegenem Gesichtsausdruck deprimierend auf die Bevölkerung, wenn im großen und ganzen nur ältere Leute da sind, die noch dazu keine Waffen besitzen. Hier wird erzählt, daß sie (die ausländischen Arbeitskräfte) im Wald ein geheimes Lager von selbstgefertigten Waffen haben sollen. Der Feldwebel Wünsch, der die Kriegsgefangenen zu betreuen hat, hat erzählt, daß eine Liste bestehe, mit den Namen jener, welche sofort beseitigt werden sollen, wenn es losgeht. Viele Stunden verbringen männliche und weibliche ausländische Arbeitskräfte z. B. im Knechtzimmer des Johann Gail in Rieden und der Besitzer, aber dieser Gail, ist zu schwach oder zu feige, diesem besorgniserregenden Zustand Einhalt zu gebieten.«...

Aus Bericht der SD-Außenstelle Berchtesgaden (Gau München-Oberbayern), 7. 7. 1944

...Mit gespanntem Interesse verfolgt die Bevölkerung die Wirkung der V1 auf die englische Bevölkerung. In Gesprächen wird immer wieder geäußert, daß die V1 wohl noch sehr zu wünschen übrig läßt. In Intelligenzkreisen wurden kürzlich ebenfalls solche Stimmen laut. Es wurde dabei erwähnt, daß man wohl allgemein mehr erwartet hätte, als mit der V1 bis jetzt erreicht wurde. Gingen doch Stimmen in der Bevölkerung um, wonach bis zu 20, ja 25 km im Umkreis kein Lebewesen mehr wäre, wo ein solches Geschoß einschlägt. Nun erfährt man im Rundfunk, daß das Geschoß wohl im Stande sei, mehrere Häuser umzulegen, von einer größeren Wirkung sei weiter aber nichts zu hören. Ähnliche Bomben, so sagt man, hätten die Engländer auch schon bei uns abgeworfen...

Seit geraumer Zeit stellt man hier fest, daß ausländische Zivilarbeiter, Polen, die zum Teil uniformiert sind (OT [Organisation Todt]), ferner auch Ostarbeiter sehr viel bei Nacht herumstreunen, ohne daß jemals eine schärfere Kontrolle stattfindet. Besonders alleinstehende Frauen gaben wieder den Befürchtungen Ausdruck, daß durch dieses Herumstreunen ihr Hof gefährdet werden könnte. Dazu wird nun gerade in diesen Kreisen bekannt, daß Gendarmeriebeamte halbe Tage lang auf dem Bauch herumliegen, um Kinder beim Blumenpflücken zu überraschen und das zur Anzeige zu bringen. Berchtesgaden ist Naturschutzgebiet und das Pflücken von Blumen überhaupt verboten. So berichtet mir ein Einwohner der Gemeinde Gern, daß am Sonntag wieder ein Hilfsgendarm auf der Marxenhöhe, einem bekannten und sehr viel besuchten Aussichtspunkt Berchtesgadens, lauerte und dort tatsächlich einige Kinder beim Blumenpflücken überraschte. Auch verschiedene andere Fälle werden aus Berchtesgaden gemeldet. Nun sagen die Bauern, wenn die Sicherheitsorgane schon Zeit haben, sich stundenlang einzusetzen, um Kinder beim Blumenpflücken zu überraschen, so müßte es doch auch möglich sein, noch Kräfte dafür abzuzweigen, daß die Kontrolle der Ausländer des Abends schärfer durchgeführt würde. Man vertritt durchwegs die Ansicht, daß es vielleicht doch besser wäre, wenn einmal ein Kind mit einem Strauß Blumen durchkommt, dafür aber die Ausländer einmal sähen, daß doch jemand in der Heimat ist, der ihnen etwas auf die Finger sieht.

Aus Bericht der SD-Außenstelle Berchtesgaden (Gau München – Oberbayern), 3. 8. 1944

...Schon in den späten Abendstunden des 20. 7. 1944 gleich nach Bekanntwerden des Attentats auf den Führer durch den Rundfunk wurde auf den Straßen und Plätzen darüber gesprochen. Die Tat selbst wird in weitesten Kreisen der Bevölkerung verurteilt. Selbst in kirchlich gebundenen Kreisen drückte man seinen Abscheu aus gegen soviel Niedertracht. Es wurde wiederholt geäußert, daß man sich gar nicht denken könne, daß ein deutscher Offizier sich zu einer solchen Tat hergibt. Nachstehend einige Aussprachen aus verschiedenen Bevölkerungskreisen. Ein Arbeiter eines hiesigen öffentlichen Betriebes äußerte: »Da sieht man schon, daß ihm wirklich nichts ankann, er hat immer wieder Glück.« Ein anderer Arbeiter aus einem Sägewerkbetrieb: »Hoffentlich erwischts den Hundling und hams'n gleich erschlagen, die wissen gar nicht, was sie uns angetan haben damit, vor allem gegenüber dem Ausland.« Ein hiesiger Bürger äußerte: »Alles hatte ich geglaubt, aber daß wir unter dem Offizierskorps solche Schweine haben, das hätte ich nie geglaubt. Hoffentlich räumt der Führer jetzt aus und erkennt, daß höchste Zeit ist. Wenn er noch was zum Einsetzen hat, dann muß er alles auf eine Karte setzen, sollte es eines Tages nicht zu spät sein.« Ein Beamter äußerte: »Wie ich diese Meldung hörte, wurde es mir heiß und kalt, ich glaube, ich hätte keinen Tropfen Blut mehr gegeben. Man muß bedenken, was das für einen Saustall gegeben hätte, und da ging es wiederum nur um Haaresbreite daran vorbei. Ich kann nicht verstehen, warum unser Führer solange zugesehen hat. Man merkte doch schon lange, daß in höheren Offizierskreisen da und dort Stunk ist.«

Am wenigsten erfährt man von der Landbevölkerung. Recht viel mehr als »Schade wäre es schon, wenn's ihn erwischt hätte«, kann man nicht herausbekommen. Bei Frauen sollen da und dort sogar die Äußerungen gefallen sein, wer weiß, für was es gut gewesen wäre, wäre vielleicht heute schon der Krieg aus. Diese Ansicht, d. h. die Meinung, daß bei einem Ableben des Führers Frieden würde, scheint besonders unter der weiblichen Landbevölkerung stark verbreitet zu sein. In einem Bunker, bei Alarm, konnte man eine weibliche Stimme aus dem Dunkeln hören: »Ja, wenn's ihn nur erwischt hätte.« In der Hauptsache gehen aber die Meldungen da hinaus, daß man der Ansicht ist, daß es grundverkehrt wäre, jetzt den Führer beiseite zu schaffen...

C. Berichte aus oberbayerischen Landkreisen und Gemeinden 1944/45

EINFÜHRUNG

Die folgenden Berichtsauszüge über die letzte Kriegsphase entstammen ausschließlich oberbayerischen staatlichen Provenienzen[1].

Die relativ gute Überlieferung von Landratsakten und Berichten der lokalen Gendarmerie-Stationen für Oberbayern, die hier auch zum Teil noch die letzten Kriegsmonate umfaßt, legte es nahe, das Dreivierteljahr vor dem Zusammenbruch aufgrund dieser Berichterstattung, unter besonderer Berücksichtigung der Berichte der untersten Ebene (Gendarmerie-Stationen), zu dokumentieren.

Was in den SD-Berichten bis zum Juli 1944 sich schon als roter Faden der Volksstimmung und der die Bevölkerung vor allem erregenden Probleme hindurchzieht, wird hier nochmals aufgenommen und zu Ende geführt: die Schwierigkeiten und Konflikte bei der Unterbringung von Evakuierten und Flüchtlingen; wachsendes Bedrohungsgefühl angesichts der großen Masse jetzt triumphierender ausländischer Zwangsarbeiter aus den Feindstaaten; zunehmende mittelbare, aber nun auch unmittelbare Auswirkungen der Luftangriffe, selbst auf dem Lande; beginnende Versorgungsschwierigkeiten; daneben die Agonie des Regimes in seinen verschiedenen Erscheinungsformen; drakonische Verfolgungsmaßnahmen gegen in Bayern wohnhafte oder untergetauchte Mitglieder des Verschwörerkreises vom 20. Juli 1944 oder ihre der Sippenhaft unterworfenen Verwandten; die Verurteilung der monarchistischen Widerstandsgruppe um den Freiherrn von Harnier in München; die schon kaum noch überzeugenden, auf starke Widerstände stoßenden Anstrengungen zur Mobilisierung des Volkssturms; Pressung von Jugendlichen zur Waffen-SS; die Ratlosigkeit der Partei, die nicht mehr wußte, was sie der Bevölkerung Zuversichtliches sagen sollte, aber auch keinen Pessimismus dulden konnte. Die Meinung und Haltung der Bevölkerung in kleinen oberbayerischen Dörfern und Städten, wie sie in diesen Berichten der letzten Kriegsmonate geschildert ist, zeigt wiederum die sich auch in den SD-Berichten spiegelnde Gespaltenheit. Trotz längst vorherrschender Kriegsmüdigkeit und Apathie klammerte sich die Bevölkerung noch immer an Hoffnungsschimmer und Wunderglauben (V-Waffen oder andere Erfindungen). Neben Flugblatt-Aufrufen zur aktiven Bekämpfung der Nazi-Herrschaft und der Zerstörung ihrer Symbole stand weiterhin die »pflichtgetreue« Erfüllung nicht nur der landwirtschaftlichen Arbeiten und Ablieferungsauflagen, sondern auch die an den Opfersinn der Bevölkerung gerichteten Erwartungen des Regimes.

---

[1] StA München, LRA 113 813 (Bad Aibling), LRA 29 656 (Berchtesgaden), LRA 61 619 (Garmisch-Partenkirchen), LRA 135 117 (Mühldorf); GStA, MA 106 695; Registratur des ehemaligen Landratsamt Friedberg, Wochenberichte des Landrats an den Reichsverteidigungskommissar, 1943–1944, o. Sign. Die Provenienzeinheit wurde nur durch den letzten Bericht durchbrochen, siehe S. 686ff.

Die vielen Kleinprobleme, mit denen sich die vom Krieg relativ verschonte oberbayerische Landbevölkerung noch in den letzten Monaten des Regimes befassen konnte und die hier Anlaß nichtiger Aufregung wurden, mögen die Berichterstattung über Oberbayern als gänzlich untypisch erscheinen lassen. Hier konnte man aus der sicheren Entfernung Deutschlands »unvergleichliche Wehrmacht« noch bewundern (25. 8. 1944), als die deutschen Truppen in Paris schon kapituliert hatten. Obwohl die Amerikaner schon nach Aachen vorgedrungen waren (21. 10. 1944), ärgerte man sich in Oberbayern noch über unregelmäßige Gemüseversorgung und Milchablieferung. Als feindliche Panzer im Raum Aschaffenburg standen, stellte der Posten der Schutzpolizei-Abteilung in Kolbermoor (Kreis Bad Aibling) fest, daß der »Glaube an den Sieg nicht mehr zu groß« sei. Im Vergleich zu den Bomben-Katastrophen in vielen Großstädten des Reiches muß es fast blasphemisch klingen, wenn ein oberbayerischer Berichterstatter nach einem kleinen Luftangriff auf dem Lande (1. 12. 1944) feststellte, nun seien »Ruhe und Frieden des flachen Landes dahin«.

Hinter der viel weniger als in anderen Teilen des Reiches bewegten Oberfläche lokaler Ereignisse und Konflikte vollzog sich der Niedergang des Regimes, mit dem sich die Masse der bäuerlichen Bevölkerung nie vollkommen, häufig auch nicht einmal partiell, identifiziert hatte. Die Teilnahmslosigkeit, der Rückzug auf die privaten Interessen wurde nun vollends zum politischen Fatalismus. Man wartete das Ende ab, das man möglichst unbeschadet überstehen wollte. Die manchmal ungelenke Art und Weise, in der die Gendarmerie-Posten mit oft falsch gesetzten Worten über diese Stimmungslage berichteten, spricht andererseits doch sehr für die Echtheit der Wiedergabe, besonders eindrucksvoll, wenn geschildert wird (24. 3. 1945), wie in einer kleinen Gemeinde des Landkreises Berchtesgaden das »Sieg-Heil« auf den Führer von den Zuschauern mit demonstrativem Schweigen beantwortet wurde. Von diesem passiven Verhalten, das seine Ablehnung oder Verachtung gegenüber dem Nationalsozialismus nur durch Schweigen auszudrücken vermochte, war es in manchen Fällen nur noch ein kleiner Schritt zum entschlossenen Handeln. Ein Beispiel dafür war die Freiheits-Aktion Bayern.

E. F.

DOKUMENTE

Aus Monatsbericht der Gendarmerie-Station Bruckmühl, Kreis Bad Aibling/Rosenheim[2], 23. 7. 1944

Stimmung und Haltung der Bevölkerung ist ziemlich gedrückt, nachdem sich das Kriegsgeschehen im italienischen Raum nun auch durch fortgesetzte Luftangriffe auf die Stadt München[3] und den südbayerischen Raum ausgewirkt hat und die weitere Entwicklung der dortigen Kriegslage auch keine Besserung erwarten läßt. Die ganze Bevölkerung steht im Banne der verheerenden Auswirkungen der Luftangriffe auf die Stadt München, nachdem auch die zahlreichen Evakuierten aus München, die im Postenbereich untergebracht wurden, mit ihren Schilderungen nicht zurückhalten. Alles spricht bloß davon, wie das noch weitergehen soll, wenn nach Zerstörung der Städte auch das flache Land angegriffen wird.

Von der Anwendung der V1 Waffe[4] hat sich die Bevölkerung mehr erwartet. Der Fortgang der Invasions-Kriegshandlungen wird auch pessimistisch beurteilt, ebenso die Kriegslage im Osten, nachdem die Bolschewisten der deutschen Reichsgrenze immer näher rücken. Das Attentat[5] auf den Führer wurde zunächst von großen Teilen der Bevölkerung mit Entrüstung aufgenommen. Nach einigen Tagen jedoch sprach davon schon niemand mehr. Man gewinnt den Eindruck, daß die Bevölkerung mehr und mehr kriegsmüde wird und daher dem ganzen Zeitgeschehen schon bald teilnahmslos gegenübersteht. Mit einem baldigen Kriegsende rechnen schon große Teile der Bevölkerung...

Aus Monatsbericht der Gendarmerie-Station Feilnbach, Kreis Bad Aibling/Rosenheim, 23. 7. 1944

...Über den gewaltsamen Anschlag auf den Führer Adolf Hitler ist die Bevölkerung sehr bestürzt, zumal es sich mehr oder weniger um eine Offiziersverschwörung handeln dürfte. Als am Donnerstag, den 20. 7. 1944, um 20 Uhr die Abendnachrichten kamen und im voraus die Sondermeldung von dem gewaltsamen Anschlag gebracht wurde, waren in einer hiesigen Gastwirtschaft u. a. auch ungefähr zwölf Bauern des hiesigen Dienstbereiches anwesend. Man hörte die Sondermeldung ruhig und gespannt an. Nach der Meldung getraute sich kein Mensch irgend etwas zu sagen, und alle saßen stumm an den Tischen.

---

[2] Die Landratsämter Bad Aibling und Rosenheim wurden zeitweilig in Personalunion geleitet. Die genaue Zeitspanne konnte auch nicht durch das zuständige Landratsamt ermittelt werden.
[3] Luftangriffe auf München hatten am 11., 12., 13. und 16. 7. 1944 stattgefunden, siehe auch Monatsbericht des Regierungspräsidenten von Oberbayern vom 7. 8. 1944, S. 670ff.
[4] Der OKW-Bericht vom 16. 6. 1944 meldete, daß London und Südengland von neuartigen Sprengkörpern, den sogen. Vergeltungswaffen, belegt worden seien.
[5] Attentat vom 20. 7. 1944 durch Claus Graf Schenk von Stauffenberg.

An ein Gewinnen des Krieges glaubt niemand mehr, zumal es auf allen Seiten der Kriegsschauplätze zurückgeht. Die Stimmung unter der Bevölkerung ist aus diesem Grunde die denkbar schlechteste. Man sagt sich, wenn schon bei den Offizieren eine Mißstimmung gegen den Führer sich geltend macht, was soll man dann von unseren tapferen Soldaten sagen und verlangen? Es zeigt sich in bürgerlichen Kreisen wenig Lust mehr zur Arbeit, weil man meint, es geht alles drunter und drüber...

Viele Arbeiten haben jetzt die Gemeinden wegen der Evakuierten. Die Bürgermeister und deren Gemeindeschreiber müssen von den Evakuierten viel Undank ernten. Es ist ein Ding der Unmöglichkeit, daß man jeden Wunsch der Evakuierten erfüllen kann und muß ich die Bürgermeister und Gemeindeschreiber in dieser Hinsicht in Schutz nehmen. Wie wird es einmal gehen, wenn kältere Jahreszeit eintritt? Viele der Evakuierten hätten jetzt Zeit und Gelegenheit, daß sie sich dürres Reisig und Brennholz, Tannenzapfen sammeln könnten. Aber ausgeschlossen. Die Gemeinden sollen ihnen dann Brennmaterial liefern.

Aus Bericht der Gendarmerie-Station Wallgau, Kreis Garmisch-Partenkirchen, 24. 7. 1944

... Als sehr verwerflich und verabscheuend wird allgemein von der hiesigen Bevölkerung der feige Mordanschlag am 20. 7. 1944 auf unseren Führer bezeichnet, wobei dieser leicht verletzt und andere gute Offiziere schwer bzw. leicht verletzt und einer unter ihnen sogar sein Leben einbüßen mußte. Als höchst bedauerlich und als sehr verwerflich wird es empfunden, daß sich gerade deutsche Männer, welche sich in nächster Umgebung des Führers befanden, in der gegenwärtigen Zeit zu einem solchen ungeheueren Verbrechen herbeilassen konnten und dadurch den Untergang des Deutschen Reiches herbeigeführt haben würden. Durch die vorstehend angeführten Ereignisse ist durchwegs die Stimmung der Bevölkerung ziemlich gedrückt, freut sich, daß uns der Führer am Leben erhalten blieb und hofft, daß es ihm gelingen möge, diesem Krieg recht bald ein siegreiches Ende zu bereiten...

Aus Bericht der Gendarmerie-Station Bad Aibling, Kreis Bad Aibling/Rosenheim, 25. 7. 1944

...Die Bevölkerung zeigt auch an den kriegerischen Vorkommnissen an den Fronten keinerlei Interesse. Die Kriegsmüdigkeit macht sich bei allen Schichten stark bemerkbar. Im allgemeinen merkt man beim Verkehr mit der Bevölkerung in letzter Zeit eine große Zurückhaltung und Schweigsamkeit. Die Leute sind voller Angst und befinden sich über die in jüngster Zeit vorgefallenen Geschehnisse in großer Aufregung[6]. Jede dem Publikum gegenüber fremde Persönlichkeit wird von demselben als sogenannter Spitzel bezeichnet, was ein unheimliches Schweigen zur Folge hat...

---

[6] Gemeint ist auch hier wohl wiederum das Attentat vom 20. 7. 1944.

Aus Bericht der Gendarmerie-Station Kohlgrub, Kreis Garmisch-Partenkirchen, 25. 7. 1944

Die Stimmung in der Bevölkerung ist den Verhältnissen entsprechend als ruhig, eher als gedrückt und abwartend zu bezeichnen. Die einsetzende Invasion[7] wird mehr als gleichgültig hingenommen. Die auf die benachbarten Großstädte erfolgten Luftangriffe machen sich sehr fühlbar bemerkbar, weil hier fast jede Familie unter den dort von der Feindeinwirkung betroffenen Personen irgendwelche Angehörige hat. Diese suchen nun bei den Verwandten Unterkunft bzw. die gerettete Habe unterzubringen. Die Kürzung der Zuteilung an Weizenerzeugnis-Lebensmitteln wurde sehr kritisch zur Kenntnis genommen. Die Versorgung mit Frischgemüsen hat sich heuer hier bedeutend verschlechtert, weil die Belieferungswege geändert wurden. Durch die Niederlassung der Gemüsegroßverteilungsstelle Spiess in Oberammergau kommt nicht nur weniger Gemüse nach hier, sondern das ankommende hat auch durch den umständlichen Beförderungsweg stark an Güte verloren. Das Fehlen an Frischgemüsen wird hier besonders hart empfunden, weil hier die Gemüseerzeugung durch die bestehenden Verhältnisse stark begrenzt ist. Auch die Handhabung der Eierversorgung wird stark kritisiert. Die gewonnenen Eier bleiben hier oft monatelang beim Sammler liegen, bis sie nach München abgeholt werden. Andererseits müssen die Verbraucher warten, bis solche wieder von München angeliefert worden sind. Nicht nur, daß dadurch ein überlasteter Transport entsteht, sondern auch die Güte der Eier leidet stark dabei. Allgemein wird behauptet, das Ganze erfolge nur deshalb, damit dem Eierhandel der Gewinn gesichert bleibe und die damit beschäftigten Personen, als in einem kriegswichtigen Zweig beschäftigt, unabkömmlich seien. Die Regelung wäre doch sehr einfach, wenn die Eier hier sofort an die Bezugsberechtigten abgegeben und die überschüssige Ware den Hauptstellen zugeführt würde...

Aus Monatsbericht des Landrats Bad Aibling/Rosenheim, 31. 7. 1944

...Je mehr die Menschen entbehren und aneinanderrücken müssen, desto zahlreicher und lauter werden die Stimmen der Mißgunst und die gegenseitigen Reibungen. Glücklicherweise wird aber über all diese Zeitnöte hinweg unverdrossen gearbeitet, um das deutsche Schicksal zu meistern. Nur wenige Berichte wollen von einem Nachlassen der allgemeinen Arbeitslust wissen; die meisten betonen, daß die Schaffensfreude anhalte. Die Angaben von Verwundeten und Fronturlaubern werden in der Bevölkerung viel beachtet. Aus ihnen bildet sich der einfache Mann meist seine Vorstellung von der Lage an den Fronten. Leider sind sich viele dieser Erzähler ihrer Verantwortung nicht ganz bewußt; sie malen in letzter Zeit gerne recht schwarz, während sie früher in der Regel die Stimmung hochhielten...

---

[7] Landung der Alliierten in der Normandie am 6. 6. 1944.

Aus Monatsbericht des Regierungspräsidenten von Oberbayern, 7. 8. 1944

... Am stärksten wurden alle Teile der Bevölkerung berührt durch den ruchlosen und feigen Mordanschlag auf den Führer am 20. 7. 1944. Dieser Anschlag und der damit zusammenhängende Putschversuch wurden fast von der gesamten Bevölkerung mit Empörung aufgenommen; die Befriedigung über das Mißlingen war fast ausnahmslos. Nur ein kleiner Teil der Bevölkerung blieb davon unberührt. Es sind dies jene Kreise, die von jeher dem Nationalsozialismus zum mindesten fremd, wenn nicht feindlich, gegenüberstehen. Man begrüßte vor allem die rasche Erledigung der Revolte. Denn jedermann ist sich klar darüber, welche Folgen ein auch nur einige Tage dauerndes Chaos gehabt hätte. Nicht selten hört man auch die Frage, wie es möglich sei, daß ein solcher Putschversuch bei uns unternommen werden könne, während bei unseren Gegnern ähnliche Erscheinungen bisher fehlen. Wenn auch die Gutgesinnten und positiv Eingestellten in der Errettung des Führers eine glückliche Fügung der Vorsehung und damit einen neuen Beweis für die entscheidende geschichtliche Sendung des Führers sehen, so darf doch nicht verkannt werden, daß ein Teil der Bevölkerung das Gelingen des Attentats in erster Linie deshalb begrüßt hätte, weil er sich davon eine frühere Beendigung des Krieges erhoffte. Diese Volksgenossen sind nur von dem Gedanken beherrscht: Lieber ein Ende mit Schrecken als ein Schrecken ohne Ende! Die Geistlichkeit fand, wie wenigstens der Landrat in Garmisch-Partenkirchen mitteilt, für die wunderbare Erhaltung des Führers bis jetzt weder ein Wort des Dankes noch der sonstigen Erwähnung. Besonders erschüttert wurde die Bevölkerung, als bekannt wurde, daß nicht feindliche Agenten, sondern höhergestellte und früher ausgezeichnete deutsche Offiziere das Attentat geplant und verübt hatten...

Der Volksgerichtshof, 6. Senat, hat aufgrund der Hauptverhandlung vom 13.–16. 6. 1944 den Rechtsanwalt Dr. Adolf Freiherr von Harnier aus München, den staatlichen Gartenverwalter Heinrich Weiß aus München-Schleißheim, den Elektromonteur Heinrich Pflüger aus München, den Schneider Gebhard Fahrner aus München, den Kraftwagenführer Wilhelm Seutter von Lötzen aus Grünwald, den kaufmännischen Angestellten Franz Xaver Fackler aus München, die Bildhauerin Margarete Elisabeth Freiin von Stengel aus Rieden bei Reutte (Tirol) und den Kaplan und Benefiziat Karl Schuster aus München wegen Vorbereitung zum Hochverrat zu Zuchthausstrafen von zwei bis zehn Jahren und in den Fällen von Harnier, Fahrner, Schuster, Pflüger, Weiß und von Stengel auf den Verlust der bürgerlichen Ehrenrechte erkannt.[8]

In Kiefersfelden (Landkreis Rosenheim) wurde ein Sägearbeiter verhaftet, der schon vor dem 20. 7. 1944 zu Arbeitskameraden geäußert hatte, wenn der Führer bis 20. 7. nicht abdanke, lebe er nicht mehr.

In Bad Aibling wurde ein Bauunternehmer angezeigt, weil er zu einer Frau bemerkt haben soll, daß wir Frieden hätten, wenn der Anschlag auf den Führer gelungen wäre...

Am 21. und 24. 7. 1944 wurden dem Tapeziermeister Heinzinger und der SS-Hauptscharführerswitwe Kern in Dachau je ein vervielfältigter anonymer Brief zuge-

---

[8] Mit Ausnahme von Schuster hatten sämtliche Personen einer illegalen monarchistischen Organisation angehört; vgl. Bretschneider (siehe S. 194, Anm. 3), S. 133f.

schickt, der die gröbsten Schmähungen gegen den Führer, die Partei usw. enthielt. Bei Heinzinger ist kurz vorher der einzige Sohn, bei Kern der Ehemann im Felde gefallen. Die Briefe wurden bei Postämtern in München aufgegeben. Die Absender sind völlig unbekannt. Zweifellos handelt es sich um kommunistische Wühlarbeit, die an alle Familien mit gefallenen Familienmitgliedern solche Briefe zur Versendung bringt. Die Briefe wurden der Geheimen Staatspolizei vorgelegt...

In Tegernsee hat die Geheime Staatspolizei die Ehefrau und Mutter des Generalquartiermeisters Wagner in Haft genommen. Im Zusammenhang mit dem Attentat auf den Führer wurde in Seefeld (Landkreis Starnberg) ein siebzigjähriger Mann festgenommen, der gesagt haben soll: »Da hat es wieder den Verkehrten erwischt«...

Wie der Landrat in Rosenheim berichtet, sind die Schwarzschlachtungen nach wie vor im Schwung. Unter den zu Freiheitsstrafen Verurteilten befinden sich auch zwei Polizeireservisten und ein weit und breit bekannter Heilkundiger...

In Schöngeising (Landkreis Fürstenfeldbruck) wurde ein typischer Kriegsschieber in der Person des Rauchwarengroßhändlers E. festgenommen, der sein Geständnis mit dem Angebot krönte, dem Gauleiter seinen neuen DKW-Wagen und dazu noch 15 000,– RM aus dem Ertrag seiner unsauberen Geschäfte zu schenken...

Industrie, Handel und Gewerbe standen im Monat Juli nicht nur in der Hauptstadt der Bewegung, sondern auch darüber hinaus unter den Nachwirkungen der schweren Luftangriffe, die der Feind vom 11. 7. 1944 an in rascher Folge und mit starken Kräften gegen München und Umgebung gerichtet hat. Viele industrielle Anlagen und Werke in und bei München wurden schwer getroffen. Die Erzeugung war zeitweise stillgelegt, zumal zu den angerichteten Schäden noch der Ausfall an Strom und Wasser trat. Dazu kamen schwere Schäden an den öffentlichen Verkehrsanlagen, die vorübergehende Verkehrsunterbrechungen und Verkehrsbeschränkungen zur Folge hatten. In der Hauptstadt der Bewegung wurden zahlreiche Betriebe des Einzelhandels, des Handwerks, des Großhandels und des Gastwirtschafts- und Beherbergungsgewerbes, die der Versorgung der Bevölkerung mit dem lebensnotwendigen Bedarf dienten, vollständig zerstört, andere mehr oder minder stark beschädigt. Genauere Unterlagen liegen mir zur Zeit nur hinsichtlich der Einzelhandelsbetriebe vor, und zwar bezüglich der Schäden, die bei den Angriffen am 11., 12., 13. und 16. 7. 1944 eingetreten sind. Bei diesen Angriffen wurden insgesamt 1709 Einzelhandelsbetriebe der verschiedenen Sparten betroffen; davon wurden 368 total vernichtet und 102 schwer beschädigt. Wenn auch nach dem Ausfall so vieler wichtiger Betriebe die Versorgung der Münchner Bevölkerung mit dem Notwendigsten in Frage gestellt schien, so konnten doch alle Schwierigkeiten dank des Zusammengreifens der beteiligten Stellen und des großzügigen Einsatzes öffentlicher Hilfsmaßnahmen binnen kürzester Zeit gemeistert werden...

Am 16. 7. 1944 fand im Hausham (Landkreis Miesbach) die Trauerfeier für die beim Einsatz in München gefallenen Bergleute statt. Einige Tage nach der Feier stellte sich heraus, daß einer der als tot gemeldeten und beerdigten Bergleute noch lebte und schwer verletzt im Krankenhaus in Bad Tölz lag. Der Vorfall erregte bei der Haushamer Bevölkerung außerordentliches Aufsehen. Es verbreitete sich sofort das Gerücht, daß die 17 Särge, die bei der Trauerfeier aufgestellt waren, leer gewesen wären. Die ohnehin politisch ungewöhnlich negative Einstellung der Haushamer Bevölkerung fand dadurch leider neue Nahrung. Übrigens beteiligte sich die Bevölkerung von Hausham an dem offiziellen Trauerakt nur in geringem Maße. Bei den anschließenden kirchlichen Beerdigungen war dagegen so ziemlich alles vertreten, was laufen konnte...

Große Mißstimmung ruft in den Gemeinden des Landkreises Landsberg a. Lech, in denen die großen Bauvorhaben zur Zeit anlaufen, das Verhalten der OT[Organisation Todt]-Führer und -Männer hervor. Gewöhnt daran, in Feindesland, sei es im Westen oder in Rußland, ohne Rücksicht auf die Bevölkerung vorgehen zu können, glauben sie nun auch im Reich am besten und schnellsten mit Wildwestmanieren durchzukommen. Die Bevölkerung hat wirklich volles Verständnis für die Bedeutung und Eilbedürftigkeit der Bauvorhaben und macht keinerlei Einwendungen gegen die als notwendig erkannten Maßnahmen. Sie erwartet nur das eine, daß wenigstens die primitivsten Regeln und Gesetze der Gemeinschaft beachtet werden und daß vor Eingriffen in das Eigentum die Eigentümer in anständiger Form von dem bevorstehenden Eingriff verständigt werden. Wenn aber OT-Männer mit Lastkraftwagen vor einer wegen Einberufung des Meisters stillgelegten Wagnerwerkstätte vorfahren und der wehr- und hilflosen Frau, ohne jede Legitimation, das Werkholz und anderes Holz wegschaffen, ohne dabei die Menge des abtransportierten Materials auch nur entfernt festzustellen, und die Frau dann einfach an die Zahlstelle der OT verweisen, so sind das schon Vorgänge, die selbst in den Requirierungen im Feindesland kein Vorbild haben...

Wochenbericht des Landrats Friedberg, 16. 8. 1944

Die Gendarmerie Mering berichtet, daß sie im Auftrag der Geheimen Staatspolizeileitstelle München am 12. 8. 1944 die Gutsbesitzersfrau Monika von Leonrod[9] in Schmiechen wegen Mitwisserschaft an dem Attentat vom 20. 7. 1944 festgenommen und nach München überstellt habe.

Aus Monatsbericht der Gendarmerie-Station Anger, Kreis Berchtesgaden, 20. 8. 1944

...Am Freitag, den 18. 8. um 19.45 Uhr kam ich in die Küche der Gastwirtschaft D. in Kröpflwirt, Gemeinde Anger. Nachdem ich gerne den Vortrag, der jeden Freitag abend verlesen wird, hören wollte, ersuchte ich Frau D., den Radio aufzudrehen. Während der Verlesung erschien der bei D. in Wohnung befindliche vom Gauleiter hierher beorderte Wohnungs-Inspektor Josef Gallinger und erklärte, was ist denn da los am Radio, wer spricht denn. Ich sagte, der Vortrag, der alle Freitag verlesen wird. Gallinger erklärte. Ach die Göppels-Märchenstunde. Ich erklärte zu Gallinger: Sowas habe ich hiezu noch nicht sagen gehört, worauf mir Gallinger antwortete, in München wird dies allgemein gesprochen. Nachdem die Äußerung des Gallinger öffentlich war, Frau D. und deren Tochter sofort, als Gallinger die Küche verlassen hatten, erklärte, jetzt hat er wieder sei-

---

[9] Ihr Mann, Major Ludwig Freiherr von Leonrod, wurde am 21. 8. 1944 vom Volksgerichtshof wegen seiner Mitwirkung am Attentat zum Tode verurteilt und am 26. 8. 1944 in Berlin hingerichtet.

nen Mund aufgemacht, wie er sich sowas, wenn sie da sind, nur zu sagen getraut. Nachdem diese Abfällige Äußerung öffentlich war, wurde Bericht an die Staatspolizei Berchtesgaden erstattet.[10]

Aus Monatsbericht der Gendarmerie-Station Schönau, Kreis Berchtesgaden, 25. 8. 1944

... Der Fremdenverkehr ist sehr stark. Es waren an verschiedenen Tagen bis 3000 Menschen am Königssee. Man muß immer wieder staunen, daß es noch so viele Menschen gibt, die so in der Welt herumfahren können ...

Aus Bericht der Schutzpolizei-Dienstabteilung Kolbermoor, Kreis Bad Aibling/Rosenheim, 25. 8. 1944

Die Spannung aller Volksgenossen bei der Verfolgung des derzeitigen Kreigsgeschehens hat einen ungeahnten Aufstieg erreicht. Die Anstrengungen auf beiden Seiten, sowohl die unserer unvergleichlichen Wehrmacht, als die der Gegner, um eine Entscheidung herbeizuführen, ziehen jeden denkenden Menschen in seinen Bann. Niemand hätte wohl vor kurzer Zeit noch daran gedacht, daß der Krieg in ein Stadium der gegenwärtigen Härte treten kann. Und doch wurde er bei uns noch nicht direkt verspürt, denn wir wurden noch nicht direkt betroffen und es wurde in der engeren Heimat noch keinem ein Haar gekrümmt. Wir leben aber innerhalb der deutschen Volksgemeinschaft und empfinden unwillkürlich mit allen denen, die vom schweren Leid betroffen wurden. Die Anordnungen des Reichsbevollmächtigten für den totalen Kriegseinsatz haben in Kolbermoor keine Beunruhigung hervorgerufen, denn hier arbeitet zu normalen Zeiten schon der Großteil der Einwohnerschaft in der heimischen Industrie und seit langer Zeit schon schaffen alle übrigen im Kriegseinsatz. Die Vorgänge aber im Westen, Osten, Süden und Norden, die sich an den Fronten ereignen, und nicht zuletzt der Verrat in Rumänien[11] erschweren den Glauben an den deutschen Sieg, denn bei aller Tapferkeit unserer Truppen ist doch die riesengroße zahlenmäßige Übermacht unserer Feinde unter Anwendung der modernsten technischen Kampfmittel in unglaublichen Mengen kein unwesentlicher Faktor in diesem gewaltigen Ringen um Sein oder Nichtsein der Völker Europas. Die Heimat bringt gleich der Front täglich den Beweis der Standhaftigkeit und den Willen zum Endsieg zum Ausdruck, denn die Leistungen jedes einzelnen Volksgenossen bewegen sich schon weit über dem Durchschnitt. Was aber Verräter[12], die zum Führerstab des deutschen Volkes zählten, verdorben haben, ist schwerlich wieder gutzumachen. Das ist die Anschauung weiter Kreise und begründet auch berechtigt die Kritik, die über das Geschehen der letzten Zeit geführt wird ...

---

[10] Die für diesen Berichterstatter typischen Rechtschreibfehler wurden mit Absicht beibehalten.
[11] Abfall des ehemals verbündeten Rumänien am 25. 8. 1944 und Wechsel in das gegnerische Lager.
[12] Darunter sind die Widerstandskämpfer des 20. Juli 1944 zu verstehen.

Aus Monatsbericht des Regierungspräsidenten von Oberbayern, 6. 9. 1944

... Zur Verschlechterung der Stimmung tragen, wie der Landrat in Bad Tölz mitteilt, nicht zuletzt die Erzählungen der Urlauber (Verwundeten) und der aus Frankreich zurückgekehrten Nachrichtenhelferinnen bei. Sie kommen in einem wenig ansehnlichen Zustand an und erzählen schauderhafte Dinge über die Verfassung des zurückflutenden Heeres. Ein Urlauber aus Lothringen hat dem genannten Landrat voller Erbitterung und Niedergeschlagenheit von dem Eintreffen der Besatzungsangehörigen aus Frankreich berichtet: »Jetzt kommen die Etappenschweine samt ihren Menschen, Französinnen und Deutsche.« Überflüssig gewordene Sonderführer aus dem Osten bringen nach dem Bericht desselben Landrats wenig erfreuliche Schilderungen über das, was sie dort in den letzten Jahren in der Etappe mitangesehen haben. Das alles bedeutet, wie der Landrat schließlich bemerkt, eine schwerste Belastungsprobe der öffentlichen Meinung und ruft Empörung und Ingrimm hervor, weil alles geglaubt wird und schwer etwas dazu zu sagen ist...

Aus Monatsbericht der Gendarmerie-Station Au, Kreis Bad Aibling/Rosenheim, 11. 9. 1944

Vermutlich in der Nacht zum 1. 9. 1944 ist das auf dem 699 Meter hohen Eckersberg, Gemeinde Dettendorf, errichtete, aus Eichenholz gefertigte Hakenkreuzdenkmal vernichtet worden. Die Feststellungen ergaben: Das Hakenkreuzdenkmal wurde kurz nach der Machtübernahme als Symbol deutscher Einigkeit von der Ortsgruppe der NSDAP in Au bei Aibling errichtet. Es war circa acht Meter hoch und weithin sichtbar... Von der Bevölkerung wurde ursprünglich angenommen, daß es durch das Gewitter in der Nacht vom 31. 8. auf 1. 9. 1944 zerstört wurde. Es stellte sich aber heraus, daß der Stamm in etwa einem Meter Höhe vier Bohrungen enthielt, die etwa zehn Zentimeter tief waren und von einem 24 mm starken Bohrer herrühren. Da die Bohrlöcher leicht mit Pulverhauch behaftet sind und einige angekohlte Papierfetzen einer Aiblinger Zeitung herumlagen, muß angenommen werden, daß mit Schwarzpulver gearbeitet wurde. Von den Bohrlöchern aus war zudem der Stamm in senkrechter Richtung aufwärts mehrmals zersprengt worden...

Aus Monatsbericht der Gendarmerie-Station Ettal, Kreis Garmisch-Partenkirchen, 25. 10. 1944

... Die Stimmung in der Bevölkerung ist zum Teil gedrückt und verzagend und zum Teil sehr gereizt. Es gibt noch viele Personen, die den Ernst der Zeit nicht erfassen, überall passiven Widerstand leisten, sich von kurzfristigen Notdiensten mit allerlei Ausreden zu drücken versuchen. Diesbezüglich macht sich besonders ein Teil der Landwirte in Graswang bemerkbar. Zum Beispiel besitzen die Bauern dort 83 Milchkühe. Die tägliche Milchablieferung beträgt durchschnittlich kaum 90 Liter Milch. Dazu fällt diese Ablieferung noch öfters aus, weil die Bauern dort, die die Ställe voll Pferde haben, es ablehnen, die Milchbeförderung nach Ettal zu betätigen. Dies dürfte der Dank sein, weil der Gemeinde Ettal als einziger des Kreises ihre Zentrifugen und Butterfässer belassen wurden. Was die Kontrolle von Milchanfall und Ablieferung anbelangt, ist bemerkenswert, daß der diesbezügliche Kontrollausschuß, der monatlich tätig werden soll, bis jetzt nach fünf Jahren nur einige Male sich betätigte...

Aus Monatsbericht der Gendarmerie-Station Kohlgrub, Kreis Garmisch-Partenkirchen, 25. 10. 1944

Die innerpolitische Lage kann im allgemeinen immer noch als gut bezeichnet werden. In der Nacht zum 7. 10. 1944 wurden in Kohlgrub durch unbekannte Täter zwölf Stück Zettel, dreizehn mal drei Zentimeter groß, mit der Aufschrift »Wartet nicht bis Hitler fällt durch fremde Waffen, steht auf und zeigt der Welt, ihr könnt es selber schaffen« an Privathäusern und öffentlichen Gebäuden angeklebt. Die Zettel wurden sofort entfernt, und es fanden unter der Bevölkerung irgendwelche Erörterungen dieser Angelegenheit nicht statt. Ebenso wurde eine durch die Partei durchgeführte Gegenaktion unbeachtet gelassen. Es scheint, daß die Bevölkerung an derartigen Dingen nicht Anteil nimmt...

Aus Monatsbericht der Gendarmerie-Station Feldkirchen, Kreis Bad Aibling/Rosenheim, 24. 11. 1944

...Über die Einführung des Volkssturmes ist sehr wenig Begeisterung vorhanden[13]. Von fast allen Volkssturmmännern kann man hören: »Wir wollen nicht mehr kämpfen, wir wollen lieber Frieden haben, mit uns kann der Krieg nicht mehr gewonnen werden. Die ganze Woche sollen wir arbeiten und am Sonntag sollen wir beim Volkssturm antreten und exerzieren.« Die Bevölkerung ist im allgemeinen sehr gereizt und jede geringfügige Veranlassung führt zu Streitigkeiten...

Aus Bericht der Gendarmerie-Station Schwindegg, Kreis Mühldorf, 27. 11. 1944

Die Volksstimmung im hiesigen Postenbereich ist nicht gut. Die militärische Lage wird gegenwärtig von der Bevölkerung stets sehr pessimistisch beurteilt. Die Bevölkerung legt ein gleichgültiges Benehmen an den Tag und rechnet mit einer totalen Vernichtung, was zum Schluß schwere Folgen mit sich bringen wird, so daß alle Opfer, insbesondere an Menschen, umsonst sein werden. Eine besonders drückende Stimmung herrscht, weil den fortdauernd einfliegenden feindlichen Fliegern kein Halt geboten wird. Die Bevölkerung nimmt hauptsächlich Anstoß, weil nur mehr wenige Beobachtungen gemacht werden, daß deutsche Jagdflugzeuge die Feindflugzeuge verfolgen. Aber trotzdem zeigt die

---

[13] Erlaß über die Bildung des Deutschen Volkssturmes vom 25. 9. 1944; RGBl. I, S. 253.

Bevölkerung immer noch eine gute Haltung und nimmt alle Opfer auf sich und kommt seinen auferlegten Pflichten nach besten Kräften nach...

Aus Bericht des Gendarmerie-Kreisführers Garmisch-Partenkirchen, 29. 11. 1944

...Die Stimmung der Bevölkerung ist voller Sorgen. Hierzu trug auch bei, daß in letzter Zeit die Nachrichten über Gefallene und Vermißte sehr zahlreich waren und viele Familien von ihren Frontangehörigen seit langer Zeit überhaupt nichts mehr gehört haben. Die Haltung selbst ist aber trotz allem im großen und ganzen eine durchaus gute. Mit wenig Ausnahmen sind die Volksgenossen nach wie vor pflichtbewußt und opferbereit...

Der Kriegseinsatz der deutschen Frau hat verschiedentlich Unwillen und Erregung ausgelöst. So wird insbesondere von Oberammergauer Frauen, die dort ansässig sind und ihren Haushalt haben, nicht verstanden, daß sie nach Unterammergau zum Nähen müssen, während in Oberammergau Nähstuben für ausländische Frauen errichtet wurden. In mehreren Fällen und an mehreren Orten des Kreises war es notwendig, den Kriegseinsatz der deutschen Frau durch polizeiliche Vorführungen zu erzwingen...

Der vor längerer Zeit durch die Kreisleitung verfügte Einzug der Fahnen der Kriegskameradschaften hat dazu geführt, daß nun in Mittenwald bei den Gefallenen-Ehrungen eine Beteiligung der Kriegskameradschaften nicht mehr erfolgt. Jede Gefallenen-Ehrung gibt dann immer Anlaß, über die Maßnahme der Kreisleitung abfällig zu kritisieren...

Aus Bericht des Gendarmerie-Kreisführers Mühldorf für November 1944

Unter Einsatz sämtlicher Gendarmen des Kreises Mühldorf und der drei Landwachtzüge wurde am 7. 11. in Verbindung mit dem Gendarmerie-Kreis Altötting im Werk Gendorf, Landkreis Altötting, eine Aktion wegen Vorbereitung zum Hochverrat durchgeführt, wobei 17 Ostarbeiter und ein Italiener festgenommen wurden. Die Erhebungen haben ergeben, daß dort tatsächlich eine Aufstandsbewegung im Gange war...

Aus Monatsbericht des Landrats Bad Aibling, 1. 12. 1944

Das Volk spricht über die Kriegsdauer, die Terrorangriffe aus der Luft, die Brennstoffnöte, den Gemüsemangel und nicht zuletzt über den Volkssturm. Nach den Berichten einiger Polizeidienststellen wird auch oft gefragt, warum der Führer zum 9. November nicht die übliche große Rede gehalten habe. Das Kriegsende wollen die einen in drei, die anderen in 24 Monaten kommen sehen. Die häufigen Fliegerangriffe machen die Menschen nervös. Im Landkreis gab es durchschnittlich jeden zweiten Tag Alarm. Vereinzelt wurden Bomben geworfen, sie richteten indes nur geringen Sachschaden, meist lediglich im freien Gelände, an. Auch ein paar kleinere Feuerüberfälle auf Personen auf dem Feld wurden gemeldet, die glücklicherweise ihr Ziel verfehlten. Man befürchtet allgemein, daß der Aiblinger Flugplatz und die Industriewerke im Mangfalltal bald an die Reihe kommen. Grausige Erzählungen der Evakuierten aus den betroffenen Großstädten ängstigen die Bevölkerung. Schon wird überall bemerkt, daß Ruhe und Frieden des flachen Landes dahin seien. Das Wirtschaftsleben wird bereits fühlbar gestört... Die Kohlennot allüberall und der Mangel an Torf besonders in hiesiger Gegend (heuer starke Produktionsminderung infolge Kräftefehlbedarfs!) machen das Brennstoffproblem fast zum beherrschenden [Thema] dieses Winters. Dies um so mehr, als die Bevölkerung auch hier um beinahe 50% gestiegen ist (Zuzug von Evakuierten etc.). Schulen werden in Kürze geschlossen werden müssen, wenn es nicht gelingt, neue Ware hereinzubringen. Auch gewerbliche Betriebe werden aus den gleichen Gründen stillzulegen sein. Die Angst der Menschen vor der Kälte findet fast täglich ihren Niederschlag in der Presse (Ortszeitung). Da wird im Inseratenteil einmal Babywäsche, ein anderes Mal Mist, ein drittes Mal Schuhwerk etc. gegen Heizmaterial zum Tausch angeboten...

Die Leute lesen in der Zeitung gutgemeinte Ratschläge über Einlagerung, über die Einmachung von Sauerkraut etc., sie möchten aber in erster Linie wissen, wie man zu diesen »Raritäten« kommt. Oft sind wochenlang keine Kohlköpfe zu sehen, und wenn dann welche auftauchen, so in derart geringer Zahl, daß die Aufbewahrung sich nicht verlohnt...

Aus Bericht der Gendarmerie-Station Feilnbach, Kreis Bad Aibling/Rosenheim, 22.12.1944

Wenn man seine stillen Beobachtungen von 1933 bis zur jetzigen Zeit macht, so kommt man zu dem Entschluß, daß viele Parteigenossen von ihrem seinerzeitigen Versprechen abweichen und nunmehr anderer Ansicht sind. Viele grüßen nicht mehr mit »Heil Hitler« und schauen die gegenwärtige Lage als sehr tragisch an. Viel geredet wird auch über die Einführung des Volkssturmes. Es wird u. a. gesagt, daß wir in Deutschland vor der Machtergreifung bei den seinerzeitigen Wahlen immer fünf Millionen Kommunisten hatten.[14] Diese sind zum großen Teil noch am Leben. Von diesen fünf Millionen stehen heute viele Männer beim Volkssturm. Nun sollen die Volkssturmmänner mit Gewehren ausgerüstet werden. Man gibt den Kommunisten also Gewehre in die Hand, damit sie bei sich bietender Gelegenheit auch gleich losschlagen können. Mit der Aufstellung der Führer des Volkssturmes ist man auch nicht überall einverstanden. Es werden zu diesem Zwecke Männer herangezogen, die alles sind, nur keine Führer. Diese machen sich bei den Volkssturmmännern nicht beliebt...

Mit den Evakuierten gibt es des öfteren Verdruß und Anstände. Diese sind zum Teil mit allem sehr unzufrieden, seien es jetzt Evakuierte von München oder Norddeutschland. Sehr unbeliebt sind die Gäste aus Norddeutschland mit ihrem frechen Mundwerk. Es wird daher auch des öfteren gesagt, wenn wir nur von den Preußen nichts mehr wissen würden.

---

[14] Bei der Reichstagswahl am 5. 3. 1933 entfielen 4 848 079 (= 12,5%) Stimmen auf die KPD; Ztschr. d. Bayer. Statist. Landesamts Jg. 65 (1933), S. 302.

Aus Monatsbericht des Landrats Bad Aibling, 30. 12. 1944

Alle Gedanken und Sorgen der Bevölkerung kreisen um den Luftkrieg. Im Berichtsmonat gab es mit ganz vereinzelten Ausnahmen täglich Alarm, der sich oft bis zu zwei bis drei Stunden hinzog. Das mächtige Aufgebot der Amerikaner an unserem Himmel beeindruckte sichtlich die Menschen. Man hörte überall Fragen, warum denn die Feinde bei uns förmlich Paradeflüge abhalten könnten, ohne jemals von unserer Abwehr gestört zu werden. Über die letzten Bombardierungen in München gingen schauerliche Erzählungen um. Auch der hiesige Landkreis kam dreimal an die Reihe, am 19., 21. und 29. Dezember. In einigen Fällen wurden Leute durch Tiefflieger beschossen. Die Angriffe richteten sich gegen Eisenbahnen, Straßen und den Flugplatz. Etwa 800 Bomben wurden auf solche Ziele abgeworfen, sie fielen aber glücklicherweise meist in freies Gelände. Die Schäden an Wald und Fluren sind beträchtlich. So weist zum Beispiel das Gelände um Au, Dettendorf, Harthausen und Großkarolinenfeld hunderte von Sprengtrichtern größeren Kalibers auf. Die Zerstörungen von Gebäuden halten sich noch in erträglichen Grenzen. Die wichtigsten Eisenbahn- und Straßenstrecken konnten alsbald wieder instandgesetzt werden. Die Bewohnerschaft hatte zehn Tote und ein Dutzend Verletzte. Das luftschutzmäßige Verhalten wurde allenthalb besser. Weit schwerer als die bisherigen Schäden wiegen die Ängste der Bevölkerung vor der alltäglichen Wiederholung der Gefahren und das Gefühl fast völliger Schutzlosigkeit. Der Luftkrieg wandert in die entlegensten Orte, die als gänzlich sicher, ja geradezu als ländliche Idylle, galten.

Das flache Land besitzt kaum irgendwie zureichende Luftschutzkeller. Viele größere Orte des Landkreises stehen auf Moorboden oder haben einen ungünstigen Grundwasserstand, so daß eine Sicherheit in der Tiefe der Erde nicht zu finden ist. Im größeren industriellen und luftempfindlichen Markt Kolbermoor z. B. wurden von den oberen Stellen schon seit längerer Zeit feste Luftschutzräume genehmigt, aber es erfolgte trotz aller hiesigen Bemühungen keinerlei Baustoffzuteilung. Über die Wirkung der neuen amerikanischen Abwurfmittel wurden grausige Dinge verbreitet. Die Leute sehen diese Redereien jetzt an Tatsachen aus nächster Nähe bestätigt. So zerriß z. B. in Großkarolinenfeld eine Bombe kürzlich das Haus eines kleinen Landwirtes derart gründlich, daß auch nicht mehr ein schwacher Rest der Grundmauer zu sehen ist (sechs Tote). Unter den Evakuierten spricht sich zur Zeit herum, daß man auf dem Lande allmählich weniger Schutz findet als in der Stadt. Es mehren sich die Stimmen derer, die erklären, lieber wieder in die Großstadt zurückzukehren als auf den Dörfern umzukommen oder zu erfrieren...

Aus Monatsbericht des Regierungspräsidenten von Oberbayern, 9. 1. 1945

...Während die Landräte in Erding und Rosenheim berichten, daß man sich mit der Idee des Volkssturms nunmehr abgefunden habe bzw. daß dieser örtlich an Volkstümlichkeit gewinne, teilt der Landrat in Ingolstadt mit, daß die Aufstellung des Volkssturms und die damit verbundenen Appelle und Übungen bei der Landbevölkerung nur mäßige Begeisterung erregen, da viele den Ernst der Lage nicht erkannt haben und zu sich selbst und zu ihrer Widerstandskraft zu wenig Vertrauen besitzen. Infolge zahlreicher Krankmeldungen sowie Mangels an geeigneten Führungskräften und an Ausrüstungsgegenständen sind auf dem Lande noch bedeutende Schwierigkeiten zu überwinden, und bedeutet der Volkssturm noch nicht die Selbstverständlichkeit, die er sein müßte...

Am 4. 12. 1944 wurde an der Gemeindetafel in Anzing (Kreis Ebersberg) von unbekanntem Täter Anschlag folgenden Inhalts angebracht:

> Achtung! Deutscher Volkssturm! Männer der Wehrmacht und Rüstungsarbeiter! Die Deutsche Friedensbewegung ruft Euch! Jeder Deutsche wird aufgefordert, den sinnlosen Kampf, den Hitler und Himmler von Euch fordern, mit allen Mitteln zu sabotieren! Legt alle Feigheit ab und wehrt Euch gegen die barbarische Vergewaltigung einer volksfeindlichen Regierung. Sucht Gleichgesinnte und bildet Drei-bis-Vier-Mann-Gruppen, die aktiv gegen den Naziterror kämpfen und uns in Wort und Schrift damit unterstützen. Nazibonzen, Antreiber und Nazioffiziere sind Kriegsverbrecher und als solche namentlich festzustellen. Wehrmachtsangehörige versorgt Gleichgesinnte mit Waffen und Munition. Seid gerüstet! Der Tag zum offenen Kampf gegen die Nazityrannei rückt näher! Nationale Friedensbewegung!

Die Angelegenheit wurde sofort der Geheimen Staatspolizei übergeben...

Am 7. 12. 1944 gelegentlich einer von der Geheimen Staatspolizei angeordneten Fahndungsaktion [wurde] der im Zusammenhang mit den Vorgängen des 20. Juli gesuchte Professor Albrecht Haushofer[15] bei der Landratswitwe Anna Zahler in Mittergarching, Gemeinde Wamberg (Kreis Garmisch-Partenkirchen) festgenommen. Witwe Zahler, bei der sich Haushofer seit Monaten verborgen gehalten hatte, [wurde] wegen Personenbegünstigung gleichfalls festgenommen...

Aus Bericht der Schutzpolizei-Dienstabteilung Bad Aibling/Rosenheim, 24. 1. 1945

...Hier wurde erzählt, daß nach dem letzten Terrorangriff auf München von der betroffenen Bevölkerung sehr abfällige Äußerungen und auch sogar Gewalttätigkeiten gegen Parteiamtsträger in Uniform getan bzw. begangen worden seien. Dies wird hier auch in Parteikreisen offen erzählt. Verschiedene Mängel wurden abfällig kritisiert. Man habe sogar einen Aufstand in München befürchtet[16]. Man hat auch das Gefühl, daß weite Kreise der Bevölkerung regelrecht die Ausländersender abhört, weil angeblich von unserer Führung viel verheimlicht werde oder auch die Erfolge unserer Gegner nicht zugegeben werden...

Die Ausländer legen ein herrisches und teilweise herausforderndes Benehmen an den Tag. Abfällige Blicke werden von fast allen Ausländern sichtbar und zwar sowohl von Zivilausländern als auch von Kriegsgefangenen. Die Ausländerbestimmungen werden offen mißachtet. In den letzten Tagen wurde auch ein Lagerführer offen bedroht und brüskiert.

---

[15] Haushofer, Professor für politische Geographie und Geopolitik, wurde in der Nacht vom 22./23. 4. 1945 durch ein SS-Kommando in Berlin erschossen.

[16] Von alledem erwähnt der Regierungspräsident in seinem Bericht vom 9. 1. 1945 nichts. Er schreibt lediglich, daß die allgemeine Unruhe durch den Luftangriff auf München am 17. 12. 1944 »erheblich« gestiegen sei.

Der verbotene Lagerzutritt wurde erzwungen. Es sollen auch drohende Worte gefallen sein. Es fanden auch Zusammenrottungen bei dieser Gelegenheit statt...

Aus Bericht der Gendarmerie-Station Schönau, Kreis Berchtesgaden, 24. 1. 1945

...Der Großteil der Bevölkerung hat bis jetzt immer noch gehofft, daß unsere deutschen Techniker doch noch eine Waffe zur Abwehr der feindlichen Terrorflieger bringen werden, nun aber hat die Mehrheit den Glauben an eine wirksame Abwehr fast aufgegeben. Vielfach wird auch die Echtheit der Zeitungsberichte über die Lage in den von den Alliierten besetzten Ländern angezweifelt. Man gewinnt den Eindruck, daß die Bevölkerung sehr gleichgültig und fast ohne jeden Selbstbehauptungswillen dahinlebt und nur ein baldiges Kriegsende herbeisehnt. Vor allem wird mit großen Schwierigkeiten in der Lebensmittelversorgung im kommenden Frühjahr gerechnet... Die in hiesigem Postenbereich beschäftigten ausländischen Arbeiter arbeiten fast ausnahmslos gut und geben selten zu Beanstandungen Anlaß. Durch die verschärfte Kriegslage im Osten wurde eine größere Arbeitsunwilligkeit und frecheres Auftreten besonders bei den ostischen Arbeitern befürchtet. Es konnte aber bis jetzt keine besondere Wahrnehmung gemacht werden...

Aus dem Bericht der Gendarmerie-Station Ostermünchen, Kreis Bad Aibling/Rosenheim, 25. 1. 1945

...Die Stimmung der Bevölkerung ist nicht schlecht. Wenn auch zeitweise geschimpft und kritisiert wird, so ist die Gesamthaltung der Bevölkerung günstig zu beurteilen. Die gute Haltung kommt immer wieder bei den Sammlungen zum WHW in dem guten Ergebnis zum Ausdruck. Bei diesen Sammlungen zum WHW wird in der Gemeinde Tuntenhausen fast jedesmal ein Betrag von 1000 RM erzielt. Auch in der Ablieferung steht die Gemeinde Tuntenhausen an der Spitze. Auch das Volksopfer verspricht nach dem bisherigen Ergebnis einen guten Erfolg. Auch zu den Volkssturmappellen haben sich die Beteiligten bisher restlos eingefunden. Besondere Schwierigkeiten sind nicht aufgetreten...

Aus Monatsbericht des Regierungspräsidenten von Oberbayern, 9. 2. 1945

...Am 26. Januar 1945 ist in Altötting ein Zug mit 700 Flüchtlingen aus Oberschlesien (Oppeln) angekommen. Sie sind noch am gleichen Tag im Kreisgebiet und in der Stadt Altötting selbst restlos in Privatquartieren untergebracht worden. Im allgemeinen wird den Flüchtlingen von der Bevölkerung Teilnahme entgegengebracht. In wenigen Fällen sträubten sich Quartiergeber gegen die Aufnahme. Es wurde polizeilich eingeschritten, in einem Fall eine Frau in Polizeihaft genommen. Im großen und ganzen aber uneingeschränkte Hilfsbereitschaft...

Durch unzureichende Verkehrsmöglichkeiten Groß- und Einzelhandel an sich in gesteigerten Schwierigkeiten, durch den Fliegerangriff am 7. des Berichtsmonats aber von verheerenden Folgen getroffen, dabei das Geschäftsleben in der nicht zu eng zu nehmenden inneren Stadt [München] geradezu tödlich. Lebensmittel- und andere Geschäfte ausgeschaltet. Aber trotz der besonderen Ungunst der winterlichen Jahreszeit und der sehr großen Zahl von Totalschäden, die in viele Hunderte gehen, abgesehen von den schweren, mittleren und leichten Schäden, die sich im ganzen Stadtgebiet finden, die Kaufmannschaft bereits rüstig am Werk, um auch in den dürftigsten Räumen ihre Betriebe weiterzuführen. Die verzögerte Deckung des notwendigen Lebensbedarfes von der Bevölkerung mit anerkennenswertem Verständnis hingenommen, vielleicht auch im Hinblick auf die nicht minder anerkennenswerten Bemühungen der Handelswelt, möglichst rasch in gewohnter kriegsbedingter Weise der Verbraucherschaft zu dienen. So sind diese bittern Wochen in der grausam zugerichteten Hauptstadt der Bewegung ohne unerträgliche Störungen in der Versorgung der Bevölkerung vorübergegangen. Die Bestände aus den Ausweichlagern beigeschafft, wenn auch nur mit größter Mühe. Dazu eine ungenügende Briefpost, sehr dürftige Fernsprechverbindungen, beträchtliche Erschwernisse im Verkehr mit dem Kreditgewerbe, auch mit den Behörden und unzulängliche Personenbeförderung im Stadtgebiet – und das alles in einem zeitweise strengen, schneereichen Winter...[17]

Aus Bericht der Gendarmerie-Station Feilnbach, Kreis Bad Aibling/Rosenheim, 22. 2. 1945

Voller Bestürzung und Unruhe vernimmt die Bevölkerung aus den Tageszeitungen die von den Russen ausgeführten Greueltaten in den von diesen besetzten Gebieten des Deutschen Reiches. Viele Leute verlieren den Mut an allem. Falls die Russen auch in unsere Gegend kommen sollten, tragen sich einige Leute mit Selbstmordgedanken, um den Greueltaten zu entgehen. An einen guten Ausgang des Krieges glauben die wenigsten Leute mehr. Hervorgerufen wird die schlechte Stimmung unter der Bevölkerung auch noch dadurch, weil die Lebensmittelrationen gekürzt werden. Man sagt, wenn schon Brotgetreide und Mehl zu wenig ist, dann soll man hergehen und der Bevölkerung mehr Fleisch- und Wurstwaren geben, nachdem im hiesigen Bezirk viel schlachtreifes Vieh vorhanden ist, welches schon längstens abgeliefert werden sollte. Es dürfte nicht angehen, daß Kälber im Alter von drei bis sechs Wochen noch an der Kuh hängen, während der Reichsnährstand angeordnet hat, daß Kälber höchstens bis drei Wochen sich an der Kuh ernähren dürfen.

Wegen der zur Zeit kritischen Lage wollen viele Leute ihr Geld nicht mehr anlegen, weil zu allem kein Vertrauen mehr gegeben wird. Landwirte gibt es, die zur Zeit mehr Vieh und Pferde im Stalle haben als zu normalen Zeiten. Die Bauern und Landwirte tragen sich mit dem Gedanken einer Geldentwertung, wenn nicht gar Inflation. Kommt diese, so haben sie hernach gleich wieder etwas zum Verkaufen und kommt wieder Geld herein...

---

[17] Dieser Telegrammstil ist für die Berichte des Regierungspräsidenten in den letzten Kriegsmonaten charakteristisch.

Aus Bericht der Gendarmerie-Station Oberammergau, Kreis Garmisch-Partenkirchen, 24. 2. 1945

Die Stimmung der Bevölkerung im Postenbereich Oberammergau ist sehr gedrückt und hoffnungslos. Allgemein wird angenommen, daß wir einer der schwersten Zeiten entgegengehen, die je Deutschland erleben mußte. Insbesonders wird bedauert, daß wir schon vor dem Kriege und auch während dessen Verlaufe so viele und schwerwiegende Fehler machten, daß wir nun in eine solch' ungünstige Lage geraten sind. Die Bismarckische Politik, so wird von den meisten angenommen, hätte unbedingt eingehalten werden müssen. Der Krieg wäre nicht ausgebrochen, und Deutschland könnte sich an einer erster Stelle der Weltmächte befinden...

Aus Bericht der Gendarmerie-Station Bruckmühl, Kreis Bad Aibling/Rosenheim, 24. 2. 1945

Die Volksstimmung und -haltung ist in Anbetracht der Rückschläge auf dem östlichen und auch westlichen Kriegsschauplatz und dem sich sehr stark auswirkenden Luftkriegsgeschehen innerhalb unseres Gaugebietes auf einem Tiefstand angelangt, wie bisher nicht wahrzunehmen war. Man kann in diesem Sinne schon bald von einer Krisenstimmung sprechen.

Durch die Erlebnisse von aus dem Osten des Reiches eintreffenden Flüchtlingen, die mit ihren Mitteilungen in keiner Hinsicht zurückhalten, wird die Stimmung auch nicht gerade gehoben. Wenn die Bevölkerung von einer eventuellen Besetzung unseres Gebietes spricht, so hört man allgemein nur – »wenn nur der Russe nicht hierher kommt, alles andere wäre noch zu ertragen.«...

Aus Bericht der Gendarmerie-Station Ettal, Kreis Garmisch-Partenkirchen, 25. 2. 1945

Die Stimmung in der Bevölkerung ist als sehr gedrückt und verzagt zu bezeichnen. Ursache hierzu bildet die gegenwärtige Frontlage. Auch die Kürzung der Lebensmittel liefert einen Beitrag hierzu. Trotz der öffentlichen Aufklärung und Belehrung sind viele nicht zu belehren und zeigen sich kriegsmüde. Allmählich machen sich auch diese Sorten von Leuten wieder bemerkbar, die der gegenwärtigen Staatsform nicht fördernd gegenüber stehen...

Aus Monatsbericht des Regierungspräsidenten von Oberbayern, 7. 3. 1945

...Apotheker Mösmang in Lenggries (Kreis Tölz) auf Weisung des Gauleiters und Reichsverteidigungskommissars Paul Giesler in Haft genommen, weil er als Ortsgruppenleiter anläßlich des 30. Januar an den Kreisleiter einen Brief geschrieben und um Weisung gebeten hatte, was er bei der Kampfkundgebung sprechen solle; die Russen seien im

Lande, das Reich stehe vor der größten Katastrophe der Geschichte und lügen wolle er nicht. Er wurde vom Kreisleiter von seinem Posten als Ortsgruppenleiter enthoben...

Aus Bericht der Gendarmerie-Station Bruckmühl, Kreis Bad Aibling/Rosenheim, 23. 3. 1945

...Als Folge der völlig unzureichenden Brot- und Fettrationen setzt seit Wochen bei den Bauern der Umgebung eine Massenbettelei ein, hauptsächlich nach Brot. Auf die Dauer ist das auch für die Bauern ein unhaltbarer Zustand. Durch die knappe Heizstoffversorgung gezwungen, fällt die Bevölkerung auch schon über die Wälder her und richtet durch unsachgemäße Holzsammlung Schäden an, hauptsächlich die halbwüchsigen Burschen. Durch diese allgemeine Notlage stark beunruhigt, sieht die Bevölkerung mit Bangen in die Zukunft und glaubt nicht, daß sich die Lage bei uns wieder einmal bessern wird, vielmehr nimmt man allgemein zu der Meinung Zuflucht, daß wir noch schlechteren Zeiten entgegengehen...

Aus Bericht der Gendarmerie-Station Feldkirchen, Kreis Bad Aibling/Rosenheim, 24. 3. 1945

...Auch eine Freiwilligen-Meldung des Geburtsjahrganges 1929 (Wehrhaftmachung) zur Waffen-SS vom 17. auf 18. 3. 1945 im Volkssturmlager in Neubeuern bei Rosenheim hat zur Verschlechterung der Stimmung bei der Bevölkerung beigetragen. Hierzu wurde folgendes in Erfahrung gebracht, und eine Frau ist sogar auf dem Posten erschienen und hat weinend von dem Vorfall erzählt. Bei der Ankunft im Lager sind die Jungen mit den Beschimpfungen empfangen worden: »Seid Ihr schon da, ihr Bauernkerl, ihr Schweinehunde, Feiglinge, Verräter, Kommunisten...« usw. Die Jungen sollen mit ihren Koffern bergauf hüpfen haben müssen und sind so von einem Unteroffizier und einem Feldwebel zusammengeschreckt worden, daß einige in die Hose genäßt haben. Einer hat aus dem Mund geblutet. Wenn sie sich zur freiwilligen Unterschrift zur Waffen-SS nicht entschließen wollten, ist ihnen die Pistole vor die Brust gehalten worden unter Beifügung aller erdenklichen Schimpfnamen. Andere wurden aufgestellt und hinter ihnen ein Sprengkörper auf den Boden gelegt und dieser zur Explosion gebracht. Wieder andere mußten sich vor das Führerbild stellen und so lange »Heil Hitler« rufen, bis sie sich zur freiwilligen Unterschrift entschlossen haben. Ein Flugzeugmodellbauer hatte einen Annahmeschein für die Luftwaffe und wollte zu dieser. Dieser wurde ihm zerrissen und gesagt, »wir haben keine Luftwaffe mehr, wir brauchen keine Luftwaffe mehr.« Auf der Vorladung waren 50 g Fleisch-, 250 g Brot-, 30 g Fett- und 25 g Nährmittelmarken verlangt. Es sind ihnen aber 100 g Fleisch- und 400 g Brotmarken abgenommen worden. Die Verköstigung war in keinem Verhältnis zu den abgenommenen Marken. Auch wurden jedem der Jungen, soweit sie Zigaretten bei sich hatten, ein Stück abgebettelt. Über dieses Vorgehen sind die Eltern der Jungen, und soweit die Bevölkerung davon erfahren hat, äußerst erbittert. Man konnte verschiedentlich hören, das sind russische Zustände und da wäre es gleich besser, wenn wir den Krieg verlieren würden...

Aus Bericht des Gendarmerie-Postens Schellenberg, Kreis Berchtesgaden, 24. 3. 1945

...[Es] wurde vor dem Kriegerdenkmal in Markt-Schellenberg eine Gedenkfeier abgehalten, zu der die hier stationierte Einheit der Wehrmacht, der Volkssturm sowie Hitlerjugend aufmarschiert waren. Als der Führer der Wehrmachtseinheit am Schlusse seiner zu der Feier gehaltenen Rede ein »Sieg-Heil« auf den Führer ausbrachte, wurde es weder von der angetretenen Wehrmacht, dem Volkssturm, noch von der als Zuschauer erschienenen Zivilbevölkerung erwidert. Dieses Schweigen der Masse wirkte geradezu drückend und spiegelt wohl am besten die tatsächliche Einstellung des Volkes...

Aus Bericht der Schutzpolizei-Dienstabteilung Kolbermoor, Kreis Bad Aibling/Rosenheim, 25. 3. 1945

...Die Zeit der Rückschläge dauert nun doch schon zu lange an, und das Ansteigen der Not mäßigte die Begeisterung und Zuversicht. So sehr jeder erkennt, daß es unbedingt notwendig wäre, daß Deutschland den Krieg gewinnt, so sehr kann man aus vielen Gesprächen erkennen, daß der Glaube an den Sieg nicht mehr zu groß ist. Vielfach ist es die Furcht vor der Partei und der Polizei, die die Volksgenossen abhält, ihre Anschauungen und Einstellungen offen zur Kenntnis zu geben. Gespräche über neue Waffen, die zum Einsatz kommen sollten, hört man ganz selten noch, und die großen Erwartungen haben sich gewissermaßen in Enttäuschungen gewandelt...

Aus Bericht der Gendarmerie-Station Ostermünchen, Kreis Bad Aibling/Rosenheim, 25. 3. 1945

Im Berichtsmonat hat sich die allgemeine politische Lage nicht wesentlich verändert. Die Stimmung der Bevölkerung ist zufriedenstellend. Sie ist sich darüber bewußt, daß ein Zusammenhalt und Anspannen der Kräfte mehr denn je notwendig ist, um die gegenwärtige schwere Zeit zu meistern...

Aus Bericht des Landrats Bad Aibling/Rosenheim, 31. 3. 1945

Die breite Volksmasse zeigt immer deutlicher, daß sie nicht mehr an ein halbwegs gutes Kriegsende glaubt. Die Nachrichten von den Fronten werden mit einem starken Fatalismus aufgenommen. Alarmierend wirken die Notstände im inneren Wirtschaftsbereich. Die Menschen fragen und bangen, wie sie sich in den nächsten Monaten nähren, kleiden, wärmen und waschen werden. Täglich strömen ungezählte Flüchtlinge wild in den Kreis, für die es an allem Notwendigen fehlt. Binnen einer Woche sollen Sonderzüge mit weiteren 3000 Evakuierten eintreffen. Die Beschaffung von Unterschlupf, Bettgestellen, Stroh, Decken, Geschirr, Besteck, Gewand usw. stößt auf die größten Schwierigkeiten. Die Kartoffelvorräte für die heimische und die zugezogene Bevölkerung gehen zu Ende, und Mühlenbesitzer erklären, nur mehr für eine Woche Mehl zu besitzen. Die Anfuhr von Lebensgütern stockt überall. An Lieferversprechungen mangelt es nicht, aber an deren Verwirklichung. Selbst sonst besonnene Elemente glauben das Gespenst des Hungers an die Wand malen zu müssen, wenn die Menschenfüllung auch der Zuschußgebiete im bisherigen Ausmaß andauert...

Aus Monatsbericht des Regierungspräsidenten von Oberbayern, 7. 4. 1945

Durch militärische Ereignisse der letzten Wochen im Westen und Osten Schockwirkung bei gesamter Bevölkerung hervorgerufen, wie sie seit Kriegsbeginn noch nicht zu verzeichnen war. Stimmung im allgemeinen am Nullpunkt. Glaube an Sieg der deutschen Waffen stark geschwunden; selbst Volksgenossen, die seither vom Endsieg überzeugt waren, seit dem überraschend schnellen Vorstoß des Feindes im Westen ohne Hoffnung auf ein siegreiches Ende. Mit vollständiger Besetzung des deutschen Reichsgebietes durch die Feindmächte wird gerechnet. Gegenüber Kriegsgeschehen bei vielen Volksgenossen gleichgültiges Verhalten zu beobachten...
Ablehnung der Aufstellung des deutschen Volkssturmes nach Bericht des Landrates Starnberg durch drohendes Herannahen der feindlichen Armeen verstärkt. Vielfach Meinung geäußert, daß durch Widerstand des Volkssturmes innere Heimat nicht gerettet, wohl aber gefährdet werde. In der Lazarettstadt Tutzing z. B. Empörung nicht nur der Bevölkerung, sondern auch der Wehrmacht darüber, daß dort Panzersperren und Schützengräben vom Volkssturm gebaut wurden.
Auch über Errichtung der Abwehrorganisation »Werwolf«[18] stark auseinandergehende Meinungen...
Trotz der niedergedrückten Stimmung Haltung der Bevölkerung im allgemeinen noch gut und anständig. Restlose und unentwegte Pflichterfüllung durch Bauern und Arbeiter in der Feldbestellung und in den Betrieben, wenn auch oft unter schwierigsten Bedingungen. Arbeitswille und Fleiß der Bevölkerung nach wie vor ungebrochen...
Trotz des Ernstes der Kriegslage Wille zur erhöhten Produktion und Ablieferung bei der Bauernschaft ungebrochen...
Die Einschätzung des Regierungspräsidenten, daß viele Volksgenossen dem Kriegsgeschehen gleichgültig gegenüberstanden, bedarf einer wichtigen Ergänzung. In den letzten Kriegswochen lehnten sich nicht wenige spontan handelnde Personen gegen eine Fortführung des sinnlosen Krieges auf und bezahlten dafür häufig mit ihrem Leben. Der besonders in Bayern weitverbreitete Widerstand der letzten Stunde brachte sogar eine organisierte Widerstandsgruppe, die Freiheitsaktion Bayern (FAB), hervor, deren erklärtes Ziel es war, den nutzlosen Krieg durch Aufstand zu beenden, um weiteres Unheil zu verhüten. Einige wenige Beispiele sollen im folgenden kurz erwähnt werden.[19]
In Bad Windsheim demonstrierte am 12. 4. 1945 eine größere Menschenmenge vor dem Rathaus, um den Kampfkommandanten zum Abzug der deutschen Truppen aus der Stadt zu bewegen. Eine Frauendelegation drang in den Gefechtsstand ein, und der Kampfkommandant konnte sich vor dem

---

[18] Die Organisation »Werwolf« sollte im Rücken des Feindes kämpfen. Zu nennenswerten Aktionen kam es jedoch nicht mehr.
[19] Sämtliche Beispiele sind entnommen aus: Justiz und NS-Verbrechen (siehe S. 322, Anm. 66).

»Weibersturm« nur dadurch retten, daß er Jagdbomber rief. Tags darauf erschien ein Mann von der Gestapo Nürnberg und ließ sich, ohne den geringsten Wert auf Verdachtsbegründungen zu legen, einige angebliche Rädelsführerinnen der Frauendemonstration nennen. Er suchte eine der Frauen auf, bezeichnete sie als Rädelsführerin und erschoß sie im Beisein ihres Mannes, ohne daß sie noch ein Wort entgegnen hätte können. Auf die Leiche wurde ein Pappschild gelegt mit der Aufschrift: »Eine Verräterin wurde gerichtet.«

Am 28. 4. 1945 meldete der Großsender München auf Veranlassung der Freiheitsaktion Bayern, daß der Krieg beendet sei, die deutschen Truppen sollten sich demzufolge den Alliierten ergeben und die deutsche Bevölkerung weiße Fahnen hissen[20]. Noch an demselben Vormittag beorderte Gauleiter Giesler den Reichsstatthalter Epp und dessen Verbindungsoffizier der Wehrmacht Caracciola zur Vernehmung in seinen Befehlsbunker. Epp wurde wegen seines – allerdings ergebnislosen – Gespräches mit dem Führer der FAB, Hauptmann Gerngroß, in der vergangenen Nacht als verhaftet erklärt. Major Caracciola wurde aufgrund eines Urteils des sogenannten »Standgerichts Hübner-Giesler« wegen seiner Verbindung zur FAB noch an demselben Abend im Hof des Zentralministeriums hingerichtet.

In Wasserburg am Inn richtete am 28. 4. 1945 eine Widerstandsgruppe unter Führung Estermanns aufgrund des Aufrufs der FAB im Rundfunk einen Appell an die Bevölkerung, keinen weiteren Widerstand mehr zu leisten. Auch diese Widerstandsleute wurden von dem oben erwähnten »Standgericht Hübner-Giesler«, das, wie gerichtlich festgestellt wurde, kein ordnungsgemäßes Gericht gewesen ist und dessen Urteile demzufolge willkürliche Ermordungsbefehle gewesen sind, zum Tode verurteilt. Zur Abschreckung sollten diese Wasserburger Bürger öffentlich erschossen werden. Das Exekutionskommando fand aber keinen der »Verurteilten« mehr vor, sie waren entweder geflohen oder von anderen Stellen festgenommen worden.

In Altötting verursachte der FAB-Aufruf vom 28. 4. 1945 die Bildung eines kleinen Widerstandskreises unter der Führung des stellvertretenden Landrats Dr. Kehrer. Er entfernte die Hitler-Bilder im Landratsamt und ließ den Ortsgruppenleiter, die Organisationsleiter, einen Regierungsoberinspektor und den Bürgermeister Lex verhaften, wobei sich letzterer erschoß. Die Nachricht von den Verhaftungen erreichte einen Oberstleutnant im Offizierslazarett in Neuötting, der umgehend Dr. Kehrer in seinem Amtszimmer aufsuchte. Kurz darauf fiel ein Schuß; Dr. Kehrer hatte Selbstmord verübt. Als Kreisleiter Schwägerl von den Vorgängen erfuhr, veranlaßte er, einige von ihm namhaft gemachte Altöttinger Einwohner zu verhaften. Fünf von ihnen wurden tatsächlich aufgegriffen und in einer Gartenecke des Landratshofes von SS-Männern erschossen.

Von welcher Notwendigkeit und Bedeutsamkeit solche Aktionen zur Abkürzung des Krieges auch noch in den letzten Tagen vor dem Zusammenbruch gewesen sind, wird deutlich, wenn man sich die allerletzten Berichte der noch Regierenden vor Augen hält. Ein besonders sprechender Bericht sei hier stellvertretend für andere in seiner ganzen Länge wiedergegeben. Es handelt sich um einen »Frontbericht«, geschrieben inmitten des Kampfes um Nürnberg, die Stadt der Reichsparteitage.

Lagebericht Gau Franken, 17. 4. 1945, durchgegeben von Gauleiter Holz 23.30 Uhr[21]

Der Gegner ist im Norden über Almoshof vorgestoßen und hat das Gelände nördlich der Nordbahnlinie besetzt. Der Flughafen von Nürnberg ist in deutscher Hand. Die Siedlungen ostwärts davon sind in Feindeshand. In Erlenstegen sind Häuserkämpfe. Hier

---

[20] Siehe die sich daran anschließenden Vorfälle in Penzberg, geschildert auf S. 322ff.
[21] BA, Sammlung Schumacher 248. Karl Holz, lange Zeit rechte Hand seines Vorbildes Streicher, in die »Arisierungs«-Affäre um Streicher verwickelt, Frontdienst, April 1942 Führung der Geschäfte des Gauleiters, 1944/45 Gauleiter von Franken, kämpfte nach der Kapitulation Nürnbergs am 20. 4. 1945 mit einer kleinen Gruppe noch einige Stunden weiter. Wie sein Leben endete, steht nicht zweifelsfrei fest. Vgl. auch Klenner (siehe S. 148, Anm. 160), S. 328–332, und Grieser, Utho: Himmlers Mann in Nürnberg. Nürnberg 1974, S. 307.

ist der Gegner durchgesickert und droht nach St. Jobst durchzustoßen. In diesen Gebieten kämpfende Waffen-SS hält sich gut. Mögeldorf teilweise in Feindeshand. Ebenso ist es dem Gegner gelungen, auf dem Schnausenbuk Fuß zu fassen. Zerzabelshof teilweise feindbesetzt. Um den Bahnhof Dutzendteich waren Kämpfe. Der Bahnhof ist in Feindeshand. Das Reichsparteitaggelände war heute der Schauplatz eines großen Panzeraufmarsches. In den Wäldern südöstlich dieses Geländes standen getarnt über 100 Panzer und Panzerspähwagen. Sie stießen heute Nachmittag über das Märzfeld und die große Aufmarschstraße bis in die Luitpoldarena vor. Es tobten in diesem Gelände, das von der Waffen-SS und der allgemeinen SS unter größter Selbstaufopferung verteidigt wurde, schwerste Kämpfe. Eigene Verluste sind sehr groß. Die des Gegners noch größer. Es wurden vier Panzer abgeschossen. Leider hat die Flak bei diesen Kämpfen teilweise versagt. Drei Panzer wurden abgeschossen durch Panzerfaust. 40 Mann der allgemeinen SS, davon viele Ehrenzeichenträger, hatten so schwere Verluste, daß nur noch zwei Mann zurückkamen.

Die Linie verläuft jetzt von der Maidluststraße an der Luitpoldarena vorbei, die noch im eigenen Besitz ist, zur Bayernstraße. Der Rangierbahnhof ist teilweise in Feindeshand, ebenso die Kriegsbeschädigtensiedlung Hasenbug. Auch das Gelände der Kolonie Gartenstadt Werderau ist größtenteils in Feindeshand. Von Schweinau bis zum Stadtviertel Johannis klafft eine mächtige Lücke, so daß Nürnberg von drei Seiten zur Zeit eingeschlossen ist. Die Seite nach Fürth ist noch frei. Der Gegner ist aber über Langenzen nach Südosten vorgestoßen und scheint sich von dort dem Stadtrand zu nähern. Die Ortschaften Röthenbach, Eibach, Reichelsdorf und Stein sind feindfrei, jedoch sitzt der Gegner in Wendelstein in den südöstlichen Waldgebieten von Nürnberg. [Wie ich bereits heute berichtete, ist der Soldat, der aus versprengten Trupps besteht, jedoch sehr stark moralisch angeschlagen. Man findet da und dort weggeworfene Patronengurte, und es wird angenommen, daß der Soldat den Gedanken hat, sich der Munition zu entledigen, um dann mit der Ausrede zu kommen, er habe sich wegen Munitionsmangel absetzen müssen. Dies sind jedoch die seltenen Fälle.]²² Ungeheuer niederdrückend wirkt auf den deutschen Soldaten die materielle Übermacht des Gegners. Über Nürnberg fliegen Jabos und schießen in die Straßen. Der Soldat in seinem Deckungsloch kann sich kaum mehr zeigen. [Die Panzer sind außerordentlich zahlreich, begleitet auch noch von Panzerspähwagen und von Mannschaftstransportwagen.] Vielfach kommt der Gegner auch mit den sogenannten 2-Mann-Tanks, die mit ihren Maschinengewehren die ganze Gegend abstreuen. Dazu hat der Gegner leichte und schwere Granatwerfer in großer Anzahl. [Artillerie schießt ununterbrochen und hat eine gewaltige Splitterwirkung. So ist der Gegner dem Soldaten, der in Nürnberg lediglich aus zusammengerafften Einheiten ohne schwere Waffen besteht, materiell ungeheuer überlegen.] Es ist klar, daß die[se] Überlegenheit des Gegners selbst den besten Geist mit der Zeit zermürben muß. [Ich habe Einheiten an der Front besucht, die ganz hervorragend im Geist und im Kampf sind, aber sie müssen erleben, daß sie unter schwersten Verlusten immer wieder zerschlagen werden. Aus einer Eisenbahnpionierkompanie ging ein Rudel von 30 Mann mit weißer Fahne zum Feind über.

---

²² Die in eckige Klammern gesetzten Textpassagen – zumeist im Sinne des Regimes negative Meldungen – sind im Berichtsentwurf durchgestrichen und wurden offensichtlich nicht an höhere Stellen weitergeleitet.

Sie wurden mit eigenem Maschinengewehrfeuer zum großen Teil zusammengeschossen. Dies ist jedoch der einzige Fall und kann auch nur bei einer Eisenbahnpionierkompanie vorkommen. Die Stadt wird mit schwerem Artilleriefeuer belegt. Die Bevölkerung sitzt in den Kellern und Bunkern und wartet die Kämpfe ab. Sie ist im großen und ganzen anständig und hat gute Haltung.]

General Kussow[23], der Polizeipräsident, Oberbürgermeister Liebel[24] und ich haben beschlossen, unter allen Umständen in Nürnberg zu bleiben und lieber kämpfend zu fallen, als diese Stadt zu verlassen.

Ich habe einen Teil meiner Politischen Leiter hinausgeschickt mit dem Auftrag, den Werwolf zu organisieren.

[Ich weise noch einmal darauf hin, daß der Gegner mit einer außerordentlichen Übermacht gegen zum Teil nur ganz wenig ausgebildete Soldaten, die vor allen Dingen auch sehr übermüdet sind, ankämpft. Daß es uns gelang, bisher den Gegner abzuhalten und ihm schwere Verluste beizubringen, ist ein Zeichen der tapferen Haltung dieser Soldaten.] Der Kampfkommandant von Nürnberg, Oberst Wolff, macht seine Sache ausgezeichnet. Die Hitler-Jugend ist von bestem Geist beseelt. Der Gau Franken hat innerhalb von sechs Wochen ein Regiment Panzervernichtungstrupps der HJ aufgestellt. Sie haben sich an verschiedenen Fronten bisher hervorragend geschlagen. Es ist aber sehr schade um dieses junge und kostbare Blut, wenn es in solchen Kämpfen dahinfließt. Ein Bataillon ist bereits nahezu aufgerieben.

---

[23] Muß wohl heißen Kuschow. Er fiel noch vor der Kapitulation Nürnbergs.
[24] Willy Liebel beging am Tag der Kapitulation Selbstmord.

Anhang

Verzeichnis der Berichtsprovenienzen

Aus dem umfangreichen Material periodischer Berichte wurden in das Verzeichnis alle diejenigen Faszikel aufgenommen, aus denen die Dokumente der vorliegenden Auswahl stammen. Dabei wurden auch weitere, einschlägige Berichte, die in diesen Faszikeln enthalten sind, aufgeführt. Die Lücken in den Berichtsserien sind nach Möglichkeit genau benannt. In vielen Fällen konnte jedoch nur die allgemeine Angabe »fast vollständig«, »lückenhaft« oder »sehr lückenhaft« verwendet werden. Es blieb unberücksichtigt, ob es sich um Unregelmäßigkeiten in der Berichterstattung oder um eine unvollständige Überlieferung handelt.

1. STAATLICHE STELLEN

a. INNERE VERWALTUNG

Regierungspräsidenten[1]

Halbmonats- bzw. Monatsberichte des Regierungspräsidenten von Oberbayern, Januar 1933 – März 1945 [Lücke: Juni 1944].
GStA, MA 106 670 – 106 671 [Januar 1933 – September 1943] und MA 106 695 [Oktober 1943 – März 1945]. Teile auch in: GStA, Reichsstatthalter 276 – 279; AStA, MK 19 237 – 19 239.

Lageberichte des Regierungspräsidenten von Oberbayern, Juli 1934 – Januar 1936.
GStA, MA 106 691. Teile auch in GStA, Reichsstatthalter 280.

Halbmonats- bzw. Monatsberichte des Regierungspräsidenten von Niederbayern und der Oberpfalz, Januar 1933 – Februar 1945.
GStA, MA 106 672 – 106 674 [Januar 1933 – Oktober 1943] und MA 106 696 [November 1943 – Februar 1945]. Teile auch in: GStA, Reichsstatthalter 276–279; AStA, MJu 13 293 und MK 19 237 – 19 239.

---

[1] Die Kommission für Zeitgeschichte (bei der Katholischen Akademie in Bayern) edierte auszugsweise die Berichte der Regierungspräsidenten und der Polizeidirektionen in den Veröffentlichungen: Die kirchliche Lage in Bayern nach den Regierungspräsidentenberichten 1933–1943. Bd. 1 (Oberbayern), Bd. 2 (Ober- und Mittelfranken) und Bd. 3 (Schwaben) bearb. von Helmut Witetschek. Mainz 1966, 1967 und 1971. Bd. 4 (Niederbayern und Oberpfalz) bearb. von Walter Ziegler. Mainz 1973. Bd. 5 (Unterfranken) bearb. von Klaus Wittstadt [noch nicht erschienen]. In den Einleitungen der Teilbände sind jeweils Angaben zu den genannten Institutionen sowie zur archivalischen Überlieferung der Berichterstattung zu finden.

Lageberichte des Regierungspräsidenten von Niederbayern und der Oberpfalz, Juli 1934–Januar 1936.
GStA, MA 106 691. Teile auch in: GStA, Reichsstatthalter 280.

Halbmonats- bzw. Monatsberichte des Regierungspräsidenten von Ober- und Mittelfranken, Januar 1933 – Februar 1945 [Lücken: 15. April – 31. Mai 1933, Dezember 1939, Januar 1943].
GStA, MA 106 677 – 106 679 [Januar 1933 – Oktober 1943] und MA 106 696 [November 1943 – Februar 1945]. Teile auch in: GStA, Reichsstatthalter 276–279; AStA, MJu 13 294 und MK 19 237 – 19 239.

Lageberichte des Regierungspräsidenten von Ober- und Mittelfranken, Juli 1934 – Januar 1936.
GStA, MA 106 694. Teile auch in: GStA, Reichsstatthalter 280.

Halbmonats- bzw. Monatsberichte des Regierungspräsidenten von Unterfranken, Januar 1933 – Januar 1945 [Lücken: Mai 1935, Januar 1936].
GStA, MA 106 680 – 106 681 [Januar 1933 – Oktober 1943] und MA 106 696 [November 1943 – Januar 1945]. Teile auch in: GStA, Reichsstatthalter 276–279; AStA, MJu 13 292 und MK 19 237 – 19 239.

Lageberichte des Regierungspräsidenten von Unterfranken, Juli 1934 – Januar 1936.
GStA, MA 106 694. Teile auch in: GStA, Reichsstatthalter 280.

Halbmonats- bzw. Monatsberichte des Regierungspräsidenten von Schwaben, Januar 1933 – März 1945.
GStA, MA 106 682 – 106 684 [Januar 1933 – Oktober 1943] und MA 106 695 [November 1943 – März 1945]. Teile auch in: GStA, Reichsstatthalter 276 – 279; AStA, MK 19 237 – 19 239.

Lageberichte des Regierungspräsidenten von Schwaben, Juli 1934 – Januar 1936.
GStA, MA 106 693. Teile auch in: GStA, Reichsstatthalter 280.

Bezirksämter bzw. Landräte

Monatsberichte des Bezirksamts Bad Aibling (Oberbayern), März 1935 – Oktober 1938 [Lücken: August 1935, September 1937, Juli – September 1938]. Darin: Bericht der Gendarmerie-Station Kolbermoor, Mai 1937, und Berichte der Gendarmerie-Stationen, Mai–November 1938 [lückenhaft].
StA München, LRA 47 140.

Wirtschaftliche Lageberichte des Bezirksamts Bad Aibling (Oberbayern), Oktober 1936–September 1938. Darin: Wirtschaftliche Lageberichte der Schutzpolizei-Dienstabteilung Bad Aibling, der Gendarmerie-Hauptstation und der Gendarmerie-Stationen, Mai-Juli 1937, März-November 1938 [sehr lückenhaft]. – Monatsberichte des Landrats Bad Aibling/Rosenheim, Mai 1943 – März 1945. Darin: Berichte der Schutzpolizei-Dienstabteilungen Bad Aibling und Kolbermoor, des Gendarmerie-Kreisführers und der Gendarmerie-Stationen [lückenhaft]; einzelne Berichte der Bürgermeister der Stadt Bad Aibling, des Markts Kolbermoor und der Gemeinde Kirchdorf a.H., des Gemeinderats Vagen, der Kreisbauernschaft Rosenheim und verschiedener Firmen.
StA München, LRA 113 813.

Halbmonats- bzw. Monatsberichte des Bezirksamts Aichach (Oberbayern), Januar 1933–
November 1938.
StA München, LRA 99 497.

<Bezirksamt Aichach (Oberbayern)> Halbmonats- bzw. Monatsberichte der Gendarmerie-Hauptstation und der Gendarmerie-Stationen, 2. Hälfte März und 1. Hälfte Mai 1933, Juli 1934 – Juni 1938 [fast vollständig, Lücken: Juni, Oktober 1937, Januar – März 1938].
StA München, LRA 99 532.

Halbmonats- bzw. Monatsberichte des Bezirksamts bzw. des Landrats Bad Brückenau (Unterfranken), Januar 1933 – Mai 1938, September – Oktober 1938, Februar – März 1939, November – Dezember 1941, Februar – April 1942. Darin: Einzelne Berichte der Gendarmerie-Stationen Bad Brückenau und Zeitlofs, Oktober 1937 – Januar 1938; Monatsberichte der Kreisbauernschaft Neustadt a. d. Saale, August 1942 – Oktober 1944 [Lücken: Oktober 1942, Februar, Juni, August, Oktober 1943, Februar – März, Juli, September 1944].
StA Würzburg, LRA Bad Brückenau 1840.

Monatsberichte des Bezirksamts bzw. des Landrats Berchtesgaden (Oberbayern), Juli 1934–März 1945 [Lücken: Mai 1936, Oktober 1937, September 1939–März 1940, April–Mai 1941, August, Oktober 1942, August, Oktober–Dezember 1943, Februar 1944]. Darin: Berichte der Schutzpolizei-Dienstabteilung Berchtesgaden, des Gendarmerie-Kreisführers, der Gendarmerie-Stationen, der Landratsamts-Außenstelle Bad Reichenhall und des Bürgermeisters der Stadt Bad Reichenhall, September 1939 – März 1945 [lückenhaft]; Berichte der NSDAP-Kreisleitung Berchtesgaden, 1943 – 1944 [sehr lückenhaft]; Berichte der SD-Außenstelle Berchtesgaden, November 1941 – März 1945 [lückenhaft]; einzelne Berichte des Arbeitsamts Traunstein.
StA München, LRA 29 655 – 29 656.

<Bezirksamt Berchtesgaden (Oberbayern)> Monatsberichte der Gendarmerie-Hauptstation, der Gendarmerie-Stationen, des Bezirksamts-Außensitzes Bad Reichenhall und des Bürgermeisters der Stadt Bad Reichenhall, März 1936 – August 1939 [1936 und 1937 sehr lückenhaft, 1938 fast vollständig, 1939 lückenhaft].
StA München, LRA 29 654.

Halbmonats- bzw. Monatsberichte des Bezirksamts bzw. des Landrats Ebermannstadt (Mittelfranken), Januar 1934 – Dezember 1944 [fast vollständig]. Darin: Berichte der Gendarmerie-Bezirksinspektion bzw. des -Kreisführers, der Gendarmerie-Hauptstation und der Gendarmerie-Stationen, Januar 1934 – Dezember 1944 [fast vollständig].
StA Bamberg, K 8/III/18 470 – 18 475.

<Bezirksamt Ebersberg (Oberbayern)> Halbmonats- bzw. Monatsberichte der Gendarmerie-Hauptstation und der Gendarmerie-Stationen, Januar 1933 – Dezember 1936 [fast vollständig]. Darin: Einzelne Berichte der Landwirtschaftsstelle Wasserburg.
StA München, LRA 76 887.

Halbmonats- bzw. Monatsberichte des Bezirksamts Friedberg (Oberbayern), Januar

1933 – Juli 1936, und zweimonatliche Wirtschaftliche Lageberichte, August 1936 – September 1938 [Lücken: Oktober/November 1936, April/Mai-Juni/Juli 1937]. Darin: Halbmonats- bzw. Monatsberichte der Gendarmerie-Stationen, Juni 1933 – Mai 1936, und zweimonatliche Wirtschaftliche Lageberichte, August 1936 – Dezember 1939 [Lücke: Januar-Mai 1939]; Monatsberichte der Bürgermeister der Stadt Friedberg und des Markts Mering, Dezember 1938 – Mai 1940; Wochenberichte des Landrats Friedberg an den Reichsverteidigungskommissar, Januar 1943 – August 1944.
Landratsamt Friedberg, VII/12/6.

Halbmonats- bzw. Monatsberichte des Bezirksamts bzw. des Landrats Garmisch-Partenkirchen (Oberbayern), Januar 1933 – November 1941 [lückenhaft] und März 1943. Darin: Berichte der Schutzpolizei-Dienstabteilung Garmisch-Partenkirchen, der Gendarmerie-Bezirksinspektion bzw. des -Kreisführers, der Gendarmerie-Hauptstation und der Gendarmerie-Stationen, Dezember 1934 – November 1944 [sehr lückenhaft] und Februar 1945; einzelne Wochenberichte der NSDAP-Kreisleitung Garmisch-Partenkirchen, April-Dezember 1940; einzelne Berichte der SD-Außenstelle Garmisch-Partenkirchen, 1942.
StA München, LRA 61 611 – 61 620.

Monatsberichte des Landrats Mühldorf (Oberbayern), Februar 1939 – Dezember 1944 [fast vollständig]. Darin: Berichte der Schutzpolizei-Dienstabteilung Mühldorf, des Gendarmerie-Kreisführers und der Gendarmerie-Stationen, April 1939 – Dezember 1944 [lückenhaft]; Berichte der Landwirtschaftsstelle Mühldorf, Februar 1939 – Dezember 1944 [lückenhaft]; Wirtschaftliche Lageberichte des Arbeitsamts, des Finanzamts, der Kreishandwerkerschaft, des Kulturbauamts, des Staatlichen Gesundheitsamts, der Wirtschaftsgruppe Einzelhandel (Kreisgruppe Mühldorf), der Kreisbauernschaft und verschiedener Firmen, März 1940 – Dezember 1941 [lückenhaft]; einzelne Berichte der Bürgermeister der Stadt Mühldorf, des Markts Neumarkt-St. Veit und der Gemeinde Mößling, der NSDAP-Kreisleitung Mühldorf, der Jäger-Standarte 3 »Dietrich Eckart« der SA und der DAF-Kreiswaltung Mühldorf, April 1939 – Dezember 1944.
StA München, LRA 135 112 – 135 117.

Monatsberichte des Bezirksamts Schrobenhausen (Oberbayern), Juli 1934 – Dezember 1938. Darin: Berichte der Gendarmerie-Bezirksinspektion, der Gendarmerie-Hauptstation, der Gendarmerie-Stationen und der Landwirtschaftsstelle Schrobenhausen, Oktober 1936 – Dezember 1938 [fast vollständig].
StA München, LRA 59 595.

Halbmonats- bzw. Monatsberichte des Bezirksamts bzw. des Landrats Bad Tölz (Oberbayern), März 1933 – Dezember 1939 [lückenhaft]. Darin: Berichte der Gendarmerie-Bezirksinspektion, der Gendarmerie-Hauptstation und der Gendarmerie-Stationen, März 1933 – Dezember 1939 [lückenhaft].
StA München, LRA 134 054 – 134 060.

Halbmonats- bzw. Monatsberichte des Bezirksamts bzw. des Landrats Weißenburg i.B. (Mittelfranken), Januar 1933 – 1941 [ab August 1934 sehr lückenhaft].
StA Nürnberg, BA Weißenburg i.B. Abg. 55/28.

Kreisunmittelbare Städte

Halbmonats- bzw. Monatsberichte des Stadtrats bzw. des Oberbürgermeisters von Bayreuth (Oberfranken), Januar 1933 – Dezember 1939 [Lücke: Dezember 1936].
Stadtarchiv Bayreuth, 8584.

Monatsberichte des Stadtrats bzw. des Oberbürgermeisters von Ingolstadt (Oberbayern), Januar 1933 – Juli 1939. Darin: Einzelne Berichte des Arbeitsamts, der Kreishandwerkerschaft und des Polizeiamts Ingolstadt, 1938 – 1939.
Stadtarchiv Ingolstadt, A XVI/142.

Halbmonats- bzw. Monatsberichte des Stadtrats bzw. des Bürgermeisters der Stadt Bad Kissingen (Unterfranken), Januar 1933 – Juli 1939.
Stadtarchiv Bad Kissingen, B/1/4.

Halbmonats- bzw. Monatsberichte des Stadtrats bzw. des Bürgermeisters der Stadt Schwabach (Mittelfranken), Januar 1933 – Dezember 1938 und Januar-März 1945.
Stadtarchiv Schwabach, II 1a/12 [Januar 1933 – Juli 1934], II 1a/15 [August 1934 – Dezember 1938] und II 1a/17 [Januar-März 1945].

b. POLIZEI

Reichssicherheitshauptamt/Amt IV

Meldungen wichtiger staatspolizeilicher Ereignisse. Hrsg. vom RSHA/Amt IV, August 1941 – September 1944. [Die Meldungen erschienen dreimal wöchentlich bis zum 31.7.1942, zweimal wöchentlich bis zum 31.1.1943, von da an nur noch einmal wöchentlich.]
BA, R 58/195 – 213.

Bayerische Politische Polizei bzw. Gestapo/Staatspolizeileitstelle München

Bericht der Bayerischen Politischen Polizei über »Die kommunistische Bewegung in Bayern seit der nationalen Revolution«, März – Oktober 1933.
StA München, LRA 47 089.

Berichte der Bayerischen Politischen Polizei über »Die illegalen marxistischen Bewegungen in Bayern«, 1934 und 1935.
GStA, MA 104 990.

Monatsberichte der Bayerischen Politischen Polizei bzw. [ab Oktober 1936] der Gestapo/Staatspolizeileitstelle München, September 1935 – November 1937.
StA Nürnberg, Polizeidirektion Nürnberg-Fürth 431 [September – Dezember 1935]; GStA, MA 106 687 – 106 690 [Januar 1936 – November 1937].

Polizeidirektionen[2]

Monatsberichte der Polizeidirektion München, Juli 1934 – November 1937 [Lücke: Oktober 1936].
GStA, MA 106 685.

Lageberichte der Polizeidirektion München, Juli 1934 – Januar 1936.
GStA, MA 106 697 [Juli 1934 – März 1935 und Juni 1935 – Januar 1936] und MA 104 990 [April/Mai 1935]. Teile auch in: GStA, Reichsstatthalter 280.

Monatsberichte der Polizeidirektion Augsburg, Oktober 1934 – März 1945 [Lücken: November 1934, Januar, März, Mai, Juli – September, November-Dezember 1935, März, November 1936, August 1937, Dezember 1942, März – April 1944].
GStA, MA 106 686 [Oktober 1934 – Oktober 1943] und MA 106 695 [November 1943 – März 1945].

Lageberichte der Polizeidirektion Augsburg, August 1934 – März 1936 [Lücke: Dezember 1934/Januar 1935].
GStA, MA 106 697. Teile auch in: GStA, Reichsstatthalter 280.

Politische Nachrichten der Polizeidirektion Nürnberg-Fürth, Oktober 1933 – März 1934 [lückenhaft]. Darin: Sonderberichte, Juni und September 1933.
StA Nürnberg, Polizeidirektion Nürnberg-Fürth 357.

c. Arbeitsverwaltung

<Reichstreuhänder der Arbeit> Sozialpolitische Berichte des Reichsarbeitsministers. Darin: Monatliche Berichte bzw. Auszüge aus den monatlichen Berichten der Reichstreuhänder der Arbeit über sozialpolitisches Geschehen in den Wirtschaftsgebieten, Februar 1937 – März 1939.
BA, R 43 II/528.

Monatliche Situationsberichte der bayerischen Arbeitsämter, Mai-August und Dezember 1934.
GStA, MA 106 765 [Mai-Juni 1934] und MA 106 767 [Juli-August und Dezember 1934]. Teile auch in: GStA, Reichsstatthalter 494.

d. Militärverwaltung

Wehrwirtschafts-Inspektionen bzw. Rüstungsinspektionen

Berichte der Wehrwirtschafts-Inspektion des Wehrkreises VII (München), April 1935 – August 1939.
BA/MA, RW 19/9-15 [April 1935 – Juli 1936], RW 19/17-22 [August 1936 – Februar 1937], RW 19/24 [März 1937], RW 19/27 [März/April 1937], RW 19/29 [Mai/Juni 1937], RW 19/31 [Juli/Au-

---
[2] Siehe Anm. 1.

gust 1937], RW 19/33 [September/Oktober 1937], RW 19/41 [November 1937 – Oktober 1938] und RW 19/57 [November 1938 – August 1939].

Berichte der Wehrwirtschafts-Inspektion des Wehrkreises XIII (Nürnberg), Dezember 1935 – August 1939.
BA/MA, RW 19/10-14 [Dezember 1935 – Juni 1936], RW 19/16-21 [Juli 1936 – Januar 1937], RW 19/23 [Februar 1937], RW 19/25 [März 1937], RW 19/27 [März/April 1937], RW 19/29 [Mai/Juni 1937], RW 19/31 [Juli/August 1937], RW 19/33 [September/Oktober 1937], RW 19/48 [November 1937-November 1938] und RW 19/63 [Dezember 1938 – August 1939].

Geschichte der Rüstungsinspektion des Wehrkreises VII (München), September 1939 – April 1942.
BA/MA RW 20-7/16-17.

Geschichte der Rüstungsinspektion des Wehrkreises XIII (Nürnberg), September 1939 – April 1942.
BA/MA, RW 20-13/8-9.

Rüstungskommandos

Kriegstagebuch des Rüstungskommandos München (Wehrkreis VII), Januar 1943 – Juni 1944.
BA/MA, RW 21-47/1-6.

Kriegstagebuch des Rüstungskommandos Augsburg (Wehrkreis VII), September 1939 – Dezember 1944 [Lücken: Juli – Dezember 1942 und April/Mai 1944].
BA/MA, RW 21-1/1-12.

Kriegstagebuch des Rüstungskommandos Nürnberg (Wehrkreis XIII), August 1939 – September 1944.
BA/MA, RW 21-48/1-9.

Kriegstagebuch des Rüstungskommandos Regensburg (Wehrkreis XIII), September 1942 – September 1944.
BA/MA, RW 21-52/1-3.

Kriegstagebuch des Rüstungskommandos Würzburg (Wehrkreis XIII), August 1939 – Oktober 1944.
BA/MA, RW 21-65/1-6.

e. JUSTIZ

Lageberichte des Oberlandesgerichtspräsidenten von München, Januar 1940 – November 1944, und Lageberichte des Generalstaatsanwalts bei dem Oberlandesgericht München, Januar 1940 – Oktober 1944 [fast vollständig].
BA, RJM R 22/3379.

Lageberichte des Oberlandesgerichtspräsidenten von Nürnberg, Januar 1940 – Dezem-

ber 1944, und Lageberichte des Generalstaatsanwalts bei dem Oberlandesgericht Nürnberg, Februar 1940 – Januar 1945 [fast vollständig].
BA, RJM R 22/3381.

Lageberichte des Oberlandesgerichtspräsidenten von Bamberg, Januar 1940 – Dezember 1944, und Lageberichte des Generalstaatsanwalts bei dem Oberlandesgericht Bamberg, Februar 1940 – Februar 1945 [fast vollständig].
BA, RJM R 22/3355.

2. NSDAP

a. Politische Organisation

<Gau Franken> Weltanschauliche Berichte [Stimmungs- und Lageberichte] der Schulungsleiter der elf Kreisleitungen, Januar 1943 – Dezember 1944 [sehr lückenhaft].
StA Nürnberg, NSDAP vorl. Ordner 56-66.

<Gau Mainfranken> Stimmungsberichte der Kreisleitungen/Kreispropagandaleiter, August 1939 – Januar 1940 [lückenhaft]. Darin: Einzelne Berichte des Gauwirtschaftsberaters, September – November 1939, des Kreiswirtschaftsberaters Aschaffenburg-Alzenau, September 1939, der DAF-Gauwaltung, September – Dezember 1939, der NS-Frauenschaft und des Deutschen Frauenwerks, August 1939 – Januar 1940, der Oberbürgermeister von Schweinfurt und Würzburg und des Bürgermeisters der Stadt Bad Kissingen, August-September 1939.
StA Würzburg, NSDAP I/2.

Politische Lage- und Tätigkeitsberichte der Kreisleitung Augsburg-Land (Gau Schwaben), Januar 1941 – Dezember 1944 [lückenhaft].
StA Neuburg, NSDAP (Bestand noch ungeordnet).

Politische Lageberichte der Kreisleitung (Oberbereichsleiter, Kreisleiter oder Propagandaleiter) Augsburg-Stadt (Gau Schwaben), Januar 1939-November 1942 [sehr lückenhaft].
StA Neuburg, NSDAP (Bestand noch ungeordnet).

<Kreisleitung Dinkelsbühl (Gau Franken)> Stimmungsberichte der Ortsgruppe Rökkingen, Februar – Dezember 1938 [lückenhaft].
LKA Nürnberg, KKE 75.

Monatsberichte der Kreisleitung/Kreispropagandaleiter Eichstätt (Gau Franken), Dezember 1934 – Dezember 1936 [1936 zum Teil zwei- und dreimonatliche Stimmungsberichte] und November-Dezember 1938 und Monatsberichte der Kreisleitung/Kreisschulungsleiter, Februar-Mai 1939. Darin: Berichte der Ortsgruppen, Stützpunkte und Kameradschaften, Januar-Juli 1939 [fast vollständig]; Tätigkeitsberichte des Kreisbeauftragten des Rassenpolitischen Amts der NSDAP, Januar-Mai und Juli 1939; Monatsberichte der Kreisbauernschaft Weißenburg i.B., Januar und März-Juni 1939; einzelne Be-

richte des Amts für Kriegsopfer, des Amts für Agrarpolitik, der DAF-Kreiswaltung Eichstätt und der Kreishandwerkerschaft Eichstätt, 1937–1939.
StA Nürnberg, NSDAP vorl. Ordner 8.

<Kreisleitung Kronach bzw. Kronach-Stadtsteinach (Gau Bayerische Ostmark)> Monatsberichte [unterschiedlich bezeichnet als Stimmungs-, Lage- oder Tätigkeitsberichte] der Ortsgruppen und Stützpunkte, 1933–1945 [sehr lückenhaft]. Darin: Tätigkeitsberichte der Gauinspektion-Nord (Sitz Kronach), Dezember 1934 – Februar 1938 [sehr lückenhaft]; einzelne Berichte des Kreispropagandaleiters (Amt Aktive Propaganda), des Kreiswirtschaftsberaters, der Hauptstelle Wohlfahrtspflege, des Deutschen Frauenwerks, des NSLB, der DAF-Gauwaltung, des Arbeitsamts Coburg und verschiedener industrieller Unternehmen, 1933–1945.
StA Bamberg, M 33/29, 153–154, 175, 196–197.

<Kreisleitung Memmingen-Land (Gau Schwaben)> Monatsberichte [unterschiedlich bezeichnet als Stimmungs-, Lage- oder Tätigkeitsberichte] der Ortsgruppen und Stützpunkte, September 1933 – Dezember 1938 [lückenhaft]. Darin: Einzelne Berichte der Kreisleitung/Kreispropagandaleiter, Juni 1934 – Juni 1936.
StA Neuburg, NSDAP (Bestand noch ungeordnet).

<Kreisleitung Selb (Gau Bayerische Ostmark)> Monatsberichte [unterschiedlich bezeichnet als Stimmungs-, Lage- oder Tätigkeitsberichte] von 9 Ortsgruppen und Stützpunkten, 1933 – 1939 [sehr lückenhaft].
StA Bamberg, M 33/410.

b. GLIEDERUNGEN, ANGESCHLOSSENE VERBÄNDE UND FACHÄMTER

Sicherheitsdienst

Lagebericht des Chefs des Sicherheitsamts des Reichsführers SS, Mai/Juni 1934.
BA, R 58/229.

Berichte [vorwiegend Lageberichte] der SD-Hauptaußenstelle bzw. des SD-Abschnitts Würzburg und der SD-Außenstellen, Oktober 1939 – Juni 1944 [sehr lückenhaft].
StA Würzburg, SD-Hauptaußenstelle Würzburg 1-37.

Berichte des SD-Abschnitts Bayreuth (Abteilung III B2 – Völkische Minderheiten) an den Gaubeauftragten für Volkstumsfragen, Juli – Dezember 1942 [fast vollständig].
StA Bamberg, M 30/1049.

<SD-Hauptaußenstelle bzw. SD-Abschnitt Augsburg> Berichte der SD-Außenstelle Friedberg zur Stimmung und Lage, April 1942 – Februar 1945 [1944 sehr lückenhaft].
StA Neuburg, NSDAP (Bestand noch ungeordnet).

Nationalsozialistischer Lehrerbund

Weltanschauliche Lage- bzw. fachliche Tätigkeitsberichte des NSLB bzw. des Amts für Erzieher der Gauwaltungen München-Oberbayern, Franken, Bayerische Ostmark, Mainfranken und Schwaben, 1934 – 1937 [lückenhaft].
BA, NS 12/557 [Gauschulungsamt Bayerische Ostmark, Januar 1937], NS 12/826 [Fachschaft II (Höhere Schulen), 1935–1937], NS 12/904 [Abteilung Erziehung und Unterricht, 1935], NS 12/907 [Einzelne Fachschaften, 1935], NS 12/908 [1934–1935], NS 12/910 [1936–1937], NS 12/911 [Abteilung Presse und Propaganda, 1935–1936], NS 12/913 [Abteilung Schulung, 1935–1936], NS 12/916 [Abteilung Organisation, 1935–1937], NS 12/918 [Abteilung Schulung, 1935–1936], NS 12/926 [Abteilung Erziehung und Unterricht, 1935] und NS 12/927 [Abteilung Schulung, 1937].

Politische Monats- und fachliche Tätigkeitsberichte des NSLB bzw. des Amts für Erzieher der Gauwaltung München-Oberbayern, Januar 1938 – Mai 1939 [Lücke: Juli-September 1938]. Darin: Berichte der Kreiswaltungen, Januar 1938 – Juni 1939 [sehr lückenhaft]; Vierteljahresbericht der Kreiswaltung Erding, Oktober-Dezember 1937; Berichte der Kreiswaltung Weilheim, Juni-Juli 1939 und September 1939 – März 1940.
StA München, NSDAP 983.

Rassenpolitisches Amt

Tätigkeitsberichte des Rassenpolitischen Amts der NSDAP, Gauamtsleitung München-Oberbayern, Februar-Dezember 1940. Darin: Tätigkeitsberichte der Hauptstelle Frauen- und Mädelarbeit, Januar-Dezember 1940 [Lücke: September 1940]; Tätigkeitsbericht der Hauptstelle Praktische Bevölkerungspolitik, Oktober 1939 – Februar 1940; Tätigkeitsberichte der Kreisbeauftragten, 1940 [lückenhaft], und vereinzelt auch für 1941.
StA München, NSDAP 145.

Amt für Kommunalpolitik

Tätigkeitsberichte der Gauämter für Kommunalpolitik München-Oberbayern, Franken, Bayerische Ostmark, Mainfranken und Schwaben, Januar 1933 – Dezember 1941 [Lücken: Gau München-Oberbayern: Juni-August 1934, Oktober 1934 – Januar 1936, März-Mai, Juli-Dezember 1936, Juni-August, Oktober 1937, Dezember 1937 – Juni 1938, August 1938 – Dezember 1941; Gau Franken: Januar 1934, Dezember 1937 – November 1938, April-Juni, August, Oktober 1940; Gau Bayerische Ostmark: März-Dezember 1934, März, September-Oktober 1935, August 1936, Oktober 1936 – November 1938, September 1939 – April 1941, Juli, November-Dezember 1941; Gau Mainfranken: Mai, Juli-August, November1936, April 1937, Oktober 1939 – Mai 1940, Juli-August 1940; Gau Schwaben: August 1937, August 1938, Februar, April 1939, Juli 1939 – Juni 1940, Februar-April 1941].
BA, NS 25/298–300 [Gau München-Oberbayern], NS 25/218 und 220–221 [Gau Franken], NS

25/188 und 190 [Gau Bayerische Ostmark], NS 25/283–286 [Gau Mainfranken], NS 25/351 – 354 [Gau Schwaben].

3. DEUTSCHE ARBEITSFRONT

<Gau Bayerische Ostmark> Halbmonatliche, monatliche und Jahresberichte der Gauorganisationsabteilung der DAF, 1935–1940 [sehr lückenhaft]. Darin: Monatsberichte der Kreiswaltungen, April-August 1940 [lückenhaft]; einzelne Jahresberichte der Kreisobmänner, 1937–1938; monatliche oder vierteljährliche Tätigkeitsberichte der Abteilung Frauen, 1937–1939 [lückenhaft].
StA Bamberg, M 30/731.

<Gau Bayerische Ostmark> Monatliche Tätigkeitsberichte des Gauobmanns der DAF, Dezember 1935 – Juni 1938 [lückenhaft] und Juli 1938–1941 [sehr lückenhaft].
StA Bamberg, M 30/545.

<Gau Bayerische Ostmark> Monatliche Tätigkeitsberichte der DAF-Kreiswaltungen, März-Juni 1936 [lückenhaft]. Darin: Einzelne Tätigkeitsberichte der Abteilung Presse und Propaganda und der Abteilung Arbeitsdank, März-Juni 1936.
StA Bamberg, M 30/541–544.

4. EVANGELISCHE KIRCHE

Monatsberichte der Kapitelsbeauftragten für Volksmission, Oktober 1933 – April 1934 für die Dekanate Bamberg (Oberfranken), Bayreuth (Oberfranken), Berneck (Oberfranken), Coburg (Oberfranken), Eyrichshof (Unterfranken), Hof (Oberfranken), Münchberg (Oberfranken), Neumarkt (Oberpfalz), Rothausen (Unterfranken), Rügheim (Unterfranken), Schweinfurt (Unterfranken), Weiden (Oberpfalz), Juli 1934 für die Dekanate Bayreuth und Rothausen.
LKA Nürnberg, Amt für Volksmission 9 (Dekanate A-Mi) und 6 (Dekanate Mu-Z).

Visitationsberichte evangelischer Dekane bzw. Kreisdekane aus den bayerischen Dekanaten Augsburg (Schwaben), 1933–1936, Heidenheim (Mittelfranken), 1933–1943, Hof (Oberfranken), 1934–1942, Kitzingen (Unterfranken), 1933–1941, Schwabach (Mittelfranken), 1933–1941 und Schweinfurt (Unterfranken), 1933–1941 [fast vollständig].
LKA Nürnberg, Dekanat Augsburg 162, Dekanat Heidenheim 98, Dekanat Hof, Visitationen 1934–1942, Dekanat Kitzingen 325, Dekanat Schwabach 207 und Dekanat Schweinfurt 146.

Abkürzungsverzeichnis

Abg.	Abgabe
abgedr.	abgedruckt
a. D.	außer Dienst
ADGB	Allgemeiner Deutscher Gewerkschaftsbund
AKRS	Arbeitskreis revolutionärer Sozialisten
AO	Anordnung
AStA	Bayerisches Hauptstaatsarchiv, Abt. I, Allgemeines Staatsarchiv, München
BA	Bezirksamt
BA	Bundesarchiv, Koblenz
BA/MA	Bundesarchiv/Militärarchiv, Freiburg
Bd.	Band
BDC	Berlin Document Center
BdM	Bund Deutscher Mädel
BPP	Bayerische Politische Polizei
BVP	Bayerische Volkspartei
CVJM	Christlicher Verein Junger Männer
DAF	Deutsche Arbeitsfront
DC	Deutsche Christen
DDP	Deutsche Demokratische Partei
DDR	Deutsche Demokratische Republik
DGO	Deutsche Gemeindeordnung
DJ	Deutsche Jugend
DNB	Deutsches Nachrichtenbüro
DNVP	Deutschnationale Volkspartei
Dok.	Dokument
ds. Mts.	des Monats
dt.	deutsch
DVP	Deutsche Volkspartei
Gestapa	Geheimes Staatspolizeiamt
Gestapo	Geheime Staatspolizei
GStA	Bayerisches Hauptstaatsarchiv, Abt. II, Geheimes Staatsarchiv, München
GVBl.	Gesetz- und Verordnungsblatt für den Freistaat Bayern

Abkürzungsverzeichnis

H.	Heft
HJ	Hitlerjugend
Hrsg.	Herausgeber, herausgegeben
IfZ	Institut für Zeitgeschichte, München
ISK	Internationaler Sozialistischer Kampfbund
Jg.	Jahrgang
JM	Jungmädel
JV	Jungvolk
K-Bannführer	Kriegsbannführer
KdF	Kraft durch Freude
KJVD	Kommunistischer Jugendverband Deutschlands
KPC	Kommunistische Partei der Tschechoslowakei
KPD	Kommunistische Partei Deutschlands
KTB	Kriegstagebuch
KZ	Konzentrationslager
LKA	Landeskirchliches Archiv, Nürnberg
MNN	Münchner Neueste Nachrichten
NS	Nationalsozialismus
NSBO	Nationalsozialistische Betriebszellen-Organisation
NSDAP	Nationalsozialistische Deutsche Arbeiterpartei
NS-Hago	Nationalsozialistische Handwerks-, Handels- und Gewerbeorganisation
NSKOV	Nationalsozialistische Kriegsopferversorgung
NSLB	Nationalsozialistischer Lehrerbund
NSV	Nationalsozialistische Volkswohlfahrt
o. D.	ohne Datum
o. J.	ohne Jahr
OKW	Oberkommando der Wehrmacht
OLG	Oberlandesgericht
o. O.	ohne Ort
o. Sign.	ohne Signatur
Pg.	Parteigenosse
RAD	Reichsarbeitsdienst
RdErl. d. RMdI	Runderlaß des Reichsministeriums des Innern
Reg.Präs.	Regierungspräsident

RFSS	Reichsführer SS
RGBl.	Reichsgesetzblatt
RGO	Revolutionäre Gewerkschaftsopposition
RH	Rote Hilfe
RMBliV	Reichsministerialblatt für die innere Verwaltung
RMfWEuV	Reichsminister(ium) für Wissenschaft, Erziehung und Volksbildung
RSHA	Reichssicherheitshauptamt
RVBl.	Reichsverfügungsblatt
Rü-; Rü-In	Rüstungs-; Rüstungsinspektion
SA	Sturmabteilung
SAJ	Sozialistische Arbeiterjugend
SAP	Sozialistische Arbeiterpartei Deutschlands
SD	Sicherheitsdienst
SPD	Sozialdemokratische Partei Deutschlands
SS	Schutzstaffel
StA	Staatsarchiv
StdF	Stellvertreter des Führers
StGB	Strafgesetzbuch
uk, UK	unabkömmlich (in der Kombination uk-gestellt oder Uk-Stellung)
VB	Völkischer Beobachter
Vg.	Volksgenosse
VM, V-Mann	Vertrauensmann eines Nachrichtendienstes
VO	Verordnung
VOBl.	Verordnungsblatt
vorl.	vorläufig
WBK	Wehrbezirkskommando
WHW	Winterhilfswerk
Zit.	Zitat, zitiert
ZK	Zentralkomitee
Ztschr.	Zeitschrift

Ortsregister

In das Register wurden nur Bezeichnungen von Orten und Bezirken bzw. ab 1939 Landkreisen aufgenommen, die innerhalb Bayerns (ohne Pfalz) liegen. In Klammern wurde die vor der Gebietsreform von 1972 gegebene Zugehörigkeit hinzugefügt, sofern nicht Orts- und Bezirks/Landkreis-Bezeichnungen identisch sind.

Adelsdorf (Höchstadt a. d. Aisch) 165, 480
Affing (Aichach) 328, 360
Ahorn (Coburg) 388
Aibling siehe Bad Aibling
Aichach 15, 327–368, 458, 691
Aidhausen (Hofheim) 599
Aindling (Aichach) 328, 354, 362
Albertshof (Ebermannstadt) 32, 49, 106, 109, 114, 131, 162, 179, 187
Allach siehe München
Allersberg (Hilpoltstein) 399
Almoshof siehe Nürnberg
Altenstadt (Illertissen) 457, 472
Altershausen (Haßfurt) 380
Altomünster (Aichach) 328, 349, 354, 367
Altötting 129, 219, 338, 343, 345, 361, 551, 676, 680, 686
Alzenau 239, 243, 436, 452, 696
Amberg 63, 218, 221, 225, 227, 247, 260, 266, 274, 314, 473, 478
Amendingen (Memmingen) 510
Amerdingen (Nördlingen) 73, 185
Anger (Berchtesgaden) 662, 672
Ansbach 23, 147, 167 f., 189, 191, 301, 414 f., 440, 484, 571, 589
Anzing (Ebersberg) 679
Argelsried (Starnberg) 219
Arnsberg (Eichstätt) 501
Arzberg (Wunsiedel) 216
Asch (Hof) 227, 263
Aschaffenburg 203, 221, 243, 290, 311, 320 f., 428, 438, 440, 450, 478, 592 f., 624, 666, 696
Attenhausen (Memmingen) 491
Au (Berchtesgaden) 629, 674, 678
Aubing siehe München
Auernhofen (Uffenheim) 581
Aufseß (Ebermannstadt) 23, 32, 35 ff., 44 f., 60, 66 f., 71 f., 76, 78, 82, 86 ff., 90, 94, 97, 99 f., 103, 106, 108–111, 113, 115 ff., 125 f., 128 ff., 132, 135, 137 ff., 140, 144, 147, 156, 169 ff., 173, 175 f., 179, 181, 183, 186, 188, 190
Augsburg 195–199, 202 f., 210, 214 f., 220, 224, 226 f., 229, 231, 235, 237–241, 243, 246, 250, 254–259, 269, 271, 279 ff., 283 f., 291, 294–297, 305 ff., 310 ff., 316 f., 328, 332, 343, 345, 365, 402, 407 f., 427 f., 431, 433, 447 ff., 454, 457, 460, 472, 477, 479, 483, 536 ff., 552, 574, 628, 631, 646, 661, 694–697, 699

Bad Aibling 258, 666–670, 673–684, 690
Bad Brückenau 432, 640 ff., 645 ff., 649–653, 657 f., 661, 691
Bad Kissingen 379, 408, 432, 440, 450 f., 481, 568, 611, 621, 632, 637, 648, 653, 655, 658, 693, 696
Bad Kohlgrub (Garmisch-Partenkirchen) 669, 675
Bad Neustadt a. d. Saale 380, 409, 461, 474, 533, 604, 617, 619, 624, 639 f., 643, 645, 653, 655, 659, 691
Bad Reichenhall (Berchtesgaden) 243, 476, 550, 691
Bad Tölz 344, 435, 451, 453, 461, 671, 674, 682, 692
Bad Wiessee (Miesbach) 461
Bad Windsheim (Uffenheim) 685
Bad Wörishofen (Mindelheim) 167
Bamberg 31 f., 43, 47, 56, 77, 84, 88, 94, 96 ff., 157, 162, 173, 175, 185, 247 f., 297, 299, 375, 391 ff., 427 f., 465, 468, 627, 696, 699
Bayerisch-Gmain (Berchtesgaden) 243, 476
Bayreuth 31 f., 43, 45, 66, 68, 70, 77, 80, 82, 84, 87, 96–99, 111, 114 f., 126, 128, 133 ff., 139, 143, 145 f., 155, 163, 165, 172 ff., 178, 181 ff., 186, 188 f., 196, 212, 223, 248, 269, 274, 282, 371–374, 389, 391, 394 f., 401, 436, 439, 461, 465, 479, 492, 529, 539, 552, 593, 627 f., 630, 693, 697, 699
Bechhofen (Feuchtwangen) 468
Behringersdorf (Lauf) 212
Beikheim (Kronach) 513
Beilngries 399, 449
Benk (Bayreuth) 394
Benningen (Memmingen) 491, 497, 504
Berchtesgaden 302, 593 f., 626 f., 629 f., 634, 638, 641, 648, 659, 662 ff., 666, 672 f., 680, 684, 691
Berg (Hof) 419, 421
Berg (Schrobenhausen) 471
Berneck (Bayreuth) 396 f., 699

Bibergau (Kitzingen) 480
Biebelried (Kitzingen) 636
Bindlach (Bayreuth) 394
Binswangen (Wertingen) 472
Birkenreuth (Ebermannstadt) 49, 86, 89, 98, 108, 131, 166 f., 180
Bischofsgrün (Kulmbach) 219, 396
Böbing (Schongau) 233
Bodenmais (Regen) 266, 464 f.
Böhen (Memmingen) 491
Boos (Memmingen) 491, 498
Bramberg (Ebern) 616
Breitbrunn (Haßfurt) 658
Breitenbach (Ebermannstadt) 50, 185
Breitenlesau (Ebermannstadt) 39, 50, 57, 87, 147
Breitenlohe (Scheinfeld) 513
Brückenau siehe Bad Brückenau
Bruckmühl (Bad Aibling) 667, 682 f.
Brunn (Ebermannstadt) 35, 41, 49, 82
Brunst (Rothenburg o. d. Tauber) 583
Buchberg (Wolfratshausen) 285
Büchenbach (Pegnitz) 239
Burggaillenreuth (Ebermannstadt) 40, 50, 179, 183
Burggrub (Ebermannstadt) 37, 45, 50, 86, 186 f.
Burghausen (Altötting) 207, 279
Burglengenfeld 199, 260, 266, 270, 275, 284
Burgstall (Kronach) 513
Busbach (Bayreuth) 394
Buttenheim (Bamberg) 392
Buttenwiesen (Wertingen) 472
Buxheim (Eichstätt) 509

Cham 63, 247, 266, 299, 464
Coburg 32, 199, 248, 370, 380, 383, 387 f., 436, 697, 699

Dachau 118 f., 181, 209, 212, 215, 218, 236, 239 f., 245, 247, 262, 267, 272 f., 279 f., 283, 286, 341, 354, 358 f., 364, 455, 474, 477 f., 670, 674
Darching (Miesbach) 222
Dasing (Friedberg) 662
Deggendorf 222, 232, 252, 321
Demmelsdorf (Bamberg) 74
Dettendorf (Bad Aibling) 674, 678
Dießen (Landsberg) 273
Dillingen a. d. Donau 283, 477, 567
Dingolfing 247, 320
Dinkelsbühl 276, 434, 456, 468, 473, 489, 492, 516 f., 571, 574, 576 f., 696
Döhlau (Hof) 420 ff.

Dollnstein (Eichstätt) 520 f.
Donauwörth 457, 476
Donndorf (Bayreuth) 394
Doos (Ebermannstadt) 144, 189
Dörflis (Haßfurt) 380
Draisendorf (Ebermannstadt) 36, 97
Drosendorf (Ebermannstadt) 46, 50, 59, 61, 84, 150, 183
Drügendorf (Ebermannstadt) 50, 55, 61, 108, 157, 173
Dünkelhammer (Wunsiedel) 272 f.
Dürrbrunn (Ebermannstadt) 50, 105, 158, 180
Dutzendteich siehe Nürnberg

Ebenhausen (Ingolstadt) 309
Ebermannstadt 15 f., 21–192, 194, 327, 329, 691
Ebern 301, 601, 616
Ebersberg 218, 220, 346, 353, 451, 679, 691
Ebersdorf (Kronach) 523
Eching (Landsberg) 233
Eckersdorf (Bayreuth) 394
Eggenfelden 474, 478
Egmating (Ebersberg) 451 f.
Eibach siehe Nürnberg
Eichelsbach (Obernburg) 625
Eichenau (Fürstenfeldbruck) 233
Eichstätt 53, 441 f., 449, 471, 473, 489, 492 f., 499–504, 507, 509 f., 518–521, 523–526, 571, 581 f., 584–587, 589 f., 696 f.
Eitensheim (Ingolstadt) 524
Ellingen (Weißenburg) 433, 580
Emskirchen (Neustadt a. d. Aisch) 649
Emtmannsberg (Bayreuth) 394
Engelhardsberg (Ebermannstadt) 45, 49, 179
Erbendorf (Neustadt a. d. Waldnaab) 218, 398
Erding 678, 698
Erkersreuth (Selb) 495, 499
Erkheim (Memmingen) 505
Erlangen 41, 158, 160, 166, 303, 370, 373, 417, 435, 438, 456, 571
Erlenstegen siehe Nürnberg
Ermreuth (Forchheim) 461
Eschlipp (Ebermannstadt) 50, 187
Eschlkam (Kötzting) 316
Ettal (Garmisch-Partenkirchen) 674 f., 682
Ettringen (Mindelheim) 217
Euerbach (Schweinfurt) 379, 408
Eyrichshof (Ebern) 382 ff., 699

Falkenstein (Roding) 541
Feilnbach (Bad Aibling) 667, 677, 681
Feldkirchen (Bad Aibling) 675, 683

Ortsregister

Fellendorf siehe Oberfellendorf
Fellheim (Memmingen) 472, 491, 507
Fernreuth (Ebermannstadt) 86
Feucht (Nürnberg) 578
Feuchtwangen 468, 577
Fichtelberg (Bayreuth) 219, 227
Fischach (Augsburg) 447, 479
Fischbach (Kronach) 522
Fischbach (Nürnberg) 285
Floß (Neustadt a. d. Waldnaab) 398
Flossenbürg (Neustadt a. d. Waldnaab) 398
Föching (Miesbach) 222
Forchheim 31 ff., 37, 39, 41, 43, 52, 55, 57 f., 63, 89, 100, 132, 157, 160, 184, 186, 391 f., 461
Forth (Erlangen) 456
Frankenhammer (Bayreuth) 396
Freienfels (Ebermannstadt) 37, 44, 46, 50, 109
Freihung (Amberg) 398
Freilassing (Laufen) 217
Freising 353, 470, 544
Friedberg 214 f., 335, 339, 593, 628 f., 631–634, 636 f., 643, 646, 654, 659, 661 f., 672, 691 f., 697
Friesen (Kronach) 506
Fröhstockheim (Kitzingen) 402, 404 f., 409 f.
Frommetsfelden (Rothenburg o. d. Tauber) 580
Fuchsstadt (Hammelburg) 321
Fürstenfeldbruck 213, 256, 671
Fürstenstein (Passau) 266
Furth i. Wald (Cham) 239, 299
Fürth 117, 119, 157 f., 160 f., 166, 181, 186, 188, 215, 227, 229 f., 232, 239, 248, 256, 268, 271 ff., 277, 299, 314, 318, 327 f., 435, 437, 472, 484 f., 571, 581, 591, 687, 694
Füssen 210

Gaiganz (Forchheim) 55
Garitz (Kissingen) 450
Garmisch-Partenkirchen 353, 448, 453 f., 468, 543, 668 ff., 674 ff., 679, 682, 692
Gasseldorf (Ebermannstadt) 50
Gastenfelden (Rothenburg o. d. Tauber) 580
Gattendorf (Hof) 420 ff.
Gaubüttelbrunn (Ochsenfurt) 599
Gaukönigshofen (Ochsenfurt) 606
Gefrees (Bayreuth) 397
Gehülz (Kronach) 511
Gemünden 561
Gendorf (Altötting) 676
Gerbrunn (Würzburg) 606
Germering (Fürstenfeldbruck) 240, 245

Gern (Berchtesgaden) 663
Geroda (Bad Brückenau) 432
Gerolzhofen 461, 480, 639 f., 651
Gersthofen (Augsburg) 269
Gesees (Bayreuth) 394
Glashütten (Bayreuth) 479
Gleisenau (Haßfurt) 392
Gochsheim (Schweinfurt) 408
Goldkronach (Bayreuth) 396 f.
Gollhofen (Uffenheim) 581
Gösseldorf (Ebermannstadt) 50, 62, 114, 144, 183, 188
Gößmannsberg (Ebermannstadt) 35, 179
Gößweinstein (Pegnitz) 131
Götzendorf (Ebermannstadt) 50
Grafenau 261, 274
Grafenwöhr (Eschenbach) 286, 398
Grassau (Traunstein) 543
Graswang (Garmisch-Partenkirchen) 674
Greifenstein (Ebermannstadt) 73 f., 184–187
Griesbäckerzell (Aichach) 328
Gröbenzell (München) 233
Grombühl siehe Würzburg
Grönenbach (Memmingen) 505
Großbirkach (Bamberg) 392
Großgarnstadt (Coburg) 388
Großkarolinenfeld (Bad Aibling) 678
Großlangheim (Kitzingen) 480, 599
Grümpel (Kronach) 512
Grünwald (München) 300, 670
Günz (Memmingen) 491
Guggenberg (Memmingen) 491, 497
Gundelsdorf (Aichach) 347, 350, 365
Günzburg 457, 466, 472
Gunzenhausen 263, 369, 440, 580
Guttenberg (Stadtsteinach) 514

Haag (Bayreuth) 394
Hagenbach (Ebermannstadt) 49, 60, 105, 112, 124 f., 129
Haidholz (Bogen) 239
Hainbach (Ebermannstadt) 86, 98, 147
Haitzen (Memmingen) 491
Hammelburg 321, 642, 645, 650, 661
Hammerau (Laufen) 258
Harburg (Donauwörth) 457
Hartershofen (Rothenburg o. d. Tauber) 587
Harthausen (Bad Aibling) 678
Haslach (Traunstein) 470, 544, 551
Hasloch (Marktheidenfeld) 282
Haßfurt 380 f., 563, 566, 604, 617 f., 658
Haßlach (Kronach) 494
Haunswies (Aichach) 341
Hausham (Miesbach) 233, 313, 671 f.

Hawangen (Memmingen) 491
Hedersdorf (Lauf) 256
Heidenheim (Gunzenhausen) 699
Heigenbrücken (Aschaffenburg) 450
Heilbrunn (Bad Tölz) 453
Heiligenstadt (Ebermannstadt) 23, 31 f., 35 ff., 40 ff., 44, 46, 49, 54 ff., 58, 65, 69, 73 f., 76, 82, 84 ff., 88, 95, 99 f., 103 ff., 110, 113 ff., 117, 121, 134, 142, 144, 149, 160, 173, 177, 180, 184–189
Heimertingen (Memmingen) 491, 503, 506
Hellingen (Hofheim) 380
Helmbrechts (Münchberg) 390
Henfenfeld (Hersbruck) 536
Heroldsberg (Ebermannstadt) 183, 188, 219
Heroldsberg (Erlangen) 437
Herrieden (Ansbach) 574
Herrnneuses (Neustadt a. d. Aisch) 561
Hersbruck 192, 456, 473, 584
Herzogenaurach (Höchstadt a. d. Aisch) 208
Heßdorf (Höchstadt a. d. Aisch) 166
Hesselbach (Kronach) 512
Hetzelsdorf (Ebermannstadt) 41, 49, 59, 105, 177
Hilgertshausen (Aichach) 328, 350
Hilpoltstein 22, 302, 462
Himmelkron (Bayreuth) 397
Hindelang (Sonthofen) 448
Hitzhofen (Eichstätt) 524
Hochberg (Traunstein) 268
Höchberg (Würzburg) 606
Höchstadt a. d. Aisch 31, 208, 480
Höchstädt a. d. Donau (Dillingen) 567
Hochstahl (Ebermannstadt) 50, 62, 67 f., 100, 103, 109, 113, 115, 129, 144, 150, 162
Hof 199, 205, 208, 224, 247 f., 253, 255, 259, 263, 269, 276, 279, 288, 293, 314, 375, 388 ff., 402 ff., 417–421, 423, 464 f., 510, 528, 699
Hofhegnenberg (Fürstenfeldbruck) 256
Hofheim 381
Hofstetten (Obernburg) 625
Hohenberg a. d. Eger (Rehau) 502 f.
Hohenberg (Stadtsteinach) 492
Hohenfels (Parsberg) 191, 282
Hohenpölz (Ebermannstadt) 41, 50, 98, 141
Hollfeld (Ebermannstadt) 23, 31 f., 37, 41, 44, 46 f., 50, 53–56, 59, 62, 66–69, 71 f., 79, 81, 83, 85, 87 f., 98 f., 104, 109, 114, 116, 121 f., 128, 132 f., 137, 141, 144, 149 ff., 157, 163, 169, 171 f., 174, 178, 181–184, 188, 190 f.
Holzhausen (Schweinfurt) 381
Holzheim (Dillingen a. d. Donau) 284

Holzkirchen (Miesbach) 222
Horbach (Stadtsteinach) 521, 523
Hörstein (Alzenau) 436
Hösbach (Aschaffenburg) 243
Hubenberg (Ebermannstadt) 85, 99
Hundshaupten (Forchheim) 157
Huppendorf (Ebermannstadt) 46, 50, 77, 86, 111, 141
Hurlach (Landsberg) 268

Ichenhausen (Günzburg) 457, 466, 472
Igenhausen (Aichach) 360
Illertissen 457
Inchenhofen (Aichach) 328, 350, 352, 360, 362 f., 366
Indersdorf (Dachau) 354
Ingolstadt 196, 243, 260, 282, 309, 319, 332, 337, 356, 449, 471, 678, 693
Insingen (Rothenburg o. d. Tauber) 459
Irlbach (Regensburg) 282
Irnsing (Kelheim) 247

Joditz (Hof) 419, 422
Johannisthal (Kronach) 522

Kahl (Alzenau) 452
Kainach (Ebermannstadt) 32, 41, 87, 98
Kaisten (Karlstadt) 653
Kaltenbrunn (Kronach) 513
Kaltenbrunn (Weiden) 398
Kanndorf (Ebermannstadt) 154 f.
Karlshuld (Neuburg a. d. Donau) 217
Karlstadt 653
Kaufbeuren 259, 262 f.
Kaupersberg (Ebermannstadt) 163
Kautendorf (Rehau) 419, 422
Keesberg siehe Würzburg
Kelheim 247, 440
Kemnath 227
Kempten 243, 567
Kiefersfelden (Rosenheim) 247, 670
Kiliansdorf (Nürnberg) 307
Kinding (Eichstätt) 520, 526
Kinsau (Schongau) 243
Kirchahorn (Pegnitz) 89
Kirchdorf a. Haunpold (Bad Aibling) 690
Kirchheim (Würzburg) 603, 608
Kirchseeon (Ebersberg) 218
Kissingen siehe Bad Kissingen
Kitzingen 402, 404, 409, 480, 599, 614, 619, 622, 636, 639 f., 644, 649, 651, 657 ff., 699
Kleinlangheim (Kitzingen) 480
Kleinrinderfeld (Würzburg) 599

Kleintettau (Kronach) 251
Kleinwallstadt (Obernburg) 438 f.
Klingen (Aichach) 328
Kobelsberg (Ebermannstadt) 53, 113
Köditz (Hof) 419, 422
Kohlberg (Weiden) 398
Kohlgrub siehe Bad Kohlgrub
Kolbermoor (Bad Aibling) 212, 257, 260, 276, 300, 303, 666, 673, 678, 684, 690
Königsberg (Hofheim) 380
Königsbrunn (Schwabmünchen) 407
Königsfeld (Ebermannstadt) 23, 31 f., 41, 46, 50, 64, 69, 77 f., 81, 84, 86, 89 f., 97 f., 100, 109, 111, 116, 124, 126, 141 f., 144, 182, 185, 188, 190
Königshofen 381, 385 ff., 599, 619
Konradsreuth (Hof) 419, 422
Kotzendorf (Ebermannstadt) 141
Kötzting 220, 266, 316
Krögelstein (Ebermannstadt) 32, 37, 45, 49, 56, 58, 74–79, 98, 109, 172, 178
Kronach 31 f., 72, 199, 251, 255, 269, 285, 489, 492–495, 507–515, 521–525, 534, 540, 547, 697
Kronburg (Memmingen) 491
Kropfmühle (Wegscheid) 467
Krummennaab (Neustadt a. d. Waldnaab) 214, 218
Kühbach (Aichach) 328, 363
Kulmbach 31 f., 39, 171, 199, 249, 272, 453
Kupferberg (Stadtsteinach) 249
Kürnach (Würzburg) 608

Lager-Lechfeld (Schwabmünchen) 317
Lam (Kötzting) 266
Landau a. d. Isar 230
Landsberg a. Lech 319, 363, 672, 674
Landshut 63, 320, 431 f., 469, 474
Langenau (Kronach) 514
Langenzen (Fürth) 687
Lanzendorf (Bayreuth) 397
Lauben (Memmingen) 491
Lauenstein (Kronach) 495
Lauf 54, 267, 269, 285, 292, 296, 565
Laufen 312, 353, 550
Laufzorn (München) 256
Lautrach (Memmingen) 491
Lechhausen siehe Augsburg
Leibarös (Ebermannstadt) 41, 111, 141 f.
Leidingshof (Ebermannstadt) 84, 191
Lengfeld (Würzburg) 603
Lenggries (Bad Tölz) 682
Leupoldsgrün (Hof) 420 ff.

Lichtenau (Neuburg a. d. Donau) 218
Lichtenfels 31, 199, 221, 252 f.
Lichtenhof (Nürnberg) 577, 579
Lindau 448, 463, 566
Lippertshofen (Eichstätt) 524
Löhlitz (Ebermannstadt) 37, 50, 109, 114
Lohr a. Main 243, 600, 618, 647, 653
Lonnerstadt (Höchstadt a. d. Aisch) 392
Ludwigstadt (Kronach) 511, 523
Luisenburg (Wunsiedel) 272 f.
Luitpoldhain siehe Nürnberg
Lützelsdorf (Ebermannstadt) 49

Mainbernheim (Kitzingen) 622
Maischlitz (Ebermannstadt) 126
Mallersdorf 568
Manching (Ingolstadt) 260
Mantel (Neustadt a. d. Waldnaab) 399
Marktbreit (Ochsenfurt) 480
Marktheidenfeld 653
Markt-Rettenbach (Memmingen) 491
Maroldsweisach (Ebern) 382
Marquartstein 543, 545
Maßbach (Bad Kissingen) 408
Maxfeld siehe Nürnberg
Mellrichstadt 385 ff.
Memmingen 217 f., 260, 262, 307, 317, 463, 472, 489, 491 ff., 497 f., 503–506, 508, 510, 697
Memmingerberg (Memmingen) 491, 504
Mengersdorf (Bayreuth) 394
Merching (Friedberg) 628
Mering (Friedberg) 339, 661, 672, 692
Mertingen (Donauwörth) 213
Miesbach 215, 219, 222, 253, 312 f., 455, 671
Milte siehe Würzburg
Miltenberg 243, 452
Mindelheim 260, 262
Mistelbach (Bayreuth) 394
Mistelgau (Bayreuth) 394, 479
Mittenwald (Garmisch-Partenkirchen) 276, 676
Mittergarching (Garmisch-Partenkirchen) 679
Mitterteich (Tirschenreuth) 211, 228
Mittlerweilersbach (Ebermannstadt) 37, 44, 66, 69 f., 94, 113
Mitwitz (Kronach) 513
Mögeldorf siehe Nürnberg
Moggast (Pegnitz) 141, 156
Moggendorf (Ebermannstadt) 150
Mößling (Mühldorf) 692
Muggendorf (Ebermannstadt) 23, 26, 31 f., 35, 37, 44, 46, 49, 54 f., 58, 60, 65, 67, 69 f., 72, 79 ff., 83, 85 f., 89 f., 95 f., 104 ff., 109, 114,

121, 123, 125, 133, 141 f., 144, 161 f., 170, 175, 178 ff., 183 f., 187, 189 ff.
Mühldorf 303, 334, 675 f., 692
Mühlhausen (Höchstadt a. d. Aisch) 392, 480
Münchberg 212, 255, 372, 390 f., 699
München 53, 72 f., 95, 107, 135, 149, 152, 186, 195, 197, 199–203, 207, 211, 214, 216, 218, 220, 223 f., 226, 229, 231, 233–240, 242–246, 250, 253, 255–260, 262–265, 267, 269 ff., 274–278, 287, 293, 296–300, 302, 304–309, 311 f., 314, 317, 320, 322–325, 328, 335, 343, 345, 353, 360 f., 364, 378, 389, 415, 427–433, 435, 441–447, 450, 452, 455 f., 458, 460, 463 f., 466 f., 470, 472, 475 f., 480, 482, 491, 527, 537 f., 540, 546, 574, 614, 634, 644 ff., 648, 658, 665 f., 669–672, 677 ff., 681, 686, 693 ff.
Münchenreuth (Hof) 420 ff.
Münster (Ebersberg) 451

Naila 212, 255
Nankendorf (Ebermannstadt) 50, 62, 67, 78 f., 109, 114 f., 144, 163, 176, 190
Nassach (Hofheim) 380
Nassenfels (Eichstätt) 519, 521, 525
Nemmersdorf (Bayreuth) 397
Nentschau (Hof) 420
Neuaubing siehe München
Neubeuern (Rosenheim) 683
Neuburg (Krumbach) 407
Neuburg a. d. Donau 217, 259, 449, 537
Neudorf (Ebermannstadt) 114, 139, 162
Neudrossenfeld (Kulmbach) 394
Neuendettelsau (Ansbach) 369, 371, 394
Neuhaus (Ebermannstadt) 56, 103 f., 111, 129 f.
Neuhausen siehe München
Neukirchen (Kötzting) 220, 266
Neumarkt i. d. Opf. 399 f., 473, 699
Neumarkt-St. Veit (Mühldorf) 692
Neundorf (Kronach) 513
Neunkirchen (Bayreuth) 394
Neunkirchen (Weiden) 399
Neuötting (Altötting) 686
Neuschönau (Grafenau) 212
Neuses (Ebermannstadt) 50, 112 f., 123
Neusitz (Rothenburg o. d. Tauber) 583
Neusorg (Kemnath) 227
Neustadt siehe Bad Neustadt a. d. Saale
Neustadt a. d. Aisch 456, 459, 473, 560, 571 f., 574, 579, 581, 590
Neustadt b. Coburg (Coburg) 221, 387
Neustadt a. Kulm (Eschenbach) 399

Neustadt a. d. Waldnaab 214
Neustädtles (Mellrichstadt) 387
Neu-Ulm 537
Niederdorf (Memmingen) 506
Niederfellendorf (Ebermannstadt) 187
Niedermirsberg (Ebermannstadt) 50, 57, 59, 62, 72, 94, 99, 104, 106, 112 f., 120 f., 123, 157
Niederrieden (Memmingen) 491, 497
Niederwerrn (Schweinfurt) 379, 408
Nonnberg (Altötting) 207
Nordenberg (Rothenburg o. d. Tauber) 587
Nordhalben (Kronach) 525
Nördlingen 185, 258, 467
Nürnberg 44, 70, 73, 75, 93, 95, 99, 117, 119, 127, 129, 138, 157–161, 166–170, 173, 178, 180–183, 185–190, 197–200, 202 f., 214 f., 222, 224, 227, 229 f., 232, 235, 238–241, 243, 245, 248 f., 254, 256 f., 259–263, 266, 268, 271–274, 277, 281–284, 286–292, 295 ff., 299, 301, 303 f., 306 ff., 313–316, 380 f., 384, 388, 415 f., 427 ff., 431, 434 ff., 448, 456, 461, 463, 469, 473, 481, 484 f., 489, 563, 571 f., 574, 576–579, 581, 586, 592, 625, 645, 647, 649, 652 f., 659, 686 ff., 694 ff.

Oberammergau (Garmisch-Partenkirchen) 669, 676, 682
Oberaufseß (Ebermannstadt) 97
Oberbach (Bad Brückenau) 650
Oberbachern (Aichach) 348
Oberdorf (Aichach) 341
Oberdürrbach (Würzburg) 602 f.
Obereichstätt (Eichstätt) 518 f.
Oberelsbach (Neustadt a. d. Saale) 475
Oberfellendorf (Ebermannstadt) 32, 41, 49, 127, 179 f.
Obergriesbach (Aichach) 348
Oberkotzau (Hof) 418 f., 422
Oberlauringen (Hofheim) 381
Oberleinleiter (Ebermannstadt) 49, 99, 117
Obernburg 625
Oberndorf (Ebermannstadt) 94
Oberndorf (Schweinfurt) 377
Obernsees (Bayreuth) 96
Oberrimbach (Scheinfeld) 456
Oberrodach (Kronach) 510
Oberschönbach (Aichach) 341
Obersteinbach (Scheinfeld) 307
Oberwarmensteinach (Bayreuth) 219
Oberweilersbach (Ebermannstadt) 32, 37, 41, 48, 50, 52, 66, 69, 79, 94
Oberzeitlbach (Aichach) 349
Ochsenfurt 452, 599, 607, 610

Oettingen (Nördlingen) 472
Olching (Fürstenfeldbruck) 233
Ostermünchen (Bad Aibling) 680, 684
Otting (Laufen) 312
Ottobeuren (Memmingen) 491, 504

Parsberg 282
Partenkirchen siehe Garmisch-Partenkirchen
Pasing siehe München
Passau 261, 265 f., 274, 434, 454, 459 f.
Pegnitz 144, 191, 274, 304, 473
Peißenberg (Weilheim) 243, 261 f., 545
Peiting (Schongau) 243, 260
Penzberg (Weilheim) 212, 251, 260 ff., 265, 268, 280, 286, 322 ff., 453, 686
Pfaffenhofen a. d. Ilm 353, 453, 550
Pfarrkirchen 247
Pfersee siehe Augsburg
Pfleich siehe Würzburg
Pförring (Ingolstadt) 243
Piding (Berchtesgaden) 662
Pilgerndorf (Ebermannstadt) 41
Pilgramsreuth (Rehau) 422
Pirnau (Regen) 213
Planegg (München) 475 f.
Plankenfels (Ebermannstadt) 32, 37, 43, 46, 56, 78, 109, 127, 143 f., 171, 188, 190
Pleß (Memmingen) 491
Plösen (Bayreuth) 96
Pollenfeld (Eichstätt) 518, 585
Polling (Mühldorf) 266
Pommersfelden (Höchstadt a. d. Aisch) 126, 391 ff.
Ponholz (Regensburg) 284, 286
Poppenlauer (Bad Kissingen) 379, 409
Pottenstein (Pegnitz) 55, 186
Pöttmes (Aichach) 328, 341 f., 347 f., 354, 358, 366
Poxdorf (Ebermannstadt) 41, 50, 64, 86, 111, 124, 141 f., 181
Poxstall (Ebermannstadt) 94, 112
Pretzfeld (Ebermannstadt) 31 f., 50, 56–59, 62, 66, 88 f., 119 ff., 125, 134, 142, 146, 157 f., 162, 174, 178, 189
Prex (Rehau) 498
Preying (Grafenau) 266
Pullach (München) 306
Pyrbaum (Neumarkt i. d. Opf.) 399

Rabeneck (Pegnitz) 144
Randelsried (Aichach) 348
Rapperzell (Aichach) 363
Rebdorf (Eichstätt) 119

Reckendorf (Ebermannstadt) 82, 84
Redenfelden (Rosenheim) 313
Regelsbach (Schwabach) 406
Regen 205, 286
Regendorf (Regensburg) 232
Regensburg 63, 196 f., 225, 230, 232, 239, 261 f., 278, 281 f., 286, 288, 294, 297, 304, 309, 316, 428, 431, 463, 469, 473 f., 477 f., 627, 646 f., 695
Regnitz 118
Regnitzlosau (Rehau) 420 ff., 496, 498, 500, 509
Rehau 205, 263, 420–425, 492 f.
Rehling (Aichach) 328, 341
Reichelsdorf siehe Nürnberg
Reichenhall siehe Bad Reichenhall
Reifenberg (Ebermannstadt) 50, 94, 106, 190
Rieden (Friedberg) 659, 663
Riederau (Landsberg) 371
Rimpar (Würzburg) 243, 604
Rimsting (Rosenheim) 354
Röckingen (Dinkelsbühl) 489, 516 f., 696
Rödelsee (Kitzingen) 480
Rodheim (Uffenheim) 581
Roding 249, 252, 541
Röthenbach siehe Nürnberg
Röthenbach a. d. Pegnitz (Lauf) 269, 285
Rohr (Schwabach) 407
Rohrdorf (Rosenheim) 220
Rosenberg siehe Sulzbach-Rosenberg
Rosenheim 195, 220, 223, 247, 303, 313, 354, 356, 453, 458, 491, 667–671, 673 ff., 677–684, 690
Roßbach (Roding) 252
Roth (Schwabach) 406
Rothausen (Königshofen) 370, 384, 386, 621, 699
Rothenburg o. d. Tauber 212, 434, 436, 459, 473, 571, 580, 583, 587 f.
Rott a. Inn (Wasserburg) 339
Rottach (Miesbach) 313
Rottenburg 568
Rügheim (Hofheim) 370, 380 ff., 699
Rupboden (Bad Brückenau) 650
Ruppertszell (Aichach) 345, 348, 351
Rupprechtstegen (Hersbruck) 591
Rüssenbach (Ebermannstadt) 50, 62, 94, 112 f., 123, 175

Sachsendorf (Ebermannstadt) 40, 50, 90
Sachsenmühle (Ebermannstadt) 90
St. Jobst siehe Nürnberg
St. Johannis (Bayreuth) 394
St. Veit siehe Neumarkt-St. Veit

Saugendorf (Ebermannstadt) 89
Schauerheim (Neustadt a. d. Aisch) 579
Scheffau (Berchtesgaden) 662
Scheinfeld 456, 569
Schellenberg (Berchtesgaden) 245, 630, 662, 684
Schellert (Neustadt a. d. Aisch) 561
Scheßlitz (Bamberg) 124
Schiltberg (Aichach) 328, 349, 351 f., 357, 360, 362 ff.
Schirnding (Wunsiedel) 216
Schirrndorf (Kulmbach) 171
Schleißheim (München) 445, 670
Schmiechen (Friedberg) 672
Schnaittach (Lauf) 256
Schönau (Berchtesgaden) 673, 680
Schönfeld (Ebermannstadt) 41, 50, 54, 56, 62, 126, 147
Schongau 243, 260, 262
Schöngeising (Fürstenfeldbruck) 671
Schönleiten (Aichach) 339
Schopfloch (Dinkelsbühl) 468
Schrobenhausen 243, 328, 471, 692
Schwabach 212, 269, 402, 406, 468 f., 473, 571, 575, 693, 699
Schwabing siehe München
Schwandorf (Burglengenfeld) 212, 247, 469
Schwärzelbach (Hammelburg) 650
Schwarzenbach (Hof) 390
Schwarzenfeld (Nabburg) 286
Schwebheim (Schweinfurt) 379
Schweinau siehe Nürnberg
Schweinfurt 224, 230, 257, 290, 301 f., 313, 316, 375, 377–380, 382, 402 f., 404, 408 f., 432, 438, 596 f., 600, 604 ff., 614–619, 642, 645–648, 651–658, 660 f., 696, 699
Schwindegg (Mühldorf) 675
Seefeld (Starnberg) 241, 671
Seelig (Ebermannstadt) 50, 90, 114
Seibelsdorf (Stadtsteinach) 510
Selb 199, 208, 223, 229, 272, 290, 489, 492, 495 f., 498 ff., 502, 509, 697
Sennfeld (Schweinfurt) 377, 379
Seuversholz (Eichstätt) 585
Sickershausen (Kitzingen) 641
Siegritz (Ebermannstadt) 41, 45, 49, 84, 99, 103, 110, 191
Siegritzberg (Ebermannstadt) 87
Sielenbach (Aichach) 328, 355, 363
Simbach (Pfarrkirchen) 247
Simmelsdorf (Lauf) 268
Sontheim (Memmingen) 508
Sonthofen 63, 243
Spänfleck (Bayreuth) 87

Stadtlauringen (Hofheim) 381
Stadtsteinach 32, 54, 255, 274, 489, 492, 509–515, 521–525, 547, 697
Staffelstein 32, 165, 473
Stammbach (Münchberg) 390
Stammham (Altötting) 260
Starnberg 219, 346, 536, 671, 685
Stätzling (Friedberg) 628
Stechendorf (Ebermannstadt) 45 f., 50, 98
Stein (Nürnberg) 687
Steinfels (Neustadt a. d. Waldnaab) 286
Steinheim (Memmingen) 491
Steppach (Höchstadt a. d. Aisch) 392
Störnhof (Ebermannstadt) 114, 127, 180
Straubing 211, 227, 259, 262, 265, 282, 432, 462, 473, 477 f.
Streitau (Bayreuth) 397
Streitberg (Ebermannstadt) 31 f., 35, 37, 44, 46 f., 49, 54 f., 60, 81, 84, 86 f., 89, 99, 108 ff., 129, 142, 144, 151, 174, 179, 182, 187
Stücht (Ebermannstadt) 41, 49, 84, 114
Stumpfenbach (Aichach) 341
Sulzbach-Rosenberg 199, 232, 248, 286
Sulzbürg (Neumarkt i. d. Opf.) 473
Sylbach (Haßfurt) 564

Tandern (Aichach) 328, 348 ff.
Tegernsee (Miesbach) 671
Tettau (Kronach) 251
Teublitz (Burglengenfeld) 274
Teufelsbruck (Rosenheim) 247
Teuschnitz (Kronach) 495
Thalmässing (Hilpoltstein) 302
Theinfeld (Bad Kissingen) 621
Theisenort (Kronach) 494
Theresienthal (Regen) 212
Thonberg (Kronach) 175
Thundorf (Bad Kissingen) 379, 621
Tiefenlesau (Ebermannstadt) 162
Tiefenstürmig (Ebermannstadt) 50, 115
Tirschenreuth 199, 211, 228, 239, 247, 259, 264, 284
Tittling (Passau) 266
Todtenweis (Aichach) 337, 341, 344
Tölz siehe Bad Tölz
Töpen (Hof) 420–423
Trabelsdorf (Bamberg) 392
Traindorf (Ebermannstadt) 41, 46, 49, 99
Trainmeusel (Ebermannstadt) 179 f.
Traunstein 223, 268, 470, 535, 543 ff., 551, 691
Treppendorf (Ebermannstadt) 46, 50, 180
Treuchtlingen (Weißenburg) 578, 588
Treunitz (Ebermannstadt) 50, 58

Ortsregister

Triebenreuth (Stadtsteinach) 524
Trogen (Hof) 420 ff.
Tschirn (Kronach) 495, 512, 514
Tuntenhausen (Bad Aibling) 339, 680
Tutzing (Starnberg) 685

Uhlfeld (Neustadt a. d. Aisch) 456
Untergriesbach (Aichach) 348
Unterleinleiter (Ebermannstadt) 48, 84, 86 f., 97, 100 f., 103, 105, 110, 112, 114, 126 f., 142, 158, 180, 189
Unterpfaffenhofen (Fürstenfeldbruck) 240, 245
Unterpleiskirchen (Altötting) 207
Unterrodach (Kronach) 515
Unterweilersbach (Ebermannstadt) 21, 23, 37, 44, 50, 59, 64, 66, 69–73, 77 f., 80, 89, 91 f., 94, 100, 111 ff., 116, 120 f., 127, 132
Unterweißenbach (Selb) 498, 500, 502
Unterwindach (Landsberg) 363
Unterwössen (Traunstein) 545
Urspringen (Marktheidenfeld) 129

Vagen (Bad Aibling) 690
Veilbronn (Ebermannstadt) 54, 86, 144, 160, 189
Veitshöchheim (Würzburg) 480
Velden (Hersbruck) 588
Versbach (Würzburg) 603
Viechtach 251, 266
Vilshofen 469, 630
Vogtendorf (Kronach) 35, 490, 515
Vohenstrauß 259
Voigendorf (Ebermannstadt) 187
Voitmannsdorf (Ebermannstadt) 84, 141
Volkmannsreuth (Ebermannstadt) 84
Volkratshofen (Memmingen) 504

Waakirchen (Miesbach) 312
Wadendorf (Ebermannstadt) 85
Waischenfeld (Ebermannstadt) 23, 31 f., 37, 44, 48, 50, 54 ff., 60 ff., 64, 67, 73, 78–81, 89, 92, 95 ff., 99 f., 102, 109, 111, 113–116, 121 ff., 126 f., 132, 135, 139, 144, 149, 157, 168–171, 174, 177, 181, 185, 188, 190
Walda (Neuburg a. d. Donau) 366
Waldbüttelbrunn (Würzburg) 603
Waldmünchen 232, 239, 247
Wallgau (Garmisch-Partenkirchen) 668
Walsdorf (Bamberg) 392
Walting (Eichstätt) 521, 523, 525
Wamberg (Garmisch-Partenkirchen) 679
Wannbach (Ebermannstadt) 41, 49, 59 f., 105, 125, 129, 158

Warmensteinach (Bayreuth) 219, 394
Warthleiten (Ebermannstadt) 182
Wasserburg a. Inn 207, 337, 344 f., 686, 691
Wassertrüdingen (Dinkelsbühl) 577
Weiden (Neustadt a. d. Waldnaab) 284, 398, 462, 474, 478
Weidenberg (Bayreuth) 394
Weigelshofen (Ebermannstadt) 50, 61, 183, 191
Weigersdorf (Eichstätt) 585
Weiher (Ebermannstadt) 37, 45 f., 48, 50 f., 184
Weilersbach (Ebermannstadt) 70
Weilheim 356, 545, 698
Weingartsgreuth (Höchstadt a. d. Aisch) 105, 392
Weipoltshausen (Schweinfurt) 409
Weismain (Lichtenfels) 511
Weißenburg 433, 468, 571, 575, 578, 580, 583, 588, 590, 692, 696
Welkendorf (Ebermannstadt) 40, 98
Wellheim (Eichstätt) 518, 520
Wendelstein (Schwabach) 687
Weng (Landshut) 432
Wertingen 472
Westerheim (Memmingen) 491
Westheim (Bad Windsheim) 579
Wetzhausen (Hofheim) 381
Wiesenbronn (Kitzingen) 480
Wiesentfels (Ebermannstadt) 32, 41, 46, 49 f., 171
Wiessee siehe Bad Wiessee
Wildenstein (Stadtsteinach) 511, 513
Wilhelmsthal (Kronach) 507
Willmars (Mellrichstadt) 387
Windischgaillenreuth (Ebermannstadt) 141
Windsbach (Ansbach) 484
Windsheim siehe Bad Windsheim
Wittelshofen (Dinkelsbühl) 456
Wohlmannsgesees (Ebermannstadt) 41, 49, 106, 109, 154 f., 179
Wohlmuthshüll (Ebermannstadt) 50, 65, 84, 93, 165 f.
Wohnsgehaig (Ebermannstadt) 96, 147, 171
Wolfratshausen 281, 285 f., 349, 353, 458, 549
Wolfstein 259
Wollomoos (Aichach) 348
Wolnzach (Pfaffenhofen) 459
Wonsees (Ebermannstadt) 41, 46, 49, 74–77, 79, 81, 87, 98, 109, 132, 163, 174, 178, 181, 188
Woringen (Memmingen) 491, 504
Wörishofen siehe Bad Wörishofen
Workerszell (Eichstätt) 518, 524
Wötzelsdorf (Kronach) 490, 494
Wunsiedel 32, 54, 63, 212, 216, 219, 273

Wülfersreuth (Bayreuth) 396
Würzburg 175, 186, 197, 225, 233, 243, 282, 301, 344, 381, 427 f., 436, 442, 480 f., 500, 532, 592, 594, 597–600, 602, 604 ff., 608 f., 612 ff., 616, 620–625, 630–635, 637 ff., 642–645, 647, 649 f., 652–655, 657–661, 695 ff.
Wüstenstein (Ebermannstadt) 32, 35, 41, 46, 49

Zedersitz (Ebermannstadt) 76, 81
Zeitlarn (Regensburg) 232
Zeitlofs (Bad Brückenau) 691
Zell (Roding) 252
Zell (Schweinfurt) 409
Zerzabelshof siehe Nürnberg
Ziegenbach (Scheinfeld) 456
Zirndorf (Fürth) 473
Zochenreuth (Ebermannstadt) 97, 171
Zoggendorf (Ebermannstadt) 49, 104
Zwiesel (Regen) 213, 321, 464

www.ingramcontent.com/pod-product-compliance
Lightning Source LLC
Chambersburg PA
CBHW030101010526
44116CB00005B/50